노동법

노동법

이철수 지음

勞動

현암사

It has been said that the science of one age is

the common sense of the next.

It might with equal truth be said that equity of one age

becomes the law of the next.

"현재의 과학은 미래의 상식이 되고,

현재의 정의는 미래의 법이 된다."

— H. S. 폭스웰

개정판 머리말

이 책의 초판이 발간된 지 어느덧 2년의 시간이 흘렀다. 초판의 머리말에서는 '이 교과서는 미완성이지만 그래도 20세기의 노동법을 정리해보고 싶었다'라고 썼었다. 그럼에도 불구하고 그간 많은 분들께서 이 책을 읽어주시고, 법학전문대학원 및 법학부의 강의 교재로 활용해주셔서 감사할 따름이다. 이에 책의 완성도를 보다 높이기 위하여 이렇게 개정판을 내게 되었다.

그동안 우리 사회뿐만 아니라 노사관계에도 많은 변화가 있었다. 정부가 근로시간제도 개편 등의 노동개혁을 추진하면서 이를 둘러싼 논의가 본격화되었고, 경제사회노동위원회에서는 노동시장 이중구조 개선과 인구구조변화 대응을 위해 사회적 대화를 진행하였다. 노동법원 설치 논의가 본격화된 것, 그리고 「노동조합 및 노동관계조정법」 개정안이 국회 본회의를 통과하였으나 대통령의 재의요구권 행사로 폐기된 일도 빼놓을 수 없다.

또한 새로이 선고된 대법원 판례와 노동관계법령의 개정도 많았다. 특히 최근 임금체불이 폭증하면서 이를 방지하기 위해 근로기준법이 개정되었고, 저출생·고령화 해결과 일·가정 양립을 위해 근로기준법과 남녀고용평등법, 고용보험법 등이 개정되었다. 개정판에서는 이러한 법 개정을 충실히 반영하면서, 최근 2년간 선고된 주요 노동판례의 내용도 빠짐없이 추가하고자 하였다. 특히 필자가 그 문제점을 지적해 온 취업규칙 불이익변경 및 통상임금의 판단기준에 대해 대법원은 전원합의체 판결을 통해 응답하였는데, 이를 포함하여 근로기준법의 적용범위인 사업의 개념, 소정근로시간 등에 대한 설명을 전면적으로 수정하였다.

또한 필자 개인적으로도 그간 몸담았던 서울대학교 법학전문대학원에서 정년퇴직한 후 학교법인 한국폴리텍의 이사장으로 부임하는 변화가 있었다. 노동현장에서 직접 일하게 되면서 직업교육을 비롯한 노동시장법제를 정비하고 지원하는 것이 우리 노사관계와 노동법의 과제라는 확신을 갖게 되었지만, 필자의 부족함으로 인해 관련 내용을 반영하지 못하였다. 이를 비롯한 이 책의 부족한 점에 대해서는 지속적인 개정 작업을 통해 보완해 나갈 것을 약속드린다. 앞으로도 독자 제현의 많은 관심과 질정을 바란다.

개정판이 나오기까지 많은 분들의 도움이 있었다. 최석환 서울대 교수와 노호창 호서대 교수, 오대영 제주대 교수는 책의 전반적인 내용에 대한 의견뿐만 아니라 사소한 오탈자까지 확인하여 알려주었다. 그리고 초판에 이어 서울대 법학연구소의 문준혁 박사가 관련 자료 추적과 정리, 편집에 많은 도움을 주었다. 또한 어려운 출판시장에서도 번거로운 개정작업 실무를 맡아주신 ㈜현암사의 조미현 대표와 법전팀에게도 감사드린다.

2025년 2월
이철수

머리말

  노동법은 형성되어 가는 법이다. 노사관계의 주체, 기술의 발전, 경제적 상황, 사회적 맥락, 이데올로기를 반영하기 때문이다. 특히 우리의 노동법은 그간의 헌정사만큼이나 파란만장한 경로를 거쳐 오늘에 이르렀다. 정치적 불안, 산업화와 민주화, 노동체제의 변화, 진영논리 등의 요인들이 복합적으로 작용하며 우여곡절을 겪으면서 진화해 왔다. 디지털 시대의 급격한 노동시장 변화는 우리 노동법제의 또 다른 변화와 발전을 예고한다.

  학자로서 이론과 현실의 접목을 시도하려고 노력한 지도 어언 30년이 지났다. 다분히 한국적인 소용돌이는 우리 사회의 아픔이기도 했지만, 현실 인식의 지평을 넓히고 학문적 연찬을 쌓아 학자로서 성숙하는 자양분이 되었으니 필자는 격동의 시대에 대한 겸허한 부채의식과 함께 감사할 일이다. 그간 필자는 사회적 대화를 통해 임금채권보증기금의 도입, 노동조합 조직형태 관련 조항의 신설, 공무원노동단체의 이원적 구도 정립, 교섭창구 단일화와 노조전임제를 둘러싼 법률 개정 등의 영역에서 학자로서 연구한 결과를 현실에 직접 관철해 보기도 하였다. 지금은 당연하게 여겨지는 제도들도 그 도입과정을 돌이켜보면 실로 파란만장하였기에 우리 노동법제와 같은 동태적 역동성과 생명력은 어느 나라에서도 찾아보기 어려울 것이다.

  우리 노동법은 근대적 노사관계가 형성되기도 전인 1953년에 외국법을 계수하여 제정되었지만, 이제는 매우 한국적이고 독창적인 법제로 자리를 잡아가고 있다. 일본과 달리 해고제한의 법리를 제정법에서부터 명확히 규정하였고, 단체교섭과 노동위원회 제도는 미국을 참고하였지만 그 제도적 의미와 기능은 전혀 다른 모습을 보인다. 단체협약은 독일 제도를 계수한 것으로 평가할 수 있으나 기업별

협약이 주종을 이루는 우리의 현실을 감안하여 독자적인 법리를 발전시키는 등, 우리의 땀과 노력으로 한국적 노동법을 창안해 내는 과정에 있었다고 해도 지나친 말이 아니다. 또한 판례법을 읽을 때도 한국적 맥락을 파악하지 않고서는 그 실체를 이해하기 어려울 정도가 되었다. 노동조합 조직형태의 변경, 통상임금의 법리, 사내하청에서의 교섭당사자 문제 등에서 보편적 법리와 한국적 특수성을 접목하려는 전방위적 노력이 노동법을 오늘에 이르게 하였다고 생각한다. 산업화와 민주화를 동시에 지향하는 아시아 모델에 있어 우리의 노동법제가 훌륭한 전범이 될 것이라 확신하며, 향후 우리의 글로벌 전략에도 유용한 자산이 되리라고 믿는다.

"현재의 과학은 미래의 상식이 되고, 현재의 정의는 미래의 법이 된다." 근로자의 생존권과 근로권의 이론적 기초를 마련한 안톤 멩거(Anton Menger)의 명저 『노동수익권』(The right to the whole produce of labour)의 역자 서문에 경제학자 폭스웰(Foxwell)이 던진 말이다. 학문의 실천성을 강조한 이 경구는 100년이 훨씬 지난 지금에도 음미할 필요가 있다.

20세기의 노동법은 대립적 노사관계 모델을 전제로, 모든 노동자는 계급적으로 동질하기 때문에 무차별적으로 보호받아야 하고, 이를 위해 노동조합이 설정한 집단규범이 개별 근로자의 의사에 우선한다는 방법론을 제시하였다. 이는 종속노동론의 요체로서 근로자의 인권과 사회적 정의를 신장하고 산업민주주의를 진작하는 데 혁혁한 역할을 수행했다. 우리의 현행 노동법제도 이러한 방법론에 터 잡고 있음은 물론이다. 이 책에 담긴 내용과 법리도 당연히 이 궤도를 따라 움직인다.

그러나 무차별적 대립적 노사관계 모델로 풀 수 없는 난제가 발생하고, 일하는 사람들의 삶의 질을 제고하기 위한 국가의 역할이 어느 때보다도 요구되고 있으며 노동법의 경계가 모호해지는 상황에서, 종속노동론에 입각한 20세기적 방법론으로는 대처할 수 없는 문제에 직면한다.

15%의 노조조직률이 말해주듯 나머지 85%의 이른바 '대표 없는 노동'에 대해 노동법은 침묵해야 하는가? 종속노동자(employee)가 아니면서 노동을 제공하여 생활하는 자(worker)를 노동법에 편입할 수 없는가? 그것이 어렵다면 노동법은 경제법 등과 협업하여 실사구시의 관점에서 이 문제를 풀어야 하지 않는가? 노동시장의 주변부에서 노동력의 재생산에 기여하는 돌봄 노동, 가사 노동 등을 현행법제

는 온당하게 평가하고 있는가? 나아가 양극화와 불평등, 노동시장의 이중구조를 해소하는데 무차별적 보호 관념이 어느 정도 유용한지 등 노동의 전 영역에 걸쳐 반성적 고찰과 새로운 패러다임의 모색이 요구된다. 격물치지(格物致知)하여 새롭게 제기되는 문제를 직시하고 미래지향적·실사구시적 관점에서 그 해법을 찾아나서야 한다. 이는 지금 바로 서둘러야 할 작업이라 생각한다. 그래야 폭스웰이 갈파한 바와 같이 미래의 질서를 기약할 수 있기 때문이다. 통상 법은 문제를 수습하는 사후적 기능을 주로 수행하는 것처럼 여겨지는 경우가 많지만, 적극적으로 미래규범을 형성하는 역할이야말로 법학의 본령이라는 것이 필자의 소신이기도 하다.

이런 점에서 이 교과서는 미완성이다. 그래도 20세기의 노동법을 정리해보고 싶었다. 로스쿨 교재, 강의원고 등의 형식으로 교과서의 기초는 이미 10년 전에 마련했었다. 이제야 출간하게 된 것은 전적으로 게으름의 소치이기도 하지만, 완성도를 높이고 싶은 나름대로의 욕심이 작용한 탓이기도 하다. 만시지탄의 아쉬움이 남지만, 독자들에게 좀 더 쉽게 다가가기를 희망한다.

이 책은 노동법의 전체 내용을 유기적으로 이해할 수 있도록 구성된 체계적 해설서라 기존의 교과서와 유사하게 편제되어 있다. 다만 종업원대표제와 같이 미래지향적 관점에서 현재의 법제를 근본적으로 재검토해야 하는 내용을 자세히 언급하였다. 산업안전에 많은 지면을 할애한 점도 색다르다. 노동시장법도 포함시켜야한다고 생각했지만, 후일을 기약해본다. 책의 부족한 점에 대해서는 지속적인 개정 작업을 통해 보완해 나갈 것을 약속드린다.

교과서가 나오기까지 주위에서 많은 분들의 도움이 있었다. 강성태 한양대 교수, 이승욱 이화여대 교수, 김홍영 성균관대 교수, 조용만 건국대 교수, 도재형 이화여대 교수와 자주 만나 이론적 쟁점에 관해 토론하면서 많은 가르침을 받았다. 격동의 시절 필자와 동고동락을 같이한 학문적 동지인 이들에게 지면으로나마 존경하는 마음과 고마움을 전하고자 한다. 이들 모두가 김유성 선생님의 제자들인데, 선생님의 하해같은 학은에 감사드리며 이 자그마한 책자가 조금이라도 보은이 되었으면 하는 바람이다. 최석환 서울대 교수는 교과서 초고를 정독하면서 꼼꼼하고 세심한 지적을 아끼지 않았다. 박귀천 이화여대 교수, 박은정 인제대 교수,

이다혜 한동대 교수, 윤애림 박사, 신권철 서울시립대 교수, 김민기 판사, 권창영 변호사는 세부 주제에 관해 많은 조언을 해 주었다. 김종수 변호사와 손향미 박사, 이정현 박사는 실무가로서 쌓은 경험을 바탕으로 독자와의 눈높이를 조절해 주었다. 깊은 감사의 마음을 드린다.

제자인 박사 과정의 문준혁 군은 자료 추적과 정리, 원고 교정, 편집, 인쇄 전 과정에서 헌신적으로 도와주었다. 문 군이 큰 학자로 성장하기를 바란다. 교정과 색인 작업을 도와 준 석사과정의 김종호·장도희 군에게도 감사를 전한다. 그리고 출판시장이 어려운 상황인데도 흔쾌히 출간을 허락해 주신 ㈜현암사의 조미현 대표님과 법전팀에도 각별한 고마움을 전한다.

끝으로 넉넉치 않음에도 학자의 길로 온전히 나아갈 수 있게 해준 사랑하는 아내 양승옥 여사와 부족한 필자를 믿고 따라준 아들과 딸에게 출간의 기쁨을 함께 하고 싶다.

2023년 2월
이철수

제1편   노동법 총설

제1장 │ **노동법의 의의** … 3

제1절 노동법의 의의 … 3

I. 노동법의 대상과 목적 … 3
  1. 노동법의 대상 … 3
  2. 노동법의 목적 … 4
II. 노동법의 규율 방법 … 5
III. 노동관계의 특성과 노동법 … 6

제2절 한국 노동법의 과거, 현재 그리고 미래 … 8

I. 명목적 생성의 시기(1953~1960) … 10
II. 경제적 효율성 강조의 시기(1961~1986) … 10
III. 정치적 민주화와 사회적 형평성의 모색(1987~1997) … 11
IV. 사회적 형평성과 경제적 효율성의 조화 모색(1998~현재) … 12

제3절 노동법의 미래와 과제 … 12

제2장 │ **헌법상 노동기본권** … 15

제1절 헌법상 사회국가 원리와 기본권 … 15
제2절 근로권 … 17

I. 근로권의 의의 … 17

II. 근로권의 법적 성질 ··· 19

III. 근로권의 내용 ··· 20

   1. 근로권의 주체 ··· 20

   2. 일할 자리에 관한 권리 ··· 20

   3. 일할 환경에 관한 권리 ··· 21

제3절 노동3권 ··· 22

I. 노동3권의 의의 ··· 22

II. 노동3권의 법적 성질 ··· 23

III. 노동3권의 내용 ··· 24

   1. 노동3권의 주체 ··· 24

   2. 단결권 ··· 25

   3. 단체교섭권 ··· 28

   4. 단체행동권 ··· 29

IV. 노동3권의 제한 ··· 29

   1. 공무원 ··· 30

   2. 교원 ··· 31

   3. 주요 방위산업체 근로자 ··· 32

   4. 기타 근로자 ··· 32

제4절 노동관계에 관한 그 밖의 헌법적 기초 ··· 34

I. 인간다운 생활을 할 권리 ··· 34

II. 직업의 자유 ··· 35

III. 평등원칙 ··· 36

제3장 | 노동법의 규범과 적용 ··· 39

제1절 노동관계의 규범 ··· 39

I. 근로계약 ··· 40

II. 취업규칙 ··· 41

III. 단체협약 ··· 41

IV. 근로기준법상 근로자대표와의 서면 합의 ··· 42

V. 노동관행 등 ··· 43

VI. 규범들의 상호관계 ··· 43

VII. 국제노동기준 ··· 44

제2절 노동법의 인적 적용 대상 … 45

  I. 근로자 … 45

    1. 노동법의 보호대상으로서 근로자 … 45

    2. 근로기준법상 근로자 … 47

    3. 노동조합법상 근로자 … 51

  II. 사용자 … 54

    1. 노동법상 의무와 책임의 주체로서 사용자 … 54

    2. 노동법상 사용자 개념의 전환 … 56

    3. 파견근로자 보호 등에 관한 법률상 사용사업주 … 57

    4. 노동조합법상 사용자책임의 확대 … 59

제3절 노동분쟁의 해결방식 … 60

  I. 노동분쟁의 의의와 특성 … 60

  II. 사법(司法) 제도 … 61

  III. 노동위원회 제도 … 62

  IV. 근로감독관 제도 … 62

제2편 개별적 근로관계법

제4장 | 개별적 근로관계법 총설 … 67

제1절 개별적 근로관계법의 의의 … 67

제2절 근로기준법의 적용 범위 … 68

  I. 인적 적용 범위 … 68

    1. 근로자의 의의 … 68

    2. 사용자의 의의 … 71

  II. 물적 적용 범위 … 72

    1. 상시 5인 이상의 사업 또는 사업장 … 72

    2. 공무원 등 … 74

제5장 | 개별적 근로관계법의 기본 원칙 … 76

제1절 근로조건의 최저기준과 대등결정 … 76
I. 근로조건의 최저기준 … 76
II. 근로조건의 대등결정 … 77

제2절 균등처우 … 79
I. 근로기준법상의 균등처우원칙 … 79
1. 의의 … 79
2. 차별사유 … 80
3. 위반의 효과 … 82
II. 남녀고용평등법상의 차별금지 … 82
1. 차별의 개념 … 82
2. 차별금지의 내용 … 83
3. 차별에 대한 구제 … 87
III. 기타 법률상의 차별금지 … 88
1. 비정규직 근로자에 대한 차별금지 … 88
2. 연령차별금지 … 90
3. 장애인차별금지 … 92

제3절 노동인권의 보호 … 94
I. 강제근로의 금지 … 94
II. 폭행의 금지 … 95
III. 직장 내 성희롱의 금지 … 95
1. 의의 … 96
2. 사업주의 예방의무 … 96
3. 사업주의 사후 조치의무 … 97
IV. 직장 내 괴롭힘의 금지 … 100
1. 의의 … 100
2. 사용자의 의무 … 101

제4절 중간착취의 배제 … 103
I. 의의 … 103
II. 요건 … 103
III. 예외 … 104

제5절 공민권 행사의 보장 ··· 105

  I. 의의 ··· 105

  II. 요건 ··· 105

  III. 효과 ··· 106

제6장 | 근로관계의 성립과 규율 ··· 107

제1절 근로계약 ··· 107

  I. 근로계약의 체결 ··· 107

    1. 근로계약의 의의 ··· 107

    2. 근로계약상 의무 ··· 108

    3. 근로조건의 명시의무와 서면 교부의무 ··· 111

    4. 근로계약의 기간 ··· 113

  II. 근로계약 관련 제한규정 ··· 114

    1. 위약 예정의 금지 ··· 114

    2. 전차금 상계의 금지 ··· 118

    3. 강제저금의 금지 ··· 119

    4. 퇴직 후의 경업금지 의무 ··· 119

  III. 채용내정과 시용 ··· 121

    1. 채용내정 ··· 121

    2. 시용 ··· 123

  IV. 채용의 제한 ··· 126

    1. 채용의 자유와 제한 ··· 126

    2. 공개채용절차의 공정 ··· 127

    3. 취업방해의 금지와 평판조회 ··· 130

  V. 근로계약의 무효·취소 ··· 131

제2절 취업규칙 ··· 133

  I. 취업규칙의 의의와 법적 성격 ··· 133

    1. 취업규칙의 의의 ··· 133

    2. 취업규칙의 법적 성격 ··· 134

  II. 취업규칙의 규율 개관 ··· 136

    1. 작성 및 신고 ··· 136

    2. 취업규칙의 주지(周知) ··· 137

　　　　3. 취업규칙의 작성·변경 절차 … 138

　　　　4. 취업규칙의 법적 효력 … 139

　　Ⅲ. **취업규칙의 불이익 변경** … 140

　　　　1. 불이익 변경의 의미 … 140

　　　　2. 동의 주체와 범위 … 142

　　　　3. 동의 방법 … 144

　　　　4. 동의 위반의 효과 … 147

제7장 ┃ 임금 … 151

　제1절 **임금의 의의** … 151

　　Ⅰ. **임금** … 151

　　　　1. 임금의 개념 … 151

　　　　2. 임금성 판단의 유형별 고찰 … 154

　　Ⅱ. **평균임금** … 160

　　　　1. 평균임금의 개념 … 160

　　　　2. 평균임금액의 최저한도 … 162

　　　　3. 평균임금 산정의 특례 … 162

　　Ⅲ. **통상임금** … 164

　　　　1. 통상임금의 개념 … 164

　　　　2. 통상임금에 포함되는 임금의 범위 … 165

　　　　3. 통상임금의 계산 방법 … 172

　제2절 **임금의 지급** … 175

　　Ⅰ. **임금지급의 원칙** … 175

　　　　1. 통화지급의 원칙 … 176

　　　　2. 직접지급의 원칙 … 177

　　　　3. 전액지급의 원칙 … 178

　　　　4. 정기일지급의 원칙 … 180

　　Ⅱ. **임금대장과 임금명세서** … 181

　　Ⅲ. **비상시 지급** … 182

　　Ⅳ. **임금체불** … 182

　　　　1. 형사처벌 … 183

　　　　2. 체불사업주 명단 공개 및 제재 … 183

3. 상습체불사업주 지정 및 제재 ⋯ 184
4. 종합신용정보집중기관에 체불자료 제공 ⋯ 184
5. 퇴직 시 금품청산의무 ⋯ 185
6. 임금체불에 대한 지연이자 ⋯ 185
7. 체불임금 등에 대한 손해배상청구 ⋯ 186

제3절 임금수준의 보호 ⋯ 186
  I. 최저임금 ⋯ 186
    1. 최저임금의 의의 ⋯ 186
    2. 최저임금의 결정 ⋯ 187
    3. 최저임금의 적용 ⋯ 188
  II. 휴업수당 ⋯ 190
    1. 의의 ⋯ 190
    2. 지급 요건 ⋯ 191
    3. 휴업수당의 금액 ⋯ 193
    4. 기타 ⋯ 195
  III. 도급제 근로자의 임금보장 ⋯ 195

제4절 임금채권의 보호 ⋯ 196
  I. 임금채권의 우선변제 ⋯ 196
    1. 의의 ⋯ 196
    2. 우선변제되는 임금채권의 범위 ⋯ 196
    3. 우선변제의 대상인 사용자의 총재산 ⋯ 197
    4. 우선변제 방법 ⋯ 198
  II. 임금채권보장 제도 ⋯ 199
    1. 의의 ⋯ 199
    2. 대지급금의 지급 ⋯ 200
    3. 임금채권보장기금의 설치 ⋯ 202
    4. 임금 체불 시 생계비 융자 ⋯ 203
  III. 도급 사업에 대한 임금 지급 ⋯ 203
    1. 직상 수급인의 연대 책임 ⋯ 203
    2. 건설업에서 특례 ⋯ 204
  IV. 임금의 소멸시효 ⋯ 206

제5절 퇴직급여 제도 ⋯ 207

   I. 퇴직급여 제도의 개요 ⋯ 207

   II. 퇴직금 ⋯ 208

   III. 퇴직연금제도 ⋯ 210

   IV. 퇴직급여 수급권의 보호 ⋯ 211

제8장 | 근로시간과 휴식 ⋯ 212

제1절 근로시간의 규율 ⋯ 212

   I. 근로시간 규율의 의의 ⋯ 212

   II. 현행 근로시간 규율의 개관 ⋯ 214

제2절 근로시간의 개념 ⋯ 216

   I. 노동법상 시간 개념의 다양성 ⋯ 216

   II. 근로기준법상 근로시간 ⋯ 219

     1. 실근로시간의 원칙 ⋯ 219

     2. 휴게시간과 대기시간 등 ⋯ 220

     3. 근로시간 계산의 특칙: 간주근로시간제 ⋯ 222

제3절 기준근로시간 ⋯ 225

   I. 기준근로시간의 종류 ⋯ 225

   II. 기준근로시간과 최대근로시간 ⋯ 226

   III. 기준근로시간의 단위 확대: 탄력적 근로시간제와 선택적 근로시간제
     ⋯ 227

     1. 유연화 제도의 의의 ⋯ 227

     2. 탄력적 근로시간제 ⋯ 228

     3. 선택적 근로시간제 ⋯ 229

     4. 유연화 제도의 효과 ⋯ 230

     5. 유연화 제도와 최대근로시간 ⋯ 230

제4절 연장근로 ⋯ 231

   I. 연장근로의 의의 ⋯ 231

   II. 통상적 연장근로 ⋯ 232

   III. 1주 12시간을 초과하는 연장근로 ⋯ 235

     1. 특별연장근로 ⋯ 235

     2. 특례사업 ⋯ 236

제5절 휴식제도 … 237

　I. 휴식제도의 개관 … 237

　II. 휴게 … 237

　III. 휴일 … 239

　　1. 주휴일 … 239

　　2. 공휴일 … 240

　IV. 연차휴가 … 241

　　1. 연차유급휴가 제도 개관 … 241

　　2. 연차휴가권의 취득 … 242

　　3. 연차휴가권의 행사 … 247

　　4. 연차휴가의 사용촉진제도 … 248

제6절 가산임금제 … 250

　I. 가산임금제의 의의 … 250

　II. 가산임금의 대상과 할증률 … 251

　III. 보상휴가제 … 252

　IV. 포괄임금제 … 253

제7절 근로시간 등의 적용제외 … 255

　I. 개관 … 255

　II. 적용제외 근로자 … 255

　　1. 감시 또는 단속적으로 근로에 종사하는 자 … 256

　　2. 관리·감독 업무 또는 기밀 업무에 종사하는 근로자 … 256

　III. 적용제외 규정 … 257

　IV. 4명 이하 사업장에 대한 적용제외 … 257

제9장 │ 인사 … 259

제1절 인사의 의의 … 259

제2절 전직 … 261

　I. 의의 … 261

　II. 전직의 정당성 … 262

제3절 휴직·대기발령·직위해제 ⋯ 267

  I. 의의 ⋯ 267

  II. 휴직·대기발령·직위해제의 정당성 ⋯ 268

제4절 전출 ⋯ 270

  I. 의의 ⋯ 270

  II. 전출의 정당성 ⋯ 271

  III. 전출 근로자의 근로관계 ⋯ 272

    1. 근로관계 ⋯ 272

    2. 법령상 사용자책임 ⋯ 273

제5절 계열사 간 전적 ⋯ 273

  I. 의의 ⋯ 273

  II. 전적의 정당성 ⋯ 274

  III. 전적의 제한 ⋯ 275

  IV. 전적 근로자의 근로관계 ⋯ 275

제10장 | 징계 ⋯ 276

제1절 총설 ⋯ 276

제2절 법적 근거 ⋯ 277

제3절 징계의 정당한 이유 ⋯ 279

  I. 징계사유의 정당성 ⋯ 279

  II. 징계절차의 적정성 ⋯ 281

  III. 징계양정의 상당성 ⋯ 282

제11장 | 산업안전과 재해보상 ⋯ 284

제1절 안전과 보건 ⋯ 284

  I. 의의 ⋯ 284

  II. 안전배려의무 ⋯ 285

  III. 산업안전보건법의 주요 내용 ⋯ 286

    1. 의의 ⋯ 286

    2. 정부의 책무와 당사자의 의무 ⋯ 286

　　　　3. 안전보건관리체제 ··· 287

　　　　4. 안전보건관리규정 ··· 288

　　　　5. 안전보건교육 ··· 288

　　　　6. 유해·위험 방지조치 ··· 289

　　　　7. 작업중지 ··· 291

　　　　8. 도급 시 산업재해 예방 ··· 292

　　　　9. 유해·위험 기계 등에 대한 조치 ··· 295

　　　　10. 유해·위험물질과 석면에 대한 조치 ··· 296

　　　　11. 근로자 보건관리 ··· 297

　　Ⅳ. 산업안전보건법상 조치의무 위반에 대한 형사처벌 ··· 298

　　Ⅴ. 중대재해 처벌 등에 관한 법률상 중대산업재해 ··· 299

　　　　1. 제정 경위 ··· 299

　　　　2. 목적 ··· 299

　　　　3. 법적 성질 ··· 299

　　　　4. 개념 ··· 300

　　　　5. 적용 범위 ··· 301

　　　　6. 안전·보건 확보 의무 ··· 301

　　　　7. 범죄의 구성요건과 처벌 ··· 302

　　　　8. 안전보건교육의 수강 ··· 303

　　　　9. 손해배상의 책임 ··· 303

　제2절　재해보상 ··· 304

　　Ⅰ. 재해보상제도의 의의 ··· 304

　　Ⅱ. 업무상 재해 ··· 305

　　　　1. 업무상 재해의 종류 ··· 306

　　　　2. 업무와 재해 사이의 상당인과관계 ··· 312

　　Ⅲ. 재해보상 ··· 314

　　　　1. 재해보상 급여의 종류 ··· 314

　　　　2. 재해보상 신청과 이의절차 ··· 315

제12장 ｜ 여성과 연소자 ··· 316

　제1절　연소자의 보호 ··· 317

　　Ⅰ. 최저 취업 연령의 제한 ··· 317

　　Ⅱ. 미성년자의 근로계약 체결에 대한 제한 ··· 317

Ⅲ. 업무에 대한 제한 … 319

Ⅳ. 근로시간에 대한 제한 … 319

제2절 여성의 보호 … 320

Ⅰ. 유해·위험업무 사용금지 … 320

Ⅱ. 근로시간의 제한 … 320

1. 연장·야간근로의 제한 … 320

2. 근로시간과 업무의 변경 … 321

3. 생리휴가 … 322

4. 임산부의 보호 … 322

제3절 일·가정 양립 … 325

Ⅰ. 육아휴직 … 326

Ⅱ. 육아기 근로시간단축 … 328

Ⅲ. 직장어린이집 설치 … 330

Ⅳ. 가족돌봄을 위한 휴직·휴가 및 근로시간 단축 … 330

1. 가족돌봄휴직 및 휴가 … 330

2. 가족돌봄 등을 위한 근로시간 단축 … 332

제13장 │ 근로관계의 종료 … 333

제1절 총설 … 333

제2절 해고에 따른 근로관계의 종료 … 334

Ⅰ. 해고제한법제의 개관 … 334

1. 해고의 의의 … 334

2. 해고에 대한 법적 규제 … 336

Ⅱ. 해고의 정당성 … 341

1. 해고의 종류 … 341

2. 해고의 정당한 이유 … 342

3. 해고절차의 적정성 … 353

Ⅲ. 경영상 해고 … 358

1. 의의 … 358

2. 경영상 해고의 정당한 이유 … 359

3. 경영상 해고의 신고의무 … 365

4. 경영상 해고 후 우선 재고용 등 … 365

Ⅳ. 부당해고 등의 구제 … 366

   1. 구제 방법 … 366

   2. 구제의 내용 … 368

제3절 그 밖의 사유에 따른 근로관계의 종료 … 372

Ⅰ. 사직과 합의해약 … 372

   1. 사직 … 372

   2. 합의해약 … 374

   3. 사직, 합의해약과 해고제한법제 … 377

Ⅱ. 근로계약기간의 만료 … 379

   1. 사실상 기간의 정함이 없는 근로계약으로 보는 경우 … 379

   2. 갱신기대권 법리 … 380

Ⅲ. 정년의 도달 … 382

   1. 정년의 의의 … 382

   2. 정년제의 합법성 … 382

   3. 정년 이후 재고용 … 383

Ⅳ. 당사자의 소멸 … 384

제4절 근로관계 종료의 효과 … 385

Ⅰ. 임금채권 등의 청산 … 385

Ⅱ. 사용증명서의 발급 … 386

제14장 │ 기업변동과 근로관계 … 387

제1절 총설 … 387

제2절 영업양도와 근로관계 … 388

Ⅰ. 영업양도와 근로관계 승계 … 388

Ⅱ. 영업양도의 의의 … 390

Ⅲ. 근로자의 반대 의사표시 … 391

Ⅳ. 승계되는 근로관계의 내용 … 393

제3절 합병과 근로관계 … 394

제4절 회사분할과 근로관계 … 396

제5절 법률의 제정·개정에 따른 근로관계의 승계 … 399

제6절 용역업체 변경에 따른 근로관계의 승계 … 400

제3편　집단적 노사관계법

제15장 │ 집단적 노사관계법 총설 ··· 403

제1절 집단적 노사관계법의 의의 ··· 403

제2절 집단적 노사자치의 원리 ··· 404

　I. 집단적 노사자치의 의미 ··· 404

　II. 집단적 노사자치의 구체화 ··· 405

제3절 집단적 노사관계법상 노동분쟁의 특징 ··· 405

제16장 │ 노동조합 ··· 407

제1절 노동조합의 의의와 요건 ··· 407

　I. 노동조합의 의의와 유형 ··· 407

　　1. 노동조합의 의의와 기능 ··· 407

　　2. 노동조합의 유형 ··· 409

　II. 노동조합 설립주체로서 근로자 ··· 411

　　1. 노동조합법상의 근로자 개념 ··· 411

　　2. 사용종속관계의 판단기준 ··· 411

　III. 노동조합의 요건 ··· 413

　　1. 실질적 요건 ··· 413

　　2. 형식적 요건 ··· 423

　IV. 노동조합의 법적 지위 ··· 428

　　1. 노동조합법상 노동조합의 법적 지위 ··· 428

　　2. 법외조합의 법적 지위 ··· 429

제2절 노동조합의 운영 ··· 430

　I. 노동조합 운영의 원칙 ··· 430

　II. 노동조합의 규약 ··· 431

　III. 노동조합의 기관 ··· 432

　　1. 총회 ··· 432

　　　2. 대의원회 … 436

　　　3. 임원 … 437

　Ⅳ. **노동조합의 재정** … 438

　　　1. 조합비 … 438

　　　2. 재산의 귀속 … 439

　　　3. 조세의 면제 … 439

　Ⅴ. **노동조합의 통제** … 439

　　　1. 의의와 근거 … 439

　　　2. 통제의 정당성 … 441

　Ⅵ. **노동조합의 법인격** … 443

　Ⅶ. **조합 운영에 대한 감독** … 444

　　　1. 서류 비치 … 444

　　　2. 회계감사와 운영상황 공개 … 444

　　　3. 행정관청의 감독 … 445

제3절 **조합활동의 보장** … 447

　Ⅰ. **조합활동의 의의** … 447

　Ⅱ. **조합활동의 정당성** … 448

　　　1. 조합활동 해당성 여부 … 448

　　　2. 조합활동의 정당성 … 450

　　　3. 취업시간 중 조합활동과 노무지휘권 … 451

　　　4. 사업장 내 조합활동과 시설관리권 … 453

　　　5. 조합활동의 유형에 따른 정당성 판단 … 453

　Ⅲ. **사용자의 편의제공** … 459

　　　1. 편의제공의 의의 … 459

　　　2. 근로시간면제제도 … 461

　　　3. 노동조합 전임자 … 468

　　　4. 조합사무소의 제공 … 473

　　　5. 조합비공제제도 … 475

제4절 **노동조합의 해산·합병·분할·조직변경** … 476

　Ⅰ. **해산** … 476

　　　1. 의의 … 476

　　　2. 해산사유 … 476

　　　3. 해산의 효과 … 478

II. 합병 ··· 479

    1. 의의 ··· 479

    2. 합병절차 ··· 479

    3. 법적 효과 ··· 480

III. 분할 ··· 480

    1. 의의 ··· 480

    2. 분할절차 ··· 481

    3. 법적 효과 ··· 481

IV. 조직형태 변경 ··· 482

    1. 의의 ··· 482

    2. 조직변경 절차 ··· 483

    3. 법적 효과 ··· 484

제17장 | 단체교섭 ··· 485

제1절 단체교섭의 의의와 단체교섭권의 보장 ··· 485

  I. 단체교섭의 의의 ··· 485

  II. 단체교섭의 방식 ··· 486

  III. 단체교섭권의 보장 ··· 488

제2절 단체교섭의 주체 ··· 490

  I. 단체교섭의 당사자 ··· 491

    1. 근로자 측 교섭 당사자 ··· 491

    2. 사용자 측 교섭 당사자 ··· 494

  II. 단체교섭의 담당자 ··· 495

    1. 근로자 측 교섭 담당자 ··· 495

    2. 사용자 측 교섭 담당자 ··· 501

제3절 단체교섭의 대상 사항 ··· 502

  I. 교섭대상 사항의 의의와 일반적 결정기준 ··· 502

    1. 교섭대상 사항의 의의와 해석 ··· 502

    2. 교섭대상 사항 결정의 일반적 기준 ··· 504

  II. 교섭대상 사항의 구체적 범위 ··· 505

    1. 근로조건 기타 근로자의 대우에 관한 사항 ··· 505

    2. 집단적 노사관계의 운영에 관한 사항 ··· 505

　　　3. 경영에 관한 사항 ··· 506
　　　4. 권리분쟁에 관한 사항 ··· 507

　제4절 단체교섭의 방법과 절차 ··· 508
　　Ⅰ. 성실교섭의무 ··· 508
　　Ⅱ. 단체교섭의 방법 ··· 510
　　Ⅲ. 교섭창구단일화제도 ··· 511
　　　1. 개요 ··· 511
　　　2. 교섭요구 노동조합 확정 절차 ··· 512
　　　3. 교섭대표노동조합 결정 절차 ··· 513
　　　4. 교섭단위의 결정 ··· 517
　　　5. 교섭대표노동조합의 지위 ··· 518
　　　6. 공정대표의무 ··· 520

　제5절 단체교섭 거부의 구제 ··· 522
　　Ⅰ. 행정적 구제 ··· 522
　　Ⅱ. 사법적 구제 ··· 523

제18장 │ 단체협약 ··· 524

　제1절 단체협약의 의의와 기능 ··· 524
　제2절 단체협약의 성립 ··· 526
　　Ⅰ. 단체협약의 당사자 ··· 526
　　Ⅱ. 단체협약의 형식 ··· 527
　　Ⅲ. 단체협약 시정명령 ··· 528

　제3절 단체협약의 효력 ··· 529
　　Ⅰ. 규범적 효력 ··· 530
　　　1. 규범적 효력의 의의 ··· 530
　　　2. 규범적 효력의 대상 ··· 531
　　　3. 규범적 효력의 한계 ··· 533
　　Ⅱ. 채무적 효력 ··· 537
　　　1. 채무적 효력의 의의 ··· 537
　　　2. 채무적 부분의 주요 내용 ··· 538
　　　3. 채무적 효력의 내용 ··· 541

Ⅲ. 단체협약 위반의 효과 ··· 542

　　1. 민사적 효과 ··· 542

　　2. 형사적 효과 ··· 543

Ⅳ. 단체협약의 해석 ··· 543

제4절　단체협약의 효력확장 ··· 545

Ⅰ. 서설 ··· 545

Ⅱ. 사업장단위의 효력확장 ··· 546

　　1. 의의 ··· 546

　　2. 요건 ··· 547

　　3. 효과 ··· 549

Ⅲ. 지역단위의 효력확장 ··· 551

　　1. 의의 ··· 551

　　2. 요건 ··· 552

　　3. 효과 ··· 553

제5절　단체협약의 종료 ··· 555

Ⅰ. 단체협약의 종료 사유 ··· 555

　　1. 유효기간의 만료 ··· 555

　　2. 단체협약의 해지 ··· 556

Ⅱ. 단체협약 실효 후 근로조건 ··· 557

제19장 │ 노동쟁의의 해결 ··· 559

제1절　노동쟁의의 의의 ··· 559

제2절　노동쟁의의 개념 ··· 560

제3절　노동쟁의 해결의 기본 원칙 ··· 562

제4절　조정(調停) 절차 ··· 563

제5절　중재(仲裁) 절차 ··· 565

제6절　공익사업에서 노동쟁의 해결 ··· 567

Ⅰ. 공익사업에 대한 특칙 ··· 567

Ⅱ. 긴급조정 ··· 568

제20장 | 쟁의행위 ··· 569

제1절 쟁의행위의 개념 ··· 569
I. 쟁의행위의 의의 ··· 569
II. 준법투쟁의 쟁의행위 해당 여부 ··· 570
1. 준법투쟁의 의의 ··· 570
2. 쟁의행위 해당 여부 ··· 571

제2절 쟁의행위에 대한 노동조합법의 규율 ··· 573
I. 쟁의행위의 보호 ··· 573
1. 민형사 면책 ··· 573
2. 불이익취급에 대한 부당노동행위의 금지 ··· 573
3. 근로자의 구속제한 ··· 574
4. 대체근로의 제한 ··· 574
II. 쟁의행위의 제한 ··· 577
1. 주체의 제한 ··· 577
2. 목적의 제한 ··· 579
3. 시기·절차의 제한 ··· 580
4. 절차·시기의 제한 ··· 581
5. 방법의 제한 ··· 583

제3절 쟁의행위의 정당성 ··· 591
I. 쟁의행위 정당성의 의의 ··· 591
1. 쟁의행위 정당성 판단의 필요성 ··· 591
2. 쟁의행위 제한법규와 관계 ··· 592
3. 쟁의행위 정당성에 대한 판례법리 ··· 592
4. 쟁의행위에 부수되는 개별 행위의 정당성 구별 ··· 594
II. 쟁의행위 주체의 정당성 ··· 595
1. 노동조합의 지부·분회 ··· 595
2. 헌법상 단결체 ··· 596
3. 쟁의단 ··· 596
4. 비공인파업 ··· 597
III. 쟁의행위 목적의 정당성 ··· 598
1. 쟁의행위의 목적 ··· 598
2. 구체적 유형 ··· 599

Ⅳ. 쟁의행위 시기·절차의 정당성 … 604

    1. 쟁의행위의 개시 시기 … 604

    2. 조정전치주의 위반 … 605

    3. 쟁의행위 찬반투표 … 606

    4. 단체협약상의 쟁의 관련 조항 … 607

Ⅴ. 쟁의행위 수단·방법의 정당성 … 608

    1. 파업 … 608

    2. 태업 … 608

    3. 피케팅 … 609

    4. 직장점거 … 609

    5. 보이콧 … 610

    6. 준법투쟁 … 611

Ⅵ. 정당하지 않은 쟁의행위의 책임 … 611

    1. 형사책임 … 611

    2. 민사책임 … 614

    3. 징계책임 … 616

제4절 직장폐쇄 … 618

  Ⅰ. 직장폐쇄의 의의 … 618

    1. 직장폐쇄의 개념 … 618

    2. 직장폐쇄의 성립 … 618

    3. 직장폐쇄의 신고 … 619

  Ⅱ. 직장폐쇄의 인정 근거와 정당성 … 619

    1. 직장폐쇄의 인정 근거 … 619

    2. 직장폐쇄의 정당성 … 620

  Ⅲ. 직장폐쇄의 효과 … 622

    1. 임금지급의무의 면제 … 622

    2. 사업장 점유의 배제(퇴거 요구) … 622

제5절 쟁의행위와 근로관계 … 624

  Ⅰ. 쟁의행위 참가자의 근로관계 … 624

    1. 근로관계의 존속 … 624

    2. 파업 참가자의 임금 삭감 … 624

    3. 기타 근로조건의 해석 … 626

제21장 | 부당노동행위 … 628

제1절 총설 … 628

I. 부당노동행위 제도의 의의와 목적 … 628
1. 부당노동행위 제도의 의의 … 628
2. 부당노동행위 제도의 목적 … 629

II. 부당노동행위의 주체와 객체 … 630
1. 부당노동행위의 주체 … 630
2. 부당노동행위의 보호대상 … 631

III. 부당노동행위의 유형 … 632

제2절 불이익취급 … 633

I. 의의 … 633

II. 성립요건 … 633
1. 정당한 조합활동 등 … 633
2. 사용자의 불이익처분 … 634
3. 부당노동행위 의사의 존재 … 637

제3절 반조합계약 … 640

I. 의의 … 640

II. 성립요건 … 641
1. 반조합 약정 … 641
2. 고용조건 … 641

III. 유니언 숍 협정 … 641
1. 의의 … 641
2. 협정의 체결 … 642
3. 협정의 효력 … 642

제4절 단체교섭의 거부 … 644

I. 의의 … 644

II. 단체교섭 거부의 정당한 이유 … 644

제5절 지배·개입 … 645

I. 의의 … 645

II. 성립요건 … 646
1. 노동조합의 조직 또는 운영 … 646

    2. 지배하거나 개입하는 행위 … 646

    3. 지배·개입 의사의 존재 … 649

제6절 부당노동행위 구제 절차 … 650

  I. 부당노동행위의 행정적 구제 절차 … 650

    1. 의의 … 650

    2. 근로자와 노동조합의 구제신청 … 651

    3. 노동위원회의 심사 … 653

    4. 노동위원회의 판정과 당사자의 불복 … 654

  II. 부당노동행위의 사법적 구제 절차 … 655

    1. 형사적 절차 … 655

    2. 민사적 구제 절차 … 656

제22장 | 노사협의회 제도 … 657

제1절 취지 … 657

제2절 노사협의회제도 … 658

  I. 노사협의회의 의의 … 658

  II. 노사협의회의 구성 … 659

  III. 노사협의회의 임무 … 660

  IV. 노사협의회의 운영 … 661

  V. 고충 처리 … 661

제3절 새로운 근로자대표 시스템의 모색 … 662

제4편   비정규직 노동법

제23장 | 비정규직의 보호 … 667

제1절 비정규직의 의의 … 667

제2절 비정규직 보호법과 판례 법리 … 668

제24장 | 기간제근로자의 보호 … 670

제1절 기간제근로자와 기간제 근로계약의 개념 … 670

제2절 기간제 근로계약의 체결 … 671

제3절 기간제근로자의 사용기간 제한 … 672

  I. 원칙(2년 초과 사용금지) … 672

  II. 계속근로기간 산정에 관한 문제 … 673

  III. 예외 … 676

    1. 사업의 완료 또는 특정한 업무의 완성에 필요한 기간을 정한 경우 … 676

    2. 휴직·파견 등으로 결원이 발생하여 해당 근로자가 복귀할 때까지 그 업무를 대신할 필요가 있는 경우 … 677

    3. 근로자가 학업, 직업훈련 등을 이수함에 따라 그 이수에 필요한 기간을 정한 경우 … 678

    4. 고령자고용법상의 고령자와 근로계약을 체결하는 경우 … 679

    5. 전문적 지식·기술의 활용이 필요한 경우와 정부의 복지정책·실업대책 등에 따라 일자리를 제공하는 경우 … 679

    6. 그 밖에 합리적인 사유가 있는 경우로 대통령령이 정하는 경우 … 681

  IV. 기간제한 위반의 효과 … 683

  V. 무기계약 체결 시 기간제근로자에 대한 우선 고용 의무 … 684

제4절 기간제근로자의 고용보호 … 685

  I. 기간만료와 근로관계의 종료 … 685

  II. 갱신거절 제한에 관한 법리 … 685

    1. 기간이 형식에 불과한 경우 … 686

    2. 갱신기대권이 인정되는 경우 … 686

    3. 갱신거절과 서면 통지 … 689

제25장 | 파견근로자의 보호 … 690

제1절 근로자파견의 의의 … 690
I. 근로자파견의 개념 … 690
II. 근로자파견사업의 합법화 … 692
III. 파견근로자의 보호 … 693

제2절 근로자파견사업의 적정한 운영 … 694
I. 파견대상업무의 제한 … 694
II. 근로자파견기간의 제한 … 696
III. 근로자파견사업의 허가 … 698
IV. 파견근로자에 대한 사용사업주의 직접고용의무 … 698
1. 근로자파견 대상업무를 위반한 경우 … 699
2. 파견기간을 위반한 경우 … 700
3. 허가제를 위반한 경우 … 701
4. 직접고용 후의 파견근로자의 근로조건 … 701
5. 직접고용의무의 법적 성격 … 702

제3절 파견근로자에 대한 근로조건 보호 등 … 703
I. 근로자파견계약의 서면체결과 해지 … 703
II. 파견사업주의 의무 … 704
III. 사용사업주의 의무 … 706
IV. 근로기준법 등의 특례 … 706
1. 근로기준법상의 사용자책임 … 706
2. 산업안전보건법상의 사용자책임 … 708

제4절 간접고용의 법리-파견근로와 사내하도급 … 710
I. 서론 … 710
II. 근로자파견과 도급의 구별기준 … 711
1. 실질판단의 원칙 … 711
2. 종합판단의 원칙 … 712
III. 간접고용과 집단적 노사관계 … 714
1. 비정규직의 집단적 노사관계 … 715
2. 간접고용에서의 집단적 노사관계 사용자책임 확대론 … 715

제26장 │ 단시간근로자의 보호 ··· 718

제1절 단시간근로자의 정의 ··· 718

제2절 단시간근로자의 근로조건 결정 ··· 719

  I. 원칙 ··· 719

  II. 초단시간근로자에 대한 근로기준법 등의 적용제외 ··· 720

제3절 단시간근로자의 구체적인 근로조건 ··· 721

  I. 근로계약 체결 시 근로조건 명시 ··· 721

  II. 임금의 계산 ··· 721

  III. 초과근로 제한과 가산임금 ··· 722

  IV. 휴일·휴가 ··· 723

  V. 취업규칙 ··· 723

  VI. 단시간근로자의 우선 고용과 전환 등 ··· 724

제27장 │ 비정규직 차별시정 제도 ··· 725

제1절 비정규직 차별시정 제도의 의의 ··· 725

제2절 차별적 처우의 개념 ··· 726

제3절 차별적 처우의 판단 ··· 727

  I. 비교대상자의 확정 ··· 727

    1. 동일한 사업 또는 사업장 ··· 727

    2. 동종 또는 유사한 업무 ··· 727

    3. 비교대상자의 선정 범위 ··· 728

  II. 임금 그 밖의 근로조건에 대한 불리한 처우 ··· 730

    1. 차별금지영역 ··· 730

    2. '불리한 처우'의 의미 ··· 732

    3. 불리한 처우의 판단방식 ··· 732

  III. 불리한 처우에 합리적인 이유가 없을 것 ··· 734

    1. '합리적인 이유'의 판단기준 ··· 734

    2. 합리적 이유와 관련한 몇 가지 문제 ··· 735

제4절 차별적 처우의 시정 절차 … 737

    I. 당사자 적격 … 737

        1. 신청인 … 737

        2. 피신청인 … 738

    II. 제척기간 … 739

    III. 노동위원회의 조사·심문 … 740

    IV. 조정·중재 … 740

    V. 시정명령의 내용과 확정 … 741

        1. 시정명령의 내용 … 741

        2. 재심 절차와 효력 확정 … 742

    VI. 고용노동부장관의 차별시정요구와 확정된 시정명령의 효력 확대

      … 742

- 찾아보기 … 747
- 참고판결 … 755
  - 대법원 판례 … 755
  - 헌법재판소 결정 … 777
  - 고등법원·지방법원 판례 … 779
  - 노동위원회 결정 … 780

일러두기

1. 이 책은 매우 유기적으로 이루어져 있어 글 중에 앞 또는 뒤의 논의를 가져오는 경우가 많은데, 이때 독자가 이해하기 쉽도록 각주를 이용해 해당 면을 표시했다.
2. 편집 과정에서 각주가 위치하는 면과 필자가 가리키는 면이 일치하지 않고 전후 한 면 정도의 차이가 발생할 수 있다.
3. 외래어는 국립국어원의 외래어 표기법의 규정에 따라 적는다. 다만, 관용적으로 쓰이는 표현은 그대로 두었다.
4. 각종 노동법 관련 명칭은 장별로 본문에서 적절히 혼용하였다. 정식 명칭과 약칭은 다음을 참고하기 바란다.

- 고용보험법
- 고용보험 및 산업재해보상보험의 보험료징수 등에 관한 법률 (약칭: 고용산재보험료징수법)
- 공무원의 노동조합 설립 및 운영 등에 관한 법률 (약칭: 공무원노조법)
- 교원의 노동조합설립 및 운영 등에 관한 법률 (약칭: 교원노조법)
- 고용상 연령차별금지 및 고령자고용촉진에 관한 법률 (약칭: 고령자고용법)
- 공무원의 노동조합 설립 및 운영 등에 관한 법률 (약칭: 공무원노조법)
- 교원의 노동조합 설립 및 운영 등에 관한 법률 (약칭: 교원노조법)
- 근로기준법
- 근로복지기본법
- 근로자참여 및 협력증진에 관한 법률 (약칭: 근로자참여법)
- 근로자퇴직급여 보장법 (약칭: 퇴직급여법)
- 기간제 및 단시간근로자 보호 등에 관한 법률 (약칭: 기간제법)
- 남녀고용평등과 일·가정 양립 지원에 관한 법률 (약칭: 남녀고용평등법)
- 노동위원회법
- 노동조합 및 노동관계조정법 (약칭: 노동조합법)
- 산업안전보건법
- 산업재해보상보험법 (약칭: 산재보험법)
- 임금채권보장법
- 장애인차별금지 및 권리구제 등에 관한 법률 (약칭: 장애인차별금지법)
- 중대재해 처벌 등에 관한 법률 (약칭: 중대재해처벌법)
- 직업안정법
- 채용절차의 공정화에 관한 법률 (약칭: 채용절차법)
- 최저임금법
- 파견근로자 보호 등에 관한 법률 (약칭: 파견법)

제1편

노동법 총설

제1장   노동법의 의의 ··· 3

제2장   헌법상 노동기본권 ··· 15

제3장   노동법의 규범과 적용 ····································· 39

제1장
노동법의 의의

제1절
노동법의 의의

노동법은 노동관계를 대상으로 하여 근로자의 인간다운 생활을 보장하기 위한 법 영역을 총칭한다. 아래에서는 노동법의 대상과 목적을 구체적으로 살펴본다.

I. 노동법의 대상과 목적

1. 노동법의 대상

노동법은 근로자의 인간다운 생활을 보장하기 위해 노동관계를 규율하는 법이다.

여기서 '노동관계'는 일반적으로 근로자와 사용자 사이에 노동의 거래를 둘러싼 법률관계를 가리킨다. 노동법은 구체적인 규율 대상에 따라 근로자와 사용자의 개별적 관계를 규율하는 개별적 근로관계법과 근로자단체와 사용자(또는 사용자단체)의 집단적 자치와 집단적 거래 또는 흥정을 규율하는 집단적 노사관계법으로 나눌 수 있다.

개별적 근로관계법은 근로기준법을 중심으로 하여 임금, 근로시간 등의 근로조건과 근로계약의 체결·전개·종료(해고)를 규율한다. 이와 달리 집단적 노사관계법은 「노동조합 및 노동관계조정법」(이하 '노동조합법')을 중심으로 하여 노동조합(단결체)의 설립과 운영, 단체교섭, 단체행동(파업 등)을 규율한다.

한편, 현대 복지국가에서는 일할 권리 보장과 실업기간의 소득보장이 국가의 책무로 강조되면서 국가와 노사 당사자 사이의 법률관계도 노동관계의 중요한 요소로 다루어지고 있다. 이러한 법률관계는 일자리, 즉 고용과 밀접하게 관련되어 있으므로 이를 규율하는 노동법 분야는 '고용보장법'이라고 할 수 있다.[1] 고용보장법 분야는 고용보험법을 중심으로 당사자의 권리·의무를 규율하는데, 이에 대해서는 별도로 설명하지 않고 개별적 근로관계법, 집단적 노사관계법과 연결되는 범위 안에서만 간략하게 설명하고자 한다.

2. 노동법의 목적

노동법의 목적은 근로자의 인간다운 생활을 보장하는 데 있다. 이를 실현하고자 노동법은 근로조건의 최저기준을 설정하여 근로자의 근로조건을 유지·개선하는 한편(개별적 근로관계법), 근로자들이 단결해서 교섭력을 키워 사용자와 대등한 지위에서 근로조건을 결정하게 함으로써 근로자 스스로가 근로조건을 유지·개선하도록 한다(집단적 노사관계법).

'인간다운 생활의 보장'이라는 노동법의 목적은 헌법상 노동기본권을 보장하는 방식으로 구현되고 있다. 먼저 근로기준법은 헌법 제32조에서 보장한 근로권에 따라 근로조건의 기준을 정함으로써 근로자의 기본적 생활을 보장·향상하며 균형 있는 국민경제의 발전을 꾀하는 것을 목적으로 하며, 노동조합법은 헌법 제33조의 단결권, 단체교섭권, 단체행동권의 노동3권을 보장하여 근로조건의 유지·개선과 근로자의 경제적·사회적 지위의 향상을 도모하고, 노동관계를 공정하게 조정하여 노동쟁의를 예방·해결함으로써 산업평화의 유지와 국민경제의 발전에 이바지함을 목적으로 한다.

---

[1] 이를 규율하는 노동법 분야를 취업, 즉 일자리 정책과의 연관성을 강조하여 '노동시장법'(김유성, 『노동법 I』, 법문사, 2005, 10면)으로 부르거나, 그 근거인 헌법 제32조 제1항이 '고용의 증진'을 국가의 책무로 규정한 점을 고려해서 '고용증진제도'(임종률, 『노동법』, 박영사, 2022, 701면)라고 부르기도 한다. 그 밖에 실업 기간의 소득보장을 강조하여 '고용보험법'(김형배, 『노동법』, 박영사, 2021, 1611면)을 독자적 노동법 분야로 다루기도 한다.

'균형 있는 국민경제의 발전' 또한 노동법의 목적 중 하나이다. 이는 헌법 제119조 제2항에서 "국가는 균형 있는 국민경제의 성장 및 안정과 적정한 소득의 분배를 유지하고, 시장의 지배와 경제력의 남용을 방지하며, 경제주체 간의 조화를 통한 경제의 민주화를 위하여 경제에 관한 규제와 조정을 할 수 있다."라고 규정한 것에 근거한 것으로, '균형 있는 국민경제의 발전'을 위한 중심적인 국가의 책무 중 하나는 노동법을 바탕으로 헌법상 근로권과 노동3권, 즉 노동기본권을 존중(respect)하고 촉진(promote)하며 실현(realize)하는 것이다.[2]

노동조합법이나 근로자참여법 등 집단적 노사관계법 분야에서는 '산업평화의 유지'도 그 법령의 목적으로 강조하는데, 이는 근로자단체와 사용자(또는 사용자단체) 사이에 협의와 교섭으로 자율적인 노사규범을 형성하는 집단적 노사자치 시스템이 노동관계에서 산업평화를 제고하는 데 가장 효과적인 수단이기 때문이다.

한편, 노동관계 법령에서 구체적으로 명시하지는 않았지만, 현대 사회에서는 '공정경쟁의 확보' 또한 노동법의 중요한 목적 중 하나이다. 노동법이 제대로 적용·집행되지 않으면 노동법을 준수하여 양호한 근로조건을 제공하는 기업들이 노동법 적용을 회피하거나 위반한 경쟁 기업에 비해 시장에서 불리한 상황에 처하게 되므로,[3] 이는 결국 근로자의 권익을 향상해 국민경제의 균형 있는 발전에 기여한 기업을 불리하게 처우하는 것과 마찬가지일 뿐만 아니라 시장의 건전성도 무너뜨리기 때문이다.

II. 노동법의 규율 방법

노동법이 노동관계를 규율하는 전통적인 방법은 두 가지이다. 하나는 근로조건

---

2 권리 보장에서 존중(respect), 촉진(promote), 실현(realize)은 해당 권리가 제대로 구현되는지를 점검하는 국제인권규범 및 국제노동기준의 방법론이다. 예컨대 1966년 사회권규약(International Covenant on Economic, Social and Cultural Right)에 대한 UN 사회권위원회의 일반논평 제18호(General Comments No. 18) 참조.
3 노동법의 미준수는 시장과 기업 경쟁의 공정성 측면에서도 부정적이므로 반드시 규율되어야 한다는 표현은 플랫폼 종사자의 근로자성이 문제가 된 미국 캘리포니아 대법원의 Dynamex Operations West, Inc. v. Superior Court of Los Angeles (2018) 4 Cal.5th 903에 서술된 것이다.

등의 최저한도를 법률로 정하여 강제하는 것이고, 다른 하나는 집단적 자치를 보장하는 방식, 즉 노동력을 집단적으로 거래하기 위한 단결과 단체교섭, 단체행동을 법적 권리로 인정하고 이를 보장하는 것이다. 전자는 주로 개별적 근로관계법 분야에서, 후자는 집단적 노사관계법 분야에서 사용한다.

개별적 근로관계법에서는 국가가 후견적인 지위, 즉 공익의 대표자로서 근로자와 사용자 사이의 근로계약 관계에 직접 개입하여 시민법상 계약 자유의 원칙, 특히 계약 내용 형성의 자유를 수정한다. 개별적 근로관계법은 임금, 근로시간, 안전과 보건 등 다양한 근로조건의 최저기준을 설정하고, 이를 공·사법적 수단으로 강제함으로써 노동관계에서 개별 근로자의 인간으로서의 존엄을 보장한다.[4]

이와 달리 집단적 노사관계법에서 국가는 후견자의 역할보다는 노사의 집단적 자치를 보장하고, 노사 당사자들의 실질적 대등성이 확보되도록 여건을 조성한다. 집단적 노사관계법은 근로계약 내용의 형성을 목표로 삼는 것이 아니라 근로자단체와 사용자(또는 사용자단체)의 집단적 거래관계에서 공정과 형평, 즉 대등성을 도모하는 것이기 때문이다.

이러한 규율방식의 차이에도 불구하고, 양자는 노사대등성의 확보를 목적으로 삼고 시민법 원리를 수정한다는 점에서 공통적이다.

한편, 고용보장법 분야에서는 국가가 직접적이고 적극적인 행정 작용(직업소개·직업훈련·고용보험사업 등)으로 노동시장 정책을 실현하기 때문에 국가와 근로자, 국가와 사용자 사이의 법률관계가 중요하게 다루어진다. 또한 이 분야는 국가의 예산 사정이나 경제 상황에 따라 정책이 수립·시행되기 때문에 국가의 역할이 좀 더 중요하다.

III. 노동관계의 특성과 노동법

역사적으로 노동법은 신분제에서 벗어나 노동의 자유를 인정하는 것에서 출발하여 점차 노동에 관한 보호를 확대하고 근로자들의 연대와 단결을 인정하면서 지

---

4 김유성, 『노동법 I』, 법문사, 2005, 10면.

금과 같은 모습에 이르렀다.

전근대 사회에서 노동은 농노, 장인, 도제 등과 같은 신분의 틀 속에서 제공되었으나, 시민혁명과 산업혁명을 거쳐 근대 사회로 이행한 이후로는 노동력의 담지자(擔持者)인 근로자가 노동을 제공하고 사용자는 이에 대해 임금을 지급하는 근로계약으로 거래되었다.[5] 이를 위해 근대 국가의 시민법은 노동의 자유를 보장하는 한편, 노동을 일반적인 상품과 동일한 성격으로 간주하여 시민법상의 계약자유 원칙에 따라 근로계약, 즉 노동력의 거래방식과 내용(근로조건)을 당사자의 자유의사에 따라 결정하도록 했다. 또한 이는 근로자와 사용자 모두 시민으로서 독립적이고 대등한 당사자라는 전제에 기초한 것이었다.

하지만 이러한 형식적인 계약자유의 원칙은 그 실질에서는 노동관계의 형성과 종료, 근로조건 결정에서 사용자의 일방적 자유를 보장하는 것과 마찬가지였다. 노동력은 일반적인 상품과 달리 근로자의 인격과 분리하여 저장하는 것이 불가능한데다가 노동력의 거래, 즉 취업 이외에는 다른 생계수단이 없는 근로자가 가난과 굶주림을 버티며 자신의 노동력에 대해 적절한 가격을 협상하는 것은 불가능했기 때문이다. 즉, 계약자유 원칙의 전제인 계약 당사자 간의 대등성은 근로자와 사용자 사이에서는 애초부터 기대할 수 없는 불가능한 가정이었다.

이와 아울러 노동은 인격과 완전히 결합되어 불가분적인 특성을 지니고 있다. 이로써 근로자는 시민과 노동이라는 이중의 법적 지위를 가진다. 근로자는 시민으로서 노동을 타인에게 자유로이 처분할 수 있는 권리의 주체임과 동시에 종속적 상태에서 타인을 위해 노동을 제공해야 하는 권리의 객체이다. 이러한 인격이자 동시에 물(物)이라는 노동의 모순을 직시함으로써 노동법이 성립한다. 현실적 거래 대상으로서 '노동'은 다른 상품과 마찬가지로 그 권리자인 사용자에게 종속되지만, 법적 가치로서 노동은 1944년 국제노동기구(ILO)가 필라델피아 선언에서 기본원칙으로 천명한 바와 같이 상품이 아닌 것으로 취급되어야 하기 때문이다.

이를 위해 노동법은 '종속노동'을 그 규율 대상으로 포착한다. 앞에서 살펴본 바와 같이 노동의 '종속성'은 자본주의 체제 내에서 본질적이고 구조적인 특징이다. 노동법은 이를 법적 계기로 포착하여 노동관계를 기존의 시민법과는 다른 접근 방

---

5 이러한 변화를 영국의 역사학자 헨리 메인(Henry Maine)은 '신분에서 계약으로'(from Status to Contract)라는 단어로 포착했다.

식으로 규율한다. 노동법은 시장경제 질서에서 상품으로서 노동(력)의 성격 등으로 노동이 자본에 예속될 개연성이 높다는 현실을 받아들이고, 그 불평등을 해소하고 노동의 탈상품화를 추구하려면 특별한 보호가 필요하다는 점을 강조한다. 이 점에서 종속노동은 노동법을 독립적인 법 분야로 성립시키는 기둥이자 노동법학을 체계적으로 구성하는 중심 개념이다.[6]

현대 복지국가의 노동법은 위와 같은 역할을 수행하고자 근로자에게 헌법상 생존권 조항에 기초한 노동법적 권리를 보장한다. 그리고 근로자들의 단결권과 공동체의 구성원으로서 연대를 보호한다. 이러한 권리와 연대의 보장은 근로자가 노동시장의 상품으로서의 성격뿐만 아니라 민주주의 체제에서 시민으로서 지위를 함께 가지고 있다는 점에 기초한다.

이러한 노동법을 학문적 대상으로 하는 노동법학은 노동법의 독자성을 강조하고 단결권과 집단적 노사관계법의 원리적 우월성을 인정하는 바탕 위에서 법적 실천을 중시한다. 전통적으로 노동법학은 노동법의 주체로서 근로자를 추상적 인격체가 아닌 구체적이고 사회적인 존재로 파악하고, 그 특징을 이른바 '노동의 종속성'에서 구한다.[7] 그리고 노동법의 기본 이념을 근로자의 생존권 실현에 두고 이를 위하여 법질서 내부에서 노동법의 독자성을 강조한다.

제2절
한국 노동법의 과거, 현재 그리고 미래

앞에서 살펴본 바와 같이 노동법은 특히 타인을 위해 타인에게 종속된 노동이라는 객관적 상태에서 파생하는 문제점들을 해결하고자 형성되었다. 이는 거의 모든

---

6 이철수, "근로계약법제와 관련된 방법론적 검토", 「노동법의 존재와 당위 – 김유성교수정년기념논문집」, 박영사.

7 노동법의 독자성을 규명하려는 이론적 시도로 계급적 종속성, 경제적 종속성, 인적 종속성, 조직적 종속성 등의 이름으로 20세기 초중반부터 논란이 많이 되었다. 이러한 논의는 실제 노동이 어떻게 어느 정도로 종속되는지를 실증적으로 분석하기보다는 노동법의 독자성을 강조하려는 이데올로기적 기능을 수행하였는바, 노동법이 독자적 법 영역이라는 점에 이의를 달지 않는 현재는 논의의 실익이 없다.

국가에서 두 방향으로 발전한다. 하나는 노동에 대한 국가적 보호의 확대이고, 다른 하나는 노동의 연대에 대한 국가적 인정이다. 19세기 초 영국의 공장법에서 시초를 찾을 수 있는 노동에 대한 국가적 보호는 지금까지 그 대상자와 노동조건을 꾸준히 확대하고 있다.[8] 연소자에 대한 근로시간의 제한으로 시작한 노동 보호는 모든 근로자의 프라이버시와 개인 정보 보호로까지 대상을 넓혀 왔다. 한편, 근대 사회가 근로자에게는 허용하지 않았던 결사의 자유, 곧 노동 연대의 자유는 1824년 영국의 단결금지법 폐지부터 부분적으로 인정된다. 그러나 단결의 자유라 불리는 노동 연대권은 유럽 국가들에서조차 제1차 세계대전이 끝나고 1919년 국제노동기구가 결성되기까지는 적어도 전면적으로 국가법에 수용되지는 못했으며, 파업권을 포함한 노동3권 전부를 국가법으로 인정[法認]하여 국제적 보편성을 확보한 것은 제2차 세계대전이 끝난 후의 일이다.

우리나라도 제2차 세계대전 이후 독립 정부를 수립하고 노동권과 노동법을 두 방향으로 발전시켰다. 1948년 대한민국 헌법은 노동 보호의 헌법적 근거로 '근로권'을, 노동 연대의 헌법적 근거로 '단결·단체교섭·단체행동의 자유'를 명시하고, 이에 기초하여 1953년 노동4법, 즉 근로기준법, 노동조합법, 노동쟁의조정법, 노동위원회법을 제정하였다. 이후 근로권에 기초한 개별적 노동권(일할 기회와 환경에 관한 권리)은 근로기준법 자체의 개선과 최저임금법 등 특별법의 제정과 개정으로 구체화되었다. 다른 한편으로는 노동 연대의 기초인 단결·단체교섭·단체행동의 자유가 단결권·단체교섭권·단체행동권, 즉 노동3권으로 모습을 바꾼 후 노동조합법의 개선과 교원노조법 등 특별법의 개선으로 집단적 노동권을 현실화하였다.

우리나라 노동법의 전개 과정은 ① 명목적 생성의 시기(미군정기와 1953년 노동4법 제정 이후), ② 경제적 효율성 강조의 시기(1961~1986), ③ 사회적 형평성 모색의 시기(1987~1997), ④ 사회적 형평성과 경제적 효율성 조화의 시기(1998년 노동법 대개정 이후)로 나누어 설명할 수 있다.

---

8 유럽에서 시작된 국가에 의한 노동보호법의 형성 과정에 대하여는 Bob Hepple (Eds.), *The Making of Labour Law in Europe: A Comparative Study of Nine Countries up to 1945*, Mansell Publishing Limited: London and New York, 1986 참조.

I. 명목적 생성의 시기(1953~1960)

1953년 근로기준법, 노동조합법, 노동쟁의조정법, 노동위원회법이 제정되어 노동법제의 기본 골격이 형성되었다. 그 이전에는 사안에 따라 임시방편으로 단행법령이 제정·운영되었기 때문에 미군정이 제정·시행한 몇몇 법령이 중요한 지침으로 작용하였다. 1953년의 노동법은 한국 노사관계의 현실을 반영하거나 외국 법제에 관한 면밀한 조사와 연구를 바탕으로 제정된 것이 아니고, 미군정기의 노동정책에서 형성된 법적 관행의 일정 부분을 수용하면서 기본적으로는 일본의 노동법을 계수한 것이었다.[9] 이 당시의 집단적 노사관계법은 노동조합의 자유설립주의를 보장하고 협약자치를 최대한 존중하는 등 집단적 자치의 원칙에 비교적 충실한 입법이었지만, 근대적 의미의 노사관계가 형성되지 않은 상황이라 법의 실효성을 기대하기는 어려웠다.

II. 경제적 효율성 강조의 시기(1961~1986)

산업화에 박차를 가한 제3공화국(1961~1970)에서부터 정치적 정당성의 결여로 정권 유지에 급급했던 유신체제(1971~1979)와 제5공화국(1980~1986)의 권위주의 정부하에서 노동법은 경제적 효율성 또는 기능적 효율성을 극대화하는 도구의 성격이 강하였다. 노사협의회를 매개로 한 협조적 노사관계의 진작이라는 구호도 그 실상은 노동3권의 위축을 의도하였다. 노동정책 역시 그 특수성이 무시된 채 경제정책에 종속되었다. 그 결과 근로자의 단결 활동은 철저히 제약받았다. 노동시장에서 노사의 집단자치가 작동되지 않고 국가가 주도권을 행사하는 가부장적 노사관계가 형성되었다. 형식적으로 보면 이 시기 법 개정 경향은 집단적 노사관계법에서는 규제와 억압을 강화하고, 개별적 근로관계법 영역에서는 노동자 보호를 강화한 것으로 보인다. 그러나 사실상 근로기준법의 수규자(受規者)인 사용자가 법을

---

9 제정 노동법과 일본 노동법을 비교하여 그 차별성을 드러낸 논문으로는 강성태, "제정 노동법의 주요내용과 특징", 「노동법학」 제48호, 한국노동법학회, 2013. 12, 160면 이하 참조.

준수하지 않은 것은 물론이고, 국가가 이를 수수방관하는 경우가 많았으므로 근로기준법은 보호법제로서 제대로 기능하지 못하였다.

III. 정치적 민주화와 사회적 형평성의 모색(1987~1997)

1987년에서 1997년까지 노동법의 개정 과정은 이전 시기의 법 개정 과정과는 뚜렷한 차이를 보였다. 우선 절차적 측면에서 1987년 노동법 개정은 노동관계법을 제정한 이후 최초로 정상적인 입법기관에서 정치적 토론 과정을 거쳐 여야 합의로 이루어졌다. 법 내용 측면에서 볼 때도 집단적 자치는 부분적으로 후퇴하기도 하였지만 전체적으로는 꾸준하게 확대되었다. 집단적 자치의 확대는 노동운동의 발전에 조응하는 것이었다.

1990년대에 들어와 WTO 체제로 세계경제 질서가 재편되고 한국이 국제노동기구(ILO) 회원으로 가입함에 따라 국제화·세계화의 시각에서 노동법을 재검토할 필요성이 제기되었다. 또한 계속되는 노동계의 법 개정 요구와 함께 노동의 유연성 제고 및 기업 경쟁력 강화를 기치로 경영계도 근로기준법 개정을 강력히 주장하였다. 이것이 김영삼 정부에서 노사관계 개혁위원회(약칭 '노개위')가 발족된 계기였다.[10] 노개위에서의 심도 있는 논의와 1996년 12월부터 1997년 3월까지 노동법 총파업, 개정법의 폐지와 재제정의 우여곡절을 거친 끝에 집단적 노사관계법 영역에서 위헌성이 논란된 문제 조항이 상당히 개선되었고, 개별적 근로관계법 영역에서는 노동의 유연성을 제고하는 규정이 도입되었다. 이와 아울러 제도를 합리적으로 개선한 부분도 많이 발견된다. 이 시기는 노동법 개정의 절차와 내용이 정상화되는 과정이었다고 평가할 수 있다. 이러한 정상화는 사회 전반의 민주화에 따라 비로소 가능하였다. 1987년의 이른바 6월 항쟁에 따른 한국 민주화의 진전은 노동법 개정과 직접적으로 관련된다.

---

10 1996년 5월 9일 구성된 노사관계 개혁위원회는 이전의 양대 노총을 포함하는 노동계 대표의 참여가 보장되었을 뿐 아니라 노사관계·개혁과 관련된 주요 현안을 중앙 차원에서 실질적으로 협의했다는 점에서 사회적 협조주의의 효시를 이룬다고 평가할 수 있다.

Ⅳ. 사회적 형평성과 경제적 효율성의 조화 모색(1998~현재)

1997년 11월 21일 정부가 국제통화기금(IMF)에 자금 지원을 요청하며 시작된 금융위기는 한국이 해방 이후 경제성장 과정에서 경험하지 못했던 초유의 상황이었다. 이로써 대량실업 사태와 임금 저하 현상이 속출함에 따라 노동법 체계에 대한 재검토가 불가피하게 되었다. 노사관계에서 이러한 움직임은 노사정위원회 발족의 요인으로 작용하였다. 노사정위원회 합의 등을 기초로 새 제도가 도입되거나 기존 제도가 수정되는 등 1998년 이후 노동법은 상당 부분 변모하게 된다.

개별적 근로관계법에서는 정리해고 법제가 근로기준법 개정으로 일부 수정·시행되고, 근로자파견 제도가 새로 도입되었으며, 사용자 도산 시 임금채권 등의 보호를 내용으로 하는 근로기준법의 개정 및 임금채권보장법의 제정 등의 변화가 있었다. 집단적 노사관계법에서는 교원의 노동조합 설립이 가능하게 되었으며 공무원의 직장 내 단결 활동이 공무원직장협의회로 일부 가능하게 되었고, 노동조합의 정치 활동의 범위가 노동조합법과 정치관계법 개정으로 확대되는 등의 변화가 있었다.[11]

제3절
노동법의 미래와 과제

노동법은 경제적·정치적·사회적 맥락의 복합적 산물로, 우리 노동법의 현실은 대외적으로는 세계적인 불평등의 심화와 저성장 사회 진입, 기술혁신에 따른 무한 경쟁의 심화라는 전지구적 경향에서 자유롭지 못하다.[12] 대내적으로는 압축적 경제성장을 이뤄내는 과정에서 과거 노동집약적·수출 주도형 산업구조로부터 서비

---

11 그 밖에 이 기간의 노동 입법 및 담론의 주요 내용은 이철수, "IMF 구제금융 이후의 한국의 노동법제 발전", 「서울대학교 법학」 제55권 제1호, 서울대학교 법학연구소, 2014 참조.

12 Conaghan, Fischl & Klare, *Labour Law in an Era of Globalization: Transformative Practices & Possibilities*, Oxford: Oxford University Press (2002); Bob Hepple, *Labour Laws and Global Trade*, Hart Publishing: Oxford (2005).

스 중심적 산업구조로의 변동, IMF 구제금융 이후 더욱 심화된 부의 양극화 현상과 비정규 고용의 심화로 인한 일터에서 위험의 외주화 문제, 가부장적 인습을 청산하지 못한 데에서 비롯되는 일·가정 양립의 극심한 어려움과 일터에서 이른바 '갑질'의 만연 등 한국 사회가 겪어온 제반 문제가 곧 노동법제에 고스란히 녹아들어 있다 해도 지나친 말이 아니다.[13]

전반적으로 신자유주의적 사조가 우세했던 1990년대 전후에는 우리나라에서도 기업에 대한 규제 완화, 전통적인 노동보호법에 대한 회의를 골자로 하는 이른바 '노동유연화' 논의가 변화된 환경에 대한 해법인 양 회자되기도 하였다. 1997년의 IMF 구제금융과 그로 인한 대대적 법 개정은 노사정 대타협의 괄목할 만한 성과는 별론으로 하더라도, 결국 신자유주의적 정책기조에 직접 영향을 받아 실제로 우리 노동법제의 보호적 역할이 여러 측면에서 약화된 대표적 사건이기도 하다.

그러나 2007년 리먼 브라더스(Lehman Brothers)의 붕괴로 상징되는 미국발 금융위기를 계기로 세계적 차원에서는 시장 만능주의에 대한 반성론이 본격화되기 시작하였다.[14] 지난 300년간의 통계를 분석해 자본수익률이 경제성장률보다 높을 때 부의 양극화와 불평등이 심화된다는 점을 밝히고, 이를 해결하려면 글로벌 자산누진세 등 전향적 조치가 필요하다는 피케티의 주장은[15] 서구사회는 물론 우리나라에서도 큰 반향을 일으켰으며, 다소 늦은 감은 있으나 한국의 불평등 문제가 학계에서도 공론화되는 계기를 제공하였다.[16]

신자유주의와 불평등 현상에 대한 반성은 법학의 여러 분야 중에서도 특히 노동법에 직접 화두를 던졌다. 사회경제적 불평등의 심화는 노동법제의 규범적 정당성과 현실적 실효성과도 연결되어 있다. 우리 헌법은 자유권에 기반한 정치적 민주주의와 함께 국민의 경제적·사회적 평등 또한 지향하는 사회민주주의(social democracy) 관념에 기반하여 국민의 근로권(제32조), 노동3권(제33조)의 보장, 인간

---

13 이하의 내용은 이철수·이다혜, "한국의 산업구조 변화와 노동법의 새로운 역할", 「서울대학교 법학」 제58권 제1호, 서울대학교 법학연구소, 2017; 이철수·이다혜, 『영혼 있는 노동: 한국의 노동법과 일의 미래』, 스리체어스, 2019 참조.

14 Joseph Stiglitz, The Global Crisis, Social Protection and Jobs, *International Labour Review*, Vol. 148 (2009).

15 토마 피케티, 장경덕 외 옮김, 『21세기 자본』, 글항아리, 2014.

16 우리나라 불평등 문제에 대한 최근 저작으로 장하성, 『왜 분노해야 하는가: 분배의 실패가 만든 한국의 불평등』, 헤이북스, 2015; 전병유, 『한국의 불평등 2016』, 페이퍼로드, 2016 등이 있다.

다운 생활을 할 권리(제34조), 경제민주화(제119조)를 표방하고 있으며, 노동법제는 이러한 헌법상 기본권을 실현하고자 제정되었으므로 우리 산업구조에서 불평등이 심각하다는 사실은 논리필연적으로 노동법제에 대한 재검토를 요구한다.

현상적 측면에서 오늘날 한국 사회에서는 전통적인 노사관계 질서에서는 예상하기 어려웠던 상황들이 전개되고 있다. 우선 근로자 상(象)의 변화를 꼽지 않을 수 없다. 급변하는 노동 환경 속에서 고용형태와 취업형태가 다양해지면서 모든 근로자를 하나의 획일적 이해집단으로 묶기에는 이질성과 차별성이 더욱 확대되고 있다. 따라서 여전히 낮은 조직률로 종래에 기대되었던 노동조합의 대표성과 근로조건 결정 기능에 의문이 제기되고 있다. IMF 경제위기를 전후하여 급증한 비정규직 문제는 현재 대한민국의 각종 정책과제에서 가장 먼저 해결해야 할 문제로 대두되고 있다. 특수형태근로종사자와 같이 자본시장과 노동시장의 중간에 존재하는 이른바 회색지대(gray zone) 현상은 우리에게 새로운 사고방식을 요구하며, 최근 '4차 산업혁명'으로 일컬어지는 기술 발전의 새로운 경향은 전통적 노동법의 경계에 놓인 자들의 권리 보호에 대한 난제를 던져주고 있다.

이러한 일련의 흐름은 규범학인 노동법학에 많은 고민을 던져준다. 일차적으로 노동법을 종속노동자 보호에 관한 법이라고 이해해 온 전통적 패러다임이 앞으로도 여전히 유효할지에 대한 의문이다. 인식 주체가 대상을 통찰할 때 사용되는 패러다임이라는 인식의 도구틀은 역사성과 사회성을 지닐 수밖에 없다. 따라서 종속노동론이 언제, 어떠한 조건에서 형성되어 왔고 그 조건은 변화가 없는가, 종속노동론 위에 구축된 노동법 체계는 앞으로도 여전히 유효한가, 노동법제를 형성할 때 새로운 사고틀이 필요하지 않은가 등의 물음에 지속적으로 관심을 기울이게 한다.

노사관계의 룰은 그 주체·경제·사회·이데올로기의 복합적 산물이기 때문에 새로운 패러다임을 모색하는 데는 인접 사회과학과 학제적 연구가 필요함은 물론 연구자 스스로가 노사관계 전반을 종합적·체계적으로 인식해야 한다. 신자유주의에 대한 자성의 목소리와 함께 노동 보호의 관념과 규범으로서 노동법의 중요성이 새롭게 부각되는 시대가 온 것이다.

제2장

헌법상 노동기본권

제1절
헌법상 사회국가 원리와 기본권

헌법상 경제질서는 개인과 기업의 경제상 자유와 창의를 존중하는 시장경제 질서를 기본으로 하면서(헌법 제119조 제1항) 사회적 정의를 실현하고자 국가적 규제와 조정을 용인하는 사회적 시장경제 질서와 사회국가 원리를 수용하고 있다.

헌법은 사회국가 원리를 추구한다. 헌법에서 이를 명시적으로 언급하지는 않지만, 헌법 전문(前文), 사회적 기본권의 보장(헌법 제31조 내지 제36조), 경제력 남용 방지와 적정한 소득분배 등을 위한 국가의 경제 영역 규제 및 조정 권한(헌법 제119조 제2항 이하) 등과 같이 사회국가 원리가 구체화된 여러 표현으로 이를 수용한 것이다.[1] 헌법재판소에 따르면, 사회국가는 "사회정의의 이념을 헌법에 수용한 국가, 사회현상에 대하여 방관적인 국가가 아니라 경제·사회·문화 모든 영역에서 정의로운 사회질서를 형성하려 사회현상에 관여하고 간섭하고 분배하고 조정하는 국가이며, 궁극적으로는 국민 각자가 실제로 자유를 행사할 수 있는 실질적 조건을 마련해 줄 의무가 있는 국가"이다.[2]

노동관계와 노동시장에 관하여 헌법 제32조, 제33조는 근로권과 노동3권을 보

---

1 헌법재판소 2002.12.18. 2002헌마52 결정.
2 헌법재판소 2002.12.18. 2002헌마52 결정.

장하고 있다.[3] 근로권과 노동3권은 결사의 자유, 직업의 자유 등과 같은 일반적 기본권과의 관계에서 특별한 지위에 있다. 헌법상 노동기본권 규정은 개별 노동관계 법령의 내용을 형성하고 이를 제한하는 근거로 작용하며, 노동분쟁에서 규범의 해석과 위헌 심사의 기준이 되기도 한다.

헌법 제32조는 근로권(제1항 제1문) 보장을 기초로 법률로써 최저임금제를 시행하고(제1항 제2문 후단), 근로조건의 기준은 인간의 존엄성을 보장하도록 법률로 정한다고 규정하고 있다(제3항). 또한 여자와 연소자의 근로는 특별한 보호를 받고, 특히 여자의 근로는 고용·임금·근로조건에서 부당한 차별을 받지 않아야 한다고 천명한다(제4항, 제5항).

헌법 제32조를 구체화하는 개별적 근로관계법에는 「근로기준법」, 「근로자퇴직급여 보장법」, 「최저임금법」, 「임금채권보장법」, 「근로자의 날 제정에 관한 법률」, 「남녀고용평등과 일·가정 양립 지원에 관한 법률」, 「산업안전보건법」, 「산업재해보상보험법」, 「기간제 및 단시간근로자 보호 등에 관한 법률」, 「파견근로자보호 등에 관한 법률」, 「건설근로자의 고용개선 등에 관한 법률」, 「외국인근로자의 고용 등에 관한 법률」, 「고용상 연령차별금지 및 고령자고용촉진에 관한 법률」 등이 있다. 이 중에서 기본이 되는 법률은 근로기준법이다.

헌법 제33조는 근로자의 노동3권을 보장하고(제1항), 공무원인 근로자는 법률이 정하는 자에 대해 이를 인정하며(제2항), 주요 방위산업체에 종사하는 근로자의 단체행동권은 법률로 정하도록(제3항) 규정하고 있다.

헌법상 노동3권 보장 규정을 입법적으로 구현한 대표적 법 영역이 집단적 노사관계법이고, 그중 노동조합법이 중심을 이룬다. 그 밖에 노동3권과 관련된 법률로는 「공무원의 노동조합 설립 및 운영 등에 관한 법률」, 「교원의 노동조합 설립 및 운영 등에 관한 법률」 등이 있다. 집단적 노사관계에서 발생하는 분쟁(부당노동행위, 노동쟁의 조정 등)을 해결하는 준사법적 행정기관인 노동위원회의 설치·구성·운영 등에 관해서는 「노동위원회법」이 규율한다. 그 밖에 종업원의 집단적 목소리(collective voice)를 반영하는 법률로 「근로자참여 및 협력증진에 관한 법률」, 「공무원직장협의회의 설립·운영에 관한 법률」 등이 있다.

---

3 헌법재판소 2002.11.28. 2001헌바50 결정.

헌법상 노동기본권 조항은 사법부와 행정부, 입법부 등 국가 기관을 구속한다. 또한 노동기본권은 단순한 주관적 공권에 그치지 않고, 헌법을 비롯한 전체 법질서 속에서 하나의 객관적 가치질서로서 사인(私人) 간 법률관계에도 일정한 법적 효과를 가진다.[4]

그 밖에도 헌법상 사회국가 원리를 실현하는 다양한 기본권 조항이 존재한다. 이 책에서는 노동권과 직간접적으로 관련되는 인간다운 생활을 할 권리, 직업의 자유, 평등원칙 등을 살펴본다.

제2절
근로권

I. 근로권의 의의

헌법 제32조 제1항은 "모든 국민은 근로의 권리를 가진다. 국가는 사회적·경제적 방법으로 근로자의 고용의 증진과 적정임금의 보장에 노력하여야 하며, 법률이 정하는 바에 의하여 최저임금제를 시행하여야 한다."라며 근로의 권리를 비롯한 근로자의 고용증진·적정임금 보장·최저임금제 시행 등을 규정하고 있다. 한편 같은 조 제3항은 "근로조건의 기준은 인간의 존엄성을 보장하도록 법률로 정한다." 라고 하여 근로조건 기준의 법정주의를 규정하였으며, 같은 조 제4항과 제5항에서는 "여자의 근로는 특별한 보호를 받으며, 고용·임금 및 근로조건에 있어서 부당한 차별을 받지 아니한다.", "연소자의 근로는 특별한 보호를 받는다."라고 하여 여자와 연소 근로자에 대한 특별 보호와 근로관계에서 여성 차별 금지 등을 규정하고 있다.

헌법재판소에 따르면, 근로권은 "인간이 자신의 의사와 능력에 따라 근로관계를

---

4 대법원 2018.9.13. 2017두38560 판결.

형성하고, 타인의 방해를 받음이 없이 근로관계를 계속 유지하며, 근로의 기회를 얻지 못한 경우에는 국가에 대하여 근로의 기회를 제공하여 줄 것을 요구할 수 있는 권리"를 의미한다.[5]

근로권의 보장은 생활의 기본적 수요를 충족할 수 있는 수단을 제공하고, 나아가 인격의 자유로운 발현과 인간의 존엄성을 보장해 주는 역할을 한다.[6] 이 점에서 근로권은 인간다운 생활을 할 권리와 불가분의 관계에 있다. 근로권은 '인간다운 생활을 할 권리'를 이념적 바탕으로 하여 이를 실현하는 수단의 의미가 있다.[7] 즉 근로권은 근로자에게 생활의 물질적 기반을 보장하는 수단이고, 자기 책임에 기초한 자유로운 생활 형성의 전제 조건이 되는 기본권이다.

이처럼 노동의 의미는 단순히 현재의 물질적 생활 토대를 마련하는 데 그치지 않는다는 것을 유념해야 한다. 우선 노동은 사람에게 자신의 인격적 발전을 도모하고, 사회에 참여할 기회를 제공한다. 사람은 노동으로 자아를 실현하고 능력을 유지·향상하며 원만한 인간관계를 형성하는 등 참다운 인격의 발전을 도모함으로써 자신의 인격을 실현한다.[8] 그렇기에 개인에게 실업은 경제적 소득의 상실이라는 의미를 가질 뿐만 아니라 인격적 상실감, 즉 사회적 소외의 원인이 되기도 한다. 따라서 근로권의 보장은 생활의 기본적 수요를 충족할 수 있는 생활수단을 확보해 주며, 나아가 인격의 자유로운 발현과 인간의 존엄성을 보장해 주는 의의를 지닌다.[9]

또한, 노동으로 취득한 임금은 개인의 사회보장을 위한 사전 기여로 기능한다. 노동할 기회를 잃으면 현재의 생계뿐 아니라 미래의 불확실한 운명을 대비할 수 없게 된다. 노동은 근로자가 현재의 소비 재원인 임금을 취득하는 계기이고, 나아가 장래의 소비 재원인 사회보장수급권을 형성하는 계기가 된다. 이 점에서 국가가 고용관계를 보호하고자 펼치는 노동정책은 사회보장제도와도 밀접한 관계가 있다.[10]

---

5 헌법재판소 2007.8.30. 2004헌마670 결정.
6 헌법재판소 2002.11.28. 2001헌바50 결정.
7 허영, 「한국헌법론」 전정15판, 박영사, 2019, 552면.
8 대법원 1996.4.23. 95다6823 판결.
9 헌법재판소 2002.11.28. 2001헌바50 결정.
10 전광석, "헌법의 규범력과 사회보장법: 기본구조", 「한림법학 FORUM」 제9권, 한림대학교 법학연구소, 2000, 19면.

II. 근로권의 법적 성질

근로권은 노동의 자유를 보장한다는 측면에서 자유권적 성격이 있음을 부정할 수는 없지만, 국가가 국민의 균등한 생활을 보장하고 경제적 약자인 근로자의 인간다운 생활을 보장하는 적극적 권리라는 점에서 생존권적 기본권이라고 말할 수 있다.[11]

근로권이 법적 권리라는 점에는 다툼이 없다. 다만 그 권리성의 정도, 즉 헌법상 근로권 규정이 재판 규범으로 인정될 수 있는지는 견해가 나뉜다. 이는 근로권은 입법으로 구체화될 때만 법적 권리로 인정될 수 있다는 추상적 권리설과 헌법상 근로권 규정은 그 자체로 헌법소송 등에서 재판 규범으로 작용하고 이를 침해하는 법률은 무효라는 구체적 권리설로 나눌 수 있다.

그런데 헌법이 명문으로 근로권을 보장하는 점에 비추어 볼 때, 이를 여타 헌법상 기본권과 달리 취급하여 구체적 권리성을 부인할 수는 없다. 이 점에서 구체적 권리설이 근로권을 객관적 가치질서와 기본권으로 보장한 우리 헌법 체계에 부합한다. 추상적 권리설은 결과적으로 근로권을 법적 권리로 보지 않는다는 것인데다가, 근로권을 구체화하는 입법이 상당히 진행된 현시점에서는 설득력이 없다. 근로권 조항의 구체적 권리 실현 수단이 모호하다는 추상적 권리설의 논거는 기본권의 내용을 청구권적 시각에 기반하여 좁게 해석하고 법적 소구 가능성에 의지해 권리성을 판단하는 것에 불과하다. 특히 헌법상 재판청구권과 참정권 등 청구권적 기본권 규정들도 근로권과 마찬가지로 이를 구체화하는 입법이 있어야만 권리 행사가 가능하다는 점에 비춰 볼 때, 권리 행사의 구체적 수단이나 절차의 불비가 근로권의 구체적 권리성을 부인하는 논거가 될 수는 없다.

---

11   성낙인, 『헌법학』 제19판, 법문사, 2019, 1370면.

III. 근로권의 내용

1. 근로권의 주체

근로권의 주체는 자연인 중에서 원칙적으로 대한민국 국민에 한정된다.[12] 다만 뒤에서 다시 살펴보겠지만, 근로의 권리는 '일할 자리에 관한 권리'뿐만 아니라 '일할 환경에 관한 권리'도 포함하고 있고, 후자는 인간의 존엄성에 대한 침해를 방어하려는 자유권적 기본권의 성격도 갖고 있으므로 국민이 아닌 외국인 근로자라고 하여 이 부분에 대해서까지 기본권 주체성을 부인할 수는 없다.[13]

2. 일할 자리에 관한 권리

전통적으로 '근로권'은 일할 자리에 관한 권리로, 국민이 자신의 의사와 능력에 따라 근로관계를 형성하고 타인의 방해 없이 근로관계를 계속 유지하며, 근로 기회를 얻지 못하면 국가에 근로할 기회를 제공해 달라고 요구하는 권리이다.

'일할 자리에 관한 권리'는 근로 의사와 능력이 있는 국민은 누구든지 국가에 근로할 기회를 요구할 수 있다는 것을 의미한다. 국가는 근로 의사와 능력이 있는 사람이 일하도록 고용정책 등을 추진하여 고용을 증진하고자 노력하여야 한다(헌법 제32조 제1항 제2문 전단). 또한 국가는 이러한 고용 증진이 완전하고 생산적이며 자유롭게 선택된 고용(full, productive, and freely chosen employment)[14]으로 이루어지도록 노력해야 한다. 하지만 이는 국민이 국가에 직접 일자리(직장)를 청구하거나 일자리에 갈음하는 생계비 지급을 청구할 수 있다는 의미는 아니며, 국가에 고용 증진을 위한 사회적·경제적 정책을 요구할 수 있는 권리로 이해된다.[15]

일할 자리에 관한 권리는 기본적으로 근로할 기회를 얻는 것을 의미하지만, 그

---

12 성낙인, 『헌법학』 제19판, 법문사, 2019, 1371면.
13 헌법재판소 2007.8.30. 2004헌마670 결정.
14 국제노동기구(ILO) 제122호 고용정책에 대한 협약(Employment Policy Convention, 1964).
15 헌법재판소 2002.11.28. 2001헌바50 결정. 이러한 해석의 근거로 헌법재판소는 "근로권을 직접적인 일자리 청구권으로 이해하는 것은 사회주의적 통제경제를 배제하고 사기업 주체의 경제상의 자유를 보장하는 헌법의 경제질서 또는 기본권 규정들과 조화될 수 없다."라고 밝히고 있다.

외에도 취업 중인 자가 안정된 상태에서 취업 상태를 유지할 수 있어야 한다는 의미도 포함한다.[16] 다만 헌법재판소에 따르면 근로권으로부터 국가에 대한 직접적인 직장존속청구권이 도출된다는 의미는 아니며, 사용자의 처분에 따른 직장 상실과 관련하여 최소한의 보호를 근로자에게 제공해야 할 의무를 국가에 지우는 것으로 해석된다.[17] 이러한 보호의무가 구체화된 사례로는 사용자가 정당한 이유 없이 근로자를 해고할 수 없도록 규정한 근로기준법 제23조의 해고제한법리를 들 수 있다.[18]

3. 일할 환경에 관한 권리

근로권의 해석에서 헌법재판소는 '일할 자리에 관한 권리'뿐 아니라 '일할 환경에 대한 권리'도 포함된다고 본다. 여기에는 건강한 작업 환경, 일에 대한 정당한 보수, 합리적인 근로조건의 보장 등을 요구할 권리 등이 포함된다.[19]

첫째, 헌법 제32조 제1항에는 "국가는 …… 적정임금의 보장에 노력하여야 하며, 법률이 정하는 바에 의하여 최저임금제를 시행하여야 한다."라고 규정하고 있다. 즉 최저임금제 시행은 국가의 의무이며, 이는 최저임금법으로 구체화되고 있다. 이와 함께 국가는 적정임금을 보장하려는 노력 의무를 부담하는데, 이에 근거하여 근로기준법은 임금을 보호하는 다양한 사항을 정하고 있다. 여기에서 '적정임금'은 근로자와 그 가족이 인간의 존엄성에 상응하는 건강하고 문화적인 생활을 영위하는 데 필요한 정도의 임금 수준을 의미한다.[20]

둘째, 헌법 제32조 제3항은 "근로조건의 기준은 인간의 존엄성을 보장하도록 법률로 정한다."라고 규정하고 있다. 이는 근로조건에 관하여 법률이 최저한의 제한을 설정한다는 의미로 해석된다. 따라서 이 규정은 계약 자유의 원칙에 대한 수정을 예정한다. 헌법 제32조 제3항을 구체화한 대표적 입법으로는 근로기준법과 산업안전보건법을 들 수 있다.

---

16 김유성, 『노동법 Ⅰ』, 법문사, 2005, 16면.
17 헌법재판소 2002.11.28. 2001헌바50 결정.
18 헌법재판소 2005.3.31. 2003헌바12 결정.
19 헌법재판소 2007.8.30. 2004헌마670 결정.
20 김유성, 『노동법 Ⅰ』, 법문사, 2005, 17면.

셋째, 헌법 제32조 제4항과 제5항에 따라 여자와 연소자의 근로는 특별한 보호를 받는다. 여자와 연소자의 근로에 대한 특별한 보호는 근로기준법에서 정하며, 특히 여자의 근로에 대한 특별한 보호와 평등대우에 대해서는 「남녀고용평등과 일·가정 양립 지원에 관한 법률」이 규율한다.

제3절

노동3권

I. 노동3권의 의의

헌법 제33조 제1항은 "근로자는 근로조건의 향상을 위하여 자주적인 단결권·단체교섭권 및 단체행동권을 가진다."라고 규정하고 있다. 여기에 규정된 단결권, 단체교섭권 및 단체행동권을 통칭하여 노동3권이라 한다. 헌법은 결사의 자유와는 별도 조항에서 노동3권을 병렬적으로 규정하고 있다.

헌법이 이와 같이 노동3권을 보장하는 취지는 노동관계 당사자가 상반된 이해관계로 말미암아 계급적 대립·적대의 관계로 나아가기보다는 활동 과정에서 서로 기능을 나누어 가진 대등한 교섭주체의 관계로 발전하도록 하기 위해서이다. 그리하여 그들로 하여금 때로는 대립·항쟁하고, 때로는 교섭·타협의 조정과정을 거쳐 분쟁을 평화적으로 해결하게 함으로써 결국 근로자의 이익과 지위의 향상을 도모하는 사회복지국가를 건설하는 데 그 목적이 있다.[21] 또한 노동3권의 보장은 계약자유의 원칙과 재산권 보장의 역기능을 막고 헌법이 추구하는 실질적 평등이 노사관계에서 실현되도록 뒷받침하는 기능도 있다.[22]

노동3권은 근로권과 함께 '인간다운 생활'을 보장해 주려는 제도적 장치로 기능

---

21 헌법재판소 1993.3.11. 92헌바33 결정.
22 헌법재판소 1993.3.11. 92헌바33 결정.

하고, 근로권의 내용 중 합리적인 근로조건과 적정임금 등과 같은 '일할 환경에 관한 권리'를 실현하는 수단의 성격을 갖는다.[23]

II. 노동3권의 법적 성질

판례는 초기에 노동3권을 생존권적 기본권으로 파악했다. 즉 "노동3권은 사용자와 근로자 간의 실질적인 대등성을 단체적 노사관계의 확립을 통하여 가능하도록 하기 위하여 시민법상의 자유주의적 법원칙을 수정하는 신시대적 정책으로서 등장된 생존권적 기본권"이라고 설명한다(생존권설).[24]

그에 비해 다수 학자는 노동3권을 자유권적 기본권과 생존권적 기본권의 성격 모두를 가지고 있다고 파악한다(혼합설). 노동3권은 "인간다운 생활을 확보한다는 '이념으로서의 생존권성'과 그 이념은 노사 간의 자치로 실현되어야 한다는 '실현 방식에서의 자유권성'을 아울러 가지는 기본권이다."라는 설명이 대표적이다.[25] 헌법재판소 역시 노동3권을 '사회적 보호 기능을 담당하는 자유권' 또는 '사회권적 성격을 띤 자유권'으로 본다.[26]

생존권설은 국가의 후견적 입장을 강조하고, 정부에 입법 정책적 재량을 넓게 인정하려는 경향을 띤다. 반면에 혼합설은 노동조합의 자유로운 활동을 보장하고, 노동3권을 제약하는 입법에 부정적 견해를 취한다. 과거 법원은 생존권설의 견지에서 대상조치가 존재하는 한 단결의 자유 등 노동3권을 제한할 수 있다는 결론에 이르곤 했다(대상조치론). 그러나 생존권과 자유권의 관계를 대립적인 것으로 상정하고, 대상조치론으로 생존권적 기본권을 자유의 보장에 필요한 보조 장치 또는 자유를 대체할 수 있는 수단으로 다루는 것은 현대적 생존권 개념에 맞지 않는다.

현대적 생존권은 자유의 실질적 조건을 형성하는 것이고, 자유권의 보장을 당연

---

23 허영, 『한국헌법론』 전정15판, 박영사, 2019, 562면.

24 대법원 1990.5.15. 90도357 판결.

25 김유성, 『노동법 II』, 법문사, 1999, 25면.

26 헌법재판소 1998.2.27. 94헌바13·26, 95헌바44(병합) 결정; 헌법재판소 2004.8.26. 2003헌바58 결정; 헌법재판소 2008.7.31. 2004헌바9 결정; 헌법재판소 2009.2.26. 2007헌바27 결정; 헌법재판소 2009.10.29. 2007헌마1359 결정; 헌법재판소 2017.9.28. 2015헌마653 결정; 헌법재판소 2018.5.31. 2012헌마90 결정.

히 전제한다. 다시 말해 생존권은 자유권을 토대로 삼아 자유권 위로 나아가는 것 (through freedom, beyond freedom)이다. 이 점에 비춰 볼 때, 근로자의 자유권을 제약하는 근거로 노동3권의 생존권적 성격을 강조하는 것은 본말이 전도된 논의이다. 생존권과 자유권은 상호 보완적 관계를 유지해야 하고, 노동3권은 전형적인 생존권이지만 자유권적 속성도 함께 갖는 기본권이다. 따라서 노동3권 등 생존권적 기본권은 자유권적 기본권과 동일하게 존중되어야 한다.

최근 대법원은 노동3권을 법률의 제정이라는 국가의 개입을 통하여 비로소 실현될 수 있는 권리가 아니라 법률이 없더라도 헌법의 규정만으로 직접 법규범으로서 효력을 발휘할 수 있는 구체적 권리로 파악하면서, 특히 노동3권 중 단결권은 결사의 자유가 근로의 영역에서 구체화된 것으로서 연혁적·개념적으로 자유권의 본질을 가지고 있으므로 '국가에 의한 자유'가 아니라 '국가로부터의 자유'가 보다 강조되어야 한다는 점을 밝히고 있다.[27]

III. 노동3권의 내용

1. 노동3권의 주체

노동3권을 향유하는 자는 근로자이다. 노동3권의 주체로서 근로자는 일반적으로 노동조합법상 근로자를 지칭하고 "직업의 종류를 불문하고 임금·급료 기타 이에 준하는 수입에 의하여 생활하는 자"를 말한다(노동조합법 제2조 제1호).

노동조합법상 근로자는 타인과의 사용종속 관계하에서 근로를 제공하고 그 대가로 임금 등을 받아 생활하는 사람을 의미한다. 따라서 특정한 사용자에게 고용되어 현실적으로 취업하고 있는 사람뿐만 아니라 일시적으로 실업 상태에 있는 사람이나 구직 중인 사람을 포함하여 노동3권을 보장할 필요성이 있는 사람도 여기에 포함되는 것으로 보아야 한다.[28] 그리고 그러한 근로자가 외국인 여부나 취업자

---

27 대법원 2020.9.3. 2016두32992 전원합의체 판결.
28 대법원 2004.2.27. 2001두8568 판결; 대법원 2015.1.29. 2012두28247 판결; 대법원 2018.6.15. 2014두 12598, 12604 판결.

격의 유무에 따라 노동조합법상 근로자 범위에 포함되지 않는다고 볼 수는 없다.[29]

한편 헌법 제33조 제1항에 따르면 노동3권의 주체가 근로자임에도, 전통적으로 노동3권 중 단체교섭권과 단체행동권의 주체로는 노동조합과 같은 근로자단체를 떠올린다. 이에 대해서는 노동조합만 단체교섭권을 갖고 단체행동권을 할 권리를 갖는 것이 아니라, 근로자들이 스스로 지지하는 주장에 힘을 실으려고 단체행동에 나서는 것도 단체교섭권과 단체행동권으로서 보장되어야 하고, 노동3권은 근로조건과 직업규범의 결정 과정에 근로자들의 집단적 의사가 개입하고 참여하는 것을 보장하는 권리 또는 자유로 재인식할 필요가 있다는 견해가 유력하다.[30] 이러한 문제의식과 플랫폼 경제와 같은 산업 및 고용 구조의 변화를 연결하여 생각할 때, 노동조합이 아닌 근로자 또는 종업원 대표 기구도 단체교섭권과 단체행동권의 주체에 해당한다고 볼 여지가 있다.

2. 단결권

단결권은 개인 근로자가 단체를 형성하거나 그에 가입하여 활동할 수 있는 권리와 근로자단체가 자주적으로 활동할 수 있는 권리를 말한다. 그중 근로자 개인의 단결권은 개별적 단결권이라 하고, 근로자단체의 단결권은 집단적 단결권이라 한다. 따라서 근로자 개인뿐만 아니라 근로자단체도 단결력을 유지·강화하려는 내부 운영사항에 관하여 자유롭게 결정할 수 있고 연합단체를 결성하거나 연합단체에 가입할 수 있다.

(1) 개별적 단결권

근로자는 어떠한 간섭도 없이 자유로이 노동조합으로 대표되는 근로자단체를 조직하거나 그에 가입하여 활동할 수 있는데, 이를 개별적 단결권이라 한다. 노동조합법 제5조는, 근로자는 "자유로이 노동조합을 조직하거나 이에 가입할 수 있다."라고 확인하고 있다. 그러므로 사용자는 노동조합에 가입하지 아니할 것 또는

---

29 대법원 2015.6.25. 2007두4995 전원합의체 판결.
30 박제성, "디지털의 세 가지 표상과 노동법의 과제", 「노동법연구」 제47호, 서울대학교 노동법연구회, 2019, 277-280면.

특정 노동조합의 조합원이 될 것을 고용조건으로 하거나, 노동조합의 결성 또는 가입을 이유로 근로자를 해고하거나 기타 불이익한 처분을 할 수 없다(노동조합법 제81조 제1항 제1호, 제2호).

조합원이 된 근로자는 노동조합의 모든 문제에 균등하게 참여할 권리를 갖는다(노동조합법 제22조). 이에 위반하는 노동조합의 통제처분은 개별적 단결권을 침해하는 것으로 법적 효력이 인정될 수 없다.

(2) 집단적 단결권

노동조합은 기관의 구성·재정 등의 내부 운영사항에 관하여 자유로이 결정할 수 있고, 상부 단체를 결성하거나 가입할 수 있는데, 이를 집단적 단결권이라고 한다. 헌법 문언상 단결권의 주체는 '근로자'로 되어 있지만, 일반적으로 개별 근로자뿐 아니라 근로자단체도 단결권을 향유할 수 있다고 본다. 같은 취지에서 노동조합법 등도 근로자단체의 단결 활동에 대하여 민·형사면책을 인정하고(노동조합법 제3조·제4조), 사용자가 노동조합 운영에 지배·개입하는 행위는 집단적 단결권에 대한 침해로서 부당노동행위로 의율한다(노동조합법 제81조 제1항 제4호).

한편, 집단적 단결권의 내용과 관련하여 문제가 되는 것은 조직강제권의 인정 여부이다. 조직강제권은 비조직 근로자에 대하여 조합원자격의 취득·유지를 강제할 수 있는 근로자단체의 권리를 말한다. 이와 관련해 다음에서는 노동조합법 제81조 제1항 제2호에서 정한 유니언 숍 협정 규정을 살펴본다.

(3) 유니언 숍union shop 조항의 합헌성 여부

조직강제는 일반적 조직강제와 제한적 조직강제로 나뉜다. 이는 단체협약으로 근로자에게 노동조합에 가입할 의무를 부담시킨다는 점에서는 동일하지만, 가입해야 할 노동조합이 특정되는지에서 구별된다.

노동조합법은 특정 노동조합 가입 등을 고용조건으로 하는 사용자의 행위를 반조합계약으로 금지하면서도, "노동조합이 당해 사업장에 종사하는 근로자의 3분의 2 이상을 대표하고 있을 때에는 근로자가 그 노동조합의 조합원이 될 것을 고용조건으로 하는 단체협약의 체결은 예외로 한다."라고 규정하고 있다(제81조 제1항 제2호 단서). 이렇게 근로자가 특정 노동조합의 조합원이 될 것을 고용조건으로 하는 단체협약상 규정을 흔히 '유니언 숍' 조항이라고 한다. 유니언 숍 조항은 조직 강제의 하나로 흔히 제한적 조직강제로 분류되는데, 노동조합법 제81조 제1항 제 2호는 일반적 조직강제는 허용하나 제한적 조직강제는 예외적으로만 허용한다.

조직강제는 근로자의 단결하지 아니할 자유와 노동조합의 적극적 단결권(조직강제권)이 충돌하는 지점이다. 이에 관한 노동조합법 규정에 대해서는 위헌론이 제기된 바 있다. 헌법 제33조 제1항은 근로자에게 단결권을 보장하고 노동조합법 제5조는 "근로자는 자유로이 노동조합을 조직하거나 이에 가입할 수 있다."라고 규정함으로써 개별적 단결권을 확인하는데, 이러한 개별적 단결권의 내용에 근로자의 '단결하지 아니할 자유'도 포함되는지가 문제가 된다. 개별적 단결권에 '단결하지 아니할 자유'가 포함된다는 견해에 따르면, 노동조합법상 조직강제 제도는 위헌이라는 결론에 이른다. 이와 관련하여 헌법재판소는 "헌법상 보장된 근로자의 단결권은 단결할 자유만을 가리킬 뿐이고, 단결하지 아니할 자유, 이른바 소극적 단결권은 이에 포함되지 않는다."라며, 다만 일반적 행동의 자유에 속한다는 전제 아래 그 합헌성을 인정하였다.[31] 즉 "단결권은 '사회적 보호기능을 담당하는 자유권' 또는 '사회권적 성격을 띤 자유권'으로서의 성격을 가지고", "일반적인 시민적 자유권과는 질적으로 다른 권리로서 설정되어 헌법상 그 자체로서 이미 결사의 자유에 대한 특별법적 지위를 승인받고 있다."라고 할 것이므로, "단결하지 아니할 자유와 적극적 단결권이 충돌하게 되더라도, 근로자에게 보장되는 적극적 단결권이 단결하지 아니할 자유보다 특별한 의미를 갖고 있다."라는 것이다.[32]

제한적 조직강제는 특정 노동조합 가입을 강제한다는 점에서 위헌론이 제기한 문제상황이 더 뚜렷하게 드러난다. 이 점에서 제한적 조직강제, 즉 유니언 숍 협정의 허용 근거인 노동조합법 제81조 제1항 제2호 단서 규정의 위헌성을 지적하는 견해가 유력하게 주장되었다.[33] 그러나 헌법재판소는 이에 대해서도 합헌론을 유지하였다. 즉 "노동조합이 그 조직을 유지·강화하기 위하여 특정한 노동조합의 조합원이 될 것을 고용조건으로 하는 단체협약을 체결하는 것은 그 목적을 달성하기

---

31 헌법재판소 2005.11.24. 2002헌바95 결정.
32 헌법재판소 2005.11.24. 2002헌바95 결정.
33 강성태, "유니언 숍(union shop) 협정과 노동조합 가입", 「2004 노동판례비평」, 민주사회를 위한 변호사 모임, 2005, 182면 이하; 유성재, 「유니온 숍 협정과 소극적 단결권」, 한국경영자총협회, 2004, 39면.

위하여 효과적이고 적절한 방법"이고, 단체협약을 매개로 한 조직강제를 적법·유효하게 할 수 있는 노동조합을 "조직강제 또는 이에 따른 해고 등 신분상 불이익에 대한 정당성을 뒷받침할 정도로 충분한 지배적 조직, 즉 당해 사업장에 종사하는 근로자의 3분의 2 이상을 대표하고 있는 노동조합일 것"을 요건으로 하는 점은 서로 충돌하는 기본권 사이에 조화를 도모한 것으로 타당하다고 보았다. 나아가 노동조합의 조직강제를 위하여 선택할 수 있는 여러 수단 가운데 달리 더 유효적절한 수단을 상정하기도 쉽지 아니한 점 등을 감안한다면, 노동조합법 제81조 제1항 제2호 단서의 제한적 조직강제 제도 역시 입법자에게 부여된 입법 선택적 재량의 범위에서 벗어난 것이라고 할 수 없다고 판시하였다.[34] 법원 역시 같은 입장이다.[35]

이와 같이 헌법재판소와 법원은 그 합헌성을 인정하지만, 유니언 숍 협정의 위헌론이 주목한 근로자의 단결 선택의 자유 역시 간과해서는 안 되는 헌법적 가치라는 점에는 이론이 없다. 이 점에서 유니언 숍 협정 관련 법령과 단체협약 등의 해석은 단결 선택의 자유와 적극적 단결권 모두를 조화롭게 존중하는 기초 위에 행해져야 한다.

3. 단체교섭권

노동조합은 근로조건 기타 대우와 노사관계상 규칙에 관하여 사용자 또는 사용자단체와 집단적으로 교섭하고 단체협약을 체결할 수 있는데, 이 권리를 단체교섭권이라 한다. 단체교섭권에 대응하여 사용자는 단체교섭의무를 진다. 단체교섭의무에는 단체교섭에 응할 의무뿐만 아니라 교섭 과정에서 합의 달성 가능성을 진지하게 모색해야 하는 의무와 단체교섭 결과 합의가 성립된 경우 단체협약을 체결할 의무가 포함된다.[36]

노동조합법은 사업 또는 사업장 단위에서 복수 노동조합의 설립을 허용하면서도, 교섭창구 단일화 절차에 따라 복수노조 중 교섭대표 노동조합을 정하고 이를 통해 단체교섭을 하도록 규정하고 있다. 교섭창구 단일화 절차는 그 성격상 어떠

---

34 헌법재판소 2005.11.24. 2002헌바95 결정.
35 대법원 2002.10.25. 2000다23815 판결.
36 김유성, 『노동법 Ⅱ』, 법문사, 1999, 31면.

한 방식으로 설계하든 소수노조의 교섭권이 제한될 수밖에 없으므로 위헌 논란에서 자유로울 수 없다.[37] 이와 관련하여 헌법재판소는 교섭창구 단일화 제도는 복수노조 체제에서 발생할 수 있는 노동조합과 노동조합 간의 반목, 노동조합과 사용자 사이의 갈등, 교섭 효율성의 저하와 교섭 비용의 증가 등의 문제들을 해결하고, 기업 내에 통일된 근로조건의 형성 등을 목적으로 한 것으로 합헌이라고 판단한 바 있다.[38]

4. 단체행동권

노동조합은 근로조건 등에 관한 자신의 요구를 관철하고자 사용자에 대하여 집단적 압력을 행사할 수 있는데, 이러한 활동 권리를 단체행동권이라 한다. 단체행동권의 대표적 내용은 쟁의행위권이다. 쟁의행위권은 노동조합이 노동관계상 주장을 관철할 목적으로 업무의 정상적 운영을 저해하는 압력 행동, 즉 파업·태업·피케팅·직장점거 등의 쟁의행위를 할 권리를 말한다(노동조합법 제2조 제6호). 노동조합법은 헌법상 기본권으로서 단체행동권을 확인하여 정당한 단체행동에 대하여 민·형사면책을 인정하고(제3조·제4조), 그러한 단체행동에 참가한 것을 이유로 근로자를 해고하거나 기타 불이익한 취급을 하는 것을 부당노동행위로 금지한다(제81조 제1항 제5호).

IV. 노동3권의 제한

헌법 제33조 제1항은 단결권·단체교섭권 및 단체행동권의 주체를 '근로자'로 규정하면서 별다른 단서를 두지 않고 근로자 일반에 대하여 널리 노동3권을 보장한다. 다만, 노동3권과 관련해서도 다른 기본권과 마찬가지로 몇 가지 제한이 있다.

먼저, 기본권 일반에 적용되는 제한 규정은 노동3권에도 적용된다. 여기에 속하

---

37 이철수, "창구단일화·전임자 문제를 둘러싼 사회적 대화 과정과 결과", 「산업관계연구」 제20권 제2호, 한국고용노사관계학회, 2010.
38 헌법재판소 2012.4.24. 2011헌마338 결정.

는 것으로는 국가안전보장·질서유지 또는 공공복리를 위하여 필요한 경우에 법률로써 국민의 자유와 권리를 제한할 수 있게 하는 일반적 법률유보조항(제37조 제2항)과 긴급명령(제76조), 비상계엄(제77조)과 관련된 국가긴급권 조항이 있다.

노동3권에만 적용되는 제한 규정도 있다. 이들 조항은 근로자의 신분 또는 사업의 성질에 근거한 것으로 헌법뿐 아니라 노동조합법, 공무원노조법, 교원노조법, 방위사업법 등에 있다. 지금 노동3권의 전부 또는 일부가 부인되는 근로자의 범주로는 공무원 노조에 가입할 수 없는 등 노동3권이 모두 부인되는 공무원, 쟁의행위가 금지된 공무원, 쟁의행위가 금지된 교원과 방위사업법에 따라 지정된 주요 방위산업체에 종사하는 근로자 중 쟁의행위가 금지된 근로자 등이 있다.

뒤에서 살펴보겠지만 개별적 유보조항이 없는데도 기본권에 대한 일반적 제한 규정에 기대어 노동3권을 제한하는 것, 근로자의 신분 또는 지위에 기초하여 노동3권의 전부 또는 일부를 제한하는 것은 헌법상 노동기본권 규정의 입법 취지, 기본권의 최소 침해 금지의 원칙 등에 비추어 볼 때 적절하지 않다. 직무의 정지가 공익을 해칠 가능성이 있다 하더라도, 예컨대 필수유지 업무 제도처럼 노동기본권과 공익의 조화를 꾀할 지점을 모색할 필요가 있다.

1. 공무원

헌법 제33조 제2항은 "공무원인 근로자는 법률이 정하는 자에 한하여 단결권·단체교섭권 및 단체행동권을 가진다."라고 규정하여 공무원의 근로자성을 긍정하면서도 노동3권이 보장되는 공무원의 구체적 범위는 법률로 정하도록 유보하고 있다(노동조합법 제5조 제1항 참조). 이에 따라 마련된 공무원노조법은 노동조합에 가입할 수 있는 공무원의 구체적 범위를 정하고 있다.

국회가 헌법 제33조 제2항에 근거하여 공무원의 노동3권에 대한 입법을 하는 경우, 그와 관련해서도 일반적 법률유보조항의 이념, 즉 기본권의 최소 제한의 원칙과 본질적 내용 침해 금지의 원칙은 적용되어야 한다.[39] 하지만 과거 공무원노조법은 일정한 업무에 종사하는 자를 제외하고는 6급 이하 공무원에 대해서만 노

---

39 김유성, 『노동법 Ⅱ』, 법문사, 1999, 39면.

동조합의 설립과 활동을 허용하여 공무원의 노동3권을 과도하게 제한한다는 논란이 계속되었고, 이후 결사의 자유와 관련된 국제노동기구(ILO)의 핵심협약(제87호와 제98호)을 비준하게 되면서 국제기준에 부합하도록 공무원노조의 가입범위를 대폭 확대하였다. 현행 공무원노조법은 ① 업무의 주된 내용이 다른 공무원에 대하여 지휘·감독권을 행사하거나 다른 공무원의 업무를 총괄하는 업무에 종사하는 공무원, ② 업무의 주된 내용이 인사·보수 또는 노동관계의 조정·감독 등 노동조합의 조합원 지위를 가지고 수행하기에 적절하지 아니한 업무에 종사하는 공무원, ③ 교정·수사 등 공공의 안녕과 국가안전보장에 관한 업무에 종사하는 공무원으로서 ① 일반직공무원, ② 특정직공무원 중 외무영사직렬·외교정보기술직렬 외무공무원, 소방공무원 및 교원을 제외한 교육공무원, ③ 별정직공무원, ④ ①부터 ③까지의 어느 하나에 해당하는 공무원이었던 사람으로서 노동조합 규약으로 정하는 사람에 한하여 노동조합의 가입 및 결성을 허용하며(제6조), 이들로 조직된 노동조합에 대해 일정한 범위에서 단체교섭과 단체협약 체결권한을 인정하되(제8조), 쟁의행위는 전면적으로 금지하고 있다(제11조).

2. 교원

교원의 노동3권과 관련해서는 교원노조법이 규율한다. 교원노조법은 교원노조의 설립과 교원 및 교원노조의 단체교섭권, 단체행동권 등에 관해 노동조합법과 달리 정할 사항을 규정하고 있다. 즉 교원노조법에는 교원 지위의 특수성을 고려하여 노동조합 설립에서 제한(제4조), 노동조합에 가입할 수 있는 사람의 범위(제4조의2), 교섭사항의 제한(제6조), 단체협약 효력의 제한(제7조), 쟁의행위의 금지(제8조) 등 민간부문의 일반적 노동조합에 비하여 추가 제한 규정이 있다. 하지만 공무원과 달리 교원에 대해서는 헌법에 개별적 유보규정이 없음에도 교원노조법에 따라 노동3권을 제한하는 것이 위헌인지에 논란이 있다. 그러나 헌법재판소와 법원은 노동3권에 관한 헌법 제33조 제1항에 대하여 교원 지위 법정주의를 규정한 헌법 제31조 제6항의 우위를 인정하면서 이러한 제한은 위헌이 아니라고 본다.[40]

---

40 헌법재판소 2015.5.28. 2013헌마671, 2014헌가21(병합) 결정; 대법원 2006.5.26. 2004다62597 판결.

한편, 종래의 교원노조법은「유아교육법」및「초·중등교육법」에 따른 교원만을 법 적용 대상으로 해서 대학 교원은 노동3권이 전면 부정되어 왔으나, 헌법재판소는 2018년 이에 대하여 헌법불합치 결정을 내린 바 있다.[41] 이후 법 개정으로 현행 교원노조법에는「고등교육법」에 따른 교원이 포함되어 대학 교원도 단결권 및 단체교섭권을 행사할 수 있게 되었다(교원노조법 제2조 제3호).

3. 주요 방위산업체 근로자

헌법 제33조 제3항은 "법률이 정하는 주요 방위산업체에 종사하는 근로자의 단체행동권은 법률이 정하는 바에 의하여 이를 제한하거나 인정하지 아니할 수 있다."라고 규정하고 있다. 그리고 방위사업법 제35조 제2항과 노동조합법 제41조 제2항에 따르면, 총포류·탄약 등 군사전략상 중요한 물자를 생산하는 주요 방산업체에 종사하는 근로자 중 전력·용수 및 주로 방산물자를 생산하는 업무에 종사하는 자는 쟁의행위를 할 수 없다. 이는 방산업체에 종사하는 근로자의 쟁의행위를 사업체 단위가 아닌 '업무' 단위로 제한함으로써 방산물자의 원활한 조달이라는 공익적 요소와 노동기본권의 조화를 도모한 것이다.

4. 기타 근로자

공무원이나 방위산업체 근로자와 같이 헌법에 개별적 유보를 두지 않은 근로자에 대해서도 노동3권, 특히 단체행동권을 금지하는 입법이 합헌인지가 문제가 된다.

특수경비원의 모든 쟁의행위를 금지하는 경비업법 제15조 제3항이 노동3권을 보장한 헌법 제33조 위반인지에 대하여 헌법재판소는 특수경비원 업무의 공공성에 근거하여 이를 합헌으로 판단한 바 있다.[42] 이에 대해서는 별도의 정당화 근거도 없이 업무의 공공성이라는 추상적 기준을 들어 모든 쟁의행위를 금지함으로써 광범위한 노동3권 제한의 가능성을 만들었다는 비판이 있다.[43]

---

41 헌법재판소 2018.8.30. 2015헌가38 결정.

42 헌법재판소 2009.10.29. 2007헌마1359 결정.

43 정인섭, "노동삼권과 법률",「노동법연구」제36호, 서울대학교 노동법연구회, 2014, 60-61면. 최근 해당

한편, 청원경찰에 대해 노동3권 일체를 부정하고 위반 시 처벌조항을 둔 청원경찰법 제11조가 헌법 제33조 위반인지와 관련하여 헌법재판소는, 청원경찰은 공무원에 비하여 낮은 수준의 법적 보장을 받는 점, 단결권과 단체교섭권을 인정하더라도 시설의 안전 유지에 지장을 초래하지 않을 수 있는 점, 무기를 휴대하는 특수경비원조차 단체행동권만 제한되는 점 등을 고려할 때, 모든 청원경찰의 노동3권을 전면적으로 제한하는 것은 과잉금지원칙에 위반한다고 하며 헌법불합치 결정을 하였다.[44] 이에 따라 2018년 9월 18일 청원경찰법 제11조에서 노동운동 등 집단 행위를 금지하던 국가공무원법 제66조 준용 규정을 삭제하고, 쟁의행위만을 금지하는 조항(제9조의4)을 신설하는 개정이 이뤄졌다.[45]

이와 더불어 취업 자격이 없는 외국인 근로자가 노동3권의 주체인지가 문제가 된 바 있다. 그러나 외국인 고용 제한 규정을 두는 것은 취업자격 없는 외국인의 고용이라는 사실적 행위 자체를 금지하고자 하는 것뿐이지, 나아가 취업자격 없는 외국인이 사실상 제공한 근로에 따른 권리나 이미 형성된 근로관계에서 근로자로서의 신분에 따른 노동관계법상 제반 권리 등의 법률효과까지 금지하려는 것으로 보기는 어렵다. 따라서 외국인 여부나 취업자격 유무에 따라 노동조합법상 근로자의 범위에 포함되지 않는다고 볼 수는 없다.[46]

조항의 위헌성을 다시 다투는 사건에서는 헌법재판관 9인 중 5인이 해당 조항이 청구인들의 단체행동권을 침해하여 위헌이라고 보았으나, 헌법소원 청구 인용을 위한 정족수(6인)에는 이르지 못하여 청구가 기각되었다(헌법재판소 2023.3.23. 2019헌마937 결정).

44 헌법재판소 2017.9.28. 2015헌마653 결정.

45 다만, 국방과학연구소법 제14조도 국가공무원법 제7장 복무에 관한 규정(노동운동 등 집단 행위를 금지하는 제66조가 포함되어 있다)을 준용하고 이에 따라 소속 임직원의 노동3권을 제한하는데, 이 규정은 청원경찰법을 개정했는데도 여전히 유지되고 있다.

46 대법원 2015.6.25. 2007두4995 전원합의체 판결.

제4절

노동관계에 관한 그 밖의 헌법적 기초

앞에서 살펴본 바와 같이 우리 헌법은 사회국가 원리에 기초하여 노동기본권, 즉 근로권과 노동3권을 보장한다. 그런데 노동시장 및 노동관계와 관련된 헌법 규정이 이것으로 한정되는 것은 아니다. 앞에서 살펴본 바와 같이 노동기본권의 목적 조항이라고 할 헌법 제34조 제1항은 인간다운 생활을 할 권리를 보장하고 있다. 직업의 자유는 노동시장을 규율하는 대표적 기본권이고, 평등원칙은 노동시장과 노동관계에서 균등대우 원리를 뒷받침하는 기본권 조항이다.

I. 인간다운 생활을 할 권리

헌법 제34조 제1항은 "모든 국민은 인간다운 생활을 할 권리를 가진다."라고 규정하고 있다. 여기에서 정한 인간다운 생활을 할 권리는 사회권 중에서도 가장 근원이 되는 기본권이다.[47] 헌법재판소에 따르면, 헌법이 예정하는 인간상은 '자기결정권을 지닌 창의적이고 성숙한 개체로서의 국민'이고, '자신이 스스로 선택한 인생관·사회관을 바탕으로 사회공동체 안에서 각자의 생활을 자신의 책임하에 스스로 결정하고 형성하는 민주적 시민'을 뜻한다.[48] 그리고 헌법 제10조 전문은 "모든 국민은 인간으로서의 존엄과 가치를 가지며"라고 규정하고 있다. 따라서 헌법 제34조 제1항이 정한 '인간다운 생활'은 인간의 존엄과 가치에 상응하는 생활을 의미한다.

헌법재판소에 따르면, "헌법 제34조 제1항이 보장하는 인간다운 생활을 할 권리는 사회권적 기본권의 일종으로서 인간의 존엄에 상응하는 최소한의 물질적인 생활의 유지에 필요한 급부를 요구할 수 있는 권리"[49] 또는 "인간적 생존의 최소한을

---

47 김유성, 『한국사회보장법론』 제5판, 법문사, 2002, 96면.
48 헌법재판소 1998.5.28. 96헌가5 결정.
49 헌법재판소 2004.10.28. 2002헌마328 결정.

확보하는 데 있어서 필요한 최소한의 재화를 국가에게 요구할 수 있는 권리"를 의미한다.[50] 헌법 제34조 제1항과 제2항은 모든 국민은 인간다운 생활을 할 권리를 가지며 국가는 사회보장·사회복지의 증진에 노력할 의무를 진다고 하여 여러 가지 사회적 기본권을 폭넓게 규정함으로써 모든 국민에게 생활의 기본적 수요를 충족시켜 건강하고 문화적인 생활을 보장하는 것이 국가의 책무라고 하는 사회국가원리를 헌법적으로 수용하고 있다.[51]

인간다운 생활을 할 권리는 헌법상 사회적 기본권의 이념적 기초로서 원리적 규정이다. 그리고 기타 사회적 기본권에 관한 헌법 규정은 이를 실현하려는 구체적 내용이다. 여기에는 사회보장수급권(제34조 제2항 내지 제6항), 교육을 받을 권리(제31조), 근로권(제32조), 노동3권(제33조), 환경권(제35조), 보건권(제36조 제3항) 등이 해당한다. 또한 비록 기본권으로서 헌법에 규정된 것은 아니지만 제9장(경제)의 사회적 시장경제 질서를 실현하려는 일련의 규정은 사회권과도 간접적으로 연계된다.[52]

II. 직업의 자유

헌법 제15조는 "모든 국민은 직업선택의 자유를 가진다."라고 규정하고 있다. 직업(선택)의 자유는 자기가 선택한 직업에 종사하여 이를 영위하고 언제든지 이를 임의로 전환할 수 있는 자유로서 근대 시민사회의 출범과 함께 비로소 쟁취된 기본권이다.[53] 직업의 자유는 삶의 보람이자 생활의 터전인 직업을 개인의 창의와 자유로운 의사에 따라 선택하게 함으로써 자유로운 인격의 발전에 이바지하게 하는 한편, 자유주의적 경제·사회질서의 요소가 된다.[54]

직업의 자유는 근로권과 불가분의 관계에 있다. '근로'는 경제적 활동으로서 직업 활동의 일환으로 파악되고, 근로 활동은 직업적 의미를 가질 때 비로소 그 창의

---

50 헌법재판소 1995.7.21. 93헌가14 결정.
51 헌법재판소 2015.4.30. 2013헌마435 결정.
52 성낙인, 「헌법학」 제19판, 법문사, 2019, 1342면.
53 헌법재판소 1993.5.13. 92헌마80 결정.
54 헌법재판소 1989.11.20. 89헌가102 결정.

성과 독창성이 발휘되기 때문이다.[55]

헌법재판소에 따르면, 헌법 제15조가 보장하는 직업(선택)의 자유는 직업 '선택'의 자유만이 아니라 직업과 관련된 종합적이고 포괄적인 자유를 보장하는 것이다. 또한 직업의 자유는 독립적 형태의 직업 활동뿐만 아니라 고용된 형태의 종속적인 직업 활동도 보장한다. 따라서 직업의 자유는 직장 선택의 자유를 포함한다. 직장 선택의 자유는 특히 근로자들에게 큰 의미가 있다.[56]

직장 선택의 자유는 개인이 그 선택한 직업 분야에서 구체적인 취업 기회를 가지거나, 이미 형성된 근로관계를 계속 유지하거나 포기하는 데에 국가의 방해를 받지 않는 자유로운 선택·결정을 보호하는 것을 내용으로 한다. 그러나 이 기본권은 원하는 직장을 제공해 줄 것을 청구하거나 한번 선택한 직장의 존속보호를 청구할 권리를 보장하지 않으며, 또한 사용자의 처분에 따른 직장 상실로부터 직접 보호해 줄 것을 청구할 수도 없다. 다만 국가는 이 기본권에서 나오는 객관적 보호의무, 즉 사용자의 해고로부터 근로자를 보호할 의무를 질 뿐이다.[57] 즉, 직업의 자유는 근로권과 함께 근로기준법상 해고 제한 법제의 주요한 헌법적 근거이다.[58]

III. 평등원칙

헌법은 전문에서 "정치·경제·사회·문화의 모든 영역에 있어서 각인의 기회를 균등히 하고, ······ 국민생활의 균등한 향상을 기하고"라고 선언하고, 제11조 제1항은 "모든 국민은 법 앞에 평등하다. 누구든지 성별·종교 또는 사회적 신분에 의하여 정치적·경제적·사회적·문화적 생활의 모든 영역에 있어서 차별을 받지 아

---

55 허영, 「한국헌법론」 전정15판, 박영사, 2019, 553면.

56 헌법재판소 2002.11.28. 2001헌바50 결정.

57 헌법재판소 2002.11.28. 2001헌바50 결정.

58 독일 연방노동법원은 독일 기본법 제12조 제1항의 직업의 자유로부터 도출되는 보호의무에 입각해서 노동법원은 근로계약의 기간 설정을 통제할 의무가 있고, 그 보호의무가 효과적이고 충분하게 이행되려면 기간 설정의 실질적 사유가 요구된다고 보았다(BAGE 86, 105). 이와 연결하여 우리나라도 근로권으로부터 도출되는 보호의무에 기초하여 근로계약의 기간 설정에 실질적 사유를 요청할 수 있다는 견해가 있다(정영훈, "근로의 권리와 해고 및 기간제근로 제한의 헌법적 근거", 「성균관법학」 제28권 제3호, 성균관대학교 법학연구원, 2016, 673-681면).

니한다."라며 법 앞의 평등과 차별금지 원칙을 규정하고 있다. 헌법상 평등원칙은 사법권과 행정권, 입법권을 모두 구속한다.[59]

헌법 제11조 제1항은 모든 인간의 존엄함을 선언한 헌법 제10조와 결합하여 모든 국민에게 평등원칙에 부합하는 법을 평등하게 적용해야 한다는 것을 뜻한다.[60] 예를 들면 위 평등권 조항에 기초하여 헌법재판소는 사업주가 제공한 출퇴근용 차량이 아니면 원칙적으로 업무상 재해에서 배제한 구 산재보험법과 관련하여 "사업장 규모나 재정 여건의 부족 또는 사업주의 일방적 의사나 개인 사정 등으로 출퇴근용 차량을 제공받지 못하거나 그에 준하는 교통수단을 지원받지 못하는 비혜택 근로자는 비록 산재보험에 가입되어 있다 하더라도 출퇴근 재해에 대하여 보상받을 수 없는데, 이러한 차별을 정당화할 합리적 근거를 찾을 수 없다."라고 판시하며 헌법불합치 결정을 내린 바 있다.[61]

헌법 제11조 제1항은 헌법상 평등원칙이 국가뿐만 아니라 시민들 사이의 생활관계에서도 지켜지기를 기대하고, 국가 이외의 사적 주체에 의한 부당한 차별적 대우를 배제할 권리를 평등권으로서 부여한다.[62] 즉 헌법 제11조 제1항은 평등원칙을 선언함과 동시에 모든 국민에게 평등권을 보장하므로 기업 등 사적 단체를 포함하여 사회공동체 내에서 개인이 성별에 따른 불합리한 차별을 받지 아니하고 자신의 희망과 소양에 따라 다양한 사회적·경제적 활동을 영위하는 것은 그 인격권 실현의 본질적 부분에 해당하므로 평등권이라는 기본권 침해도 민법 제750조의 일반규정으로 사법상 보호되는 인격적 법익 침해의 형태로 구체화되어 논해질 수 있다.[63]

헌법상 평등원칙은 노동관계 법령에서 다양한 모습으로 실현된다. 근로기준법 제6조는 "사용자는 근로자에 대하여 남녀의 성(性)을 이유로 차별적 대우를 하지 못하고, 국적·신앙 또는 사회적 신분을 이유로 근로조건에 대한 차별적 처우를 하지 못한다."라고 균등대우 원칙을 규정하고 있고, 노동조합법 제9조는 "노동조합

59 헌법재판소 1992.4.28. 90헌바24 결정.
60 이종수, "'사회적 신분'에 의한 차별금지의 헌법적 의미", 「공법연구」 제31집 제1호, 한국공법학회, 2002, 352면.
61 헌법재판소 2016.9.29. 2014헌바254 결정.
62 이종수, 앞의 글, 352면.
63 대법원 2011.1.27. 2009다19864 판결.

의 조합원은 어떠한 경우에도 인종, 종교, 성별, 연령, 신체적 조건, 고용형태, 정당 또는 신분에 의하여 차별대우를 받지 아니한다."라고 차별대우 금지 원칙을 규정하고 있는바, 이는 헌법상 평등원칙을 구체화한 것으로 이해된다. 남녀고용평등법 제8조 제1항의 동일가치노동 동일임금 원칙도 헌법상 평등원칙을 근로관계에서 실질적으로 실현하려는 것이다.[64]

---

64 대법원 2019.3.14. 2015두46321 판결.

제3장
노동법의 규범과 적용

제1절
노동관계의 규범

법령은 노동관계와 관련된 법적 분쟁에서 법 해석과 적용의 일반적 규범이다. 한편 헌법에 따라 체결·공포된 조약도 국내법과 동일한 효력을 가지므로(헌법 제6조 제1항) 우리나라가 비준한 국제노동기구(ILO)의 조약도 노동관계의 규범으로 작용할 수 있다. 나아가 근로관계 역시 근로계약으로 형성되는 법률관계라는 점에서 근로계약도 중요한 규범이라고 할 수 있다. 그 밖에 취업규칙, 단체협약 또는 노동조합 규약 등도 중요한 규범으로 작용한다.

노사의 자치 규범은 노동관계 법령의 최저기준을 상회하는 범위에서만 유효하고, 이에 미달하면 무효이다. 특히 집단적 자치 원칙이 적용되는 집단적 노사관계와 달리 개별적 근로관계에서는 근로기준법이나 남녀고용평등법, 기간제법 등 노동관계법령이 중요한 규범으로 작용한다. 다만 통상 근로계약, 취업규칙 또는 단체협약에서 정한 기준이 법령상의 기준보다 상회하는 경우가 많으므로 실제 분쟁에서는 근로계약 등 자치 규범이 분쟁 해결의 기준이 되는 경우가 자주 있다. 아래에서는 그중 근로계약, 취업규칙, 단체협약 등의 의미와 상호관계를 간략하게 살펴본다.

한편 판례나 행정기관의 예규, 질의회시 등은 노동관계에서 노사 당사자들의 행동 양식을 정하는 중요한 기준이지만, 사실상의 분쟁 해결 기준으로 작용하는지와 무관하게 성문법 국가인 우리나라에서는 원칙적으로 노동관계 관련 분쟁에서 규범성이 인정되지 않는다.

I. 근로계약

근로관계는 원칙적으로 근로계약의 체결로 성립한다. 근로계약은 근로자가 사용자에게 근로를 제공하고 사용자는 이에 대하여 임금을 지급함을 목적으로 체결된 계약을 말한다(근로기준법 제2조 제1항 제4호). 근로계약은 근로 제공과 임금 지급의 채권·채무 관계 형성을 목적으로 하는 채권계약이고, 근로와 임금의 교환관계를 내용으로 하는 유상·쌍무 계약이며, 계약 체결에서 특별한 형식을 요구하지 않는 낙성·불요식 계약이다. 그런데 실제로는 근로계약이 서면으로 체결되는 것이 일반적인데, 근로계약서는 근로관계의 존재뿐만 아니라 고용형태, 임금 등과 같은 권리·의무의 구체적 내용을 증명하는 가장 유력한 증거자료가 된다. 이는 근로계약서가 원칙적으로 처분문서의 성격을 갖는다는 점에 근거한다.[1]

사적 자치의 원칙이 적용되는 민법상 고용계약과 달리 근로계약에는 사회법적 규제가 가해진다. 근로기준법 등 노동법은 근로자를 보호하고자 민법상의 일반원칙을 수정하여 기준근로시간 설정, 부당해고 제한 등과 같이 사용자에게 특별한 의무를 부과하고 있다. 근로관계에는 민법보다 근로기준법 등의 규정이 먼저 적용된다. 특히 근로기준법은 그 법령상 기준에 미달하는 근로계약을 무효로 하고, 무효가 된 부분은 법령에서 정한 내용으로 보충하기 때문에(제15조), 사법관계에 적용되는 다른 일반적 법률보다 더 강한 효력을 갖는다고 말할 수 있다.

앞에서 살펴본 바와 같이 근로계약에 따라 근로자와 사용자는 각각 근로의 제공과 임금의 지급이라는 기본 의무를 진다. 그런데 근로관계는 다른 재산 거래관계와 달리 근로 제공을 매개로 하는 계속적·인격적 결합 관계라는 점에서 근로계약

---

1 '처분문서'는 증명하고자 하는 법률상 행위가 그 문서 자체로 이루어진 경우의 문서를 뜻한다(대법원 1997.5.30. 97다2986 판결). 처분문서는 그 진정성립이 인정되는 이상 반증이 있거나 이를 믿을 수 없는 합리적인 이유가 없는 한, 그 기재 내용대로 법률행위의 존재를 인정하여야 한다(대법원 2003.1.24. 2000다5336, 5343 판결).

당사자들은 그에 따르는 신의칙상 의무도 부담한다. 이와 관련해서는 사용자의 배려의무(인격배려의무, 안전 그 밖에 근로 환경에 대한 배려의무 등)와 근로자의 충실의무(경업금지의무, 영업비밀보호의무) 등이 논의되고 있다.

II. 취업규칙

취업규칙은 사용자가 사업 또는 사업장에서 근로자들에게 적용하고자 근로조건과 복무규율 등에 대해 정한 규칙을 말한다. 다른 국가와 달리 우리나라는 사용자가 일방적으로 작성한 취업규칙에 규범성을 인정하는 점에서 매우 이례적이다.

실제 사업 또는 사업장에서는 '취업규칙'을 한가지 규정으로 통합하여 만들기보다는 보수(급여)규정, 퇴직금규정, 인사규정 등으로 구분하고, 그 규정들이 함께 취업규칙을 구성하는 경우가 많다. 이 밖에도 고용형태·직종 또는 근로 형태 등에 따라 일부 근로자에게만 적용되는 별도 취업규칙을 두는 경우도 많다.

상시 10명 이상의 근로자를 사용하는 사용자는 취업규칙을 작성할 의무가 있고, 취업규칙을 작성하거나 변경한 경우 고용노동부장관에게 신고하여야 한다(근로기준법 제93조). 취업규칙은 다수 근로자의 근로조건을 통일적으로 규율하는 기능을 하고, 노동조합이 조직되어 있지 않은 기업에서 실질적으로 근로조건을 설정한다는 점에서 중요하다. 이 점을 고려하여 근로기준법은 취업규칙의 규범적 효력을 인정함과 동시에 작성·변경 등 여러 가지 측면에서 규제하고 있다.

III. 단체협약

단체협약은 노동조합과 사용자 또는 사용자단체가 단체교섭 등으로 근로조건과 집단적 노사관계에 관한 사항에 대하여 합의한 문서를 말한다. 단체협약은 서면으로 작성하여 당사자 쌍방이 서명 또는 날인하여야 한다(노동조합법 제31조).

통상적으로 단체협약은 규범적 부분과 채무적 부분으로 구성된다. 규범적 부분은 조합원에게 효력을 미치는 부분으로 근로조건 기타 근로자의 대우에 관한 기준을 정한 부분을 말하고, 채무적 부분은 노동조합과 사용자(단체) 등 단체협약의 체결 주체에게만 효력을 미치는 부분으로 조합 사무실의 제공과 같은 노동관계 당사자의 권리·의무에 관하여 정한 사항을 말한다.

IV. 근로기준법상 근로자대표와의 서면 합의

서면 합의는 사용자와 근로자대표가 탄력적 근로시간제 등의 특정 제도를 시행하고자 근로기준법의 관련 규정에 따른 법정 사항 등 필요한 내용을 합의한 결과를 서면에 표시한 것을 말한다. 근로기준법은 탄력적 근로시간제(제51조·제51조의2), 선택적 근로시간제(제52조), 보상휴가제(제57조), 간주근로시간제(제58조), 연장근로 및 휴게시간의 특례(제59조), 유급휴가의 대체(제62조) 등의 도입 또는 시행과 관련하여 그 유효요건으로 서면 합의를 규정하고 있다.[2]

서면 합의의 주체는 사용자와 근로자대표이다. 여기서 '사용자'는 개인 기업에서는 사업주, 법인 기업에서는 법인 자체를 뜻한다. '근로자대표'는 해당 사업 또는 사업장에 근로자 과반수로 조직된 노동조합이 있으면 그 노동조합, 근로자 과반수로 조직된 노동조합이 없으면 근로자 과반수를 대표하는 자를 뜻한다(제24조제3항).

서면 합의가 성립하려면 위 제도와 관련한 법정 사항 등에 대한 사용자와 근로자대표의 합의가 존재하고, 그 합의가 서면으로 작성되어야 한다. 근로기준법은 서면 합의에 노사 대표자의 서명 또는 날인이 있어야 하는지는 규정을 두지 않았으므로, 서명·날인 외에도 무인(拇印) 등과 같이 당사자의 확정적 합의 의사를 확인할 수 있는 체결 방식도 가능하다.[3]

---

2   또한 산업안전보건법에서는 근로자대표를 산업안전보건위원회가 설치되지 않은 사업장에서의 안전보건관리규정의 작성·변경에 대한 동의권, 산업안전보건진단 시 입회 주체 등으로 하고, 근로자퇴직급여보장법에서는 근로자대표를 퇴직급여제도의 설정 및 변경에 대한 동의와 의견제출의 주체로 규정하고 있다.
3   도재형, "근로기준법상 근로자대표 및 서면 합의 제도", 「노동법학」 제37호, 한국노동법학회, 2011, 114면.

V. 노동관행 등

노동관행은 근로관계 당사자 사이에서 근로조건, 직장 규율, 조합 활동 등과 관련하여 반복된 사실을 뜻한다.

노동관행은 계약해석의 고려사항이 될 뿐(민법 제106조) 원칙적으로 규범력이 없다. 다만 예외적으로 노동관행이 근로계약의 내용이 되어 규범력을 가지려면 그러한 관행이 기업 사회에서 일반적으로 근로관계를 규율하는 규범적 사실로 명확히 승인되거나 그 구성원이 당연한 것으로 받아들이는 등 기업 내에서 사실상 제도로 확립되었다고 할 정도의 규범의식에 지지되어야 한다.[4]

VI. 규범들의 상호관계

앞에서 살펴본 노동관계의 규범들은 헌법을 정점으로 하여 법률(조약), 명령, 단체협약, 취업규칙, 근로계약, 노동관행의 순서로 적용된다. 상위 규범에 저촉되는 하위 규범은 효력을 가질 수 없다.

우리 법제는 근로계약, 취업규칙, 단체협약 간의 규범적 위계관계를 명시하고 있다. 노동조합법 제33조에 따르면 단체협약에 정한 근로조건 기타 근로자의 대우에 관한 기준(규범적 부분)에 위반되는 취업규칙 또는 근로계약의 부분은 무효이고, 무효로 된 취업규칙이나 근로계약의 부분 또는 근로계약에 규정되지 아니한 사항은 단체협약에서 정한 기준에 따른다.

취업규칙은 법령이나 그 사업 또는 사업장에 적용되는 단체협약에 위반되어서는 안 되고(근로기준법 제96조), 취업규칙의 내용 중 법령이나 단체협약에 위반되는 내용은 무효이다. 근로기준법 제97조에 따르면 취업규칙에서 정한 기준에 미달하는 근로조건을 정한 근로계약은 그 부분에 관하여는 무효로 하며, 그 무효로 된 부분은 취업규칙에서 정한 기준에 따른다. 취업규칙에서 정한 기준을 상회하는 근로계약은 당연히 유효하다.

---

4 대법원 2002.4.23. 2000다50701 판결.

VII. 국제노동기준

국제노동기구(International Labour Organization, ILO)는 국제연합(UN) 내 전문기구로 1919년 창립되었으며 국제적으로 노동인권기준을 수립하며 그 이행을 감시하는 기능을 한다. 국제노동기구는 회원국의 노동자·사용자·정부를 대표하는 사람들로 총회를 구성하며, 이 총회에서 국제노동기준에 관한 협약을 채택한다.

2022년 현재 180여 개에 달하는 국제노동기구 협약 중에서도 결사의 자유 관련 협약을 비롯한 강제노동 금지, 아동노동 폐지, 균등대우, 안전하고 건강한 작업환경[5] 관련 10개 협약을 '기본협약'이라고 하는데, 일터에서 기본 권리이자 국제노동기구 원칙과 직결되는 협약들이기 때문이다. 그러므로 국제노동기구 회원국은 설령 이들 협약을 비준하지 않았더라도, 국제노동기구의 회원이라는 바로 그 사실로 이들 10개 협약을 존중하고 촉진하고 실현할 의무를 진다.[6]

또한 결사의 자유 협약을 비롯한 국제노동기구의 10개 기본 협약은 고용관계의 존재 여부와 상관없이 모든 노동자(worker)에게 보장되어야 한다는 것이 국제노동기구의 원칙이다.[7]

국제노동기구는 회원국이 비준한 협약의 국내적 이행을 모니터링하는 감독기구로서 협약·권고 적용 전문가위원회(Committee of Experts on the Application of Conventions and Recommendations, CEACR), 총회 기준적용위원회(Committee on the Application of Standards, CAS)를 마련해 두고 있다. 한편 결사의 자유 관련 협약의 이행 상황은 회원국의 비준 여부와 관계없이 결사의 자유위원회(Committee on the Freedom of Association, CFA)의 진정 절차를 마련해 두고 있다.

한국은 1991년 국제노동기구에 가입한 이후 기본 협약 중 아동노동 폐지(제138호, 제182호), 균등대우(제100호, 제111호), 안전하고 건강한 작업환경(제155호, 제187호) 관련 6개 협약만 비준하였고, 2021년 4월에는 결사의 자유 관련 협약(제87호,

---

5 2022년 국제노동기구(ILO) 총회에서 일터에서의 기본권리로 추가되었다.
6 국제노동기구(ILO), ILO Declaration on Fundamental Principles and Rights at Work (1998; amended 2022), 제2조.
7 국제노동기구(ILO), *Promoting Employment and Decent Work in a Changing Landscape*, Report of the Committee of Experts on the Application of Conventions and Recommendations. ILC109/III(B), 2020, para.327.

제98호), 강제노동 금지 관련 협약(제29호)을 비준하였지만, 여전히 강제노동 관련 제105호 협약은 비준하지 않았다.

한국이 비준한 국제노동기구 협약은 국내법과 효력이 같다.[8] 특히 국제노동기구 결사의 자유 관련 협약 등과 같은 국제인권규범에 조화되도록 국내법을 해석하는 것이 보편적 인권의 관점에서 당사국의 책무이다. 국제인권규범의 이행을 감독하는 국제노동기구 기준적용위원회와 같은 국제인권감독기구의 결정 또는 권고를 최대한 존중하고 그에 부합하도록 법률을 해석하는 것이 헌법상 국제법 존중주의에 합치되는 것이다.[9]

제2절
노동법의 인적 적용 대상

노동법의 인적 적용 대상은 근로자와 사용자이다. 통상적으로 근로자의 개념은 보호 대상을 정하기 위해, 사용자 개념은 책임과 의무를 부담할 자를 정하기 위해 논의된다.

I. 근로자

1. 노동법의 보호대상으로서 근로자

노동법의 1차적 목적은 근로자 보호이다.[10] 일반적으로 근로자는 임금을 받고 종속적인 관계에서 노동을 제공하는 자이다. 임금을 목적으로 하거나 임금으로 생

---

8 헌법 제6조 제1항에 따라 체결·공포된 조약과 일반적으로 승인된 국제법규는 국내법과 같은 효력을 가진다.
9 대법원 2018.11.1. 2016도10912 전원합의체 판결의 대법관 박정화, 대법관 김선수, 대법관 노정희의 보충 의견.
10 현대에 들어 각국은 고용형태의 다양화 등에 상응하여 노동법의 적용 범위를 확대하고 있다. 이에 따라 유사근로자 등 근로자 이외의 노무제공자에게도 노동법을 적용하는 사례가 늘고 있다.

활하는 한 임금의 많고 적음이나 임금 외 다른 소득이 있는지 등은 문제가 되지 않는다. 그에 비해 임금을 목적으로 하지 않는 노동, 예를 들어 가족을 위한 가사노동, 자원봉사자의 봉사활동, 의무복무 중인 군인의 복무 등은 근로자의 노동이 아니어서 노동법이 적용되지 않는다.

근로자는 종속적 관계에서 노동하는 자이다. 반면에 노무제공자가 노동을 제공받는 상대방에게 종속되지 않고 독립적으로 노동을 수행하는 경우에는 근로자가 아니다. 개인사업자, 자영업자(self-employed), 독립계약자(independent contractor) 등으로 불리는 노무제공자는 전통적으로 노동법의 보호 대상이 아니었다. 그런데 종속적 노동과 독립적 노동을 구별하는 일은 본래 쉽지 않다. 노동에서 종속성 또는 독립성은 유무(whether or not)의 문제라기보다는 정도(how much)의 문제이기 때문이다. 특히 최근에는 종속성과 독립성이 혼재한 고용형태가 확산되면서 양자의 구별이 더욱 어려워지고 있다.

우리나라에서는 지난 30여 년간 근로자의 성격과 자영업자의 성격이 혼재한 고용형태, 이른바 특수고용직('특고')[11]이 급속도로 증가하면서 실무와 학계에서 근로자 개념이 치열하게 논의되었다.[12] 최근에는 여기에 더하여 4차 산업혁명에 따른 공유경제와 플랫폼 기반 노동이 확대되면서 근로자 개념에 대한 새로운 기준이 강하게 주장되고 있다. 한편, 판례는 1990년대부터 주요 노동관계법에서 사용되는 근로자성을 판단하는 기준을 확립하고 또 발전시켜 왔다.

근로자 개념은 개별 노동관계법마다 상이하다. 예를 들어 근로기준법, 남녀고용평등법, 노동조합법 등은 각기 근로자를 다르게 정의한다. 개별 법률의 목적과 취지가 다르기 때문에 보호대상 범위도 달리하는 것이다. 판례와 대다수 학설은 이러한 입법 태도를 지지하지만,[13] 일부 학설은 노동법 전체에서 근로자 개념을 통일

---

11 정부에서는 이들을 '특수형태근로종사자'라고 부르면서 2000년대 초반부터 대책을 마련하기 시작하였고, 현재 산재보험법에 관련 규정이 있다.

12 대표적으로는 강성태, "특수고용관계와 근로기준법상 근로자성 판단", 「노동법학」 제11호, 한국노동법학회, 2000, 35면 이하; 박종희, "근로기준법상 근로자의 개념 – 근로기준법의 적용확대와 선별적용과 관련하여 –", 「노동법학」 제16호, 한국노동법학회, 2003, 69면 이하; 유성재, "구직자와 특수형태근로종사자의 노조법상 근로자성", 「법조」 제716호, 법조협회, 2016, 219면 이하 등.

13 강성태, 「근로자의 개념」, 서울대학교대학원 박사학위논문, 1994, 176면; 김유성, 「노동법 Ⅱ」, 법문사, 1999, 54면 이하; 이병태, 「최신 노동법」, 중앙경제사, 2008, 59면; 임종률, 「노동법」, 박영사, 2022(20판), 34면 등.

적이고 일의적으로 파악해야 한다고 주장한다.[14]

2. 근로기준법상 근로자

(1) 근로자의 정의

근로기준법상 근로자는 "직업의 종류와 관계없이 임금을 목적으로 사업이나 사업장에 근로를 제공하는 사람"(제2조 제1항 제1호)이다.

근로기준법상 근로자를 판단할 때 직업의 종류는 묻지 않는다. 종사하는 산업이나 업종 또는 직종이 무엇인지, 담당하는 업무가 관리직인지 사무직인지 생산직인지, 민간 기업의 근로자인지 또는 공무원이나 공공부문 종사자인지 상관없다. 정규직이든 비정규직이든, 풀타임이든 파트타임이든 관계없다. 대한민국 국민인지 외국인인지 그리고 외국인이라면 국내 체류자격이나 취업자격이 합법인지 불법인지 역시 근로자 여부를 판단할 때는 문제되지 않는다.[15]

근로기준법상 근로자의 근로는 임금을 목적으로 한다. 즉, 임금근로자이다. 여기서 임금은 사용자가 "근로의 대가로 근로자에게 임금, 봉급, 그 밖에 어떠한 명칭으로든지 지급하는 일체의 금품을 말한다"(제2조 제1항 제5호). 임금을 목적으로 하는 한 액수의 많고 적음이나 가계소득에서 차지하는 비중 등은 상관없으며, 임금만을 목적으로 해야 하는 것도 아니다. 예를 들어 실습생이나 전공의처럼 교육이나 훈련 목적을 겸하는 것도 무방하다. 특정한 사유(휴직, 정직, 파업 참가 등)에 따라 일시적으로 임금을 지급받지 못하는 것도 근로자성을 인정하는 데 하등 장애가 되지 않는다.

근로기준법상 근로자의 근로는 사업 또는 사업장에 제공되어야 한다. 여기서 사업이란 경영상 일체를 이루면서 계속적·유기적으로 운영되고 전체로 독립성을 갖춘 기업체 자체[16] 또는 사회생활상 지위에서 하는 일로 계속적으로 하는 작업조

---

14 예를 들어 김형배, "골프장 캐디의 노동법상의 지위", 「노동법포럼」 제13호, 노동법 이론실무학회, 2014, 24면; 같은 입장으로 박종희·윤재왕, "판례의 법형성적 기능과 한계", 「고려법학」 제70호, 고려대학교 법학연구원, 2013, 207면 이하 등.
15 취업자격 없는 외국인 근로자의 근로자성을 인정한 대법원 1995.9.15. 94누12067 판결 등.
16 대법원 1993.2.9. 91다21381 판결 등.

직[17]을 말하며, 사업장은 그러한 사업이 이루어지는 장소를 말한다.[18] 해당 사업이 개인사업인지 법인사업인지, 영리사업인지 비영리사업인지 묻지 않는다. 회사 등 사기업과 공기업은 물론이고 정부나 지방자치단체, 자선단체 또는 종교단체 등도 포함된다.

근로기준법상 근로자는 근로를 제공하는 사람이다. 근로기준법은 근로를 정신노동과 육체노동을 말한다(제2조 제1항 제3호)고 정의하지만, 이러한 정의는 근로자 개념을 파악하는 데는 별다른 도움이 되지 않는다. 학설과 판례는 여기서 말하는 근로의 의미를 종속적 노동 또는 사용종속관계에서 노동으로 파악한다.[19]

요컨대 근로기준법상 근로자는 임금을 목적으로 종속적인 관계 또는 사용종속 관계에서 근로를 제공하는 자이다. 그러므로 근로기준법은 근로의 제공과 수령이 종속적 관계에서 이루어지는 경우에 적용된다고 볼 수 있다.

(2) 근로자를 판단하는 판례의 기준

현재 근로기준법상 근로자를 판단하는 판례 법리로는 대법원 2006.12.7. 선고 2004다29736 판결(이하 '2006년 기준')이 주로 사용된다. 2006년 기준이 나오기 전에는 대법원 1994.12.9. 선고 94다22859 판결(이하 '1994년 기준')이 사용되었고,[20] 1994년 기준 이전에는 개별 사건별로 여러 가지 요소를 채용하여 근로자성을 판단하였다.[21]

---

17 임종률, 『노동법』, 박영사, 2022(20판), 34면.
18 다만 판례의 태도와 같이 사업의 개념을 단순히 법인격(기업)과 일치시키는 것을 넘어, 해당 사업이 수행되는 경제적 실태와 이에 결합한 각 인적·물적 조직의 기능적 관련성을 바탕으로 사업의 개념을 구성하는 것이 필요하다. 왜냐하면 노동법의 적용범위와 관련하여 사업이라는 개념을 별도로 설정한 이유는 기업의 외부적 거래와 관련한 법인격과는 별개로 노동과 자본이 유기적으로 기능하는 물적·장소적 공간을 기본 단위로 삼겠다는 것이 입법자의 의도이고, 이러한 접근방식은 전 세계적으로 공통된 것이기 때문이다. 이 점에서 사업의 기능관련적·개방적 속성을 살려 간접고용의 경우와 같이 법인격이 분리되어 있는 원하청을 하나의 사업으로 포섭하는 것이 이론상 가능하다. 이러한 시도로는 박제성, 『동태적 사업개념: 노동법상 사업 개념의 재검토』, 한국노동연구원, 2022 참조.
19 종속노동 또는 사용종속관계의 의미와 본질에 관해서는 김유성, 『노동법 I』, 법문사, 2005, 7-10면; 임종률, 앞의 책, 3면 등 참고.
20 2006년 기준 이후에도 일부 판결례는 1994년 기준을 사용하기도 하는데, 법적 안정성 측면에서 기준의 통일이 필요하다.
21 1994년 기준 이전에 판결례에서 주로 사용한 요소들은 ① 노무이용자의 지시 등이 의뢰적인가 아니면 권리적인가, ② 노무공급자에게 업무 종사의 승낙 여부에 대한 재량이 있는지, ③ 보수가 근로 자체에 대한 대

판례(2006년 기준)는 근로기준법상 근로자에 해당하는지 판단할 때 기본적으로 네 가지 관점을 견지한다. 첫째, 계약의 형식보다는 실질에 따른다. 계약의 형식이 고용계약인지 도급계약인지보다 근로 제공의 실질을 중시 또는 우선한다. 둘째, 종속성 여부에 따라 판단한다. 노무제공자가 사업 또는 사업장에 임금을 목적으로 종속적 관계에서 근로를 제공하였는지에 따라 판단한다. 셋째, 종속성 여부를 판단할 때는 제반 요소를 종합적으로 고려한다. 즉, 근로 제공에 대한 지휘·감독이 있었는지와 같은 한두 가지 결정적 요소가 아니라 근로 제공을 둘러싼 제반 요소를 종합적으로 고려하여 종속성 여부를 판단한다. 넷째, 형식적 요소의 결여를 근로자성 부인의 중요한 근거로 삼지 않는다. 사용자가 경제적 힘의 우위를 이용하여 쉽게 일방적으로 정할 수 있는 사항은 관련 사항들을 이유로 근로자성을 쉽게 부정해서는 안 된다고 본다.

판례가 종속적 관계가 있는지 판단할 때 고려하는 요소들은 다음과 같다. ① 업무 내용을 사용자가 정하고 취업규칙 또는 복무(인사)규정 등의 적용을 받으며 업무 수행 과정에서 사용자가 상당한 지휘·감독을 하는지, 사용자가 근무시간과 근무장소를 지정하고 근로자가 이에 구속받는지(인적 종속성에 관한 요소), ② 노무제공자가 스스로 비품·원자재나 작업도구 등을 소유하거나 제3자를 고용하여 업무를 대행케 하는 등 독립하여 자신의 계산으로 사업을 영위할 수 있는지, 노무제공을 통한 이윤의 창출과 손실의 초래 등 위험을 스스로 안고 있는지(독립사업자에 관한 요소), ③ 보수의 성격이 근로 자체의 대상적 성격인지, 기본급이나 고정급이 정해졌는지 및 근로소득세의 원천징수 여부 등 보수에 관한 사항(보수의 성격에 관한 요소), ④ 근로 제공 관계의 계속성과 사용자에 대한 전속성 유무와 그 정도(관계의 계속성과 전속성에 관한 요소), ⑤ 사회보장제도에 관한 법령에서 근로자로서 지위를 인정받는지 등의 경제적·사회적 여러 조건 등이다.

한편, 판례는 근로 제공의 당사자 사이에 기본급이나 고정급이 정해졌는지, 근로소득세를 원천징수하였는지, 사회보장제도에 관하여 근로자로 인정받는지 등의 사정은 사용자가 경제적으로 우월한 지위를 이용하여 임의로 정할 여지가 크다

상적 성격이 있는지, ④ 다른 직무의 겸직이 허용되는지, ⑤ 징계대상이 되었는지, ⑥ 계약의 내용, 작업의 성질과 내용 등이었다. 강성태, "근로기준법상 근로자의 결정", 「1996년 노동판례비평」, 민주사회를 위한 변호사모임, 1997, 37면 참고.

고 본다. 그래서 그러한 점들은 근로자성 판단에서 근로자에게 불리하게 적용하지 못하도록 한다. 즉 기본급이나 고정급이 없었다는 것, 근로소득세를 원천징수하지 않았다는 것, 사회보장제도에 관하여 근로자로 인정받지 못했다는 사실 등을 들어 근로자성을 쉽게 부정해서는 안 된다고 한다.

판례는 사회와 경제의 변화 등에 따라 근로기준법상 근로자성 판단의 기준과 방식을 개선해 왔다. 특히 2006년 기준은 1994년 기준에 비해 상당히 진척된 것이다.[22] 그러나 기술 발전이나 고용형태의 변화, 온라인 플랫폼(노무제공과 관련하여 둘 이상의 이용자 간 상호작용을 위한 전자적 정보처리시스템)을 매개로 한 노동의 확대 등에 대응하기에는 여전히 한계가 많다고 생각한다. 근로자성 판단이 본질적으로 종속성 유무보다는 종속성 정도라는 양적(정도의) 판단이라는 점을 감안하여 다양한 고용형태의 노무제공자를 노동법의 보호에 포섭하도록 더욱 탄력적인 법해석이 요구된다고 할 것이다. 이러한 취지에서 최근 대법원 판결은 "온라인 플랫폼을 매개로 근로를 제공하는 플랫폼 종사자가 근로자인지를 판단하는 경우에는 노무제공자와 노무이용자 등이 온라인 플랫폼을 통해 연결됨에 따라 직접적으로 개별적인 근로계약을 맺을 필요성이 적은 사업구조, 일의 배분과 수행 방식 결정에 온라인 플랫폼의 알고리즘이나 복수의 사업참여자가 관여하는 노무관리의 특성을 고려하여 위 요소들을 적정하게 적용해야 한다."는 법리를 새로이 제시하여 '기사 알선 포함 차량 대여서비스'에 종사한 운전기사의 근로자성을 인정하였다.[23]

(3) 임원의 근로자성

근로기준법상 사용자에는 사업주뿐만 아니라 사업의 경영담당자나 근로자에 관한 사항에 대하여 사업주를 위하여 행위하는 자도 포함된다(제2조 제1항 제2호 참고). 하지만 근로자에 관한 사항에 대해 사업주를 위하여 행위하는 자 중에는 실질적으

---

22 2006년 기준은 ① 1994년 기준의 "구체적이고 직접적인 지휘·감독"이라는 표현을 "상당한 지휘·감독"으로 완화하였고, ② 1994년 기준에는 없던 "(노무제공자) 스스로 비품·원자재나 작업도구 등을 소유하거나 제3자를 고용하여 업무를 대행케 하는 등 독립하여 자신의 계산으로 사업을 영위할 수 있는지, 노무제공을 통한 이윤의 창출과 손실의 초래 등 위험을 스스로 안고 있는지"라는 요소를 도입하여 노무제공자의 독립 사업자성에 대한 판단을 강화하였으며, 또한 ③ 1994년 기준에 없던 단서를 신설하여 실질적 징표와 부수적 징표를 구별하고 부수적 징표의 부존재를 근로자성 부인의 용이한 사유로 삼지 말도록 하고 있다. 요컨대 2006년 기준은 근로자성 판단에서 1994년 기준의 엄격성을 상당히 완화하였다.

23 대법원 2024.7.25. 2024두32973 판결.

로 근로자처럼 사업주 또는 사업 경영담당자의 지시를 받아 업무를 처리하는 경우도 적지 않다.

먼저 형식뿐만 아니라 실질에서도 업무집행권을 가진 법인 임원은 근로자가 아니다.[24] 다시 말해 주식회사의 이사, 감사 등 임원은 회사로부터 일정한 사무처리의 위임을 받은 것이므로 사용자의 지휘·감독 아래 일정한 근로를 제공하고 소정의 임금을 받는 고용관계에 있는 것이 아니다.[25]

반면에 임원이라는 직책이 형식에 불과하고 노무제공의 실질이 근로자와 유사한 경우 또는 임원으로서 업무와 함께 근로자로서 노무를 함께 제공한 경우에는 근로자에 해당한다. 즉, 회사의 이사 또는 감사 등 임원이라 하더라도 그 지위 또는 명칭이 형식적·명목적인 것이고 실제로는 매일 출근하여 업무집행권을 갖는 대표이사나 사용자의 지휘·감독 아래 일정한 근로를 제공하면서 그 대가로 보수를 받는 관계에 있다거나 회사로부터 위임받은 사무를 처리하는 외에 대표이사 등의 지휘·감독 아래 일정한 노무를 담당하고 그 대가로 일정한 보수를 지급받아 왔다면 그러한 임원은 근로기준법상의 근로자에 해당한다.[26] 근로기준법의 적용을 받는 근로자에 해당하는지는 계약의 형식에 관계없이 그 실질에서 임금을 목적으로 종속적 관계에서 사용자에게 근로를 제공하였는지에 따라 판단하여야 할 것이기 때문이다.

3. 노동조합법상 근로자

(1) 근로자의 정의

노동조합법은 근로자를 "직업의 종류를 불문하고 임금·급료 기타 이에 준하는 수입에 의하여 생활하는 자"(제2조 제1호)라고 정의한다. 즉, 근로자는 임금 등의 수입으로 생활하는 자이다. 근로자의 생활에서 원천이 되는 수입은 임금에 한정되지 않고 그에 준하는 수입까지 포괄하며, 또한 생활하는 자에는 현재 임금 등으로 생

---

24 대법원 2001.2.23. 2000다61312 판결 등.
25 따라서 일정한 보수를 받는 경우에도 이를 근로기준법 소정의 임금이라 할 수 없고, 회사의 규정에 의하여 이사 등 임원에게 퇴직금을 지급하는 경우에도 그 퇴직금은 근로기준법 소정의 퇴직금이 아니라 재직 중의 직무집행에 대한 대가로 지급되는 보수에 불과하다(대법원 2003.9.26. 2002다64681 판결 등).
26 대법원 1997.12.23. 97다44393 판결; 대법원 2000.9.8. 2000다22591 판결 등 참조.

활하는 자뿐만 아니라 실업자와 같이 임금 등으로 생활하려는 자까지도 포함한다. 판례는 노동조합법상 근로자는 타인과의 사용종속관계 아래 노무에 종사하고 대가로 임금 기타 수입을 받아 생활하는 자라고 한다.[27]

노동조합법은 헌법에서 정한 근로자의 단결권·단체교섭권 및 단체행동권을 보장하려는 법률이므로(제1조 참고), 노동조합법상 근로자는 노동3권의 주체로서 노동조합법의 제반 제도의 보호 대상이 된다. 구체적으로는 노동조합의 결성과 가입·운영, 단체교섭과 단체협약, 쟁의행위, 부당노동행위 제도 등에서 권리를 행사하거나 보호받을 주체이다.

(2) 근로기준법상 근로자와 관계

노동조합법상 근로자의 정의는 앞서 본 근로기준법상 근로자의 정의, 즉 "직업의 종류와 관계없이 임금을 목적으로 사업이나 사업장에 근로를 제공하는 자"와는 대비된다. 두 법률상 근로자는 직업의 종류를 묻지 않는다는 점에서는 공통적이지만, 근로기준법상 근로자가 임금을 목적으로 사업 또는 사업장에 근로를 제공하는 자인 반면에 노동조합법상 근로자는 임금뿐만 아니라 그에 준하는 수입으로 생활하는 자까지 포함한다는 점에서 차이가 있다.

판례는 두 법률은 목적과 취지가 다르기 때문에 두 법률에서 말하는 근로자의 범위도 다르다고 본다. 예를 들어 판례는 "근로기준법은 '현실적으로 근로를 제공하는 자에 대하여 국가의 관리·감독에 의한 직접적인 보호의 필요성이 있는가'라는 관점에서 개별적 노사관계를 규율할 목적으로 제정된 것인 반면에, 노동조합법은 '노무공급자들 사이의 단결권 등을 보장해 줄 필요성이 있는가'라는 관점에서 집단적 노사관계를 규율할 목적으로 제정된 것으로 그 입법목적에 따라 근로자의 개념을 상이하게 정의하고 있다."라고 하거나,[28] "노동조합법은 개별적 근로관계를 규율하기 위해 제정된 근로기준법과 달리, 헌법에 의한 근로자의 노동3권 보장을 통해 근로조건의 유지·개선과 근로자의 경제적·사회적 지위 향상 등을 목적으로 제정되었다. 이러한 노동조합법의 입법 목적과 근로자에 대한 정의 규정 등을 고려하면, 노동조합법상 근로자에 해당하는지는 노무제공관계의 실질에 비추

---

27 대법원 2018.6.15. 2014두12598, 12604 판결 등.
28 대법원 2004.2.27. 2001두8568 판결.

어 노동3권을 보장할 필요성이 있는지의 관점에서 판단하여야 하고, 반드시 근로기준법상 근로자에 한정된다고 할 것은 아니다."라고 한다.[29]

(3) 노동조합법상 근로자를 판단하는 판례의 기준

지금까지 노동조합법상 근로자인지를 둘러싼 분쟁은 주로 실업자와 취업자격 없는 미등록 외국인 근로자, 특수형태근로종사자의 노동조합 결성·가입 자격을 중심으로 발생하였다. 이러한 분쟁에서 판례의 입장은 다음과 같다.

첫째, 실업자도 노동3권을 보장할 필요성이 있는 한 노동조합법상 근로자에 포함된다. 즉, 노동조합법의 입법 목적 등을 고려할 때, 노동조합법상 근로자에는 특정한 사용자에게 고용되어 현실적으로 취업하고 있는 자뿐만 아니라 일시적으로 실업 상태에 있는 자나 구직 중인 자도 노동3권을 보장할 필요성이 있는 한 그 범위에 포함된다.[30] 다만 이들은 노동조합법상 제한(제2조 제4호 라목)에 따라 기업별 노동조합에는 가입할 수 없고 산업별·직종별·지역별 노동조합 등 초기업별 노동조합에만 가입할 수 있다.

둘째, 취업자격 없는 미등록 외국인 근로자 역시 노동조합법상 노동조합을 결성하거나 노동조합에 가입할 수 있는 근로자에 포함된다.[31] 취업자격 없는 미등록 외국인 근로자도 노동3권을 보장할 필요성이 있기 때문이다. 또한 출입국관리법령에서 외국인고용제한규정을 두는 것은 취업자격 없는 외국인을 고용하는 사실적 행위 자체를 금지하고자 하는 것뿐이지, 나아가 취업자격 없는 외국인이 사실상 제공한 근로에 따른 권리나 이미 형성된 근로관계에서 근로자 신분에 따른 노동관계법상 제반 권리 등의 법률효과까지 금지하려는 것은 아니다. 요컨대 노동조합법상 근로자성이 인정되는 한, 그러한 근로자가 외국인 여부나 취업자격 유무에 따라 노동조합법상 근로자 범위에 포함되지 않는다고 볼 수는 없다. 다만 취업자격 없는 외국인이 노동조합법상 근로자에 포함된다고 하여 노동조합의 조합원 지위에 있는 외국인이 출입국관리법령상 취업자격을 취득하게 되거나 그 체류

---

29 대법원 2011.3.24. 2007두4483 판결; 대법원 2014.2.13. 2011다78804 판결; 대법원 2015.6.25. 2007두4995 전원합의체 판결; 대법원 2018.6.15. 2014두12598, 12604 판결 등 참조.
30 대법원 2004.2.27. 2001두8568 판결.
31 대법원 2015.6.25. 2007두4995 전원합의체 판결.

가 합법화되지는 않으며, 만약 취업자격 없는 외국인 근로자들이 조직한 단체가 '주로 정치운동을 목적으로 하는 경우'와 같이 노동조합법상 노동조합 결격요건에 해당하면 취업자격 없는 미등록 외국인 근로자로 구성된 노동조합은 그 자격을 잃게 된다.

셋째, 가장 많은 분쟁은 특수형태근로종사자와 같이 경제적으로 종속적인 자영업자의 근로자성을 둘러싸고 벌어진다. 판례는 노동조합법상 근로자를 타인과의 사용종속관계 아래 노무에 종사하고 대가로 임금 기타 수입을 받아 생활하는 자라고 하면서 구체적으로는 다음 다섯 가지 요소를 종합적으로 고려하여 판단한다. ① 노무제공자의 소득이 특정 사업자에게 주로 의존하는지, ② 노무를 제공받는 특정 사업자가 보수를 비롯하여 노무제공자와 체결하는 계약 내용을 일방적으로 결정하는지, ③ 노무제공자가 특정 사업자의 사업 수행에 필수적인 노무를 제공함으로써 특정 사업자의 사업을 통해서 시장에 접근하는지, ④ 노무제공자와 특정 사업자의 법률관계가 상당한 정도로 지속적·전속적인지, 사용자와 노무제공자 사이에 어느 정도 지휘·감독관계가 존재하는지, ⑤ 노무제공자가 특정 사업자로부터 받는 임금·급료 등 수입이 노무제공의 대가인지 등이다.[32]

II. 사용자

1. 노동법상 의무와 책임의 주체로서 사용자

(1) 사용자의 의의

사용자는 근로자 보호를 위해 규정되어 있는 각종 노동관계법상 의무와 책임의 주체이다. 근로기준법은 사용자를 "사업주 또는 사업 경영담당자, 그 밖에 근로자에 관한 사항에 대하여 사업주를 위하여 행위하는 자"(제2조 제1항 제2호)라고 정의

---

[32] 이러한 법리에 따라서 노동조합법상 근로자로 인정된 사례들은 학습지 교사(대법원 2018.6.15. 2014두12598, 12604 판결), 방송연기자(대법원 2018.10.12. 2015두38092 판결), 철도역사 내 매점운영자(대법원 2019.2.14. 2016두41361), 자동차 판매원(대법원 2019.6.13. 2019두33712 판결), 대리운전기사(대법원 2024.9.27. 2020다267491 판결) 등이 있다.

하고 노동조합법은 "사업주, 사업의 경영담당자 또는 그 사업의 근로자에 관한 사항에 대하여 사업주를 위하여 행동하는 자"(제2조 제2호)라고 정의하고 있다. 이렇게 근로기준법과 노동조합법상 사용자의 정의는 매우 유사하지만, 실제 범위는 차이가 날 수 있다. 사용자 개념은 근로자의 대개념(對槪念)이기 때문에 두 법률에서 근로자의 범위가 다르면 그를 상대하는 사용자의 범위도 달라질 수밖에 없다. 이처럼 어떤 근로자에 대하여 누가 임금 등의 지급의무를 부담하는 사용자인가를 판단할 때에는 계약의 형식이나 관련 법규의 내용에 관계없이 실질적인 근로관계를 기준으로 해야 하고, 근로기준법상 근로자인지를 판단할 때에 고려했던 여러 요소들을 종합적으로 고려해야 한다.[33]

노동법상 사용자에는 근로계약의 당사자로서 사용자인 사업주 이외에 사업의 경영담당자와 사업주의 이익대표자가 포함된다. 이들을 사용자로 보는 주된 목적은 노동법의 실효성을 확보하고자 하는 것이다. 근로기준법은 사법적 효과 외에 공법적 방법(형벌과 근로감독)으로도 실효성을 확보하려 하기에 실제 근로조건에 관여하거나 행위한 자에게도 공법상 사용자책임을 부과하고자 한다.[34] 노동조합법에서는 이들의 노동조합 가입을 금지하는 한편 부당노동행위 제도 등에서 공법적 책임을 지게 한다.

근로기준법과 노동조합법에서 말하는 사업주는 그 사업의 경영주체를 말한다. 따라서 개인사업에서는 그 개인이고, 회사 기타 법인사업 또는 단체는 그 법인 또는 단체 자체이다.

사업의 경영담당자는 사업경영 일반에 관하여 책임을 지는 자로서, 대내적으로 사업주로부터 사업경영의 일부 또는 전부에 대하여 포괄적 위임을 받고 대외적으로 사업을 대표하거나 대리하는 자를 말한다. 주식회사의 대표이사, 합명회사와 합자회사의 업무집행사원, 유한회사의 이사 등이 여기에 해당한다.

근로자에 관한 사항에 대하여 사업주를 위하여 행위하는 자는 인사, 급여, 후생, 노무관리 등 근로조건의 결정이나 업무명령 또는 구체적인 지휘·감독을 할 일정

---

33 대법원 2024.7.25. 2024두32973 판결.

34 같은 취지에서 판례는 형식상으로는 대표이사가 아니지만 실질적으로는 사주로서 회사를 사실상 경영하여 온 자가 확정된 노동위원회의 구제명령을 이행할 실질적 권한과 책임을 가지는 사람으로서 근로기준법 제111조 위반에 대한 형사책임을 부담한다고 본다(대법원 2024.4.25. 2024도1309 판결).

한 책임과 권한을 사업주에게서 부여받은 자를 말한다. 이와 같은 책임과 권한의 유무는 공장장, 현장소장이라는 형식적 직책명에 따를 것이 아니라 구체적 직무권한으로 판단해야 한다. 이들은 다른 근로자에 대하여는 사용자로서 지위를 가지지만, 사업주 또는 사업의 경영담당자와의 관계에서는 근로자의 지위를 가진다(이중성). 한편, 이들의 구체적 범위는 근로기준법과 노동조합법에서 차이가 날 수 있다.

(2) 사용자 분쟁의 배경

최근 30년간 도급, 파견, 용역, 외주화 등의 이름으로 간접고용이 빠르게 확산되면서 진짜 사용자가 누구인지를 둘러싼 법적 논쟁이 치열하게 전개되었다. 2000년 이후 SK(혹은 인사이트코리아), 대성가스, 현대중공업, 현대미포조선, 현대자동차, KTX, 코스콤 등 우리나라의 대표적 기업에서 이른바 불법파견 분쟁이 발생했고, 그 근저에는 누가 진정한 사용자인가 하는 질문이 자리하고 있다. 사회적 주목을 끈 분쟁들은 대부분 대형 사업장의 사내 하청관계에서 발생했다.

간접고용 관계에서는 사업적 실체의 존재 여부와 노무제공의 실질에 따라 명시적으로 근로계약을 체결한 사용자를 대신하여 근로자를 실제로 사용한 제3자가 노동법상 사용자로 인정되거나 사용자와 함께 노동법상 사용자책임을 지는 경우가 있다.

2. 노동법상 사용자 개념의 전환

노무를 제공하는 근로자 쪽에서 보면 간접고용 관계에는 사용자가 두 명 존재한다. 원래 근로계약을 체결한 사용자(원고용주 또는 원사용자)와 실제 노무를 수령하거나 사용하는 사업주(사용사업주)가 있다. 판례는 후자를 대개 제3자라고 지칭한다.

만약 원고용주 또는 원사용자가 사업주로서 실체가 없거나 근로자에 대한 관계에서 사용자로서 기본적 권리를 행사하거나 의무를 이행하지 않았다면, 실질적 근로(계약)관계는 근로자와 제3자인 사용사업주 사이에 존재하게 된다. 법적으로 보면 근로계약의 당사자인 사용자가 원고용주에서 제3자로 전환된다. 판례는 이때 법인격부인의 법리나 묵시적 근로계약 관계 법리를 사용한다.

법인격부인의 법리는 주로 모자회사 관계에서 사용된다. 형식적으로 모자관계에 있는 자회사가 독립된 법인을 설립하고 모회사가 자회사의 운영 전반을 지배하는 한편, 자회사의 근로자에 대해 모회사가 지휘·감독을 한 경우이다. 이때 판례는 위장도급의 형식으로 근로자를 사용하려고 자회사의 법인격을 이용한 것에 불과하다고 보아 모회사와 자회사 근로자 사이에 근로계약 관계가 존재한다고 판단하였다.[35] 이 법리는 회사의 특정 생산라인이나 부서가 담당하던 업무를 위해 별도 회사로 만들어 종전의 라인 또는 부서 책임자를 대표이사 등으로 하는 이른바 '소사장' 형태에도 원용된다. 그 결과 소사장의 사용자성은 부정되고 원래 회사가 사용자로서 책임을 지게 된다.[36]

최근 판례는 위와 같은 상황, 즉 원고용주 또는 원사용자가 사업주로서 실체가 없거나 근로자에 대한 관계에서 사용자로서 기본 권리를 행사하거나 의무를 이행하지 않는 상황에 주로 묵시적 근로계약 관계 법리를 판단 기준으로 삼고 있다.[37]

판례는 원고용주에게 사업주로서 실체가 없고 근로관계의 실질적 중점이 근로자와 제3자 간에 있으면 근로자와 제3자 사이에는 묵시적 근로계약 관계를 인정한다. 묵시적 근로계약 관계 법리는 원고용주와 근로자 간의 명시적 근로계약 관계를 부정하는 것이기 때문에 판례는 엄격한 요건을 요구한다. 즉 근로자에 대한 관계에서 사용자로서 행위한 것 외에 원고용주에게 사업주로서 실체가 없을 것을 요구한다.

3. 파견근로자 보호 등에 관한 법률상 사용사업주

용역, 도급, 외주 등의 계약을 체결한 경우에도 원청이 하청근로자를 지휘·명령하였다면 파견법상 직접고용간주 또는 직접고용의무 규정(제6조의2)이 적용될 수 있다. 판례는 원청과 하청업체 사이의 계약과 달리, 만약 원청이 하청업체 근로자

---

35 대법원 2003.9.23. 2003두3420 판결.

36 대법원 1995.6.30. 94도2122 판결; 대법원 2004.3.11. 2004두916 판결 등.

37 대법원 2010.7.22. 2008두4367 판결; 대법원 2004.6.25. 2002다56130,56147 판결; 대법원 1999.11.12. 97누19946 판결 등. "원고용주에게 고용되어 제3자의 사업장에서 제3자의 업무에 종사하는 자를 제3자의 근로자라고 할 수 있으려면 원고용주는 사업주로서의 독자성이 없거나 독립성을 결하여 제3자의 노무대행기관과 동일시할 수 있는 등 그 존재가 형식적·명목적인 것에 지나지 아니하고, 사실상 당해 피고용인은 제3자와 종속적인 관계에 있으며, 실질적으로 임금을 지급하는 자도 제3자이고 또 근로제공의 상대방도 제3자이어서 당해 피고용인과 제3자 간에 묵시적 근로계약관계가 성립되어 있다고 평가될 수 있어야 할 것"이라고 판시하였다.

를 실질적으로 파견근로자처럼 사용하였다면 파견법에 따라 직접고용이 간주되거나 또는 원청에 직접고용 의무가 발생한다고 본다.[38]

판례의 요건을 분설하면 다음과 같다. 먼저, 근로자의 근로제공 관계가 실질적으로 근로자파견관계에 해당해야 한다. 파견법상 근로자파견은 파견사업주가 근로자를 고용한 후 그 고용관계를 유지하면서 근로자파견계약의 내용에 따라 사용사업주의 지휘·명령을 받아 사용사업주를 위한 근로에 종사하게 하는 것을 말한다(제2조 제1호). 즉, 실질적으로 근로자파견관계는 근로자가 고용관계는 원고용주인 파견사업주와 유지하면서 사용관계(지휘명령관계)는 제3자인 사용사업주와 가지는 관계를 말한다. 다만 이러한 관계가 합법적인지 불법적인지는 실질적 파견관계의 인정에서 묻지 않는다.

둘째, 실질적 파견관계가 인정되면 구파견법상 직접고용간주의 효과가 생기거나 현행 파견법상 사용사업주의 직접고용 의무가 발생한다. 앞의 직접고용간주의 효과는 사용사업주가 2년을 초과하여 계속적으로 파견근로자를 사용할 때는 그 2년의 기간이 만료된 날의 다음 날부터 사용사업주와 파견근로자 사이에 직접적 근로관계가 형성된다는 법률효과를 말한다. 뒤의 직접고용 의무는 파견법의 요건에 따라(무허가 파견은 파견근로자를 사용한 날부터, 파견기간 제한의 위반은 파견기간이 경과한 날부터) 사용사업주가 파견근로자를 직접 고용해야 할 의무를 부담하는 것을 말한다.

셋째, 원청과 하청업체 사이의 관계가 근로자파견관계인지 진정한 도급관계인지는 노무제공의 실질에서 판단한다. 이를 구분하고자 판례는 다음 다섯 가지 요소를 중요하게 고려한다. ① 제3자가 해당 근로자에 대하여 직간접적으로 그 업무수행 자체에 관한 구속력 있는 지시를 하는 등 상당한 지휘·명령을 하는지, ② 해당 근로자가 제3자 소속 근로자와 하나의 작업집단으로 구성되어 직접 공동 작업을 하는 등 제3자의 사업에 실질적으로 편입되었다고 볼 수 있는지, ③ 원고용주가 작업에 투입될 근로자의 선발이나 근로자의 수, 교육 및 훈련, 작업·휴게시간, 휴가, 근무태도 점검 등에 관한 결정 권한을 독자적으로 행사하는지, ④ 계약의 목적이 구체적으로 범위가 한정된 업무의 이행으로 확정되고 해당 근로자가 맡은

---

38 대법원 2008.9.18. 2007두22320 전원합의체 판결.

업무가 제3자 소속 근로자의 업무와 구별되며 그러한 업무에 전문성·기술성이 있는지, ⑤ 원고용주가 계약의 목적을 달성하기 위하여 필요한 독립적 기업조직이나 설비를 갖추고 있는지 등의 요소를 바탕으로 그 근로관계의 실질에 따라 판단한다.

4. 노동조합법상 사용자책임의 확대

노동조합법상 사용자는 근로기준법상 사용자와 다를 수 있고, 나아가 노동조합법에서도 규정마다 달리 파악될 수 있다. 예를 들어, 부당노동행위 금지 규정(노동조합법 제81조)에서도 단체교섭 거부(같은 조 제3호)나 지배개입(같은 조 제4호)의 주체인 사용자와 불이익취급(제81조 제1항 제1호·제5호)의 주체인 사용자는 다를 수 있다(이에 대해서는 제17장 단체교섭과 제21장 부당노동행위, 제25장 파견근로자의 보호에서 자세히 설명한다).

이처럼 노동조합법상 사용자책임을 확대하여, 원청회사가 개별도급계약을 통하여 사내 하청업체 근로자들의 기본적인 노동조건 등에 관하여 고용사업주인 사내 하청업체의 권한과 책임을 일정 부분 담당하고 있다고 볼 정도로 실질적이면서 구체적으로 지배·결정할 수 있는 지위에 있고, 나아가 사내 하청업체의 사업폐지를 유도하는 행위와 그로 인하여 사내 하청업체 노동조합의 활동을 위축시키거나 침해하는 지배개입 행위를 하였다면, 원청회사는 노동조합법 제81조 제4호에서 정한 부당노동행위의 시정을 명하는 구제명령을 이행할 주체로서의 사용자에 해당한다고 본 판례가 있다.[39]

---

39 대법원 2010.3.25. 2007두8881 판결.

제3절
노동분쟁의 해결방식

I. 노동분쟁의 의의와 특성

노동분쟁은 '노동관계'에서 발생하는 법적 분쟁을 뜻한다. 그 분쟁 당사자는 근로자와 노동조합, 사용자 또는 사용자단체 등과 같은 노사관계 당사자인 경우가 일반적이지만, 형사사건 및 고용보장(예컨대 사회보험, 고용정책 등) 영역의 분쟁에는 국가도 관여한다. 즉 가장 넓은 의미로 파악하면, 노동분쟁은 근로자 개인·근로자단체와 사용자·사용자단체 사이의 분쟁(노사분쟁)뿐만 아니라, 근로자 측과 국가기관 사이의 분쟁, 근로자단체 또는 근로자 개인 사이의 분쟁, 근로자단체와 근로자 개인 간의 분쟁도 포함한다. 다만, 근로자 계층과 자본가 계층 간의 긴장이나 갈등과 같은 추상적 분쟁은 여기에 해당하지 않는다.[40]

노동분쟁의 유형은 흔히 ① 분쟁의 당사자가 개인인가 집단인가에 따라 개별적 분쟁과 집단적 분쟁, ② 이미 설정되어 있는 규범(계약·단체협약·법령)에 따른 권리·의무의 해석·적용·이행에 관한 것인지, 아니면 새로운 규범을 설정하는 과정에서 일어난 것인지에 따라 권리분쟁과 이익분쟁, ③ 분쟁이 처리되는 절차에 따라 사적 절차의 대상이 되는 분쟁과 공적 절차의 대상이 되는 분쟁으로, 그리고 후자는 다시 민사절차의 대상이 되는 분쟁, 형사절차의 대상이 되는 분쟁, 행정절차의 대상이 되는 분쟁으로 나뉜다.[41]

노동분쟁에는 다음과 같은 특징이 있다. ① 노동분쟁에는 이미 존재하는 규범의 해석·적용 또는 그 이행을 구하는 권리분쟁뿐만 아니라 단체교섭과 같이 새로운 규범을 설정하기 위한 이익분쟁도 포함된다(노동조합법 제2조 제5호 참조). ② 노동관계는 계속적 법률관계의 성격을 갖고 그로부터 발생하는 노동분쟁도 계속적 성

---

40 노동법실무연구회, 『근로기준법주해 Ⅰ』, 박영사, 2020, 78면.
41 정인섭, "노동분쟁의 특수성과 노동법원의 전문성", 「노동법연구」 제19호, 서울대학교 노동법연구회, 2005, 3-4면.

격을 지닌다.[42] 기업은 사업 목적을 위해 통일적으로 구성된 조직이고 소속 근로자의 근로조건과 복무규율 역시 균등한 기준에 따르는 것이 일반적이다. 이로써 특정한 소수의 근로자와 관련된 노동분쟁이라 하더라도, 그 승패는 다수 근로자에게 영향을 미치고 장기적으로 해당 기업의 노무관리에 영향을 주며 기업의 행동 양식을 변화시킨다. ③ 노동관계 당사자 사이에는 교섭력의 불균형이 존재하므로, 당사자주의 등이 적용되는 일반적인 소송 절차로는 적절한 분쟁 해결이 어려운 경우가 많다. 따라서 법원 등과 같은 일반 사법제도 외에도 근로감독관, 노동위원회 등과 같은 행정기관이 노동분쟁의 중요한 구제 기구로 활약한다. ④ 같은 취지에서 노동 관련 법령에 다양한 형사처벌 규정이 존재하고, 이로써 형사절차도 노동분쟁의 중요한 해결 제도로 작동한다.

노동분쟁에 대해서는 ① 고충처리 등 기업 내부의 분쟁 해결, ② 근로감독 행정, ③ 노동위원회의 개별적·집단적 분쟁에 대한 조정·심판 절차, ④ 법원에 의한 사법적 구제 절차 등 다양한 해결 시스템이 병존하고 있다.[43]

아래에서는 노동분쟁의 해결 기구로서 사법 제도와 노동위원회, 근로감독관 등을 살펴본다.

II. 사법司法 제도

근로자와 그 단결체의 권리를 보호하고자 규정된 노동관계 법령은 근로조건 등에 관한 사항들을 사법(私法)적 권리 또는 주관적 공권으로 구성하고, 사용자가 이를 위반한 경우 근로자가 법원에 민사·행정소송 등을 제기하여 그 이행을 확보하도록 한다. 그 밖에 노동관계에 적용되는 형벌 규정도 종국적으로 법원의 형사소송으로 실현된다.

법원에서는 주로 해고무효확인소송, 임금체불 사건 등과 같이 개별적 권리분쟁, 즉 근로자 개인과 사용자 사이의 개별적 근로조건에 관한 권리의 행사 또는 의무의 이행을 둘러싸고 발생하는 법적 분쟁이 다루어진다. 최근에는 해고나 임금과

---

42 노동법실무연구회, 앞의 책, 79면.
43 정인섭, 앞의 글, 3-4면.

같은 전통적 근로조건 외에 기간제법상 임금차별 사건 또는 파견법의 직접고용 명령에 관한 분쟁 등과 같은 비정규직 관련 분쟁이 증가하고 있다.

Ⅲ. 노동위원회 제도

노동위원회는 노동조합법에 따라 노동쟁의 조정, 교섭창구단일화 등의 업무 또는 부당노동행위구제신청 사건 등의 심판 업무를 담당하고, 근로기준법과 기간제법 등에 따라 부당해고구제신청 또는 차별시정신청 사건의 심판 업무 등을 담당하는 합의제 심판 기관이다(노동위원회법 제2조의2). 노동위원회는 개별적 권리분쟁 중 부당노동행위, 부당해고 등의 구제에 관한 사건과 집단적 노동분쟁의 조정·중재, 시정명령 등 업무를 맡고 있다.

노동위원회는 중앙노동위원회, 지방노동위원회, 특별노동위원회로 구분되고(제2조 제1항), 그 권한에 속하는 업무를 독립적으로 수행한다(제4조 제1항). 노동위원회는 근로자를 대표하는 위원(근로자위원)과 사용자를 대표하는 위원(사용자위원), 공익을 대표하는 위원(공익위원)으로 구성한다(제6조 제1항).

Ⅳ. 근로감독관 제도

노동 관련 법령의 실행을 담보하고 감독하고자 근로감독관 제도를 두고 있다. 노동법이 자신의 규범력을 확보하려면 공법적 제재 수단이 필요했다. 근로자의 권리 구제를 사법(私法)적 수단에만 맡겨둔다는 것은 약자인 근로자를 다시 민사법적 질서에 남겨두는 것과 다름없기 때문이다. 특히 근로자가 종속적 지위에 완전히 노출되곤 하는, 개별적 근로관계에서는 국가가 노동법의 규범력을 확보하는 후견자 역할을 하는 것이 필요하다. 근로감독관 제도는 이러한 노동법의 공법적 성격을 잘 드러내는 제도이다.

국가는 근로조건의 기준을 확보하기 위하여 고용노동부와 그 소속 기관에 근로감독관을 둔다(근로기준법 제101조 제1항). 근로감독관은 사업장, 기숙사, 그 밖의 부속 건물을 현장조사하고 장부와 서류의 제출을 요구할 수 있으며 사용자와 근로자를 심문(尋問)할 수 있다(제102조 제1항). 의사인 근로감독관이나 근로감독관의 위촉을 받은 의사는 취업을 금지해야 할 질병에 걸릴 의심이 있는 근로자를 검진할 수 있다(제102조 제2항). 근로감독관은 근로기준법이나 그 밖의 노동관계 법령 위반의 죄에 관하여 「사법경찰관리의 직무를 행할 자와 그 직무범위에 관한 법률」에서 정하는 바에 따라 사법경찰관의 직무를 수행한다(근로기준법 제102조 제5항). 근로감독관은 직무상 알게 된 비밀을 엄수해야 한다. 근로감독관을 그만둔 경우에도 또한 같다(제103조).

사업 또는 사업장에서 근로기준법 또는 그 대통령령을 위반한 사실이 있으면 근로자는 그 사실을 고용노동부장관이나 근로감독관에게 통보할 수 있다(제104조 제1항). 사용자는 그 통보를 이유로 근로자에게 해고나 그 밖에 불리한 처우를 하지 못한다(제104조 제2항).

근로기준법이나 그 밖의 노동관계법령에 따른 현장조사, 서류 제출, 심문 등의 수사는 검사와 근로감독관이 전담하여 수행한다. 다만, 근로감독관의 직무에 관한 범죄의 수사는 그러하지 아니한다(제105조).

한편 고용노동부장관은 이 법에서 정하는 근로조건 보호를 위하여 중앙행정기관의 장과 지방자치단체의 장 또는 근로복지공단 등 관련 기관·단체의 장에게 종합소득에 관한 자료, 고용보험 피보험자격에 관한 신고자료, 그 밖에 근로자의 근로조건 보호를 위하여 필요한 정보 또는 자료로서 대통령령으로 정하는 정보 또는 자료의 제공 및 관계 전산망의 이용을 요청할 수 있고, 이에 따라 자료의 제공을 요청받은 자는 정당한 사유가 없으면 그 요청에 따라야 한다(제102조의2; 2025.10.23.부터 시행).

제2편

개별적 근로관계법

제4장   개별적 근로관계법 총설 ·· 67

제5장   개별적 근로관계법의 기본 원칙 ·································· 76

제6장   근로관계의 성립과 규율 ··· 107

제7장   임금 ·· 151

제8장   근로시간과 휴식 ··· 212

제9장   인사 ·· 259

제10장   징계 ·· 276

제11장   산업안전과 재해보상 ··· 284

제12장   여성과 연소자 ··· 316

제13장   근로관계의 종료 ··· 333

제14장   기업변동과 근로관계 ··· 387

제4장
개별적 근로관계법 총설

제1절
개별적 근로관계법의 의의

개별적 근로관계법은 근로자 개인과 사용자 사이의 노동관계, 즉 개별적 근로관계를 규율하는 노동법 체계이다. 개별적 근로관계는 일반적으로 노동(력)을 거래하려는 계속적 채권관계의 성격을 갖고 있으며, 이 점에서 사용자의 지휘명령권이 예정되고 종속노동을 전제하며 당사자 사이의 신뢰관계가 중시된다. 또한 기업에서는 생산 조직의 위계질서를 구성하기 위하여 취업규칙 등과 같은 자치규범이 중시되고, 근로계약은 간략한 약정으로만 이뤄진다(근로계약의 백지성).

개별적 근로관계는 원칙적으로 근로자와 사용자라는 사인(私人) 사이의 법률관계의 성격을 띠므로 그 분쟁에서도 근로계약과 같은 법률행위의 해석 등과 관련하여 민사법이 적용되곤 하지만, 개별적 근로관계에서 가장 중요한 규범은 근로기준법, 남녀고용평등법 등과 같은 노동 관련 법령이다. 그리고 앞에서 살펴본 바와 같이 취업규칙, 단체협약과 같은 노사 자치규범도 개별적 근로관계를 규율하는 규범으로 작용한다.[1]

개별적 근로관계에 속하는 법령으로는 근로기준법, 퇴직급여법, 최저임금법, 남녀고용평등법, 기간제법, 산업안전보건법 등을 들 수 있다. 특히 근로기준법은 노

---

1 임종률, 『노동법』, 박영사, 2022(20판), 350면.

동관계의 기본 원칙, 임금, 근로시간, 취업규칙, 산업안전 등의 기본적 근로조건을 규율하고, 개별적 근로관계법의 기본법으로서 지위를 갖고 있다.

제2절
근로기준법의 적용 범위

근로기준법은 근로자를 사용하는 모든 사업 또는 사업장에 적용한다. 상시 5인 이상의 근로자를 사용하는 사업 또는 사업장에는 원칙적으로 근로기준법의 모든 규정을 적용하고(제11조 제1항 본문), 상시 4인 이하의 근로자를 사용하는 사업 또는 사업장에는 대통령령으로 정한 일부 규정만을 적용한다(제11조 제2항, 시행령 제7조 [별표1]). 다만 동거의 친족만을 사용하는 사업 및 가사(家事) 사용인에 대해서는 근로기준법을 적용하지 않는다(제11조 제1항 단서).

I. 인적 적용 범위

1. 근로자의 의의

근로기준법은 근로자를 "직업의 종류와 관계없이 임금을 목적으로 사업이나 사업장에 근로를 제공하는 사람"이라고 정의하고 있으며(제2조 제1항 제1호), 여기서 '근로'는 정신노동과 육체노동을 말한다(제2조 제1항 제3호). '직업의 종류와 관계없이'란 말은 근로기준법이 종속적 노동에 관한 일반법이라는 점을, '사업이나 사업장'은 어떤 일을 사회생활상 업(業)으로 계속 수행한다는 점을 뜻한다. 결국 근로자의 개념 요소로 유의미하게 남아 분석 대상이 되는 것은 '임금을 목적으로 근로를 제공하는 사람'이라는 문구이다.[2]

---

2 노동법실무연구회, 『근로기준법주해 Ⅰ』, 박영사, 2020, 111면.

위와 같은 근로기준법의 근로자에 관한 추상적 개념을 구체화하고 누구에게 노동법과 사회보험법을 적용받을 자격을 줄지 결정하는 것은 법원의 권한이다.[3] 그리고 법원은 전통적으로 노무공급자의 근로자성 여부를 판단할 때는 노무공급 계약의 형식이 아니라 그 실질적인 공급 모습이 사용종속관계의 성격을 띠는지 검토한다.[4] 이러한 판례 법리를 간략하게 요약하면, 법원은 사용종속관계의 존재 여부에 따라 근로자성을 판단하고(인적 종속성), 사용종속관계의 존재 여부는 계약의 형식이나 명칭이 아니라 노무공급관계의 실질에 따라 정하며(실질적 판단), 노무공급관계의 실질은 그것을 둘러싼 제반 요소를 종합적으로 고려하여 판단한다(종합적 고려)고 할 수 있다.[5]

위와 같은 법리는 대법원 1994.12.9. 선고 94다22859 판결(이하 '1994년 판결')에서 정립되었다. 이 판결에서 대법원은 "근로기준법상의 근로자에 해당하는지 여부를 판단함에 있어서는 그 계약의 형식이 민법상의 고용계약인지 또는 도급계약인지에 관계없이 그 실질에 있어 근로자가 사업 또는 사업장에 임금을 목적으로 종속적인 관계에서 사용자에게 근로를 제공하였는지 여부에 따라 판단하여야 한다."라고 설명하면서, 종속적인 관계가 있는지를 판단하는 구체적 기준으로 "업무의 내용이 사용자에 의하여 정하여지고 취업규칙 또는 복무(인사)규정 등의 적용을 받으며 업무수행 과정에 있어서도 사용자로부터 구체적·개별적인 지휘·감독을 받는지 여부, 사용자에 의하여 근무시간과 근무장소가 지정되고 이에 구속을 받는지 여부, 근로자 스스로가 제3자를 고용하여 업무를 대행케 하는 등 업무의 대체성 유무, 비품, 원자재나 작업도구 등의 소유관계, 보수의 성격이 근로 자체의 대상적 성격이 있는지 여부와 기본급이나 고정급이 정하여져 있는지 여부 및 근로소득세의 원천징수 여부 등 보수에 관한 사항, 근로제공관계의 계속성과 사용자에의 전속성의 유무와 정도, 사회보장제도에 관한 법령 등 다른 법령에 의하여 근로자로서의 지위를 인정받는지 여부, 양 당사자의 경제적·사회적 조건 등을 종합적으로 고려하여 판단하여야 한다."라고 판시하였다.

3 이승욱, "특수형태근로종사자에 대한 노동법적 보호방안의 모색", 「노동법학」 제23호, 한국노동법학회, 2006, 187면.
4 박종희, "근로기준법상 근로자개념", 「노동법학」 제16호, 한국노동법학회, 2003, 76면.
5 강성태, "특수고용관계와 근로기준법상 근로자성의 판단", 「노동법학」 제11호, 한국노동법학회, 2000, 39면.

근로자 개념에 관한 판례 법리는 대법원 2006.12.7. 선고 2004다29736 판결(이하 '2006년 판결')에서 변화를 겪는다. 1994년 판결에 대해 거의 모든 학설은 사용자의 지휘·감독 여부에 대한 지나친 강조, 전통적인 근로자 상(像)에 집착하는 점, 고려 요소 상호 간의 관계 및 상대적 중요성에 대한 기준 결여, 고려 요소들에 대한 형식적 평가 등을 이유로 비판하였다.[6] 대법원은 2006년 판결로 그러한 비판을 수용하고 근로자성에 관한 판례 법리를 부분적으로 변경하였다.

2006년 판결에서 법원은 사용종속관계의 판단 요소에 "노무제공자가 스스로 비품·원자재나 작업도구 등을 소유하거나 제3자를 고용하여 업무를 대행케 하는 등 독립하여 자신의 계산으로 사업을 영위할 수 있는지, 노무제공을 통한 이윤의 창출과 손실의 초래 등 위험을 스스로 안고 있는지"라는 요소를 추가하고, 1994년 판결의 "구체적·개별적인 지휘·감독을 받는지 여부"라는 요소를 "사용자가 상당한 지휘·감독을 하는지"로 변경하였다. 그리고 종합적 고려에 따른 판단 방식을 유지하면서도 "다만, 기본급이나 고정급이 정하여졌는지, 근로소득세를 원천징수하였는지, 사회보장제도에 관하여 근로자로 인정받는지 등의 사정은 사용자가 경제적으로 우월한 지위를 이용하여 임의로 정할 여지가 크다는 점에서 그러한 점들이 인정되지 않는다는 것만으로 근로자성을 쉽게 부정하여서는 안 된다."라는 점을 부가하였다.

2006년 판결의 주요한 판시 내용은 다음과 같다. "근로기준법상의 근로자에 해당하는지 여부는 계약의 형식이 고용계약인지 도급계약인지보다 그 실질에 있어 근로자가 사업 또는 사업장에 임금을 목적으로 종속적인 관계에서 사용자에게 근로를 제공하였는지 여부에 따라 판단하여야 하고, 위에서 말하는 종속적인 관계가 있는지 여부는 업무 내용을 사용자가 정하고 취업규칙 또는 복무(인사)규정 등의 적용을 받으며 업무 수행 과정에서 사용자가 상당한 지휘·감독을 하는지, 사용자가 근무시간과 근무장소를 지정하고 근로자가 이에 구속을 받는지, 노무제공자가 스스로 비품·원자재나 작업도구 등을 소유하거나 제3자를 고용하여 업무를 대행케 하는 등 독립하여 자신의 계산으로 사업을 영위할 수 있는지, 노무제공을 통한 이윤의 창출과 손실의 초래 등 위험을 스스로 안고 있는지와 보수의 성격이 근로 자

6　강성태, 앞의 글, 45-48면; 박수근, "레미콘운송기사와 경기보조원의 근로자성에 관한 검토", 「노동법학」 제14호, 한국노동법학회, 2002, 39면; 이승욱, 앞의 글, 187면.

체의 대상적 성격인지, 기본급이나 고정급이 정하여졌는지 및 근로소득세의 원천징수 여부 등 보수에 관한 사항, 근로 제공 관계의 계속성과 사용자에 대한 전속성의 유무와 그 정도, 사회보장제도에 관한 법령에서 근로자로서 지위를 인정받는지 등의 경제적·사회적 여러 조건을 종합하여 판단하여야 한다(대법원 1994.12.9. 선고 94다22859 판결 등 참조). 다만, 기본급이나 고정급이 정하여졌는지, 근로소득세를 원천징수하였는지, 사회보장제도에 관하여 근로자로 인정받는지 등의 사정은 사용자가 경제적으로 우월한 지위를 이용하여 임의로 정할 여지가 크다는 점에서 그러한 점들이 인정되지 않는다는 것만으로 근로자성을 쉽게 부정하여서는 안 된다."

2006년 판결에서 법원은 근로자성에 관한 종합적 판단 방법을 유지하면서도 새로운 노무제공 형태에 대응하여 근로자성 판단 기준을 유연화하고, 그 판단 요소들을 핵심적 징표와 부차적 징표로 구별하였으며, 경제적 종속성과 조직적 종속성을 고려하고 성과급 보수를 보는 관점을 유연화하였다.[7] 이로써 법원은 근로자성 판단에서 고려하는 요소들에 대한 실질적 평가를 시도할 수 있게 되었다.

2. 사용자의 의의

근로기준법의 책임 주체로서 사용자는 "사업주 또는 사업 경영 담당자, 그 밖에 근로자에 관한 사항에 대하여 사업주를 위하여 행위하는 자를 말한다"(제2조 제1항 제2호).

여기에서 사업주는 그 사업의 경영주체를 말한다. 따라서 개인기업에서는 그 기업의 기업주이고, 회사 기타 법인에서는 법인 자체이다. 영리법인인지 비영리법인인지는 묻지 않는다.[8]

사업경영담당자는 사업경영 일반에 관하여 책임을 지는 자로서 대내적으로 사업주로부터 사업경영의 일부 또는 전부에 대하여 포괄적 위임을 받고 대외적으로 사업을 대표하거나 대리하는 자를 말한다. 주식회사의 대표이사, 합명회사 및 합자회사의 업무집행사원, 유한회사의 이사 등이 여기에 해당한다. 판례에 따르면

---

7 박순영, "회사로부터 제공받은 차량을 이용한 운송기사의 근로기준법상 근로자 여부", 「대법원판례해설」 제83호(2010 상반기), 법원도서관, 2010, 768-771면.
8 대법원 1999.7.12. 99마628 결정.

"근로기준법이 같은 법 각 조항에 대한 준수의무자로서의 사용자를 사업주에 한정하지 아니하고 사업경영담당자 등으로 확대한 이유가 노동현장에 있어서 근로기준법의 각 조항에 대한 실효성을 확보하기 위한 정책적 배려에 있는 만큼, 사업경영담당자란 원칙적으로 사업경영 일반에 관하여 권한을 가지고 책임을 부담하는 자로서 관계 법규에 의하여 제도적으로 근로기준법의 각 조항을 이행할 권한과 책임이 부여되었다면 이에 해당한다."[9]라고 하였다.

'근로자에 관한 사항에 대하여 사업주를 위하여 행위하는 자'는 인사, 급여, 후생, 노무관리 등 근로조건의 결정이나 업무명령 또는 구체적인 지휘·감독을 할 수 있는 일정한 책임과 권한을 사업주로부터 부여받은 자를 말한다. 이와 같은 책임과 권한의 유무는 공장장, 현장소장이라는 형식적인 직책 명(名)에 따를 것이 아니라 구체적인 직무 권한에 따라 판단해야 한다. 이들은 근로자에 대하여는 사용자로서 지위를 가지나, 이것은 각자 맡은 직무 분야에서 각기 하위 근로자에 대한 관계에서 사용자에 해당하는 것에 불과하고, 사업주에게 고용된 근로자로서 취업규칙의 적용을 받는 근로자의 지위를 가지는 이중적 지위가 있다.

II. 물적 적용 범위

1. 상시 5인 이상의 사업 또는 사업장

근로기준법 제11조 제1항은 "이 법은 상시 5명 이상의 근로자를 사용하는 모든 사업 또는 사업장에 적용한다. 다만, 동거하는 친족만을 사용하는 사업 또는 사업장과 가사(家事) 사용인에 대하여는 적용하지 아니한다."라고 규정하고,[10] 제2항에

---

9 대법원 2008.4.10. 2007도1199 판결. 대학교 의료원장이 의료원을 대표하며 의료원 산하 각 병원 및 기관의 운영 전반을 관장하고, 의료원은 의료원 산하 각 병원의 연간 종합 예산 등의 편성·조정·통제, 각 병원별 자금운용수지 현황 관리 등의 업무를 담당하는 경우, 의료원 산하 각 병원이 독립채산제로 운영되고 해당 병원장이 그 전결사항으로 소속 근로자들에 대한 임금을 지급하여 왔다 하더라도, 의료원장은 의료원 산하 병원 등 소속 근로자들에 대한 관계에 있어서 사용자에 해당한다.

10 이와 같은 '가구 내 고용활동'에 대해 퇴직급여법의 적용을 제외하는 것이 위헌인지가 문제된 사안에서, 헌법재판소는 가사사용인도 근로자에 해당하지만 제공하는 근로가 가정이라는 사적 공간에서 이루어지는 특수성을 고려하면 다른 사업장과 동일하게 법을 적용할 경우 이용자 및 이용자 가족의 사생활을 침해할 우려

서는 "상시 4명 이하의 근로자를 사용하는 사업 또는 사업장에 대하여는 대통령령으로 정하는 바에 따라 이 법의 일부 규정을 적용할 수 있다."라고 규정하고 있다. 여기에서 '상시'는 '상태'라는 의미로 해석해야 하고, 근로자 수가 때때로 5인 미만이 되는 경우가 있어도 상태적으로 보아 5인 이상이 되는 경우에는 이에 해당한다.[11]

또한 '근로자'는 근로기준법 제2조 제1호 소정의 근로자로 그때그때 필요에 따라 사용하는 일용근로자도 포함한다.

한편, 근로기준법 시행령 제7조의2는 근로기준법 적용 사유 발생일 전 1개월(사업이 성립한 날부터 1개월 미만인 경우에는 그 사업이 성립한 날 이후의 기간) 동안 사용한 근로자의 연인원을 같은 기간 중의 가동 일수로 나누어 산정한다고 규정하여 '상시'의 개념을 명확히 하였다. 이때 '사용한 근로자의 연인원'은 파견근로자를 제외한 모든 근로자를 포함하고, 동거하는 친족인 근로자 이외에 친족이 아닌 근로자가 1명이라도 있으면 그 동거하는 친족인 근로자도 포함하여 산정한다.[12]

한편 근로기준법은 사업과 사업장의 정의를 명시하지 않고 해석론에 맡기고 있는데, 다수의 판례는 사업의 개념을 기업체 또는 법인 개념과 동일시 하고 있다.[13] 그러나 이는 사업과 기업 개념의 차이를 간과하고 있는 해석이다. 사업(der Betrieb)이란 노동과 자본이 유기적으로 결합되는 조직적 통일체로서, 근로기준법은 노동의 보호를 목적으로 하기 때문에 작업 단위 내부의 유기적 관련성에 초점을 맞추어 일종의 기능관련적 개념인 사업을 그 적용범위로 하고 있다. 반면 기업(das Unternehmen)이란 외부적으로 제3자와 일정한 법률행위를 하는 데 초점이 맞추어

가 있음은 물론 국가의 관리·감독이 제대로 이루어지기도 어렵다고 보아 가사사용인을 일반 근로자와 달리 퇴직급여법의 적용범위에서 배제하고 있다 하더라도 이는 합리적 이유가 있는 차별로서 평등원칙에 위배되지 않는다고 보았다(헌법재판소 2022.10.27. 2019헌바454 결정).

11 대법원 2000.3.14. 99도1243 판결.

12 다만 근로기준법 제55조 제1항에 의하여 주 1회 이상 휴일로 보장되는 주휴일에 실제 근무하지 않은 근로자, 즉 주휴일에 휴식을 취한 근로자는 해당 사업장의 통상적인 사용상태를 제대로 반영하기 위하여 시행령 제7조의2 제1항의 '산정기간 동안 사용한 근로자의 연인원' 및 같은 조 제2항 각 호의 '일(日)별 근로자 수'에 포함하지 않는다(대법원 2023.6.15. 2020도16228 판결).

또한 외국기업이 국내에서 사업활동을 영위하며 근로자를 사용하는 국제근로관계에서는 원칙적으로 '국내에서 사용하는 근로자 수'를 기준으로 근로기준법 제11조의 적용 여부를 판단한다(대법원 2024.10.25. 2023두46074 판결).

13 대법원 1997.11.28. 97다24511 판결 등.

진 법률적 개념으로서 법인격을 의미하는데, 하나의 기업 내에는 기능적으로 분화된 여러 개의 사업이 존재할 수 있을 뿐만 아니라, 최근에는 법인격(기업)을 뛰어넘어 노동력 제공의 수직적 연계(이른바 공급사슬망)가 형성되어 있는 경우, 이 연계망 전체를 하나의 사업으로 포섭하여 노동의 보호를 도모할 필요성이 있을 수 있다.[14] 요컨대 사업 개념은 노동보호의 관점에서 기능적으로 그 외연을 확대할 수도, 축소할 수도 있는 개방적 개념으로 이해될 필요가 있다.

최근 선고된 대법원 판결은 종전의 입장대로 법인격의 분리 여부가 독립된 사업 또는 사업장에 해당하는지를 판단하는 우선적인 기준이 되므로 법인격이 다른 기업조직은 특별한 사정이 없는 한 하나의 사업 또는 사업장을 구성할 수 없음이 원칙이라고 하면서도, 다만 별개의 법인격을 가진 여러 개의 기업조직 사이에 단순한 기업 간 협력관계나 계열회사, 모자회사 사이의 일반적인 지배종속관계를 넘어 실질적으로 동일한 경제적·사회적 활동단위로 볼 수 있을 정도의 경영상의 일체성과 유기적 관련성이 인정되는 특별한 사정이 있는 경우에는 이들을 하나의 사업 또는 사업장이라고 볼 수 있다고 한다.[15]

또한 근로기준법의 적용에 있어서 사업의 종류나 목적, 적법 여부는 묻지 않고, 법인이나 단체는 물론 개인사업체도 포함되며, 사업으로서 조직적 통일체에 해당한다면 그 사업이 1회적이거나 사업기간이 일시적이라고 하여 근로기준법의 적용 대상이 아니라고 할 수 없다.[16]

한편 근로기준법은 '사업 또는 사업장'이라는 표현을 사용하고 있으나, 이때 사업장이란 사업이 이루어지는 장소 또는 장소적으로 구획된 사업체의 일부분을 뜻하는 것으로서,[17] 사업 개념과의 연관성 속에서 파악하면 충분하다.

2. 공무원 등

근로기준법 제12조는 "이 법과 이 법에 따른 대통령령은 국가, 특별시·광역시·

---

14 이에 대해서는 박제성, 『동태적 사업 개념 – 노동법상 사업 개념의 재검토』, 한국노동연구원, 2022 참조.
15 대법원 2024.10.25. 2023두57876 판결.
16 대법원 1994.10.25. 94다21979 판결.
17 대법원 2007.10.26. 2005도9218 판결.

도, 시·군·구, 읍·면·동, 그 밖에 이에 준하는 것에 대하여도 적용된다."라고 규정하고 있다. 따라서 공무원도 원칙적으로 근로기준법 적용 대상이다. 다만, 국가·지방공무원법, 공무원연금법 등 특별법의 적용을 받는 사항에는 근로기준법이 적용되지 않는다.

행정기관에 고용된 공무원이 아닌 근로자에게는 근로기준법이 적용된다. 근로자 수도 제한이 없기 때문에 행정기관이 채용한 인원이 1명이라도 근로기준법은 전면적으로 적용된다.

제5장
개별적 근로관계법의 기본 원칙

제1절
근로조건의 최저기준과 대등결정

I. 근로조건의 최저기준

근로기준법은 헌법 제32조 제3항에 따라 인간의 존엄성이 보장되도록 근로조건의 기준을 정함으로써 근로자의 기본적 생활을 보장, 향상하는 것을 일차적인 목적으로 하는 법률이다(제1조). 헌법에서 명시한 근로조건 법정주의는 근로기준법뿐만 아니라 개별적 근로관계를 규율하는 다른 법률에도 공통적으로 적용되는 기본원칙에 해당한다.

근로조건은 사용자와 근로자 사이의 근로관계에서 임금, 근로시간, 후생, 해고기타 근로자의 대우에 관하여 정한 조건을 말한다.[1] 근로조건은 법령, 근로계약, 취업규칙, 단체협약 또는 노동관행 등에 따라 정해진다.

근로기준법에서 정하는 근로조건은 최저기준이다(제3조). 또한 근로기준법이 정하는 기준에 미치지 못하는 근로조건을 정한 근로계약은 그 부분에 한정하여 무

---

[1] 대법원 1992.6.23. 91다19210 판결. 이 판결에서 정원표(定員表)는 근로관계를 직접 규율하는 내용이 아니라 사용자가 근로자들의 적정한 운용과 배치를 위한 기준으로 삼기 위하여 부서별, 직급별로 배치할 정원의 기준을 일단 정해둔 것에 불과하여 이를 근로조건에 해당한다고 할 수 없다고 판시하였다.

효로 하고, 무효로 된 부분은 근로기준법에서 정한 기준에 따른다(제15조). 예컨대, 성질상 근로기준법 소정의 통상임금에 속하는 수당을 통상임금에서 제외하기로 노사 간에 합의하였다고 하더라도 그 합의는 무효이다.[2] 이처럼 근로계약의 당사자인 사용자와 근로자가 합의한 근로조건이 최저기준에 미달하면 그 근로조건은 사법적으로 아무런 효력이 없게 되고(강행적 효력), 그 부분에 대해서는 법정 최저기준이 적용된다(보충적 효력). 또한 최저기준에 미달하는 근로조건을 정한 사용자는 근로기준법 위반에 따른 형사책임을 부담할 수 있다. 이는 국가의 직접적 개입으로 계약자유의 원칙을 제한 또는 수정하고자 하는 사회법적 특성을 반영한 것이다.

근로기준법에서 정하는 근로조건은 최저기준이므로 근로관계 당사자는 이 기준을 이유로 근로조건을 낮출 수 없다(제3조). 이는 사용자가 이러한 최저기준을 이유로 기존의 근로조건을 저하하는 것을 금지하는 취지이다. 근로기준법은 근로자의 기본적 생활을 보장하는 것을 넘어 향상하는 것을 목적으로 하므로, 사용자와 근로자가 정한 근로조건이 최저기준을 넘어 개선되도록 노력해야 한다. 그렇기에 최저기준에 맞추고자 기존의 더 나은 근로조건을 최저기준 수준으로 후퇴시키는 것은 법의 취지에 반하여 허용되지 않는다. 다만, 법정 최저기준 자체가 불리하게 변경된 경우(예컨대 근로기준법 제13조 개정에 따른 유급생리휴가의 무급화)에 그에 따른 근로조건의 합법적 저하는 근로기준법 위반에 해당하지 않는다.

한편, 기존의 근로조건이 저하되는 모든 경우가 근로기준법 제3조 위반에 해당하는 것은 아니다. 예컨대 기업 경영상의 위기를 극복하려고 취업규칙, 단체협약 등으로 근로기준법상 최저기준을 위반하지 않는 범위 내에서 기존의 근로조건을 저하하는 것은 가능하다. 다만 이 경우 근로자들의 집단적 동의가 반드시 뒷받침되어야 한다(자세한 내용은 제6장 제2절 취업규칙, 제18장 단체협약에서 설명).

II. 근로조건의 대등결정

근로조건은 근로자와 사용자가 동등한 지위에서 자유의사에 따라 결정하여야

---

2 대법원 2013.12.18. 2012다89399 전원합의체 판결 참조.

한다(근로기준법 제4조). 이를 근로조건 대등결정의 원칙이라고 한다. 이는 사용자가 일방적으로 근로조건을 결정하여서는 아니 되고, 근로조건은 근로관계 당사자 사이에서 자유로운 합의에 따라 정해져야 하는 사항임을 분명히 함으로써 근로자를 보호하고자 마련한 것이다.[3] 사용자가 경제적으로 우월한 권한을 남용하여 근로조건을 일방적으로 결정하거나 변경하는 것은 근로조건 대등결정의 원칙에 반한다. 또한, 근로조건 대등결정의 원칙은 개별 근로계약을 체결하거나 변경하는 경우뿐만 아니라 집단적 근로조건을 결정하는 내용의 취업규칙이나 단체협약에도 적용되어야 한다.[4]

근로조건 대등결정의 원칙을 위반하여 일방적으로 근로조건을 결정·변경하는 경우 벌칙이 적용되지는 않으나 사법적으로 그 효력이 부인될 수 있다. 특히 근로조건을 불이익하게 변경하는 경우 그러하다.

근로기준법은 근로조건 대등결정의 원칙을 반영한 구체적인 규정들을 두고 있다. 사용자는 취업규칙을 작성하거나 변경할 권한을 갖지만, 취업규칙은 단체협약에 위배되어서는 아니 되고, 특히 취업규칙을 근로자에게 불리하게 변경할 때는 근로자의 집단적 동의를 받아야 한다(제94조 제1항·제96조 참조). 또한 연장근로는 사용자와 근로자 간의 합의를 요하며(제53조 제1항), 탄력적 근로시간제(제51조 제2항·제51조의2), 선택적 근로시간제(제52조), 재량근로제(제58조 제3항), 특례연장근로제(제59조) 등의 실시는 근로자 대표와 서면합의를 요건으로 한다.

한편, 근로자와 사용자는 각자가 단체협약, 취업규칙과 근로계약을 지키고 성실하게 이행할 의무가 있다(제5조). 이러한 의무 위반에 대한 벌칙은 없으나, 사용자 또는 근로자가 근로계약 등을 위반한 경우에는 그에 따른 채무불이행책임이나 징계책임 등을 지게 된다.

---

3 대법원 2019.11.14. 2018다200709 판결.
4 헌법재판소 2021.12.23. 2018헌마629 결정.

제2절

균등처우

근로기준법, 남녀고용평등과 일·가정 양립 지원에 관한 법률(남녀고용평등법), 기간제법과 파견법, 고령자고용법, 장애인차별금지법 등은 헌법 제11조 제1항의 평등원칙을 근로관계에 실질적으로 존중·촉진·실현하고자 균등처우원칙과 차별금지 내용을 규정하고 있다. 따라서 각 법령상 균등처우원칙과 차별금지 관련 조항의 해석·적용에서는 헌법의 규범적 요청을 충실히 반영해야 한다.

I. 근로기준법상의 균등처우원칙

1. 의의

사용자는 근로자에 대하여 남녀의 성(性)을 이유로 차별적 대우를 하지 못하고, 국적·신앙 또는 사회적 신분을 이유로 근로조건에 대한 차별적 처우를 하지 못한다(근로기준법 제6조). 이러한 균등처우원칙은 노동법의 일반원칙에 해당한다.

한편, 남녀고용평등법, 고령자고용법, 장애인차별금지법 등에서도 성차별, 연령차별, 장애인차별 등을 금지하여 근로기준법 제6조와 함께 각종 차별을 금지하는 법체계를 갖추고 있다. 근로기준법 제6조는 차별금지의 내용을 근로조건으로 한정하고 있고, 근로기준법은 근로관계의 성립을 전제로 적용되는 법이므로 근로관계 성립 이전의 채용기준은 근로기준법의 규율 대상이 되는 근로조건에 해당한다고 보기 어렵다.[5] 따라서 모집·채용상 차별은 근로기준법 위반에 해당하지는 않는다. 하지만 성차별, 연령차별, 장애인차별 등을 금지하는 각종 법률에서 차별사유

---

5 대법원 1992.8.14. 92다1995 판결. 입사 전 경력에 대응한 등급 부여를 정하고 있는 인사규정은 사용자가 부여할 등급에 속할 근로자를 채용할 때 입사 전 경력으로 어느 정도를 요구한다는 취지의 채용에 관한 기준인 것으로서 근로기준법 소정의 근로기준에 해당되지 않는다고 보았다.

를 이유로 한 모집·채용상 차별을 금지하므로 사용자는 이에 어긋나는 모집·채용기준을 설정해서는 아니 된다.

2. 차별사유

근로기준법에서는 금지하는 차별사유로 성별, 국적, 신앙 및 사회적 신분을 명시하고 있다.

이와 같은 근로기준법 제6조의 차별사유가 한정적으로 열거된 것인지, 아니면 주요한 차별사유만 예시한 것으로 볼지 견해가 대립하고 있다. 생각건대, 근로기준법 제6조는 헌법상의 평등원칙을 실현하려는 규정이고, 여기에는 합리적 이유가 없는 차별은 일절 허용하지 않는다는 취지가 내포되어 있다. 따라서 근로기준법 제6조상의 차별사유를 한정적·제한적인 것으로 해석할 이유가 없으며, 근로계약관계에서 대표적인 불합리한 차별사유를 예시한 것으로 보아야 한다. 다만, 근로기준법 제6조를 위반하여 벌칙을 적용하는 경우에는 죄형법정주의의 요청에 따라 차별사유가 한정적으로 열거된 것으로 해석해야 할 것이다.

'성별'은 좁게는 남성 또는 여성이라는 생물학적 성(sex)의 구별을 의미하지만, 넓게는 사회·문화적으로 남성 또는 여성에게 요구되는 역할, 행동, 기질로 형성되는 성(gender)을 포괄하는 개념으로 이해된다. 남녀고용평등법은 생물학적 성별뿐만 아니라 혼인, 임신·출산, 가족 안에서 지위 등을 차별금지 사유로 규정하고 있다.

'국적'은 한 나라의 구성원인 국민의 지위를 뜻하며, 엄밀하게는 인종, 피부색, 출신국가, 민족과는 구별된다. 외국인고용법 제22조는 대한민국의 국적을 가지지 아니한 사람으로서 국내에 소재하는 사업 또는 사업장에서 임금을 목적으로 근로를 제공하고 있거나 제공하려는 외국인 근로자에 대한 차별을 금지하고 있다.[6]

---

6 한편 외국인고용법 제25조는 비전문취업비자(E-9)를 받아 일하는 외국인근로자의 사업장 변경 사유와 횟수를 제한하고 있는데, 헌법재판소는 그 취지가 '원칙적으로 외국인근로자의 의사에 따른 사업장 변경을 금지하고 예외적 사유가 있는 경우에만 허용함으로써 중소기업 등이 안정적으로 노동력을 확보할 수 있도록 하고, 내국인근로자의 고용기회나 근로조건을 교란하는 것을 방지하며, 외국인근로자에 대한 효율적인 고용관리를 도모하기 위한 것'에 있다고 파악하면서 이러한 제한이 입법자의 재량 범위를 넘어 직장선택의 자유나 평등권을 침해하는 정도에 이르지 않는다고 판단하였다(헌법재판소 2021.12.23. 2020헌마395 결정).

'신앙'은 사람이 내심에서 믿고 따르는 것으로 종교적 신앙 외에도 정치적 신조, 그 밖의 특정 사상이나 신념을 포함하는 개념으로 이해된다. 정당이나 종교단체 등 특정의 사상, 이념 또는 종교를 함께하고 그 전파를 직접적 내지 주된 목적으로 하는 이른바 경향사업에서는 담당하는 업무의 특성에 따라 신앙을 이유로 하는 차별의 합리성 여부를 살펴보아야 한다.

　'사회적 신분'은 사회에서 장기간 점하는 지위로 일정한 사회적 평가를 수반하는 것을 의미한다.[7] 여기에는 과거 신분사회에서 비롯한 선천적 지위가 포함되지만, 현대 사회에서 주로 문제가 되는 것은 후천적 지위이다. 최근 이른바 무기계약직과 같은 고용형태가 여기서 말하는 사회적 신분에 해당하는지 다툼이 있으나,[8] 앞서 설명한 것과 같이 근로기준법 제6조의 차별사유는 예시적인 것이므로 고용형태에 따른 차별도 근로기준법 제6조의 적용대상이 된다고 보면 충분하다. 다만 사회적 신분이라는 차별사유는 전근대적이고 매우 유동적이며 불명료한 개념이기 때문에 변화하는 사회와 차별 양상에 대응할 수 있는 입법적 개선이 필요하다.

7　헌법재판소 1995.2.23. 93헌바43 결정.

8　이와 관련하여, 공무원이 아닌 사람들로서 국가 산하 국토교통부 소속 지방국토관리청장과 기간의 정함이 없는 근로계약을 체결한 국도관리원들이 이들과 같거나 유사한 업무를 담당하는 공무원들에게 지급되는 각종 수당을 자신들에게는 지급하지 않는 것은 근로기준법 제6조를 위반한 차별적 처우에 해당한다고 주장한 사안에서, 최근 선고된 대법원 전원합의체 판결의 다수의견(법정의견)은 근로기준법 제6조에서 정한 사회적 신분이란 반드시 선천적으로 고정되어 있는 사회적 지위에 국한된다거나 그 지위에 변동가능성이 없을 것까지 요구되는 것은 아니지만 개별 근로계약에 따른 고용상 지위는 공무원에 대한 관계에서 근로기준법 제6조에서 정한 사회적 신분에 해당한다고 볼 수 없고, 또한 이 경우에는 공무원을 본질적으로 동일한 비교집단으로 삼을 수 없어 국가가 이들에게 근로조건에 관한 차별적 처우를 했다고 볼 수 없다고 보았다(대법원 2023.9.21. 2016다255941 전원합의체 판결).

　다만 이에 대해서는 국도관리원의 공무직 근로자라는 고용상 지위는 자신의 의사나 능력 발휘에 의해 쉽게 회피할 수 없고 한번 취득하면 장기간 점하게 되는 성격을 지니는 점과 공무직 근로자에 대한 열악한 근로조건과 낮은 사회적 평가가 고착되고 있는 우리 사회의 현실에 비추어 보면 사회적 신분에 해당한다고 볼 수 있다는 대법관 5인의 반대의견과, 국도관리원이 가지는 공공부문 무기계약직 근로자의 지위는 근로기준법 제6조의 사회적 신분에 해당하지만 이 사건 수당 미지급에 대해서는 이를 정당화할 만한 합리적 근거가 있으므로 국가의 불법행위로 인한 손해배상책임은 성립하기 어렵다고 본 대법관 1인의 별개의견이 제시되었다.

　위 전원합의체 판결은 어디까지나 공공부문의 무기계약근로자(공무직)와 공무원의 관계에 대한 것이므로, 이러한 다수의견의 입장이 민간부문의 정규직 근로자와 무기계약근로자의 관계에서도 적용되는 것인지는 후속판결을 지켜볼 필요가 있다.

3. 위반의 효과

사용자가 근로기준법 제6조의 균등처우원칙을 위반하면 500만 원 이하의 벌금이 적용된다(근로기준법 제114조 제1호). 또한 근로기준법 제6조는 강행법규에 해당하므로 이에 반하는 근로계약, 취업규칙, 단체협약의 내용이나 기타 사용자의 처분은 무효이고, 나아가 사용자에게 민법상의 불법행위에 따른 손해배상책임이 발생할 수 있다.

II. 남녀고용평등법상의 차별금지

남녀고용평등법은 고용에서 남녀의 평등한 기회와 대우를 보장하고 모성 보호와 여성 고용을 촉진하여 남녀고용평등을 실현함과 아울러 근로자의 일과 가정의 양립을 지원함으로써 모든 국민의 삶의 질 향상에 이바지하는 것을 목적으로 한다(제1조). 이 법은 남녀고용평등법상 근로자(사업주에게 고용된 자와 취업할 의사를 가진 자-제2조 제4호)를 사용하는 모든 사업 또는 사업장에 적용되지만, 동거하는 친족만으로 이루어지는 사업 또는 사업장과 가사 사용인에 대하여는 적용하지 않는다(제3조 제1항, 시행령 제2조).

1. 차별의 개념

남녀고용평등법에서 차별은 "사업주가 근로자에게 성별, 혼인, 가족 안에서의 지위, 임신 또는 출산 등의 사유로 합리적인 이유 없이 채용 또는 근로의 조건을 다르게 하거나 그 밖의 불리한 조치를 하는 경우"와 "사업주가 채용조건이나 근로조건은 동일하게 적용하더라도 그 조건을 충족할 수 있는 남성 또는 여성이 다른 한 성(性)에 비하여 현저히 적고 그에 따라 특정 성에게 불리한 결과를 초래하며 그 조건이 정당한 것임을 증명할 수 없는 경우"를 말한다(제2조 제1호 본문). 전자를 '직접차별', 후자를 '간접차별'이라 한다.

성별 등을 사유로 하는 직접차별은 차별적 대우에 합리적 이유가 없을 때 성립한다. 합리적 이유가 없는 경우는 해당 사업의 목적, 업무 내용과 범위·권한·책임, 기타 근로조건 결정요소 등을 종합적으로 고려하여 남녀를 달리 대우할 필요성이 인정되지 않거나, 달리 대우할 필요성이 인정되는 경우에도 그 방법·정도 등이 적정하지 않은 경우를 뜻하는 것으로 볼 수 있다. 간접차별은 외관상 차별과 무관한 중립적 기준을 적용하였으나 그 기준이 부당하여 비교 대상이 되는 특정 집단에 불리한 결과를 야기하는 경우를 말한다.

남녀고용평등법 제30조는 이 법과 관련한 분쟁해결에서 증명책임은 사업주가 부담하는 것으로 규정하고 있다. 직접차별 관련 합리적 이유의 존재, 간접차별 관련 중립적 기준의 정당성 등에 관한 증명책임은 사용자에게 있다.

한편, 남녀고용평등법은 ① 직무의 성격에 비추어 특정 성이 불가피하게 요구되는 경우, ② 여성 근로자의 임신·출산·수유 등 모성보호를 위한 조치를 하는 경우, ③ 그 밖에 이 법 또는 다른 법률에 따라 적극적 고용개선조치를 하는 경우에는 차별로 보지 않는다(제2조 제1호 단서). 여기에서 적극적 고용개선조치(affirmative action)는 '현존하는 남녀 간의 고용차별을 없애거나 고용평등을 촉진하기 위하여 잠정적으로 특정 성을 우대하는 조치'를 말한다(제2조 제3호). ①과 같은 차별제외 사유를 '진정직업자격'(bona fide occupational qualification)이라 한다.[9]

2. 차별금지의 내용

남녀고용평등법은 모집과 채용, 임금, 임금 외의 금품과 복리후생, 교육·배치 및 승진, 정년·퇴직 및 해고에서 남녀차별을 금지하고 있으며(제7조~제11조), 이를 위반하면 벌칙이 적용된다(제37조).[10]

---

9 고용노동부 예규인 「남녀고용평등 업무처리 규정」 제2조 제3항에 따르면, '직무의 성격에 비추어 특정 성이 불가피하게 요구되는 경우'는 특정 성이 반드시 직무의 핵심적인 내용을 수행하여야 하는 경우로 다음의 어느 하나에 해당하는 경우를 말한다. 즉 ① 예술 그 밖의 예능 분야에서 표현의 진실성을 이유로 특정 성을 필요로 하는 경우(예: 남성 역할을 위한 남성 배우·모델 등), ② 직무 수행상 탈의나 신체접촉 등이 발생하여 프라이버시 유지를 위해 특정 성을 필요로 하는 경우(예: 여성 목욕탕의 여성 목욕관리사, 여성 장애인·여성 환자의 여성 도우미 등), ③ 사업장의 성격 또는 장소로 특정 성의 근로자가 사용자가 제공하는 시설 외에서 거주하는 것이 불가능하고 적절한 대체시설을 이용하기 어려운 경우(예: 여성 기숙사의 여성 사감 등), ④ 그 밖에 직무상 특정 성으로 하는 것이 불가피한 것으로 인정되는 경우이다.

10 은행 신입직원채용에서 남녀 최종합격자 비율을 사전에 남성에게 유리하게 설정해두고 성별에 따라 별

(1) 모집과 채용

사업주는 근로자를 모집하거나 채용할 때 남녀를 차별하여서는 아니 되고, 또한 그 직무의 수행에 필요하지 아니한 용모·키·체중 등의 신체적 조건, 미혼 조건, 그 밖에 고용노동부령으로 정하는 조건을 제시하거나 요구하여서는 아니 된다(남녀고용평등법 제7조).[11]

(2) 임금

사업주는 동일한 사업 내의 동일 가치 노동에 대하여는 동일한 임금을 지급하여야 한다(남녀고용평등법 제8조 제1항). 그리고 사업주가 임금차별을 목적으로 설립한 별개의 사업은 동일한 사업으로 본다(제8조 제3항).

동일 가치의 노동은 해당 사업장 내의 서로 비교되는 남녀 간의 노동이 동일하거나 실질적으로 거의 같은 성질의 노동 또는 그 직무가 다소 다르더라도 객관적인 직무평가 등에 따라 본질적으로 동일한 가치가 있다고 인정되는 노동에 해당하는 것을 말한다.[12] 동일하거나 유사한 노동, 그렇지 않더라도 객관적으로 동일한 가치를 갖는 것으로 평가되는 노동의 경우 임금차별이 허용되지 않는다. 역사적으로 남녀 간 임금차별의 금지는 동일 노동에 대한 동일 임금의 원칙에서 시작되어 동일 가치 노동에 대한 동일 임금의 원칙으로 발전하였다. 특히 후자는 성별 고정관념에 기초하여 남녀 간 상이한 직무를 부여하고 여성이 주로 종사하는 직무의 임금을 낮게 결정·지급하는 그릇된 관행을 근절하고자 고안된 법리라고 할 수 있다. 이러한 법리가 적용되어 임금차별이 인정된 판례는 아직 없는 것으로 보인다.[13]

도의 커트라인을 적용하는 방법 등으로 남녀를 차별하여 채용한 은행과 인사팀 간부들에게 남녀고용평등법 위반죄가 성립한다고 보았다(대법원 2022.1.14. 2021도10330 판결; 대법원 2023.3.16. 2022도3393 판결 등 참조).

11 특정 성에게 모집·채용의 기회를 주지 않는 경우, 직종·직무별로 남녀를 분리하여 모집하거나 성별로 채용 예정 인원을 배정함으로써 특정 직종·직무에 특정 성의 채용기회를 제한하는 경우, 남녀가 같거나 비슷한 자격을 갖추고 있음에도 특정 성을 다른 성에 비해 낮은 직급 또는 직위에 모집·채용하거나 특정 성을 다른 성보다 불리한 고용형태로 채용하는 경우, 구인광고 내용에 합리적인 이유 없이 특정 성을 우대한다는 표현을 하는 경우, 특정 성에게만 직무수행에 필요하지 않는 용모 등 신체적 조건이나 결혼 여부 등의 조건을 부과하는 경우, 채용절차에서 객관적인 기준에 의하지 아니하고 특정 성을 불리하게 대우함으로써 채용기회를 제한하는 경우는 차별로 본다(남녀고용평등 업무처리 규정 제3조 제2항 참조).

12 대법원 2003.3.14. 2002도3883 판결.

13 남녀근로자 사이의 임금차별을 인정하여 남녀고용평등법 위반으로 판단한 대법원 2003.3.14. 2002도

동일 가치 노동의 기준은 직무 수행에서 요구되는 기술, 노력, 책임 및 작업 조건 등이다(제8조 제2항). 여기서 '기술'은 자격증, 학위, 습득된 경험 등에 의한 직무 수행능력 또는 솜씨의 객관적 수준을, '노력'은 육체적·정신적 노력, 작업수행에 필요한 물리적·정신적 긴장, 즉 노동 강도를, '책임'은 업무에 내재한 의무의 성격·범위·복잡성, 사업주가 해당 직무에 의존하는 정도를, '작업조건'은 소음, 열, 물리적·화학적 위험, 고립, 추위 또는 더위의 정도 등 해당 업무에 종사하는 근로자가 통상적으로 처하는 물리적 작업환경을 의미한다.[14]

사업주가 동일한 사업 내에서 근무하는 남녀근로자가 제공하는 노동이 동일한 가치임에도 합리적인 이유 없이 여성 근로자에 대하여 남성 근로자보다 적은 임금을 지급할 경우, 이는 남녀고용평등법 제8조를 위반하는 행위로서 불법행위를 구성하고, 사업주는 임금차별을 받은 여성 근로자에게 그러한 차별이 없었더라면 받았을 적정한 임금과 실제 받은 임금의 차액 상당 손해를 배상할 책임이 있다.[15]

그러나 비교되는 남녀근로자가 같거나 비슷한 일을 하더라도 해당 근로자 사이의 학력·경력·근속연수·직급 등의 차이가 존재하여 객관적·합리적인 기준에 따라 임금이 차등 지급되는 경우 또는 임금형태를 직무급·성과급·능력급 등으로 정하여 비교되는 남녀근로자 사이에 직무, 성과 또는 능력 등의 격차가 구체적·객관적으로 존재하여 임금이 차등 지급되는 경우에는 남녀 간 임금차별로 보기 어려울 것이다.[16]

(3) 임금 외의 금품과 복리후생

사업주는 임금 외에 근로자의 생활을 보조하기 위한 금품의 지급 또는 자금의 융자 등 복리후생에서 남녀를 차별하여서는 아니 된다(남녀고용평등법 제9조). 예컨대, 지급대상에서 특정 성만을 배제하거나 불리한 조건을 부과하는 경우, 특정 성에 대해 지급수준을 달리하는 경우, 그 밖에 합리적 이유 없이 남녀를 차별하여 임

3883 판결은 동일 가치 노동에 관한 판결이라기보다는 실질적으로 유사한 성질의 노동에 관한 판결이라 할 수 있다.

14 대법원 2003.3.14. 2002도3883 판결; 대법원 2013.3.14. 2010다101011 판결.
15 대법원 2013.3.14. 2010다101011 판결.
16 남녀고용평등 업무처리 규정 제4조 제5항 참조.

금 외의 금품 등을 지급하는 경우에는 남녀차별에 해당한다.[17]

(4) 교육·배치 및 승진

사업주는 근로자의 교육·배치 및 승진에서 남녀를 차별하여서는 아니 된다(남녀고용평등법 제10조). 여기서 '교육'은 근로자에게 직업에 필요한 직무수행능력을 습득·향상시키기 위하여 실시하는 훈련을, '배치'는 사업주가 근로자에게 직무의 내용과 직무의 장소 등을 정하여 특정 업무에 종사하도록 하는 것을, '승진'은 사업주가 근로자를 현재의 직급 또는 직위로부터 더 상위의 직급 또는 직위에 임명하는 것을 말한다.[18]

사업주가 교육·배치 및 승진에서 여성 근로자를 배제하거나 그렇지 않더라도 합리적 이유 없이 남성 근로자에 비해 불리한 기준, 조건, 절차 등을 적용하는 경우에는 차별에 해당한다. 승진차별이 인정된 판결로 행정직 6직급으로 근무하는 여성 근로자를 모두 상용직으로 편입하여 기존에 허용되던 상용직 내에서의 승진조차 전혀 허용하지 아니한 직제개편 조치가 합리적 이유 없이 행정직 6직급 여성 근로자들에게만 불리하게 승진을 제한하는 차별적 대우에 해당한다고 본 사례가 있다.[19]

(5) 정년·퇴직 및 해고

사업주는 근로자의 정년·퇴직 및 해고에서 남녀를 차별하여서는 아니 되고, 여성 근로자의 혼인, 임신 또는 출산을 퇴직 사유로 예정하는 근로계약을 체결하여서는 아니 된다(남녀고용평등법 제11조).

동일·유사한 직종이나 직급에서 남녀 간 정년을 달리 정하는 경우, 여성이 다수를 차지하는 직종이나 직급의 정년을 합리적인 이유 없이 다른 직종이나 직급보다 낮게 정하는 경우, 여성 근로자에 대하여 혼인, 임신, 출산, 육아 등의 이유로 퇴직을 강요하거나 해고하는 경우, 경영상의 이유로 여성 근로자를 우선적으로 해고하는 경우 등은 차별에 해당할 수 있다.

---

17 남녀고용평등 업무처리 규정 제5조 제2항 참조.
18 남녀고용평등 업무처리 규정 제6조 제1항, 제7조 제1항 및 제8조 제1항 참조.
19 대법원 2006.7.28. 2006두3476 판결.

여성 근로자들이 전부 또는 다수를 차지하는 분야의 정년을 다른 분야의 정년보다 낮게 정한 것이 여성에 대한 불합리한 차별에 해당하는지는 헌법 제11조 제1항에서 규정한 평등의 원칙 외에도 헌법 제32조 제4항에서 규정한 '여성 근로에 대한 부당한 차별 금지'라는 헌법적 가치를 염두에 두고, 해당 분야 근로자의 근로내용, 그들이 갖추어야 하는 능력, 근로시간, 해당 분야에서 특별한 복무규율이 필요한지나 인력 수급사정 등 여러 사정을 종합적으로 고려하여 판단한다.[20] 사실상 여성 전용 직렬로 운영되어 온 직무 분야의 근무상한연령을 사실상 남성 전용 직렬로 운영되어 온 다른 분야의 근무상한연령보다 낮게 정한 데에 합리적 이유가 있는지는 사용자가 증명하여야 하고, 이를 증명하지 못한 경우에는 강행규정인 남녀고용평등법 제11조 제1항과 근로기준법 제6조에 위반되어 당연무효이다. 그러나 합리적 이유가 있음이 증명된 경우에는 그러하지 않다. 예컨대, 일반직 직원의 정년을 58세로 규정하면서 여성들로 구성된 전화교환직렬 직원만 정년을 53세로 규정하여 5년의 정년차등을 둔 사안에 대해 교환직렬에서 인력의 잉여 정도, 연령별 인원구성, 정년 차이의 정도, 차등정년을 실시할 때 노사 간 협의를 거친 점, 신규 채용을 하지 못한 기간, 현재 정년에 대한 교환직렬 직원들의 의견 등에 비추어 합리적 이유가 있다고 판단한 판례가 있다.[21]

3. 차별에 대한 구제

근로자가 성별을 이유로 모집과 채용, 임금, 임금 외의 금품과 복리후생, 교육·배치 및 승진, 정년·퇴직 및 해고에서 차별적 처우를 받은 경우, 차별적 처우가 있은 날(계속되는 차별적 처우는 그 종료일)부터 6개월 안에 노동위원회에 그 시정을 신청할 수 있다(남녀고용평등법 제26조).[22] 차별적 처우의 시정 신청기간 6개월은 그 기간이 경과하면 시정을 신청할 권리가 소멸하는 제척기간이다.

한편, 고용노동부장관은 근로자의 시정신청이 없더라도 차별적 처우를 한 사용

---

20 대법원 2019.10.31. 2013두20011 판결.
21 대법원 1996.8.23. 94누13589 판결.
22 이러한 남녀고용평등법상의 차별구제 절차는 후술할 비정규직 차별구제 절차를 기반으로 마련된 것으로, 2022년 5월 19일부터 시행되고 있다.

자에 대해 직권으로 그 시정을 요구할 수 있고, 사용자가 시정요구에 응하지 아니할 경우에는 노동위원회에 통보하여 노동위원회로 하여금 차별적 처우 여부를 심리하도록 한다(제29조의5). 이는 근로자가 고용불안 등으로 차별적 처우의 시정신청에 소극적일 수 있기 때문에 고용노동부장관에 의한 직권 시정 요구가 가능하도록 한 것이다.

노동위원회는 차별적 처우에 대한 시정으로 차별적 처우의 중지, 임금 등 근로조건의 개선(취업규칙, 단체협약 등의 제도개선 명령을 포함한다) 또는 적절한 배상 등을 명할 수 있고, 특히 사용자의 차별적 처우가 명백한 고의라고 인정되거나, 차별적 처우가 반복되는 경우에는 이로써 정규직 근로자에게 발생한 손해액을 기준으로 3배를 넘지 아니하는 범위에서 배상을 명령할 수 있다(제29조·제29조의2). 이러한 3배 배상명령은 징벌적 성격이 포함된 명령으로 악의적 내지 반복적 차별행위를 예방하고 차별시정제도의 실효성을 높이려는 것이다.

확정된 시정명령을 정당한 이유 없이 이행하지 아니한 자는 1억 원 이하의 과태료를 부과한다(제39조 제1항). 고용노동부장관은 확정된 시정명령을 이행할 의무가 있는 사용자의 사업 또는 사업장에서 해당 시정명령의 효력이 미치는 근로자 이외의 근로자에게 차별적 처우가 있는지를 조사하여 차별적 처우가 있는 경우에는 그 시정을 요구할 수 있다(제29조의6). 이는 차별적 처우를 받았다고 인정된 근로자와 같은 처지에 있는 다른 근로자도 구제되도록 확정된 시정명령의 효력을 확대하는 제도이다.

III. 기타 법률상의 차별금지

1. 비정규직 근로자에 대한 차별금지

기간제법과 파견법은 기간제근로자, 단시간근로자 및 파견근로자에 대한 차별적 처우의 금지와 구제를 규정하고 있다. '차별적 처우'는 ① 임금, ② 정기상여금, 명절상여금 등 정기적으로 지급되는 상여금, ③ 경영성과에 따른 성과금, ④ 그 밖에 근로조건 및 복리후생 등에 관한 사항에서 합리적 이유 없이 불리하게 처우하는 것을 말한다(기간제법 제2조 제3호, 파견법 제2조 제7호).

비정규직 근로자에 대한 차별적 처우의 성립 및 그 시정이 가능하려면, 비정규직 근로자와 비교 가능한 근로자가 존재하고, 비교 결과 비정규직 근로자에 대한 불리한 처우가 있으며, 그 불리한 처우에 합리적 이유가 없을 것을 요건으로 한다.

첫째, 기간제근로자, 단시간근로자, 파견근로자 각각과 비교 대상이 되는 근로자는 '동종 또는 유사한 업무'에 종사하는 자로서 기간의 정함이 없는 근로계약을 체결한 근로자, 통상근로자, 사용사업주의 근로자이다(기간제법 제8조, 파견법 제21조). 비교 대상 근로자의 업무가 비정규직 근로자의 업무와 동종 또는 유사한 업무에 해당하는지는 취업규칙이나 근로계약 등에 명시된 업무 내용이 아니라 근로자가 실제 수행하여 온 업무를 기준으로 판단하되, 이들이 수행하는 업무가 서로 완전히 일치하지 아니하고 업무의 범위 또는 책임과 권한 등에서 다소 차이가 있다고 하더라도 주된 업무의 내용에 본질적 차이가 없다면, 특별한 사정이 없는 이상 이들은 동종 또는 유사한 업무에 종사한다고 본다.[23]

둘째, 비정규직 근로자에 대한 불리한 처우는 사용자가 임금이나 그 밖의 근로조건 등에서 비교 대상 근로자와는 다르게 처우함으로써 비정규직 근로자에게 발생하는 불이익 전반을 의미한다.[24]

셋째, 불리한 처우의 합리적인 이유가 없다는 것은 비정규직 근로자를 달리 처우할 필요성이 인정되지 않거나 달리 처우할 필요성이 인정되더라도 그 방법·정도 등이 적정하지 않은 경우를 의미하고, 합리적인 이유가 있는지 여부는 개별 사안에서 문제가 된 불리한 처우의 내용 및 사용자가 불리한 처우의 사유로 삼은 근로자의 고용형태, 업무 내용과 범위·권한·책임, 임금 그 밖의 근로조건 등의 결정 요소 등을 종합적으로 고려하여 판단한다.[25]

비정규직 근로자가 차별적 처우를 받은 경우 차별적 처우가 있은 날(계속되는 차별적 처우는 그 종료일)부터 6개월 내 노동위원회에 그 시정을 신청할 수 있다(기간제법 제9조 제1항, 파견법 제21조 제3항). 이때 차별적 처우의 시정 신청기간 6개월은 그 기간이 경과하면 시정을 신청할 권리가 소멸하는 제척기간이다.

---

23 대법원 2012.10.25. 2011두7045 판결 참조.

24 대법원 2014.9.24. 2012두2207 판결 참조.

25 대법원 2012.10.25. 2011두7045 판결; 대법원 2014.9.24. 2012두2207 판결 등.

한편, 비정규직 근로자의 시정신청이 없더라도 고용노동부장관은 차별적 처우를 한 사용자에 대해 직권으로 그 시정을 요구할 수 있고, 사용자가 시정요구에 응하지 아니할 경우에는 노동위원회에 통보하여 노동위원회로 하여금 차별적 처우 여부를 심리하도록 한다(기간제법 제15조의2, 파견법 제21조의2).

노동위원회는 차별적 처우에 대한 시정으로 차별적 행위의 중지, 임금 등 근로조건의 개선(취업규칙, 단체협약 등의 제도개선 명령을 포함한다) 또는 적절한 배상 등을 명할 수 있고, 특히 사용자의 차별적 처우에 명백한 고의가 인정되거나 차별적 처우가 반복되는 경우에는 차별적 처우로 인해 비정규직 근로자에게 발생한 손해액을 기준으로 3배를 넘지 아니하는 범위에서 배상을 명령할 수 있다(기간제법 제13조, 파견법 제21조 제3항). 이러한 3배 배상명령은 징벌적 성격이 포함된 명령으로 악의적 내지 반복적인 차별행위를 예방하고 차별시정제도의 실효성을 높이려는 것이다.

확정된 시정명령을 정당한 이유 없이 이행하지 아니한 자는 1억 원 이하의 과태료에 처한다(기간제법 제24조 제1항, 파견법 제46조 제1항). 고용노동부장관은 확정된 시정명령을 이행할 의무가 있는 사용자, 파견사업주 또는 사용사업주의 사업 또는 사업장에서 해당 시정명령의 효력이 미치는 근로자 이외의 비정규직 근로자에 대하여 차별적 처우가 있는지를 조사하여 차별적 처우가 있는 경우에는 그 시정을 요구할 수 있다(기간제법 제15조의3, 파견법 제21조의3). 이는 차별적 처우를 받은 것으로 인정된 비정규직 근로자와 같은 처지에 있는 다른 비정규직 근로자도 구제되도록 확정된 시정명령의 효력을 확대하는 제도이다.

2. 연령차별금지

고령자고용법은 합리적인 이유 없이 연령을 이유로 하는 고용차별을 금지하고 있다. 이 법은 사업주가 모집·채용, 임금, 임금 외의 금품 지급 및 복리후생, 교육·훈련, 배치·전보·승진, 퇴직·해고에서 '합리적인 이유 없이 연령을 이유로 근로자 또는 근로자가 되려는 자를 차별하는 행위'(직접차별)와 '합리적인 이유 없이 연령 외의 기준을 적용하여 특정 연령집단에 특히 불리한 결과를 초래하는 경우'(간접차별)를 금지한다(제4조의4). 이때 '합리적인 이유가 없는' 경우란 연령에 따라 근로자를 다르게 처우할 필요성이 인정되지 아니하거나 달리 처우하는 경우에도 그 방법·정도 등이 적정하지 아니한 경우를 말한다.[26] 이는 강행규정이므로 단체협약, 취업규칙 또는 근로계약에서 이에 반하는 내용을 정한 조항은 무효이고, 특히 모집·채용에서 합리적인 이유 없이 연령을 이유로 차별한 사업주는 500만 원이하의 벌금에 처한다(제23조의3 제2항). 이 법은 근로자가 연령차별행위에 대한 진정, 자료 제출, 답변·증언, 소송, 신고 등을 하였다는 이유로 근로자에게 해고, 전보, 징계, 그 밖의 불리한 처우를 하지 못하도록 하고 있다(제4조의9). 이를 위반한 사업주는 2년 이하의 징역 또는 1천만 원 이하의 벌금에 처한다(제23조의3 제1항).

그러나 ① 직무의 성격에 비추어 특정 연령기준이 불가피하게 요구되는 경우, ② 근속기간의 차이를 고려하여 임금이나 임금 외의 금품과 복리후생에서 합리적인 차등을 두는 경우, ③ 이 법이나 다른 법률에 따라 근로계약, 취업규칙, 단체협약 등에서 정년을 설정하는 경우,[27] ④ 이 법이나 다른 법률에 따라 특정 연령집단의 고용유지·촉진을 위한 지원조치를 하는 경우에는 연령차별로 보지 않는다(제4조의5).

연령차별을 당한 사람은 국가인권위원회에 그 내용을 진정할 수 있고, 국가인권위원회는 진정을 조사한 결과 연령차별이 있다고 판단하여 피진정인, 그 소속 기관·단체 또는 감독기관의 장에게 구제조치 등을 권고할 경우 그 권고내용을 고용노동부장관에게도 통보하여야 한다(제4조의6). 고용노동부장관은 국가인권위원회로부터 구제조치 등의 권고를 받은 사업주가 정당한 사유 없이 권고를 이행하지 아니하고 피해자가 다수인 차별행위, 반복적 차별행위 등에 해당하여 그 피해의 정도가 심각하다고 인정되면 피해자의 신청에 의하거나 직권으로 연령차별행위

---

26 대법원 2022.5.26. 2017다292343 판결. 이에 따라 사업주가 근로자의 정년을 그대로 유지하면서 임금을 정년 전까지 일정기간 삭감하는 형태의 이른바 '임금피크제'를 시행하는 경우 연령을 이유로 한 차별에 합리적인 이유가 없어 그 조치가 무효인지 여부는 임금피크제 도입 목적의 타당성, 대상 근로자들이 입는 불이익의 정도, 임금 삭감에 대한 대상 조치의 도입 여부 및 그 적정성, 임금피크제로 감액된 재원이 임금피크제 도입의 본래 목적을 위하여 사용되었는지 등 여러 사정을 종합적으로 고려하여 판단하여야 한다(이에 따라 임금피크제가 무효라고 본 판결로는 대법원 2022.5.26. 2017다292343 판결, 유효하다고 본 판결로는 대법원 2024.7.25. 2024다218619 판결).
27 고령자고용법 제19조는 고령 근로자에게 좀 더 일할 기회를 보장하기 위해 사업주가 근로자의 정년을 60세 이상으로 정하도록 하였다. 이는 급속하게 진행되는 우리 사회의 고령화 추세에 따라 생산가능 인구가 줄어들고 이로써 노동시장에 상당한 부담을 줄 것으로 예상되는 등의 사회 변화에 적절히 대응하고 근로자에게는 좀 더 일할 기회를 보장하기 위한 공익적 목적에 따라 마련된 것이다(헌법재판소 2015.6.25. 2014헌마674 결정).

의 중지, 피해의 원상회복, 연령차별행위의 재발방지를 위한 조치 등의 시정명령을 할 수 있다(제4조의7). 시정명령을 정당한 사유 없이 이행하지 아니하는 자에게는 3천만 원 이하의 과태료를 부과한다(제24조 제1항).

3. 장애인차별금지

장애인차별금지법은 고용을 포함한 모든 생활영역에서 장애를 이유로 한 차별의 금지와 구제를 목적으로 한다. 이 법은 장애인에 대한 직접차별과 간접차별 외에도 정당한 편의제공의 거부 등 6가지를 차별행위로 규정하고 있다(제4조 제1항). '정당한 편의'는 장애인이 장애가 없는 사람과 동등하게 같은 활동에 참여할 수 있도록 장애인의 성별, 장애의 유형 및 정도, 특성 등을 고려한 편의시설·설비·도구·서비스 등 인적·물적 제반 수단과 조치를 말한다(제4조 제2항). 그러나 장애인차별금지법은 ① 이 법이 금지하는 차별행위를 하지 않음에 과도한 부담이나 현저히 곤란한 사정 등이 있는 경우, ② 금지된 차별행위가 특정 직무나 사업 수행의 성질상 불가피한 경우, ③ 장애인의 실질적 평등권을 실현하고 장애인에 대한 차별을 시정하기 위하여 이 법 또는 다른 법령 등에서 취하는 적극적 조치의 경우 등 정당한 사유가 있으면 이를 차별로 보지 아니한다(제4조 제3항·제4항).

사용자는 모집·채용, 임금 및 복리후생, 교육·배치·승진·전보, 정년·퇴직·해고에서 장애인을 차별하여서는 안 되고, 노동조합은 장애인 근로자의 조합 가입을 거부하거나 조합원의 권리 및 활동에 차별을 두어서는 아니 된다(제10조). 사용자는 장애인이 해당 직무를 수행하면서 장애인 아닌 사람과 동등한 근로조건에서 일할 수 있도록 ① 시설·장비의 설치 또는 개조, ② 재활, 기능평가, 치료 등을 위한 근무시간의 변경 또는 조정, ③ 훈련 제공 또는 훈련에 있어 편의 제공, ④ 지도 매뉴얼 또는 참고자료의 변경, ⑤ 시험 또는 평가과정의 개선, ⑥ 화면낭독·확대 프로그램, 무지점자단말기, 확대 독서기, 인쇄물음성변환출력기 등 장애인보조기구의 설치·운영과 낭독자, 한국수어 통역자 등의 보조인 배치 등 정당한 편의를 제공하여야 한다(제11조 제1항). 또한 사용자는 정당한 사유 없이 장애를 이유로 장애인의 의사에 반하여 다른 직무에 배치하여서는 아니 된다(제11조 제2항). 한편, 사용자는 채용 이전에 장애인 여부를 조사하려 의학적 검사를 실시해서는 안 되고, 다만 채용 이후에 직무의 본질상 요구되거나 직무배치 등을 위하여 필요한 경우에는 가능하다. 이 경우 그 비용은 원칙적으로 사용자가 부담하되, 사용자는 취득한 장애인의 건강상태나 장애 또는 과거 장애경력 등에 관한 개인정보를 누설하여서는 안 된다(제12조).

차별행위로 인하여 피해를 입은 사람 또는 그 사실을 알고 있는 사람이나 단체는 국가인권위원회에 그 내용을 진정할 수 있다(제38조). 국가인권위원회는 장애인차별금지법이 금지하는 차별행위로 권고를 하거나, 권고를 받은 자가 권고를 이행하지 아니하는 경우 그 내용을 법무부장관에게 통보하여야 한다(제42조). 법무부장관은 차별행위로 권고를 받은 사업주가 정당한 사유 없이 권고를 이행하지 아니하고 피해자가 다수인 차별행위, 반복적 차별행위 등에 해당하여 그 피해의 정도가 심각하고 공익에 미치는 영향이 중대하다고 인정되는 경우에는 피해자의 신청에 의하거나 또는 직권으로 차별행위의 중지, 피해의 원상회복, 차별행위의 재발방지를 위한 조치 등의 시정명령을 할 수 있다(제43조). 확정된 시정명령을 정당한 사유 없이 이행하지 아니한 자는 3천만 원 이하의 과태료에 처한다(제50조 제1항).

장애인차별금지법과 관련한 분쟁해결에서 차별행위가 있었다는 사실은 차별행위를 당하였다고 주장하는 자가 입증하여야 하고, 차별행위가 장애를 이유로 한 차별이 아니라거나 정당한 사유가 있었다는 점은 차별행위를 당하였다고 주장하는 자의 상대방이 입증하여야 한다(제47조). 장애인차별금지법에서 금지한 차별행위를 행하고 그 행위가 악의적인 것으로 인정되는 경우 법원은 차별을 한 자에 대하여 3년 이하의 징역 또는 3천만 원 이하의 벌금에 처할 수 있으며, 여기서 악의적이라 함은 차별의 고의성, 차별의 지속성 및 반복성, 차별 피해자에 대한 보복성, 차별 피해의 내용 및 규모를 고려하여 판단한다(제49조 제1항·제2항).

제3절
노동인권의 보호

I. 강제근로의 금지

근로기준법에 따르면 사용자는 폭행, 협박, 감금, 그 밖에 정신상 또는 신체상의 자유를 부당하게 구속하는 수단으로써 근로자의 자유의사에 어긋나는 근로를 강요하지 못한다(제7조). 이를 위반한 자는 5년 이하의 징역 또는 5천만 원 이하의 벌금에 처한다(제107조). 강제근로는 헌법이 보장하는 인간으로서의 존엄과 가치에 반하는 것으로서 전형적인 노동인권 침해에 해당한다. 강제근로금지는 국제노동기구(ILO)의 회원국이 준수해야 하는 핵심적 국제노동기준이기도 하다.[28]

강제근로의 수단은 형법상 범죄가 되는 폭행, 협약이나 감금 등에 국한되지 않으며, 그 밖에 근로자의 정신상 또는 신체상의 자유를 부당하게 구속하는 일체의 수단을 포함한다. 근로계약의 불이행에 대한 위약금 약정이나 손해배상액의 예정(제20조), 전차금의 상계(제21조), 강제 저축(제22조) 등도 근로자의 자유의사에 반하는 계속근로의 강제 및 퇴직의 자유에 대한 제한을 초래할 우려가 있으므로 이를 금지하고 있다.

한편, 과거의 판례는 평화적인 단순파업의 경우에도 정당한 쟁의행위로서 위법성이 조각되는 경우가 아닌 한 형법상의 위력에 의한 업무방해죄를 구성한다고 보았다.[29] 하지만 이는 헌법상 보장된 단체행동권에 대한 과도한 제한을 초래할 뿐만 아니라 근로자들이 형벌의 위협 아래 노동에 임하게 하는 측면이 있었으므로[30] 이후 이러한 판례의 입장은 일부 변경되었다(자세한 내용은 제20장 쟁의행위에서 후술).

---

28 우리나라는 강제근로와 관련된 국제노동기구의 기본 협약인 제29호 강제노동협약과 제105호 강제노동 철폐협약 중 제29호 협약만을 비준한 상태인데, 이는 제105호 강제노동 철폐협약에서는 정치적 견해 표명과 파업 참가를 이유로 한 징역 부과를 금지해 국내법과 충돌하기 때문이다.

29 대법원 1991.4.23. 90도2771 판결; 대법원 1991.11.8. 91도326 판결; 대법원 2004.5.27. 2004도689 판결; 대법원 2006.5.12. 2002도3450 판결; 대법원 2006.5.25. 2002도5577 판결 등.

30 헌법재판소는 연장근로의 거부, 정시출근, 집단적 휴가의 경우와 같이 일면 근로자들의 권리행사로서의

II. 폭행의 금지

사용자는 사고의 발생이나 그 밖의 어떠한 이유로도 근로자에게 폭행을 하지 못한다(근로기준법 제8조). 그 취지는 노동에서 근로자의 인격권을 보호하고 이를 침해하는 전근대적 행위를 근절하려는 데 있다. 위반 시에는 벌칙이 적용된다(제107조). 형법상의 폭행죄와 달리 근로기준법상의 폭행금지 위반죄는 반의사불벌죄가 아니므로 근로자의 명시적 의사에 반하더라도 처벌할 수 있다.

근로기준법 제8조가 금지하는 폭행은 그 원인을 묻지 않는다. 근로자가 고의로 사고를 발생시키거나 사용자에게 손해를 가한 경우 사용자는 해당 근로자에게 그 법적 책임을 물으면 되지 사적으로 폭행해서는 안 된다.

근로기준법 제8조는 사용자에 의한 폭행만 금지하기 때문에 근로자 상호 간 폭행에는 본조가 적용되지 않는다. 그러나 민법 제756조에 따르면, 사용자는 피용자가 그 사무집행에 관하여 제3자에게 가한 손해를 배상할 책임이 있으므로 근로자의 폭행행위가 객관적으로 사용자의 사업활동 내지 사무집행행위 또는 그와 관련된 것으로 평가되는 경우에는 사용자의 배상책임이 인정될 수 있다.

III. 직장 내 성희롱의 금지

남녀고용평등법은 직장 내 성희롱을 금지하고 있고(제12조), 사업주에게 직장 내 성희롱에 관한 사전 예방의무(제13조)와 사후 조치의무(제14조)를 부과하고 있다. 특히 사업주는 직장 내 성희롱과 관련하여 피해를 입은 근로자 또는 피해를 입었다고 주장하는 근로자에게 불리한 처우를 해서는 안 되고, 이를 위반한 자는 벌칙의 적용을 받는다(제37조 제2항 제2호).

성격을 갖는 쟁의행위에 관하여 그 정당성이 인정되지 않는다고 하여 업무방해죄로 형사처벌할 수 있다는 대법원 판례의 태도는 근로자들로 하여금 형사처벌의 위협하에 노동에 임하게 하는 측면이 있음을 지적한 바 있다(헌법재판소 1998.7.16. 97헌바23 결정 참조).

1. 의의

남녀고용평등법 제12조는 사업주·상급자 또는 근로자에 의한 직장 내 성희롱을 금지한다. '직장 내 성희롱'은 사업주·상급자 또는 근로자가 직장 내의 지위를 이용하거나 업무와 관련하여 다른 근로자에게 성적 언동 등으로 성적 굴욕감 또는 혐오감을 느끼게 하거나 성적 언동 또는 그 밖의 요구 등에 따르지 아니하였다는 이유로 근로조건 및 고용에서 불이익을 주는 것을 말한다(제2조 제2호).

성희롱이 성립하려면 행위자에게 반드시 성적 동기나 의도가 있어야 하는 것은 아니지만, 당사자의 관계, 행위가 행해진 장소와 상황, 행위에 대한 상대방의 명시적 또는 추정적인 반응의 내용, 행위의 내용과 정도, 행위가 일회적 또는 단기간의 것인지 아니면 계속적인 것인지 등의 구체적 사정을 참작해 볼 때, 객관적으로 상대방과 같은 처지에 있는 일반적이고도 평균적인 사람에게 성적 굴욕감이나 혐오감을 느낄 수 있게 하는 행위가 있고, 그로써 행위의 상대방이 성적 굴욕감이나 혐오감을 느꼈음이 인정되어야 한다.

'성적 언동'은 남녀 간의 육체적 관계나 남성 또는 여성의 신체적 특징과 관련된 육체적·언어적·시각적 행위로 사회공동체의 건전한 상식과 관행에 비추어 볼 때, 객관적으로 상대방과 같은 처지에 있는 일반적이고도 평균적인 사람에게 성적 굴욕감이나 혐오감을 느끼게 할 수 있는 행위를 의미한다.[31]

이와 같은 직장 내 성희롱은 피해자에게 정신적 고통을 주는 불법행위이므로[32] 그 가해자에게는 손해배상을 청구할 수 있다.[33]

2. 사업주의 예방의무

사업주는 직장 내 성희롱을 예방하고 근로자가 안전한 근로환경에서 일할 수 있는 여건을 조성하기 위하여 대통령령으로 정한 바에 따라 직장 내 성희롱의 예방

---

[31] 대법원 2018.4.12. 2017두74702 판결 참조.

[32] 대법원 1998.2.10. 95다39533 판결.

[33] 가해자의 사용자 또한 민법 제756조에 따라 부진정연대채무로서 손해배상책임을 함께 부담할 수 있다. 다만 사용자가 그 가해자의 사무감독에 상당한 주의를 한 때 또는 상당한 주의를 하여도 손해가 있을 경우에는 손해배상책임을 면할 수 있다(민법 제756조 제1항 단서 참조).

을 위한 교육을 매년 실시하여야 하고, 사업주 및 근로자는 이러한 성희롱 예방 교육을 받아야 한다(남녀고용평등법 제13조 제1항·제2항·제5항). 사업주는 성희롱 예방 교육을 고용노동부장관이 지정하는 기관에 위탁하여 실시할 수 있다(제13조의2 제1항). 파견법에 따라 파견근로가 이루어지는 사업장에서 성희롱 예방 교육을 실시하여야 하는 사업주는 사용사업주이다(제34조).

사업주는 성희롱 예방 교육의 내용을 근로자가 자유롭게 열람할 수 있는 장소에 항상 게시하거나 갖추어 두어 근로자에게 널리 알려야 한다(제13조 제3항). 또한 사업주는 고용노동부령으로 정하는 기준에 따라 직장 내 성희롱 예방 및 금지를 위한 조치를 하여야 한다(제13조 제4항). 즉 직장 내 성희롱 관련 상담 및 고충 처리에 필요한 사항, 직장 내 성희롱 조사절차, 직장 내 성희롱 발생 시 피해자 보호절차, 직장 내 성희롱 행위자 징계 절차 및 징계 수준, 그 밖에 직장 내 성희롱 예방 및 금지를 위하여 필요한 사항이 포함된 성희롱 예방지침을 마련하여 근로자가 자유롭게 열람하도록 하여야 한다(시행규칙 제5조의2).

3. 사업주의 사후 조치의무

누구든지 직장 내 성희롱 발생 사실을 알게 된 경우 그 사실을 해당 사업주에게 신고할 수 있다(제14조 제1항). 사업주는 신고를 받거나 직장 내 성희롱 발생 사실을 알게 된 경우 지체 없이 그 사실을 확인하기 위한 조사를 해야 하고, 이 경우 직장 내 성희롱과 관련하여 피해를 입은 근로자 또는 피해를 입었다고 주장하는 근로자(이하 '피해근로자 등')가 조사 과정에서 성적 수치심 등을 느끼지 아니하도록 해야 한다(제14조 제2항). 사업주는 조사 기간에 피해근로자 등을 보호하기 위하여 필요한 경우 해당 피해근로자 등에 대하여 근무장소 변경, 유급휴가 명령 등 적절한 조치를 하여야 하고, 이 경우 사업주는 피해근로자 등의 의사에 반하는 조치를 하여서는 아니 된다(제14조 제3항).

조사 결과 직장 내 성희롱 발생 사실이 확인된 경우, 사업주는 피해근로자가 요청하면 근무장소 변경, 배치전환, 유급휴가 명령 등 적절한 조치를 하여야 하고, 지체 없이 직장 내 성희롱 행위를 한 사람에 대하여 징계, 근무장소 변경 등 필요한 조치를 하여야 하며, 이 경우 사업주는 징계 등 필요한 조치를 하기 전에 그 조

치에 대하여 직장 내 성희롱 피해를 입은 근로자의 의견을 들어야 한다(제14조 제4항·제5항).[34]

사업주는 성희롱 발생 사실을 신고한 근로자와 피해근로자 등에게 ① 파면, 해임, 해고, 그 밖에 신분상실에 해당하는 불이익 조치, ② 징계, 정직, 감봉, 강등, 승진 제한 등 부당한 인사조치, ③ 직무 미부여, 직무 재배치, 그 밖에 본인의 의사에 반하는 인사조치, ④ 성과평가 또는 동료평가 등에서 차별이나 그에 따른 임금 또는 상여금 등의 차별 지급, ⑤ 직업능력 개발 및 향상을 위한 교육훈련 기회의 제한, ⑥ 집단 따돌림, 폭행 또는 폭언 등 정신적·신체적 손상을 가져오는 행위를 하거나 그 행위의 발생을 방치하는 행위, ⑦ 그 밖에 신고를 한 근로자 및 피해근로자 등의 의사에 반하는 불리한 처우를 하여서는 아니 된다(제14조 제6항). 이에 위반하여 사업주가 직장 내 성희롱 발생 사실을 신고한 근로자 및 피해근로자 등에게 불리한 처우를 한 경우 3년 이하의 징역 또는 3천만 원 이하의 벌금에 처한다(제37조 제2항 제2호).[35]

또한 사업주가 사후 조치의무를 위반하는 경우 민법 제750조에 따른 손해배상책임이 성립할 수 있다. 남녀고용평등법 관련 분쟁의 해결에서 사업주가 증명책임을 부담한다는 규정(제30조)은 직장 내 성희롱에 관한 분쟁에도 적용되므로 직장 내 성희롱으로 인한 분쟁이 발생한 경우에 신고자나 피해근로자 등에 대한 불리한 조치가 성희롱과 관련성이 없거나 정당한 사유가 있다는 점에 대하여 사업주가 증명하여야 한다.

직장 내 성희롱 발생 사실을 조사한 사람, 조사 내용을 보고받은 사람 또는 그 밖에 조사 과정에 참여한 사람(이하 '조사자 등')은 해당 조사 과정에서 알게 된 비밀을 피해근로자 등의 의사에 반하여 다른 사람에게 누설하여서는 아니 되고, 다만

---

[34] 피고 회사가 직장 내 성희롱 사건에서 가해자에 대해 취업규칙에 따라 징계처분을 받도록 하여야 할 의무가 있음에도 불구하고 피해근로자(원고)와 제대로 협의하지 않은 채 징계절차를 생략하고 가해자로부터 사직서를 제출받아 사직처리를 한 것은 남녀고용평등법 제14조 제5항의 필요한 조치를 다한 것이라고 평가하기 어렵다고 보아, 이에 대한 원고의 위자료청구를 인정한 원심의 판단을 수긍한 판결로 대법원 2024.11.14. 2023다276823 판결.

[35] 남녀고용평등법 제37조 제2항 제2호, 제14조 제6항이 규정하고 있는 사업주에는 파견근로자에 대한 사용사업주도 포함되고, 사용사업주가 피해자인 파견근로자에게 파견근로계약 해제를 통보하면서 파견업체에 파견근로자인 피해자의 교체를 요구한 것은 위 규정 위반에 해당한다(대법원 2017.3.9. 2016도18138 판결 참조).

조사와 관련된 내용을 사업주에게 보고하거나 관계기관의 요청에 따라 필요한 정보를 제공하는 경우는 제외한다(제14조 제7항). 조사자 등이 직장 내 성희롱 사건을 조사하면서 알게 된 비밀을 누설하거나 가해자와 피해자의 사회적 가치나 평가를 침해할 수 있는 언동을 공공연하게 하는 것은 위법하다고 보아야 하며, 사용자는 조사자 등의 위와 같은 위법행위에 대하여 민법 제756조에 따른 손해배상책임을 부담한다.[36]

한편, 사업주는 고객 등 업무와 밀접한 관련이 있는 사람이 업무수행 과정에서 성적인 언동 등으로 근로자에게 성적 굴욕감 또는 혐오감 등을 느끼게 하여 해당 근로자가 그로 인한 고충 해소를 요청할 경우 근무장소 변경, 배치전환, 유급휴가 명령 등 적절한 조치를 하여야 한다(제14조의2 제1항). 또한 사업주는 근로자가 고객 등에 의한 성희롱 피해를 주장하거나 고객 등으로부터의 성적 요구 등에 따르지 아니하였다는 것을 이유로 해고나 그 밖의 불이익한 조치를 하여서는 아니 된다(제14조의2 제2항). 사업주가 성희롱을 행한 고객 등을 제재할 수 있는 권한을 갖고 있지 않기 때문에 고객 등에 의한 성희롱을 원칙적으로 차단하는 데에는 일정한 한계가 있을 수밖에 없지만, 고객 등에 의한 성희롱으로 고충을 겪는 근로자를 보호하고 그 재발을 방지하는 차원에서 위와 같은 사업주의 조치의무를 부과하는 것이다.

직장 내 성희롱 사용자가 피해근로자에 대해 적절한 조치를 취하지 않거나, 성희롱 발생 사실을 신고한 근로자 및 피해근로자 등에게 불리한 처우 내지 불이익한 조치를 하는 경우, 근로자는 노동위원회에 그 시정을 신청할 수 있다(제26조-구체적인 구제절차는 고용상 성차별에 대한 구제절차와 동일).

---

[36] 대법원 2017.12.22. 2016다202947 판결 참조.

IV. 직장 내 괴롭힘의 금지

1. 의의

사용자 또는 근로자는 직장에서의 지위 또는 관계 등의 우위를 이용하여 업무상 적정범위를 넘어 다른 근로자에게 신체적·정신적 고통을 주거나 근무환경을 악화시키는 행위(이하 '직장 내 괴롭힘')를 하여서는 아니 된다(근로기준법 제76조의2). 직장 내 괴롭힘은 근로자의 인격권 침해를 넘어 건강과 생명까지도 위협할 뿐만 아니라 근로자의 능력 발휘 및 업무수행에도 악영향을 미친다. 종래 직장 내 괴롭힘에 대하여 민법상의 불법행위책임(손해배상)이나 형법상의 처벌(명예훼손죄, 모욕죄 등)로 대처하였으나, 그것만으로 직장 내 괴롭힘을 근절하고 근로자를 보호하는 데 한계가 있었기에 근로기준법에서 직장 내 괴롭힘에 대하여 직접적으로 규제하게 되었다.

직장 내 괴롭힘의 주체인 가해자는 사용자 또는 근로자이고, 그 객체인 피해자는 다른 근로자이다. 직장 내 괴롭힘이 성립하려면 사용자와 근로자 간에 고용관계가 존재하거나, 동일한 사용자에게 고용되어 있어야 한다. 그러나 직장 내 괴롭힘은 가해자와 피해자 사이에 직접적 고용관계가 없는 경우(사업장 외부의 제3자)에도 양자의 우열관계로 발생할 수 있으므로, 이를 감안한 입법적 대응이 필요하다.[37]

직장 내 괴롭힘은 ① 가해자가 직장에서의 지위 또는 관계 등의 우위를 이용할 것, ② 가해자의 행위가 업무상 적정범위를 넘을 것, ③ 피해자에게 신체적·정신적 고통을 주거나 근무환경을 악화하는 행위일 것을 성립요건으로 한다. 직장 내 성희롱에서 행위자에게 성적 동기나 의도가 반드시 필요한 것이 아니듯이,[38] 직장 내 괴롭힘의 경우에도 괴롭힐 의도 같은 주관적 요소는 필요하지 않고, 선의의 주관적 의도가 있더라도 그것이 근로자에게 고통이나 근무환경 악화를 가져온 경우에는 직장 내 괴롭힘에 해당할 수 있다.

---

37 국제노동기구가 2019년 채택한 '일터에서의 폭력과 괴롭힘 종식을 위한 협약' 또한 그 보호범위를 계약상 지위에 관계없이 근무하는 사람들(인턴, 자원봉사자, 구직자, 취업지원자 등)까지 포함시켜(협약 제2조 제1항) 보호범위를 넓히고 있다.

38 대법원 2021.9.16. 2021다219529 판결; 대법원 2008.7.10. 2007두22498 판결.

가해자의 우위성은 직위·권한·책임 등 조직 서열상의 차이, 성별·연령·장애·학력·출신 등 개인적 속성의 차이, 업무역량이나 고용행태의 차이, 조합원 내지 특정 노동조합 가입 여부에 따른 차이 등에 기인하는 것으로 폭넓게 해석하여야 한다. 가해자의 행위가 업무상 적정범위를 넘어서는 것인지는 업무상 필요성과 상당성의 측면에서 사회통념상 용인될 수 있는지에 따라 판단하면 된다. 가해자의 행위로 피해자가 입는 고통은 의학적 관점의 고통에 국한되지 않으며, 비하·무시·따돌림 등 인간의 존엄과 가치를 해하는 일체의 고통을 포괄한다. 그리고 근무환경의 악화는 피해자가 업무역량을 발휘하여 원활하게 업무를 수행할 수 없게끔 하는 결과를 초래하는 적대적 내지 굴욕적 근무환경의 조성을 뜻하는 것으로 이해할 수 있다.

직장 내 괴롭힘도 직장 내 성희롱과 마찬가지로 피해자에게 정신적 고통을 주는 불법행위임이 명백하므로,[39] 그 가해자에게는 손해배상을 청구할 수 있다.[40]

2. 사용자의 의무

(1) 직장 내 괴롭힘의 금지

근로자와 사용종속관계에 있는 사용자가 근로자를 괴롭히는 경우, 이는 근로자에게 심대한 악영향을 미칠 수 있다. 이를 감안하여 근로기준법은 사용자(사용자의 친족 중 해당 사업 또는 사업장의 근로자 포함)가 직장 내 괴롭힘을 한 경우 1천만 원 이하의 과태료를 부과한다(제116조 제1항).

(2) 취업규칙의 작성

상시 10명 이상의 근로자를 사용하는 사용자는 취업규칙에 '직장 내 괴롭힘의 예방 및 발생 시 조치 등에 관한 사항'을 정하여야 한다(제93조 제11호). 이는 직장 내 괴롭힘의 발생 원인과 그 유형은 다양하기 때문에 해당 사업장의 상황에 맞게

---

39 대법원 2021.11.25. 2020다270503 판결.

40 가해자의 사용자 또한 민법 제756조에 따라 부진정연대채무로서 손해배상책임을 함께 부담할 수 있다. 다만 사용자가 그 가해자의 사무감독에 상당한 주의를 한 때 또는 상당한 주의를 하여도 손해가 있을 경우에는 손해배상책임을 면할 수 있다(민법 제756조 제1항 단서 참조).

자율적으로 예방 및 문제 해결 체계를 구축하도록 하려는 것이다.

사용자는 직장 내 괴롭힘을 실효적으로 예방하고 해결 시스템이 갖추어지도록 근로자의 집단적 의사를 수렴하여 충실하게 반영하는 내용으로 취업규칙을 작성·변경하는 것이 바람직하다. 직장 내 괴롭힘을 새로운 징계사유로 추가하는 경우에는 취업규칙의 불이익한 변경 여부가 문제 될 수 있으므로 근로자의 집단적 동의를 받을 필요가 있다.

(3) 직장 내 괴롭힘 발생 시 조치

근로기준법 제76조의3에서 직장 내 괴롭힘 발생 시 사용자의 조치의무를 규정하였는데, 그 내용은 남녀고용평등법 제14조에 규정된 직장 내 성희롱 발생 시 조치와 유사하다.

누구든지 직장 내 괴롭힘 발생 사실을 알게 된 경우 그 사실을 사용자에게 신고할 수 있다(근로기준법 제76조의3 제1항). 사용자는 신고를 접수하거나 직장 내 괴롭힘 발생 사실을 인지한 경우에는 지체 없이 당사자 등을 대상으로 그 사실 확인을 위하여 객관적으로 조사를 실시하여야 하고, 조사 기간 동안 직장 내 괴롭힘과 관련하여 피해를 입은 근로자 또는 피해를 입었다고 주장하는 근로자(이하 '피해근로자 등')를 보호하고자 필요한 경우 해당 피해근로자 등에 대하여 근무장소 변경, 유급휴가 명령 등 적절한 조치를 하여야 하며, 이 경우 사용자는 피해근로자 등의 의사에 반하는 조치를 하여서는 아니 된다(제76조의3 제2항·제3항).

사용자는 조사 결과 직장 내 괴롭힘 발생 사실이 확인된 때에는 피해근로자가 요청하면 근무장소 변경, 배치전환, 유급휴가 명령 등 적절한 조치를 하여야 하고, 또한 지체 없이 행위자에 대하여 징계, 근무장소 변경 등 필요한 조치를 하여야 한다. 이 경우 사용자는 징계 등의 조치를 하기 전에 그 조치에 대하여 피해근로자의 의견을 들어야 한다(제76조의3 제4항·제5항). 또한 직장 내 괴롭힘 발생 사실을 조사한 사람, 조사 내용을 보고받은 사람, 그 밖에 조사 과정에 참여한 사람은 해당 조사 과정에서 알게 된 비밀을 피해근로자 등의 의사에 반하여 다른 사람에게 누설하여서는 안 된다. 다만 조사와 관련된 내용을 사용자에게 보고하거나 관계기관의 요청에 따라 필요한 정보를 제공하는 경우는 제외한다(제76조의3 제7항).

이러한 조치의무를 위반한 사용자에게는 500만 원 이하의 과태료를 부과한다(제

116조 제2항 제2호). 또한 사용자는 직장 내 괴롭힘 발생 사실을 신고한 근로자와 피해근로자 등에게 해고나 그 밖의 불리한 처우를 하여서는 아니 되고(제76조의3 제6항), 이를 위반하면 3년 이하의 징역 또는 3천만 원 이하의 벌금에 처한다(제109조 제1항).[41]

제4절
중간착취의 배제

I. 의의

근로기준법 제9조에 따르면, 누구든지 법률에 따르지 아니하고는 영리로 다른 사람의 취업에 개입하거나 중간인으로서 이익을 취득하지 못한다. 이를 위반한 자는 5년 이하의 징역 또는 5천만 원 이하의 벌금에 처한다(제107조). 근로기준법 제9조의 입법 취지는 제3자가 타인의 취업에 직접 또는 간접으로 관여하여 근로자를 착취하는 행위를 방지하고자 하는 데에 있다.[42] 즉 타인의 취업에 개입하여 소개료, 중개료 등의 명목으로 이익을 취득하거나 취업 후에도 중개인, 감독자 등의 지위를 이용하여 근로자 임금의 일부를 착취하는 것을 막으려는 것이다.[43]

II. 요건

근로기준법은 '누구든지' 중간착취를 하여서는 아니 된다고 규정하고 있다. 따라

---

41 대법원 2022.7.12. 2022도4925 판결(직장 내 괴롭힘 피해사실을 신고한 근로자를 부당하게 전보한 사용자에 대해 징역형의 집행유예를 선고한 원심을 확정한 판결).

42 대법원 2008.9.25. 2006도7660 판결.

43 대법원 2007.8.23. 2007도3192 판결의 원심인 울산지방법원 2007.4.6. 2005노973 판결.

서 근로계약관계의 당사자인 사용자뿐만 아니라 근로관계와 무관한 개인이나 단체 등 제3자 모두가 근로기준법 제9조를 준수하여야 할 자에 해당한다.

근로기준법 제9조가 금지하는 행위는 '영리로 타인의 취업에 개입'하는 행위와 '중간인으로서 이익을 취득'하는 행위이다. '영리로 타인의 취업에 개입'하는 행위는 제3자가 영리로 타인의 취업을 소개·알선하는 등 노동관계의 성립 또는 갱신에 영향을 주는 행위를 말한다. 이에는 취업을 원하는 사람에게 취업을 알선해 주기로 하면서 그 대가로 금품을 수령하는 정도의 행위도 포함되며, 반드시 근로관계 성립 또는 갱신에 직접 영향을 미칠 정도로 구체적인 소개 또는 알선행위에까지 나아가야만 하는 것은 아니다.[44] '중간인으로서 이익을 취득'하는 행위는 근로계약관계 존속 중에 사용자와 근로자 사이의 중간에서 근로자의 노무제공과 관련하여 사용자 또는 근로자로부터 법률에 의하지 아니하는 이익을 취득하는 것을 말한다.[45]

근로기준법 제9조 및 제107조는 타인의 취업과 관련한 금품 수수의 모든 경우를 처벌하는 것이 아니라 '영리'의 의사로 개입한 경우에 한하여 처벌한다. 이 경우 영리성이 있었는지는 피고인의 사회적 지위, 피고인과 그 행위의 상대방과의 인적 관계, 타인의 취업에 개입한 행위의 동기 및 경위와 수단이나 방법, 행위의 내용과 태양, 행위 상대방의 성격과 범위, 행위 당시의 사회상황, 관련 규정의 취지 등 여러 사정을 종합하여 사회통념에 비추어 합리적으로 판단할 수밖에 없다.[46]

III. 예외

근로기준법 제9조에 따른 중간착취의 배제는 법률에 따르지 않는 중간착취 행위를 금지하는 것이므로 '법률에 따른' 영리의 취업 개입이나 중간인으로서 이익 취득 행위까지 금지되는 것은 아니다. 직업안정법에 따른 유료직업소개사업과 근로자공급사업, 파견법에 따른 근로자파견사업 등이 그러하다. 근로자파견은 원래

---

44 대법원 2008.9.25. 2006도7660 판결.

45 대법원 2007.8.23. 2007도3192 판결.

46 대법원 2007.8.23. 2007도3192 판결의 원심인 울산지방법원 2007.4.6. 2005노973 판결.

근로자공급의 한 형태였는데 파견법이 제정되면서 근로자파견사업이 근로자공급사업의 범위에서 제외되었다(직업안정법 제2조의2 제7호 단서)(근로자파견에 대한 관한 자세한 내용은 제25장 파견근로자의 보호에서 후술).

제5절

공민권 행사의 보장

I. 의의

사용자는 근로자가 근로시간 중에 선거권, 그 밖의 공민권 행사 또는 공(公)의 직무를 집행하기 위하여 필요한 시간을 청구하면 거부하지 못하고, 다만 그 권리행사나 공의 직무를 수행하는 데에 지장이 없으면 청구한 시간을 변경할 수 있다(제10조). 그 위반에 대해서는 벌칙이 있다(제110조 제1호). 이는 근로자가 국민으로서 기본적 권리를 행사하거나 공적 직무를 이행하는 데 필요한 시간을 보장하기 위해 근로제공 의무에서 벗어나도록 하는 취지에서 마련된 규정이다.

II. 요건

'공민권 행사'는 헌법과 공직선거법, 국민투표법 등에서 보장하는 선거권, 피선거권, 국민투표권 등 국민으로서 참정권의 행사를 말한다. 근로기준법에 따른 공민권 행사의 보장은 공민권을 행사할 자격이 있는 근로자를 그 대상으로 한다. 근로자가 노동관계법이나 단체협약에서 보장하는 사적 권리를 행사하는 것은 공민권 행사라고 볼 수 없다.

'공의 직무집행'은 관계 법령에 따른 공적 사무의 집행을 의미한다. 공직선거법에 따라 선출된 자의 공무담임 활동, 국민의 형사재판 참여에 관한 법률에 따른 배심원의 형사재판 참여, 형사소송법 등에 따른 증인 또는 감정인의 법원 출석, 노동위원회법에 따른 노동위원회 위원 활동, 예비군법에 따른 예비군대원 동원·훈련 참가 등이 그 예이다. 그러나 노동조합 활동이나 노동조합 업무 종사, 노동위원회나 법원에 사건 당사자로 출석하는 것은 그 성질상 공의 직무집행에 해당하지 않는다.

공민권 행사 또는 공의 직무집행을 위해 '필요한 시간'이란 이동시간을 포함하여 공민권 행사 등 실질적 보장에 필요한 충분한 시간으로 근로제공의무가 있는 시간을 말한다. 공민권을 행사하기 위하여 필요한 사전준비 또는 사후정리시간도 이에 포함된다. 근로자가 공민권 행사 등을 위하여 필요한 시간을 청구하면 사용자는 이를 거부할 수 없고, 다만 공민권 행사 등에 지장을 초래하지 않는 범위에서 근로자가 청구한 시간을 변경할 수 있을 뿐이다. 이 경우 변경할 수 있는 시간도 근로제공 의무가 있는 근로시간이어야 한다.

III. 효과

근로기준법 제10조에 따른 공민권 행사의 보장은 근로제공 의무를 면제함으로써 그에 필요한 시간을 보장하려는 것일 뿐이므로 사용자가 그 시간에 대하여 임금을 지급할 의무는 없다. 그러나 취업규칙이나 단체협약 등에서 임금의 지급을 정한 경우에는 그러하지 않다. 취업규칙 등에서 정한 바가 없더라도 공직선거법 제6조, 국민참여재판법 제50조, 예비군법 제10조, 민방위기본법 제27조 등에서 공민권 행사 등을 위하여 필요한 시간을 휴무 또는 휴업으로 보지 않거나 공민권 행사 등을 이유로 하는 불이익한 처우를 금지하므로 임금이 지급되어야 하는 것으로 해석된다.

근로자의 공직 취임과 수행은 근로기준법 제10조에 따라 보호되어야 하므로 사용자의 승인을 받지 않은 근로자의 공직 취임을 징계해고사유로 규정하는 취업규칙 조항은 원칙적으로 무효라고 보아야 한다. 그러나 장기간의 공직 수행으로 근로제공이 불가능한 경우 이를 휴직사유로 정하는 것은 유효하고, 공직 수행과 근로제공이 양립 불가능하여 근로계약의 목적을 달성할 수 없는 특별한 사정이 있는 경우에는 해고의 정당성이 문제 될 수 있다.

제6장
근로관계의 성립과 규율

제1절
근로계약

I. 근로계약의 체결

1. 근로계약의 의의

근로기준법상 '근로계약'은 "근로자가 사용자에게 근로를 제공하고 사용자는 이에 대하여 임금을 지급하는 것을 목적으로 체결된 계약"을 말한다(제2조 제1항 제4호). 근로자가 사용자에게 근로를 제공하는 관계를 근로관계라 하는데, 통상적으로 근로관계는 근로자와 사용자 사이에 근로계약을 체결함으로써 성립한다.

일상생활에서는 이러한 근로관계를 사용자가 근로자를 '고용'하고 있다고 표현하기도 한다. 그런데 민법은 '고용'계약에 대해 "고용은 당사자 일방이 상대방에 대하여 노무를 제공할 것을 약정하고 상대방이 이에 대하여 보수를 지급할 것을 약정함으로써 그 효력이 생긴다."라고 정의하면서 별도의 규정들(민법 제655조~제663조)을 두고 있다. 그래서 근로기준법상 근로계약과 민법상 고용계약이 어떠한 관계인지가 문제 된다.

첫째, 근로기준법상 근로계약과 민법상 고용계약은 모두 노무를 제공하고 대가를 받는 쌍무·유상계약이라는 점에서 동일한 노무공급관계를 규율 대상으로 한다. 다만 민법상 고용 이외에도 도급이나 위임의 계약 또는 비전형 계약이더라도 그 노무제공의 실질이 종속적 관계에서 근로를 제공하는 것이라면 근로계약관계로 인정될 수 있다. 이러한 의미에서 근로계약은 고용계약보다 그 범위가 넓다.

둘째, 근로기준법상 근로계약과 민법상 고용계약은 근로자와 사용자를 다른 관점에서 바라본다. 민법상 고용계약은 형식적으로 동등한 추상적 법인격(Person) 간의 자유로운 의사의 합치라는 관점에서 고용계약을 바라보는 반면, 근로기준법상 근로계약은 종속노동의 개념에 기초하여 '근로자'와 '사용자'라는 구체적 존재(Mensch)의 사회적·경제적 힘의 차이를 고려하여 이를 사회법적으로 규제한다. 그렇기에 근로계약관계에 대해서는 민법상 법률행위와 계약의 일반 원리가 적용되면서도, 근로기준법상 규정이 있는 경우 이것이 우선 적용된다. 민법에서 고용계약에 관해 정해둔 규정들(민법 제656조~제663조)도 근로기준법상의 규율과 저촉되지 않는 범위에서만 보충적으로 적용된다.

2. 근로계약상 의무

(1) 기본적 의무

근로계약의 기본적 의무로서 근로자는 근로를 제공해야 할 의무가 있으며 사용자는 근로자의 근로 제공에 임금을 지급할 의무가 있다.

근로자의 근로 제공은 그의 인격과 불가분의 관계에서 이루어지므로 그 의무의 불이행에는 강제이행이 허용되지 않는다. 사용자는 그 이행을 갈음하여 손해배상을 청구하거나, 불이행에 상응하는 임금을 삭감하거나, 계약을 해지할 수 있을 뿐이다. 다만 사용자가 일방적으로 근로계약을 해지하는 것은 근로기준법상 해고에 해당하여 법적 제한을 받는다.

(2) 신의칙상 의무

근로계약의 기본적 의무에 더하여 근로관계의 당사자는 신의성실의 원칙(민법 제2조 참조)에 따라 성실의무·배려의무를 부담한다. 이는 근로계약상 특별한 약정이 없더라도 그러한 의무가 인정된다는 점에서 신의칙상 의무이다.

가. 근로자의 성실의무

근로자의 성실의무의 내용으로는 영업비밀유지 의무, 경업금지 의무 등이 거론되고 있다. 즉 재직 중에는 취업규칙이나 근로계약에서 명시하지 않았더라도 신의칙에 따라 영업비밀유지 의무와 경업금지 의무가 인정된다는 것이다.[1] 이는 근로자가 사용자의 이익을 현저히 침해하지 않아야 한다는 취지이다.

그러나 구체적 사례에서 영업비밀유지 의무 위반이나 경업금지 의무 위반을 인정하는 것은 신중해야 한다. 먼저, 근로자가 재직하면서 알게 된 모든 사실이 영업비밀에 해당하지는 않는다. 부정경쟁방지 및 영업비밀보호에 관한 법률(부정경쟁방지법) 제2조 제2호는 "'영업비밀'이란 공공연히 알려져 있지 아니하고 독립된 경제적 가치를 가지는 것으로서, 비밀로 관리된 생산방법, 판매방법, 그 밖에 영업활동에 유용한 기술상 또는 경영상의 정보를 말한다."라고 정의하는데, 이에 해당하는 정보여야만 영업비밀로 보호받을 수 있다.

또한 재직 중에는 근로계약상 성실의무를 부담한다고 하더라도, 근로자는 근로시간 중에만 사용자에게 구속되고 그 외의 시간 중에는 사생활의 자유와 직업선택의 자유가 보장되어야 한다. 단시간 근로자나 저임금 근로자에게는 부업이 필요할 수도 있다. 따라서 근로자가 재직 중 다른 사용자에게 취업하거나 자신의 사업을 하는 것이 경업금지 의무 위반에 해당하는지는 신중한 판단이 필요하다. 사용자의 사업과 근로자가 취업 또는 운영하는 다른 사업체가 단순히 업종이 동일하거나 유사하다는 점만으로는 경업금지 의무 위반을 인정하기에 부족하고, 근로자가 사용자의 영업비밀을 이용하여 근로를 제공하거나 사업을 운영하는 경우(예를 들면 약품 판매사원이 사용자의 판매처 정보를 활용하여 사용자의 판매약품과 경쟁관계에 있는 약품을 자신의 사업체에서 판매)에 이르러야 근로자가 경업을 한다고 판단할 수 있다.

근로자의 성실의무 위반 행위는 징계나 손해배상의 대상이 되며, 사용자는 그 행위의 중지·금지를 청구할 수 있다.

한편 근로계약의 신의칙상 의무는 근로계약의 존속 중(재직 중)에만 인정될 수 있다.[2] 따라서 영업비밀유지 의무나 경업금지 의무가 퇴직 후에도 인정되는지는 근

---

1 임종률, 『노동법』, 박영사, 2022(20판), 364-365면.
2 김유성, 『노동법 Ⅰ』, 법문사, 2005, 343면; 김형배, 『노동법』, 박영사, 2021(27판), 369면.

로계약상 신의칙과는 무관하고, 판례상 부정경쟁방지법의 위반이나 별도 약정 위반 등과 관련된 문제로 다루어져야 한다. 상세한 내용은 후술한다.

나. 사용자의 배려의무

사용자에게는 근로자의 안전·건강 등 근로자의 이익을 보호할 신의칙상 의무가 있다. 사용자의 배려의무의 내용으로는 안전에 대한 배려의무, 성희롱 방지의무 등이 언급되며, 이는 대부분 입법으로 명문화되고 있다.[3]

사용자의 배려의무 위반에 대해 근로자는 사용자에게 손해배상, 위반행위의 중지 등 적절한 조치를 청구할 수 있다.

(3) 취로청구권

근로자가 근로를 제공하려 하였으나 사용자가 정당한 이유 없이 이를 받아들이지 않고 임금만 지급하는 경우, 근로자가 근로의 수령을 요구할 권리, 즉 '취로청구권'을 가지는지가 문제가 된다. 학설로는 ① 취로청구권을 인정하지 않으면 임금지급만으로 근로자를 직장에서 배제하려는 목적을 달성하게 되어, 해고제한의 의미를 형해화한다는 긍정설,[4] ② 근로제공의 실현은 근로계약이 고도의 인격적 관계라는 점에서 사용자의 조직적 내지 인격적 수용에 의존하지 않을 수 없으므로 원칙적으로 법적 수단으로 강제할 수 있는 것이 아니라는 부정설[5]이 있다.

판례에 따르면 사용자는 근로계약에 따라 근로자가 근로제공으로 참다운 인격의 발전을 도모함으로써 자신의 인격을 실현하도록 배려하여야 할 신의칙상 의무를 부담하며, 따라서 사용자가 근로자의 의사에 반하여 정당한 이유 없이 근로자의 근로제공을 계속적으로 거부하는 것은 근로자의 인격적 법익을 침해하는 것이므로, 사용자는 이로 인한 근로자의 정신적 고통에 대하여 배상할 의무가 있다고 본다.[6] 판례는 인격적 법익을 침해한 정신적 고통에 따른 불법행위 손해배상을 인정했을 뿐이므로, 취로청구권을 인정한 것이라고 단정할 수는 없다. 하지만 사용

---

3 안전배려의무의 경우 산업안전보건법, 성희롱 방지의무의 경우 남녀고용평등법으로 구체화되고 있다.
4 김유성, 앞의 책, 324면.
5 임종률, 앞의 책, 368면.
6 대법원 1996.4.23. 95다6823 판결.

자의 배려의무가 입법으로 명문화되어가는 경향에 비추어 보면, 향후 사용자의 노무수령의무와 근로자의 취로청구권까지도 법적 의무로 인정될 여지가 크다.[7]

3. 근로조건의 명시의무와 서면 교부의무

(1) 의무의 내용

근로계약은 근로자와 사용자의 의사 합치로 체결되며, 특별한 방식이 요구되지는 않으므로 서면뿐만 아니라 구두로도 근로계약을 체결할 수 있다.

다만 근로기준법은 근로계약을 체결할 때 사용자가 근로자에게 중요한 근로조건을 명시할 의무와 이를 서면으로 교부할 의무를 부과하고 있다. 이는 근로자가 자신의 근로조건을 알지 못하여 불이익을 받는 것을 막고 사용자가 자의적으로 근로조건을 변경하는 것으로부터 근로자를 보호하려는 것이다.[8] 또한 중요한 근로조건이 불명확하여 발생하는 분쟁도 미연에 방지할 수 있다.[9]

먼저 사용자는 근로조건 명시의무가 있다. 사용자는 근로계약을 체결할 때 근로자에게 ① 임금, ② 소정근로시간, ③ 휴일(주휴일과 공휴일), ④ 연차 유급휴가, ⑤ 그 밖에 대통령령으로 정하는 근로조건(취업의 장소와 종사하여야 할 업무에 관한 사항, 취업규칙의 기재 사항, 사업장의 부속 기숙사에 근로자를 기숙하게 하는 경우에는 기숙사 규칙에서 정한 사항) 등의 사항을 명시하여야 한다. 근로계약 체결 후 그 사항을 변경하는 경우에도 또한 같다(근로기준법 제17조 제1항, 근로기준법 시행령 제8조).

또한 사용자는 근로조건의 서면 교부의무가 있다. 사용자는 위의 명시하여야 할 사항 중 ① 임금의 구성항목·계산방법·지급방법, ② 소정근로시간, ③ 휴일(주휴일과 공휴일), ④ 연차 유급휴가 등의 사항이 명시된 서면을 근로자에게 교부하여야 한다. 다만, 그 사항이 단체협약, 취업규칙, 근로시간제에 관한 서면합의 등에 따라 변경되는 경우에는 근로자의 요구가 있으면 그 근로자에게 교부하여야 한다(근로기준법 제17조 제2항, 근로기준법 시행령 제8조의2).

---

[7] 특히 이러한 사용자의 행위가 업무상 적정범위를 넘어 근로자에게 신체적·정신적 고통을 주거나 근무환경을 악화시키는 행위로 인정된다면, 이는 근로기준법이 금지하는 직장 내 괴롭힘에 해당할 수 있다.

[8] 김유성, 앞의 책, 63면.

[9] 임종률, 앞의 책, 404면.

교부할 서면은 형식에 구애받지 않고, 전자문서 및 전자거래 기본법상의 전자문서로 교부하는 것도 가능하다. 또한 이를 반드시 근로계약서라는 제목의 서면으로 해야 하는 것은 아니다. 다만 일반적으로 양 당사자 간에 근로계약을 체결하면서 합의한 중요 근로조건의 내용을 명확히 하기 위하여 근로계약서에 이를 기재해 양 당사자가 서명 또는 날인하여 한 부씩(복사본도 무방) 나누어 가지는 것이 일반적이다. 그 근로계약서가 서면 교부의무에 따라 서면에 기재하여야 하는 사항들을 기재하였다면 사용자는 서면 교부의무를 이행한 것이 된다.

(2) 의무 위반의 효과

근로기준법은 사용자가 근로조건 명시의무나 서면 교부의무를 위반한 경우 500만 원 이하의 벌금에 처하도록 하고 있다(제114조 제1호). 기간제 근로계약을 체결하는 경우에는 기간제법에서 이와 거의 동일한 위반행위에 대해 500만 원 이하의 과태료를 부과하도록 하고 있는데(제24조 제2항 제2호), 이 경우에도 위 근로기준법 규정의 적용은 배제되지 않는다.[10]

한편 사용자가 근로조건 명시의무나 서면 교부의무를 위반하였다 하더라도 근로계약 체결이 무효가 되거나 근로계약의 내용이 무효가 되는 것은 아니다. 근로계약은 유효하게 체결되고, 명시나 서면 교부에 포함되지 않은 사항도 근로자와 사용자 사이에 합의한 내용대로 근로계약의 내용이 된다. 이러한 점에서 근로조건 명시의무나 서면 교부의무가 근로계약의 유효 요건은 아니다.

(3) 명시된 근로조건 위반

명시된 근로조건이 사실과 다를 경우에 근로자는 근로조건 위반을 이유로 손해배상을 청구할 수 있으며 즉시 근로계약을 해제할 수 있다(근로기준법 제19조 제1항).

근로계약을 체결할 때 사용자가 명시한 근로조건이 근로계약 체결 후에 사실과 다른 것을 알게 되었더라도 근로자는 근로계약관계의 구속에서 벗어나기 어렵다. 근로기준법은 이와 같은 상황을 고려하여 취업 초기에 근로자가 원하지 않는 근로를 강제당하는 폐단을 방지하고 근로자를 신속히 구제하고자 한다.[11] 이러한 취지

---

10 대법원 2024.6.27. 2020도16541 판결.
11 대법원 1997.10.10. 97누5732 판결.

에 비추어 판례는 "계약의 즉시해제권은 취업 후 상당한 기간이 지나면 행사할 수 없다고 해석되며, 손해배상청구권의 소멸시효 기간은 근로조건의 내용 여부를 묻지 않고 임금채권에 준하여 3년"이라고 판시한다.[12]

손해배상을 청구할 경우에는 노동위원회에 신청할 수 있다(제19조 제2항 전단). 원칙적으로 손해배상의 청구는 소송으로 법원에 할 수 있지만, 근로자의 편의를 위해 노동위원회를 통한 구제도 인정한다. 그러나 노동위원회가 손해배상을 명령해도 이를 강제할 수단이 없고, 실제 노동위원회에 손해배상을 신청하여 인정되는 사례도 극히 드물다.[13] 손해배상 청구의 대상은 근로계약을 체결할 때 명시한 근로조건이 취업 후 사실과 다른 경우만 해당하고, 부당해고(근로기준법 제23조 제1항)나 부당노동행위(노동조합법 제81조)나 다른 근로조건 위반 때문에 근로자가 손해를 입은 경우는 여기에 해당하지 않는다.[14]

이로써 근로계약이 해제되었을 경우, 사용자는 취업을 목적으로 거주를 변경하는 근로자에게 귀향 여비를 지급하여야 한다(근로기준법 제19조 제2항 후단).

4. 근로계약의 기간

근로계약에 기간을 정할지는 계약 당사자의 의사에 따른다. 일반적으로 근로계약기간을 별도로 정하지 않고 계속 근무하는 근로자를 정규직 근로자라 하고, 이와 달리 근로계약에 기간을 정하여 기간만료 시까지 근무하는 근로자를 '기간제근로자'(기간제법 제2조 제1호)라고 한다. 이러한 기간제근로자를 통상 비정규직 근로자라고 한다.

당초 근로기준법 제16조는 "근로계약은 기간을 정하지 아니한 것과 일정한 사업의 완료에 필요한 기간을 정한 것 외에는 그 기간은 1년을 초과하지 못한다."라고 규정하였으나, 기간제법이 제정되어 2007년 7월 1일부터 시행됨에 따라 이 조

---

12 대법원 1997.10.10. 97누5732 판결.

13 그렇기에 손해배상을 청구하는 것보다 고용노동부에 명시된 근로조건을 이행하지 않은 점을 통보하여 근로감독으로 실제 이행을 확보하거나 금전적 보상을 받는 것이 더 유효한 수단이 된다. 손해배상을 청구하려는 경우라도 일반적으로 법원에서의 소액 소송은 간이하게 활용될 수 있으므로 근로기준법에서는 손해배상을 청구할 수 있다고만 규정하면 족하며, 노동위원회에 대한 손해배상 신청은 삭제하는 것이 적절하다.

14 대법원 1989.2.28. 87누496 판결.

항은 효력을 상실하였다.

근로계약기간의 상한은 기간제법에 따라 규율된다. 기간제법 제4조 제1항에서는 사용자는 2년을 초과하지 아니하는 범위 안에서(기간제 근로계약의 반복갱신 등의 경우에는 그 계속근로한 총기간이 2년을 초과하지 아니하는 범위 안에서) 기간제근로자를 사용할 수 있도록 하면서, 특별한 경우에 한하여 2년을 초과하여 기간제근로자로 사용하도록 하였다. 사용자가 그 예외인 특별한 사유가 없거나 소멸되었음에도 2년을 초과하여 기간제근로자로 사용하는 경우에는 그 기간제근로자는 기간의 정함이 없는 근로계약을 체결한 근로자로 본다(기간제법 제4조 제2항).

근로계약에 기간을 정한 경우, 양 당사자는 기간에 관한 합의 내용을 따라야 한다. 기간 중에 일방적으로 근로계약관계를 중단하면 손해배상 책임이 인정될 수 있다. 다만 근로계약에 기간이 있더라도 사용자는 정당한 이유가 있는 경우 해고할 수 있으며, 근로자는 사직을 할 수 있다(해고와 사직에 관해서는 제13장 근로관계의 종료에서 자세히 고찰함).

근로계약기간이 있는 근로계약은 그 기간이 만료되면 종료되지만, 양 당사자의 합의로 근로계약이 갱신될 수 있다. 실제로는 사용자가 갱신을 거부하는 경우 당연히 근로관계가 종료하는지가 문제 된다(근로계약의 종료와 갱신에 대해서는 제13장 근로관계의 종료에서 자세히 고찰함).

II. 근로계약 관련 제한규정

1. 위약 예정의 금지

(1) 의의

사용자는 근로계약 불이행에 대한 위약금 또는 손해배상액을 예정하는 계약을 체결하지 못한다(근로기준법 제20조). 위약 예정의 금지를 위반하면 벌칙(제114조)이 적용되고, 위약금이나 손해배상액을 예정하는 계약은 무효이다.

민법에서는 당사자 사이의 채무불이행에 대하여 손해배상 또는 위약금을 예정할 수 있으나(민법 제398조), 근로관계에서 이를 허용할 경우 근로자는 직장을 얻기 위해 불리한 근로계약을 체결하고도 위약금 또는 손해배상 등의 부담 때문에 사직하지 못해 사실상 근로를 강제하는 결과를 초래할 수 있다.[15] 이러한 이유로 근로기준법은 근로계약 불이행에 대한 위약금 또는 손해배상액을 예정하는 계약을 체결하지 못하도록 한다. 위약금을 지급할 자를 근로자로 하든 친권자나 신원보증인 등 제3자로 하든 그러한 약정은 위약 예정으로 금지된다. 다만 이는 사전에 위약금이나 손해배상액을 '예정'하는 계약을 금지할 뿐이고, 사용자가 근로자의 근로계약 불이행으로 발생한 실제의 손해에 대해 손해배상을 청구하는 것까지 금지하지는 않는다. 또한 사용자와 신원보증인이 이러한 실제의 손해에 대한 배상을 보증할 목적으로 하는 신원보증계약을 체결하는 것까지 금지하지는 않는다.[16]

(2) 의무재직기간

근로자가 일정 기간 근무하기로 하면서 이를 위반할 경우 소정 금원을 사용자에게 지급하기로 약정하는 경우가 있다. 그러한 약정의 효력은 다음과 같이 나누어 고찰한다.[17]

첫째, 그 약정의 취지가 근로자가 약정한 근무기간 이전에 퇴직하면 그로써 사용자에게 어떤 손해가 어느 정도 발생하였는지 묻지 않고 바로 소정 금액을 사용자에게 지급하기로 하는 것이라면 이는 명백히 위약 예정의 금지 조항에 해당하는 것이어서 효력을 인정할 수 없다.

둘째, 그 약정이 근로자가 미리 정한 근무기간 이전에 퇴직하였다는 이유로 마땅히 근로자에게 지급되어야 할 임금을 반환하기로 하는 취지일 때에도, 결과적으로 위약 예정의 금지 조항의 입법 목적에 반하므로 역시 그 효력을 인정할 수 없다.[18]

---

15 대법원 2004.4.28. 2001다53875 판결.

16 대법원 1980.9.24. 80다1040 판결.

17 대법원 2008.10.23. 2006다37274 판결(상환의무 면제약정의 필요성이 인정되고, 근로자가 전적으로 또는 공동으로 부담하여야 할 비용을 사용자가 대신 지출한 것으로 평가되며, 약정근무기간 및 상환해야 할 비용이 합리적이고 타당한 범위 내에서 정해져 있어야 함).

18 대법원 2004.4.28. 2001다53875 판결(직원의 해외파견근무의 주된 실질이 연수나 교육훈련이 아니라 기업체의 업무상 명령에 따른 근로장소의 변경에 불과한 경우, 이러한 해외근무기간 동안 임금 이외에 지급 또는 지출한 금품은 장기간 해외근무라는 특수한 근로에 대한 대가이거나 또는 업무수행에 있어서의 필요불가결하게 지출할 것이 예정되어 있는 경비에 해당하여 재직기간 의무근무 위반을 이유로 이를 반환하기로 하는 약정은 무효임).

셋째, 그 약정이 사용자가 근로자의 교육훈련 또는 연수 비용을 우선 지출하고 근로자는 실제 지출된 비용의 전부 또는 일부를 상환하는 의무를 부담하기로 하되 장차 일정 기간 근무하는 경우에는 그 상환의무를 면제해 주기로 하는 취지인 경우에는 근로자의 의사에 반하는 계속근로를 부당하게 강제하는 것으로 평가되지 않는다면,[19] 그러한 약정까지 위약 예정의 금지 조항에 위반되는 것은 아니다.

넷째, 사용자가 근로자에게 일정한 금전을 지급하면서 의무근로기간을 설정하고 이를 지키지 못하면 그 전부 또는 일부를 반환받기로 약정한 경우, 의무근로기간의 설정 양상, 반환 대상인 금전의 법적 성격과 규모·액수, 반환 약정을 체결한 목적이나 경위 등을 종합할 때 그러한 반환 약정이 해당 금전을 지급받은 근로자의 퇴직의 자유를 제한하거나 그 의사에 반하는 근로의 계속을 부당하게 강요하는 것이라고 볼 수 없다면, 이는 근로기준법 제20조가 금지하는 약정이라고 보기 어렵다.[20]

(3) 사이닝 보너스 Signing bonus

최근에는 기업이 경력직이나 우수 인력을 채용하는 방법으로 근로계약을 체결함과 동시에 근로자에게 일시불로 지급하는 다액의 금원인 이른바 사이닝 보너스를 지급하는 사례가 있다. 아울러 사이닝 보너스를 지급하는 대가로 근로자에게 일정한 기간을 의무적으로 근무할 것을 요구하는 경우도 많다. 의무근무기간을 위반한 근로자가 사이닝 보너스의 전부 또는 일부를 반환하여야 한다거나 사이닝 보너스에 상응하는 손해배상을 하여야 한다면 퇴직의 자유를 제한하여 근로기준법 제7조(강제 근로의 금지)나 제20조(위약 예정의 금지)의 위반이 문제 될 수 있다.

판례는 "이른바 사이닝 보너스가 이직에 따른 보상이나 근로계약 등의 체결에 대한 대가로서의 성격만 가지는지, 더 나아가 의무근무기간 동안의 이직금지 내지 전속근무 약속에 대한 대가 및 임금 선급으로서의 성격도 함께 가지는지는 해당 계약이 체결된 동기 및 경위, 당사자가 계약에 의하여 달성하려고 하는 목적과 진정한 의사, 계약서에 특정 기간 동안의 전속근무를 조건으로 사이닝 보너스를 지급한다거나 그 기간의 중간에 퇴직하거나 이직할 경우 이를 반환한다는 등의 문언

---

19 대법원 2008.10.23. 2006다37274 판결.
20 대법원 2022.3.11. 2017다202272 판결.

이 기재되어 있는지 및 거래의 관행 등을 종합적으로 고려하여 판단하여야 하고, 만약 해당 사이닝 보너스가 이직에 따른 보상이나 근로계약 등의 체결에 대한 대가로서의 성격에 그칠 뿐이라면 계약 당사자 사이에 근로계약 등이 실제로 체결된 이상 근로자 등이 약정근무기간을 준수하지 아니하였더라도 사이닝 보너스가 예정하는 대가적 관계에 있는 반대급부는 이행된 것으로 볼 수 있다."라고 판시한다.[21]

사이닝 보너스의 법적 성격을 파악하려면 판례처럼 구체적인 여러 사정을 종합적으로 고려하여야 하며, 그 법적 성격에 따라 구분하여 반환의무나 손해배상 여부를 판단하여야 한다.

첫째, 사이닝 보너스의 법적 성격이 구체적인 반환 약정 없이 단순히 '이직 보상'이거나 '근로계약 체결의 대가'인 경우이다. 이직하는 근로자가 종전의 직장에서 퇴사하는 과정에서 불가피하게 발생한 손실(스톡옵션이나 성과금의 상실 등)을 보상하려고 사이닝 보너스가 지급되었거나, 우수한 인력의 유치 경쟁에서 그 기업을 선택한 근로자에게 근로계약 체결의 대가로 사이닝 보너스가 지급된 경우이다. 이직하여 근로계약을 체결하는 것으로 사이닝 보너스를 지급하는 대가가 이행되었으므로, 이후 퇴직하여도 사이닝 보너스의 반환이나 손해배상은 인정되지 않는다.

둘째, 사이닝 보너스의 법적 성격이 '의무근무기간 동안의 이직금지 내지 전속근무 약속에 대한 대가'의 성격을 가지는 경우이다. 이 경우 의무근무기간 위반에 대한 반환약정은 의무근무기간의 장단, 사이닝 보너스 금액의 규모, 반환 조건(반환 금액의 정도) 등을 종합적으로 고려하여 근로자의 퇴직의 자유가 부당하게 구속된다면 근로기준법 제20조의 위약 예정의 금지 조항에 해당한다고 판단하여야 한다. 사이닝 보너스보다 더 많은 금액을 반환한다는 약정은 일반적으로 위약 예정의 금지에 해당하겠지만, 사이닝 보너스 해당 금액이나 일부를 반환한다는 약정이더라도 위의 여러 사정을 종합적으로 고려하여 위약 예정의 금지에 해당하는지를 판단하여야 한다.[22] 위약 예정의 금지에 해당한다면 반환 약정 전부가 무효이다.

---

21 대법원 2015.6.11. 2012다55518 판결.

22 김형배, 『노동법』, 박영사, 2021(27판), 314면에서는 임금과는 별도로 일정 기간 근무할 것을 조건으로 추가로 지급되는 것은 약정 기간 전에 퇴직하는 경우에 근로자에게 반환의무를 인정하더라도 위약 예정 금지에 위배되지 않으나, 사이닝 보너스보다 훨씬 많은 금액을 반환하도록 하는 것은 손해배상을 예정하는 것으로 위약 예정 금지에 해당한다고 본다. 그러나 사이닝 보너스 금액을 반환하는 경우라도 지나치게 장기간을 복무하게 하는 것이라면 퇴직의 자유가 부당하게 구속될 수 있으므로 일률적으로 위약 예정의 금지에 해당하

셋째, 사이닝 보너스의 법적 성격이 '의무복무기간 동안의 임금 선급'인 경우이다. 이 경우 반환 약정은 근로기준법 제20조의 위약금을 예정한 것이 아니므로 그 약정이 금지되지 않으며, 사이닝 보너스로 지급받은 액수 중 의무복무기간을 채우지 못한 기간에 해당하는 비율의 금액을 반환할 의무가 인정된다.

2. 전차금 상계의 금지

근로기준법 제21조는 "사용자는 전차금이나 그 밖에 근로할 것을 조건으로 하는 전대채권과 임금을 상계하지 못한다."라고 하였다. 여기서 '전차금'은 일하기에 앞서 미리 돈을 빌리는 것을 말하며, '전대채권'은 미리 빌려준 채권을 말하는데, 여기서는 근로할 것을 조건으로 미리 돈을 빌려준 경우가 해당한다. '상계'는 민법상의 상계와 동일한 의미이다. 예를 들면 사용자가 전차금으로 그달에 받을 금액 부분을 임금 지급액에서 감액하고 임금을 지급하는 것을 말한다.

전차금 상계의 금지는 전차금 등으로 퇴직의 자유가 부당하게 구속되어 강제근로가 초래될 우려를 막으려고 규정되었다. 근로자가 채용될 때 미리 목돈을 빌리고, 계속 근무하면서 임금으로 갚게 되면 사용자에 대한 종속이 심해지는 문제가 발생하기 때문이다. 또한 사용자가 전차금을 미끼로 근로자를 채용하여 계속근로를 강제하는 폐단이 발생할 수 있다.

이 규정을 위반하면 벌칙(제114조)이 적용되며, 사용자의 일방적인 전차금 상계는 무효가 되어 사용자는 임금을 전액 지급하여야 한다.

한편 근로자가 자신의 편의를 위해 사용자로부터 금전을 대부받는 경우도 있다. 전차금 상계 금지는 사용자가 근로자의 편의를 위해 금전을 대여하는 행위 자체를 금지하는 것은 아니므로, 이러한 금전 대부는 허용된다. 다만 사용자는 대여금이 있더라도 이를 임금에서 상계하는 것이 아니라 근로자가 스스로 갚도록 하여야 한다. 또한 근로자가 자유의사에 따라 스스로 상계하는 것은 무방하다.

결국 사용자의 대여금이 상계가 금지되는 '전차금이나 그 밖에 근로할 것을 조건으로 하는 전대채권'인지는 금전대여의 원인, 기간, 금액, 금리의 유무 등을 종

지 않는다고 볼 수 없다.

합적으로 검토하여 근로자에게 퇴직의 자유를 구속하여 강제근로의 위험이 있느냐에 따라 판단하여야 한다.[23]

사용자가 목돈을 대여하고 추후 임금에서 상계하되 중간에 퇴직하면 이자와 위약금을 일시에 변제하기로 하는 약정은 앞서 설명한 위약 예정의 금지(제20조)에도 해당한다.

3. 강제저금의 금지

사용자는 근로계약에 덧붙여 강제 저축 또는 저축금의 관리를 규정하는 계약을 체결하지 못한다(근로기준법 제22조 제1항). 이는 사용자가 근로의 대가를 제대로 지급하지 않거나, 근로자가 저금의 상실을 우려해 퇴직의 자유가 제약되는 것을 막으려는 취지이다. 또한 사용자가 경영난으로 저금을 반환할 수 없는 위험으로부터 근로자를 보호하려는 취지이기도 하다. 이 규정에 위반하면 벌칙(제110조)이 적용되고, 강제저금 등을 정한 계약은 무효이다.

한편 근로자가 자신의 편의를 위해 사용자에게 저금의 관리를 부탁하려는 경우도 있을 수 있다. 사용자가 근로자로부터 위탁을 받아 저축을 관리하는 경우에는, ① 저축의 종류·기간 및 금융기관을 근로자가 결정하고, 근로자 본인의 이름으로 저축하고, ② 근로자가 저축증서 등 관련 자료의 열람 또는 반환을 요구할 때에는 즉시 이에 따라야 한다(제22조 제2항).

4. 퇴직 후의 경업금지 의무

일반적으로 경업금지 의무는 사용자와 경쟁관계에 있는 다른 사용자에게 취업하거나 스스로 사업을 영위하지 않을 의무를 말한다. 근로자는 재직 중에는 근로계약상의 신의칙으로서 경업금지 의무를 부담하지만, 퇴직 후에는 근로계약이 존속하지 않으므로 이로부터 자유롭다. 이처럼 근로관계 존속 중에 취득한 지식 등을 퇴직 후 어떻게 활용하는가는 원칙적으로는 근로자의 자유이다. 그러나 퇴직 후 경

---

23 김유성, 『노동법 I』, 법문사, 2005, 70면; 임종률, 『노동법』, 박영사, 2022(20판), 435면; 김형배, 『노동법』, 박영사, 2021(27판), 314면.

업금지와 관련된 특별한 약정이 있는 경우나 다른 관련 법규(부정경쟁방지법) 위반이 발생한 경우에는 퇴직 후라 하더라도 경업금지의무 위반이 문제가 될 수 있다.[24]

퇴직 후 경업금지의무는 원칙적으로 당사자 사이에 약정이 있어야 하고, 그 약정이 적법하여 유효한 범위 내에서 인정된다. 판례에 따르면 경업금지약정이 근로자의 직업선택의 자유와 근로권 등을 과도하게 제한하거나 자유로운 경쟁을 지나치게 제한하는 경우 민법 제103조에 정한 선량한 풍속 기타 사회질서에 반하는 법률행위로서 무효이다. 경업금지약정의 유효성에 관한 판단은 보호할 가치 있는 사용자의 이익, 근로자의 퇴직 전 지위, 경업 제한의 기간·지역과 대상 직종, 근로자에 대한 대가의 제공 유무, 근로자의 퇴직 경위, 공공의 이익 및 기타 사정 등을 종합적으로 고려하여 판단한다. 또한 여기서 '보호할 가치 있는 사용자의 이익'은 부정경쟁방지법 제2조 제2호에 정한 '영업비밀'뿐만 아니라 그 정도에 이르지 아니하였더라도 해당 사용자만이 가지고 있는 지식 또는 정보로, 근로자가 이를 제3자에게 누설하지 않기로 약정한 것이거나 고객관계나 영업상 신용의 유지도 이에 해당한다.[25]

한편 구체적인 경업금지약정이 없다 하더라도 부정경쟁방지법 제10조 제1항[26]에 따라 침해행위의 금지·예방을 위하여 필요한 조치로 해당 근로자로 하여금 전직한 회사에서 영업비밀과 관련된 업무에 종사하는 것을 금지하도록 하는 조치를 취할 수 있다.[27] 반면 영업비밀보호의 범위를 넘어서는 전직금지 가처분 신청(예컨대 영업비밀과 관련성 없는 일반적 업무 종사 금지 등)은 허용되지 않는다.

---

24 김유성, 앞의 책, 343면.

25 대법원 2010.3.11. 2009다82244 판결.

26 부정경쟁방지법 제10조 제1항은 영업비밀 침해행위에 대한 금지청구권에 관해 "영업비밀의 보유자는 영업비밀 침해행위를 하거나 하려는 자에 대하여 그 행위에 의하여 영업상의 이익이 침해되거나 침해될 우려가 있는 경우에는 법원에 그 행위의 금지 또는 예방을 청구할 수 있다."라고 규정한다.

27 대법원 2003.7.16. 2002마4380 결정.

III. 채용내정과 시용

1. 채용내정

(1) 의의

채용내정은 본채용의 상당 기간 이전에 채용할 자를 미리 결정해 두는 것을 말한다. 예를 들면 사용자가 학교졸업예정자에 대해 졸업 후 채용하기로 미리 결정하는 경우 등이 여기에 해당한다. 이로써 사용자는 필요한 노동력을 미리 확보하고, 근로자는 미리 직장을 확보하는 이점이 있다. 그러나 사용자가 일방적으로 본채용을 미루거나, 뒤늦게 채용내정을 취소(본채용을 거부)하면 채용내정자는 다른 회사에 취업할 기회를 상실하는 불이익이 있어 보호가 필요하다.

(2) 채용내정의 법적 성질

채용내정은 사용자의 채용내정 통지로 성립하는 근로계약으로,[28] 다만 본채용 이전에 채용내정을 취소할 수 있는 해약권이 사용자에게 유보되어 있는 근로계약이다.[29] 이때 해약권이 유보되어 있다는 의미는 일반적 해고와 달리 사용자에게 특별한(별도의) 해지권한이 유보되어 있다는 의미로 해석되어서는 아니 되고, 노무를 제공할 수 없게 되거나 조건(졸업)을 성취하지 못한 경우 등 채용내정의 특성에 비추어 해고가 정당화될 수 있는 사유가 일반적 해고사유보다 넓게 인정된다는 의미로 이해되어야 한다.

이처럼 사용자가 유보된 해약권을 행사하는 것은 실질적으로 해고에 해당하므로 정당한 이유가 있어야 한다(근로기준법 제23조 참조). 만일 이와 달리 채용내정을 근로계약체결의 예약에 불과하다고 본다면 사용자가 자의적으로 채용내정을 취소하는 경우에도 채무불이행(예약 위반)이나 불법행위(채용 기대이익의 침해)[30]로 인한

---

28 입사희망자가 신입사원 채용절차로 정하고 요구하는 서류전형과 면접절차에 응하는 것은 근로계약의 청약에 해당하며, 이에 따라 회사가 서류전형과 면접, 신체검사를 거친 후 최종합격통지를 하여 채용내정을 통지하는 것은 근로계약에서 승낙의 의사표시를 한 것으로 근로계약이 성립된다.

29 김유성, 앞의 책, 72면; 김형배, 앞의 책, 320면; 임종률, 앞의 책, 410면; 대법원 2000.11.28. 2000다51476 판결.

30 대법원 1993.9.10. 92다42897 판결(사용자의 자의적인 채용내정의 취소는 불법행위로서 최종합격자 통

손해배상만 인정할 수 있을 뿐이어서 근로자에게 부당하다.

(3) 채용내정의 법률관계

채용내정 시 사용자의 내정 통지로 근로계약관계가 성립된 것이므로, 근무개시 예정일 이전에도 일정한 법적 효력(예컨대 입사 전 교육·연수의 참가 의무 등)이 인정될 수 있다.

또한 사용자와 채용내정자 사이에는 근로기준법이 적용되고, 유보된 해약권을 행사하는 것은 해고에 해당해 근로기준법상의 제한을 받는다. 사용자가 근무개시 예정일이 지나도록 본채용을 하지 않은 경우, 근로자는 근무개시예정일부터 임금 지급 청구가 가능하다.[31]

(4) 채용내정의 취소

사용자가 채용내정을 취소하는 것은 당연히 해고에 해당하므로, 사용자는 정당한 이유가 있어야 채용내정을 취소할 수 있다(근로기준법 제23조 제1항).

여기서 말하는 '정당한 이유'는 정식발령 전이어서 현실적인 근로제공이 이루어지지 않았다는 특성을 감안하여 일반적 해고보다는 넓게 인정될 수 있지만, 채용내정을 취소하는 것을 정당화할 합리적이고 객관적인 사유가 있어야 한다. 졸업예정자가 정상적으로 졸업하는 것을 조건으로 채용하였는데 졸업하지 못한 경우, 정식발령 전에 업무수행이 불가하거나 곤란한 질병·부상이 발생한 경우, 채용과정에서 고지한 중요한 경력·학력이 허위로 드러난 경우, 입사 전 교육·연수 참가 의무를 정당한 이유 없이 불이행한 경우 등은 정당한 해고사유로 인정될 수 있다.

채용내정 후 경영악화 등 경영상 사유로 채용내정자를 취업시킬 수 없는 경우 근로기준법 제24조의 경영상 해고의 요건을 갖추어야 해고가 유효하다. 다만 판례는 채용내정자가 아직 현실적인 근로제공을 하지 않은 상태여서 근로관계의 밀집도가 통상의 근로자에 비해 떨어진다는 점에서 내정자를 통상의 다른 근로자에

지와 계속된 발령 약속을 신뢰하여 직원으로 채용되기를 기대하면서 다른 취직의 기회를 포기함으로써 입은 손해를 배상할 책임이 있다고 본다). 이러한 책임은 해약권이 유보되어 근로계약이 성립되었다고 보지 않더라도 인정 가능하다.

31 대법원 2002.12.10. 2000다25910 판결.

비해 우선적으로 해고대상자로 선정할 수 있다고 본다.[32] 또한 채용이 내정된 때부터 정식발령일까지 사이에는 사용자에게 근로계약의 해약권이 유보되어 있으므로 채용내정자에게는 근로자대표와의 성실한 협의절차(제24조 제3항)도 적용되지 않는다고 본다.[33]

채용내정을 취소하는 경우에도 해고예고가 필요한지 문제가 될 수 있다. 채용내정자는 아직 현실적인 근로제공을 하지 않는 상태이고, 근로자가 계속근로한 기간이 3개월 미만인 경우에는 해고예고의 적용이 제외되는 점(제26조 제1호)에 비추어 채용내정 중에는 해고예고가 적용되지 않는다고 보는 견해가 있다.[34] 그러나 채용내정의 경우에도 구직 기회의 부여 등 해고예고제도의 적용 필요성이 있다는 점을 감안하면 이를 일률적으로 배제하는 것은 타당하지 않다. 예를 들어, 경영상 해고와 같이 사용자가 주도한 채용내정 취소라면 해고예고의 필요성은 더욱 증가한다.[35]

2. 시용

(1) 의의

시용은 정식채용 이전에 업무의 적격성을 판단하고자 일정한 기간 시험적으로 고용하는 것을 말한다. 시용은 정규직 또는 상대적으로 장기간의 기간제근로자로 정식채용하기 이전에 활용된다.

현실에서는 정식채용 후에 업무수행능력을 습득하게 하는 '수습' 기간을 두는 경우가 있는데, 이는 시용과는 구별되는 것이다. 명칭과 상관없이 일정한 기간 업무의 적격성을 판단하여 정식채용을 결정하겠다는 의사가 인정되면, 이는 시용에 해당한다.

---

32 서울고등법원 2000.4.28. 99나41468 판결.

33 대법원 2000.11.28. 2000다51476 판결. 그러나 협의절차를 적용하지 않는 점은 현행법과 배치되어 타당하지 않다.

34 임종률, 『노동법』, 박영사, 2022(20판), 411면.

35 본래 채용내정의 취소는 미졸업 등 근로자에게 책임 있는 조건의 불성취를 상정한 것이어서, 경영상 해고처럼 근로자에게 책임 없는 사유로 채용내정이 취소되는 경우에는 달리 취급해야 한다.

(2) 시용관계의 성립

시용관계가 성립하려면 근로자와 사용자 사이에 시용에 관해 명시적인 합의가 있어야 한다. 즉 근로계약을 체결할 때 일정한 기간 시험적으로 고용하며 적절한 평가를 거쳐 정식채용 여부를 결정한다는 취지의 합의가 있어야 한다. 취업규칙에 신규 채용은 시용기간을 거쳐 정식채용한다고 규정되어 있고, 근로계약을 체결할 때 취업규칙의 그 내용을 고지하였다면 시용에 관한 합의가 있다고 볼 수 있다. 그러나 취업규칙에 신규 채용을 할 때 시용기간을 적용할지를 선택적 사항으로 규정하는 경우, 특정 근로자에게 시용기간이 있는지는 근로계약에 명시되어야 하며 명시되지 않았다면 정식 근로계약이 체결된 것으로 보아야 한다.[36]

시용기간의 설정은 근로자를 신규채용할 때에만 허용된다. 정식 근로자로 채용하여 근무하는 도중에 시용기간이 설정되는 것은 해고를 용이하게 하려는 취지로 악용될 수 있어 허용되지 않는다.[37] 비정규직(기간제·단시간 등)으로 상당기간 근무해 온 근로자를 동일 업무를 담당하는 정규직으로 전환하여 다시 채용하면서 시용기간을 설정하는 것도 시용제도의 취지에 반한다.[38]

시용기간의 길이는 업무적격성을 평가하여 정식채용 여부를 판단하는 데 필요한 합리적인 기간으로 설정되어야 하며, 지나치게 장기간이어서는 안 된다.[39] 이는 직종, 업무의 내용 등에 따라 달라질 수 있으나, 일반적으로 3개월 이내의 기간을 설정하고 있다.

(3) 시용관계의 법적 성질

시용기간이 있는 근로계약의 법적 성질에 관해, 통설과 판례는 사용자가 근로자의 업무적격성을 판단하여 정식채용을 거부할 수 있는 해약권이 유보된 근로계약으로 보고 있다.[40] 이때 해약권 유보의 의미는 일반적인 해고와 달리 사용자에게 특별한(별도의) 해지권한이 유보되어 있다는 의미로 해석되어서는 안 된다. 오직 업

---

36 대법원 1999.11.12. 99다30473 판결.
37 김형배, 『노동법』, 박영사, 2021(27판), 327-328면.
38 김형배, 『노동법』, 박영사, 2021(27판), 327-328면.
39 임종률, 『노동법』, 박영사, 2022(20판), 412면; 김형배, 『노동법』, 박영사, 2021(27판), 327면.
40 김유성, 『노동법 Ⅰ』, 법문사, 2005, 73면; 임종률, 『노동법』, 박영사, 2022(20판), 413면. 대법원 2006.2.24. 2002다62432 판결.

무능력의 적격성을 판단한다는 시용계약의 특성에 비추어 해고가 정당화될 수 있는 사유가 좀 더 넓게 인정될 수 있다는 의미로 이해되어야 한다.

유보된 해약권의 행사는 실질적 해고에 해당하므로 정당한 이유가 있어야 한다. 시용기간은 근로계약의 기간을 정한 것이 아니므로, 시용기간의 도과로 근로관계가 종료되는 것은 아니다.[41]

(4) 정식채용의 거부

시용기간 중인 근로자를 해고하거나 시용기간 만료 시 정식채용을 거부하는 경우, 근로기준법 제23조가 금지하는 해고에 해당하므로 정당한 이유가 있어야 한다. 그 정당한 이유는 해당 근로자의 업무능력, 자질, 인품, 성실성 등 업무적격성을 관찰·판단하려는 시용제도의 취지·목적에 비추어 볼 때 보통의 해고보다는 넓게 인정된다. 다만 이 경우에도 객관적으로 합리적인 이유가 존재하여 사회통념상 상당하다고 인정되어야 한다.[42]

또한 정식채용을 거부하는 것은 해고에 해당하므로, 사용자가 정식채용을 거부하는 경우에는 해당 근로자로 하여금 그 거부사유를 파악하여 대처하도록 구체적·실질적인 거부사유를 서면으로 통지(제27조)하여야 하며,[43] 구두로 근로관계의 종료를 통지해서는 안 된다. 서면으로 통지하더라도 단순히 '시용기간의 만료로 해고한다'는 취지로 통지한 경우는 사용자가 정식채용의 거부 사유를 구체적으로 기재하지 않았으므로 적법하지 않다.

---

41 사용자가 근로자를 정식채용할지를 재량적으로 판단하기 위해 우선 일정 기간을 고용하려는 취지라면, 시용기간을 설정하여 시용관계로 채용하는 것이 아니라 근로계약기간을 설정하여 기간제로 채용하는 것이 가능하다. 다만 기간제 근로계약이더라도 갱신기대권의 법리가 적용되는 경우라면 사용자의 갱신거부는 제한될 수 있다(갱신기대권 법리에 관해서는 후술).

42 대법원 2006.2.24. 2002다62432 판결(근무성적표 작성이 합리적이지 못하고 단순히 상대평가에 그치며, 근무성적평정표 및 평정의견서만으로 업무수행능력이 어느 정도, 어떻게 부족하였는지 또 그로 인하여 업무수행에 어떠한 차질이 있었는지를 알 수 없는 점 등에 비추어 보아 해약권 행사가 정당하지 않다고 봄); 대법원 2005.7.15. 2003다50580 판결; 대법원 2001.2.23. 99두10889 판결 등. 한편 시용관계의 법적 성질을 전제한 판단은 아니지만 시용근로자의 해고가 정당하다고 본 사례로서 대법원 1987.9.8. 87다카555 판결(시용기간 중인 운전사가 시내버스를 운전 중 앞차를 충돌하여 승객들이 부상하고 앞차가 파손되는 사고가 발생하여 운전면허정지처분까지 받았다면 시용제도의 목적에 비추어 운전사를 해고할 정당한 사유에 해당됨)이 있다.

43 대법원 2015.11.27. 2015두48136 판결.

(5) 시용기간의 경과

사용자가 정식채용을 거부하지 않은 채 시용기간이 경과하면 사용자의 해약권은 소멸하고 정식채용한 것으로 본다.[44] 이후의 근로관계가 기간제 근로관계인지, 기간의 정함이 없는 정규직 근로관계인지는 애초의 근로계약에서 시용기간과는 별도로 근로계약기간을 설정하였는지에 따라 결정된다.

시용기간은 법정 근로조건(예: 근로기준법상의 연차휴가, 퇴직급여보장법상의 퇴직금)의 계산에서 계속근로기간에 포함된다.[45]

IV. 채용의 제한

1. 채용의 자유와 제한

근로계약을 체결하기 위해 사용자는 특정인을 근로자로 채용하는 과정을 거치게 된다. 이때 근로계약의 양 당사자인 근로자와 사용자는 계약을 체결할 자유를 가지므로, 사용자에게는 특정인을 채용할지 또는 채용하지 않을지의 자유도 원칙적으로 인정된다. 다만 노동관계법은 사용자의 채용 자유에 여러 제한을 두고 있다.

첫째, 연소자를 보호하고자 근로기준법에서는 15세 미만인 사람의 채용을 원칙적으로 금지한다(제64조 제1항).

둘째, 여러 노동관계법에서 차별적인 채용을 금지한다. ① 근로자를 모집하거나 채용할 때, 남녀고용평등법은 성별 차별을 금지하며(제7조), 고령자고용법은 연령 차별을 금지하고(제4조의4), 장애인고용법은 장애인 차별을 금지한다(제5조). ② 고용정책 기본법은 "사업주는 근로자를 모집·채용할 때에 합리적인 이유 없이 성별, 신앙, 연령, 신체조건, 사회적 신분, 출신지역, 학력, 출신학교, 혼인·임신 또는 병력 등을 이유로 차별을 하여서는 아니 되며, 균등한 취업기회를 보장하여야 한다."

---

44 김유성, 앞의 책, 74면; 김형배, 앞의 책, 308면; 임종률, 앞의 책, 414면.
45 대법원 2022.2.17. 2021다218083 판결(시용기간 만료 후 본근로계약을 체결하여 공백 기간 없이 계속 근무한 경우에도 시용기간과 본근로계약기간을 통산한 기간을 퇴직금 산정의 기초가 되는 계속근로기간으로 보아야 한다).

라고 규정한다(제7조 제1항). 이러한 법률 규정의 위반에 대해 벌칙을 두는 경우도 있다(남녀고용평등법 제37조, 고령자고용법 제23조의3). 벌칙 유무와 관계없이 그 위반 행위에 대해서는 민법상 불법행위 손해배상의 청구가 가능하다. 다만 그 위반 행위를 이유로 탈락한 구직자의 채용이 강제된다고 할 수는 없고, 기존 채용의 결과에도 영향을 미치지는 않는다고 보아야 한다.

셋째, 비정규직 관련법에서는 근로자가 비정규직으로 채용되었더라도 일정한 경우 정규직 채용을 강제한다. ① 파견법은 사용사업주가 파견법을 위반하여 파견근로자를 사용하는 경우에는 해당 파견근로자를 직접 고용하여야 한다(제6조의2). ② 기간제법은 사용자가 기간제근로자의 사용기간 제한을 초과하여 기간제근로자로 사용하는 경우에는 그 기간제근로자는 기간의 정함이 없는 근로계약을 체결한 근로자로 본다(제4조)(자세한 내용은 제4편 비정규직 노동법에서 설명).

2. 공개채용절차의 공정

(1) 채용절차법의 목적과 적용 범위

채용절차법은 채용절차에서 최소한의 공정성을 확보하기 위한 사항을 정하여 구직자의 부담을 줄이고 권익을 보호하려는 법률이다(제1조).

이 법은 공개채용절차의 공정성을 담보하고자 마련되었다. 이 법은 채용하려는 자인 '구인자'와 직업을 구하기 위하여 구인자의 채용광고에 응시하는 자인 '구직자'의 채용관계를 규율하므로(제2조 참조), 채용광고를 해서 채용하는 공개채용절차만이 규율대상이다. 따라서 채용광고 없이 진행되는 채용(이른바 '특채'인 비공개채용)은 이 법으로 제한되지 않는다.

또한 이 법은 상시 30명 이상의 근로자를 사용하는 사업 또는 사업장의 채용절차에 적용하며, 그 미만으로 사용하는 사업(장)의 채용절차에는 적용되지 않는다. 또한 국가 및 지방자치단체가 공무원을 채용하는 경우에는 적용하지 아니한다(제3조).

(2) 거짓 채용광고 등의 금지

구인자는 ① 아이디어의 수집이나 사업장의 홍보 목적 등으로 거짓 채용광고를 내거나, ② 정당한 사유 없이 채용광고 내용을 구직자에게 불리하게 변경하거나, ③ 채용한 후 정당한 사유 없이 채용광고에서 제시한 근로조건을 구직자에게 불리하게 변경하거나, ④ 구직자에게 채용서류 및 이와 관련한 저작권 등의 지식재산권을 자신에게 귀속하도록 강요하여서는 아니 된다(채용절차법 제4조, 벌칙 제16조·제17조). 이는 채용과정에서 발생하는 각종 부조리를 방지하려는 취지이다.

(3) 채용강요 등의 금지

누구든지 채용의 공정성을 침해하는 행위인 ① 법령을 위반하여 채용에 관한 부당한 청탁, 압력, 강요 등을 하는 행위, ② 채용과 관련하여 금전, 물품, 향응 또는 재산상의 이익을 제공하거나 수수하는 행위를 할 수 없다(채용절차법 제4조의2·벌칙 제17조). 이는 공정한 취업기회를 박탈하고 건전한 고용질서와 사회통합을 저해하는 채용비리를 방지하려는 취지이다.

(4) 출신지역 등 개인정보 요구 금지 및 표준양식의 사용 권장

구인자는 구직자에 대하여 그 직무의 수행에 필요하지 아니한 개인정보인 ① 구직자 본인의 용모·키·체중 등의 신체적 조건, ② 구직자 본인의 출신지역·혼인여부·재산, ③ 구직자 본인의 직계 존비속 및 형제자매의 학력·직업·재산 등의 정보를 기초심사자료(구직자의 응시원서, 이력서 및 자기소개서)에 기재하도록 요구하거나 입증자료(학위증명서, 경력증명서, 자격증명서 등)로 수집하여서는 아니 된다(채용절차법 제4조의3, 벌칙 제17조). 이는 직무 중심의 채용을 유도하려는 취지이다.

고용노동부장관은 기초심사자료의 표준양식을 정하여 구인자에게 그 사용을 권장할 수 있다(제5조).

(5) 채용서류의 거짓 작성 금지

구직자는 구인자에게 제출하는 채용서류를 거짓으로 작성하여서는 아니 된다(채용절차법 제6조, 벌칙은 없음).

(6) 전자우편 등을 통한 접수의 권장

채용절차법은 채용서류를 홈페이지 또는 전자우편을 통해 접수하도록 노력할 것을 규정하여 이를 권장하고 있다. 채용서류를 전자우편 등으로 받은 경우 구인자는 지체 없이 구직자에게 접수 사실을 홈페이지 게시, 휴대전화 문자전송, 전자우편, 팩스, 전화 등으로 알려야 한다(제7조).

(7) 채용과정과 채용 여부 고지

구인자는 구직자에게 채용일정 등 채용과정과 채용 여부를 홈페이지 게시, 휴대전화 문자전송, 전자우편, 팩스, 전화 등으로 알려야 한다(채용절차법 제8조·제10조).

(8) 채용심사비용 부담과 채용서류의 반환

채용서류와 채용심사비용은 구직자들에게 큰 부담이 됨을 고려하여 채용절차법은 채용심사비용을 구직자에게 부담시키는 것을 원칙적으로 금지하고, 채용서류의 반환 청구를 인정한다(제9조·제11조). 다만, 홈페이지 또는 전자우편으로 제출된 경우나 구직자가 구인자의 요구 없이 자발적으로 제출한 경우에는 반환하지 않아도 된다. 구직자가 반환청구기간이 지나도록 청구하지 않는 경우 구인자는 채용서류를 파기하여야 한다.

고용노동부장관은 채용심사비용의 부담과 채용서류의 반환 등에 관한 규정을 위반한 구인자에게 그 시정을 명할 수 있으며(제12조), 시정명령을 이행하지 않는 경우 과태료를 부과한다(제17조).

(9) 행정감독과 벌칙

고용노동부장관은 필요하다고 인정하면 구인자에게 채용절차법의 시행에 필요한 자료를 제출하게 하거나 필요한 사항을 보고하게 할 수 있다. 고용노동부장관은 이 법 위반 사실 확인 등을 위하여 필요하면 소속 공무원으로 하여금 이 법을 적용받는 사업의 사업장이나 그 밖의 시설에 출입하여 서류·장부 또는 그 밖의 물건을 조사하고 관계인에게 질문하게 할 수 있다(제14조). 고용노동부장관의 조사 권한은 지방고용노동관서의 장에게 위임할 수 있다(제15조).

이 법을 위반할 경우 형벌이나 과태료 제재의 벌칙이 있다(제16조·제17조).

(10) 법 위반의 사법상私法上 효력

채용절차법은 공법상 행정감독의 근거법규이면서도 사법상 강행규정에 해당한다. 따라서 채용절차법의 위반 행위는 벌칙 유무와 관계없이 사법상으로도 위법한 행위로서 민법에 따라 불법행위 손해배상의 청구가 가능하다(민법 제750조). 또한 채용절차법을 위반하는 계약 등의 법률행위는 무효이다. 예를 들면, 채용심사비용의 부담 금지 규정(채용절차법 제9조)을 위반하여 구직자에게 비용을 부담시키는 계약은 무효이다. 구인자가 구직자에게 채용서류의 반환청구권을 사전에 포기하도록 하더라도 그러한 사전 포기 의사는 무효이다.

그러나 채용절차법이 채용절차가 공정하도록 하려는 목적의 법이라는 점을 고려하면, 채용절차법 규정의 위반을 이유로 곧바로 구인자가 특정인에 대해 채용이 강제되거나 특정인의 채용이 무효가 되지는 않는다고 해석된다. 다만 단순히 채용절차법 규정의 위반에 그치는 것이 아니라 채용절차의 하자가 중대하다고 평가될 수 있는 경우는 민법에 따라 특정인의 채용이 무효이거나 취소될 수 있다(이는 근로계약의 무효·취소에 해당하는데, 항을 바꾸어 고찰함).

3. 취업방해의 금지와 평판조회

누구든지 근로자의 취업을 방해할 목적으로 비밀 기호 또는 명부, 즉 '블랙리스트' 등을 작성·사용하거나 통신을 해서는 안 된다(근로기준법 제40조). 이는 과거 노동조합 활동을 하는 근로자들의 신상을 같은 업계나 지역 업체들끼리 공유하여 근로자가 다른 회사에 취업하지 못하도록 하는 행위를 방지하기 위해 마련된 규정으로, 그 금지의무의 주체에 제한이 없고('누구든지'), 이를 위반한 자는 근로기준법에서 정한 가장 엄한 형사처벌(5년 이하의 징역 또는 5천만 원 이하의 벌금)에 처한다(제107조). 다만 이미 취업을 한 사람에 대하여 해고 등의 불이익을 입게 하기 위한 행위를 하는 경우에는 위 조항이 적용되지 않는다.[46]

최근 채용 과정에서 경력직 채용이 증가하면서 이전 직장에서의 근무태도나 다른 직원들과의 관계를 파악하기 위해 지원자의 평판조회(reference check)가 이루어

---

[46] 대법원 2022.5.26. 2019도18193 판결.

지는 경우가 많다. 이 과정에서 취업을 방해할 목적으로 악의적인 왜곡 답변을 하는 경우에는 근로기준법 제40조의 취업방해에 해당할 여지가 있으나, 취업을 방해할 목적에서 이루어진 것이 아니라면 동조 위반에는 해당하지 않는다. 그러나 근로기준법 제40조 적용 여부와 무관하게 평판조회를 통해 확인하는 내용은 지원자의 개인정보에 해당할 수 있으므로, 평판조회를 실시하기 위해서는 개인정보보호법에 따라 지원자의 사전 동의를 받는 것이 바람직하다.

V. 근로계약의 무효·취소

민법에 따르면 반사회질서의 법률행위(제103조: 선량한 풍속 기타 사회질서에 위반한 사항을 내용으로 하는 법률행위), 불공정한 법률행위(제104조: 당사자의 궁박, 경솔 또는 무경험으로 인하여 현저하게 공정을 잃은 법률행위), 진의 아닌 의사표시(제107조 제1항 후단), 통정한 허위의 의사표시(제108조)는 무효이다. 또한 착오로 인한 의사표시(제109조: 법률행위의 내용의 중요부분에 착오), 사기, 강박에 의한 의사표시(제110조)는 취소할 수 있다. 채용절차 및 근로계약 체결 과정에서의 하자가 중대하다고 평가될 수 있는 경우는 이러한 민법 규정에 따라 근로계약이 무효이거나 취소될 수 있다. 특히 ① 학력·경력의 사칭, ② 청탁 등 채용비리 등의 경우 단순한 절차상 하자에 그치는 것이 아니라 채용을 무효·취소할 수 있는 중대한 하자에 해당하는지가 논의된다.

근로계약 체결에 관한 당사자들의 의사표시에 무효 또는 취소의 사유가 있으면 그 상대방은 이를 이유로 근로계약의 무효 또는 취소를 주장하여 그에 따른 법률효과의 발생을 부정하거나 소멸시킬 수 있다. 근로계약의 무효·취소에 관한 해석은 민법의 관련 규정에 따른 법리가 적용되지만, 이를 그대로 적용하기 어려운 경우가 있다.

첫째, 근로계약이 무효·취소인 경우라도 그동안 행한 근로자의 노무제공의 효과를 소급하여 부정하는 것은 타당하지 않다. 이미 제공된 노무를 기초로 형성된 취소 이전의 법률관계까지 효력을 잃지는 않으며, 취소 이후 장래에 관하여만 근

로계약의 효력이 소멸된다.[47]

둘째, 민법상 무효·취소를 이용하여 근로기준법 등 노동법상 강행규정에서 빠져나가는 것은 유의하여야 한다. 예컨대 해고 규정의 적용을 회피하고자 근로계약의 무효·취소를 주장하는 경우가 그러하다. 실질적으로는 근로자의 귀책사유를 이유로 근로계약의 무효·취소를 주장하려면 그 귀책사유가 사회통념상 근로계약을 계속할 수 없을 정도로 책임 있는 사유여야 한다. 학력·경력의 사칭으로 중대한 착오가 있어 근로계약을 취소하려는 경우[48]에도 근로자의 귀책사유가 해고에 해당하는 정당한 사유인지를 판단하여야 한다(해고사유로서 학력·경력의 사칭에 관한 검토는 후술함).

셋째, 채용비리를 이유로 한 채용(임용)취소나 직권면직은 채용비리가 매우 중대하여 반사회질서의 법률행위(민법 제103조)로 평가될 수 있는 경우에야 사회통념상 근로관계를 계속 유지하기 어려운 사유로 인정된다. 채용비리가 지인이 관여했을 뿐이며 근로자 본인의 귀책사유가 아닌 경우가 있을 수 있기 때문에 근로계약의 취소·무효 사유로 인정되는지는 신중한 판단이 필요하다.[49] 한편 채용이 반사회질서의 법률행위로 무효라 하여도 해고 이전 시기의 법률관계까지 소급적으로 무효가 되는 것은 아니다.

---

[47] 대법원 2017.12.22. 2013다25194 판결.

[48] 대법원 2017.12.22. 2013다25194 판결(백화점 매장의 매니저를 고용하는데 근로자의 백화점 매장 매니저 근무경력이 노사 간의 신뢰관계를 설정하거나 회사의 내부질서를 유지하는 데 직접적인 영향을 미치는 중요한 부분에 해당하므로 근로계약의 취소를 인정함).

[49] 하급심 판결 중에서는 필기전형에서 탈락하였으나 부모의 채용청탁으로 합격자로 선정되어 채용된 근로자와의 근로계약은 부정행위로 인해 채용절차의 공정성이 훼손되었음을 면접위원 내지 인사권자가 알지 못한 채 착오에 빠져 체결된 것이므로, 이와 같은 착오가 없었다면 사용자가 근로자를 채용하지 않았을 것이라고 인정하여 민법 제109조 소정의 착오를 이유로 근로계약의 취소가 가능하다고 본 사례가 있다(서울고등법원 2020.3.31. 2019나2029554 판결).

취업규칙

I. 취업규칙의 의의와 법적 성격

1. 취업규칙의 의의

취업규칙은 사용자가 사업(장)에서 근로자들에게 적용하고자 근로조건과 복무규율에 대해 정한 규칙을 말한다. 그 규칙의 명칭이 무엇이든 상관없다.[50] 실제 사업(장)에서는 보수(급여)규정, 퇴직금규정, 인사관리규정, 징계규정 등 여러 명칭의 규칙을 두기도 하고, 취업규칙 또는 사규라는 명칭으로 통합되어 있기도 하다. 직종 또는 근로형태 등의 특수성에 따라 일부 근로자들에게만 적용되는 별도의 취업규칙을 두기도 한다.

사업(장)에서 근로조건을 결정하는 방식으로 취업규칙 외에도 단체협약과 근로계약이 있다. 그러나 실제 노동관계에서는 단체협약의 적용을 받는 경우도 적고, 근로계약의 내용이 간략한 경우도 많아 취업규칙이 실제 근로조건을 결정하는 데 중요한 규범으로서 기능한다. 이와 같이 취업규칙은 다수 근로자의 근로조건을 통일적으로 규율하는 기능을 하므로 근로기준법은 취업규칙에 대해 작성의무, 작성·변경의 절차 등 여러 측면에서 규제하고 있다.

그런데 근로기준법이 취업규칙을 규제하는데도 다음과 같은 점에 비추어 볼 때 취업규칙을 근로관계의 규범으로 받아들이기는 쉽지 않다. 즉 ① 취업규칙의 작성·변경 권한은 사용자가 보유하며, ② 불이익 변경에 요구되는 근로자 집단의 동의 절차도 사용자가 일방적 또는 주도적으로 제시한 변경 내용에 대해 찬성·반대

---

[50] 대법원 2004.2.12. 2001다63599 판결; 대법원 2005.5.12. 2003다52456 판결(경영상의 위기에 처한 회사가 그 소속 그룹 차원에서 경영이 정상화될 때까지 임직원들의 상여금, 휴가비 등을 반납하는 내용이 포함된 자구계획서를 작성한 경우, 그 자구계획서는 종업원의 근로조건변경을 내용으로 하는 것으로서 취업규칙에 해당한다).

를 선택하는 방식에 불과하고, ③ 과반수 노동조합의 동의로 결정하는 방식은 노동조합이 대표하지 않는 근로자들의 이해관계를 고려하지 못하며, ④ 근로자 과반수의 동의로 결정하는 방식은 실제로 근로자들의 자유의사에 따른 결정을 담보하지 못하고 있다. 이 점에서 취업규칙 제도는 "근로조건은 근로자와 사용자가 동등한 지위에서 자유의사에 따라 결정하여야 한다."(근로기준법 제4조)라는 근로조건 대등결정의 원칙에 어긋난다고 말할 수 있다.[51] 결국 사업(장) 차원의 집단적·통일적 근로조건을 결정하는 방식은 사용자가 일방적으로 주도하는 취업규칙이 아니라 종업원위원회가 사용자와 사업장협정을 체결하여 정하는 방식으로 제도를 개선할 필요가 있다(이에 대해서는 제22장 노사협의회 제도에서 고찰).

2. 취업규칙의 법적 성격

취업규칙의 법적 성격에 대한 논의는 사용자가 일방적으로 작성·변경한 취업규칙이 규범적 효력을 가지는 이유를 설명하는 데 필요하다. 일반적으로 법적인 권리의무관계를 형성하는 근거로 법률과 계약이 제시되는 것처럼, 취업규칙의 법적 성격에 관한 학설 역시 법규범설과 계약설로 크게 나눌 수 있다. 과거에는 취업규칙의 법적 효력의 근거를 사용자의 경영권에서 찾는 경영권설이 주장되기도 했지만, 현재 이를 지지하는 학설은 발견하기 어렵다.

법규범설은 취업규칙의 집단적·통일적 속성을 중시하면서 구성원의 동의 여부를 불문하고 무차별적 적용을 주장하는 견해로 관습법설, 사회적 자주법설, 수권설 등이 여기에 속한다. 이 중에서 수권설은 취업규칙이라는 규범을 작성할 권한을 법률이 사용자에게 위임한 것이라고 파악하는데, 판례는 수권설의 견해를 취하고 있다.[52] 즉 취업규칙은 본래 단순한 사업장 규칙(work rules)에 불과하지만, 국가가 근로자를 보호하고자 근로기준법 제97조를 통해 취업규칙에 규범적 효력을 부여한 것이라고 본다.

---

51 김홍영, "취업규칙 관련 법리의 문제점과 대안", 「노동법연구」 제42호, 서울대학교 노동법연구회, 2017년, 156-161면.
52 대법원 1977.7.26. 77다355 판결은 "근로기준법이 종속적 노동관계의 현실에 입각하여 실질적으로 불평등한 근로자의 입장을 보호·강화하여 그의 기본적 생활을 보호·향상시키려는 목적의 일환으로 그 작성을 강제하고 이에 법규범성을 부여한 것"이라고 한다.

계약설은 취업규칙에 대하여 근로자가 포괄적·묵시적으로 동의하였기 때문에 이에 구속된다는 견해로 순수계약설, 사회적 관습설 등이 이 범주에 속한다. 하지만 계약설은 취업규칙의 작성이나 변경에 대해 반대한 근로자에게도 취업규칙이 구속력을 가지는 이유를 적절하게 설명하지 못한다는 한계가 있다.

과거 취업규칙의 법적 성격에 관한 논의는 특히 취업규칙이 불리하게 변경된 경우 그 효력을 어떻게 볼 것인지와 연결되어 이루어졌다. 구근로기준법에 현행 근로기준법 제94조 제1항 단서와 같은 취업규칙의 불이익 변경 시 집단적 동의 규정이 없던 상황에서,[53] 근로자 집단의 동의 없이 불리하게 변경된 취업규칙의 법적 효력을 인정할 수 있는지가 취업규칙의 법적 성격과 연결되어 논의된 것이다. 그런데 현행 근로기준법은 취업규칙의 불이익 변경 시 근로자들의 동의를 얻어야 한다고 명문으로 규정하고 있고,[54] 판례는 집단적 동의 없이 불리하게 변경된 취업규칙이 신규 채용자에게는 유효하고 재직자에 대해서만 효력이 발휘되지 않는다고 해석하여[55] 사실상 법규범설인 수권설의 입장에 계약설적 관점을 가미한 절충설로 이 문제를 해결함으로써 취업규칙의 법적 성격을 논의할 실익은 상당 부분 사라졌다고 할 수 있다.

그런데 과거의 문제 상황이 법률 규정의 신설 및 판례의 절충적 태도에 따라 사실상 해결되었다고 하여 취업규칙의 법적 성질이 명확해졌다고 말하기는 어렵다. 오히려 여전히 판례가 취업규칙의 법적 성격을 명확하게 설명하지 못하는 현재의 모호한 상황은 취업규칙이 근로관계를 규율하는 대표적 규범임에도 정작 규범으로서 일반적인 요건을 충족하지 못한다는 모순에서 기원한다. 취업규칙은 사용자가 일방적으로 작성하므로 근로기준법 제4조에 따른 대등결정의 원칙에 부합하지 않고, 유사한 입법례를 찾기 어려운 이례적 제도이며, 그 법적 성격도 법규범인지 계약인지가 불분명하다. 이를 법규범이라고 하기에는 그 정당성이 빈약하고, 계약이라 하기에는 당사자 사이의 의사 합치가 존재하지 않는다. 이와 같은 점을 종합하여 볼 때 취업규칙 제도는 근로관계의 일반 규범으로 삼기에는 태생적 한계가 있는 것으로서 근원적 재검토가 요구되고, 설령 규범으로서 유효하다고 보더라도 그

---

53 취업규칙의 불이익 변경 시 집단적 동의 규정은 법률 제4099호, 1989.3.29. 개정에서 신설되었다.

54 임종률, 『노동법』, 박영사, 2022(20판), 371면.

55 대법원 1992.12.22. 91다45165 전원합의체 판결.

법적 효력과 관련된 근로기준법상 규정은 제한적으로 엄격하게 해석해야 한다.

II. 취업규칙의 규율 개관

1. 작성 및 신고

(1) 작성의무

상시 10명 이상의 근로자를 사용하는 사용자는 취업규칙을 작성하여 고용노동부장관에게 신고하여야 한다. 이를 변경하는 경우에도 또한 같다(근로기준법 제93조). 작성의무를 위반한 경우 과태료가 부과된다(제116조). 취업규칙에 기재하여야할 필요적 기재사항은 다음과 같다.

1. 업무의 시작과 종료 시각, 휴게시간, 휴일, 휴가 및 교대 근로에 관한 사항
2. 임금의 결정·계산·지급 방법, 임금의 산정기간·지급시기 및 승급(昇給)에 관한 사항
3. 가족수당의 계산·지급 방법에 관한 사항
4. 퇴직에 관한 사항
5. 퇴직급여법 제4조에 따라 설정된 퇴직급여, 상여 및 최저임금에 관한 사항
6. 근로자의 식비, 작업 용품 등의 부담에 관한 사항
7. 근로자를 위한 교육시설에 관한 사항
8. 출산전후휴가·육아휴직 등 근로자의 모성 보호 및 일·가정 양립 지원에 관한 사항
9. 안전과 보건에 관한 사항
10. 근로자의 성별·연령 또는 신체적 조건 등의 특성에 따른 사업장 환경의 개선에 관한 사항
11. 업무상과 업무 외의 재해부조(災害扶助)에 관한 사항
12. 직장 내 괴롭힘의 예방 및 발생 시 조치 등에 관한 사항
13. 표창과 제재에 관한 사항
14. 그 밖에 해당 사업 또는 사업장의 근로자 전체에 적용될 사항

취업규칙에 위 필요적 기재사항 중 일부가 누락된 경우, 사용자가 위 벌칙의 적

용을 받는 것은 별론으로 하고 취업규칙으로서 효력에는 영향이 없다.

상시 10명 미만의 근로자를 사용하는 사용자에게는 취업규칙 작성의무가 없다. 그러한 사용자가 임의로 취업규칙을 작성하는 경우에도 취업규칙으로서 법적 효력(제97조)은 부정된다. 앞에서 살펴본 바와 같이 취업규칙은 사용자가 일방적으로 작성하는 것으로서 근로기준법상 대등결정의 원칙에 부합하지 않고 그 법적 성격도 불분명한 상태이므로, 사법적 효력은 근로기준법상 규율을 모두 준수한 취업규칙에 한하여 제한적이고 엄격하게 인정되어야 하고 법률상 근거 없이 사법적 효력을 인정하는 것은 타당하지 않다.[56] 판례에 따르면, 작성의무가 없는 사용자가 취업규칙을 작성한 경우 그것이 근로계약의 한 내용으로 편입되었다면 근로계약의 효과로 구속력이 발휘된다고 한다.[57]

(2) 신고의무

신고의무는 취업규칙을 작성한 경우뿐만 아니라 변경한 경우도 부과되며, 위반 시 과태료가 부과된다(제116조). 신고할 때에는 작성 또는 변경에 관한 근로자의 의견을 적은 서면을 첨부하여야 한다(제94조 제2항). 신고의무는 고용노동부의 근로감독이 이루어지도록 하려는 취지에서 규정된 것이므로, 신고의무를 위반한 취업규칙도 법적 효력(제97조)을 가진다.[58]

2. 취업규칙의 주지周知

사용자는 취업규칙을 근로자가 자유롭게 열람할 수 있는 장소에 항상 게시하거나 갖추어 두어 근로자에게 널리 알려야 한다(제14조 제1항). 근로기준법 제97조가 취업규칙의 규범적 효력을 인정하는 이상, 이를 통하여 근로관계가 규율되는 종업원 일반으로 하여금 취업규칙의 내용을 알게 하는 절차가 필요하기 때문이다. 이

---

56 이에 대해선 취업규칙의 사법적 효력에 관한 근로기준법 제97조의 적용 여부를 그 작성의무 및 벌칙의 적용 범위를 정한 근로기준법 제93조와 연결할 필요가 없으므로, 10인 미만의 근로자를 사용하는 사용자가 임의로 취업규칙을 작성한 경우에도 사법적 효력이 인정된다는 견해가 있다(김유성, 『노동법 I』, 법문사, 2005, 201면; 임종률, 『노동법』, 박영사, 2022(20판), 382면).

57 대법원 2008.3.14. 2007다1418 판결.

58 대법원 2004.2.12. 2001다63599 판결.

는 법령의 공포에 준하는 절차로서 위반 시 취업규칙의 효력은 부정된다. 다만, 구체적인 주지의 방법이나 정도는 근로기준법에서 정한 방법, 즉 근로자가 자유롭게 열람할 수 있는 장소에 항상 게시하거나 갖추어 두는 방법으로 한정된다고 볼 필요는 없다. 즉 어떠한 방법으로든지 적당한 방법에 의한 주지가 있는 경우 그 취업규칙의 규범적 효력은 발생한다.[59]

3. 취업규칙의 작성·변경 절차

취업규칙을 작성 또는 변경하는 경우 근로자 집단의 의견을 들어야 하며, 근로자에게 불리하게 변경하는 경우에는 근로자 집단의 동의를 받아야 한다(근로기준법 제94조). 여기에서 '근로자 집단'은 해당 사업 또는 사업장에 근로자의 과반수로 조직된 노동조합이 있는 경우에는 그 노동조합, 근로자의 과반수로 조직된 노동조합이 없는 경우에는 근로자의 과반수를 말한다(제94조 제1항). 취업규칙의 작성·변경을 신고할 때에 작성·변경에 관한 근로자의 의견을 적은 서면을 첨부하여야 한다(제94조 제2항). 의견 청취 의무나 동의를 받을 의무를 위반하면 벌칙의 제재를 받는다(제114조 제1호).

사용자가 의견 청취 의무 또는 동의를 받을 의무를 위반한 채(여기에는 그 의무를 전부 이행하지 않는 경우뿐만 아니라 불완전하게 이행하는 경우도 포함된다) 취업규칙을 작성·변경한 경우, 그 취업규칙이 유효한지 살펴보아야 한다.

첫째, 의견 청취 의무를 위반한 취업규칙은 무효라고 보아야 한다. 즉 취업규칙의 작성·변경은 사업장 전체에 대한 규범을 설정하는 것이므로 적법절차의 원칙에 부합하여야 하고, 사용자가 일방적으로 작성한 취업규칙의 내용에 대해 근로자가 사후적으로 이의를 제기할 수 있는 절차가 없는바, 이러한 점에 비추어 볼 때 의견 청취 의무를 위반한 채 작성·변경된 취업규칙의 효력은 인정하기 어렵다. 나아가 의견 청취 절차로 근로자들은 사전에 취업규칙의 규율 내용을 알 수 있고 이후 공포된 취업규칙의 주지 절차에서 좀 더 구체적으로 자신들의 근로조건 등을 파악하게 된다는 점, 즉 의견 청취 절차가 주지 등 취업규칙의 실효성 확보 조치와

---

59 대법원 2004.2.12. 2001다63599 판결.

도 연결된다는 점도 고려되어야 한다. 이 점에서 판례가[60] 의견청취의무는 취업규칙의 작성·변경에 근로자의 의견을 반영할 기회를 갖게 하려는 취지에 불과하다고 보아 사용자는 의견 청취의 결과에 구속되지 않고 그 의무를 위반하여도 취업규칙은 법적 효력(제97조)을 가진다고 하는 것은 타당하지 않다.

둘째, 근로기준법이 취업규칙의 불이익 변경 시 의견 청취 의무의 특칙으로서 사용자의 동의를 얻을 의무를 규정하고 있다는 점에 비추어 볼 때, 사용자가 근로자 집단의 동의를 받지 못한 경우 그 취업규칙은 법률의 규정에 따라(ipso jure) 당연히 무효이고, 판례도 같은 입장이다.

4. 취업규칙의 법적 효력

근로기준법은 취업규칙에 규범적 효력(강행적 효력과 보충적 효력)을 인정하고 있다. 즉 취업규칙에서 정한 기준에 미달하는 근로조건을 정한 근로계약은 그 부분에 관하여는 무효로 하며, 그 무효로 된 부분은 취업규칙에 정한 기준에 따른다(제97조). 근로계약으로 정하지 않은 사항도 취업규칙에 정한 기준에 따른다고 해석된다. 근로기준법 제5조에 따르면, 근로자와 사용자는 취업규칙을 지키고 성실하게 이행할 의무가 있다.

취업규칙에서 정한 기준을 상회하는 근로계약의 내용은 유효하다. 취업규칙이 근로자에게 불리하게 변경된 경우에도 변경된 취업규칙의 기준에 따라 유리한 근로계약의 내용을 변경할 수 없으며, 근로자의 개별적 동의가 없는 한 취업규칙보다 유리한 근로계약의 내용이 우선하여 적용된다.[61] 취업규칙의 규범적 효력은 해당 사업(장)에서 근로자들의 근로조건을 통일적으로 획일화하지만, 개별 근로계약으로 이보다 유리한 근로조건을 정할 수 있다. 만약 개별 근로계약에서 근로조건에 관하여 구체적으로 정하지 않는 경우에는 취업규칙 등에서 정하는 근로조건이 근로자에게 적용된다고 보아야 한다.[62]

취업규칙은 법령이나 해당 사업(장)에 대하여 적용되는 단체협약과 어긋나서는

---

60 대법원 2004.2.12. 2001다63599 판결.
61 대법원 2022.1.13. 2020다232136 판결.
62 대법원 2022.1.13. 2020다232136 판결.

아니 된다(제96조 제1항). 어긋나는 경우, 즉 법령이나 단체협약을 위반한 취업규칙의 내용은 효력이 없다고 해석된다. 반대로 취업규칙의 내용이 법령이나 단체협약에 위반되지 않는다면 취업규칙에서 정한 근로조건이 적용된다.

고용노동부장관은 법령이나 단체협약에 어긋나는 취업규칙의 변경을 명할 수 있다(제96조 제2항). 사용자가 변경명령을 위반하면 벌칙이 적용된다(제114조). 그 제도의 취지는 근로자 보호 이념에 근거하여 국가가 후견적 지위에서 사용자가 일방적으로 작성하는 취업규칙 제도에 개입하도록 한 것이다. 따라서 변경명령은 사용자에게 취업규칙을 변경하여야 할 공법상 의무만 부과할 뿐, 취업규칙의 효력에 직접 영향을 미치지는 않는다.

III. 취업규칙의 불이익 변경

사용자는 취업규칙을 근로자에게 불리하게 변경하는 경우에는 해당 사업 또는 사업장에 근로자의 과반수로 조직된 노동조합이 있는 경우에는 그 노동조합, 근로자의 과반수로 조직된 노동조합이 없는 경우에는 근로자 과반수의 동의를 받아야 한다(제94조 제1항 단서).

1. 불이익 변경의 의미

취업규칙을 근로자에게 불리하게 변경(불이익 변경)한다는 의미는 이로써 근로자들이 기존에 갖고 있던 기득의 권리나 이익이 박탈되어 불이익한 근로조건이 적용된다는 뜻이다. 퇴직금 지급률 저하, 상여금 지급 횟수나 지급액 감소, 중한 징계의 대상이 되는 범위 확대, 정년 연령 하향 조정 등이 이에 해당한다. 취업규칙에서 정한 종전의 근로조건을 불리하게 변경하여 정하는 경우뿐만 아니라, 종전의 취업규칙에서는 정하지 않았다가 취업규칙을 변경하여 새로이 정함으로써 근로자들에게 불리해지는 경우[63]도 포함된다.

---

63 대법원 1997.5.16. 96다2507 판결(취업규칙에 정년규정이 없던 회사에서 정년규정을 신설한 것이 취업규칙의 불이익한 변경에 해당).

취업규칙에서 정하는 여러 근로조건이 동시에 변경되는 경우 그것이 불리한 변경인지는 원칙적으로 개별 근로조건별로 판단하여야 한다.[64] 특정 근로조건의 변경을 다른 근로조건과 비교하고 종합하여 유불리를 판단할 수 없고,[65] 전체적으로는 유리하게 변경된다 하더라도 이와 함께 특정 근로조건을 불리하게 변경할지는 근로자들의 의사에 따라 결정하는 것이 타당하기 때문이다. 다만 특정 근로조건이 여러 요소로 구성된 경우 한 요소의 변경만을 고려하여 유불리를 판단하는 것이 아니라 다른 요소의 변경도 종합하여 유불리를 판단하여야 한다. 예를 들면 퇴직금 지급률의 인하와 함께 다른 요소가 유리하게 변경된 경우에는 대가관계나 연계성이 있는 제반 상황(유리하게 변경된 부분 포함)을 종합적으로 고려하여 그 퇴직금에 관련한 개정 조항이 유리한 개정인지 불리한 개정인지 밝혀서 그 유불리를 함께 판단하여야 한다.[66] 또한 임금 항목 중 특정 수당이 폐지되고 다른 항목이 인상되는 경우에도 임금 전체의 수준이 불리해지는지를 판단하여야 한다.

특정 근로조건의 변경이 일부 근로자에게는 유리하나 일부 근로자에게는 불리한 경우가 있을 수 있다. 취업규칙의 변경이 일부 근로자에게는 유리하고 다른 일부 근로자에게는 불리한 경우에도 그러한 개정은 근로자에게 불이익한 것으로 취급하여 근로자들 전체의 의사에 따라 결정하게 하는 것이 타당하다.[67] 즉 이러한 변경이 근로자에게 전체적으로 유리한지 불리한지를 단정적으로 평가하기 어렵다는 이유로, 유리한 근로자 수와 불리한 근로자 수를 비교하여 유불리를 판단하여서는 안 된다.

또한 취업규칙 불이익 변경의 대상인 근로조건이나 복무규율에 관한 근로자의 기득의 권리나 이익은 종전 취업규칙의 보호영역에 의하여 보호되는 직접적이고 구체적인 이익을 의미한다.[68]

---

64 이철수, 『로스쿨노동법』, 도서출판 오래, 2019(4판), 65면; 임종률, 『노동법』, 박영사, 2022(20판), 377면.
65 정년 연령을 연장하면서 종전 정년 연령 이전의 기간에 대해서도 임금 수준을 인하하는 경우 정년 연장과 임금 인하를 종합하여 유불리를 판단하는 것은 불가능하다. 이 경우 임금 인하는 불이익 변경으로 동의가 필요하다. 반면 정년 연령을 연장하면서 연장된 기간 동안의 임금 수준은 인하하는 경우라면 정년 연장과 임금 인하를 종합하여 유리한 변경에 해당한다.
66 대법원 1995.3.10. 94다18072 판결(퇴직금의 지급률이 낮아지고 기초임금은 높아진 경우 퇴직금의 지급률 변경과 기초임금의 변경을 종합하여 불리한 변경으로 판단되므로 종전의 지급률과 종전의 기초임금을 기준으로 퇴직금을 계산하여야 한다고 봄); 대법원 1995.3.10. 94다18072 판결.
67 대법원 1993.5.14. 93다1893 판결; 대법원 2009.5.28. 2009두2238 판결; 대법원 2012.6.28. 2010다17468 판결.
68 대법원 2022.3.17. 2020다219928 판결.

2. 동의 주체와 범위

취업규칙을 불리하게 변경하는 경우 동의하는 주체는 '근로자 과반수로 조직된 노동조합이 있는 경우에는 그 노동조합' 또는 '그러한 노동조합이 없는 경우에는 근로자 과반수'이다(근로기준법 제94조 제1항). 불리한 변경에 대해 근로자의 과반수로 구성된 노동조합의 동의[69] 또는 근로자 과반수의 동의를 얻으면 적법한 변경에 해당하므로, 그 취업규칙은 유효하고 전체 근로자에게 적용된다.[70]

(1) 판례의 태도

판례에 따르면, 여기서 '근로자'는 종전 취업규칙의 적용을 받던 근로자 집단을 의미한다.[71] 직종(생산직, 사무직 등)에 따른 근로자 집단별로 별도의 취업규칙이 작성된 경우 불리하게 변경되는 기존 취업규칙의 적용을 받는 근로자 집단만이 동의를 받는 범위가 된다. 즉 직종에 따라 이원화되어 있는 취업규칙은 집단별로 불이익한지를 판단하고 집단별로 동의를 받아야 한다. 전체 집단을 합쳐서 과반수의 동의를 받는 것이 아니다.[72]

이처럼 근로자 집단별로 동의를 받는 근로자 범위를 구분하는 것은 근로자 집단 간에 근로조건 체계가 이원화되어 있다는 점을 전제한다. 만약 여러 근로자 집단이 하나의 근로조건 체계 내에 있다면 다른 근로자 집단을 포함한 근로자 집단이 동의의 주체가 될 여지가 있다. 예를 들면, 판례는 취업규칙이 직급에 따라 이원화되어 있는 사례에서, 여러 근로자 집단이 하나의 근로조건 체계 내에 있어 비록 취업규칙의 불이익변경 시점에는 어느 근로자 집단만이 직접적 불이익을 받더라도 다른 근로자 집단에게도 변경된 취업규칙의 적용이 예상되는 경우에는 일부 근로자 집단은 물론 장래 변경된 취업규칙 규정의 적용이 예상되는 근로자 집단을 포

---

69 대법원 2008.2.29. 2007다85997 판결.

70 따라서 근로자의 과반수로 구성된 노동조합의 동의를 얻어 변경된 취업규칙은 개별적 동의절차를 거치지 않은 비조합원 및 노조가입 자격이 없는 근로자들에게도 적용된다(대법원 2008.2.29. 2007다85997 판결).

71 대법원 1977.7.26. 77다355 판결; 대법원 2009.11.12. 2009다49377 판결 등.

72 대법원 1990.12.7. 90다카19647 판결(사원과 노무원으로 이원화되어 있는 직장의 퇴직금규정의 개정안에 노무원만 동의하고 사원의 동의가 없는 경우 개정 규정은 사원에 대한 효력이 없다고 봄). 반면 취업규칙상의 특정 근로조건이 여러 근로자 집단에 동일하게 적용되는 경우라면 그 전체가 동의의 주체가 되는 근로자 집단에 해당한다.

함한 근로자 집단이 동의주체가 된다고 본다.[73] 즉 취업규칙의 적용 여부를 판단할 때 직접적 이외에도 간접적·잠재적 관련을 내세워 적용 근로자로 인정한 것이다. 그렇지 않고 근로조건이 이원화되어 있어 변경된 취업규칙이 적용되어 직접적으로 불이익을 받는 근로자 집단 이외에 변경된 취업규칙의 적용이 예상되는 근로자 집단이 없는 경우에는 변경된 취업규칙이 적용되어 불이익을 받는 근로자 집단만이 동의 주체가 된다.

(2) 판례 검토

위와 같은 판례 법리는 취업규칙의 불이익 변경 시 근로자 집단의 동의를 얻도록 한 취지가 기존 근로자의 기득이익을 보호하려는 것이라고 보는 관점[74]에 기반한 것이다. 그런데 이는 취업규칙 제도에 관한 근로기준법의 규제를 기득이익의 보호라는 협소한 시각으로 해석하였다는 비판을 피하기 어렵다.

판례가 취업규칙의 불이익 변경 시 근로자 집단의 동의 절차를 요구하는 근거는 근로자의 기득권 보호만이 아니다. 그 근거에는 근로조건은 근로자와 사용자가 동등한 지위에서 자유의사에 따라 결정되어야 한다는 대등결정의 원칙과 근로자는 단체로써 행동할 때 실질적으로 사용자와 대등한 입장에 서게 된다는 노사관계법의 기본 원리도 포함된다.[75] 이 점에 비추어 보면, 판례는 자신이 승인한 취업규칙의 법규범성의 법리적 토대[76]를 스스로 훼손하고 있다. 특히 현행 근로기준법이 명문으로 취업규칙의 불이익 변경 시 전체 근로자의 집단적 동의를 얻도록 규정하였는데도, 판례는 이를 무시한 채 집단적 의사 주체인 근로자를 파편화하고 자신의 기득권 보호를 위해서만 단결하는 집단으로 치부하였으며, 보호법으로서 근로기준법의 정신[77]을 외면하였다.

---

73 대법원 2009.5.28. 2009두2238 판결(하위 직급 직원들도 누구나 상위 직급으로 승진할 가능성이 있으며, 승진한 직원은 상위 직급의 정년이 적용되므로, 상위 직급 직원의 정년을 단축하는 변경은 하위 직급 직원들을 포함한 전체 직원들에게 불이익하여 전체 직원들이 동의의 주체가 된다고 봄).

74 대법원 1992.12.22. 91다45165 전원합의체 판결.

75 헌법재판소 2021.12.23. 2018헌마629 결정(위 규정에서 선언한 근로조건 대등결정의 원칙은 개별 근로계약을 체결하거나 변경하는 경우뿐만 아니라 집단적 근로조건을 결정하는 내용의 취업규칙이나 단체협약에 대해서도 적용되어야 한다).

76 대법원 1977.7.26. 77다355 판결 참조.

77 대법원 1977.7.26. 77다355 판결.

또한 판례는 근로기준법 제94조 제1항에 대한 해석 재량을 남용하고 있다. 위 규정에 따른 과반수 노조는 애당초 전체 근로자 집단을 상정하고 결정되는 것인데, 판례에 따르면 과반수 노조라는 대표성은 취업규칙의 변경 시점마다 결정되는 유동적 존재에 불과해져 '대표'로서 성격이 취약해질 뿐만 아니라, 극단적인 경우에는 사용자가 근로자 집단을 자의적으로 선택하도록 함으로써 근로자대표 기구로서 과반수 노조를 무력화할 빌미를 제공하는 것이다. 결국 위 판례는 취업규칙의 불이익 변경과 관련된 다른 법리와 충돌하고 정합성을 깨는 것으로서 부당하다.

취업규칙은 전체 근로자에게 적용되는 규범이므로, 원칙적으로 그 동의(협의) 주체 역시 직군·직종과 무관하게 전체 근로자여야 한다. 이렇게 해석하는 것이 근로기준법에서 유일하게 단시간근로자만 별도로 취업규칙을 둘 수 있는 근로자 집단으로 규정하고 있는 법령(근로기준법 제18조 제2항, 근로기준법 시행령 제9조 제1항 별표2), 앞에서 설명한 바와 같이 취업규칙의 불이익 변경 여부를 전체 근로자를 기준으로 판단하는 법리 등과 정합성을 유지할 수 있다. 다만 이러한 입장에서는 소수자 보호가 문제 될 수 있으나, 소수자 보호는 근로자 집단의 통일성을 해치는 방법이 아니라 차별금지 법리 등의 방안으로 접근해야 한다.

3. 동의 방법

(1) 노동조합의 동의 방법

취업규칙의 불이익 변경 시 근로자 과반수로 조직된 노동조합이 있는 경우에는 그 노동조합의 동의를 얻어야 한다. 여기서 노동조합은 해당 사업장 내에 조직되어 있는 노동조합의 조직을 의미한다. 이 경우 단위노조이든 초기업별 노조의 지부·분회[78]이든 그 조직 형태는 묻지 않는다.

초기업별 노조가 동의의 주체가 될 수 있는지가 문제될 수 있으나, 취업규칙은 조합 가입 여부를 묻지 않고 해당 사업장의 종업원에게 적용되므로 해당 사업장의

---

78 단위노동조합의 내부조직에 불과하여 행위능력이 인정되지 않는 지부·분회가 동의의 주체가 될 수 있는지 문제 될 수 있다. 노동조합법상 단체교섭의 주체로 인정되는지와 상관없이 취업규칙 제도의 본질과 성격을 고려한다면, 동의의 주체가 되는 것으로 해석하는 것이 타당하다.

종업원이 아닌 근로자들도 대표하는 초기업 단위의 노동조합은 동의의 주체가 될 수 없다고 해석해야 한다.

'노동조합의 동의'는 노동조합의 대표자(이른바 노조위원장)가 노동조합을 대표하여 동의하는 것이 일반적이지만, 노동조합의 대표자가 동의하기에 앞서 총회의 의결 또는 조합원 과반수의 동의를 받는 내부절차를 거쳐야 하는 것은 아니다.[79]

(2) 근로자 과반수의 동의 방법

근로자 과반수로 조직된 노동조합이 없는 경우에는 근로자 과반수의 동의를 얻어야 한다. 판례에 따르면 동의 방법은 근로자들의 회의방식에 의한 집단적 의사결정을 원칙으로 하고 있다. 그러나 최근에 와서 판례는 이를 완화하는 경향을 보인다. 즉 사업 또는 한 사업장의 기구별, 단위 부서별로 사용자 측의 개입이나 간섭이 배제된 상태에서 근로자 간에 의견을 교환하여 찬반을 집약한 후 이를 전체적으로 취합하는 방식도 허용하고 있다. 여기서 사용자 측의 개입이나 간섭은 사용자 측이 근로자들의 자율적이고 집단적인 의사결정을 저해할 정도로 명시적 또는 묵시적 방법으로 동의를 강요하는 경우를 의미하고 사용자 측이 단지 변경될 취업규칙의 내용을 근로자들에게 설명하고 홍보하는 데 그친 경우에는 사용자 측의 부당한 개입이나 간섭이 있었다고 볼 수 없다.[80]

판례는 설명회 개최 방식이나 동의서 회람 방식에 의한 근로자 과반수의 개별적 동의도 집단적 동의로 유효한 것으로 본다. 즉, 취업규칙 불이익 변경의 필요성에 대한 근로자 사이의 암묵적 공감대가 형성된 것으로 볼 수 있는 상황, 비공식적인 의견교환의 기회나 시간이 주어진 것으로 볼 수 있는 상황에서 동의서 회람 방식 등에 의한 근로자 과반수의 개별적 동의는 그것이 사용자 측의 부당한 개입·간섭에 따른 것이 아닌 한 유효하다는 것이다.[81]

---

79 임종률, 「노동법」, 박영사, 2022(20판), 376면; 대법원 1997.5.16. 96다2507 판결(노동조합의 동의는 법령이나, 단체협약 또는 노동조합의 규약 등에 의하여 조합장의 대표권이 제한되었다고 볼 만한 특별한 사정이 없는 한 조합장이 노동조합을 대표하여 하면 되는 것이지 노동조합 소속 근로자의 과반수의 동의를 얻어서 하여야 하는 것은 아니라고 봄).

80 대법원 2003.11.14. 2001다18322 판결; 대법원 2010.1.28. 2009다32362 판결.

81 조용만·김홍영, 「로스쿨노동법 해설」, 도서출판 오래, 2019, 118면.

한편 노사협의회 근로자위원들 과반수가 취업규칙 불이익 변경에 동의하였다고 하더라도, 그 동의를 취업규칙의 불이익 변경에 대한 근로자 과반수의 동의를 얻은 것과 동일시할 수 없다.[82] 다만 동의의 주체인 근로자 집단이 근로조건을 불이익하게 변경함에 있어서 근로자들을 대신하여 동의할 권한을 근로자위원들에게 위임한 경우는 근로자위원들이 취업규칙 변경에 동의한 것을 근로자들 과반수가 동의한 것으로 볼 수 있다.[83]

(3) 단체협약에 의한 소급적 추인

단체협약에 의한 취업규칙 불이익 변경에 대한 추인과 관련하여 판례는 단체협약을 체결해 소급적으로 동의하는 것도 인정한다.[84] 취업규칙을 불이익하게 변경하면서 근로자 집단의 동의를 받지 못하여 불이익 변경이 무효임에도 노동조합이 단체협약을 체결하면서 불이익하게 변경된 취업규칙과 동일한 내용을 단체협약에 규정한 사안에서, 판례는 이 경우에는 노동조합이 변경된 취업규칙이 무효인 사정을 모른 채 이와 동일한 내용의 단체협약을 체결하였으므로 이를 불이익 변경에 대한 소급적 추인으로 볼 수 없다고 판단한 적이 있었다.[85]

그런데 현재의 판례는 "노동조합이 사용자 측과 기존의 임금, 근로시간, 퇴직금 등 근로조건을 결정하는 기준에 관하여 소급적으로 동의하거나 이를 승인하는 내용의 단체협약을 체결한 경우에 그 동의나 승인의 효력은 단체협약이 시행된 이후에 그 사업체에 종사하며 그 협약의 적용을 받게 될 노동조합원이나 근로자들에 대하여 생긴다."라고 판시하고 있으며, 이때 노동조합이 기득이익을 침해하는 기

---

82 대법원 1994.6.24. 92다28556 판결(노사협의회는 근로자와 사용자 쌍방이 이해와 협조를 통하여 노사 공동의 이익을 증진함으로써 산업평화를 도모할 것을 목적으로 하는 제도로서 노동조합과 그 제도의 취지가 다르므로 비록 회사가 근로조건에 관한 사항을 그 협의사항으로 규정하고 있다 하더라도 근로자들이 노사협의회를 구성하는 근로자위원들을 선출함에 있어 그들에게 근로조건을 불이익하게 변경함에 있어서 근로자들을 대신하여 동의를 할 권한까지 포괄적으로 위임한 것이라고 볼 수 없으며, 그 근로자위원들이 퇴직금규정의 개정에 동의를 함에 있어서 사전에 그들이 대표하는 각 부서별로 근로자들의 의견을 집약 및 취합하여 그들의 의사표시를 대리하여 동의권을 행사하였다고 볼 만한 자료도 없다면, 근로자위원들의 동의를 얻은 것을 근로자들 과반수의 동의를 얻은 것과 동일시할 수 없다).

83 대법원 1992.2.25. 91다25055 판결.

84 대법원 1993.3.23. 92다52115 판결.

85 대법원 1992.9.14. 91다46922 판결. 민법상 추인(민법 제139조)에 따라 '당사자가 무효임을 알고 추인한 때'에는 소급적 동의가 가능하다는 입장이다.

존의 근로자에 대하여 종전의 취업규칙이 적용되어야 함을 알았는지는 관계없다고 밝히고 있다.[86]

생각건대, 이러한 경우는 단체협약에 의한 근로조건 불이익 변경과 관련된 문제로서 단체협약에 합의된 바에 따라 근로조건이 변경되는 효력이 발생한다고 보면 족하고, 이를 무효행위에 대한 소급적 추인의 법리나 취업규칙 불이익 변경에 대한 단체협약에 따른 동의의 문제로 이해해서는 안 된다. 단체협약은 조합원 대표의 위치에서 체결한 것인 데 비해 취업규칙 불이익 변경에 대한 동의는 전체 종업원 대표의 지위에 따른 것이어서 양자는 법리적으로 동일하다고 볼 수 없고, 따라서 원칙적으로는 단체협약의 체결 여부가 불이익하게 변경된 취업규칙의 효력에 영향을 미칠 수 없다고 보아야 하기 때문이다.

따라서 단체협약 체결 시점에서 그에 따라 근로조건이 변경되는 효력이 발생한다고 볼 수는 있으나, 단체협약은 소급효와 친하지 않으므로 특별한 사정 또는 정함이 없는 한 소급효를 인정하거나 이를 무효인 취업규칙에 대한 소급적 추인이라고 보기는 어렵다.

4. 동의 위반의 효과

(1) 변경된 취업규칙의 효력

취업규칙을 근로자에게 불리하게 변경하는 경우에는 근로자 과반수의 동의를 받아야 한다고 규정하고 있기 때문에(근로기준법 제94조 제1항 단서 참조), 그 동의를 받지 못하면 당연히 효력이 없다. 판례도 같은 태도이다.[87] 이 경우 변경된 취업규칙이 무효이기 때문에 종전의 취업규칙이 적용된다.

일부 근로자들이 변경된 취업규칙에 개별적으로 동의하더라도 근로자들의 집단적 동의가 이루어지지 않았다면 그 변경은 무효이고, 개별적으로 동의한 근로자에게도 적용되지 않는다. 반대로 근로자들의 집단적 동의가 이루어졌다면 그 변경은

---

86 대법원 1997.8.22. 96다6967 판결; 대법원 2002.6.28. 2001다77970 판결; 대법원 2005.3.11. 2003다 27429 판결.

87 대법원 2010.1.28. 2009다32362 판결. 이와 별도로 불이익 변경에 대하여 근로자 집단의 동의를 받을 의무를 위반하면 벌칙의 제재를 받는다(제114조 제1호).

유효하고, 개별적으로 반대한 근로자들에게도 적용된다.

한편, 불이익 변경이 유효한 경우에도 개별 근로계약에 유리한 근로조건이 정해져 있는 경우에는 그 근로계약상의 근로조건이 우선 적용된다.[88]

(2) 1992년 전원합의체 판결에 대한 검토

과거 판례는 집단적 동의 없이 변경된 취업규칙은 무효이므로 종전의 취업규칙이 입사연도와 관계없이 모든 근로자에게 적용된다고 보았으나, 1992년 전원합의체 판결에서는 변경 후에 입사한 근로자에 대해서는 변경된 취업규칙이 적용된다는 쪽으로 변경하였다.

그 근거로는 "현행의 법규적 효력을 가진 취업규칙은 변경된 취업규칙이고, 다만 기존 근로자에 대한 관계에서 기득이익침해로 그 효력이 미치지 않는 범위 내에서 종전 취업규칙이 적용될 뿐"이고, "변경 후에 변경된 취업규칙에 따른 근로조건을 수용하고 근로관계를 갖게 된 근로자에 대한 관계에서는 당연히 변경된 취업규칙이 적용되어야" 한다는 것을 들고 있다.[89] 바꾸어 말하면, 종전의 취업규칙을 적용받는 자에 대해서도 '기득이익의 침해라는 효력배제사유'가 없는 한 변경된 취업규칙이 적용된다는 것이다.[90] 요컨대 종전 판례는 변경된 취업규칙을 무효라고 보았으나, 1992년 전원합의체 판결은 변경된 취업규칙을 유효[91]한 것으로 본다는 점에서 결정적 차이가 있다.[92]

그러나 변경된 판례 법리는 근로기준법 제97조의 문언에 명백히 반하는 해석 (contra legem)이다. 즉 1992년 전원합의체 판결은 집단적 동의를 전제로 취업규칙의 불이익 변경 권한을 수권한 현행 근로기준법의 취지에 반하여 사용자에게 일방적인 변경 권한을 사실상 인정한 것으로서 근로조건의 대등결정 원칙(제4조)에 반

---

88 대법원 2019.11.14. 2018다200709 판결. 다만, 개별 근로계약에서 해당 근로조건에 관하여 구체적으로 정하지 않고 있는 경우에는 취업규칙 등에서 정하는 근로조건이 근로자에게 적용된다(대법원 2022.1.13. 2020다232136 판결).

89 대법원 1992.12.22. 91다45165 전원합의체 판결.

90 대법원 1992.12.22. 91다45165 전원합의체 판결.

91 이 점에서 1992년 전원합의체 판결의 입장을 '상대적 무효설'이라고 표현하는 것은 잘못되었다.

92 취업규칙의 법적 성격과 관련해서, 1992년 전원합의체 판결은 수권설의 입장에서 계약설적 요소를 가미한 것이라고 평가할 수 있다. 수권설의 입장에서 유효한 취업규칙은 하나라고 보면서도, 변경 후 입사자에 대해서는 변경된 취업규칙에 따른 근로조건을 수용하였다고 보아 계약적 관점을 취하였기 때문이다.

하는 결과를 초래하였다. 이 점에서 변경된 판례 법리는 취업규칙 제도 전반에 대한 근본적 재검토가 필요하다는 점을 상기시키고 있다.

(3) 근로자 집단의 동의권 남용

과거 판례는 사용자의 일방적인 취업규칙 불이익 변경을 원칙적으로 허용하지 않으면서도 "해당 취업규칙의 작성 또는 변경이 필요성 및 내용의 양면에서 보아 그에 의하여 근로자가 입게 될 불이익의 정도를 고려하더라도 여전히 해당 조항의 법적 규범성을 시인할 수 있을 정도로 사회통념상 합리성이 있다고 인정되는 경우에는 종전 근로조건 또는 취업규칙의 적용을 받고 있던 근로자의 집단적 의사결정 방법에 의한 동의가 없다는 이유만으로 그의 적용을 부정할 수는 없다."라는 사회통념상 합리성 법리를 예외적으로 활용하여 왔다.[93]

그러나 이러한 사회통념상 합리성 법리는 동의권 남용 법리로 해결할 수 있는 사안에 대해 아무런 명문의 법리적 근거도 없이 별도의 불이익 변경 유효사유를 추가한 것이어서 법원의 해석 재량을 일탈 남용한 것이라는 점을 필자는 지적해왔다. 결국 대법원은 이러한 필자의 비판을 고려하여 전원합의체 판결을 통해 사용자가 취업규칙을 근로자에게 불리하게 변경하면서 근로자의 집단적 의사결정방법에 따른 동의를 받지 못한 경우, 노동조합이나 근로자들이 집단적 동의권을 남용하였다고 볼 만한 특별한 사정이 없는 한 해당 취업규칙의 작성 또는 변경에 사회통념상 합리성이 있다는 이유만으로 그 유효성을 인정할 수는 없다고 보아 사회통념상 합리성 법리를 폐기하였다.[94] 이는 취업규칙의 불리한 변경에 대하여 근로자가 가지는 집단적 동의권이 사용자의 일방적 취업규칙의 변경 권한에 한계를 설정하고 헌법 제32조 제3항의 취지와 근로기준법 제4조가 정한 근로조건의 노사대등 결정 원칙을 실현하는 데에 중요한 의미를 갖는 절차적 권리임을 인정하였다는 점

---

93 대법원 2001.1.5. 99다70846 판결 등 다수. 이에 따라 취업규칙의 불이익 변경에 사회통념상 합리성이 있는지를 판단할 때는 취업규칙의 변경 전후를 비교하여 취업규칙의 변경 내용 자체로 인하여 근로자가 입게 되는 불이익의 정도, 사용자 측의 변경 필요성의 내용과 정도, 변경 후의 취업규칙 내용의 상당성, 대상(代償) 조치 등을 포함한 다른 근로조건의 개선상황, 취업규칙 변경에 따라 발생할 경쟁력 강화 등 사용자 측의 이익 증대 또는 손실 감소를 장기적으로 근로자들도 함께 향유할 수 있는지에 관한 해당 기업의 경영행태, 노동조합 등과의 교섭 경위 및 노동조합이나 다른 근로자의 대응, 동종 사항에 관한 국내의 일반적인 상황 등을 종합적으로 고려하였다.

94 대법원 2023.5.11. 2017다35588, 2017다35595(병합) 전원합의체 판결.

에서 중요한 의의가 있다.

　다만 위 전원합의체 판결은 사회통념상 합리성 법리를 폐기하면서도 노동조합이나 근로자들이 집단적 동의권을 남용하였다고 볼 만한 특별한 사정이 있는 경우에는 그 동의가 없더라도 취업규칙의 불이익 변경이 유효하다고 볼 수 있다는 동의권 남용의 법리를 제시하였다.[95] 이때 '특별한 사정이 있는 경우'란 관계 법령이나 근로관계를 둘러싼 사회 환경의 변화로 취업규칙을 변경할 필요성이 객관적으로 명백히 인정되고, 나아가 근로자의 집단적 동의를 구하고자 하는 사용자의 진지한 설득과 노력이 있었음에도 불구하고 노동조합이나 근로자들이 합리적 근거나 이유 제시 없이 취업규칙의 변경에 반대하였다는 등의 사정을 의미한다. 이러한 동의권 남용의 법리는 근로자 집단의 동의를 얻지 못한 취업규칙 불이익 변경의 효력을 예외적으로 인정한다는 점에서는 종전의 사회통념상 합리성 법리와 유사한 측면이 있지만, 사용자가 취업규칙을 불이익하게 변경하면서 근로자 집단의 동의를 받기 위한 진지한 설득과 노력을 전혀 하지 않은 경우에는 그 불이익변경의 유효성이 인정될 여지가 전혀 없다는 점에서 종전의 사회통념상 합리성 법리와 차이를 보인다.

---

95 또한 이 판결은 신의성실 또는 권리남용금지 원칙의 적용은 강행규정에 관한 것으로서 당사자의 주장이 없더라도 법원이 그 위반 여부를 직권으로 판단할 수 있으므로 집단적 동의권의 남용에 해당하는지 여부에 대하여도 법원이 직권으로 판단할 수 있다고 한다. 다만 이 경우에도 근로기준법 제94조 제1항 단서의 입법 취지와 절차적 권리로서 동의권이 갖는 중요성을 고려하면 노동조합이나 근로자들이 집단적 동의권을 남용하였는지 여부는 엄격하게 판단되어야 한다.

제7장

임금

제1절

임금의 의의

I. 임금

1. 임금의 개념

임금은 사용자가 근로의 대가로 근로자에게 임금, 봉급, 그 밖에 어떠한 명칭으로든지 지급하는 모든 금품을 말한다(근로기준법 제2조 제1항 제5호). 이를 나누어 보면, 임금은 ① 사용자가 근로자에게 지급하는 것, ② 근로의 대가로서 지급하는 것, ③ 명칭을 불문한 일체의 금품이어야 한다.

(1) 사용자가 근로자에게 지급하는 것

임금은 사용자가 근로자에게 지급하는 것이다. 원칙적으로 사용자가 근로자에게 직접 지급하여야 임금에 해당한다. 다만 사용자가 형식적으로는 직접 지급하지 않았더라도 실질적으로 직접 지급한 것으로 볼 수 있는 경우라면 임금에 해당한다.

택시기사의 운송수입금 중 사납금을 제외한 초과부분(초과운송수입금)을 택시기사가 갖도록 하였다면 그 초과부분도 임금에 해당한다. 고객이 택시기사에게 운송수입금을 지급하였다 하더라도 그 실질은 사용자가 받아서 근로자에게 지급하는 것과 같고, 또한 운송수입금은 사용자의 영업시설(차량)을 활용하여 얻은 이익이기 때문이다. 판례 또한 초과운송수입금은 택시운전사의 근로형태의 특수성과 계산의 편의 등을 고려하여 근로의 대가를 지급한 것이므로 임금에 해당한다고 본다.[1]

고객 등이 근로자에게 지급하는 봉사료(tip)의 경우 사용자가 근로자에게 직접 지급하는 것이 아니기 때문에 원칙적으로 임금이 아니지만, 사용자가 이를 일괄적으로 취합하여 분배하거나 사실상 그 액수를 정하는 경우에는 임금에 해당할 수 있다. 또한 사용자가 분배하거나 액수를 정하지 않는 봉사료도 그것이 종업원의 유일하거나 주된 수입인 경우라면, 사용자의 영업시설을 이용하여 얻은 이익이므로 임금에 해당할 수 있다.

사회보험제도(고용보험, 국민연금, 국민건강보험 등)에서 근로자가 납부해야 할 보험료를 사용자가 대신 납부하고 임금에서 공제하는 경우, 그 보험료도 임금에 해당한다. 마찬가지로 회사가 개인연금보조금을 지급하기로 정하고 연금보험료로 대신 납부한 것이라면 개인연금보조금도 임금에 해당한다. 또한 근로자가 납부해야 할 근로소득세 등을 사용자가 대납하기로 하는 근로계약을 체결하고 이를 대납한 경우, 그 근로소득세 등 상당액은 임금에 해당한다.[2] 그러나 사회보험제도에서 사용자가 부담하는 보험료 부분은 관련법에 따라 사용자가 의무로 부담하는 것이므로 임금이 아니며, 근로자가 받는 각종 사회보험급여도 사용자가 지급하는 것이 아니므로 임금이 아니다.

한편 임금은 '근로자'에게 지급되는 것이어야 하므로, 근로자가 아닌 회사의 임원이 받는 보수나 퇴직금은 임금에 해당하지 않는다.

---

1 대법원 1993.12.24. 91다36192 판결; 대법원 2000.4.25. 98두15269 판결. 다만 판례는 초과운송수입금을 전부 회사에 납부한 후 회사가 초과운송수입금을 지급한 경우에는 퇴직금 산정의 기초인 평균임금에 포함하나, 초과운송수입금을 회사에 납부하지 않고 직접 갖는 경우 회사는 그 금액을 알 수 없고 관리가능성이나 지배가능성도 없으므로 퇴직금 산정의 기초인 평균임금에 포함되지 않는다고 본다(대법원 2002.8.23. 2002다4399 판결).

2 대법원 2021.6.24. 2016다200200 판결.

(2) 근로의 대가로 지급하는 것

임금은 근로의 대가로 지급되는 것이다. 과거 판례[3]에서는 임금을 구체적인 근로와 직접 결부되어 있는 부분인 교환적 부분과 종업원이라는 지위에 따라 받는 부분인 생활보장적 부분으로 나누어 파악하여 왔으나(이른바 '임금2분설'), 이후 전원합의체 판결[4]로 모든 임금은 근로의 대가로서 '근로자가 사용자의 지휘를 받으며 근로를 제공하는 것에 대한 보수'를 의미하므로, 현실의 근로 제공을 전제로 하지 않고 단순히 근로자로서 지위에 기하여 발생한다는 이른바 생활보장적 임금은 있을 수 없다는 '임금일체설'의 입장에 근거하여 기존의 판례를 변경하였다. 따라서 임금은 모두 근로의 대가로 지급되는 것이라고 보아야 한다.

문제는 사용자가 근로자에게 지급한 금품이 근로의 대가이냐이다. 판례는 임금인지를 판단하는 기준으로 "근로자에게 계속적·정기적으로 지급되고 단체협약, 취업규칙, 급여규정, 근로계약, 노동관행 등에 의하여 사용자에게 그 지급의무가 지워져 있는 것은 그 명칭 여하를 불문하고 모두 임금에 포함된다."라고 본다.[5] 이처럼 판례는 임금의 실체적 요소로 '지급의무의 존재'를, 지급형태적 요소로 '정기성 및 계속성'을 고려하여 임금인지를 판단한다.

이와 반대로 지급사유의 발생이 일시적·불확정적인 경우[6]나 개별 근로자의 특수하고 우연한 사정에 좌우되는 경우[7]에는 임금이 아니라고 본다.

한편 은혜적·호의적으로 지급되거나(축의금, 선물비 등) 실비변상을 위해 지급된 금품(출장비 등)이라는 이유로 임금성을 부정하는 경우도 있다.[8] 하지만 이는 어디까지나 사용자에게 단체협약 등에 따라 지급의무가 없거나 지급의무를 정하였다 하더라도 지급사유 발생이 일시적·불확정적이거나 개별 근로자의 특수하고 우연한 사정에 좌우되기 때문에 계속적·정기적으로 지급된 것으로 볼 수 없어 임금에

---

3 대법원 1992.3.27. 91다36307 판결.

4 대법원 1995.12.21. 94다26721 전원합의체 판결.

5 대법원 2004.11.12. 2003다264 판결.

6 대법원 2005.9.9. 2004다41217 판결(매년 노사 간 합의로 그 구체적 지급조건이 결정되는 목표달성 성과금).

7 대법원 2011.7.14. 2011다23149 판결; 대법원 1995.5.12. 94다55934 판결(자가운전보조비의 지급 여부가 자기 차량을 보유하여 운전하고 있는지 여부라는 개별 근로자의 특수하고 우연한 사정에 따라 좌우되는 경우 임금이 아님).

8 대법원 2003.4.22. 2003다10650 판결.

해당하지 않는다고 보아야 하고, 해당 금원의 지급 목적에 따라 임금 여부를 판단해서는 안 된다.

(3) 명칭을 불문한 일체의 금품

임금에 해당하는지는 임금, 봉급, 그 밖에 어떠한 명칭으로 지급하는가와 무관하고, 명칭을 불문하고 근로의 대가로 지급한 것이라면 임금에 해당한다.

임금은 원칙적으로 통화(通貨)로 지급되어야 하나(근로기준법 제43조 제1항), 유가증권, 현물급여 등 통화 이외의 형태로 지급하였다고 하여 임금성이 부정되지는 않는다.[9]

2. 임금성 판단의 유형별 고찰

(1) 복리후생 명목의 금품

각종의 복리후생 명목의 금품이 임금으로 인정되는지는 그 명칭이나 명목과 상관없이 그 실질이 근로의 대가인지에 따라 임금성을 판단해야 한다. 즉, 복리후생 명목의 금품이더라도 근로의 대가로 계속적·정기적으로 지급되고 사용자에게 그 지급의무가 있다면 모두 임금에 포함된다.

임금은 어떠한 명칭인지를 불문하므로 복리후생 명목은 임금성 판단에 아무런 영향을 미치지 못한다. 과거에는 복리후생 명목의 금품에 대해서는 임금성을 인정하는 데 인색하였지만, 이는 앞서 살펴본 임금판단 법리에 비추어 보면 아무런 근거가 없다. 현재 판례는 여러 복리후생 명목의 금품들에 대해 근로의 대가인지를 실질적으로 판단한다. 예를 들면 체력단련비,[10] (명절·하계)휴가비,[11] (명절)선물비,[12] 개인연금보험료,[13] 가족수당[14] 등 그 명칭과 명목에 불구하고, 지급의무가 있고 계

---

9 대법원 2005.9.9. 2004다41217 판결(노사합의에 따라 선물비를 연 200,000원 상당으로 책정한 후 그에 상응하는 선물을 현품으로 제공).

10 대법원 1990.11.27. 90다카23868 판결; 대법원 1990.12.7. 90다카19647 판결 등.

11 대법원 2005.9.9. 2004다41217 판결; 대법원 2005.10.13. 2004다13762 판결 등.

12 대법원 2005.9.9. 2004다41217 판결; 대법원 2005.10.13. 2004다13762 판결 등.

13 대법원 2005.9.9. 2004다41217 판결; 대법원 2006.5.26. 2003다54322, 54339 판결 등.

14 대법원 2005.9.9. 2004다41217 판결; 대법원 2006.5.26. 2003다54322, 54339 판결 등. 부양가족의 수에 따라 지급액이 달라지는 진정가족수당도 이러한 이유로 임금성을 인정하여 평균임금 산정에 포함한다. 한편

속적·정기적으로 지급되었다면 임금으로 인정한다. 반면에 단체협약 등에서 축의금·조의금의 지급의무를 정하고 있더라도 그 사유의 발생이 일시적·불확정적이므로 이들은 임금이 아니다.

(2) 시설의 제공

'일체의 금품', 즉 금전과 물품이 모두 임금에 해당할 수 있으므로 근로자에게 시설을 제공하는 것도 임금에 해당할 수 있다. 계속적·정기적으로 지급되고 사용자에게 그 지급의무가 지워져 그 실질이 근로의 대가라면 시설의 제공도 임금에 포함된다.

예를 들어 체력단련실, 휴양시설, 사택 등의 이용이 개인의 특수한 사정에 따른 것이라면 임금에 해당할 수 없다. 사택을 제공받지 않은 근로자에게 사택수당을 지급한다면 사택수당은 임금에 해당하며,[15] 사택수당에 상응하는 사택의 이용 이익도 임금에 해당하는데,[16] 이는 사택수당 또는 사택의 이용이 개인의 특수한 사정에 따른 것이 아니라 계속적·정기적으로 지급되고 사용자에게 그 지급의무가 지워져 있기 때문이다.

마찬가지로 구내식당의 이용 등 식사 제공도 구내식당을 이용하지 않거나 이용하기 어려운 근로자에게 그에 상응하는 식대를 별도로 지급한다면 계속적·정기적으로 지급되고 사용자가 그 지급의무를 부담하므로 식대 또는 식사제공(식대 상당액으로 평가)은 임금에 해당한다.[17] 다만 구내식당을 이용하지 않는 근로자에게 별도의 식대를 지급하지 않는다면 식사제공은 개인의 특수한 사정에 따른 것이 되므로 임금에 해당하지 않는다.

복지와 관련된 현물급여가 계속적·정기적으로 지급되어 왔다면 임금이다. 그런데 최근 판례로 근로복지기본법상 선택적 복지제도를 시행하면서 배정한 복지포인트는 임금이 아니라고 본 판결[18]이 있다. 이 경우에는 복지포인트 배정을 금품의

판례는 가족수당에 대해 일정한 요건에 해당하는 근로자에게 일률적으로 지급되어 왔다는 점을 임금성을 긍정하는 요소로 언급하는데, 일률성은 통상임금성을 판단하는 기준이므로 이를 언급하는 것은 적절하지 않다.

15 대법원 1990.11.9. 90다카6948 판결; 대법원 1997.11.28. 97누14798 판결 등 참고.

16 노동실무연구회, 『근로기준법주해 Ⅰ』, 박영사, 2020, 251면.

17 대법원 1990.11.9. 90다카6948 판결 등.

18 대법원 2019.8.22. 2016다48785 전원합의체 판결. 이 판결에서는 선택적 복지제도를 시행하면서 복지

지급으로 볼 수 있는지에 따라 임금성 판단이 달라진다. 즉, 포인트 배정을 금품의 지급으로 보면 이것이 계속적·정기적으로 지급되는 경우 임금에 해당할 수 있다. 그러나 근로복지기본법의 취지, 복지포인트에 사용기한이 있는 점 등을 고려하면 복지포인트의 배정 자체가 금품을 지급한 것으로 보기는 어려우므로 임금에 해당하지 않는다고 볼 수도 있다. 또한 복지포인트를 사용한 때 금품이 지급된 것으로 본다고 하더라도, 이는 개인의 특수하고도 우연한 사정으로 지급된 것이므로 임금으로 보기 어렵다는 견해가 있을 수 있다.

그러나 복지포인트 배정도 계속적·정기적으로 이루어졌다면 금품을 지급한 것으로 보아 임금에 해당한다고 해야 한다. 복지포인트가 근로복지기본법에 따라 제도화되었다거나 복리후생적 성격이 있다는 이유로 임금성을 부인해서는 안 된다.[19]

(3) 실비변상 명목의 금품

업무를 수행하는 데 실제 소요되는 비용을 변상하고자 지급되는 금품(작업장비의 구입비, 출장비, 판공비 등)은 지급사유의 발생이 불확정적이어서 근로의 대가에 해당하지 않으므로 임금이 아니다. 반면 실비변상의 명목이더라도 실제 소요된 비용에 따라 정산하지 않으면서 일정 금액이 계속적·정기적으로 지급되고 사용자에게 그 지급의무가 지워져 그 실질이 근로의 대가라면 임금에 해당한다.

해외·벽지의 근무수당이나 체재비 등이 일상적인 생활비의 증가에 따라 이를 보전하려 지급하는 경우라면 지급사유 발생이 일시적·불확정적이어서 임금이

포인트를 배정한 경우에 관해 단체협약, 취업규칙 등에 근거하여 근로자들에게 계속적·정기적으로 배정한 경우라도, 복지포인트는 근로의 대가인 임금에 해당하지 않고, 그 결과 통상임금에도 해당하지 않는다고 판시하였다. 그 논거로 ① 복지포인트의 전제가 되는 선택적 복지제도는 근로복지기본법에서 정한 제도이며 근로복지의 개념에서 임금을 명시적으로 제외하고 있고(근로복지기본법 제3조 제1항 참조), ② 선택적 복지제도는 근로자의 임금 상승이나 임금 보전을 위해 시작된 것이 아니고 기업 내 임금 아닌 복리후생제도와 관련하여 근로자의 욕구를 반영한 새로운 기업복지체계를 구축한 것으로서, 복지포인트는 종래 임금성을 가진 복지수당 위주에서 벗어나 비임금성 기업복지제도로서 실질을 갖추기 위해 그 형식과 내용을 변화시킨 것이며, ③ 이 사건 복지포인트는 여행·건강관리·문화생활·자기계발 등으로 사용 용도가 제한되어 있고, 통상 1년 내 사용하지 않으면 이월되지 않고 소멸하며 양도 가능성이 없고, 근로 제공과 무관하게 매년 초에 일괄하여 배정되는 점 등을 고려하여 근로 제공의 대가로 볼 수 없다고 판단하였다.

19 한편 판례는 직접고용간주의 효과나 직접고용의무가 발생한 파견근로자는 사용사업주에게 직접 고용되었다면 지급받았을 임금뿐 아니라 사용사업주가 그 소속 근로자에게 지급의무를 부담하는 온라인몰에서 사용 가능한 포인트, 상품권과 같은 금품 등에 대하여도 그 지급을 구할 수 있고, 이에 대해서는 금전배상도 가능하다고 한다(대법원 2024.7.25. 2020다212187 판결 등).

아니지만, 해외·벽지 근무에 따라 필연적으로 수반되는 위험을 보전하거나 직무의 난이도를 평가하여 지급되는 것이라면 근로의 대가를 추가로 계산하여 지급하는 것이므로 임금에 해당하므로, 그 지급되는 금품의 실질을 따져서 판단해야 한다.

(4) 포상적인 명목의 금품

근로자 개인의 실적에 따라 지급되는 성과급은 당연히 임금에 해당한다. 개인의 실적은 근로제공의 결과이기 때문이다.[20]

포상적인 명목의 금품이 임금으로 인정되는지는 그 실질이 근로의 대가인지에 따라 임금성을 판단해야 한다. 즉, 포상적인 명목의 금품이 지급의무성과 계속성·정기성을 구비하는 경우라면, 그 명목과 달리 근로의 제공과 관련하여 그 대가로 지급된 것이므로 임금성이 인정된다. 반면 일시적으로 지급되었거나 지급대상자를 사용자가 자의적으로 선정하여 지급의무가 인정되지 않는다면, 그 실질이 근로의 대가인 임금에 해당하지 않는다.

판례도 포상적인 명목의 금품이라 하더라도 정기적·계속적으로 지급되고 일정 기준을 충족하면 지급되도록 지급의무가 있다면 근로의 대가인 임금으로 인정한다. 즉, 영업사원에게 차량판매나 영업 프로모션에 따라 지급되는 인센티브 성과급인 경우, 영업활동은 근로의 일부이므로 그에 대한 인센티브는 근로의 대가이며, 인센티브의 지급이 매월 정기적·계속적으로 이루어지고, 지급기준에 맞는 실적을 달성하면 지급되므로, 인센티브 성과급의 임금성을 인정한다.[21] 또한 의사에게 진료수익이나 실적에 따라 지급되는 진료포상비의 경우, 지급기준에 따라 계속적·정기적으로 지급해 왔고, 실적을 판단하는 기준으로 삼은 진료와 특진, 협진 등의 업무는 의사로서 제공된 근로의 일부이므로, 그에 대한 진료포상비는 근로의 대가로서 임금성을 인정한다.[22]

---

20 판례 중에는 "개인의 실적에 따라 결정되는 성과급은 지급조건과 지급시기가 단체협약 등에 정하여져 있다고 하더라도 지급조건의 충족 여부는 근로자 개인의 실적에 따라 달라지는 것으로서 근로자의 근로제공 자체의 대상이라고 볼 수 없으므로 임금에 해당된다고 할 수 없다."(대법원 2004.5.14. 2001다76328 판결)라는 판결도 있으나 이러한 점에서 타당하지 않다.

21 대법원 2011.7.14. 2011다23149 판결.

22 대법원 2011.3.10. 2010다77514 판결.

(5) 상여금

매월 지급되는 기본급여 이외에 상여금, 보너스, 성과금, 격려금 등 다양한 명목으로 추가 급여가 지급되는 경우가 많다. 이러한 상여금 등이 임금으로 인정되는지는 그 실질이 근로의 대가인지에 따라 판단해야 한다. 즉, 계속적·정기적으로 지급되고 지급대상, 지급조건 등이 확정되어 있어 사용자에게 지급의무가 있다면 이는 근로의 대가로 지급되는 임금에 해당한다.

판례도 상여금이 계속적·정기적으로 지급되고 그 지급액이 확정되어 있다면 근로의 대가로 지급되는 임금의 성질을 가지나, 지급사유의 발생이 불확정이고 일시적으로 지급되는 것은 임금이라고 볼 수 없다고 판단한다.[23]

따라서 일정 주기에 따라 지급되는 정기상여금(예를 들면, 취업규칙에 따라 3·6·9·12월마다 기본급의 100%를 지급하는 정기상여금)은 기본급과 마찬가지로 근로의 대가를 정기적·계속적으로 지급하는 것이므로 임금에 해당한다. 1년에 한 번 지급되는 경우라도 지급의무성 및 정기성·계속성이 인정된다면 임금에 해당한다. 예를 들면 (설·추석)명절 상여금, 하계휴가비 등도 단체협약·취업규칙 등에 따라 지급의무가 있고, 계속적·정기적으로 지급된다면 근로의 대가로 임금에 해당한다.[24]

생산격려금, 특별상여금 등 상여금에 특별한 명목이 있는 경우라도, 단체협약·취업규칙 등에 따라 지급의무가 인정되고 계속적·정기적으로 지급되었다면 그 실질은 임금에 해당한다.[25] 예를 들어 공공기관 경영평가성과급이 계속적·정기적으로 지급되고 지급대상, 지급조건 등이 확정되어 있어 사용자에게 지급의무가 있다면, 이는 근로의 대가로 지급되는 임금의 성질을 가지므로 평균임금 산정의 기초가 되는 임금에 포함된다. 경영실적 평가결과에 따라 그 지급 여부나 지급률이 달라질 수 있다고 하더라도 그러한 이유만으로 경영평가성과급이 근로의 대가로 지급된 것이 아니라고 볼 수 없다.[26]

반면 매년 노사 간 합의로 구체적 지급조건이 정해질 뿐만 아니라 그해의 생산실적에 따라 지급 여부와 지급률도 달라지는 목표달성 성과금 또는 변동상여금 등

---

23 대법원 2005.9.9. 2004다41217 판결.

24 대법원 2005.9.9. 2004다41217 판결; 대법원 2005.10.13. 2004다13762 판결 등.

25 대법원 2001.10.23. 2001다53950 판결.

26 대법원 2018.12.13. 2018다231536 판결; 대법원 2018.10.12. 2015두36157 판결.

은 계속적·정기적으로 지급된 것이라고 볼 수 없고 그 지급의무가 있는 것이 아니어서 임금성이 부정된다.[27]

(6) 근로기준법이 규정한 수당·보상

① 근로기준법상 연장·야간·휴일근로수당(제56조)은 해당 근로에 대하여 지급하는 것이므로 당연히 임금에 해당한다.

② 사용자의 귀책사유로 휴업하는 경우 지급하는 휴업수당(제46조)은 임금으로 보기 어렵다. 휴업으로 실제 근로를 제공하지 않는 경우 지급된다는 점에서 근로의 대가에 해당하지 않으며, 휴업수당제도는 채무불이행 책임을 보완하고자 만든 입법정책적 규정이기 때문이다. 그러나 근로기준법에서 근로자 보호를 위해 휴업수당을 설정한 취지를 고려한다면 그 지급에 대한 보장은 임금에 준하여 이루어져야 한다(예를 들면, 임금지급원칙을 규정한 제43조의 적용). 임금채권보장법에서도 휴업수당을 대지급금의 대상으로 명시하여 임금에 준하는 보호를 하고 있다(제7조 제2항).

③ 해고하면서 해고예고 대신 지급하는 해고예고수당(제26조)은 근로에 대한 대가라기보다는 즉시해고에 대한 보상이므로 임금으로 보기 어렵다.[28] 그러나 근로기준법에서 근로자 보호를 위해 해고예고제도를 설정한 취지를 고려한다면 해고예고수당에 대해 근로기준법상 임금지급에 대한 규율(제43조 이하)과 임금채권소멸시효(제49조)[29]가 적용된다고 보아야 할 것이다.

④ 근로기준법 제43조 및 퇴직급여법상의 퇴직금(제8조)은 계속근로기간 전체에 대한 근로 제공의 대가를 후불로 지급하는 임금의 성격을 갖는다. 따라서 임금지급에 대한 규율(특히 직접·전액지급원칙)이 적용된다.[30] 반면 명예퇴직금은 후불임금이라기보다 조기 퇴직에 대한 사례금 또는 장려금적인 성격의 것으로 보아야 한다.[31]

---

27 대법원 2005.9.9. 2004다41217 판결.
28 대법원 2018.9.13. 2017다16778 판결은 해고예고수당은 해고가 유효한지와 관계없이 지급되어야 하는 돈이고, 해고가 무효로 판정되어 근로자가 복직을 하고 미지급 임금을 지급받더라도 근로자가 해고예고수당을 지급받은 것은 부당이득이 아니라고 보아, 해고예고수당을 근로의 대가와 무관한 법률상의 급여로 보고 있다고 이해된다.
29 대법원 1965.7.6. 65다877 판결(해고예고수당에 임금채권소멸시효를 적용).
30 대법원 1988.12.13. 87다카2803 전원합의체 판결; 대법원 1990.5.8. 88다카26413 판결.
31 대법원 2007.11.29. 2005다28358 판결.

⑤ 업무상 재해에 대한 요양보상·휴업보상·장해보상·유족보상·장례비 등 재해보상(제78조~제83조)은 업무상 재해에 대한 보상으로 지급하는 것이지 근로의 대가로 볼 수 없으므로 임금이 아니다.

II. 평균임금

1. 평균임금의 개념

(1) 평균임금의 정의

근로기준법에서는 법정 수당을 산정하고자 평균임금과 통상임금이라는 도구적 개념을 사용하고 있다. 평균임금은 이를 산정하여야 할 사유가 발생한 날 이전 3개월 동안에 그 근로자에게 지급된 임금의 총액을 그 기간의 총일수로 나눈 금액을 말한다(제2조 제1항 제6호). 이러한 점에서 평균임금은 사후적·산술적 임금 개념으로 평가할 수 있다.

(2) 평균임금의 적용과 취지

평균임금은 휴업수당(근로기준법 제46조), 연차유급휴가수당(제60조), 재해보상금(제78조 등), 감급제재 한도액(제95조), 산업재해보상보험급여(산재보험법 제52조 등), 퇴직금(퇴직급여법 제8조) 등을 산정하는 기초가 된다. 평균임금이 사용되는 이러한 수당·급여는 그 지급으로 근로자의 종전 생활을 계속 보장하고자 한다는 공통적 취지가 있다. 이러한 점에 비추어 평균임금의 개념은 근로자의 통상 생활임금을 사실대로 반영하고자 하는 취지를 갖는다.[32]

(3) 평균임금 개념 요소의 해석

① 평균임금을 '산정하여야 할 사유가 발생한 날'은 예컨대 휴업수당의 경우 근로자별로 휴업한 날, 퇴직금의 경우 퇴직한 날 등을 말한다. 그날의 '이전 3개월 동

---

32 대법원 1999.11.12. 98다49357 판결 등 참고.

안'을 흔히 '산정기간'이라 한다. 산정사유발생일은 근로를 제공하지 않아 임금이 지급되지 않을 수 있다. 사유발생일인 초일은 산정기간에 산입하지 않고(민법 제157조 참조), 그 전날부터 기산하여 달력상의 3개월을 산정기간으로 계산한다.33

② 산정기간 동안의 '임금 총액'은 임금에 해당한다면 모두 포함된다는 의미이다. 근로기준법 시행령 제2조 제2항은 평균임금 산정에서 "임금의 총액을 계산할 때에는 임시로 지급된 임금 및 수당과 통화 외의 것으로 지급된 임금을 포함하지 아니한다."라고 규정한다. 그러나 임금이면서도 임시로 지급되거나 통화 외의 것으로 지급되었다는 사정만으로 평균임금 산정에서 제외해야 할 합리적 이유가 없을 뿐만 아니라, 모법인 근로기준법에 이에 대한 위임 근거가 없음에도 시행령으로 평균임금의 포함 범위를 부당히 축소하였으므로, 시행령의 해당 규정은 무효라고 생각된다.

모든 임금은 평균임금에 포함되는 것이 원칙이다. 다만 퇴직금 계산의 기초가 되는 평균임금이 통상의 생활임금을 반영하여 계산되는 임금이라는 취지에 비추어 예외적으로 평균임금 계산에 포함되지 않을 수 있는 임금도 존재할 수 있다. 예를 들면 퇴직금은 후불임금이고 퇴직으로 지급의무가 발생하지만, 퇴직금 계산의 기초가 되는 평균임금에는 산입하지 않는 것이 당연한 논리이다. 또한 판례는 월의 중도에 퇴직하더라도 해당 월의 보수 전액을 지급하는 경우, 퇴직금 계산의 기초가 되는 평균임금에는 퇴직 월의 보수 전액을 산입하는 것이 아니라 그달의 실제 근무기간에 상응하는 보수액만큼만 산입하여 계산해야 한다고 본다.34

③ 산정기간 동안 '지급된' 임금은 실제로 지급행위가 산정기간에 있었다는 의미가 아니라, 산정기간에 제공된 근로에 지급되는 임금을 의미한다. 따라서 근로자가 실제로 지급받은 금액뿐 아니라 평균임금을 산정하여야 할 사유가 발생한 때를 기준으로 사용자가 지급 의무를 부담하는 금액도 포함되고,35 사용자에게 지급 의무가 있으나 체불한 경우도 당연히 포함된다. 반대로 산정기간 중에 지급되었다 하더라도 산정기간 이전에 제공된 근로에 대해 지급되는 임금 부분은 포함되지 않고, 별도의 정함이 없는 한 퇴직금 중간정산 당시를 기준으로 그 지급 사유의 발생

---

33 대법원 1989.4.11. 87다카2901 판결.
34 대법원 1999.5.12. 97다5015 전원합의체 판결.
35 대법원 2023.4.13. 2022두64518 판결; 대법원 2024.1.25. 2022다215784 판결.

이 확정되지 아니한 금품을 평균임금에 포함하여 중간정산 퇴직금을 산정할 수는 없다.[36]

예를 들면, 정기상여금의 경우 산정사유발생일이 언제인가에 따라 산정기간 중에 정기상여금의 지급일이 몇 번 도래하는지가 달라질 수 있으며, 상여금의 지급대상기간이 평균임금의 산정기간과 일치하지 않을 수 있다. 산정기간 동안에 실제로 지급받았건 또는 받지 못하였건 이를 불문하고 그 1년분을 월로 나눈 3개월분 해당액을 평균임금의 계산에 포함하는 것이 합리적인 계산 방식이다.[37]

④ 산정기간의 '총일수'는 달력상의 일수로 계산한 모든 일수를 말한다. 근로일수를 의미하지 않는다.

결국 평균임금은 산정기간 동안의 총임금액을 총일수로 나누어 1일의 임금액을 계산한 것을 의미한다. 그 1일 임금액을 통상의 생활임금 1일분으로 보고서, 이를 기초로 계산된 법정 수당·급여를 지급하여 통상의 생활을 안정적으로 지속하려는 취지로 이해할 수 있다.

2. 평균임금액의 최저한도

평균임금으로 산출된 금액이 통상임금보다 적으면 통상임금액을 평균임금으로 한다(근로기준법 제2조 제2항). 일반적으로 평균임금이 통상임금보다 상회하지만, 특별한 사정으로 평균임금이 통상임금보다 적어지는 경우(직전 3개월간 실제 근무한 일수가 적어 임금을 적게 받은 경우)에 통상임금액으로 평균임금액의 최저한도를 확보하고자 하는 취지이다.

3. 평균임금 산정의 특례

(1) 근로기준법 시행령상 제외되는 기간

평균임금 산정기간 중 ① 근로계약을 체결하고 수습 중인 근로자가 수습을 시작한 날부터 3개월 이내의 기간, ② 사용자의 귀책사유로 휴업한 기간, ③ 출산 전후

---

36 대법원 2024.1.25. 2022다215784 판결
37 대법원 1978.2.14. 77다1321 판결; 대법원 1989.4.11. 87다카2901 판결.

휴가 및 유산·사산 휴가 기간, ④ 업무상 부상 또는 질병으로 요양하기 위하여 휴업한 기간, ⑤ 육아휴직 기간, ⑥ 쟁의행위기간, ⑦ 병역상 의무를 이행하고자 휴직하거나 근로하지 못한 기간 중 임금을 지급받지 못한 기간, ⑧ 업무 외 부상이나 질병, 그 밖의 사유로 사용자의 승인을 받아 휴업한 기간 등이 있는 경우에는, 그 기간을 산정기간에서 빼고, 아울러 그 기간 중에 지급된 임금도 산정기간의 임금 총액에서 뺀다(근로기준법 시행령 제2조). 즉, 시행령상 제외되는 기간을 뺀 나머지 기간만이 산정기간이며, 그 나머지 기간에 해당하는 임금총액을 그 나머지 기간의 총일수로 나누어 평균임금을 계산한다.

산정기간에서 제외되는 기간은 임금이 지급되지 않거나 통상적인 경우보다 낮게 지급될 수 있는 기간인데, 그 기간까지 포함하여 평균임금을 계산하면 평균임금이 낮아져 통상의 생활임금을 반영할 수 없게 된다는 점을 고려한 취지이다.

(2) 판례상 제외되는 기간

근로기준법 시행령 제4조는 근로기준법령의 관계 규정에 따라 평균임금을 산정할 수 없는 경우[38] 고용노동부장관이 정하는 바에 따라 평균임금을 산정해야 한다고 규정하나, 아직 고용노동부장관이 이에 대해 정한 바가 없다.

판례는 퇴직금 산정의 기초인 평균임금이 특별한 사유로 통상의 경우보다 현저하게 적거나 많을 경우에는 근로기준법 시행령 제4조에 따라 노동부장관이 정하는 바에 따라 평균임금을 산정하여야 하는데, 아직까지 그 기준이나 방법 등을 정한 바가 없으므로, 평균임금의 기본 원리와 퇴직금 제도의 취지에 비추어 근로자의 통상 생활임금을 사실대로 반영하는 방법으로 그 평균임금을 산정하여야 한다고 판시한다.[39]

이에 따라 ① 근로자가 구속되어 3개월 이상 휴직하였다가 퇴직함으로써 퇴직

---

38 판례는 '평균임금을 산정할 수 없다'는 것에는 문자 그대로 그 산정이 기술상 불가능한 경우에만 한정할 것이 아니라 근로기준법의 관계 규정에 의하여 그 평균임금을 산정하는 것이 현저하게 부적당한 경우까지도 포함하는 것이라고 해석한다(대법원 1999.11.12. 98다49357 판결).

39 대법원 1999.11.12. 98다49357 판결. 그 논거로서 ① 평균임금은 근로자의 통상 생활임금을 사실대로 산정하는 것을 그 기본원리로 하므로 산정기간에 지급된 임금의 총액이 특별한 사유로 인하여 통상의 경우보다 현저하게 적거나 많을 경우에는 이를 그대로 평균임금 산정의 기초로 삼을 수 없는 점 및 ② 평균임금을 산정의 기초로 하는 퇴직금 제도는 직급, 호봉 등에 따른 근로자의 통상 생활을 종전과 같이 보장하려는 데 그 취지가 있다는 점을 들고 있다.

전 3개월간 지급된 임금을 기초로 산정한 평균임금이 통상의 경우보다 현저하게 적은 경우, 휴직 전 3개월간의 임금을 기준으로 평균임금을 산정하여야 한다고 본 사례,[40] ② 근로자가 퇴직 직전 의도적으로 평균임금을 높여 평균임금이 통상의 경우보다 현저히 많은 경우, 현저히 많게 한 기간을 뺀 그 직전 3개월간의 임금을 기준으로 평균임금을 산정하여야 한다고 본 사례,[41] ③ 휴업수당 산정을 위한 평균임금의 산정기간을 정상적으로 임금을 지급받은 최종 시점을 기준으로 하여 계산하더라도 그 기간 중에는 받은 금액이 없거나 과소한 반면, 그 전의 다른 기간에는 받은 금액이 있거나 많은 임금 항목이 있는 경우, 정상적으로 임금을 지급받은 최종 시점으로부터 소급하여 1년의 기간에 해당하는 금액을 3개월분으로 환산하여 평균임금을 산정하여야 한다고 본 사례[42] 등이 있다.

생각건대 판례의 법리는 사안별로 형평에 비추어 구체적인 타당성은 인정될 수 있겠으나, 어느 정도의 차이가 '현저하게' 적거나 많은 경우에 해당하는지가 불명확하여 법적 안정성이 저해될 우려가 있다.[43]

근본적인 문제는 평균임금의 산정기간을 3개월로 짧게 고려하고 있다는 점이다. 산정기간을 연장하여 1년을 기준으로 하는 것에 대해 적극적인 검토가 필요하다.

III. 통상임금

1. 통상임금의 개념

통상임금은 근로자에게 정기적이고 일률적으로 소정근로 또는 총근로에 대하여 지급하기로 정한 시간급 금액, 일급 금액, 주급 금액, 월급 금액 또는 도급 금액을 말한다(근로기준법 시행령 제6조).

통상임금은 ① 연장·야간·휴일 근로에 대한 가산임금(제56조), ② 해고예고수당

---

40 대법원 1999.11.12. 98다49357 판결.
41 대법원 1995.2.28. 94다8631 판결.
42 대법원 2013.10.11. 2012다12870 판결.
43 조용만·김홍영, 『로스쿨노동법 해설』, 도서출판 오래, 2019, 169면.

(제26조), ③ 연차휴가수당(제60조), ④ 평균임금액의 최저한도(제2조 제2항), ⑤ 출산휴가급여 및 육아휴직급여(고용보험법 제70조·제75조, 고용보험법 시행령 제95조) 등을 계산할 때 기준임금이 된다. 또한 주휴수당 역시 근로기준법상 수당으로서 근로자가 주휴일에 실제로 근무하지 않더라도 근무한 것으로 간주하여 지급되는 임금이므로, 그 성질상 통상임금을 기초로 하여 산정할 수당으로 보는 것이 타당하다.[44]

특히 근로자의 장시간 근로가 관행적으로 이루어져 온 우리나라의 현실에서는 통상임금이 소정근로시간을 초과하는 근로에 대한 가산임금을 산정하는 기준임금으로 기능한다는 점이 중요하다. 통상임금은 근로자가 소정근로시간에 통상적으로 제공하는 근로의 가치를 금전적으로 평가한 것으로, 근로자가 추가 근로를 제공하는 시점 이전에 미리 확정되어 있어야 하는 사전적·평가적 개념이다.

판례는 이러한 통상임금의 본질과 기능을 다섯 가지로 나누어 설명한다.[45] 첫째, 통상임금은 법적 개념이므로 원칙적으로 법령상 정의에 충실하게 해석해야 한다(법령 부합성). 둘째, 통상임금은 강행적 개념이므로 당사자가 법령상 통상임금의 범위를 임의로 변경할 수 없어야 한다(강행성). 셋째, 통상임금은 소정근로의 가치를 온전하게 담아낼 수 있는 개념이라야 한다(소정근로 가치 반영성). 넷째, 통상임금은 사전에 명확하게 산정될 수 있어야 한다(사전적 산정 가능성). 다섯째, 통상임금 개념은 연장근로 등의 억제라는 근로기준법의 정책 목표에 부합하여야 한다(정책 부합성).

2. 통상임금에 포함되는 임금의 범위

근로현장에서는 다양한 종류의 수당과 상여금 등이 존재하고 그에 대한 지급조건 등도 복잡하여 어떤 임금이 통상임금에 포함되는지 판단이 곤란한 경우가 많았고, 이에 이러한 수당과 상여금이 통상임금에 포함되는지가 중요한 법적 쟁점으로 부각되어 왔다. 대법원은 2013년의 전원합의체 판결로 통상임금의 의미를 명확히 하고 그 구체적인 판단 기준을 제시하였으며, 2024년의 전원합의체 판결을 통해

---

44 대법원 2012.3.29. 2010다91046 판결; 대법원 2018.9.28. 2017다53210, 53227, 53234 판결.
45 대법원 2024.12.19. 2020다247190 전원합의체 판결; 대법원 2024.12.19. 2023다302838 전원합의체 판결.

종전 판례가 제시한 고정성 개념을 통상임금의 개념적 징표에서 제외하였다.

(1) 통상임금의 판단 기준

판례[46]는 통상임금의 본질은 근로자가 소정근로시간에 제공하기로 정한 근로의 가치를 평가한 기준임금이며 정기성과 일률성은 그 임금이 소정근로의 대가인 임금임을 뒷받침하는 개념적 징표라고 파악하면서, "근로자가 소정근로를 온전하게 제공하면 그 대가로서 정기적·일률적으로 지급하도록 정해진 임금은 그에 부가된 조건의 존부나 성취 가능성과 관계없이 통상임금에 해당한다."고 본다. 즉, 근로자와 사용자가 소정근로시간에 제공하기로 정한 근로의 대가라는 '소정근로 대가성', 임금의 지급 시기와 지급 대상이 미리 일정하게 정해졌을 것을 요구하는 '정기성'과 '일률성'의 개념을 통하여 통상임금에 해당하는지를 판단하는 것이다.

가. 통상임금의 실질적 요소: 소정근로의 대가

소정근로의 대가는 근로자가 소정근로시간에 통상적으로 제공하기로 정한 근로에 관하여 사용자와 근로자가 지급하기로 약정한 금품을 말하는 것이다. 소정근로시간을 초과하여 근로를 제공함으로써 추가로 지급받는 임금은 소정근로의 대가라 할 수 없으므로 통상임금에 속하지 아니한다. 소정근로의 대가가 무엇인지는 근로자와 사용자가 소정근로시간에 통상적으로 제공하기로 정한 근로자의 근로가치를 어떻게 평가하고 그에 대하여 얼마의 금품을 지급하기로 정하였는지를 기준으로 판단한다.

나. 통상임금의 지급형태에 따른 요소

① 정기성

어떤 임금이 통상임금에 속하려면 정기성을 갖추어야 한다는 것은 그 임금이 일정한 간격을 두고 계속적으로 지급되어야 함을 의미한다.

통상임금에 속하기 위한 성질을 갖춘 임금이 1개월을 넘는 기간마다 정기적으로 지급되는 경우, 그러한 사정 때문에 갑자기 그 임금이 소정근로의 대가로서의

---

46 대법원 2024.12.19. 2020다247190 전원합의체 판결; 대법원 2024.12.19. 2023다302838 전원합의체 판결.

성질을 상실하거나 정기성을 상실하게 되는 것이 아니다. 따라서 정기상여금과 같이 일정한 주기로 지급되는 임금의 경우(예컨대 짝수 달에 기준임금의 100%씩을 지급하는 경우) 단지 그 지급주기가 1개월을 넘는다는 사정만으로 그 임금이 통상임금에서 제외된다고 할 수는 없다.[47]

② 일률성

어떤 임금이 통상임금에 속하려면 그것이 일률적으로 지급되는 성질을 갖추어야 한다. '일률적'으로 지급된다는 것은 '모든 근로자'에게 지급되는 것뿐만 아니라 '일정한 조건 또는 기준에 달한 모든 근로자'에게 지급되는 것도 포함된다. 여기서 '일정한 조건'은 고정적이고 평균적인 임금을 산출하려는 통상임금의 개념에 비추어 볼 때 고정적인 조건이어야 한다.

단체협약이나 취업규칙 등에 휴직자나 복직자 또는 징계대상자 등에 대하여 특정 임금에 대한 지급 제한사유를 규정하였다 하더라도, 이는 해당 근로자의 개인적 특수성을 고려하여 그 임금 지급을 제한하는 것에 불과하므로, 그러한 사정을 들어 정상적인 근로관계를 유지하는 근로자에 대하여 그 임금 지급의 일률성을 부정할 것은 아니다.[48]

한편 일정 범위의 모든 근로자에게 지급된 임금이 일률성을 갖추었는지 판단하는 잣대인 '일정한 조건 또는 기준'은 통상임금이 소정근로의 가치를 평가한 개념이라는 점을 고려할 때, 작업 내용이나 기술, 경력 등과 같이 소정근로의 가치 평가와 관련된 조건이라야 한다. 따라서 부양가족이 있는 근로자에게만 지급되는 가족수당과 같이 소정근로의 가치 평가와 무관한 사항을 조건으로 하여 지급되는 임금은 그것이 그 조건에 해당하는 모든 근로자에게 지급되었다 하더라도 여기서 말하는 '일정한 조건 또는 기준'에 따른 것이라 할 수 없어 '일률성'을 인정할 수 없으므로, 통상임금에 속한다고 볼 수 없다. 그러나 모든 근로자에게 기본금액을 가족수당 명목으로 지급하면서 실제 부양가족이 있는 근로자에게는 일정액을 추가로

---

[47] 대법원 2013.12.18. 2012다89399 전원합의체 판결; 대법원 2013.12.18. 2012다94643 전원합의체 판결.
[48] 대법원 2013.12.18. 2012다89399 전원합의체 판결(정기상여금이 2개월 이상 장기 휴직 후 복직한 자, 휴직자에 대해 일정 비율의 금액을 지급하는 사정을 들어 정상적인 근로관계를 유지하는 근로자에 대하여 일률성이 부정되지 않음).

지급하는 경우 그 기본금액은 소정근로에 대한 대가와 다름없으므로 통상임금에 속한다.[49]

③ 고정성에 대한 판례법리의 변화

2013년 전원합의체 판결은 '고정성'을 통상임금의 지급형태상 요소로 고려하면서, 어떤 임금이 통상임금에 속하려면 그것이 고정적으로 지급되어야 하며 이는 통상임금을 다른 일반적인 임금이나 평균임금과 확연히 구분 짓는 요소로서 통상임금이 연장·야간·휴일 근로에 대한 가산임금을 산정하는 기준임금으로 기능하려면 그것이 미리 확정되어 있어야 한다는 요청에서 도출되는 본질적 성질이라고 파악하였다.

2013년 전원합의체 판결에서 '고정성'은 '근로자가 제공한 근로에 대하여 그 업적, 성과 기타의 추가적인 조건과 관계없이 당연히 지급될 것이 확정되어 있는 성질'을 말하고, '고정적인 임금'은 '임금의 명칭 여하를 불문하고 임의의 날에 소정근로시간을 근무한 근로자가 그다음 날 퇴직한다 하더라도 그 하루의 근로에 대한 대가로 당연하고도 확정적으로 지급받게 되는 최소한의 임금'이라고 파악되었다. 그 결과 고정성을 갖춘 임금은 근로자가 임의의 날에 소정근로를 제공하면 추가조건의 충족 여부와 관계없이 당연히 지급될 것이 예정된 임금이므로 그 지급 여부나 지급액이 사전에 확정된 것이며, 이와 달리 근로자가 소정근로를 제공하더라도 추가 조건을 충족해야 지급되는 임금(명절에 재직 중인 근로자에게만 지급되는 명절상여금)이나 그 조건 충족 여부에 따라 지급액이 변동되는 임금 부분은 고정성을 갖춘 것이라고 할 수 없다고 보았다.[50]

그러나 이 판결 이후에도 일정 근무일수를 충족하여야만 지급하는 임금(근무일수 조건부 임금) 또는 특정 시점에 재직 중인 근로자에게만 지급하는 임금(재직조건부 임금)이 통상임금에 해당하는 것인지를 두고 혼란이 계속되었고,[51] 결국 대법원

---

49 대법원 2015.11.26. 2013다69705 판결; 대법원 2015.11.27. 2012다10980 판결(가족수당 중 본인분은 통상임금으로 인정함).

50 2013년 전원합의체 판결은 통상임금의 판단기준에 대한 구체적 기준을 제시하면서 '사전확정성'을 고정성 판단에서 핵심적 요소로 삼아 지급액의 절대고정성에 함몰되어 있던 기존의 논의를 극복할 길을 열어주었다는 점에서 종전에 비해 좀 더 진일보한 해석론을 개진한 것이라 평가할 수 있다.

51 이러한 혼란이 2013년 전원합의체 판결의 모호함에서 비롯되었다는 지적으로 이철수, '통상임금 관련

은 2024년 전원합의체 판결을 통해 고정성은 더 이상 통상임금의 개념적 징표로 볼 수 없다고 판단하여 종전의 견해를 변경하였다.[52] 고정성 개념은 법령상 근거가 없을 뿐만 아니라 당사자가 강행적 성격을 가지는 통상임금의 범위를 쉽게 좌우할 수 있도록 하여 통상임금 개념의 강행성에도 반하며, 실제 근로와 구별되는 소정근로의 가치를 온전하게 반영하지 못할 뿐만 아니라 통상임금의 사전적 산정 가능성을 약화시키며 연장근로 등의 억제라는 정책 목표에도 부합하지 않는다는 것이다.

다만 2024년 전원합의체 판결은 고정성을 통상임금의 개념적 징표에서 배제하는 새로운 법리를 제시하면서도, 새로운 법리를 전면적으로 소급 적용하면 종전 판례를 신뢰하여 형성된 수많은 법률관계의 효력에 바로 영향을 미침으로써 법적 안정성을 해치고 신뢰보호에 반하게 된다는 이유에서 그 소급효를 제한하고 판결 선고일(2024.12.19.) 이후의 통상임금 산정부터 새로운 법리를 적용한다고 선언하였다. 다만 판결 선고시점에 이 판결이 변경하는 법리가 재판의 전제가 되어 통상임금 해당 여부가 다투어져 법원에 계속 중인 병행사건들에는 새로운 법리를 소급하여 적용하여야 한다고 밝혔다. 따라서 판결선고 시점에 소멸시효에 도달하지 않은 임금채권(통상임금 재산정에 따라 발생하는 임금청구권)에 대해서는 여전히 2013년 전원합의체 판결에서 제시한 고정성 요건이 적용된다.

다. 통상임금에 관한 노사합의의 효력

통상임금은 근로조건의 기준을 마련하고자 법이 정한 도구개념이므로, 사용자와 근로자가 통상임금의 의미나 범위 등에 관하여 단체협약 등에 따라 따로 합의할 수 있는 성질의 것이 아니다. 따라서 근로기준법상의 통상임금에 속하는 임금을 통상임금에서 제외하기로 노사 간에 합의하였다 하더라도 그 합의는 효력이 없다.

2013년 전원합의체 판결의 의미와 평가」, 「노동법학」 제49호, 한국노동법학회, 2014, 1-31면. 본서의 제1판(2023년)에서 이에 대해 "상여금이나 수당에 재직요건이 부과된 경우라도, 임금성이 인정된다면 중도퇴직자에게도 임금 전액지급의 원칙상 기왕의 근로에 상응하여 비례적으로 수당을 지급해야 하며, 만일 이를 무시하고 수당청구권을 전면적으로 부정하는 약정은 강행법규 위반으로 무효가 될 가능성을 배제할 수 없다."는 점을 지적하였다.

52 대법원 2024.12.19. 2020다247190 전원합의체 판결(재직조건부 정기상여금); 대법원 2024.12.19. 2023다302838 전원합의체 판결(근무일수 조건부 정기상여금).

통상임금의 성질을 가지는 임금을 일부 제외한 채 연장·야간·휴일 근로에 대한 가산임금을 산정하도록 노사 간에 합의한 경우 그 합의에 따라 계산한 금액이 근로기준법에서 정한 위 기준에 미달할 때는 그 미달하는 범위 내에서 노사합의는 무효이다. 즉, 판례는 노사합의상 계산한 금액(노사합의한 통상수당에 노사합의한 할증률을 곱한 금액)과 근로기준법상 계산한 금액(법상의 통상임금에 법상의 할증률을 곱한 금액)을 비교하여 전자가 후자에 미달하는 경우에는 그 차액을 지급하여야 한다.

다만 노사 간에 합의가 있는 경우 신의칙의무 위반을 들어 위 법리의 적용을 배제한 사례가 있다.[53] 하지만 이에 대해서는 단체협약의 강행규정적 성격과 당사자의 의사를 존중하지 않고 안이하게 법률해석을 포기하고 일반조항으로 회피하였다는 비판이 있다.[54]

(2) 임금 유형별 통상임금성 판단

판례[55]는 통상임금의 개념적 징표인 소정근로 대가성, 정기성, 일률성의 의미를 바탕으로 어떠한 유형의 임금을 통상임금에 속한다고 볼 수 있는지 그 구체적 판단기준에 관하여 살펴보고 있다.

---

53 2013년의 전원합의체 판결은 "사용자에게 예측하지 못한 새로운 재정적 부담을 지워 중대한 경영상의 어려움을 초래하거나 기업의 존립을 위태롭게 하는 경우 근로자 측의 추가 법정수당 청구는 신의칙에 위배되어 받아들일 수 없다."라고 판시하고 있다(추가 법정수당청구를 부인한 사례로, 대법원 2013.12.18. 2012다89399 전원합의체 판결; 대법원 2014.5.29. 2012다116871 판결 등). 그러나 회사의 재정 및 경영상태를 보아 중대한 경영상 어려움 등을 평가하는 것은 그 기준이 매우 모호하여 법적 안정성을 해칠 수 있다. 최근 대법원 판결은 근로관계를 규율하는 강행규정보다 신의칙을 우선하여 적용할지를 판단할 때는 근로조건의 최저기준을 정하여 근로자의 기본적 생활을 보장, 향상하고자 하는 근로기준법 등의 입법 취지를 충분히 고려할 필요가 있고, 또한 기업을 경영하는 주체는 사용자이고 기업의 경영 상황은 기업 내외부의 여러 경제적·사회적 사정에 따라 수시로 변할 수 있으므로, 근로자의 추가 법정수당 청구가 사용자에게 중대한 경영상 어려움을 초래하거나 기업의 존립을 위태롭게 하여 신의칙에 위반되는지는 신중하고 엄격하게 판단하여야 한다고 판시하였다(대법원 2019.2.14. 2015다217287 판결). 또한 이러한 신의칙 법리는 전원합의체 판결 선고일(2013.12.18.) 이후 신규 발생하는 채권에는 적용될 수 없다.
54 이러한 비판을 감안하여 최근에 "기업이 일시적으로 경영상 어려움에 처하더라도 사용자가 합리적이고 객관적으로 경영 예측을 하였다면 그러한 경영상태의 악화를 충분히 예견할 수 있었고 향후 경영상의 어려움을 극복할 가능성이 있는 경우에는 신의칙을 들어 근로자의 추가 법정수당 청구를 쉽게 배척해서는 안 된다."(대법원 2021.12.16. 2016다7975 판결)라고 설시한 판결례가 있다.
55 대법원 2024.12.19. 2020다247190 전원합의체 판결; 대법원 2024.12.19. 2023다302838 전원합의체 판결.

가. 근속기간에 연동하는 임금

지급 여부나 지급액이 근속기간에 연동하는 임금인 경우, 일정한 근속기간 이상을 재직한 모든 근로자에게 그에 대응하는 임금을 지급한다는 점에서 일률성이 인정된다.[56]

나. 일정 근무일수를 충족하여만 지급되는 조건부 임금(근무일수 조건부 임금)

소정근로를 온전하게 제공하는 근로자라면 충족할 근무일수 조건, 즉 소정근로일수 이내로 정해진 근무일수 조건의 경우, 그러한 조건이 부가되어 있다는 사정만으로 그 임금의 통상임금성이 부정되지 않는다.[57] 또한 오로지 어떤 근무일수 조건부 임금을 통상임금에서 제외할 의도로 근무실태와 동떨어진 소정근로일수를 정하는 경우와 같이 통상임금의 강행성을 잠탈하고자 하는 경우에는 그러한 합의의 효력이 부정될 수 있다.

다. 특정 시점에 재직 중인 근로자에게만 지급하는 임금(재직조건부 임금)

근로자가 재직하는 것은 근로계약에 따라 소정근로를 제공하기 위한 당연한 전제이다. '퇴직'은 정년의 도래, 사망, 해고 등과 함께 근로관계를 종료시켜 실근로의 제공을 방해하는 장애사유일 뿐, 근로자와 사용자가 소정근로시간에 제공하기로 정한 근로의 대가와는 개념상 아무런 관련이 없다. 따라서 어떠한 임금을 지급받기 위하여 특정 시점에 재직 중이어야 한다는 조건이 부가되어 있다는 사정만으

---

56 한편 종전 판례법리(2013년 전원합의체 판결)에 따르더라도 이 경우에는 일정 근속기간에 이른 근로자가 임의의 날에 근로를 제공하면 다른 추가 조건의 성취 여부와 관계없이 근속기간에 연동하는 임금을 확정적으로 지급받을 수 있으므로 고정성이 인정되어 통상임금에 해당한다.

57 한편 종전 판례법리에 따르더라도 근무일마다 일정액의 임금을 지급하기로 정함으로써 근무일수에 따라 일할계산하여 지급되는 임금인 경우, 실제 근무일수에 따라 그 지급액이 달라지기는 하지만 근로자가 임의의 날에 소정근로를 제공하기만 하면 그에 대하여 일정액을 지급받을 것이 확정되어 있으므로 고정성이 인정된다.

그러나 일정 근무일수를 충족하여야만 지급되는 임금은 소정근로를 제공하는 외에 일정 근무일수의 충족이라는 추가 조건을 성취해야 비로소 지급되는 것인데, 이러한 조건의 성취 여부는 임의의 날에 연장근로 등을 제공하는 시점에서 확정할 수 없는 불확실한 조건이므로 고정성이 부정된다는 판결례가 있다(대법원 2020.1.16. 2019다223129 판결).

로 그 임금의 소정근로 대가성이나 통상임금성이 부정되지 않는다.[58]

라. 근무실적에 연동하는 임금(성과급)

근로자의 근무실적에 따라 지급되는 성과급은 단순히 소정근로를 제공하였다고 지급되는 것이 아니라 일정한 업무성과를 달성하거나 그에 대한 평가결과가 어떠한 기준에 이르러야 지급되므로, 일반적으로 '소정근로 대가성'을 갖추었다고 보기 어렵다. 따라서 고정성을 통상임금의 개념적 징표에서 제외하더라도 위와 같은 순수한 의미의 성과급은 여전히 통상임금에 해당한다고 볼 수 없다. 다만 근무실적과 무관하게 최소한도의 일정액을 지급하기로 정한 경우 그 금액은 소정근로에 대한 대가에 해당한다.[59]

3. 통상임금의 계산 방법

(1) 시간급 통상임금의 계산

통상임금은 근로자에게 정기적이고 일률적으로 소정근로 또는 총근로에 대하여

---

[58] 한편 종전 판례법리에 따르는 경우, 그 특정 시점이 도래하기 전에 퇴직하면 해당 임금을 전혀 지급받지 못하여 근로자가 임의의 날에 연장근로 등을 제공하는 시점에서 그 지급조건이 성취될지는 불확실하므로 고정성이 부정된다고 본 판결례가 있다(대법원 2017.9.26. 2016다238120 판결; 대법원 2017.9.26. 2017다232020 판결.)

　그러나 상여금이나 수당에 재직조건이 부과된 경우라도 임금성이 인정된다면 중도퇴직자에게도 임금 전액 지급의 원칙상 기왕의 근로에 상응하여 비례적으로 수당을 지급해야 하는 것이므로, 이 조건을 들어 고정성을 부인할 수는 없다고 보아야 한다. 이러한 취지에서 '단체협약 등에서 정기상여금을 특정 시점에 재직 중인 근로자에 한하여 지급한다는 규정을 둔 경우에도 그 규정만을 근거로 이미 근로를 제공했더라도 특정 시점에 재직하지 않는 사람에게는 정기상여금을 전혀 지급하지 않는 취지라고 단정할 것은 아니어서 이와 함께 정기상여금의 지급 실태나 관행, 노사의 인식 등의 요소를 종합적으로 고려하여 그 지급여부를 판단할 수 있고, 이때 지급기일 전에 근로자가 퇴직한 경우에 관한 지급조건을 특별히 정하지 않았다면 이미 근무한 기간에 비례하는 만큼의 정기상여금은 근로의 대가로 청구할 수 있다'고 판시한 사례도 있다(대법원 2022.4.28. 2019다238053 판결).

　또한 근로자가 특정 시점 전에 퇴직하더라도 그 근무일수에 비례한 만큼의 임금이 지급되는 경우에는 근무일마다 지급되는 임금과 실질적 차이가 없으므로 근무일수에 비례하여 지급되는 한도에서는 고정성이 인정된다.

[59] 따라서 종전 판례법리에 의하더라도 성과급의 경우 소정근로 대가성이 부정되어 통상임금에 해당하지 않는다고 보아야 한다. 다만 근무실적과 무관하게 최소한도의 일정액을 지급하기로 정한 경우 그 금액은 소정근로에 대한 대가에 해당하고, 근무실적에 관하여 최하 등급을 받더라도 일정액을 최소한도로 보장하여 지급하기로 한 경우에는 그 한도 내에서 고정성이 인정된다.

지급하기로 정한 것으로서, 근로자가 사용자와 사이에 소정근로시간을 초과하는 근로를 제공할 때 가산임금 등을 산정하는 기준임금으로 기능하기에 시간당 임금으로 환산되어야 한다.

'시간급 통상임금'(통상임금의 시간당 금액)은 근로기준법 시행령 제6조 제2항에 따라 산정한다. 즉, ① 시간급 금액으로 정한 임금은 그 금액, ② 일급 금액으로 정한 임금은 그 금액을 1일의 소정근로시간 수로 나눈 금액, ③ 주급 금액으로 정한 임금은 그 금액을 1주의 통상임금 산정 기준시간 수(1주의 소정근로시간과 소정근로시간 외에 유급으로 처리되는 시간을 합산한 시간)로 나눈 금액, ④ 월급 금액으로 정한 임금은 그 금액을 월의 통상임금 산정 기준시간 수(1주의 통상임금 산정 기준시간 수에 1년 동안의 평균 주의 수를 곱한 시간을 12로 나눈 시간)로 나눈 금액, ⑤ 일·주·월 외의 일정한 기간으로 정한 임금은 앞의 방식에 준하여 산정된 금액, ⑥ 도급 금액으로 정한 임금은 그 임금 산정 기간에서 도급제에 따라 계산된 임금의 총액을 해당 임금 산정 기간(임금 마감일이 있는 경우에는 임금 마감 기간을 말한다)의 총근로시간 수로 나눈 금액 등으로 시간급 금액을 환산한다.

이 경우 '1주의 통상임금 산정 기준시간 수'는 1주의 소정근로시간과 소정근로시간 외에 유급으로 처리되는 시간을 합산한 시간이다. 예를 들어 통상적인 근무 형태인 1일 8시간, 주 40시간 근무의 경우 주휴시간 8시간을 더한 48시간이 1주의 통상임금 산정 기준시간 수가 된다.

월급제의 경우 '1주의 통상임금 산정 기준시간 수'(48시간)에 1년 동안의 평균 주의 수를 곱한 시간을 12로 나눈 시간('월의 통상임금 산정 기준시간 수')을 기준으로 월 통상임금을 계산한다. 이는 48시간×(365일/7일)/12개월=208.57시간이다. 따라서 시간급 통상임금은 통상임금의 범위에 산입되는 월급 금액을 208.57로 나눈 금액이다.

$$\text{시간급 통상임금} = \frac{\text{월급 금액(통상임금)}}{208.57}$$

생각건대 통상임금에 포함되는 임금이 소정근로시간만의 대가로 지급되는 경우라면 소정근로시간만으로 나누어 시간급 통상임금을 계산하면 된다. 그러나 일반적으로 주급제나 월급제는 그 주·월에 있는 주휴일에 대한 주휴수당도 주급·월급에 포함되어 있다고 본다. 따라서 소정근로시간수 외에 주휴수당의 의제시간수(주당 8시간)를 합산하여 계산된 기준근로시간수로 주급·월급을 나누어 시간급 통상임금을 계산한 것이다.

그런데 이와 관련하여 근로자와 사용자 사이에 기준근로시간을 소정근로시간으로 정하고, '기준근로시간을 초과하는 연장근로'의 합의까지 있는 경우 시간급 통상임금의 계산에서 나누는 기준근로시간 수를 어떤 방식으로 계산해야 하는지가 문제 된다. 과거의 판례는 일급이나 월급 중 통상임금인 수당은 기준근로시간 외에도 연장근로시간의 대가라고 전제하고, 그 수당을 나누는 총근로시간 수에 포함되는 연장근로시간에 대해서 '가산율'을 고려해야 한다는 견해였다.[60] 그러나 최근의 전원합의체 판결은 "근로기준법이 정한 기준근로시간을 초과하는 약정 근로시간에 대한 임금으로서 월급 또는 일급 형태로 지급되는 고정수당을 시간급 통상임금으로 환산하는 경우, 시간급 통상임금 산정의 기준이 되는 총근로시간 수에 포함되는 약정 근로시간 수를 산정할 때는 특별한 정함이 없는 한 근로자가 실제로 근로를 제공하기로 약정한 시간 수 자체를 합산해야 하는 것이지, 가산수당을 산정하기 위한 '가산율'을 고려한 연장근로시간 수와 야간근로시간 수를 합산할 것은 아니다."라고 판시하였다.[61] 또한 이러한 법리는 단체협약이나 취업규칙 등으로 '주휴수당에 가산율을 정한 경우'에도 동일하게 적용되므로, 예컨대 주휴수당에 150% 등의 가산율을 규정한 경우에도 총근로시간 수에 포함되어야 할 '주휴일에 근무한 것으로 의제되는 시간(=주휴근로 의제시간) 수'를 산정할 때 주휴수당에 정한 가산율을 고려할 것은 아니라고 판단하였다.

생각건대 이러한 판례 법리는 근본적으로 재검토가 필요하다. 통상임금은 소정근로의 대가로 지급하기로 사전에 약정된 임금으로 일률적·고정적으로 지급되는 임금을 계산한 것으로, 이로써 근로자에게 지급해야 할 가산임금을 계산하는 도구

---

60 대법원 2012.3.29. 2010다91046 판결; 대법원 2012.7.26. 2011다6106 판결; 대법원 2014.8.28. 2013다 74363 판결 등.

61 대법원 2020.1.22. 2015다73067 전원합의체 판결. 그 논거로 ① 당사자 사이에 다른 정함이 없는 한, 각 각의 근로제공시간에 대한 급여는 같은 액수로 정해져 있다고 보는 것이 통상적인 임금 계산의 원리에 부합 하고 가장 공평하며 합리적인 점, ② 고정수당의 시간급을 산정하기 위해 필요한 약정 근로시간 수를 확정할 때 가산수당 산정을 위한 가산율을 고려해야 할 법적인 근거가 존재하지 않은 점, ③ 당사자 사이에 고정수당 의 시간급에 관한 의사가 형성되어 있다고 보기 어려운 점, ④ 기존 판례에 따르면 기준근로시간을 초과하여 근로하기로 함으로써 시간급 통상임금이 실제의 가치보다 더 적게 산정된다는 점 등을 들고 있다.

개념이다[원리적으로는 시간당 임금률(wage rate)을 산정하는 개념이다]. 실제 근로와 관계 없이 이미 약정되어 있는 것으로 통상임금을 계산해야 하므로 연장근로수당은 당연히 통상임금에서 제외된다. 그렇기에 통상임금을 계산할 때 분자와 분모에서 연장근로수당과 연장근로시간 수는 모두 제외하는 것이 원칙이다. 다만 분자에 연장근로 몫까지 혼합되어 분자에서 분리해서 제외할 수 없다면, 포괄임금제의 역산방식처럼 분자에도 넣고 분모에도 넣으면서 분모의 연장근로시간 수는 할증을 고려하여 계산하는 기존의 방식이 적절하다. 또한 판례의 계산방식에 따르면 연장근로를 많이 할수록 통상임금이 늘어나는 결과가 되어 가산임금으로 연장근로를 억제하고자 하는 제도적 취지에도 반한다.

(2) 일급 통상임금의 계산

통상임금이 사용되는 해고예고수당(근로기준법 제26조), 연차휴가수당(제60조), 평균임금액의 최저한도(제2조 제2항), 출산휴가급여 및 육아휴직급여(고용보험법 제70조·제75조, 고용보험법 시행령 제95조) 등은 일 단위로 계산되므로 통상임금을 일급 금액으로 환산할 필요가 있다. '일급 통상임금'(통상임금의 일급 금액)은 전술한 시간급 금액에 1일의 소정근로시간 수를 곱하여 계산한다(근로기준법 시행령 제6조 제3항).

제2절

임금의 지급

I. 임금지급의 원칙

임금의 지급에 대해 근로기준법은 통화지급의 원칙, 직접지급의 원칙, 전액지급의 원칙, 정기지급의 원칙을 규정하고 있다(제43조). 근로자의 일상적인 생활을 보호하려는 취지이다.

1. 통화지급의 원칙

(1) 의의

임금은 통화로 지급되어야 한다(근로기준법 제43조 제1항). 통화는 강제통용력이 있는 화폐를 말하며, 한국은행이 발행한 지폐와 주화가 해당한다.

통화지급의 원칙은 현물을 지급하면 현물을 통화로 바꾸어야 하는 생활상의 불이익이 발생하거나, 근로자가 사실상 회사의 생산품을 강매당하는 것으로부터 근로자를 보호하려는 취지이다.

상품교환권, 식권, 주식, 어음, 수표 등은 통화가 아니므로 통화지급의 원칙에 반한다. 다만 은행이 발행한 자기앞수표는 근로자에게 생활상의 불편이 없고 거래상 현금과 같이 통용되므로 근로자의 동의를 받은 경우에는 허용된다.[62]

임금은 통화로 직접 지급해야 하므로 근로자의 임금지급에 갈음하여 사용자가 제3자에 대하여 가지는 채권을 근로자에게 양도하기로 하는 약정은 무효이다. 다만 당사자 쌍방이 위와 같은 무효를 알았더라면 '임금의 지급에 갈음'하는 것이 아니라 '지급을 위하여 채권을 양도하는' 것을 의욕하였으리라고 인정될 때에는 무효행위 전환의 법리(민법 제138조)에 따라 그 채권양도 약정은 임금지급을 위하여 한 것으로서 효력을 가질 수 있다. 따라서 근로자는 원래의 미수령 임금 및 퇴직금 중 아직 변제받지 못한 부분을 회사에 청구할 수 있다.[63]

(2) 예외

법령 또는 단체협약에 별도 규정이 있는 경우에는 통화 이외의 것으로 지급될 수 있다(근로기준법 제43조 제1항 단서). 현재 이러한 법령은 없지만, 단체협약에서 임금의 일부를 통화 대신 현물로 지급하도록 정할 수도 있다.

---

62 김유성, 『노동법 Ⅰ』, 법문사, 2005, 92면.
63 대법원 2012.3.29. 2011다101308 판결.

2. 직접지급의 원칙

(1) 의의

임금은 사용자가 근로자에게 직접 지급하여야 한다(근로기준법 제43조 제1항). 이는 제3자의 대리수령으로 인한 중간착취를 막고 임금채권을 보호하여 근로자의 생활을 보호하려는 취지이다. 근로자의 친권자, 후견인, 대리인, 양수인 또는 추심인 등에게 지급하는 것은 직접지급의 원칙에 반한다.

임금채권은 양도를 금지하는 명문 규정이 없기에 원칙적으로 양도가 허용되지만, 그 경우에도 직접지급 원칙에 따라 사용자는 근로자에게 임금을 직접 지급해야 하고, 따라서 양수인이라고 할지라도 스스로 사용자에 대하여 임금 지급을 청구할 수는 없다.[64] 또한 임금채권의 양수인이나 임금채권의 추심을 위임받은 자 등은 사용자의 집행재산에 대하여 직접 배당을 요구할 수 없다.[65] 반면 우선변제권 있는 임금채권(제38조)을 대위변제한 경우, 근로자가 아닌 대위변제자에게 임금의 우선변제권을 인정하더라도 근로자에 대하여 임금이 직접 지급된 점에 비추어 이는 근로기준법상의 직접지급 원칙에 위배되지 않는다.[66]

(2) 예외

근로기준법은 직접지급의 원칙에 대해서는 예외를 규정하고 있지 않다.

후술할 전액지급 원칙의 예외로 임금 일부가 공제되는 경우에는 그 액수를 근로자에게 직접 지급하지 않아도 직접지급 원칙의 위반이 되지 않는다(예를 들면, 임금의 압류채권자에게 지급하는 것). 근로자의 자발적 의사에 따라 부조금·의연금 등을 제3자에게 기부하는 경우에는 사용자가 근로자의 심부름꾼 역할을 한 것이므로 사회통념상 직접지급 원칙에 위반되지 않는다.[67]

---

64 대법원 1988.12.13. 87다카2803 판결.
65 대법원 1994.5.10. 94다6918 판결; 대법원 1996.3.22. 95다2630 판결.
66 대법원 1996.2.23. 94다21160 판결.
67 임종률, 『노동법』, 박영사, 2022(20판), 428면.

3. 전액지급의 원칙

(1) 의의

임금은 근로자에게 임금의 전액을 지급하여야 한다(근로기준법 제43조 제1항).

이는 임금의 일부가 지급되지 않아 근로자의 생활상 곤란이 초래되는 것을 방지하고, 또한 사용자가 임금의 일부를 지급하지 않고 유보하여 근로자의 퇴직할 자유가 침해되는 것을 방지하려는 취지이다.[68]

이미 제공한 근로에 대해 근로자의 요구에 따라 임금지급일 이전에 지급한 가불임금은 임금지급일에 공제하더라도 사회통념상 강제근로의 위험이 없다면 무방하다고 해석된다.

감봉(감급의 제재)은 그만큼 임금이 발생하지 않는 것이므로 전액지급의 원칙이 문제 되지 않는다. 파업기간에 대한 임금을 공제하는 것도 임금이 발생하지 않아 공제하는 것이므로 마찬가지다.

가. 상계의 경우

사용자가 근로자에게 갖는 대출금채권[69]이나 불법행위 손해배상채권[70] 등의 채권과 임금채권을 일방적으로 상계하는 것은 전액지급의 원칙에 위반된다. 사용자가 근로자의 동의를 얻어 상계하는 경우는 그 동의가 근로자의 자유로운 의사에 터잡아 이루어진 것이라고 인정할 만한 합리적 이유가 객관적으로 존재하여야 전액지급 원칙에 위반하지 않는다.[71] 근로자의 자발적 요구에 따라 사용자가 상계하는 것도 가능하다.

한편 계산의 착오 등으로 임금이 초과지급되었을 때 사용자가 초과지급된 금액의 반환청구권과 차후의 임금지급의무를 상계하는 조정적 상계가 인정될 수 있다. 그 조정적 상계의 시기가 임금의 정산, 조정의 실질을 잃지 않을 만큼 근접해 있고, 상계의 금액과 방법을 예고하는 등으로 근로자의 경제생활의 안정을 해할 염

---

68 김유성, 앞의 책, 93면.
69 대법원 1990.5.8. 88다카26413 판결.
70 대법원 1976.9.28. 75다1768 판결.
71 대법원 2001.10.23. 2001다25184 판결(다만 임금 전액지급의 원칙의 취지에 비추어 볼 때 그 동의가 근로자의 자유로운 의사에 기한 것이라는 판단은 엄격하고 신중하게 해야 한다).

려가 없는 경우, 근로자가 퇴직한 후 그 재직 중 지급되지 아니한 임금이나 퇴직금을 청구할 경우 허용된다.[72] 나아가 판례는 조정적 상계의 법리는 사용자가 근로자에게 이미 퇴직금 명목의 금원을 지급하였으나 그것이 퇴직금 지급으로서 효력이 없어 사용자가 같은 금원 상당의 부당이득반환채권을 갖게 된 경우에 이를 자동채권으로 하여 근로자의 퇴직금채권과 상계하는 때에도 적용된다고 한다.[73]

나. 임금 포기의 경우

지급시기가 도래한 임금채권을 근로자가 스스로 포기하여 사용자가 이를 지급하지 않는 것은 근로자의 포기 의사에 따른 것이므로 전액지급의 원칙에 위반되지 않는다. 다만 임금이 가지는 중요성과 이를 보호하려는 법의 취지를 고려하면 근로자의 포기 의사는 객관적으로 명확하여야 하며[74] 근로자의 자유로운 의사에 따른 것이어야 한다. 단체협약만으로는 개별 근로자의 임금채권을 포기할 수 없으며, 개별 근로자의 동의나 수권이 있어야 한다.[75]

한편 지급시기가 도래하기 전에 임금채권을 사전적으로 포기하는 약정은 근로자의 자유로운 의사에 따른 포기로 볼 수 없으며, 근로기준법상 임금지급원칙의 규정이 강행규정이라는 점에서 유효하지 않다.[76] 퇴직 시 발생하는 퇴직금청구권을 사전에 포기하거나 사전에 민사상 소송을 제기하지 않겠다는 부제소특약을 하는 것도 강행법규인 퇴직급여법에 위반되어 무효이다.[77]

(2) 예외

법령 또는 단체협약에 별도 규정이 있는 경우에는 임금 일부가 공제될 수 있다(근로기준법 제43조 제1항 단서). 법령에 따라 공제되는 경우는 근로소득세(소득세법 제127조) 등의 조세[78] 및 국민연금 기여금(국민연금법 제90조), 건강보험 부담금(국민건강

---

72 대법원 1993.12.28. 93다38529 판결; 대법원 1995.12.21. 94다26721 전원합의체 판결 등.
73 대법원 2010.5.20. 2007다90760 전원합의체 판결.
74 대법원 1999.6.11. 98다22185 판결.
75 대법원 2000.9.29. 99다67536 판결.
76 김유성, 「노동법 Ⅰ」, 법문사, 2005, 95면.
77 대법원 1998.3.27. 97다49732 판결.
78 근로소득세(소득세법 제127조 제1항) 및 주민세(지방세법 제7장).

보험법 제77조), 고용보험 보험료(고용산재보험료징수법 제16조) 등의 사회보험료가 있다. 단체협약에 따라 임금의 일부가 공제되는 대표적인 예로는 노동조합 조합비를 일괄적으로 공제하는 조합비 공제(check off) 제도가 있다.

4. 정기일지급의 원칙

(1) 의의

임금은 매월 1회 이상 일정한 날짜를 정하여 지급해야 한다(근로기준법 제43조 제2항). 이는 임금 지급 간격이 지나치게 넓어지거나 임금 지급이 부정기적으로 행해져 근로자의 생활이 불안정해지지 않도록 하려는 취지이다.[79]

매월의 기준은 달력상의 1개월을 의미한다. 지급일인 일정한 날짜로, 월급인 경우 일자(예: 25일)나 말일은 가능하나, 마지막 금요일처럼 매월 날짜가 달라진다면 허용되지 않는다. 주급인 경우 특정 요일을 정하는 것이 가능하다. 연봉제의 경우도 월별 분할하여 매월 1회 이상 정기적으로 지급해야 한다.

(2) 예외

정기일지급의 원칙은 임시로 지급하는 임금, 수당, 그 밖에 이에 준하는 것 또는 대통령령으로 정하는 임금은 예외로 인정한다(근로기준법 제43조 제2항 단서). 이에 따라 근로기준법 시행령은 ① 1개월을 초과하는 기간의 출근 성적에 따라 지급하는 정근수당, ② 1개월을 초과하는 일정 기간을 계속하여 근무한 경우에 지급되는 근속수당, ③ 1개월을 초과하는 기간에 걸친 사유에 따라 산정되는 장려금, 능률수당 또는 상여금, ④ 그 밖에 부정기적으로 지급되는 모든 수당 등을 매월 일정기일에 지급하지 않는 예외로 인정한다(근로기준법 시행령 제23조). 이러한 임금은 1개월을 초과하는 기간과 관련되어 지급되거나 부정기적으로 지급되는 것이므로 매월 1회 이상 지급이 강제되지 않는다.

---

[79] 이와 관련하여 취업규칙에는 임금의 지급시기에 관한 사항을 작성하도록 하고 있다(근로기준법 제93조 제2호).

II. 임금대장과 임금명세서

사용자는 사업장별로 임금대장을 작성하고 임금과 가족수당 계산의 기초가 되는 사항, 임금액, 그 밖에 대통령령으로 정하는 사항을 임금을 지급할 때마다 적어야 한다(근로기준법 제48조 제1항). 또한 사용자는 임금을 지급할 때에 근로자에게 임금의 구성항목·계산방법, 제43조 제1항 단서에 따라 임금 일부를 공제한 경우 그 내역 등 대통령령으로 정하는 사항을 적은 임금명세서를 서면(전자문서법 제2조 제1호에 따른 전자문서를 포함한다)으로 교부하여야 한다(근로기준법 제48조 제2항). 이는 사용자가 임금지급 여부와 그 내역을 확실히 관리하도록 하고, 근로자가 자신이 받는 임금의 구체적인 내역을 명확히 확인할 수 있게 하며, 임금지급에 대한 감독행정에 실효성을 확보하려는 취지이다(위반 시 과태료 500만 원 이하 부과-근로기준법 제116조 제2항 제2호). 임금대장은 3년간 보존해야 한다(법 제42조, 시행령 제22조).

사용자가 임금대장에 기재해야 할 사항을 근로자 개인별로 적어야 하는데, 그 기재사항은 ① 성명, ② 생년월일, 사원번호 등 근로자를 특정할 수 있는 정보, ③ 고용 연월일, ④ 종사하는 업무, ⑤ 임금 및 가족수당의 계산기초가 되는 사항, ⑥ 근로일수, ⑦ 근로시간 수, ⑧ 연장근로, 야간근로 또는 휴일근로를 시킨 경우에는 그 시간 수, ⑨ 기본급, 수당, 그 밖의 임금의 내역별 금액(통화 외의 것으로 지급된 임금이 있는 경우에는 그 품명 및 수량과 평가총액), ⑩ 임금 일부를 공제한 경우에는 그 금액 등이다(시행령 제27조 제1항).

또한 사용자는 임금명세서에 ① 근로자의 성명, 생년월일, 사원번호 등 근로자를 특정할 수 있는 정보, ② 임금지급일, ③ 임금 총액, ④ 기본급, 각종 수당, 상여금, 성과금, 그 밖의 임금의 구성항목별 금액(통화 이외의 것으로 지급된 임금이 있는 경우에는 그 품명 및 수량과 평가총액을 말한다), ⑤ 임금의 구성항목별 금액이 출근일수·시간 등에 따라 달라지는 경우에는 임금의 구성항목별 금액의 계산방법(연장근로, 야간근로 또는 휴일근로의 경우에는 그 시간 수를 포함한다), ⑥ 임금의 일부를 공제한 경우에는 임금의 공제 항목별 금액과 총액 등 공제내역 등을 기재하여야 한다(시행령 제27조의2).

사용기간이 30일 미만인 일용근로자에 대하여는 생년월일, 사원번호 등 근로자를 특정할 수 있는 정보 및 임금·가족수당의 계산기초가 되는 사항을 적지 아니할 수 있다. 그리고 상시 4명 이하의 근로자를 사용하는 사업 또는 사업장의 근로자, 근로시간 적용제외 근로자(근로기준법 제63조 참조)에 대하여는 근로시간 수 및 연장 근로, 야간근로 또는 휴일근로를 시킨 경우에는 그 시간 수를 적지 아니할 수 있다 (근로기준법 시행령 제27조 제3항).

III. 비상시 지급

근로자나 그의 수입으로 생계를 유지하는 자가 ① 출산하거나 질병에 걸리거나 재해를 당한 경우, ② 혼인 또는 사망한 경우, ③ 부득이한 사유로 1주 이상 귀향 하게 되는 경우 등 비상(非常)한 경우의 비용에 충당하고자 근로자가 임금 지급을 청구하면 사용자는 지급기일 전이라도 이미 제공한 근로에 대한 임금을 지급하여 야 한다(근로기준법 제45조, 시행령 제25조). 근로자에게 긴급한 자금이 필요한 경우 임 금지급기일 전이라도 사용자가 미리 임금을 지급하게 함으로써 근로자의 생활 안 정을 도모하려는 취지이다.

근로자의 수입으로 생계를 유지하는 자는 부양의무를 지는 가족 이외에 동거인 도 포함한다. 임금지급일에 지급할 임금총액이 아니라 '이미 제공한 근로에 대한 임금'만이 지급의무의 대상이며, 사용자는 근로자의 청구에 따라 지체 없이 이를 지급하여야 한다. 만일 사용자가 이를 위반하였을 경우 1천만 원 이하의 벌금에 처해진다(근로기준법 제113조).

IV. 임금체불

임금지급일에 임금을 지급하지 않은 것이 이른바 '임금체불'이다. 임금의 일부만 지급하고 나머지를 지급하지 않은 경우도 해당한다. 실무에서는 근로자의 사망 또는 퇴직 시 금품청산의무(근로기준법 제36조)의 위반도 임금체불에 포함해 다루고 있다.

1. 형사처벌

임금을 체불한 자는 형사처벌의 대상이 된다(제109조).[80] 다만 이는 피해자의 명시적 의사와 다르게 공소를 제기할 수 없는 반의사불벌죄이다(제109조 제2항). 임금체불은 근로감독으로 시정되지 않으면 형사 고소로 이어지는 경우가 많다. 단순히 사용자가 경영부진 등으로 자금압박을 받아 임금을 지급할 수 없었다는 사정만으로는 임금체불의 책임을 면할 수 없다.[81] 다만 ① 적법행위를 기대할 수 없거나 불가피한 사정이 인정되는 경우 책임이 조각되거나[82] 또는 ② 지급의무의 존재에 관하여 다툴 만한 근거가 있으면 임금 등을 지급하지 아니한 데에 상당한 이유가 있다고 보아서 위반죄의 고의가 부인되어,[83] 처벌되지 않는 사례도 있다.

2. 체불사업주 명단 공개 및 제재

고용노동부장관은 임금체불사업주(법인 대표자 포함)가 3년 이내 2회 유죄가 확정되고 체불총액이 1년 이내 3천만 원 이상인 경우 그 인적 사항을 공개할 수 있다(근로기준법 제43조의2 제1항). 체불사업주 명단의 공개는 악의적·상습적인 임금체불 사업주의 명단을 공개하도록 하여 임금체불을 예방하려는 취지이다. 체불사업주

---

80 그 위반의 범죄는 근로자에 대하여 일정기일까지 임금을 지급받게 하려는 취지이므로 근로자가 수인일 경우 그 범의가 단일한 것이라고 인정하기 어려울 때에는 지급을 받을 수 없었던 근로자 각자마다에 대하여 같은 법조 위반의 범의가 있다고 인정하여야 한다(대법원 1995.4.14. 94도1724 판결).

81 대법원 2002.11.26. 2002도649 판결.

82 대법원 2001.2.23. 2001도204 판결(사용자가 모든 성의와 노력을 다했어도 임금의 체불이나 미불을 방지할 수 없었다는 것이 사회통념상 긍정할 정도가 되어 사용자에게 더 이상의 적법행위를 기대할 수 없다거나, 사용자가 퇴직금 지급을 위하여 최선의 노력을 다하였으나 경영부진으로 인한 자금사정 등으로 도저히 지급기일 내에 퇴직금을 지급할 수 없었다는 등의 불가피한 사정이 인정되는 경우임); 대법원 2006.2.9. 2005도9230 판결('임금이나 퇴직금을 기일 안에 지급할 수 없었던 불가피한 사정'이 있었는지 여부를 판단함에 있어서는, 사용자가 퇴직 근로자 등의 생활안정을 도모하기 위하여 임금이나 퇴직금 등을 조기에 청산하기 위해 최대한 변제노력을 기울이거나 장래의 변제계획을 분명하게 제시하고 이에 관하여 근로자 측과 성실한 협의를 하는 등 퇴직 근로자 등의 입장에서 상당한 정도 수긍할 만한 수준이라고 객관적으로 평가받을 수 있는 조치들이 행하여졌는지 여부도 하나의 구체적인 징표가 될 수 있음).

83 대법원 2007.6.28. 2007도1539 판결(임금 등 지급의무의 존부 및 범위에 관하여 다툴 만한 근거가 있는지 여부는 사용자의 지급거절이유 및 그 지급의무의 근거, 그리고 사용자가 운영하는 회사의 조직과 규모, 사업 목적 등 제반 사항, 기타 임금 등 지급의무의 존부 및 범위에 관한 다툼 당시의 제반 정황에 비추어 판단하여야 함).

의 사망·폐업으로 명단 공개의 실효성이 없는 경우 등은 공개하지 않는다(제43조의2 제1항 단서).

고용노동부장관은 체불사업주 명단 공개 등을 위해 체불사업주의 소득 및 사업 자등록 등 관련 자료의 제공 및 관계 전산망의 이용을 관련 기관에 요청할 수 있다 (제43조의6; 2025.10.23.부터 시행). 명단 공개를 하기 전에 체불사업주에게 3개월 이상 의 기간을 정하여 소명기회를 주며, 공개 여부를 심의하기 위하여 고용노동부에 임 금체불정보심의위원회를 둔다(제43조의2 제2항·제3항; 제3항은 2025.10.23.부터 시행).

명단이 공개된 체불사업주에 대해서 고용노동부장관은 법무부장관에게 출국금 지를 요청할 수 있다(제43조의7 제1항; 2025.10.23.부터 시행). 또한 명단이 공개된 체 불사업주가 명단 공개기간 중에 근로기준법을 위반하여 임금체불을 저지른 경우 에는 피해자의 명시적 의사와 다르게 공소를 제기할 수 있다(제109조 제2항 단서; 2025.10.23.부터 시행).

3. 상습체불사업주 지정 및 제재

고용노동부장관은 임금체불정보심의위원회의 심의를 거쳐 임금 등 체불자료 제 공일이 속하는 연도의 직전 연도 1년간 근로자에게 임금 등(퇴직급여는 제외)을 3개월 분 임금 이상 체불한 사업주 또는 임금 등 체불자료 제공일이 속하는 연도의 직전 연도 1년간 근로자에게 5회 이상 임금 등을 체불하고, 체불총액이 3천만 원 이상인 사업주를 상습체불사업주로 정할 수 있다(근로기준법 제43조의4 제1항; 2025.10.23.부터 시행). 또한 고용노동부장관은 중앙행정기관의 장 등에게 상습체불사업주에 대해서 개별 법률에 따른 각종 보조·지원사업의 참여 배제나 수급 제한 및 국가계약법과 지방계약법에 따른 입찰참가자격 사전심사나 낙찰자 심사·결정 시 감점 등 불이익 조치를 요청하고, 관련 자료를 제공할 수 있다(제43조의4 제3항; 2025.10.23.부터 시행).

4. 종합신용정보집중기관에 체불자료 제공

고용노동부장관은 3년 이내 2회 이상 유죄가 확정되고 1년 이내 체불총액이 2천만 원 이상인 체불사업주 및 근로기준법 제43조의4에서 정한 상습체불사업주의 인적 사항과 체불액 등에 관한 자료를 종합신용정보집중기관의 요구에 따라 제공할 수 있다(근로기준법 제43조의3 제1항). 이는 체불사업주의 금융신용에 불이익을 줄 수 있도록 하여 임금체불을 예방하려는 취지이다. 체불사업주의 사망·폐업으로 임금 등 체불자료 제공의 실효성이 없는 경우 등에는 제공하지 않는다(제43조의3 제1항 단서). 임금체불자료를 받은 자는 이를 체불사업주의 신용도·신용거래능력 판단과 관련한 업무 외의 목적으로 이용하거나 누설하여서는 안 된다(제43조의3 제2항).

5. 퇴직 시 금품청산의무

사용자는 근로자가 사망 또는 퇴직한 경우에는 그 지급 사유가 발생한 때부터 14일 이내에 임금, 퇴직금, 보상금, 그 밖에 일체의 금품을 지급해야 한다. 다만, 특별한 사정이 있는 경우에는 당사자 사이의 합의로 기일을 연장할 수 있다(근로기준법 제36조, 퇴직급여법 제9조).[84]

금품청산의무를 위반한 자는 벌칙에 처한다. 다만, 피해자의 명시적 의사와 다르게 공소를 제기할 수 없다(근로기준법 제109조).

6. 임금체불에 대한 지연이자

사용자는 임금 및 퇴직급여(일시금만 해당함)의 전부 또는 일부를 그 지급 사유가 발생한 날부터 14일 이내에 지급하지 아니한 경우 그 다음 날부터 지급하는 날까지의 지연 일수에 대하여 연 40% 이내의 범위에서 은행의 연체금리 등 경제 여건을 고려하여 대통령령으로 정하는 이율(20%)에 따른 지연이자를 지급해야 한다(근로기준법 제37조 제1항 제1호). 2025년 10월 23일부터는 재직 중인 근로자에게 근로기준법 제43조 제2항에 따라 임금을 지급하기로 한 정기일에 임금을 지급하지 아니한 경우에도 그 다음 날부터 지급하는 날까지의 지연일수에 대해 동일하게 지연

---

[84] 이는 연장한 지급기일까지 퇴직금을 지급하지 아니한 사용자의 형사책임까지 배제하는 취지라고 볼 수 없으므로, 사용자가 근로자와 지급기일을 연장하는 합의를 하였더라도 연장한 지급기일까지 이를 지급하지 아니한다면 형사책임이 발생한다(대법원 2023.7.13. 2023도188 판결).

이자를 지급하여야 한다(제37조 제1항 제2호). 다만 이는 사용자가 천재·사변, 그 밖에 대통령령으로 정하는 사유에 따라 임금 지급을 지연하는 경우 그 사유가 존속하는 기간에 대하여는 적용하지 아니한다(제37조 제3항).

7. 체불임금 등에 대한 손해배상청구

근로자는 ① 사업주가 명백한 고의로 임금 등(퇴직급여법상 급여는 제외)의 전부 또는 일부를 지급하지 아니한 경우, ② 1년 동안 임금 등의 전부 또는 일부를 지급하지 아니한 개월 수가 총 3개월 이상인 경우, ③ 지급하지 아니한 임금 등의 총액이 3개월 이상의 통상임금에 해당하는 경우에는 법원에 사업주가 지급하여야 하는 임금 등의 3배 이내의 금액을 지급할 것을 청구할 수 있고, 이때 법원은 임금 등의 체불 기간·경위·횟수 및 체불된 임금 등의 규모, 사업주가 임금 등을 지급하기 위하여 노력한 정도, 근로기준법 제37조에 따른 지연이자 지급액, 사업주의 재산상태를 고려하여 배상액을 결정하여야 한다(제43조의8; 2025.10.23.부터 시행).

제3절

임금수준의 보호

I. 최저임금

1. 최저임금의 의의

임금의 수준은 근로계약 당사자 간에 자유롭게 정하는 것이 원칙이지만(근로기준법 제4조), 이를 당사자의 사적 자치에만 맡겨두게 되면 근로자와 사용자 사이의 교섭력의 차이로 임금이 지나치게 낮은 수준으로 결정되어 근로자의 생활이 위협받게 될 수 있다. 그렇기에 헌법 제32조 제1항은 최저임금제 시행 의무를 규정하였고, 이에 기초해 근로자에 대하여 임금의 최저수준을 보장하여 근로자의 생활안정과 노동력의 질적 향상을 꾀함으로써 국민경제의 건전한 발전에 이바지하는 것을 목적으로 최저임금법이 제정·시행되었다(최저임금법 제1조). 최저임금법에 따라 사용자는 최저임금의 적용을 받는 근로자에게 최저임금액 이상의 임금을 지급하여야 한다(제6조 제1항).

2. 최저임금의 결정

고용노동부장관은 매년 8월 5일까지 최저임금을 결정하여야 하는데, 이를 위하여 매년 3월 31일까지 최저임금위원회에 심의를 요청하고, 위원회가 심의한 최저임금안에 따라 최저임금을 결정하여야 한다(최저임금법 제8조 제1항). 고용노동부장관은 최저임금을 결정한 때에는 지체 없이 그 내용을 고시하여야 하고, 고시된 최저임금은 다음 연도 1월 1일부터 효력이 발생한다(제10조).

최저임금위원회는 근로자, 사용자, 공익을 대표하는 위원 각 9명 총 27명의 위원으로 구성되며(제14조 제1항), 의결은 근로자위원과 사용자위원 각 3분의 1 이상이 출석하고 재적위원 과반수가 출석한 상태에서 출석위원 과반수의 찬성으로 이루어진다(제17조 제3항·제4항).[85]

최저임금은 근로자의 생계비, 유사 근로자의 임금, 노동생산성 및 소득분배율 등을 고려하여 정하며, 이 경우 사업의 종류별로 구분하여 정할 수 있다(제4조). 최저임금액은 시간·일(日)·주(週) 또는 월(月)을 단위로 정하고, 일·주 또는 월을 단위로 하여 최저임금액을 정할 때에는 시간급(時間給)으로도 표시하여야 한다(제5조 제1항). 한편, 임금이 통상적으로 도급제나 그 밖에 이와 비슷한 형태로 정해진 경우로 최저임금액을 정하는 것이 적당하지 아니하다고 인정되면 해당 근로자의 생산고(生産高) 또는 업적의 일정 단위에 의하여 최저임금액을 정하여야 하나(제5조 제3항, 시행령 제3조), 현재까지 이러한 도급제 근로자에 대한 최저임금이 별도로 정해진 바는 없다.

한편, 단순노무업무를 제외하고, 1년 이상의 기간을 정하여 근로계약을 체결하

---

[85] 다만, 근로자위원이나 사용자위원이 2회 이상 출석요구를 받고도 정당한 이유 없이 출석하지 아니하는 경우에는 그러하지 아니하다(최저임금법 제17조 제4항 단서).

고 수습 중인 근로자로서 수습을 시작한 날부터 3개월 이내인 사람에 대해서는 시간급 최저임금의 90%를 그 근로자의 시간급 최저임금액으로 한다(제5조 제2항, 시행령 제3조).

3. 최저임금의 적용

(1) 최저임금의 적용 범위

최저임금법은 근로자를 사용하는 모든 사업 또는 사업장에 적용한다.[86] 다만, 동거하는 친족만을 사용하는 사업과 가사(家事) 사용인, 선원법의 적용을 받는 선원과 선원을 사용하는 선박의 소유자에게는 적용하지 아니한다(최저임금법 제3조). 또한 최저임금법이 적용되는 사업에서도 정신 또는 신체의 장애가 업무 수행에 직접적으로 현저한 지장을 주는 것이 명백하다고 인정되어 고용노동부장관의 인가를 받은 사람에 대해서는 최저임금의 적용을 제외한다(제7조, 시행령 제6조).

(2) 최저임금에 산입되는 임금의 범위

사용자는 최저임금의 적용을 받는 근로자에게 최저임금액 이상의 임금을 지급하여야 하고(최저임금법 제6조 제1항), 최저임금의 적용을 받는 근로자와 사용자 사이의 근로계약 중 최저임금액에 미치지 못하는 금액을 임금으로 정한 부분은 무효로 하며, 이 경우 무효로 된 부분은 이 법으로 정한 최저임금액과 동일한 임금을 지급하기로 한 것으로 본다(제6조 제3항). 또한 사용자는 이 법에 따른 최저임금을 이유로 종전의 임금수준을 낮추어서는 아니 된다(제6조 제2항). 이를 위반하여 최저임금액보다 적은 임금을 지급하거나 최저임금을 이유로 종전의 임금을 낮춘 자는 3년 이하의 징역 또는 2천만 원 이하의 벌금에 처한다(제28조 제1항). 다만 이는 근로자가 자기의 사정으로 소정근로시간 또는 소정의 근로일의 근로를 하지 아니한 경우

---

[86] 다만, 공직선거법상 선거사무소와 선거운동원은 각각 근로기준법상의 사업장과 근로자에 해당하지만(대법원 2007.10.26. 2005도9218 판결), 공직선거법에서 선거운동과 관련하여 수당 또는 실비를 보상할 수 있는 경우에도 중앙선거관리위원회가 사회·경제적 상황에 따라 선거의 공정을 해하지 않는 범위 내에서 정한 종류와 금액이 적용되어야 하고, 입법 목적과 규율 대상이 다른 최저임금법은 적용된다고 보기 어렵다고 한다(대법원 2020.1.9. 2019도12765 판결).

까지 사용자가 임금을 지급할 것을 강제하는 것은 아니다(제6조 제6항).[87]

한편 최저임금법은 근로자에게 지급된 임금 중 일정 범위의 임금만을 최저임금액과 비교하도록 하고 있다(제6조 제4항). 이를 비교대상 임금이라고 하는데, 이처럼 최저임금법에서 비교대상 임금의 범위를 제한하는 이유는 최저임금제가 근로자의 생활안정을 위한 것이기 때문에 최저임금의 적용 대상이 되는 임금을 사전에 예상할 수 있도록 한정할 필요가 있고, 또한 비교대상 임금의 범위를 제한하지 않고 임금 총액을 기준으로 하게 되면 사용자가 통상임금 산정의 기초가 되는 임금 부분을 낮게 정하고 연장근로수당이나 휴일근로수당 등을 증가시킴으로써 근로자의 임금을 최저임금액 이상이 되도록 할 우려가 있기 때문이다.[88]

이러한 취지에서 첫째, 주휴수당의 경우 소정의 근로에 대하여 매월 1회 이상 정기적으로 지급되는 임금이므로 비교대상임금에 산입된다.[89] 둘째, 1개월을 초과하는 기간에 대해 지급되는 상여금, 근속수당 등의 월 환산액은 비교대상임금에 모두 산입된다(제6조 제4항 제2호 및 법률 제15666호(2018.6.12.) 부칙). 셋째, 생활보조적·복리후생적 금품 중 통화 이외의 것으로 지급되는 것은 모두 비교대상임금에 산입되지 않고, 통화로 지급되는 경우 월 지급환산액은 산입된다(제6조 제4항 제3호 및 법률 제15666호(2018.6.12.) 부칙).

또한 사용자가 비교대상임금에 산입하고자 1개월을 초과하는 주기로 지급하는 임금을 총액 변동 없이 매월 지급하는 것으로 취업규칙을 변경하려는 경우에는 근로기준법 제94조 제1항에도 불구하고 해당 사업 또는 사업장에 근로자 과반수로 조직된 노동조합이 있는 경우에는 그 노동조합, 근로자 과반수로 조직된 노동조합이 없는 경우에는 근로자 과반수의 의견을 들어야 한다(최저임금법 제6조의2).

최저임금액은 시간 단위로 고시되는데, 만약 근로자 임금이 일, 주 또는 월 단위로 정해진 경우에는 대통령령으로 정한 바에 따라 이를 시간급으로 환산하여 비교

---

[87] 따라서 소정의 근로일에는 해당하지만 근로자가 실제 근로하지 아니하여 본래 임금을 지급할 필요가 없는 무급휴가일 또는 결근일에 대하여 근로계약이나 취업규칙, 단체협약 등에 의해 임금을 지급하기로 하였더라도 그 유급으로 처리된 시간은 특별한 사정이 없는 한 최저임금 지급 대상 시간에 포함되지 않으나, 근로자가 실제로 근로를 제공하지 아니하였으나 사용자가 법령에 의해 임금을 지급할 의무를 부담하는 시간(예컨대 법정 연차유급휴가를 사용한 날)은 여기에 포함된다(대법원 2024.7.25. 2023다223744(본소), 2023다223751(반소) 판결).

[88] 헌법재판소 2021.12.23. 2018헌마629, 630(병합) 결정.

[89] 대법원 2007.1.11. 2006다64245 판결; 대법원 2018.6.19. 2014다44673 판결.

하여야 한다(시행령 제5조). 일 단위로 정해진 경우 그 금액을 1일의 소정근로시간 수로 나누면 되고, 주 단위로 정해진 경우 그 금액을 1주의 최저임금 적용기준 시간 수(1주 소정근로시간+근로기준법상 주휴수당 지급 시간)로 나눈 금액,[90] 월 단위로 정해진 경우 1주 최저임금 적용기준 시간 수×(365/7)를 12개월로 나눈 금액으로 계산한다.

최저임금법 등 강행법규를 잠탈할 목적으로 실제 근무형태나 근무시간의 변경 없이 소정근로시간만 단축하기로 하는 합의는 탈법행위로 무효이다.[91] 이는 합의를 체결한 근로관계 당사자들의 주된 목적이 최저임금법의 적용을 회피하려는 것이었는지와 아울러 단축된 소정근로시간과 실제 근로시간을 비교하여 양자 사이에 상당한 불일치가 있는지를 중심으로 규범적인 관점에서 판단하여야 한다.[92]

II. 휴업수당

1. 의의

근로기준법은 사용자의 귀책사유로 인한 휴업의 경우 근로자의 생활보호를 위해 휴업수당제도를 두고 있다. 즉, 사용자의 귀책사유로 휴업하는 경우에 사용자는 휴업기간 동안 그 근로자에게 평균임금의 100분의 70 이상의 수당을 지급하여야 한다(제46조 제1항 본문). 다만, 평균임금의 100분의 70에 해당하는 금액이 통상임금을 초과하는 경우에는 통상임금을 휴업수당으로 지급할 수 있다(제46조 제1항 단서). 만약 부득이한 사유로 사업을 계속하는 것이 불가능하여 사용자가 노동위원회의 승인을 받은 경우에는 위에서 정한 기준에 못 미치는 휴업수당을 지급할 수 있다(제46조 제2항).

근로자는 사용자에게 근로를 제공해야 임금을 지급받을 수 있다. 만약 사용자의

---

90 2018년 최저임금법 개정 이전에는 시급 환산 시 주휴시간이 포함되는지에 대해 판례와 행정해석이 일치하지 않아 논란이 있었으므로 법을 개정해 이를 해결하였다.

91 대법원 2019.4.18. 2016다2451 전원합의체 판결.

92 대법원 2024.5.30. 2023다279402(본소), 2023다280563(반소) 판결.

고의·과실로 근로자가 근로제공의무를 이행하지 못하였다면, 근로자는 임금 지급을 청구할 수 있다(민법 제538조 제1항 참조). 그러나 실제로는 사용자가 의도하지 않은 경영상의 장애로 휴업하는 경우 근로자가 사용자의 고의·과실 책임이 있는지를 증명하기 어려울 수 있다. 또한 임금 지급을 청구하려고 민사소송을 제기하는 것이 근로자로서는 번거롭고 부담스러워 권리행사를 포기할 수도 있다. 이러한 점에서 민사법의 제도와 별도로 근로기준법에서 휴업수당을 지급하도록 의무를 정하고 근로감독과 벌칙으로 그 지급을 확보하는 제도를 두고 있다. 즉, 휴업수당 제도는 사용자가 경영상 책임 있는 휴업에 대해 휴업수당을 지급하도록 하고 근로자가 휴업수당으로 최저한도의 생활을 가능하게 함으로써 근로자의 생활안정을 도모하려는 취지의 제도이다.

만약 사용자에게 귀책사유가 있다면, 민법에 따라 근로자는 임금 전액을 청구하는 것도 가능하다. 휴업수당 지급의무와 임금 지급의무가 중복적으로 인정되는 경우 근로자는 지급청구권을 선택적으로 행사할 수 있다. 임금 지급의무는 휴업수당이 지급된 범위만큼 이행된 것으로 보아 이중 지급은 부정하는 것이 당연하다.

휴업수당은 휴업보상과 구별해야 한다. 휴업보상(제79조)은 근로자가 업무상 부상 또는 질병으로 요양 중일 때 근로자에게 지급되는 재해보상의 일종이다.

2. 지급 요건

휴업수당은 '사용자의 귀책사유'로 인한 '휴업'에 대해 지급한다.

(1) 휴업

휴업은 근로자가 근로제공 의무가 있는데도 근로를 제공하지 못하는 것을 말한다. 사업장 전체 근로자에 대한 휴업뿐만 아니라 근로자 개인에 대한 휴업[93]도 해당한다. 대기발령으로 근로를 제공하지 못한 경우도 휴업에 해당한다.[94]

---

93 대법원 1991.6.28. 90다카25277 판결.
94 대법원 2013.10.11. 2012다12870 판결(경영상 필요에 따라 근로자들을 대기발령한 경우 휴업수당 지급을 인정).

(2) 사용자의 귀책사유

사용자의 귀책사유로 인한 휴업의 경우 사용자는 근로자에게 휴업수당을 지급해야 한다. 근로자의 결근은 근로자의 귀책사유로 인한 휴업이므로 휴업수당 지급이 문제 되지 않는다. 하지만 근로자 개인의 책임이 아닌 사정으로 휴업한 경우 이것이 사용자의 귀책사유로 인정되는지가 문제 된다.

휴업수당 제도의 인정 취지에 비추어 보면, 휴업수당 지급 여부에서 사용자의 귀책사유는 넓게 해석해야 한다. 사용자에게 고의·과실이 있는 경우뿐만 아니라 사용자의 세력범위(지배권)에서 발생한 경영장애도 사용자의 귀책사유로 인정될 수 있다. 천재지변 등 불가항력에 해당되지 않는 한 경영상 장애는 사용자의 귀책사유에 널리 포함된다.[95] 예를 들면, 판매 부진, 자금난, 원자재 부족, 주문 감소, 하도급 작업량의 감소, 공장 이전, 공장·기계의 파손, 행정관청의 조업정지명령 등이 모두 사용자의 귀책사유에 해당한다. 후술하겠으나 사용자의 귀책사유로 인한 휴업이지만 부득이한 사유로 사업을 계속하는 것이 불가능하다면, 휴업수당액이 조정될 수 있을 뿐이다.

사용자의 부당해고로 해고기간 중 근로를 제공하지 못한 경우도 휴업수당의 대상이 되는 사용자의 귀책사유로 인한 휴업에 해당한다. 따라서 중간수입을 공제하려는 경우에도 휴업수당을 초과하는 부분에 한하여 중간수입으로 공제할 수 있을 뿐이다.[96]

경영상 어려움을 이유로 근로자들에게 임금은 물론 휴업수당도 지급하지 않고 무급으로 휴직 조치하려는 경우가 많다. 경영해고에서 해고회피 노력의 일환으로 무급휴직이 진행되는 경우도 있다. 휴직도 휴업에 해당한다는 점, 경영상의 이유로 인한 휴업에 휴업수당 지급을 강제하는 것이 근로기준법의 취지라는 점, 근로기준법의 규정 내용은 강행법규이어서 노사 당사자의 합의로 배제할 수 없다는 점 등을 아울러 고려한다면 경영상 이유에 따른 무급휴직은 근로자들이 개별적으로 또한 객관적으로 명백하게 동의한 경우에만 예외적으로 허용될 수 있다고 해석해야 한다. 그러한 경우에만 근로자 동의로 근로제공의무와 임금지급의무가 정지되는 효과를 인정하고, 아울러 휴업수당 지급도 문제 되지 않을 수 있다.

---

95 김유성, 「노동법 Ⅰ」, 법문사, 2005, 103면; 임종률, 「노동법」, 박영사, 2022(20판), 423면.

96 대법원 1991. 6. 28. 90다카25277 판결; 대법원 1991.12.13. 90다18999 판결.

휴업수당 지급사유인지 판단할 때 근로자의 파업 등 쟁의행위로 조업이 되지 않은 경우를 별도로 문제 삼는 것은 부적절하다. 쟁의행위는 노사의 정당한 행위로 인정되기 때문이다. 근로자의 파업으로 조업이 제대로 되지 않는 경우라도 사용자가 휴업하였다면 쟁의행위에 불참하고 근로를 제공하는 근로자들에게 휴업수당을 지급하여야 하며,[97] 아울러 임금지급의무도 인정된다.

사용자는 정당한 직장폐쇄를 함으로써 휴업수당이나 임금의 지급의무를 면할 수 있게 된다. 즉, 정당한 직장폐쇄인 경우 사용자는 임금지급의무가 없을 뿐만 아니라, 정당한 직장폐쇄로 근로가 제공되지 않는 것은 사용자의 귀책사유가 아니므로 휴업수당 지급의무도 없다. 직장폐쇄가 정당하지 않은 경우에는 임금지급의무가 인정되므로, 별도로 휴업수당 지급 여부를 문제 삼을 실익이 없다.

3. 휴업수당의 금액

(1) 휴업수당 금액의 수준

휴업수당의 금액은 평균임금의 100분의 70 이상이다. 다만, 평균임금의 100분의 70에 해당하는 금액이 통상임금을 초과하는 경우에는 통상임금을 휴업수당으로 지급할 수 있다(근로기준법 제46조 제1항 단서). 단서는 과다한 연장·휴일근로나 특별급여의 지급으로 평균임금이 높다가 휴업에 이른 경우 소정근로에 해당하는 조업을 하는 경우의 임금인 통상임금보다 휴업수당 금액이 높은 경우도 있을 수 있어, 그 경우 통상임금만 휴업수당 금액으로 지급하도록 사용자를 배려한 것이다. 그렇지만 통상의 생활임금의 최저한도를 휴업수당으로 지급하려는 근로기준법의 취지가 약화되었다는 점에서 재고가 필요하다.

(2) 휴업수당의 감액

사용자의 귀책사유로 휴업하는 경우라고 하더라도 사용자가 부득이한 사유로 사업을 계속하는 것이 불가능하여 노동위원회의 승인을 받은 경우에는 평균임금의 70% 또는 통상임금에 못 미치는 휴업수당을 지급할 수 있다(근로기준법 제46조 제2항).

---

[97] 김유성, 앞의 책, 104면. 한편 임종률, 앞의 책, 269면은 비조합원에 대해서만 휴업수당을 인정한다.

여기에서 '부득이한 사유'가 무엇인지가 문제 된다. '부득이한 사유'는 천재지변 기타 사용자로서 불가항력적 사유로 사용자가 최선의 노력을 다해도 조업의 계속이 불가능한 경우로, 사용자의 '귀책사유'와의 관계에서는 포섭관계가 아니라 배척관계라는 해석도 가능할 수 있다. 그렇지만 천재지변 기타 불가항력적인 사유는 애초에 사용자의 귀책사유로 인정되지 않으므로 휴업수당 지급 여부가 문제 되지 않는다는 점, 후술하듯이 노동위원회의 승인을 얻지 않으면 휴업수당의 감액은 부정된다는 점 등을 고려한다면, 휴업수당의 지급요건인 사용자의 귀책사유에 해당하면서도 사용자가 부득이하게 휴업하였다고 인정될 수 있는 '기업 외적인 사정'들이 이에 해당할 수 있다.[98] 예를 들면 금융위기나 대규모 질병 확산 등으로 산업경제가 구조적으로 침체되어 해당 기업의 경영도 어려워진 경우라면 부득이한 사유로 인정될 수 있다. 생각건대 기업 외적 사정이 '부득이한 사유'에 해당하는지는 사용자의 경영 영역에서 발생하였음에도 사용자에게 휴업수당을 부담하게 하는 것이 과도한지와 근로자의 최저한도 생활을 보장할 필요성을 아울러 고려하여 구체적 사안에 따라 판단하여야 한다.[99]

부득이한 사유로 인한 휴업이라고 하더라도 노동위원회의 승인을 얻지 않으면 휴업수당의 감액은 할 수 없다는 것이 판례의 태도이다.[100] 노동위원회가 휴업수당의 지급의무가 없다는 점을 확인하는 것이 아니라 휴업수당 금액을 감액하려는 것이므로 위와 같은 해석이 타당하다. 근로자들은 노동위원회의 승인 처분에 대해 직접 이해관계를 가지므로 중앙노동위원회에 재심신청[101] 및 재심처분에 대한 행정소송[102]을 제기할 수 있다.

이상의 요건을 갖추면, 휴업수당 금액을 감액하여 지급하는 것이 허용된다. 휴업수당을 전혀 지급하지 않는 것도 허용된다는 것이 다수설이다.

---

98 임종률, 「노동법」, 박영사, 2022(20판), 425면.

99 김유성, 「노동법 Ⅰ」, 법문사, 2005, 106면. 한편, 경기의 변동, 산업구조의 변화 등에 따른 사업 규모의 축소, 사업의 폐업 또는 전환으로 고용조정이 불가피하게 된 사업주가 근로자에 대한 휴업, 휴직, 직업전환에 필요한 직업능력개발 훈련, 인력의 재배치 등을 실시하거나 그 밖에 근로자의 고용안정을 위한 조치를 하면, 고용노동부장관을 통해 그 비용의 일부를 지원받을 수 있다(고용보험법 제21조 제1항).

100 대법원 1968.9.17. 68누151 판결.

101 대법원 1995.6.30. 94누9955 판결[또한 승인결정은 근로자들에게 직접 송달되지 않으므로 재심신청기간은 행정심판법상의 심판청구기간 규정(제27조)이 적용됨].

102 대법원 1968.9.17. 68누151 판결.

4. 기타

앞에서 설명한 바대로 휴업수당은 임금으로 보기 힘들지만, 임금지급원칙에 관한 규정(근로기준법 제43조)이나 임금의 소멸시효에 관한 규정(제49조)이 적용된다고 보아야 한다.

임금채권보장법에서도 휴업수당을 대지급금의 대상으로 명시하여 임금에 준하는 보호를 하고 있다(임금채권보장법 제7조 제2항).

III. 도급제 근로자의 임금보장

사용자는 도급이나 그 밖에 이에 준하는 제도로 사용하는 근로자에게 근로시간에 따라 일정액의 임금을 보장하여야 한다(근로기준법 제47조). '도급이나 그 밖에 준하는 제도'는 성과급, 판매수당 등 임금을 근로 실적에 따라 지급하는 것을 말한다. 고객 부족이나 제품의 품질 조잡 등 근로자에게 책임이 없는 사정으로 실적이 떨어지는 경우 임금이 지나치게 낮게 지급되어 근로자의 생활안정을 위태롭게 만들 수 있기 때문에 근로시간에 따라 일정액의 임금을 보장하도록 하는 취지이다.[103]

'일정액의 임금'이 어느 정도인지 기준이 법에 정해져 있지 않다. 학설로는 ① 근로자가 책임질 성질의 것이 아닌 사유가 발생하지 않았다면 지급받을 수 있었던 액수를 지급하여야 한다는 견해,[104] ② 실수임금(實收賃金)보다 너무 낮지 않을 정도의 수입이 보장되는 금액이 되어야 한다는 견해[105] 등이 있다.

---

103 최근 도급제적 근로자와 관련한 판례에서 "이 사건에서 '도급제에 따라 계산된 임금의 총액'은 원고들의 총근로에 대하여 이 사건 위임계약에 따라 지급하기로 한 수수료로 볼 수 있고, 피고는 원고들이 업무처리를 완료한 경우 원고들에게 이 사건 위임계약에 따라 별도로 정한 원고들의 각 수수료체계에 따라 수수료를 산정하여 지급하였으므로, 도급제에 따라 계산된 임금의 총액은 원고들이 이 사건 위임계약에 따라 지급받은 수수료이다."라고 판시하였다(서울고등법원 2021.10.26. 2019나2031229 판결).

104 김유성, 앞의 책, 109면.

105 임종률, 앞의 책, 428면.

제4절
임금채권의 보호

I. 임금채권의 우선변제

1. 의의

근로기준법과 퇴직급여법은 사용자가 도산, 경영위기 등으로 잔여재산이 처분될 때 근로자의 임금, 재해보상금, 퇴직금, 그 밖의 근로채권을 다른 채권보다 우선변제하게 하여 근로자의 생활을 보장하도록 하고자 '임금채권[106] 우선변제제도'를 두고 있다(근로기준법 제38조, 퇴직급여법 제12조).

임금채권 우선변제 제도는 사용자의 총재산에 대해 순위에 따라 임금채권이 우선변제되는 제도이다. 우선변제는 ① '최우선변제'로서 최종 3개월분의 임금, 재해보상금, 최종 3년간의 퇴직급여 등, ② 질권·저당권·담보권에 우선하는 조세·공과금, ③ 질권·저당권·담보권에 의해 담보되는 채권, ④ '일반적 우선변제'로서 임금, 퇴직급여 등, 그 밖에 근로관계로 인한 채권 중 위 ①을 제외한 것, ⑤ 조세·공과금 그 밖의 채권'의 순위로 이루어진다.

즉, 최우선변제인 임금채권은 담보물권이 있는 채권(은행의 저당권 있는 대출채권 등)보다 우선되며, 일반적 우선변제인 임금채권은 여타의 일반 채권(원자재를 납품한 거래처의 채권 등)들에 비해 우선된다.

2. 우선변제되는 임금채권의 범위

(1) 최우선변제인 경우

최우선변제되는 임금채권은 최종 3개월분의 임금, 재해보상금, 최종 3년간의 퇴

---

[106] 임금 이외에 재해보상금, 퇴직급여도 해당하나 통상의 용례에 따라 '임금채권' 우선변제라고 하겠다.

직급여 등이다.

'최종 3개월분의 임금'은 최종 3개월에 지급사유가 발생한 임금 중 사용자가 지급하지 못한 임금을 말한다. 따라서 임금채권에 대한 근로자의 배당요구 당시 근로자와 사용자의 근로계약관계가 이미 종료되었다면 그 종료 시부터 소급하여 3개월 사이에 지급사유가 발생한 임금 중 미지급분을 말한다.[107]

'재해보상금'은 업무상 재해에 대해 사용자가 지급하여야 하는 근로기준법상의 보상금(재해보상과 관련된 제78조부터 제84조 참조)을 말한다.

'최종 3년간의 퇴직급여 등'은 '사용자에게 지급의무가 있는 퇴직금, 일시금이 법정퇴직금 수준 이상인 확정급여형퇴직연금제도의 급여, 확정기여형퇴직연금제도의 부담금 중 미납입 부담금 및 미납입 부담금에 대한 지연이자, 개인형퇴직연금제도의 부담금 중 미납입 부담금 및 미납입 부담금에 대한 지연이자'를 말한다(퇴직급여법 제12조 제1항). 이때 퇴직급여 등 중 퇴직금, 확정급여형퇴직연금제도의 급여는 '계속근로기간 1년에 대하여 30일분의 평균임금으로 계산한 금액'으로 한다(같은 조 제3항). 확정기여형퇴직연금제도의 부담금 및 개인형퇴직연금제도의 부담금은 가입자의 연간 임금총액의 12분의 1에 해당하는 금액으로 계산한 금액으로 한다(같은 조 제4항). 이는 법정 최저한도만 우선변제하려는 취지이다.

(2) 일반적 우선변제인 경우

일반적 우선변제되는 임금채권은 최우선변제되지 않는 나머지 범위에 해당하는 임금, 퇴직급여 등 그 밖에 근로관계로 인한 채권이다. 즉, 일반적 우선변제에서 '임금'은 최종 3개월간의 임금이 아닌 임금이 해당하며, '퇴직급여 등'은 최종 3년간의 퇴직급여 등이 아닌 퇴직급여 등이 해당한다. '그 밖에 근로관계로 인한 채권'의 예로는 해고예고수당, 저축금·보관금, 퇴직위로금 등을 들 수 있다.

3. 우선변제의 대상인 사용자의 총재산

우선변제의 대상인 사용자의 총재산에는 사용자가 소유하는 부동산, 동산은 물

---

107 대법원 2008.6.26. 2006다1930 판결(종료 시부터 소급하여 3개월 사이에 지급사유가 발생한 임금 중 이미 지급된 개월이 있다 하여 그 3개월 이전에 지급사유가 발생한 기간까지 소급기간이 확대되지 않음).

론 유형·무형의 각종 재산 모두가 포함된다. 최우선변제는 근로자의 최저생활을 보장하고자 하는 공익적 요청으로 일반 담보물권의 효력을 일부 제한한다는 취지를 갖고 있다. 이에 비추어 판례는 사용자가 재산을 특정승계 취득하기 전에 설정된 담보권까지 그 임금채권의 우선변제권을 인정한 것은 아니라고 하였다.[108] 또한 우선변제권은 경매절차에서 우선 배당받을 수 있는 데 불과하므로, 사용자가 제3자에게 처분한 재산까지 추급하여 우선변제를 받을 수 있는 것은 아니다.[109]

'사용자'는 근로계약 당사자로서 임금지급의무를 지는 사업주를 의미한다. 사용자가 법인인 경우 법인 소유의 재산에 한정되며, 법인의 대표자 개인의 재산은 포함되지 않는다. 또한 '근로계약의 당사자로서 임금채무를 1차적으로 부담하는 사업주인 사용자'만을 의미하므로, 직상 수급인이 하수급인의 임금지급의무에 대해 연대책임을 지는 경우(제44조 참조) 직상 수급인은 하수급인의 근로자들의 임금채권 우선변제권이 인정되는 사용자에 해당한다고 볼 수 없다.[110]

4. 우선변제 방법

임금채권은 사용자의 재산에 대하여 강제집행절차나 임의경매절차가 개시된 경우에 그 환가금의 배당절차에서 피담보채권이나 일반채권보다 우선하여 변제받는 것이 인정된다.

판례는 우선변제권이 이처럼 경매절차에서 우선 배당받을 수 있는 권리에 불과하다고 이해한다.[111] 그리하여 우선변제권은 사용자가 이미 제3자에게 처분한 재산에까지 추급효가 인정되지 않으며,[112] 이미 다른 채권자가 한 압류처분의 효력

---

108 대법원 2004.5.27. 2002다65905 판결. 다만 이 판결은 사업의 인적 조직·물적 시설이 동일성을 유지하면서 일체로 이전되어 형식적으로 경영주체의 변경이 있을 뿐 구사용자와 신사용자 사이에 실질적인 동일성이 인정되는 경우에는 담보된 재산만이 특정승계된 경우와 달라서 고용이 승계된 근로자는 물론 후에 신규로 채용된 근로자들도 사용자가 재산을 취득하기 전에 설정된 담보권에 대하여 임금 등의 우선변제권을 가진다고 한다.

109 대법원 1994.12.27. 94다19242 판결.

110 대법원 1999.2.5. 97다48388 판결.

111 대법원 1994.12.27. 94다19242 판결; 대법원 1995.6.13. 95누2562 판결 등 참조.

112 대법원 1994.12.27. 94다19242 판결.

까지도 배제하여 그보다 우선적으로 직접 지급을 구할 수 있는 권한은 없다.[113]

또한 근로자가 우선변제청구권을 갖는 강제집행절차나 임의경매절차에서 배당요구의 종기까지 적법하게 배당요구를 해야만 우선배당을 받을 수 있다.[114] 결국 최종 3개월분의 임금은 배당요구 이전에 이미 근로관계가 종료된 근로자의 경우에는 근로관계 종료일부터 소급하여 3개월 사이에 지급사유가 발생한 임금 중 미지급분, 배당요구 당시에도 근로관계가 종료되지 않은 근로자의 경우에는 배당요구 시점부터 소급하여 3개월 사이에 지급사유가 발생한 임금 중 미지급분을 말하며, 최종 3년간의 퇴직금도 이와 같이 보아 배당요구 종기일 이전에 퇴직금 지급 사유가 발생해야 한다.[115]

II. 임금채권보장 제도

1. 의의

사용자가 도산한 경우 근로기준법상의 임금채권 우선변제제도가 있어도 사용자에게 경매 등으로 환가될 적절한 재산이 없어 임금채권이 보장되지 않을 수 있고, 또한 그러한 재산이 있다 하더라도 근로자가 경매절차에 참여하는 것이 번거롭고 힘들며 임금 지급이 실현되기까지 장시간이 걸린다. 특히 1998년 IMF 금융위기로 많은 기업이 도산하면서 임금채권보장의 필요성이 강조되었고, 이에 임금채권보장법이 제정되어 근로자들이 일정 부분의 임금채권을 신속·간편하게 국가로부터 대신 지급받게 되었다.[116] 경기변동과 산업구조 변화 등으로 사업을 계속하는 것이 불가능하거나 기업의 경영이 불안정하여 사용자가 도산 등을 하고 이로써 근로자의 임금 지급에 위험이 초래되는 상황은 사회적 위험이다. 따라서 국가가 사용자로부터 기금을 조성하여 임금을 대신 지급하도록 하여 사용자의 임금 지급 책

---

113 대법원 1995.6.13. 95누2562 판결.

114 대법원 1997.2.25. 96다10263 판결(근로자가 적법한 배당요구를 하지 아니하여 그를 배당에서 제외하고 후순위 채권자에게 배당된 경우, 이에 대해 이의를 제기할 수 없음).

115 대법원 2015.8.19. 2015다204762 판결.

116 김유성, 「노동법 Ⅱ」, 법문사, 1999, 128면.

임의 위험을 전체 사용자에게 분산하고, 국가가 이를 관리한다는 사회보험적 제도를 도입한 것이다.[117]

임금채권보장법은 경기변동과 산업구조 변화 등으로 사업을 계속하는 것이 불가능하거나 기업의 경영이 불안정하여 임금 등을 지급받지 못하고 퇴직한 근로자 등에게 그 지급을 보장하는 조치를 마련함으로써 근로자의 생활안정에 이바지하는 것을 목적으로 한다(제1조). 이 법에서는 임금채권을 보장하는 제도로서 '체불임금 등 대지급금 제도'를 두고 있다. 즉, 국가가 기금을 조성하여 사용자의 도산 등으로 임금 등을 지급받지 못하고 퇴직한 근로자와 재직 중인 근로자 임금 등의 일정 부분을 사용자를 대신하여 지급한다.

임금채권보장법은 산재보험법의 적용 사업장(산재보험법 제6조)에 적용한다(임금채권보장법 제3조). 산업재해보상보험제도를 위탁하여 수행하는 근로복지공단에 임금채권보장제도도 위탁하여 수행하려는 점을 고려한 것이다. 다만 임금채권보장법은 국가와 지방자치단체가 직접 수행하는 사업에는 적용하지 않는다. 국가나 지방자치단체가 임금을 직접 지급하므로 임금채권보장제도가 필요하지 않다는 정책적 고려이다.

2. 대지급금의 지급

고용노동부장관은 사업주가 일정한 사유에 해당하는 경우에 퇴직한 근로자와 재직 근로자가 지급받지 못한 임금 등의 지급을 청구하면 그 근로자의 미지급 임금 등을 사업주를 대신하여 지급한다. 대신 지급하는 돈이라는 의미에서 '대지급금'이라 한다.[118] 고용노동부장관은 근로자에게 대지급금을 지급하였을 때에는 그 지급한 금액의 한도에서 그 근로자가 해당 사업주에 대하여 미지급 임금 등을 청구할 수 있는 권리를 대위한다(임금채권보장법 제8조 제1항). 근로기준법상의 임금채권 우선변제권(제38조 제2항) 및 퇴직급여법상의 퇴직급여 등 채권 우선변제권(제12

---

[117] 임종률, 『노동법』, 박영사, 2022(20판), 615면.
[118] 민법에 따르면, 채무의 변제는 제3자도 할 수 있으나, 채무의 성질 또는 당사자의 의사표시로 제3자의 변제를 허용하지 아니하는 때에는 그러하지 아니하고, 이해관계 없는 제3자는 채무자의 의사에 반하여 변제하지 못한다(민법 제469조). 고용노동부장관이 대지급금을 지급하는 것은 일종의 제3자 변제이나, 임금채권보장법은 '민법 제469조에도 불구하고' 대신 지급하도록 하는 것이다(제7조 제1항, 제7조의2 제1항 참조).

조 제2항)은 대위되는 권리에 존속하는데(임금채권보장법 제8조 제2항), 이는 사업주에 대하여 구상권을 행사하도록 하기 위함이다.

(1) 퇴직한 근로자에 대한 대지급금의 지급

사업주의 도산(회생절차개시나 파산선고) 이외에도 임금 등을 지급할 능력이 없다고 고용노동부장관이 인정하는 '도산 등 사실인정',[119] 사업주가 근로자에게 미지급 임금 등을 지급하라는 판결, 명령, 조정 또는 결정 등이 있는 경우, 고용노동부장관이 근로감독사무 처리과정에서 확인된 체불 임금 등·사업주 확인서를 발급하여 사업주의 미지급임금 등이 확인된 경우, 고용노동부장관은 퇴직한 근로자가 지급받지 못한 임금 등의 지급을 청구하면 그 근로자의 미지급 임금을 사업주를 대신하여 지급한다(임금채권보장법 제7조 제1항).

이때 대지급금의 범위는 ① 최종 3개월분의 임금(근로기준법 제38조 제2항 제1호) 및 최종 3년간의 퇴직급여 등(퇴직급여법 제12조 제2항), ② 최종 3개월분의 휴업수당(근로기준법 제46조), ③ 최종 3개월분의 출산 전후 휴가기간 중 급여이다(제7조 제2항).

한편 상시근로자 수가 10명 미만인 영세사업장에서 퇴직한 근로자로서 고용노동부령으로 정하는 기준에 해당하는 근로자는 대지급금을 청구하는 경우 공인노무사로부터 대지급금 청구서 작성, 사실확인 등에 관한 지원을 받을 수 있다(임금채권보장법 제7조 제5항, 임금채권보장법 시행규칙 제8조의3). 고용노동부장관은 공인노무사로부터 지원을 받은 경우 그에 드는 비용의 전부 또는 일부를 지원할 수 있다(임금채권보장법 제7조 제6항).

(2) 재직 근로자에 대한 대지급금의 지급

사업주가 근로자에게 미지급 임금 등을 지급하라는 판결, 명령, 조정 또는 결정 등이 있는 경우, 고용노동부장관이 근로감독사무 처리과정에서 확인된 체불 임금 등·사업주 확인서를 발급하여 사업주의 미지급임금 등이 확인된 경우, 고용노동

---

[119] 임금채권보장법 시행령 제5조에서는 상시 근로자 300명 이하를 사용하는 사업주가 사업장에서 사업이 폐지되었거나 특정한 사유로 폐지되는 과정에 있고, 나아가 임금 등을 지급할 능력이 없거나 특정한 사유로 임금 등의 지급이 현저히 곤란할 것으로 인정되는 경우에 고용노동부장관이 도산사실인정을 하도록 하고 있다.

부장관은 해당 사업주와 근로계약이 종료되지 아니한 근로자가 지급받지 못한 임금 등의 지급을 청구하면 대지급금을 지급한다(제7조의2 제1항).

이때 대지급금의 범위는 ① 재직 근로자가 체불 임금에 대하여 판결, 명령, 조정 또는 결정 등을 위한 소송 등을 제기하거나, 해당 사업주에 대하여 진정·청원·탄원·고소 또는 고발 등을 제기한 날을 기준으로 맨 나중의 임금 체불이 발생한 날부터 소급하여 3개월 동안에 지급되어야 할 임금 중 지급받지 못한 임금, ② ①과 같은 기간 동안에 지급되어야 할 휴업수당 중 지급받지 못한 휴업수당, ③ ①과 같은 기간 동안에 지급되어야 할 출산 전후 휴가기간 중 급여에서 지급받지 못한 급여이다(제7조의2 제2항).

(3) 수급권의 보호

대지급금을 지급받을 권리는 양도 또는 압류하거나 담보로 제공할 수 없다(임금채권보장법 제11조의2 제1항). 미성년자인 근로자는 독자적으로 대지급금의 지급을 청구할 수 있다(같은 조 제3항). 대지급금을 받을 권리가 있는 사람이 부상 또는 질병으로 대지급금을 수령할 수 없는 경우에는 그 가족에게 수령을 위임할 수 있다(같은 조 제2항, 임금채권보장법 시행령 제18조의2). 또한 대지급금 수급계좌의 예금에 관한 채권은 압류할 수 없다(같은 조 제4항).

3. 임금채권보장기금의 설치

고용노동부장관은 대지급금의 지급에 충당하기 위하여 임금채권보장기금을 설치한다(임금채권보장법 제17조). 고용노동부장관은 대지급금을 지급하는 데 드는 비용에 충당하기 위하여 사업주로부터 부담금을 징수한다(제9조 제1항). 사업주의 부담금은 그 사업에 종사하는 근로자의 보수총액에 1천분의 2의 범위에서 위원회의 심의를 거쳐 고용노동부장관이 정하는 부담금비율을 곱하여 산정한 금액으로 한다(같은 조 제2항).[120]

---

[120]   임금채권보장기금의 사업주 부담금 비율은 보수총액의 1000분의 0.6(전 업종 공통)이다(「임금채권보장기금 사업주 부담금 비율」, 고용노동부고시 제2018-79호).

4. 임금 체불 시 생계비 융자

고용노동부장관은 사업주가 일시적인 경영상 어려움 등 고용노동부령으로 정하는 사유로 근로자에게 임금 등을 지급하지 못한 경우에 사업주의 신청에 따라 체불 임금 등을 지급하는 데 필요한 비용을 융자할 수 있다(임금채권보장법 제7조의3 제1항). 또한 사업주로부터 임금 등을 지급받지 못한 근로자(퇴직근로자 포함)의 생활안정을 위하여 근로자의 신청에 따라 생계비에 필요한 비용을 융자할 수 있다(같은 조 제2항). 융자금액은 고용노동부장관이 해당 근로자에게 직접 지급하여야 한다(같은 조 제3항).

Ⅲ. 도급 사업에 대한 임금 지급

1. 직상 수급인의 연대 책임

사업이 한 차례 이상의 도급에 따라 행해지는 경우에 하수급인이 직상(直上) 수급인의 귀책사유로 근로자에게 임금을 지급하지 못한 경우에는 그 직상 수급인은 그 하수급인과 연대하여 책임을 진다(근로기준법 제44조 제1항 본문). 이는 근로자를 직접 고용하고 있는 사용자가 하수급인인 경우 대체로 자본이 영세하고 임금의 지불능력이 도급계약의 상대방인 직상 수급인에 의존하는 점을 고려해 임금채권의 실효성을 확보하려는 취지이다. 만약 도급이 한 차례에 걸쳐 행해진 경우는 도급인, 즉 그 사업의 최초 발주자가 수급인의 근로자에 대해 연대 책임을 지는 직상 수급인이 된다.

그런데 이때 직상 수급인의 귀책사유가 그 상위 수급인의 귀책사유에 의하여 발생한 경우에는 그 상위 수급인도 연대하여 책임을 진다(제44조 제1항 단서). 다만 판례는 도급이 두 차례 이상 행하여진 경우, 상위 수급인에는 처음 도급을 한 자, 즉 발주자인 최초 도급인은 포함되지 않는다고 본다.[121] 여기서 말하는 상위 수급인

---

[121] 대법원 2024.7.25. 2022다233874 판결.

에 해당하려면 먼저 '수급인', 즉 도급이나 하도급을 받은 자가 되어야 하는데 최초 도급인은 문언상 수급인에 해당한다고 볼 수 없고, 도급이 한 차례만 이루어져 도급인의 연대책임을 물어야 하는 경우와는 달리 이 경우에는 수급인이라는 문언을 벗어나 확장 해석을 할 필요가 없다는 것이다.

직상 수급인(도급인) 또는 그 상위 수급인의 귀책사유는 ① 정당한 사유 없이 도급계약에서 정한 도급 금액 지급일에 도급 금액을 지급하지 아니한 경우, ② 정당한 사유 없이 도급계약에서 정한 원자재 공급을 늦게 하거나 공급을 하지 아니한 경우, ③ 정당한 사유 없이 도급계약의 조건을 이행하지 아니하여 하수급인이 도급사업을 정상적으로 수행하지 못한 경우를 말한다(근로기준법 시행령 제24조).

하수급인의 근로자에게 임금을 지급할 책임은 직상 수급인이 연대해서 진다. 따라서 근로자는 자신의 사용자인 하수급인에게는 물론 직상 수급인에게도 임금 지급을 청구할 수 있다.

2. 건설업에서 특례

건설업 분야에서 하수급인의 임금 체불이 심각한 현실을 반영하여 별도의 특례를 두고 있다.

(1) 건설업에서 임금 지급 연대 책임

건설업에서 사업이 두 차례 이상 공사도급(건설산업기본법 제2조 제11호 참조)이 이루어진 경우에 건설사업자(같은 법 제2조 제7호)가 아닌 하수급인이 그가 사용한 근로자에게 임금(해당 건설공사에서 발생한 임금으로 한정함)을 지급하지 못한 경우에는 그 직상 수급인은 하수급인과 연대하여 하수급인이 사용한 근로자의 임금을 지급할 책임을 진다(근로기준법 제44조의2 제1항). 직상 수급인이 건설사업자가 아닌 때에는 그 상위 수급인 중에서 최하위의 건설사업자를 직상 수급인으로 본다(같은 조 제2항).

이는 건설업에서 하수급인이 건설사업자가 아닌 경우 임금 지불능력이 더욱 열악할 뿐만 아니라 도급계약의 상대방인 건설사업자에 대한 의존이 더욱 크다는 점을 고려하여 직상 수급인 중 건설사업자에게 임금 지급의 연대 책임을 부과해 임금채권의 실효성을 확보하려는 취지이다. 따라서 일반 사업과 달리 직상 수급인에게 귀책사유가 있는지를 기준으로 하지 않고, 대신 건설사업자인지를 기준으로 상위 수급인 중 최하위의 건설사업자에게 연대 책임을 인정한다.

이처럼 근로자가 현실적으로 임금을 지급받도록 확실히 담보하고자 하는 근로기준법의 취지를 고려하면, 직상 수급인이 근로자로부터 임금 수령권한을 위임받은 하수급인에게 임금 상당액을 지급하였다는 사정만으로는 근로기준법 제44조의2에 따른 임금지급의무를 이행하였다고 할 수 없고, 또한 임금 상당액이 근로자에게 임금으로 전달되도록 담보하는 확실한 조치를 취하였다는 등의 특별한 사정이 없는 한 임금 미지급으로 인한 근로기준법 위반의 고의가 부정되지 않는다.[122]

(2) 건설업의 공사도급에서 임금에 관한 특례

하도급 대금 채무의 부담 범위에서 직상 수급인이 하수급인의 근로자 임금을 직접 지급해야 하는 특례가 있다. 즉, 공사도급이 이루어진 경우로서 일정한 경우에는 직상 수급인은 하수급인에게 지급해야 하는 하도급 대금 채무의 부담 범위에서 그 하수급인이 사용한 근로자가 청구하면 하수급인이 지급해야 하는 임금(해당 건설공사에서 발생한 임금으로 한정함)에 해당하는 금액을 근로자에게 직접 지급해야 한다. 그러한 경우로는 ① 직상 수급인이 하수급인을 대신하여 하수급인이 사용한 근로자에게 지급하여야 하는 임금을 직접 지급할 수 있다는 뜻과 그 지급 방법 및 절차에 관하여 직상 수급인과 하수급인이 합의한 경우, ② 민사집행법 제56조 제3호에 따른 확정된 지급명령, 하수급인의 근로자에게 하수급인에 대하여 임금채권이 있음을 증명하는 같은 법 제56조 제4호에 따른 집행증서, 소액사건심판법 제5조의7에 따라 확정된 이행권고결정, 그 밖에 이에 준하는 집행권원이 있는 경우, ③ 하수급인이 그가 사용한 근로자에 대하여 지급하여야 할 임금채무가 있음을 직상 수급인에게 알려주고, 직상 수급인이 파산 등의 사유로 하수급인이 임금을 지급할 수 없는 명백한 사유가 있다고 인정하는 경우 등이 해당된다(근로기준법 제44조의3 제1항).

원수급인에게도 하수급인이 사용한 근로자에게 임금을 직접 지급해야 하는 특

---

[122] 대법원 2024.6.27. 2024도4055 판결.

례가 있다. 즉, 발주자의 원수급인으로부터 공사도급이 두 차례 이상 이루어진 경우로 하수급인(도급받은 하수급인으로부터 재하도급받은 하수급인을 포함함)이 사용한 근로자에게 그 하수급인에 대한 집행권원이 있는 경우에는 근로자는 하수급인이 지급해야 하는 임금(해당 건설공사에서 발생한 임금으로 한정함)에 해당하는 금액을 원수급인에게 직접 지급할 것을 요구할 수 있다. 원수급인은 근로자가 자신에 대하여 채권자대위권(민법 제404조)을 행사할 수 있는 금액의 범위에서 이에 따라야 한다(근로기준법 제44조의3 제2항).

위와 같이 직상 수급인 또는 원수급인이 하수급인이 사용한 근로자에게 임금에 해당하는 금액을 지급한 경우에는 하수급인에 대한 하도급 대금 채무는 그 범위에서 소멸한 것으로 본다(같은 조 제3항).

IV. 임금의 소멸시효

임금채권과 퇴직금채권은 3년간 행사하지 아니하면 시효로 소멸한다(근로기준법 제49조, 퇴직급여법 제10조). 그 밖에 노동관계에 따른 채권(저축금, 해고예고수당 등)도 임금채권과 마찬가지로 소멸시효가 적용된다고 해석된다.[123]

임금채권의 소멸시효는 해당 임금채권이 발생한 때부터 진행된다(예를 들어 월급으로 지급되는 임금은 그 지급일부터임). 퇴직금청구권은 퇴직한 다음 날부터 이를 행사할 수 있으므로 그때부터 소멸시효가 진행된다.[124] 퇴직한 경우 임금채권이나 퇴직금채권의 소멸시효가 금품청산 기한(근로기준법 제36조, 퇴직급여법 제9조)이 지난 때부터 새로이 다시 진행되는 것이 아니다.

---

123 임종률, 『노동법』, 박영사, 2022(20판), 444면.
124 대법원 2001.10.30. 2001다24051 판결.

제5절
퇴직급여 제도

I. 퇴직급여 제도의 개요

사용자가 퇴직하는 근로자에게 지급하는 퇴직급여 제도에 대해서는 퇴직급여법이 정하는 대로 따른다(근로기준법 제34조). 퇴직급여법상 퇴직급여제도에는 퇴직금제도와 확정급여형퇴직연금제도(Defined Benefit, DB), 확정기여형퇴직연금제도(Defined Contribution, DC)가 있고, 사용자는 이 중에서 하나 이상의 제도를 설정하여야 한다(퇴직급여법 제2조 제6호·제4조 제1항 본문). 또한 이 경우에 하나의 사업에서 급여 등에 관하여 차등을 두어서는 안 된다(퇴직급여법 제4조 제2항).

다만 사용자는 계속근로기간이 1년 미만인 근로자와 4주간을 평균하여 1주간의 소정근로시간이 15시간 미만인 근로자에 대해서는 퇴직급여제도를 설정하여야 할 의무가 없다(퇴직급여법 제4조 제1항 단서).[125] 이때 계속근로기간은 형식적인 근로계약의 기간이 아니라 근로계약관계가 사실상 중단 없이 지속된 기간을 뜻하는 것으로, 판례는 갱신되거나 반복 체결된 근로계약 사이에 일부 공백기간이 있더라도 그 기간이 상대적으로 짧고 계절적 요인이나 당해 업무 특성 등의 사정이 있다면 근로기간의 계속성은 그 기간에도 유지된다고 보고 있다.[126] 또한 근로자가 스스로의 필요나 판단에 따른 자유로운 의사에 기하여 사용자에게 사직서를 제출하고 퇴직금을 지급받은 후 재입사한 경우에는 당해 기업과 근로자의 근로관계는 일단 유효하게 단절되어 퇴직금 산정의 기초가 되는 계속근로기간은 재입사 시점으로부터 기산되고,[127] 근로자가 영업양도를 통해 양수회사로 이적하는 과정에서 회사의 경영방침에 따른 일방적 결정으로 퇴직 및 재입사의 형식을 거친 것이라면 퇴

---

[125] 헌법재판소는 초단시간 근로자를 퇴직급여 지급대상에서 제외하고 있는 퇴직급여법 제4조 제1항 단서는 헌법상 근로조건 법정주의와 평등원칙에 위배되지 않는다고 보고 있다(헌법재판소 2021.11.25. 2015헌바334 결정 등).

[126] 대법원 2006.12.7. 2004다29736 판결 등.

[127] 대법원 2001.9.18. 2000다60630 판결.

직금을 지급받았다 하더라도 계속근로관계는 단절되지 않는 것이라 할 것이다.[128]

사용자가 퇴직급여제도를 설정하거나, 설정된 퇴직급여제도를 다른 종류의 퇴직급여제도로 변경하려는 경우에는 근로자의 과반수가 가입한 노동조합이 있는 경우에는 그 노동조합, 근로자의 과반수가 가입한 노동조합이 없는 경우에는 근로자 과반수(퇴직급여법상 근로자대표)의 동의를 받아야 한다(제4조 제3항). 또한 사용자는 이에 따라 설정되거나 변경된 퇴직급여제도의 내용을 변경하고자 하는 경우에는 근로자대표의 의견을 들어야 하고, 다만 근로자에게 불이익하게 변경하고자 하는 경우에는 근로자대표의 동의를 받아야 한다(제4조 제4항).

II. 퇴직금

퇴직금제도를 설정하려는 사용자는 계속근로기간 1년에 대하여 30일분 이상의 평균임금을 퇴직금으로 퇴직 근로자에게 지급할 수 있는 제도를 설정하여야 한다(퇴직급여법 제8조 제1항). 사용자가 퇴직급여제도 또는 제25조 제1항에 따른 개인형 퇴직연금제도를 설정하지 아니한 경우에는 퇴직금제도를 설정한 것으로 본다(제11조). 또한 퇴직급여법에 따라 계산된 퇴직금은 최저한도로서 퇴직금규정 등 별도 노사합의가 있으면 이에 따라 산정된 퇴직금이 퇴직급여법이 보장한 금액을 초과하더라도 퇴직금규정에 따라 퇴직금을 산정하여 지급하여야 한다.[129]

이러한 퇴직금의 법적 성격에 대해서는 계속근로를 통한 기업에의 공로를 보상하는 것이라는 공로보상설, 퇴직 후 생활안정을 보장하려는 것이라는 생활보장설 등이 제시되어 왔으나, 현재 판례는 기본적으로 퇴직금은 재직기간 중 근로에 대해 포괄적으로 책정·지급된 임금이라는 후불임금설을 취하고 있다.[130] 따라서 퇴직금에 대해서도 근로기준법에서 정한 임금지급 원칙이나 위약 예정의 금지, 전차

---

128 대법원 2001.11.13. 2000다18608 판결.
129 대법원 2018.8.30. 2016다228802 판결.
130 대법원 1990.5.8. 88다카26413 판결; 대법원 2007.3.30. 2004다8333 판결 등. 다만 누진제 퇴직금(누적 근속기간에 따라 퇴직금 지급률을 체증하는 방식)의 경우 후불임금의 성격 이외에도 공로보상적 성격과 사회보장적 급여 성격도 인정된다는 판결례(대법원 1995.10.12. 94다36186 판결)도 있다.

금 상계의 금지 등이 적용된다.[131]

한편, 사용자는 주택구입 등 대통령령으로 정하는 사유[132]로 근로자가 요구하는 경우에는 근로자가 퇴직하기 전에 해당 근로자의 계속근로기간에 대한 퇴직금을 미리 정산하여 지급할 수 있는데(제8조 제2항 전단), 이를 퇴직금 중간정산제라 한다. 퇴직금 중간정산은 오직 법정 사유에 따라 '근로자의 요구'가 있을 때에만 인정되나, 사용자가 반드시 근로자의 요구에 응해야 할 의무를 지는 것은 아니다. 퇴직금이 유효하게 중간정산된 경우, 미리 정산하여 지급한 후의 퇴직금 산정을 위한 계속근로기간은 정산시점부터 새로 계산한다(제8조 제2항 후단).

한편 매월 지급되는 월급과 함께 퇴직금으로 일정한 금원을 미리 지급하기로 하는 퇴직금 분할 약정이 체결되는 경우가 있다. 하지만 이러한 퇴직금 분할 약정은 퇴직급여법상 퇴직금 중간정산으로 인정되는 경우가 아닌 한 최종 퇴직 시 발생하는 퇴직금 청구권을 근로자가 사전에 포기하는 것으로서 강행법규에 위배되어 무효이고, 그 결과 퇴직금 분할약정에 따라 사용자가 근로자에게 퇴직금 명목의 금원을 지급하였다 하더라도 퇴직금 지급으로서 효력이 없다.[133] 이때 사용자는 법률상 원인 없이 근로자에게 퇴직금 명목의 금원을 지급함으로써 위 금원 상당의 손해를 입은 반면 근로자는 같은 금액 상당의 이익을 얻은 셈이 되므로, 근로자는 수령한 퇴직금 명목의 금원을 부당이득으로 사용자에게 반환해야 하고, 사용자는 근로자의 경제생활 안정을 해할 염려가 없는 때에는 초과 지급한 임금의 반환청구권을 자동채권으로 하여 근로자의 임금채권이나 퇴직금채권과 상계할 수 있다.[134]

---

131 다만 사용자의 과오로 과다지급된 임금은 퇴직금과 상계 가능하다. 즉, 계산의 착오 등으로 임금이 초과지급되었을 때 상계 시기가 초과지급된 시기와 임금의 정산, 조정의 실질을 잃지 않을 만큼 밀접되어 있고 금액과 방법이 예고되는 등 근로자의 경제생활 안정을 해할 염려가 없는 경우나, 근로자가 그 재직 중 지급되지 아니한 임금이나 퇴직금을 청구하는 경우에는 초과지급된 임금의 반환청구권을 자동채권으로 하여 상계하는 것은 무방하다(대법원 1995.12.21. 94다26721 전원합의체 판결 등).

132 퇴직급여법 시행령 제3조는 퇴직금 중간정산의 사유를 무주택자인 근로자가 본인 명의로 주택을 구입하거나 전세보증금 등을 부담하는 경우, 근로자와 배우자 또는 그 부양가족이 6개월 이상 요양을 필요로 하는 질병이나 부상에 대한 의료비를 본인 연간 임금총액의 1천분의 125를 초과하여 부담하는 경우, 사용자가 기존의 정년을 연장하거나 보장하는 조건으로 단체협약 및 취업규칙 등을 통하여 일정 나이, 근속시점 또는 임금액을 기준으로 임금을 줄이는 제도(임금피크제)를 시행하는 경우 등으로 한정하고 있다.

133 대법원 2010.5.20. 2007다90760 전원합의체 판결.

134 대법원 2010.5.20. 2007다90760 전원합의체 판결. 다만 그 상계 범위는 민사집행법 제246조 제1항 제5호에 따라 퇴직금채권의 2분의 1을 초과하는 부분에 해당하는 금액에 관하여만 허용된다.

이 법에 따른 퇴직금을 받을 권리는 3년간 행사하지 아니하면 시효로 소멸한다(제10조).

Ⅲ. 퇴직연금제도

퇴직연금제도에는 확정급여형퇴직연금제도(Defined Benefit, DB), 확정기여형퇴직연금제도(Defined Contribution, DC), 개인형퇴직연금제도(Individual Retirement Pension, IRP)가 있다(퇴직급여법 제2조 제7호).

'확정급여형퇴직연금제도'는 근로자가 받을 급여의 수준이 사전에 결정되어 있는 퇴직연금제도로(제2조 제8호), 확정급여형퇴직연금제도를 설정한 사용자는 급여지급능력을 확보하기 위해 매 사업연도 말에 적립금을 적립하여야 하며(제16조 제1항), 사용자와 퇴직연금사업자는 근로자(가입자)가 퇴직할 경우 가입자의 퇴직일을 기준으로 산정한 일시금이 계속근로기간 1년에 대하여 30일분 이상의 평균임금이 되도록 보장하여야 한다(제15조·제17조 제2항).

이와 달리 확정기여형퇴직연금제도는 급여의 지급을 위하여 사용자가 부담해야 할 부담금의 수준이 사전에 결정되어 있는 퇴직연금제도로(제2조 제9호), 확정기여형퇴직금연금제도를 설정한 사용자는 가입자의 연간 임금총액의 12분의 1 이상에 해당하는 부담금을 매년 1회 이상 현금으로 가입자의 확정기여형퇴직연금제도 계정에 납입하여야 한다(제20조 제1항·제3항). 근로자(가입자)는 스스로 부담하는 추가 부담금을 확정기여형퇴직연금 계정에 납입할 수 있으며, 적립금의 운용방법을 스스로 선정할 수 있다(제21조 제1항). 이처럼 확정급여형퇴직연금과 확정기여형퇴직연금은 기금의 운용방식과 기금운용에 따른 위험부담 주체 등에서 차이를 보인다.

'개인형퇴직연금제도'는 가입자의 선택에 따라 가입자가 납입한 일시금이나 사용자 또는 가입자가 납입한 부담금을 적립·운용하고자 설정한 퇴직연금제도로, 급여 수준이나 부담금 수준이 확정되지 아니한 퇴직연금제도이다(제2조 제10호). 개인형퇴직연금제도는 퇴직급여제도의 일시금을 수령한 사람, 확정급여형퇴직연금제도, 확정기여형퇴직연금제도 또는 중소기업퇴직연금기금제도의 가입자로서 자기 부담으로 개인형퇴직연금제도를 추가로 설정하려는 사람이 가입할 수 있고, 이

에 따라 개인형퇴직연금제도를 설정한 사람은 자기 부담으로 개인형퇴직연금제도
의 부담금을 납입한다(제24조).

Ⅳ. 퇴직급여 수급권의 보호

사용자에게 지급의무가 있는 퇴직금, 확정급여형퇴직연금제도의 급여, 확정기
여형퇴직연금제도의 부담금 중 미납입 부담금과 미납입 부담금에 대한 지연이자
등은 사용자의 총재산에 대하여 질권 또는 저당권에 의하여 담보된 채권을 제외하
고는 조세·공과금 및 다른 채권에 우선하여 변제되어야 한다. 다만, 질권 또는 저
당권에 우선하는 조세·공과금에 대하여는 그러하지 아니하다(퇴직급여법 제12조).
퇴직연금제도의 급여를 받을 권리는 양도 또는 압류하거나 담보로 제공할 수 없
다(제7조 제1항).

제8장
근로시간과 휴식

제1절
근로시간의 규율

I. 근로시간 규율의 의의

노동법의 역사는 근로시간 단축의 역사였다. 영국의 1833년 아동노동법, 프러시아의 1839년 아동노동법, 프랑스의 1841년 아동노동법 등 유럽 각국 노동법은 근로시간 규제로 시작하였다. 노동절(Mayday)의 기원이 된 1886년 미국 시카고의 헤이마켓 사건에서 근로자들의 요구와 국제노동기구(ILO)의 제1호 협약의 내용도 모두 근로시간을 1일 8시간, 1주 48시간으로 제한하는 것이었다.[1]

근로시간은 전통적으로 임금이나 해고와 함께 가장 중요한 근로조건이다. 어느 나라에서나 근로시간 규율은 장시간 노동을 방지하고 근로자에게 휴식 시간을 보장해 주는 것을 1차적 목표로 삼는다. 이는 근로자의 인간다운 삶을 확보하기 위해서이기도 하지만, 근로시간과 휴식이 근대적 노동관계의 기초이기 때문이다. 최근 근로시간 단축이 전체 노동시장 차원에서 일자리를 나누는 효과(이른바 work sharing)가 있고 이로써 고용이 증진된다는 주장이 제기되고 있으나, 그 실증적 효

---

[1] 박제성 외, 『장시간 노동과 노동시간 단축(II)』, 한국노동연구원, 2011, 1면 참고.

과는 좀 더 면밀한 검토가 필요하다.

노동관계(근로의 제공을 둘러싼 노사 간의 법률관계)는 모두 근로시간을 전제로 성립되는데, 채권법적 관점에서 보면 노동관계의 본질은 노동과 임금의 교환이고 그 단위가 시간이다. 재산적 거래의 객체는 물건이고 인간을 대상으로 하여서는 안 된다는 근대 사회의 기초를 지키면서 타인의 노동을 유상으로 이용하기 위해서는 일종의 법적 의제(擬制)가 필요했다. 구체적 인간을 '법적 인격'(추상적 인격)과 물건인 '노동력'으로 분리하고 전자의 자유의사에 따라 후자를 타인에게 유상으로 빌려주는 듯이 본 것이다. 이때 유상임대가 신분적인 것, 즉 노예임대가 되지 않으려면 시간 단위의 임대(근로시간)와 시간 주권의 주기적 회복(휴식)이 필수적이었다. 이로써 근로자는 자유 시민의 지위를 얻고, 사회는 평등한 자유 시민의 공동체가 될 수 있었다. 이런 연유로 근로시간과 휴식에 관해서는 여타 근로조건과 달리 노사의 자유로운 처분에 맡기는 사항이 적고 강행규정이 많은 편이다.[2]

근로시간의 길이와 배치를 규제하고 휴식 시간의 최소한도를 설정하는 것이 근로시간 규율의 기본이다. 이 중에서 가장 중요한 것은 근로시간의 길이 규제, 즉 법정 기준과 최대한도의 설정이다. 역사적으로 보면 근로시간은 대부분 국가에서 기준시간과 실(實)근로시간 모두 단축되어 왔다. 국제노동기준 차원에서 본다면 일반 근로자의 기준근로시간은 최초 1일 8시간, 1주 48시간[1919년 국제노동기구(ILO) 제1호 협약]에서 1주 40시간[1935년 국제노동기구(ILO) 제47호 협약]으로 바뀌었다. 우리나라도 일반 근로자의 기준근로시간은 최초 1일 8시간, 1주 48시간(1953.5.10. 제정 근로기준법)에서 1989년 1일 8시간, 1주 44시간(1989.3.29. 개정 근로기준법) 그리고 2003년 1일 8시간, 1주 40시간(2003.9.15. 개정 근로기준법)으로 단축되어 왔다. 한편, 2018년 3월 개정 근로기준법은 일반 근로자의 1주 근로시간의 상한(최대한도)을 연장근로를 포함하여 52시간으로 명시하였다.

---

2 강성태, "근로기준법상 휴일과 연차휴가에 대한 소고", 사법 제34호, 사법발전재단, 2015, 7-10면. 같은 취지에서 헌법재판소는 당사자 사이에서 정할 수 있는 1주일의 최대 근로시간 상한을 주 52시간으로 정한 근로기준법 제53조 제1항은 계약의 자유와 직업의 자유를 침해하지 않는다고 보고 있다(헌법재판소 2024.2.28. 2019헌마500 결정).

II. 현행 근로시간 규율의 개관

근로시간 및 휴식에 관한 법 규정들의 총체를 근로시간법이라고 할 때, 근로시간법을 이루는 규정들은 최저임금법, 산업안전보건법, 남녀고용평등법 등에도 있지만 무엇보다 근로기준법의 규정들이 가장 큰 부분을 차지하며 또 중요한 내용을 구성한다. 근로기준법상 근로시간의 규율은 제4장(근로시간과 휴식)이 중심이다. 그밖에 근로기준법 제5장에서는 여성과 연소자의 근로시간에 관한 특칙을 규정하고 있고, 근로자 안전과 보건에 관해 산업안전보건법에서 정하는 바에 따르도록 정한 근로기준법 제76조에 따라 산업안전보건법에서는 유해·위험작업 종사자의 근로시간에 관한 특칙(제139조) 등을 정하고 있다.

먼저 일반 근로자의 경우, 즉 18세 이상인 근로자로서 유해·위험작업에 종사하지 않는 근로자의 근로시간 규율은 근로기준법 제50조에서 출발한다. 이에 따르면 기준근로시간의 단위는 1일과 1주로 1일에는 8시간, 1주에는 40시간을 초과할 수 없다. 1주의 기준근로시간과 1일의 기준근로시간은 별도 기준으로 둘 모두를 각각 충족하여야 한다. 실근로시간이 1일 8시간을 초과하지 않더라도 1주의 합산이 40시간을 초과하거나, 역으로 1주의 합산은 40시간 이내이더라도 1일의 실근로시간이 8시간을 초과하면, 그 부분은 각각 연장근로가 된다. 근로시간을 산정할 때는 휴게시간을 제외하고 실근로시간으로 산정하며 근로시간인지는 '사용자의 지휘·감독 아래에 있는 시간'(대기시간 등 포함)인지를 기준으로 판단한다.

둘째, 기준근로시간을 정하는 단위는 원칙적으로 1일과 1주이다. 이 원칙에 대한 예외로 1주를 초과하는 기간을 단위로 하여 기준근로시간을 정할 수 있는 제도가 탄력적 근로시간제(제51조·제51조의2)와 선택적 근로시간제(제52조)이다. 현행법이 허용하는 단위 기간의 최장은 전자는 6개월, 후자는 3개월이다.

셋째, 연장근로는 기준근로시간을 초과하는 근로, 즉 1일 8시간을 초과하거나 1주 40시간을 초과하는 근로를 가리킨다. 연장근로는 1주 12시간을 초과할 수 없는데(제53조), 여기서 1주는 휴일을 포함한 7일을 말한다(제2조 제1항 제7호). 그 결과 일반 근로자의 1주 근로시간의 최대한도는 휴일근로 등 모든 근로를 포함하여 52시간이다.

넷째, 근로자의 건강에 특히 유해할 수 있는 근로에 대해서는 가산임금제를 두고 있다(제56조). 가산임금제의 대상이 되는 근로에는 연장근로와 함께 야간근로와 휴일근로가 있다. 이러한 근로에 대해서 사용자는 통상임금의 50퍼센트 이상을 할증한 임금을 지급해야 한다.

다섯째, 근로시간의 계산은 실근로시간으로 하는 것이 원칙이다. 이 원칙에 대한 예외로 서면합의나 그 밖에 당사자가 합의로 정한 시간을 근로한 것으로 보는 제도가 간주근로시간제이다(제58조). 현행법에서는 사업장 밖 근로와 재량업무에 대한 근로시간 계산의 특례를 인정하고 있다.

여섯째, 근로자의 피로회복과 여가확보를 위하여 휴식제도를 두고 있다. 현행법상 일반적인 휴식제도로는 근로시간 도중에 쉬게 하는 휴게(제54조), 1주일에 1일의 주휴일과 관공서 공휴일에 쉬게 하는 휴일(제55조), 근로자 신청에 따라 주어야 하는 연차휴가(제60조)가 있다.

일곱째, 근로시간 규율에 대한 중대한 예외로 특례업종 제도와 적용제외가 있다. 법에서 정한 특례업종에서는 1주 52시간의 상한을 초과하여 근로하게 하거나 휴게시간의 원칙을 변경하도록 허용하고 있다(제59조). 또한 1차 산업에 종사하거나 감시·단속적 업무에 종사하는 근로자 등에게는 근로시간과 휴게·휴일에 관한 규정이 적용되지 아니한다(제63조). 한편, 4명 이하 사업장에는 휴게(제54조)와 주휴일(제55조 제1항)에 관한 규정을 제외한 나머지 근로시간과 휴식에 관한 규정들은 적용되지 않는다. 또 4주 동안을 평균하여 주 소정근로시간이 15시간 미만인 근로자에 대해서는 유급휴일(제55조)과 연차유급휴가(제60조)에 관한 규정이 적용되지 않는다(제18조).

제2절
근로시간의 개념

I. 노동법상 시간 개념의 다양성

노동법에서 사용되는 시간 개념은 일률적이지 않다. 근로기준법에서는 시간에 관한 용어를 근로시간과 소정근로시간으로 구분하여 혼란을 방지하고 있다. 그러나 실무상 문제 되는 시간에는 임금 지급 또는 금전 보상의 대상(임금시간 또는 보상시간)인지가 문제 되는 경우도 있고, 근로의무 존부가 문제 되는 경우도 있다.

근로기준법 등에서 사용하는 근로시간은 법률상 개념으로, 형벌을 적용할 때나 가산임금을 지급할 때와 같은 경우에 법적 요건이 된다. 예를 들어 어느 근로자가 특정 주에 연장근로 요건을 갖추지 못하고 40시간을 초과하여 근로하였는지 그래서 연장근로수당 지급대상이 되는 시간은 몇 시간인지 등을 계산할 때와 같은 경우이다. 뒤에서 다시 이야기하겠지만, 이러한 근로시간에 해당하는지는 당사자 사이의 합의 또는 취업규칙의 정함에 따라서가 아니라, 법률 규정의 목적과 문구에 따라 객관적으로 파악된다. 이렇게 객관적으로 파악된 시간을 흔히 실근로시간이라고 한다.

'소정(所定)근로시간'은 기준근로시간(근로기준법 제50조, 제69조 본문 또는 산업안전보건법 제139조에 따른 근로시간)의 범위에서 근로자와 사용자 사이에 정한 근로시간을 말한다(근로기준법 제2조 제1항 제8호). 근로자와 사용자가 약속해서 정한 시간이라는 점에서 약정(約定)시간이지만, 그 약정의 유효성이 기준근로시간의 범위 내에서만 인정된다는 점에서 순수한 약정시간과는 다르다.

소정근로시간은 다음과 같은 곳에서 사용된다. 첫째, 연장·야간·휴일근로에 대하여 지급하는 가산수당의 산정단위인 통상임금은 원칙적으로 소정근로(시간)의 대가이다. 둘째, 단시간근로자의 기준이 된다. 근로기준법상 "단시간근로자'는 1주 동안의 소정근로시간이 그 사업장에서 같은 종류의 업무에 종사하는 통상근로자의 1주 동안의 소정근로시간에 비하여 짧은 근로자를 말한다"(제2조 제1항 제9호).

셋째, 각종 법령의 적용 또는 보호로부터 제외하는 기준으로 사용된다. 소정근로시간의 일반적 용도는 이것이다. 예를 들어 초단시간근로자, 즉 "4주 동안(4주 미만으로 근로하는 경우에는 그 기간)을 평균하여 1주 동안의 소정근로시간이 15시간 미만인 근로자"에 대하여는 휴일과 연차휴가에 관한 규정을 적용하지 않는다(근로기준법 제18조 제3항). 그 밖에 각종 노동관계법령이나 고용보험법 등 사회보험법령에서 초단시간근로자에 대한 적용제외 역시 소정근로시간을 기준으로 한다.[3] 이러한 초단시간근로자에 대한 적용제외는 근로시간이 매우 짧아 사업장에 대한 전속성이나 기여도가 낮고 임시적이고 일시적인 근로를 제공하는 일부 근로자에 대해서만 예외적으로 주휴와 연차휴가 등에 관한 규정의 적용을 배제하려는 취지로 이해되나,[4] 단시간근로자와 초단시간근로자를 달리 취급할 필요성이 명확하지 않아 헌법상 평등원칙에 위배될 소지가 있으므로 입법적 개선이 필요하다.[5]

이와 같은 노동관계법령의 적용에 있어 소정근로시간 개념이 갖는 기능에 비추어보면, 노사 당사자 간에 소정근로시간을 정할 때에는 통상의 근로시간(실근로시간)을 제대로 반영하여야 한다는 내재적 한계가 존재한다고 보아야 한다.[6] 따라서 노동관계법령의 적용을 회피할 의도로 실제 근무형태나 근로시간의 변경 없이 소정근로시간만을 단축하기로 하는 합의는 탈법행위로서 무효라고 보아야 하고,[7] 애

---

3 초단시간근로자에게는 퇴직금을 지급하지 않아도 되고(퇴직급여법 제4조 제1항 단서), 2년을 초과하여 기간제근로자로 사용할 수도 있다(기간제법 시행령 제3조 제3항 제6호). 사회보험법에서 초단시간근로자는 "1개월 동안의 소정근로시간이 60시간 미만인 단시간근로자"라고 정의하면서, 이들은 국민연금법상 직장가입자에서 제외하고 있고(국민연금법 시행령 제2조 제4호), 고용보험법의 당연적용 대상에서도 제외하고 있다(고용보험법 제10조 제2호, 시행령 제3조 제1항).

4 대법원 2024.7.11. 2023다217312 판결.

5 헌법재판소 2021.11.25. 2015헌바334, 2018헌바42(병합) 결정 등에서는 이러한 초단시간근로자에 대한 노동관계법령 적용제외가 합헌이라고 판단하여 오고 있으나, 이것이 이들의 근로의 권리 내지 평등권을 침해하여 위헌이라는 소수의견이 꾸준히 제시되고 있다.

6 따라서 대학 시간강사의 소정근로시간이 불명확한 경우 그가 초단시간근로자에 해당하는지 여부는 특별한 사정이 없는 한 위촉계약서에 기재된 '강의시간 수'가 아니라 강의와 그에 수반되는 업무, 그 밖에 임용계약 등에서 정한 업무를 수행하는 데 통상적으로 필요한 근로시간 수를 기준으로 판단하여야 한다(대법원 2024.7.11. 2023다217312 판결).

7 대법원 2019.4.18. 2016다2451 전원합의체 판결. 이처럼 기존의 소정근로시간을 단축한 경우뿐만 아니라 소정근로시간을 처음 정한 경우에도 소정근로시간을 정한 근로관계 당사자들의 주된 목적이 노동관계법령의 적용을 회피하는 것에 있고 소정근로시간과 실제 근로시간 사이에 상당한 불일치가 있다면 이는 탈법행위로서 무효에 해당한다(대법원 2024.10.25. 2023다206138 판결). 또한 소정근로시간 단축합의에 맞추어 실제 근로시간을 일부 단축하는 경우에도 감소된 실제 근로시간과 단축된 소정근로시간 사이에 상당한 불일치가 있

초에 근로계약, 취업규칙, 단체협약 등에 소정근로시간에 관한 유효한 정함이 없는 경우 법원은 노동관계법령의 적용 여부를 판단하기 위해 근로관계 당사자들의 의사를 보충하여 근로계약을 해석하는 방법으로 유효한 소정근로시간을 확정할 수 있다.[8]

임금 지급이나 금전 보상의 대상이 되는 시간은 당사자의 약정에 따른다. 근로시간에 해당하면 당연히 임금시간에 해당하겠지만, 반대로 임금시간에 해당한다고 해서 당연히 근로시간이 되는 것은 아니다. 예를 들어 버스 운전기사의 운행 사이에 대기하는 시간을 임금시간으로 보기로 약정하였다고 해서, 해당 시간이 곧바로 근로시간이 되는 것은 아니다. 외형상 '대기하는 시간'이 근로시간에 해당하는지는 그 시간 동안 운전기사가 사용자의 지휘명령하에 있었는지를 기준으로 객관적으로 판단한다.[9]

근로자에게 근로의무가 존재하였는지가 문제 되는 경우도 있다. 예를 들어 사용자가 특정한 시간에 출근하지 않았거나 노무를 제공하지 않은 근로자를 징계한 때, 그 징계의 정당성은 해당 시간에 근로자에게 근로의무가 존재하였는지를 기준으로 가려진다. 이러한 근로의무시간은 근로계약이나 취업규칙 그 밖에 당사자 사이의 약정에 따라 정해진다. 특히 연장근로에 해당하는지에 대해 노사의 의견이 달라 근로자가 사용자의 근무 명령에 따르지 않은 경우가 종종 다투어진다. 판례는 대기시간이 근로시간으로 인정됨으로써 1일 기준근로시간을 채운 후 이루어진 사용자의 일방적 근무 명령은 근로자에게 근로의무가 없는 시간이므로 근로자가 이에 따르지 않아도 된다고 하였다.[10] 근로의무시간과 임금시간은 약정 시간이라는

어서는 안 되고, 이때 상당한 불일치가 있는지는 소정근로시간 단축의 비율, 빈도, 급격성 등을 고려하여 판단한다(대법원 2024.5.30. 2023다279402, 280563 판결).

8 대법원 2024.10.25. 2023다206138 판결.

9 대법원 2018.6.28. 2013다28926 판결 참고. 여객자동차 운송사업 등을 영위하는 버스회사에 소속된 버스 운전기사가 버스운행을 마친 후 다음 운행 전까지 대기하는 시간이 근로시간에 해당하는지 문제 된 사안에서 대법원은 "근로계약에서 정한 휴식시간이나 대기시간이 근로시간에 속하는지 휴게시간에 속하는지는 특정 업종이나 업무의 종류에 따라 일률적으로 판단할 것이 아니다. 이는 근로계약의 내용이나 해당 사업장에 적용되는 취업규칙과 단체협약의 규정, 근로자가 제공하는 업무 내용과 해당 사업장의 구체적 업무방식, 휴게 중인 근로자에 대한 사용자의 간섭이나 감독 여부, 자유롭게 이용할 수 있는 휴게 장소의 구비 여부, 그 밖에 근로자의 실질적 휴식이 방해되었다거나 사용자의 지휘·감독을 인정할 만한 사정이 있는지와 그 정도 등 여러 사정을 종합하여 개별 사안에 따라 구체적으로 판단하여야 한다."라고 설시하였다.

10 대법원 1992.4.14. 91다20548 판결. "만일 위 대기시간이 위와 같은 휴게시간에 해당한다면 원고의 위

점에서 공통점이 있지만 그렇다고 양자가 항상 동일한 것은 아니다. 예를 들어 근로의무가 없는 휴게시간이더라도 일정한 보상을 약정할 수 있기 때문이다.

II. 근로기준법상 근로시간

1. 실근로시간의 원칙

근로기준법 제50조에서는 이 법을 비롯하여 각종 근로관계법에서 사용하는 근로시간의 의미를 정하고 있다. 같은 조 제1항과 제2항은 근로시간을 산정할 때에는 휴게시간을 제외한다고 정하는 한편, 제3항에서는 "근로시간을 산정하는 경우 작업을 위하여 근로자가 사용자의 지휘·감독 아래에 있는 대기시간 등은 근로시간으로 본다."라고 정하고 있다. 이에 따르면 근로시간을 산정할 때 휴게시간을 제외하고 실(實)근로시간으로 산정하며, 실근로시간인지는 '사용자의 지휘·감독 아래에 있는 시간'(대기시간 등을 포함)인지를 기준으로 판단한다.

근로시간과 관련한 각종 법 규정들을 적용할 때 근로시간은 실근로시간을 의미한다. 또한 근로시간의 계산 또는 산정도 실근로시간으로 하는 것이 원칙이다. 예를 들어 1일의 기준근로시간인 8시간을 초과하였는지 판단할 때는 근로자가 실제 근로한 시간, 즉 실근로시간으로 계산한다.

실근로시간은 근로자가 사용자의 지휘명령하에 있는 시간을 말한다. 이에 해당하는지는 당사자의 합의와 상관없이 근로기준법의 관점에서 객관적으로 판단한다. 즉, 객관적으로 근로자가 사용자의 지휘명령하에 있었다면 근로시간이 되고, 취업규칙이나 당사자 합의로 이를 근로시간 계산에서 제외하기로 하였더라도 이는 무효이다. 근로자가 사용자의 지휘명령하에 있었는지는 근로계약의 내용, 취업규칙의 규정, 해당 활동의 업무관련성 등을 종합하여 사회통념에 따라 판단해야 한다. 그러므로 근로자가 본래 업무에 종사하는 시간은 물론이고, 외형상 쉬는 시

운행시간은 기준근로시간을 초과하지 않으나, 그렇지 않고 위 대기시간이 근로시간에 해당한다면 기준근로시간을 초과한 것이 되고 이러한 기준근로시간을 초과하는 운행시간의 배차지시는 법령에 위반한 것으로서 정당한 작업지시라고 볼 수 없을 것이다."라고 판시한 바 있다.

간으로 보이더라도 사용자의 지휘명령이 완전히 배제되지 않아 휴게시간으로 볼 수 없는 시간(대기시간)이나 본래 업무는 아니지만 그 활동이 근로자 의무로 되어 있는 시간은 근로시간으로 보아야 한다. 반면에 퇴근시간 이후 사용자의 명시 또는 묵시의 승인이 없는 상황에서 임의로 제공한 근로는 직접적으로 업무와 관련된 경우에도 사용자의 지휘명령하에 있었다고 보기 어렵기 때문에 특별한 사정이 없는 한 근로시간으로 보기는 어렵다.

2. 휴게시간과 대기시간 등

실근로시간의 계산에서 근로를 제공하지 않은 휴게시간은 제외된다. 휴게시간은 사용자가 근로시간 도중에 근로자가 자유롭게 이용하도록 부여하는 시간(근로기준법 제54조 참고)이므로 가령 사업장 내에서 머무는 시간이라고 해도 근로자가 자유롭게 이용할 수 있는 휴게시간은 근로시간에 포함되지 않는다. 여기서 자유롭게 이용할 수 있는 시간은 말 그대로 '근로자가 사용자의 지휘명령으로부터 해방된 시간'이라고 확정되어 있어야 한다. 따라서 결과적으로 일하지 않고 휴식을 취한 시간은 근로시간이 아니다.

근로계약에서 정한 휴식시간이나 수면시간이 근로시간에 속하는지 휴게시간에 속하는지는 특정 업종이나 업무 종류에 따라 일률적으로 판단할 것이 아니라, 근로계약의 내용이나 해당 사업장에 적용되는 취업규칙과 단체협약의 규정, 근로자가 제공하는 업무의 내용과 해당 사업장의 구체적 업무방식, 휴게 중인 근로자에 대한 사용자의 간섭이나 감독 여부, 자유롭게 이용할 수 있는 휴게 장소의 구비 여부, 그 밖에 근로자의 실질적 휴식을 방해하거나 사용자의 지휘·감독을 인정할 만한 사정이 있는지와 그 정도 등 여러 사정을 종합하여 개별 사안에 따라 구체적으로 판단해야 한다.[11]

실제로 업무에 종사하지 않더라도 근로를 제공하기 위해 대기하는 시간, 즉 대기시간은 근로시간이다. 근로기준법 제50조 제3항은 그 점을 확인하고 있다. 판례

---

11 대법원 2017.12.5. 2014다74254 판결; 대법원 2021.7.21. 2021다225845 판결. 아파트 경비원으로 근무하였던 원고들이 근로계약에 명시되었던 휴게시간(1일 6시간), 산업안전보건교육 시간(매달 2시간)에도 실질적으로 사용자의 지휘·감독을 받았다면 이는 근로시간에 해당한다.

역시 사용자의 지휘·감독이 배제되지 않은 대기시간은 근로시간이라고 본다.[12] 근로시간은 사용자의 지휘·감독 아래에 있는 시간을 말하므로 근로자가 그의 노동력을 사용자가 처분 가능한 상태에 두었다면 실제로 사용자가 그 노동력을 자신의 사업을 위해 사용했는지는 문제가 되지 않기 때문이다.

그런데 현실에서 대기시간이라 불리는 상황은 다양하다. 버스운전기사가 한 차례 운행을 끝내고 다음 운행을 위해 휴게실에서 대기하는 경우도 있고 식당 종업원이 점심시간이 끝나고 한가한 시간대에 휴식을 취하다가 손님이 오면 접대하는 경우도 있으며 임원의 전용기사가 임원의 호출을 기다리는 경우도 있다. 사업장마다 이런 시간을 근로시간으로 보기도 하고 휴게시간으로 보기도 한다. 이런 시간의 진정한 법적 성격은 사용자의 지휘·감독 아래에 있었는지 아니면 근로자의 완전한 자유에 맡겨져 있었는지에 따라 판단되어야 한다.[13] 대기시간 외에도 근로시간인지가 다투어지는 시간이 많다. 업무 준비 시간, 작업 종료 후 마무리 시간, 회식이나 모임에 참여하는 시간 등이 그러하다. 이런 시간도 결국에는 사용자의 지휘명령 아래에 있었는지의 기준에 따라 근로시간성을 따져야 한다.

한편, 근로자가 본래 업무 외에 일·숙직근무를 하는 경우도 종종 있다. 이러한 시간의 법적 성격은 가산임금 지급대상(연장근로 혹은 휴일근로)이 되는지를 중심으로 다투어진다. 판례는 일반적인 일·숙직 근무가 주로 감시, 경비, 긴급보고의 수수 등의 업무를 그 내용으로 하고 있는 것과는 달리 당직근무를 하는 도중에 수행하는 업무의 내용이 본래의 업무가 연장된 경우는 물론이고 그 내용과 질이 통상근무의 태양과 마찬가지라고 인정될 때에는 당직근무시간이 근로시간에 포함된다고 보면서, 이와 달리 당직근무가 전체적으로 보아 근무의 밀도가 낮은 대기성의

---

12 예를 들어 대법원 1993.5.27. 92다24509 판결은 "근로기준법상의 근로시간이라 함은 근로자가 사용자의 지휘·감독 아래 근로계약상의 근로를 제공하는 시간을 말하는바, 근로자가 작업시간의 중도에 현실로 작업에 종사하지 않은 대기시간이나 휴식, 수면시간 등이라 하더라도 그것이 휴게시간으로서 근로자에게 자유로운 이용이 보장된 것이 아니고 실질적으로 사용자의 지휘·감독하에 놓여 있는 시간이라면 당연히 근로시간에 포함시켜야 할 것이다."라고 한다.

13 대법원 2017.12.13. 2016다243078 판결. 아파트 경비원의 야간휴게시간 동안 경비실 내 조명을 켜놓도록 하고, 의자에 앉아 가면상태를 취하면서 급한 일이 발생할 시 즉각 반응하도록 지시하였다면 이는 자유로운 이용이 보장되는 휴식·수면시간으로 보기 어렵고, 혹시 발생할 수 있는 긴급상황에 대비하는 대기시간으로 볼 여지가 충분하다.

단속적 업무에 해당하는 경우에는 본래의 업무에 실제로 종사한 시간만을 근로시간으로 본다.[14]

3. 근로시간 계산의 특칙: 간주근로시간제

근로시간의 계산은 실근로시간이 원칙이지만, 근로시간을 산정하기 어려운 경우에는 특례로서 간주근로시간제가 허용되고 있다. 간주근로시간제는 통상의 방법으로 근로시간을 계산하기 어려운 경우에 실제의 근로시간과 상관없이 노사 간에 미리 합의한 시간 등 일정한 시간을 근로한 것으로 간주하는 제도이다. 근로기준법에서는 사업장 밖 근로와 재량업무에 대한 근로에 간주근로시간제를 허용하고 있다.

(1) 사업장 밖 근로의 간주근로시간제

사업장 밖 근로로 요건을 갖춘 경우 근로시간의 산정은 이른바 간주제가 적용된다. 즉, 근로자가 출장이나 그 밖의 사유로 근로시간의 전부 또는 일부를 사업장 밖에서 근로하여 근로시간을 산정하기 어려운 경우에는 소정근로시간을 근로한 것으로 본다(근로기준법 제58조 제1항 본문). 다만, 그 업무를 수행하고자 통상적으로 소정근로시간을 초과하여 근로할 필요가 있는 경우에는 그 업무의 수행에 통상 필요한 시간을 근로한 것으로 본다(제58조 제1항 단서). 그리고 해당 업무에 관하여 근로자 대표와 서면 합의를 한 경우에는 그 합의에서 정하는 시간을 그 업무의 수행에 통상 필요한 시간으로 본다(제58조 제2항). 여기서 '그 업무의 수행에 통상 필요한 시간'은 해당 업무에 종사하는 일반적인 근로자가 평균적으로 필요한 시간을 말한다. 요컨대 사업장 밖 근로의 경우에는 근로자 대표와의 서면 합의에서 정한 시간이 있으면 그 시간, 그것이 없으면 통상 업무수행시간, 그것도 없으면 소정근

---

14 대법원 1995.1.20. 93다46254 판결; 대법원 1996.6.28. 94다14742 판결. 이처럼 당직근무를 하는 도중에 수행하는 업무의 내용과 질이 본래의 업무가 연장된 경우에 해당하거나 통상근무의 태양과 마찬가지인지 여부는 당직근무가 통상의 근무시간의 구속으로부터 완전히 벗어났는지 또는 통상근무의 태양이 그대로 계속되는지 여부, 당직근무를 하는 도중에 본래의 업무에 종사하게 되는 빈도 내지 시간의 장단, 당직근무를 하면서 충분한 수면시간이 보장되는지 여부 등을 종합적으로 고려하여 판단한다(대법원 2024.11.14. 2021다220062등 판결).

로시간을 근로한 것으로 본다.

(2) 재량업무의 간주근로시간제

재량업무에 대한 간주근로시간제(재량간주근로시간제)는 업무의 성질에 비추어 객관적으로 업무수행 방법(업무수행 수단, 시간 배분 등)을 근로자 재량에 위임할 필요가 있는 업무에 대해 사용자와 근로자 대표가 서면합의로 정한 시간(간주시간)을 근로한 것으로 보는 제도이다.[15] 재량 간주근로시간제가 유효하려면 다음 세 가지 요건을 갖추어야 한다.[16] 첫째, 재량근로제 대상 업무에 해당해야 한다. 둘째, 대상 업무 수행 방법에서 근로자의 재량성이 보장되어야 한다. 셋째, 사용자와 근로자 대표가 법정 사항에 관해 서면합의를 해야 한다.

먼저 첫째, 재량근로제 대상 업무는 객관적으로 업무의 성질에 비추어 업무 수행 방법을 근로자 재량에 위임할 필요가 있는 업무로 대통령령으로 정하는 업무는 ① 신상품 또는 신기술의 연구개발이나 인문사회과학 또는 자연과학 분야의 연구 업무, ② 정보처리시스템의 설계 또는 분석 업무, ③ 신문, 방송 또는 출판 사업에서 기사의 취재, 편성 또는 편집 업무, ④ 의복·실내장식·공업제품·광고 등의 디자인 또는 고안 업무, ⑤ 방송 프로그램·영화 등의 제작 사업에서 프로듀서나 감독 업무, ⑥ 그 밖에 고용노동부장관이 정하는 업무[17](근로기준법 시행령 제31조)를 말한다.

둘째, 업무수행에서 근로자의 재량성을 보장한다는 것은 업무 성질에 내재하는 재량성으로 사용자가 근로자에게 업무의 수행수단과 시간배분에 관하여 구체적 지시를 하지 않는다는 것을 의미한다.

셋째, 사용자와 근로자 대표가 법정 사항에 관해 서면합의를 할 때, 서면합의에는 ① 대상 업무, ② 사용자가 업무의 수행 수단 및 시간 배분 등에 관하여 근로자에게 구체적인 지시를 하지 아니한다는 내용, ③ 근로시간의 산정은 그 서면 합의

---

15 고용노동부, 『재량간주근로시간제 운영가이드』, 2019.7.31. 참고.

16 고용노동부, 『재량간주근로시간제 운영가이드』, 2019.7.31. 참고.

17 근로기준법 시행령 제31조 제6호에서 '그 밖에 고용노동부장관이 정하는 업무'란 회계·법률사건·납세·법무·노무관리·특허·감정평가·금융투자분석·투자자산운용 등의 사무에서 타인의 위임·위촉을 받아 상담·조언·감정 또는 대행을 하는 업무를 말한다[재량근로의 대상 업무(고용노동부고시 제2019-36호, 2019.7.31)].

로 정하는 바에 따른다는 내용(근로기준법 제58조 제3항)을 명시하여야 한다.

　위와 같은 요건을 갖춘 재량근로의 경우에는 실근로시간을 따지지 않고 서면합의로 정한 간주시간 동안 근로한 것으로 본다. 그러나 만약 법적 요건을 갖추지 못한 경우 예를 들어 ① 법령 등에서 정한 대상 업무에 해당되지 않거나, ② 근로자 대표와 서면합의가 없는 경우, ③ 서면합의 필수기재 사항이 명시되어 있지 않은 경우에는 재량근로제 자체가 무효로 될 수 있으며, 또한 근로자의 업무수행 수단 등에 대한 사용자의 구체적 지시가 상시·반복적으로 이루어져 제도의 취지를 훼손한다면 해당 근로자에 대해 무효가 될 수 있다.[18] 재량근로제가 무효가 되면, 근로시간에 관한 일반적인 규정(근로기준법 제50조 등)이 적용되어 기준근로시간(1일 8시간, 1주 40시간)을 초과한 근로시간은 연장근로가 된다. 그리고 이 경우에는 실근로시간을 기준으로 근로시간 규정 위반 여부를 판단한다.[19]

　만약 간주시간이 1일 8시간, 1주 40시간 이내라면 실근로시간이 얼마이든 연장근로로 보지 않는다. 다만 서면합의로 정한 간주시간 자체가 기준근로시간을 초과한다면 초과하는 시간은 연장근로가 된다. 이때에는 연장근로의 요건을 따로 갖추어야 하며 가산임금도 지급해야 한다.

　한편, 야간·휴일근로와 관련된 규정과 각종 휴식제도, 임산부와 연소자의 야간근로 및 휴일근로의 제한 규정, 산후 1년 미만 여성 근로자의 시간외근로 제한 규정 등도 간주근로시간제에 따라 근로하는 근로자에게 당연히 적용된다.

---

18 고용노동부, 『재량간주근로시간제 운영가이드』, 2019.7.31. 참고.
19 고용노동부, 『재량간주근로시간제 운영가이드』, 2019.7.31. 참고.

제3절
기준근로시간

I. 기준근로시간의 종류

기준근로시간 또는 법정근로시간은 근로기준법 등이 근로시간의 길이를 규제하려고 정한 기준이다. 사용자는 원칙적으로 이 기준을 초과하지 않는 근로를 시켜야 하며, 만약 기준근로시간을 초과하여 근로시키려면 연장근로의 요건을 갖추어야 한다. 현행법은 근로자를 연령과 종사 업무에 따라 세 종류로 나누어 기준근로시간을 다르게 규정하고 있다.

먼저, 일반 근로자(18세 미만인 사람과 유해위험작업 종사자가 아닌 근로자)의 기준근로시간은 1주 40시간, 1일 8시간이다. 즉, 일반 근로자의 근로시간은 1주 40시간, 1일 8시간을 초과하지 못한다(근로기준법 제50조 제1항·제2항). 이를 위반한 자는 2년 이하의 징역 또는 2천만 원 이하의 벌금에 처한다(제110조).

둘째, 연소자, 즉 15세 이상 18세 미만인 근로자의 근로시간은 1일에 7시간, 1주에 35시간을 초과하지 못한다(제69조). 이를 위반한 자는 2년 이하의 징역 또는 2천만 원 이하의 벌금에 처한다(제110조).

셋째, 유해·위험작업 종사자의 기준근로시간은 1일 6시간, 1주 34시간이다. 즉, 사업주는 유해하거나 위험한 작업으로서 대통령령으로 정하는 작업[20]에 종사하는 근로자에게는 1일 6시간, 1주 34시간을 초과하여 근로하게 하여서는 아니 된다(산업안전보건법 제139조 제1항). 이를 위반한 자는 3년 이하의 징역 또는 3천만 원 이하의 벌금에 처한다(제169조).

기준근로시간의 단위가 되는 1일과 1주의 의미는 원칙적으로 역(曆)에 따른다. 즉, 1일은 시업시각이 정해져 있는 경우에는 시업시각으로부터 24시간을 말하고, 시업시각이 특정되지 않은 경우에는 오전 0시부터 오후 12시까지의 달력상 하루

---

20 잠함(潛艦) 또는 잠수 작업 등 높은 기압에서 하는 작업을 말한다(산업안전보건법 시행령 제99조 제1항).

로 보는 것이 타당하다. 다만 야간근로와 같이 2일에 걸쳐 하나의 근로를 하는 경우에는 그 전체를 시업시각이 속한 날의 근로로 취급한다. 1주는 휴일을 포함한 7일로서(근로기준법 제2조 제1항 제7호), 역시 시업일이 정해져 있는 경우에는 시업일을 포함하여 달력상 7일을 말하고, 시업일이 특정되지 않은 경우에는 달력상 월요일부터 일요일까지 7일로 본다.

위의 기준근로시간을 초과하는 근로가 연장근로이다. 연장근로를 하려면 당사자 사이에 합의가 있어야 하고 또한 1주의 한도(일반 근로자는 12시간, 연소자는 5시간)를 준수해야 한다. 반면에 유해·위험작업 종사자에게는 연장근로가 절대적으로 금지되며, 연장근로의 유효 요건을 갖추지 못하면 위의 벌칙이 적용된다.

II. 기준근로시간과 최대근로시간

우리나라에서 기준근로시간의 원칙적 단위는 1일과 1주이지만, 근로시간의 최대한도를 정하는 단위는 1주이다. 근로자의 최대근로시간은 기준근로시간에 연장근로의 한도를 더하여 정해지는데, 일반 근로자의 연장근로 한도는 1주 단위에서만 있기 때문이다. 1일 단위에서는 기준근로시간만 있고 연장근로의 한도는 없다.

그러나 일반 근로자라고 해도 임산부의 연장근로는 금지되거나 더 엄격하게 제한되기 때문에 임산부인 여성 근로자의 최대 근로시간은 다른 일반 근로자보다 짧다. 우선 임신 중 여성 근로자의 연장근로는 절대적으로 금지되므로(근로기준법 제74조 제5항 참고) 이들의 최대 근로시간은 일반 근로자의 기준근로시간과 같다. 또한 출산 후 1년이 지나지 않은 임산부의 연장근로는 일반 근로자의 연장근로보다 엄격하게 제한된다. 즉, 사용자는 산후 1년이 지나지 아니한 여성에 대하여는 단체협약이 있는 경우라도 1일에 2시간, 1주에 6시간, 1년에 150시간을 초과하는 연장근로를 시키지 못한다(제71조).

연소자의 연장근로는 1일 1시간, 1주 5시간 이내로 제한된다(제69조). 따라서 연소자의 1주 최대 근로시간은 40시간이다. 1월 또는 1년의 한도는 없다.

유해·위험작업에 종사하는 근로자, 즉 잠함 또는 잠수 작업에 종사하는 근로자의 연장근로는 절대적으로 금지되기 때문에 이런 근로자의 최대 근로시간은 기준근로시간(1일 6시간, 1주 34시간)과 같다.

한편, 특례사업에 종사하는 근로자의 최대시간 제한은 근로일간 휴식시간에 따라 이루어진다. 즉, 근로기준법 제59조의 특례사업에 종사하는 근로자의 경우에는 연장근로의 제한이 없는 반면 근로일간 11시간의 연속 휴식시간을 보장해야 한다. 그리고 같은 법 제63조의 적용제외 근로자와 4명 이하 사업장 근로자는 기준근로시간이나 연장근로의 제한 등의 규제가 적용되지 않아 결과적으로 최대 근로시간이 존재하지 않는다.

Ⅲ. 기준근로시간의 단위 확대: 탄력적 근로시간제와 선택적 근로시간제

1. 유연화 제도의 의의

실무에서 유연근무제, 탄력근무제, 자율출퇴근제, 변형근로시간제 등 다양한 이름으로 불리는 제도들은 사업상 업무량 변동에 대응하는 한편, 근로자의 일과 생활의 균형 등 시간주권을 향상하려는 제도로 이용된다. 이런 제도의 외견상 가장 큰 특징은 일별, 주별, 월별 근로시간 총량에 변동이 많다는 것이다. 이는 노사에 시간주권과 유연성을 제고해 주기도 하지만 일정한 시기에 집중 근로로 인한 노동자의 과로를 가져올 수 있다. 대다수 국가의 현대 노동법에서는 근로시간을 단축하면서도 동시에 근로시간의 탄력적 운영을 확대해 왔다. 우리나라의 근로기준법도 근로시간 운영의 유연성을 제고하면서도 근로자의 과로 등 건강권 침해 가능성을 줄이고자 각종 규정을 마련하고 있다.

현행 근로기준법이 허용하는 근로시간의 유연화 제도는 탄력적 근로시간제와 선택적 근로시간제이다. 이 제도들의 본질은 두 가지가 있다. 하나는 법적 요건과 관련된 것으로 기준근로시간을 1주보다 긴 기간을 단위로 정할 수 있게 하는 점이고, 다른 하나는 법적 효과로서 법적 요건을 갖춘 경우 1일 8시간 또는 1주 40시간을 초과하는 근로도 연장근로가 되지 않는다는 점이다. 실무에서는 흔히 유연화 제도들을 업무량 변동(주로 탄력적 근로시간제) 또는 근로자 사정(주로 선택적 근로시간제)에 따라 근로시간을 변경할 수 있는 제도로 이해한다. 그러나 법적 관점에서 볼 때 유연화 제도에서 변경되는 것은 1일이나 1주의 근로시간이 아니라 기준근로시간을 정하는 단위기간이다. 이것이 유연화 제도의 본질이다. 즉, 노사의 집단적 합의로 주당 평균시간(총근로시간)을 늘리지 않는 한도에서 특정한 날에 8시간 또는 특정한 주에 40시간을 초과하더라도 그 시간은 연장근로가 아니라 기준근로시간 내의 근로로 보는 제도이다.

유연화 제도는 일부 기간에 기준근로시간을 초과하여 근무하도록 하여 외견상 연장근로와 유사하다. 그러나 본질과 성격을 보면 양자는 다음과 같이 현저히 다르다. 첫째, 연장근로는 기준근로시간이 1주인 데 비해서 유연화 제도는 기준근로시간의 단위를 1주를 초과하는 기간으로 정한다. 현행 근로기준법에는 2주 이내와 3개월 이내, 3개월 초과 6개월 이내의 탄력적 근로시간제와 함께 1개월 이내 및 3개월 이내의 선택적 근로시간제가 있다. 둘째, 유연화 제도는 노사의 집단적 합의에 기초한다. 연장근로는 개별 근로조건을 변경하는 것이므로 사용자와 개별 근로자의 합의로도 가능하지만, 유연화 제도는 사업장 내 근로조건의 기준을 바꾸는 것이므로 집단적 합의가 필요하다. 셋째, 유연화 제도는 시간보상으로 총근로시간을 동일하게 한다. 연장근로는 가산임금(할증임금)이라는 금전보상으로 총근로시간을 확대하는 것인 반면, 유연화 제도는 일정한 시점에 확대한 시간을 가까운 장래에 단축(시간보상)함으로써 총근로시간은 동일하게 한다.

2. 탄력적 근로시간제

탄력적 근로시간제는 일정한 기간(단위기간)을 평균하여 1주당 근로시간이 기준근로시간(40시간)을 초과하지 않는 한도에서 특정일 또는 특정주의 근로시간은 기준근로시간(1일 8시간, 1주 40시간)을 초과하도록 배치하는 제도를 말한다. 현행 근로기준법으로는 2주 이내의 기간을 단위로 하는 것과 3개월 이내의 기간을 단위로 하는 것 그리고 3개월을 초과하고 6개월 이내의 기간을 단위로 하는 것 세 가지가 있다.

2주 단위 탄력적 근로시간제를 도입하기 위해서 사용자는 취업규칙(취업규칙에 준하는 것을 포함한다)에서 정하는 바에 따라 2주 이내의 일정한 단위기간을 평균하여 1주간 근로시간이 제50조 제1항의 근로시간을 초과하지 아니하는 범위 안에서 특정주에 제50조 제1항의 근로시간을, 특정일에 제50조 제2항의 근로시간을 초과하여 근로하게 할 수 있다.[21] 다만, 특정주의 근로시간은 48시간을 초과할 수 없다(근로기준법 제51조 제1항). 특정주의 근로시간에는 48시간이라는 상한선이 있지만, 특정일의 근로시간에는 상한선이 없다. 후자와 관련하여, 명문의 규정이 없는 상황에서 해석론으로 1일 12시간과 같이 일정한 상한선을 설정하기는 어려우므로[22] 입법적 보완이 필요하다.[23]

3개월 단위 탄력적 근로시간제를 도입하기 위해서 사용자는 근로자 대표와 서면합의로 법정사항을 정한 때에는 3개월 이내의 단위기간을 평균하여 1주간의 근로시간이 제50조 제1항의 근로시간(40시간)을 초과하지 아니하는 범위 안에서 특정주 또는 특정일의 근로시간을 제50조의 기준근로시간(1주 40시간, 1일 8시간)을 초과하여 근로하게 할 수 있다. 다만, 특정주의 근로시간은 52시간을, 특정일의 근로시간은 12시간을 초과할 수 없다(제51조 제2항).

6개월 단위 탄력적 근로시간제의 도입요건과 효과 역시 3개월 단위 탄력적 근로시간제의 그것과 동일하다(제51조의2 제1항). 다만 이 경우에는 근로일 종료 후 다음 근로일 개시 전까지 근로자에게 연속하여 11시간 이상의 휴식시간을 주어야 하며(제51조의2 제2항 본문), 단 천재지변 등으로 불가피한 경우 근로자 대표와 서면합의에 따를 수 있다(같은 항 단서).

3. 선택적 근로시간제

선택적 근로시간제는 시업 및 종업시각을 근로자 결정에 맡기는 근로시간제를 말한다. 이 제도는 근로자로 하여금 생활과 직업의 조화를 도모하게 하는 한편, 업

---

21 이러한 2주 단위 탄력적 근로시간제는 법률에 규정한 일정한 요건과 범위 내에서만 예외적으로 허용된 것이므로 법률에서 정한 방식, 즉 취업규칙에 의해서만 도입이 가능할 뿐 근로계약이나 근로자의 개별적 동의를 통하여 도입할 수 없다(대법원 2023.4.27. 2020도16431 판결).

22 김형배 교수는 특정일의 근로시간의 상한선을 규정하지 않은 것을 법률 규정의 흠결로 보아, 해석론으로 근로기준법 제51조 제2항을 유추하여 상한선을 12시간으로 보아야 한다고 주장한다[김형배, 『노동법』, 박영사, 2021(27판), 494면].

23 임종률 교수는 탄력적 근로시간제는 근로시간의 탄력적 배분을 허용하는 제도이고 특정주 또는 특정일의 근로시간에 상한선을 두지 않는 입법례도 많기 때문에 이를 법률 규정의 흠결로 볼 수 없다고 한다[임종률, 『노동법』, 박영사, 2022(20판), 447면].

무수행의 효율성을 제고하도록 한다.

이 제도를 도입하기 위해 사용자는 취업규칙(취업규칙에 준하는 것을 포함한다)에 따라 시업 및 종업시각을 근로자 결정에 맡기기로 한 근로자에 대하여 근로자 대표와 서면합의로 법정 사항을 정해야 한다. 이때 1개월 이내의 정산기간을 평균하여 1주간의 근로시간이 근로기준법 제50조 제1항의 근로시간(1주 40시간)을 초과하지 아니하는 범위 안에서 특정일 또는 특정주의 근로시간을 제50조의 기준근로시간(1주 40시간, 1일 8시간)을 초과하여 근로하게 할 수 있다(제52조). 한편 신상품 또는 신기술의 연구개발 업무에 종사하는 근로자의 경우 해당 기간을 3개월 이내의 기간으로 정할 수 있다. 이 경우 정산기간이 1개월을 초과하면 근로일 사이에 11시간 이상의 연속휴식이 부여되어야 하며(제52조 제2항 제1호), 1개월마다 평균하여 1주간의 근로시간 중 40시간을 초과한 시간에 대해서는 통상임금의 100분의 50 이상을 가산하여 근로자에게 지급하여야 한다(제52조 제2항 제2호).

4. 유연화 제도의 효과

법정 요건을 모두 갖춘 사업장에서 대상 근로자의 동의를 받아 유연화 제도를 시행한 경우, 사용자가 대상 근로자를 특정일에 8시간, 특정주에 40시간을 초과하여 근로를 시킨 때에도 연장근로가 되지 않는다. 즉, 적법한 유연화 제도에 따라 근로자에게 특정일에 8시간 또는 특정주에 40시간을 초과하여 근로하게 하더라도 근로기준법 제50조 위반의 벌칙(근로기준법 제110조 제1호)을 받지 않고 그 시간은 연장근로에 해당하지 않아 사용자는 연장근로에 대한 가산임금(연장근로수당)을 지급하지 않아도 된다.

5. 유연화 제도와 최대근로시간

탄력적 근로시간제 또는 선택적 근로시간제의 경우에도 연장근로를 시킬 수 있다.[24] 당사자 간 합의가 있으면 탄력적 근로시간제의 경우에는 1주에 12시간을 한

---

24 탄력적 또는 선택적 근로시간제를 택하고 있는 사업에서는 변형된 기준근로시간(단위기간 또는 정산기간의 총 근로시간을 평균한 시간이 1주간 40시간)을 초과하는 근로가 연장근로이다. 따라서 탄력적 또는 선

도로 근로기준법 제51조의 근로시간을 연장할 수 있으며, 선택적 근로시간제의 경우에는 제52조 제1항 제2호의 정산기간을 평균하여 1주간에 12시간을 초과하지 아니하는 범위 안에서 제52조의 근로시간을 연장할 수 있다. 이 경우 당사자 간 합의는 탄력적 근로시간제나 선택적 근로시간제를 시행하려는 노사 간 서면합의와 다른 것으로, 사용자와 개별 근로자는 연장근로에 관해 별도로 합의해야 한다.

탄력적 근로시간제에서는 특정주 또는 특정일의 최대근로시간을 정하고 있다. 즉, 2주 이내의 탄력적 근로시간제에서는 특정한 주에는 48시간을 초과할 수 없고 (제51조 제1항), 3개월 이내의 탄력적 근로시간제에서는 특정한 주의 근로시간은 52시간, 특정한 날의 근로시간은 12시간을 초과할 수 없다(제51조 제2항). 여기에 1주의 최대 연장근로시간인 12시간을 더한 시간이 관련 근로자의 1주 최대근로시간이 된다. 입법적으로는 근로자의 과로를 방지하고 건강을 확보하려는 제한이 필요할 것이다.[25]

제4절
연장근로

I. 연장근로의 의의

기준근로시간을 초과한 근로가 연장근로이다. 연장근로는 사업운영상 임시적인 수요에 대응하려면 필요하지만, 과로에 따른 근로자의 건강 위험이 증가하고 생활에 필요한 시간이 줄어드는 부정적 측면도 있다. 근로기준법은 당사자 사이의 합의를 요건으로 연장근로를 허용하되 그 한도를 1주 12시간으로 제한하고 그 시간

택적 근로시간제가 적법하게 정해지고 그에 따라 실시된 경우에는 특정일에 8시간을 초과하거나 특정주에 40시간을 초과하더라도 곧바로 연장근로가 되지는 않는다.

25 입법론으로는 탄력적 근로시간제에서는 연장근로를 포함하여 특정일 또는 특정주의 근로시간의 상한선을 정할 필요가 있다. 이 점은 선택적 근로시간제에서도 다르지 않다.

에 대해서는 평소 소정근로보다 가중된 보상을 하도록 한다.

연장근로는 기준근로시간을 초과하는 것으로 기준근로시간의 범위 내에서 소정근로시간을 초과하는 근로, 이른바 소정(시간)외 근로와는 다르다. 소정외 근로는 한도가 없으며 보상의 방식과 기준은 당사자 사이에서 합의로 정하면 된다. 단, 단시간근로자의 경우에는 기준근로시간 범위 내에서의 소정외 근로에 대해서도 일정한 제한이 있음에 유의하여야 한다(기간제법 제6조 제1항·제3항).

근로기준법상 연장근로에는 일반적인 임시적 시간 수요에 따른 연장근로(제53조 제1항·제2항, 통상적 연장근로), 재해 그 밖에 특별한 사정에 있으면 고용노동부장관의 인가에 기한 연장근로(제53조 제4항, 특별연장근로)가 있다. 이에 더하여 육상운송업 등에 인정되는 연장근로 등의 특례(제59조, 연장근로 특례사업) 및 근로시간 규제 전반을 적용받지 않음으로써 결과적으로 연장근로의 제한을 전혀 받지 않는 경우(제63조, 적용제외 근로자)가 있다. 여기서 통상적 연장근로를 제외한 것들은 1주 52시간의 상한(혹은 1주 12시간이라는 통상적 연장근로의 상한)을 초과하는 근로를 허용하는 제도들이다.

II. 통상적 연장근로

1일 8시간, 1주 40시간을 기준근로시간으로 하는 일반적인 사업(장)에서는 1일 8시간을 초과하거나 1주 40시간을 초과하는 근로가 연장근로이다. 1일과 1주의 기준은 별개로 1주 40시간 이내라도 1일 8시간을 초과하거나 각 일의 근로시간이 8시간 이내라도 1주 근로시간이 40시간을 초과하면 연장근로가 된다. 예컨대 특정 근로자가 1일 17시간씩 주 3일을 일하는 경우, 해당 근로자의 1주 연장근로시간은 1일 8시간의 기준근로시간을 초과하는 부분을 합한 시간, 즉 1일당 9시간씩 총 3일간 27시간이 되어 근로기준법 제53조에서 정한 연장근로의 한도(1주간 12시간)을 초과하는 것으로 보아야 한다.

이러한 해석과 달리, 최근 대법원 판결은 근로기준법 제53조 제1항 위반 여부가 문제된 형사사건에서 해당 조항에서는 연장근로시간의 한도를 1주간을 기준으로 설정하고 있을 뿐이고 1일을 기준으로 삼고 있지 않다는 이유로, 1주간의 연장근로가 12시간을 초과하였는지는 근로시간이 1일 8시간을 초과하였는지를 고려하지 않고 1주간의 근로시간 중 40시간을 초과하는 근로시간을 기준으로 판단하여야 한다고 판시하였다.[26] 그러나 근로기준법 제53조는 당사자의 합의에 의해 1주간에 12시간을 한도로 '제50조의 근로시간'을 연장할 수 있다고 규정하고 있고, 제50조에서는 1주의 기준근로시간(제1항)과 1일의 기준근로시간(제2항)을 모두 정하고 있으므로, 이 판결과 같이 근로기준법 제53조의 위반 여부를 판단하는 데 있어서 제50조 제2항에서 정한 1일의 기준근로시간을 고려하지 않는 것은 문언에 반하는 해석이다. 또한 연장근로 제한의 취지를 고려하면 이러한 계산방식은 단기간에 과도한 근로가 집중되는 것을 허용하여 근로자의 건강권을 침해할 소지가 크다는 점에서도 동의하기 어렵다.

다음으로 탄력적 근로시간제와 선택적 근로시간제를 도입하여 기준근로시간의 단위가 1주를 초과하는 기간인 경우, 연장근로는 단위기간 또는 정산기간의 총근로시간을 주별로 평균하였을 때 1주 40시간을 초과하는 시간이다.

이러한 경우 연장근로를 하려면 당사자 간 합의가 있어야 한다(근로기준법 제53조 제1항). 탄력적 근로시간제 또는 선택적 근로시간제가 도입된 사업에서도 사용자는 이런 제도를 도입하기 위해 요구되는 근로자 대표와 체결하는 서면합의와 별개로 연장근로를 하려면 개별 근로자의 동의를 받아야 한다. 여기서 말하는 '당사자 간의 합의'에 관해 판례는 '원칙적으로 사용자와 근로자와의 개별적 합의'라고 본다.[27] 학설의 다수도 이를 지지한다. 이에 반해 일부 학설에서는 '근로자 대표와 사용자'를 당사자로 보아야 한다고 주장한다. 생각건대, 해석론으로서는 다수설과 판례 입장이 타당하다. 즉, 연장근로를 위한 당사자 간 합의라 함은 개별 근로자와 사용자 사이의 합의를 말하며, 예를 들어 만약 단체협약 등에서 노동조합의 동의를 연장근로의 요건으로 정했다면 이는 개별 근로자와 사용자 사이의 동의를 갈음하는 것이 아니라, 그에 더하여 노동조합의 동의를 추가한 것으로 보아야 한다.

---

[26] 대법원 2023.12.7. 2020도15393 판결. 이 판결이 제시한 계산방법에 따르면 위의 예시와 동일한 형태로 근무하더라도 근로자의 1주간 연장근로시간은 1주 40시간을 초과하는 시간, 즉 11시간이 되므로 근로기준법 제53조를 위반하지 않게 된다. 다만 이 판결은 '가산임금 지급 대상이 되는 연장근로와 1주간 12시간을 초과하는 연장근로의 판단 기준이 동일해야 하는 것은 아니다'라고 하여 근로기준법 제56조에 따른 가산임금 지급에 있어서는 1일 8시간을 초과하는 근로시간도 연장근로로 파악하고 있다.

[27] 대법원 2000.6.23. 98다54960 판결 등.

'합의' 방법이나 시기 등에 대해 법률이 정한 바는 없다. 따라서 합의는 문서뿐만 아니라 구두로도 가능하며, 연장근로를 할 때마다 받아도 되고 사전에 포괄적으로 받는 것도 가능하다고 한다. 그러나 연장근로의 본질이 임시적 수요에 대처하기 위해 근로계약상 본래의 근로를 초과하는 근로의무를 추가하는 것이라는 점을 고려하면 연장근로에 대한 사전적·포괄적 합의를 광범위하게 인정하는 것은 근로자의 합의권을 사실상 무력화하는 것이 된다. 그러므로 사전적·포괄적 합의는 연장근로의 기본적인 틀과 최대한도 등을 정한 경우에만 유효하다고 해석해야 한다. 또한 그때도 연장근로를 거부할 만한 정당한 사유가 있는 경우에 근로자는 유보된 거부권을 행사할 수 있도록 제한적으로 해석해야 한다.

통상적 연장근로는 당사자 간 합의가 있는 경우에도 1주간에 12시간을 초과할 수 없다. 최대한도인 12시간은 1주 단위에서만 규정되어 있을 뿐이고 1일 단위에서는 정해져 있지 않다. 한편, 탄력적 근로시간제에 적용되는 특정일 또는 특정주의 근로시간 제한에는 연장근로가 포함되지 않는다. 그러므로 3개월 이내의 기간을 단위로 하는 탄력적 근로시간제에서 특정주 근로시간의 최대한도는 탄력적 근로시간제에서의 한도인 1주 52시간에 연장근로 12시간을 더한 64시간이 된다.[28]

당사자 간 합의 및 1주 12시간 이내 근로라는 두 가지 요건을 모두 갖춘 연장근로에 대해서는 기준근로시간(제50조) 위반의 벌칙(제110조 제1호)이 적용되지 않는다. 반대로 둘 중 어느 하나라도 위반하면 벌칙이 적용된다. 연장근로가 행해진 때에는 그것이 적법한 경우는 물론 위법한 경우에도[29] 사용자는 실제 행해진 연장시간에 상응하는 가산임금(연장근로수당)을 지급하여야 한다(제56조).

---

28 입법적으로는 근로자의 건강을 보호하기 위해 특정일 또는 특정주의 근로시간 상한선을 정할 필요가 있다. 이 점은 선택적 근로시간제에서도 같다.

29 위법한 연장근로라 하더라도 연장근로수당지급의무가 면제되는 것이 아님은 당연하다.

III. 1주 12시간을 초과하는 연장근로

1. 특별연장근로

사용자는 특별한 사정이 있는 경우에는 고용노동부장관의 인가와 근로자의 동의를 얻어 연장근로의 한도(1주 12시간)를 초과하여 근로를 시킬 수 있다(근로기준법 제53조 제4항). 특별연장근로를 하려면 '고용노동부장관의 인가'[30]와 '근로자의 동의'가 필요하다. 고용노동부장관의 인가는 특별연장근로 이전에 받아야 하지만 사태가 급박하여 고용노동부장관의 인가를 받을 시간이 없는 경우에는 사후에 지체 없이 승인을 받아야 한다(제53조 제4항 단서). 고용노동부장관은 특별연장근로에 의한 근로시간의 연장이 부적당하다고 인정할 경우에는 그 후 연장시간에 상당하는 휴게 또는 휴일을 줄 것을 명할 수 있다(제53조 제5항). 그리고 근로자의 동의는 개별 근로자의 동의를 말한다.

특별연장근로가 가능한 '특별한 사정이 있는 경우'는 ① 재난 및 안전관리 기본법에 따른 재난 또는 이에 준하는 사고가 발생하여 이를 수습하거나 재난 등의 발생이 예상되어 이를 예방하기 위해 긴급한 조치가 필요한 경우, ② 사람의 생명을 보호하거나 안전을 확보하기 위해 긴급한 조치가 필요한 경우, ③ 갑작스러운 시설·설비의 장애·고장 등 돌발적 상황이 발생하여 이를 수습하기 위해 긴급한 조치가 필요한 경우, ④ 통상적인 경우에 비해 업무량이 대폭 증가한 경우로 이를 단기간 내에 처리하지 않으면 사업에 중대한 지장을 초래하거나 손해가 발생하는 경우, ⑤ 소재·부품·장비산업 경쟁력강화를 위한 특별조치법 제2조 제1호와 제2호에 따른 소재·부품 및 장비의 연구개발 등 연구개발을 하는 경우로 고용노동부장관이 국가경쟁력 강화 및 국민경제 발전에 필요하다고 인정하는 경우를 말한다(시행규칙 제9조 제1항).

사용자는 특별연장근로 제도에 따라 근로시간을 연장하려는 경우와 이미 연장한 경우에는 근로시간 연장 인가 신청서 또는 승인 신청서에 근로자의 동의서 사본 및 근로시간 연장의 특별한 사정이 있음을 증명할 수 있는 서류 사본을 첨부하

---

30 법문에는 고용노동부장관의 '인가'라고 되어 있기는 하지만, 그 실질은 '허가'로 보아야 한다. 고용노동부장관의 인가는 원래 금지되는 연장근로를 예외적으로 허용하는 행정처분이기 때문이다.

여 관할 지방고용노동관서의 장에게 제출해야 한다(시행규칙 제9조 제2항). 관할 지방고용노동관서의 장은 근로시간의 연장 인가 또는 승인을 하는 경우, 근로시간을 연장할 수 있는 기간은 특별한 사정에 대처하려면 필요한 최소한으로 한다(시행규칙 제9조 제4항).

2. 특례사업

육상운송업 등 법률로 정한 사업에서 사용자가 근로자 대표와 서면으로 합의한 경우에는 주 12시간을 초과하여 연장근로를 하게 할 수 있다(근로기준법 제59조). 이는 공중 생활과 밀접한 관련이 있는 일부 운수업과 보건업의 경우 근로시간에 대한 규제를 완화하기 위한 취지이다.

대상이 되는 특례사업은 ① 육상운송 및 파이프라인 운송업(다만, 여객자동차 운수사업법 제3조 제1항 제1호에 따른 노선(路線) 여객자동차운송사업은 제외한다), ② 수상운송업, ③ 항공운송업, ④ 기타 운송 관련 서비스업, ⑤ 보건업 등 다섯 가지이다(같은 조 제1항).[31] 연장근로의 한도는 없으나 연장근로에 대한 가산임금은 지급해야 한다.

특례사업에서는 근로자의 건강 보호와 과로 방지를 위해 일간휴식 제도를 도입하고 있다. 즉, 사용자는 근로일 종료 후 다음 근로일 개시 전까지 근로자에게 연속하여 11시간 이상의 휴식시간을 주어야 한다(같은 조 제2항). 이와 같은 일간휴식 부여 의무는 근로자가 주 12시간을 초과하여 연장근로를 하지 않더라도 특례사업에서 서면합의를 했다면 그것만으로도 발생한다.

---

31 2018년 법개정 전에는 공중의 편의 또는 업무의 특성을 고려하여 특례 적용이 가능한 업종을 26개로 정하고 있었으나, 이로 인해 예외적으로 적용되어야 할 특례가 지나치게 광범위하게 적용되고 있을 뿐만 아니라 장시간근로를 유발한다는 지적을 고려하여 현행과 같이 5개 업종으로 그 적용대상이 축소되었다.

제5절
휴식제도

I. 휴식제도의 개관

휴식제도는 장시간의 근로로부터 근로자의 건강을 보호함과 동시에 시민으로서 근로자 생활에 필요한 시간(여가)을 확보하게 해주려는 제도이다. 또한 휴식제도는 일정한 한도에서 근로시간의 길이와 배치를 제한함으로써 근로시간을 규제하는 기능도 담당한다.

현행 근로기준법상 일반적 휴식에는 휴게, 주휴일, 연차휴가가 있다. 휴식제도는 근로자의 건강보호와 여가시간 확보에 공통적 목적이 있지만, 각 휴식제도는 상대적으로 주안점에 약간씩 차이가 있다. 휴게는 특정일의 계속된 근로로부터 근로자의 건강을 보호하는 것에, 그에 비해 연차휴가는 근로자의 가족적·사회적 활동을 위한 여가시간 확보에 중점이 있다. 휴일은 그 중간에 속한다.

II. 휴게

사용자는 근로시간이 4시간인 경우에는 30분 이상, 8시간인 경우에는 1시간 이상의 휴게시간을 근로시간 도중에 주어야 한다(근로기준법 제54조 제1항). 휴게시간은 근로자가 자유롭게 이용할 수 있다(같은 조 제2항).

휴게는 근로일의 근로시간 도중에 사용자의 지휘명령에서 완전히 해방되어 근로자가 자유로이 이용할 수 있는 시간이다. 즉, 휴게가 되려면 무엇보다 먼저 사용자의 지휘명령이 완전히 배제되어야 한다. 그러므로 외형상으로는 업무에서 해방되어 있다고 하더라도 사용자의 지휘명령이 완전히 배제되지 않는 대기시간은 휴게가 아니다. 지휘명령으로부터의 해방은 소극적으로 업무에 종사하지 않는다는 점뿐만 아니라, 적극적으로 근로자의 자유이용이 보장되느냐에 따라 판단된다. 이를 자유이용의 원칙이라 한다.

휴게에서 자유이용의 원칙은 특히 사용자가 취업규칙 등에서 휴게에 대한 일정한 제한을 두는 경우에 문제가 된다. 자유이용은 피로회복이라는 목적을 달성할 정도로만 자유롭다면 그것으로 충분하다는 견해도 있다. 이 견해에 따르면, 피로의 회복과 상관없는 그 밖의 목적을 위한 근로자의 활동은 제한할 수 있다. 그러나 자유이용의 의의를 피로회복에만 두는 것은 지나친 해석이다. 휴게제도는 본래 피로회복과 함께 직장에서 근로자의 사회적·문화적 생활을 영위할 시간을 확보하려는 것이므로, 자유이용은 원칙적으로 근로자가 스스로 선택한 제반 행위를 자유롭게 할 수 있음을 의미한다고 보아야 한다. 따라서 취업규칙 등에 의한 휴게시간 중 활동제한은 원칙적으로 허용되지 않으며, 그러한 활동을 제한할 명백하고 합리적인 사유가 있는 경우에만 허용된다고 보아야 한다. 예를 들어 휴게시간을 자유롭게 이용한다고 하더라도 그 시간 동안 위법행위를 저지르거나 타인의 권리나 이익을 침해하는 행동을 해서는 안 된다. 따라서 다른 근로자의 자유로운 휴식 확보나 사용자의 시설관리권 보호 등을 위한 제한은 가능하다. 다만 이러한 제한은 엄격하게 해석해야 한다. 자유이용의 제한은 크게 휴게가 사업장 내에서 행해지는 경우와 그렇지 않은 경우로 나누어 볼 수 있다.

취업규칙 등에서 사업장 내에서의 정치활동이나 조합활동을 금지하거나 허가제로 하는 경우가 있다. 문제는 이러한 규정이 휴게시간에도 적용되는가(또는 이런 규정을 위반한 근로자를 징계할 수 있는가)이다. 휴게시간의 자유이용원칙에 비추어 근로자의 정치활동이나 조합활동이 다른 활동에 비해 더욱 제한받을 필요는 없다. 그리고 그러한 활동을 이유로 하는 징계도 정치활동이나 조합활동에 따라 실제로 사용자나 다른 근로자의 권리를 침해한 경우에만 가능하다고 보아야 한다.[32] 특히 조합활동의 경우에는 실제로 사용자의 시설관리권이나 다른 근로자의 휴게권이 침해되었다고 하더라도 그 침해 정도와 함께 조합활동의 필요성과 긴박성 그 밖의 제반 사정을 고려하여야 한다. 자유이용원칙에 비추어 근로자는 휴게시간 중에는 자유로이 사업장을 벗어날 수 있다. 그러므로 취업규칙 등에서 외출을 허가제로 하는 것은 허용되지 않는다. 신고제도 그 위반에 대해 징계를 두는 것과 같이 사실

---

32 대법원 1991.11.12. 91누4164 판결은 휴게시간 중 조합활동의 일환으로 유인물 배포 등을 하는 것은 다른 근로자의 휴게를 방해하거나 구체적으로 직장 질서를 문란케 하는 등 시설관리상 목적에 반하지 않는 한 인정되어야 한다고 한다.

상 허가제와 유사한 경우는 허용되지 않는다.

휴게시간은 근로시간 도중에 부여되어야 한다. 따라서 휴게시간을 시업시각 이전이나 종업시각 이후에 부여할 수 없다. 연장근로가 예정된 경우에는 소정근로시간 도중이 아니라 실제로 근로가 개시된 시점으로부터 근로가 종료된 시점까지의 사이에 휴게를 부여하면 된다. 근로시간 도중이기만 하면 어느 시간대에 휴게를 배치하는가는 원칙적으로 사용자 재량에 속한다. 다만 근로계약이나 관행 등에 따라 휴게시간이 특정된 경우에는 사용자는 그 시간에 휴게를 주어야 하고, 이를 일방적으로 변경할 수 없다.

휴게시간은 근로시간이 4시간이면 30분 이상, 8시간이면 1시간 이상이어야 한다. 따라서 근로시간이 4시간 미만이면 휴게시간을 주지 않아도 되고, 4시간 이상 8시간 미만이면 30분의 휴게시간을, 8시간 이상이면 1시간의 휴게시간을 주어야 한다. 그리고 휴게시간은 반드시 한꺼번에 부여할 필요는 없다. 다만 휴게제도의 본래 취지를 살리지 못할 정도로 휴게시간을 분할해서는 안 된다.

한편, 특례사업에서 사용자는 근로자 대표와 서면합의가 있는 때에는 휴게시간을 변경할 수 있다(제59조 참조).

III. 휴일

근로기준법상 휴일은 두 종류이다. 하나는 주휴일로, 사용자는 근로자에게 1주에 평균 1회 이상의 유급휴일을 보장하여야 한다(제55조 제1항). 다른 하나는 공휴일로, 사용자는 근로자에게 관공서의 공휴일에 관한 규정 제2조(제1호는 제외한다)에 따른 공휴일과 같은 영 제3조에 따른 대체공휴일을 유급으로 보장하여야 한다(제55조 제2항, 같은 법 시행령 제30조 제2항). 이로써 근로자는 주휴일, 근로자의 날, 공휴일을 유급휴일로 보장받는다.

1. 주휴일

주휴일은 사용자가 1주일에 1일 이상 부여하는 유급휴일을 말한다. 국제노동기구(ILO)는 1923년과 1959년의 주휴일에 관한 협약에서 근로자에게 7일 중 적어도 '계속된 24시간의 휴식'을 보장하도록 정한 바 있고, 실제로도 주휴제는 세계적으로 보편화된 제도이다. 주휴일도 휴일의 일종으로 애초부터 근로의무를 설정할 수 없는 날이므로, 원래는 근로의무가 있는 날이지만 사용자의 귀책사유로 근로제공이 없었던 휴업일(근로기준법 제46조 참조)은 휴일이 아니다.

주휴일은 '1주 동안의 소정근로일수를 개근한 자'에게 준다(근로기준법 시행령 제30조 제1항). 여기서 개근은 유급휴일의 요건이지 휴일 부여 요건은 아니라는 것이 판례의 태도이다. 다시 말해 소정근로일에 결근한 근로자에게도 1주에 1일의 휴일은 주어야 하지만, 유급일 필요는 없다는 의미이다. '소정근로일수의 개근'에서 말하는 '소정근로일'은 법정 근로일의 범위 내에서 당사자 간 합의로 근로의무가 있는 날을 말한다. 그러므로 근로의무가 없는 날은 소정근로일수에서 제외되어야 한다. '개근'은 결근하지 않고 출근하여 노무를 제공한 것을 말하고 조퇴나 지각 등으로 소정근로일의 근로시간 전부를 근로하지 못하였더라도 상관없다. '1주일'에 대해서는 근로기준법에서 별도로 정한 바가 없으므로 민법의 원칙에 따른다. 그러므로 기산일이 일요일일 경우에는 토요일까지가 되고, 기산일이 일요일이 아닐 때는 다음 주의 기산일에 해당하는 날의 전일까지가 1주가 된다(민법 제160조).

어떤 날에 주휴일을 주어야 하는지는 당사자 사이에 정할 문제이다. 근로기준법은 '휴일에 관한 사항'을 근로계약 체결 시 서면교부 의무의 대상(제17조 제2항)이자 취업규칙의 필요적 기재사항(제93조)으로 규정하였지만, 이 규정이 사용자에게 휴일의 특정 의무를 지운 것으로 보기는 어렵다. 그러므로 취업규칙이나 단체협약 등에 특정일을 휴일로 한다는 규정이 없는 한, 사용자는 근로자가 사전에 예측할 수 있는 기간을 두고 휴일을 지정하더라도 무방할 것이다.

2. 공휴일

근로자에게 주어야 하는 의무적 공휴일은 관공서의 공휴일에 관한 규정 제2조(제1호는 제외한다)에 따른 공휴일과 같은 영 제3조에 따른 대체공휴일이다.

관공서의 공휴일로 제1호에서 정하는 일요일을 제외한 공휴일로는 국경일 중 3·1절, 광복절, 개천절, 한글날, 1월 1일, 설날 전날, 설날, 설날 다음 날(음력 12월

말일, 1월 1일, 2일), 부처님 오신 날(음력 4월 8일), 5월 5일(어린이날), 6월 6일(현충일), 추석 전날, 추석, 추석 다음 날(음력 8월 14일, 15일, 16일), 12월 25일(기독탄신일), 공직선거법 제34조에 따른 임기만료에 의한 선거의 선거일, 기타 정부에서 수시 지정하는 날이 있다. 한편, 설날과 추석을 전후한 공휴일이 다른 공휴일과 겹칠 경우 가장 빨리 도래하는 첫 번째 비공휴일을 공휴일로 하고, 어린이날이 토요일이나 다른 공휴일과 겹칠 경우에는 가장 빨리 도래하는 첫 번째 비공휴일을 공휴일로 한다(같은 영 제3조).

2018년 3월 20일 근로기준법을 개정해 근로자도 공휴일을 유급으로 쉴 수 있게 되었다. 다만, 공휴일은 근로자 대표와 서면으로 합의한 경우 특정한 근로일로 대체할 수 있다(근로기준법 제55조 제2항 단서).

IV. 연차휴가

1. 연차유급휴가 제도 개관

연차휴가는 비교적 장기간에 걸쳐 근로의무를 면제해 줌으로써 근로자로 하여금 신체적 또는 정신적 건강을 회복하도록 하는 동시에 근로자의 사회적·문화적 생활을 충분히 보장해 주려는 데 그 기본 취지가 있다.[33] 현행법의 주요 내용은 다음과 같다.

첫째, 계속근로연수가 1년 이상인 근로자로서 1년간 80퍼센트 이상 출근 시 15일의 유급휴가를 주어야 한다(근로기준법 제60조 제1항).

둘째, 계속하여 근로한 기간이 1년 미만인 근로자 또는 1년간 80퍼센트 미만 출근한 근로자에게 1개월 개근 시 1일의 유급휴가를 주어야 한다(같은 조 제2항).

셋째, 3년 이상 계속근로한 근로자에게 15일의 휴가에 최초 1년을 초과하는 계속근로연수 매 2년에 대하여 1일을 가산한 유급휴가를 주되, 총 휴가일수는 25일을 한도로 한다(같은 조 제4항).

---

[33] 대법원 1996.6.11. 95누6649 판결 등. 연차유급휴가는 근로자에게 일정 기간 근로의무를 면제함으로써 정신적·육체적 휴양의 기회를 제공하고 문화적 생활의 향상을 기하려 하는 데에 그 의의가 있다.

넷째, 연차휴가는 근로자의 청구가 있는 시기에 주어야 하고, 그 기간에 대하여 는 취업규칙 등에서 정하는 통상임금 또는 평균임금을 지급해야 한다. 다만, 근로 자가 청구한 시기에 휴가를 주는 것이 사업운영에 막대한 지장이 있는 경우에는 그 시기를 변경할 수 있다(같은 조 제5항).

다섯째, 출근율을 계산할 때 ① 근로자가 업무상의 부상 또는 질병으로 휴업한 기간, ② 임신 중의 여성이 출산 전후에 휴가로 휴업한 기간, ③ 남녀고용평등법상 육아휴직으로 휴업한 기간 및 육아기 근로시간 단축을 사용하여 단축된 근로시간, ④ 근로기준법 제74조 제7항에 따른 임신기 근로시간 단축을 사용하여 단축된 근 로시간은 출근한 것으로 본다(같은 조 제6항).

여섯째, 연차휴가는 1년간(계속근로기간 1년 미만인 근로자의 유급휴가는 최초 1년의 근 로가 끝날 때까지) 행사하지 아니한 때에는 소멸된다. 다만, 사용자의 귀책사유로 사 용하지 못한 경우에는 그러하지 아니하다(같은 조 제7항). 또한 사용자가 연차휴가 의 사용촉진 조치를 취했음에도 근로자가 휴가를 사용하지 않아 연차휴가청구권 이 소멸한 때에는 사용자는 그 미사용휴가에 대하여 보상할 의무가 없다(제61조).

2. 연차휴가권의 취득

(1) 취득하는 연차휴가 일수

사용자는 1년간 80% 이상 출근한 근로자에게 15일의 유급휴가를 주어야 하고, 계속근로기간이 1년 미만인 근로자 또는 1년간 80% 미만 출근한 근로자에게는 1개월 개근 시 1일의 유급휴가를 주어야 한다(근로기준법 제60조 제1항·제2항). 이때 '1년간' 또는 '1월간'은 근로자가 처음 출근한 날로부터 기산하는 것이 원칙이지만, 노무관리의 편리 등을 위해 회계연도별 또는 특정일부터 기산하는 경우에는 근로 자에게 불이익이 없는 한도에서 허용된다.

이처럼 우리 연차유급휴가제도는 근로자의 출근율 충족 또는 개근을 전제로 하 고 있으므로, 연차휴가를 사용할 권리는 다른 특별한 정함이 없는 한 지난 1년간 또는 1개월의 근로를 마친 다음 날에 발생한다.[34] 2025년 1월 1일에 입사한 근로

---

34 대법원 2018.6.28. 2016다48297 판결 등. 또한 1년간의 근로를 마친 다음 해 근로연도 중도에 퇴직한 근 로자의 경우 그 해에 이루어진 퇴직 전 1년 미만의 근로에 대해서는 연차휴가권이 그 기간에 비례하여 발생하

자를 예로 들면, 이 근로자는 2025년 1월의 소정근무를 개근한 다음 날(2.1.)에 1일의 유급휴가를 사용할 수 있는 권리를 취득하게 되고, 2025년 12월 31일까지 개근하는 경우 다음 날인 2026년 1월 1일에 전년도에 누적된 총 11일의 누적된 유급휴가(제60조 제2항)에 더하여 2025년 1년간의 근무에 대하여 15일의 유급휴가(제60조 제1항)를 취득하여 최대 26일의 연차휴가일수를 취득하게 된다.[35] 다만 계속근로기간 1년 미만인 근로자의 유급휴가는 최초 1년의 근로가 끝날 때까지 행사하지 아니한 때에는 소멸한다(제60조 제7항).

그런데 연차휴가를 사용할 권리는 다른 특별한 정함이 없는 한 그 전년도 1년간의 근로를 마친 다음 날 발생하므로 그 전에 퇴직 등으로 근로관계가 종료한 경우에는 연차휴가를 사용할 권리에 대한 보상으로서의 연차휴가수당도 청구할 수 없고,[36] 따라서 1년 기간제 근로계약을 체결하여 근무하다 기간만료로 퇴직한 근로자에게는 근로기준법 제60조 제2항에 따라 최대 11일의 유급휴가만이 부여되고, 이 경우 제60조 제1항이 중첩적으로 적용되어 26일(11일+15일)의 유급휴가가 부여되는 것은 아니다.[37]

한편 근로자의 장기근속에 대한 보상으로 계속근로연수가 1년을 초과하는 2년마다 1일씩 가산한 휴가가 발생하는데, 가산휴가의 상한은 25일이다(같은 조 제4항). 그러므로 계속근로연수가 1년 이상 3년 미만인 경우에는 매년 15일의 연차휴가가 부여되고, 3년 이상 5년 미만인 경우에는 매년 16일의 휴가가 부여된다. 이런 방식으로 휴가일수를 2년마다 1일씩 가산하되, 최대한도는 취업규칙 등에서 달리 정한 바가 없다면 25일이 된다.

(2) 출근율 산정

연차휴가권은 법정 출근율 및 개근 요건을 충족한 근로자에게 발생한다. 출근율은 근로의무가 있는 소정근로일 중에서 실제 출근하거나 법률상 출근한 것으로 간

지 않는다. 헌법재판소는 이처럼 근로연도 중도퇴직자의 중도퇴직 전 근로에 대해 1개월 개근 시 1일의 유급휴가를 부여하지 않더라도 이것이 청구인의 근로의 권리나 평등권을 침해하지 않는다고 보고있다(헌법재판소 2015.5.28. 2013헌마619 결정).

35 대법원 2022.9.7. 2022다245419 판결.
36 대법원 2018.6.28. 2016다48297 판결.
37 대법원 2021.10.14. 2021다227100 판결.

주되는 날의 비율을 말하고, 개근은 소정근로일에 모두 출근한 것을 말한다. 그렇다면 그 밖의 날로 당사자 사이에 취업규칙이나 근로계약 또는 단체협약 등에서 정함이 없는 날들은 어떻게 처리해야 할까?

먼저 근로자가 업무상의 부상 또는 질병으로 휴업한 기간은 장단(長短)을 불문하고 소정근로일수와 출근일수에 모두 포함시켜 출근율을 계산해야 한다.[38]

사용자의 적법한 직장폐쇄로 근로자가 출근하지 못한 기간은 원칙적으로 연차휴가일수 산정을 위한 연간 소정근로일수에서 제외해야 한다. 다만 노동조합의 쟁의행위에 대한 방어수단으로 사용자가 적법하게 직장폐쇄를 한 경우, 이러한 적법한 직장폐쇄 중 근로자가 위법한 쟁의행위에 참가한 기간은 근로자 귀책으로 근로를 제공하지 않은 기간에 해당하므로, 연간 소정근로일수에 포함시키되 결근한 것으로 처리해야 한다.[39]

이와 달리 사용자의 위법한 직장폐쇄로 근로자가 출근하지 못한 기간을 근로자에게 불리하게 고려할 수는 없으므로 원칙적으로 그 기간은 연간 소정근로일수와 출근일수에 모두 산입되는 것으로 보는 것이 타당하다. 다만 위법한 직장폐쇄 중 근로자가 쟁의행위에 참가하였거나 쟁의행위 중 위법한 직장폐쇄가 이루어진 경우에 만일 위법한 직장폐쇄가 없었어도 해당 근로자가 쟁의행위에 참가하여 근로를 제공하지 않았을 것이 명백하다면, 이러한 쟁의행위가 적법한지를 살펴 적법한 경우에는 그 기간을 연간 소정근로일수에서 제외하고, 위법한 경우에는 연간 소정근로일수에 포함시키되 결근한 것으로 처리해야 한다.[40]

판례에 따르면 불법파업에 참가하여 징계를 받아 출근하지 않은 날 등 근로자의 귀책사유로 인한 결근으로 볼 수 있는 날은 결근으로 처리해도 된다.[41]

---

38 근로기준법 제60조 제6항 제1호, 대법원 2017.5.17. 2014다232296, 2014다232302(병합) 판결. 설령 그 기간이 1년 전체에 걸치거나 소정근로일수 전부를 차지한다고 하더라도, 이와 달리 볼 아무런 근거나 이유가 없다고 한다.

39 대법원 2019.2.14. 2015다66052 판결.

40 대법원 2019.2.14. 2015다66052 판결.

41 대법원 2008.10.9. 2008다41666 판결은 "정직이나 직위해제 등의 징계를 받은 근로자는 징계기간 중 근로자의 신분을 보유하면서도 근로의무가 면제되므로, 사용자는 취업규칙에서 근로자의 정직 또는 직위해제 기간을 소정근로일수에 포함시키되 그 기간 중 근로의무가 면제되었다는 점을 참작하여 연차유급휴가 부여에 필요한 출근일수에는 포함되지 않는 것으로 규정할 수 있다. 이러한 취업규칙의 규정이 구근로기준법 제59조에 반하여 근로자에게 불리한 것이라고 보기는 어렵다. 같은 취지에서 연차 유급휴가기간을 산정함에 있어 정직 및 직위해제 기간을 소정근로일수에 포함시키되 출근일수에서 제외하도록 규정한 피고 공사의 취업

또한 판례는 합법적인 파업에 참가한 날의 처리에 대해서는 이른바 '비례적 삭감설'[42]이 타당하다고 판결한 바 있다. 정당한 파업기간은 연차휴가권 발생 요건인 출근율을 산정할 때는 제외하되, 연차휴가일수의 계산에서는 해당 기간의 비율만큼 비례적으로 삭감된 휴가일수를 부여하면 된다는 것이다.[43] 즉, 1년간 총 역일(曆日)에서 법령, 단체협약, 취업규칙 등에 따라 근로의무가 없는 날로 정해진 날을 제외한 나머지 일수, 즉 연간 근로의무가 있는 일수를 '연간 소정근로일수'라고 하고, 그중 근로자가 현실적으로 근로를 제공한 날을 연간 실근로일수라고 한다. 판례에 따르면 이때 출근율과 연차휴가일수는 아래와 같다.

① 연차휴가권 발생 요건으로서 출근율: 연간 실근로일수÷(연간 소정근로일수−파업 기간 등)

② 연차휴가일수: 취득예상 휴가일수(출근율에 따른 휴가일수+근속연수에 따른 휴가일수)×(연간 소정근로일수−파업 기간 등)÷연간 소정근로일수

비례적 삭감설은 두 가지를 전제한다. 하나는 정상 소정근로일수(파업 등이 없이 일반적으로 노사가 예정한 연간 소정근로일수)와 실질 소정근로일수(파업 등을 제외한 연간 소정근로일수)를 구별해야 한다는 것이고, 다른 하나는 연차휴가일수를 삭감할 수

규칙 제22조 제7항이 근로기준법에 정하여진 기준보다 근로자에게 불리하게 규정한 것이라고 볼 수 없고, 피고가 원고(선정당사자) 및 선정자들에 대한 연차 유급휴가기간을 산정함에 있어 위 취업규칙의 규정에 따라 정직 및 직위해제 기간을 출근일수에 산입하지 아니한 것이 부당하지 아니하다고 판단한 원심의 판결은 정당하다."라고 한다.

42 비례적 삭감설은 파업 기간 등을 결근한 것으로 처리하는 것과 출근한 것으로 처리하는 것 모두 관련 법령에 부합하지 않는다고 본다. 먼저 파업 기간을 결근한 것으로 처리하게 되면, 파업 기간에는 근로관계가 정지되어 근로자는 근로의무가 없다고 보는 판례의 입장과도 맞지 않고, 파업은 근로자의 정당한 권리행사인 데다가 파업 등 쟁의행위를 이유로 근로자를 불리하게 처우하는 것이 법률상 금지되어 있으므로(노동조합법 제81조 제1항 등), 근로자가 파업으로 소정근로일에 근로를 제공하지 아니하였다고 하더라도 이를 근로자가 결근한 것으로 처리할 수는 없다고 한다. 그러나 반대로 이를 출근한 것으로 보아야 할 법령상 근거가 없고, 근로자가 현실적으로 근로를 제공한 적도 없으므로 이 기간을 근로자가 출근한 것으로 의제할 수도 없다고 한다. 그렇기 때문에 헌법과 관련 법률에 따라 쟁의행위 등 근로자의 정당한 권리행사를 보장하면서 동시에 연차유급휴가가 근로에 대한 대가(보상)로서 성질을 갖고 있고 현실적 근로의 제공이 없었던 쟁의행위 등 기간에는 원칙적으로 근로에 대한 대가를 부여할 의무가 없는 점 등을 종합적으로 고려하면 비례적 삭감설이 타당하다는 것이다.

43 대법원 2013.12.26. 2011다4629 판결.

있다는 것이다. 그러나 이 두 가지 전제에는 다음과 같은 문제가 있다. 첫째, 정상 소정근로일수와 실질 소정근로일수의 구분은 법령상 근거가 없을뿐더러 뚜렷한 이유도 없이 소정근로일에 관한 기존의 안정적 법해석, 즉 법령이나 취업규칙 또는 단체협약 등으로 근로계약상 근로의무가 있는 날이 소정근로일이라는 해석론과도 상치된다. 둘째, 이 구분의 기초에는 연차휴가일수를 파악할 때 근로의무의 존재 여부와 상관없이 실제로 근로를 제공하지 않았다면 사용자는 연차휴가에서 불이익을 줄 수 있다는 관점이 존재한다. 해당 기간에 근로를 제공하지 않은 것이 근로자의 권리행사로서 법적으로 존중될 수 있느냐는 상관하지 않는다. 이러한 생각은 결과적으로 근로자로 하여금 근로의무가 없는 날을 만드는 권리행사를 하지 못하게 할 수 있는바, 이는 근로기준법의 목적에 정면으로 반한다.[44] 셋째, 연차휴가일수를 삭감할 수 있다는 생각은 근로기준법의 최저기준성에 반한다.

비례적 삭감설을 제외하면, 일반적으로 법령상 명시되지 않은 근로제공 불이행 기간의 처리 방법은 세 가지이다. 첫째, 근로자에게 가장 유리한 방법으로서 출근으로 처리하는 방법이다. 해당 기간을 소정근로일과 출근일에 모두 포함시키는 것이다('출근설'이라 한다). 둘째, 근로자에게 가장 불리한 방법으로서 결근으로 처리하는 방법이다. 소정근로일에는 포함시키되 출근일에서는 제외하는 것이다('결근설'이라 한다). 셋째, 양자의 중간적인 것으로 소정근로일에서 제외하는 방법이다. 해당 기간을 소정근로일과 출근일에서 모두 제외하는 것이다('소정근로일제외설'이라 한다). 출근설은 연차휴가의 휴식 보장적 성격에 가장 부합하기는 하지만, 법령상 근거 없이 파업 기간을 출근으로 보기에는 무리가 있다. 그렇다고 정당한 파업에 대해 결근설을 주장할 수도 없고, 실제로 결근설을 주장하는 학자도 없다. 그런데 비례적 삭감설의 현실적 결과는 정당한 파업에 참가한 근로자를 종종 결근설의 경우보다 불리하게 처우할 수 있다. 파업 기간이 정상 소정근로일수의 2할 이하인 경우에는 불법파업에 참가한 기간이 합법파업에 참가한 기간보다 연차휴가에서는 유

---

44 사실 이 사건에서 피고 회사의 취업규칙은 근로기준법 제60조가 금지하는 연차휴가의 사전매수로 볼 여지도 있었다. 피고 회사의 취업규칙은 매년 연말 다음 해의 연차 유급휴가일수에 상응하는 보상금을 전액 지급한 후, 다음 해 근로자가 실제 연차휴가를 사용하면 그 일수만큼의 보상금을 월급에서 공제하도록 규정하였다. 이런 시스템은 금전적 방식으로 연차휴가의 실제 사용을 제한한다.

리해진다는 정의롭지 않은 결과가 생긴다.[45] 결국 정당한 파업 기간 등을 처리하는 가장 타당한 방식은 소정근로일과 출근일 모두에서 파업 기간을 제외하는 것이다.

3. 연차휴가권의 행사

(1) 시기의 지정과 시기변경권

연차휴가는 근로자의 청구가 있는 시기에 주어야 하며, 그 기간에 대하여는 취업규칙이나 그 밖의 정하는 바에 따른 통상임금 또는 평균임금을 지급해야 한다. 다만, 근로자가 청구한 시기에 휴가를 주는 것이 사업운영에 막대한 지장이 있는 경우에는 그 시기를 변경할 수 있다(근로기준법 제60조 제5항).

연차휴가권은 요건을 갖춘 경우에 당연히 발생하지만, 그 구체적 행사를 하려면 근로자가 시기를 지정하여 연차휴가를 청구해야 한다. 휴가권을 구체화하기 위해 근로자가 시기를 지정할 수 있는 권한을 시기지정권이라고 한다. 시기지정은 휴가의 개시일과 종료일을 특정해야 한다. 만약 근로자가 시기를 특정하지 않고 막연히 연차휴가만 청구하였다면 이는 적법한 시기 지정이 없는 것으로 사용자는 이에 대해 시기변경권을 행사할 필요도 없다.

근로자가 시기를 지정한 때에는 사용자는 근로자가 청구한 시기에 휴가를 주어야 한다. 다만 사용자는 근로자가 청구한 시기에 휴가를 주는 것이 사업운영에 막대한 지장이 있는 경우에는 그 시기를 변경할 수 있다. 이를 사용자의 시기변경권이라고 한다. 여기서 '사업운영에 막대한 지장이 있는 경우'는 사용자의 주관적 의사가 아니라 사업운영의 객관적 상황을 고려해 사회통념에 따라 판단해야 한다. 구체적으로는 해당 근로자의 지위와 담당 업무의 내용, 다른 근로자로 대체성의 정도, 같은 시기에 휴가 등으로 휴업하는 근로자 수, 청구한 휴가일수 등 제반 상황을 고려하여 판단하여야 하지만, 법문에서 사업운영상 단순한 지장이 아니라 '막대한 지장'이라 하는 점을 고려할 때, 사용자의 시기변경권은 엄격하게 해석해야 한다. 사용자가 적법한 시기변경권을 행사하지 않는 한, 근로자는 자신이 청구

---

45 소정근로일수가 240일이고 파업이 48일인 경우, 해당 파업이 불법이라면 나머지 기간을 개근할 경우 15일의 연차휴가는 그대로 부여되는 데 비해, 해당 파업이 합법이라면 비례적 삭감설에 따라 15일의 연차휴가는 12일이 된다.

한 시기에 근로를 제공하지 아니하고 연차휴가를 사용할 수 있다.

한편, 사용자는 근로자 대표와의 서면합의에 따라 연차유급휴가일에 갈음하여 특정근로일에 근로자를 휴무시킬 수 있다(제62조).

(2) 연차휴가의 자유 이용과 쟁의행위

연차휴가도 휴식 제도의 하나로 근로자는 이를 자유롭게 사용할 수 있다. 근로자가 이를 어떤 목적으로 어떤 방식으로 사용하든 제한이 없다. 그러므로 예를 들어 노동조합의 활동이나 쟁의행위를 위해 사용하더라도 사용자는 이에 개입하거나 간섭할 수 없다. 다만 판례는 다수 근로자가 쟁의적 목적을 위하여 사용자의 시기변경권에 상관 없이 연차휴가권을 집단적으로 사용하는 것(이른바 준법투쟁)은 쟁의행위로 본다.

판례는 "실질적으로 회사로부터 거부당한 요구사항을 관철하고 회사의 정상적인 업무수행을 저해할 의도로 근로자들에게 집단적으로 연차휴가를 사용할 것을 선동하고 이에 따라 근로자들이 집단적으로 연차휴가를 사용하고 근로 제공을 거부하기에 이르렀다면, 이는 이른바 쟁의적 준법투쟁으로서 쟁의행위에 해당한다."라는 입장이다.[46] 하지만 이러한 판례의 해석방식은 아무런 법적 근거가 없을뿐더러, 휴가 사용의 실질적 목적을 쟁의행위 정당성 판단의 요소로 삼는 것은 휴가 법리의 중대한 왜곡이라고 비판하는 견해가 있다.[47]

4. 연차휴가의 사용촉진제도

연차휴가는 그 발생 시점부터 1년간 행사하지 아니하면 소멸된다. 다만, 사용자의 귀책사유로 사용하지 못한 경우에는 그러하지 아니하다(근로기준법 제60조 제7항).

그런데 연차휴가를 1년간 사용하지 않아 휴가권이 소멸하더라도 사용하지 못한 휴가일수의 수당을 청구할 권리, 즉 연차휴가수당 청구권은 소멸하지 않는다.[48] 연

---

[46] 대법원 1996.7.30. 96누587 판결.
[47] 정인섭, "준법투쟁 판례법리의 특징", 「노동법강의: 기업구조조정과 노동법의 중요과제」, 법문사, 2002, 329-331면 참고.
[48] 대법원 2000.12.22. 99다10806 판결 등.

차휴가수당 청구권은 연차휴가권과 달리 임금채권으로서 연차휴가권이 소멸한 날의 다음 날로부터 3년간 행사할 수 있다. 이 때문에 획득한 연차휴가일수를 모두 사용하지 않고 그 전부 또는 일부를 남겨 수당을 청구하는 일이 적지 않았다. 금전보상을 목적으로 연차휴가를 사용하지 않는 일은 휴식제도로서 연차휴가의 의의를 왜곡한다는 비판이 많았다. 이런 문제를 해결하고자 2003년 9월 15일 개정 근로기준법은 연차휴가 사용촉진제도를 도입하였다. 사용자의 적극적 권유에도 불구하고 휴가를 사용하지 않은 때에는 사용자의 연차휴가수당 지급의무를 면제하는 것이 핵심이다.

사용자가 연차휴가 사용을 촉진하고자 법에서 정하는 조치를 하였음에도 근로자가 휴가를 사용하지 아니하여 연차휴가권이 소멸된 경우에는 사용자는 그 미사용휴가에 대하여 보상할 의무가 없고, 제60조 제7항 단서(소멸시효의 예외)에 의한 사용자의 귀책사유에 해당하지 아니하는 것으로 본다(제61조). 이를 연차휴가의 사용촉진제도라고 한다. 사용자에게 요구되는 조치는 두 가지이다. 하나는 연차휴가권 만료일 6개월 전을 기준으로 10일 이내에 사용자가 근로자별로 미사용휴가 일수를 알려주고, 근로자가 그 사용시기를 정하여 사용자에게 통보하도록 서면으로 촉구하는 것이고(제61조 제1항 제1호), 다른 하나는 근로자가 촉구를 받은 때부터 10일 이내에 미사용휴가의 전부 또는 일부의 사용시기를 정하여 사용자에게 통보하지 아니한 경우에는 제60조 제7항 본문의 규정에 따른 기간이 끝나기 2개월 전까지 사용자가 미사용휴가의 사용시기를 정하여 근로자에게 서면으로 통보하는 것이다(제61조 제1항 제2호).

사용자가 이상의 조치를 모두 취했음에도 근로자가 연차휴가를 사용하지 않은 때에는, 사용하지 않은 휴가에 대해 사용자는 제60조 위반의 벌칙(제110조 제1호)을 받지 않음은 물론, 보상(연차휴가수당의 지급 등)할 의무도 없다. 또한 연차휴가권의 단기소멸시효의 예외사유인 '사용자의 귀책사유'에도 해당하지 않는다.

한편, 2020년 3월 31일 개정 근로기준법은 계속근로연수가 1년 미만인 근로자에 대해서도 연차휴가 사용촉진제도를 신설하였다. 즉, 사용자가 계속하여 근로한 기간이 1년 미만인 근로자의 연차휴가 사용을 촉진하고자 위와 유사한 조치[49]

---

49 "1. 최초 1년의 근로기간이 끝나기 3개월 전을 기준으로 10일 이내에 사용자가 근로자별로 사용하지 아니한 휴가 일수를 알려주고, 근로자가 그 사용 시기를 정하여 사용자에게 통보하도록 서면으로 촉구할 것.

를 하였음에도 근로자가 휴가를 사용하지 아니하여 연차휴가권이 소멸된 경우에는 사용자는 그 사용하지 아니한 휴가에 대하여 보상할 의무가 없고, 사용자의 귀책사유도 없는 것으로 본다.

제6절
가산임금제

I. 가산임금제의 의의

근로기준법은 연장근로, 휴일근로, 야간근로에 대해서는 통상임금의 50퍼센트 이상을 가산한 임금을 지급하도록 하고 있다(근로기준법 제56조 참고). 이런 종류의 근로들은 통상의 근로보다 근로자의 삶과 건강에 유해하기 때문이다. 이를 가산임금제 또는 할증임금제라고 한다.

가산임금제의 1차 목적은 할증임금이라는 경제적 부담으로 그러한 근로를 사전에 억제하려는 것이고, 2차적으로는 그러한 근로가 현실적으로 행해진 경우에 근로자의 건강과 생활상 불이익에 대하여 금전적 보상을 하려는 것이다.

가산임금제는 우리나라의 근로시간 규율에서 중추적 역할을 한다. 경제적 부담을 통한 사전 억제라는 측면에서 보면, 연장근로수당은 근로시간의 길이를 규제하는 수단으로, 휴일근로수당과 야간근로수당은 근로시간 배치를 규제하는 수단으로 기능한다. 반면에 가중된 금전 보상은 근로자 쪽에서 보면 장시간 근로로 인한 건강상 문제나 시민적 생활의 침해로 이어짐에도 연장근로나 휴일근로 혹은 야간

다만, 사용자가 서면 촉구한 후 발생한 휴가에 대해서는 최초 1년의 근로기간이 끝나기 1개월 전을 기준으로 5일 이내에 촉구하여야 한다." 그리고 "2. 제1호에 따른 촉구에도 불구하고 근로자가 촉구를 받은 때부터 10일 이내에 사용하지 아니한 휴가의 전부 또는 일부의 사용 시기를 정하여 사용자에게 통보하지 아니하면 최초 1년의 근로기간이 끝나기 1개월 전까지 사용자가 사용하지 아니한 휴가의 사용 시기를 정하여 근로자에게 서면으로 통보할 것. 다만, 제1호 단서에 따라 촉구한 휴가에 대해서는 최초 1년의 근로기간이 끝나기 10일 전까지 서면으로 통보하여야 한다"(제61조 제2항 제1호·제2호).

근로를 촉진하는 수단이 됨으로써 장시간 노동의 주요 원인이 되기도 한다. 이 때문에 통상임금 분쟁 대부분이 실제로는 가산임금제의 대상이 되는 근로의 금전 보상을 둘러싼 다툼이다.

II. 가산임금의 대상과 할증률

가산임금의 대상은 연장근로, 야간근로, 휴일근로이고 할증률은 원칙적으로 통상임금의 50퍼센트 이상이다(근로기준법 제56조).

연장근로는 기준근로시간을 초과하는 근로이다. 근로기준법 제53조에 따른 각종의 연장근로를 비롯하여 특례사업에서의 연장근로(제59조), 연소자의 연장근로(제69조)도 포함한다. 연장근로의 시간 수를 계산할 때는 휴일근로의 시간 수도 함께 계산한다. 근로기준법상 '1주'의 개념에 관련된 종래의 논쟁을 종식하기 위해 2018년 개정 근로기준법은 1주에는 휴일을 포함한다고 명시하였다(제2조 제1항 제7호). 당사자 간의 합의, 1주 12시간 이내, 근로자 대표와 서면합의 등을 갖춘 적법한 연장근로는 물론 그러한 요건 중 하나 이상을 갖추지 못해 벌칙의 제재를 받을 수 있는 위법한 연장근로에도 가산수당이 지급되어야 한다. 연장근로에 대한 할증률은 통상임금의 50퍼센트 이상이다(제56조 제1항).

휴일근로는 휴일에 행하는 근로이다. 휴일에는 법령에 따른 휴일, 즉 법정휴일과 당사자 간 합의에 따른 휴일, 즉 약정휴일이 있다. 법정휴일은 주휴일, 공휴일, 근로자의 날 등이고, 약정휴일은 단체협약, 취업규칙, 근로계약 등에서 휴일로 정한 날이다. 법정휴일에 행해지는 근로는 물론 약정휴일에 행해지는 근로도 가산임금의 대상이 된다. 그러나 연차휴가일의 근로, 교대제 근무에서 비번일의 근로 등은 휴일근로에 속하지 않는다. 위에서 말한 바와 같이 휴일근로의 시간은 연장근로의 여부나 시간을 계산할 때도 포함되지만, 휴일근로의 할증률을 계산할 때는 연장근로에 해당하더라도 중복할증을 하지 않는다. 즉, 8시간 이내의 휴일근로에는 통상임금의 50퍼센트 이상, 8시간을 초과한 휴일근로에는 통상임금의 100퍼센트 이상을 할증한다(제56조 제2항).

야간근로는 오후 10시부터 오전 6시까지 사이의 근로이고,[50] 야간근로수당은 통상임금의 50퍼센트 이상을 가산하여 지급해야 한다(제56조 제3항).

통상임금의 50퍼센트 이상을 가산하여 지급하라는 뜻은 예를 들어 1시간의 연장근로에 대해서는 소정근로 1시간의 대가, 즉 1시간분의 통상임금액(100퍼센트)에 50퍼센트 이상을 더한 금액, 즉 통상임금의 150퍼센트 이상을 지급해야 한다는 의미이다. 또한 연장근로와 야간근로 또는 휴일근로와 야간근로가 중첩된 경우에는 가산수당을 각각 계산하여 이를 더한 금액, 즉 중복할증한 가산수당을 지급하여야 한다. 연장근로와 휴일근로가 중첩된 경우에는 앞서 말한 대로 휴일근로가 8시간 이내에는 50퍼센트 이상의 단순할증을 하고 8시간을 초과한 경우에만 100퍼센트의 중복할증을 한다.[51]

III. 보상휴가제

사용자는 근로자 대표와 서면합의에 따라 근로기준법 제56조의 규정에 의한 연장근로, 휴일근로·야간근로에 대하여 임금을 지급하는 것에 갈음하여 휴가를 부여할 수 있다(제57조). 이를 보상휴가제라고 하는데, 노사 간의 임금과 휴가에 대한 선택의 폭을 확대하는 데 목적이 있다.

보상휴가제를 위해서는 사용자와 근로자 대표 간 서면합의가 있어야 한다. 여기

---

50 현행법은 야간근로의 한도를 규제하고 있지 않다. 그런데 야간근로의 건강에 대한 유해성은 연장근로나 휴일근로를 압도한다. 시급히 입법적 개선이 필요하다.

51 한편, 2018년 개정 근로기준법 시행 이전의 구근로기준법하에서는 연장근로와 휴일근로가 중복된 경우의 할증률에 관하여 판례는 중복할증을 인정하지 않았다. 대법원 2018.6.21. 2011다112391 전원합의체 판결은 "구근로기준법과 구근로기준법 시행령(2018. 6. 29. 대통령령 29010호로 개정되기 전의 것) 규정의 내용과 체계 및 취지, 법률 규정의 제정·개정 연혁으로 이로써 알 수 있는 입법 취지와 목적, 근로관계 당사자들의 인식과 기존 노동관행 등을 종합적으로 고려하면, 휴일근로시간은 구근로기준법 제50조 제1항의 '1주간 기준근로시간 40시간' 및 제53조 제1항의 '1주간 연장근로시간 12시간'에 포함되지 않는다."라고 판시하였다. 결국 1주 40시간을 초과한 휴일근로라도 8시간 이내의 근로는 연장근로에 해당하지 않으므로 연장근로에 따른 가산임금과 휴일근로에 따른 가산임금을 중복하여 지급할 필요가 없다고 판단한 것이다. 그러나 이러한 해석은 지나치게 현실과 관행에 집착하여 그동안 이루어진 근로시간 단축의 역사와 연혁을 고려하지 않았고, 연장근로와 휴일근로에 각각 가산임금을 별도로 정한 취지를 무시하였으며, 나아가 법문의 1주에 휴일을 제외한 소정근로일만 포함된다고 해석함으로써 문리해석의 한계까지 넘어섰다는 점에서 비판받아 마땅하다.

서 근로자 대표, 서면합의 등은 탄력적 근로시간제 등의 요건에서 말하는 것과 동일하다. 서면합의로 정해야 하는 사항을 법에서 규정하지는 않았지만, 보상휴가제의 목적 등에 비추어 보면 보상휴가제를 채택한다는 취지, 대상근로자와 보상휴가의 길이와 방법 등은 정해야 한다.

보상휴가에 관한 서면합의가 있는 경우에는 개인 근로자의 동의는 필요하지 않다고 보는 것이 타당하다.

IV. 포괄임금제

포괄임금제는 사용자와 근로자 사이에 기본임금을 미리 산정하지 않고 법정수당까지 포함된 금액을 월급여액이나 일당 임금으로 정하거나 기본임금을 미리 산정하면서도 법정 제 수당을 구분하지 않고 일정액을 정하여 이를 근로시간 수에 상관없이 지급하기로 약정하는 내용의 임금지급계약을 말한다. 전자를 흔히 정액급제라고 하고, 후자를 흔히 정액수당제라고 한다.

포괄임금제는 가산임금제와 그를 통한 장시간 노동의 억제라는 근로시간법제를 무력화할 위험이 크다. 즉, 포괄임금제는 실제의 근로시간 수와 상관없이 일정액을 지급하도록 함으로써 경제적으로 가중된 부담을 통한 연장근로 억제라는 가산임금제의 본래 목적을 달성하기 어렵게 한다.

판례는 이러한 현실과 함께, 사용자는 근로계약을 체결할 때 기본임금을 결정하고 이를 기초로 하여 근로자가 실제로 근무한 근로시간에 따라 가산수당 등 법정수당을 산정하여 지급하는 것이 원칙인 근로기준법의 규정 체계를 감안해 포괄임금제의 유효성을 다음과 같이 엄격하게 해석한다.

① 임금지급방법은 원칙적으로 근로시간 수의 산정을 전제로 한 것이지만, 예외적으로 감시단속적 근로 등과 같이 근로시간, 근로 형태와 업무의 성질을 고려할 때 근로시간의 산정이 어려운 경우가 있을 수 있다.

② 이처럼 근로시간의 산정이 어려운 경우에는 사용자와 근로자 사이에 기본임금을 미리 산정하지 아니한 채 법정수당까지 포함된 금액을 월급여액이나 일당임금으로 정하거나 기본임금을 미리 산정하면서도 법정 제 수당을 구분하지 아니

한 채 일정액을 법정 제 수당으로 정하여 이를 근로시간 수에 상관없이 지급하기로 약정하는 내용의 이른바 포괄임금제에 의한 임금 지급계약을 체결하더라도 그것이 달리 근로자에게 불이익이 없고 여러 사정에 비추어 정당하다고 인정될 때는 유효하다.[52]

③ 그러나 근로시간의 산정이 어려운 경우가 아니라면 달리 근로기준법상의 근로시간에 관한 규정을 그대로 적용할 수 없다고 볼 만한 특별한 사정이 없는 한 포괄임금제 방식의 임금 지급계약은 근로기준법이 정한 근로시간에 관한 규제를 위반하는 이상 허용될 수 없다.[53]

④ 또한 포괄임금제에 관한 약정이 성립하였는지 여부는 근로시간, 근로형태와 업무의 성질, 임금 산정의 단위, 단체협약과 취업규칙의 내용, 동종 사업장의 실태 등 여러 사정을 전체적·종합적으로 고려하여 구체적으로 판단하여야 하고,[54] 묵시적 합의에 의한 포괄임금약정이 성립하였다고 인정하기 위해서는 근로형태의 특수성으로 인하여 실제 근로시간을 정확하게 산정하는 것이 곤란하거나 일정한 연장·야간·휴일근로가 예상되는 경우 등 실질적인 필요성이 인정될 뿐 아니라, 근로시간, 정하여진 임금의 형태나 수준 등 제반 사정에 비추어 사용자와 근로자 사이에 그 정액의 월급여액이나 일당임금 외에 추가로 어떠한 수당도 지급하지 않기로 하거나 특정한 수당을 지급하지 않기로 하는 합의가 있었다고 객관적으로 인정되는 경우여야 한다.[55]

한편, 포괄임금제는 장시간 노동의 주요 원인이 될뿐더러 근로시간과 임금에 관한 근로기준법의 규율을 무의미하게 만들 수 있어 입법적으로는 금지하거나 근로자 보호에 침해가 없도록 엄격하게 제한해야 한다.

---

52 대법원 1997.4.25. 95다4056 판결; 대법원 1997.7.22. 96다38995 판결; 대법원 1999.5.28. 99다2881 판결; 대법원 2002.6.14. 2002다16958 판결; 대법원 2005.8.19. 2003다66523 판결 등.

53 대법원 2010.5.13. 2008다6052 판결. 법정수당의 계산 방법과 관련해서는 "근로시간의 산정이 어려운 등의 사정이 없음에도 포괄임금제 방식으로 약정된 경우 그 포괄임금에 포함된 정액의 법정수당이 근로기준법이 정한 기준에 따라 산정된 법정수당에 미달하는 때에는 그에 해당하는 포괄임금제에 의한 임금 지급계약 부분은 근로자에게 불이익하여 무효라 할 것이고, 사용자는 근로기준법의 강행성과 보충성 원칙에 의해 근로자에게 그 미달되는 법정수당을 지급할 의무가 있다."라고 판시했다.

54 대법원 2009.12.10. 2008다57852 판결.

55 대법원 2016.10.13. 2016도1060 판결.

제7절
근로시간 등의 적용제외

I. 개관

근로기준법 제63조는 근로시간 등의 적용제외를 정하고 있다. 즉, 특정한 사업 또는 특정한 업무에 종사하는 근로자에게는 근로시간 등의 규제를 적용하지 않는다.

적용제외 근로자는 ① 토지의 경작·개간, 식물의 식재(植栽)·재배·채취 사업, 그 밖의 농림 사업에 종사하는 근로자, ② 동물의 사육, 수산 동식물의 채취·포획·양식 사업, 그 밖의 축산, 양잠, 수산 사업에 종사하는 근로자, ③ 감시(監視) 또는 단속적(斷續的)으로 근로에 종사하는 사람으로서 사용자가 고용노동부장관의 승인을 받은 사람, ④ 대통령령으로 정하는 업무에 종사하는 근로자이다.[56] ④의 "대통령령으로 정한 업무"는 사업의 종류에 관계없이 관리·감독 업무 또는 기밀을 취급하는 업무를 말한다(근로기준법 시행령 제34조).

적용하지 않는 규정은 근로기준법 제4장(근로시간과 휴식)과 제5장(여성과 소년)에 있는 근로시간, 휴게와 휴일에 관한 규정이다.

II. 적용제외 근로자

적용제외 근로자 중 주로 논란이 되는 근로자는 근로기준법 제63조 제3호와 제4호의 근로자이다.

---

[56] 축산업 근로자에 대한 근로시간 등의 적용제외의 합헌성이 문제 된 사안에서, 이러한 적용제외는 인간의 존엄을 보장하기 위한 최소한의 근로조건 마련에 미흡하여 청구인의 근로의 권리를 침해한다는 헌법재판관 5인의 다수의견이 있었으나, 헌법소원심판 인용 결정을 위한 심판정족수에는 이르지 못하여 심판청구를 기각한 바 있다(헌법재판소 2021.8.31. 2018헌마563 결정).

1. 감시 또는 단속적으로 근로에 종사하는 자

감시 근로에 종사하는 사람이라 함은 감시업무를 주된 업무로 하며 상태적으로 정신적·육체적 피로가 적은 업무에 종사하는 사람을 말한다(근로기준법 시행규칙 제10조 제2항). 그리고 단속적 근로에 종사하는 사람은 근로가 간헐적·단속적으로 이루어져 휴게시간 또는 대기시간이 많은 업무에 종사하는 사람을 말한다(근로기준법 시행규칙 제10조 제3항).

감시 또는 단속적으로 근로에 종사하는 자도 사용자가 고용노동부장관의 승인을 얻은 경우에만 적용제외 근로자가 된다. 따라서 고용노동부장관의 승인을 받지 않은 경우에는 근로시간 규정이 적용된다. 승인의 신청에서 근로자의 동의는 요건이 아니다. 한편 판례는 고용노동부장관으로부터 승인을 받은 이상 취업규칙의 정함과 상관없이 적용제외의 효력이 발생한다고 한다.[57]

2. 관리·감독 업무 또는 기밀 업무에 종사하는 근로자

관리·감독 업무에 종사하는 자는 형식적 직책과 관계없이 근로조건의 결정 그 밖에 노무관리에서 사용자와 일체적 지위에 있는 자를 말한다. 판례는 기업경영자와 일체를 이루는 지위에 있고 자신의 근로시간에 대한 자유재량권을 가진 자가 이에 해당한다고 보았다.[58]

기밀을 취급하는 업무에 종사하는 근로자는 비서와 같이 담당하는 업무가 사업의 기밀사무를 취급하고, 그 지위가 경영자 또는 관리직에 있는 자의 활동과 일체 불가분의 관계에 있고 출근과 퇴근 등에서 엄격한 제한을 받지 않는 자를 말한다.

이들 근로자가 종사하는 업무만이 문제 될 뿐 사업의 종류는 불문한다(근로기준법 시행령 제34조 참조).

---

57 대법원 1996.11.22. 96다30571 판결.
58 대법원 1989.2.28. 88다카2974 판결.

III. 적용제외 규정

대상 근로자들에게 적용이 제외되는 규정은 근로기준법 제4장과 제5장의 규정 중 근로시간, 휴게와 휴일에 관한 규정이다. 구체적으로는 제4장과 제5장에서 정하는 근로시간에 대한 규정(일반근로자에 대한 제50조 내지 제53조, 제59조, 연소자에 대한 제69조, 임산부의 연장근로에 대한 제71조), 휴게(제54조)와 휴일(제55조)에 대한 규정, 가산임금규정(제56조 · 제57조)에서 연장근로와 휴일근로에 관한 부분은 적용이 되지 않는다.

다른 법령에서 정하고 있는 휴일(예컨대 근로자의 날)이나 근로시간에 관한 규정(예컨대 산업안전보건법 제139조)은 적용이 배제되지 않는다. 그리고 근로기준법 제4장과 제5장에서 정하는 것이라도 근로시간, 휴게와 휴일을 제외한 것, 예를 들어 야간근로에 관련된 규정(야간근로에 대한 가산임금을 정한 제56조의 부분이나 연소자와 임산부에 대한 야간근로의 특칙을 정한 제70조), 연차휴가(제60조와 제62조)와 각종 모성보호를 위한 휴가(생리휴가, 산전후휴가)나 육아시간(제75조) 등은 적용이 배제되지 않는다.

IV. 4명 이하 사업장에 대한 적용제외

4명 이하 사업장에는 휴게(근로기준법 제54조)와 주휴일(제55조 제1항) 및 적용제외(제63조)에 관한 규정을 제외한 나머지 근로기준법 제4장(근로시간과 휴식)의 규정들은 적용되지 않는다.[59] 헌법재판소는 이러한 적용제외가 헌법에 반하지 않는다고 판단하며,[60] "상시 4명 이하의 근로자를 사용하는 사업장이 대체로 영세사업장이어서 근로기준법에서 요구하는 모든 사항을 한결같이 준수할 만한 여건과 능력을 갖추고 있지 못한 것이 현실이어서, 이러한 현실을 무시하고 근로기준법상의 근로기준을 이들 사업장에까지 전면 적용한다면 근로자 보호라는 소기의 목적을 달성

---

59 근로기준법 시행령 제7조에 따른 [별표1]에 의하면, 근로시간과 휴식 제도 중에서는 휴게(근로기준법 제54조), 주휴일(근로기준법 제55조 제1항) 및 적용제외(근로기준법 제63조)만 적용된다.
60 헌법재판소 2019.4.11. 2013헌바112 결정.

하지도 못한 채 오히려 영세사업장이 감당하기 어려운 경제적·행정적 부담만 가중하는 부작용을 초래할 우려가 있다."라고 지적했다.

　이러한 헌법재판소의 결정에도 불구하고 4명 이하 사업장에 근로시간과 휴식에 관한 중요 규정의 대부분을 적용하지 않는 것은 타당하다고 볼 수 없다. 대부분 국가에서는 근로자 수를 기준으로 근로시간 제도의 적용 여부를 달리하지 않는다. 그러므로 장기적으로는 4명 이하 사업장에 대해서도 근로시간과 휴식제도가 적용되어야 한다.[61]

61　적용 초기에는 소사업장의 사정을 감안하여 근로자의 건강보호에 밀접하게 관련된 조항들, 예를 들어 기준근로시간이나 연장근로의 제한 등을 먼저 적용하는 것이 바람직할 것이다.

제9장

인사

제1절
인사의 의의

사용자는 사업을 운영하기 위해 근로관계에 기초하여 기업 내 노동력을 활용한다. '인사(人事)'는 사용자가 이러한 노동력을 사업조직 내에서 배치 또는 재배치하거나 승진·승급 등으로 평가·운용하는 것을 뜻한다. 근로자의 관점에서 인사는 자신이 특정 직위 또는 직무에 배치되거나 그 노동력을 평가받는 것을 의미한다. 넓은 의미에서 '인사'는 인사이동, 상벌, 해고 등 근로관계의 변동·소멸을 가져오는 모든 처분을 포함하지만,[1] 실무상으로는 근로관계를 유지하는 상태에서 업무상 필요성 등에 따라 하는 노동력의 (재)배치 또는 평가로 좁게 이해한다.[2] 그 밖에 상벌, 징계 또는 근로관계의 종료 등과 관련되는 사용자의 조치, 사업조직 변경 등은 인사와 구별하는 것이 일반적이다.

---

1 대법원 1997.4.25. 97다6926 판결.

2 판례는 인사와 관련하여 사용자에게 상당한 재량권이 있다고 보는데(구체적인 판례 법리는 후술한다), 이는 사용자에게 기업질서 정립권이 있다는 전제 아래 기업 내에서 행해지는 인사를 일종의 고권적 행위로 관념하는 사고방식에서 기인한 것이다. 판례에서 전직 등 인사조치를 인사'처분'이라는 공법적 용어를 사용하여 표시하는 데 거부감이 없는 것 역시 이런 사고에 기반한다. 그러나 인사는 근로계약 당사자인 사용자가 그 계약의 목적물인 노동력을 배치 또는 재배치하고 기업 내 위계질서를 유지하는 권한 행사라고 봄이 타당하고, 이 점에서 인사 권한에 대한 판례의 사고방식에는 동의하기 어렵다. 이런 점을 고려하여 이 책에서는 가급적 인사처분보다는 '인사' 또는 '인사조치'라는 용어를 사용하고, '인사처분'은 판례를 설명하는 부분에서만 쓴다.

개별 기업에서 사용자가 하는 인사의 모습은 매우 다양하다. 사업조직의 유형이 다양하고 그 업무상 필요성도 각양각색일 뿐만 아니라, 사업 내외부의 경영 상황도 기업마다 다르기 때문이다. 인사는 근로계약에 내재된 사용자의 일반적 지시권을 행사하는 것도 있지만, 때때로 근로계약 내용의 중대한 변경을 초래하거나 근로자에게 불이익을 주는 조치에 해당하는 경우도 있다. 실무상으로는 근로계약상 일반적 지시권의 행사에 해당하거나 승진·승급 등과 같이 근로자에게 유리한 인사조치인 경우보다 근로계약의 중요한 내용인 근로의 내용과 장소, 근로 제공 상대방 등이 상당 기간 변경되어 근로자에게 불이익이 발생하는 전직, 휴직, 전출, 전적 등에 그 효력 유무를 법적으로 다투는 경우가 많다.[3]

인사의 정당성 또는 유효 여부에 관한 일반적 심사 기준으로 근로기준법 제23조 제1항에서는 "사용자는 근로자에게 정당한 이유 없이 해고, 휴직, 정직, 전직, 감봉, 그 밖의 징벌(懲罰)을 하지 못한다."라고 규정하고 있다. 사용자가 한 특정 인사조치가 휴직, 전직에 해당하는 경우뿐만 아니라 그 밖에 근로자에 대한 불이익한 조치로서 '그 밖의 징벌'에 해당하는 경우에는 '정당한 이유'가 존재해야 한다. 이는 소송법적으로 매우 중요한 의미를 지닌다. 소송 과정에서 인사처분의 정당성에 대한 증명책임을 사용자가 부담해야 하기 때문이다. 이를 사용자의 권리남용이라는 관점에서 접근하면 사용자가 인사권을 남용하였다는 사실을 근로자가 증명해야 하기에 실무적으로 매우 큰 차이가 발생할 수 있다.

한편 근로자에 대한 사용자의 인사고과, 근무평정이 근로기준법 제23조 제1항에 따른 '그 밖의 징벌'에 해당하는지가 문제 될 수 있다. 근로계약에 내재된 사용자의 권한에 따라 하는 일반적 인사고과 등은 그 자체로 처분성이 인정되지 않으므로 바로 근로기준법 제23조 제1항을 적용하기는 어렵다. 그러나 인사고과 등의 결과에 따라 승진·승급 탈락, 전직, 해고 등이 이루어진 경우, 그러한 조치는 일체로 근로자에게 불이익한 조치로 파악해야 하고 근로기준법 제23조 제1항 소정의 '징벌'에 해당할 수 있다.

이 장에서는 근로관계를 유지하는 상태에서 이루어지는 전직, 휴직, 전출, 전적 등을 살펴본다. 이 가운데 전직과 휴직은 근로기준법 제23조에 명시된 인사조치

---

3 노동법실무연구회, 『근로기준법주해 Ⅱ』, 박영사, 2020, 342면.

인데, 기업 현장에서는 전근, 전보, 대기발령, 직위해제 등과 같은 다양한 명칭으로 활용된다. 전출은 통상 사외파견 등으로 불리며, 오랫동안 소속 기업 외에서 특정 업무를 수행할 때 주로 사용된다. 전적은 노무수령자인 사용자가 바뀌는 인사조치이다. 전출과 전적은 타 기업의 사업장에서 상당히 장기간 업무에 종사한다는 점에서 같으나 전출은 원래 기업과 근로계약 관계가 유지되는 반면 전적은 원래 기업과 근로계약 관계가 종료된다는 점에서 차이가 있다. 그러나 전출이나 전적 모두 근로계약의 당사자가 아닌 타 기업에서 근로를 제공한다는 점에서, 특히 전적은 근로계약의 당사자인 사용자가 변경된다는 점에서 근로계약의 일신전속성(민법 제657조 참조)과 충돌하므로 반드시 근로자의 동의를 받아야 한다.

특정 인사조치는 그 자체의 정당성이 문제가 되기도 하지만, 실무상으로는 사용자가 한 해고의 효력과 연결되는 경우가 많다. 즉, 근로자가 사용자의 전근, 전보 등에 반발하여 회사에 출근하지 않고, 사용자가 이를 이유로 해고한 경우에 그 정당성 여부는 인사명령의 정당성과 연결된다. 예컨대 근거가 된 사용자의 인사명령이 부당하다면 사용자는 근로자가 새로운 근무지로 출근을 거부하는 것을 징계사유나 해고사유로 삼을 수 없고, 이를 무단결근으로 취급하여 행한 해고는 무효이다.

제2절
전직

I. 의의

근로기준법 제23조 제1항에 따르면 사용자는 정당한 이유 없이 근로자를 전직할 수 없다. 여기서 전직은 근로자의 직무 내용이나 근로 장소를 변경하는 인사를 뜻한다. 다시 말하면 근로관계 당사자, 즉 노무제공자와 이에 대한 지휘명령자의

관계를 유지하면서 근로의 종류, 내용, 장소 등이 변경되는 것을 의미한다.[4]

일반적으로 전직은 기업 내 노동력의 효율적 배치나 경력 관리 등을 위하여 정기적으로 실시되는 경우가 많으나, 기업 내외부의 여건 변화에 따라 사업조직을 개편하면서 인력을 (재)배치하거나 고용을 조정하는 수단 또는 징벌적 필요성[5] 등으로 행해지기도 한다.

II. 전직의 정당성

사용자는 근로계약을 체결할 때 취업 장소와 종사해야 할 업무 등 근로조건을 명시해야 하고 이를 변경할 때도 마찬가지이다(근로기준법 제17조 제1항, 근로기준법 시행령 제8조). 이렇게 명시된 근로조건이 사실과 다르면 근로자는 근로조건 위반을 이유로 손해배상을 청구할 수 있으며, 즉시 근로계약을 해제할 수 있고(근로기준법 제19조 제1항), 명시 의무를 위반한 사용자는 형사처벌을 받는다(근로기준법 제114조 제1호). 이와 같은 점에 비추어 볼 때, 근로계약에서 근로의 장소 또는 종류 등이 특정된 경우에 그 장소 또는 종류를 변경하려면 당사자 간의 합의가 필요하다고 보아야 한다. 판례 역시 "근로계약에서 근로 내용이나 근무 장소를 특별히 한정한 경우에 사용자가 근로자에 대하여 전보나 전직 처분을 하려면 원칙적으로 근로자의 동의가 있어야 한다."라고 판시한 바 있다.[6]

그런데 현실에서는 근로의 장소 또는 종류를 특정하지 않고, 대부분 예컨대 '회사가 정하는 근무 장소와 업무' 등과 같은 포괄적 약정만 한 채 근로계약을 체결한다. 이와 같이 근로계약에서 근로의 장소 또는 종류 등이 특정되지 아니한 경우, 전직과 관련하여 사용자는 업무상 필요한 범위 내에서 상당한 재량을 가지지만, 그것이 근로기준법 제23조의 정당한 사유에 해당해야 한다.

전직의 정당성은 전직 명령의 업무상 필요성과 전직에 따른 근로자의 생활상 불

---

4 대법원 2013.2.28. 2010다52041 판결.
5 예컨대 직장 내 성희롱, 괴롭힘 행위자의 경우에는 법령에 따라 징계, 근무 장소의 변경 등 필요한 조치를 하여야 한다(남녀고용평등법 제14조, 근로기준법 제76조의3 참조).
6 대법원 2013.2.28. 2010다52041 판결.

이익의 비교교량, 근로자 본인과의 협의 등 전직 명령을 하는 과정에서 신의칙상 요구되는 절차를 거쳤는지 등에 따라 결정된다.[7]

판례는 "전직은 원칙적으로 인사권자인 사용자의 권한에 속하므로 업무상 필요한 범위 안에서는 상당한 재량을 가지며, 권리남용에 해당하는 등 특별한 사정이 없는 한 무효라고는 할 수 없다."[8]라고 하여 전직과 관련해 권리남용 법리가 우선적으로 적용되는 듯이 판시하고 있다. 그러나 이러한 권리남용 법리는 우리의 근로기준법 제23조 제1항과 같은 규정이 없는 일본에서 사용자의 전직 권한을 제한하고자 도입된 법리이고, 권리남용에 대한 증명책임도 근로자가 부담해야 한다는 점을 고려한다면, 굳이 이를 원용할 필요가 없다.

근로기준법 제23조 제1항의 입법 취지가 사용자의 인사 권한을 계약 법리가 아닌 실정법에 근거하여 제한하고자 하는 데 있으므로 전직의 정당성 여부는 바로 근로기준법 제23조 제1항에 따라 규율되고, 따라서 정당성과 관련한 증명책임은 사용자가 부담한다.[9]

전직의 정당성 여부를 판단하는 판례를 유형별로 나누어 살펴보면 다음과 같다.

첫째, 근로계약 등에서 근로의 내용이나 근무 장소를 구체적으로 특정하지 않거나 포괄적 동의가 있는 경우에는 해당 근로자를 전직해야 할 업무상 필요성이 있는지를 살펴봐야 한다. 업무상 필요 없이 행해진 전직은 무효이다.[10] 업무상 필요성은 인원 배치를 변경할 필요성이 있고 그 변경에 어떠한 근로자를 포함시키는 것이 적절할 것인지를 판단하는 것이다. 여기에는 해당 전직으로 인원 배치를 변경할 경영상의 필요성, 인원 선택의 합리성, 수단의 적합성 등의 사정들을 종합적

---

7 대법원 1991.7.12. 91다12752 판결; 대법원 1997.7.22. 97다18165, 18172 판결; 대법원 2000.4.11. 99두 2963 판결.

8 대법원 2013.2.28. 2010다52041 판결.

9 이러한 의미에서 "사용자는 인사권자로서 원칙적으로 근로자에 대해 인사발령을 할 수 있는 권한을 가지고 있으나, 다른 한편으로 근로계약 관계의 당사자가 계약 내용을 일방적으로 변경하는 것에 한계가 있으므로 '정당한 이유'가 인정되는 범위 내에서만 인사권을 행사할 수 있다."라고 한 최근 대법원의 판결은 업무상 필요성과 생활상 불이익의 비교형량이라는 기존 판결의 구도를 유지하면서도 근로기준법 제23조의 '정당한 이유'를 들어 재량을 제한하려고 한 점에서 주목할 만하다[대법원 2018.6.15. 2018두36929 판결(심리불속행 기각. 원심은 서울고등법원 2018.2.1. 2017누70153 판결)].

10 대법원 1991.5.28. 90다8046 판결; 대법원 1995.5.9. 93다51263 판결; 대법원 1998.1.20. 97다29417 판결.

으로 고려해야 한다.[11] 업무능률의 증진, 직장 질서의 유지나 회복, 근로자 간의 인화(人和) 등의 사정도 고려될 수 있다.[12]

실무적으로는 근로자 쪽의 사유에 따라 행해진 경우와 조직개편, 인원 조정과 같은 경영상 필요성에 의한 경우로 구분할 수 있다.

① 근로자 쪽 사유에 따른 전직: 근로자의 근무 성적이 저조하거나 근무 태도가 불량하여 이를 개선할 목적으로 전직을 하거나, 업무능률의 증진, 근로자의 능력 개발과 근무 의욕의 고양 등 기업의 합리적 운영에 기여하고자 전직하였다면, 그 업무상 필요성을 인정할 수 있다.[13]

직장 질서의 유지나 회복 또는 근로자의 인화를 위한 전직도 업무상 필요성이 있다.[14] 근로자의 비위행위가 취업규칙에서 정한 징계 사유에 해당한다고 하더라도 사용자는 근로자를 징계하는 대신 전직을 선택할 수 있다. 다만, 이 경우에도 근로자의 비위행위뿐만 아니라 전직해야 할 업무상 필요성이 존재해야 한다. 왜냐하면 전직은 과거의 행위에 대한 책임을 묻는 것이 아니라 인원을 재배치해야 할 업무상 필요성이 있는 경우에 허용되기 때문이다. 이 점에서 전직과 징계는 구별된다.

② 경영상 필요에 따른 전직: 기업이 영업 활성화와 인력의 효율적 활용을 위하여 인원을 재배치하는 것은 업무상 필요성이 있다. 기술혁신, 적자 누적, 업무 외주 등으로 인력을 감축해야 할 경우, 경영 사정의 변화로 근로자의 담당 업무가 소멸하거나 소속 부서가 없어지게 된 경우, 근로자의 해고를 피하기 위해 행한 전직 명령도 마찬가지이다.[15] 이 경우 업무상 필요성이 있다고 인정되려면 기업 내 인원 배치를 변경하여야 할 일반적 필요성 외에도 그 재배치에서 해당 근로자를 선택할

---

11 대법원 2018.6.15. 2018두36929 판결(심리불속행 기각, 원심은 서울고등법원 2018.2.1. 2017누70153 판결). 해당 판결에서는 성과가 낮은 근로자를 대상으로 별도의 조직을 신설하여 전보하는 조치가 일정 기간 경제적 수익성에 도움이 되지 않는다고 하더라도 경영전략에 따른 조직개편, 업무능률의 증진, 직장 질서의 유지나 회복, 근로자 간 인화 등을 위하여 경영상 필요하다고 볼 수 있다고 판시하였다. 다만 해당 사건에서는 별도 조직의 신설 및 전보의 경영상 필요성에 대해 일반론적으로 인정할 수 있다는 태도를 취하면서도 구체적 전보조치에 대해서는 수단으로서 적합성을 부정하여 정당성을 부인하였다.

12 대법원 2013.2.28. 2010다52041 판결; 대법원 2018.10.25. 2016두44162 판결.

13 대법원 2006.1.27. 2005두16772 판결.

14 대법원 1997.7.22. 97다18165, 18172 판결; 대법원 1998.12.22. 97누5435 판결; 대법원 2004.2.12. 2003두13250 판결; 대법원 2018.10.25. 2016두44162 판결.

15 대법원 1989.2.28. 88다카11145 판결; 대법원 1992.3.10. 91다27334 판결.

수밖에 없는 구체적 합리성도 고려할 필요가 있다는 판결례가 있다.[16]

둘째, 업무상 필요성이 인정되는 경우에 그 전직의 정당성 여부는 '그 전직 명령의 업무상 필요성과 전직에 따른 근로자의 생활상 불이익의 비교'로 판단한다.[17] 여기서 '근로자의 생활상 불이익'은 전직에 따라 해당 근로자가 받게 되는 일체의 불이익을 의미한다. 즉, 경제적인 것에 국한되지 않으며 육체적 불이익, 가족·사회생활의 불이익이나 조합활동상 불이익을 포함한다.[18] 판례도 통근 소요시간, 작업 강도, 임금 차이 등과 같은 근로조건상 불이익뿐만 아니라 주거 생활의 수준, 가족·사회생활 등 근로조건 외의 불이익도 함께 고려해야 하며, 통근 차량이나 숙소 제공, 특별수당의 지급 등 불이익을 완화하는 조치의 제공 여부까지 고려하여 근로자의 생활상 불이익 여부와 정도를 판단한다.[19]

전직을 정당화하는 업무상 필요성의 정도는 근로자가 전직으로 겪게 되는 생활상 불이익의 정도에 달려 있다. 업무상 필요성의 정도는 비교형량의 대상이 될 근로자의 불이익 정도와 별개로 독립하여 존재하는 것이 아니라 전자의 필요성 강약에 따라 후자의 가치 평가도 상대적으로 변화한다.[20] 예컨대 전직의 업무상 필요성이 크지 않은데도 보행 장애인 근로자의 근무지를 인천에서 서울로 변경하는 경우 그 전직은 무효이다.[21] 그러나 이와 달리 근로자가 오랫동안 서울에 거주하며 노모를 모시면서 생활하였더라도 전직의 업무상 필요성이 크고 생활상 불이익을 감소하려는 배려 등이 존재한다면 해당 근로자를 부산으로 발령한 조치는 정당하다.[22]

셋째, 전직의 효력 여부를 판단할 때는 근로자 본인과의 협의 등 전직 명령을 하

---

16 대법원 1993.9.14. 92누18825 판결; 대법원 1995.10.13. 94다52928 판결; 대법원 2000.4.11. 99두2963 판결 참조.

17 대법원 1991.7.12. 91다12752 판결; 대법원 1995.8.11. 95다10778 판결; 대법원 1996.4.12. 95누7130 판결; 대법원 1997.7.22. 97다18165, 18172 판결; 대법원 1997.12.12. 97다36316 판결; 대법원 1998.12.22. 97누5435 판결; 대법원 2000.4.11. 99두2963 판결.

18 김유성, 『노동법 Ⅰ』, 법문사, 2005, 247면.

19 대법원 1991.5.28. 90다8046 판결; 대법원 1995.5.9. 93다51263 판결; 대법원 1997.7.22. 97다18165, 18172 판결; 대법원 1997.12.12. 97다36316 판결; 대법원 2009.3.12. 2007두22306 판결; 노동법실무연구회, 『근로기준법주해 Ⅱ』, 박영사, 2020, 354면.

20 김홍준, "전직의 정당성", 「노동법연구」 제3호, 서울대학교 노동법연구회, 1993, 147면.

21 대법원 1995.5.9. 93다51263 판결.

22 대법원 1997.7.22. 97다18165 판결.

는 과정에서 신의칙상 요구되는 절차를 거쳤는지도 고려한다.[23] 그 위반 여부의 판단에서는 사용자가 근로자를 설득하고자 한 노력 여하와 정도, 전직 방법, 다른 근로자와의 형평성 등이 중요하게 다루어진다. 판례에 따르면, 이렇게 성실한 협의 절차를 거쳤는지는 정당한 인사권의 행사인지를 판단하는 하나의 요소라고는 할 수 있으나, 그러한 절차를 거치지 아니하였다는 사정만으로 전보 처분 등이 권리남용에 해당하여 당연히 무효가 된다고 볼 수는 없다고 한다.[24]

전직이 강행법규를 위반하였다면 근로기준법 제23조 제1항을 적용하지 않더라도 정당성이 부인됨은 물론이다.[25] 예컨대 사용자가 근로자의 정당한 노동조합 활동을 이유 삼아 전직한 경우에는 부당노동행위로 무효이다.[26] 전직이 남녀 차별적 배치에 해당하거나(남녀고용평등법 제10조), 국적·신앙 또는 사회적 신분을 이유로 한 차별적 처우(근로기준법 제6조) 등인 경우에도 동일하다.

이러한 경우가 아니라면, 전직의 정당성은 우선 근로계약이나 취업규칙, 단체협약 등의 해석 문제와 연결된다(근로기준법 제5조).[27] 앞에서 설명한 바와 같이 근로자의 취업 장소와 종사하여야 할 업무의 내용은 근로계약을 체결할 때 사용자가 근로자에게 명시하여야 할 사항이고(근로기준법 제17조, 근로기준법 시행령 제8조 제1호), 근로계약 등에서 근로의 내용이나 근무 장소를 특별히 약정한 경우에는 근로자의 동의 없이 사용자가 이를 일방적으로 변경할 수 없다.[28] 의사, 간호사 등과 같이 특수한 기술이나 전문적인 자격을 소지하는 것을 전제로 하여 취업한 근로자는 특별한 사정이 없는 한 근로계약상 근로의 종류나 내용이 특정되어 있다고 볼 수

---

23 대법원 1991.7.12. 91다12752 판결; 대법원 1997.7.22. 97다18165, 18172 판결; 대법원 2000.4.11. 99두2963 판결.

24 대법원 2013.2.28. 2010다52041 판결.

25 대법원 1991.12.10. 91누3789 판결; 대법원 1998.12.23. 97누18035 판결.

26 전직이 부당노동행위에 해당하는지는 전직 명령의 동기·목적, 전직 명령에 관한 업무상의 필요성이나 합리성의 존부, 전직에 따른 근로자의 생활상 불이익과 비교형량, 전직 명령의 시기, 사용자와 노동조합의 관계, 전직 명령을 하기에까지 이른 과정이나 사용자가 취한 절차, 그 밖에 전직 명령 당시 외형적·객관적인 사정에 의하여 추정되는 부당노동행위 의사의 존재 유무 등을 종합적으로 검토하여 판단한다(대법원 2004.2.12. 2003두13250 판결).

27 김종기, "전직·전보의 한계", 「판례연구」 제7집, 부산판례연구회, 1997, 732면; 박병걸, "부당한 배치전환에 대하여 항의하면서 5일간 작업을 거부한 것을 이유로 한 해고의 효력", 「대법원판례해설」 제15호, 법원행정처, 1992, 300면.

28 대법원 2013.2.28. 2010다52041 판결.

있다.[29] 이 경우 근로자 본인의 동의를 얻지 않는 한 전직은 무효이다.[30]

한편 단체협약 등에서 정한 절차 규정을 위반한 전직은 원칙적으로 무효이다(이에 관해서는 제18장 단체협약에서 다룬다).

제3절
휴직 · 대기발령 · 직위해제

I. 의의

근로기준법 제23조 제1항은 "사용자는 근로자에게 정당한 이유 없이 …휴직…을 하지 못한다."라고 규정하고 있다. 일반적으로 '휴직'은 어떤 근로자를 그 직무에 종사하게 하는 것이 불가능하거나 적당하지 아니한 사유가 발생한 때에 그 근로자의 지위를 그대로 두면서 일정한 기간 그 직무에 종사하는 것을 면제 또는 금지하는 사용자의 처분을 말한다.[31] 여기에는 휴업은[32] 물론 직위해제, 대기발령도 포함된다.

'직위해제'는 일반적으로 근로자가 직무 수행 능력이 부족하거나 근무 성적 또는 근무 태도 등이 불량한 경우, 근로자에 대한 징계 절차가 진행 중인 경우, 근로자가 형사 사건으로 기소된 경우 등에서 해당 근로자가 계속 직무를 담당하게 될 때 예상되는 업무상의 장애 등을 예방하고자 일시적으로 그 근로자에게 직위를 부여하지 아니함으로써 직무에 종사하지 못하도록 하는 잠정적 조치로서 보직의 해제

---

29 대법원 1991.5.28. 90다8046 판결; 대법원 1993.9.28. 93누3837 판결; 대법원 1994.2.8. 92다893 판결.

30 대법원 1992.1.21. 91누5204 판결; 대법원 2013.2.28. 2010다52041 판결.

31 대법원 2009.9.10. 2007두10440 판결; 대법원 2013.10.11. 2012다12870 판결.

32 판례에 따르면, 근로기준법 제23조 제1항에 따른 '휴직'에는 근로기준법 제46조 제1항의 휴업수당이 지급되는 '휴업'이 포함된다. 예컨대 사용자가 그의 귀책사유에 해당하는 경영상 필요에 따라 개별 근로자에 대하여 근로기준법 제46조 제1항에 따른 휴업을 실시한 경우, 이러한 휴업 역시 근로기준법 제23조 제1항 소정의 '휴직'에 해당하는 불이익한 처분에 해당한다(대법원 2009.9.10. 2007두10440 판결).

를 의미한다.[33] '대기발령'은 근로자가 현재의 직위 또는 직무를 장래에 계속 담당하면 업무상 장애 등이 예상되는 경우에 이를 예방하고자 일시적으로 해당 근로자에게 직위를 부여하지 아니함으로써 직무에 종사하지 못하도록 하는 잠정적 조치를 의미한다.[34]

실무상으로는 직위해제와 대기발령의 유·무효 여부가 주로 문제 된다.[35] 일반적으로 직위해제 및 대기발령이 내려진 경우, 이는 잠정적 조치로서 해당 근로자의 종전 직위를 해제하여 대기 상태에 두고, 해고와 같은 후속 조치가 예정되어 있기 때문이다. 직위해제나 대기발령을 받은 자는 직무에 종사하지 못하게 될 뿐만 아니라 승급·승호·보수 등에서 불이익한 처우를 받고, 어떤 경우에는 이를 기초로 하여 해고될 가능성까지 있다. 즉, 직위해제와 대기발령은 별도의 인사나 징계가 수반되는 잠정적 조치로서 그 자체로는 인사권 행사의 성격을 가지되,[36] 그것이 징계 또는 해고와 연결되는 경우에는 후속 처분의 성격 또는 법적 효과와 연결하여 그 정당성 여부를 검토하여야 한다.[37]

II. 휴직·대기발령·직위해제의 정당성

근로기준법 제23조 제1항은 정당한 이유 없는 휴직을 금지하고 있다. 판례에서 휴직의 정당성 판단구도는 전직과 비슷하다. 즉, 그 업무상 필요성과 근로자의 생

---

33 대법원 1996.10.29. 95누15926 판결; 대법원 1997.9.26. 97다25590 판결; 대법원 2004.10.28. 2003두6665 판결; 대법원 2006.8.25. 2006두5151 판결.

34 대법원 2006.3.9. 2005두14226 판결; 대법원 2013.10.11. 2012다12870 판결.

35 '휴직'은 상병휴직처럼 근로자의 신청에 따라 시행되는 것이 있고 실제로도 기업 현실에서 자주 볼 수 있다. 이러한 휴직은 일반적으로 근로자에게 유리한 조치로서 효력 여부가 문제 되는 경우가 드물다. 이 경우에는 오히려 사용자가 휴직을 거부하는 것이 정당한지가 다투어질 따름이다.

36 대법원 1992.7.28. 91다30729 판결; 대법원 2004.10.28. 2003두6665 판결; 대법원 2005.11.25. 2003두8210 판결; 대법원 2006.8.25. 2006두5151 판결. 드물긴 하지만, 취업규칙이나 단체협약 등에서 직위해제를 징계처분의 일종으로 규정하고 있다면, 직위해제 역시 징계로 파악해야 한다.

37 한편, 취업규칙 등에서 대기발령에 따른 효과로 승진·승급에 제한을 가하는 등의 법률상 불이익을 규정하고 있는 경우 대기발령을 받은 근로자는 이러한 법률상 불이익을 제거하기 위하여 그 대기발령이 후속 인사조치로 실효되었다고 하더라도 이에 대한 구제를 신청할 이익이 있다(대법원 2010.7.29. 2007두18406 판결; 대법원 2024.9.13. 2024두40493 판결).

활상 불이익의 비교교량을 거쳐 이루어진다.[38]

업무상 필요 없이 행해진 휴직, 직위해제 및 대기발령은 정당한 이유가 없는 것으로서 무효이다. 특히 경영상 필요를 이유로 하여 휴직명령이 취해진 경우 그 휴직명령이 정당한 인사권의 범위 내에 속하는지는 해당 휴직명령 등의 경영상 필요성과 그로써 근로자가 받게 될 신분상·경제상 불이익을 비교교량하고, 휴직명령 대상자 선정 기준이 합리적이어야 하며, 근로자가 속하는 노동조합과의 협의 등 그 휴직명령을 하는 과정에서 신의칙상 요구되는 절차를 거쳤는지를 종합적으로 고려하여 결정하여야 한다.[39]

휴직, 대기발령, 직위해제 기간의 적정성도 문제가 된다. 예컨대 대기발령이 관련 근거 규정에 따라 정당하게 이루어졌다 하더라도, 해당 대기발령 규정의 설정 목적과 그 실제 기능, 대기발령 유지의 합리성 여부와 그로써 근로자가 받게 될 신분상·경제상 불이익 등 구체적 사정을 모두 참작하여 그 기간은 합리적인 범위 내에서 해야 하고, 사회통념상 합리성이 없을 정도로 부당하게 장기간 대기발령 조치를 유지하는 것은 정당한 이유가 없어 무효이다.[40]

취업규칙이나 단체협약 등에서 불이익처분과 관련한 절차를 규정하지 않은 경우, 사용자는 근로자와 협의 등 신의칙상 요구되는 절차를 거쳐 휴직, 대기발령 및 직위해제를 하여야 한다. 다만 이는 정당한 인사권의 행사인지를 판단하는 고려요소 중 하나에 불과하고, 그러한 절차를 거치지 아니하였다는 사정만으로 휴직, 대기발령, 직위해제가 당연무효가 된다고는 볼 수 없다.[41]

강행법규를 위반하여 행한 휴직은 근로기준법 제23조 제1항의 적용 여부와 관계없이 무효이다. 예컨대 사용자가 근로자의 정당한 노조활동을 꺼려서 그를 사업장에서 배제하려는 의도로 대기발령을 하였다면 이는 부당노동행위에 해당하여 그 사법상 효력이 없다.[42]

취업규칙 등에 휴직, 직위해제 또는 대기발령 관련 규정이 있다면, 우선 그 규정

---

38 대법원 2006.8.25. 2006두5151 판결.
39 대법원 2009.9.10. 2007두10440 판결.
40 대법원 2007.2.23. 2005다3991 판결; 대법원 2013.5.9. 2012다64833 판결.
41 대법원 2005.2.18. 2003다63029 판결.
42 대법원 1993.12.21. 93다11463 판결.

에 따라 이루어졌는지 검토해야 한다. 예컨대 근로자에 대한 직위해제처분의 정당성은 근로자에게 해당 직위해제 사유가 존재하는지나 직위해제에 관한 절차 규정을 위반한 것이 해당 직위해제 처분을 무효로 할 만한 것인지에 따라 판단한다.[43] 또한 취업규칙이 근로자에게 직위해제 사유를 통보하도록 정하고 있다면, 그 규정의 취지는 근로자에게 불복할 기회를 보장하고 인사권자로 하여금 직위해제에 관한 권한 행사의 적정성을 기하려는 데 있으므로, 그 사유 통보를 흠결한 직위해제는 무효이다.[44]

제4절
전출

I. 의의

전출(轉出)은 소속기업과 근로관계는 유지하면서 상당히 장기간에 걸쳐 다른 기업(이하 '전출기업')의 업무에 종사하도록 하는 인사조치이다. 일반적으로 생산 설비 또는 시스템 등의 설치를 목적으로 삼는 기업 등과 같이 사업 특성상 소속 근로자가 다른 기업에 장기간 상주하면서 설치 작업 등을 하고 운용 기술을 전수해야 할 때 사용되는 경우가 많다.

전출은 소속기업과 근로계약을 체결한 상태에서 전출기업의 지휘명령을 받아 해당 사업장에서 일정한 업무를 수행한다는 점에서 파견과 구조가 유사하다. 전출을 실무상 '파견' 또는 '사외파견'이라 칭하는 이유도 여기에 있다. 그러나 소속기업이 영리를 목적으로 '업'으로 사외파견을 행하지 않고 파견법의 적용도 받지 않는

---

43 대법원 1996.10.29. 95누15926 판결; 대법원 2004.10.28. 2003두6665 판결; 대법원 2005.11.25. 2003두8210 판결.
44 대법원 1992.7.28. 91다30729 판결.

다는 점에서 구별된다.[45]

전출은 소속기업과 근로관계는 유지하면서 전출기업의 업무에 종사한다는 점에서 근로관계 자체가 이전하는 전적과 구별된다.

II. 전출의 정당성

전출은 소속기업과 전출기업 사이의 전출계약에 따라 행해지지만, 근로제공의 상대방, 즉 지휘명령권자가 변경되기 때문에 근로계약의 일신전속성(민법 제657조 제1항)에 비추어 근로자 동의가 있어야 유효하다.[46] 설령 단체협약이나 취업규칙 등에서 해당 근로자의 동의 없이 전출을 명할 수 있다고 규정하더라도, 전출 처분이 유효하려면 대상 근로자의 동의가 필요하다.[47]

전출과 관련하여 근로자로부터 사전적·포괄적 동의를 받는 것도 가능하지만, 이 경우에도 근로조건 명시의무(근로기준법 제17조)에 따라 전출 후 종사할 업무 등 기본적인 근로조건을 특정해야 한다.

일반적으로 전출은 근로자 동의를 얻어 시행되므로 실무상 정당성 유무가 문제되는 경우는 드물다. 다만, 전출기업의 업무 또는 처우가 그 동의 내용과 달라 근로조건에서 불이익이 발생하는 경우, 전출의 정당성 유무 또는 착오로 취소할 수 있는지가 문제 될 수 있다.

전출에 대한 사전적·포괄적 동의가 존재하고 전출 대상 근로자가 여러 명인 경우에는 특정 근로자에 대한 전출명령의 정당성이 문제가 된다. 이때에는 업무상 필요성이 있어야 하고 그로써 해당 근로자에게 미치는 생활상 불이익과 비교형량하여 정당성 여부가 판단된다. 전출로 인한 생활상 불이익이 현저한 경우 또는 복

---

[45] 대법원 2022.7.14. 2019다299393 판결. 이 판결은 전출은 외부 인력이 사업조직에 투입된다는 점에서 파견법상 근로자파견과 외형상 유사하더라도 그 제도의 취지와 법률적 근거가 구분된다는 전제에서, 전출에 따른 근로관계에 대하여 외형상 유사성만을 이유로 원소속기업을 파견법상 파견사업주, 전출 후 기업을 파견법상 사용사업주의 관계로 파악하는 것은 상당하지 않고, 앞서 본 바와 같이 여러 사정을 종합적으로 고려하여 신중하게 판단하여야 한다고 밝히고 있다. 상세한 내용은 제25장 파견근로자의 보호에서 설명한다.

[46] 김유성, 「노동법 Ⅰ」, 법문사, 2005, 250면.

[47] 대법원 2001.12.11. 99두1823 판결.

귀 시점이 정해지지 않은 전출 등은 정리해고의 회피 등 전출을 정당화하는 기업경영상 사정이 인정되지 않는 한 무효이다.[48]

전출이 정당한 이유가 없어 무효가 되는 것과 별도로, 부당노동행위와 같이 효력법규에 위반한 경우 그 사법적 효력은 부인된다. 판례에 따르면, 전출명령이 부당노동행위에 해당되는지는 해당 전출명령의 동기, 목적, 전출명령에 관한 업무상 필요성이나 합리성의 존부, 전출로 근로자가 생활상 받게 된 불이익과 비교교량, 전출명령의 시기, 사용자와 노동조합의 관계, 그 전출명령을 하기까지 과정이나 사용자가 취한 절차, 그 밖에 전출명령 당시의 외형적·객관적인 사정에 따라 추정되는 부당노동행위 의사의 존재 유무 등을 종합적으로 검토하여 판단한다.[49]

III. 전출 근로자의 근로관계

전출은 소속기업과 전출기업 사이의 합의와 해당 근로자의 동의에 근거하여 실시되므로, 전출 근로자의 근로조건과 소속기업 또는 전출기업의 법률관계 역시 그 합의와 동의 내용에 따라 정해진다. 그 합의와 동의에서 특별히 규정하지 않았거나 불명확한 사항과 관련해서는 다음과 같은 기준에 따라 규율한다.

1. 근로관계

전출 후에도 소속기업과 근로자 사이의 근로관계는 계속 존속하고 근로 제공만 정지될 뿐이므로, 소속기업의 취업규칙 등의 규정 중 근로 제공을 전제로 하지 않는 부분은 전출 근로자에게 계속 적용된다. 근로자는 전출 후에는 전출기업의 지휘명령 아래에서 근로를 제공하므로, 그 기업의 근무 관리와 복무규율에 따라야 한다.

전출 근로자와 전출기업의 근로제공 관계는 소속기업과 근로관계 유지를 전제한 것이므로, 그 근로자와 소속기업의 근로관계가 종료되면 전출기업과의 근로제

---

48 김유성, 앞의 책, 251면.
49 대법원 1993.2.23. 92누11121 판결.

공 관계도 당연히 종료된다. 또한 전출기업이 도산 등으로 소멸하면 전출 근로자는 소속기업으로 복귀하는 것이 원칙이다.[50]

소속기업은 전출 근로자에 대한 해고권을 행사할 수 있지만 전출기업은 그렇지 않다.

2. 법령상 사용자책임

노동법과 사회보장법상 사용자책임과 관련해서는 전출 근로자의 근로 실태와 적용되는 법령에 따라 해당 사항에 대하여 실질적 권한을 가지는 자가 그 책임을 부담한다.[51] 예컨대 산업안전보건법상의 사업주 책임은 현실적으로 근로 제공을 받는 전출기업이, 산재보험법 및 고용보험법상의 사업주 책임은 전출 근로자에게 임금을 주로 지급하는 자가 부담함이 원칙이다.

제5절

계열사 간 전적

I. 의의

전적은 근로자를 원래의 소속기업과 근로계약 관계를 종료시키고 다른 기업(이하 '전적기업')과 새로이 근로계약을 체결하여 그 기업의 업무에 종사하는 것을 말한다. 우리나라에서는 그룹 계열사 등과 같이 사업적 연관 관계를 맺고 있는 기업들 사이에서 전적으로 근로자를 이동시키는 경우가 있고, 그 경우 사전적·포괄적 동의에 기초한 전적의 유효 여부가 문제 될 수 있다.

외형상 근로자가 소속기업에서 다른 기업으로 옮겨 업무에 종사한다는 점에서

---

50 김유성, 앞의 책, 252면.
51 김유성, 앞의 글, 252면.

전출과 같지만, 전적의 경우에는 소속기업과 근로관계가 종료되고 다른 기업과 근로관계가 성립한다는 점에서 소속기업과 근로관계를 유지하는 전출과 구별된다.

II. 전적의 정당성

전적은 소속기업과 근로계약의 합의해지, 전적기업과 근로계약의 체결 또는 근로계약상 사용자 지위의 양도로 이루어진다. 전적의 경우 사용자 변경이 있으므로 해당 근로자의 동의가 있어야 한다.[52]

전적에 대한 동의는 포괄적 동의도 가능하다. 판례에 따르면, 사용자가 기업그룹 내의 전적에 관하여 근로자의 포괄적 사전동의를 받는 경우에는 전적할 기업을 특정하고(복수기업이라도 좋다) 그 기업에서 종사하여야 할 업무에 관한 사항 등의 기본적 근로조건을 명시하여 근로자 동의를 얻어야 한다.[53] 같은 내용의 노동 관행이 있는 경우도 전적은 허용된다.[54] 다만 "기업그룹 등과 같이 그 구성이나 활동 등에 있어서 어느 정도 밀접한 관련성을 갖고 사회적 또는 경제적 활동을 하는 일단의 법인체 사이의 전적에 있어서 그 법인체들 내에서 근로자의 동의를 얻지 아니하고 다른 법인체로 근로자를 전적시키는 관행이 있어서 그 관행이 근로계약의 내용을 이루고 있다고 인정하기 위하여는, 그와 같은 관행이 그 법인체들 내에서 일반적으로 근로관계를 규율하는 규범적인 사실로서 명확히 승인되거나, 그 구성원이 일반적으로 아무런 이의도 제기하지 아니한 채 당연한 것으로 받아들여 기업 내에서 사실상의 제도로서 확립되어 있지 않으면 아니 된다."[55]

그런데 전적은 소속기업과 근로관계가 종국적으로 소멸하고 전적기업과 새로운 근로관계가 형성된다는 점에서 근로자 동의 여부는 엄격하게 해석해야 한다. 위에서 살펴본 것처럼 사전적·포괄적 동의 또는 관행이 있는 경우 근로자의 구체적·개별적 동의가 없더라도 계열사 간 전적이 가능하다고 판시한 판례가 있으나, 이

---

52 대법원 1993.1.26. 92다11695 판결.
53 대법원 1993.1.26. 92다11695 판결.
54 대법원 1996.12.23. 96다29970 판결.
55 대법원 2006.1.12. 2005두9873 판결.

는 과거 그룹 계열사들이 공동으로 신입사원을 채용하던 관행에 기반한 것에 불과하므로, 개별 기업이 독립적으로 채용 절차를 진행하는 최근 기업 현실에 그대로 적용할 수는 없다. 즉, 그룹 계열사 간 전적이라 하더라도, 개별 근로자의 동의 유무는 엄격하게 판단해야 하며, 특히 사전적·포괄적 동의를 유효하다고 보기는 어렵고, 동의 시 전적 대상 기업은 반드시 특정되어야 한다.

Ⅲ. 전적의 제한

전출과 마찬가지로 전적에도 정당한 사유가 있어야 하지만, 해당 근로자의 동의가 전제되므로 실무상 전출 명령의 정당성 여부보다는 그 동의(특히 포괄적 동의)의 존재 유무를 다투는 경우가 많고, 동의의 존재가 증명되지 않는 한 전적은 무효이다.

Ⅳ. 전적 근로자의 근로관계

전적은 소속기업과 근로계약이 종료되고 전적기업과 근로계약관계가 새로이 개시되는 것이므로, 전적 이후의 근로계약상 사용자는 원칙적으로 전적기업이 된다. 판례는 "양 기업 사이에 종전 기업과 근로관계를 승계하기로 하는 특약이 있거나 이적하게 될 기업의 취업규칙 등에 종전 기업의 근속기간을 통산하도록 하는 규정이 있는 등 특별한 사정이 없는 한 전적 근로자와 종전 기업의 근로관계는 단절되는 것이고 이적하게 될 기업이 당해 근로자의 종전 기업과의 근로관계를 승계하는 것은 아니다."라고 본다.[56] 이렇게 유효한 전적의 경우 소속기업과 근로관계는 종료되므로 전적기업에서 퇴직하더라도 소속기업에서 재직한 기간은 전적기업에서 계속근로연수에 포함되지 않는다.

---

[56] 대법원 1996.5.10. 95다42270 판결; 대법원 1996.12.23. 95다29970 판결.

제10장
징계

제1절
총설

사업은 노동과 자본의 유기적 결합체로 그 목적을 달성하려면 다수 근로자에게 일률적으로 적용되는 일정한 질서를 확립하고 유지할 필요가 있다. 그러려면 근로자의 복무규율 위반 행위를 제재할 수단이 필요하다. 징계는 이러한 제재 수단의 가장 대표적 예이다. 일반적으로 징계는 근로자의 기업질서 위반행위에 불이익을 가하는 제재를 말하며, 제재 수단에는 해고, 정직, 감급(감봉) 등이 있다. 즉, 징계제도는 해고, 정직, 감급 등 다양한 징계수단으로 구성된 질서벌의 체계이다.

징계는 근로계약 위반에 따른 채무불이행 책임(예컨대 손해배상책임, 계약의 해지·해제)을 묻는 것과 달리 사용자가 근로자에게 질서벌을 가하는 것이다. 즉, 징계는 일종의 권력적 작용에 해당하므로 그 법적 근거가 문제 된다. 실무상 징계의 필요성이 인정된다고 하더라도, 근로계약의 동등한 당사자에 불과한 사용자에게 과연 이러한 권한을 허용할 수 있는지, 만약 허용한다면 그 근거가 무엇인지가 문제 되는 것이다. 이 쟁점은 단체협약 또는 취업규칙에 징계 규정이 없는 경우에도 징계해고 등 징계처분이 가능한지, 단체협약 또는 취업규칙에 징계사유와 수단을 열거한 경우에 이를 한정적으로 볼지 등과 연결되어 논의된다.

제2절
법적 근거

징계권의 법적 근거에 관하여 사용자의 고유한 권리로 보는 견해(고유권설), 취업규칙에서 징계권을 도출하는 견해(법규범설), 노사 간의 집단적 합의에서 징계권을 도출하는 견해(공동규범설) 등이 있다.

고유권설은 징계권의 근거를 사용자의 고유권 또는 경영권에서 찾는다. 이 견해에 따르면, 징계권은 단체협약이나 취업규칙에 근거 규정이 없더라도 기업질서를 유지하기 위해 사용자의 인사 · 경영권에서 도출되는 당연한 권리이고, 단체협약이나 취업규칙에서 정한 징계사유와 수단은 예시적 의미가 있을 뿐이다.

법규범설은 취업규칙의 규정이 있어야 비로소 징계가 가능하다는 견해이다. 따라서 취업규칙의 정당화 근거와 바로 연결된다. 즉, 사용자가 일방적으로 작성한 취업규칙에 법규범적 효력이 있는 이유가 무엇인지 밝히는 이론적 해명작업과 맥을 같이한다. 이 견해는 근로기준법이 취업규칙의 필요적 기재사항으로 '제재에 관한 사항'을 규정하는 점(제93조), 제재규정을 매개로 근로자 측 동의 없이도 징계할 수 있다는 점에 주목한 통설이다. 이에 따르면 취업규칙에 징계사유와 수단이 명시되어 있어야만 징계권한이 인정되고, 그렇지 않으면 징계를 행사할 수 없다. 이는 "징계규정이 없으면 징계도 없다."라는 일종의 징계법정주의로 표현할 수 있다. 국내 학자들 대부분이 법규범설을 취하면서도 이러한 징계법정주의를 적극적으로 인정하는 데는 인색하다. 그러나 판례나 노동위원회의 판정례를 보면 징계법정주의를 전제하여 징계의 정당성 유무를 판단한다고 볼 수 있다.

공동규범설은 징계권의 근거를 기업의 공동 질서를 위반한 행위에 대한 제재를 규정한 노사의 공동규범에서 찾는다. 이 견해에 따르면 기업의 공동 질서를 유지하려는 징계 제도는 사용자가 일방적으로 운영해서는 안 되며, 단체협약 등 노사의 공동규범에서 규정한 징계사유와 절차 등에 따라 제정 · 운영되어야 한다. 다만, 이 견해 역시 취업규칙이 공동규범에 해당한다고 봄으로써 법규범설과 동일한 결론에 이른다.[1]

판례는 징계권을 기업 운영 또는 근로계약의 본질상 당연히 사용자에게 인정되는 권한으로 보며,[2] 기업 질서의 확립과 유지에 필요하고 그 내용이 합리적이라면 근로기준법 등 관계 법령에 반하지 않는 범위에서 그 위반행위에 대한 규율을 취업규칙으로 정할 수 있다고 한다.[3] 징계권의 근거와 관련해 판례가 어떤 견해를 취하는지는 분명하지 않지만, 단체협약 또는 취업규칙에서 징계사유나 수단을 정한 규정을 한정적인 것으로 해석하고 이를 벗어난 사용자의 징계를 무효라고 본다는 점에서 공동규범설 또는 법규범설과 그 결론을 같이한다. 요컨대 징계사유, 수단과 기준 등은 사전에 정해지는 것이 원칙이고, 사용자가 이를 정하지 않으면 인사 또는 근로계약의 해지 등 인사조치를 할지는 모르지만, 질서벌로 징계권을 행사할 수는 없다.[4]

참고로 징계권과 관련한 판례에서 "근로자의 상벌 등에 관한 인사권은 사용자의 고유권한으로서 그 범위에 속하는 징계권 역시 기업 운영 또는 근로계약의 본질상 당연히 사용자에게 인정되는 권한"이라고 판시하는 등[5] 그 문언에 '고유권한'이라는 용어가 나타난다는 점에 집착하여 판례의 태도를 고유권설이라고 오해해서는 안 된다. 이는 징계가 기업 내 질서유지라는 필요성에 근거한 제도이고, 그 권한 행사의 주체가 근로자가 아니라 사용자라는 점을 확인하는 것에 불과하다.

한편, 징계는 일종의 권력적 작용에 해당하므로, 정당성을 갖추려면 적법절차, 비례의 원칙 등 공법적 원리가 원용되어야 한다.

---

1 김형배, 『노동법』, 박영사, 2021(27판), 686-687면.

2 대법원 1994.9.30. 94다21337 판결.

3 대법원 1994.6.14. 93다26151 판결.

4 이러한 입장이 관철되면 10인 미만 사업장에 취업규칙이 구비되지 않았다면 원칙적으로 징계가 불가능하다는 결론에 이르게 된다. 나아가 10인 미만의 사업에서 취업규칙에 징계규정이 마련되었다 하더라도 필자는 이를 근거로 징계권한을 행사할 수 없고 그 밖의 인사조치를 할 수 있을 뿐이라고 해석한다. 취업규칙의 구속력은 근로기준법을 통해 예외적으로 인정될 뿐이고 취업규칙의 효력은 엄격하게 제한적으로 해석되어야 하기에 입법자가 예정하지 않는 10인 미만 사업장에 계약법리에도 이질적인 징계를 허용해서는 안 된다고 생각하기 때문이다.

5 대법원 1994.9.30. 94다21337 판결.

제3절
징계의 정당한 이유

징계는 ① 징계사유가 존재하고, ② 징계절차가 적정해야 하며, ③ 비위와 징계 수준이 비례(징계양정의 상당성)해야 한다. 즉, 징계의 정당성은 징계사유의 정당성 여부(징계사유의 존부, 징계 대상 근로자의 행위가 소정의 징계사유에 해당하는지), 징계절차의 준수 여부(징계사유가 인정되더라도 소정의 징계절차를 준수하였는지), 징계양정의 상당성 또는 적정성 여부(비위의 정도 등 제반 사정에 비추어 볼 때 해당 징계처분이 과하여 징계권의 남용에 해당하는지) 등에 따라 판단되고, 이 세 가지 기준 중 어느 하나라도 충족하지 못하면 그 징계처분은 무효이다.

한편, 근로기준법은 감급(減給)에 대해서는 별도 규정을 두고 있다. 즉, 취업규칙에서 근로자에 대하여 감급의 제재를 정할 경우에 그 감액은 1회의 금액이 평균임금의 1일분의 2분의 1을, 총액이 1임금지급기 임금 총액의 10분의 1을 초과하지 못한다(근로기준법 제95조). 감급은 흔히 감봉이라 불리는 제재 수단인데, 근로기준법이 그 최고한도를 정한 취지는 근로자의 기본적 생계유지를 어렵게 할 정도로 가혹하게 감급의 제재가 가해지는 것을 막으려는 것이다.

I. 징계사유의 정당성

사용자가 근로자에게 어떤 사유가 있음을 들어 징계하고자 할 때는 그 사유가 단체협약, 취업규칙 등에서 정한 징계사유에 해당해야 한다. 즉 단체협약이나 취업규칙 등에 근로자에 대한 징계사유가 제한적으로 열거된 경우에는 그와 같이 열거되어 있는 사유 이외의 사유로는 징계할 수 없다.[6] 취업규칙 등에서 정하지 않은 사유를 징계사유로 삼았다면, 그 징계처분은 무효이다.[7]

---

6 대법원 1994.12.27. 93다52525 판결.
7 대법원 1992.7.14. 91다32329 판결; 대법원 1992.9.8. 91다27556 판결.

징계사유는 보통 단체협약이나 취업규칙에서 규정하고 있다(근로기준법 제93조 제 12호는 취업규칙의 필요적 기재사항으로 '제재에 관한 사항'을 규정하고 있다). 따라서 무엇이 징계사유인지 정하고 근로자의 비위행위에 적용할 징계처분을 결정하는 과정은 단체협약과 취업규칙 등의 해석 문제로 귀결된다.

이를 위해 가장 먼저 해야 하는 일은 징계의 근거로 단체협약과 취업규칙 중 어느 것을 적용할지 판단하는 작업이다. 만약 단체협약에서 협약상 징계사유에 따라 해고해야 하고 취업규칙상 징계사유로는 해고할 수 없다는 취지로 규정하였다면, 단체협약의 효력은 취업규칙에 우선하므로 사용자는 취업규칙을 적용하여 해고할 수 없다.[8] 다만, 이러한 단체협약의 효력은 제한적이다. 즉, 단체협약에서 "징계에 관하여는 단체협약에 의하여야 하고 취업규칙에 의하여 해고할 수 없다."라고 정하는 등 징계사유와 절차를 단체협약에만 따르도록 규정하였거나 동일한 징계사유나 절차에 관하여 단체협약상 규정과 취업규칙 등의 규정이 상호 저촉되는 경우가 아닌 한, 사용자는 취업규칙에서 새로운 징계사유를 정할 수 있다.[9] 실제로도 단체협약과 취업규칙에 징계사유와 절차를 함께 규정하는 경우가 많다.

그 사유가 단체협약이나 취업규칙 등에서 정한 징계사유에 해당한다고 하더라도 그 규정된 사유 자체가 적법해야 함은 물론이다. 징계사유가 근로자의 귀책사유와 무관하거나 근로기준법 등 강행법규에 위반된다면, 이를 근거로 징계할 수 없다. 또한 징계는 기업질서를 유지하고자 필요하고도 합리적인 범위에서만 인정되므로, 사업장 밖 또는 사생활 영역의 일상 활동을 문제 삼는 것과 같이, 그와 무관한 목적에서 행하는 징계는 특별한 사정이 없는 한 정당한 이유가 없다고 보아야 한다.[10]

징계사유에 해당하는지는 위반행위가 행해진 시점을 기준으로 판단한다. 따라서 취업규칙 위반 행위를 한 시기를 전후하여 그 개정 등으로 서로 다른 내용의 취업규칙이 존재하는 경우에는 그 행위 시에 유효했던 구(舊)취업규칙에 따라 징계사유 해당 여부를 판단해야 한다. 다만 사용자가 개정 취업규칙을 적용하였더라도, 개정 취업규칙의 징계사유가 구취업규칙과 같거나 유형화·세분화한 것에 불

8 대법원 1993.4.27. 92다48697 판결.
9 대법원 1994.6.14. 93다26151 판결.
10 김유성, 『노동법 Ⅰ』, 법문사, 2005, 261면.

과하여 근로자에게 불이익하지 않다면, 이를 이유로 해당 징계가 위법한 것이 되지는 않는다.[11]

또한 단체협약과 취업규칙에 각각 징계사유가 있더라도, 사용자는 동일한 사유에 대하여 이중으로 징계할 수 없다(이중징계의 금지).[12] 다만, 법원의 판결 또는 노동위원회의 구제명령 등에 따라 종전의 징계가 부당한 것으로 판명된 경우, 사용자가 정당한 절차를 거치거나 징계처분의 수준을 낮추어 다시 징계하는 것은 가능하다. 사용자 스스로 실체적 또는 절차적 하자를 치유하기 위하여 종전의 징계를 취소하고 새롭게 징계하는 경우도 마찬가지다.[13] 종전의 징계 전력을 징계양정 요소로 삼아 징계처분을 결정하는 것 역시 이중징계에 해당하지 않는다.

II. 징계절차의 적정성

단체협약이나 취업규칙에서 징계와 관련하여 징계위원회를 거치도록 하거나 소명기회를 부여하도록 하였다면 사용자는 이를 따라야 하고 이를 위반한 징계는 징계사유가 인정되는지와 관계없이 절차적 정의에 반하여 무효이다.[14] 판례에 따르면 징계절차에 관한 규정이 없을 경우 피징계자에게 변명할 기회를 주지 않더라도 징계의 정당성에 영향을 주지 않는다. 하지만 징계가 일종의 권력적 작용이라는 점을 고려하면, 관련 규정 유무와 상관없이 적법절차(이른바 due process)의 요청에 따라 징계사유와 시기 등에 관해 소명할 기회를 부여하여야 한다.(징계절차의 적정성과 관련된 구체적인 내용은 제13장 근로관계의 종료 중 징계해고 내용에서 후술)

---

11   대법원 1994.12.13. 94다27960 판결.
12   대법원 2005.4.15. 2003두12639 판결.
13   대법원 2010.6.10. 2009다97611 판결.
14   대법원 2012.1.27. 2010다100919 판결.

III. 징계양정의 상당성

단체협약이나 취업규칙에서 규정하는 징계수단으로는 일반적으로 경고(견책), 감급(감봉), 정직(출근정지), 징계해고 등이 있다. 근로자의 징계사유가 인정되는 경우, 어떤 징계처분을 선택할지는 징계권자의 자의적이고 편의적인 재량에 맡겨져 있지 않으며, 징계사유와 징계처분 사이에는 사회통념상 상당한 정도의 균형이 요구된다.[15] 취업규칙 등에서 징계사유를 규정하면서 동일한 사유에 대하여 여러 등급의 징계가 가능한 것으로 규정한 경우에도 마찬가지인데, 사용자는 경미한 징계사유에 대하여 가혹한 제재를 할 수 없다. 이 같은 경우 실무상 '징계양정' 문제로 다루는데, 사용자가 징계양정에 관한 재량을 일탈하거나 남용하면, 그 징계처분은 무효이다.

징계양정과 관련해서 실무에서 가장 많이 다루어지는 사안은 징계해고이다. 일반적으로 설명하면, 문제 된 근로자 측의 사유가 단체협약이나 취업규칙에 정한 징계 해고사유에 해당하고 이를 해고사유로 정하는 것이 적법한 것이라 하더라도, 근로자에게 가장 무거운 징계처분으로 해고하는 것이 그 구체적 사정에 비추어 지나치지 않아야 한다. 즉, 사용자가 취업규칙 등의 징계에 관한 규정을 구체적으로 적용하여 징계처분 중 가장 무거운 해고처분을 내린 행동이 정당하려면 그 징계사유에 해당하는 근로자의 비위행위가 '사회통념상 근로계약을 계속할 수 없을 정도로 근로자에게 책임 있는 사유'에 해당해야 한다. 사회통념상 근로계약을 계속할 수 없을 정도인지는 해당 사용자의 사업 목적과 성격, 사업장의 여건, 해당 근로자의 지위와 담당 직무의 내용, 비위행위의 동기와 경위, 이로써 기업의 위계질서가 문란하게 될 위험성 등 기업질서에 미칠 영향, 과거 근무 태도 등 여러 가지 사정(징계양정사유)을 종합적으로 검토하여 판단하여야 한다.[16]

예컨대 16년 이상 성실하게 근무한 근로자가 연휴 기간 중 감시 근무자로 자원하여 일하던 중 공장 밖에서 술을 마신 후 공장 바닥에서 잠든 행위가 징계사유에

---

15 대법원 1991.10.25. 90다20428 판결; 대법원 1992.5.22. 91누5884 판결; 대법원 2004.6.25. 2002다51555 판결.
16 대법원 1992.5.12. 91다27518 판결; 대법원 1994.1.11. 93다49192 판결; 대법원 1995.4.25. 94누13053 판결; 대법원 1995.5.26. 94다46596 판결; 대법원 1998.11.10. 97누18189 판결; 대법원 2002.5.28. 2001두10455 판결; 대법원 2008.7.10. 2007두22498 판결.

해당한다는 이유로 해고한 사안과 관련해서 법원은 비위행위로 구체적 손해는 발생하지 않았고, 연휴 기간의 근무를 자원하여 임무를 수행하다가 교대시간을 얼마 남겨두지 않은 상황에서 음주한 행위 등을 가지고 16년 이상 아무런 사고 없이 성실하게 근무한 근로자를 가장 무거운 징계인 해고에 처한 회사의 조치는 그 정도가 지나쳐 재량권의 범위를 벗어난 것이라고 판단하였다.[17]

근로자에게 여러 가지 징계사유가 있을 때 징계양정이 적정한지는 사유를 하나씩 떼어서 또는 일부 사유만 가지고 판단하는 것이 아니라 전체 사유를 종합하여 판단해야 한다.[18] 근로자의 평소 품행, 근무성적, 징계 전력, 해당 징계처분 전후에 저지른 비위 등 징계사유에는 해당하지 않는 비위 사실도 징계양정의 고려 요소가 될 수 있다.[19] 징계 재량의 남용 여부를 가릴 때 참작할 사정은 해당 근로자에게 불리한 것인지 혹은 유리한 것인지 불문하고, 징계하기 전의 사정에 국한되지 않으며, 징계한 후 사정도 해당한다.[20]

17 대법원 1991.10.25. 90다20428 판결.

18 대법원 1991.11.22. 91다6740 판결; 대법원 1996.5.31. 95누2487 판결; 대법원 1996.9.20. 95누15742 판결; 대법원 1997.12.9. 97누9161 판결. 따라서 수개의 징계사유 중 일부가 인정되지 않으나, 다른 일부 징계사유만으로도 해당 징계처분의 타당성을 인정할 수 있는 경우에는 그 징계처분은 유효하다고 보아야 한다 (대법원 2004.6.25. 2002다51555 판결).

19 대법원 2004.6.25. 2002다51555 판결.

20 대법원 1991.2.12. 90누5627 판결; 대법원 1994.10.25. 94다26448 판결; 대법원 1995.9.5. 94다52294 판결; 대법원 1996.4.23. 96다2378 판결; 대법원 1997.2.14. 96누4244 판결; 대법원 1997.12.9. 97누9161 판결; 대법원 1998.5.22. 98다2365 판결.

제11장
산업안전과 재해보상

제1절
안전과 보건

I. 의의

근로자의 생명·신체·건강은 매우 소중하고, 그것이 근로 제공 과정에서 손상당하지 않도록 하는 것은 노동법의 중요한 과제이다. 근로시간과 휴식에 대한 법정 기준은 근로자의 피로 축적을 방지함으로써 건강 장애와 사고 발생을 방지하는 기능을 수행하고, 그 밖의 근로조건에 대한 규율 체계도 근로자의 건강 유지·향상에 간접적으로 이바지한다. 그러나 가장 중요한 것은 노동현장에서 안전·보건을 확보하고 산업재해를 방지하는 것이다.

헌법 전문(前文)에서는 "대한국민은 우리들과 우리들의 자손의 안전과 자유와 행복을 영원히 확보할 것을 다짐하면서" 안전이 헌법상 중요한 목표임을 선언하였다. 또한 헌법상 근로의 권리는 '일할 환경에 관한 권리'를 내포하고 있고, 여기에는 인간의 존엄성에 대한 침해를 방어하려는 자유권적 기본권의 성격도 있어서 건강한 작업환경을 요구할 권리 등을 포함한다.[1]

---

1 헌법재판소 2007.8.30. 2004헌마670 결정.

우리나라는 헌법에서 규정하는 근로자에 대한 재해예방의무와 보건의무를 구체화하고자 근로기준법과 산업안전보건법 등을 제정·시행하고 있다. 1953년 근로기준법 제정 당시에는 10개 조문을 두어 근로자의 안전·보건을 직접 규율하였으나, 이후 급격한 산업화에 따라 발생하는 여러 문제점을 효율적으로 예방하고, 근로자의 안전·보건을 증진·향상하고자 산업안전보건법이 제정·시행되었고, 현재는 근로자의 안전과 보건에 관하여는 산업안전보건법이 적용된다(근로기준법 제76조).

II. 안전배려의무

안전배려의무(보호의무)는 근로자의 안전·보건에 관한 사용자의 주의의무를 말한다. 사용자는 근로계약에 수반되는 신의칙상 부수적 의무로서 피용자가 노무를 제공하는 과정에서 생명·신체·건강을 해치는 일이 없도록 인적·물적 환경을 정비하는 등 필요한 조치를 강구해야 할 보호의무를 부담하며, 이러한 보호의무를 위반하여 피용자가 손해를 입은 경우 이를 배상할 책임이 있다.[2] 근로자 파견관계에서 사용사업주와 파견근로자 사이에는 특별한 사정이 없는 한 파견근로와 관련하여 사용사업주가 파견근로자에 대한 보호의무를 부담한다.[3]

보호의무의 내용을 특정하고 의무 위반에 해당하는 사실을 주장·증명할 책임은 그 의무 위반을 주장하는 근로자 측이 부담한다. 보호의무 위반을 이유로 사용자에게 손해배상책임을 인정하려면 사고가 근로자의 업무와 관련성이 있고 사고가 통상 발생할 수 있는 것이 예측되거나 예측할 수 있는 경우라야 하며, 그 예측가능성은 사고가 발생한 때와 장소, 가해자의 분별 능력, 가해자의 성행, 가해자와 피해자의 관계 기타 여러 사정을 고려하여 판단하여야 한다.[4]

사용자의 보호의무 위반에 대하여 근로자는 보호의무의 이행과 보호의무에 위반되는 행위의 중지를 청구할 수 있다. 보호의무를 부수적 의무가 아니라 본질적

---

2 대법원 2000.5.16. 99다47129 판결.
3 대법원 2013.11.28. 2011다60247 판결.
4 대법원 2001.7.27. 99다56734 판결.

의무로 보는 견해에 따르면, 근로자는 사용자의 보호의무 위반을 이유로 노무급부 거절권을 행사할 수 있다.

Ⅲ. 산업안전보건법의 주요 내용

1. 의의

산업안전보건법은 산업안전·보건에 관한 기준을 확립하고 그 책임의 소재를 명확하게 하여 산업재해를 예방하며 쾌적한 작업환경을 조성함으로써 노무를 제공하는 사람의 안전과 보건을 유지·증진함을 목적으로 한다(제1조). 2020년 1월 16일 시행된 개정 산업안전보건법은 보호 대상을 근로기준법상의 근로자에 한정하지 않고, 특수형태근로종사자나 배달종사자 등을 포함하여 '노무를 제공하는 자'로 확대하였다.

'안전(safety)'은 지속적인 위해요인의 발굴과 위험관리로 인명피해나 재산 손실을 야기할 수 있는 위험이 수용 가능한 수준 이하로 유지되는 상태를 말한다. '보건(health)'은 근로하는 장소에서 근로자가 접촉하는 물체 또는 환경에 의한 질병의 발생이 필연성이 있는 경우 이러한 유해성을 제거함으로써 질병 방지 등을 꾀하는 것을 의미한다.

산업안전보건법은 모든 사업에 적용한다. 다만, 유해·위험의 정도, 사업의 종류, 사업장의 상시근로자 수(건설공사의 경우에는 건설공사 금액을 말한다) 등을 고려하여 대통령령으로 정하는 종류의 사업 또는 사업장에는 산업안전보건법의 전부 또는 일부를 적용하지 아니할 수 있다(제3조, 시행령 제2조, [별표1]). 국가, 지방자치단체, 공기업도 제한 없이 일반 사업과 동일하게 산업안전보건법이 적용된다.

2. 정부의 책무와 당사자의 의무

정부는 산업안전보건법의 목적을 달성하고자 산업안전 및 보건정책의 수립과 집행, 산업재해 예방 지원과 지도, 노무를 제공하는 사람의 안전과 건강의 보호·

증진 등을 성실히 이행할 책무를 진다(제4조 제1항). 고용노동부장관은 산업재해 예방에 관한 기본계획의 수립과 공표(제7조), 산업재해 발생건수 등의 공표(제10조) 등을 해야 하고, 관계 행정기관·공공기관의 장에게 필요한 협조의 요청(제8조), 산업재해 예방 통합정보시스템의 구축·운영(제9조), 산업재해 예방시설의 설치·운영(제11조), 기술 또는 작업환경에 관한 표준의 제정(제13조) 등을 할 수 있다.

사업주는 산업안전보건법과 명령으로 정하는 산업재해 예방 기준, 근로자의 신체적 피로와 정신적 스트레스 등을 줄일 수 있는 쾌적한 작업환경의 조성 및 근로조건 개선, 해당 사업장의 안전과 보건에 관한 정보를 근로자에게 제공하는 등의 사항을 이행함으로써 근로자의 안전과 건강을 유지·증진하고 국가의 산업재해 예방정책을 따라야 한다(제5조 제1항).

근로자는 산업안전보건법과 명령으로 정하는 산업재해 예방 기준을 지켜야 하며, 사업주, 근로감독관, 공단 등 관계인이 실시하는 산업재해 예방에 관한 조치에 따라야 한다(제6조).

3. 안전보건관리체제

산업안전보건법은 산업재해 예방과 안전·보건 업무의 실효성을 확보하고자 아래와 같이 다양한 관리체계에 관하여 규정하고 있다.

상법 제170조에 따른 주식회사 중 상시근로자 500명 이상을 사용하는 회사, 건설산업기본법 제23조에 따른 전년도 시공능력평가액(토목·건축공사업에 한함) 순위 상위 1,000위 이내 건설회사의 대표이사는 매년 회사의 안전 및 보건에 관한 계획을 수립하여 이사회에 보고하고 승인을 받아야 하고(제14조 1항), 안전 및 보건에 관한 계획을 성실하게 이행하여야 한다(제14조 2항).

사업주는 산업재해 예방 업무를 총괄하여 관리하는 안전보건관리책임자(제15조), 산업안전 및 보건에 관한 업무를 수행하는 관리감독자(제16조), 안전·보건에 관한 기술적 사항에 관하여 사업주 또는 안전보건관리책임자를 보좌하고 관리감독자에게 지도·조언하는 업무를 수행하는 안전관리자·보건관리자(제17조·제18조), 안전 및 보건에 관하여 사업주를 보좌하고 관리감독자에게 지도·조언하는 업무를

수행하는 안전보건관리담당자(제19조) 등을 두어야 한다.[5] 고용노동부장관은 근로
자, 근로자단체, 사업주단체 및 산업재해 예방 관련 전문단체에 소속된 사람 중에
서 명예산업안전감독관을 위촉할 수 있다(제23조). 사업주는 사업장의 안전과 보건
에 관한 중요 사항을 심의·의결하기 위하여 사업장에 근로자위원과 사용자위원이
같은 수로 구성되는 산업안전보건위원회를 구성·운영하여야 한다(제24조).

4. 안전보건관리규정

사업주는 사업장의 안전과 보건을 유지하고자 안전 및 보건에 관한 사항이 포함
된 안전보건관리규정을 작성하여야 한다(산업안전보건법 제25조 제1항). 안전보건관
리규정은 단체협약 또는 취업규칙에 반할 수 없는데, 이 경우 안전보건관리규정
중 단체협약 또는 취업규칙에 반하는 부분에 관하여는 그 단체협약 또는 취업규칙
으로 정한 기준에 따른다(제25조 제2항). 사업주는 안전보건관리규정을 작성하거나
변경할 때에는 산업안전보건위원회의 심의·의결을 거쳐야 한다. 다만, 산업안전
보건위원회가 설치되어 있지 아니한 사업장의 경우에는 근로자 대표의 동의를 받
아야 한다(제26조). 안전보건관리규정에 관하여 근로기준법 중 취업규칙에 관한 규
정을 준용한다(제28조).

5. 안전보건교육

사업주는 소속 근로자에게 정기적으로 안전보건교육을 하여야 한다(산업안전보
건법 제29조 제1항). 근로자를 유해하거나 위험한 작업에 채용하거나 그 작업으로 작
업 내용을 변경할 때에는 유해하거나 위험한 작업에 필요한 안전보건교육을 추가
로 하여야 한다(제29조 제3항).

5　사업주는 근로자의 건강관리나 그 밖에 보건관리자의 업무를 지도하기 위하여 사업장에 산업보건의를 두
도록 되어 있지만(산업안전보건법 제22조 제1항), 이 법률에도 불구하고 기업규제완화법에 따라 이를 채용·
고용·임명·지정 또는 선임하지 아니할 수 있다(기업규제완화법 제28조 제1호).

6. 유해·위험 방지조치

(1) 의의

사업장에는 통상 사람의 생명·신체의 안전을 위협하는 위험 요소가 상존하고, 그러한 위험은 산업사회가 고도화되면서 그 강도와 규모가 점점 커지고 있다. 따라서 사업장에서 발생하는 이러한 위험에서 사람의 생명·신체의 안전을 보호하는 예방조치를 해야 할 필요성은 점점 더 강하게 요청되고 있다.[6]

(2) 사업주의 의무

사업주는 산업안전보건법령·안전보건관리규정의 게시, 근로자 대표의 안전보건에 관한 사항의 통지요청에 대한 성실한 이행, 위험성 평가 실시, 안전보건표지의 설치·부착 등을 해야 한다. 산업안전보건법이 정한 사업주는 유해위험방지계획서, 공정안전보고서를 작성해야 하고, 안전보건진단을 받아야 하며, 안전보건개선계획을 수립·시행해야 한다.

(3) 안전조치

사업주는 산업안전보건법 제38조 제1항이 규정하는 위험, 제2항이 규정하는 작업을 할 때 불량한 작업방법 등에 따른 위험, 제3항이 규정하는 위험이 있는 장소에서 작업할 때 발생할 수 있는 산업재해를 예방하고자 필요한 조치(안전조치)를 취하여야 한다. 산업안전보건법이 안전조치 의무를 규정하는 취지는 근로자의 안전의식 결여로 인한 사고를 예방하고자 하는 목적에서 사업주에게 근로자에 대한 안전교육과 구체적 안전 작업 지시 등을 시행할 의무를 부과하는 것이다.[7] 사업주가 예방 또는 방지해야 할 위험은 사업주가 해당 사업과 관련하여 지배할 수 있는 범위 내의 위험에 한정된다.[8] 사업주가 해야 하는 안전보건조치에 관한 구체적 사항은 고용노동부령인 산업안전보건기준에 관한 규칙에서 상세하게 정하고 있다.

---

6 헌법재판소 2005.6.30. 2002헌바83 결정.
7 대법원 2001.8.21. 2001도937 판결; 대법원 2007.11.29. 2006도7733 판결.
8 대법원 2004.6.25. 2004도1264 판결.

(4) 보건조치

사업주는 산업안전보건법 제39조 제1항이 규정하는 건강장해를 예방하기 위해 필요한 조치(보건조치)를 해야 한다. 사업주가 해야 하는 보건조치에 관한 구체적 사항은 고용노동부령인 산업안전보건기준에 관한 규칙에서 상세하게 정하고 있다.

(5) 근로자의 안전조치와 보건조치 준수 의무

근로자는 산업안전보건법 제38조와 제39조에 따라 사업주가 한 조치로서 고용노동부령으로 정하는 조치 사항을 지켜야 한다(제40조). 제6조에서도 근로자에게 산업재해 예방에 필요한 사항 준수 의무를 규정하고 있으나 근로자가 제6조의 규정을 위반한 것에 대한 형사상·행정상 제재는 없다. 이와 달리, 근로자가 제38조의 안전조치, 제39조의 보건조치로 고용노동부령으로 정한 조치 사항을 위반하면, 위 법조에서 규정하는 각종 조치의 실효성이 상실되고, 산업재해 발생 가능성이 높아지기 때문에 특별히 근로자의 준수의무를 규정하고 있다. 이는 근로계약에 수반되는 신의칙상 의무가 아니라 산업안전보건법에 따라 근로자에게 부과되는 공법상 의무이다. 근로자가 이를 위반하면 300만 원 이하의 과태료를 부과한다(제175조 제6항 제3호).

(6) 고객의 폭언 등으로 인한 건강장해 예방조치

최근 제조업 중심의 산업사회가 서비스산업을 중심으로 빠르게 변화하면서 업무수행과정에서 자기 감정을 절제하고 조직적으로 요구된 감정을 표현해야 하는 '감정노동'이 증가하며, 장시간 감정노동으로 정신적 스트레스, 건강장해 등의 피해를 겪는 근로자가 늘어나는 실정이다. 이에 산업안전보건법은 사업주로 하여금 고객응대 근로자에 대하여 고객의 폭언 등으로 인한 건강장해를 예방하는 조치를 마련하도록 하고(제41조 제1항), 고객응대 업무에 종사하는 근로자에게 건강장해가 발생하거나 발생할 현저한 우려가 있는 경우에는 업무의 일시적 중단 또는 전환 등 대통령령으로 정하는 조치를 하도록 함으로써(제41조 제2항) 감정노동근로자의 건강권을 보장하고 있다.

7. 작업중지

산업재해가 발생할 급박한 위험이 있을 때 즉시 작업을 중지하는 것은 산업재해를 예방하는 데 매우 중요하다. 산업안전보건법은 작업중지의 주체를 사업주, 근로자, 고용노동부장관으로 세분하여 규정하고 있다.

(1) 사업주의 작업중지

사업주는 산업재해가 발생할 급박한 위험이 있을 때에는 즉시 작업을 중지시키고 근로자를 작업장소에서 대피시키는 등 안전 및 보건에 관하여 필요한 조치를 하여야 한다(산업안전보건법 제51조).

(2) 근로자의 작업중지

근로자는 '산업재해가 발생할 급박한 위험'이 있는 경우 작업을 중지하거나 대피할 수 있다(산업안전보건법 제52조 제1항).[9] 사업주는 산업재해가 발생할 급박한 위험이 있다고 근로자가 믿을 만한 합리적인 이유가 있을 때는 작업을 중지하고 대피한 근로자에 대하여 해고나 그 밖의 불리한 처우를 해서는 아니 된다(제52조 제4항). 이때 산업재해가 발생할 급박한 위험이란 문리해석상 근로자의 주관적 입장에서 판단해야 한다.

(3) 고용노동부장관의 시정조치와 작업중지 명령

고용노동부장관은 사업주가 사업장의 건설물 또는 그 부속 건설물 및 기계·기구·설비·원재료에 대하여 안전 및 보건에 관하여 필요한 조치를 하지 아니하여 근로자에게 현저한 유해·위험이 초래될 우려가 있다고 판단될 때는 해당 기계·설비 등에 대하여 사용중지 등 필요한 조치를 명할 수 있다(산업안전보건법 제53조 제1항). 고용노동부장관은 사업주가 해당 기계·설비 등에 대한 시정조치 명령을 이행

---

9 국제노동기구(ILO)의 제155호 산업안전보건협약(Occupational Safety and Health Convention, 1983.8.11. 효력발생) 제13조는 "근로자가 자신의 생명이나 보건에 급박하고 중대한 위험이 존재한다고 믿는 데 합리적인 정당성이 있는 경우에는 작업환경에서 스스로 이탈하여도 국내 여건과 국내 관행에 따른 부당한 대우에서 보호받아야 한다."라고 규정하여 근로자의 작업중지권을 인정하고 있다.

하지 않아서 유해·위험 상태가 해소 또는 개선되지 않거나 근로자에 대한 유해·위험이 현저히 높아질 우려가 있으면 해당 기계·설비 등과 관련된 작업의 전부 또는 일부의 중지를 명할 수 있다(제53조 제3항). 사업주는 그 시정조치를 완료한 경우에는 고용노동부장관에게 사용중지 또는 작업중지의 해제를 요청할 수 있다(제53조 제4항). 고용노동부장관은 해제 요청에 대하여 시정조치가 완료되었다고 판단될 때는 사용중지 또는 작업중지를 해제하여야 한다(제53조 제5항).

(4) 중대재해

사업주는 중대재해[10]가 발생하였을 때는 즉시 해당 작업을 중지시키고 근로자를 작업장소에서 대피시키는 등 안전 및 보건에 관하여 필요한 조치를 하여야 한다(산업안전보건법 제54조 제1항). 또한 고용노동부장관은 중대재해가 발생하였을 때 중대재해가 발생한 해당 작업, 중대재해가 발생한 작업과 동일한 작업의 어느 하나에 해당하는 작업으로 해당 사업장에 산업재해가 다시 발생할 급박한 위험이 있다고 판단되면 그 작업의 중지를 명할 수 있다(제55조 제1항). 고용노동부장관은 사업주가 작업중지의 해제를 요청하면 심의위원회의 심의를 거쳐 작업중지를 해제하여야 한다(제55조 제3항).

8. 도급 시 산업재해 예방

(1) 도급의 제한

사업주는 근로자의 안전과 보건에 유해하거나 위험한 작업으로 도금작업, 수은, 납 또는 카드뮴을 제련·주입·가공·가열하는 작업, 대통령령으로 정하는 허가대상 물질을 제조하거나 사용하는 작업을 도급하여 자신의 사업장에서 수급인의 근로자가 그 작업을 하도록 해서는 아니 된다(산업안전보건법 제58조 제1항). 다만 일시적·간헐적으로 하는 작업이거나, 수급인이 보유한 기술이 전문적이고 사업주의 사업운영에 필수 불가결한 경우로서 고용노동부장관의 승인을 받은 경우에는 사

---

10 중대재해는 산업재해 중 사망 등 재해 정도가 심하거나 재해자가 다수 발생한 경우로, ① 사망자가 1명 이상 발생한 재해, ② 3개월 이상의 요양이 필요한 부상자가 동시에 2명 이상 발생한 재해, ③ 부상자 또는 직업성 질병자가 동시에 10명 이상 발생한 재해를 말한다(산업안전보건법 제2조 제2호, 시행규칙 제3조).

업주는 이와 같은 작업을 도급하여 자신의 사업장에서 수급인의 근로자가 그 작업을 하도록 할 수 있다(제58조 제2항). 사업주는 산업재해 예방조치를 할 능력을 갖춘 사업주에게 도급해야 한다(제61조).

(2) 도급인의 각종 조치의무

도급인은 관계수급인 근로자가 도급인의 사업장에서 작업하는 경우에는 그 사업장의 안전보건관리책임자를 도급인의 근로자와 관계수급인 근로자의 산업재해를 예방하는 업무를 총괄하여 관리하는 안전보건총괄책임자로 지정하여야 한다(산업안전보건법 제62조 제1항). 도급인은 관계수급인 근로자가 도급인 사업장에서 작업하는 경우에 자신의 근로자와 관계수급인 근로자의 산업재해를 예방하기 위해 안전 및 보건 시설의 설치 등 필요한 안전조치와 보건조치를 하여야 한다. 다만, 보호구 착용의 지시 등 관계수급인 근로자의 작업행동에 관한 직접적 조치는 제외한다(제63조). 도급인은 관계수급인 근로자가 도급인의 사업장에서 작업하는 경우, 안전 및 보건에 관한 협의체 구성과 운영, 작업장 순회점검, 안전보건교육 지원 등을 이행해야 한다(제64조 제1항).

(3) 건설업 등의 산업재해 예방

총공사금액이 50억 원 이상인 건설공사의 발주자는 산업재해를 예방하고자 건설공사의 계획단계에서 기본안전보건대장을 작성하고, 설계단계에서는 설계자에게 설계안전보건대장을, 시공단계에서는 수급인에게 공사안전보건대장을 각각 작성하게 하고 이행 여부 등을 확인해야 한다(산업안전보건법 제67조 제1항).[11] 2개 이상 건설공사를 도급한 건설공사발주자는 그 2개 이상 건설공사가 같은 장소에서 행

---

[11] 한편 산업안전보건법에서 건설공사발주자란 '건설공사를 도급하는 자로서 건설공사의 시공을 주도하여 총괄·관리하지 아니하는 자(다만 도급받은 건설공사를 다시 도급하는 자는 제외)'를 말하는데(제2조 제10호), 건설공사를 최초로 발주하는 자의 경우에도 시공을 주도하여 총괄·관리하는 자에 해당하면 도급인으로서 앞서 살펴본 도급인의 조치의무 위반에 대한 책임을 부담할 수 있다. 이때 건설공사를 도급하는 사업주가 산업안전보건법 위반에 대한 형사책임을 부담하는 도급인에 해당하는지는 관련 법개정의 취지를 고려하여 도급 사업주가 자신의 사업장에서 시행하는 건설공사 과정에서 발생할 수 있는 산업재해 예방과 관련된 유해·위험요소에 대하여 실질적인 지배·관리 권한을 가지고 있었는지를 중심으로, 도급 사업주가 해당 건설공사에 대하여 행사한 실질적 영향력의 정도, 도급 사업주의 해당 공사에 대한 전문성, 시공능력 등을 종합적으로 고려하여 규범적인 관점에서 판단하여야 한다(대법원 2024.11.14. 2023도14674 판결).

해지는 경우에 작업의 혼재로 발생할 수 있는 산업재해를 예방하고자 건설공사 현장에 안전보건조정자를 두어야 한다(제68조 제1항).

(4) 그 밖의 산업재해 예방

산업안전보건법은 그 밖에도 도급 시 산업재해를 예방하기 위하여 공사기간 단축 및 공법변경 금지(제69조), 건설공사 기간 연장(제70조), 설계변경 요청(제71조), 건설공사 등 산업안전보건관리비 계상 등(제72조),[12] 건설공사의 산업재해 예방 지도(제73조), 건설재해예방전문지도기관(제74조), 안전 및 보건에 관한 협의체 등의 구성·운영에 관한 특례(제75조), 기계·기구 등에 대한 건설공사도급인의 안전조치(제76조) 등의 규정을 두고 있다.

(5) 그 밖의 고용형태에서 산업재해 예방

계약의 형식에 관계없이 근로자와 유사하게 노무를 제공하여 업무상 재해로부터 보호할 필요가 있음에도 근로기준법 등이 적용되지 아니하는 사람으로, 대통령령으로 정하는 직종에 종사하며, 주로 하나의 사업에 노무를 상시적으로 제공하고 보수를 받아 생활하고, 노무를 제공할 때 타인을 사용하지 않는 사람을 가리켜 '특수형태근로종사자'라 한다. 대표적으로 보험을 모집하는 사람, 학습지 방문강사, 골프장 캐디, 대리운전 업무를 하는 사람 등이 이에 해당한다. 이와 같은 사람의 노무를 제공받는 자는 특수형태근로종사자의 산업재해를 예방하고자 필요한 안전조치와 보건조치를 해야 한다(산업안전보건법 제77조 제1항).

이동통신단말장치로 물건의 수거·배달 등을 중개하는 자는 그 중개에 따라 이륜자동차로 물건을 수거·배달 등을 하는 사람의 산업재해를 예방하는 데 필요한 안전조치와 보건조치를 해야 한다(제78조).

가맹사업거래의 공정화에 관한 법률 제2조 제2호에 따른 가맹본부 중 대통령령으로 정하는 가맹본부는 가맹점사업자에게 가맹점의 설비나 기계, 원자재 또는 상

---

12 산업안전보건관리비를 산업재해 예방을 위하여만 사용하도록 규정한 구법 제30조 제3항의 입법 취지는 도급금액에 계상된 산업안전보건관리비를 오직 산업재해 예방 목적으로만 사용하게 함으로써 산업재해를 예방하고 쾌적한 작업환경을 조성하여 근로자의 안전과 보건을 유지·증진한다는 산업안전보건법의 입법 목적을 달성하는 데 있다(대법원 2015.10.29. 2015다214691, 214707 판결).

품 등을 공급하는 경우에 가맹점사업자와 그 소속 근로자의 산업재해를 예방하고
자 가맹점의 안전·보건에 관한 프로그램을 마련해 시행하고, 가맹본부가 가맹점
에 설치하거나 공급하는 설비·기계·원자재 또는 상품 등에 대하여 가맹점사업자
에게 안전·보건에 관한 정보를 제공해야 한다(제79조 제1항).

9. 유해·위험 기계 등에 대한 조치

(1) 유해·위험 기계 등에 대한 방호조치

누구든지 예초기, 원심기, 공기압축기, 금속절단기, 지게차, 진공포장기·래핑기
와 같은 포장기계 등 동력(動力)으로 작동하는 유해하거나 위험한 기계·기구를 유
해·위험을 방지하는 방호조치를 하지 않고 양도, 대여, 설치 또는 사용에 제공하
거나 양도·대여 목적으로 진열해서는 아니 된다(산업안전보건법 제80조 제1항, 시행
령 제70조 [별표20]).[13] 또한 대통령령으로 정하는 기계·기구·설비 또는 건축물 등
을 타인에게 대여하거나 대여받는 자는 필요한 안전조치와 보건조치를 하여야 하
며(제81조, 시행령 제71조 [별표21]), 타워크레인을 설치하거나 해체하려는 자는 인력·
시설·장비 등의 요건을 갖추어 고용노동부장관에게 등록하여야 한다(제81조 제1항,
시행령 제72조 [별표22]).

(2) 안전인증, 자율안전확인, 안전검사

가. 안전인증기준

고용노동부장관은 유해하거나 위험한 기계·기구·설비 및 보호장치·보호구(유
해·위험기계 등)의 안전성을 평가하고자 그 안전에 관한 성능과 제조자의 기술 능
력, 생산 체계 등에 관한 기준(안전인증기준)을 정하여 고시해야 한다(산업안전보건법
제83조 제1항).

---

13 위 규정이 행위 주체를 사업주로 한정하지 않음은 그 문언상 명백하고, 승강기 등 유해·위험 기계·기구
를 양도·대여·설치·사용·진열하는 자가 반드시 사업주와 일치하는 것도 아니므로, 위 법 조항은 사업주의
개념을 전제로 한 규정이 아니다(대법원 2006.1.12. 2004도8875 판결).

나. 자율안전확인의 신고

안전인증대상기계 등이 아닌 유해·위험기계 등으로서 대통령령으로 정하는 자율안전확인대상기계 등을 제조하거나 수입하는 자는 자율안전확인대상기계 등의 안전에 관한 성능이 고용노동부장관이 정하여 고시하는 안전기준(자율안전기준)에 맞는지 확인(자율안전확인)하여 고용노동부장관에게 신고하여야 한다(산업안전보건법 제89조 제1항, 시행령 제78조).

다. 안전검사

유해하거나 위험한 기계·기구·설비로 대통령령에서 정하는 안전검사대상기계 등을 사용하는 사업주는 안전검사대상기계 등의 안전에 관한 성능이 고용노동부장관이 정하여 고시하는 검사기준에 맞는지 고용노동부장관이 실시하는 검사(안전검사)를 받아야 한다. 이 경우 안전검사대상기계 등을 사용하는 사업주와 소유자가 다르면 안전검사대상기계 등의 소유자가 안전검사를 받아야 한다(산업안전보건법 제93조 제1항, 시행령 제78조 제1항).

10. 유해·위험물질과 석면에 대한 조치

(1) 유해·위험물질에 대한 조치

고용노동부장관은 고용노동부령으로 정하는 바에 따라 근로자에게 건강장해를 일으키는 화학물질, 물리적 인자 등(유해인자)의 유해성·위험성 분류기준을 마련하여야 한다(산업안전보건법 제104조, 시행규칙 제141조 [별표18]). 물질안전보건자료(Material Safety Data Sheets, MSDS)는 화학물질 정보공개 제도에 따라 화학물질을 취급하는 근로자나 관련자의 알 권리를 충족해 주는 수단 중 하나로 1996년 7월 1일부터 시행되고 있다. 화학물질 또는 이를 포함한 혼합물로 제104조에 따른 분류기준에 해당하는 것(물질안전보건자료 대상물질)을 제조하거나 수입하려는 자는 물질안전보건자료를 작성하여 고용노동부장관에게 제출하여야 한다(제110조 제1항). 영업비밀과 관련되어 화학물질의 명칭, 함유량을 물질안전보건자료(MSDS)에 적지 아니하려는 자는 고용노동부장관에게 신청하여 승인받아 해당 화학물질의 명칭과 함유량을 대체할 수 있는 명칭 및 함유량(대체자료)으로 적을 수 있다. 다만, 근로자에게 중대한 건강장해를 초래할 우려가 있는 화학물질로 산업재해보상보험법 제8조 제1항에 따른 산업재해보상보험 및 예방심의위원회의 심의를 거쳐 고용노동부장관이 고시하는 것은 그러하지 아니하다(산업안전보건법 제112조 제1항).

(2) 석면에 대한 조치

석면에 대하여는 특별한 규정이 적용된다. 건축물이나 설비를 철거하거나 해체하려는 경우에 해당 건축물이나 설비의 소유주, 임차인 등은 해당 건축물이나 설비에 석면이 포함되어 있는지, 해당 건축물이나 설비 중 석면이 포함된 자재의 종류, 위치, 면적의 사항을 고용노동부령으로 정하는 바에 따라 조사한 후 그 결과를 기록하여 보존해야 한다(제119조 제1항). 석면이 포함된 건축물이나 설비를 철거하거나 해체하는 자는 고용노동부령으로 정하는 석면해체·제거의 작업기준을 준수해야 한다(제123조 제1항).

11. 근로자 보건관리

(1) 작업환경측정

사업주는 유해인자로부터 근로자의 건강을 보호하고 쾌적한 작업환경을 조성하고자 인체에 해로운 작업을 하는 작업장으로서 고용노동부령으로 정하는 작업장에 대하여 그 사업장에 소속된 사람 중 산업위생관리산업기사 이상의 자격을 가진 사람에게 작업환경측정을 하도록 해야 한다(산업안전보건법 제125조 제1항, 시행규칙 제186조·제187조).

(2) 건강진단과 건강관리

사업주는 상시 사용하는 근로자의 건강관리를 위하여 건강진단(일반건강진단)을 실시해야 한다(산업안전보건법 제129조 제1항). 근로자는 사업주가 실시하는 건강진단을 받아야 하며, 근로자가 이를 위반하면 300만 원 이하의 과태료를 부과한다.

사업주는 감염병, 정신질환 또는 근로로 병세가 크게 악화될 우려가 있는 질병으로 고용노동부령에서 정하는 질병에 걸린 사람에게는 의사의 진단에 따라 근로를 금지하거나 제한해야 한다(제138조 제1항, 시행규칙 제220조). 사업주는 유해하거나 위험한 작업으로서 잠함(潛函) 또는 잠수작업 등 높은 기압에서 하는 작업에 종사하는 근로자에게는 1일 6시간, 1주 34시간을 초과하여 근로하게 해서는 아니 된다(제139조 제1항, 시행령 제99조 제1항).

고용노동부장관은 직업성 질환의 진단과 예방, 발생 원인을 규명하는 데 필요하다고 인정할 때에는 근로자의 질환과 작업장 유해요인의 상관관계에 관한 역학조사를 할 수 있다(제141조 제1항).

IV. 산업안전보건법상 조치의무 위반에 대한 형사처벌

산업안전보건법은 그 실효성을 담보하고자 위반 시 벌칙의 적용을 예정하고 있다. 그중 가장 대표적인 것이 안전조치(제38조)와 보건조치(제39조)를 위반한 자를 5년 이하의 징역 또는 5천만 원 이하의 벌금(이를 위반하여 근로자를 사망에 이르게 한 자는 7년 이하의 징역 또는 1억 원 이하의 벌금)에 처하는 것이다(제167조 제1항·제168조 제1항).

이때 위험방지조치의무 등을 위반했는지는 단지 사업주의 사업장에서 위와 같은 위험성이 있는 작업이 필요한 안전조치가 취해지지 않고 이루어졌다는 사실만으로 성립하는 것은 아니고, 안전상 위험성이 있는 작업을 규칙이 정하는 바에 따른 안전조치를 취하지 않은 채 하도록 지시하거나, 그 안전조치가 취해지지 않은 상태에서 위 작업이 이루어진다는 사실을 알면서도 이를 방치하는 등 그 위반행위를 사업주가 했다고 인정되는 경우에 한하여 성립한다.[14] 또한 이때 법 위반에 대한 고의는 사업주가 그러한 작업을 개별적·구체적으로 지시하지 않았더라도 안전조치가 취해지지 않은 상태에서 작업이 이루어지고, 향후 그러한 작업이 계속될 것이라는 사정을 미필적으로 인식하였다면 인정될 수 있다.[15] 또한 이와 같은 위험방지조치의무 등을 위반하여 근로자가 사망하거나 다친 경우에는 업무상 과실치사상죄도 성립할 수 있는데, 이때 산업안전보건법 위반죄와 업무상 과실치사상죄는 상상적 경합관계에 있다.[16]

---

14 대법원 2007.3.29. 2006도8874 판결.
15 대법원 2010.11.25. 2009도11906 판결.
16 대법원 2001.8.21. 2001도937 판결.

V. 중대재해 처벌 등에 관한 법률상 중대산업재해

1. 제정 경위

현대중공업 아르곤 가스 질식 사망사고, 태안화력발전소 압사사고, 물류창고 건설현장 화재사고와 같은 산업재해로 인한 사망사고와 함께 가습기 살균제 사건, 4·16 세월호 사건과 같은 시민재해로 인한 사망사고 발생 등이 사회적 문제로 지적되어 왔다. 안전보건에 관한 법령상 제도개선이 꾸준히 이어져 왔음에도 이러한 재해가 계속되는 근본적 이유는 기업에 안전·보건을 체계적으로 관리하는 시스템이 제대로 구축되지 않았기 때문이다. 이에 중대산업재해와 중대시민재해가 발생한 경우 사업주와 경영책임자, 법인 등을 처벌함으로써 근로자를 포함한 종사자와 일반 시민의 안전권을 확보하고, 기업의 조직문화 또는 안전관리 시스템 미비로 일어나는 중대재해사고를 사전에 방지하려는 목적에서 중대재해처벌법을 제정하여 2022년 1월 27일부터 시행하였다.

2. 목적

중대재해처벌법은 사업 또는 사업장, 공중이용시설 및 공중교통수단을 운영하거나 인체에 해로운 원료나 제조물을 취급하면서 안전·보건조치의무를 위반하여 인명피해를 발생하게 한 사업주, 경영책임자, 공무원, 법인의 처벌 등을 규정함으로써 중대재해를 예방하고 시민과 종사자의 생명과 신체를 보호함을 목적으로 한다(제1조).

3. 법적 성질

중대재해처벌법은 형사법이다. 따라서 죄형법정주의의 원칙이 적용되므로 법률에서 명시적으로 시행령에 위임하지 아니한 사항은 시행령으로 규정할 수 없다.

4. 개념

(1) 중대산업재해

'중대산업재해'는 산업안전보건법 제2조 제1호에 따른 산업재해 중 ① 사망자가 1명 이상 발생, ② 동일한 사고로 6개월 이상 치료가 필요한 부상자가 2명 이상 발생, ③ 동일한 유해요인으로 급성중독 등 대통령령으로 정하는 직업성 질병자가 1년 이내에 3명 이상 발생을 야기한 재해를 말한다(중대재해처벌법 제2조 제2호).

(2) 종사자

'종사자'는 ① 근로기준법상의 근로자, ② 도급, 용역, 위탁 등 계약의 형식에 관계없이 그 사업의 수행을 위하여 대가를 목적으로 노무를 제공하는 자, ③ 사업이 여러 차례의 도급에 따라 행하여지는 경우에는 각 단계의 수급인 및 수급인과 ① 또는 ②의 관계가 있는 자의 어느 하나에 해당하는 자를 말한다(제2조 제7호). 따라서 근로자에 한정되지 않고 자영업자, 독립계약자와 같이 노무를 제공하는 모든 사람이 보호대상이 된다(중대재해처벌법 제2조 제7호).

(3) 사업주

'사업주'는 자신의 사업을 영위하는 자, 타인의 노무를 제공받아 사업을 하는 자를 말한다(중대재해처벌법 제2조 제8호). 중대산업재해에서 안전보건확보의무를 부담하는 사업주는 개인사업주에 한정된다(제3조).

(4) 경영책임자 등

'경영책임자 등'은 ① 사업을 대표하고 사업을 총괄하는 권한과 책임이 있는 사람 또는 이에 준하여 안전보건에 관한 업무를 담당하는 사람, ② 중앙행정기관의 장, 지방자치단체의 장, 지방공기업법에 따른 지방공기업의 장, 「공공기관의 운영에 관한 법률」 제4조부터 제6조까지의 규정에 따라 지정된 공공기관의 장의 어느 하나에 해당하는 자를 말한다(중대재해처벌법 제2조 제9호).

'사업을 대표하고 사업을 총괄하는 권한과 책임이 있는 사람'으로는 법인사업주의 경우에는 대표이사, 비법인사단·비법인재단인 경우에는 대표자, 민법상 조합인 경우에는 업무집행조합원 등이 있다. '이에 준하여 안전보건에 관한 업무를 담당하는 사람'은 사업 전반의 안전·보건에 관한 조직·인력·예산 등에 관하여 총괄하는 권한과 책임이 있는 등 최종결정권을 가진 사람을 말한다. 예를 들면, 사무장 병원에서 안전·보건에 관하여 최종결정권을 가진 사무장이 이에 해당한다.

5. 적용 범위

중대재해처벌법은 원칙적으로 모든 사업 또는 사업장에 적용된다. 다만 상시 근로자가 5명 미만인 사업 또는 사업장의 사업주(개인사업주에 한정한다) 또는 경영책임자 등에게는 제2장의 규정을 적용하지 아니한다(제3조). 개인사업자 또는 상시 근로자가 50명 미만인 사업 또는 사업장(건설업의 경우에는 공사금액 50억 원 미만의 공사)에 대해서는 공포 후 3년이 경과한 날부터 시행한다(부칙 제1조 제1항 단서).

6. 안전·보건 확보 의무

중대재해처벌법은 산업안전보건법상 안전보건관리체제 담당자들에게 부과된 의무와 별도로, 공법상 의무인 안전·보건확보의무를 창설하여 개인사업주 또는 경영책임자 등에게 부과하였다. 이는 경영책임자 등에게 부과된 공법상 의무이므로 경영책임자 등은 그 의무를 타인에게 이행하게 할 수 없다. 경영책임자 등이 의무이행을 보좌하도록 최고안전책임자(CSO)를 선임한 경우에도 경영책임자 등의 안전·보건확보의무가 면제되거나 감경되는 것이 아니다.

사업주 또는 경영책임자 등은 사업주나 법인 또는 기관[17]이 실질적으로 지배·운영·관리하는 사업 또는 사업장에서 종사자의 안전·보건상 유해 또는 위험을 방지하고자 그 사업 또는 사업장의 특성, 규모 등을 고려하여 ① 재해예방에 필요한 인력과 예산 등 안전보건관리체계의 구축과 그 이행에 관한 조치,[18] ② 재해 발생 시 재발방지 대책의 수립 및 그 이행에 관한 조치, ③ 중앙행정기관·지방자치단체가 관계 법령에 따라 개선, 시정 등을 명한 사항의 이행에 관한 조치, ④ 안전·보건

---

17 비법인사단, 비법인재단, 민법상 조합, 영조물 등이 이에 해당한다.
18 이에 대해서는 중대재해처벌법 시행령 제4조에서 자세히 규정하고 있다.

관계 법령에 따른 의무이행에 필요한 관리상의 조치[19]를 해야 한다(제4조 제1항).

사업주 또는 경영책임자 등은 사업주나 법인 또는 기관이 제3자에게 도급, 용역, 위탁 등을 행한 경우에는 제3자의 종사자에게 중대산업재해가 발생하지 않도록 제4조의 조치를 해야 한다. 다만, 사업주나 법인 또는 기관이 그 시설, 장비, 장소 등에 대하여 실질적으로 지배·운영·관리하는 책임이 있는 경우에 한정한다(제5조). '실질적으로 지배·운영·관리하는 책임이 있는 경우'는 중대산업재해 발생 원인을 살펴 해당 시설·장비·장소에 관한 소유권, 임차권, 그 밖에 사실상 지배력을 가지고 있어 위험에 대한 제어능력이 있다고 볼 수 있는 경우를 의미한다.

7. 범죄의 구성요건과 처벌

안전보건확보의무위반치사죄와 안전보건확보의무위반치상죄가 성립하려면 ① 안전·보건 확보의무 위반, ② 안전·보건 확보의무 위반에 대한 고의, ③ 중대산업재해의 발생, ④ 중대산업재해 발생이라는 결과에 대한 예견가능성,[20] ⑤ 안전·보건 확보의무 위반과 중대재해 발생 사이의 상당인과관계의 존재[21] 등이 요구된다.

안전보건확보의무위반치사죄를 범한 사업주 또는 경영책임자 등은 1년 이상의 징역 또는 10억 원 이하의 벌금에 처한다. 이 경우 징역과 벌금을 병과할 수 있다(중대재해처벌법 제6조 제1항). 안전보건확보의무위반치상죄를 범한 사업주 또는 경

---

19 이에 대해서는 중대재해처벌법 시행령 제5조에서 자세히 규정하고 있다.

20 결과로 인하여 형이 중한 죄에 있어서 그 결과의 발생을 예견할 수 없었을 때에는 중한 죄로 벌할 수 없는 것인바(형법 제15조 제2항, 대법원 1993.4.27. 92도3229 판결), 중대재해처벌법은 안전보건 확보의무 위반에 대하여는 기본범죄로 구성하지 않고, 중한 결과가 발생한 경우에만 범죄가 성립하는 것으로 규정하는 점에서 본죄는 결과적 가중범이라고 볼 수 없다.

21 유흥주점에 감금된 채 윤락을 강요받으며 생활하던 여종업원들이 유흥주점에 화재가 났을 때 미처 피신하지 못하고 유독가스에 질식해 사망한 사안에서, ① 지방자치단체의 담당 공무원이 위 유흥주점의 용도변경, 무허가 영업 및 시설기준에 위배된 개축에 대하여 시정명령 등 식품위생법상 취하여야 할 조치를 게을리한 직무상 의무위반행위와 위 종업원들의 사망 사이에 상당인과관계가 존재하지 않지만, ② 소방공무원이 위 유흥주점에 대하여 화재 발생 전 실시한 소방점검 등에서 구소방법상 방염 규정 위반에 대한 시정조치 및 화재 발생 시 대피에 장애가 되는 잠금장치의 제거 등 시정조치를 명하지 않은 직무상 의무 위반은 현저히 불합리한 경우에 해당하여 위법하고, 이러한 직무상 의무 위반과 위 사망의 결과 사이에 상당인과관계가 존재한다(대법원 2008.4.10. 2005다48994 판결).

영책임자 등은 7년 이하의 징역 또는 1억 원 이하의 벌금에 처한다(제6조 제2항). 안전보건확보의무위반치사상죄로 형을 선고받고 그 형이 확정된 후 5년 이내에 다시 안전보건확보의무위반치사상죄를 저지른 자는 각 항에서 정한 형의 2분의 1까지 가중한다(제6조 제3항).

법인 또는 기관의 경영책임자 등이 그 법인 또는 기관의 업무에 관하여 안전 및 보건확보의무를 위반하면 그 행위자를 벌하는 외에 그 법인 또는 기관에 ① 사망자가 발생한 경우에는 50억 원 이하의 벌금형을 과(科)하며, ② 동일한 사고로 6개월 이상 치료가 필요한 부상자가 2명 이상 발생하거나 동일한 유해요인으로 급성중독 등 직업성 질병자가 1년 이내에 3명 이상 발생한 경우에는 10억 원 이하의 벌금형을 과한다. 다만, 법인 또는 기관이 그 위반행위를 방지하고자 해당 업무에 관하여 상당한 주의와 감독을 게을리하지 아니한 경우에는 그러하지 아니하다(제7조).

법무부장관은 제6조·제7조에 따른 범죄의 형이 확정되면 그 범죄사실을 관계 행정기관의 장에게 통보하여야 한다(제12조).

8. 안전보건교육의 수강

중대산업재해가 발생한 법인 또는 기관의 경영책임자 등은 대통령령[22]으로 정하는 바에 따라 안전보건교육을 이수하여야 한다(중대재해처벌법 제8조 제1항). 안전보건교육을 정당한 사유 없이 이행하지 아니한 경우에는 5천만 원 이하의 과태료를 부과한다(제8조 제2항). 이와 같은 과태료는 대통령령으로 정하는 바에 따라 고용노동부장관이 부과·징수한다(제8조 제3항, 시행령 제7조 [별표4]).

9. 손해배상의 책임

사업주 또는 경영책임자 등이 고의 또는 중대한 과실로 중대재해처벌법에서 정한 의무를 위반하여 중대재해를 발생하게 한 경우 해당 사업주, 법인 또는 기관이 중대재해로 손해를 입은 사람에 대하여 그 손해액의 5배를 넘지 않는 범위에서 배

---

[22] 이에 대해서는 중대재해처벌법 시행령 제6조에서 자세히 규정하고 있다.

상책임을 진다. 다만, 법인 또는 기관이 해당 업무에 관하여 상당한 주의와 감독을 게을리하지 아니한 경우에는 그러하지 아니하다(제15조 제1항). 법원은 배상액을 정할 때는 ① 고의 또는 중대한 과실의 정도, ② 이 법에서 정한 의무위반행위의 종류 및 내용, ③ 이 법에서 정한 의무위반행위로 인하여 발생한 피해의 규모, ④ 이 법에서 정한 의무위반행위로 인하여 사업주나 법인 또는 기관이 취득한 경제적 이익, ⑤ 이 법에서 정한 의무위반행위의 기간·횟수 등, ⑥ 사업주나 법인 또는 기관의 재산상태, ⑦ 사업주나 법인 또는 기관의 피해구제 및 재발방지 노력의 정도를 고려하여야 한다(제15조 제2항). 이를 통상 징벌적 손해배상이라고 한다.

제2절
재해보상

I. 재해보상제도의 의의

근로자는 근로를 제공하려면 자신의 육체적·정신적 능력을 활용해야 한다. 근로제공 과정에서는 부상, 질병, 사망 등의 산업재해가 발생할 수 있고, 이를 예방해 근로자를 보호하고자 산업안전보건법 등 법적 규율이 마련되어 있다. 그럼에도 사용자가 안전보건에 대한 의무를 다하지 않거나, 생산시설에서 결함이 발생하거나, 근로조건이 열악하거나, 과중한 업무로 질병이 발생하거나, 주의력이 떨어진 상태에서 산업재해가 발생할 수 있다.

업무상 재해가 발생하면 근로자는 사용자의 채무불이행 또는 불법행위를 이유로 민사상 손해배상을 청구할 수 있다. 그러나 사용자에게 과실이 없으면 책임을 물을 수 없고, 과실이 있다고 하더라도 이를 근로자가 입증하기가 쉽지 않다. 또한 이 과정에서 상당한 시일이 걸려 당장 노동력을 제공할 수 없게 된 재해근로자와 그 가족의 생계가 크게 위협받는다.

이러한 문제점을 극복하고자 근로기준법에서는 민법상 손해배상과 별도로 재해보상제도를 마련하고 있다. 이는 재해근로자와 그 유족을 보호하고자 하는 사회정책적 견지에서 사용자의 고의·과실 유무를 불문하고 사용자에게 법정의 재해보상책임을 부과하는 것이 그 핵심이다. 또한 신속히 구제하고자 재해로 인한 손해액을 구체적으로 산정하는 대신 근로자의 평균임금을 기준으로 정액으로 보상하는 방식을 취한다.

재해근로자는 개별 사용자에 대해 민법상 손해배상책임 또는 근로기준법상 재해보상책임을 선택적으로 물을 수 있다.

하지만 근로기준법상 재해보상제도가 마련되어 있다고 해도 사용자가 재해보상을 행할 현실적 능력이 없으면 법의 실효성을 기대하기 어렵다. 이러한 위험을 분산하고자 사회보험의 방식으로 근로자의 업무상 재해를 좀 더 신속하고 공정하게 보상하여 근로자를 보호하고자 산업재해보상보험제도가 마련되었다(산재보험법 제1조 참조). 요컨대 개별 근로자와 개별 사용자의 관계가 아니라 총자본과 총노동의 관점에서 산업재해의 사회적 문제를 해결하겠다는 것이다.

근로기준법상 재해보상제도는 산재보상제도에 비해 적용 범위나 보장 수준 등에 약간 차이가 있어 그 독자적 의미가 여전히 일부 남아 있기는 하지만,[23] 현실에서는 재해보상이 대부분 산재보험으로 이루어지므로 근로기준법상 재해보상제도가 활용되는 경우는 많지 않고 산재보험제도가 재해보상에서 중추적 역할을 한다. 산재보험의 운영 등에 관해서는 사회보장법의 영역에서 자세히 다루므로 이 책에서는 업무상 재해의 개념과 근로기준법상의 구제 절차만 간략히 소개한다.

II. 업무상 재해

근로자의 부상·질병·장해 또는 사망에 대해 재해보상을 받으려면 먼저 그 재해가 '업무상의 사유'에 따른 것이어야 한다(산재보험법 제5조 제1항).

'업무상'의 의미와 관련하여, 과거 통설과 판례는 "근로자가 사업주와의 근로계약에 기하여 사업주의 지배관리하에서 근로 업무의 수행 또는 그에 수반되는 통상

---

23 임종률, 『노동법』, 박영사, 2022(20판), 505면.

적 활동을 하는 과정에서 이러한 업무에 기인하여 발생한 재해"로 해석하여 이를 업무수행성과 업무기인성 두 요건으로 파악하였다.[24]

현행법은 2007년 법 개정으로 그간의 실무경험과 판례법리를 반영하여 업무상 재해의 구체적 인정 기준을 자세히 정하고 있다. 산재보험법 제37조 제1항은 "근로자가 업무상 사고, 업무상 질병, 출퇴근 재해로 부상·질병 또는 장해가 발생하거나 사망하면 업무상의 재해로 본다. 다만, 업무와 재해 사이에 상당인과관계(相當因果關係)가 없는 경우에는 그러하지 아니하다."라고 규정하고, 업무상 사고, 업무상 질병, 출퇴근 재해에 해당하는 예시들을 상세히 정하고 있다.

이처럼 현행법은 업무와 재해 사이의 상당인과관계를 요구하는 한편, 업무상 사고와 질병의 경우 '업무와 관련하여 발생'한 것으로 보고, 과거의 업무수행성과 업무기인성의 두 요건을 종합한 '업무관련성'의 개념을 사용하고 있다.

1. 업무상 재해의 종류

(1) 업무상 사고

업무상 사고에 대해 산재보험법 제37조 제1항 제1호는 ① 근로자가 근로계약에 따른 업무나 그에 따르는 행위를 하던 중 발생한 사고, ② 사업주가 제공한 시설물 등을 이용하던 중 그 시설물 등의 결함이나 관리 소홀로 발생한 사고, ③ 사업주가 주관하거나 사업주의 지시에 따라 참여한 행사나 행사 준비 중 발생한 사고, ④ 휴게시간 중 사업주의 지배관리하에 있다고 볼 수 있는 행위로 발생한 사고, ⑤ 그 밖에 업무와 관련하여 발생한 사고를 예시하였으며, 그 내용을 시행령으로 좀 더 구체화하고 있다.

가. 업무수행 중의 사고

'근로자가 근로계약에 따른 업무나 그에 따르는 행위를 하던 중 발생한 사고'는 ① 근로계약에 따른 업무수행 행위, ② 업무수행 과정에서 하는 용변 등 생리적 필요 행위, ③ 업무를 준비하거나 마무리하는 행위, 그 밖에 업무에 따르는 필요적

---

24 김유성, 「노동법 Ⅰ」, 법문사, 2005, 223면; 임종률, 앞의 책, 506면; 대법원 1997.11.14. 97누13009 판결 등.

부수행위, ④ 천재지변·화재 등 사업장 내에 발생한 돌발적 사고에 따른 긴급피난·구조행위 등 사회통념상 예견되는 행위를 하던 중 발생한 사고를 말한다(산재보험법 시행령 제27조 제1항).

또한 근로자가 사업주의 지시를 받아 사업장 밖에서 업무를 수행하던 중 발생한 사고는 업무상 사고로 보나, 사업주의 구체적 지시를 위반한 행위, 근로자의 사적(私的) 행위 또는 정상적 출장 경로를 벗어났을 때 발생한 사고는 업무상 사고로 보지 않는다(시행령 제27조 제2항). 그리고 업무의 성질상 업무수행 장소가 정해져 있지 않은 근로자가 최초로 업무수행 장소에 도착하여 업무를 시작한 때부터 최후로 업무를 완수한 후 퇴근하기 전까지 업무와 관련하여 발생한 사고 또한 업무상 사고로 본다(시행령 제27조 제3항).

나. 시설물 등의 결함 등에 따른 사고

'사업주가 제공한 시설물 등을 이용하던 중 그 시설물 등의 결함이나 관리 소홀로 발생한 사고'에서 시설물 등은 시설물 외에도 장비 또는 차량 등을 의미한다(산재보험법 시행령 제28조 제1항). 다만 사업주가 제공한 시설물 등을 사업주의 구체적 지시를 위반하여 이용한 행위로 발생한 사고와 그 시설물 등의 관리 또는 이용권이 근로자의 전속적 권한에 속하는 경우에 그 관리 또는 이용 중 발생한 사고는 업무상 사고로 보지 않는다(시행령 제28조 제2항).

다. 행사 중의 사고

'사업주가 주관하거나 사업주의 지시에 따라 참여한 행사나 행사 준비 중에 발생한 사고'는 운동경기·야유회·등산대회 등 각종 행사에 근로자가 참가하는 것이 사회통념상 노무관리 또는 사업운영상 필요하다고 인정되는 경우로, 사업주가 행사에 참가한 근로자에 대하여 행사에 참가한 시간을 근무한 시간으로 인정하는 경우, 사업주가 그 근로자에게 행사에 참가하도록 지시한 경우, 사전에 사업주의 승인을 받아 행사에 참가한 경우, 앞의 경우에 준하는 경우로 사업주가 그 근로자의 행사 참가를 통상적·관례적으로 인정한 경우 중 어느 하나에 해당하면 근로자가 그 행사에 참가(행사 참가를 위한 준비·연습을 포함)하여 발생한 사고를 의미한다(산재보험법 시행령 제30조).

라. 그 밖에 업무상 사고

이 밖에도 사회통념상 근로자가 사업장 내에서 할 수 있다고 인정되는 행위를 하던 중 태풍·홍수·지진·눈사태 등의 천재지변이나 돌발적인 사태로 발생한 사고는 근로자의 사적 행위, 업무 이탈 등 업무와 관계없는 행위를 하던 중에 사고가 발생한 것이 명백한 경우를 제외하고는 업무상 사고로 보고(산재보험법 시행령 제31조), 업무상 부상 또는 질병으로 요양을 하는 근로자에게 요양급여와 관련하여 발생한 의료사고나 요양 중인 산재보험 의료기관(또는 응급진료를 받은 의료기관) 내에서 업무상 부상 또는 질병의 요양과 관련하여 발생한 사고, 업무상 부상 또는 질병을 치료하려고 거주지 또는 근무지에서 요양 중인 산재보험 의료기관으로 통원하는 과정에서 발생한 사고(시행령 제32조), 그 밖에 제3자의 행위로 근로자에게 사고가 발생한 경우에 그 근로자가 담당한 업무가 사회통념상 제3자의 가해행위를 유발할 수 있는 성질의 업무라고 인정되면 업무상 사고로 본다(시행령 제33조).

(2) 업무상 질병(직업병)

업무상 질병에 대해 산재보험법 제37조 제1항 제2호는 ① 업무수행 과정에서 물리적 인자(因子), 화학물질, 분진, 병원체, 신체에 부담을 주는 업무 등 근로자의 건강에 장해를 일으킬 수 있는 요인을 취급하거나 그에 노출되어 발생한 질병, ② 업무상 부상이 원인이 되어 발생한 질병, ③ 근로기준법 제76조의2에 따른 직장 내 괴롭힘, 고객의 폭언 등으로 인한 업무상 정신적 스트레스가 원인이 되어 발생한 질병, ④ 그 밖에 업무와 관련하여 발생한 질병을 규정하고 있다.

먼저 근로자가 근로기준법 시행령으로 정한 업무상 질병에 속하는 질병에 걸린 경우,[25] 근로자가 업무수행 과정에서 유해·위험요인을 취급하거나 유해·위험요인에 노출된 경력이 있을 것, 유해·위험요인을 취급하거나 유해·위험요인에 노출되는 업무시간, 그 업무에 종사한 기간과 업무 환경 등에 비추어 볼 때 근로자의 질병을 유발할 수 있다고 인정될 것, 근로자가 유해·위험요인에 노출되거나 유해·위험요인을 취급한 것이 원인이 되어 그 질병이 발생하였다고 의학적으로 인

---

25 업무상 부상, 물리적 요인, 화학적 요인, 생물학적 요인 등으로 인한 질병과 직업성 암, 근골격계 질병, 업무상 과로 등으로 인한 뇌혈관질병 또는 심장질병, 업무와 관련하여 정신적 충격을 유발할 수 있는 사건으로 인한 외상후스트레스장애 등이 이에 해당한다(근로기준법 시행령 제44조 제1항 [별표5]).

정될 것에 모두 해당하면 이를 업무상 질병으로 본다(시행령 제34조 제1항).

업무상 부상을 입은 근로자에게 발생한 질병의 경우, 업무상 부상과 질병 사이의 인과관계가 의학적으로 인정되며, 이것이 기초질환 또는 기존 질병으로 자연발생적으로 나타난 증상이 아니라면 업무상 질병으로 본다(시행령 제34조 제2항).

또한 산재보험법 시행령은 업무상 질병에 대한 구체적 인정기준을 별도로 마련하여, 발생할 수 있는 세부적 질병의 유형을 구체적으로 규정하고 있다(시행령 제34조 제3항 [별표3]). 이는 어디까지나 근로자에 대한 재해보상이 신속하게 이루어지도록 구체적인 인정기준을 규정한 것에 불과하므로,[26] 이 기준에 포함되지 않는 질병이라고 하여 업무상 질병이 아니라고 단정해서는 안 된다. 특히 뇌혈관질병 또는 심장질병의 업무상 질병 인정 여부와 관련해서는 고용노동부고시(제2022-40호)가 제시되어 있는데, 이 고시에서 업무와 질병의 관련성이 높은 것으로 예시되어 있는 "발병 전 12주 동안 업무시간이 1주 평균 60시간(발병 전 4주 동안 1주 평균 64시간)을 초과하는 경우" 등에서 업무시간은 만성적인 과중한 업무가 있었는지를 판단할 때 고려되어야 하는 요소일 뿐 절대적인 판단기준이 아니므로, 업무시간이 위 고시에서 제시한 예시에 미치지 않는다는 이유만으로 업무와 질병의 인과관계를 부정해서는 안 된다.[27]

업무상 질병의 경우 업무와 질병 사이의 인과관계를 판단하기가 쉽지 않기 때문에 근로복지공단에는 업무상질병판정위원회가 별도로 설치되어 있고, 업무상질병판정위원회에는 변호사 또는 공인노무사, 의사, 산업위생관리기사 등 전문가들이 참여하여 업무상 질병에 해당하는지를 판정한다(제38조).

(3) 출퇴근 재해

출퇴근 재해(통근재해라고도 한다)는 사업주가 제공한 교통수단이나 그에 준하는 교통수단을 이용하는 등 사업주의 지배관리하에서 출퇴근하는 중 발생한 사고 및 그 밖에 통상적인 경로와 방법으로 출퇴근하는 중 발생한 사고를 의미한다(산재보

---

26 대법원 2014.6.12. 2012두24214 판결.

27 대법원 2020.12.24. 2020두39297 판결; 대법원 2022.2.11. 2021두45633 판결; 대법원 2023.4.13. 2022두47391 판결.

헌법 제37조 제1항 3호).[28]

출퇴근하는 중 발생한 사고가 출퇴근 재해로 인정되기 위해서는 사업주가 출퇴근용으로 제공한 교통수단이나 사업주가 제공한 것으로 볼 수 있는 교통수단을 이용하던 중에 사고가 발생하여야 하고, 출퇴근용으로 이용한 교통수단의 관리 또는 이용권이 근로자 측의 전속적 권한에 속하지 아니하여야 한다(시행령 제35조 제1항).

그 밖의 통상적인 경로와 방법으로 출퇴근하는 중, 출퇴근 경로 일탈 또는 중단이 있는 경우 해당 일탈 또는 중단 중의 사고 및 그 후 이동 중 사고에 대하여는 출퇴근 재해로 인정되지 않는다. 다만 그 일탈 또는 중단이 일상생활에 필요한 행위로서 ① 일상생활에 필요한 용품을 구입하는 행위, ② 고등교육법 제2조에 따른 학교 또는 직업교육훈련 촉진법 제2조에 따른 직업교육훈련기관에서 직업능력 개발향상에 기여할 수 있는 교육이나 훈련 등을 받는 행위, ③ 선거권이나 국민투표권의 행사, ④ 근로자가 사실상 보호하는 아동 또는 장애인을 보육기관 또는 교육기관에 데려주거나 해당 기관으로부터 데려오는 행위, ⑤ 의료기관 또는 보건소에서 질병의 치료나 예방을 목적으로 진료를 받는 행위, ⑥ 근로자의 돌봄이 필요한 가족 중 의료기관 등에서 요양 중인 가족을 돌보는 행위 등에 해당하는 사유가 있는 경우에는 출퇴근 재해로 인정된다. 또한 출퇴근 경로와 방법이 일정하지 아니한 여객자동차운송사업, 개인택시운송사업, 퀵서비스업자 등이 본인의 주거지에 업무에 사용하는 자동차 등의 차고지를 보유하고 있는 경우 출퇴근 재해에 대한 규정이 적용되지 않는다(제37조 제4항).

(4) 건강손상자녀에 대한 업무상 재해

임신 중인 근로자가 업무수행 과정에서 유해인자의 취급이나 노출로 출산한 자녀에게 부상, 질병 또는 장해가 발생하거나 그 자녀가 사망한 경우, 이것이 업무상재해에 해당하여 재해보상을 받을 수 있는지가 문제 된다. 이들의 자녀는 근로자와는 독립된 권리의무의 주체로, 엄밀한 의미에서 산재보험이 보호하고자 하는

---

28 과거 산재보험법은 근로자가 사업주의 지배관리 아래 출퇴근하던 중 일어난 사고로 부상 등이 발생한 경우만 업무상 사고로 보상하고, 사업주의 지배관리 아래 있다고 볼 수 없는 통상적 경로와 방법으로 출퇴근하던 중에 발생한 재해는 아무런 보호를 받지 못하였으나, 헌법재판소에서 해당 조문이 평등원칙에 위배된다고 결정한 이후 법이 개정되어 현재에 이르게 되었다(헌법재판소 2016.9.29. 2014헌바254 결정).

'근로자'는 아니기 때문이다. 하지만 대법원은 임신한 여성 근로자에게 그 업무에 기인하여 발생한 '태아의 건강손상'은 여성 근로자의 노동능력에 미치는 영향 정도와 관계없이 산재보험법 제5조 제1호에서 정한 근로자의 '업무상 재해'에 포함되고, 여성 근로자는 출산 이후에도 모체에서 분리되어 태어난 출산아의 선천성 질병 등에 관하여 요양급여를 수급할 권리를 상실하지 않는다고 판결하였다.[29]

이러한 대법원 판결의 취지를 반영해 산재보험법이 개정되어 2023년 1월 12일부터는 임신 중인 근로자가 업무수행 과정에서 유해인자의 취급이나 노출로 출산한 자녀에게 부상, 질병 또는 장해가 발생하거나 그 자녀가 사망한 경우 업무상 재해로 보고, 이 경우 그 건강손상자녀는 이 법을 적용할 때 해당 업무상 재해의 사유가 발생한 당시 임신한 근로자가 속한 사업의 근로자로 본다(제91조의12).

(5) 고의·자해행위

근로자의 고의·자해행위나 범죄행위 또는 그것이 원인이 되어 발생한 부상·질병·장해 또는 사망은 업무상 재해로 보지 않는다. 다만, 그 부상·질병·장해 또는 사망이 정상적인 인식능력 등이 뚜렷하게 낮아진 상태에서 한 행위로 발생한 경우로 ① 업무상 사유로 발생한 정신질환으로 치료를 받았거나 받고 있는 사람이 정신적 이상 상태에서 자해행위를 한 경우, ② 업무상의 재해로 요양 중인 사람이 그 업무상의 재해로 인한 정신적 이상 상태에서 자해행위를 한 경우, ③ 그 밖에 업무상의 사유로 인한 정신적 이상 상태에서 자해행위를 하였다는 상당인과관계가 인정되는 경우 중 어느 하나에 해당하면 업무상의 재해로 본다(산재보험법 제37조 제2항, 시행령 제36조).

이와 관련하여 먼저 근로자가 출퇴근 또는 업무수행 도중 위법행위(예컨대 도로교통법 위반 등)로 사고를 당하는 경우, 이것이 범죄행위로 업무상 재해에 해당하지 않게 되는지가 문제 된다. 이에 대해 판례는 "산업재해보상보험법 제37조 제2항 본문에서 규정하고 있는 '근로자의 범죄행위가 원인이 되어 발생한 사망'은 근로자의 범죄행위가 사망 등의 직접 원인이 되는 경우를 의미하는 것으로, 근로자가 업무를 수행하고자 운전하던 중 발생한 교통사고로 사망한 경우, 해당 사고가 근로자

---

29 대법원 2020.4.29. 2016두41071 판결.

의 업무수행을 위한 운전 과정에서 통상 수반되는 위험의 범위 내에 있는 것으로 볼 수 있다면, 그 사고가 중앙선 침범으로 일어났다는 사정만으로 업무상 재해가 아니라고 섣불리 단정하여서는 아니 되고, 사고의 발생 경위와 양상, 운전자의 운전 능력 등과 같은 사고 발생 당시의 상황을 종합적으로 고려하여 판단하여야 한다."라고 판시하고 있다.[30]

또한 근로자가 업무상 스트레스 등으로 자살에 이르게 되는 경우에도 이것이 자해행위로 업무상 재해에 해당하지 않게 되는지가 문제 된다. 이에 대해 판례는 "업무로 인하여 질병이 발생하거나 업무상 과로나 스트레스가 그 질병의 주된 발생 원인에 겹쳐서 질병이 유발 또는 악화되고, 그러한 질병으로 인하여 정상적인 인식능력이나 행위선택능력, 정신적 억제력이 결여되거나 현저히 저하되어 합리적인 판단을 기대할 수 없을 정도의 상황에서 자살에 이르게 된 것이라고 추단할 수 있는 때에는 업무와 사망 사이에 상당인과관계를 인정할 수 있다."라고 한다.[31]

2. 업무와 재해 사이의 상당인과관계

앞서 소개한 업무상 사고, 업무상 질병, 출퇴근 재해에 해당하기 위해서는 업무와 재해 사이의 상당인과관계가 있어야 한다(산재보험법 제37조 제1항 단서). 문제는 업무와 재해 사이의 상당인과관계를 증명하기가 쉽지 않다는 점이다. 작업 중에 발생한 기계설비의 결함으로 발생한 사고는 '업무상 사고'에 해당함을 쉽게 알 수 있지만, 유해화학물질을 사용하는 사업장에서 근무하던 근로자가 퇴사한 지 10년이 지나 백혈병에 걸린 경우나 장시간 과로에 시달리던 근로자가 퇴근 후 자택에서 뇌출혈로 쓰러진 경우에는 이것이 업무와 인과관계가 있는지 쉽게 판단하기가 어렵다.

실무적으로는 상당인과관계가 존재한다는 사실에 대한 증명책임을 누가 부담하는가 하는 문제로 다투어진다.

---

30 대법원 2022.5.26. 2022두30072 판결.
31 대법원 2019.5.10. 2016두59010 판결. 그리고 이와 같은 상당인과관계를 인정하려면 자살자의 질병 내지 후유 증상의 정도, 그 질병의 일반적 증상, 요양기간, 회복 가능성 유무, 연령, 신체적·심리적 상황, 자살자를 에워싸고 있는 주위 상황, 자살에 이르게 된 경위 등을 종합적으로 고려해야 한다.

판례는 일관되게 법률요건분류설에 따라 이에 대한 증명책임은 근로자 측이 부담한다고 본다.[32]

다만 판례는 증명책임을 완화하려는 노력을 기울이고 있다. 대표적으로 대법원 2017.8.29. 선고 2015두3867 판결 등에서 "이러한 인과관계는 반드시 의학적·자연과학적으로 명백히 증명되어야 하는 것은 아니고 법적·규범적 관점에서 상당인과관계가 인정되면 그 증명이 있다고 보아야 하고, 산업재해의 발생원인에 관한 직접적인 증거가 없더라도 근로자의 취업 당시 건강상태, 질병의 원인, 작업장에 발병원인이 될 만한 물질이 있었는지 여부, 발병원인물질이 있는 작업장에서 근무한 기간 등의 여러 사정을 고려하여 경험칙과 사회통념에 따라 합리적인 추론을 통하여 인과관계를 인정할 수 있고, 이때 업무와 질병 사이의 인과관계는 사회 평균인이 아니라 질병이 생긴 근로자의 건강과 신체조건을 기준으로 판단하여야 한다."라고 한 사례가 있다.

특히 희귀질환 또는 첨단산업현장에서 새롭게 발생하는 유형의 질환이 발병한 근로자의 업무와 질병 사이의 인과관계 유무를 판단할 때는 그에 관한 연구 결과가 충분하지 않아 발병원인으로 의심되는 요소들과 근로자의 질병 사이에 인과관계를 명확하게 규명하기가 현재의 의학과 자연과학 수준에서 곤란하더라도 그것만으로 인과관계를 쉽사리 부정할 수 없고, 나아가 작업환경에 여러 유해물질이나 유해요소가 존재하는 경우 개별 유해요인들이 특정 질환의 발병이나 악화에 복합적·누적적으로 작용할 가능성을 간과하여서는 안 된다고 한다.[33]

구법과 달리 현행법 제37조 제1항에서 '업무상'의 개념이 본문과 단서의 형식으로 규정되어 있는 점을 고려한다면, 기존의 법률요건분류설에 따라 상당인과관계에 대한 증명책임을 근로자 측에 부담시키는 것이 적절한지 의문이다. 앞에서 예시한 산업재해가 업무와 관련되었다는 사실을 증명하면, 상당인과관계는 추정되는 것으로 보아야 하고, 사용자는 이에 대해 상당인과관계가 부존재한다는 사실을 증명해야 할 책임이 있는 것으로 보아야 한다.[34]

---

32 이러한 판례의 입장은 헌법재판소 2015.6.25. 2014헌바269 결정과 대법원 2021.9.9. 2017두45933 전원합의체 판결에서도 유지되었다.

33 대법원 2017.8.29. 2015두3867 판결.

34 앞서 소개한 헌법재판소 2015.6.25. 2014헌바269 결정에서 소수의견의 주장과 같은 맥락이다.

III. 재해보상

1. 재해보상 급여의 종류

현재 산업재해보상보험에 따른 보험급여에는 요양급여, 휴업급여, 장해급여, 간병급여, 유족급여, 상병보상연금, 장례비, 직업재활급여 등이 있다(제36조).

먼저 요양급여는 근로자가 업무상의 사유로 3일 이상의 요양이 필요한 부상을 당하거나 질병에 걸린 경우에 지급한다(제40조 제1항·제3항). 요양급여의 범위에는 진찰 및 검사, 약제 또는 진료재료와 의지(義肢) 그 밖의 보조기 지급, 처치·수술 그 밖의 치료, 재활치료, 입원, 간호 및 간병, 이송이 포함된다(제40조 제4항). 요양급여를 받은 사람이 치유 후 요양의 대상이 되었던 업무상의 부상 또는 질병이 재발하거나 치유 당시보다 상태가 악화되어 이를 치유하려는 적극적인 치료가 필요하다는 의학적 소견이 있으면 다시 요양급여를 받을 수 있다(제51조 제1항).

휴업급여는 업무상 사유로 부상을 당하거나 질병에 걸린 근로자에게 요양으로 취업하지 못한 기간에 대하여 지급하되, 1일당 지급액은 평균임금의 100분의 70에 상당하는 금액으로 한다. 다만, 취업하지 못한 기간이 3일 이내이면 지급하지 아니한다(제52조).

장해급여는 근로자가 업무상의 사유로 부상을 당하거나 질병에 걸려 치유된 후 신체 등에 장해가 있을 때 지급하며, 장해등급에 따라 지급 액수에 차등을 둔다.[35] 이는 연금 또는 일시금의 형태로 지급된다(제57조 참조).

유족급여는 근로자가 업무상의 사유로 사망한 경우 유족에게 연금 또는 일시금의 형태로 지급된다(제62조).[36] 장례비는 평균임금의 120일분에 상당하는 금액을 장례를 지낸 유족에게 지급한다(제71조 제1항).

---

35 장해보상일시금 기준으로 장해등급 제1급은 평균임금의 1,474일분, 제14급은 평균임금의 55일분을 지급받는다(산재보험법 [별표2]).

36 유족보상연금의 경우 1년분 평균임금의 47%에 상당하는 금액을 기본으로 하되, 근로자가 사망할 당시 근로자와 생계를 같이하던 유족보상연금수급자격자 1인당 1년분 평균임금의 5%를 합산하여 지급한다. 유족보상일시금의 경우 평균임금의 1,300일분을 지급한다.

2. 재해보상 신청과 이의절차

산재보험의 보험급여는 보험급여를 받을 수 있는 수급권자의 청구에 따라 지급한다(산재보험법 제36조 제2항). 보험급여를 받을 사람이 사고로 보험급여의 청구 등의 절차를 행하기 곤란하면 사업주는 이를 도와야 하고, 또한 사업주는 보험급여를 받을 사람이 보험급여를 받는 데에 필요한 증명을 요구하면 그 증명을 하여야 한다(제116조 제1항·제2항). 또한 근로복지공단은 보험급여에 관한 결정, 심사청구의 심리·결정 등을 위하여 확인이 필요하다고 인정하면 소속 직원에게 산재보험법의 적용을 받는 사업의 사무소 또는 사업장과 보험사무대행기관의 사무소에 출입하여 관계인에게 질문하게 하거나 관계 서류를 조사하게 할 수 있고(제117조 제1항), 보험급여는 지급 결정일로부터 14일 이내에 지급하여야 한다(제82조 제1항). 산재보험법상 보험급여를 받을 권리는 3년간, 장해급여·유족급여는 5년간 행사하지 아니하면 시효로 소멸한다(제112조).

만약 보험급여 등에 관한 결정에 불복하고자 하면 그 보험급여 결정 등이 있음을 안 날부터 90일 이내에 심사청구를 할 수 있고,[37] 이러한 심사청구에 대한 결정에 불복하는 자는 90일 이내에 재심사청구를 할 수 있다(제103조·106조). 재해를 당한 근로자나 유족은 심사청구나 재심사청구를 거치지 않고도 바로 행정소송을 제기할 수 있다.[38]

---

37 보험급여 결정 등에 대해서는 행정심판을 제기할 수 없다(제103조 제5항).
38 노동법실무연구회, 「근로기준법주해 Ⅲ」 제2판, 박영사, 2020, 604면.

제12장
여성과 연소자

　　헌법 제32조 제4항과 제5항은 여성과 연소자의 근로에 대한 특별한 보호를 선언하고 있다.[1] 연소자 보호는 아직 성장기에 있는 연소자의 건강을 유지하는 한편 이들의 교육받을 기회를 보장하는 데 그 의의가 있다. 국제노동기구(ILO)에서는 아동노동의 금지와 최저 취업연령의 설정을 그 핵심 목표로 선언하였으며, 우리나라 근로기준법에서도 연소자의 근로계약 체결 및 업무와 근로시간에 대해 특별한 보호를 규정하고 있다.[2] 또한 여성에 대한 보호는 여성만이 갖는 모성(母性)이라는 특성을 보호하려는 것으로, 근로기준법에서는 모성보호와 관련된 근로조건에 대해 특별한 보호를 규정하고 있다.

1　또한 헌법 제32조 제4항 후단은 여성의 근로가 고용·임금·근로조건에서 부당한 차별을 받지 않도록 하고 있다(이에 대해서는 제5장 개별적 근로관계법의 기본 원칙 중 성차별 관련 내용 참조).

2　다만 근로기준법은 연소자의 보호에 관련된 규정을 '여성과 소년'(제5장)이라는 제목 아래 편제하는데, '소년'이라는 용어는 1987년의 제9차 개헌 이전의 헌법에서 사용하던 것이므로, 현행 헌법이 '연소자'라는 용어를 사용하는 이상 이에 맞게 개정하는 것이 필요하다.

제1절
연소자의 보호

I. 최저 취업 연령의 제한

15세 미만인 사람(중학교에 재학 중인 18세 미만인 사람을 포함)은 근로자로 사용하지 못한다(근로기준법 제64조 제1항). 이를 위반하는 자는 2년 이하의 징역 또는 2천만 원 이하의 벌금에 처한다(제110조).

그러나 13세 이상 15세 미만인 자 중 고용노동부장관이 발급한 취직인허증(就職認許證)을 지닌 사람은 근로자로 사용할 수 있고, 예술공연에 참가하려는 경우에는 13세 미만인 자도 취직인허증을 받을 수 있다(제64조 제1항 단서, 시행령 제35조 제1항).[3] 취직인허증은 본인의 신청에 따라 의무교육에 지장이 없는 경우에는 직종(職種)을 지정해서만 발행할 수 있고, 발급을 하려면 학교장과 친권자 또는 후견인의 서명을 받아 사용자가 될 자와 연명(連名)하여 고용노동부장관에게 신청하여야 한다(제64조 제2항, 시행령 제35조 제2항·제3항).

II. 미성년자의 근로계약 체결에 대한 제한

우리 민법은 미성년자(19세 미만)의 동의가 있으면 친권자 등의 법정대리인이 재산에 관련된 미성년자의 계약을 대리하도록 하였으나(민법 제920조 단서 등), 근로기준법은 친권자나 후견인은 미성년자의 근로계약을 대리할 수 없도록 한다(근로기준법 제67조 제1항). 이는 근로계약관계의 종속성을 감안하여 이에 대한 친권 남용의 가능성을 원천적으로 배제하고자 하는 취지이다. 따라서 근로계약은 미성년자가

---

3 한편 대중문화예술용역을 제공하는 15세 미만의 청소년은 1주일에 35시간 이상 용역을 제공할 수 없고, 오후 10시부터 오전 6시까지의 시간에 용역을 제공할 수 없는 것이 원칙이다(대중문화예술산업발전법 제22조).

사용자와 직접 체결해야 한다. 이를 위반하여 미성년자의 근로계약을 대리 체결한 친권자 또는 후견인은 500만 원 이하의 벌금에 처해지고(제114조), 이 근로계약은 강행법규를 위반한 것으로 사법상 무효이다.

한편, 미성년자가 근로계약을 체결하고자 하면 법정대리인의 동의가 필요하다. 근로기준법은 연소자(18세 미만인 사람)를 사용하는 사용자에게 연소자의 연령을 증명하는 가족관계기록사항에 관한 증명서와 친권자 또는 후견인의 동의서를 사업장에 갖추도록 하였으며(근로기준법 제66조), 민법은 "미성년자가 법률행위를 함에는 법정대리인의 동의를 얻어야 한다."(민법 제5조 제1항)라 규정하고 있기 때문이다.

또한 친권자, 후견인 또는 고용노동부장관은 근로계약이 미성년자에게 불리하다고 인정하면 이를 해지할 수 있다(근로기준법 제67조 제2항). 근로자는 원칙적으로 자신의 의사로 근로관계를 종료, 즉 사직할 수 있으나 미성년자는 불리한 근로계약을 체결한 경우에도 이를 알지 못할 수 있기 때문에 친권자 등에게 미성년자가 체결한 근로계약의 해지권을 부여한 것이다. 이러한 입법 취지를 고려하면, 친권자 등은 미성년자의 동의 없이도 그가 체결한 근로계약을 해지할 수 있다고 보아야 한다.

사용자는 연소자와 근로계약을 체결하면 근로기준법 제17조에 따른 근로조건을 서면(전자문서를 포함한다)으로 명시하여 교부해야 한다(제67조 제3항). 이는 제17조 제1항 제5호에서 정한 '대통령령으로 정한 근로조건'까지 서면으로 교부하도록 한다는 점에서 일반 근로자에 비하여 연소자를 더 두텁게 보호하는 규정이다.

또한 미성년자는 독자적으로 임금을 청구할 수 있다(제68조). 원칙적으로 미성년자는 법정대리인에 의해서만 소송행위를 할 수 있으나(민사소송법 제55조), 임금은 근로자에게 직접 지급되어야 한다는 임금지급원칙(근로기준법 제43조 제1항)을 감안하여 연소자를 더 두텁게 보호하고자 이와 같은 규정을 둔 것이다. 이처럼 임금은 연소자에게 직접 지급되어야 하며, 친권자 또는 후견인에게 지급하여서는 안된다.

Ⅲ. 업무에 대한 제한

사용자는 연소자를 도덕상 또는 보건상 유해·위험한 사업에 사용하지 못한다 (근로기준법 제65조 제1항).[4] 또한 사용자는 연소자를 갱내(坑內)에서 근로시키지 못하고, 다만 보건·의료, 보도·취재, 학술연구를 위한 조사업무, 관리·감독업무와 그 실습 업무를 수행하기 위하여 일시적으로 필요한 경우에는 근로시킬 수 있다(근로기준법 제72조, 시행령 제42조).

Ⅳ. 근로시간에 대한 제한

연소자의 근로시간은 1일에 7시간, 1주에 35시간을 초과하지 못하지만, 당사자 사이의 합의에 따라 1일에 1시간, 1주에 5시간을 한도로 연장할 수 있다(근로기준법 제69조).[5] 이는 일반 근로자에 비해 법정근로시간과 연장근로시간의 한도를 단축하여 연소자의 건강을 보호하려는 취지이다.

사용자는 연소자를 오후 10시부터 오전 6시까지의 시간 및 휴일에 근로시키지 못하지만, 연소자의 동의가 있고 고용노동부장관의 인가를 받으면 근로시킬 수 있다. 또한 사용자는 고용노동부장관의 인가를 받기 전에 연소자인 근로자의 건강을 위하여 그 시행 여부와 방법 등에 관하여 그 사업 또는 사업장의 근로자 대표와 성실하게 협의하여야 한다(제70조). 한편, 연소자에 대해서는 탄력적 근로시간제를 적용할 수 없다(제51조 제3항·제51조의2 제6항).

---

4 이에 따라 연소자는 청소년보호법 등에 따라 연소자의 고용이나 출입을 금지하는 업종, 주유 업무를 제외한 유류취급업무, 2-브로모프로판 취급 및 노출 가능성이 있는 업무, 정신병원 업무 등에서 일하지 못한다(근로기준법 제65조 제3항, 시행령 제40조 [별표4]).

5 이때 근로시간은 휴게시간을 제외한 근로시간이다(시행령 제41조).

제2절
여성의 보호

I. 유해·위험업무 사용금지

사용자는 임신 중이거나 산후 1년이 지나지 않은 여성(이하 '임산부'라 한다)을 도덕상 또는 보건상 유해·위험한 사업에 사용하지 못하고(근로기준법 제65조 제1항),[6] 임산부가 아닌 18세 이상 여성을 보건상 유해·위험한 사업 중 임신 또는 출산에 관한 기능에 유해·위험한 사업[7]에 사용하지 못한다(제65조 제1항·제2항).

또한 사용자는 여성을 갱내(坑內)에서 근로시키지 못한다. 다만 보건·의료·복지, 보도·취재, 학술연구를 위한 조사업무, 관리·감독업무 및 그 실습 업무를 수행하기 위하여 일시적으로 필요한 경우에는 근로시킬 수 있다(근로기준법 제72조, 시행령 제42조).

II. 근로시간의 제한

1. 연장·야간근로의 제한

사용자는 18세 이상의 여성을 오후 10시부터 오전 6시까지의 시간 및 휴일에 근로시키려면 그 근로자의 동의를 받아야 한다(근로기준법 제70조 제1항). 또한 사용자는 임산부를 오후 10시부터 오전 6시까지의 시간 및 휴일에 근로시키지 못하지만, 산후 1년이 지나지 않은 여성의 동의가 있거나 임신 중의 여성이 명시적으로 청구

---

6 피폭방사선량이 선량한도를 초과하는 원자력 및 방사선 관련 업무, 유해물질 취급업무, 병원체로 인하여 오염될 우려가 큰 업무, 중량물 취급 업무 등을 임산부 등의 사용금지 직종으로 정하고 있다(근로기준법 시행령 제40조 [별표4]).

7 2-브로모프로판의 취급과 노출 가능성이 있는 업무.

하는 경우에는 고용노동부장관의 인가를 받으면 근로시킬 수 있다(제70조 제2항). 이때 사용자는 고용노동부장관의 인가를 받기 전에 근로자의 건강과 모성보호를 위하여 그 시행 여부와 방법 등에 관하여 그 사업 또는 사업장의 근로자 대표와 성실하게 협의하여야 한다(제70조 제3항).

사용자는 임신 중인 여성 근로자에게 시간외근로를 하게 해서는 아니 된다(제74조 제5항). 산후 1년이 지나지 아니한 여성에 대하여는 단체협약이 있는 경우라도 1일에 2시간, 1주에 6시간, 1년에 150시간을 초과하는 시간외근로를 시키지 못한다(제71조). 이때 시간외근로는 연장근로를 의미하는 것으로 보아야 한다. 또한 임신 중인 여성 근로자에게는 탄력적 근로시간제를 적용할 수 없다(제51조 제3항, 제51조의2 제6항).

2. 근로시간과 업무의 변경

사용자는 임신 후 12주 이내 또는 32주 이후에 있는 여성 근로자 또는 고용노동부령으로 정하는 유산, 조산 등 위험이 있는 여성 근로자가 1일 2시간의 근로시간 단축을 신청하는 경우 이를 허용해야 한다. 다만, 1일 근로시간이 8시간 미만인 근로자에 대하여는 1일 근로시간이 6시간이 되도록 근로시간 단축을 허용할 수 있다(근로기준법 제74조 제7항). 이때 사용자는 근로시간 단축을 이유로 해당 근로자의 임금을 삭감하여서는 아니 된다(제74조 제8항).

또한 사용자는 임신 중인 여성 근로자가 1일 소정근로시간을 유지하면서 업무의 시작 및 종료 시각의 변경을 신청하면 허용해야 한다. 다만, 정상적인 사업 운영에 중대한 지장을 초래하는 경우나 업무의 시작 및 종료 시각을 변경하면 임신 중인 여성 근로자의 안전과 건강에 관한 관계 법령을 위반하게 되는 경우에는 그러하지 아니하다(제74조 제9항, 시행령 제43조의3). 이는 임신 12주 이후에서 35주 이내에 있는 근로자는 출퇴근 시간 변경이 어렵기 때문에 혼잡한 대중교통을 이용하는 과정에서 건강상 피해가 발생할 우려가 있어서 마련된 규정이다.

또한 사용자는 임신 중인 여성 근로자의 요구가 있는 경우에는 쉬운 종류의 근로로 전환하여야 한다(제74조 제5항). '쉬운 종류의 근로'가 무엇인지에 대해 법이 별도로 규정하지는 않았지만, 그 취지상 임신 중인 여성 근로자 스스로 감당할 수 있

는 업무로 본인이 요구한 업무로 보아야 한다.[8]

3. 생리휴가

사용자는 여성 근로자가 청구하면 월 1일의 생리휴가를 주어야 한다(근로기준법 제73조).[9] 이는 생리 중인 여성 근로자의 신체적·정신적 건강을 보호하려는 취지로 마련된 것으로, 고령이나 임신 등으로 생리가 없음이 명백한 근로자에게는 생리휴가를 지급할 의무가 없다.

생리휴가는 근로자의 청구로 부여되고, 그 시기는 근로자가 지정해야 한다. 이때 근로자가 생리 기간 해당 여부와 생리 유무를 증명해야 하는지가 문제 될 수 있으나, 이에 대해 엄격한 증명을 요구하면 제도의 취지가 상실될 우려가 있을 뿐만 아니라 성적 프라이버시와도 충돌할 수 있고,[10] 이를 확인하는 과정에서 여성 근로자에 대한 언어적 성희롱이 발생할 개연성도 있는 점 등을 고려하면, 특별한 사정이 없는 한 근로자는 이를 증명할 필요가 없다고 보아야 한다.

4. 임산부의 보호

(1) 태아검진시간

사용자는 임신한 여성 근로자가 모자보건법 제10조에 따른 임산부 정기건강진단을 받는 데 필요한 시간을 청구하는 경우 이를 허용해야 하고, 건강진단시간을 이유로 그 근로자의 임금을 삭감하여서는 안 된다(근로기준법 제74조의2).

(2) 출산전후휴가

사용자는 임신 중의 여성에게 출산 전과 출산 후를 통하여 90일(미숙아를 출산한 경우에는 100일, 한 번에 둘 이상 자녀를 임신한 경우에는 120일)의 출산전후휴가를 주어야

---

8 김유성, 『노동법 Ⅰ』, 법문사, 2005, 68면; 임종률, 앞의 책, 620면.

9 과거에는 생리휴가를 유급으로 부여하도록 하였으나 2003년 법 개정으로 현행과 같이 무급으로 부여하는 것으로 개정되었다. 단체협약 등에서 이를 유급으로 부여하도록 정하는 경우에는 이와 같은 법 개정을 이유로 근로조건을 낮출 수 없다(근로기준법 제3조 참조).

10 김유성, 『노동법 Ⅰ』, 법문사, 2005, 366면.

하고, 그 휴가 기간의 절반 이상은 출산 후에 배정되어야 한다(근로기준법 제74조 제1 항). 다만, 임신 중인 여성 근로자가 만 40세 이상이거나, 유산·사산의 경험이 있거 나 그 위험이 있는 경우에는 출산 전 어느 때라도 휴가를 나누어 사용할 수 있도록 하여야 한다(제74조 제2항, 시행령 제43조 제1항). 이러한 예외 사유에 해당하지 않는 이상 출산전후휴가 기간은 분할하여 부여해서는 안 된다.

출산전후휴가는 근로자의 신청과 무관하게 사용자가 근로자의 임신 및 출산 사 실을 알고 있는 이상 당연히 주어져야 하는 것으로, 이를 위반한 사용자는 2년 이 하의 징역 또는 2천만 원 이하의 벌금에 처한다(제110조).

출산전후휴가를 부여하는 취지는 임산부의 건강을 보호하고, 임산부가 체력을 회복하여 업무로 복귀할 시간 여유를 마련하기 위함이다. 이러한 법의 취지와 휴 가 '기간'이라는 표현의 의미를 고려하면, 출산전후휴가 기간의 90일 또는 120일 은 역일을 기준으로 산정되어야 하고, 그 기간에 휴일 등이 포함되어 있더라도 이 를 휴가 일수에서 제외하지 않는다고 보아야 한다.[11]

출산전후휴가 중 최초 60일(한 번에 둘 이상 자녀를 임신한 경우에는 75일)은 유급으로 한다(제74조 제4항). 다만, 이를 유급으로 하면 사업주에게 경제적 부담이 발생하여 출산 계획이 있는 여성의 고용을 꺼리는 문제가 발생할 수 있다. 이와 동시에 근로 자로서는 무급으로 처리되는 기간(30일) 동안 수입이 줄어 생계를 위협받을 수 있 다. 이 때문에 국가는 고용보험 기금으로 출산전후휴가급여를 실시하여 사업주의 부담을 완화하는 한편, 무급으로 처리되는 기간에 대해 급여를 지급함으로써 근로 자의 생계를 보호한다.

이에 따라 휴가가 끝난 날 이전에 고용보험 피보험 단위기간이 합산하여 180일 이상인 근로자가 휴가 시작일 이후 1개월부터 휴가가 끝난 날 이후 12개월 이내에 신청하는 경우, 고용보험법상 우선지원 대상기업[12]이라면 그 출산전후휴가 기간 에 대하여, 우선지원 기업에 해당하지 않으면 30일(미숙아 출산 시 40일, 한 번에 둘 이 상의 자녀를 임신한 경우 45일)을 한도로 통상임금에 상당하는 금액을 지급한다(고용보

---

11 노동법실무연구회, 『근로기준법주해 Ⅲ』 제2판, 박영사, 2020, 405면과 고용노동부 행정해석 등도 같은 취지이다.

12 우선지원 대상기업에 대해서는 고용보험법 시행령 제12조에서 자세히 정하는데, 대체로 상시 고용하는 근로자 수를 기준으로 대규모 사업이 아닌 중소기업들이 이에 해당한다.

험법 제75조·제76조).**13** 이때 국가가 지급한 출산전후휴가급여 등은 사업주가 지급한 것으로 보고(남녀고용평등법 제18조 제1항·제2항), 그 금액의 한도에서 지급의 책임을 면한다(근로기준법 제74조 제4항 단서).

또한 사용자는 출산전후휴가의 사용을 이유로 근로자를 불이익하게 취급해서는 안 된다. 사용자는 산전·산후 여성 근로자를 출산전후휴가 기간과 그 후 30일 동안은 해고할 수 없으며(제23조 제2항), 출산전후휴가 종료 후에는 근로자를 휴가 전과 동일한 업무 또는 동등한 수준의 임금을 지급하는 직무에 복귀시켜야 한다(제74조 제6항).

(3) 유산·사산휴가

사용자는 임신 중인 여성이 유산 또는 사산한 경우에 그 근로자가 청구하면 유산·사산휴가를 주어야 하고, 다만 인공임신중절 수술(모자보건법 제14조 제1항에 따른 경우는 제외)에 따른 유산의 경우는 휴가를 부여하지 않아도 된다(근로기준법 제74조 제3항). 유산·사산휴가의 기간은 근로자의 임신기간에 따라 최대 90일에서 최소 5일까지로 달리 정하고 있다(시행령 제43조 제3항). 유산·사산휴가도 출산전후휴가와 마찬가지로 최초 60일(한번에 둘 이상 자녀를 임신한 경우에는 75일)은 유급으로 하고, 이에 대해서도 국가가 출산전후휴가급여 등을 지급한다.

(4) 배우자 출산휴가

사용자는 근로자가 배우자의 출산을 이유로 휴가를 고지하는 경우에 20일의 휴가를 주어야 하고, 사용한 휴가기간은 유급으로 한다(남녀고용평등법 제18조의2 제1항). 배우자 출산휴가는 출산한 날부터 120일이 지나면 청구할 수 없고, 3회에 한정하여 나누어 사용할 수 있다(제18조의2 제3항·제4항). 사업주는 배우자 출산휴가를 이유로 근로자를 해고하거나 그 밖의 불리한 처우를 하여서는 아니 된다(제18조의2 제5항).

배우자 출산휴가 역시 유급으로 처리되는 경우 사용자의 경제적 부담이 발생할 수 있으므로, 국가는 우선지원 대상기업에서 근무하는 고용보험 피보험 단위기간

---

13 출산전후휴가급여의 상하한액에 대해서는 고용보험법 시행령 제101조와 출산전후휴가급여 등 상한액 고시(고용노동부고시 제2024-104호)에서 별도로 정하고 있다.

이 합산하여 180일 이상인 근로자에게 배우자 출산휴가 기간 전부에 대하여 통상임금에 해당하는 금액을 지급한다(고용보험법 제75조·제76조 제1항). 사업주는 이 급여의 한도에서 근로자에 대한 지급책임을 면한다(남녀고용평등법 제18조의2 제2항).

(5) 난임치료휴가

사업주는 근로자가 인공수정 또는 체외수정 등 난임치료를 받으려고 휴가를 청구하면 연간 6일 이내의 휴가를 주어야 하며, 이 경우 최초 2일은 유급으로 한다. 다만, 근로자가 청구한 시기에 휴가를 주는 것이 정상적인 사업운영에 중대한 지장을 초래하는 경우에는 근로자와 협의하여 그 시기를 변경할 수 있다(남녀고용평등법 제18조의3 제1항). 사용자는 이를 이유로 해고, 징계 등 불리한 처우를 하여서는 아니 되고(제18조의3 제2항), 난임치료휴가의 청구 업무를 처리하는 과정에서 알게 된 사실을 난임치료휴가를 신청한 근로자의 의사에 반하여 다른 사람에게 누설하여서는 아니 된다(제18조의3 제3항).

난임치료휴가 역시 유급으로 처리되는 경우 사용자의 경제적 부담이 발생할 수 있으므로, 국가는 우선지원 대상기업에서 근무하는 고용보험 피보험 단위기간이 합산하여 180일 이상인 근로자에게 난임치료휴가 기간 중 최초 2일에 대하여 통상임금에 해당하는 금액을 지급한다(고용보험법 제75조·제76조 제1항).

제3절
일·가정 양립

근대적 의미의 노동법은 남성이 근로로 가족을 부양하고, 여성은 자녀를 양육하고 가사를 책임지는 성별분업(Gender Division)을 전제로 설계되었고, 특히 가부장 전통이 강하게 자리 잡은 우리나라는 이러한 성별분업이 더 강하게 나타났다. 그러나 시대가 변화함에 따라 여성의 경제활동 참여율이 점차 높아졌고,[14] 일과 가정

---

[14] 여성 경제활동 참가율은 1963년 37%에서 2023년 63.1%까지 증가하였다.

의 균형을 중시하는 방향으로 근로자들의 의식변화가 나타나기 시작했다. 한편으로는 고령화로 가족돌봄의 필요성은 증가하는 반면 자녀 양육에 대한 부담으로 저출산 경향이 뚜렷해지면서 일과 가정의 양립이 중요한 사회적 과제로 대두되었다. 이와 관련해서는 남녀고용평등법에서 육아휴직, 육아기 근로시간 단축, 가족돌봄을 위한 휴직과 근로시간 단축, 직장어린이집 설치 등을 규정하고 있는데, 이는 헌법 제36조 제1항 등에서 도출되는 부모의 자녀 양육권을 보장하기 위해 국가와 사업주의 일·가정 양립 지원의무 및 배려의무를 규정한 것이다.[15]

I. 육아휴직

사업주는 임신 중인 여성 근로자가 모성을 보호하거나 근로자가 만 8세 이하 또는 초등학교 2학년 이하의 자녀(입양 자녀 포함)를 양육하기 위해 휴직을 신청하면 허용해야 한다. 그러나 해당 사업에서 계속근로한 기간이 6개월 미만인 근로자에게는 그러하지 아니하다(남녀고용평등법 제19조 제1항, 시행령 제10조).[16] 근로자가 자녀 출생 후 18개월 이내에 육아휴직을 시작하려는 경우에는 근로기준법에 따른 출산전후휴가나 남녀고용평등법에 따른 배우자 출산휴가를 신청할 때 육아휴직을 함께 신청할 수 있다(남녀고용평등법 시행령 제11조 제2항). 사업주는 근로자가 육아휴직을 신청하는 경우 이를 허용하여야 하고, 육아휴직을 허용한 사실을 근로자에게 서면 또는 전자적 방식으로 알려야하며 정해진 기간 내에 육아휴직을 허용한다는 사실을 알리지 않은 경우에는 근로자가 육아휴직을 신청한 대로 휴직을 허용한 것으로 본다(남녀고용평등법 시행령 제11조 제4항·제5항).

육아휴직 기간은 1년 이내로 한다(제19조 제2항 본문). 다만, 같은 자녀를 대상으

---

15 대법원 2023.11.16. 2019두59349 판결.
16 이때 양육은 일반적으로 '아이를 보살펴서 자라게 함'을 말하고, 부모는 자녀의 양육에 적합한 방식을 적절하게 선택할 수 있으므로 육아휴직 기간에도 해당 육아휴직 중인 근로자 및 육아휴직 대상 자녀의 사정에 따라 다양한 방식으로 양육이 이루어질 수 있다. 다만 육아휴직자가 육아휴직 대상 자녀를 국내에 두고 해외에 체류한 경우에도 그것이 육아휴직 대상인 자녀를 양육한 때에 해당하는지는 육아휴직자의 양육의사, 체류장소, 체류기간, 체류목적·경위, 육아휴직 전후의 양육의 형태와 방법 및 정도 등 여러 사정을 종합하여 사회통념에 따라 판단하여야 한다(대법원 2017.8.23. 2015두51651 판결).

로 부모가 모두 육아휴직을 각각 3개월 이상 사용한 경우의 부 또는 모, 또는 한부모가족지원법 제4조 제1호의 부 또는 모의 경우 6개월 이내에서 추가로 육아휴직을 사용할 수 있다(제19조 제2항 단서). 이는 출산전후휴가와 마찬가지로 역일을 기준으로 산정해야 한다.

육아휴직으로 휴업한 기간은 연차유급휴가의 산정에서 출근한 것으로 보고(근로기준법 제60조 제6항), 근속기간에 포함한다(남녀고용평등법 제19조 제4항 후단). 기간제근로자 또는 파견근로자의 육아휴직 기간은 기간제근로자의 사용기간 또는 근로자파견기간에서 제외한다(제19조 제5항). 또한 근로자는 육아휴직을 3회에 한정하여 나누어 사용할 수 있고, 임신 중인 여성 근로자가 모성보호를 하고자 육아휴직을 사용한 횟수는 육아휴직을 나누어 사용한 횟수에 포함하지 아니한다(제19조의4 제1항).

사업주는 육아휴직을 이유로 해고나 그 밖의 불리한 처우를 해서는 안 되며, 육아휴직 기간에는 그 근로자를 해고하지 못한다. 다만, 사업을 계속할 수 없는 경우에는 그러하지 아니하다(제19조 제3항). 또한 사업주는 근로자가 육아휴직을 마친 후에는 휴직 전과 같은 업무에 복귀시켜야 하고, 만약 조직체계의 변동 등으로 같은 업무를 부여할 수 없는 경우에는 같은 수준의 임금을 지급하는 직무에 복귀시켜야 한다(제19조 제4항). 이때 '불리한 처우'란 육아휴직 중 또는 육아휴직을 전후하여 임금 그 밖의 근로조건 등에서 육아휴직으로 말미암아 육아휴직 사용 근로자에게 발생하는 불이익 전반을 의미하므로, 육아휴직을 사용한 근로자가 '같은 업무'에 복귀하였는지는 취업규칙이나 근로계약 등에 명시된 업무내용뿐만 아니라 실제 수행하여 온 업무도 아울러 고려하여 판단하여야 하고, 휴직 전 담당 업무와 복귀 후의 담당 업무를 비교할 때 그 직책이나 직위의 성격과 내용·범위 및 권한·책임 등에서 사회통념상 차이가 없어야 한다.[17]

육아휴직기간은 유급으로 처리되지 않는다. 다만, 국가는 사업주가 근로자에게

---

17 대법원 2022.6.30. 2017두76005 판결; 대법원 2022.9.16. 2019두38571 판결. 또한 사업주가 위와 같은 책무를 다하였는지는 근로환경의 변화나 조직의 재편 등으로 인하여 다른 직무를 부여해야 할 필요성 여부 및 정도, 임금을 포함한 근로조건이 전체적으로 낮은 수준인지, 업무의 성격과 내용·범위 및 권한·책임 등에 불이익이 있는지 여부 및 정도, 대체 직무를 수행하게 됨에 따라 기존에 누리던 업무상·생활상 이익이 박탈되는지 여부 및 정도, 동등하거나 더 유사한 직무를 부여하기 위하여 휴직 또는 복직 전에 사전 협의 기타 필요한 노력을 하였는지 여부 등을 종합적으로 고려하여 판단하여야 한다.

육아휴직이나 육아기 근로시간 단축을 허용한 경우 그 근로자의 생계비용과 사업주의 고용유지비용의 일부를 지원할 수 있고(제20조), 이를 근거로 하여 고용보험법은 육아휴직을 한 근로자에게 육아휴직급여를 지급하도록 하고 있다.

고용노동부장관은 육아휴직을 30일 이상 부여받은 피보험자 중 육아휴직을 시작한 날 이전에 피보험 단위기간이 합산하여 180일 이상인 피보험자에게 육아휴직급여를 지급하고(고용보험법 제70조 제1항), 육아휴직급여를 받으려는 사람은 육아휴직을 시작한 날 이후 1개월부터 육아휴직이 끝난 날 이후 12개월 이내에 신청하여야 한다(고용보험법 제70조 제2항).[18]

육아휴직급여는 육아휴직 시작일부터 6개월까지는 월 통상임금에 해당하는 금액을 월별 지급액으로 하고, 그 상한액은 육아휴직 시작일부터 3개월까지는 월 250만 원, 4개월째부터 6개월째까지는 월 200만 원이다. 육아휴직 7개월째부터 종료일까지는 월 통상임금의 80%에 해당하는 금액을 월별 지급액으로 하되, 그 상한액은 160만 원이다. 육아휴직의 전 기간에 걸쳐 그 하한액은 70만 원이다(고용보험법 시행령 제95조 제1항).

II. 육아기 근로시간단축

사업주는 근로자가 만 12세 이하 또는 초등학교 6학년 이하의 자녀를 양육하기 위해 근로시간 단축을 신청하는 경우 이를 허용해야 한다(남녀고용평등법 제19조의2 제1항 본문). 다만 대체인력 채용이 불가능한 경우, 정상적인 사업 운영에 중대한 지장을 초래하는 경우, 해당 사업에서 계속근로한 기간이 6개월 미만인 근로자가 신청한 경우 등에는 그러하지 아니하고, 사용자는 해당 근로자에게 그 불허사유를 서면으로 통보하고 육아휴직을 사용하게 하거나 출근·퇴근 시간 조정 등 다른 조치로 지원할 수 있는지를 해당 근로자와 협의하여야 한다(제19조의2 제1항 단서·제2항, 시행령 제15조의2).

---

[18] 한편 고용보험법 제107조는 육아휴직급여 청구권에 별도로 3년의 소멸시효를 정하였으므로 위의 고용보험법 제70조 제2항은 훈시규정에 불과한 것인지가 문제 되었다. 하지만 대법원 전원합의체의 다수의견은 고용보험법 제70조 제2항에서 정한 신청 기간은 추상적 권리의 행사에 대한 '제척기간'으로 강행규정에 해당한다고 해석하였다(대법원 2021.3.18. 2018두47264 전원합의체 판결).

육아기 근로시간 단축의 기간은 1년 이내로 하되, 근로자가 육아휴직 기간 중 사용하지 아니한 기간이 있으면 그 기간의 두 배를 가산한 기간 이내로 한다(제19조의2 제4항). 근로자는 1회당 1개월 이상으로 이를 나누어 사용할 수 있다(제19조의4 제2항). 단축 후 근로시간은 주당 15시간 이상이어야 하고 35시간을 넘어서는 아니 되고, 사업주는 단축된 근로시간 외에 연장근로를 요구할 수 없다(제19조의2 제3항·제19조의3 제3항 본문). 다만 근로자가 명시적으로 청구하는 경우에는 주 12시간 이내에서 연장근로를 시킬 수 있다(제19조의3 제3항 단서). 이처럼 근로시간이 단축되는 경우 근로자의 임금이 감소하는 문제가 발생하게 되므로, 국가는 고용보험기금을 통하여 육아기 근로시간 단축 급여를 근로자에게 지급하고(고용보험법 제73조의2), 이로 인해 대체인력을 사용한 우선지원 대상기업의 사업주에게 출산육아기 고용안정장려금을 지급한다(고용보험법 시행령 제29조).

사업주는 육아기 근로시간 단축을 이유로 해당 근로자에게 해고나 그 밖의 불리한 처우를 하여서는 아니 되고, 근로자의 육아기 근로시간 단축 기간이 끝난 후에 그 근로자를 육아기 근로시간 단축 전과 같은 업무 또는 같은 수준의 임금을 지급하는 직무에 복귀시켜야 한다(남녀고용평등법 제19조의2 제5항·제6항). 육아기 근로시간 단축을 하는 근로자에 대해서는 근로시간에 비례하여 적용하는 경우 외에는 육아기 근로시간 단축을 이유로 그 근로조건을 불리하게 해서는 아니 되고, 근로조건에 대해서는 사업주와 그 근로자 간에 서면으로 정해야 한다(제19조의3 제1항·제2항). 육아기 근로시간단축을 한 근로자에 대하여 평균임금을 산정하는 경우 그 단축기간을 평균임금 산정기간에서 제외한다(제19조의3 제4항).

이외에도 사업주는 만 8세 이하 또는 초등학교 2학년 이하의 자녀를 양육하는 근로자의 육아를 지원하고자 업무를 시작하고 마치는 시간 조정, 연장근로 제한, 근로시간 단축, 탄력적 운영 등 근로시간 조정 등 소속 근로자의 육아를 지원하고자 필요한 조치를 하도록 노력하여야 한다(제19조의5 제1항). 이처럼 사업주가 소속 육아기 근로자에 대하여 근로시간 등에서 배려하는 것은 남녀고용평등과 일·가정 양립의 필수적인 전제가 되므로, 사업주는 소속 육아기 근로자의 일·가정 양립을 지원하기 위한 배려의무를 부담한다.[19]

---

19 이에 따라 사업주가 어린 자녀를 양육하는 시용근로자에 대하여 고용승계에 따른 시용기간 동안 일·가정 양립을 위한 배려의무를 다하지 아니하여 근로자가 초번 근무(오전 6시부터 오후 3시까지 근무)와 공휴일

III. 직장어린이집 설치

상시 여성 근로자 300명 이상 또는 상시근로자 500명 이상을 고용한 사업장의 사업주는 근로자의 취업을 지원하기 위하여 수유·탁아 등 육아에 필요한 직장어린이집을 설치하여야 한다(남녀고용평등법 제21조, 영유아보육법 제14조 제1항 본문). 다만, 사업장의 사업주가 직장어린이집을 단독으로 설치할 수 없을 때는 사업주 공동으로 직장어린이집을 설치·운영하거나, 지역의 어린이집과 위탁계약을 맺어 근로자 자녀의 보육을 지원하여야 한다(영유아보육법 제14조 제1항 단서). 이와 같은 고용 촉진 시설에 관한 지원은 일과 육아를 병행해야 하는 근로자를 고용하는 사업장의 사업주에게 직장어린이집 설치 비용을 직접 지원하여 일·가정 양립, 피보험자 등의 고용안정·고용 촉진, 사업주의 인력 확보를 지원하려는 것이다.[20]

직장어린이집을 설치(둘 이상의 사업주가 공동으로 직장어린이집을 설치하는 경우를 포함)하거나, 지역의 어린이집과 위탁계약을 맺은 사업주는 영유아보육법 제37조에 따라 그 어린이집의 운영과 수탁 보육 중인 영유아의 보육에 필요한 비용의 50% 이상을 부담하여야 한다(영유아보육법 시행령 제25조).

IV. 가족돌봄을 위한 휴직·휴가 및 근로시간 단축

1. 가족돌봄휴직 및 휴가

사업주는 근로자가 조부모, 부모, 배우자, 배우자의 부모, 자녀 또는 손자녀 등 가족의 질병, 사고, 노령으로 그 가족을 돌보려는 가족돌봄휴직을 신청하는 경우 이를 허용하여야 한다(남녀고용평등법 제22조의2 제1항 본문). 다만 대체인력 채용이 불

근무를 하지 못하고 근태 항목에서 상당한 감점을 당하여 본채용거부통보를 받게 된 것에는 합리적 이유가 있다고 보기 어렵다고 본 판결이 있다(대법원 2023.11.16. 2019두59349 판결). 이때 사업주가 부담하는 일·가정 양립을 위한 배려의무의 구체적인 내용은 근로자가 처한 환경, 사업장의 규모 및 인력 운영의 여건, 사업 운영상의 필요성 등 제반 사정을 종합하여 개별 사건에서 구체적으로 판단해야 한다.
20 대법원 2019.9.26. 2017두48406 판결.

가능한 경우, 정상적인 사업운영에 중대한 지장을 초래하는 경우, 본인 외에도 조부모의 직계비속 또는 손자녀의 직계존속이 있는 경우, 해당 사업에서 계속근로한 기간이 6개월 미만인 근로자가 신청한 경우 등에는 그러하지 아니하다(제22조의2 제1항 단서, 시행령 제16조의3). 사용자가 가족돌봄휴직을 허용하지 아니하는 경우에는 해당 근로자에게 그 사유를 서면으로 통보하고, 업무를 시작하고 마치는 시간 조정, 연장근로의 제한, 근로시간의 단축, 탄력적 운영 등 근로시간의 조정 그 밖에 사업장 사정에 맞는 지원조치를 하도록 노력하여야 한다(제22조의2 제3항). 가족돌봄휴직의 기간은 연간 최장 90일이고, 1회 30일 이상의 기간으로 나누어 사용할 수 있다(제22조의2 제4항 제1호).

또한 사업주는 근로자가 가족(조부모 또는 손자녀의 경우 근로자 본인 외에도 직계비속 또는 직계존속이 있는 경우는 제외)의 질병, 사고, 노령 또는 자녀의 양육으로 긴급하게 그 가족을 돌보기 위한 가족돌봄휴가를 신청하는 경우 이를 허용해야 한다. 다만, 근로자가 청구한 시기에 가족돌봄휴가를 주는 것이 정상적인 사업운영에 중대한 지장을 초래하면 근로자와 협의하여 그 시기를 변경할 수 있다(남녀고용평등법 제22조의2 제2항). 가족돌봄휴가의 경우 연간 최장 10일(한부모가족의 모 또는 부에 해당하는 경우 25일) 이내로 하여 일 단위로 사용할 수 있고, 고용노동부장관은 감염병 확산 등과 같은 대규모 재난이 발생한 경우에는 이 기간을 연간 10일(한부모가족의 모 또는 부에 해당하는 경우 15일)의 범위 내에서 연장할 수 있다(제22조 제4항 제2호·제3호).[21] 그리고 가족돌봄휴가 기간은 가족돌봄휴직 기간에 포함된다(제22조의2 제4항 제2호).

사업주는 가족돌봄휴직 또는 가족돌봄휴가를 이유로 해당 근로자를 해고하거나 근로조건을 악화하는 등 불리한 처우를 해서는 아니 되고, 가족돌봄휴직 및 가족돌봄휴가 기간은 근속기간에 포함되나 평균임금 산정기간에서는 제외된다(제22조의2 제6항·제7항)

---

21 이와 같이 연장된 가족돌봄휴가는 가족이 감염병에 감염되거나, 자녀가 소속된 학교 등이 휴교하거나, 자녀가 감염병으로 인하여 자가격리대상이 되는 경우 등에 한하여 사용할 수 있다(제22조의2 제5항).

2. 가족돌봄 등을 위한 근로시간 단축

사업주는 근로자가 가족의 질병, 사고, 노령으로 그 가족을 돌보려는 경우, 근로자 자신의 질병이나 사고로 인한 부상 등의 사유로 자신의 건강을 돌보려는 경우, 55세 이상의 근로자가 은퇴를 준비하려는 경우, 근로자가 학업을 계속하려는 경우에 근로시간의 단축을 신청했다면 이를 허용하여야 한다(남녀고용평등법 제22조의3 제1항 본문). 다만 대체인력 채용이 불가능한 경우, 정상적인 사업운영에 중대한 지장을 초래하는 경우, 해당 사업에서 계속근로한 기간이 6개월 미만인 근로자가 신청한 경우, 가족돌봄 등 근로시간단축 종료일부터 2년이 지나지 않은 근로자가 신청한 경우에는 그러하지 아니하고, 이를 허용하지 아니하는 경우에는 해당 근로자에게 그 사유를 서면으로 통보하고 휴직을 사용하게 하거나 그 밖의 조치로 지원할 수 있는지를 해당 근로자와 협의해야 한다(제22조의3 제1항 단서·제2항).

단축 후 근로시간은 주당 15시간 이상, 30시간을 넘어서는 아니 되고, 단축 기간은 원칙적으로 1년 이내로 한다(제22조의3 제3항·제4항). 사업주는 가족돌봄 등을 위한 근로시간 단축을 이유로 해당 근로자에게 해고나 그 밖의 불리한 처우를 해서는 아니 되고, 근로자의 가족돌봄 등을 위한 단축기간이 끝난 후에 그 근로자를 근로시간 단축 전과 같은 업무 또는 같은 수준의 임금을 지급하는 직무에 복귀시켜야 한다(제22조의3 제5항·6항). 가족돌봄 등을 위해 근로시간을 단축하는 근로자에 대해서는 근로시간에 비례하여 적용하는 경우 외에는 가족돌봄 등을 위한 근로시간 단축을 이유로 그 근로조건을 불리하게 해서는 아니 되고, 근로조건에 대해서는 사업주와 그 근로자 간에 서면으로 정해야 한다(제22조의4 제1항·제2항). 가족돌봄 등을 하고자 근로시간 단축을 한 근로자에 대하여 평균임금을 산정하는 경우에는 그 단축기간을 평균임금 산정기간에서 제외한다(제22조의4 제4항).

제13장
근로관계의 종료

제1절
총설

근로관계의 종료는 근로계약 당사자의 법률행위에 따른 경우와 정년 등과 같이 일정한 사유의 발생으로 인한 자동적인 경우로 크게 구분할 수 있다.

당사자의 법률행위에 따른 것으로는 사용자가 근로관계 종료의 의사를 표시하는 해고, 근로자가 근로관계 종료의 의사를 표시하는 사직 그리고 근로자와 사용자 간의 합의로 근로관계를 종료하는 합의해지가 있다. 근로관계의 자동적 종료 사유는 근로자나 사용자의 의사와 관계없이 근로관계가 종료하는 것을 의미한다. 여기에는 기간제 근로계약에서 계약 기간의 만료, 근로자 사망, 사업의 완료 또는 소멸, 정년 도달 등이 있다.

근로기준법은 사용자에 의한 근로관계의 일방적 종료, 즉 해고에 대해 명문의 규정을 두어 제한하고 있다(해고제한법제). 근로기준법 제23조로 대표되는 해고제한법제는 우리나라 노동법의 중요한 특징 중 하나이다.

해고제한법제의 적용과 관련하여 그 밖의 근로관계 종료 사유도 중요하게 다루어진다. 그중 대표적인 것이 근로자의 사직과 합의해지이다. 사직과 합의해지에 대해서는 원칙적으로 민법이 적용되지만, 사직과 합의해지의 의사표시를 철회할 수 있는지(즉 근로관계가 계속 유지되는지), 사용자의 강요 등으로 이루어진 사직과 합의해지에 대해 해고제한법제를 적용할 수 있는지 등이 문제가 된다.

기간제 근로계약과 관련된 법리도 중요한 쟁점이다. 과거 기간제 근로관계는 계약기간의 만료로 당연히 종료하는 것이었고, 기간제근로자가 계속근로를 요구할 법적 권리를 갖는 것은 거의 불가능하였다. 그러나 갱신기대권 법리가 구체화되면서 기간제 근로관계에도 해고제한법제가 적용될 가능성이 커졌다. 특히 기간제근로자의 권리 의식이 신장하면서 이와 관련된 법적 분쟁도 점점 늘어나는 추세이다 (이에 관해서는 제23장 비정규직의 보호에서 자세히 설명).

마지막으로, 대표적인 근로관계의 자동 종료 사유인 당사자의 소멸과 정년제에 대해서도 살펴볼 필요가 있다. 당사자의 소멸과 관련해서는 IMF 금융위기 이후 기업청산 과정에서의 해고에 경영상 해고 제한 법리를 적용할 수 있는지가 다투어졌다. 또한 정년제와 관련해서는 그 합법성 여부가 논의된 바 있고, 특히 최근의 정년 연장 논의와 연결하여 여전히 현실적 의미가 있다.

제2절
해고에 따른 근로관계의 종료

I. 해고제한법제의 개관

1. 해고의 의의

근로기준법의 규율 대상이 되는 해고는 근로자의 의사에 반하여 사용자의 일방적 의사에 의해 이루어지는 일체의 근로계약 관계의 종료를 의미한다. 이는 현실에서 불리는 명칭이나 그 절차와 무관하고, 명시적 의사표시에 의해서뿐만 아니라 묵시적 의사표시에 의해서도 이루어질 수 있다.[1] 예컨대 기업이 취업규칙이나 단

---

[1] 대법원 2023.2.2. 2022두57695 판결. 이 경우 묵시적 의사표시에 의한 해고가 있는지는 사용자의 노무 수령 거부 경위와 방법, 노무 수령 거부에 대하여 근로자가 보인 태도 등 제반 사정을 종합적으로 고려하여 사용자가 근로관계를 일방적으로 종료할 확정적 의사를 표시한 것으로 볼 수 있는지 여부에 따라 판단해야 한다.

체협약에서 규정한 당연퇴직 사유가 발생했다 하더라도 그 퇴직 사유가 사망, 정년, 근로계약기간의 만료 등과 같이 근로관계의 자동 소멸을 가져오는 경우를 제외하고는 그 당연퇴직 처분도 근로관계를 종료시키는 해고에 해당한다.[2]

해고는 적용 법규나 규제 법리에 따라 경영상 이유에 따른 해고와 근로자 측에 해고원인 내지 귀책사유가 있어 행하는 해고(근로자 쪽 사유에 의한 해고)로 구분한다. 전자를 흔히 '경영상 해고'라 하고, 근로자 쪽 사유에 따른 해고는 다시 근로자의 과거 비위행위나 기업질서 위반행위에 대한 제재로 행해지는 해고(징계해고)와 근로계약의무를 이행하지 못한 상태가 계속되어 근로관계의 존립을 기대하기 어려워 행해지는 해고(통상해고)로 구분한다.

민법에 따르면 기간의 정함이 없는 근로계약을 체결한 때에는 당사자는 '언제든지' 해지의 통고를 할 수 있다(민법 제660조 제1항). 근로관계에 민법만 적용할 경우, 근로자가 사직의 자유를 가지듯이, 사용자는 근로자를 자유롭게 해고할 수 있다.

그러나 해고 자유 원칙에 따라 사용자의 무분별한 해고를 용인하는 것은 헌법에 반한다. 헌법상 보장된 근로의 권리에는 취업 중인 자가 안정된 상태에서 취업 상태를 유지할 권리가 포함된다. 또한 해고의 자유를 인정하는 것은 '인간의 존엄성을 보장하도록' 근로조건의 기준을 법률로 정해야 하는 헌법상 요청을 충족하지 못하는 결과도 초래한다(헌법 제32조 제3항). 그 밖에 무분별한 해고의 자유는 평등의 원칙, 근로자의 인간다운 생활을 할 권리, 모성보호 및 혼인의 자유 보장[3] 등에도 어긋난다(헌법 제11조·제34조 제1항·제36조, 근로기준법 제23조 제2항·제24조 제2항, 남녀고용평등법 제11조 등). 나아가 이로써 노동을 통한 근로자의 인격 발현을 저지함으로써 인격적 불이익을 초래하여 행복추구권과 인간의 존엄성을 침해하게 된다(헌법 제10조). 이러한 요청에 따라 근로기준법은 해고 제한을 원칙으로 삼고(근로기준법 제23조 제1항 등), 해고에 대해 다양한 규제를 하고 있다.

---

2 대법원 1993.7.13. 93다3721 판결; 대법원 1993.10.26. 92다54210 판결; 대법원 2017.10.31. 2017다22315 판결.

3 남녀고용평등법 제11조 제2항에 따르면, 사업주는 여성 근로자의 혼인, 임신 또는 출산을 퇴직 사유로 예정하는 근로계약을 체결해서는 안 된다.

2. 해고에 대한 법적 규제

(1) 해고사유에 대한 법적 규제

근로기준법 제23조 제1항은 "사용자는 근로자에게 정당한 이유 없이 해고, ⋯⋯ 하지 못한다."라고 규정하고 있다. 이를 위반하는 해고는 강행법규 위반으로 무효가 된다. 즉 근로기준법은 원칙적으로 해고를 금지하되, 예외적으로 정당한 이유가 있는 경우에 한해 제한된 범위에서만 해고를 허용한다.[4] 이처럼 해고에 대해 정당한 이유를 요구하는 해고제한법제는 1953년 근로기준법이 제정된 이래 현재까지 계속 유지되고 있다.

해고제한법제에서 근로기준법 제23조 제1항은 일반조항으로 기능한다. 해고에 관한 특별한 규정이 없는 한 해고에 대해서는 근로기준법 제23조 제1항이 적용된다.

근로기준법 제23조 제1항에서 규정한 '정당한 이유'는 사회통념상 고용관계를 계속할 수 없을 정도로 근로자에게 책임 있는 사유가 있는 경우를 의미한다.[5]

정당한 이유가 없는 해고는 당연무효이고, 정당하다는 점은 사용자가 증명해야 한다. 이와 같이 해고에 대해 '정당한 이유'를 요구하고 그 존재에 관한 증명책임을 사용자에게 부담시킨 점은 우리 노동법의 중요한 특징이다.

경영상 해고는 근로자의 일신상, 행동상의 귀책사유로 이루어지는 보통의 해고와 달리 근로자에게 아무런 귀책사유가 없음에도 사용자 측 사정으로 이루어진다는 특성이 있다. 이러한 경영상 해고는 결국 경영에 대한 위험부담을 근로자에게 전가하는 것일 뿐만 아니라, 그 특성상 다수의 근로자를 집단으로 해고하게 될 개연성이 높기 때문에 근로기준법은 근로자의 생존권을 보장하고자 경영상 해고에 대해 더욱 엄격한 실체적·절차적 제한을 요구하고 있다(근로기준법 제24조).

그 밖에 노동조합법의 부당노동행위 제도 등 각 법령의 목적에 따라 별도의 해고 제한 규정들이 마련되어 있다. 대표적으로 성별을 이유로 한 차별적 해고의 금지(남녀고용평등법 제11조), 모성보호에 반하는 해고의 금지(근로기준법 제23조 제2항·제74조, 남녀고용평등법 제19조 제3항), 권리 행사에 대한 보복적 해고의 금지(근로기준법 제104조 제2항, 산업안전보건법 제41조 제3항·제52조 제4항·제157조 제3항, 노동조합법 제

---

4 대법원 2007.9.6. 2005두8788 판결.
5 대법원 1991.3.27. 90다카25420 판결; 대법원 1992.5.22. 91누5884 판결.

81조 제1항 제5호), 산업재해를 당한 근로자에 대한 해고의 금지(근로기준법 제23조 제2항, 선원법 제34조 제2항), 부당노동행위로서 해고의 금지(노동조합법 제81조) 등이 있다. 이러한 규정에 어긋난 해고 역시 사법상 무효이다.[6]

(2) 해고 시기에 대한 법적 규제

사용자는 근로자가 업무상 부상 또는 질병의 요양을 위하여 휴업한 기간과 그 후 30일 동안은 해고하지 못한다(근로기준법 제23조 제2항). 이 제도의 취지는 근로자가 업무상 재해로 노동력을 상실하고 있는 기간과 노동력을 회복하는 데 필요한 그 후의 30일간은 근로자를 실직의 위협으로부터 절대적으로 보호하고자 함에 있다. 따라서 근로자가 업무상 부상 등을 입고 치료 중이거나, 부상을 입었으나 휴업하지 않고 정상적으로 출근하는 경우 또는 업무상 부상 등으로 휴업하는 경우라도 그 요양을 위하여 휴업할 필요가 있다고 인정되지 않으면 위 규정이 정한 해고가 제한되는 휴업기간에 해당하지 아니한다.[7]

또한 산전(産前)·산후(産後) 여성이 근로기준법에 따라 휴업한 기간과 그 후 30일 동안은 해고하지 못하며(근로기준법 제23조 제2항), 육아휴직 기간에도 그 근로자를 해고할 수 없다(남녀고용평등법 제19조 제3항).

사용자가 위 해고 금지 기간에 근로자를 해고한 경우에는 정당한 해고사유가 있더라도 무효가 된다.[8] 다만, 사용자가 업무상 부상 또는 질병에 대하여 근로기준법 제84조에 따른 일시보상을 지급한 경우[9] 또는 사업을 계속할 수 없는 경우에는 예

---

6 대법원 1993.12.21. 93다11463 판결.

7 그리고 그 판단 기준과 관련하여 "여기서 '정상적으로 출근하는 경우'라 함은 단순히 출근하여 근무하고 있다는 것으로는 부족하고 정상적인 노동력으로 근로를 제공하는 경우를 말하는 것이므로, 객관적으로 요양을 위한 휴업이 필요함에도 사용자의 요구 등 다른 사정으로 출근하여 근무하고 있는 것과 같은 경우는 이에 해당하지 아니한다. 이때 요양을 위하여 휴업이 필요한지 여부는 업무상 부상 등의 정도, 부상 등의 치료과정 및 치료방법, 업무의 내용과 강도, 근로자의 용태 등 객관적인 사정을 종합하여 판단하여야 할 것이다. 따라서 해고를 전후하여 그 근로자에 대하여 산업재해보상보험법에 의한 요양승인이 내려지고 휴업급여가 지급된 사정은 그 해고가 구근로기준법 제30조 제2항이 정한 휴업기간 중의 해고에 해당하는지 여부를 판단하는 데에 참작할 사유가 될 수는 있지만, 법원은 이에 기속됨이 없이 앞서 든 객관적 사정을 기초로 실질적으로 판단하여 그 해고 당시 요양을 위하여 휴업을 할 필요가 있는지 여부를 결정할 것이다."라고 판시하였다(대법원 2011.11.10. 2009다63205 판결).

8 대법원 2001.6.12. 2001다13044 판결.

9 산재보험법에 따라 요양급여를 받는 근로자가 요양을 시작한 후 3년이 지난 날 이후에 상병보상연금을 지급받고 있으면 근로기준법 제23조 제2항 단서를 적용할 때 그 사용자는 그 3년이 지난 날 이후에는 근로기준

외적으로 해고 시기의 제한을 받지 않는다(근로기준법 제23조 제2항 단서, 남녀고용평등법 제19조 제3항 단서).

(3) 해고예고 의무

사용자는 근로자를 해고하려면 적어도 30일 전에 예고해야 하고, 30일 전에 예고하지 아니하였을 때에는 30일분 이상의 통상임금(해고예고수당)을 지급해야 한다. 다만, ① 근로자가 계속근로한 기간이 3개월 미만인 경우, ② 천재·사변, 그 밖의 부득이한 사유로 사업을 계속하는 것이 불가능한 경우, ③ 근로자가 고의로 사업에 막대한 지장을 초래하거나 재산상 손해를 끼친 경우로서 고용노동부령으로 정하는 사유에 해당하는 경우에는 그러하지 아니하다(근로기준법 제26조). 이러한 해고예고제도는 사용자가 갑자기 근로자를 해고하면 근로자의 생활에 어려움이 있을 수 있으므로, 새 일자리를 구할 시간 여유를 주거나 그렇지 않으면 그 기간의 생계비를 보장하여 해고로 인한 근로자의 어려움을 덜어주는 데 그 취지가 있다.[10]

해고예고를 하거나 해고예고수당을 지급하였다고 해서 정당성이 없는 해고가 유효로 되는 것은 아니다.[11] 한편 정당한 이유가 있는 해고가 해고예고 등의 흠결로 무효가 되는지도 문제 된다. 무효설은 해고예고 규정이 강행법규이므로 이를 위반한 해고는 무효라고 주장하고,[12] 유효설은 그 규정을 단속법규로 파악하여 이를 위반한 해고의 사법상 효력은 유효하다고 본다.[13] 판례는 해고예고의무 위반은 해고의 사법상 효력에 영향을 미치지 않고, 다만 해고예고수당 지급 의무만 발생할 수 있다고 한다.[14]

판례에 따르면, 해고예고수당은 해고가 유효한지와 관계없이 지급되어야 하는 돈이고, 그 해고가 부당해고에 해당하여 효력이 없다 하더라도 근로자가 해고예고

법 제84조에 따른 일시보상을 지급한 것으로 본다(산재보험법 제80조 제4항).

10 헌법재판소 2015.12.23. 2014헌바3 결정. 이 규정을 위반한 경우에도 해고의 사법상 효력에는 영향이 없으나(대법원 1993.9.24. 93누4199 판결), 위반한 자는 2년 이하의 징역 또는 2천만 원 이하의 벌금에 처해진다(근로기준법 제110조).

11 대법원 1992.3.31. 91누6184 판결.

12 김형배, 『노동법』, 박영사, 2021(27판), 84면.

13 김유성, 『노동법 Ⅰ』, 법문사, 2005, 316면.

14 대법원 1993.11.9. 93다7464 판결; 대법원 1994.12.27. 94누11132 판결.

수당을 지급받을 법률상 원인이 없다고 볼 수 없다.[15] 즉 해고예고 또는 해고예고 수당은 해고가 정당한 경우에도 보장되어야 하고, 해고무효확인 소송 등에서 해고의 정당성이 확인되었다 하더라도 근로자가 이미 지급받은 해고예고수당이 부당이득반환 청구의 대상이 될 수 없다.

한편 위와 같은 해고예고제도를 준수하였더라도 해고 절차를 규정한 단체협약이나 취업규칙을 위반한 해고는 근로기준법 제23조 제1항 위반으로 무효가 된다. 그 구체적 법리는 후술한다.

(4) 해고의 서면 통지

사용자가 근로자를 해고하는 경우에는 해고사유와 해고시기를 서면으로 통지하여야 하며 이는 해고의 효력요건이다(근로기준법 제27조 제1항·제2항 참조).

이는 ① 해고사유 등의 서면통지로 사용자에게 근로자를 해고하는 데 신중을 기하게 함과 아울러, ② 해고의 존부 및 시기와 그 사유를 명확하게 하여 사후에 이를 둘러싼 분쟁이 적정하고 용이하게 해결되도록 하고, ③ 근로자에게도 해고에 적절히 대응하게 하려는 취지에서 마련된 것이다. 따라서 사용자가 해고사유 등을 서면으로 통지할 때는 근로자의 처지에서 해고 사유가 무엇인지 구체적으로 알 수 있어야 한다.[16] 또한 해고 대상자가 해고사유가 무엇인지 알고 있고 그에 대해 대응할 수 있는 상황이었다고 하더라도, 사용자가 해고를 서면으로 통지하면서 해고사유를 전혀 기재하지 않았다면 이는 위법한 해고통지에 해당한다고 보아야 한다.[17] 특히 징계해고는 해고의 실질적 사유가 되는 구체적 사실 또는 비위 내용을 기재하여야 하며, 징계대상자가 위반한 단체협약이나 취업규칙의 조문만 나열하는 것으로는 충분하다고 볼 수 없다.[18, 19]

그리고 여기서 '서면'은 일정한 내용을 적은 문서를 의미하고, 해고통지서 등 그

---

15 대법원 2018.9.13. 2017다16778 판결.
16 대법원 2011.10.27. 2011다42324 판결; 대법원 2015.11.27. 2015두48136 판결.
17 대법원 2021.2.25. 2017다226605 판결.
18 대법원 2011.10.27. 2011다42324 판결.
19 다만 최근의 판결례 중에는 "징계해고의 경우 근로기준법 제27조에 따라 서면으로 통지된 해고사유가 축약되거나 다소 불분명하더라도 징계절차의 소명 과정이나 해고의 정당성을 다투는 국면을 통해 구체화하여 확정되는 것이 일반적이라고 할 것이므로 해고사유의 서면 통지 과정에서까지 그와 같은 수준의 특정을 요구할 것은 아니다."(대법원 2022.1.14. 2021두50642 판결)라고 설시하여 완화된 해석을 시도한 사례가 있다.

명칭과 상관없이 근로자의 처지에서 해고사유가 무엇인지 구체적으로 알 수 있는 서면이면 충분하다.[20] 또한 서면은 이메일 등 전자문서와는 구별된다. 다만 판례는 이메일(e-mail)의 형식과 작성 경위 등에 비추어 사용자의 해고 의사를 명확하게 확인할 수 있고, 이메일에 해고사유와 해고시기에 관한 내용이 구체적으로 기재되어 있으며, 해고에 적절히 대응하는 데에 아무런 지장이 없는 등 서면에 의한 해고통지의 역할과 기능을 충분히 수행한다면, 이메일에 의한 해고통지도 근로기준법 제27조의 입법취지를 해치지 않는 범위 내에서 구체적 사안에 따라 서면에 의한 해고통지로 유효하다고 본다.[21]

서면통지는 행방불명 등과 같은 특별한 사정이 없는 한 대상자 본인에게 직접 해야 한다. 구속 등 특별한 사유로 출석이 곤란한 경우에는 예외로 한다는 취지로 정한 경우를 제외하고는 그 대상자가 구속 중이라고 하더라도 통지절차를 생략할 수는 없다.[22] 해고사유가 객관적으로 명확하다거나 대상자가 다른 절차에서 이미 자신의 행위의 정당성을 주장하였다 하더라도 사전통지를 하지 않으면 그 해고는 무효이다.[23]

사전통지의 시기에 관하여 단체협약 등에서 달리 정하는 경우가 아니라면, 그 기간을 준수해야 하며, 변명과 소명자료를 준비할 상당한 기간을 두고 그 통지를 해야 한다. 이러한 시간 여유를 주지 않고 촉박하게 이루어진 통지는 위법하다.[24]

다만 통지 기간을 준수하지 않은 하자가 있더라도 근로자가 징계위원회나 그 후의 재심절차에서 충분한 변명이나 진술을 하였을 때는 그 하자가 치유된다고 본 사례가 있다.[25]

---

20 대법원 2021.7.29. 2021두36103 판결.

21 대법원 2015.9.10. 2015두41401 판결.

22 징계혐의자가 구속 중이라 하여도 서면 또는 대리인을 통하여 징계절차에서 변명을 하고 소명자료를 제출할 이익이 있기 때문이다(대법원 1992.7.28. 92다14786 판결).

23 대법원 1992.7.28. 92다14786호 판결.

24 대법원 1991.7.9. 90다8077 판결; 대법원 1991.7.23. 91다13731호 판결; 대법원 1991.11.26. 91다22070 판결; 대법원 1991.11.26. 91누4171호 판결. 예컨대 징계위원회 개최 30분 전 혹은 1시간 50분 전에 이루어진 사전통지는 위법하다(대법원 1991.7.9. 90다8077 판결).

25 ① 그 통지에 의하여 자신에 대한 징계절차가 진행되고 있다는 것을 알게 된 근로자가 스스로 징계위원회에 출석하여, ② 자신에 대한 통지가 촉박하게 이루어진 것으로서 부당하다는 이의를 제기하지 아니한 채 변명을 하거나 소명자료를 제출하였다면, ③ 그 기간이 절대적으로 단기간(30분, 1시간 50분 전)이 아닌 한, 그 하자가 치유된다(대법원 1992.7.24. 92누6563호 판결; 대법원 1992.11.12. 92다11220호 판결; 대

II. 해고의 정당성

1. 해고의 종류

현행법상으로 통상적인 해고와 구별하여 별도로 취급하는 해고의 종류는 즉시해고와 경영상 해고이다.

즉시해고는 앞에서 살펴본 해고예고 없이 할 수 있는 해고를 말한다. 즉 근로자가 계속근로한 기간이 3개월 미만인 경우, 천재·사변, 그 밖의 부득이한 사유로 사업을 계속하는 것이 불가능한 경우, 근로자가 고의로 사업에 막대한 지장을 초래하거나 재산상 손해를 끼친 경우로서 고용노동부령으로 정하는 사유에 해당하는 경우에 사용자는 해고예고 없이 즉시해고를 할 수 있다(근로기준법 제26조 단서).

경영상 해고는 후술하는 바와 같이 1997년 근로기준법 제정을 거치며 일반적인 해고와 달리 별도 규정을 두어(제24조) 더 엄격한 요건과 절차를 요구하고 있다.

실무상으로는 해고의 정당성 여부를 판단할 때 통상해고와 구별하여 징계해고라는 개념이 자주 등장한다. 이는 적용되는 법리의 차이에 따른 구분이다. 판례에 따르면, 징계해고는 근로자 측 사유에 의한 해고 중에서 단체협약과 취업규칙 등 자치규범에서 징계 사유와 절차가 특정되어 있는 등 징계로 행해지는 해고를 의미하고 통상해고는 이를 제외한 나머지 근로자 측 사유에 따른 해고를 의미한다. 대체로 근로자의 비위행위나 기업질서위반행위에 대한 제재로 이루어지는 것은 징계해고로, 근로자의 일신상의 사유로 인한 해고는 통상해고로 분류된다. 일반적으로 징계해고는 징계절차에 관한 규정을 둔 반면 통상해고는 별도 징계절차를 두지 않았다. 그러나 특정사유가 단체협약이나 취업규칙 등에서 징계해고사유와 통상해고사유의 양쪽 모두에 해당하는 경우도 있다. 이때 판례는 사용자가 근로자에게 더 유리한 통상해고처분을 택하는 것은 사용자의 재량에 속하는 것으로 적법하나, 징계해고에 따른 소정의 징계절차를 거쳐야 한다는 입장이다.[26]

징계해고가 통상해고보다 행태상의 비위나 반가치성이 높아서 사용되는 개념이

법원 1993.5.11. 92다27089호 판결; 대법원 1993.7.16. 92다55251호 판결; 대법원 1995.3.3. 94누11767호 판결 등).

26 대법원 2004.10.25. 94다25889 판결.

아니라는 점에 주의를 요한다.

실무상 해당 해고가 징계해고인지는 중요한 의미가 있다. 일반적으로 징계해고 는 취업규칙 또는 단체협약의 규정에 따라 실체적 · 절차적 제한을 받고, 징계 재량 및 절차에 관한 법리가 추가로 적용되는 등 징계 규정의 적용이 없는 해고에 비하 여 더 엄격한 규율을 받기 때문이다.

2. 해고의 정당한 이유

(1) 정당한 이유의 개관

근로기준법은 정당한 이유 없는 해고를 금지하면서도(근로기준법 제23조 제1항 · 제 24조), '정당한 이유'가 무엇인지에 대하여는 특별히 규정하고 있지 않다. 그런데 앞 에서 살펴본 바와 같이 해고는 근로자 측 사유에 따른 해고와 사용자 측 사유에 따 른 해고로 구분되므로, 정당한 이유의 내용 역시 이 구분 방식에 따라 살펴볼 필요 가 있다. 즉 근로자 측 사유에 따른 해고는 상병(傷病), 저조한 근무실적 등과 같은 일신상의 해고사유가 있는 경우 또는 중대한 비위행위 등과 같이 행태상의 해고사 유가 있는 경우로 이루어지고, 이에 대해서는 근로기준법 제23조 제1항이 적용된 다. 반면에 사용자 측 사유에 따른 해고는 경영상 사유로 이루어지고 근로기준법 제24조가 적용된다.

정당한 이유의 구체적 내용을 해석할 때는 다음과 같은 점을 주의해야 한다.[27] 첫째, 정당한 이유는 사회적 정의 관념에 따라 객관적으로 판단해야 한다. 정당 한 이유인지는 사용자의 자의적 판단에 맡겨서는 안 되고, 일반인의 평균적 기준 에 입각해야 하며 과거에 국한하지 않고 미래를 고려한 판단이어야 한다. 둘째, 근 로자 측 사유에 따른 해고의 정당한 이유 유무는 근로자의 영역에 속하는 사정, 즉 근로자의 일신상 또는 행태상 사유에 따라 판단해야 하고 사용자 측 영역에 속하 는 경영상 이유가 고려되어서는 안 된다. 경영상 해고와 관련해서도 마찬가지다. 해고대상자 선정에서 근로자 측 귀책사유가 반영될 수 있으나, 그 반영 범위는 제 한적이어야 하고 그것에 따라 해고 여부가 좌우되어서는 안 된다.[28] 셋째, 정당한

---

27 김유성, 「노동법 Ⅰ」, 법문사, 2005, 271면.

28 따라서 경영상 해고와 관련해서 업무 자세와 업무능력을 중심으로 그동안의 근무태도 및 상벌 사항을 참

이유가 인정되려면 더는 근로관계를 계속하는 것을 기대할 수 없어야 한다. 근로관계 계속의 기대 불가능성 여부를 판단하려면 근로관계와 관련된 이익의 비교형량이 필요하다. 예컨대 비위행위를 방치할 경우 장래에도 유사한 행위가 반복될 우려가 있다면, 이를 이유로 한 해고는 정당할 수 있다.

판례에 따르면, 근로기준법 제23조 제1항에서 규정한 '정당한 이유'는 사회통념상 고용관계를 계속할 수 없을 정도로 근로자에게 책임 있는 사유가 있는 경우를 뜻하고, 사회통념상 근로자와 고용관계를 계속할 수 없을 정도인지는 사용자의 사업 목적과 성격, 사업장의 여건, 근로자의 지위와 담당직무의 내용, 비위행위의 동기와 경위, 이로써 기업의 위계질서가 문란하게 될 위험성 등 기업질서에 미칠 영향, 과거의 근무태도 등 여러 가지 사정을 종합적으로 검토하여 판단해야 한다.[29] 예를 들면, 단체협약 또는 취업규칙상 징계해고사유에 해당하는 비위행위가 있다는 점만으로 당연히 그 징계해고처분이 정당한 이유가 있다고는 볼 수 없고 구체적 사정을 참작하여 위와 같은 의미의 정당한 이유가 있다고 인정되어야 비로소 그 징계해고처분에 정당한 이유가 있다고 할 수 있다.[30]

(2) 해고사유의 유형별 검토

위와 같은 설명만으로 구체적 사건을 해결하기는 어렵다. 실제 판례를 보더라도 개별적인 판결들로부터 일관된 기준을 추출하는 것도 매우 어려운 일이다. 따라서 아래에서는 해고사유를 유형별로 분류하여 그 정당성을 설명한다.

가. 이력서 허위 기재

근로자가 취업 시에 사용자에게 제출하는 이력서상의 경력과 학력이 허위로 기재된 경우 정당한 해고사유가 되는지가 문제 된다. 판례에 따르면, 취업규칙에서 근로자가 채용 당시 제출한 이력서 등에 학력 등을 허위로 기재한 행위를 징계 해고사유로 특히 명시하는 경우에 이를 이유로 해고하는 것은 고용 당시 및 그 이후

작하여 인사고과를 실시한 뒤 이에 따라 해고대상자를 선정한 것이 공정하고 합리적인 기준이라고 본 대법원 2001.1.16. 2000두1454 판결은 옳지 않다.

29 대법원 2017.5.17. 2014다13457 판결.

30 대법원 1992.5.12. 91다27518 판결.

의 제반 사정에 비추어 보더라도 사회통념상 현저히 부당하지 않다면 그 정당성이 인정된다.[31]

　판례는 채용 당시의 사정뿐만 아니라 채용 이후 사정도 함께 고려하여 정당한 사유가 있는지를 판단해야 한다고 한다. 즉 정당한 이유 유무를 ① 사용자가 사전에 그 허위 기재 사실을 알았더라면 근로계약을 체결하지 아니하였거나 적어도 동일 조건으로는 계약을 체결하지 않았으리라는 등 고용 당시의 사정뿐 아니라, ② 고용 이후 해고에 이르기까지 그 근로자가 종사한 근로의 내용과 기간, ③ 허위 기재를 한 학력 등이 종사한 근로의 정상적인 제공에 지장을 초래하는지, ④ 사용자가 학력 등의 허위 기재 사실을 알게 된 경위, ⑤ 알고 난 이후 해당 근로자의 태도 및 사용자의 조치 내용, ⑥ 학력 등이 종전에 알고 있던 것과 다르다는 사정이 드러남으로써 노사 간 및 근로자 상호 간 신뢰관계의 유지와 안정적 기업경영과 질서유지에 미치는 영향 등 기타 여러 사정을 종합적으로 고려하여 판단한다.[32] 그리고 이력서의 학력·경력의 허위 기재가 작성자의 착오로 인한 것이거나 그 내용이 극히 사소한 경우에는 정당한 해고사유가 되지 않는다.[33] 사용자가 근로자의 학력·경력 사항의 사칭 또는 은폐 사실을 발견하고도 해당 근로자로부터 이를 자인하는 내용의 각서를 받고 계속 고용한 경우도 마찬가지다.[34]

　이러한 판례의 태도는 고용체결 시점에서 사용자의 가정적 의사에 초점을 맞추어 정당성을 판단하던 과거의 법리에 비하여 근로관계의 계속 기대 가능성을 주요한 판단 기준으로 삼았다는 점에서 진전된 것이라고 평가할 수 있다. 사용자가 이력서 등을 요구하는 본래 목적은 근로자가 근로계약상 필요한 능력을 갖추었는지를 평가하는 데 있고, 해고의 정당성 유무는 근로관계의 계속을 기대할 수 있는지와 연결되기 때문에, 해고의 정당성 여부를 판단할 때는 채용 당시보다 그 이후 사정을 더 중시하여야 하기 때문이다. 그럼에도 판례가 여전히 과거의 가정적 인과관계를 고수하는 점, 그리고 징계(해고)사유로 규정되었다는 이유만으로 해고 정당성에 대한 엄격한 심사를 회피하는 점 등은 여전히 문제로 남아 있다.

31　대법원 2012.7.5. 2009두16763 판결.
32　대법원 2012.7.5. 2009두16763 판결.
33　대법원 1999.3.26. 98두4672 판결; 대법원 2000.6.23. 98다54960 판결.
34　대법원 1988.12.13. 86다204, 86다카1035 판결.

한편 판례에 따르면, 근로자가 이력서에 허위 경력을 기재하여 채용되었는데, 그 경력이 노사 간 신뢰관계를 설정하거나 회사 내부 질서를 유지하는 데 직접 영향을 미치는 중요한 부분에 해당하는 경우, 사용자는 근로계약에 관한 의사표시에 무효 또는 취소를 주장할 수 있다. 다만 이렇게 근로계약의 무효 또는 취소를 주장할 수 있다 하더라도, 이미 제공된 근로자의 노무를 기초로 형성된 취소 이전의 법률관계까지 효력을 잃는 것은 아니고, 취소의 의사표시 이후 장래에 관하여만 근로계약의 효력이 소멸한다.[35] 그러나 이 사용자에게 의사표시의 하자에 근거하여 아무런 제한 없이 무효 또는 취소를 주장할 수 있다고 볼 수는 없고, 채용 당시 또는 그 직후에는 의사표시의 해석으로 근로계약을 취소할 수 있다고 볼 수 있으나, 근로자가 상당 기간 근로를 제공한 이후에는 해고제한 법리가 적용되어야 한다.

나. 상병 또는 장애

근로자가 상병이나 장애로 직무를 감당할 수 없게 되었다는 이유로 사용자가 해고하는 경우, 그 해고가 정당한지는 해당 근로자가 상병이나 장애에도 불구하고 근로계약에 따른 근로제공의무를 계속 이행할 수 있는지에 따라 판단해야 한다.

판례에 따르면, 이때 해고의 정당성은 근로자가 상병 또는 장애를 입게 된 경위와 그 사고가 사용자의 귀책사유 또는 업무상 부상으로 인한 것인지, 근로자의 치료기간 및 치료 종결 후 노동능력 상실의 정도, 근로자가 사고를 당할 당시 담당하던 업무의 성격과 내용, 근로자가 그 잔존 노동능력으로 감당할 수 있는 업무의 존부 및 내용, 사용자가 상병 또는 장애를 입은 근로자의 순조로운 직장 복귀를 위하여 담당 업무를 조정하는 등의 배려를 하였는지, 사용자의 배려로 새로운 업무를 담당하게 된 근로자의 적응 능력 등 제반 사정을 종합적으로 고려하여 판단하고 있다.[36]

그러나 근로자가 업무상 부상에 관한 요양 종결 후에도 상당한 신체 장애가 남아 있는 경우, 종전과 같은 업무를 수행할 수 없거나 부적합하게 되었다면 회사가 해고에 앞서 장애 근로자에 대해 일정한 유예 기간을 두고 배치전환 등으로 근무

---

35 대법원 2017. 12. 22. 2013다25194(본소)·2013다25200(반소) 판결.
36 대법원 1996. 12. 6. 95다45934 판결.

하도록 하면서 관찰해야 할 의무까지 부담하는 것은 아니기 때문에, 이를 이유로 한 해고는 정당하다.[37]

다. 무단결근 등 불성실한 근무

불성실한 근무는 근로자가 정당한 이유 없이 근로계약에 따른 근로일 또는 근로 시간에 근로를 제공하지 않거나 해당 직무에서 예정한 수준에 이르지 못한 경우와 같이 불완전하게 이행하는 것을 뜻한다. 무단결근은 불성실한 근무의 대표적 사례이다.

근로자의 불성실한 근무 또는 무단결근은 채무불이행에 해당하므로, 그에 대해서는 원칙적으로 계약상 책임(예컨대 무단결근일수에 상당하는 급여의 감액) 등을 묻는 것으로 충분하고, 해고는 보충적으로 허용될 뿐이다. 따라서 무단결근 일수가 형식적으로 취업규칙에서 정한 일자를 충족한다고 하여 해고사유가 곧바로 충족되었다고 보아서는 안 되고, 이러한 무단결근으로 근로기준법 제23조에 따라 객관적으로 사회통념상 근로관계를 지속하지 못할 정도인지 판단해야 한다.

무단결근을 이유로 한 해고의 정당성은 구체적·개별적으로 판단한다. 근로자가 결근을 하는 이유는 매우 다양하고, 결근 사실이 있다 하더라도 그것을 무단결근으로 평가할 수 있는지는 그 사업장의 관행이나 취업규칙, 단체협약 등을 구체적으로 따져보아야 하기 때문이다. 무단결근이 기업경영에 미치는 영향 역시 기업의 업종, 규모, 근로자 인원수, 담당 업무, 시기적 특성에 따라 차이가 있다.[38]

근로자가 근로계약으로 사용자에게 부담하는 근로제공의무를 이행하지 못하게 된 경우, 이를 정당화하려면 사용자의 사전 또는 사후의 승인을 요하고, 근로자의

---

37 대법원 1996.11.12. 95누15728 판결. 다만 장애인차별금지법 제11조에 따르면, 30명 이상 사업장의 사용자는 장애인이 해당 직무를 수행할 때 장애인 아닌 사람과 동등한 근로조건에서 일하도록 시설·장비의 설치 또는 개조, 재활·기능평가·치료 등을 위한 근무시간의 변경 또는 조정 등과 같은 정당한 편의를 제공해야 하고, 정당한 사유 없이 장애를 이유로 장애인의 의사에 반하여 다른 직무에 배치해서는 아니 된다. 따라서 사용자가 정당한 편의를 제공하지 않고 장애 근로자를 해고할 경우, 차별행위에 해당할 수 있다.

38 판례 중에는 무단결근에 기한 해고의 정당성 여부와 관련하여, 사업이나 직무의 특수성을 고려하여 엄격하게 판단하는 경우가 있다. 예컨대 정기성·계속성이 요구되는 고속버스 사업의 특수성 및 공익성을 고려하여 고속버스 운전기사가 배차지시를 받고 1일 결근하여 예정노선이 1회 결행, 2회 대리운행된 사안에서, 회사의 해고처분을 유효하다고 판단하였다(대법원 1994.9.13. 94누576 판결).

일방적 통지로 근로제공의무를 이행하지 않은 것을 정당화할 수는 없다.[39] '무단' 결근인지는 취업규칙 등의 규정에 따라 판단한다.[40] 예컨대 결근계만 제출하면 무단결근으로 처리하지 않는다는 규정이 있다면, 무단결근 여부는 결근계 제출 사실 여부에 좌우된다. 반면에 결근계 제출 후 사용자 승인이 필요하다고 규정된 경우에는 결근계 제출 여부와 승인 사실 모두를 살펴봐야 한다.

취업규칙 등에 일정 기간 이상의 무단결근을 징계나 해고사유로 규정하는 경우에도 근로기준법 제23조의 정당한 이유가 있는지는 별도로 검토되어야 한다. 이때 이러한 규정의 의미는 상당하다고 인정되는 일정한 기간 내에 합산하여 기준 이상의 무단결근을 한 경우를 뜻한다고 해석해야 하는 것이지, 단순히 별다른 기간의 제한 없이 총 무단결근 일수를 합산하여 기준을 초과한 경우를 뜻한다고 해석해서는 안 된다.[41] 이 경우 결근일수는 원칙적으로 역일(曆日, 즉 오전 0시부터 오후 12시까지의 하루)에 따라 계산하고, 휴일은 결근일 계산에서 제외된다.

라. 부족한 업무 능력(저성과)

업무 능력 부족 등을 이유로 해고하는 경우, 그 정당한 이유는 사용자의 주관적 평가가 아니라 객관적이고 사회적인 기준에서 판단해야 한다. 즉 그 정당성 여부는 합리적이고 객관적인 평가 기준의 존재와 이를 토대로 인사고과 등의 평가를 공정하게 했는지, 해당 근로자가 담당한 직무의 특성과 그 직무와 관련하여 사회통념상 요청되는 업무 능력의 수준, 해당 근로자에게 업무 능력을 개선할 적절한 기회(교육훈련, 업무조정, 경고 등)를 제공하였음에도 개선 가능성이 결여되어 있는지 등을 종합적으로 고려하여 해당 근로관계의 계속에 대한 객관적 기대 가능성 여부에 따라 판단해야 한다. 단순히 인사고과에서 하위 일정 비율에 속한다는 이유 또는 구체적 평가 기준 없이 추상적으로 업무능력이 부족하다는 이유만으로 해고가

---

39 대법원 1997.4.25. 97다6926 판결; 대법원 2002.12.27. 2002두9063 판결.
40 대법원 1987.4.14. 86다카1875 판결; 대법원 1990.4.27. 89다카5451 판결.
41 예컨대 징계해고사유인 "7일 이상 무단결근하였을 때"는 일정한 시간적 제한이 없이 합계 7일 이상의 무단결근을 한 모든 경우를 의미하는 것이 아니라 상당한 기간 내에 합계 7일 이상의 무단결근을 한 경우를 의미한다고 제한적으로 해석하여야 하는바, 근로자가 1년 2개월에 걸쳐 합계 7회의 무단결근을 한 것이라면, 이는 사회통념상 고용관계를 계속할 수 없을 정도로 상당한 기간 내에 7회 이상의 무단결근을 한 것이라고 볼 수는 없다(대법원 1995.5.26. 94다46596 판결).

정당해질 수는 없다.[42] '업무처리 과정이 원활하지 않다'는 등 사용자의 주관적 판단이나 감정에 따른 평가에 의한 해고 역시 마찬가지 이유에서 부당하다.

요컨대 이른바 저성과자의 경우, 사용자가 근로자의 근무성적이나 근무능력이 불량하다고 판단한 근거가 되는 평가가 공정하고 객관적인 기준에 따라 이루어진 것이어야 할 뿐 아니라, 근로자의 근무성적이나 근무능력이 다른 근로자에 비하여 상대적으로 낮은 정도를 넘어 상당한 기간 일반적으로 기대되는 최소한에도 미치지 못하고 향후에도 개선될 가능성을 인정하기 어렵다는 등 사회통념상 고용관계를 계속할 수 없을 정도인 경우에 한하여 해고의 정당성이 인정된다.[43] 사용자가 근무성적이나 근무능력이 불량하여 직무를 수행할 수 없는 경우 해고할 수 있다거나 또는 대기발령 후 일정 기간이 경과하도록 보직을 다시 부여받지 못하는 경우에는 해고할 수 있다고 정한 취업규칙 등에 따라 근로자를 해고한 경우에도 마찬가지이다.[44]

마. 직장 내 성희롱, 괴롭힘, 폭력

일반적으로 '직장 내 성희롱'은 사업주·상급자 또는 근로자가 직장 내의 지위를 이용하거나 업무와 관련하여 다른 근로자에게 성적 언동 등으로 성적 굴욕감 또는 혐오감을 느끼게 하거나 성적 언동 또는 그 밖의 요구 등에 따르지 아니하였다는 이유로 근로조건과 고용에서 불이익을 주는 것을 뜻하며(남녀고용평등법 제2조 제2호), 이는 개별 기업에서 단체협약 또는 취업규칙 등으로 별도로 규정하기도 한다.

직장 내 성희롱이 발생한 경우 사업주는 지체 없이 직장 내 성희롱 행위를 한 사람에 대하여 징계 등 필요한 조치를 할 법률상 의무가 있다(남녀고용평등법 제14조 제5항). 판례는 이러한 입법 취지에 따라 직장 내 성희롱이 고용환경을 악화시킬 정도로 매우 심하거나 반복적으로 행해지는 경우 이를 이유로 한 해고의 정당성을 넓게 인정한다. 특히 직장 내 성희롱이 일정한 기간에 걸쳐 반복적으로 이루어지고 성희롱 피해자도 다수인 경우, 직장 내 성희롱을 방지해야 할 지위에 있는 사업주나 사업주를 대신할 지위에 있는 자가 오히려 자신의 우월한 지위를 이용해 성

---

[42] 김유성, 『노동법 Ⅰ』, 법문사, 2005, 283면.
[43] 대법원 2021.2.25. 2018다253680 판결.
[44] 대법원 2022.9.15. 2018다251486 판결.

희롱을 한 경우에는 이를 엄격하게 취급해야 하고 해고의 정당한 이유를 쉽게 부인해서는 안 된다고 한다.[45]

직장 내 괴롭힘 역시 사용자는 그 발생 사실이 확인된 때에는 지체 없이 행위자에 대하여 징계 등 필요한 조치를 하여야 하므로(근로기준법 제76조의2·제76조의3 제5항), 이를 이유로 한 해고의 정당성은 직장 내 성희롱과 유사한 관점에서 판단해야 한다.

그 밖에 사업 또는 사업장의 폭력 행위는 매우 다양한 모습으로 일어난다. 그것은 사업장 밖에서 일어나기도 하고 사업장 내에서 일어나기도 한다. 그리고 직장 동료를 상대로 하거나 직장 상사를 상대로 한 것일 수도 있다. 그 동기와 관련해서도, 상대방의 도발에 기인한 것도 있고, 여러 사정에 비추어 볼 때 참작할 만한 사정이 있는 경우도 있다. 따라서 사업장 내에서 일어난 근로자의 폭력 행위를 이유로 한 해고처분의 경우, 그 비행의 동기와 경위 등 전후의 여러 가지 사정을 종합하여 해고가 정당한지를 판단해야 한다.[46]

바. 횡령, 배임 등

판례는 근로자의 횡령, 배임 등은 형법상 범죄행위에 해당한다고 보아 그 액수가 적다고 하더라도 해고의 정당성을 넓게 인정한다.[47] 이러한 판례의 태도는 횡령의 대상이 택시회사의 운송수입금, 용역회사의 수수료 등 회사의 본질적 수입원과 연결되어 있을 때 더 엄격하게 나타난다. 예컨대 대법원은 노선버스 운행 중 소액

---

45 법원은 "객관적으로 상대방과 같은 처지에 있는 일반적이고도 평균적인 사람의 입장에서 보아 어떠한 성희롱 행위가 사업주가 사용자책임으로서 피해근로자에 대해 손해배상책임을 지게 될 수도 있을 뿐 아니라 성희롱 행위자가 징계해고되지 않고 같은 직장에서 계속 근무하는 것이 성희롱 피해근로자들의 고용환경을 감내할 수 없을 정도로 악화시키는 결과를 가져올 수도 있으므로, 근로관계를 계속할 수 없을 정도로 근로자에게 책임이 있다고 보아 내린 징계해고처분은 객관적으로 명백히 부당하다고 인정되는 경우가 아닌 한 쉽게 징계권을 남용하였다고 보아서는 아니 된다."라고 판시하고, 특히 "성희롱이 일정한 기간에 걸쳐 반복적으로 이루어지고 피해자도 다수라면 이를 우발적이라고 평가할 수는 없고", "직장 내 성희롱을 방지하여야 할 지위에 있는 사업주나 사업주를 대신할 지위에 있는 자가 오히려 자신의 우월한 지위를 이용하여 성희롱을 하였다면 그 피해자로서는 성희롱을 거부하거나 외부에 알릴 경우 자신에게 가해질 명시적·묵시적 고용상의 불이익을 두려워하여 성희롱을 감내할 가능성이 크다는 점을 감안할 때 이들의 성희롱은 더욱 엄격하게 취급되어야 한다."라고 강조하였다(대법원 2008.7.10. 2007두22498 판결).

46 대법원 1992.3.13. 91다39559 판결.

47 대법원 1990.11.23. 90다카21589 판결.

의 승차요금을 횡령한 것을 이유로 운전기사를 해고한 행위까지도 정당하다고 보고 있다.[48]

횡령, 배임 등은 근로계약상 근로자의 성실의무에 대한 중대한 위반에도 해당하므로 이러한 사유가 존재하는 한 해고의 정당성을 긍정할 수 있으나, 판례와 같이 범죄행위에 해당한다는 점만으로 해고가 정당하다고 쉽게 단정하는 것은 적절하지 않다. 이 경우에도 근로자의 행위가 계속적 근로관계의 특성에 비추어 상호 신뢰를 중대하게 훼손하는지, 회사의 업무수행에 직접 나쁜 영향을 미치는지, 회사의 명예와 신용을 훼손하였는지 등을 종합적으로 고려하여 개별적·구체적으로 판단해야 한다.

사. 범죄행위로 인한 유죄판결

근로자가 형사상 범죄행위를 저질러 형사처벌을 받게 되더라도 근로제공에 아무런 영향을 주지 않는 경우도 있지만, 이와 달리 ① 근로자의 기본적 의무인 근로제공의무를 이행할 수 없는 상태가 장기화되어 근로계약의 목적이 달성될 수 없게 되거나, ② 사용자의 명예나 신용이 심히 실추되고 거래관계에 악영향을 끼치거나, ③ 사용자와 근로자 간의 신뢰관계가 상실됨으로써 근로관계의 유지가 기대될 수 없는 경우도 있다. 따라서 해고의 정당성 여부는 형사처벌과 근로제공의 연관성 속에서 제반 사정을 고려하여 구체적·개별적으로 판단해야 한다.

취업규칙이나 단체협약에 해고사유의 하나로 형사처벌을 열거하는 경우가 많은데, 이와 같은 규정만을 근거로 해고가 정당화될 수 있는지가 문제 된다. 이러한 규정도 근로기준법 제23조의 규범통제를 받기 때문에 위에 설명한 법리가 그대로 적용되어야 한다. 그리고 취업규칙 등에 해고사유의 하나로 단순히 '형사상 유죄판결을 받은 경우'라고만 표현해 놓는 경우가 많은데, 이때 '유죄판결'을 어떻게 해석할지가 쟁점이 되는 경우가 많다. 취업규칙이나 단체협약의 규정상 미확정 유죄판결도 해고사유로 삼고 있음이 분명한 경우를 제외하고는 유죄판결이 확정될 때까지는 무죄로 추정된다는 무죄 추정 원칙에 비추어 이는 유죄의 '확정'판결만을 의미하는 것으로 해석해야 한다.[49]

---

48 대법원 1997.7.8. 96누6431 판결.
49 대법원 1997.7.25. 97다7066 판결.

아. 업무명령, 인사명령 위반

근로자가 업무명령이나 인사명령을 거부한 것을 이유로 한 해고의 정당성 유무는 원칙적으로 그 업무명령이나 인사명령이 정당한지에 좌우된다. 예컨대 정당한 인사명령에 불응하여 근로계약상의 근로를 제공하지 않는 경우 이를 해고사유로 삼을 수 있지만,[50] 인사명령이 부당하다면 사용자는 근로자가 새로운 근무지로 출근하기를 거부하는 것을 해고사유로 삼을 수 없다.[51] 정당한 업무명령이나 인사명령을 거부하였다 하더라도, 해당 명령의 중요도, 직장 질서에 미치는 영향 등을 종합적으로 고려하여 해고의 정당성 여부를 구체적·개별적으로 살펴보아야 한다.

자. 사업장 내 근로자의 의견 표현 행위

취업규칙이나 단체협약에서 회사 내에서 집회, 연설, 벽보판의 게시, 유인물의 배포 등 활동을 일반적으로 금지하고 사용자의 허가를 받은 경우에 한하여 허용한다는 규정을 두어 이에 위반한 것을 해고사유로 삼는 경우가 있다. 이렇게 사업장에서 업무 이외의 활동에 대하여 허가를 받도록 한 것은 회사의 근무 질서 또는 기업 질서를 유지하려는 것으로 그 규정 자체를 무효라고 할 수는 없다.[52] 그런데 사업장은 근로자들이 의견을 교환하는 공간이기도 하다는 점을 고려하면, 유인물 배포 등 근로자들의 의견 표현을 전면적으로 제한하거나 일부 근로자를 차별적으로 대우해서는 안 된다. 특히 근로조건의 유지·개선과 근로자의 복지 증진 기타 경제적·사회적 지위의 향상을 도모하려는 것으로 그 문서 등의 내용이 전체적으로 보아 진실하다면, 배포 방식과 관련하여 근무시간이 아닌 주간의 휴게시간 중 배포

---

50 대법원 1991.9.24. 90다12366 판결; 대법원 1995.8.11. 95다10778 판결.

51 대법원 1997.12.12. 97다36316 판결. 또한 부당전보에 대해 노동위원회 구제명령을 받은 사용자가 이에 대한 구제명령을 이행하지 아니한 채 오히려 구제명령에 반하는 업무지시를 하고 근로자가 그 지시를 거부하였다는 이유로 근로자를 징계하는 것은 그 구제명령이 당연무효라는 등의 특별한 사정이 없는 한 정당성을 가진다고 보기 어렵다. 그러나 만약 그 업무지시 후 구제명령을 다투는 재심이나 행정소송에서 구제명령이 위법하다는 이유에서 이를 취소하는 판정이나 판결이 확정된 경우라면, 업무지시 당시 구제명령이 유효한 것으로 취급되고 있었다는 사정만을 들어 업무지시 거부 행위에 대한 징계가 허용되지 않는다고 볼 수는 없고, 구제명령 제도의 취지와 업무지시의 내용과 경위, 그 거부 행위의 동기와 태양, 구제명령 또는 구제명령을 내용으로 하는 재심판정의 이유, 구제명령에 대한 쟁송경과와 구제명령이 취소된 이유, 구제명령에 대한 근로자의 신뢰 정도와 보호가치 등을 종합적으로 고려하여 그 징계의 유효성을 판단해야 한다(대법원 2023.6.15. 2019두40260 판결).

52 대법원 1994.9.30. 94다4042 판결; 대법원 1997.7.11. 95다55900 판결.

는 다른 근로자의 취업에 나쁜 영향을 미치거나 휴게시간의 자유로운 이용을 방해하거나 구체적으로 직장 질서를 문란하게 하는 것이 아닌 한 허가를 얻지 아니하였다는 이유만으로, 그 정당성을 잃는다고 할 수는 없다.[53]

차. 회사에 대한 고소, 고발

근로자가 법적 절차에 따라 회사에 대한 고소, 고발, 진정 등을 제기하는 것은 근로자의 정당한 권리 행사이므로 원칙적으로 해고 사유가 될 수 없고, 해고사유로 인정된다고 하더라도 그 해고의 정당성 여부는 고소·고발 등의 그 목적이 근로자들의 권익을 보호하고자 혹은 사용자의 부당한 처사에 대항하고자 행해진 것인지, 근로자와 회사 간의 관계, 고소·고발의 경위, 반복 정도 등 그 행위가 발생하게 된 경위를 구체적으로 살펴 판단해야 한다.

특히 사용자는 근로자가 사업 또는 사업장에서 발생한 근로기준법 및 그 시행령 위반사실을 고용노동부장관이나 근로감독관에게 신고한 것을 이유로 해고나 그 밖의 불리한 처우를 하지 못하므로(근로기준법 제104조 참조; 위반시 벌칙 적용), 이를 이유로 한 해고는 무효라고 보아야 한다.

카. 사생활상의 비행(非行)

사용자는 원칙적으로 근로자의 사생활 영역에 속하는 사유를 이유로 해고할 수 없다. 예컨대 근로자가 다른 일을 병행하는 것은 근로자의 개인 능력에 따른 사생활의 범주에 속하므로, 기업 질서나 노무제공에 지장이 없는 겸직 내지 경업까지 전면적·포괄적으로 금지하는 것은 부당하다.

다만, 근로자의 사생활에서의 비행 등이 사업 활동에 직접 관련이 있거나, 기업의 사회적 평가를 훼손하였거나 훼손할 염려가 있는 경우에는 정당한 해고사유가 될 수 있다.[54] 이때 기업의 사회적 평가를 훼손할 염려가 있다고 하려면 반드시 구체적인 업무 저해의 결과나 거래상 불이익이 발생해야 하는 것은 아니고, 해당 행위의 성질과 태양, 기업의 목적과 경영방침, 사업의 종류와 규모, 그 근로자의 기업에서의 지위와 담당 업무 등 제반 사정을 종합적으로 고려하여 그 비위행위가

---

53 대법원 1991.11.12. 91누4164 판결.
54 대법원 1994.12.13. 93누23275 판결.

기업의 사회적 평가에 미친 악영향이 상당히 중대하다고 객관적으로 평가되어야
한다.[55]

3. 해고절차의 적정성

(1) 해고절차 법리의 개관

해고절차에 관한 법리는 단체협약, 취업규칙 등에서 관련 규정을 두는 경우와
그렇지 않은 경우를 나누어 살펴볼 수 있다.

먼저, 단체협약이나 취업규칙에 징계위원회의 구성, 사전통지, 소명기회 부여
등 해고 절차에 관한 규정을 둔 경우, 이를 위반한 해고는 효력이 없다는 것이 판
례의 일관된 태도이다.[56] 반면 단체협약이나 취업규칙 등에 해고절차에 대한 별도
규정이 없는 경우에는 판례는 적정한 해고절차를 거쳤는지는 묻지 않는다.[57]

하지만 해고와 관련한 절차적 권리를 사용자의 의사에 맡긴다는 것은 근로자 보
호에 미흡할 뿐만 아니라 적법절차(due process) 원리에 반할 우려가 있으므로 판례
의 입장은 문제가 있다. 특히 해고의 사전 서면통지의무 조항이 신설되어 해고에
대한 절차적 정의가 강조된 2007년 이후에는 이러한 판례의 입장이 유지되기 힘
들 것이다.

(2) 해고절차의 유형별 검토

위에서 살펴본 바와 같이 판례에 따르면 단체협약, 취업규칙 등에 절차 규정이
있음에도 이를 위반한 경우 그 해고는 무효이다. 아래에서는 해고절차의 유형별로
적용되는 법리를 살펴본다.

가. 소명할 기회 부여

취업규칙 등에서 해고대상자인 근로자에게 소명할 기회를 제공하도록 규정한

---

[55] 대법원 2001.12.14. 2000두3689 판결.
[56] 대법원 1991.7.9. 90다8077 판결; 대법원 1999.3.26. 98두4672 판결; 대법원 2015.5.28. 2013두3351 판
결 등 참조.
[57] 대법원 1979.1.30. 78다304 판결; 대법원 1991.4.9. 90다카27402 판결.

경우, 이를 반드시 거쳐야 한다. 해고할 때 그 처분을 사전에 통지하고 해당 근로자에게 진술 기회를 제공해야 한다는 규정은 해고절차의 적정성을 보장하려는 핵심 규정으로 해고의 유효요건이다.[58] 이는 해고대상자인 근로자로 하여금 징계에 회부된 사유에 관한 진술과 소명을 준비할 기회를 주어 징계의 공정성과 합리성을 확보하려는 것일 뿐만 아니라,[59] 실질적으로 약자 지위에 있는 근로자를 보호하려는 것이다.

다만, 진술기회를 주었는데도 근로자가 아무런 이의를 제기하지 않는 경우[60] 또는 대상자가 행방불명되어 그에 대한 통지가 불가능한 것과 같은 부득이한 사유가 있는 경우에는 진술할 기회를 제공하지 아니한 채 징계절차를 진행할 수 있다.[61]

나. 징계위원회

취업규칙 등에서 징계위원회의 의결을 거치도록 규정하는 경우, 특별한 사정이 없는 한 그에 따라 해고절차를 진행해야 한다. 예컨대 취업규칙이나 단체협약에 징계위원회 관련 조항을 두고, 징계위원회에서 징계 혐의 사실에 대한 조사나 그에 관한 징계대상자의 변명 청취, 징계양정의 심의와 결정 등을 하도록 규정한 경우, 징계해고의 결정 과정에서 징계위원회의 의결 절차를 거치지 않거나 그 과정에 하자가 있으면 그 해고는 그 위원회가 의결기관인지 아니면 심의기관인지 불문하고, '절차에 있어서의 정의에 반하는 것'으로 근로기준법 제23조 제1항에 위배되어 무효이다.[62] 또한 징계위원회를 통한 소명 기회를 부여한 경우, 그 시기와 방법에 관하여 특별히 규정한 바가 없다고 하여도 변명과 소명자료를 준비할 만한 상당한 기간을 두고 징계위원회 개최일시와 장소를 통보하여야 한다.[63]

취업규칙 등에서 노사 동수로 징계위원회를 구성하도록 하였다면 이는 근로자

58 대법원 1982.10.26. 82다카298 판결; 대법원 1988.11.8. 87다카683호 판결; 대법원 1990.12.7. 90다6095호 판결; 대법원 1991.5.14. 91다2656호 판결; 대법원 1991.7.9. 90다8077호 판결; 대법원 1992.9.22. 91다36123호 판결.
59 대법원 1991.11.26. 91다22070 판결; 대법원 1992.7.28. 92다14786호 판결; 대법원 1992.11.23. 92다11220호 판결.
60 대법원 1993.9.28. 91다30620호 판결.
61 대법원 1990.12.7. 90다6095호 판결.
62 대법원 1993.7.13. 92다50263 판결; 대법원 1996.2.9. 95누12613 판결.
63 대법원 2004.6.25. 2003두15317 판결.

들 중에서 징계위원을 위촉하여 징계위원회에 대한 근로자들의 참여권을 보장함으로써 절차적 공정성을 확보함과 아울러 사측의 징계권 남용을 견제하려는 것이다. 따라서 취업규칙 등에 직접적으로 징계위원의 자격과 선임절차를 규정하지는 않았지만, 노조 측 징계위원들이 이전부터 근로자들을 대표하거나 근로자들의 의견을 대변해 왔다는 등의 특별한 사정이 없는 한 근로자들 의견을 반영하는 과정 없이 임의로 노조 측 징계위원을 위촉할 수 있는 것으로까지 해석할 수는 없다.[64]

취업규칙 등에서 정한 징계위원회의 구성 절차를 위반한 해고는 그 사유가 정당한지와 관계없이 해고 절차에 관한 정의에 반하는 것으로 무효이다. 다만, 근로자 측에 징계위원 선정권을 행사할 기회를 부여하였는데도 근로자 측이 스스로 징계위원 선정을 포기 또는 거부한 것이라면 근로자 측 징계위원이 참석하지 않은 징계위원회의 의결을 거친 징계처분이라고 하더라도 이를 무효로 볼 수는 없다.[65]

다. 재심절차

취업규칙 등에서 재심절차를 두는 경우, 이를 반드시 거쳐야 한다. 해고에 대한 재심절차는 기존의 해고절차와 함께 전부가 하나의 해고절차를 이루기 때문에 재심 절차를 위반한 해고는 무효이다. 그리고 원래의 징계 과정에 절차 위반의 하자가 있더라도 재심 과정에서 보완되었다면 그 절차 위반의 하자는 치유된다.[66]

원래의 해고처분이 그 요건을 모두 갖추었다 하더라도 재심절차를 전혀 이행하지 않거나 재심절차에 중대한 하자가 있어 재심의 효력을 인정할 수 없는 경우에는 그 해고는 무효가 된다.[67] 또한 원래의 해고처분에서 해고사유로 삼지 아니한 사유를 재심절차에서 추가하는 것은 추가된 해고사유에 대한 재심 기회를 박탈하는 것으로 특별한 사정이 없는 한 허용되지 않는다.[68]

---

64 대법원 2006.11.23. 2006다48069 판결.
65 대법원 2015.5.28. 2013두3351 판결.
66 대법원 2009.2.12. 2008다70336 판결.
67 대법원 1995.1.24. 93다29662 판결.
68 대법원 1996.6.14. 95누6410 판결.

라. 단체협약상 인사 동의·협의 조항

단체협약 등에서 해고에 관련하여 노동조합과 사전 동의 또는 협의 등을 요구하는 조항을 두는 경우가 있다. 이러한 인사 동의·협의 조항은 단체협약 중 규범적 부분에 해당하므로, 이를 위반하여 이루어진 해고는 단체협약의 규범적 효력에 따라 사법상 무효로 된다. 또한 위 조항은 해고의 유효요건에 해당하므로 이를 위반하여 행해진 해고는 원칙적으로 무효이다.

판례 역시 노동조합이 동의할 경우에 한하여 해고권을 행사하겠다는 의미로 해고의 사전 합의 조항을 단체협약에 두었다면, 그러한 절차를 거치지 아니한 해고는 원칙적으로 무효라고 본다.[69]

다만, 판례는 인사 동의 조항과 인사 협의 조항을 구분하여 관념해서 협의 조항 위반만으로는 해고가 무효가 되지 않는다는 입장이다. 즉, 동의 조항은 노동조합과 의견을 성실하게 교환하여 노사 간에 '의견의 합치'를 보아 인사권을 행사해야 한다는 뜻에서 규정한 것이라고 보는 반면, 협의 조항은 조합원에 대한 인사권을 신중히 행사하기 위해 단순히 의견수렴절차를 거치라는 뜻이라고 해석한다.[70]

그러나 동의와 협의를 구분하여 취급하는 판례의 이분법적 태도는 타당하다고 보기 어려운데, 그 이유는 다음과 같다. 첫째, 동의 절차와 협의 절차를 모두 단체협약상 규범적 부분으로 이해하는 이상, 이를 구별하여 효력 유무를 판단할 법리적 근거가 없다. 둘째, 판례가 취업규칙상 해고절차는 정의가 요구하는 유효요건이라고 보면서도 그보다 더 존중되어야 할 단체협약과 관련해서는 특별한 근거 없이 그 절차 위반의 해고를 용인함으로써 양 규범 간의 위계 측면에서 전도된 결과가 초래된다. 셋째, 판례는 전직처분과 관련하여 신의칙상 요구되는 협의 절차를 그 정당성 판단 요소로 고려하면서도, 이보다 훨씬 중대한 해고에서 이러한 규범적 요청을 고려하지 않는 것은 본말이 전도된 해석이다. 넷째, 판례의 이분법적 논거는 협의와 동의의 사전적 의미에 치중한 나머지 적법절차를 확보하려는 노사의 의사를 간과하고 있다. 이와 같은 점을 고려할 때, 단체협약상 인사 동의·협의 조항을 위반한 해고는 무효라고 보아야 한다.

---

69 대법원 2007.9.6. 2005두8788 판결.
70 대법원 1993.7.13. 92다45735 판결; 대법원 1996.4.23. 95다53102 판결; 대법원 2012.6.28. 2010다38007 판결.

한편 판례에 따르면, 해고 동의 조항을 두었다고 하더라도 노동조합이 사전동의권을 남용하거나 스스로 사전동의권을 포기한 것으로 인정되는 경우에는 노동조합의 동의가 없더라도 사용자의 해고권 행사가 가능하다. 여기서 '노동조합이 사전동의권을 남용한 경우'는 노동조합 측의 중대한 배신행위로 해고절차의 흠결이 초래되거나, 비위사실이 해고사유에 해당함이 객관적으로 명백하며 회사가 노동조합과 사전 합의하고자 성실하고 진지한 노력을 다하였음에도 노동조합이 합리적 근거나 이유 제시도 없이 무작정 반대함으로써 사전 합의에 이르지 못하였다는 등의 사정이 있는 경우에 인정된다. 이러한 경우에 이르지 아니하고 단순히 해고사유에 해당한다거나 실체적으로 정당성 있는 해고로 보인다는 이유만으로는 노동조합이 사전동의권을 남용하여 해고를 반대하고 있다고 단정해서는 안 된다.[71]

마. 쟁의 중 신분보장 조항 등

단체협약에서 '쟁의기간 중에는 징계나 전출 등의 인사조치를 하지 아니 한다'고 정한 경우, 쟁의행위가 그 목적에서 정당하고 절차적으로도 노동조합 및 노동관계조정법의 제반 규정을 준수함으로써 정당하게 개시된 경우라면, 비록 그 쟁의 과정에서 징계사유가 발생하였다고 하더라도 쟁의가 계속되는 한 그러한 사유를 들어 쟁의기간 중에 징계위원회의 개최 등 조합원에 대한 징계절차의 진행을 포함한 일체의 징계 등 인사조치를 할 수 없다.[72]

또한 쟁의행위기간 중 발생한 비위행위와 관련하여 책임을 묻지 않기로 하는 면책 합의 또는 단체협약이 있는 경우, 이를 위반하여 이루어진 해고는 무효이다. 예컨대 쟁의기간 중의 농성과 관련해서 노동조합원들에 대한 일체의 책임을 묻지 않기로 노사 간에 단체협약을 한 경우, 그 취지는 농성행위와 일체성을 가지는 행위와 농성으로 사후에 부득이 일어나는 행위에 대해서도 면책시키기로 한 것이라고 봄이 타당하므로, 면책협약 이전의 농성행위 등으로 면책협약 이후에 형사처벌을 받고 또 그로써 결근한 사실이 취업규칙상 징계해고사유에 해당된다고 하더라도, 이를 이유로 해고를 할 수는 없다.[73]

---

71 대법원 2007.9.6. 2005두8788 판결; 대법원 2010.7.15. 2007두15797 판결.

72 대법원 2019.11.28. 2017다257869 판결.

73 대법원 1991.8.13. 91다1233 판결.

III. 경영상 해고

1. 의의

경영상 해고[74]는 보통의 해고와 달리 근로자에게 책임 있는 사유로 발생하는 것이 아니라, 사용자 측 사정으로 행해진다. 이러한 상황은 사업의 외적 요인인 경제적·기술적 변화로 발생하는 경우가 많다. 경영상 해고는 대규모로 진행되는 경우가 많기 때문에 집단적 노동분쟁으로 이어지기도 하고, 나아가 근로자의 가족과 지역사회에 사회·경제적 영향을 미치기도 한다.

우리나라에서는 종신고용과 연공서열형의 관행이 터잡아 가고 있고, 온정주의적 노사 관행이 잔존하므로 경영상 해고에 관한 사용자의 태도는 다분히 소극적이었다고 할 수 있었다. 그러나 1980년대 중반 이후 경기침체와 더불어 기업의 도산이 속출하고 또한 이른바 산업구조조정기에 들어와 경영합리화정책의 필요성을 사용자가 인식하게 됨에 따라 대량 실직 사태가 자주 발생하면서 주요한 사회문제로 제기되어 왔다. 특히 1980년대 후반기에는 이것이 소송으로 이어지는 빈도도 증가하였다. 경영상 해고는 근로자에게 책임 있는 사유가 없다는 점과 해고가 대량으로 이루어진다는 점에서 통상적 해고와 본질적으로 구분된다고 할 수 있다. 즉 통상적 해고는 근로자 개인의 일신상 또는 행태상 사유로 해고가 이루어지는 데 반하여, 경영상 해고는 경제적·기술적 변화와 같은 기업경영상의 사유로 근로자(일반적으로는 다수의 근로자)가 해고되는 것이다.

이러한 특성으로 경영상 해고에 대해서는 특별한 규율이 필요하다. 귀책사유 없는 근로자에게 사형선고나 다름없는 해고를 고스란히 감수하라고 요구할 수는 없기 때문에 그 요건은 엄격해야 할 뿐만 아니라 경우에 따라서는 국가가 개입할 필요성이 인정되기도 한다. 또한 사용자의 경영상의 필요성이 적법한 것으로 평가받을 경우 피해근로자 보호의 문제가 제기되지 않을 수 없는바, 여타 통상해고와 달리 위험의 공평부담의 원리가 사물의 본성상(Natur der Sache) 요청되지 않을 수밖에 없다. 노사 당사자 간에 그 위험을 부담할 능력을 상실하였을 경우에는 국가

---

74 이를 정리해고라고 부르기도 한다.

가 법질서상 요청되는 책무를 행해야 한다. 또한 해고가 대량적으로 행해지는 결과 경영상 해고는 개인적 사유로 행해지는 보통해고와 달리 사회적으로 큰 영향을 미치게 되고 이러한 점에서 경영상 해고에 대한 규제는 보통해고에서의 근로자 보호라는 측면뿐만 아니라 고용보장이라는 측면까지도 고려하지 않으면 안 되는 것이다.

이러한 점 때문에 경영상 해고에 대해서는 근로기준법 제23조 제1항의 정당한 이유를 구체화하는 특칙을 마련하여 네 가지 요건(이른바 4요건론)을 법정화하고 있다(제24조 제1항·제2항·제3항). 이에 따르면, ① 사용자가 경영상 이유로 근로자를 해고하려면 긴박한 경영상의 필요가 있어야 한다. ② 사용자는 해고를 피하려는 노력을 다해야 하며, ③ 합리적이고 공정한 해고의 기준을 정하고 이에 따라 그 대상자를 선정해야 한다. ④ 사용자는 해고를 피하는 방법과 해고 기준 등에 관하여 근로자 대표에게 해고하려는 날의 50일 전까지 통보하고 성실하게 협의해야 한다.

근로기준법은 경영상 해고의 집단성과 구조적 성격을 감안하여 사용자가 일정한 규모 이상의 인원을 경영상 이유로 해고하려면 고용노동부장관에게 신고하여야 한다고 규정하고(제24조 제4항), 귀책사유 없이 해고되는 근로자들에 대한 사후적 구제 조치로서 사용자에게 재고용 의무를 부여하고 있다(제25조).

이러한 경영상 해고 조항은 1998년에 입법화된 것이다. 하지만 경영상 해고에 대한 법리는 그 이전에도 제23조의 해석에 대한 판례 법리로 형성되어 왔고, 제24조는 이러한 판례 법리를 입법적으로 반영한 것이다.

2. 경영상 해고의 정당한 이유

현행 근로기준법은 경영해고의 유효요건으로 긴박한 경영성의 필요성, 해고회피 조치, 합리적이고 공정한 해고대상자 선정, 근로자 대표와 협의를 명시하고 있다.

1998년에 경영상 해고에 대한 규정이 마련되기 이전에는 이러한 4요건을 일종의 유형적 고려요소로 이해하여 일부 요건이 결여되더라도 전체로서 정당성이 인정되는 경우가 가능하다는 해석론이 전개되기도 하였으나, 현행법에서 위의 4요건을 법정화한 이상 이러한 입장은 해석재량을 일탈한 것으로(contra legem) 받아들여질 수 없다.

다만 판례에서는 요건의 엄격성을 완화하고자 각 요건의 충족 여부를 요건 간의 상호적 유기성을 감안하여 탄력적으로 해석하려는 시도가 발견된다. 즉, 경영상 해고의 각 요건들의 구체적 내용은 확정적·고정적인 것이 아니라 다른 요건의 충족 정도와 관련하여 유동적으로 정해질 수 있고,[75] 구체적 사건에서 해당 경영상 해고가 정당요건을 모두 갖추어 정당한지는 각 요건을 구성하는 개별 사정들을 종합적으로 고려하여 판단한다는 것이다.[76]

한편, 경영상 해고의 경우에도 사용자가 경영상 해고의 정당성을 비롯한 경영상 해고의 요건에 대한 증명책임을 부담한다.[77]

(1) 긴박한 경영상 필요성

사용자는 긴박한 경영상의 필요가 있을 때만 경영상 해고를 할 수 있다. 경영 악화를 방지하기 위한 사업의 양도·인수·합병은 긴박한 경영상의 필요가 있는 것으로 본다(근로기준법 제24조 제1항). 여기서 말하는 '긴박한 경영상의 필요성'의 의미와 관련해서는 다음과 같이 도산회피설, 경영합리화설, 감량경영(경영악화방지)설 등의 견해가 있다.

첫째, 도산회피설은 인원 정리를 하지 않으면 기업의 존속 유지가 위태롭게 되는 경우에 한하여 그 필요성이 경영상 해고의 유효요건이 된다는 견해이다. 이 견해에 따르면 경영 위기로 경영상 해고를 하지 않으면 기업의 도산이 필연적이라는 객관적 상태에 놓인 경우에 그 정당성이 인정된다.[78]

둘째, 경영합리화설은 도산 회피에 이르지 않더라도 사용자가 인원 정리를 결정한 것이 객관적으로 합리적인 것이라고 인정된다면 그 결정은 경영상 해고를 무효로 하는 것은 아니라고 본다. 이는 기업 경영에서 사용자의 판단을 존중하는 견해이다.[79]

셋째, 감량경영(경영악화방지)설은 인원 정리를 해야만 할 정도로 경영 부진에 빠진 상태는 아니더라도 사용자는 생산성 향상, 이윤 추구를 위하여 인원 정리의 결

---

75 대법원 2002.7.9. 2000두9373 판결; 대법원 2006.1.26. 2003다69393 판결 등.
76 대법원 2002.7.9. 2001다29452 판결; 대법원 2003.11.13. 2003두4119 판결.
77 대법원 2017.6.29. 2016두52194 판결.
78 대법원 1990.1.12. 88다카34094 판결.
79 대법원 1991.12.10. 91다8647 판결; 대법원 1992.5.12. 90누9421 판결.

정을 할 수 있고 그 결정은 유효하다고 주장한다. 이는 현재 판례의 입장이라 할 수 있다.[80] 판례에 따르면, '긴박한 경영상의 필요'라 함은 반드시 기업의 도산을 회피하기 위한 경우에 한정되지 않고, 장래에 올 수도 있는 위기에 미리 대처하고자 인원 삭감이 객관적으로 보아 합리성이 있다고 인정되는 경우도 포함된다.[81]

긴박한 경영상 필요의 유무는 사용자의 주관적 필요에 따라 결정되는 것이 아니라 인원 삭감의 '합리성'이 존재하는지에 따라 좌우되는 규범적 판단의 영역이다. 그 경영 판단은 상당한 합리성이 존재하는 범위에서 존중되고,[82] 원칙적으로 기업의 매출액과 당기순이익 등을 알 수 있는 재무제표와 같은 객관적 자료에 기초하여 판단되어야 한다.[83] 이렇게 긴박한 경영상 필요 유무를 판단하는 과정은 회계 관련 자료 및 이를 분석하는 전문적 회계 지식 등이 요구되는바, 경영상 해고의 직접적 이해관계자인 노동조합 등 근로자 측도 그 자료에 접근하여 스스로 분석하는 기회를 보장받아야 하고, 그런 접근 권한이 전제될 때만 긴박한 경영상 필요에 대한 판단의 신뢰성이 확보되며, 경영상 해고의 유효요건으로서 사전협의 절차가 실질적 의미를 가진다 할 것이다.

'긴박한 경영상의 필요'가 있는지를 판단할 때는 법인의 어느 사업 부문이 다른 사업 부문과 인적·물적·장소적으로 분리·독립되어 있고 재무와 회계가 분리되어 있으며 경영여건도 서로 달리하는 예외적인 경우가 아니라면, 법인의 일부 사업 부문 내지 사업소의 수지만을 기준으로 할 것이 아니라 법인 전체의 경영사정을 종합적으로 검토하여 결정해야 한다.[84] 나아가 어떤 기업이 경영상 이유로 사업을 여러 개의 부문으로 나누어 경영하다가 그중 일부를 폐지하기로 하였더라도 이는 원칙적으로 사업 축소에 해당할 뿐 사업 전체의 폐지라고 할 수 없으므로, 사용자가 일부 사업을 폐지하면서 그 사업 부문에 속한 근로자를 해고하려면 근로기준법 제24조에서 정한 경영상 이유에 의한 해고 요건을 갖추어야 하고, 그 요건을 갖

---

80 대법원 2002.7.9. 2001다29452 판결; 대법원 2003.9.26. 2001두10776, 10783 판결; 대법원 2003.11.13. 2003두4119 판결.

81 대법원 2012.2.23. 2010다3735 판결.

82 대법원 2013.6.13. 2011다60193 판결.

83 대법원 2014.11.13. 2014다20875, 20882 판결.

84 대법원 2015.5.28. 2012두25873 판결.

추지 못한 해고는 정당한 이유가 없어 무효이다.[85]

(2) 해고회피 조치

사용자는 경영상 해고를 하기 전에 해고를 피하려는 노력을 다해야 한다(근로기준법 제24조 제2항). 구체적으로는 사용자가 해고되는 근로자의 수를 최소화하고자 경영방침이나 작업 방식의 합리화, 신규 채용의 금지, 일시휴직과 희망퇴직의 활용, 유·무급휴직 실시, 직업훈련, 교대제 근로로 전환, 전직 등 가능한 한 모든 조치를 취하는 것을 의미한다.[86] 근로자의 귀책사유가 없는 상황에서 해고가 진행된다는 점을 고려할 때, 경영상 해고에서는 최후 수단의 성격이 특히 요청된다.[87] 이 점에서 해고를 피하려는 사용자의 진지하고 성실한 노력은 경영상 해고의 유·무효를 판단하는 기준이 된다.[88]

사용자가 경영상 해고를 실시하기 전에 다해야 할 해고회피 노력의 방법과 정도는 확정적·고정적인 것이 아니라 해당 사용자의 경영 위기의 정도, 경영상 해고를 실시하여야 할 경영상의 이유, 사업의 내용과 규모, 직급별 인원 상황, 해고 대상 근로자들의 이직률[89] 등에 따라 달라진다.[90]

사용자가 해고를 피하는 방법에 관하여 노동조합 또는 근로자 대표와 성실하게 협의하여 경영상 해고실시에 관한 합의에 도달하였다면, 이러한 사정도 해고회피 노력의 판단에 참작되어야 한다.[91]

(3) 해고대상자 기준 및 선정의 합리성·공정성

경영상 해고를 하려면 해고대상자 선정이 합리적이고 공정하여야 한다. 이 경우

---

[85] 대법원 2021.7.29. 2016두64876 판결. 다만 일부 사업의 폐지·축소가 사업 전체의 폐지와 같다고 볼 만한 특별한 사정이 인정되는 경우, 이는 사용자의 기업 경영의 자유에 기한 유효한 폐업이므로 통상해고로서 예외적으로 정당화 될 수 있다고 한다.

[86] 대법원 1992.12.22. 92다14779 판결.

[87] 김형배, 『노동법』, 박영사, 2021(27판), 702면.

[88] 김유성, 『노동법 Ⅰ』, 법문사, 2005, 294면.

[89] 예컨대 소속 근로자의 이직률이 높을 때 그 경영상황이 매우 급박한 경우가 아닌 한, 인원 정리의 필요성은 낮다고 평가될 것이다.

[90] 대법원 2002.7.9. 2001다29452 판결.

[91] 대법원 2002.7.9. 2001다29452 판결; 대법원 2003.9.26. 2001두10776, 10783 판결.

남녀의 성을 이유로 차별해서는 안 된다(근로기준법 제24조 제2항).

경영상 해고대상자를 선정할 때는 근로자의 근속기간, 연령, 가족 사정 등과 같은 사회적 보호 필요성을 반영한 사회적 기준과 근무성적, 업무능력, 숙련도 등 기업의 경영상 필요성을 반영한 경제적 기준을 함께 고려해야 한다. 특히 경영상 해고가 근로자의 귀책사유가 없는 상황에서 이루어지고 근로자들 사이의 이익조정이 필요하다는 점을 고려할 때, 대상자 선정 기준의 합리성·공정성을 확보하려면 근로자의 사회적 보호 필요성을 우선적으로 고려하고 그와 함께 경제적 기준을 반영하여야 한다.[92]

판례에 따르면, 합리적이고 공정한 해고 기준은 확정적·고정적인 것은 아니고 당해 사용자가 직면한 경영위기의 강도와 해고를 실시하여야 하는 경영상의 이유, 해고를 실시한 사업 부문의 내용과 근로자의 구성, 해고 실시 당시의 사회경제적 상황 등에 따라 달라지는 것이지만,[93] 정당한 해고대상자의 선정은 객관적 합리성과 사회적 상당성을 가진 구체적인 기준을 실질적으로 공정하게 적용하여 이루어져야 한다.[94]

따라서 해고대상자 선정기준은 단체협약이나 취업규칙 등에 정해져 있는 경우라면 특별한 사정이 없는 한 그에 따라야 하고, 만약 그러한 기준이 사전에 정해져 있지 않다면 근로자의 건강상태, 부양의무의 유무, 재취업 가능성 등 근로자 각자의 주관적 사정과 업무능력, 근무성적, 징계 전력, 임금 수준 등 사용자의 이익 측면을 적절히 조화시키되, 근로자에게 귀책사유가 없는 해고임을 감안하여 사회적·경제적 보호의 필요성이 높은 근로자들을 배려할 수 있는 합리적이고 공정한 기준을 설정하여야 한다.[95]

또한 판례는 사용자가 해고기준에 관하여 노동조합 또는 근로자 대표와 사이에 행한 협의의 내용과 정도, 그 협의에서 쌍방의 태도 등도 해고의 기준이 합리적이고 공정한 기준인지를 판단할 때 참작한다.[96]

한편, 근로기준법 제24조 제2항 후문은 해고대상자를 선정할 때 남녀의 성을 이

---

[92] 김유성, 앞의 책, 295-296면.
[93] 대법원 2002.7.9. 2001다29452 판결.
[94] 대법원 2021.7.29. 2016두64876 판결.
[95] 대법원 2021.7.29. 2016두64876 판결.
[96] 대법원 2002.7.9. 2001다29452 판결; 대법원 2003.9.26. 2001두10776, 10783 판결.

유로 차별해서는 안 된다고 규정하고 있다. 이는 근로기준법 제6조의 균등처우 원칙이 경영상 해고에도 적용된다는 당연한 법리를 다시 확인한 것이다. 그런데 실무상 해고 기준의 남녀차별 여부가 명확하게 드러나지는 않는 사안이 있다는 점을 주의할 필요가 있다. 예컨대 부양가족이 있는 세대주를 해고 대상의 후순위로 하는 경우에 형식적으로는 성에 따른 차별로 보이지 않지만, 실제로는 그 기준을 충족하는 여성 근로자가 남성에 비해 현저히 적다면 여성에게 불리한 결과를 초래하는 간접차별에 해당하여 무효가 된다.[97]

(4) 근로자 대표와의 성실한 사전 협의

사용자는 경영상 해고를 피하는 방법과 해고 기준 등에 관하여 근로자 대표(사업 또는 사업장에 근로자의 과반수로 조직된 노동조합이 있는 경우에는 그 노동조합, 그러한 노동조합이 없는 경우에는 근로자의 과반수를 대표하는 자)에 해고를 하려는 날의 50일 전까지 통보하고 성실하게 협의하여야 한다(근로기준법 제24조 제3항). 사전 협의 절차를 흠결한 경영상 해고는 무효이다.[98]

근로기준법이 일반적인 해고와 달리, 특별히 경영상 해고와 관련하여 강행법규로서 근로자 대표와의 집단적 협의 절차를 유효요건으로 한 취지는 사용자의 자의적인 해고대상자 선정을 막고, 그 절차로 근로자들의 협조와 이해를 구하려는 것이다. 나아가 앞에서 살펴본 바와 같이 회계자료 등 기업경영 자료에 관한 근로자 측 접근이 가능해야 하는바, 사전 협의 절차는 그 정보를 확인하는 기회로 의미가 있다. 즉 사전 협의 절차는 경영상 해고의 필요성에 대한 근로자 측 이해가 객관적 자료에 기반하여 이루어지도록 보장하는 제도적 장치이다.

다만 위 요건의 충족 여부와 관련하여 법원은 다소 유연한 태도를 보이고 있다. 원칙적으로 사용자가 경영상 해고와 관련하여 사전 협의를 해야 하는 상대방은 근로자 대표 협의 주체 중 '근로자 과반수를 대표하는 자'와 관련하여 엄격한 선출 절차를 요구하지 않는다.[99] 이러한 법원의 입장에 따른다고 하더라도, 이것이 원

---

97 김유성, 앞의 책, 297면.

98 대법원 2003.7.22. 2002도7225 판결.

99 예컨대 근로자의 과반수로 조직된 노동조합이 없는 경우에 정리해고에 관한 협의의 상대방이 형식적으

칙적인 것이 아니라 경영상 해고를 할 당시의 상황과 기업 규모, 정리 인원 등 제반 상황을 종합적으로 고려하여 예외적으로 인정되는 경우라는 점을 간과해서는 안 된다.

한편, 앞에서 설명한 해고 동의·협의 조항은 경영상 해고에도 적용된다. 즉 단체협약 등에 동의(합의) 조항이 있는 경우, 단지 경영상 해고 실시 여부가 경영주체에 의한 고도의 경영상 결단에 속하는 사항이라는 사정을 들어 그 조항을 위반한 해고를 유효하다고 볼 수는 없다.[100]

3. 경영상 해고의 신고의무

사용자는 1개월 동안에 해당 사업 또는 사업장의 상시 근로자 수가 99명 이하인 경우 10명 이상, 100명 이상 999명 이하인 경우 상시 근로자 수의 10% 이상, 1,000명 이상인 경우 100명 이상의 인원을 경영상 이유로 해고하려면 최초로 해고하려는 날의 30일 전까지 해고사유, 해고 예정 인원, 근로자 대표와 협의한 내용, 해고 일정 등을 고용노동부장관에게 신고하여야 한다(근로기준법 제24조 제4항, 근로기준법 시행령 제10조).

4. 경영상 해고 후 우선 재고용 등

근로자를 경영상 해고한 사용자는 근로자를 해고한 날부터 3년 이내에 해고된 근로자가 해고 당시 담당하였던 업무와 같은 업무를 할 근로자를 채용하려고 할 경우 경영상 해고된 근로자가 원하면 그 근로자를 우선적으로 고용하여야 한다(근로기준법 제25조 제1항). 이는 자신에게 귀책사유가 없음에도 경영상 이유로 직장을 잃은 근로자로 하여금 복귀할 기회를 보장하여 해고 근로자를 보호하려는 취지이다. 직장근로자가 해고 당시에 담당하였던 업무와 같은 업무를 할 근로자를 채용하

로는 근로자 과반수의 대표로서 자격을 명확히 갖추지 못하였더라도 실질적으로 근로자의 의사를 반영할 수 있는 대표자라고 볼 수 있는 사정이 있다면 법 제24조 제3항이 정하는 절차적 요건을 충족한다고 본 판결(대법원 2012.5.24. 2010두15964 판결), 사우회의 임원이 근로자 대표로 참여한 노사협의회에서 경영상 해고에 관한 사전 협의 절차를 진행할 수 있다고 판단한 판결(대법원 2004.10.15. 2001두1154 판결) 등이 있다.
100 대법원 2012.6.28. 2010다38007 판결.

려고 한다면, 해고 근로자가 반대하는 의사를 표시하거나 고용계약을 체결할 것을 기대하기 어려운 객관적 사유가 있는 등의 특별한 사정이 있는 경우가 아닌 한, 사용자는 해고 근로자를 우선 재고용할 의무가 있다.[101]

사용자가 우선 재고용 의무를 이행하지 아니하는 경우, 근로자는 사용자를 상대로 고용의 의사표시를 갈음하는 판결을 구할 사법상 권리를 가지고, 판결이 확정되면 사용자와 해고 근로자 사이에 고용관계가 성립한다.[102] 이 경우 재고용 의무가 발생한 때부터 고용관계가 성립할 때까지 임금 상당액의 손해배상금을 청구할 수 있다는 것이 판례의 입장이다.

정부는 경영상 해고된 근로자에 대하여 생계안정, 재취업, 직업훈련 등 필요한 조치를 우선적으로 취하여야 한다(근로기준법 제25조 제2항).

IV. 부당해고 등의 구제

1. 구제 방법

사용자가 행한 해고가 정당성이 없는 경우에는 법원을 통한 사법적 구제와 노동위원회에 의한 행정적 구제가 가능하다. 정당성이 없는 해고를 흔히 '부당해고'라고 하는데(근로기준법 제23조 제1항 참조), 여기에는 근로기준법 제23조 제1항과 제24조를 위반한 경우뿐만 아니라 남녀고용평등법 위반 등 적용 법조에 상관없이 정당한 이유가 없는 해고가 모두 해당한다.[103] 부당해고에 대해서는 노동위원회를 통한 행정적 구제와 법원을 통한 사법상 구제를 동시에 진행할 수도 있다.[104] 그 절차에서 사용자는 해고의 정당한 이유를 주장·증명할 책임을 진다.[105] 한편, 해고가 부당노동행위의 결과로 행해진 경우에는 부당노동행위구제신청과 함께 부당해

---

101 대법원 2020.11.16. 2016다13437 판결.
102 대법원 2020.11.16. 2016다13437 판결.
103 김유성, 앞의 책, 319면.
104 그 밖에도 근로감독 제도나 형사 절차도 종종 부당해고의 구제 수단으로 이용되나, 여기에서 따로 설명하지는 않는다.
105 대법원 1992.8.14. 91다29811 판결; 대법원 1999.4.27. 99두202 판결.

고구제신청을 할 수 있으며, 두 절차 역시 동시에 진행할 수도 있고 사법적 구제를 병행하는 것도 가능하다.

(1) 사법적 구제 절차

법원을 통한 사법적 구제는 본안소송으로 해고무효확인의 소 또는 근로자지위확인의 소를 제기하거나, 보전처분으로 근로자지위보전의 가처분 등을 신청할 수 있다.

(2) 행정적 구제 절차

노동위원회에 의한 부당해고의 행정적 구제는 신속하고 저렴하게 근로자의 부당해고 구제가 가능하도록 하려는 것이다.

사용자가 근로자를 부당해고하면 근로자는 노동위원회에 구제를 신청할 수 있다(근로기준법 제28조 제1항). 구제신청은 부당해고가 있었던 날부터 3개월 이내에 해야 하는데(제28조 제2항), 부당해고 등 구제절차에서 최초 구제신청의 대상이 된 불이익처분을 다투는 범위에서 피신청인의 추가·변경이 허용되는 경우 제척기간의 준수 여부는 최초 구제신청이 이루어진 시점을 기준으로 판단한다.[106]

구제신청은 일반적으로 지방노동위원회에서 다룬다. 노동위원회는 심문을 끝내고 부당해고가 성립한다고 판정하면 사용자에게 구제명령을 해야 한다(제30조 제1항).

지방노동위원회의 구제명령이나 기각결정에 불복하는 사용자나 근로자는 구제명령서나 기각결정서를 통지받은 날부터 10일 이내에 중앙노동위원회에 재심을 신청할 수 있다(제31조 제1항). 중앙노동위원회의 재심판정에 대하여 사용자나 근로자는 재심판정서를 송달받은 날부터 15일 이내에 행정소송을 제기할 수 있다(근로기준법 제31조 제2항). 위 기간 내에 재심을 신청하지 아니하거나 행정소송을 제기하지 아니하면 그 구제명령, 기각결정 또는 재심판정은 확정된다(제31조 제3항).

---

106 대법원 2024.7.25. 2024두32973 판결. 다만 이 경우 피신청인의 추가·변경은 최초 구제신청의 대상이 된 불이익처분을 다투는 범위로 한정되어야 하고, 노동위원회는 새로운 피신청인에게 주장의 기회를 충분히 부여하여야 한다. 또한 만약 해고 등의 불이익 처분이 일정한 기간이 경과한 후에 그 효력을 발생하는 경우에는 신청기간은 그 효력발생일로부터 기산한다(대법원 2002.6.14. 2001두11076 판결).

2. 구제의 내용

재판 또는 노동위원회의 구제 절차를 거쳐 해고의 무효 또는 부당해고라는 점이 밝혀지면, 사용자는 근로자를 원직(原職)에 복귀시킬 의무를 부담하고 동시에 해고기간 동안 지급하지 않았던 임금 상당액을 지급할 의무를 부담한다. 그 밖에 해고 또는 원직복직의 거부 등이 불법행위에 해당하면 사용자는 손해배상책임 등을 부담한다.

(1) 사법적 구제
가. 원직복직

해고 무효가 확인된 경우에 사용자는 해고된 근로자를 종래 종사하던 원직으로 복직시켜야 한다. 직제 개편 등으로 원직이 없어졌으면 원직과 실질적으로 동일하거나 유사한 책임과 권한이 있고 임금 수준이 불리하지 않은 다른 직책으로 복귀시켜야 한다.

나. 해고기간 중 임금

해고가 무효인 경우에는 그동안 근로계약 관계가 유효하게 계속되고 있었는데도 근로자가 사용자의 귀책사유로 말미암아 근로를 제공하지 못한 것이므로, 근로자는 복직 시까지 계속근로하였을 경우에 받을 수 있는 임금 전부의 지급을 청구할 수 있다(민법 제538조 제1항 참조).[107] 이때 근로자가 지급을 청구할 수 있는 임금은 근로기준법상 임금을 의미하고, 통상임금으로 한정되는 것은 아니다.[108]

한편, 사용자의 귀책사유로 해고된 근로자가 해고기간에 다른 직장에 종사하여 이익을 얻은 때에는 사용자는 그 근로자에게 지급할 해고기간 중 임금에서 위의 이익(이른바 중간수입)의 금액을 공제할 수 있다. 다만 판례에 따르면, 이 경우에도 근로기준법 제46조가 준용되어 휴업수당의 한도에서는 공제 대상으로 삼을 수 없

---

107 대법원 1992.12.8. 92다39860 판결; 대법원 2011.10.27. 2011다42324 판결. 다만, 해고가 없었다고 하더라도 취업이 사실상 불가능한 상태가 발생한 경우라든가 사용자가 정당한 사유에 의하여 사업을 폐지한 경우에는 사용자의 귀책사유로 인하여 근로제공을 하지 못한 것이 아니므로 그 기간 중에는 임금을 청구할 수는 없다(대법원 1994.9.13. 93다50017 판결).
108 대법원 1993.12.21. 93다11463 판결; 대법원 2012.2.9. 2011다20034 판결.

으므로, 평균임금의 70%에 대해서는 사용자가 여전히 지급 의무를 부담한다.[109]

만약 사용자가 부당하게 해고한 근로자를 원직이 아닌 업무에 복직시켜 근로를 제공하게 한 경우에는 근로자는 사용자에게 원직에서 지급받을 수 있는 임금 상당액을 청구할 수 있는데, 이 경우에는 근로자가 근로를 제공한 이상 휴업하였다고 볼 수는 없으므로, 휴업수당의 범위 내에서만 중간수입을 공제하는 것이 아니라 근로자가 원직이 아닌 업무를 수행하여 지급받은 임금은 그 전액을 청구액에서 공제하여야 한다.[110]

다. 해고와 불법행위

사용자가 근로자를 부당해고한 것이 채무불이행 책임(복직 및 소급임금의 지급) 외에도 불법행위를 구성할 수 있다. 이 경우에는 그 해고가 법률상 무효라고 하여 해고 전 상태로 돌아간다고 하더라도 사회적 사실로서 해고가 소급적으로 소멸하거나 해소되는 것은 아니므로, 임금 채무나 그에 대한 지연손해금을 받게 된다고 하여 이것만 가지고 불법행위로 인한 정신적 고통의 손해가 완전히 치유되는 것이라고 할 수 없다.[111]

다만, 부당해고를 했다는 이유만으로 사용자가 위자료 배상 책임을 부담하지는 않고 그 해고가 위법성이 인정되는 예외적인 경우에만 불법행위가 성립한다. 판례는 ① 사용자가 오로지 근로자를 사업장에서 몰아내려는 의도로 명목상의 사유를 내세워 해고한 경우나, ② 해고 이유로 삼은 사실이 취업규칙 등의 해고사유에 해당되지 않거나 해고사유로 삼을 수 없음이 객관적으로 명백하고 이를 쉽게 알아볼 수 있는데도 해고한 경우 등과 같이 사용자의 주관적 요소까지 고려할 때 부당해고의 불법성이 큰 경우에 근로자에 대한 관계에서 불법행위를 구성할 수 있다고 한다.[112] 일반적으로 징계의 양정이 잘못되어 그 해고가 무효이면 사용자에게 불법행위 책임을 물을 수 없다.[113]

한편, 해고무효 또는 부당해고가 확정된 이후 근로자의 요청에도 불구하고 사

---

109 대법원 1991.6.28. 90다카25277 판결.

110 대법원 2024.4.12. 2023다300559 판결.

111 대법원 1993.10.12. 92다43586 판결.

112 대법원 1996.4.23. 95다6823 판결; 대법원 1999.2.23. 98다12157 판결.

113 대법원 1996.4.23. 95다6823 판결.

용자가 복직 의무를 이행하지 않으면 그 사용자에게 불법행위 책임을 물을 수 있는지가 문제 된다. 판례에 따르면, 위와 같은 경우에 사용자가 정당한 이유 없이 근로자의 근로제공을 계속적으로 거부하는 것은 근로자의 인격적 법익을 침해하는 것이 되어 사용자는 이로 인한 근로자의 정신적 고통에 대하여 배상할 의무가 있다.[114]

라. 부당해고 구제와 실효의 원칙

무효인 부당해고에 대한 제소기간의 제한이 없으므로 근로자는 언제든지 법원을 통해 해고의 효력을 다툴 수 있다. 해고된 근로자가 퇴직금 등을 수령하면서 아무런 이의의 유보나 조건을 제기하지 않았더라도 근로자의 소권은 부정되지 않는다.

다만 해고가 있은 후 아무런 이의 없이 상당 기간을 경과한 경우에는 실효의 원칙을 들어 근로자의 청구를 배척한 판결례[115]가 자주 발견된다. 즉, 근로자가 권리를 행사할 기회가 있었음에도 상당한 기간이 경과하도록 권리를 행사하지 않아 사용자로 하여금 권리를 행사하지 아니할 것으로 신뢰할 만한 정당한 기대를 가지게 한 다음 새삼스럽게 그 권리를 행사하는 것이 신의성실의 원칙에 위배된다는 것이다. 예컨대 해고 이후 9개월 뒤 해고의 효력을 다툰 경우,[116] 1년 7개월가량 경과한 후 다툰 경우,[117] 2년 10개월이 지나서 다툰 경우[118]에는 각각 신의칙이나 금반언의 원칙 또는 실효의 원칙에 위배되어 소의 이익이 없다고 판단하였다.[119] 그러나 민법상 신의칙은 법적 안정성의 견지에서 매우 제한적이고 보충적으로 적용되어야 함에도 안이하게 이를 폭넓게 적용하는 것은 타당하지 않을 뿐만 아니라, 무효인 법률행위에 제소기간의 제한을 두지 않는 입법 취지를 몰각할 우려가 있다. 신뢰관계를 중시하는 근로관계의 특성상 신속한 분쟁 해결을 도모하려면 독일의 경우와 같이 특별법을 제정하여 해결하는 것이 바람직하다.

---

114 대법원 1996.4.23. 95다6823 판결.

115 대법원 1992.4.14. 92다1728 판결; 대법원 1996.3.8. 95다51847 판결; 대법원 2000.4.25. 99다34475 판결; 대법원 2003.10.10. 2001다76229 판결 등 다수.

116 대법원 1993.4.13. 92다49171 판결.

117 대법원 1995.3.10. 94다33552 판결.

118 대법원 1996.11.26. 95다49004 판결.

119 또한 파견법에 따라 직접고용이 간주된 지 18년 뒤, 현실에서 파견근로관계가 종료된지는 11년 4개월 뒤에 제기된 근로자지위확인 소송에서 권리의 실효를 인정한 판결로 대법원 2024.11.20. 2024다269143 판결.

(2) 행정적 구제

해고가 부당하다고 판단할 때, 노동위원회는 사용자에게 근로자의 원직복직(原職復職)과 해고기간의 임금 상당액을 지급하도록 명하는 것이 일반적이다. 구제명령은 일종의 행정처분이므로 구제명령이 내려졌다 하더라도 근로자와 사용자 간의 사법(私法)상 권리의무 관계에 직접 영향을 미치지는 않는다. 사용자는 구제명령을 따를 공법상 의무를 부담할 따름이다.

구제명령의 실효성을 확보하기 위해 이행강제금 제도가 도입되어 있다. 사용자가 구제명령을 받은 후 이행기한까지 구제명령을 이행하지 아니하는 경우, 노동위원회는 사용자에게 3천만 원 이하의 이행강제금을 부과한다(근로기준법 제33조 제1항). 이행강제금 제도는 구제명령의 신속한 이행을 목적으로 하며, 정해진 기한까지 구제명령을 이행하지 아니할 경우 금전적 부담을 과한다는 뜻을 미리 계고함으로써 의무자인 사용자에게 간접적·심리적 압박을 주고 장래에 그 의무를 이행하게 하려는 행정상 강제집행의 일종이다.[120] 그 대상이 되는 구제명령은 지방노동위원회 등의 초심 구제명령과 재심 구제명령을 모두 포함하고, 구제명령의 확정 여부를 묻지 않는다.

한편, 확정된 구제명령을 이행하지 않으면 그 사용자에게 벌칙이 적용된다(근로기준법 제111조). 이러한 구제명령 불이행에 대한 처벌은 사용자가 한 과거의 의무위반에 대한 제재로 행정벌의 성격을 갖고, 이 점에서 장래의 의무 이행을 확보하려는 이행강제금과 구별된다.[121]

한편, 근로기준법은 부당해고에 대한 금전보상제를 두고 있다. 금전보상제는 근로자가 원직복직을 원하지 아니하는 경우, 노동위원회가 원직복직을 대신하여 해고기간의 임금 상당액 이상의 금품을 근로자에게 지급하도록 명할 수 있는 제도이다(근로기준법 제30조 제3항). 금전보상 명령 역시 구제명령의 하나로 공법상 구제조치에 해당하고, 그 보상금액을 정할 때 노동위원회는 상당한 재량권을 갖는다.[122]

과거에는 근로자가 부당해고 구제신청을 하여 해고의 효력을 다투던 중 정년에

---

120 이철수, "개정 해고법제의 주요 내용과 그 평가", 「노동법연구」 제22호, 서울대학교 노동법연구회, 2007, 16면.
121 이철수, 앞의 책, 17면.
122 이철수, 앞의 책, 9-11면.

이르거나 근로계약기간이 만료하는 등의 사유로 원직에 복직하는 것이 불가능하게 되었을 때는 중앙노동위원회의 재심판정을 다툴 소의 이익이 없다고 보았으나, 2020년 전원합의체 판결은 종전 입장을 변경하여 해고기간 중 임금 상당액을 지급받을 필요가 있다면 임금 상당액 지급의 구제명령을 받을 이익이 유지된다고 보아 소의 이익을 인정하였다.[123]

이러한 판례의 취지를 반영하여 개정된 근로기준법은 근로계약기간의 만료, 정년의 도래 등으로 근로자가 원직복직(해고 이외의 경우는 원상회복)이 불가능한 경우에도 구제명령이나 기각결정을 하도록 하였고, 이 경우 노동위원회는 부당해고 등이 성립한다고 판정하면 근로자가 해고기간 동안 근로를 제공하였더라면 받을 수 있었던 임금 상당액에 해당하는 금품(해고 이외의 경우에는 원상회복에 준하는 금품)을 사업주가 근로자에게 지급하도록 명할 수 있다(근로기준법 제30조 제4항).[124]

제3절
그 밖의 사유에 따른 근로관계의 종료

I. 사직과 합의해약

1. 사직

(1) 의의

'사직'(해약고지)은 근로자의 일방적 의사표시로 사용자와의 사이에 존재하는 근로관계를 장래에 향하여 종료시키는 것을 말한다. 사직과 관련해서 근로기준법

---

123 대법원 2020.2.20. 2019두52386 전원합의체 판결.

124 다만 근로자가 부당해고 구제신청을 할 당시 이미 정년에 이르거나 근로계약기간 만료, 폐업 등의 사유로 근로계약관계가 종료하여 근로자의 지위에서 벗어난 경우에는 노동위원회의 구제명령을 받을 이익이 소멸하였다고 본 판결례가 있다(대법원 2022.7.14. 2020두54852 판결).

은 별도의 제한 규정은 두지 않으며, 원칙적으로 근로자는 자유롭게 사직할 수 있다.

(2) 성립요건과 철회 가능성

사직은 상대방 있는 단독행위이므로 그 의사표시가 상대방에게 도달함으로써 성립하고 효력을 발생한다. 법률행위로서 사직의 의사표시는 객관적으로 명확하고 확정적으로 표명되어야 한다.[125] 단지 근로조건에 대한 불만 등을 표현하는 방법으로 그만두겠다는 말을 하였다면, 이를 근로관계의 종료를 의욕하는 일방적 의사표시로 보기는 어렵다.

사직의 경우 사용자에게 그 의사표시가 도달한 시점에 해약 고지로 효과가 발생하고, 그 의사표시가 효력을 발생한 후에는 근로자가 마음대로 사직 의사표시를 철회할 수 없으며, 사용자의 동의가 있는 경우에만 철회가 가능하다.[126] 즉 근로자의 근로관계 종료의 의사표시가 사직에 해당할 경우, 그 의사표시가 사용자에게 도달하면 근로자로서는 사용자의 동의 없이는 비록 민법 제660조 제2항 또는 제3항 소정의 기간이 경과하기 이전이라 하더라도 사직의 의사표시를 철회할 수 없다(민법 제543조 제2항).[127]

(3) 효과

기간의 정함이 없는 근로계약을 체결한 경우 근로자는 언제든 사직의 의사표시를 할 수 있다. 근로자의 사직 의사표시는 단체협약, 취업규칙, 근로계약 등에서 효력 발생 시점을 특별히 정하는 경우를 제외하고는[128] 그 의사표시가 사용자에게 도달한 날부터 1개월이 경과하면 효력이 발생하고 근로계약은 해지된다(민법 제660조 제2항). 다만 주급, 월급 등 기간으로 보수를 정한 때에는 사용자가 사직서를 제출받은 당기(當期) 후의 1기가 경과함으로써 사직의 효과가 발생한다(민법 제660조 제3항).

---

125 박상훈, "근로계약의 합의해약", 「사법논집」 제22집, 법원행정처, 1991, 614면.

126 대법원 2000.9.5. 99두8657 판결.

127 대법원 2000.9.5. 99두8657 판결.

128 사직의 효력 발생 시기를 정한 민법 제660조는 근로자의 퇴직의 자유를 보장하는 규정으로서 근로자에게 불리하지 않는 한 그 기간이나 절차에 관하여 취업규칙에서 이와 달리 규정하는 것도 가능하다(대법원 1997.7.8. 96누5087 판결).

기간의 정함이 있는 근로계약을 체결한 경우에 근로계약기간 중에 근로자가 사직하고자 하는 경우에는 '부득이한 사유'가 있는 때에 근로계약을 종료할 수 있다 (민법 제661조).

2. 합의해약

(1) 의의

'합의해약'은 근로자와 사용자가 계속적 법률관계인 근로관계의 기초가 되는 근로계약을 합의(계약)로 장래에 향하여 종료시키는 것을 말한다. 즉, 당사자 일방의 청약에 대해 상대방이 승낙함으로써 근로관계를 종료시키는 경우로, 사직에 관한 민법의 규정(제660조·제661조)과 근로기준법의 해고 제한 규정(제23조·제24조 등)이 적용되지 않는다. 합의해약은 합의로 근로관계가 종료된다는 점에서 단독행위인 사직, 해고와 구별되며, 대표적 예로는 명예퇴직, 권고사직 등이 있다.

(2) 성립요건

근로계약의 합의해약은 계약의 청약과 승낙이라는 서로 대립하는 의사표시가 합치될 것을 요건으로 한다.[129] 합의해약의 청약이 반드시 근로자의 의사표시여야 하는 것은 아니며 권고사직의 예처럼 사용자도 근로계약의 합의해약을 청약할 수 있으나, 어떤 경우에도 특히 근로자의 진지하고 확정적인 해지 의사를 인정할 수 있어야 한다. 해고에서는 근로자의 이러한 퇴직 의사가 존재하지 않음이 분명하기 때문이다.[130]

합의해약이 성립하려면 쌍방 당사자의 표시행위에 나타난 의사가 객관적으로 일치해야 하므로, 계약 당사자의 일방이 계약해지에 관한 조건을 제시한 경우에는 그 조건에 관한 합의까지 해야 한다.[131]

---

[129] 예를 들면 근로자가 1주일 후에 퇴직한다고 했는데, 사용자가 3개월 후에 퇴직할 것을 요청한 경우에는 사용자가 근로자에게 새로운 청약을 한 것으로 파악되고 이에 대한 근로자의 승낙 여부에 따라 합의해약의 성립 여부가 결정된다(박수근, "사직의 노동법상 쟁점과 분쟁", 「판례연구」 제23집, 서울지방변호사회, 2009, 272면).

[130] 김유성, 『노동법 Ⅰ』, 법문사, 2005, 329면.

[131] 대법원 2007.11.30. 2005다21647, 21654 판결.

근로자의 합의해약 청약에 대해 사용자가 승낙하지 않으면 일정 기간 내에서 그 근로관계는 계속 유지된다.[132] 다만 그 사직원 제출 행위에 사직 의사표시도 함께 존재한다고 볼 수 있다면, 설령 취업규칙 등에서 일정한 기간 내에 사용자의 승인을 얻도록 정하는 경우라 하더라도, 사용자가 근로자의 사직원을 합리적 이유 없이 승인하지 않을 때는 민법 제660조 소정의 기간(취업규칙 등에서 이보다 짧은 기간을 규정한 때에는 그 기간)이 경과함으로써 근로관계는 종료된다.[133]

(3) 합의해약 청약의 철회

근로자가 사직원을 제출하여 근로계약의 해지를 청약하는 경우, 그에 대한 사용자의 승낙 의사가 형성되어 그 승낙의 의사표시가 근로자에게 도달하기 이전에는 청약의 의사표시를 철회할 수 있다.[134] 이 점에서 합의해약은 사직과 구별된다.[135]

합의해약의 청약 철회에 관한 이러한 해석은 민법 제527조가 "계약의 청약은 이를 철회하지 못한다."라고 규정하여 청약의 구속력을 인정하는 것의 예외이다. 이와 같이 근로계약 관계에서 합의해약의 청약 철회에 예외를 두는 이유는 민법 제527조가 적용되는 전형적 사례는 새로운 계약 관계를 형성하는 경우인 반면, 계속적인 인적 결합 관계에 있는 근로계약 당사자 사이의 합의해약 청약에서는 철회를 자유롭게 허용하더라도 상대방 보호에 지장을 초래할 가능성이 적고,[136] 근로자의 직장 존속에 대한 보호 필요성을 고려한 것이다.

위와 같이 법원은 청약의 철회 가능성을 열어두면서도 청약을 철회하는 것이 사

---

132 따라서 근로자가 사직원을 제출한 후 사용자가 승낙하지 않은 상태에서 다음 날부터 출근하지 않으면 무단결근으로 취급되어 징계처분을 받을 수도 있다.

133 대법원 1997.7.8. 96누5087 판결.

134 대법원 1992.4.10. 91다43138 판결; 대법원 1994.8.9. 94다14629 판결; 대법원 2000.9.5. 99두8657 판결; 대법원 2003.4.25. 2002다11458 판결.

135 의사표시의 철회가 가능하다는 점에서 재판 실무상 사직과 합의해약의 청약의 구별은 중요한 쟁점이다. 일단 사직원에 사직의 의사표시라고 볼 수 없는 단순한 농담만 기재한 것으로 인정되는 등 특별한 사정이 없는 한 그 사직원은 사용자와의 근로관계를 해지하는 의사표시를 담고 있다고 볼 수 있다. 그리고 그 해지의 의사표시를 사직으로 볼지, 아니면 합의해약의 청약으로 볼지는 사직서의 기재 내용, 사직서 작성·제출의 동기 및 경위, 사직서 제출 이후의 사정, 사직 의사표시 철회의 동기 등 제반 사정을 고려하여 판단하여야 한다 (대법원 2000.9.5. 99두8657 판결; 대법원 2003.4.25. 2002다11458 판결).

136 김유성, 앞의 책, 332면.

용자에게 예측할 수 없는 손해를 주는 등 신의칙에 반한다고 인정되는 특별한 사정이 있는 경우에는 철회가 허용되지 않는다고 판시하고 있다.[137]

(4) 효과

일방 당사자의 합의해약 청약에 대해 상대방 당사자가 승낙할 때 합의해약은 성립하고 그 근로관계는 종료한다. 그러나 반드시 그 승낙일이 합의해약의 효력 발생일이 되어야 하는 것은 아니고, 그 시기를 달리 정하는 것이 가능하다.

명예퇴직이나 권고사직의 경우, 사용자는 퇴직급여법이 정한 법정 퇴직급여 외에도 취업규칙, 단체협약 등으로 정해진 기준에 따라 명예퇴직금 또는 특별퇴직금 등을 지급할 의무를 부담하는 경우가 있다.

(5) 사직과 합의해약의 구별

근로자의 의사에 따라 근로관계가 종료되는 사직과 합의해약은 일반적으로 근로자의 사직원 제출 과정을 거치게 된다. 이러한 사직원 제출 행위를 사직과 합의해약 중 어느 것으로 파악할지에 대해 판례는 사직서 기재 내용, 사직서 작성·제출의 동기와 경위, 사직서 제출 이후 사정, 사직 의사표시 철회의 동기 등 제반 사정을 고려하여 판단해야 한다고 판시한 바 있다.[138]

한편, 근로자가 사직원을 제출하는 경우 근로자 스스로가 자신의 의사를 사직과 합의해약을 법률적으로 구별하여 표시하는 경우는 거의 없다. 그럼에도 판례는 그 구별을 의사해석의 문제라고 보고 그 구별이 불명확한 경우, 근로자가 한 근로계약관계 종료에 관한 의사표시를, 특별한 사정이 없는 한 해당 근로계약을 종료시키는 취지의 사직으로 본다.[139] 설령 많은 기업에서 사직과 합의해약의 절차를 규정하고 있다는 점에서 실무상 구별 문제가 자주 다퉈지지는 않더라도, 이렇게 근로자의 사직원 제출 행위의 바탕이 된 실질적 의사와는 괴리된 채 이를 사직과 합의해약의 청약이라는 의사표시로 나누어 법적 효과와 철회 가능 여부를 달리 보는

---

137 대법원 1992.4.10. 91다43138 판결; 대법원 1993.7.27. 92누16942 판결; 대법원 2000.9.5. 99두8657 판결.
138 대법원 2000.9.5. 99두8657 판결; 대법원 2003.4.25. 2002다11458 판결.
139 대법원 2000.9.5. 99두8657 판결.

것은 근로자 보호의 관점에서 문제가 있다.

위와 같은 문제점을 타개하고 사직원 관련 분쟁에서 법적 안정성을 담보하고자 숙고기간 또는 철회기간의 의미를 지닌 기간을 설정할 것을 제안하는 견해가 있다. 즉, 근로자의 사직 또는 합의해지 청약의 의사표시가 사용자의 요구나 권유에 따른 것일 때에는 일정 기간 그 효력을 발생하지 않는 것으로 하여 그 기간에 근로자가 철회할 수 있도록 하자는 것이다.[140] 사직원 행위의 해석에 대한 노사 간의 불필요한 분쟁을 방지할 수 있다는 점에서 위 제안은 경청할 필요가 있다.

3. 사직, 합의해약과 해고제한법제

근로계약관계가 사직 또는 합의해약으로 종료되는 경우에는 사용자의 사직서 수리 행위를 해고로 취급할 수 없다. 하지만 사용자가 사직의 의사 없는 근로자로 하여금 어쩔 수 없이 사직서를 작성·제출하게 한 후 이를 수리하는 형식으로 근로계약 관계를 종료시켰다면, 이 경우 사용자의 사직서 수리 행위는 실질적으로 사용자의 일방적 의사로 근로계약 관계를 종료시키는 해고라고 보고, 해고의 정당 요건을 구비했는지를 따지게 된다.[141] 이 경우 법원은 사직서 제출 행위가 민법 제107조 제1항 소정의 비진의(非眞意)인지, 아니면 진의(眞意)에 기초했는지를 검토하여 그 사직원의 수리 행위에 해고제한법제를 적용할지를 판단한다.

여기서 진의는 일상생활에서 흔히 사용하는 본심(本心)과는 다른 것이다. 법률관계에서 진의는 내심의 효과의사를 의미하고, 이는 자신이 특정한 의사표시를 하는 것을 의욕하는 것을 뜻한다. 진의는 당사자가 어떤 상황에서 자신이 가장 최선이라고 생각하는 선택이나 진정으로 원하는 것이 아니다. 진의는 그 상황에서의 행동을 실제 의욕했다는 것을 의미하는 정도에 그친다. 같은 취지에서 판례는 의원면직 처리의 해고 여부가 문제된 사안에서 "'진의'란 특정한 내용의 의사표시를 하고자 하는 표의자의 생각을 말하는 것이지 표의자가 진정으로 마음속에서 바라는

---

140 하경효, "근로자의 사직의 의사표시의 해석", 「계간 조정과 심판」 23호, 중앙노동위원회, 2005, 19-20면.
141 대법원 2000.4.25. 99다34475 판결; 대법원 2002.6.14. 2001두11076 판결; 대법원 2003.4.11. 2002다60528 판결; 대법원 2003.10.10. 2001다76229 판결; 대법원 2004.6.25. 2002다68058 판결; 대법원 2005.9.9. 2005다34407 판결; 대법원 2005.11.25. 2005다38270 판결; 대법원 2010.3.25. 2009다95974 판결; 대법원 2015.8.27. 2015다211630 판결.

사항을 뜻하는 것은 아니므로 표의자가 의사표시의 내용을 진정으로 마음속에서 바라지는 아니하였다고 하더라도 당시의 상황에서는 그것이 최선이라고 판단하여 그 의사표시를 하였을 경우에는 이를 내심의 효과의사가 결여된 진의 아닌 의사표시라고 할 수 없다."라고 판시한 바 있다.[142] 또한 판례는 민법 규정에 따라 의사표시의 무효 여부를 판단하는 단계를 거치지 않고, 근로자의 의사표시가 '진의'에 기초했는지를 살펴 사용자의 그 수리행위를 실질적으로 사용자의 일방적 의사표시로 근로계약관계를 종료시키는 해고라고 볼 수 있는지를 판단하는 것이 일반적이다.[143]

판례에 따르면, 의원면직이 실질적으로 해고에 해당하는지는 근로자가 사직서를 제출하게 된 경위, 사직서의 기재 내용과 회사의 관행, 사용자 측의 퇴직 권유 또는 종용의 방법, 강도 및 횟수, 사직서를 제출하지 않을 경우 예상되는 불이익의 정도, 사직서 제출에 따른 경제적 이익의 제공 여부, 사직서 제출 전후 근로자의 태도 등을 종합적으로 고려하여 판단해야 한다.[144]

한편, 판례는 해고제한법제의 적용과 관련하여 '진의' 유무를 따지면서도 그와 함께 근로관계의 특수성을 감안하여 구체적 사안에 따라 실질적 판단을 하고 있다.[145] 예를 들면 일부 기업에서 취업규칙, 단체협약 등에 징계처분의 한 종류로 권고사직을 규정하는 경우가 있다.[146] 그리고 권고사직 결정이 내려진 이후 일정 기간 내에 사직원을 제출하지 않으면, 해당 근로자에 대해 징계해고처분이 내려지거나 자동면직 조치가 취해지고 퇴직급여 등에서 불이익을 입게 된다.[147] 이러한 권고사직 결정은 해고의 의사표시와 함께 근로관계의 합의해지의 청약으로 구성되어 있는데,[148] 법원은 징계처분으로 권고사직이 이루어지고 그 불이행 시 징계

---

142 대법원 2000.4.25. 99다34475 판결; 대법원 2001.1.19. 2000다51919, 51926 판결; 대법원 2003.4.25. 2002다11458 판결; 대법원 2015.8.27. 2015다211630 판결.
143 대법원 2005.11.25. 2005다38270 판결 참조; 노동법실무연구회, 『근로기준법주해 Ⅱ』 제2판, 박영사, 2020, 293면.
144 대법원 2015.2.26. 2014다52575 판결; 대법원 2017.2.3. 2016다255910 판결.
145 김용빈, "근로자가 징계면직처분을 받은 후 임의로 사직원을 제출하여 종전의 징계면직처분이 취소되고 의원면직처리된 경우, 그 사직의 의사표시를 비진의 의사표시로 볼 수 있는지 여부와 해고무효소송에 있어 신의성실(실효)의 원칙", 『대법원판례해설』 34호, 법원도서관, 2000, 21면.
146 대법원 1993.4.13. 92다48208 판결.
147 대법원 1996.2.9. 94누9771 판결.
148 김유성, 『노동법 Ⅰ』, 법문사, 2005, 330면.

해고가 내려지는 경우 이를 합쳐 '조건부 징계해고'로 파악한다. 즉, 징계로서 권고사직과 이에 따른 징계해고는 일정 기간 내에 사직원을 제출하여 퇴직조치되지 아니함을 조건으로 하여 효력을 발생하는 징계해고이거나 서로 불가분의 관계에 있는 것으로 1개의 징계 조치로 보고, 근로자가 권고사직과 이에 따른 해고의 무효확인을 청구하는 것은 위와 같이 불가분의 관계에 있는 하나의 징계 조치의 무효확인을 구하는 것이므로, 권고사직 조치 부분과 징계해고의 효력 발생을 따로 떼어 판단해서는 안 된다.[149] 요컨대 징계로 행해진 권고사직 처분의 유효 여부는 해고제한법제에 따라 판단된다.[150]

II. 근로계약기간의 만료

근로자와 사용자가 근로계약기간을 정한 경우, 즉 기간제 근로계약은 기간제법 등 법률에 다른 정함이 없는 한 그 계약에서 정한 기간이 끝날 때 당연 종료한다.[151] 다만, 판례에 따라 그것이 사실상 기간의 정함이 없는 근로계약으로 취급되거나 해당 근로자에게 갱신기대권이 있는 경우에는 해고제한법제를 적용할 수 있다.

1. 사실상 기간의 정함이 없는 근로계약으로 보는 경우

근로계약서의 내용은 기간의 정함이 있는 것으로 되어 있지만 실질적으로는 그것이 형식에 불과할 때에는 그 근로계약은 기간의 정함이 없는 것으로 취급된다.

판례는 근로계약을 체결하면서 기간을 정한 근로계약서를 작성한 경우라 하더라도, 여러 사정을 종합적으로 고려한 결과, 기간의 정함이 단지 형식에 불과하다는 사정이 인정되는 경우에는 근로계약서의 문언에도 불구하고 그 근로계약은 기간의 정함이 없는 근로계약이라고 본다. 즉 "처음으로 근로계약을 체결하면서 기

---

149 대법원 1982.9.14. 82다174, 82다카390 판결; 대법원 1986.3.11. 85다618 판결; 대법원 1991.11.26. 91다22070 판결.

150 박상훈, "근로계약의 합의해약", 「사법논집」 제22집, 법원행정처, 1991, 606면.

151 대법원 1995.6.30. 95누528 판결; 대법원 1998.1.23. 97다42489 판결.

간을 정한 근로계약서를 작성한 경우 그 근로계약이 계약서의 문언에 반하여 기간의 정함이 없는 근로계약이라고 하기 위해서는 계약서의 내용과 근로계약이 이루어지게 된 동기 및 경위, 기간을 정한 목적과 당사자의 진정한 의사, 동종의 근로계약 체결방식에 관한 관행 그리고 근로자보호법규 등을 종합적으로 고려하여 그 기간의 정함이 단지 형식에 불과하다는 사정이 인정되어야" 한다.[152]

그 밖에도 기간제 근로계약의 장기간에 걸친 반복·갱신 체결로 그 계약의 성질이 사실상 기간의 정함이 없는 근로계약으로 전환되는 경우가 있다. 즉, 단기의 근로계약이 장기간에 걸쳐서 반복하여 갱신됨으로써 그 정한 기간이 단지 형식에 불과하게 된 경우에는 계약상 기간을 정하여 채용된 근로자일지라도 사실상 기간의 정함이 없는 근로자의 경우와 다를 바가 없게 되어 사용자가 근로계약의 갱신을 거절하는 것은 해고가 된다.[153]

2. 갱신기대권 법리

앞에서 살펴본 바와 같이, 기간제 근로계약 관계는 그 기간이 만료됨으로써 당연히 종료하고 사용자의 갱신 거절의 의사표시가 없어도 그 근로자는 당연 퇴직하는 것이 원칙이다. 그러나 ① 근로계약, 취업규칙, 단체협약 등에서 기간 만료에도 일정한 요건이 충족되면 해당 근로계약이 갱신된다는 취지의 규정을 두고 있거나, ② 그러한 규정이 없더라도 근로계약의 내용과 근로계약이 체결된 동기 및 경위, 계약 갱신의 기준 등 갱신에 관한 요건이나 절차의 설정 여부와 그 실태, 근로자가 수행하는 업무의 내용 등 해당 근로관계를 둘러싼 여러 사정을 종합해 볼 때 근로계약 당사자 사이에 일정한 요건이 충족되면 근로계약이 갱신된다는 신뢰관계가 형성되어 있어, 근로자에게 그에 따라 근로계약이 갱신될 수 있으리라는 정당한 기대권이 인정되는 경우에는 사용자가 이에 위반하여 부당하게 근로계약의 갱신을 거절하는 것은 부당해고와 마찬가지로 아무런 효력이 없고, 이 경우 기간 만료 후 근로관계는 종전의 근로계약이 갱신된 것과 동일하다.[154]

---

152 대법원 1998.5.29 98두625 판결.
153 대법원 1994.1.11. 93다17843 판결; 대법원 2006.12.7. 2004다29736 판결.
154 대법원 2011.4.14. 2007두1729 판결; 대법원 2014.2.13. 2011두12528 판결.

갱신기대권이 존재하는 경우에는 그 갱신 거절에 합리적 이유가 있는지를 판단해야 한다. 이때 갱신거절의 합리적 이유는 사용자의 사업 목적과 성격, 사업장 여건, 근로자의 지위 및 담당 직무의 내용, 근로계약 체결 경위, 근로계약의 갱신에 관한 요건이나 절차의 설정 여부와 운용 실태, 근로자에게 책임 있는 사유가 있는지 등 당해 근로관계를 둘러싼 여러 사정을 종합하여 갱신 거부의 사유와 절차가 사회통념에 비추어 볼 때 객관적이고 합리적이며 공정한지를 기준으로 판단해야 하고, 그러한 사정에 관한 증명책임은 사용자가 부담한다.[155]

만약 관련 규정에서 계약 기간의 만료 전에 일정한 평가를 거쳐 다시 재계약할 기회를 근로자에게 부여하고, 그에 따라 하위 일정 비율에 속한 근로자나 일정 등급 이하 근로자가 재계약에서 탈락하도록 정하였다면, 그 기준과 평가가 자의적인 것이 아닌 한, 그 결과에 따라 이루어진 갱신 거절은 정당한 이유가 있다고 볼 수 있다.[156] 또한 이러한 평가가 공정성과 객관성이 결여된 심사과정을 거쳐 이루어지는 경우, 이를 이유로 갱신을 거절한 것은 무효라고 보아야 한다.[157] 다만 기간제근로자가 담당하던 업무가 소멸하여 그 근로자를 고용할 필요성이 없어진 경우에는 근무성적평정을 실시하지 않고 계약 갱신을 거절하는 것도 허용된다[158](기간제근로자의 보호에 대해서는 제24장에서 후술).

---

155 대법원 2017.10.12. 2015두44493 판결. 나아가 이 판결은 사용자가 갱신에 대한 정당한 기대권을 보유한 기간제근로자들에 대하여 사전 동의 절차를 거치거나 가점 부여 등의 구체적인 기준도 마련하지 않은 채 재계약 절차가 아닌 신규채용절차를 거쳐 선발되어야만 계약 갱신을 해 주겠다고 주장하면서 대규모로 갱신 거절을 한 경우, 이는 근로자의 갱신에 대한 정당한 기대권을 전면적으로 배제하는 것이므로, 사용자로서 그와 같은 조치를 취하려 않으면 안 될 경영상 또는 운영상의 필요가 있는지, 그에 관한 근거 규정이 있는지, 이를 회피하거나 갱신 거절의 범위를 최소화하려는 노력을 하였는지, 그 대상자를 합리적이고 공정한 기준에 따라 선정하기 위한 절차를 밟았는지, 그 과정에서 차별적 대우가 있었는지 등을 종합적으로 살펴보아 그 주장의 당부를 판단해야 한다고 판시하였다.

156 대법원 2011.7.28. 2009두5374 판결.

157 대법원 2011.4.14. 2007두1729 판결.

158 대법원 2005.3.11. 2005두173 판결.

III. 정년의 도달

1. 정년의 의의

정년제는 근로자가 일정한 연령에 도달한 경우에 근로자의 의사나 능력을 묻지 아니하고 근로계약을 종료시키는 제도이다. 정년제에서 정년의 도달은 근로계약관계를 종료시키는 법률요건이다.

정년제는 근로계약관계의 종료사유에 관한 특약이다. 근로자는 정년에 도달하기 전에 언제라도 퇴직할 수 있고, 정년에 도달하면 노사의 별도 의사표시가 없더라도 근로관계가 종료된다.

정년에 도달한 자에 대한 퇴직 통지는 해고가 아니며, 근로관계 종료의 사유 및 시기를 확인하여 알려주는 민법상 '관념의 통지'에 불과하다.[159]

2. 정년제의 합법성

사업주는 근로자의 정년을 60세 이상으로 정하여야 하고, 60세 미만으로 정한 경우에는 정년을 60세로 정한 것으로 본다(고령자고용법 제19조).

정년제가 근로자의 의사 및 업무수행능력과 상관없이 연령이라는 획일적 기준에 따라 근로관계를 종료시킨다는 점에서, 그로 인한 퇴직 처리는 근로기준법 제23조 소정의 '정당한 이유'가 없는 부당해고로 봐야 한다는 주장이 있을 수 있다. 그러나 현행 고령자고용법은 근로자의 정년을 60세 이상으로 정하도록 요구하고, 이에 해당하는 정년제를 연령차별의 예외로 규정하여 합법성을 인정한다.

성별, 국적, 신앙, 사회적 신분에 따른 차등 정년제는 허용되지 않는다(근로기준법 제6조, 남녀고용평등법 제11조). 다만, 합리적 기준에 따라 같은 사업장 내에서 차등적인 정년제를 시행하는 것은 가능하다. 판례에 따르면, 정년 규정은 해당 사업장에서 근로자가 제공하는 근로의 성질, 내용, 근무 형태 등 제반 여건에 따라 합리적 기준을 둔다면 같은 사업장 내에서도 직책 또는 직급에 따라 서로 차이가 있을 수

---

159 대법원 2008.2.29. 2007다85997 판결.

있다고 한다.[160] 이 경우에도 그 정년 규정이 고령자고용법에 어긋나서는 안 된다.

3. 정년 이후 재고용

정규직으로 근무하다가 정년에 도달한 근로자에 대한 고용 연장과 관련한 사안은 크게 ① 해당 근로자의 정년이 연장되는 경우, ② 정년 도달 후 기간제(촉탁직) 근로자로 위촉되는 경우, ③ 앞의 과정을 거쳐 위촉된 후 해당 근로자의 기간제 근로계약이 갱신(재위촉)되는 경우 등으로 나눌 수 있다.

①과 관련하여 판례는 정년퇴직하는 근로자에 대하여 사용자가 그 정년을 연장하는 등의 방법으로 근로관계를 계속 유지할지는 특별한 사정이 없는 한 사용자 권한에 속하고, 사용자가 해당 근로자에게 정년연장을 허용하지 아니한 조치의 정당성은 사용자의 행위가 법률과 취업규칙 등의 규정 내용이나 규정 취지에 위배되는지에 따라 판단한다.[161]

②와 관련하여 판례는 근로계약, 취업규칙, 단체협약 등에서 정년에 도달한 근로자가 일정한 요건을 충족하면 기간제 근로자로 재고용하여야 한다는 취지의 규정을 두고 있거나, 그러한 규정이 없더라도 재고용을 실시하게 된 경위 및 실시기간, 해당 직종 또는 직무 분야에서 정년에 도달한 근로자 중 재고용된 사람의 비율, 재고용이 거절된 근로자가 있는 경우 그 사유 등의 여러 사정을 종합하여 볼 때, 사업장에 그에 준하는 정도의 재고용 관행이 확립되어 있다고 인정되는 등 근로계약 당사자 사이에 근로자가 정년에 도달하더라도 일정한 요건을 충족하면 기간제 근로자로 재고용될 수 있다는 신뢰관계가 형성되어 있는 경우에는 특별한 사정이 없는 한 근로자는 그에 따라 정년 후 재고용되리라는 기대권을 가진다고 판단한 바 있다.[162]

③과 관련하여 판례는 일반적인 기간제 근로계약의 갱신기대권 법리의 적용 여부를 판단할 때 고려하는 사정들과 함께 "해당 직무의 성격에 의하여 요구되는 직

---

160 대법원 1991.4.9. 90다16245 판결.

161 대법원 2008.2.29. 2007다85997 판결.

162 대법원 2023.6.1. 2018다275925 판결. 또한 이처럼 정년퇴직하게 된 근로자에게 기간제 근로자로의 재고용에 대한 기대권이 인정되는 경우, 사용자가 기간제 근로자로의 재고용을 합리적 이유 없이 거절하는 것은 부당해고와 마찬가지로 근로자에게 효력이 없다(대법원 2023.6.29. 2018두62492 판결).

무수행 능력과 해당 근로자의 업무수행 적격성, 연령에 따른 작업능률 저하나 위험성 증대의 정도, 해당 사업장에서 정년을 경과한 고령자가 근무하는 실태 및 계약이 갱신되어 온 사례 등을 종합적으로 고려하여 근로계약 갱신에 관한 정당한 기대권이 인정되는지 여부를 판단하여야 한다."라고 판시한 바 있다.[163]

IV. 당사자의 소멸

당사자가 소멸하면 근로계약관계는 종료한다. 즉, 근로자가 사망하면 그 근로계약관계도 종료한다. 법인기업의 경우에는 사업경영담당자가 사망하더라도 법인 자체는 존속하므로 근로계약관계는 존속한다. 개인기업인 경우에도 상속이 개시되므로 근로관계는 존속될 수 있다.

회사가 해산되어 청산이 종료되면 근로계약관계는 당연히 종료한다. 근로계약의 당사자가 소멸하기 때문에 더는 근로계약의 이행이 불가능하기 때문이다. 그러나 회사가 해산 절차에 들어갔다고 하더라도 청산이 완료되지 않은 이상, 청산 목적 범위 안에서 회사는 존속하므로 근로관계가 계속된다. 이러한 청산 및 폐업 과정에서 근로자를 해고하는 경우 그 해고가 경영상 해고에 해당하는지가 문제 되는데, 판례는 사용자가 사업체를 폐업하고 이에 따라 소속 근로자를 해고하는 것은 그것이 노동조합의 단결권 등을 방해하기 위한 위장 폐업이 아닌 한 원칙적으로 기업 경영의 자유에 속하는 것으로서 유효하고, 유효한 폐업에 따라 사용자와 근로자 사이의 근로관계도 종료한다고 본다.[164] 또한 청산 과정에서 파산 선고에 따라 파산관재인이 선임되는 경우, 미이행 쌍무계약의 해제 또는 해지 권한을 가지는 점(채무자회생법 제335조) 등에 비추어 파산관재인을 근로계약관계에서 사용자로 보고 해고권자로 파악하는 것이 일반적이다.[165]

---

163 대법원 2017.2.3. 2016두50563 판결.

164 대법원 2003.4.25. 2003다7005 판결; 대법원 2021.7.29. 2016두64876 판결.

165 대법원 2004.4.27. 2003두902 판결; 노동법실무연구회, 앞의 책, 877-878면.

제4절
근로관계 종료의 효과

I. 임금채권 등의 청산

사용자는 근로자가 사망 또는 퇴직한 경우에는 그 지급 사유가 발생한 때부터 14일 이내에 임금, 퇴직급여, 보상금, 그 밖에 일체의 금품을 지급해야 한다. 다만, 특별한 사정이 있는 경우에는 당사자 사이의 합의로 기일을 연장할 수 있다(근로기준법 제36조, 퇴직급여법 제9조). 이는 근로자가 사망 또는 퇴직으로 근로관계가 끝난 후에도 근로자가 당연히 지급받아야 할 임금 등의 금품이 조속히 지급되지 아니한다면 근로자는 금품을 받기 위하여 사업장에 남아 있는 등 부당하게 사용자에게 예속되기 쉽고, 근로자와 그 가족의 생활이 위협받을 우려가 있을 뿐만 아니라 시간이 흐름에 따라 금품을 지급받지 못할 위험이 커지므로 이를 방지하려는 것이다.[166]

기일 연장의 합의는 임금채권이 구체적으로 발생한 이후에 가능하다. 예컨대 퇴직급여의 경우, 퇴직 사실이 발생하기 전 근로관계의 계속 중 장래 발생할 퇴직금 지급 기일을 연장하기로 미리 합의하는 것은 허용되지 않는다.[167]

청산해야 할 금품은 임금, 보상금, 퇴직금, 그 밖에 일체의 금품이다. '보상금'은 근로기준법 제8장에서 규정하고 있는 요양보상, 휴업보상, 장애보상, 유족보상, 장례비, 일시보상, 분할보상 등 일체의 금품을 말한다. '그 밖에 일체의 금품'은 보증금, 저축금을 비롯하여 근로자가 소유한 일체의 금전 또는 물품으로 사용자에게 예치 또는 보관을 부탁한 것을 뜻한다.

근로기준법 제36조를 위반한 자는 3년 이하의 징역 또는 3천만 원 이하의 벌금에 처한다(근로기준법 제109조 제1항). 다만, 피해자의 명시적 의사와 다르게 공소를 제기할 수 없다(근로기준법 제109조 제2항).

---

[166] 대법원 2006.5.11. 2005도8364 판결.
[167] 서울고등법원 2001.10.18. 2000나47387 판결.

사용자는 임금 및 퇴직급여(일시금만 해당함)의 전부 또는 일부를 그 지급 사유가 발생한 날부터 14일 이내에 지급하지 아니한 경우 그다음 날부터 지급하는 날까지 지연 일수에 대하여 연 40% 이내 범위에서 은행의 연체금리 등 경제 여건을 고려하여 대통령령으로 정하는 이율에 따른 지연이자를 지급해야 한다(근로기준법 제37조 제1항).[168] 이것은 사용자가 천재·사변, 그 밖에 대통령령으로 정하는 사유에 따라 임금 지급을 지연하는 경우 그 사유가 존속하는 기간에 대하여는 적용하지 아니한다(근로기준법 제37조 제2항).

II. 사용증명서의 발급

사용자는 근로자가 퇴직한 후라도 사용 기간, 업무 종류, 지위와 임금, 그 밖에 필요한 사항에 관한 증명서를 청구하면 사실대로 적은 증명서를 즉시 내주어야 하고(근로기준법 제39조 제1항), 이 증명서에는 근로자가 요구한 사항만 적어야 한다(근로기준법 제39조 제2항).

---

[168] 근로기준법 시행령 제17조는 지연이자율을 연 20%로 정하고 있다.

제14장
기업변동과 근로관계

제1절
총설

 기업은 대내외적인 환경 변화에 적응하는 과정에서 그 형태를 변경하는 경우가 적지 않다. 기업의 변동은 주로 합병, 영업양도, 회사분할 등 조직법상 회사 형태의 변경에 따라 이루어지기도 하고, 특별법에 따라 이루어지기도 한다.

 이 장에서 설명하는 기업변동은 사용자 측의 법적 주체의 변경을 초래하는 경우를 말한다. 주식회사에서 지분 변경에 따른 지배주주의 변화는 여기에서 말하는 기업변동에 포함되지 않는다. 기업의 소유 주체가 변경될 뿐 기업 자체, 즉 법적 의미의 사용자가 변경되는 것은 아니기 때문이다.

 기업변동은 그 목적이나 법적 형태와 관계없이 기업의 운영주체인 사용자만이 아니라 근로자에게도 중요한 영향을 미친다. 영업양도,[1] 합병,[2] 기업 일부가 분리 독립한 경우,[3] 계열기업 사이에 조직 변경이나 사업이 이관되는 경우[4] 등 다양한 기업변동 과정에서는 사용자의 일방적 결정으로 근로계약 또는 단체협약 등의 체결상대방이 변경되기 때문에 근로자나 노동조합의 지위는 불안정해질 수밖에 없

---

1 대법원 1994.1.25. 92다23834 판결; 대법원 1992.7.14. 91다40276 판결; 대법원 1991.11.12. 91다12806 판결.

2 대법원 1995.12.26. 95다41659 판결.

3 대법원 1987.2.24. 84다카1409 판결.

4 대법원 1991.3.22. 90다6545 판결; 대법원 1997.6.27. 96다49674 판결.

다. 이로써 근로관계의 승계를 비롯하여 기존 근로조건 보호 등 다양한 노동법상 문제가 발생하게 된다. 그런데 근로기준법 등 노동관계법에서는 기업변동과 근로관계에 관한 명시적 규정을 두지 않아 기업변동에 수반한 제반 노동법상 문제는 모두 해석론에 맡겨져 있다.

이하에서는 영업양도, 합병 등 기업변동의 유형별로 발생하는 노동법적 문제를 살펴본다.

제2절
영업양도와 근로관계

I. 영업양도와 근로관계 승계

영업양도가 이루어진 경우 근로관계가 승계되는지에 대해서는 당연승계설, 원칙승계설, 승계부정설이 대립하고 있다. 당연승계설과 원칙승계설은 양도계약 당사자, 즉 영업의 양도인과 양수인 사이에 근로관계 승계에 관한 약정 유무와 관계없이 영업양도가 인정되면 근로관계는 승계된다고 파악하는 점에서는 차이가 없다.

법적 효과를 상법에서 명문으로 정한 합병과 달리 포괄승계는 그에 관한 명문규정이 없다. 그럼에도 영업양도 시 근로관계에 대해 포괄승계의 효과를 인정하는 것은 사업 자체가 기능적으로 동일성을 유지하면서 포괄적으로 이전되는 이상 그 존속이 사업과 불가분으로 관련되어 있는 근로관계도 이전된다고 파악하는 것이 해고를 제한하는 등 근로관계의 존속과 근로자의 지위를 보호하는 전체 법질서에 부합하기 때문이다. 영업양도계약에서 일부 근로자를 승계에서 배제하는 것을 용인하면 근로자에 대한 사용자의 자의적 해고를 허용하는 것이나 다름없고 해고제한을 통한 근로관계 존속 보호라는 근로기준법의 기본 취지를 형해화하는 결과가 발생한다는 점을 고려하면 승계부정설은 타당하지 않다.

한편, 당연승계설과 원칙승계설은 영업양도 시 근로관계가 승계된다는 점에서는 동일하지만, 원칙승계설은 그 과정에서 해고 내지 근로관계 승계 제외의 가능성을 인정하는 점에서 차이가 있다. 그러나 당연승계설의 입장에서도 영업양도와 관련한 상황이라고 하더라도 근로관계 승계 배제, 즉 해고가 절대적으로 금지되는 것은 아니고 정당한 이유가 있는 근로관계 승계 배제는 가능하므로 양자는 결과적으로 동일하다고 평가할 수 있다.

판례는 원칙승계설의 입장을 취하고 있다. 판례에 따르면 "영업이 포괄적으로 양도되면 반대의 특약이 없는 한 양도인과 근로자 간의 근로관계도 원칙적으로 양수인에게 포괄적으로 승계된다. 영업양도 당사자 사이에 근로관계의 일부를 승계 대상에서 제외하기로 하는 특약이 있으면 그에 따라 근로관계가 승계되지 않을 수 있으나, 그러한 특약은 실질적으로 해고나 다름이 없으므로, (근로기준법 제23조 제1항 내지 제24조에서 정한 해고의) 정당한 이유가 있어야 유효하다." 따라서 "영업양도 그 자체만을 사유로 삼아 근로자를 해고하는 것은 정당한 이유가 있는 경우에 해당한다고 볼 수 없다."[5]

영업이 포괄적으로 양도되었다고 인정되면, 계약당사자 사이에 근로관계의 승계에 대하여 명시적 합의가 있는 경우는 물론이고,[6] 근로관계의 승계에 대하여 아무런 합의를 하지 않은 경우[7]에도 근로관계는 승계된다. 특히 양도계약당사자가 일부 근로자를 승계대상에서 제외할 것을 내용으로 하는 명시적 합의를 했어도, 정당한 이유가 없다면 그 합의는 무효가 되고 합의에도 불구하고 근로관계는 승계된다.

영업양도 시 승계되는 근로관계는 관련 계약 체결일 현재 실제로 그 영업 부문에서 근무하는 근로자와의 근로관계만 의미한다. 계약 체결일 이전에 해당 영업 부문에서 근무하다가 해고 또는 면직된 근로자로서 그 해고와 면직처분의 효력을 다투는 근로자와의 근로관계까지 승계되는 것은 아니다.[8] 그러나 해고의 효력을

---

5 대법원 1994.6.28. 93다33173 판결; 대법원 2002.3.29. 2000두8455 판결 등.

6 대법원 1991.11.12. 91다12806 판결; 대법원 1995.9.29. 94다54245 판결 등.

7 대법원 1992.7.14. 91다40276; 대법원 1994.6.28. 93다33173 판결; 대법원 2003.5.30. 2002다23826 판결 등.

8 대법원 1993.5.25. 91다41750 판결.

다투는 자에 대한 해고 무효가 명백한 경우와 같이 특별한 사정이 있으면 이러한 근로자의 근로관계는 이전된다.[9]

II. 영업양도의 의의

근로관계가 승계되려면 그 전제로 영업이 양수인에게 포괄적으로 승계되고 있다는 것이 인정되어야 한다. 여기에서 영업양도는 당사자 사이에 영업양도에 관한 합의가 있는 경우만이 아니라 영업상 물적·인적 조직이 그 동일성을 유지하면서 양도인으로부터 양수인에게 일체가 포괄적으로 이전되는 경우도 포함되며,[10] 영업의 일부가 양도된 경우도 포함된다.[11] 즉, 상법상 영업양도에 해당하는 경우[12]는 물론이고, 모회사가 출자하여 자회사를 설립하고 해당 영업부문을 양도했으며 신설회사가 구회사와 별개의 독립법인체로 그 권리·의무를 포괄승계하지 않은 경우,[13] 기업이 사업부문 일부를 다른 기업에 양도하면서 그 물적 시설과 함께 양도하는 사업부문에 근무하는 근로자들의 소속도 변경시킨 경우,[14] 기업 일부가 분리 독립한 경우[15]나 계열기업 사이에 조직 변경이나 사업의 이관이 있었던 경우[16]에도 근로관계는 승계된다.

따라서 근로관계의 승계가 인정되는 영업의 양도로 인정되려면 영업의 양도를 전후하여 '영업의 동일성'이 인정되어야 한다. 여기서 영업의 동일성 여부는 일반 사회관념에 따라 결정되어야 할 사실인정의 문제이며, 양적으로 판단되는 것이 아니라 질적으로 판단되어야 한다. 즉 어떤 계약이 영업 양도로 인정되는지는 단지

---

9 대법원 1996.5.31. 95다33238 판결. 이 사건에서 법원은 해고의 원인이 된 전적명령 자체가 아무런 효력이 없음이 객관적으로 명확하게 되었다는 점, 양도회사와 양수회사의 임원 구성원이 중첩되기 때문에 양수회사도 해고 무효를 알고 있었다는 사정 등을 고려하여 해고의 효력을 다투는 근로자의 근로관계 이전을 인정하고 있다.

10 대법원 1995.7.14. 94다20198 판결.

11 대법원 2002.3.29. 2000두8455 판결 등.

12 대법원 1992.7.14. 91다40276 판결; 대법원 1991.11.12. 91다12806 판결 등.

13 대법원 1987.2.24. 84다카1409 판결.

14 대법원 1992.7.14. 91다40276 판결.

15 대법원 1987.2.24. 84다카1409 판결.

16 대법원 1991.3.22. 90다6545 판결; 대법원 1997.10.28. 96다13415 판결 등.

어떠한 영업재산이 어느 정도로 이전되느냐에 따라 결정되는 것이 아니라 종래의 영업조직이 유지되어 그 조직이 전부 또는 중요한 일부로 기능할 수 있느냐에 따라 결정되어야 하는 것이다. 예컨대 영업재산의 전부를 양도했어도 그 조직을 해체하여 양도했다면 영업 양도는 되지 않는 반면에 그 일부를 유보한 채 영업시설을 양도했어도 그 양도한 부분만으로도 종래 조직이 유지되고 있다고 사회관념상 인정되면 영업의 양도로 인정된다.[17]

영업의 동일성이 존재하느냐에 대한 판단은 계약의 형식적인 명칭이나 내용만 고려해서는 안 되고 구체적 사실관계에 따라 해야 한다. 당사자의 주관적 의사가 아니라 대상 사업의 목적과 성격, 계약체결 전후 사정과 경위, 현실적으로 이전된 물적·인적 조직의 범위와 내용 등을 종합적으로 고려하여 객관적으로 판단해야 한다.

III. 근로자의 반대 의사표시

영업양도에도 불구하고 근로자는 근로관계가 양수 기업으로 승계되는 것에 반대 의사를 표시함으로써 양도 기업에 잔류하거나 양도 기업과 양수 기업 양쪽 모두에서 퇴직하고 양수 기업에 새로이 입사할 수도 있다.[18] 또한 근로자가 일단 양수 기업에 취업을 희망하는 의사를 표시하였다 하더라도 그 승계 취업이 확정되기 전이라면 취업 희망 의사표시를 철회하는 방법으로 위와 같은 반대 의사를 표시할 수도 있다.[19]

이러한 상황은 영업의 전부가 양도된 경우에는 현실적으로 발생하기 어렵고, 주로 영업의 일부가 양도된 경우 문제 된다. 영업의 일부가 양도될 경우 부실부문의 정리 등 양도의 목적과 내용에 따라 그 부문에 종사하는 근로자의 근로관계 존속에 큰 영향을 미칠 수 있다. 이런 점을 고려하면 근로관계 승계에 대한 근로자의 선택권을 보장할 필요가 있다.

---

17 대법원 2002.3.29. 2000두8455 판결; 대법원 2003.5.30. 2002다23826 판결 등 다수.

18 대법원 2002.3.29. 2000두8455 판결; 대법원 2005.2.25. 2004다34790 판결; 대법원 2010.9.30. 2010다41089 판결; 대법원 2012.5.10. 2011다45217 판결.

19 대법원 2002.3.29. 2000두8455 판결.

이 경우 영업양도 등 기업변동 상황에서 근로자의 선택권 유무와 그 근거가 문제 될 수 있다. 노무의 일신전속성을 규정한 민법 제657조 제1항을 근거로 근로관계 승계에 대한 근로자 동의를 요건으로 보는 견해도 있으나, 찬성할 수 없다. 한편에서는 영업양도 등 기업변동 시 근로관계의 포괄적 승계와 계약 당사자의 의사 배제를 해석상 도출하면서 다른 한편에서는 근로자 동의라는 요소를 그대로 적용하는 것은 논리적으로 타당하지 않다. 또한 존속하는 사용자가 제3자에게 근로자를 양도시키는 민법 제657조 제1항이 전제로 하는 상황은 '사용자'가 아니라 '사업' 자체가 변동하면서 필연적으로 근로관계가 영향을 받는 영업양도 등 기업변동 상황과는 본질적으로 다르기 때문이다.

따라서 기업변동 상황에서 발생할 수 있는 일자리 상실의 위험성을 배제하면서 근로관계 계속에 관한 근로자의 의사를 함께 존중하는 방안을 모색할 필요가 있다. 이런 관점에서 볼 때 판례가 근로관계 승계와 관련한 근로자의 의사 존중을 민법 제657조 제1항 소정의 '동의'에서 구하지 않고, 근로자의 '반대 의사표시', 즉 거부권으로 구성하는 것은 타당하다. 거부권은 근로자의 근로관계 존속 보호, 직업 선택의 자유, 계약자유의 원칙, 자기결정권에서 기인한 권리로 형성권적 성격을 가진다고 할 것이다.

판례에 따르면 근로관계 승계에 반대하는 의사는 근로자가 영업양도가 이루어진 사실을 안 날로부터 상당한 기간 내에 양도 기업 또는 양수 기업에 표시해야 한다. 상당한 기간 내에 표시했는지는 ① 양도 기업 또는 양수 기업이 근로자에게 영업양도 사실, 양도 이유, 양도가 근로자에게 미치는 법적·경제적·사회적 영향, 근로자와 관련하여 예상되는 조치 등을 고지하였는지, ② 그와 같은 고지가 없었다면 근로자가 그러한 정보를 알았거나 알 수 있었던 시점, ③ 통상적 근로자라면 그와 같은 정보를 바탕으로 근로관계 승계에 대한 자신의 의사를 결정하는 데 필요한 시간 등 제반 사정을 고려하여 판단한다.[20]

반대 의사를 표시하여 양도 기업에 잔류한 근로자의 근로관계는 양수 기업에 승계되지 않고 여전히 양도 기업에 존속한다. 판례에 따르면 이 경우 원래의 사용자는 영업 일부의 양도로 인한 경영상 필요에 따라 감원이 불가피하게 되는 사정이

---

20 대법원 2012.5.10. 2011다45217 판결.

있어 정리해고로서 정당한 요건이 갖추어졌다면, 그 절차에 따라 승계를 거부한 근로자를 해고할 수 있다.[21] 그러나 이러한 견해에는 찬성하기 어렵다. 잔존회사에서 승계를 거부한 근로자를 정리해고할 수 있다면 근로관계 승계에 대한 근로자의 반대의사 표시를 인정한 실익이 없고, 합법적인 권리행사를 이유로 불이익을 부과하는 것이나 다름없기 때문이다. 따라서 이 경우에는 일반적인 정리해고 법리에 따라 해고대상자를 선정하되, 근로자의 반대의사에 합리적 이유가 없는 경우나 남용된 경우에 한하여 우선적인 해고대상자로 선정할 수 있다고 보아야 한다.

IV. 승계되는 근로관계의 내용

영업양도에 따라 근로계약관계가 포괄적으로 승계된 경우에 근로자의 종전 근로계약상 지위도 그대로 승계된다.[22] 따라서 영업의 양수인은 근로자에 대하여 종전과 동일한 근로조건으로 승계하여야 한다.[23] 양수인은 기존의 개별 근로계약, 취업규칙, 단체협약 등으로 정해진 근로조건에 따라 임금을 지급하고, 근로시간을 정하는 등 종전의 사용자와 동일한 책임을 이행해야 할 의무를 부담한다.[24]

영업양도 후 양수인인 사용자가 일방적으로 취업규칙을 변경하거나 종전의 근로관계보다 불리한 승계기업의 취업규칙을 적용하려면 종전의 근로계약상 지위를 유지하던 근로자들의 집단적 의사결정 방법에 따른 동의 등의 사정이 있어야 한다. 이러한 동의 등이 없으면 사용자가 일방적으로 종전의 근로조건을 근로자에게 불리하게 변경하거나 종전의 근로조건보다 불리한 승계 법인의 취업규칙을 적용할 수 없다. 이 경우 종전의 근로조건을 그대로 유지한 채 승계한 법인에서 근무하게 되는 근로자에게는 종전의 취업규칙이 적용된다.[25] 예컨대 승계 후 퇴직금 규정이 승계 전 퇴직금 규정보다 근로자에게 불리하다면, 근로자들의 집단적 의사결정

---

21 대법원 2000.10.13. 98다11437 판결; 대법원 2010.9.30. 2010다41089 판결.
22 대법원 1995.12.26. 95다41659 판결.
23 대법원 1994.3.8. 93다1589 판결.
24 대법원 1991.8.9. 91다15225 판결.
25 대법원 2010.1.28. 2009다32362 판결.

방법에 따른 동의 없이는 승계 후 퇴직금 규정을 적용할 수 없고 승계 전 퇴직금 규정이 적용된다.[26]

양수인에게 승계되는 근로관계는 사용자와 근로자 사이의 개별적 근로관계뿐만 아니라 양도인과의 관계에서 형성된 집단적 근로관계도 포함된다. 특히 노동조합은 근로자들이 주체가 되어 기업과는 독립한 별개 조직체인 점을 고려하면 영업의 양도와 무관하게 노동조합도 그 지위를 그대로 유지한다.[27]

단체협약도 마찬가지다. 양수인은 단체협약 당사자로서 지위도 그대로 승계한다고 보아야 하기 때문이다. 다만 유니언 숍 조항과 같이 성질상 유지할 수 없는 단체협약 내용은 승계되지 않는다.[28] 일단 승계한 단체협약상의 근로조건이나 조합활동에 대해 이후 양수인이 노동조합과 새로운 단체협약을 체결하여 변경하는 것은 무방하다.[29] 양수인의 사업에 이미 다른 노동조합이 있으면 교섭창구단일화 절차를 따라야 한다.

제3절
합병과 근로관계

상법은 합병이 이루어지면 합병 후 존속한 회사 또는 합병으로 설립된 회사는 합병으로 소멸된 회사의 권리·의무를 승계한다고 규정하여(제235조) 합병의 효과를 명시하였다. 따라서 합병이 이루어지면 존속회사 또는 신설회사는 소멸회사의

---

26 대법원 1995.12.26. 95다41659 판결; 대법원 1997.12.26. 97다17575 판결. 이 경우 결과적으로 퇴직금여법이 금지하는 '하나의 사업 내에 차등 있는 퇴직금 제도를 설정한 것'처럼 보인다. 그러나 이 제도는 하나의 사업 내에서 직종, 직위, 업종별로 퇴직금에 관하여 차별하는 것을 금하고자 하는 데 그 목적이 있다. 따라서 영업양도 등으로 근로관계가 포괄적으로 승계된 후의 새로운 퇴직금 제도가 기존 근로자의 기득이익을 침해해서 그들에게는 그 효력이 미치지 않고 부득이 종전의 퇴직금 규정을 적용하지 않을 수 없어서 결과적으로 하나의 사업 내에 별개의 퇴직금 제도를 운용하는 것으로 되었다고 하더라도, 이것까지 차등 있는 퇴직금 제도를 설정한 경우에 해당한다고는 볼 수 없다.
27 대법원 2002.3.26. 2000다3347 판결.
28 대법원 2004.5.14. 2002다23185, 23192 판결 참조.
29 대법원 2004.5.14. 2002다23185, 23192 판결.

근로관계도 포괄적으로 당연히 승계한다.[30] 따라서 합병계약에서 일부 근로자를 승계대상에서 제외한다는 합의는 강행규정 위반으로 무효가 된다. 그러나 합병 과정에서 일부 근로자의 승계를 배제한다고 해도 정당한 이유가 있으면 영업양도와 마찬가지로 유효하다고 해석된다.

승계되는 근로관계의 내용 역시 영업양도에서 설명한 바와 같다. 합병으로 근로계약관계가 포괄적으로 승계된 경우에는 근로자의 종전 근로계약상 지위도 그대로 승계한다. 포괄승계되는 근로계약관계에는 근로계약만이 아니라 취업규칙, 단체협약도 포함된다. 따라서 승계 후 취업규칙상 퇴직금 규정이 승계 전 퇴직금 규정보다 근로자에게 불리하다면 근로기준법 제94조 제1항 소정의 해당 근로자 집단의 집단적 의사결정방법에 따른 동의 없이는 승계 후 퇴직금 규정을 적용할 수 없다.[31]

영업양도와 마찬가지로 집단적 노사관계 역시 신설회사 또는 존속회사로 이전된다. 노동조합의 지위는 그대로 유지되고 단체협약도 원칙적으로는 신설회사 등이 승계한다.

회사의 합병으로 근로관계가 승계되어 종전 취업규칙 등이 그대로 적용되더라도 합병 후 노동조합과의 사이에 단체협약 체결 등으로 합병한 후 근로자들의 근로관계 내용을 단일화하기로 변경·조정하는 새로운 합의가 있으면 그 새로운 단체협약 등이 유효하게 적용된다.[32]

합병회사의 기존 노동조합이 이미 단체협약에 따라 유니언 숍 협정을 체결한 경우가 있을 수 있다. 이 경우 피합병회사의 미조직 근로자가 자동으로 합병회사 노동조합의 조합원이 되는 것은 아니다. 피합병회사 근로자는 합병회사 노동조합 단체협약의 적용대상으로 전제되어 있지 않기 때문이다. 따라서 피합병회사 근로자들까지 아우른 노동조합과 합병회사 사이의 새로운 단체협약으로 유니언 숍 협정이 체결된 이후부터 그 협정의 효력이 발생한다. 피합병회사에 노동조합이 이미 설립된 상황에서 합병된 경우에도 마찬가지로 해석해야 한다.

마찬가지 논리로, 판례에 따르면 노동조합법상 일반적 구속력 규정에 따라 단체

---

30 대법원 1995.12.26. 95다41659 판결.
31 대법원 1995.12.26. 95다41659 판결.
32 대법원 2001.10.30. 2001다24051 판결.

협약의 적용을 받는 '동종의 근로자'라 함은 해당 단체협약의 규정에 따라 그 협약의 적용이 예상되는 자를 가리킨다. 따라서 서로 다른 종류의 사업을 운영하던 회사들이 합병한 이후 근로자들의 근로관계 내용을 단일화하기로 변경·조정하는 새로운 합의가 있기 전에 그중 한 사업부문의 근로자들로 구성된 노동조합이 회사와 체결한 단체협약은 그 사업부문의 근로자들에게만 적용되리라 예상되는 것이어서 다른 사업부문의 근로자들에게는 적용될 수 없다.[33]

제4절
회사분할과 근로관계

상법은 제530조의2 이하에서 회사분할제도를 규정하고 있다. 상법은 분할계획서 또는 분할합병계약서의 작성과 주주총회의 승인이 있어야 회사분할이 가능하고(제530조의3), 분할계획서 등에서 정하는 바에 따라 권리·의무가 승계된다고 명시하고 있다(제530조의10). 그러나 근로관계에 대해서는 명시적 규정을 두지 않아 분할계획서 등에 근로관계에 관한 사항을 기재할 수 있는지, 근로관계의 승계가 분할계획서 등에 기재한 경우에만 이루어지는지 아니면 영업의 일부가 양도된 경우와 같이 보아야 하는지, 회사분할과 관련한 회사 중 근로관계에 대한 책임은 누가 어떻게 부담하는지 등은 해석에 맡겨져 있다.

판례에 따르면 상법 제530조의10은 분할로 설립되는 회사는 분할하는 회사의 권리와 의무를 분할계획서가 정하는 바에 따라 승계한다고 규정하였으므로, 분할하는 회사의 근로관계도 이 규정에 따른 승계 대상에 포함될 수 있다. 따라서 분할계획서에 기재되어 있다면 승계되는 사업에 관한 근로관계는 해당 근로자의 동의를 받지 못한 경우라도 신설회사에 승계되는 것이 원칙이다. 이 경우에는 분할하는 회사가 분할계획서에 대한 주주총회의 승인을 얻기 전에 미리 노동조합과 근로자들에게 회사 분할의 배경, 목적과 시기, 승계되는 근로관계의 범위와 내용, 신설

---

33 대법원 2004.5.14. 2002다23185 판결.

회사의 개요와 업무 내용 등을 설명하고 이해와 협력을 구하는 절차를 거쳐야 한다. 나아가 회사 분할이 근로기준법상 해고의 제한을 회피하면서 해당 근로자를 해고하는 방편으로 이용되는 등 특별한 사정이 있으면 해당 근로자는 근로관계 승계를 통지받거나 이를 알게 된 때부터 사회통념상 상당한 기간 내에 반대의사를 표시함으로써 근로관계의 승계를 거부하고 분할하는 회사에 잔류할 수 있다.[34]

요컨대 판례는 ① 회사의 분할에 따라 일부 '사업부문'이 신설회사에 승계되고 (실체적 요건), ② 분할계획서에 대한 주주총회의 승인을 얻기 전에 미리 노동조합과 근로자들에게 설명하고 이해와 협력을 구하면(절차적 요건) 근로관계는 해당 근로자의 동의를 받지 못한 경우라도 신설회사에 승계되고, 다만 ③ 회사 분할이 근로기준법상 해고의 제한을 회피하는 방편으로 이용되는 등의 '특별한 사정'이 있는 경우에는 '예외적'으로 근로자에게 근로관계 승계 거부권이 인정된다는 것이다.

그러나 이러한 판례 입장에는 찬성하기 어렵다. 분할계획서 내지 분할계약서 기재사항을 정한 상법 조항(제530조의5, 제530조의6)은 회사분할과 재산적 이해관계를 가진 주주나 채권자의 이익을 보호하려고 재산적 이해관계와 직접 관련되는 사항을 기재하고 있을 뿐, 일본과 달리 근로관계에 관한 사항을 기재사항으로 하지 않았다. 판례와 같이 근로관계에 관한 사항을 분할계획서 등의 기재사항으로 할 수 있다면 사용자의 일방적 의사로 근로관계가 제3자에게 처분되는 결과가 발생한다. 나아가 판례는 분할계획서에 대한 주주총회의 승인을 얻기 전에 근로자의 이해와 협력 절차를 거쳐야 한다고 하였으나, 그러한 절차를 거치지 않을 경우의 효과에 대해서는 침묵하고 있다. 회사분할 자체가 무효가 되는지 아니면 관련 근로자의 개별적 동의를 받아야 하는지가 명확하지 않다. 또한 근로자의 승계 반대의사표시, 즉 승계 거부권을 특별한 이유 없이 예외적인 경우에만 인정하고 있다.

판례는 명확한 근거 없이 영업의 양도와는 다른 법리를 회사분할에 적용한다. 그 결과, 근로자의 근로관계 존속 보호나 선택권보다는 기업 조직 재편의 필요성이라는 사용자의 이익을 우선해 분할계획서에 근로관계의 승계가 기재되었다는 이유만으로 사용자가 일방적으로 근로자 지위를 처분할 수 있는 부당한 결과를 초래하고 있다.

---

34 대법원 2013.12.12. 2011두4282 판결.

사용자 변경으로 인한 근로자 지위 보호의 필요성, 거부권의 취지, 근로관계에 관한 한 회사분할의 현실적 결과는 영업의 일부 양도와 다르지 않은 점 등을 고려하면 회사분할 시 근로관계는 영업의 일부 양도 법리에 준하여 처리하는 것이 타당하다. 따라서 사용자의 일방적 의사, 즉 분할계획서 기재 여부와 관계없이 객관적으로 분할되는 사업부문에 주로 근로하는 근로자의 근로관계는 원칙적으로 분할 후 회사로 승계되어야 한다. 승계를 거부하는 근로자는 판례와 같이 특별한 사정이 있는 경우에만 반대 의사를 표시할 수 있는 것이 아니라, 일반적으로 회사분할이 이루어진 사실을 안 날로부터 상당한 기간 내에 분할로 설립되는 회사 또는 분할하는 회사에 반대의 의사를 표시할 수 있다고 해석해야 한다.

한편 승계되는 근로관계의 내용과 관련하여 근로계약이나 취업규칙은 영업양도나 합병과 같이 분할로 설립되는 회사 등에 포괄적으로 승계되는 것으로 해석해야 한다. 이와 달리 상법 제530조의9 또는 제530조의10에 따라 분할계획서 등에서 근로계약이나 취업규칙에 대한 내용을 별도로 정한다고 하더라도 영업양도 법리와 달리 정한다면 권리남용 또는 강행법규 위반으로 무효라고 보아야 한다.

단체협약의 처리도 문제 될 수 있다. 회사분할의 태양에 따라 협약 당사자인 분할하는 회사가 존속하거나 소멸할 수 있고, 분할로 설립되는 회사가 여러 개일 수 있으므로 분할로 설립되는 회사가 단체협약을 승계하는지, 승계한다면 단체협약의 규범적 부분만 승계하는지 채무적 부분도 승계하는지, 승계하지 않는다면 단체협약에 따른 책임은 누가 부담하는지의 문제가 발생한다.

단체협약의 규범적 부분에 대해서는 영업의 양도와 마찬가지로 분할로 설립되는 회사는 근로자의 기존 근로계약상 지위를 포괄적으로 승계하는 것으로 보아야할 것이다. 이와 달리 채무적 부분에 대해서는 일정한 변용이 불가피하다. 근로시간 중 조합활동, 조합비공제와 같이 성질상 포괄승계를 인정해도 무방한 부분이 있을 수 있고, 유니언 숍, 근로시간면제, 조합사무소, 전임자 등 성질상 포괄승계를 인정하기 어려운 부분도 있어 사안에 따라 구체적으로 판단할 수밖에 없다. 후자의 경우는 사정변경에 따라 단체협약의 해당 부분은 실효하고 재교섭 등 별도 합의를 요하는 것으로 해석하는 것이 적정할 것이다.

법률의 제정·개정에 따른 근로관계의 승계

법률의 제정·개정으로 특수법인이 설립될 때 종전 법인의 기능을 흡수하는 과정에서 그 법인 소속 직원들의 근로관계가 승계되는지가 다뤄지는 경우가 있다. 만약 근로관계가 승계된다고 보면 그 직원들에 대한 고용조정은 해고에 해당하여 해고제한법제를 적용받지만, 반대로 해고제한법제가 적용되지 않고 신규채용을 거부하는 형식으로 자유롭게 고용조정을 할 수 있기 때문이다.

판례에 따르면, 이 경우 해당 법률에서 새로 설립되는 법인이 종전 단체 소속 직원들의 근로관계를 승계한다고 명시적으로 규정하지 않은 이상, 종전 단체에 소속된 직원들의 근로관계가 새로 설립되는 법인에 당연히 승계된다고 볼 수는 없다.[35] 이는 법률의 제정·개정으로 어떤 법인의 특정 업무 혹은 그 전체 업무가 다른 법인으로 이전될 때도 마찬가지여서, 법률 규정, 인수 법인의 정관과 취업규칙 등에서 근로관계의 승계에 관한 경과 규정을 두거나 두 법인 사이에 직원들의 근로관계 승계에 관한 별도 약정이 있어야만 근로관계가 승계된다고 한다.[36]

다만, 이러한 판례 법리는 행정기관 내부의 업무처리방침 또는 행정조치 등에 따라 새로운 법인이 설립되어 종전에 동일한 기능을 수행하던 법인 등 단체의 기능을 흡수하는 경우에까지 적용되지는 않는다. 즉, 법률의 제정이나 개정 또는 이와 동등한 효력이 있는 법규에 따르지 않고, 행정기관 내부의 업무처리방침 또는 행정조치 등으로 새로운 법인이 설립되어 종전에 동일한 기능을 수행하던 법인 등 단체의 기능을 흡수하면서 그 권리·의무를 승계함과 아울러 동일성을 유지하면서 일정한 사업 목적을 위한 인적·물적 조직을 일체 이전받는 등으로 종래의 사업 조직이 유지되어 그 조직이 전부 또는 중요한 일부로 기능할 수 있다면, 반대 특약이 없는 한 해산되는 종전 단체에 소속된 직원들과의 근로관계는 원칙적으로 새로 설립되는 법인에 포괄적으로 승계된다. 따라서 종전 법인과 새로운 법인 사이에 근로관계의 일부를 승계 대상에서 제외하기로 하는 특약이 있으면 그에 따라 근로관

---

35 대법원 2002.5.14. 2001두6579 판결.
36 대법원 2000.12.12. 99다66373 판결.

계가 승계되지 않을 수 있으나, 그러한 특약은 실질적으로 해고나 다름이 없어 근로기준법 제23조 제1항 소정의 정당한 이유가 있어야 유효하다.[37]

제6절
용역업체 변경에 따른 근로관계의 승계

도급업체가 사업장 내 업무의 일부를 기간을 정하여 다른 업체(이하 '용역업체'라 한다)에 위탁하고, 용역업체가 위탁받은 용역업무를 수행하고자 해당 용역계약의 종료 시점까지 기간제근로자를 사용해 왔는데, 해당 용역업체의 계약기간이 만료되고 새로운 용역업체가 해당 업무를 위탁받아 도급업체와 용역계약을 체결한 경우 기간제근로자들의 근로관계가 승계되는지가 종종 문제되어 왔다. 이에 판례는 새로운 용역업체가 종전 용역업체 소속 근로자의 고용을 승계하여 새로운 근로관계가 성립될 것이라는 신뢰관계가 형성되었다면, 특별한 사정이 없는 한 근로자에게는 그에 따라 새로운 용역업체로 고용이 승계되리라는 기대권이 인정된다고 보고, 이와 같이 근로자에게 고용승계에 대한 기대권이 인정되는 경우 근로자가 고용승계를 원하였는데도 새로운 용역업체가 합리적 이유 없이 고용승계를 거절하는 것은 부당해고와 마찬가지로 근로자에게 효력이 없다고 한다.[38]

이때 근로자에게 고용승계에 대한 기대권이 인정되는지는 새로운 용역업체가 종전 용역업체 소속 근로자에 대한 고용을 승계하기로 하는 조항을 포함하고 있는지를 포함한 구체적인 계약 내용, 해당 용역계약의 체결 동기와 경위, 도급업체 사업장의 용역업체 변경에 따른 고용승계 관련 기존 관행, 위탁의 대상으로서 근로자가 수행하는 업무의 내용, 새로운 용역업체와 근로자들의 인식 등 근로관계 및 해당 용역계약을 둘러싼 여러 사정을 종합적으로 고려하여 판단하여야 한다.[39]

---

37 대법원 2007.12.27. 2007다51017 판결.
38 대법원 2021.4.29. 2016두57045 판결; 대법원 2021.6.3. 2020두45308 판결.
39 대법원 2021.4.29. 2016두57045 판결; 대법원 2021.6.3. 2020두45308 판결.

제3편

집단적 노사관계법

제15장   집단적 노사관계법 총설 ·· 403

제16장   노동조합 ·· 407

제17장   단체교섭 ·· 485

제18장   단체협약 ·· 524

제19장   노동쟁의의 해결 ·· 559

제20장   쟁의행위 ·· 569

제21장   부당노동행위 ··· 628

제22장   노사협의회 제도 ·· 657

제15장
집단적 노사관계법 총설

제1절
집단적 노사관계법의 의의

집단적 노사관계법은 근로자단체와 사용자(또는 사용자단체) 사이의 집단적 거래관계를 규율하는 법 영역으로, 교섭력의 균형을 통한 집단적 자치로 근로조건의 유지·개선과 사회적·경제적 지위의 향상을 도모한다. 이는 개별적 근로관계법으로 국가가 근로계약관계에 적극적으로 개입하여 근로자를 보호하고자 하는 것과 대비된다. 개별적 근로관계법 영역에서는 근로권을 보장하려는 국가의 후견적 기능이 강조되는 반면, 집단적 노사관계법 영역에서는 노동3권이 실질적으로 행사될 수 있는 제도적 기반을 마련하려는 국가의 여건조성적 기능이 요구된다. 이 점에서 집단적 노사관계법에서 국가의 개입은 간접적이며 집단자치의 원리가 더 중시된다고 할 수 있다.

집단적 노사관계법과 개별적 근로관계법은 헌법상의 보장 근거와 규범 내용, 접근방식과 국가의 역할에 따라 개념적으로 분리되지만, 근로자의 생존권 보장이라는 공통의 목적을 실현하기 위해 유기적으로 연관되어 있다. 대표적 예시가 단체협약의 강행적 효력이다. 현행법은 집단적 노사관계법 영역에서 단체협약이 개별적 근로관계법 영역에서 근로계약과 취업규칙에 우선하는 효력을 부여함으로써 개별 근로자들의 근로조건 유지·개선이 더 실질적으로 가능하도록 하였다.

제2절
집단적 노사자치의 원리

I. 집단적 노사자치의 의미

집단적 노사관계법은 노사 간 교섭력의 균형으로 노사관계의 질서를 자치적으로 형성하고 촉진하는 것을 목적으로 한다. 이를 집단적 노사자치(집단자치)의 원리라고 표현한다. 집단자치의 원리는 노동조합법을 관통하는 지도원리이자 노동3권 보장에 내재된 객관적 가치로, 국가는 이를 보호·존중·실현하도록 노력해야 한다.

집단적 노사자치의 원리는 조합자치(단결자치), 협약자치, 노동쟁의(노동분쟁)에서 자주적 해결의 우선 등으로 표현된다.

먼저 조합자치(단결자치)는 노동조합의 결성 여부와 조직형태 결정, 노동조합의 내부 운영과 대외활동 등에서 국가나 사용자의 간섭없이 근로자들이 자주적으로 선택, 결정해야 함을 의미한다.

협약자치는 근로자단체와 사용자의 집단적 합의는 존중되어야 할 뿐만 아니라, 사회경제적으로 열위에 있는 근로자 개인의 개별적 합의보다 우선되어야 함을 의미한다. 나아가 집단적 합의를 체결하기 위한 단체교섭이 촉진되어야 함을 의미한다.

노동쟁의에서 노사 간의 자주적 해결을 우선한다는 것은 노동쟁의를 해결하려는 법정 조정절차는 보충적으로만 적용되어야 하고, 국가는 법정 조정절차를 매개로 집단적 자치를 훼손해서는 안 된다는 것을 의미한다.

1953년에 최초로 노동관계법령이 제정된 이후, 권위주의 정부가 들어설 때마다 집단적 노사관계법 영역에서는 집단적 노사자치를 제약하려는 개악이 거듭되어 왔다. 현행법에서는 이러한 문제가 상당 부분 해결되었으나, 여전히 노동조합의 규약이나 결의에 행정관청이 개입할 수 있고, 교섭창구 단일화 제도나 쟁의행위에 대한 광범위한 제한 등 집단자치의 원리와 충돌하는 내용이 남아 있다고 볼 수 있다.

II. 집단적 노사자치의 구체화

현행법에서는 집단적 노사자치를 구현하는 근로자 대표 시스템으로 노동조합과 노사협의회가 제도화되어 있다.

노동조합은 근로자들이 임의로 결성하는 단체이지만, 헌법 제33조의 노동3권을 향유하는 주체로서 가장 중요한 제도이다. 노동3권을 노동조합으로 구체화·제도화하고자 노동조합법이 마련되었으며, 이것이 집단적 노사관계법 영역의 기본법이라 할 수 있다. 노동조합법은 노동조합의 조직과 운영에 관한 사항, 단체교섭과 쟁의행위로 대표되는 집단적 노사관계에 관한 사항, 노동3권을 행사하는 과정에서 발생하는 분쟁을 해결하기 위한 부당노동행위 제도와 노동쟁의 조정 제도 등을 규율하고 있다. 이와 관련된 논의가 집단적 노사관계법 내용의 대부분을 차지한다.

또한 현행법은 노동조합 외에 이른바 경영참가를 촉진·장려하고자 노사협의회 제도를 마련하고 있다. 노사협의회는 근로자참여법에서 설치의무를 부여한 법정기구이지만, 헌법상 노동3권을 향유할 수 있는 주체는 아니므로 노동조합을 보충하는 역할을 한다(노사협의회에 대한 자세한 설명은 제22장 노사협의회 제도 참조).

또한 이외에 교원의 노동조합 설립 및 운영 등에 관한 법률(교원노조법), 공무원의 노동조합 설립 및 운영 등에 관한 법률(공무원노조법), 분쟁을 해결하기 위한 노동위원회법도 집단적 노사관계법의 주요한 법원이다.

제3절
집단적 노사관계법상 노동분쟁의 특징

집단적 노사관계법상 노동분쟁은 분쟁 당사자의 집단성, 이익분쟁의 우세, 분쟁 과정과 결과의 중대성 등을 특징으로 한다.

먼저, 개별 근로자와 사용자가 주체가 되는 개별적 근로관계법상 분쟁(individual dispute)에 비해 집단적 노사관계법상 노동분쟁의 주체는 원칙적으로 노동조합과 사용자(또는 그 단체)로 집단분쟁(collective dispute)의 성격을 띤다. 개별 조합원과 사용자 사이의 분쟁인 경우에도 단순히 개별 조합원과 사용자 사이의 문제에 그치지 않고, 대부분 노동조합과 사용자의 문제로서 다루어진다.

다음으로 개별적 근로관계법상 분쟁이 주로 권리분쟁(right dispute), 즉 임금, 근로시간, 안전과 보건 등 근로조건에 관해 이미 확정된 권리·의무의 이행을 둘러싼 법률적 분쟁(legal dispute)인 반면, 집단적 노사관계법상 분쟁은 단체교섭에서 볼 수 있듯이 주로 장래의 권리·의무를 확정하려는 경제적 분쟁(economic dispute), 즉 이익분쟁(interest dispute)이다.

또한 집단적 노사관계법상 분쟁은 관련 당사자 수가 많고, 종종 전국적이거나 지역 전체의 노사가 갈등하며, 분쟁 기간도 긴 경우가 많다. 이렇게 분쟁의 경과와 결과는 기업을 넘어 지역사회 나아가 국민경제 전체에 커다란 영향을 미치기도 한다. 각종 노동쟁의 조정 제도와 특히 긴급조정 제도를 두는 것도 이 때문이다.

제16장
노동조합

제1절
노동조합의 의의와 요건

I. 노동조합의 의의와 유형

1. 노동조합의 의의와 기능

노동조합은 헌법 제33조 제1항에서 보장하는 노동3권 중 단결권을 기반으로 하여 근로자가 임금, 근로시간 등 근로조건을 포함한 근로자의 사회경제적 지위를 향상하고자 사용자와 실질적으로 대등한 지위에서 교섭하도록 조직한 단체를 말한다.

일반적으로 노동조합은 경제적 기능, 사회적 기능, 정치적 기능, 공제적 기능을 수행한다.

우선 근로자는 노동조합을 통하여 근로조건 등에 관해 사용자와 집단으로 교섭함으로써 교섭력의 실질적 균형을 도모할 수 있다. 이처럼 노동조합은 근로조건의 유지·개선으로 근로자를 보호한다. 이러한 경제적 기능은 노동조합의 1차적 기능으로, 노동조합을 여타의 근로자 권익 보호 단체들과 구분하는 가장 중요한 기능이다.

노동조합의 경제적 기능은 단순히 개별 기업 수준에서만 작동하는 것은 아니다. 사회적 관점에서 볼 때 노동조합은 부의 공정한 배분을 가능하게 하는 제도적 장치이다. 실제로 각국에서 노동조합은 사회 전체의 부를 적정하게 배분하는 역할을 하여 경제적 불평등을 완화하는 기능을 한다는 것이 경험적으로 입증되고 있다.[1] 이와 같이 노동조합은 근로조건에 관한 집단적 교섭으로 시장의 실패를 시정함으로써 사회 전체에서 부의 불평등을 완화하는 사회적 기능을 한다. 또한 노동조합을 통해 직장 내에서 민주주의를 실현하는 효과도 노동조합의 사회적 기능에 속한다. 노동조합은 근로자의 집단적 목소리(collective voice)를 직장에 가감 없이 전달할 수 있는 매개체이며 이러한 역할은 일터의 민주화에 기여한다. 이렇듯 노동조합을 통해 일터의 민주화가 실현되는 과정에서 대화와 참여로 근로자의 고충과 현장의 문제점을 자치적으로 시정할 기회가 마련되고, 노사 간에 원활한 의사소통의 통로가 확보됨으로써 궁극적으로 사업장의 생산성 향상과 노동생산성 향상에도 이바지할 수 있다.

노동조합은 경제적 기능과 사회적 기능 외에 정치적 기능도 수행한다. 널리 근로자집단의 목소리를 대변하는 노동조합은 역사적으로 볼 때 사회민주화에 기여해 왔다. 오늘날에도 노동조합은 노사관계법 개정을 요구하거나 정당과 제휴해 정치적 발언권을 행사하는 등 정치적 기능도 수행하고 있다.

마지막으로 노동조합은 질병, 부상, 파업 등으로 근로를 제공하지 못한 조합원의 소득상실에 대비해 조합기금 등을 적립하여 조합원 상호 간의 부조를 도모하는 공제적 기능을 수행한다.

우리나라의 노동조합 조직률은 2020년 기준 14.2% 정도로 집계되어[2] OECD

---

1 유럽의 14개국(벨기에, 프랑스, 독일, 그리스, 아일랜드, 이탈리아, 네덜란드, 슬로베니아, 스페인, 스웨덴, 영국, 에스토니아, 라트비아, 리투아니아)을 대상으로 한 노동조합의 경제적 불평등 완화 역할에 대하여 국제노동기구(ILO)가 수행한 실증적 연구로 Daniel Vaughan-Whitehead ed., *Reducing Inequalities in Europe: How Industrial Relations and Labour Policies Can Close the Gap*, International Labour Office, 2018 참조. 경제협력개발기구(Organization for Economic Co-operation and Development, OECD)도 노동조합에 의한 단체교섭은 중소기업을 포함한 모든 근로자와 기업이 기술혁신, 구조적 변화와 글로벌화의 혜택을 누리게 하여 경제적 불평등을 완화할 수 있도록 한다고 지적하고 있다(OECD, *Negotiating Our Way Up: Collective Bargaining in a Changing World of Work*, 2019, p.19, p.231).
2 고용노동부, 「2020 전국노동조합 조직현황」, 2021.12.

국가 중에서도 낮은 편에 속한다.[3] 이는 후술할 노동조합 조직 형태의 특수성과 함께 우리나라의 노사관계와 법제도에 영향을 미치는 중요한 요소이다.

2. 노동조합의 유형

어떤 유형의 노동조합을 결성할지는 근로자의 자유로운 선택에 맡겨져 있다(노동조합법 제5조). 단결선택의 자유가 보장되기 때문이다.[4] 일반적으로 노동조합의 유형은 구성원의 가입 단위와 조직 형태에 따라 다음과 같이 구별할 수 있다.

먼저, 구성원의 가입 단위가 개인인지 단체인지에 따라 노동조합은 단위노동조합과 연합단체로 구분된다. 근로자 개인이 가입하는 노동조합을 단위노동조합이라고 한다. 노동조합의 조직 형태가 기업별로 조직된 노동조합이든 산업별 또는 지역별로 조직된 노동조합이든 그 구성원이 근로자 개인이라면 단위노동조합이 된다. 이에 비하여 연합단체의 가입대상은 개별 근로자가 아니라 단위노동조합이다. 따라서 연합단체는 단위노동조합으로 구성된 노동조합을 말한다. 한편 가입대상을 근로자 개인뿐만 아니라 단위노동조합도 대상으로 하는 노동조합도 있는데, 이를 혼합노동조합이라고 한다. 연합단체가 구성원이 되는 노동조합 단체는 총연합단체라고 한다.

조합원의 범위에 따른 노동조합의 조직형태는 특정 기업을 기반으로 하여 조직된 기업별 노동조합, 특정 산업을 기반으로 조직된 산업별 노동조합, 특정 지역을 기반으로 조직된 지역별 노동조합, 특정 업종 또는 직종을 기반으로 조직된 업종별 노동조합 또는 직종별 노동조합 등으로 분류할 수 있다. 산업별 노동조합 등과 같이 특정 기업의 범위를 넘어서 조직되는 노동조합을 초(超)기업 노동조합이라고도 한다. 한편 특정한 기업·산업·업종을 불문하고 조합원 자격을 부여하는 노동조합을 일반노동조합이라고 한다.

서구에서는 18세기 산업혁명 초기에는 직종별 노동조합(craft union)이 주로 설립되었으나 19세기 이후 자본주의의 발전에 따라 생산방식이 대량생산체제로 변모하면서 산업별 노동조합(industrial union)이 일반적인 조직 형태로 되어 오늘에 이

---

3 https://stats.oecd.org/Index.aspx?DataSetCode=TUD 참조.

4 단결선택의 자유와 관련해서는 제21장의 유니언 숍 협정에 대한 설명 참조.

르고 있다. 이에 대해 우리나라는 기업별 노동조합(enterprise union)이 오랫동안 지배적인 조직 형태였으나,[5] 1990년대 말 아시아 금융위기를 거치면서 개별 기업을 기반으로 조직된 기업별 노동조합 체제로는 사회의 전반적인 구조 변화에 효과적으로 대응할 수 없다는 반성에 입각하여 2000년 이후 노동운동은 산업별 노동조합 등 초기업 노동조합으로 전환하는 것을 적극적으로 추진해 왔다. 그 결과 오늘날에는 산업별 노동조합이 우리나라에서 일반적인 조직 형태로 자리 잡고 있다. 다만 우리나라의 산업별 노동조합은 진정한 의미의 산업별 노동조합이라고 하기는 어렵다. 형식은 산업별 노동조합의 모습을 띠었으나 그 실질은 여전히 종래의 기업별 조직(지부·분회 등)에 기반을 두고 운영되는 경우가 대부분이기 때문이다. 따라서 현재 우리나라 노동조합의 조직 형태는 형식적으로는 산업별 노동조합체제, 실질적으로는 기업별 노동조합체제가 주류를 이룬다고 평가할 수 있다.

노동조합의 조직 형태나 유형은 단순히 노동조합의 내부 조직구조나 가입대상에만 관련되는 것이 아니라 단체교섭 방식이나 단체협약 상대방과도 밀접하게 관련된다. 예를 들어 기업별 노동조합은 기업별 단체교섭과 기업별 단체협약 체결로 이어질 가능성이 매우 높고, 산업별 노동조합은 산업별 교섭과 산업별 단체협약 체결을 목적으로 하는 경우가 대부분이다. 우리나라와 같이 과도기적인 산업별 노동조합 체제를 둔 경우에는 노동조합의 내부 조직구조는 산업별 노동조합의 일반적 모습에 따르면서도 단체교섭이나 단체협약 체결은 산업별이 아니라 기업별로 하는 경우가 많다.

---

5 기업별 조직 형태가 만연하게 된 법적 연원을 검토하면 우선 기업별 조직과 단체교섭을 강제한 1980년 12월 개정 구노동조합법상의 조항(제12조의2·제13조 제1항)을 지적할 수 있으며, 거슬러 올라가면 "단체협약 체결은 공장, 사업장 기타 직장단위로 한다."라는 1953년 제정 구노동조합법 제35조 역시 기업별 교섭의 관행과 밀접한 관련이 있다.

II. 노동조합 설립주체로서 근로자

1. 노동조합법상의 근로자 개념

노동조합의 설립 또는 가입의 주체는 '근로자'이다(헌법 제33조 제1항, 노동조합법 제5조). 그러므로 근로자의 개념을 확정하는 일은 노동3권의 주체, 즉 노동조합법 등 집단적 노동관계법의 제반 보호를 향유할 수 있는 사람의 범위를 정하려는 필수적인 전제 작업이다.

노동조합법에 따르면 "근로자라 함은 직업의 종류를 불문하고 임금·급료 기타 이에 준하는 수입에 의하여 생활하는 자"(제2조 제1호)를 말한다. 근로기준법상 근로자는 "직업의 종류와 관계없이 임금을 목적으로 사업이나 사업장에 근로를 제공하는 자"로 정의되어 있는 것과 명확하게 차이가 있다(제2조 제1호 참조).

이러한 차이는 두 법의 입법목적, 내용, 효과의 차이에서 기인한다. 근로기준법은 법정최저기준을 벌칙의 적용과 근로계약에 대한 직접 개입으로 취업하고 있는 사람을 보호하는 데 그 취지와 목적이 있다. 즉 국가가 사인(私人) 간의 계약관계에 직접 개입한다는 특징이 있다. 이에 대하여 노동조합법은 국가의 직접적 개입의 필요성이 아니라 노사 간의 자치적 규율의 필요성이 있는지, 즉 노무제공자에게 헌법상 노동3권을 보장할 필요성이 있는지가 중요한 의미가 있다. 따라서 노동조합법상 근로자는 현실적인 취업 여부와 무관하다.

이런 관점에서 판례도 "'근로자'에는 특정한 사용자에게 고용되어 현실적으로 취업하고 있는 자뿐만 아니라, 일시적으로 실업 상태에 있는 자나 구직 중인 자도 노동3권을 보장할 필요성이 있는 한 그 범위에 포함"된다고 본다.[6] 나아가 취업자격이 없는 미등록 외국인도 노동조합법상 근로자에 해당한다.[7]

2. 사용종속관계의 판단기준

현실적인 취업관계에 있는 사람의 근로자성 판단기준에 대해 학설과 판례는 일

---

6 대법원 2004.2.27. 2001두8568 판결.
7 대법원 2015.6.25. 2007두4995 전원합의체 판결.

반적으로 '사용종속관계'하에서 노무를 제공하는 자를 근로자라고 파악한다. 그리고 사용종속관계하에서 노무제공인지에 대한 판단은 계약의 형식이나 명칭과 관계없이 그 실질에서 파악해야 한다.[8] 따라서 형식적으로 위임계약이나 도급계약을 체결하고 있는 자라고 하더라도 그 실질이 사용종속관계하에서 근로를 제공하면 사용종속관계하에서 근로를 제공한다고 할 수 있다.

여기에서 주의할 것은 근로기준법상 사용종속관계의 존부와 노동조합법상 사용종속관계의 존부에 대한 판단기준 차이이다. 학설과 판례는 근로기준법상 근로자 개념보다 노동조합법상 근로자 개념을 더 넓게 해석하는 데 일치한다. 종전 판례는 현실적 취업관계에 있는 사람의 사용종속관계 판단에 대해 근로기준법과 노동조합법에 관계없이 사실상 동일한 기준으로 판단해 왔으나,[9] 최근에는 노무제공관계의 실질에 비추어 노동3권을 보장할 필요성이 있는지의 관점에서 근로기준법상 판단기준보다 유연한 판단 방식을 제시하고 있다.

판례는 ① 노무제공자의 소득이 특정 사업자에게 주로 의존하는지, ② 노무를 제공받는 특정 사업자가 보수를 비롯하여 노무제공자와 체결하는 계약 내용을 일방적으로 결정하는지, ③ 노무제공자가 특정 사업자의 사업 수행에 필수적인 노무를 제공함으로써 특정 사업자의 사업을 매개로 시장에 접근하는지, ④ 노무제공자와 특정 사업자의 법률관계가 상당한 정도로 지속적·전속적인지, ⑤ 사용자와 노무제공자 사이에 어느 정도 지휘·감독관계가 존재하는지, ⑥ 노무제공자가 특정 사업자로부터 받는 임금·급료 등 수입이 노무제공의 대가인지를 고려하여 노동조합법상 근로자성을 판단한다.[10]

노동조합법상 근로자로 인정되려면 이 요소를 모두 갖추어야 하는 것은 아니고, 사안의 성격에 따라 특정한 요소, 예컨대 경제적 의존성(①)이나 관계의 지속성(④)의 정도가 상대적으로 약하더라도 다른 요소, 예컨대 계약 내용의 일방적 결정(②) 또는 조직적 성격(③)의 정도가 상대적으로 강하다면 노동조합법상 근로자로 인정될 수 있다.

---

8 대법원 1991.7.26. 90다20251 판결; 대법원 1991.10.25. 91도1685 판결.

9 예를 들어 대법원 2006.5.11. 2005다20910 판결.

10 대법원 2018.6.15. 2014두12598, 12604 판결 이후 대법원 2018.10.12. 2015두38092 판결; 대법원 2019.2.14. 2016두41361 판결; 대법원 2019.6.13. 2019두33712 판결; 대법원 2019.6.13. 2019두33828 판결 등 일관된 입장이다.

이처럼 판례는 사안의 특성에 따라 각 요소의 중요성을 달리 평가하는 유연한 태도를 보이고 있다. 이러한 판례의 태도는 특정 요소의 '유무(有無)'라는 관점에서 판단하는 것이 아니라 '노동3권 보장의 필요성'이라는 관점을 현실에 합목적적으로 적용하고자 모든 고려 요소를 유기적으로 고려해 종합적이고 실태에 부합한 판단을 하도록 한다는 점에서 타당하다.

III. 노동조합의 요건

노동조합의 실질적 요건은 노동3권을 보장하는 헌법 제33조 제1항과 노동조합의 개념을 정의하는 노동조합법 제2조 제4호에 따라 도출된다. 나아가 현행 노동조합법은 실질적 요건 외에도 절차적 요건을 노동조합의 성립요건으로 규정하고 있다. 이러한 두 요건을 모두 충족한 노동조합은 '노동조합법상 노동조합'으로 노동조합법상 보호를 받을 수 있다.

노동조합의 실질적 요건은 노동조합법 제2조 제4호에 규정되어 있는데, 이는 다시 적극적 요건과 소극적 요건으로 나뉜다. 적극적 요건은 노동조합으로 인정되려면 반드시 갖추어야 하는 요건을 말하고, 소극적 요건은 반대로 일정한 요건에 해당하면 노동조합으로서 지위가 부정되는 것을 말한다. 따라서 노동조합법상 노동조합으로 인정되려면 실질적 요건 중 적극적 요건을 모두 충족해야 하지만 소극적 요건에는 해당하지 않아야 한다.

또한 행정관청에 설립 신고를 하고 설립신고증을 교부받는 형식적 요건을 충족하여야 한다(노동조합법 제10조·제12조 참조).

1. 실질적 요건

노동조합에 관한 정의 조항인 노동조합법 제2조 제4호는 노동조합이 되기 위하여 반드시 갖추어야 하는 요건과 노동조합으로 보지 않는 요건을 동시에 규정하고 있다. 이에 따르면 노동조합이 되려면 '근로자가 주체가 되어' '자주적으로 단결하여' '근로조건의 유지·개선 기타 근로자의 경제적·사회적 지위의 향상을 도모함을 목적으로' 조직하는 '단체 또는 그 연합단체'여야 한다(법 제2조 제4호 본문). 그러나 사용자의 참가를 허용하는 등 일정한 요건에 해당하면 '노동조합으로 보지 아니한다'(법 제2조 제4호 단서). 따라서 어떤 근로자단체가 노동조합법에서 정의하는 노동조합에 해당하려면 본문의 요건을 구비해야 할 뿐만 아니라 단서의 요건에 해당되어서는 안 된다.

(1) 적극적 요건

노동조합은 근로자가 '주체'가 되어 '자주적으로' 단결하여 '근로조건의 유지·개선 기타 근로자의 경제적·사회적 지위의 향상을 도모함을 목적'으로 조직된 '단체 또는 그 연합단체'여야 한다. 즉 주체성·자주성·목적성·단체성 요건을 갖추어야 한다.

가. 주체성

노동조합은 우선 '근로자가 주체가 되어' 조직되어야 한다. 헌법 제33조 제1항에서도 단결권을 비롯한 노동3권의 주체가 '근로자'임을 명확히 하고 있다. 여기에서 말하는 '근로자'는 노동조합법 제2조 제1호 소정의 '근로자'를 의미하고, 현실적으로 취업 중인 자만이 아니라 노동3권 보장의 필요성이 인정되는 한 구직 중인 자 또는 실업 중인 자도 포함된다.[11]

이때 '근로자가 주체'가 된다는 것은 기계적·형식적으로 이해되어서는 안 되고, 노동조합법 제2조 제1호에 해당하는 근로자가 양적인 면에서 조합원 대부분을 구성할 뿐 아니라, 또한 질적인 면에서 근로자가 노조의 운영과 활동에서 주도적 지위에서 해당 단체를 운영하는 것을 의미하는 것으로 해석해야 한다. 따라서 근로자가 양적·질적으로 핵심 주체라면, 비록 일부 구성원이 근로자에 해당하지 않는다고 하여 주체성 요건을 상실한다고 단정할 수 없다.

나. 자주성

노동조합은 근로자의 자주적 의사결정에 따라 조직되고 활동해야 한다. 따라서

---

11 대법원 2004.2.27. 2001두8568 판결.

노동조합은 사용자 또는 사용자단체로부터 재정지원 등 모든 형태의 지배나 간섭 또는 개입 없이 조직·운영되어야 하고, 국가·정당·종교단체 등 외부세력의 간섭이나 개입에서도 독립하여 조직·운영되어야 한다. 이러한 자주성 요건은 노동조합의 설립단계에서뿐만 아니라 재정, 조합활동 등 운영 전반에 걸쳐 유지되어야 한다.[12]

다. 목적성

노동조합은 '근로조건의 유지·개선 기타 근로자의 경제적·사회적 지위의 향상을 도모'하는 것을 목적으로 해야 한다. 이러한 목적성 요건은 노동조합을 근로자들로 조직된 다른 단체, 즉 근로자 정당·공제단체·사회복지단체 등과 구별하는 기준이 된다.

여기서 '근로조건'은 임금, 근로시간, 휴식, 안전보건, 고용보장 등 근로자의 근로 제공과 관련된 각종 조건을 말한다. '경제적·사회적 지위'는 노동3권이 근로자의 인간다운 생활을 보장하려는 권리임을 감안할 때, 근로조건의 유지·개선을 넘어서 세법이나 사회보장법상 지위와 같이 근로자가 국민 일반 내지 사회구성원으로서 가지는 지위도 아울러 포함하는 내용의 것, 즉 널리 근로자의 '생활조건'을 의미하는 것으로 보아야 한다. 앞에서 살펴본 바와 같이 노동조합이 수행하는 사회적 기능, 노동조합의 구성원인 조합원이 시민으로서 지위도 함께 가지고 있는 점을 감안하면 '경제적·사회적 지위'는 적극적·개방적으로 해석할 필요가 있다. 따라서 노동조합은 근로자의 근로조건과 직간접적으로 관련성이 있는 생활조건의 유지·개선을 목적으로 할 수 있다고 해석된다.

---

12 대법원 2021.2.25. 2017다51610 판결(노동조합의 조직이나 운영을 지배하거나 개입하려는 사용자의 부당노동행위에 따라 노동조합이 설립된 것에 불과하거나, 노동조합이 설립될 당시부터 사용자가 위와 같은 부당노동행위를 저지르려는 것에 관하여 노동조합 측과 적극적인 통모·합의가 이루어진 경우 등과 같이 해당 노동조합이 헌법 제33조 제1항과 그 헌법적 요청에 바탕을 둔 노동조합법 제2조 제4호가 규정한 실질적 요건을 갖추지 못하였다면, 설령 설립신고를 행정관청에서 형식상 수리했더라도 실질적 요건이 흠결된 하자가 해소되거나 치유되는 등 특별한 사정이 없는 한 이러한 노동조합은 노동조합법상 설립이 무효로 노동3권을 향유할 수 있는 주체인 노동조합으로서 지위를 가지지 않는다고 보아야 한다).

라. 단체성

노동조합은 단체성을 갖추어야 한다. 즉 '단체 또는 그 연합단체'여야 한다. 여기서 '단체'는 운영을 위한 일정한 규칙과 조직을 갖추고 계속적으로 활동하는 복수의 인적 결합체를 말한다. 이처럼 노동조합은 복수의 인적 결합체여야 하기 때문에 1인으로 결성될 수 없다. 따라서 조합원의 탈퇴 등으로 구성원이 1명인 경우에는 단체성이 없기 때문에 원칙적으로 노동조합으로 인정되지 않는다. 그러나 일시적으로 조합원이 1명만 남았더라도 다시 조합원이 증가할 일반적 가능성이 있으면 예외적으로 단체성이 인정될 수 있다.[13] 그리고 노동조합은 계속적 결합체여야 하므로 쟁의단과 같은 근로자의 일시적 단결체는 노동조합에 해당하지 않는다.

'연합단체'는 주체성·자주성·목적성·단체성을 구비한 단위 노동조합들을 구성원으로 하는 상부단체를 가리킨다. 연합단체도 노동조합이 되려면 스스로 주체성·자주성·목적성·단체성 요건을 갖추어야 한다. 문제는 연합단체에 이러한 내용 중 일부 혹은 전부를 갖추지 못한 단위 노동조합이 일부 가입한 경우인데, 그 연합단체가 그럼에도 스스로 주체성·자주성·목적성·단체성을 유지한다면 독자적인 노동조합으로 인정해야 할 것이다.[14]

한편, 지부, 분회 등 단위노동조합의 하부조직은 노동조합의 내부조직에 지나지 않기 때문에 그 자체로는 원칙적으로 단체성이 인정되지 않는다. 다만 지부, 분회 등 노동조합의 하부조직이라고 하더라도 실태에 따라 예외적으로 단체성이 인정되는 경우가 있을 수 있다. 판례는 노동조합의 하부단체인 분회나 지부가 독자

---

13 사단법인에 관하여 민법 제77조 제2항은 "사원이 없게 되거나 총회의 결의로도 해산한다."라고 규정하고 있다. 판례는 사원이 없게 된 것이 해산사유에 해당할 뿐 막바로 권리능력 자체를 상실하는 것은 아니라고 하거나(대법원 1992.10.9. 92다23087 판결) 1인 사원의 사단법인이 존재할 수 있다고(대법원 2004.4.9. 2003다27733 판결) 하면서도, 노동조합에 관해서는 조합원의 탈퇴 등으로 조합원이 1인으로 된 경우 조합원이 증가할 일반적인 가능성이 있는 경우에 한하여 노동조합으로서 단체성을 인정하고 있다(대법원 1998.3.13. 97누19830 판결).

14 한편 노동조합법은 설립신고와 관련하여 연합단체를 "동종 산업의 단위노동조합을 구성원으로 하는 산업별 연합단체와 산업별 연합단체 또는 전국규모의 산업별 단위노동조합을 구성원으로 하는 총연합단체"(제10조 제2항)로 정의하고 있다. 여기서 노동조합법 제2조 제4호상의 연합단체가 되려면 오로지 '동종의 산업별'로 조직되어야 하는지가 문제 될 수 있다. 근로자는 노조조직 형태를 자유롭게 결정할 수 있고(노동조합법 제5조·제11조 참조), 제10조 제2항은 노동조합의 설립신고를 위한 행정상 편의를 위한 규정에 불과하다는 점에 이견이 없다. 따라서 연합단체는 반드시 '동종의 산업별'로 조직되어야 하는 것은 아니고, 지역별 노동조합 등 조직 형태나 범위를 자유롭게 정하여 설립할 수 있다(대법원 1993.3.23. 92누7122 판결 참조).

적인 규약과 집행기관을 가지고 독립된 조직체로 활동하는 경우 당해 조직이나 그 조합원에 고유한 사항에 대하여는 독자적으로 단체교섭을 하고 단체협약을 체결할 수 있다고 하여 일정한 범위에서 노동조합으로서 지위를 인정하고 독자적인 단체성을 인정하고 있다.[15]

노동조합은 규약이 정하는 바에 따라 법인으로 할 수 있으며(노동조합법 제6조), 법인격 유무는 단체성에 영향을 미치지 않는다.

(2) 소극적 요건

노동조합은 적극적 요건을 충족함과 동시에 노동조합법 제2조 제4호 가목부터 마목의 요건, 즉 소극적 요건에는 해당하지 않아야 한다. 소극적 요건은 적극적 요건과 상반되는 내용으로 되어 있다. 가목, 나목, 라목은 주체성·자주성 요건에, 다목, 마목은 목적성 요건에 각각 대응되어 있다.

가. 사용자 또는 그 이익대표자의 참가

노동조합법 제2조 제4호 가목은 '사용자 또는 항상 그의 이익을 대표하여 행동하는 자의 참가를 허용하는 경우'를 노동조합의 소극적 요건으로 규정하고 있다. 사용자 또는 사용자의 이익대표자 참가를 제한하는 것은 노동조합의 주체성, 자주성의 실질적 요건을 침해할 여지를 배제하려는 것이라고 할 수 있다. 사용자 또는 그 이익대표자가 노동조합에 가입할 경우 노조운영에서 사용자의 지배를 받거나 사용자의 이해가 반영되어 노동조합의 자주성이 침해될 우려가 있고, 이익대표자의 직무상 책임은 조합원으로서 책임과 충돌할 수 있기 때문이다.

우선 '사용자'는 "사업주·사업의 경영담당자 또는 그 사업의 근로자에 관한 사항에 대하여 사업주를 위하여 행동하는 자"(노동조합법 제2조 제2호)를 가리킨다.

여기서 사업주는 개인경영의 경영주 또는 법인경영의 법인 자체를 말하고, 사업의 경영담당자는 사업주로부터 경영의 전부 또는 일부에 대하여 포괄적 위임을 받아 그 경영에 대하여 책임을 지고 대외적으로 사업을 대표하거나 대리하는 자(예컨대 주식회사의 대표이사)를 의미한다.[16] 구체적으로 법인의 대표이사, 유한회사의 이

---

15 대법원 2001.2.23. 2000도4299 판결.
16 대법원 2008.4.10. 2007도1199 판결.

사, 정리회사의 관리인, 상법상의 지배인, 회사의 거의 모든 업무에 관하여 재량을 가지고 독자적으로 업무를 수행한 이사 등을 들 수 있다. 그리고 '그 사업의 근로자에 관한 사항에 대하여 사업주를 위하여 행동하는 자'는 근로자의 인사, 급여, 후생, 노무관리 등 근로조건의 결정 또는 업무상 명령이나 지휘·감독을 하는 등의 사항에 대하여 사업주로부터 일정한 권한과 책임을 부여받은 자를 말한다.[17] 여기에 해당하는지는 그가 근로자에 관한 어떤 사항에 대하여 사업주로부터 일정한 권한과 책임을 부여받았는지에 따라 구체적으로 판단해야 한다.

다음으로 '항상 사용자의 이익을 대표하여 행동하는 자'는 그 의미가 불분명한데,[18] 판례는 이와 관련하여 "근로자에 대한 인사, 급여, 징계, 감사, 노무관리 등 근로관계 결정에 직접 참여하거나 사용자의 근로관계에 대한 계획과 방침에 관한 기밀사항 업무를 취급할 권한이 있는 등과 같이 그 직무상의 의무와 책임이 조합원으로서 의무와 책임에 직접적으로 저촉되는 위치에 있는 자"로 정의하고 있다.[19] 그러나 구체적 판결례로 보면 앞서 설명한 '사업주를 위하여 행위하는 자'와 구별이 용이하지 않다.[20]

---

17 대법원 1989.11.14. 88누6924 판결; 대법원 2011.9.8. 2008두13873 판결; 대법원 2022.5.12. 2017두54005 판결 등.

18 예컨대 대법원 2011.9.8. 2008두13873 판결에서는 '항상 사용자의 이익을 대표하여 행동하는 자' 즉 '사용자의 이익대표자'와 '그 사업의 근로자에 관한 사항에 대하여 사업주를 위하여 행동하는 자'의 개념을 구분하고는 있지만 실제로는 그 관계가 명확한 것은 아니다. 법문의 표현으로만 본다면 사용자, 즉 '사업주, 사업경영담당자, 그 사업의 근로자에 관한 사항에 대하여 사업주를 위하여 행동하는 자'의 이익을 대표하여 행동하는 자를 의미하므로 사용자에 포함되는 '그 사업의 근로자에 관한 사항에 대하여 사업주를 위하여 행동하는 자'의 의미보다 그 대상이 넓은 것으로 볼 수 있다.

19 대법원 2011.9.8. 2008두13873 판결.

20 대법원 1998.5.22. 97누8076 판결에서는 부하직원을 지휘하고 그 휘하의 직원에 대한 인사고과의 1차적 평가를 하지만, 그 상급자가 2차 평정권자로서 그 평정의 권한과 책임은 궁극적으로 상급자에게 귀속되고, 부하직원의 지휘도 상급자를 보조하는 데 지나지 않으며, 인사·급여·후생·노무관리 등 근로조건의 결정에 관한 권한과 책임을 사용자로부터 위임받은 사실이 없다면, 그자는 사용자 또는 항상 그의 이익을 대표하여 행동하는 자에 해당하지 않는다고 보았다. 또한 대법원 2011.9.8. 2008두13873 판결에서는 업무 내용이 단순히 보조적·조언적인 것에 불과하여 업무수행과 조합원 활동 사이에 실질적 충돌이 발생할 여지가 없는 자는 사용자의 이익대표자에 해당하지 않는다는 전제에서, 과장급 이상의 직원들은 소속 직원의 업무분장·근태관리 등에 관하여 전결권을 부여받은 자들로 '근로자에 관한 사항에 대하여 사업주를 위하여 행동하는 자'에 해당하지만, 주임급 이하의 직원들은 인사, 노무, 예산, 경리 등 업무를 담당한다거나 총장 비서 또는 전속 운전기사, 수위 등으로 근무한다고 하여 곧바로 '항상 사용자의 이익을 대표하여 행동하는 자'에 해당한다고 할 수 없으므로, 이들이 실제 담당하는 업무 내용과 직무권한 등을 확인하여 '항상 사용자의 이익을 대표하여 행동하는 자'에 해당하는지를 판단하여야 한다고 보았다.

생각건대 사용자의 참가를 허용하는 것이 노동조합의 자주성을 현저하게 침해할 우려가 있다는 점에 대해서는 논란의 여지가 없다. 그러나 사용자의 이익대표자 참가를 명시적으로 배제하는 데는 의문의 여지가 있다. 사용자의 이익대표자라는 개념 자체가 명확하지 않은 점, 사용자의 이익대표자 참가를 허용하더라도 통제권 행사 등 노동조합의 자율적 판단에 따라 그자의 노동조합 운영 또는 활동을 제한할 수 있고 그것이 더 바람직한 점, 사용자의 이익대표자로 되는 것은 노동조합의 의사에 관계없이 사용자의 업무분장 또는 지휘명령권 행사로 결정되므로 사용자의 일방적 의사에 따라 노동조합의 지위가 좌우되는 불합리한 결과가 발생할 수 있는 점 등을 고려하면, 이는 입법론적으로 재고되어야 한다.

나. 경비의 주된 부분에 대한 사용자의 원조

노동조합법 제2조 제4호 나목은 "경비의 주된 부분을 사용자로부터 원조받는 경우"를 노동조합의 소극적 요건의 하나로 규정하고 있다. 이는 노동조합의 재정적인 자주성을 확보하려는 것이다. 노동조합의 경비에 대한 사용자의 원조는 노동조합의 주된 목적 활동에 필요한 비용을 제공받는 것을 의미하고, 그 제공 형태가 현금이든 현물 기타 금전 외적 이익공여(소극적 부담 면제도 포함)이든 가리지 아니한다.

여기에서 금지하는 것은 일체의 경비원조가 아니라 노동조합의 자주성을 침해할 우려가 있는 경비원조, 즉 노조 경비의 '주된 부분'에 대해 사용자의 원조를 받는 경우이다. 그러므로 노동조합이 사용자로부터 일정한 경제적 지원을 받아도 그것이 노조 경비의 주된 부분을 차지하는 것이 아닌 한 소극적 요건에 해당하지 않는다.

또한 노동조합의 소극적 요건에 해당하는 사용자의 경비원조는 부당노동행위로서 운영비 원조(제81조 제1항 제4호)와 구별되어야 한다. 운영비 원조가 부당노동행위로 인정된다고 해서 곧바로 노동조합으로서 지위가 부정되는 것은 아니다. 이러한 소극적 요건에 해당하는지는 노동조합 경비의 주된 부분에 대한 사용자의 경비원조로 노동조합이 자주성을 잃을 위험성이 현저한지를 기준으로 엄격하게 판단해야 한다.

다. 복리사업만 목적으로 하는 경우

노동조합법 제2조 제4호 다목은 "공제·수양 기타 복리사업만을 목적으로 하는 경우"를 노동조합의 소극적 요건으로 규정하고 있다. 이것은 공제·수양 등 사용자와 직접 관련이 없는 사업만을 행하는 근로자단체라면 근로조건의 향상을 목적으로 하는 노동조합이라고 볼 수 없기 때문이다. 물론 노동조합이 그러한 활동을 부수적으로 하는 것은 무방하다.

여기서 '공제'는 조합원과 그 가족이 처하는 상병·사망·결혼 등의 생활위험 또는 회사의 휴업이나 조합활동을 이유로 한 해고 등 사용자와의 관계에서 발생하는 위험으로 지출이 증가하거나 수입이 감소되는 경우에 그 부조를 행하는 사업을 말한다. 그리고 '수양'은 독서나 취미활동과 같이 지식 습득이나 문화적 활동과 관련된 사업을, '기타 복리사업'은 그에 준하는 사업을 가리킨다.

라. 근로자가 아닌 자의 가입을 허용하는 경우

노동조합법 제2조 제4호 라목에서는 "근로자가 아닌 자의 가입을 허용하는 경우"를 노동조합의 소극적 요건으로 규정하고 있다. 이는 근로자가 아닌 자의 가입을 허용하면 노동조합의 자주성 또는 주체성을 침해할 우려가 있기 때문에 이를 방지하려는 것이다. 이러한 취지를 고려하면 '근로자가 아닌 자'의 가입을 허용하거나 용인하더라도 그것만을 이유로 바로 노동조합으로서 지위를 상실한다고 보기는 어렵고, 그러한 자가 해당 단체의 기관에서 중요한 직책을 가지고 그 단체의 활동을 주도하거나 구성원 대부분을 차지하는 등 노동조합의 주체성 또는 자주성을 실질적으로 침해하는가 하는 관점에서 엄격하고 제한적으로 판단해야 한다.

노동조합법 제2조 제4호 라목 소정의 근로자는 노동조합법 제2조 제1호의 근로자를 의미하기 때문에, 이미 살펴본 바와 같이 특정한 사용자에게 고용되어 현실적으로 취업하고 있는 자뿐만 아니라 일시적으로 실업 상태에 있는 자나 구직 중인 자도 노동3권을 보장할 필요성이 있는 한 근로자의 범위에 포함된다.

이와 관련하여 해고자 등 회사에 종사하지 않는 자의 가입을 허용하는 경우에도 노동조합의 소극적 요건에 해당하는지가 문제 되었다. 종전에는 "해고된 자가 노동위원회에 부당노동행위의 구제신청을 한 경우에는 중앙노동위원회의 재심판정이 있을 때까지는 근로자가 아닌 자로 해석하여서는 아니된다."라는 노동조합법 제2조 제4호 라목 단서 조항을 근거로 해고자의 기업별 노동조합 가입이 제한되었으나, 국제노동기구(ILO) 핵심협약 비준을 계기로 2021년에 노동조합법을 개정하면서 위 단서 조항은 삭제되어 해고자를 비롯해 사업 또는 사업장에 종사하지 않는 근로자도 노동조합에 가입할 수 있게 되었다.

다만 노동조합법 제5조 제2항과 제3항에서는 사업장을 중심으로 노동조합 활동이 전개되는 기업별 노동조합의 특성을 감안하여 특칙을 마련하고 있다. 즉 비종사 근로자의 노동조합 가입은 허용되지만, 이들은 사업장 내에서 노조활동을 할 때 사용자의 효율적 사업 운영에 지장을 주지 않는 범위 내에서 노동조합 활동을 할 수 있다(제5조 제2항). 또한 사업 또는 사업장에 종사하는 근로자, 즉 종사근로자인 조합원이 해고되어 노동위원회에 부당노동행위의 구제신청을 한 경우에는 중앙노동위원회의 재심판정이 있을 때까지는 종사근로자로 본다(제5조 제3항). 이는 사용자의 부당한 인사권의 행사로 노동조합의 활동이 방해받는 것을 방지하고 조합원의 노동3권 행사에 불이익이 발생하지 않도록 하고자 마련된 것이다.[21]

마. 주로 정치운동을 목적으로 하는 경우

근로자단체가 주로 정치운동을 목적으로 하는 경우에는 노동조합의 목적에 비추어 볼 때(노동조합법 제2조 제4호 본문) 노동조합이라고 하기 어렵다. 다만 근로자의 경제적·사회적 지위 향상을 도모하는 방법으로 일정한 정치운동을 하는 것이 불가피한 경우가 있을 수 있으므로 정치운동을 한다고 하여 바로 노동조합으로서 지위를 부정해서는 안 된다. '주로' 정치운동을 목적으로 하는 단체만이 노동조합으로서 지위가 부정된다.

(3) 적극적 요건과 소극적 요건의 관계

노동조합의 적극적 요건은 헌법과 노동조합법의 전체적 취지와 문제 되는 상황의 구체적 실태를 종합적으로 감안하여 실질적·탄력적으로 해석할 수 있는 형식을 취하는 반면, 소극적 요건은 적극적 요건에 해당하지 않는 것을 열거해 둔 것이므로 소극적 요건에 해당하면 곧바로 실질적 요건을 충족하지 못한 것으로 형식

---

21 대법원 1993.6.8. 92다42354 판결 참조.

적·기계적으로 판단하게 될 우려가 있다.

이러한 우려는 노동조합의 적극적 요건과 소극적 요건의 관계에 대한 견해 대립으로 나타나고 있다. 형식설에서는 노동조합의 소극적 요건에 하나라도 해당하면 적극적 요건 해당 여부를 불문하고 노동조합으로서 지위가 상실된다고 파악한다. 이와 달리 실질설에서는 형식적으로 소극적 요건에 해당하는 경우에도 노동조합의 적극적 요건을 실질적으로 갖추었는지를 추가로 검토하여 노동조합으로서 요건을 갖추었는지를 전체적 관점에서 판단해야 한다고 파악하고 있다.

생각건대, 노동조합으로서 지위를 인정받는 핵심적 요건은 적극적 요건에 있는 점, 소극적 요건은 적극적 요건에 반하는 것의 대표적 사례를 예시하는 것으로서 그에 대응하는 적극적 요건과의 상관관계 속에서 파악되어야 하는 점, 노동조합의 소극적 요건의 현실적 기능은 노동조합으로서 지위, 즉 노동조합의 존립 자체를 부정하는 역할을 하므로 형식적·기계적으로 판단된다면 악의적으로 이용될 여지가 있는 점 등을 고려하면 노동조합의 소극적 요건은 노동조합의 실질적 요건 속에서 종합적·실질적으로 판단해야 한다. 따라서 실질설이 타당하다.

예컨대 노동조합법 제2조 제4호 가목과 라목의 경우, 사용자의 이익대표자나 근로자가 아닌 자의 노동조합 가입을 제한하고 이를 노동조합의 소극적 요건으로 명시한 것은 노동조합의 주체성과 자주성의 실질적 요건을 침해할 여지를 배제하려는 것이다. 그런데 사용자의 이익대표자가 조합원으로 일부 가입하거나 근로자가 아닌 자가 노동조합에 가입하더라도 곧바로 노동조합 자체의 자주성이 상실되는 것은 아니다. 따라서 노동조합법 제2조 제4호 가목 또는 라목에 따른 조합원 자격이 없는 자들이 조합원으로 일부 가입되어 있다고 하더라도 가목과 라목을 노동조합의 소극적 요건으로 규정한 법의 취지에 따라 노동조합의 자주성이 현실적으로 침해되었거나 침해될 우려가 있는지를 고려하여 노동조합의 지위를 판단해야 한다.

다만, 노동조합법 제2조 제4호의 노동조합의 소극적 요건 중에서도 '경비의 주된 부분을 사용자로부터 원조받는 경우'(나목), '노동조합이 공제·수양 기타 복리사업만을 목적으로 하는 경우'(다목), '주로 정치운동을 목적으로 하는 경우'(마목)에 해당하면 노동조합의 재정적 자주성이 상실되었거나 노동조합의 목적성에 직접적으로 부합하지 않기 때문에 그 자체로 실질적 요건을 갖춘 노동조합으로서 지위를 인정할 수 없을 것이다.

한편, 우리나라는 일본과 달리 설립신고제도를 두어 행정관청이 사전적 심사를 거쳐 소극적 요건에 해당한다고 판단되면 노동조합 설립신고증을 교부하지 않기 때문에 실질설이 실무상 무의미할 수도 있다는 지적이 있을 수 있다. 그러나 행정관청의 심사는 대부분 형식에 그치고, 아래에서 살펴보겠지만 노동조합의 요건에 대한 실질심사가 가능하다 하더라도 그것이 설립허가제로 기능하지 않도록 내재적 한계가 있다는 점을 고려하면 여전히 실질설이 의미가 있다고 볼 수 있다. 또한 최근에는 행정관청의 심사단계뿐만 아니라 설립신고 이후에도 노동조합설립무효확인의 소를 제기해 노동조합의 요건 충족 여부가 다투어지기도 한다. 그리고 노동조합으로서 실질적 요건이 충족되어야 뒤에서 살펴보는 헌법상 단결체 또는 법외노조로 지위가 인정되므로 이는 여전히 논의의 실익이 있다고 볼 수 있다.

2. 형식적 요건

(1) 설립신고제도의 의의

근로자의 자주적 선택에 따라 노동조합이 설립·운영되어야 한다는 것은 헌법상 노동3권으로부터 비롯되는 당연한 요청이다. 이러한 취지에서 노동조합법도 노동조합의 자유설립주의를 확인하고(제5조 제1항 참조), 노동조합의 실질적 요건을 정하고 있다. 다만 노동조합법상 노동조합으로서 보호를 향유하려면 노동조합의 실질적 요건 외에 형식적 요건, 즉 행정관청에 대한 노동조합 설립신고 절차를 거쳐 설립신고증을 교부받아야 한다.

노동조합의 설립에 설립신고 절차를 요구하는 현행 제도는 노동조합의 자유설립주의와 상충하는 것으로 보일 수 있다. 이에 대해 판례는 노동조합법에서 노동조합의 설립에 관하여 신고주의를 택한 것은 소관 행정관청으로 하여금 노동조합의 조직체계를 효율적으로 정비·관리하여 노동조합이 자주성과 민주성을 갖춘 조직으로 존속하도록 보호·육성하고 그 지도·감독에 철저를 기하려는 노동정책적 고려에 그 취지가 있어 정당하다고 파악한다.[22]

---

22 헌법재판소 2008.7.31. 2004헌바9 결정; 대법원 1997.10.14. 96누9829 판결.

하지만 노동조합이 설립신고증을 교부받았는지, 즉 노동조합의 형식적 요건에 따라 노동3권의 향유주체로서 지위가 결정되는 것은 아니며, 이는 어디까지나 노동조합법상 추가 보호를 받을 수 있는 요건으로서 의의를 가지는 데 불과하다. 그럼에도 설립신고 절차를 요구하는 현행 제도는 노동조합 설립에 행정관청이 제도적으로 개입하도록 하므로 노동조합의 자주성과 민주성을 보장하는 지도·감독을 넘어 노동조합 자유설립주의에 상당한 제약을 부과하는 것을 부인할 수 없다.

(2) 설립신고 절차
가. 신고절차
① 설립의 신고

노동조합을 설립하고자 하는 자는 ① 명칭, ② 주된 사무소의 소재지, ③ 조합원 수, ④ 임원의 성명과 주소, ⑤ 소속된 연합단체가 있는 경우에는 그 명칭, ⑥ 연합단체인 노동조합에서는 그 구성단체의 명칭, 조합원 수, 주된 사무소의 소재지와 임원의 성명·주소를 기재한 신고서에 규약을 첨부하여 행정관청, 즉 연합단체인 노동조합과 2 이상의 특별시·광역시·도·특별자치도에 걸치는 단위노동조합은 고용노동부장관에게, 2 이상의 시·군·구(자치구를 말한다)에 걸치는 단위노동조합은 특별시장·광역시장·도지사에게, 그 외의 노동조합은 특별자치도지사·시장·군수·구청장(자치구의 구청장을 말한다)에게 제출하여야 한다(노동조합법 제10조 제1항).

또한 근로조건의 결정권이 있는 독립된 사업 또는 사업장에 조직된 노동단체도 지부·분회 등 명칭이 무엇이든 상관없이 독자적으로 노동조합의 설립신고를 할 수 있다(노동조합법 시행령 제7조).

② 행정관청의 설립신고에 대한 보완요구 및 반려

행정관청은 설립신고서 또는 규약이 기재사항의 누락 등으로 보완이 필요한[23] 경우에는 20일 이내의 기간을 정해 보완을 요구하여야 한다(노동조합법 제12조 제2항).

---

[23] 노동조합법 시행령 제9조 제1항에서는 '1. 설립신고서에 규약이 첨부되어 있지 아니하거나 설립신고서 또는 규약의 기재사항 중 누락 또는 허위사실이 있는 경우', '2. 임원의 선거 또는 규약의 제정 절차가 법 제16조 제2항부터 제4항까지 또는 법 제23조 제1항에 위반되는 경우'에 행정관청은 보완을 요구하도록 규정하고 있다.

행정관청은 설립하고자 하는 노동조합이 ① 노동조합법 제2조 제4호 각목에 해당하는 경우, ② 행정관청의 설립신고에 관한 보완요구에 대하여 그 기간 내에 보완을 하지 아니하는 경우에는 설립신고서를 반려하여야 한다(제12조 제3항).

노동조합이 설립신고증을 교부받은 후에도 노동조합법 제2조 제4호 각목의 결격요건에 해당하는 사유가 발생한 경우에는 행정관청은 30일의 기간을 정하여 시정을 요구할 수 있다(시행령 제9조 제2항).[24]

③ 설립신고증의 교부

행정관청이 노동조합의 설립신고서를 접수한 때에는 반려사유가 발생한 경우를 제외하고는 3일 이내에 신고증을 교부하여야 한다(노동조합법 제12조 제1항). 또한 행정관청의 보완요구 후 보완된 설립신고서 또는 규약을 접수한 때에도 3일 이내에 신고증을 교부하여야 한다(제12조 제2항 참조).[25]

노동조합이 신고증을 교부받은 경우에는 설립신고서가 접수된 때에 설립된 것으로 본다(제12조 제4항).

나. 설립신고 후 변경내용의 신고·통보

노동조합은 행정관청에 설립신고된 사항 중 명칭, 주된 사무소의 소재지, 대표자의 성명, 소속된 연합단체의 명칭에 변경이 있는 때에는 그날부터 30일 이내에 행정관청에 변경 신고를 하여야 한다(노동조합법 제13조 제1항).

또한 노동조합은 매년 1월 31일까지 전년도에 변경된 규약내용, 전년도에 변경된 임원의 성명, 전년도 12월 31일 현재 조합원 수(연합단체인 노동조합에서는 구성단

---

24 구노동조합 및 노동관계조정법 시행령 제9조 제2항에서는 노동조합이 행정관청으로부터 설립신고서에 대한 시정 요구를 받고 그 시정 요구 기간 내에 이행하지 않으면 행정관청은 '당해 노동조합에 대하여 법상의 노동조합으로 보지 아니함을 통보'하도록 했다. 그러나 이러한 법외노조 통보에 관한 규정은 법률이 정하고 있지 아니한 사항에 관하여 법률의 구체적이고 명시적인 위임도 없이 헌법이 보장하는 노동3권에 대한 본질적 제한을 규정한 것으로 법률유보원칙에 반하기 때문에 무효라는 대법원 판결(2020.9.3. 2016두32992 전원합의체 판결)이 선고됨에 따라 2021년 6월 29일 시행령 개정 시에 삭제되었다.

25 대법원은 "행정관청이 노동조합의 설립신고서를 접수한 때에는 3일 이내에 설립신고증을 교부하도록 되어 있다 하여 그 기간 내에 설립신고서의 반려 또는 보완지시가 없는 경우에는 설립신고증의 교부가 없어도 노동조합이 성립된 것으로 본다는 취지는 아니므로, 행정관청은 그 기간 경과 후에도 설립신고서에 대하여 보완지시 또는 반려처분을 할 수 있다."라고 판시한 사례가 있다(대법원 1990.10.23. 89누3243 판결).

체별 조합원 수)를 행정관청에 통보하여야 한다. 다만, 법 제13조 제1항에 따라 명칭, 주된 사무소의 소재지, 대표자의 성명, 소속된 연합단체의 명칭 등 30일 이내에 변경 신고된 사항은 매년 통보대상에서 제외된다(제13조 제2항).

다. 행정관청의 설립신고증 교부 또는 반려 처분 등에 대한 이의제기

노동조합 설립신고를 접수받은 행정관청은 일정한 심사를 거쳐 설립신고증을 교부 또는 반려하거나 보완을 요구하는 처분을 할 수 있다. 이러한 처분은 행정소송법상 행정처분에 해당하므로 이에 대해 이의가 있는 자는 취소소송 등의 행정소송을 제기할 수 있다.

행정관청이 설립신고증을 반려할 경우, 반려 처분을 받은 근로자단체가 소송의 당사자능력이 있는지가 문제 된다. 노동조합설립신고서를 행정관청에 제출하였다가 반려받은 단체도 사회적 활동을 하고 있는 사회적 실체라고 할 것이므로 소송당사자 적격이 있다고 보아야 한다.[26]

이와 반대로 설립하려고 한 노동조합이 노동조합법상의 요건을 갖추지 못하였는데도 설립신고증이 교부될 경우, 그 노동조합과 관계에서 사용자 지위에 있는 자가 이에 대한 취소소송을 제기할 수 있는지에 대해 판례는 사용자는 법률상 이익이 없어 노동조합 설립신고의 수리처분 자체를 다툴 당사자 적격이 없다고 판시하였다.[27]

한편 사업장 내에 복수노조가 존재하는 경우, 노동조합이 다른 노동조합을 상대로 실질적 요건을 흠결하였음을 들어 설립무효의 확인을 구하거나 노동조합으로서 법적 지위가 부존재한다는 확인을 구하는 소(민사소송)를 제기할 수 있다.[28]

---

26 대법원 1979.12.11. 76누189 판결.

27 대법원 1997.10.14. 96누9829 판결. 이 판결에 따르면 행정처분의 취소 등을 구할 법률상 이익은 해당 처분의 근거가 되는 법률로 보호되는 직접적·구체적 이익을 말하는 것으로서 간접적이거나 사실적·경제적 이해관계를 가지는 데 불과한 경우에는 법률상 이익이 있다고 할 수 없다. 사용자의 경우 설립신고증이 교부되지 않았으면 받았을 무자격조합이 생기지 않는다는 이익은 노동조합의 설립에 관한 직접적이고 구체적으로 보호되는 이익이라고 볼 수는 없고, 노동조합 설립신고의 수리 자체로 사용자에게 어떤 공적 의무가 부과되는 것도 아니어서 노동조합의 설립신고가 수리되었다는 것만으로는 해당 회사의 어떤 법률상 이익이 침해되었다고 할 수 없기 때문에 노동조합 설립신고의 수리처분 자체를 다툴 당사자 적격이 없다고 하였다.

28 대법원 2021.2.25. 2017다51610 판결.

(3) 행정관청의 심사권한

노동조합의 설립은 노동조합법 제10조에서 규정하는 바와 같이 신고주의를 채택하고 있다. 판례에 따르면, 노동조합의 설립에 관하여 신고주의를 택하는 것은 소관 행정당국으로 하여금 노동조합의 조직체계에 대한 효율적 정비, 관리로 노동조합이 자주성과 민주성을 갖춘 조직으로 존속하도록 보호·육성하고 그 지도·감독에 철저를 기하려는 노동정책적 고려에 그 취지가 있고,[29] 노동조합 설립신고에 대한 심사도 단순히 행정관청에 신고하는 것만으로 노동조합의 설립을 허용할 경우 민주성과 자주성이라는 실질적 요건조차 갖추지 못한 노동조합이 난립하는 것을 허용함으로써 노동조합이 어용조합이 되거나 조합 내부의 민주성을 침해할 우려가 있으므로 이를 방지하고 근로자들이 자주적이고 민주적인 단결권 등을 행사하도록 하는 데 그 취지가 있다고 한다.[30]

그런데 노동조합의 설립절차는 행정관청에 대한 설립신고로 종료되는 것이 아니라 행정관청의 심사를 거쳐 설립신고증을 교부받아야 비로소 노동조합의 형식적 요건을 갖춘 것이 되어 노동조합법상 보호를 향유할 수 있다.[31] 이때 행정관청이 신고서류의 실체적 내용에 대해 어느 정도 심사권을 가지는지가 문제 된다. 판례는 행정관청이 해당 단체가 노동조합의 소극적 요건에 해당하는지를 실질적으로 심사할 수 있고, 다만 행정관청은 일단 제출된 설립신고서와 규약 내용을 기준으로 노동조합의 소극적 요건 해당 여부를 심사하되, 설립신고서를 접수할 당시 그 해당 여부가 문제 된다고 볼 만한 객관적 사정이 있는 경우에 한하여 설립신고서와 규약 내용 외의 사항에 대하여 실질적 심사를 거쳐 반려 여부를 결정할 수 있다고 보아[32] 현행 제도하에서는 행정관청의 심사가 불가피하다는 점을 전제로 하여 심사의 대상, 방법, 시기를 제한하고자 하는 태도를 취하고 있다.

그러나 노동조합 설립에 대한 행정관청의 심사로 노동조합의 자주성과 민주성을 확보하고자 하는 현행 제도는 노동조합의 지위에 대하여 '행정관청'이 '사전적'으로 '심사'하도록 제도화했다는 점에서 근본적 문제가 있다. 이런 구조하에서는

---

29 대법원 1997.10.14. 96누9829 판결; 대법원 1993.2.12. 91누12028 판결 등 참조.
30 헌법재판소 2008.7.31. 2004헌바9 결정.
31 대법원 1979.12.11. 76누189 판결; 대법원 1996.6.28. 93도855 판결 등 참조.
32 대법원 2014.4.10. 2011두6998 판결.

심사의 대상이나 방법 등 행정관청의 심사 권한을 엄격하게 제약하려는 해석론만으로는 설립심사제도의 본질적 문제를 극복하기 어렵다. 행정관청의 판단에 따라 노동3권의 가장 바탕에 있는 단결권을 제약하는 결과를 초래할 위험이 크기 때문이다. 따라서 입법적 해결이 필요하다.

IV. 노동조합의 법적 지위

1. 노동조합법상 노동조합의 법적 지위

노동조합의 실질적 요건을 갖추고, 거기에 노동조합법상의 설립신고증까지 교부받은 노동조합은 "이 법에 의하여 설립된 노동조합"(노동조합법 제7조 제1항)으로서 '노동조합법상 노동조합'이라고 한다. 이를 '법내조합'이라고도 한다.

노동조합법상 노동조합은 마땅히 헌법 제33조 제1항에 따라 노동3권을 행사할 수 있다. 이에 따라 노동조합의 정당한 단결권, 단체교섭권, 단체행동권의 행사에는 민형사상 책임이 면제된다. 노동조합법 제3조에서 "사용자는 이 법에 의한 단체교섭 또는 쟁의행위로 손해를 입은 경우에 노동조합 또는 근로자에 대하여 그 배상을 청구할 수 없다."라고 규정함으로써 민사면책을 확인하고 있고, 제4조 본문에서는 "형법 제20조의 규정은 노동조합이 단체교섭·쟁의행위 기타의 행위로서 제1조의 목적을 달성하기 위하여 한 정당한 행위에 대하여 적용된다."라고 규정하여 형사면책을 확인하고 있다.

또한 노동조합법상 노조는 헌법상의 노동3권 행사가 보장될 뿐만 아니라 노동조합법에 의거하여 다음과 같은 보호를 향유한다. ① 노동조합 명칭을 사용할 수 있으며(제7조 제3항),[33] ② 노동쟁의의 조정신청 및 부당노동행위 구제신청을 할 수

---

[33] 노동조합법상 노조가 아니면서 노동조합 명칭을 사용할 경우에는 500만 원 이하의 벌금에 처해진다(법 제93조). 한편, 헌법재판소는 노동조합 및 노동관계조정법에 따라 설립된 노동조합이 아니면 노동조합이라는 명칭을 사용할 수 없도록 하고, 이를 위반하면 형사처벌을 하도록 규정한 노동조합 및 노동관계조정법 제7조 제3항, 제93조 제1호에 대하여 "…… 명칭의 사용을 금지하는 것은 이미 형성된 단결체에 대한 보호 정도의 문제에 지나지 아니하고 단결체의 형성에 직접적인 제약을 가하는 것도 아니며, 또한 위와 같은 단결체의 지위를 '법외의 노동조합'으로 보는 한 그 단결체가 전혀 아무런 활동을 할 수 없는 것은 아니고 어느 정도의 단

있고(제7조 제1항), ③ 법인격을 취득할 수 있으며(제6조), ④ 사업체를 제외하고는 세법이 정하는 바에 따라 면세된다(제8조).

그 외에도 노동조합법상 노조는 ⑤ 노동위원회 근로자위원을 추천하는 등 노동행정에 참여할 수 있고(노동위원회법 제6조 제3항), ⑥ 단체협약의 해석 또는 이행 방법에 관하여 관계 당사자 간에 의견의 불일치가 있는 때에 노동위원회에 그 해석 또는 이행 방법에 관한 견해의 제시를 요청할 수 있으며(노동조합법 제34조), ⑦ 단체협약의 일반적 구속력 및 지역적 구속력에 의거 단체협약의 효력확장이 인정된다(법 제35조·제36조).

2. 법외조합의 법적 지위

근로자단체가 ① 노동조합의 실질적 요건을 갖추지 않은 경우와 ② 노동조합의 실질적 요건은 갖추었지만 형식적 요건인 설립신고 절차를 거치지 않은 경우가 있을 수 있다. 이를 법외노조라고도 하는데, 전자는 노동조합의 본질적 요소인 자주성 등을 갖추지 않은 단체이므로 헌법 제33조 제1항 소정의 노동3권 자체를 향유할 수 없다. 반면 후자의 경우 노동조합의 실질적 요건을 갖추었으므로 헌법상 노동3권과 노동조합법상의 특별한 보호를 향유할 수 있는지가 문제 된다.

먼저 헌법 제33조 제1항에서는 노동3권의 향유 주체를 반드시 노동조합법상의 노동조합으로 한정하지 않고 설립신고 절차는 어디까지나 노동행정의 편의상 인정된 제도로 노동조합의 설립신고 절차 자체가 헌법상의 노동3권을 창설적으로 인정하는 절차가 아니라는 점은 명백하다. 따라서 노동조합으로서 실질적 요건은 갖추었으나 형식적 요건을 갖추지 못한 근로자 단결체의 경우, 노동조합이라는 명칭을 사용할 수 없다는 점 등 법에서 정하는 특별한 보호를 받을 수는 없으나, 그렇다고 해서 헌법상 근로자에게 보장된 노동3권의 향유 자체가 방해되지 않는다는 점에는 학설과 판례 모두 거의 이견이 없다. 이러한 점에서 형식적 요건만 갖추지 못한 근로자 단결체를 '헌법상 단결체'로 부르기도 한다. 헌법상 단결체는 헌법

체교섭이나 협약체결 능력을 보유한다 할 것이므로, 노동조합의 명칭을 사용할 수 없다고 하여 헌법상 근로자들의 단결권이나 단체교섭권의 본질적인 부분이 침해된다고 볼 수 없다."라는 등을 근거로 헌법에 위반되지 않는다고 결정하였다(헌법재판소 2008.7.31. 2004헌바9 결정).

상 노동3권의 보장으로 향유할 수 있는 권리의 주체가 될 수 있으므로 노동조합의 형식적 요건을 충족하지 못했다고 하더라도 노동3권에서 직접적으로 도출되는 보호, 예컨대 민형사 면책 등의 이익을 누릴 수 있다.

제2절

노동조합의 운영

I. 노동조합 운영의 원칙

노동조합은 근로자가 자주적으로 조직한 임의단체이므로 노동조합의 내부 운영 역시 노동조합과 조합원 스스로가 결정해야 한다(조합자치의 원칙). 그런데 노동조합은 단순한 임의단체로서 성격을 넘어 헌법상 노동3권의 향유주체로 단체협약을 통한 조합원에 대한 집단적 근로조건 결정 권한이나 민형사상 면책과 같은 특별한 지위가 보장되어 내부 운영에서 그에 상응하는 책임성이 수반될 필요가 있다. 이런 관점에서 모든 조합원에게 운영과 활동에 평등한 참여권을 인정하고 조합원의 민주적 토론으로 형성된 다수의사에 따라 조합을 민주적으로 운영해야 한다는 규범적 요청이 도출된다(조합민주주의 원칙). 이 요청은 노동조합이 단결력을 실질적으로 확보·유지하는 데도 필요하다.

조합민주주의는 다수결 원칙을 기반으로 한 노동조합 내부 운영에서 민주성 확보라는 규범적 요청과 함께 개별 조합원이 그 운영에 민주적으로 참여할 기본적 권리 보장이라는 규범적 요청을 내용으로 한다. 전자는 노동조합의 집단적 단결력을 민주주의 원칙에 따라 확보하는 성격을 가지고 있고, 후자는 그 과정에서 조합원 개인의 시민적 자유가 존중되어야 한다는 성격을 가지고 있어 경우에 따라 양자가 긴장관계에 있을 수 있다. 노동조합법은 후자와 관련하여 "노동조합의 조합원은 균등하게 그 노동조합의 모든 문제에 참여할 권리와 의무를 가진다."라고 규정하여 이를 확인하고 있다(제22조).

노동조합법에는 조합 운영에 대한 여러 가지 규정을 두고 있다. 조합민주주의원칙에 따른 민주적 운영을 담보하려는 취지이지만 조합자치원칙에 대한 과도한 제한이라는 비판도 제기되고 있다.

II. 노동조합의 규약

규약은 노동조합이 그 조직·운영에 관한 사항을 정한 제반 규칙을 말한다. 여기에는 조직 등 기본사항을 정한 것(기본규약) 외에 부속규정(예컨대 선거관리규정, 징계규정 등)도 포함되며, 노동조합의 조직·운영과 관련하여 자치적으로 정한 것이라면 그 명칭은 불문한다.

규약의 제정·개정에는 조합원의 총의가 반영되어야 한다. 규약은 노동조합의 기본적인 구조와 운영을 정하는 노동조합의 최상위규범이라고 할 수 있다. 노동조합법도 규약의 제정과 개정은 총회에서 조합원의 직접·비밀·무기명투표에 따라 재적조합원 과반수의 출석과 출석조합원 3분의 2의 찬성으로 의결해야 한다고 규정하여(제16조) 규약을 특별하게 취급하고 있다. 총회에 갈음하는 대의원회가 설치되어 있는 경우 규약은 대의원회에서 개정할 수도 있다(제17조 참조). 규약에서 제정·개정에 관한 의결정족수 요건을 노동조합법상의 요건보다 강화하는 것은 조합자치의 원칙에 비추어 허용된다.

제정된 규약은 노동조합설립 신고 시에 신고서에 첨부하여 행정관청에 제출하여야 하고(제10조 제1항), 노동조합의 주된 사무소에 비치하여야 한다(제14조 제1항).

노동조합법은 규약의 필요적 기재사항을 법정하고 있다(제11조). 필요적 기재사항을 법으로 정한 취지는 '노동조합의 자주적·민주적 운영'을 보장하려는 것이다. 필요적 기재사항에는 노동조합의 조직과 운영에 필요한 기본사항들이 거의 망라되어 있다. 다만 노동조합법은 필요적 기재사항의 범주만 정할 뿐 그 상세한 내용은 규정하지 않는다. 따라서 노동조합은 각 사항의 구체적 내용을 자주적으로 정할 수 있으며, 나아가 그 외 사항에 대해서도 임의적으로 정하여도 규약으로서 효력이 인정된다. 한편, 총회에서의 의결정족수나 투표방법(제16조 제2항)과 같이 법에서 구체적 제한이 규정된 경우도 있는데, 이는 강행적 규정으로 이에 위반한 의

결이나 투표는 무효가 된다.[34]

노조 규약은 모든 조합원에게 적용된다. 따라서 규약의 개정에 반대한 조합원이나 규약 성립 후에 가입한 조합원은 물론 규약의 내용을 알지 못하는 조합원에게도 적용된다. 이러한 점에서 규약은 계약적 성격보다는 자주적 규범으로서 성격을 가진다. 따라서 규약에서 정한 절차나 방법을 위반하여 이루어진 의결이나 처분은 특별한 사정이 없는 한 무효로 된다. 또한 노조 규약은 조합원의 권리·의무의 존부 및 해석과 관련하여 재판규범으로서 기능한다.

III. 노동조합의 기관

노동조합이 단체로서 활동하려면 의사결정·집행·감사 등을 행하는 기관이 필요하다. 이러한 기관의 구성·권한 등은 조합자치의 원칙상 노동조합의 자주적 의사에 따라 설정되지만, 노동조합법은 조합민주주의를 확보하기 위해 총회와 대의원회, 임원에 관하여 상세한 규정을 두고 있다.

1. 총회

(1) 총회의 지위와 운영

총회는 노동조합의 의사를 최종적으로 결정하는 노동조합 내의 최고 기관이다. 총회는 정기적으로 소집되는 정기총회와 필요에 따라 수시로 소집되는 임시총회가 있다. 총회는 매년 1회 이상 개최되어야 하고(노동조합법 제15조 제1항), 노동조합의 대표자가 총회의 의장이 된다(같은 조 제2항).

노동조합 대표자는 임시총회 개최가 필요하다고 인정하는 때에 임시총회를 소집할 수 있다(제18조 제1항). 또한 조합원 또는 대의원의 3분의 1 이상(연합단체인 노동조합에서는 그 구성단체의 3분의 1 이상)이 회의에 부의할 사항을 제시하고 회의 소집을 요구한 때에도 노동조합 대표자는 지체 없이 임시총회 또는 임시대의원회를 소

---

34 대법원 2000.1.14. 97다41349 판결 참조.

집하여야 한다(같은 조 제2항).

그런데 노동조합 대표자가 임시총회의 소집을 고의로 기피하거나 해태하여 조합원 또는 대의원 3분의 1 이상이 행정관청에 소집권자의 지명을 요구할 경우, 행정관청은 그 요구로부터 15일 이내에 노동위원회의 의결을 요청하고, 그 의결이 있는 때에는 지체 없이 회의 소집권자를 지명하여야 한다(같은 조 제3항). 이는 노조 대표자가 조합원 또는 대의원으로부터 회의 소집을 요구받고도 기피하거나 회피하는 경우 조합원들에게 법원의 허가가 없이도 쉽고 신속하게 회의를 소집하도록 행정관청으로 하여금 노동위원회의 의결을 거쳐 회의 소집권자를 지명할 권한을 부여한 것이다. 다만 이 경우 행정관청만이 소집권자를 지명할 수 있다는 취지로 해석되지는 않고, 이에 대비하여 노동조합이 법 소정의 방식과 다른 방식으로 규약에 소집권자를 미리 지정하는 방식 등을 정하는 것도 가능하다.

또한 노동조합에 총회 또는 대의원회의 소집권자가 없는 경우에 행정관청은 조합원 또는 대의원의 3분의 1 이상이 회의에 부의할 사항을 제시하고 소집권자의 지명을 요구한 때에는 15일 이내에 회의의 소집권자를 지명하여야 한다(같은 조 제4항). 이 경우에는 노동위원회의 의결은 필요 없다.

총회를 소집하려면 적어도 회의개최일 7일 전에 그 회의의 부의사항을 공고하여야 하는데, 동일한 사업장 내의 근로자로 구성된 노동조합은 규약으로 이 공고 기간을 단축할 수 있으며, 기타 소집 절차에 관해서는 규약에 정한 방법에 따라야 한다(제19조).

(2) 총회 의결

노조 운영상의 중요사항은 조합원의 민주적 총의를 반영하려면 총회 의결을 얻는 것이 타당하므로, 노동조합법은 총회의 '필요적 의결사항'을 규정하고 있다. 노동조합법상 열거되지 않은 사항도 조합자치 원칙에 따라 총회의 의결사항으로 규약에 규정할 수 있다. 구체적으로 노동조합법에 정해진 총회의 필요적 의결사항은 다음과 같다(법 제16조 제1항).

1. 규약의 제정과 변경에 관한 사항
2. 임원의 선거와 해임에 관한 사항

3. 단체협약에 관한 사항

4. 예산·결산에 관한 사항

5. 기금의 설치·관리 또는 처분에 관한 사항

6. 연합단체의 설립·가입 또는 탈퇴에 관한 사항

7. 합병·분할 또는 해산에 관한 사항

8. 조직 형태의 변경에 관한 사항

9. 기타 중요한 사항

총회의 의결은 다수결원리에 따라 재적조합원 과반수 출석과 출석조합원 과반수 찬성으로 이루어져야 한다(같은 조 제2항 본문). 다만 규약의 제정·변경과 임원의 해임, 합병·분할·해산·조직형태의 변경에 대하여는 재적조합원 과반수의 출석과 출석조합원 3분의 2 이상의 찬성으로 의결 요건이 가중된다(같은 항 단서).[35] 또한 임원의 선거에서 출석조합원의 과반수의 찬성을 얻은 자가 없는 경우, 규약이 정하는 바에 따라 결선투표를 실시하여 다수의 찬성을 얻은 자를 임원으로 선출할 수 있다(같은 조 제3항).

의결 정족수와 관련하여 규약의 기재사항과 총회 의결의 관계가 문제된다. 총회 의결은 일반적으로 일반정족수로 충분하나 대상 사항이 규약에 기재되어 있어서 규약의 변경이 필연적으로 수반되는 경우 규약변경과 관련된 특별정족수가 요구되는지의 문제이다. 예컨대, 노동조합법은 '소속된 연합단체가 있는 경우에는 그 명칭'을 규약의 필요기재사항으로 하고 있고(제11조 제5호), '연합단체의 설립·가입 또는 탈퇴에 관한 사항'(제16조 제1항 제6호)은 총회의 의결사항으로 되어 있다(제16조 제2항 참조). 여기에서 총회에서 연합단체를 탈퇴하는 의결을 할 때 일반정족수로 족한가 아니면 규약변경에서 필요한 특별정족수에 따라야 하는지가 문제 된다. 원칙적으로 규약사항의 변경에는 특별정족수가 필요하나 법이 총회의결사항으로 하고 별도의 가중의결을 요구하지 않는 사항(예컨대 연합단체에 가입·탈퇴)을 총회의결을 거쳐 결정하여 사후적으로 이를 규약에 반영하는 데 지나지 않는 경우(연합단체의 명칭 기재)에는 일반의결정족수로 의결할 수 있다고 보아야 한다. 노동조합법

---

35 이 단서조항은 노동조합을 안정적으로 운영하고자 마련했겠지만, 임원 해임을 특별히 어렵게 하는 것이 오히려 비민주적 수단으로 악용될 소지가 있다.

에서 특별의결정족수를 정한 취지는 노동조합의 존립과 운영에 본질적 영향을 미치는 사항을 의결할 때 조합원들이 신중히 판단하도록 한 것으로, 이는 실체적 내용과 관련되는 사항을 대상으로 하는 것이다. 따라서 노조 총회에서 적법한 절차를 거쳐 의결한 이상 그 부수적 결과로서 규약에 표시하는 내용을 변경하는 경우에까지 규약변경이라는 이유로 특별의결정족수가 필요하다고 해석하는 것은 특별의결정족수를 정한 취지에도 부합하지 않는다.[36]

의결방법은 원칙적으로 자유이나(예컨대 거수에 의한 결의방법 등) 노동조합법에서는 규약의 제정·변경과 임원의 선거·해임에 관하여서는 직접·비밀·무기명 투표 방식으로만 의결할 수 있다고 규정하고 있다(같은 조 제4항). 그리고 노동조합이 특정 조합원에 관하여 의결할 때는 그 조합원에 대해서는 표결권이 인정되지 않는다(법 제20조).

의결방법과 관련해서도 의결정족수와 유사한 문제가 발생할 수 있다. 규약의 제정·변경은 직접·비밀·무기명 투표 방식을 요하지만, 총회의결사항은 원칙적으로 특별한 방식을 요구하지 않는다. 예컨대, 노동조합의 합병·분할·조직 형태 변경에 따라 규약 기재사항의 변경이 수반되는 경우 총회의결방식에서 직접·비밀·무기명투표 방식이 필요한지가 문제 된다. 이에 대해서도 의결정족수 문제와 마찬가지로 보아야 한다. 즉, 법이 총회의결사항으로 하면서도 별도 의결방식을 요구하지 않는 사항(예컨대 합병·분할·조직 형태 변경)에 대해서는 노조가 적법한 방식으로 총회의결절차를 거쳐 결정한 이상 사후적으로 이를 규약에 반영하는 데 지나지 않는 경우에는 직접·비밀·무기명투표 방식이 아니더라도 일반의결방법으로 의결할 수 있다고 보아야 한다.

한편, 총회에서 한 의결의 효력은 법령 또는 규약에서 정한 소집 절차나 의결 절차를 위반하였는지만 기준으로 형식적으로 판단할 것이 아니라, 그 의결에 조합원의 총의가 반영되었는지를 기준으로 실질적으로 판단해야 한다. 예컨대 규약의 소집공고기간을 준수하지 않은 임시총회에 총유권자의 약 91%가 참여하였고 입후보나 총회 참여에 아무런 지장이 없었다면 그 총회에서 이루어진 결의나 위원장

---

36 같은 취지로 대법원 2023.11.16. 2019다289310 판결(설립 당시 소속된 연합단체가 없던 단위노동조합이 재적 조합원의 77%가 참여한 총투표에서 출석조합원 55.98%의 찬성으로 연합단체에 가입하는 의결을 한 것은 일반의결정족수를 충족하여 유효하다).

선출은 유효하다.³⁷ 또한 총회에서의 의결정족수나 투표방법과 관련하여 법에서 특별의결정족수나 직접·비밀·무기명 투표와 같이 특별한 제한을 두는 경우가 있는데, 이는 강행적 규정으로 이에 위반한 의결이나 투표는 무효가 된다.³⁸

2. 대의원회

노동조합의 최고의사를 결정하는 기관은 총회이기는 하지만, 조합원의 규모, 지역적 분포 등으로 조합원 전원의 직접 참가보다는 대의원을 통한 간접참가가 효율적인 경우에는 총회에 갈음하여 대의원회를 둘 수 있다(노동조합법 제17조 제1항). 이경우 총회에 관한 규정이 대의원회에 준용된다(같은 조 제5항).

대의원은 직접·비밀·무기명 투표에 의하여 선출되어야 한다(같은 조 제2항). 그취지는 노동조합의 구성원인 조합원이 그 조합의 조직과 운영에 관한 의사결정에관여하도록 함으로써 조합 내 민주주의를 확보하는 데 있다. 따라서 이는 강행규정이므로, 다른 특별한 사정이 없는 한 이 조항에 위반하여 조합원이 대의원의 선출에 직접 관여하지 못하도록 간접적인 선출 방법을 정한 규약이나 선거관리규정 등은 무효가 된다.³⁹

또한 하나의 사업 또는 사업장을 대상으로 조직된 노동조합의 대의원은 그 사업 또는 사업장에 종사하는 조합원 중에서 선출하여야 한다(같은 조 제3항). 이는 원래조합자치의 원칙에 따라 노동조합이 자유로이 결정해야 하는 사항이지만, 노동조합법은 기업별 노사관계의 특성을 고려하여 이와 같은 제한을 두고 있다.

대의원 임기는 임원과 마찬가지로 규약으로 정하되 3년을 초과할 수 없다(같은 조 제4항).

총회에 대신하여 대의원회를 두면 총회와 대의원회의 관계가 문제 되는 경우가 있다. 예컨대 규약에 따라 총회와 별도로 대의원회를 두면서 각각의 의결사항을 명확히 구분하고 '규약의 개정에 관한 사항'을 대의원회의 의결사항으로 규정하는경우, 총회가 '규약의 개정에 관한 사항'을 직접 의결할 수 있는지가 문제 된다.

---

37 대법원 1992.3.27. 91다29071 판결 참조.
38 대법원 2000.1.14. 97다41349 판결 참조.
39 대법원 2000.1.14. 97다41349 판결.

대법원은 규약의 제정·개정 권한은 조합원 전원으로 구성되는 총회의 근원적· 본질적 권한이고 대의원회의 존재와 권한은 총회의 규약에 관한 결의에서 유래한 다는 점 등에 비추어 볼 때, 총회의 규약 개정 권한이 소멸된다고 볼 수 없고, 총 회는 '규약의 개정에 관한 사항'을 의결할 수 있다고 해석하고 있다.[40] 타당한 해석 이다.

3. 임원

노동조합은 의사집행기관으로 임원을 둘 수 있다. 여기에는 노조업무를 총괄하 면서 대외적으로 노동조합을 대표하는 '노조위원장', 총회 결정을 기초로 그 세부 사항을 정하는 '집행위원회', 조합원의 징계에 관한 '징계위원회' 그리고 조합회계 를 감사하는 '감사' 등이 있다.

노동조합법은 대표자와 임원에 관한 제반 사항 및 선거절차와 탄핵에 관한 사항 등을 규약의 필수기재사항으로 정하고 있다(제11조 제8호·제13호·제14호).

또한 노동조합법에는 임원 선출과 해임에 관하여 별도 규정을 두고 있다. 첫째, 임원은 해당 노동조합의 조합원 중에서 직접·비밀·무기명 투표 방식으로 선출되 어야 하며(제16조 제4항·제23조 제1항), 임원 선거에서 출석조합원 과반수의 찬성을 얻은 자 없는 경우, 규약이 정하는 바에 따라 결선투표를 실시하여 다수의 찬성 을 얻은 자를 임원으로 선출할 수 있다(제16조 제3항). 둘째, 임원 자격은 규약으로 정하되, 하나의 사업 또는 사업장을 대상으로 조직된 노동조합의 임원은 그 사업 또는 사업장에 종사하는 조합원 중에서 선출하도록 정하여야 한다(제23조 제1항). 셋째, 임원의 임기는 규약으로 정하되 3년을 초과할 수 없다(제23조 제2항). 넷째, 임원의 해임은 선거보다도 엄격한 재적조합원 과반수의 출석과 출석조합원 3분의 2 이상의 찬성이 있어야 하며(제16조 제2항 단서), 투표 방식은 선거와 마찬가지로 조합원의 직접·비밀·무기명투표의 방식으로 의결되어야 한다(제16조 제4항).

모든 조합원은 평등하게 피선거권을 가진다(법 제22조). 그런데 규약에서 임원의 입후보 자격을 '조합원 일정 수의 추천을 받은 자' 또는 '조합원 경력이 일정 기간

---

40 대법원 2014.8.26. 2012두6063 판결.

이상인 자' 등으로 한정하는 경우가 있을 수 있다. 추천자의 수가 전체 조합원 수에 비추어 소수조합원의 권리를 침해할 정도에 이르지 아니하고, 그 경력기간이 조합실정의 파악 등 임원으로서 직무를 수행하는 데 필요하다고 인정되는 합리적 기간을 넘어서지 아니하는 한, 조합원의 피선거권을 침해하는 것은 아니다.[41] 이에 반해 후보추천위원회 등 특정 기관의 추천을 받도록 하는 것은 입후보의 가부(可否)를 그 기관의 재량에 맡기는 결과가 되어 노동조합법 제22조 소정의 평등권을 위반해 조합원의 피선거권을 부당하게 제한하기 때문에 허용되지 않는다.

임원선거가 법령이나 규약을 위반한 경우 당선무효확인소송을 제기할 수 있다. 이때 소송상대방은 당선자나 선거관리위원회가 아니라 노동조합이다.[42]

IV. 노동조합의 재정

1. 조합비

조합비는 조합원이 노동조합의 구성원인 지위에서 노동조합의 운영과 활동을 위하여 부담하는 일체의 비용을 말한다. 여기에는 정기조합비 외에 일시적 필요에 따라 부과되는 파업기금, 회관건립기금, 공제회비 등 임시조합비도 포함된다.[43]

금액·납부시기·납부방법 등 조합비에 관한 사항은 규약의 필요적 기재사항이다(노동조합법 제11조 제9호). 노동조합은 조합비를 납부하지 않는 조합원에게 노조 운영에 참가하는 권리를 제한할 수 있다(제22조 단서). 그러나 비정규직 조합원에게 정규직 조합원에 비하여 조합비를 낮게 설정하면서 임원 입후보 자격을 제한하는 것은 조합활동 등에 관한 평등한 참여권을 침해하기 때문에(제22조 본문) 허용되지 않는다.

---

41 예컨대 위원장 입후보자격을 전체 조합원 수의 1할에도 못 미치는 조합원 30인 이상의 추천과 조합원 경력 1년 이상인 자로 제한하는 내용은 조합원의 피선거권의 평등에 대한 현저한 침해라고 볼 수 없다(대법원 1992.3.31. 91다14413 판결 참조).
42 대법원 1992.5.12. 91다37683 판결 참조.
43 다만 노동조합과 별도로 운영되는 친목회의 회비는 노동조합비가 아니다(고용노동부 질의회시 - 1987.5.20. 근기 01254-8194).

2. 재산의 귀속

노동조합은 등기하여 법인이 될 수 있다. 법인이 된 경우 조합재산(소극적 재산인 채무도 포함)은 노동조합의 단독소유가 된다.

법인이 아닌 노동조합의 경우 노동조합은 개개 조합원과는 별개의 독립적 단체 이므로 민법상 법인 아닌 사단에 해당하고, 조합재산은 조합원 전원의 총유가 된 다고 보아야 한다(민법 제275조 참조). 따라서 조합원은 조합재산에 대한 지분이나 분할 청구권이 인정되지 않는다. 이 경우 노동조합의 채무 또한 조합원 전원에게 총유되어 조합원 개인은 그에 대한 책임을 지지 않으며 조합재산만이 책임재산이 된다. 노동조합에는 법인 아닌 사단으로서 소송상 당사자능력이 인정된다.

요컨대 노동조합이 법인인지를 불문하고 조합재산에 대한 개별 조합원의 지분 이나 분할청구권은 인정되지 않는다는 점에서 조합재산의 귀속관계에는 사실상 차이가 발생하지 않는다. 조합재산에 대한 조합원의 권리·의무는 조합의사, 즉 규 약 또는 총회의 의결로 정할 수 있다.

3. 조세의 면제

노동조합에 대하여는 사업체를 제외하고 세법이 정하는 바에 따라 조세가 부과 되지 아니한다(노동조합법 제8조). 그러나 조합 임원이나 직원이 노동조합에서 받는 급여는 납세의무자가 노동조합이 아니라 임원 또는 직원이므로 근로소득세 등이 면제되지 않는다.

V. 노동조합의 통제

1. 의의와 근거

노동조합은 조직 차원의 결정에 조합원이 집단적으로 따를 때 그 목적을 효과적 으로 달성할 수 있고 단결력도 유지할 수 있다. 따라서 노동조합으로서는 조직의 규율을 확보하는 것이 중요하다. 이를 위하여 노동조합은 조합원이 지시나 통제에 불응하거나 노동조합 운영을 저해할 때는 제명, 자격정지, 경고 등 제재를 할 수 있다. 노동조합의 이러한 처분권을 노동조합의 통제권이라고 한다. 통제권 행사의 근거가 되는 규율과 통제에 관한 사항은 규약의 필수기재사항으로 되어 있다(노동조합법 제11조 제15호). 통제권 행사는 조합원에게 신분상 불이익을 초래하므로 사전에 규약에서 명시하도록 하여 노동조합의 통제권 남용을 방지하고 조합원의 신분을 보호하고자 하는 데 그 취지가 있다. 이에 따라 노동조합 규약에는 통제처분의 사유, 결정기관, 종류, 절차 등이 규정되어 있는 경우가 많다.

노동조합 통제권의 근거에 대해서는 단체고유권설과 단결권설이 대립하고 있다. 단체고유권설은 단체를 원활하게 운영하기 위하여 그 목적이나 활동을 저해하는 구성원에 대해 제재를 가하여 규율을 유지할 필요성은 모든 단체의 고유한 권능에 속하는 당연한 권한이고, 이는 노동조합도 마찬가지라고 파악하고 있다. 단결권설은 노동조합은 단결권 보장에 필요한 범위에서 통제권을 가지며, 그 권한을 단결권 보장의 효과라고 이해하는 견해이다. 후자의 견해가 통제권의 범위와 재량을 넓게 인정한다.

헌법상 단결권 보장의 효과로 노동조합은 그 목적을 달성하는 데 필요한 합리적 범위에서 조합원에 대한 통제권을 가지고 조합원은 마땅히 이에 따를 의무를 부담한다. 그런데 조합원이 그 의무를 부담한다고 하더라도 노동조합의 통제권이 단결권에서 바로 유래한다고 해석할 수는 없다. 오히려 노동조합의 통제권 행사 자체가 단결권의 보장 취지에 부합할 때만 조합원이 그 통제에 따라야 할 의무가 발생한다고 이해해야 한다. 나아가 그 과정에서 개별 조합원의 개별적 단결권과 시민적 자유를 존중해야 하는 조합민주주의의 요청에 부합할 필요가 있다.

임의단체로서 노동조합은 근로자의 가입과 탈퇴의 자유를 기반으로 조직되어 있는 점을 고려하면, 노동조합의 통제권은 조합원이 그 노동조합의 조합원으로 남아 있겠다는 의사를 전제로 행사되는 것이라고 할 수 있다. 즉 노동조합의 통제권은 규약에 따르겠다는 근로자의 노동조합 가입 당시 의사에서 구하는 것이 타당하며, 이것이 조합민주주의의 원칙에도 부합한다. 따라서 조합원이 규율과 통제에 관한 규약의 존재를 인지한 상태에서 가입한 이상 노동조합의 통제권은 사전에 정해진 규약의 범위 내에서만 행사할 수 있고, 규약에서 정하지 않은 사유로 제재를 받을 수는 없다. 규약에서 정하지 않은 사유에 근거하여 총회 등 집단적 결의로 개별 조합원에게 제재를 가하는 것을 용인한다면 집단에서 조합원 개인 의사에 대해 강요하는 것과 다름없는 부당한 결과를 초래하여 조합원의 개별적 단결권과 시민적 자유가 형해화될 우려가 있는 점을 유의해야 한다.

2. 통제의 정당성

통제는 노동조합이 조합원에 행하는 수직적 권력작용이기에 노동조합의 통제권 행사가 정당하려면 아래와 같은 실체적 요건과 절차적 요건을 갖추어야 하고 공법상 원리가 적용되어야 한다. 이는 사용자가 근로자에게 행하는 징계처분과 유사하다.

첫째, 통제사유가 규약에 미리 정해져 있어야 한다. 규약에서 사유를 사전에 정하지 않은 경우에는 특별한 사정이 없는 한 통제권을 행사할 수 없다. 또한 규약에 정해진 경우에도 그 사유가 단결력 유지·강화와 무관한 것이거나, 노동조합의 목적 달성 및 단결권의 유지·강화라는 노동조합의 필요성과 개별 조합원의 시민적 자유 보장의 필요성 양자를 형량하여 필요하고 합리적인 범위 내에 있는 것으로 볼 수 없다면 위법한 사유에 기한 통제권 행사로 무효라고 해석해야 한다. 나아가 정당한 사유라고 하더라도 행위와 처분의 균형, 이중처벌금지, 다른 조합원과 균형 등을 고려하여 통제권을 남용한 제재는 효력이 없다고 해야 한다.

구체적으로 다음과 같은 경우가 문제 될 수 있다.

첫째, 단체교섭 저해 행위, 쟁의행위 저해 행위와 같이 노동조합의 목적 달성을 적극적으로 방해하는 행위는 정당한 통제 사유가 된다. 예컨대 단체교섭이 진행되는 도중에 조합원이 사용자와 개별적으로 근로조건을 임의로 합의하는 행위, 교섭위원인 조합원이 사용자로부터 개인적 이익을 제공 또는 약속받는 행위, 쟁의행위 지시에 불응하고 조업을 계속하는 행위 등이 여기에 속한다.

이와 관련하여 다른 노동조합을 설립하거나 이에 가입하는 행위가 통제 대상이 되는지도 문제 될 수 있다. 근로자는 단결선택권이 있으므로 노동조합 자격을 유지하는 상태에서 다른 노동조합을 설립하거나 노동조합에 가입하는 행위는 헌법상 권리 행사로 그 자체로는 통제 대상이 될 수 없다고 해석해야 한다. 현행 법령에서도 이중 가입이 가능하다는 것을 전제로 하고 있다(노동조합법 시행령 제14조의7 제7항 참조). 다만 경합하는 다른 노동조합의 임원으로 재직하면서 기존 노동조합의 운영이나 활동을 방해하거나 기존 노동조합의 조직률을 저하하고자 조합원을 다른 노동조합에 가입시키려는 유도 활동을 하는 등 기존 노동조합의 단결력을 적극적으로 저해하거나 훼손하는 특별한 사정이 있으면 정당한 통제 사유가 될 수 있다.

집행부 비판 활동, 예컨대 조합원이 집행부 또는 임원을 탄핵하기 위한 서명 활동이나 비판 활동을 하는 경우 조합민주주의 원칙 내지 조합원의 언론 자유라는 관점에서 원칙적으로 이를 통제 대상으로 할 수는 없지만 비판 활동의 목적, 내용, 시기, 필요성, 태양 등을 종합적으로 고려하여 악의적 목적에 따른 것이거나 허위 사실에 근거한 경우에는 정당한 통제사유가 될 수 있다.

조합원이 노동조합의 위법한 지시를 거부한 경우에도 통제 대상이 되는지가 문제 될 수 있다. 노동조합의 결의, 지시가 법률에 위반하는 경우에 조합원은 당연히 이에 따를 의무가 없다. 그러므로 위법지시의 거부행위는 통제 대상이 될 수 없다. 다만 노동조합의 결의, 지시가 위법한지를 개별 조합원이 판단하는 것은 용이하지 않고, 개별 조합원의 판단으로 노동조합의 공식적 지시를 위법하다고 평가하는 것을 용인하면 노동조합의 단결권 행사를 위축시킬 우려도 있다. 따라서 노동조합의 결의, 지시가 노동조합 내부의 정당한 절차를 거쳐 결정된 경우에는 그것이 객관적으로 보아 중대하고 명백한 위법성을 가지지 않는 한 조합원은 이에 따라야 한다고 보아야 한다.

한편, 환경운동과 같이 시민적 입장에 선 활동이나 특정 후보나 정당에 대한 지지 또는 반대와 같은 순수한 정치활동은 노동조합의 본래적 목적 활동이 아니기 때문에 그에 관한 결의 또는 지시는 조합원을 강제할 수 없고 따라서 그 위반행위를 통제 대상으로 삼을 수 없다고 본다. 판례도 공직선거와 관련해 구성원인 조합원 개개인에 대하여 노동조합의 결의 내용에 따르도록 권고하거나 설득하는 정도를 넘어서 이를 강제하는 것은 허용되지 않는다고 판단하고 있다.[44]

---

[44] 대법원 2005.1.28. 2004도227 판결. 이 판결에서는 "공직선거법 제237조 제1항 제3호는 '업무·고용 기타의 관계로 인하여 자기의 보호·지휘·감독하에 있는 자에게 특정 정당이나 후보자를 지지·추천하거나 반대하도록 강요한 자'를 선거의 자유방해죄로 처벌하도록 규정하고 있는바, 그 입법 취지는 피해자가 보호·감독·지휘를 받는 지위로 인하여 선거의 자유가 부당하게 침해받지 아니하도록 보호하기 위하여 규정된 것이므로 여기서 '자기의 보호·지휘·감독을 받는 자' 중에는 사실상의 보호·지휘·감독을 받는 상황에 있는 자도

둘째, 노동조합의 통제권 행사가 정당하려면 절차적 정의에 부합해야 한다. 통제권 행사는 노동조합의 지시하에 있는 개별 조합원에게 하는 것이므로 성질상 수직적 권력관계 또는 공법적 관계와 유사한 측면이 있다. 따라서 그 행사는 절차적 정의에 따른 것이어야 한다.

규약에 징계 기관, 절차, 방법이 정해져 있으면 이에 위반한 통제권 행사는 무효로 된다. 규약의 절차가 명확하지 않거나 규정되어 있지 않아도 조합원의 지위와 신분에 미치는 영향을 고려하여 노동조합의 통제권 행사는 절차적 정의의 요청에 따라야 한다. 즉 통제권 행사 기관은 조합원의 민주적 의사를 반영할 수 있는 총회나 대의원회여야 하며, 그 결정은 특별한 사정이 없는 한 비밀투표로 해야 한다. 다만 특정 조합원에 관하여 의결할 경우에 그 조합원의 표결권은 인정되지 않는다(노동조합법 제20조). 또한 제재 사유의 사전 통지, 소명 기회 부여와 같이 대상자가 자기 입장을 충분히 해명하도록 해야 한다.[45] 이러한 절차적 요건에 반하는 통제권 행사는 무효라고 해석해야 한다.

VI. 노동조합의 법인격

노동조합은 규약에서 법인으로 할 것을 정하고 등기를 하면 법인이 될 수 있다(노동조합법 제6조 제1항·제2항). 등기는 노동조합 대표자가 노동조합의 주된 사무소의 소재지를 관할하는 등기소에 하여야 하며(같은 법 시행령 제2조·제4조 제1항), 등기 신청서에 노동조합의 규약과 설립신고증 사본을 첨부하여야 한다(시행령 제4조 제2

포함되고 법률상 법인 기타 단체가 그 구성원에 대한 관계에서 보호·지휘·감독의 주체로 인정되는 경우에는 그 구성원은 그 대표기관 내지 보호·지휘·감독업무를 수행하는 기관의 보호·지휘·감독을 받는 자에 해당한다고 볼 수 있는 것이다. 그리고 위 규정상 '강요'는 반드시 상대방의 반항을 불가능하게 하거나 곤란하게 할 정도에 이를 필요는 없으며, 상대방의 자유로운 의사결정과 활동에 영향을 미칠 정도의 폭행이나 협박이면 충분하고 현실적으로 선거의 자유가 방해되는 결과가 발생하여야 하는 것은 아니라고 할 것이다."라고 하면서 노동조합 총회의 결의 내용을 따르지 아니하는 조합원에 대하여는 노동조합의 내부적 통제권에 기초하여 여러 가지 불이익을 가하는 등 강력하게 대처하겠다는 내용의 속보를 제작·배포한 행위에 대해 조합원인 근로자 각자의 공직선거에 관한 의사결정을 방해하는 정도의 강요행위에 해당한다고 판단하였다.

45 규약에 위반하여 피징계 대상 조합원에게 소명할 기회를 부여하지 않은 경우 노동조합에 따른 조합원 징계처분은 절차상 하자로 인해 무효로 된다(서울동부지법 2011.8.18. 2011가합3204 판결 참조).

항). 등기사항은 명칭, 주된 사무소의 소재지, 목적·사업, 대표자의 성명·주소, 해산사유를 정한 때에는 그 사유이다(시행령 제3조). 법인인 노동조합이 그 주된 사무소를 이전하거나(시행령 제5조 참조) 등기사항에 변경이 있는 경우(시행령 제6조 참조) 노동조합의 대표자는 3주 이내에 이전등기 또는 변경등기를 하여야 한다.

법인인 노동조합에 대해서는 노동조합법에서 규정된 것을 제외하고는 민법 중 사단법인에 관한 규정을 적용한다(노동조합법 제6조 제3항). 우리나라에서는 노동조합을 법인으로 하는 경우는 거의 없으므로 법인인 노동조합을 둘러싸고 법률적 문제가 발생한 사례도 찾기 어렵다. 민법의 사단법인에 관한 규정은 그 성격상 대부분 재산관계를 전제로 한 규정이라는 점을 고려할 때 법인인 노동조합이라고 하더라도 민법 규정을 적용할 때는 노동조합으로서 특수성을 충분히 고려할 필요가 있다.

VII. 조합 운영에 대한 감독

1. 서류 비치

노동조합은 조합설립일로부터 30일 이내에 조합원명부(연합단체인 노동조합에서는 그 구성단체의 명칭), 규약, 임원의 성명·주소록, 회의록, 재정에 관한 장부와 서류를 작성하여 주된 사무소에 비치하여야 한다(노동조합법 제14조 제1항). 회의록과 재정에 관한 장부와 서류는 3년간 보존하여야 한다(제14조 제2항).

2. 회계감사와 운영상황 공개

노동조합의 재정은 노동조합의 물적 기초를 이루는 중요한 사항이므로 노동조합법은 이에 관한 규정을 두고 있다. 회계에 관한 사항은 규약의 필요적 기재사항이며(노동조합법 제11조 제9호), 노동조합의 대표자는 그 회계감사원으로 하여금 6월에 1회 이상 해당 노동조합의 모든 재원과 용도, 주요한 기부자의 성명, 현재의 경리 상황 등에 대한 회계감사를 실시하게 하고 그 내용과 감사 결과를 전체 조합원에게 공개하여야 한다(제25조 제1항). 회계감사원은 필요하다고 인정할 경우 노동조합의 회계감사를 실시하고 그 결과를 공개할 수 있다(제25조 제2항). 회계감사원은 반드시 외부인일 필요는 없으나, 재무·회계 관련 업무에 종사한 경력이 있거나 전문지식 또는 경험이 풍부한 사람 등으로 한다(시행령 제11조의7 제1항),

노동조합의 대표자는 회계연도마다 결산 결과와 운영상황을 공표하여야 하며 조합원의 요구가 있을 때는 이를 열람하게 하여야 한다(노동조합법 제26조). 또한 특별한 사정이 없으면 결산결과와 운영상황을 매 회계연도 종료 후 조합원이 그 내용을 쉽게 확인할 수 있도록 해당 노동조합의 게시판에 공고하거나 인터넷 홈페이지에 게시하는 등의 방법으로 공표해야 한다(시행령 제11조의8).

그 밖에 노동조합 재정 사용 방법 또는 사용 대상에 대한 제한은 법령상 존재하지 않는다.

3. 행정관청의 감독

노동조합법은 규약 시정명령권, 노동조합 결의 또는 처분에 대한 시정명령권, 결산 결과와 운영상황에 대한 자료제출요구권 등 노동조합의 내부 문제에 대한 행정관청의 광범위한 개입을 허용하고 있다.

노동조합의 요건(노동조합법 제2조 제4호 참조)은 노동조합의 설립요건일 뿐만 아니라 존속요건이기 때문에 노동조합에 대해 설립신고증을 교부할 때만이 아니라 교부받은 이후에도 노동조합의 자주성·민주성 등 노동조합으로서 요건을 계속 유지하는지 판단할 필요가 있다. 이런 관점에서 설립신고를 담당하는 행정관청이 노동조합에 대해 일정한 감독을 하는 것은 노동조합의 자주성과 민주성의 유지를 계속적으로 확인하려면 불가피한 측면이 있다. 그러나 아래에서 보는 바와 같이 현행제도는 행정관청의 권한이 지나치게 광범위한 점, 이에 반해 행정관청 권한의 자의적 운용을 제어할 제도적 보장 장치가 불충분한 점에서 상당한 문제가 있으며, 입법적 보완이 필요하다.

(1) 규약에 대한 시정명령권

행정관청은 규약이 노동관계법령에 위반한 경우에 노동위원회의 의결을 얻어 그 시정을 명할 수 있다(노동조합법 제21조 제1항).⁴⁶ 행정관청으로부터 시정명령을 받은 노동조합은 30일 이내에 이를 이행하여야 하며, 정당한 사유가 있는 경우에는 그 기간을 연장할 수 있다(같은 조 제3항). 행정관청의 시정명령을 위반한 경우에는 형사처벌(500만 원 이하의 벌금)의 대상이 된다(동법 제93조 제2호).

행정관청이 노동조합 규약의 위법성을 판단하는 현행 제도는 헌법상 보호를 받는 노동조합의 자치를 침해할 여지가 있기 때문에 입법론적 보완이 필요하다.

(2) 결의, 처분에 대한 시정명령권

행정관청은 노동조합의 결의 또는 처분이 노동관계법령 또는 규약에 위반된다고 인정되면 노동위원회의 의결을 얻어 그 시정을 명할 수 있다. 다만 규약위반 시의 시정명령은 이해관계인의 신청이 있는 경우에 한한다(노동조합법 제21조 제2항). 결의 또는 처분에 대한 행정관청의 시정명령을 위반해도 형사처벌(500만 원 이하의 벌금)의 대상이 된다(동법 제93조 제2호). 결의 또는 처분에 대한 행정관청의 시정명령을 받은 노동조합은 30일 이내에 이를 이행해야 하며, 정당한 사유가 있는 경우에는 그 기간을 연장할 수 있다(동법 제21조 제3항).

노동조합의 결의 또는 처분에 대한 행정관청의 시정명령제도는 규약에 대한 행정관청의 시정명령제도에 비하여 국가가 노동조합 내부 문제에 더욱 과도하게 개입하는 것이라고 할 수 있다. 노동조합의 일상적 활동에 대해 일일이 행정관청이 그 적법성을 판단하도록 제도적으로 용인하는 것이기 때문이다. 또한 행정관청의 시정명령 위반에 대한 형사처벌에 문제가 있는 것은 위에서 지적한 바와 같다.

(3) 자료제출요구권

행정관청의 요구가 있으면 노동조합은 결산 결과와 운영상황을 보고하여야 한다(노동조합법 제27조). 이 보고를 하지 않거나 허위 보고를 한 경우에는 500만 원 이하의 과태료가 부과된다(동법 제96조 제1항 제2호).

헌법재판소는 이 조항으로 달성하려는 노동조합 운영의 적법성, 민주성 등의 공

₄₆ 행정관청의 시정명령은 행정처분으로 노동조합은 행정관청의 시정명령에 대해 취소를 요구하는 행정소송을 제기할 수 있다(대법원 1993.5.11. 91누10787 판결 참고).

익이 중대하다는 이유로 합헌이라고 판단하고 있다.[47] 그러나 이 조항에는 행정관청이 요구할 수 있는 자료의 범위와 요구의 시점이 특정되지 않아 결과적으로 행정관청의 노동조합 내부 문제 개입이 자의적·상시적으로 이루어질 우려가 있으므로 입법적 재고가 필요하다.

제3절
조합활동의 보장

I. 조합활동의 의의

넓은 의미에서 조합활동은 근로자가 단결하여 노동조합을 결성하고, 그 유지와 운영을 위해 활동하며, 사용자와 단체교섭을 하고, 필요하면 쟁의행위를 하는 등 근로자가 단결하여 행하는 일련의 모든 활동을 말한다. 넓은 의미의 조합활동 중에서 단체교섭과 쟁의행위에 대해서는 법에서 별도로 규정을 두고 있다.

좁은 의미에서 조합활동은 단체협약 체결이라는 구체적 목적을 달성하려는 수단적 성격이 있는 단체교섭과 쟁의행위를 제외하고 회의 개최, 선전 활동, 조직 활동 등 노동조합의 주도하에 단결력을 유지·강화하고자 하는 일상적 활동 일체를 의미한다.[48] 이하에서 조합활동은 이러한 좁은 의미로 사용된다.

조합활동은 쟁의행위와 구별된다. 노동조합의 쟁의행위는 근로조건에 대해 노사당사자의 주장이 일치하지 않는 경우 자기주장을 관철할 목적으로 집단적으로 '업무의 정상적인 운영을 저해하는 행위'(노동조합법 제2조 제6호 참조)를 의미하고, 조합활동과는 업무저해성 유무에 따라 구별된다(이에 대해서는 제20장 쟁의행위에서 설명).

조합활동은 헌법 제33조 제1항 단결권 보장의 취지에 비추어 단체교섭권, 단체

---

47 헌법재판소 2013.7.25. 2012헌바116 결정.
48 대법원 1994.6.14. 93다29167 판결 참고.

행동권과 마찬가지로 민형사상 책임이 면제된다. 노동조합법 제3조는 민사면책을 '단체교섭 또는 쟁의행위'에 대해서만 규정하였으나, 헌법 제33조에 따른 단결권 보장의 효과로 정당한 조합활동에는 민사면책이 인정된다. 또한 노동조합법 제4조는 형사책임의 면책을 확인적으로 규정하고 있다. 한편 노동조합 업무를 위해 정당한 행위를 한 것을 이유로 사용자가 근로자를 해고하는 등의 불이익을 주는 행위는 노동조합법 제81조에 따라 부당노동행위로 금지된다.

그러나 모든 조합활동이 민형사 면책 등 법적 보호를 받는 것은 아니다. 아래에서 살펴보는 바와 같이 우리나라 노사관계 현실에서 조합활동은 통상적으로 취업시간 중 사업장 내에서 이루어지므로 노동조합의 조합활동이 사용자의 권리와 충돌되는 상황이 발생할 수밖에 없다. 이처럼 상충되는 법익을 비교형량하여 조합활동에 정당성이 인정되는 경우에만 단결권 보장 취지에 따라 민형사 면책 등의 법적 보호를 향유할 수 있다.

II. 조합활동의 정당성

조합원의 조합활동이 법적으로 보호를 받으려면 우선 노동조합의 활동으로 인정되어야 하고, 다음으로 그 정당성이 인정되어야 한다. 전자는 어떤 활동이 노동조합의 활동에 해당하는지, 즉 조합활동 해당성이 문제 되고, 후자는 사용자의 권리와의 관계에서 조합활동의 정당성이 문제 된다. 전자는 헌법상 단결권의 내용으로 보호할 만한 가치가 있는 행위인가에 관한 문제이고, 후자는 다른 법익과 충돌이 있을 경우 이것이 전체 법질서 속에서 허용될 수 있는지를 법익형량의 관점에서 평가하는 작업이다.

1. 조합활동 해당성 여부

조합활동 해당성 문제는 주로 활동의 '주체'와 '목적'과 관련하여 문제 된다.

(1) 기관활동

노동조합의 결의나 결정 또는 지시에 따라 행해지는 조합원의 제반 행위를 기관활동이라고 한다. 여기에는 총회나 대의원회와 같은 의사결정기관에서 한 의결활동을 비롯하여 임원 등 조합의 집행기관이 그 직무권한에 근거하여 행하는 활동 기타 평조합원이 노동조합의 결정이나 지시에 따라 행하는 제반 활동이 포함된다. 기관활동은 조합활동의 일반적 모습으로 주체의 면에서 볼 때 특단의 사정이 없는 한 마땅히 조합활동으로 인정된다.[49]

기관활동 중 조합활동 해당성이 문제 되는 것은 그 목적이 비경제적인 경우이다. 즉 노동조합의 정치활동, 사회활동, 문화활동 등이 조합활동에 해당되는지가 문제 될 수 있다. 노동조합은 "근로자의 경제적·사회적 지위의 향상"(노동조합법 제2조 제4호 참조)이라는 포괄적 목적이 있으므로 정치활동, 사회활동, 문화활동 등이라고 하더라도 그것이 단결력의 유지·강화나 근로조건의 유지·개선과 근로자의 경제적·사회적 지위 향상을 도모하려는 것이라면 조합활동에 해당하는 것으로 볼 수 있다.

(2) 조합원의 자발적 활동

노동조합의 명시적 의사, 즉 구체적인 결의나 지시에 기하지 않고 행해지는 조합원 개인 또는 집단의 활동을 자발적 활동이라고 한다. 조합원의 자발적 활동이라고 하더라도 그 행위의 성질상 노동조합의 활동으로 볼 수 있거나 노동조합의 묵시적인 수권 혹은 승인을 받았다고 볼 수 있는 때는 조합활동으로 인정된다.[50] 행위의 성질상 노동조합의 활동으로 볼 수 있는 행위는 조합원의 사회경제적 지위 향상을 꾀하는 행위로 조합원 전체의 의사에 합치한다고 볼 수 있는 행위를 말한다.[51] 여기에는 미가입근로자에 대한 노조 가입 권유나 조합 임원선거 입후보와 같이 조합원의 지위에 따라 당연히 허용되는 행위를 비롯하여 임원 등 조합간부에 대한 비판활동이나 불신임서명활동 등과 같이 노동조합의 민주성을 확보하는 데

---

49 대법원 1990.11.13. 89누5102 판결.

50 대법원 1990.8.10. 89누8217 판결; 대법원 1991.11.12. 91누4164 판결; 대법원 2016.10.27. 2014두4245 판결 등.

51 대법원 1990.8.10, 89누8217 판결.

필요한 행위가 해당한다. 반면, 파업에 참가하지 않은 조합원이 다른 조합원에게 업무 복귀를 설득하는 행위 등은 그 행위의 성질상 노동조합의 활동으로 인정되지 않는다.

한편, 근로자의 자발적 활동이 노동조합의 명시적 결의나 지시에 반하는 경우가 문제 된다. 이때 조합활동 해당성 여부는 그 행위가 단결권 보장의 취지에 비추어 객관적으로 용인되느냐에 따라 판단해야 한다. 따라서 노동조합의 명시적 방침에 반하는 자발적 행위라고 하더라도 그 행위가 단결권 보장의 취지에 합당하다면, 대내적으로 조합 통제권의 대상이 되는지는 별론으로 하고, 조합활동에 해당하는 것으로 볼 수 있다.

(3) 미조직 근로자의 자발적 활동

노동조합에 가입하지 않은 미조직 근로자의 행위는 조합활동에 해당할 여지가 원칙적으로 없다. 다만 소속 사업장의 노동조합에 가입하려다 거부당한 근로자가 조합의 방침을 비판하는 경우나 노동조합의 결성을 지원하는 경우와 같이 단결권 보장 취지에 부합하는 근로자의 행위는 예외적으로 조합활동에 해당하는 것으로 볼 수 있다.

2. 조합활동의 정당성

조합활동에 해당하는 근로자의 행위가 정당한 경우에는 민형사 면책의 대상이 되고, 이를 이유로 한 불이익 처분에 대해 부당노동행위 구제신청을 할 수 있는 등 노동법적 보호를 받는다. 따라서 조합활동의 정당성 판단은 노동조합과 조합원 활동의 보호범위를 획정하는 중요한 의미를 가진다.

앞서 설명한 조합활동 해당성과 조합활동의 정당성 판단기준으로 판례는 다음과 같은 기준을 설시하고 있다. 먼저 ① 주체의 측면에서 행위의 성질상 노동조합의 활동으로 볼 수 있거나 노동조합의 묵시적인 수권 혹은 승인을 받았다고 볼 수 있는 것이어야 하고, ② 목적의 측면에서 근로조건의 유지·개선과 근로자의 경제적 지위의 향상을 도모하는 데 필요하고 근로자들의 단결 강화에 도움이 되는 행위여야 하며, ③ 시기의 측면에서 취업규칙이나 단체협약에 별도의 허용규정이 있

거나 관행이나 사용자의 승낙이 있는 경우 외에는 원칙적으로 근무시간 외에 행해
져야 하고, ④ 수단·방법의 측면에서 사업장 내 조합활동에서는 사용자의 시설관
리권에 바탕을 둔 합리적 규율이나 제약에 따라야 하며 폭력과 파괴행위 등의 방
법에 의하지 않는 것이어야 한다.[52]

　위의 기준 중 첫 번째와 두 번째는 조합활동 해당성 여부를 판단하는 기준이라
볼 수 있고 세 번째와 네 번째가 조합활동의 정당성과 관련되는 기준이다. 이때 시
기·수단·방법 등에 관한 요건은 조합활동과 사용자의 노무지휘권·시설관리권 등
이 충돌할 경우에 그 정당성을 어떤 기준으로 정할지 하는 문제로, 결국 조합활동
의 정당성은 법익형량의 관점에서 근로자의 단결권과 사용자의 권리를 조화롭게
보장해야 한다는 관점에서 판단해야 한다. 이 경우 판례는 조합활동의 정당성은
조합활동의 필요성과 긴급성, 조합활동으로 행해진 개별 행위의 경위와 구체적 태
양, 사용자의 노무지휘권·시설관리권 등의 침해 여부와 정도, 그 밖에 근로관계의
여러 사정을 종합하여 충돌되는 가치를 객관적으로 비교·형량해 실질적 관점에서
판단해야 한다는 일반원칙을 제시하고 있다.[53]

3. 취업시간 중 조합활동과 노무지휘권

　근로자는 사용자의 지휘명령에 따라 노무를 제공할 근로계약상 의무를 부담한
다. 이러한 근로자의 노무제공의무에 대응하여 사용자가 가지는 권리를 노무지휘
권이라고 한다. 즉 노무지휘권은 근로계약에 근거하여 약정된 노무제공의 구체적
내용(종류, 장소, 시간 등)을 지시하거나 노무제공 과정을 지휘·감독할 수 있는 사용
자의 권리를 말한다.
　노무지휘권과의 관계에서 조합활동의 정당성이 주로 문제 되는 것은 조합활동
이 취업시간 중에 행해진 경우이다. 사용자의 노무지휘권은 원칙적으로 근로자가
근로계약에 따라 노무제공의무를 부담하는 시간, 즉 취업시간 중에 발생하는 것이

52　대법원 2020.7.29. 2017도2478 판결; 대법원 1992.4.10. 91도3044 판결; 대법원 1994.2.22. 93도613 판
결 등 참조.
53　대법원 2020.7.29. 2017도2478 판결 등.

고, 조합원도 이 시간에는 특별한 정함이 있는 경우를 제외하고는 근로계약에 따라 사용자의 노무지휘권에 따를 의무가 있다. 따라서 근로자가 취업시간 중에 근로를 제공하지 않고 조합활동을 한다면 사용자의 노무지휘권과 충돌하게 된다.

그런데 취업시간 중 조합활동이라고 해서 반드시 노무지휘권과 충돌하는 것은 아니다. 예컨대 취업시간 중 조합활동에 대해 취업규칙이나 단체협약 등에서 정함이 있거나 그에 대한 사용자의 승낙 또는 관행이 있는 경우,[54] 노무지휘권이 정당하고 합리적인 범위를 넘어 행사된 경우(예를 들어 일방적인 시간외근로명령 등) 등에는 조합활동의 정당성이 문제 될 여지가 크지 않다.

취업시간 중 조합활동이 사용자의 노무지휘권과 충돌하는 경우, 그 정당성을 판단하는 데 오로지 사용자의 허가나 승낙 여부만을 고려하여 판단해서는 안 된다. 사용자의 허가나 승낙이라는 주관적 의사와 사용자의 권리가 헌법상 단결권의 보장을 받는 조합활동에 무조건 우선한다고 해석할 수는 없고, 또한 근무시간 중 조합활동을 전혀 인정하지 않는다면, 노동조합 운영에 지장을 초래할 뿐만 아니라 경우에 따라서는 노동조합의 존립 자체가 어렵게 될 수도 있기 때문이다. 따라서 취업시간 중 조합활동에 대해 사용자가 허가나 승낙을 하지 않는 것이 노무지휘권의 남용에 해당하거나 단결권의 보장 취지에 비추어 합리성을 결하는 경우에는 예외적으로 조합활동의 정당성을 인정해야 한다. 이 경우 조합활동의 목적과 배경, 해당 조합활동의 필요성과 긴급성, 태양, 노무지휘권 침해 내용과 정도 또는 기간, 사용자의 노동조합에 대한 태도 기타 노사관계의 실태 등 제반 사정을 고려해야 한다.

한편, 취업시간 외 조합활동은 원칙적으로 노무지휘권과 충돌하지 않는다. 예컨대 휴게시간은 취업시간이 아니고 근로자가 자유로이 이용할 수 있는 시간이기 때문에(근로기준법 제54조 제2항 참조) 조합활동도 자유로이 할 수 있는 것이 원칙이다. 다만 휴게시간 중 조합활동이 다른 근로자의 정상적인 근로 제공에 영향을 미치거나 휴게시간의 자유로운 이용을 방해하거나 구체적으로 직장질서를 문란하게 하는 경우에는 정당성을 상실할 수 있다.[55]

---

54 예컨대 정기총회에 뒤이어 실시된 취업시간 중 문화체육행사(대동제)에 대하여 '정기총회의 부수행사로 대동제가 노조 일반에 있어서 보편적으로 행하여지고 있고, 당해 노조에 있어서도 선례가 있었던 사실'을 들어 정당성을 인정한 판결(대법원 1995.2.17. 94다44422 판결)이 있다.

55 대법원 1991.11.12. 91누4164 판결.

4. 사업장 내 조합활동과 시설관리권

사용자는 사업을 수행하기 위해 구비한 물적 시설, 설비를 사업목적에 따라 사용하도록 적절히 관리하거나 그에 수반되는 필요한 조치를 취할 권리를 가지는데, 이를 시설관리권이라 한다. 그런데 우리나라의 노동조합은 기업별 노동조합이 대부분을 이루며 조합활동도 사업장 내에서 하는 경우가 많아 다른 나라에 비해서 시설관리권과의 충돌 문제가 자주 발생한다. 앞서 소개한 바와 같이 판례는 조합활동의 정당성 판단기준에서 '시설관리권에 바탕을 둔 합리적인 규율이나 제약'이라는 요소를 강조하나, 이는 사업장 내 조합활동에 대한 불합리한 규율이나 제약은 비교·형량의 대상이 될 수 없다는 것을 의미하고 시설관리권 행사의 적법성에 관한 규범적 평가가 선행되어야 한다는 점을 강조한 것으로 이해하면 충분하다.

사업장 내 조합활동에 대해 취업규칙, 단체협약의 정함이나 관행이 있으면 이에 따라 정당성을 판단하면 된다. 이러한 규정이나 관행이 없으면 조합활동의 목적·태양·필요성·긴급성, 시설관리권에 대한 구체적 침해 정도, 원상회복 가능성 또는 난이도, 기타 노사관계에서 제반 사정을 종합적으로 고려하여 그 정당성을 판단하여야 한다.

5. 조합활동의 유형에 따른 정당성 판단

조합활동의 행위양태는 다양하므로 위에서 설명한 내용을 종합하여 유형별로 조합활동의 정당성을 살펴본다.

(1) 리본, 조끼, 머리띠 등 착용 행위

조합원들이 단결력을 과시하거나 주장 내용을 홍보하고자 근무시간에 조끼, 리본, 머리띠 등을 착용하는 행위는 사용자의 노무지휘권과 충돌할 수 있다. 이러한 집단행위가 노동조합의 주장을 관철하고자 업무의 정상적 운영을 저해하는 결과를 초래하면 단체행동권의 행사, 즉 쟁의행위로 그 정당성을 판단해야 한다. 그러나 업무의 정상적 운영을 저해하지 않는다면, 이는 단결권을 유지·강화하려는 조합활동의 일환으로 사용자의 노무지휘권과의 관계 속에서 그 정당성을 판단해야 한다.

그런데 리본 등의 착용행위가 조합활동의 일환인지, 쟁의행위의 일환으로 행해졌는지 구별하는 것은 현실적으로나 규범적으로나 용이하지 않다. 리본 등의 착용행위로 업무의 정상적 운영이 저해될 정도, 즉 사용자의 사업목적을 달성하려는 업무의 운영이 저해될 정도에 이르러 쟁의행위로 볼지는 사업의 목적, 성격, 내용, 사업 운영의 일반적 상태와 리본 등의 착용행위가 사업 운영에 미치는 영향, 참가한 조합원의 수, 착용행위 전후의 사업 운영 수준과 질 등을 종합적으로 고려하여 판단해야 한다.

예컨대 간호사가 리본이나 투쟁조끼를 착용하는 등 규정된 복장을 집단적으로 하지 않는 것은 위생이나 신분 식별이라는 업무상 필요성이 요구되는 병원 업무의 정상적 운영을 저해하는 쟁의행위에 해당하지만,[56] 제조업의 생산라인에서 정상적인 노무를 제공하면서 리본이나 투쟁조끼 등을 착용하는 것은 업무의 정상적 운영을 저해한다고 볼 수 없으므로 일상적 조합활동에 해당할 것이다.

리본 등의 착용행위가 단결권의 행사로 조합활동에 해당하여 사용자의 노무지휘권이 충돌하는 경우, 우선 사용자에 의한 노무지휘권의 범위, 바꾸어 말하면 근로자의 근로계약상 근로제공의무의 범위를 획정할 필요가 있다. 사용자의 노무지휘권이 근로자의 근로제공의무 범위 내에 있는 경우에만 조합활동권과 충돌이 발생할 수 있기 때문이다. 따라서 리본 등을 착용했음에도 근로가 제공되는 상황에서는 리본 등의 착용과 함께 근로자가 제공한 근로가 근로계약상 "채무의 내용에 좋은 이행"(민법 제330조 참조)에 해당하는지를 판단할 필요가 있다.

근로계약상 "채무의 내용에 좋은 이행"인지를 판단할 때는 근로자가 근로계약상 직무에 전념할 의무를 부담하는지가 문제 된다. 계속적 법률관계로서 근로계약의 성격을 감안하면 근로자는 근로계약의 부수적 의무로 성실의무를 부담하며,[57] 이와 같은 부수적 의무를 위반하는 것 역시 근로계약상 "채무의 내용에 좋은 이행을 하지 아니한 때"(민법 제330조 참조)에 해당하는 것으로 볼 여지가 있기 때문이다. 다만 근로자가 주된 의무인 근로를 제공하는 이상, 리본 등의 착용행위가 부수적 의무에 해당하는 성실의무 위반에 해당하는지는 사업의 목적·성격·내용, 근로자의

---

56 대법원 1994.6.14. 93다29167 판결 참조.
57 대법원 1990.5.15. 90도357 판결 참조.

직책과 책임, 담당 업무의 성격과 내용, 리본 등의 착용 동기나 목적, 그 형태와 내용, 착용 시기와 장소, 업무에 미치는 영향 등 구체적 사정을 종합적으로 고려하여 판단해야 한다.

만약 리본 등의 착용 행위가 사용자의 노무지휘권과 충돌하는 경우, 앞서 언급한 판례의 일반원칙에 따라 법익 형량적 관점에서 단결권과 노무지휘권의 조화를 도모하는 방향으로 정당성 여부를 판단해야 한다.

(2) 사내 집회 개최 및 참석

조합활동으로 이루어지는 사업 시설 내에서의 집회나 시위는 사용자의 시설을 이용하므로 조합활동권과 사용자의 시설관리권이 충돌하게 된다. 이때 그 정당성을 판단할 때는 집회 개최의 목적, 시기, 장소, 참가인원 수, 방법, 시설관리권 침해 정도 등을 종합적으로 고려하여 판단해야 한다.

회사의 승인 없이 근무시간 중에 집단으로 집회를 개최하거나 이에 참석하는 행위는 사용자의 노무지휘권, 시설관리권과 충돌하기 때문에 원칙적으로 조합활동으로서 정당성이 인정되지 않는다.[58] 다만 취업규칙 등에서 사용자의 허가 없는 모든 사업장 내 집회를 금지하더라도 이는 노동조합의 활동을 지나치게 제약할 우려가 있으므로 정당한 노동조합 활동으로 볼 수 있는 집회까지 전면 금지되는 것으로 해석되어서는 안 되며, 집회 개최의 목적, 시기와 시간, 장소, 참가인원 수, 방법, 시설관리권 침해 정도 등을 종합적으로 고려하여 그 정당성 여부를 판단해야 한다.[59]

이와 관련하여 업무의 특성상 작업종료시간을 일률적으로 맞출 수 없어 취업시간 중 조합활동이 불가피하고 단체협약에도 취업시간 중 조합활동을 허용하는 경

---

58 판례는 "회사의 승인 없이 근무시간 중에 집단으로 집회를 개최하거나 노조가 주관하는 집회에 참석하는 등의 사유는 징계사유에 해당하고, 이를 이유로 한 정직1개월의 징계처분은 정당하다."라고 판단하였다 (대법원 2004.6.10. 2004두2882 판결).

59 예컨대, 서울행법 2017.7.6. 2016구합5433 판결에서는 취업규칙에 회사의 허가 없는 사업장 내 집회를 금지하고 있지만, 사내집회가 대부분 근무시간이 아닌 휴게시간에 이루어졌고 집회시간은 길어도 25분을 넘지 않았으며 집회 장소 역시 작업장이 아닌 운동장이나 건물 밖 도로였고 투쟁구호를 외치는 것 외에 폭력이나 물리력이 동원되지 않은 경우, 사내집회가 직장질서를 문란하게 하거나 업무에 지장을 초래하였다고 보기 어렵고, 그 과정에서 다소간의 소음이 발생하였다거나 통행 불편이 초래되었다고 하더라도 이는 노동3권 및 집회·결사의 자유를 보장함에 따른 것으로 사용자와 다른 근로자들이 수인해야 할 부분이라고 판시하였다.

우, 총회 등이 취업시간 중에 개최되었다는 사정만으로 노동조합의 활동 범위를 벗어났다고 할 수 없다고 판단한 예가 있다.[60]

(3) 유인물 배포 행위

유인물 배포는 노동조합이 요구사항을 대내외적으로 홍보하려고 자주 행하는 방법이다. 유인물 배포행위가 사업장 내에서 행해질 경우, 이것이 직장 질서를 해치는 행위에 해당하는지가 문제 되고, 또한 취업규칙 등에서 유인물 배포 시 사전에 사용자의 허가를 받도록 한 경우에는 허가받지 않고 행해진 유인물 배포행위의 정당성이 문제 된다. 또한 유인물의 내용과 관련해서는 노동조합의 언론 활동과 사용자의 명예가 충돌하는 문제가 발생한다.

우선 판례는 유인물 배포행위가 정당한지에 대해 ① 회사가 취업규칙에서 여론조사나 유인물의 배포에 관하여 회사의 사전 승인을 얻도록 했다고 할지라도 근로자들의 근로조건 유지·향상이나 복지증진을 위한 정당한 행위까지 금지할 수는 없으므로 그 행위가 정당한지는 회사의 승인 여부만 가지고 판단할 것은 아니고, 그 유인물의 내용, 매수, 배포 시기, 대상, 방법, 이로 인한 기업이나 업무에의 영향 등을 기준으로 해야 하며, ② 유인물의 내용과 관련해서는 유인물로 배포된 문서에 기재되어 있는 문언으로 타인의 인격, 신용, 명예 등이 훼손 또는 실추되거나 그렇게 될 염려가 있고, 또 그 문서에 기재된 사실관계의 일부가 허위이거나 그 표현에 다소 과장되거나 왜곡된 점이 있다고 하더라도 그 문서를 배포한 목적이 타인의 권리나 이익을 침해하려는 것이 아니라 근로조건의 유지·개선과 근로자의 복지증진 기타 경제적·사회적 지위 향상을 도모하려는 것으로서 그 문서의 내용이 전체적으로 보아 진실한 것이라면[61] 이는 근로자들의 정당한 활동 범위에 속한다고 판시하고 있다.[62]

---

60 대법원 1995.3.14. 94누5496 판결.

61 대법원 1998.5.22. 98다2365 판결에서는 조합원이 임금인상에 대한 국방부 방침과 상사(사무총장)의 의견 등을 게재한 노동속보를 발행하여 배포한 행위에 대해서, 노동속보 전체의 문맥에 비추어 볼 때, 그 내용은 타인의 권리나 이익을 침해하려는 것이 아니라 근로조건의 유지 및 개선을 도모하기 위한 것이었고, 속보의 문언 중에 상사를 비난하는 취지의 일부 과장되거나 왜곡된 표현이 사용되었다고 하더라도 전체적으로 진실된 내용으로서 이러한 노동속보 발행 행위는 정당한 조합활동에 속하는 것으로 판단하고 있다.

62 대법원 1997.12.23. 96누11778 판결; 대법원 1996.9.24. 95다11504 판결; 대법원 1992.3.13. 91누5020 판결; 대법원 1992.6.23. 92누4253 판결; 대법원 2017.8.18. 2017다227325 판결.

이와 같이 취업규칙에 유인물 배포 시 사전 허가(또는 승인)를 받도록 하였다고 하더라도 이러한 절차규정을 위반하였다는 사정만으로 정당성이 상실되는 것은 아니며,[63] 유인물 배포행위의 정당성 여부는 유인물의 내용, 매수, 배포 시기, 대상,[64] 방법, 이로 인한 기업에의 영향 등을 기준으로 하여 종합적으로 판단해야 한다.

(4) 벽보 등의 부착행위

사업장 내에 벽보 등을 부착하는 행위는 사용자의 승낙이 없는 경우, 유인물 배포행위에 비해 사용자의 시설관리권과 충돌하는 정도가 상대적으로 중하다. 1회성에 그치는 유인물 배포에 비하여 벽보 등의 부착행위는 지속성이 있고 경우에 따라 사업장 시설에 영구적 손실을 야기하거나 철거에 비용이 들 수도 있기 때문이다.

이와 같이 벽보 부착 등의 행위는 유인물 배포행위와 달리 사용자의 시설관리권이 미치는 건조물 등의 효용을 직접 침해하는 결과가 발생할 가능성이 크기 때문에 원칙적으로 사용자의 승낙이 없으면 그 정당성이 없다고 보는 것이 타당하다.[65] 그러나 기업시설을 이용할 조합활동의 필요성이 있고, 벽보가 부착된 장소나 시설의 성질, 부착 범위, 벽보 등의 내용, 부착된 양, 부착 방법, 제3자에 대한 노출 정도 등을 종합해 볼 때, 시설관리권에 실질적 지장을 초래할 정도가 아니라면 정당성을 인정해야 한다.

---

63 대법원 1991.11.12. 91누4164 판결에서는 단체협약에 유인물 배포 시 사전승인을 요건으로 했다고 하더라도 휴게시간인 점심시간에 회사의 시설물을 이용하지 않고 다른 조합원들에게 유인물을 단순히 전달만 하였고, 그 내용에 과장된 표현이 있고, 개인적인 자기변명을 한 부분이 있으며, 부분적으로 사실과 다른 내용이 포함되어 있다고 해도 전체 내용이 선거와 관련된 문제에 대한 의견을 말하는 등의 사정이 있다면 단체협약상 절차위반이라는 이유만으로 정당성을 부정할 수 없다고 판단하고 있다.
64 대법원 1994.5.27. 93다57551 판결에서는 유인물 배포행위로 인해 명예훼손으로 이미 벌금형이 확정되었고, 유인물을 배포할 때 취업규칙에 따른 회사의 사전승인도 받지 아니하였으며, 그 배포 횟수도 비교적 장기간 동안 모두 다섯 차례에 걸쳐 행해졌으며, 배포한 유인물의 수량은 모두 150여 매이고, 그 배포도 회사의 동료 전부를 대상으로 한 점 등에 비추어 볼 때, 이는 근로자들로 하여금 사용자에 대하여 적개심을 유발할 염려가 있을 뿐만 아니라 직장질서를 문란시킬 구체적인 위험성도 있어 정당하다 할 수 없다고 판단하고 있다.
65 판결 중에는 단체협약에서는 노동조합이 회사 구내의 전용게시판을 이용하려면 사전에 회사와 게시물의 내용, 부착 시기, 방법 등을 협의하여 결정하도록 하고 있는데, 조합원이 이미 체결된 임금협약에 불만을 품고 이를 비난하는 내용의 유인물을 단체협약에 규정된 절차를 무시하고 노동조합의 의사에 반하여 임의로 게시한 행위는 정당한 조합활동이라고 할 수 없다고 판단한 사례가 있다(대법원 1991.5.28. 90누6927 판결).

판례도 건조물의 벽면에 낙서를 하거나 게시물을 부착하는 행위 또는 오물을 투척하는 행위 등이 그 건조물의 효용을 해하는 것에 해당하는지(사용자의 시설관리권을 침해하는 것인지)는 당해 건조물의 용도와 기능, 그 행위가 건조물의 채광·통풍·조망 등에 미치는 영향과 건조물의 미관을 해치는 정도, 건조물 이용자들이 느끼는 불쾌감이나 저항감, 원상회복의 난이도와 거기에 드는 비용, 그 행위의 목적과 시간적 계속성, 행위 당시 상황 등 제반 사정을 종합하여 사회통념에 따라 판단하도록 하고 있다.[66]

(5) 비종사 근로자의 사업장 내 조합활동

사용자의 시설관리권과 관계에서 최근 쟁점으로 부각한 것은 초기업별 노동조합 소속 비종사 근로자가 사용자의 시설에 출입할 권리[이른바 '사업장출입권'(Zugangsrecht, right to access)]가 있는가 하는 문제이다.

이러한 비종사 근로자가 조합가입을 권유하고자 조직대상인 사업장에 출입할 수 있는지에 관해 부정설과 긍정설이 대립되어 왔다. 부정설은 산별노조 등 초기업별 노동조합은 기업 내 지부를 통하여 조합원 가입 권유 활동을 할 수 있고 설사 사업장 내에 조직구성원이 없는 경우라고 할지라도 사업장 밖에서 가입 권유 활동을 할 수 있으므로 산별노조 가입 권유 활동을 위한 사업장 출입은 원칙적으로 허용되지 않는다고 본다.[67] 긍정설은 단결권은 '근로자'에게 인정되는 권리이지 '종업원'에게만 인정되는 권리가 아니며, 동시에 개별 근로자의 권리이기도 하지만 단결체 자체의 권리이기도 하므로 사용자의 시설관리권을 본질적으로 침해하지 않는 범위에서, 예컨대 점심시간 중 운동장이나 식당에서 비종업원인 조합원에 의한

---

66 대법원 2007.6.28. 2007도2590 판결. 이러한 판단기준에 따라 대법원은 시내버스 운수회사로부터 해고당한 근로자가 상급단체 회원들과 함께 회사에서 복직 등을 요구하는 집회를 개최하던 중 래커 스프레이를 이용하여 회사 건물 외벽과 1층 벽면, 식당 계단 천장과 벽면에 '자본동개, 원직복직, 결사투쟁' 등의 내용으로 낙서를 함으로써 이를 제거하는 데 341만 원 상당이 들도록 한 행위는 그로써 건물의 미관을 해치는 정도와 건물 이용자들의 불쾌감, 원상회복의 어려움 등에 비추어 위 건물의 효용을 해한 것에 해당한다고 볼 수 있다고 판단하고 있다. 반면, 계란 40여 개를 회사 건물에 각 투척한 행위는 그와 같은 행위로 50만 원 정도의 비용이 드는 청소가 필요한 상태가 되었고 또 유리문이나 유리창 등 건물 내부에서 외부를 관망하는 역할을 수행하는 부분 중 일부가 불쾌감을 줄 정도로 더럽혀졌다는 점을 고려해 보더라도, 그 건물의 효용을 해하는 정도에는 해당하지 않는다고 판단하고 있다.

67 박종희, "산별노조 운영과 활동과 관련한 법적 쟁점", 「노동과 법」 제5호, 금속법률원, 2004, 204면.

조합가입 권유활동 등은 인정되어야 한다고 본다.[68] 이에 대해 판례는 초기업적 단위노조 또는 상부연합단체가 그 구성원의 사업장 운영에 지장을 초래하지 않으면 출입이 가능하다는 태도를 취해 왔다.[69]

결국 이 문제는 2021년 노동조합법을 개정해 "사업 또는 사업장에 종사하는 종사근로자가 아닌 노동조합의 조합원은 사용자의 효율적인 사업 운영에 지장을 주지 아니하는 범위에서 사업 또는 사업장 내에서 노동조합 활동을 할 수 있다."라는 규정(동법 제5조 제2항)을 신설하여 입법적으로 해결하였다.

다만 사업장은 '종업원'과 자본이 결합하여 노동기술적 목적을 실현하는 조직적 통일체라는 점을 고려하면 단결권이 비종업원인 조합원으로 하여금 사업장에 대한 무제한적 접근권을 부여하고 사용자에 대해 이를 수인할 의무까지 부과한다고 해석하기는 어렵다.[70] 이러한 노동조합법 제5조 제2항의 입법취지는 초기업별 단위노조가 소속 사업장에서 일상적 조합활동을 행할 가능성을 열어둔 것으로 보아야지 그로써 해당 활동의 정당성이 바로 인정된다고 볼 수는 없다. 이 경우에도 사용자의 법익 침해 등과 비교·형량을 바탕으로 그 정당성 여부가 판단되어야 한다.

III. 사용자의 편의제공

1. 편의제공의 의의

노동조합의 존립과 활동을 위하여 필요한 인적 자원과 물적 시설의 조건에 대해 사용자가 계속적으로 제공하는 각종 지원을 편의제공이라 한다. 취업시간 중 조

---

68 이승욱, "산별노동조합의 노동법상 쟁점과 과제", 「노동법연구」 제12호, 서울대학교 노동법연구회, 2002, 221면.

69 대법원 2020.7.9. 2015도6173 판결; 대법원 2020.7.29. 2017도2478 판결 참조.

70 상세한 것은 이철수, "산별체제로의 전환과 법률적 쟁점의 재조명", 「노동법연구」 제30호, 서울대학교 노동법연구회, 2011, 93-94면 참조.

합활동에 대한 임금 보전, 노조 회의를 위한 회사설비 이용의 허용, 조합게시판 대여, 조합원 후생자금 기부 등이 여기에 해당한다. 편의제공은 계속적으로 이루어지는 점, 사용자의 일정하고 적극적인 작위를 수반하는 점에서 특징이 있다.

우리나라에서 일반적으로 존재하는 초기업별 노동조합의 하부조직 또는 기업별 노동조합은 사업장 내에 그 존립 기반을 두고 있으므로 활동과 운영을 원활히 하려면 사용자에 의한 일정한 편의제공이 불가피하게 요청되는 경우가 많다. 소규모 노동조합일수록 그러한 현실적 요구가 더욱 강해질 수밖에 없다. 편의제공과 관련해서는 근로계약 소정의 근로를 제공하지 않고 노동조합 업무에 종사하도록 하는 근로시간면제제도, 조합사무소 제공, 조합비 공제제도 등이 주로 문제 된다.

편의제공의 법적 성질에 대해서는 단결권설과 협정설이 대립하고 있다. 단결권설에서는 노사 간의 합의 등이 없더라도 사용자는 편의제공의 적극적 의무를 부담하나, 협정설에서는 사용자가 편의제공에 동의, 합의한 경우에만 제공 의무를 지게 된다.

생각건대, 노동3권은 사용자와의 관계에서 근로자에게 실질적 교섭력을 부여함으로써 '공정한 교섭의 기회'를 보장하는 권리이지 교섭의 결과에 대하여 직접적으로 권리를 보장하는 것은 아니므로 단결권을 근거로 편의제공에 대한 사용자의 적극적 작위의무를 도출하는 것은 무리이다. 즉 편의제공을 헌법상 단결권 보장에서 당연히 파생되는 것이라고 보기는 어렵다.[71] 따라서 그에 관한 노동조합법상 특별 규정이 없는 현실에서 편의제공 여부는 원칙적으로 노동조합과 사용자 간의 협의로 결정된다고 보는 협정설이 타당하다고 생각된다. 다만 전임자, 조합사무소, 조합비공제 등 편의제공제도의 해석과 운용에 관한 당사자의 의사를 해석할 때는 단결권의 보장 취지, 편의제공의 목적과 내용, 노사관계의 실태 등을 종합적으로 고려할 필요가 있다.

---

[71] 김유성, 「노동법 Ⅱ」, 법문사, 1999, 108면.

2. 근로시간면제제도[72]

(1) 근로시간면제제도의 의의

근로시간면제제도는 단체협약으로 정하거나 사용자가 동의하는 경우 법에 따라 결정된 한도 내에서 근로자가 임금의 손실 없이 사용자와 협의·교섭, 고충 처리, 산업안전 활동 등 노동조합법 또는 다른 법률에서 정하는 업무와 건전한 노사관계 발전을 위한 노동조합의 유지·관리업무를 할 수 있는 제도를 의미한다(노동조합법 제24조 제1항·제2항).

근로시간면제제도는 노조업무를 전담하는 자의 급여를 노조가 스스로 부담한다는 원칙하에 노동조합이 사용자에게 경제적으로 의존하는 것을 막고, 다른 한편으로는 노사 공동의 업무 또는 노조활동에 소요된 시간을 일정한 한도 내에서 사용자가 유급으로 인정해 주는 방식으로 조합활동을 계속 보장하려는 데 그 입법목적이 있는 제도라고 할 수 있다.[73]

---

72 1997.3.13. 노동조합법(법률 제5310호) 제정 시부터 노조전임자는 단체협약으로 정하거나 사용자의 동의가 있는 경우에 한해 인정되며(구법 제24조 제1항), 전임기간 동안 사용자로부터 어떠한 급여도 지급받아서는 안 된다는 내용과 함께(구법 제24조 제2항) 노동조합의 전임자에 대한 급여지원을 부당노동행위로서 금지하는 내용(구법 제81조 제4호)이 규정되었다.

그런데 이러한 전임자에 관한 규정은 기업별 노동조합이 중심이 되었던 우리나라 노사관계의 특성과 노사 간의 첨예한 대립으로 순조롭게 시행되지 못하였다. 그 결과 제정 당시부터 그 시행을 5년간(2001년 12월 31일까지) 유예하는 것을 시작으로 매번 시행 시기를 직전에 앞두고 그 시행과 적용이 유예되는 과정이 반복되었다. 결국 노동조합법상의 전임자에 대한 급여지급 금지 조항과 이에 대한 부당노동행위 조항은 그 시행이 13년간이나 유예되다가 마침내 2010년 1월 1일 그 시행을 전제로 노동조합법이 개정되었다. 그리고 이 과정에서 근로자가 일정한 한도 내에서 근로시간 중의 유급 조합활동을 할 수 있는 유급근로시간면제제도(소위 time-off제도)가 새로이 도입되었다. 근로시간면제제도와 관련한 노동조합법 제24조 제3항 내지 제5항과 전임자에 대한 급여지원에 따른 부당노동행위에 관한 노동조합법 제81조 제4호는 2010년 7월 1일부터 시행되었다. 2010년 1월 1일부터 시행된 노동조합법에 따르면 근로제공의무가 면제되면서 조합활동에 전념할 수 있는 자는 사용자로부터 어떠한 급여도 지급받을 수 없는 노조전임자(구법 제24조 제1항 내지 제3항)와 일정한 한도 내에서 근로시간 중의 유급 조합활동이 인정되는 근로시간면제자(구법 제24조 제4항)로 구분되었다.

그러다가 국제노동기구(ILO)의 핵심협약인 '결사의 자유에 관한 협약'의 비준을 추진하면서 해당 협약에 부합하는 내용으로 법률을 개정하고자 2021년 1월 5일 노동조합법이 개정되었다. 이때 노조전임자 급여지급 금지 관련 규정이 삭제되고(구법 제24조 제2항·제5항) 노조전임자에 대한 급여지원의 부당노동행위 규정(제81조 제4호)이 개정되는 등 노조전임자 제도는 근로시간면제제도의 기본 틀을 유지하는 방향으로 개정되었다(2021.7.6. 시행).

73 헌법재판소 2014.5.29. 2010헌마606 결정 등 참조.

유급으로 조합활동이 인정되는 근로시간면제자는 단체협약으로 정하거나 사용자의 동의에 따라 완전(풀타임) 근로시간면제자 또는 부분(파트타임) 근로시간면제자 모두 가능하다.

(2) 근로시간면제한도

노동조합법에서는 경제사회노동위원회법에 따른 경제사회노동위원회[74]에 근로시간면제심의위원회를 두어 '근로시간면제한도'를 심의·의결하도록 하고 있다(제24조의2 제1항·제2항).[75] 경제사회노동위원회 위원장은 근로시간면제심의위원회가 의결한 사항을 고용노동부장관에게 즉시 통보하여야 하고(동조 제3항), 고용노동부장관은 동 위원장이 통보한 근로시간면제 한도를 고시하여야 한다(동조 제4항). 그리고 그 한도는 근로시간면제위원회가 3년마다 적정성 여부를 재심의하여 의결할 수 있다(동조 제2항). 근로시간면제심의위원회는 근로자를 대표하는 위원과 사용자를 대표하는 위원, 공익을 대표하는 위원 각 5명씩 성별을 고려하여 구성하며(동조 제5항),[76] 위원장은 공익위원 중에서 위원회가 선출하고(동조 제6항), 재적위원 과반수의 출석과 출석위원 과반수의 찬성으로 의결한다(동조 제7항).[77]

근로시간면제심의위원회의 심의·의결로 고용노동부장관이 고시한 '근로시간면제 한도 고시'(노동부고시 제2013-31호. 2013.7.1. 시행)에서는 근로시간면제한도를 다음과 같이 정하고 있다.

---

74 구노조법 제24조의2 제1항에서는 근로시간면제위원회를 고용노동부에 두도록 했으나 2021년 1월 5일 개정법에서는 근로시간면제위원회를 경제사회노동위원회법상의 경제사회노동위원회에 설치하도록 하였다.

75 노동조합법 제24조의2 제1항에서는 근로시간면제심의위원회에서 '근로시간면제한도'를 정하도록 하였을 뿐인데, 동 조항과 관련한 시행령 제11조의2에서는 근로시간면제위원회가 근로시간면제한도를 정할 때에 사업 또는 사업장의 전체 조합원 수와 해당 업무의 범위 등을 고려하여 '시간'과 '이를 사용할 수 있는 인원'을 정하도록 하고 있다(시행령 제11조의2). 동 노동조합법 시행령에서 유급근로시간면제 한도뿐만 아니라 이를 사용할 수 있는 인원까지 정하도록 하는 것은 노동조합법의 위임 범위를 넘는 것이라는 등의 비판이 있다(이승욱, "노조전임자 근로시간면제제도의 쟁점과 과제", 「노동법연구」 제28호, 서울대학교 노동법연구회, 2010, 127면).

76 근로자를 대표하는 위원은 전국적 규모의 노동단체가 추천하는 사람, 사용자를 대표하는 위원은 전국적 규모의 경영자단체가 추천하는 사람, 공익을 대표하는 위원은 경제사회노동위원회 위원장이 추천한 15명 중에서 노동단체와 경영자단체가 순차적으로 배제하고 남은 사람이 된다(제24조의2 제5항 제1호·제2호·제3호).

77 위원의 자격, 위촉과 위원회의 운영 등에 구체적으로 필요한 사항은 대통령령으로 정한다(제24조의2 제8항, 시행령 제11조의4 내지 제11조의6).

조합원 규모별 근로시간면제한도

조합원 규모	연간 시간 한도	사용가능 인원
99명 이하	최대 2,000시간 이내	○ 조합원 수 300명 미만의 구간: 파트타임으로 사용할 경우 그 인원은 풀타임으로 사용할 수 있는 인원의 3배를 초과할 수 없다.
100명~199명	최대 3,000시간 이내	
200명~299명	최대 4,000시간 이내	
300명~499명	최대 5,000시간 이내	○ 조합원 수 300명 이상의 구간: 파트타임으로 사용할 경우 그 인원은 풀타임으로 사용할 수 있는 인원의 2배를 초과할 수 없다.
500명~999명	최대 6,000시간 이내	
1,000명~2,999명	최대 10,000시간 이내	
3,000명~4,999명	최대 14,000시간 이내	
5,000명~9,999명	최대 22,000시간 이내	
10,000명~14,999명	최대 28,000시간 이내	
15,000명 이상	최대 36,000시간 이내	

* '조합원 규모'는 노동조합 및 노동관계조정법 제24조제4항의 '사업 또는 사업장'의 전체 조합원 수를 의미하며, 단체협약을 체결한 날 또는 사용자가 동의한 날을 기준으로 산정한다.

지역분포에 따른 근로시간면제한도

대상	추가 부여되는 근로시간면제한도	
	광역자치단체 개수	시간
전체 조합원 1,000명 이상인 사업 또는 사업장	2~5개	(사업 또는 사업장 연간 근로시간 면제 한도)×10%
	6~9개	(사업 또는 사업장 연간 근로시간 면제 한도)×20%
	10개 이상	(사업 또는 사업장 연간 근로시간 면제 한도)×30%

* 광역자치단체 개수 산정기준
① 광역자치단체는 지방자치법 제2조 제1항 제1호에 따른 특별시, 광역시, 특별자치시, 도, 특별자치도를 말한다.
② 광역자치단체의 개수는 해당 사업 또는 사업장의 전체 조합원 5% 이상이 근무하는 것을 기준으로 산정한다.

　　근로시간면제한도에서 기준이 되는 조합원 규모는 당해 사업 또는 사업장 전체의 조합원 수를 의미하므로 당해 사업장에 복수의 노동조합이 있으면 각각의 노동조합 조합원 수를 의미하는 것이 아니라 그 복수의 노동조합에 소속한 전체 조합원 수를 의미한다. 따라서 사업 또는 사업장에 조직된 복수의 노동조합 사이에서 근로시간면제한도를 분배하여 사용하게 된다.

근로시간면제한도는 최고한도를 의미하고, 그 한도도 단체협약으로 정하거나 사용자 동의가 있는 경우에 인정되므로 단체협약 등으로 그 이하 한도를 정할 수 있다. 근로시간면제한도를 초과하는 단체협약은 그 부분에 한하여 무효로 된다(노동조합법 제24조 제4항). 단체협약이나 사용자의 동의가 없는 경우에는 사용자가 유급근로시간면제를 인정하지 않아도 무방하다.

(3) 근로시간면제 대상업무

노동조합법은 근로시간면제제도의 대상이 되는 업무를 다음과 같이 정하고 있다(제24조 제2항 참조).

가. 이 법 또는 다른 법률에서 정하는 업무

단체협약으로 정하거나 사용자의 동의가 있는 경우에 근로자는 근로시간면제한도 내에서 임금의 손실 없이 '사용자와의 협의·교섭, 고충 처리, 산업안전 활동 등이 법 또는 다른 법률에서 정하는 업무'와 건전한 노사관계 발전을 위한 노동조합의 유지·관리업무를 할 수 있다(노동조합법 제24조 제2항).

여기서 '이 법 또는 다른 법률에서 정하는 업무'는 노동조합법상의 단체교섭, 근로자참여 및 협력증진에 관한 법률상 노사협의회, 고충처리위원 및 각종 노사공동위원회, 산업안전보건법상 산업안전보건위원회와 산업안전보건에 관한 노사 협의회체, 남녀고용평등과 일·가정 양립 지원에 관한 법률상 명예고용평등감독관으로서 활동 등이 포함된다.

이들 법률에서는 이미 사용자로 하여금 근로자가 법률에서 정해진 업무를 수행한 것을 이유로 인사상 불이익 등 불리한 조치를 취하는 것을 금지하고 있는데,[78] 각 법률에서 정하는 업무수행을 위한 시간도 유급근로시간 면제 한도에 포함되는지가 문제 된다.

이에 대해서 기존의 유급전임자제도에 갈음하여 근로시간면제제도라는 새로운 제도를 도입한 것은 노조전임자의 규모를 축소하는 데 기본 취지가 있고 그것으로

---

78 근로자참여 및 협력증진에 관한 법률 제9조 제2항·제3항, 동법 시행령 제8조 제2항, 산업안전보건법 제19조 제7항·제29조의2 제8항·제61조의2 제2항, 남녀고용평등과 일·가정 양립 지원에 관한 법률 제24조 제3항 등.

한정되는 것이지, 다른 법률의 입법 취지를 저해하고자 의도한 것은 당연히 아니라는 점 등을 이유로 하여 관련 법령상 활동으로 유급으로 처리되는 시간은 근로시간면제한도에는 포함되지 않는 것으로 해석해야 한다는 견해가 있다.[79]

그러나 노동조합법 제24조 제2항에 따르면 명시적으로 근로시간면제한도를 초과하지 않는 범위에서 법률에서 정하는 업무를 하도록 하였기 때문에 각 법률에서 정하는 업무를 수행하는 경우에도 근로시간 면제 한도 내에서만 유급으로 인정되는 것으로 해석될 수밖에 없다. 다만, 근로시간면제자가 아닌 자나 비조합원들에 대해서는 해당 법령의 근거에 따라 유급처리가 가능하며, 유급처리시간은 근로시간면제한도와 관련 없이 이루어지는 것으로서 면제한도에 포함되지 않는다고 보아야 한다.[80]

나. 건전한 노사관계 발전을 위한 노동조합의 유지·관리업무

노동조합법에서는 근로시간면제자가 근로시간 중에 유급으로 할 수 있는 업무로 '건전한 노사관계 발전을 위한 노동조합의 유지·관리업무'를 명시하고 있다. 기본적으로 노동조합의 유지·관리업무는 노동조합법 제2장 제3절에서 정하는 노동조합의 관리업무에 해당하는 총회, 대의원회, 회계감사 등 노동조합의 목적에 맞는 노동조합으로서 유지·관리업무와 그 밖의 생산성 향상을 위한 노사공동위원회, 사용자의 위탁교육 등 기타 사업장 내 노사공동의 이해관계에 속하는 노동조합의 유지·관리업무가 포함된다고 보아야 한다.

쟁의행위 준비시간이 건전한 노사관계 발전을 위한 노동조합의 유지·관리업무에 해당되는지에 대하여는 견해가 대립한다. 생각건대, 쟁의행위 준비행위를 노사의 대립과 갈등요소가 내포된 업무라는 이유로 이른바 '건전한' 노사관계 발전을 위한 업무에 해당되지 않는다고 판단할 것이 아니라 쟁의행위 준비도 헌법과 법률에 보장된 쟁의행위와 관련된 업무로 그것을 준비하는 행위는 마땅히 노동조합의 목적에 맞는 조합활동(예컨대 전임자가 쟁의행위 찬반투표를 준비하는 행위 등)인 점, 쟁의행위 준비과정과 교섭과정을 현실적으로 구분하기 어려운 점 등을 고려하면 유급

---

79 이승욱, "노조전임자 근로시간면제제도의 쟁점과 과제", 「노동법연구」 2010년 상반기 제28호, 도서출판 관악사, 2010, 134면.
80 노사관계법제과-240, 2010.7.29.

근로시간 면제 대상에 포함할 수 있다고 보아야 한다. 다만 근로시간면제자가 쟁의행위에 참가한 경우에도 이를 유급으로 처리해야 하는지가 문제 될 수 있는데, 형평의 원칙에 따라 쟁의행위에 참가한 일반 조합원과 마찬가지로 임금청구를 할 수 없다고 해석해야 한다.

상급단체에 파견되는 근로시간면제자의 활동도 유급으로 처리해야 하는지도 견해가 대립하고 있다. 생각건대 근로시간면제한도가 설정되어 있는 이상, 근로시간면제자가 사업장 내에서 활동하든 상급단체에서 활동하든 그것은 한도 범위 내에서 노동조합이 자치적으로 정할 수 있는 문제이다. 상급단체에서 하는 활동이라고 하더라도 그것이 '노동조합'에 해당하는 이상 '건전한 노사관계 발전을 위한 노동조합의 유지·관리업무'가 아니라고 볼 근거는 없다.

다. 단체협약상 보장된 일상적인 조합활동과 관계

노동조합법에 유급근로시간면제제도가 도입되기 전부터 우리나라 대부분 단체협약은 근로시간 중 조합활동에 관한 조항을 두고 총회, 대의원대회 등과 같은 조합의 유지·관리업무를 근로시간 중에 유급으로 보장하는 관행이 존재하고 있다. 그 결과, 단체협약에 보장된 근무시간 중 조합활동 보장조항과 노동조합법상 유급근로시간면제제도의 관계가 문제 된다.

근로시간면제한도를 사용할 수 있는 대상자는 노사당사자가 정한 근로자이므로 근로시간면제자로 지정되지 않은 자의 노조활동은 근무시간 외에 행해져야 하고, 근무시간 중에 행하면 무급이 원칙이지만, 단체협약에서 일반 조합원들의 근무시간 중 노조활동(총회, 조합원교육 등)을 합리적인 범위 내에서 정한 경우에는 사용자가 동 활동시간에 대해 급여에서 공제하지 않는 것은 무방하다고 해석해야 한다.[81] 즉 근로시간면제자는 단체협약상 조합활동을 포함해서 근로시간면제한도까지 유급으로 보장되지만, 일반 조합원들의 근무시간 중 조합활동은 근로시간면제한도와 별도로 단체협약에 따라 유급으로 보장될 수 있다.

---

81 노사관계법제과-240, 2010.7.29.

(4) 근로시간면제자에 대한 급여

근로시간면제자에 대한 급여의 법적 성질과 수준이 문제 될 수 있다. 우선 근로시간면제자에 대한 급여는 근로관계에서 발생한 근로제공의무를 면하고 그 면제되는 근로시간에 상응하여 사용자가 급여를 지급하는 것으로 성질상 임금에 해당한다.[82]

근로시간면제자의 급여 수준은 근로시간면제제도의 취지를 고려할 때, 사업장의 통상적 급여지급기준을 토대로 노사가 자율적으로 정할 수 있으나,[83] 근로시간면제자로 지정되지 아니하고 일반 근로자로 근로하였다면 해당 사업장에서 동종 혹은 유사 업무에 종사하는 동일 또는 유사 직급·호봉의 일반 근로자의 통상 근로시간과 근로조건 등을 기준으로 받을 수 있는 급여 수준을 통상적인 기준으로 할 수 있다. 그리고 근로시간면제자에게 지급되는 급여는 근로기준법상의 엄격한 임금개념에 한정된다고 해석할 필요는 없고, 노동조합 업무에 종사하지 않았다면 받을 수 있는 금전을 지칭한다고 보는 것이 타당할 것이다.[84] 다만, 단체협약 등 노사 간 합의에 따른 경우라도 타당한 근거 없이 과다하게 설정·책정된 급여를 근로시간 면제자에게 지급하는 사용자의 행위는 노동조합법 제81조 제1항 제4호의 근로시간면제한도를 초과하여 급여를 지원하는 부당노동행위에 해당한다.[85]

(5) 근로시간면제한도 위반의 효과

구법에서는 이와 관련한 학설상 대립이 있었으나 2021년 1월 5일 노동조합법 개정 시 근로시간면제한도를 초과하는 내용을 정한 단체협약 또는 사용자의 동의는 그 부분에 한정하여 무효로 한다는 내용이 명문화되었다(제24조 제4항). 따라서 노동조합법상의 유급 근로시간면제한도를 초과하여 유급을 보장한다는 내용을 단체협약으로 체결할 경우 그 초과하는 부분은 강행법규 위반으로 무효가 된다.

---

[82] 대법원 2018.4.26. 2012다8239 판결 참조.

[83] 고용노동부는 일반 근로자들에게 지급하는 통상적인 고정 시간외 근로수당, 휴일근로 시 지급되는 특근수당, 경영성과급 및 복리후생비(학자금, 경조비, 건강진단비 등)도 근로시간면제자라는 이유로 과도하게 지급하는 것이 아닌 한 노사가 자율적으로 정하여 지급할 수 있다고 해석하고 있다(노사관계법제과-590, 2010.8.27.; 노사관계법제과-1310, 2010.7.2. 등).

[84] 중앙노동위원회 2017.2.15. 중앙2016부노234 결정.

[85] 대법원 2018.5.15. 2018두33050 판결.

이와 함께 2021년 1월 5일 노동조합법 개정으로 제81조 제4호에서 근로시간면 제한도를 초과하여 급여를 지급하는 사용자의 행위를 명시적으로 지배개입으로 부당노동행위에 해당하는 것으로 규정하고 있다. 이에 따라 근로시간 면제자의 급 여 수준이 사회통념상 수긍할 만한 합리적 범위를 초과할 정도로 과다하면 부당노 동행위가 성립할 수 있다.[86]

(6) 근로시간면제한도를 위반하는 내용을 목적으로 하는 쟁의행위의 정당성

구노동조합법에서는 노조전임자에 대한 급여지원과 근로시간면제한도를 초과 하는 급여지급을 요구하면서 이를 관철할 목적으로 쟁의행위를 하는 것을 금지 하고(구법 제24조 제5항), 이를 위반하면 1천만 원 이하의 벌금에 처해지도록 규정했 다(구법 제92조 제1호). 이 조항은 2021년 1월 5일 노동조합법 개정 때 모두 삭제되 었다.

그러나 이 조항이 삭제되었다고 하더라도 쟁의행위의 목적으로서 유급근로시간 면제 한도를 넘는 급여지원을 요구하는 것은 노동조합법을 위반한 요구사항이고, 특히 부당노동행위에 해당하는 위법한 요구사항이므로 이는 합법적이고 정당한 쟁의행위의 목적이 될 수 없다. 따라서 유급 근로시간면제한도를 넘는 급여지원을 요구하는 것을 목적으로 하는 쟁의행위는 여전히 그 정당성을 인정할 수 없다.

3. 노동조합 전임자

(1) 의의

노조전임자는 근로계약 소정의 근로를 제공하지 아니하고 노동조합 업무에만 종사할 수 있는 자를 말한다(구노동조합법 제24조 제1항). 근로시간면제제도가 도입되 었다 하더라도 이와 별도로 사용자와 단체협약 등으로 무급으로 전임활동을 보장 받을 수 있다.[87]

---

86 대법원 2016.4.28. 2014두11137 판결(근로자의 연 소정근로시간이 2,080시간인 사업장에서 근로시간면 제자에게 근로시간면제범위를 소정근로시간을 약 1,000시간을 초과한 3,000시간을 인정하여 임금을 지급한 것이 부당노동행위에 해당); 대법원 2018.5.15. 2018두33050 판결.
87 노사관계 현장에서는 근로시간면제자와 노조전임자를 별도로 구분하지 않은 채 근로제공의무를 면하고 노동조합 업무에 종사하는 자를 모두 노조전임자라고 칭하기도 한다. 그런데 개정된 현행 노동조합법 제24조

노조전임자의 인정근거에 대해서는 앞서 사용자의 편의제공에서 살펴본 바와 같이 단결권설과 협정설이 대립했으나 노동조합법 제24조 제1항은 협정설에 입각하여 단체협약으로 정하거나 사용자의 동의가 있는 경우에만 근로계약 소정의 근로를 제공하지 아니하고 노조 업무에 종사할 수 있는 자를 허용하도록 명시하고 있다.[88] 다만 협정설을 전제로 하더라도 동의와 관련된 당사자 의사 해석은 여전히 필요하다. 노조전임자와 관련한 당사자의 의사를 해석할 때는 형식적으로 동의 유무만 기준으로 해서는 안 되고, 단체협약의 내용과 취지, 관행 형성의 배경과 목적, 전임제도의 취지 등을 고려하여 개별적·구체적으로 판단할 필요가 있다.

노조전임자는 단체협약이나 사용자의 동의하에 인정되므로 전임자의 인정근거가 된 단체협약의 유효기간 만료로 협약의 효력을 상실한 경우에 사용자는 특별한 사정이 없는 한 전임자에게 원직복귀명령을 할 수 있으며, 전임자는 이에 응해야할 의무가 있다.[89] 마찬가지로 노조전임자로 발령되기 전에는 근로제공의무가 원칙적으로 면제되지 않으므로 노조지부장으로 선출된 근로자가 종래의 근무부서에 출근하지 않으면서 결근계를 제출하였다고 하더라도 사용자의 승낙이 없는 한 무단결근에 해당하게 될 것이다.[90]

(2) 법적 지위

판례는 노조전임자의 지위에 대해 "사용자와의 사이에 기본적 노사관계는 유지되고 기업의 근로자로서의 신분도 그대로 가지는 것이지만, 근로제공의무가 면제

제1항에서는 '근로시간면제 등'이라는 제목으로 이들이 "'사용자 또는 노동조합으로부터' 급여를 지급받으면서 근로계약 소정의 근로를 제공하지 아니하고 노동조합의 업무에 종사할 수 있다."라고 명시하고 있다. 따라서 이하에서 노조전임자는 노동조합법상 근로시간면제범위 내에서 '사용자로부터' 급여를 지급받으면서 노동조합 업무를 수행하는 근로시간면제자를 제외하고 노동조합으로부터 급여를 지급받으면서 노동조합 업무만을 수행하는 자를 칭하는 것으로 한다.

88 1997년 3월 13일 노동조합법 제정 이전 판례에서도 노조전임자에 대해서는 "일반적으로 사용자에 대하여 근로계약에 따른 근로제공의무를 면제받고 오직 노동조합의 업무만을 담당하는 노조전임제는 노동조합에 대한 편의제공의 한 형태로서 사용자가 단체협약 등으로 승인하는 경우에 인정되는 것일 뿐"이라고 하면서 협정설의 태도를 취하고 있었다(대법원 1996.2.23. 94누9177 판결).

89 판례는 노조 전임제의 근거규정인 단체협약이 유효기간 만료로 효력을 상실한 경우, 원직 복귀명령에 불응한 노조전임자를 해고한 것은 부당노동행위에 해당하지 않는다고 판시한 바 있다(대법원 1997.6.13. 96누17738 판결).

90 대법원 1997.4.8. 96다33556 판결.

되고 원칙적으로 사용자의 임금지급의무도 면제된다는 점에서 휴직상태에 있는 근로자와 유사"하다는 태도를 일관하여 취하고 있었다.[91] 현행 노동조합법에는 구 법상 노조전임자에 대한 일체의 급여지급 금지 조항(구법 제24조 제2항)이 삭제되었지만, 노동조합으로부터 급여를 받으면서 노동조합의 업무에만 종사하는 노조전임자는 사실상 무급 휴직상태에 있는 근로자와 유사하다고 할 수 있다.

한편, 노동조합법에서는 사용자로 하여금 노동조합 업무에 종사하는 근로자, 즉 근로시간면제자와 노조전임자의 정당한 노동조합 활동을 제한하지 못하도록 하고 있다(제24조 제3항). 따라서 근로시간면제자와 노조전임자는 사용자의 어떠한 간섭이나 개입 없이 자유롭게 정당한 조합활동을 할 수 있다.

(3) 전임자에 대한 대우

가. 원칙

전임자 대우에 관한 판례의 원칙적 태도는 "노조전임제는 노동조합에 대한 편의제공의 한 형태로서 전임제를 인정할 것인지는 물론 노동조합 전임자의 선임 및 해임절차, 전임기간, 전임자 수, 전임자에 대한 대우 등 구체적인 제도 운용에 관하여도 기본적으로 사용자의 동의에 기초한 노사합의에 따라 유지되는 것이므로, 전임제 시행 이후 경제적·사회적 여건의 변화, 회사 경영상태의 변동, 노사관계의 추이 등 여러 사정에 비추어 합리적 이유가 있는 경우에는 사용자는 노동조합과의 합의, 적정한 유예기간의 설정 등 공정한 절차를 거쳐 노조전임제의 존속 여부 및 구체적 운용방법을 변경할 수 있다고 보아야 한다."라는 것이다.[92]

전임대상이 되는 활동의 범주와 관련하여 판례는 "조합활동의 범주에 속하는 모든 관련 업무가 곧바로, (구)노동조합 및 노동관계조정법 제24조 제1항에 따라 노동조합의 업무에만 종사하며 사용자에 대한 근로제공의무를 지지 않는 노조전임

---

91 대법원 1998.4.24. 97다54727 판결; 대법원 1993.8.24. 92다34926 판결; 대법원 1995.4.11. 94다58087 판결; 대법원 1995.11.10. 94다54566 판결 등. 한편, 교원의 노동조합 설립 및 운영 등에 관한 법률, 공무원의 노동조합 설립 및 운영 등에 관한 법률에서도 노조전임자의 지위에 대해서 임용권자의 허가 또는 동의가 있는 경우에 한해 노조전임자를 인정하면서 명시적으로 '휴직명령을 받은 자'로 간주하고 있다(교원노조법 제5조 제1항·제2항, 공무원노조법 제7조 제1항·제2항).

92 대법원 2011.8.18. 2010다106054 판결. 이 판결에서는 회사의 경영상태 악화에 따른 여러 가지 자구책을 모색하면서 전임제 규모와 대우를 축소한 경우 회사의 노조전임제 운용방법을 변경할 합리적 이유가 있다고 판단하고 있다(같은 취지로 대법원 2009.12.24. 2009도9347 판결).

자의 종사 업무로 된다고는 할 수 없으며, 노조전임자가 종사할 수 있는 업무의 범위는 그러한 노조전임자를 인정한 당해 단체협약의 취지와 내용, 급여지급에 반영된 단체협약 당사자의 진정한 의사와 노사관행 등을 종합적으로 고찰하여 구체적·개별적으로 판단하여야 할 것"이라고 하였다.[93]

나. 출퇴근 등에 대한 취업규칙 적용 여부

종래부터 판례는 노조전임자라 할지라도 사용자와의 사이에 기본적인 근로관계는 유지되고 취업규칙이나 사규의 적용이 전면적으로 배제되는 것이 아니므로, 단체협약에 조합전임자에 관하여 특별한 규정을 두거나 특별한 관행이 존재하지 아니하는 한 출퇴근에 대한 사규의 적용을 받는다고 파악하고 있었다. 이에 따라 노조전임자의 출근은 통상적인 조합업무가 수행되는 노조사무실에서 조합업무에 착수할 수 있는 상태에 임하는 것이고, 노조전임자가 사용자에 대하여 취업규칙 등 소정의 절차를 취하지 아니한 채 그러한 상태에 임하지 아니하는 것은 무단결근에 해당한다는 태도를 취하고 있었다.[94]

이러한 판례의 태도는 현행법에서도 기본적으로 유지될 수 있고, 사용자의 노조전임자에 대한 동의는 근로제공에 요구하는 수준과 내용으로 해당 노동조합 업무에 종사할 것을 전제로 했다고 해석하는 것이 당사자 의사에 대한 합리적 해석이기 때문이다.

다. 전임자의 업무상 재해

노조전임자가 노동조합 업무를 수행하거나 이에 수반하는 통상적 활동을 하는 과정에서 그 업무에 기인하여 발생한 재해는 산재보험법상의 업무상 재해에 해당한다.[95] 노조전임자의 업무는 회사의 노무관리업무와 밀접한 관련이 있기 때문이다.

---

93 대법원 2009.5.28. 2007두979 판결. 이 판결에서는 단체협약에서 전임자의 상급단체 파견을 규정하고 있었는데, 대상자가 공직선거에 출마한 것은 파견노조전임자를 인정한 단체협약의 취지에 반하는 것으로 판단하고 있다.
94 대법원 1993.8.24. 92다34926 판결; 대법원 1995.4.11. 94다58087 판결; 대법원 1997.3.11. 95다46715 판결 등. 이러한 판례의 입장에 대해서는 근로제공의무가 없는 전임자에게 근로제공의무에 수반되는 출퇴근 의무를 부여하는 것은 타당하지 않다는 등의 비판이 제기되었다.
95 대법원 1998.12.8. 98두14006 판결; 대법원 2005.7.15. 2003두4805 판결; 대법원 2007.3.29. 2005두11418 판결 등.

그런데 판례는 ① 전임자가 업무의 성질상 사용자의 사업과는 무관한 상부 또는 연합관계에 있는 노동단체와 관련된 활동, ② 불법적인 노동조합활동, ③ 사용자와 대립관계로 되는 쟁의단계에 들어간 이후 활동에 대해서는 회사의 노무관리업무와의 관련성을 부정하고 업무상 재해로 인정하지 않는다.[96]

불법적인 노동조합활동은 업무상 재해로 인정할 수 없는 것이 당연하다. 또한 쟁의행위에 돌입한 이후에는 근로관계는 정지되고 노조전임자의 법률관계도 마찬가지로 해석되므로 쟁의단계에서 발생한 재해는 특별한 사정이 없는 한 업무상 재해로 인정되기 어렵다는 점에서 판례의 태도는 수긍이 간다. 다만 쟁의행위에 돌입하기 전 그 준비과정에서 발생한 재해는 업무상 재해에 해당한다고 보아야 한다.

전임자가 상부단체에서 활동하는 경우에는 당해 상부단체의 속성에 따라 구분할 필요가 있다. 개별 사용자와 직접 관계가 없는 연합단체와 달리 기업별 조직의 상부단체에 해당하는 산업별 노동조합은 기업별 노동조합과 마찬가지로 동종 산업에 종사하는 근로자들이 직접 가입하고 원칙적으로 소속 단위사업장인 개별기업에서 단체교섭권, 단체협약체결권과 쟁의권 등을 갖는 단위노동조합이므로, 산업별 노조의 노동조합 업무를 사용자의 사업과 무관한 상부 또는 연합관계에 있는 노동단체와 관련된 활동으로 볼 수는 없기 때문에 산업별 노동조합에서 전임자로서 업무를 하는 경우에도 업무상 재해로 인정된다.[97]

구체적으로 임금협상을 앞두고 노동조합 간부들의 단결을 과시하고자 노동조합이 근무시간 종료 후 개최한 체육대회에 전임자가 참가하여 경기 도중 부상당한 경우[98] 등에 대해 업무상 재해로 인정하지 않았다. 반면, 노조전임자가 노동조합이 단체교섭을 앞두고 조합원들의 단결력을 과시하고자 개최한 결의대회에 사용된 현수막을 철거하던 중 재해를 입은 경우[99] 등은 업무상 재해로 인정한 사례가 있다.

96 대법원 2014.5.29. 2014두35232 판결.
97 대법원 2007.3.29. 2005두11418 판결.
98 대법원 1997.3.28. 96누16179 판결.
99 대법원 1998.12.8. 98두14006 판결.

라. 전임자의 평균임금 산정

노조전임자는 근로관계를 유지하면서도 장기간 근로를 제공하지 않고 노동조합 업무만 수행하며, 특히 사용자로부터 급여도 받지 않으므로 퇴직 등의 사유로 평균임금 산정 사유가 발생할 경우 그 평균임금의 산정이 문제 된다.

노조전임자로 활동하는 동안에는 근로제공의무가 면제되고 이에 대응하여 사용자의 임금지급의무도 면제되므로 그 법적 지위는 휴직 상태에 있는 근로자와 유사하다. 따라서 전임자에게 지급되는 금품은 임금에 해당하지 않으므로 평균임금 산정에 고려할 수 없는 것이 원칙이다.[100] 따라서 이 경우는 "평균임금을 산정할 수 없는 경우"(근로기준법 시행령 제4조)에 해당하고, 이와 관련한 '평균임금을 산정할 수 없는 경우에 대한 평균임금 산정방법'을 고시한 고용노동부장관 고시(평균임금산정 특례고시)[101] 제1조 제1항에 해당하는 것으로 보아 평균임금산정 사유 발생일 이전 3개월 이상이 전임기간일 경우에는 노조전임자로 복무하기 시작한 최초일을 평균임금 산정사유 발생일로 보아 평균임금을 산정하는 입장이 있을 수 있다.[102] 그러나 근로자의 통상의 생활을 종전과 같이 보장하려는 퇴직금제도의 취지를 고려하여 위와 같은 경우 전임자와 동일 직급과 호봉의 근로자들의 평균임금을 기준으로 퇴직금 등을 산정해야 한다.

4. 조합사무소의 제공

조합사무소는 조합의 의사결정을 위한 협의를 비롯하여 각종 조합활동을 준비하는 장소일 뿐만 아니라 자료를 보관하고 조합재산을 관리하기 위해서도 반드시

---

100 대법원 2003.9.2. 2003다4815, 4822, 4839 판결; 대법원 2011.2.10. 2010도10721 판결 등.

101 고용노동부고시 제2015-77호.

102 고용노동부에서는 노조전임자의 평균임금 산정방법과 관련해서 동 「평균임금산정 특례고시」가 적용되는지 명확하게 밝히지는 않았으나, '사업장에 근로를 제공하지 않고 노동조합업무만 수행한 노동조합 전임자의 퇴직급 지급을 위한 평균임금은 노사 간 정함이 없는 한 노동조합 전임을 개시한 날(최종 임금지급일)을 평균임금을 산정하여야 할 사유가 발생한 날로 보아야 할 것이지만, 귀 질의와 같이 단체협약에 노조전임자에 대한 퇴직금 지급근거를 두고 동일 직급 및 호봉의 근로자들의 평균임금을 기준으로 퇴직금을 산정하여 지급하는 것은 평균임금의 기본원리와 퇴직금제도(중간정산 포함)의 목적 등을 고려할 때 무방하다고 사료됨'이라고 해석함으로써(근로기준과-1969, 2010.11.12), 사실상 「평균임금산정 특례고시」를 적용한 경우와 동일한 방법으로 산정하고 있다(근로기준과-1969, 2010.11.12).

필요한 거점이다. 이러한 의미에서 조합사무소는 단결활동을 위한 최소한의 물적 기초라고 할 수 있다. 이와 관련하여 노동조합법은 '최소한의 규모의 조합사무소' 제공이 부당노동행위인 경비원조가 아니라고 규정하고 있다(제81조 제1항 제4호 참조). 그러나 협정설을 취하는 한 이 규정에 따라 사용자에게 조합사무소의 제공의무가 발생하는 것은 아니다.

회사시설을 조합사무소로 이용하는 것도 편의제공의 하나로 노사 간 합의나 관행에 따라 인정되는 것이다. 그러므로 그 구체적 내용, 예컨대 조합사무소의 위치, 규모, 설비 등도 사용자의 동의나 관행으로 결정된다고 보는 것이 타당하다. 이와 관련하여 문제가 되는 것은 사용자가 조합사무소로 사용되던 공간의 반환을 요구한 경우이다. 이때 조합사무소의 반환과 관련된 노사 간 합의나 관행이 있으면 그에 따라 해결하면 되겠지만, 문제는 그러한 합의나 관행이 없는 경우이다.

기업별 노동조합 등 기업 내에 조직을 둔 경우에는 조합활동을 위해 필요한 시설을 회사 내에 둘 수밖에 없고 사용자 시설을 이용하는 것이 불가피한 측면이 있는 점, 노동조합의 재정적 기반이 약한 우리나라 노사관계 현실에서 조합사무소는 특히 소규모 사업장에 조직된 노동조합이 활동하는 최소한 존립 근거라는 점, 단결권의 보장 취지 등을 고려하면 조합사무소 제공 자체에 관하여 노사 간 합의나 관행이 있는 이상, 이 합의나 관행에는 "특단의 합의나 사정이 없는 한 조합사무소로 기능할 수 있는 최소한의 장소 또는 시설을 조합사무소용으로 제공하되 그 이용기간은 기업경영에 지장을 초래하지 않는 한 계속하는 것으로 하고, 다만 구체적 위치선정 및 사후의 위치변경 권한은 사용자에게 유보되도록 한다."라는 의사가 전제된 것으로 보는 것이 타당하다. 그러므로 사용자가 합리적 이유 없이 또는 적절한 대체시설의 제공 없이 막연히 조합사무소 반환을 요구하는 것은 허용되지 않는다.

판례는 조합사무실의 계속적 이용관계의 법적 성격에 대해 기본적으로 민법상 사용대차에 해당한다고 보면서도 조합사무소 제공을 규정한 단체협약이 소멸한 경우에도 특히 그 반환을 허용할 특별한 사정(예컨대 기존 사무실의 면적이 과대하여 다른 공간으로 대체할 필요가 있다든지 사용자가 이를 다른 용도로 사용할 합리적인 사유가 생겼다는 등)이 있어야만 그 사무실의 명도를 구할 수 있다고 하여 노동조합사무소의 특

수성을 고려하는 판단을 내리고 있다.[103]

사업장 내에 복수노조가 있는 경우, 조합사무소 제공과 관련하여 공정대표의무와의 관계에서 문제가 발생할 수 있다(자세한 내용은 제17장 단체교섭 참조).

5. 조합비공제제도

조합비공제(check-off)제도는 단체협약에 기하여 사용자가 조합원인 근로자의 임금에서 조합비를 공제하여 이를 직접 노동조합에 교부하는 제도를 말한다. 조합비공제제도는 노동조합이 조합비 징수를 확보하여 재정의 안정을 도모하고 단결력을 강화하는 데 유용한 수단이기 때문에 현실에서 널리 활용되고 있다.

조합비공제제도를 실시하려면 이를 내용으로 하는 단체협약을 체결해야 한다. 조합비공제제도는 사용자가 임금 일부를 공제하는 것으로 임금 전액 지급의 원칙과 관계에서 단체협약에 명시적 규정을 둠으로써만 가능하다(근로기준법 제43조 제1항 참조). 따라서 단체협약 이외의 노사합의나 관행에 의한 조합비공제는 허용되지 않는다.

조합비공제를 정한 단체협약 조항은 단체협약의 채무적 부분에 속한다고 보아야 한다. 따라서 조합비공제를 위해서는 개별 조합원의 동의가 추가적으로 필요하다.

조합비공제를 정한 단체협약이 있는데도 개별 조합원이 조합비의 원천공제를 중지할 것을 요청할 수 있는지가 문제 된다. 조합비공제제도는 노동조합과 사용자 사이의 조합비공제 위임계약과 사용자와 조합원 사이의 조합비 납부 위임계약으로 이루어져 있다. 따라서 조합비공제제도가 유효하려면 조합원의 조합비 납부위임의 동의가 필요하다. 개별 조합원의 조합비 원천공제 중지 신청은 그 납부위임 동의의 철회에 해당하므로 그것이 노동조합의 통제권의 대상이 되는 것은 별론으로 하고, 가능하다고 하여야 할 것이다.

한편 사용자는 노동조합에 대한 손해배상채권을 노동조합이 가지는 조합비교부청구권과 상계할 수 있는지가 문제 될 수 있다. 그러나 이들 채권은 '같은 종류를 목적'으로 하는 채권이 아니고(민법 제492조 제1항 참조), 조합비공제협정에는 원천공

---

103 대법원 2002.3.26. 2000다3347 판결.

제한 조합비의 상계를 배제하는 의사(민법 제492조 제2항 참조)가 포함되어 있다고 해석되므로 상계는 인정되지 않는다.

제4절
노동조합의 해산·합병·분할·조직변경

I. 해산

1. 의의

해산은 노동조합이 본래의 활동을 중단하고 그 조직을 해체하는 것을 말한다. 해산된 노동조합은 바로 소멸하는 것이 아니라 청산과정에 들어간다. 청산과정에 있는 노동조합은 청산사무의 처리 범위 내에서 존속하다가 청산절차가 종료된 시점에 소멸하게 된다.

2. 해산사유

노동조합의 해산사유로는 규약상의 해산사유가 발생한 경우, 총회 등에서 해산결의를 한 경우, 합병 또는 분할로 소멸하는 경우와 이른바 휴면조합이 된 경우 등이 있다(노동조합법 제28조 제1항 제1호 내지 제4호).

(1) 규약에서 정한 해산사유 발생

노동조합은 임의단체로 해산사유를 규약에 정할 수 있고, 그 사유가 발생하면 노동조합은 해산하게 된다. 규약에서 정하는 해산사유에는 회사의 소멸(기업별 노조인 경우), 노동조합의 합병·분할, 존속기간의 만료 등이 있을 수 있다.

(2) 합병 또는 분할로 인한 소멸

노동조합은 합병 또는 분할로 소멸한다. 합병의 경우 신설합병이 이루어지면 새로운 노동조합이 설립되고 기존 노동조합은 소멸하게 되며, 흡수합병이 이루어지면 흡수되는 노동조합은 소멸하게 된다. 그리고 분할의 경우에는 기존 조합은 소멸하고 새로운 조합이 여러 개 성립하게 된다. 합병 또는 분할의 법적 효과는 뒤에서 살펴본다.

(3) 해산결의

규약에서 정한 해산사유가 발생한 경우 외에도 노동조합은 조합원 총회의 의결로 해산될 수 있다. 해산결의는 총회(또는 대의원회)에 조합원(또는 대의원) 과반수가 출석하고, 출석조합원(또는 대의원) 3분의 2 이상이 찬성해야 한다(노동조합법 제16조 제2항·제28조 제1항 제3호). 이와 같이 의결요건을 가중하는 것은 노동조합의 존재 자체가 소멸하는 결과를 초래하여 조합원 지위에도 중대한 영향을 미치기 때문이다. 이는 강행규정으로 규약 등에서 그 요건을 완화할 수 없다.

(4) 휴면노조

'노동조합의 임원이 없고 노동조합으로서 활동을 1년 이상 하지 아니한 경우로 행정관청이 노동위원회의 의결을 얻은 경우'도 해산사유가 된다. 그러한 노동조합을 '휴면노조'라고 한다.

휴면노조의 요건은 '임원이 없을 것'과 동시에 '노동조합으로서 활동을 1년 이상 하지 아니하였을 것' 양자를 갖추어야 한다. 후자에 대해서는 대통령령에서 '계속 하여 1년 이상 조합원으로부터 조합비를 징수한 사실이 없거나 총회 또는 대의원 회를 개최한 사실이 없는 경우'가 이에 해당된다고 규정하고 있다(노동조합법 시행령 제13조 제1항).

휴면노조가 해산되려면 절차적 요건으로 '행정관청이 노동위원회의 의결'을 얻어야 한다. 노동조합은 행정관청이 노동위원회의 의결을 얻은 때에 해산된 것으로 보며, 노동위원회가 의결할 때 해산사유 발생일 이후 조합활동 여부를 고려하지 아니한다(시행령 제13조 제2항·제3항).

휴면노조가 노동조합의 해산사유가 된 것은 과거 기업별 복수노조가 금지되던 상황에서 휴면노조가 자주적인 노동조합의 신설을 방해하는 역할을 하였기 때문에 이를 예방하려는 것이다. 그러나 기업 내 복수노조가 허용되는 오늘날에는 현실적으로 특별한 의미가 없고 또한 행정관청이 노조 해산에 개입하도록 하는 것은 과도한 개입으로 입법론적 재고가 필요하다.

3. 해산의 효과

해산된 노동조합의 대표자는 해산한 날로부터 15일 이내에 행정관청에 이를 신고하여야 하며, 이를 신고하지 아니한 자는 300만 원 이하의 과태료에 처한다(노동조합법 제28조 제2항·제96조 제2항). 해산신고는 해산이나 소멸의 요건은 아니다.

해산된 노동조합은 본래의 활동을 정지하고 조합사무를 정리하며 조합재산을 청산하게 된다. 이러한 청산활동은 총회 또는 대의원회의 의결에 따라 해야 한다(제16조 제1항 제7호 참조). 노동조합이 법인인 경우에는 그 청산에 관하여 민법상의 청산절차규정이 적용된다(노동조합법 제6조 제3항, 민법 제79조 내지 제97조).[104]

해산한 노동조합이 체결한 단체협약은 협약당사자의 일방이 해산으로 소멸한 이상 단체협약도 실효된다고 보는 견해도 있으나, 그 효력을 청산종료 시까지 유효한 것으로 보는 것이 타당하다. 즉, 청산과정에서도 기존의 단체협약 등은 여전히 유효하므로 노동조합은 단체협약에 규정된 조합사무소 등을 계속 이용할 수 있다.

청산절차가 완료되면 노동조합은 소멸하게 되고, 노동조합이 소멸되면 기존 단체협약의 효력도 당연히 종료된다.

---

104 다만 청산 후 잔여재산 처리에서는 노동조합의 특수성을 고려할 필요가 있으므로 "정관에서 인수인을 지정하지 않은 때에는 비슷한 목적을 위해 처분하거나 국고에 귀속된다."라는 민법 제80조의 규정은 적용되지 않는다고 해석하여야 한다. 조합재산은 대부분 조합의 활동에 의해서가 아니라 조합원의 조합비로 형성된 것이므로, 총회 또는 대의원회의 의결에 따라 잔여재산을 조합원에게 분배하는 것도 허용된다고 보아야 할 것이다(노동조합법 제16조 제1항 제7호 참조).

II. 합병

1. 의의

합병은 둘 이상의 노동조합이 하나의 노동조합으로 통합되는 것을 말한다. 노동조합 합병의 유형은 두 노동조합을 합병하여 새로운 노동조합을 만드는 신설합병과 하나의 노동조합이 다른 노동조합을 흡수하는 흡수합병으로 나누어 볼 수 있다.

합병에 관하여 노동조합법은 의결정족수를 제한하고(제16조 제2항), 노동조합의 해산사유(제28조 제1항 제2호)로 정하는 것 외에 별다른 규정이 없다. 합병의 법적 효과 등에 관한 문제는 해석에 맡겨져 있다.

2. 합병절차

(1) 합병결의

합병하려는 노동조합은 합병에 관한 합의내용(합병절차·합병 후 기구개편 등)을 승인하는 합병결의를 각자의 총회(또는 대의원회)에서 의결하여야 한다(노동조합법 제16조 제1항 제7호). 합병의 의결은 재적조합원 과반수의 출석과 출석조합원 3분의 2 이상의 찬성이 있어야 한다(제16조 제2항).

신설합병에서 소멸조합의 조합원은 설립총회를 개최하여 규약을 제정하여야 한다. 이 경우 노동조합의 설립에 관한 일반적 절차가 적용된다.

(2) 신고 등의 절차

흡수합병의 경우 소멸조합의 대표자는 다른 해산에서와 마찬가지로 해산한 날로부터 15일 이내에 행정관청에 이를 신고하여야 한다(노동조합법 제28조 제2항). 존속조합은 합병과 관련해 조직대상이나 기관구성에 관하여 규약 내용을 변경한 때에는 그 내용을 신고하여야 한다(제13조 제2항).

신설합병의 경우 소멸조합의 대표자는 해산한 날로부터 15일 이내에 행정관청에 이를 신고하여야 한다(제28조 제2항). 신설조합의 대표자는 규약을 첨부하여 설립신고를 하여야 한다(제10조).

3. 법적 효과

신설합병의 경우 합병되는 기존의 노동조합은 소멸하고 새로운 노동조합이 신설된다. 흡수합병의 경우 합병되는 노동조합은 합병으로 소멸하게 되고 존속 노동조합은 조직이 확대된다.

소멸되는 노동조합의 조합원은 신설조합의 조합원이 되고, 별도 가입 의사표시는 필요하지 않다. 이 점에서 합병은 기존 노동조합의 조합원이 개별적으로 다른 노조에 가입하는 이른바 '사실상 통합'과 구별된다.

소멸하는 노동조합의 모든 권리·의무는 합병에 따라 결성되는 신설조합 또는 존속조합에 포괄적으로 승계된다. 따라서 재산상 법률관계, 조합원의 권리·의무, 단체협약 등은 합병 후 노동조합에 그 효력이 그대로 유지된다.

합병은 해산사유의 하나로 규정되어 있는데, 합병결의에 따라 바로 노동조합의 소멸이나 신설의 효과가 발생하는 것은 아니다. 이 경우 언제 합병이 완료되어 노동조합의 소멸 내지 신설의 효과가 발생하는지가 문제 된다. 판례는 이와 관련하여 "합병에 의하여 설립되는 근로자단체가 노동조합법 제2조 제4호에서 정한 노동조합의 실질적 요건을 갖추어 노동기본권의 향유주체로 인정될 수 있는 때"[105] 합병 전후 노동조합이 소멸 또는 신설되는 것으로 본다. 이는 해산 이후 청산절차의 완료시점을 제시한 기준으로 타당한 해석이다. 노동조합의 설립신고 절차를 거쳤는지는 묻지 않는다. 물론 신설노조가 노동조합법상 노조로서 지위를 인정받으려면 설립신고증을 교부받아야 한다.

III. 분할

1. 의의

분할은 하나의 노동조합이 조합원의 결의에 기하여 2개 이상의 노동조합으로

---

[105] 대법원 2016.12.27. 2011두921 판결.

나뉘는 것을 말한다. 한편, 기존 조합은 그대로 존속하면서 일부 조합원들이 집단적으로 탈퇴하여 별도 조합을 결성하는 노동조합의 '사실상 분리'는 여기에서 말하는 분할에 해당하지 않는다.

분할은 존속분할과 소멸분할의 유형을 생각해 볼 수 있다. 존속분할은 기존 노동조합의 일부를 분할하여 다른 노동조합을 설립하고 기존 노동조합의 일부는 스스로 존속하는 경우이다. 이 경우 기존 노동조합은 분할되었지만 계속 존속하고 따라서 해산하지 않는다. 소멸분할은 기존 노동조합을 분할하여 2개 이상의 노동조합을 신설하면서 기존 노동조합은 소멸하는 경우이다.

노동조합법은 분할에 대하여 특별의결정족수를 요구하고(제16조 제2항), 해산사유(제28조 제1항 제2호)로 정하는 것 외에는 별다른 정함이 없어, 그 법적 효과는 해석론에 따라 해결할 수밖에 없다.

2. 분할절차

기존 조합은 총회(또는 대의원회)에서 분할결의, 신설조합의 조직대상범위와 조합재산의 분리 등 분할에 관한 사항을 의결하여야 한다(노동조합법 제16조 제1항 제7호 참조). 분할을 의결함에는 재적조합원(또는 대의원) 과반수의 출석과 출석조합원(또는 대의원) 3분의 2 이상의 찬성이 있어야 한다(제16조 제2항). 신설조합의 경우 창립총회를 개최하고 새로 규약을 제정하여야 하는데, 이것에 대하여는 노동조합의 설립에 관한 규정이 적용된다.

분할로 소멸하는 기존 조합의 대표자는 해산한 날로부터 15일 이내에 행정관청에 신고하여야 한다(제28조 제2항). 그리고 분할결의에 따라 새로 설립되는 노동조합의 대표자는 규약을 첨부하여 설립신고를 하여야 한다(제10조).

3. 법적 효과

소멸분할인 경우 기존 노조는 분할로 소멸하기 때문에 해산사유에 해당하게 된다. 존속분할의 경우 기존 노조가 여전히 존속하게 되고 새로운 노동조합이 신설된다.

분할도 합병과 마찬가지로 기존의 노조와 분할한 후 신설된 노조 간에 실질적 동일성이 있는지를 파악하여 그 법률관계를 논해야 한다.

분할결의로 특별한 결정을 하지 않는다면, 조합원의 권리·의무와 단체협약은 분할 이후 노동조합에 그 효력이 그대로 유지된다. 조합재산은 단독소유 또는 총유이므로 재산의 형성과정 등을 감안하여 분할결의 시 별도로 정할 필요가 있다. 별도의 정함이 없더라도 분할 후 노동조합은 기존 재산에 대해 일정한 분할청구권이 인정되어야 한다.

분할은 해산사유의 하나로 규정되어 있는데, 분할결의에 따라 바로 노동조합의 소멸이나 신설의 효과가 발생하는 것은 아니다. 이 경우 언제 분할이 완료되어 노동조합의 소멸 내지 신설의 효과가 발생하는지가 문제 된다. 합병과 마찬가지로 "분할도 새로이 재편되는 노동조합이 노동조합법 제2조 제4호에서 정한 노동조합의 실질적 요건을 갖추어 노동기본권의 향유 주체로 인정될 수 있는 때"[106] 분할 전후 노동조합의 소멸 또는 신설하는 것으로 보아야 하고 설립신고 등 형식적 요건을 충족하였지는 묻지 않는다.

IV. 조직형태 변경

1. 의의

조직변경은 노동조합이 존속 중에 실질적 동일성을 유지하면서[107] 조직형태를 변경하는 것을 말한다. 조직변경은 기존 노동조합을 해산하고 새로운 노동조합을 설립하는 절차를 밟을 필요가 없으므로 용이하게 노동조합의 조직형태 등을 변경할 수 있는 제도이다. 조직변경은 과거 복수노조가 금지된 상황에서 산업별 노조로의 전환을 용이하게 하려는 장치로 도입되었다.[108]

---

106 대법원 2016.12.27. 2011두921 판결.

107 판례도 조직변경이 인정되려면 변경 전후 조합의 실질적 동일성이 인정될 것을 요구하고 있다(대법원 1997.7.25. 95누4377 판결; 대법원 2000.2.25. 98두8988 판결 등).

108 상세한 것은 이철수, "산별체제로의 전환과 법률적 쟁점의 재조명", 「노동법연구」 제30호, 서울대학교 노동법연구회, 2011, 62-63면 참조.

조직변경에는 연합체를 단일노조로 변경하는 것과 그 반대의 경우 등 다양한 모습이 있다. 조합원 범위의 확대 내지 축소를 조직변경으로 볼 수 있는지가 문제 되지만, 이는 노동조합 자치에 속하는 사항으로서 노동조합법이 예정하는 조직변경에는 해당하지 않는다고 해석해야 한다.

조직변경에서 중요한 점은 변경 전후 조합의 실질적 동일성이 인정되어야 한다는 점이다.[109] 이는 변경 후 노동조합이 변경 전 노동조합의 재산관계 및 단체협약 주체로서 지위를 그대로 승계한다는 조직변경의 효과에 비추어 볼 때 당연한 것이다.

실질적 동일성이 유지되는지는 조직변경을 전후하여 노동조합의 조직, 조합원의 범위, 노동조합의 목적 등에서 동일성을 실질적으로 유지하는지에 따라 판단되어야 한다.

2. 조직변경 절차

조직변경은 총회(또는 대의원회)에서 그러한 취지의 결의와 함께 규약의 관련 규정을 변경하는 것으로 충분하다(노동조합법 제16조 제1항 제1호·제8호 참조). 물론 규약을 변경하는 경우 이를 행정관청에 통보하여야 하지만(제13조 제2항),[110] 변경통보가 조직변경의 요건이 되는 것은 아니다. 이와 같이 노동조합법에서는 노동조합의 해산·청산·신설 등의 절차를 거치지 않고도 조직형태의 변경이 가능하도록 함으로써 노동조합의 기존 단체협약의 효력이나 재산상 권리·의무 등의 법률관계가 새로운 조직형태의 노동조합에 그대로 유지·승계될 수 있도록 하고 있다.

조직변경의 의결에는 조합원(또는 대의원) 과반수 출석과 출석조합원(또는 대의원) 3분의 2 이상의 찬성이 필요하다(제16조 제2항 단서 참조).

산별노조의 기업별 지부가 기업별 단위노조로 조직변경을 하는 경우와 같이 단위노조의 하부조직이 독자적인 의사결정의 주체가 될 수 있는지에 관해 해석상 논란이 있었다. 이에 대해 대법원 전원합의체 판결은 앞에서 설명한 바와 같이 노동

---

109 대법원 2002.7.26. 2001두5361 판결.
110 기존 조합을 해산하고 신조합을 결성하는 '사실상의 조직변경'에서는 해산신고 및 별도 설립신고를 하여야 하지만, 조직변경에서는 변경신고만으로 족하다.

조합성이 인정되는 지부 등 하부조직이 독자적으로 조직 형태의 변경을 결의할 수 있다고 판시하였다.[111] 하부조직이라도 독자적인 규약이나 집행기구를 마련해서 노동조합으로 인정되는 이상 단체협약 체결능력, 쟁의행위능력이 인정된다고 보는 것이 대법원의 일관된 태도인데, 유독 조직변경에 대해서만 독자적으로 판단할 능력이 없다고 보는 것은 아무런 근거가 없기 때문에 타당한 판결이다.[112]

3. 법적 효과

조직변경 후 노동조합은 변경 이전 노동조합과 동일성이 유지되므로 재산관계와 단체협약상의 권리·의무는 그대로 유지된다. 판례도 "노동조합이 존속 중에 그 조합원의 범위를 변경하는 조직변경은 변경 후의 조합이 변경 전 조합의 재산관계와 단체협약의 주체로서 지위를 그대로 승계한다."라고 하여 같은 입장에 있다.[113]

조직변경이 이루어지면 조합원으로서 지위는 그대로 유지되므로 별도의 가입절차는 필요하지 않다. 조직변경의 효과는 합병이나 분할과는 달리 조직변경의 결의가 있을 때 곧바로 발생하는 것으로 보아야 한다.

---

111 대법원 2016.2.19. 2012다96120 전원합의체 판결.
112 이에 관해서는 이철수, 앞의 논문, 65-66면 참조.
113 대법원 1997.7.25. 95누4377 판결; 대법원 2002.7.26. 2001두5361 판결.

제17장
단체교섭

제1절
단체교섭의 의의와 단체교섭권의 보장

I. 단체교섭의 의의

웹(Webb) 부부가 19세기 후반에 영국에서 광범위하게 진행되던 노사 간의 집단적·평화적 교섭을 가리켜 '단체교섭'(collective bargaining)이라는 용어를 사용한 이래 단체교섭은 집단적 노사관계에서 중요한 개념의 하나로 사용되고 있다. 단체교섭의 의미는 국가나 시기에 따라 약간씩 다르게 사용되고 있다.[1] 가장 넓게는 노동조합을 포함한 근로자단체(예컨대 종업원위원회)와 사용자 또는 사용자단체가 행하는 일체의 집단적 대화를 의미하지만,[2] 좁게는 근로조건 기타 노사관계의 제반 사항에 관하여 노동조합과 사용자 간에 행하는 집단적 교섭을 의미한다. 여기에서 단체교섭은 후자를 의미한다.

단체교섭은 국가가 처한 경제적·사회적 상황과 노사관계의 특성에 따라 상이한 방식으로 전개되고, 각 나라의 입법정책도 다양하다. 노동3권 중에서도 단체교섭권은 정책적으로 뒷받침되는 것이 중요한 영역이다. 일례로 미국은 배타적 교섭대

---

1 김유성, 『노동법 Ⅱ』, 법문사, 1999, 125면.
2 대표적으로 1981년에 채택된 국제노동기구(ILO) 제154호 "단체교섭촉진에 관한 협약" 참조.

표제를 마련하여 종업원의 과반수 지지를 획득한 노동조합만이 교섭권을 행사하고 그 결과를 전체 종업원이 공유하는 제도를 채택하는 데 비하여, 대부분 나라에서는 자유로이 설립한 노동조합이 단체교섭권을 행사하고 그 결과를 조합원만이 향유하는 것을 이념형으로 삼아 분명한 대비를 이루고 있다.

영국과 독일 등은 전통적으로 단체교섭의 방법과 절차 등에 대하여 법이 관여하기를 자제하는 이른바 '방임형' 단체교섭 정책을 기조로 하는 반면, 미국과 일본 등에서는 단체교섭권을 법적 권리로 적극 승인하고 장려하는 '촉진형' 단체교섭 정책을 선호한다. 다만 최근에 들어와 이러한 방향성이 수렴하는 등 많은 변화를 겪고 있기 때문에, 단체교섭제도는 각 나라의 내재적 관점에서 자세히 들여다보아야 하고, 단순한 평면적 비교는 경계해야 한다. 우리나라는 단체교섭에 대한 상세한 규정을 두고 있고, 사용자가 정당한 이유 없이 단체교섭을 거부하는 경우 이를 형사처벌이 수반되는 부당노동행위로 규율하므로 '촉진형' 정책을 취한다고 볼 수 있다.

뒤에서 살펴보는 바와 같이 단체교섭의 결과물인 단체협약을 제도적으로 수용하는 방식도 다양하다(이에 대해서는 제18장 단체협약 참조).

노동조합법은 단체교섭의 개념을 직접적으로 정의하지 않았다. 그렇지만 노동조합법의 목적(제1조), 노동조합의 정의(제2조 제4호), 노동조합 대표자의 교섭과 단체협약 체결 권한(제29조 제1항), 교섭·협약체결 원칙(제30조) 등의 규정에 비추어 단체교섭 개념을 추론해 볼 수 있다. 즉 단체교섭은 노동조합이 헌법이 보장하는 단체교섭권에 기초하여 근로조건의 유지·개선 기타 근로자의 경제적·사회적 지위를 향상하고자 단체협약 체결 등을 목적으로 행하는 사용자 또는 사용자단체와의 대화를 의미한다고 볼 수 있다. 이러한 정의에 따르면 단체교섭의 당사자는 원칙적으로 노동조합과 사용자 또는 사용자단체이다.

II. 단체교섭의 방식

단체교섭방식을 결정하는 지배적 요소는 노동조합의 조직형태이다. 산업별·직종별 노조가 지배적인 유럽의 경우 단체교섭은 산업별 또는 직종별로 해당 노동조합과 그에 대응하는 사용자단체 간에 전국 또는 지역단위로 하는 것이 보통이다. 반면 기업별 노조의 전통이 강한 우리나라나 일본의 경우 사업 또는 사업장 차원에서 단체교섭이 행해지는 경우가 일반적이다. 다만 미국의 경우 유럽과 유사하게 산업별·직종별 조직형태를 취하지만, 이른바 적정교섭단위제도(an appropriate bargaing unit)가 채택되어 사업 또는 사업장 차원에서 교섭이 행해지는 경우가 많다.[3]

단체교섭은 하나의 사업 또는 사업장을 교섭단위로 하는 기업별 교섭과 하나의 산업, 직종 또는 지역 등을 교섭단위로 하는 초기업적 교섭으로 나누어 볼 수 있다. 이와 같은 단체교섭의 방식은 노동조합의 조직 형태, 교섭의 역사와 관행, 노사관계의 변화 등에 따라 다양한 모습으로 나타난다. 초기업적 교섭의 대표적 유형인 산업별 교섭의 경우 산업별 노동조합이 광범위한 조직력과 강력한 교섭력에 기초하여 해당 산업에서 사용자단체와 협상해 최저기준으로서 근로조건을 통일적으로 결정하는 장점이 있지만, 개별 기업의 지불 능력, 경영 상황 등을 고려한 기업 사정에 적합한 구체적 근로조건을 정하기 곤란한 한계가 있다.

기업별 교섭은 이러한 한계를 극복하는 교섭방식이지만, 교섭 당사자인 기업별 노동조합의 교섭력이 산업별 노동조합에 비해 취약하고, 기업 단위에서 교섭을 둘러싼 노사갈등이 격화될 수 있으며, 동일 산업 내에서도 기업별 교섭의 결과 기업 간 근로조건에서 큰 격차가 생길 수 있는 등 단점이 있다.

산업별 노동조합이 지배적인 유럽의 경우 전통적으로 해당 산업의 노동조합과 그 상대방인 사용자단체가 전국 또는 지역단위에서 교섭하는 것이 일반적이었으나 최근에는 이러한 산업별 교섭의 한계를 극복하고자 산업별노조와 특정 기업 간의 이른바 대각선 교섭이 시도되기도 한다.

우리나라의 경우 조직 형태와는 무관하게 사업장 차원에서 교섭을 선호하는 강한 전통이 있다고 할 수 있다. 과거 산업별 노동조합의 형태를 취하던 시기에도 단

---

3 미국에서 교섭단위의 결정권한이 전국노사관계위원회(NLRB)에 유보되어 있고, 교섭단위의 결정·방침은 시대에 따라 바뀌어가는 한편 현재에도 지역에 따라 교섭단위가 다르게 결정되는 예도 있다. 초기에는 전국적·지역적 차원의 교섭단위를 선호하였으나 그 이후 줄곧 사업장 차원으로 교섭단위가 세분화되는 경향을 보이기 때문에 결과적으로 기업별 교섭이 많아 보일 뿐이지, 이를 두고 우리나라나 일본과 같은 기업별 교섭 방식을 취하고 있다고 단정할 수 없다(이철수, "단체교섭의 근로자측 주체에 관한 비교법적 분석", 서울대학교 대학원 박사학위논문, 1992 참조).

체교섭은 사업장 차원에서 했고, 1980년 노동조합법 개정으로 노동조합의 조직 형태를 기업별로 강제한 이후에는 이러한 관행이 고착화되었다. 현재에는 산업별 단위노조로 그 조직 형태가 상당 부분 변경되었음에도, 사업 또는 사업장에 설치된 지부 또는 분회가 단체교섭을 행하는 경우가 일반적이다. 이로써 지부 또는 분회의 단체교섭 당사자성이 법적으로 문제 되는 경우가 많다.

III. 단체교섭권의 보장

우리나라는 단체교섭권을 헌법상의 기본권으로 보장하고 이를 구체화하는 법률을 마련하고 있다. 이는 단체교섭권을 헌법이 아닌 법률로 보장하는 미국이나 단체교섭권을 실정법적 권리로 다루지 않는 독일 등과 극명하게 대비된다.

헌법의 최고규범성에 비추어 볼 때 단체교섭권의 법적 효과는 다음과 같다.

첫째, 국가는 단체교섭권을 부당하게 침해하거나 제한할 수 없다. 따라서 이러한 국가기관의 행위는 위헌으로 무효가 된다. 단체교섭권을 보장하면서 단체협약체결권을 제한하거나 박탈하는 조치가 이루어지면 위헌이 될 수도 있다.[4]

둘째, 단체교섭권은 객관적 가치질서이므로 단체교섭권을 부당하게 침해하거나 부정하는 사인(私人)의 행위 또한 무효가 된다. 사용자는 근로자의 단체교섭권에 대응하여 단체교섭에 응할 의무를 부담하며, 만약 사용자가 이 의무에 위반하면 그 자체로 헌법상의 단체교섭권침해가 되는 것은 물론 노동조합법상의 부당노동행위(제81조 제1항 제3호)가 성립한다.

셋째, 근로자 측 단체교섭요구가 정당하게 행해질 경우에는 사용자 측의 권리 내지 자유를 침해해도 민형사 면책이 인정된다. 이는 헌법 제33조의 내재적 요청이고, 노동조합법 제3조·제4조는 이를 확인하는 규정이다.

---

4 헌법재판소도 헌법 제33조 제1항이 근로3권을 보장한 것은 근로자가 사용자와 대등한 지위에서 단체교섭을 해서 자율적으로 임금 등 근로조건에 관한 단체협약을 체결하도록 하려는 것이기 때문에 비록 헌법이 위 조항에서 '단체협약체결권'을 명시하여 규정하지 않았다고 하더라도 근로조건의 향상을 위한 근로자와 그 단체의 본질적 활동의 자유인 '단체교섭권'에는 단체협약체결권이 포함되어 있다고 보아야 한다고 판시하고 있다[헌법재판소 1998.2.27. 94헌바13·26, 95헌바44(병합) 결정].

넷째, 단체교섭권 행사의 실질적 조건을 형성하고 유지해야 할 국가의 적극적인 활동, 즉 적정한 입법조치가 요구된다.[5] 노동조합법에 규정된 노동조합 대표자의 교섭 및 협약 체결권한(제29조 제1항), 단체협약의 규범적 효력(제33조), 단체협약의 일반적 구속력(제35조)과 지역적 구속력(제36조), 사용자의 정당한 이유 없는 교섭거부·해태의 금지(제81조 제1항 제3호) 규정 등이 그 예이다.

한편, 단체교섭권 등 노동3권은 자유권적 성격과 사회권적 성격을 함께 갖는 기본권이다.[6] 이때 단체교섭권의 자유권적 성격과 사회권적 성격의 관계를 어떻게 이해해야 할지 문제 된다. 집단적 노사관계의 현실 등 시대적 상황에 따라 두 가지 성격 중 어느 하나가 더 강조될 수는 있지만, 이들은 기본적으로 단체교섭권을 실질적으로 보장하기 위해 서로를 필요로 하는 상호 보완적 관계에 있다고 보아야 한다. 사회권적 성격이 결여된 단체교섭권은 형식적 자유에 불과하고, 자유권적 성격이 결여된 단체교섭권은 법으로 그 권리를 제한하는 것과 마찬가지기 때문이다. 단체교섭권의 사회권적 성격은 자유권으로서 단체교섭권이 존중·촉진·실현되도록 국가가 적절한 조치를 취할 것을 요청한다. 그러나 단체교섭권의 사회권적 측면을 강조한 나머지 단체교섭이 가지는 자유권적 속성을 제한해서는 아니 된다.[7]

노동3권은 그 가운데 어느 하나가 결여되면 기본권 보장의 본래적 목적을 달성하기 어렵다는 점에서 서로 밀접하게 연관되어 있는 권리이다. 그런데 노동3권 중 단체교섭권을 가장 중심적 권리에 해당하는 것으로 보는 견해가 있다(이른바 단체

---

5 헌법재판소 2018.5.31. 2012헌바90 결정.

6 헌법재판소 2008.7.31. 2004헌바9 결정 등.

7 교원노조법이 제정되기 이전 사립학교 교원에게도 국가공무원상의 복무규정이 적용되어 사립학교 교원의 노동3권이 전면적으로 금지되었던 것과 관련하여 헌법재판소는 노동3권이 "자유권적 기본권으로서의 성격보다는 생존권 내지 사회적 기본권으로서의 측면이 더 강한 것"이라는 전제 아래 "일반근로자에게 근로3권을 보장함으로써 노동조합이라는 단체를 조직하게 하고, 단체교섭권·단체행동권 등의 행사로 그들의 경제적·사회적 지위의 향상을 스스로 기하도록 한 것에 갈음하여 사립학교 교원에 대하여는 법률의 규정으로 직접 보수와 신분의 보장을 하는 한편, 교원이라는 신분에 걸맞은 교직단체인 교육회를 통하여 그들의 경제적·사회적 지위향상을 도모할 수 있도록 보장하고 있는 것으로 보아야 할 것"이므로, 사립학교 교원에게 비록 헌법 제33조 제1항에 정한 노동3권의 행사를 제한 또는 금지하고 있다고 하더라도 이로써 사립학교 교원이 가지는 노동기본권의 본질적 내용을 침해한 것으로는 볼 수 없다고 판단하였다(헌법재판소 1991.7.22. 89헌가106 결정). 이처럼 헌법재판소는 이른바 '대상조치론'에 근거하여 심판대상조항에 대해 합헌 판단을 하였으나, 이는 노동3권의 사회권적 측면을 더 강조하여 그 자유권적 측면을 경시한 대표적 사례라 할 수 있다.

교섭권 중심설).[8] 이 견해에 따르면, 단결권과 단체행동권은 단체교섭권을 행사하는 수단적 권리가 되고, 사용자와의 교섭으로 해결할 수 없는 사항(예 : 정부의 고용·노동정책 등)을 대상으로 하는 단체교섭이나 쟁의행위는 그 정당성이 인정되지 않는다는 논리로 이어진다. 물론 근로조건을 개선하는 주요 수단이 단체교섭임을 부정할 수는 없다. 그러나 근로자들이 단결하는 목적이 단체교섭에만 있다고 보기 어렵고, 단체교섭으로 해결할 수 없는 사항이라도 노동조합의 목적 범위 내에 있다면 단결활동이나 단체행동으로 그 해결을 도모하도록 허용하는 것이 노동3권 보장의 취지에 더 부합한다.[9] 이처럼 단체교섭권 중심설은 단결권, 단체행동권의 정당한 행사 범위를 제한하고, 현행법상 그 법리적 근거를 찾기 어렵다는 점에서 수긍하기 어렵다.

제2절
단체교섭의 주체

단체교섭의 주체는 자기 이름으로 교섭을 요구할 수 있고 그 결과가 자신에게 귀속되는 자를 말한다. 통상 이를 단체교섭의 당사자라 한다. 이와 달리 단체교섭의 담당자란 단체교섭의 당사자를 위하여 단체교섭을 사실행위로 행하는 자를 말한다. 전자는 권리·의무의 주체, 즉 교섭권의 문제이고, 후자는 교섭권자를 위해 교섭을 행하고 그 법적 효과를 교섭권자에게 귀속시키려는 교섭권한의 문제이다. 따라서 노동조합법상의 특별한 규정이 없으면 담당자에 관해서는 민법상의 위임 또는 대리의 법리가 적용된다.

---

8 대법원 1990.5.15. 90도357 판결에서 "노동3권은 다 같이 존중 보호되어야 하고 그사이에 비중의 차등을 둘 수 없는 권리들임에는 틀림없지만 근로조건의 향상을 위한다는 생존권의 존재목적에 비추어 볼 때 위 노동3권 가운데에서도 단체교섭권이 가장 중핵적 권리임은 부정할 수 없다."라고 판시하였다.
9 김진, "쟁의행위의 목적," 서울대학교 대학원 박사학위논문, 2018 참조.

I. 단체교섭의 당사자

1. 근로자 측 교섭 당사자

(1) 노동조합

단위노동조합은 그 조직형태와 관계없이 당연히 단체교섭의 당사자가 된다. 설립신고증을 교부받지 못하였으나 노동조합법 제2조 제4호에 따른 노동조합으로서 실질적 요건을 갖춘 이른바 '법외노조'도 단체교섭의 당사자가 될 수 있다.

한편, 하나의 사업 또는 사업장에서 조직 형태에 관계없이 복수의 노동조합이 존재하는 경우에는 사용자가 개별교섭에 동의하지 않는 한 교섭창구단일화 절차에 따라 교섭대표노동조합을 정하여 교섭해야 한다(제29조의2).

특정 노동조합만이 단체교섭을 할 수 있는 유일한 당사자이고 다른 노동조합의 교섭 당사자성을 부정하는 단체협약상의 유일교섭단체조항은 근로자의 노동조합 결성 및 가입의 자유와 단체교섭권 등을 침해하는 것으로 위법·무효이고,[10] 특정 노동조합과 사용자는 그 조항을 이유로 다른 노동조합의 교섭권을 부인할 수 없다.

(2) 초기업 노동조합의 하부조직(지부, 분회, 지회 등)[11]

우리나라의 경우 조직 형태 변경 절차를 거쳐 기존의 기업별 노동조합이 산업별 노동조합의 하부조직으로 변경되는 일이 흔해서 하부조직의 단체교섭 당사자성 문제가 중요한 쟁점으로 부각된다. 즉 초기업 노동조합의 하부조직은 단위노동조합으로부터 교섭권한을 위임받았는지에 관계없이 독자적인 단체교섭권을 가지는지가 문제 된다. 이에 대하여 판례는 하부조직이 독자적인 단체교섭권과 단체협약 체결 능력을 가질 수 있는 것으로 해석하고 있다. 그 판단기준으로 "노동조합의 하부단체인 분회나 지부가 독자적인 규약 및 집행기관을 가지고 독립된 조직체로서 활동을 하는 경우 당해 조직이나 그 조합원에 고유한 사항에 대하여는 독자적으로 단체교섭하고 단체협약을 체결할 수 있고, 이는 그 분회나 지부가 노동조합 및 노

---

10 대법원 2016.3.10. 2013두3160 판결 참조.
11 이에 대해서는 이철수, "산별체제로의 전환과 법률적 쟁점의 재조명", 「노동법연구」 제30호, 서울대학교 노동법연구회, 2011, 51-62면 참조.

동관계조정법 시행령 제7조의 규정에 따라 그 설립신고를 하였는지 여부에 영향받지 아니한다."라고 밝히고 있다.[12] 이러한 판례에 대하여 다수 학설은 비판적 태도를 보인다. 그 비판의 핵심은 하부조직의 실체성만을 이유로 단체교섭의 당사자로 인정하는 것은 조합조직의 원리나 대표성의 원칙에 반한다는 점, 초기업 노동조합의 단체교섭권을 형해화한다는 점, 하부조직은 독자적인 노동조합이 아니라서 초기업 노동조합 규약상의 수권이나 위임으로만 단체교섭이 가능하다는 점, 하부조직의 조직적 실체성 여부와 초기업 노동조합의 규약에 합치하는 하부조직의 교섭능력 여부는 별개의 문제라는 점 등이다.

생각건대, 하부조직의 교섭 당사자성을 부인하는 위와 같은 부정설은 실질적으로 하부조직이 교섭 당사자로 활동하면서 단위노동조합과 교섭권(한)의 배분 내지 조정이 이루어지는 실태를 적절히 반영하지 못할 뿐만 아니라, 교섭창구단일화의 결과 과반수 지위를 획득한 교섭대표노동조합에 대해서는 지부 등의 조직 형태를 취하더라도 단체교섭 당사자성을 부여할 것을 예정하는 현행법제도를 설명할 수 없다는 점에서 수긍하기 어렵다. 부정설이 주장하는 바와 같이 복수의 당사자가 있다고 해서 반드시 단위노동조합의 교섭권이 형해화된다고 단정할 수 없을 뿐만 아니라(연합단체와 단위노조의 관계를 생각해 보라), 설령 그러한 추상적 위험성이 존재하더라도 하부조직의 당사자성을 부정함으로써 발생하는 구체적 위험과 비교형량을 해볼 필요가 있다. 만약 단위노동조합이 교섭권의 배분·조정에 성공하지 못해 형해화하는 결과를 초래한다면 그 원인을 하부조직의 당사자성 유무에서 찾을 것이 아니라 단위노동조합 자체의 단결력 또는 조정·통제 능력의 미비 등 다른 실질적 요인에서 찾아야 한다. 조합민주주의의 요청상 하부조직이라도 사단적 실체를 가지는 단체에 대해서는 그에 상응하는 법률적 지위를 부여하는 것이 오히려 바람직하다는 점을 고려하면[13] 하부조직의 당사자성을 일률적으로 부정할 일은 아니다. 단위노동조합은 통제권으로 구성원 혹은 하부조직의 활동을 규제할 수 있기 때문이다.

한편 단위노동조합의 위임 여부에 따라 교섭 당사자성 유무가 결정된다고 보기

---

12 대법원 2001.2.23. 2000도4299 판결; 대법원 2008.1.18. 2007도1557 판결; 대법원 2011.5.26. 2011다 1842 판결 등.

13 대법원 2016.2.19. 2012다96120 전원합의체 판결의 다수의견도 이러한 관점에 입각하고 있다.

어렵다. 왜냐하면, 단체교섭의 당사자 문제는 담당자 문제와 달리 단위노동조합의 위임(Subjective Wille)에 의존하지 않고 규약이나 집행기관의 유무라는 객관적 실태(Objective Merkmal)에 따라 당사자성을 판별해야 하기 때문이다.[14] 시민법상의 권리능력, 의사능력, 행위능력, 책임능력, 불법행위능력 역시 법적 안정성의 견지에서 객관적 실태를 기준으로 그 유무를 판단하고 있다. 특별히 단체교섭의 당사자 능력만을 주관적 의지에 따라 판단할 이유는 발견되지 않는다. 요약하면, 노동조합 지부·분회 등 하부조직이 독자적인 단체교섭의 주체가 될 길은 열려 있으며 그 판단은 하부조직이 조직으로서 실체를 갖추었느냐에 달렸지만, 노동조합의 조직 원리상 하부조직의 독자적 단체교섭권은 조합통제와 관련된 내재적 제약을 받는다고 할 것이다.

(3) 연합단체

단위노동조합을 구성원으로 하는 연합단체도 노동조합법상의 노동조합에 해당하기 때문에(제2조 제4호 본문) 그 단체의 고유한 사항에 관해 교섭할 수 있는 당사자의 지위가 인정된다고 보아야 한다. 따라서 소속 단위노동조합들에 공통적인 사항이나 집단적 노사관계의 운영에 관한 사항에 대해 연합단체 자신의 이름으로 교섭을 요구할 수 있다.

이 경우 연합단체가 그 구성원인 단위노동조합에 고유한 사항에 대하여 독자적으로 교섭할 수 있는지가 문제 된다. 단위노조와 연합단체가 각기 독자적으로 가지고 있는 단체교섭권이 경합하는 것이다. 원칙적으로는 단위노동조합이 자신의 고유한 사항에 대해 우선적인 교섭권을 가진다고 보아야 하나 규약 등에 연합단체로 교섭권한을 위임하는 등의 사정이 있으면 달리 해석할 수 있다. 단위노조와 연합단체가 동시에 교섭을 요구하면 사용자는 상대방 측에 교섭권의 배분이나 조정을 요구할 수 있고, 특히 사용자가 동일한 사항에 대하여 단위노동조합과 교섭을 진행하고 있다는 이유로 연합단체의 교섭 요구를 거부하더라도 이를 정당한 이유 없는 교섭 거부로 단정할 수는 없다.

---

14 Kaskel, "Tariffähigkeit und Tarifberechtigung", *Neue Zeitschrift für Arbeitsrecht*, 1926, pp.1-2.

2. 사용자 측 교섭 당사자

(1) 사용자

'사용자'는 사업주, 사업의 경영담당자 또는 그 사업의 근로자에 관한 사항에 대하여 사업주를 위하여 행동하는 자를 말한다(제2조 제2호). 노동조합법 제29조 제1항에서는 "노동조합의 대표자는 그 노동조합 또는 조합원을 위하여 사용자나 사용자단체와 교섭하고 단체협약을 체결할 권한을 가진다."라고 규정하고, 같은 법 제81조 제1항 제3호에서는 사용자가 "노동조합의 대표자 또는 노동조합으로부터 위임을 받은 자와의 단체협약체결 기타의 단체교섭을 정당한 이유 없이 거부하거나 해태하는 행위"를 부당노동행위의 하나로 규정함으로써 사용자를 노동조합에 대응하는 단체교섭의 당사자로 정하고 있다. 판례에 따르면, 단체교섭의 당사자로서 교섭 의무를 부담하는 사용자는 근로자와의 사이에 사용종속관계가 있는 자, 즉 근로자와의 사이에 그를 지휘·감독하면서 그로부터 근로를 제공받고 그 대가로 임금을 지급하는 것을 목적으로 하는 명시적이거나 묵시적인 근로계약관계를 맺고 있는 자를 말한다.[15] 국가의 행정관청이 사법상 근로계약을 체결한 경우 그 근로계약관계의 권리·의무는 행정주체인 국가에 귀속되므로 국가는 그러한 근로계약관계에서 노동조합법 제2조 제2호에서 정한 사업주로서 단체교섭의 당사자 지위에 있는 사용자에 해당한다.[16]

그러나 단체교섭의 당사자인 사용자가 명시적 또는 묵시적 근로계약관계를 맺고 있는 사업주에 한정된다고 단정할 필요는 없다. 대법원은 근로자의 기본적인 노동조건 등에 관하여 그 근로자를 고용한 사업주로서 권한과 책임을 일정 부분 담당한다고 볼 정도로 실질적이고 구체적으로 지배·결정할 수 있는 지위에 있는 자가 노동조합법 제81조 제1항 제4호 소정의 지배·개입의 부당노동행위를 한 경우 그 구제명령의 대상인 사용자에 해당한다고 판단하여[17] 노동조합법상의 사용자 개념이 확대될 수 있는 길을 열었다. 그러나 이는 어디까지나 지배개입의 부당

---

15 대법원 1995.12.22. 95누3565 판결; 대법원 1997.9.5. 97누3644 판결.
16 대법원 2008.9.11. 2006다40935 판결.
17 대법원 2010.3.25. 2007두8881 판결.

노동행위에 대한 것이고, 이러한 법리가 단체교섭의 당사자로서 사용자 개념을 확대하는 데까지 이어질 수 있는지에 대한 대법원 판결은 아직 없다[18](사용자 개념의 확대와 관련하여서는 제25장 참조).

(2) 사용자단체

'사용자단체'도 단체교섭의 당사자로 인정된다. 노동조합법에 따르면, 사용자단체는 노동관계에 관하여 그 구성원인 사용자에 대하여 조정 또는 규제할 수 있는 권한을 가진 사용자의 단체를 말한다(제2조 제3호). 사용자단체가 그 구성원인 사용자에 대하여 조정 또는 규제할 수 있는 권한을 가지려면 노동조합과의 단체교섭·단체협약을 체결하는 것을 그 목적으로 하고 또한 그 구성원 각 사용자에 대하여 통제력을 가지고 있어야 한다.[19] 이에 해당하는지는 그 단체의 정관에서 정한 내용, 구성원에 대한 제재 권한 보유 여부, 단체교섭의 관행 내지 실태 등을 고려하여 판단한다.[20]

II. 단체교섭의 담당자

1. 근로자 측 교섭 담당자

단체교섭의 담당자는 현실적으로 교섭을 행하는 자이므로 권리·의무의 주체가 되는 단체교섭의 당사자와는 구별된다. 자연인뿐만 아니라 법인도 담당자가 될 수

---

18 대전지방법원 2011.10.6. 2001카합782 결정에서는 "비록 근로계약의 당사자가 아니라고 하더라도 단체교섭의 대상이 되는 근로조건에 관한 사항의 전부 또는 일부에 관하여 그 근로자를 고용한 사업주로서의 권한과 책임을 일정 부분 담당하고 있다고 볼 정도로 실질적으로 구체적으로 지배·결정할 수 있는 지위에 있으면 단체교섭의 당사자로서의 사용자에 해당한다."라고 판시하여 단체교섭 당사자인 사용자 개념을 확대한 점에서 주목된다. 또한 최근 중앙노동위원회는 "원사업주가 아닌 사업주라 할지라도 원사업주 소속 근로자의 기본적인 노동조건 등에 관하여 일정 부분 실질적이고 구체적으로 지배·결정할 수 있는 지위에 있는 자는 노동조합법상 단체교섭 의무를 부담하는 사용자로 인정된다."라는 판정을 내린 바 있다(중노위 2021.6.2. 2021부노14 판정).

19 대법원 1999.6.22. 98두137 판결.

20 대법원 1992.2.25. 90누9049 판결; 대법원 1999.6.22. 98두137 판결 등 참조.

있다. 노동조합법에 따르면 근로자 측 교섭 담당자는 '노동조합의 대표자'와 '노동조합으로부터 위임을 받은 자'이다.

(1) 노동조합의 대표자

노동조합의 대표자는 그 노동조합 또는 조합원을 위하여 사용자나 사용자단체와 교섭하고 단체협약을 체결할 권한을 가지며, 교섭창구단일화 절차에 따라 결정된 교섭대표노동조합의 대표자는 교섭을 요구한 모든 노동조합 또는 조합원을 위하여 사용자와 교섭하고 단체협약을 체결할 권한을 가진다(노동조합법 제29조 제1항·제2항).

노동조합의 대표자는 그 규약에서 정한 바에 따라 조합원 총회 또는 대의원회에서 직접·비밀·무기명투표로 선출된 임원 가운데 대외적으로 해당 단체를 대표하고 대내적으로 노동조합의 업무 집행을 총괄하는 권한을 가진 자이다.[21]

(2) 노동조합으로부터 위임받은 자

노동조합법은 단체교섭의 당사자로부터 교섭 또는 협약체결 권한을 위임받을 수 있는 자의 자격과 범위에 대해 아무런 제한을 두지 않았다. 따라서 이들에 대한 자유로운 위임이 가능하다. 노동조합은 외부 전문가나 단체의 조력을 받아 교섭하고 단체협약을 체결할 수 있다. 노동조합으로부터 교섭 또는 단체협약의 체결에 관한 권한을 위임받은 자는 그 노동조합을 위하여 위임받은 범위 안에서 그 권한을 행사할 수 있다(제29조 제3항). 이 경우 노동조합은 교섭사항과 권한 범위를 정하여 위임하여야 한다(시행령 제14조 제1항). 또한 노동조합은 위임을 받은 자의 성명(위임을 받은 자가 단체인 경우에는 그 명칭과 대표자 성명), 교섭사항과 권한 범위 등 위임의 내용을 포함하여 위임사실을 상대방에게 통보하여야 한다(제29조 제4항, 시행령 제14조 제2항).

---

21 헌법재판소 1998.2.27. 94헌바13·26, 95헌바44(병합) 결정. 헌법재판소의 결정에 따르면, 노동조합의 대표자에게 단체교섭권과 함께 단체협약체결권을 부여한 노동조합법의 입법목적은 노동조합이 근로3권의 기능을 더 효율적으로 이행하기 위한 조건을 규정함에 있고, 따라서 비록 이 규정으로 말미암아 노동조합의 자주성이나 단체자치가 제한되는 경우가 있다고 하더라도 이는 근로3권의 기능을 보장함으로써 산업평화를 유지하고자 하는 중대한 공익을 위한 것으로서 그 수단 또한 필요·적정한 것이라 할 것이므로 헌법에 위반된다고 할 수 없다고 한다.

교섭권한의 위임은 노동조합이 그 대표자 이외의 자에게 그 노동조합 또는 조합원을 위하여 노동조합의 입장에서 사용자 측과 단체교섭을 하는 사무처리를 맡기는 것이다. 판례는 교섭권한을 위임한 후 이를 해지하는 등 별개의 의사표시가 없더라도 노동조합의 교섭권한은 여전히 그 수임자의 교섭권한과 중복하여 경합적으로 남아 있다고 본다.[22] 그러나 단체협약이 체결되어 교섭권한을 위임한 목적이 달성된 경우, 노동조합은 그 단체협약을 변경하거나 갱신할 수 있는 당사자이므로 수임자의 교섭권한과의 중복·경합 문제는 발생하지 않는다. 또한 노동조합으로부터 교섭·협약체결 권한을 위임받은 자와 사용자 간 체결한 단체협약 유효기간 내라고 하더라도 노동조합의 대표자와 사용자는 그 단체협약의 일부를 변경하기로 합의할 수 있으며, 그러한 합의는 유효하다.

한편, 단체협약에 노동조합이 기업 외부의 제3자에게 단체교섭권을 위임하지 않겠다는 취지의 규정(이른바 제3자 위임금지 조항)을 둔 경우 그 유효성이 문제 된다. 노동조합이 단체협약을 체결해 자발적으로 교섭권 위임에 관한 제약을 수용한 것이 단체교섭권에 대한 부당한 제한으로 무효라고 할 수 있을지 의문이다. 그러나 제3자 위임금지 조항의 유효성이 인정될 수 있다고 하여 사용자가 언제든지 그 조항을 이유로 제3자와의 교섭을 거부할 수 있다고 해석하게 되면 교섭권한의 자유로운 위임을 허용한 노동조합법의 취지와 상충된다. 따라서 제3자 위임금지 조항에도 불구하고 노동조합이 제3자에게 교섭권한을 위임할 필요성이 객관적으로 인정되고, 제3자와의 교섭을 거부할 만한 특별한 사정이 사용자에게 있다고 평가하기 어려운 경우에는 사용자가 제3자 위임금지 조항을 이유로 단체교섭을 거부할 수 없다고 봄이 타당하다.[23]

(3) 대표자의 협약체결권한 제한-이른바 총회인준제도

통상적으로 노동조합의 대표자 또는 단체교섭의 수임인이 단체협약을 체결할 권한을 가지게 된다.

현행 노동조합법 제29조 제1항에서는 "노동조합의 대표자는 그 노동조합 또는 조합원을 위하여 사용자 또는 사용자단체와 교섭하고 단체협약을 체결할 권한을

---

22 대법원 1998.11.13. 98다20790 판결.
23 같은 취지로 임종률, 「노동법」, 박영사, 2022(20판), 138면.

가진다."라고 규정하여 대표자 단체협약의 체결 권한을 폭넓게 인정하고 있다. 이렇게 하지 않으면 단체교섭이 원활하게 진행되지 않고 결과적으로 교섭권한이 무의미해질 가능성이 있을 뿐만 아니라, 사용자 측으로서는 결정 권한이 없는 대표자와의 교섭을 회피하거나 교섭에 임한다고 하더라도 성실한 자세로 최후의 양보안을 제출하는 것을 꺼릴 우려가 있기 때문이다. 이는 단체교섭을 촉진하기 위한 실무적 필요성[24]에서 마련된 규정이다.

이러한 노동조합법 제29조 제1항에도 불구하고 노동조합의 규약이나 총회의 의결 또는 단체협약 등으로 노동조합 대표자의 협약체결 권한을 제한할 수 있는지가 문제 된다. 이에 대해 판례는 일관되게 노동조합의 대표자가 단체교섭의 결과에 따라 사용자와 단체협약의 내용을 합의한 후 다시 협약안의 가부에 관하여 조합원 총회의 의결을 거치도록 한 규정(이른바 '총회인준조항')은 대표자의 협약체결 권한을 '전면적·포괄적'으로 제한함으로써 사실상 단체협약체결 권한을 형해화하여 명목에 불과한 것으로 만드는 것이어서 노동조합법 제29조 제1항에 반한다고 본다.[25] 따라서 이러한 규정을 둔 노동조합 규약이나 단체협약에 대한 행정관청의 시정명령은 적법하고,[26] 사용자가 교섭을 거부하더라도 부당노동행위에 해당하지 않으며, 그러한 교섭 거부에 대항하는 쟁의행위는 정당하지 않다고 본다.[27]

그러나 다음의 점들을 고려할 때 위와 같은 판례의 태도는 수긍하기 어렵다. 첫

---

24 1997년 법 개정 이전의 구노동조합법 제33조 제1항은 "노동조합의 대표자 ……는 사용자나 사용자단체와 단체협약의 체결 기타의 사항에 관하여 교섭할 권한이 있다."라고 규정하였을 뿐 단체협약 체결 권한에 대해서는 침묵했다. 이에 당시 많은 학설은 '교섭할 권한'은 사실행위인 단체교섭을 할 수 있는 권한만을 의미하기 때문에 법률행위인 단체협약체결권이 교섭할 권한에 당연히 포함되는 것은 아니고, 따라서 협약체결 전에 조합원 총회의 동의를 구할 것을 요구하는 노조규약의 총회인준 조항은 법이 정하는 조합대표자의 권한을 제한하는 것이 아니며 유효한 것이라고 보았다. 다만 이와 달리 판례는 '교섭할 권한'에는 단체협약체결권까지 포함되는 것으로 파악하고, 그에 따라 총회인준 조항은 법상 인정되는 조합대표자의 권한을 형해화하는 것으로 무효라고 보았다[대법원 1993.4.27. 91누12257 전원합의체 판결; 헌법재판소 1998.2.27. 94헌바13·26, 95헌바44(병합) 결정 등].

이러한 논란이 계속되자 1997년 노동조합법 개정에서 판례의 태도를 수용하여 현행과 같이 대표자의 교섭권한 외 '협약체결권한'까지도 인정하게 되었다. 그러나 이러한 입법으로 총회인준을 둘러싼 해석론상의 쟁점이 완전히 해소되었다고 단정할 수 없다.

25 대법원 1993.4.27. 91누12257 전원합의체 판결; 대법원 2002.11.26. 2001다36504 판결; 대법원 2005.3.11. 2003다27429 판결; 대법원 2013.9.27. 2011두15404 판결 등.

26 대법원 1993.4.27. 91누12257 판결; 대법원 1993.5.11. 91누10787 판결.

27 대법원 1998.1.20. 97도588 판결; 대법원 2000.5.12. 98도3299 판결.

째, 교섭과정에서 교섭 타결을 위해 노동조합의 총의를 묻는 과정과 경위, 시기, 대상사항 등이 다양한데 이를 일률적으로 '전면적·포괄적' 제한이라고 단정할 수 있을지가 의문이다. 판례는 왜 전면적·포괄적 제한인지에 관한 아무런 논거를 제시하지 않고 있다. 둘째, 조합원의 근로조건을 결정하는 단체협약의 체결에 조합원의 총의가 반영되도록 노동조합 내부에서 절차적 제한을 가하는 것은 조합민주주의와 조합자치원칙에 부합한다. 셋째, 노동조합법 제29조 제1항은 협약체결 권한이 노동조합의 대표자에게 귀속됨을 확인할 뿐이고, 노동조합의 규약이나 총회의 결정 등으로 노동조합 대표자의 협약체결 권한을 제한하는 것 자체를 금지하지는 않는다. 넷째, 더구나 노동조합법은 '단체협약에 관한 사항'을 노동조합 총회의 의결사항으로 규정하여(제16조 제1항 제3호) 교섭 및 협약체결에서 조합원들의 총의가 반영되도록 하고 권장·촉진하고 있다. 다섯째, 규약에서 총회 인준에 대한 규정을 둔 경우 사용자가 이를 알 수 있으므로, 총회 인준을 받지 않고 체결한 단체협약에 표현대리(민법 제59조 제2항·제126조)가 성립하기 어렵다.

이런 관점에서 노동조합법 제29조 제1항의 취지와 조합민주주의의 요청 간의 규범조화적 해석이 필요하다.

첫째, '전면적·포괄적' 제한인지는 그것이 협약체결 권한을 형해화할 정도에 이를 만큼 엄격하게 해석해야 한다. 예컨대 총회인준 조항의 내용이 '조합대표자와 사용자 간의 교섭 타결 후'에 '조합원 전원이 참가하는 집회'(예컨대 총회)에 따라 그리고 '교섭타결안 전체'에 대하여 찬반투표를 하는 경우를 협약체결 권한이 형해화된 것으로 평가할 수 있다. 반면 협약체결 권한의 제한이 부분적일 경우에는 조합자치(규약자치)를 존중해야 한다. 최종 타결 이전에 소수의 잔여 쟁점에 대하여 조합원의 총의를 확인하는 경우, 조합원 대표로 구성되는 기관(예컨대 대의원회·교섭위원회·집행위원회 등)의 동의를 요건으로 하는 경우 그리고 타결안 전체에 대해서가 아니라 특정 사항(예컨대 고용보장 관련 사항)에 대해서만 조합원의 총의를 구할 것을 요건으로 하는 경우 등은 노동조합법 제29조 제1항에 반하는 것은 아니라고 할 것이다.

판례도 같은 견지에서 노동조합이 조합원들의 의사를 반영하고 대표자의 단체교섭 및 단체협약 체결 업무 수행을 적절히 통제하고자 규약 등에서 내부 절차를 거치도록 하는 등 대표자의 단체협약 체결 권한의 행사를 절차적으로 제한하는 것은 그것이 단체협약 체결 권한을 전면적·포괄적으로 제한하는 것이 아닌 이상 허용된다고 본다.[28] 단체협약은 조합원들이 관여하여 형성한 노동조합의 의사에 기초하여 체결되어야 하는 것이 단체교섭의 기본적 요청이고, 노동조합법 제16조 제1항 제3호 또한 단체협약에 관한 사항을 총회의 의결사항으로 정하여 노동조합 대표자가 단체교섭 개시 전에 총회를 열어 교섭안을 마련하거나 단체교섭 과정에서 조합원의 총의를 계속 수렴하도록 하기 때문이다.[29]

둘째, 총회인준 조항이 대표자의 협약체결 권한에 대한 전면적·포괄적 제한에 해당하여 그 효력이 부인되는 경우, 이것이 사용자에게 영향을 미치지는 못한다고 보아야 한다. 따라서 노동조합이 총회 인준을 받지 못하였다는 이유로 재교섭을 요구한다고 하더라도 사용자는 이에 대해 교섭의무를 부담하지 않으며, 이를 거부하더라도 부당노동행위는 성립하지 않는다고 보아야 한다. 또한 노동조합이 총회의 인준을 받지 못하더라도 이미 체결된 단체협약의 효력은 인정된다고 보아야 한다.

반면에 노동조합의 내부관계에서는 총회인준 조항의 효력이 인정되어야 한다. 따라서 사용자는 총회인준 조항이 존재한다는 이유만으로 단체교섭을 거부할 수 없고, 노조 규약상 총회인준 조항은 행정관청의 시정명령 대상도 될 수 없다고 보아야 한다(노동조합법 제21조 제1항 참조).[30] 그러나 판례는 이와 달리 총회인준 조항을 이유로 한 사용자의 단체교섭 거부는 부당노동행위에 해당하지 않고, 노조규약상 총회인준 조항에 대한 행정관청의 시정명령도 가능하다고 본다.[31]

한편, 인준 절차를 거치지 않고 협약을 체결하는 것이 규약상 징계사유로 규정되어 있는 경우, 노동조합은 이를 근거로 조합대표자를 징계할 수 있다고 보아야 한다. 또한 노동조합의 대표자가 위와 같이 조합원들의 의사를 결집·반영하고자 마련한 내부 절차를 전혀 거치지 않은 채 조합원의 중요한 근로조건에 영향을 미치는 사항 등에 관하여 만연히 사용자와 단체협약을 체결하였고, 그 단체협약의 효력이 조합원들에게 미치게 되면, 이러한 행위는 특별한 사정이 없는 한 헌법과

---

28 대법원 2014.4.24. 2010다24534 판결.

29 대법원 2018.7.26. 2016다205908 판결.

30 같은 취지로 김유성, 『노동법 Ⅱ』, 법문사, 1999, 138면; 임종률, 앞의 책, 136면.

31 교섭거부와 쟁의행위의 정당성에 대해서는 대법원 1998.1.20. 97도588 판결; 대법원 2000.5.12. 98도3299 판결, 노조 규약 시정명령에 대해서는 대법원 1993.5.11. 91누10787 판결 참조.

법률에 따라 보호되는 조합원의 단결권 또는 노동조합의 의사형성 과정에 참여할 권리를 침해하는 불법행위에 해당한다고 보아야 한다.[32]

2. 사용자 측 교섭 담당자

사용자 측 교섭 담당자는 단체교섭의 당사자인 사용자 또는 사용자단체를 위하여 사실행위로서 단체교섭을 수행하는 자이다. 개인사업의 사업주 개인과 법인사업의 대표자는 당연히 교섭의 담당자가 되고, 사용자단체의 대표자도 교섭 담당자에 해당한다. 노동조합의 경우와 마찬가지로 사용자 또는 사용자단체는 교섭 또는 협약체결 권한을 다른 자에게 자유롭게 위임할 수 있다. 위임을 받은 자의 성명과 위임의 내용 등 위임사실의 통보에 관한 사항은 노동조합이 위임하는 경우와 같다.

주식회사의 대표이사 등 결정 권한을 갖는 자가 교섭의 담당자로서 교섭에 임하는 경우에는 교섭 및 협약체결을 둘러싼 분쟁이 발생할 소지가 적다. 그러나 대표이사 등이 기업 내부 또는 외부의 자에게 교섭권한을 위임한 경우에는 수임자의 결정 권한에 일정한 한계가 있기에 사용자 측 교섭 담당자의 적격성에 관한 분쟁이 빈발할 수 있다. 따라서 교섭 담당자로서 교섭권한을 위임받은 자는 단체교섭에서 상당한 결정 권한을 가지고 있어야 한다. 그렇지 않으면 성실교섭의무 위반의 부당노동행위가 성립할 수 있다. 또한 교섭사항에 관한 실질적 결정 권한이 없는 수임자라고 할지라도 교섭 담당자로서 역할을 다해야 하므로, 자신에게 결정 권한이 없다는 이유로 교섭을 거부하거나 해태할 수는 없다고 보아야 한다.

---

32 대법원 2018.7.26. 2016다205908 판결. 이 사건에서는 노동조합의 대표자에게 손해배상을 청구한 조합원들의 위자료 청구를 인용하였다.

제3절
단체교섭의 대상 사항

I. 교섭대상 사항의 의의와 일반적 결정기준

1. 교섭대상 사항의 의의와 해석

단체교섭의 대상이 되는 사항(이하 '교섭대상 사항')은 노동조합이 헌법상 단체교섭권에 기초하여 사용자에게 교섭을 요구한 경우 사용자가 그 교섭에 응해야 할 의무가 있는 사항을 뜻하는 것으로 이해할 수 있다. 이를 흔히 '의무적 교섭사항'이라 한다. 노동조합법은 제30조에서 노동관계 당사자의 성실교섭의무와 더불어 정당한 이유 없는 교섭거부·해태의 금지를 규정하고 있다. 또한 제81조 제1항 제3호에서 정당한 이유 없는 사용자의 교섭거부·해태를 부당노동행위로 금지하고 있다. 따라서 교섭대상 사항에 해당하는지는 사용자의 교섭거부·해태의 정당성을 판단하는 기준이 된다. 교섭대상 사항에 관해 노사가 합의하지 않아 교섭이 결렬된 경우 노동조합은 쟁의행위로 자신의 주장을 관철할 수 있으므로 교섭대상 사항의 범위는 쟁의행위의 정당성을 판단하는 중요 요소이다.

노동조합법은 사용자에게 교섭의무가 있는 교섭사항이 무엇인지 그 구체적 내용을 규정하지 않았으며, 다만 헌법과 노동조합법상의 여러 조항에 교섭대상 사항을 추론할 수 있는 문언이 있을 뿐이다. '근로조건의 향상'(헌법 제33조 제1항), '근로조건의 유지·개선과 근로자의 경제적·사회적 지위의 향상'(노동조합법 제1조·제2조 제4호), '임금·근로시간·복지·해고 기타 대우 등 근로조건의 결정'(노동조합법 제2조 제5호), '노동조합 또는 조합원을 위하여 …… 교섭하고 단체협약을 체결할 권한'(노동조합법 제29조 제1항), '근로조건 기타 근로자의 대우에 관한 기준'(노동조합법 제33조 제1항), '근로조건 기타 노동관계에 관한 사항'(노동조합법 제47조), '단체교섭의 절차와 방식'(노동조합법 제48조) 등이 그 예이다. 이에 따르면 교섭대상 사항의 범위는 가장 좁게는 '근로조건의 결정'에 관한 것으로 국한된다고 해석할 수 있다. 가장 넓게는 '근로조건 및 집단적 노동관계'에 관한 사항뿐만 아니라 '근로자의 경제적·사회적 지위의 향상'에 관한 사항 일체가 교섭대상에 해당하는 것으로 해석할 수 있다. 결국 교섭대상 사항의 범위 획정은 헌법이 근로자의 단체교섭권을 기본권으로 보장한 취지와 이를 구체화한 노동조합법의 입법 목적에 비추어 해석론으로 해결해야 할 문제이다.

한편, 의무적 교섭사항과 구별하고자 '임의적 교섭사항'이라는 개념을 사용하기도 한다.[33] 즉 사용자에게 교섭할 의무가 없어 원칙적으로 단체교섭 및 쟁의행위의 대상이 될 수 없으나, 위법한 사항은 아니어서 교섭 당사자들이 임의로 교섭하여 유효하게 단체협약을 체결할 수 있는 사항을 가리켜 임의적 교섭사항이라 한다.

사용자는 쟁의행위기간에 대한 임금지급 의무가 없으나(노동조합법 제44조 제1항) 노동조합과의 임의적 교섭을 통해 임금을 지급할 수 있음을 설명하기 위한 도구로서는 임의적 교섭사항 개념이 유의미할 수 있다. 그러나 이러한 임의적 교섭사항의 개념을 활용하여 노조전임제의 실시 여부는 의무적 교섭사항이 아닌 임의적 교섭사항에 해당한다고 설시한 판결례가 있는가 하면,[34] 노동조합 활동에 관한 사항(단체협약의 채무적 부분)을 임의적 교섭사항으로 분류하여 이를 쟁의행위의 목적으로 하는 것은 정당하지 않다는 주장이 제기되어 왔다. 하지만 현재의 판례는 이러한 사항들이 의무적 교섭사항에 포함됨을 분명히 밝혔기 때문에[35] 앞서 언급한 판결례와 주장들이 더는 유지될 수 없다. 나아가 임의적 교섭사항 개념은 교섭의무가 있는 사항의 외연을 축소해 단체교섭권 보장의 취지를 형해화할 우려가 큰 점, 어떤 사항이 임의적 교섭사항으로 분류되는 순간 그에 대한 사용자의 교섭거부가 정당화되므로 실제로 노사 간 자치적 교섭이 촉진되기 어려운 점 등에 비추어 볼 때, 의무적 교섭사항과 임의적 교섭사항을 굳이 나누어 살펴볼 필요는 없다.

---

33 양자의 구별은 미국 판례법의 영향을 받은 것이다. NLRB v. Wooster Division of Borg-Warner Corp., 356 U.S. 342 (1958).

34 대법원 1996.2.23. 94누9177 판결. 하지만 이 판결은 중재재정에 대한 극히 예외적 판단으로, 단체교섭의 대상 사항에 관한 판례로는 볼 수 없다.

35 대법원 2003.12.26. 2003두8906 판결 참조.

2. 교섭대상 사항 결정의 일반적 기준

단체교섭의 당사자는 원칙적으로 교섭대상 사항을 자유롭게 결정할 수 있어야 한다. 노동조합이 광범위하게 교섭을 요구할 수 있고 사용자도 자유롭게 노동조합의 교섭 요구 사항을 거부할 수 있다면, 교섭대상을 특별히 제한할 필요가 없다. 그런데 우리나라의 경우 정당한 이유 없는 사용자의 교섭 거부를 부당노동행위로 금지하므로 사용자가 교섭을 거부할 수 없는 사항의 범위를 정할 필요가 있다.

노동조합은 자신 또는 그 구성원인 조합원을 위하여 교섭권을 행사한다. 따라서 비조합원을 위한 사항은 원칙적으로 교섭대상 사항에 속하지 않는다. 다만 교섭창구 단일화 절차에 따라 교섭대표로 결정된 노동조합은 자신과 그 조합원뿐만 아니라 교섭창구 단일화 절차에 참여한 다른 노동조합과 그 조합원을 위한 사항에 대하여 교섭할 수 있는 지위에 있다(노동조합법 제29조 제2항).

단체교섭은 노동관계 당사자 사이의 집단적 분쟁을 단체협약의 체결로 해결하려는 것이므로 교섭대상은 사용자가 처분할 수 있는 사항이어야 한다. 판례에 따르면 여기에는 근로조건이나 기타 근로자의 대우에 관한 사항, 집단적 노사관계의 운영에 관한 사항이 포함된다.[36] 사용자가 처분할 수 있는 사항은 반드시 법률상 처분권한이 있는 사항에 국한되지 않는다. 사용자의 지위에서 사실상 처분할 수 있는 사항으로 근로조건과 관련된 사항은 교섭대상에 해당한다고 보아야 한다. 그러나 사용자가 법률상 또는 사실상 처분할 수 없는 사항(예컨대 구속 근로자의 석방)은 교섭대상에 해당하지 않는다.

교섭대상 사항과 관련하여 특히 문제가 되는 쟁점은 경영에 관한 사항과 권리분쟁에 관한 사항이다.

---

36 대법원 2003.12.26. 2003두8906 판결 참조.

II. 교섭대상 사항의 구체적 범위

1. 근로조건 기타 근로자의 대우에 관한 사항

임금액 결정, 임금 구성항목, 임금 계산방법과 지급방법 등 임금에 관한 사항은 기본적인 근로조건으로 당연히 교섭대상 사항에 해당한다. 근로시간의 길이, 근로시간의 배분, 휴게, 휴일, 휴가 등 근로시간과 휴식에 관한 사항도 중요한 근로조건으로 교섭대상 사항에 해당한다. 그 밖에 교육훈련, 안전보건, 복리후생 등도 마찬가지다.

휴직, 전직, 승급·승진, 징계, 해고, 정년 등 인사의 기준이나 절차에 관한 사항 또한 교섭대상 사항이 된다. 인사고과 내지 근무평정은 많은 경우 인사명령과 임금 결정의 근거가 되기 때문에 그 기준과 절차는 교섭대상 사항이 된다고 보아야 한다. 그러나 채용 여부나 그 기준은 근로조건에 해당하지 않으므로 원칙적으로 교섭대상에서 제외된다.

근로자 개인에 대한 인사조치는 개별적 처분으로서 원칙적으로 교섭대상 사항에 해당하지 않는다. 다만 노동조합의 임원이나 전임자에 관한 인사조치가 노동조합의 운영·활동과 밀접하게 관련된 사항이라면 교섭대상이 될 수 있다.

한편, 경영상 해고와 관련하여 그 해고의 기준과 절차를 정하는 것은 당연히 교섭대상에 포함되지만, 구체적 해고처분과 관련해서는 일반적 해고와 달리 집단성을 띠어 교섭대상에 포함되는지 논란이 될 수 있다.

2. 집단적 노사관계의 운영에 관한 사항

노동조합법에 따르면 노동조합의 대표자 또는 노동조합으로부터 위임받은 자는 그 노동조합을 위하여 사용자나 사용자단체와 교섭하고 단체협약을 체결할 권한을 가진다(제29조 제1항·제3항). 따라서 단체교섭 당사자 간의 권리의무관계에 관한 사항도 교섭대상 사항에 해당한다. 판례도 근로조건 기타 근로자의 대우에 관한 사항뿐만 아니라 해당 단체적 노사관계의 운영에 관한 사항으로 사용자가 처분할 수 있는 사항, 예컨대 노동조합의 활동, 노동조합에 대한 편의제공, 단체교섭의 절

차와 쟁의행위에 관한 절차에 관한 사항은 단체교섭의 대상인 교섭사항에 해당한다고 본다.[37]

3. 경영에 관한 사항

경영사항과 관련하여 판례는 정리해고나 사업조직의 통폐합 등 기업의 구조조정 실시 여부를 예로 들면서 이러한 사항은 경영주체의 고도의 경영상 결단에 속하는 사항으로서 원칙적으로 단체교섭의 대상이 될 수 없고, 비록 그러한 구조조정의 실시가 근로자들의 지위나 근로조건의 변경을 필연적으로 수반한다고 하더라도 그 실시 자체를 반대하는 쟁의행위는 목적의 정당성을 인정할 수 없다는 일관된 태도를 유지하고 있다.[38]

그러나 판례는 경영권의 내용이나 경영사항의 범위에 대해 아무런 해석론상 기준을 제시하지 않고 있다. 이러한 판례의 논지에 따르면, 기업 경영에 중요한 요소인 임금과 근로시간의 결정마저 단체교섭의 대상이 될 수 없게 된다. 이처럼 경영권의 내용과 실체에 대한 법리적 규명 없이 교섭대상에서 배제되는 경영사항과 그렇지 않은 사항을 구분하는 것은 법해석의 포기나 다름없고 실정법상 근거를 찾기도 어렵다. 외국의 예에 비추어 보면 경영권이 법률용어인지 권리인지도 불분명하고, 경영사항이라 하여 이를 선험적으로 단체교섭의 대상에서 제외하는 입법례는 찾기 어렵다.[39]

설령 경영사항과 그렇지 않은 사항을 구분할 수 있다고 하더라도, 근로조건과 근로자의 경제적 지위에 직접적이고 중대한 영향을 미치는 경영사항으로 사용자가 처분할 수 있는 것이라면 교섭대상 사항에 해당한다고 봄이 단체교섭권을 헌법상 기본권으로 보장한 취지에 부합하는 해석이라 할 것이다. 근로조건은 역사적 발전 개념으로 그 범위와 보호 정도는 시대와 나라에 따라 다르고 그로써 경영권 또는 경영사항과 이해충돌하는 접촉면이 달라질 수밖에 없기 때문에 선험적으로

---

37 대법원 2003.12.26. 2003두8906 판결.

38 대법원 2002.2.26. 99도5380 판결; 대법원 2003.7.22. 2002도7225 판결; 대법원 2007.5.11. 2006도 9478 판결; 대법원 2011.1.27. 2010도11030 판결; 대법원 2014.11.13. 2011도393 판결 등.

39 이에 관해서는 이철수, "경영권이라는 신화를 넘어", 「서울대학교 법학」 제62권 제4호, 서울대학교 법학연구소, 2021, 45-83면 참조.

신성불가침의 절대적·고정적 경영권 영역을 상정하려는 판례의 태도는 이해하기
어렵다.

만약 노동조합이 현실성 없는 과다한 요구를 고집한다거나 판례의 표현대로 무
조건적인 반대만 일삼는 경우에는 이를 단체교섭권의 남용 또는 성실교섭의무 위
반의 문제로 취급하면 족하고, 교섭사항에서 원천적으로 배제하는 것은 타당하지
않다.

4. 권리분쟁에 관한 사항

권리분쟁은 법령, 단체협약 등에 따른 권리·의무의 존부와 이행(예컨대 체불임금
의 지급, 단체협약의 이행, 부당노동행위의 철회 등)에 관련된 법률분쟁을 뜻한다. 이는
단체협약의 체결 등 새로운 권리·의무의 형성과 관련된 이익분쟁과 구별된다. 이
익분쟁과 달리 권리분쟁은 법원 또는 노동위원회를 통해 법적 구제가 가능하다.
예컨대, 노동조합법은 단체협약의 해석·이행방법에 관한 노동위원회의 의견 제시
(제34조), 사용자의 부당노동행위에 대한 노동위원회의 구제(제82조 이하) 등을 규정
하고 있다.

위와 같은 법적 구제 수단이 마련되어 있다고 해서 권리분쟁 사항이 당연히 교
섭대상에서 배제된다고 단정할 수 없다. 현행법은 권리분쟁이 교섭대상에 포함되
는지에 관해 아무런 규정을 두지 않았으며,[40] 교섭대상 여부는 헌법에서 단체교섭
권을 보장한 취지에 따라 합목적적으로 해석해야 하기 때문이다. 권리분쟁에 대한
법제도적 해결과 자주적 해결은 상호 보완적 관계에 있고, 오히려 노사관계에서는
단체교섭을 바탕으로 한 자주적 해결이 우선되어야 하며, 정식재판 절차가 마련되
었다고 해서 자주적 해결을 제한할 이유가 없다. 사용자가 정당한 이유 없이 단체
협약 체결 요구를 거부하거나 해태한 경우에 노동조합법 소정 규정에 따른 부당노

---

[40] 이와 관련하여 노동조합법 제2조 제5호에서 노동쟁의를 "노동조합과 사용자 또는 사용자단체 간에 임
금·근로시간·복지·해고 기타 대우 등 근로조건의 '결정'에 관한 주장의 불일치"로 정의하고 있다는 이유로
근로조건 결정과 무관한 권리분쟁은 교섭대상에 포함되지 않는다는 주장이 있다. 하지만 노동쟁의의 개념은
노동분쟁을 신속하게 해결하려는 국가의 조정서비스를 제공하기 위해 필요한 것일 뿐이고, 이를 교섭대상의
문제로 끌어들일 필요는 없다.

동행위 구제신청을 하지 않고 노동쟁의의 방법을 택하였다고 하여 노동조합법을 위반한 것이라고 할 수 없다고 본 판결례도 있다.[41]

또한 실무에서는 권리분쟁과 이익분쟁을 쉽게 구별하기 곤란한 경우가 발생할 수 있고, 오늘날 정식재판 절차를 통한 분쟁해결 못지않게 조정 등 대체적 분쟁해결제도(ADR)가 강조됨에 따라 법원에서도 조정으로 권리분쟁을 해결하려 노력하고 있다. 단체협약의 불이행이나 그 밖의 부당노동행위로 근로조건과 근로환경이 악화되어 이를 시급히 시정하거나 개선할 필요가 있을 때 법원이나 노동위원회의 사후적 구제만으로는 신속하고 효과적이며 충분한 해결을 기대하기 어려운 경우에는 단체교섭이나 조정·중재 등을 통한 자주적 해결이 허용되어야 한다. 부당노동행위에 대한 특별구제제도를 두고 있는 모델국가인 미국에서도 부당노동행위로 노사관계 질서가 침해된 경우 쟁의행위 등에 따른 자주적 해결을 인정하며, 많은 경우 단체협약의 이행 관련 권리분쟁을 중재로 해결하는 데 주목할 필요가 있다.

제4절
단체교섭의 방법과 절차

I. 성실교섭의무

노동조합법에 따르면, 노동조합과 사용자 또는 사용자단체는 신의에 따라 성실히 교섭하고 단체협약을 체결하여야 하며 그 권한을 남용해서는 아니 되고, 정당한 이유 없이 교섭 또는 단체협약의 체결을 거부하거나 해태해서는 아니 된다(제30조).

성실교섭의무는 합의의 가능성을 모색하기 위해 진지하게 노력할 의무를 말한다. 사용자는 단체교섭에 응하여 성실하게 교섭할 의무를 지는 것이지 노동조합의 요구를 수용할 의무까지 지는 것은 아니다.

---

41 대법원 1991.5.14. 90누4006 판결. 다만 이 판결이 권리분쟁에 대해 쟁의행위가 가능한지를 직접 판단한 것은 아니다.

현행법은 성실교섭의무의 중요성을 감안하여 노사 당사자 모두에게 성실교섭의무를 부여하고 있다. 노동조합의 불성실교섭에 대한 별도 제재가 있는 것은 아니나, 사용자는 노동조합의 불성실교섭을 이유로 교섭을 거부할 수 있고 부당노동행위 책임을 부담하지 않는다. 사용자의 불성실한 교섭은 정당한 이유 없는 교섭거부·해태로서 부당노동행위에 해당하기 때문에 실제 성실교섭의무 위반 여부는 주로 사용자의 부당노동행위 성립과 관련하여 문제 된다.

성실교섭의무 위반 여부는 교섭의 주체, 교섭의 목적과 대상 사항, 교섭의 절차와 태양 등 여러 사정을 종합적으로 고려하여 개별적·구체적으로 판단해야 한다. 사용자가 부담하는 성실교섭의무의 일반적 내용은 다음과 같다.[42]

첫째, 사용자는 노동조합의 요구사항을 수락할 의무는 없으나, 노동조합과 대화로 합의에 도달하기 위한 최선의 노력을 다할 의무가 있다. 예컨대, 노동조합과의 대화 일체에 응하지 않는 행위, 아무런 이유나 설명 없이 노동조합의 요구를 거부하는 행위, 노동조합이 받아들일 수 없는 교섭과 무관한 사항을 교섭의 전제조건으로 고집하는 행위 등은 성실교섭의무에 반한다.

둘째, 노동조합이 교섭을 원활히 진행하고자 필요한 정보의 제공이나 설명을 요구하면 사용자는 원칙적으로 이에 응할 의무가 있다. 사용자의 정보제공과 설명은 교섭 당사자 간 상호 이해와 타협으로 의견의 불일치를 극복하는 주요 수단이 되기 때문이다. 다만 노동조합이 교섭의 목적이나 교섭사항과 무관한 정보를 요구하거나 정보제공으로 다른 정당한 보호법익이 침해될 우려가 있으면 사용자가 거부할 수 있다고 보아야 한다.

셋째, 노동조합의 쟁의행위는 단체교섭을 촉진하는 수단의 성질을 가지므로, 쟁의기간이라도 노동조합으로부터 새로운 타협안이 제시되는 등 교섭 재개가 의미있을 것으로 기대할 만한 사정변경이 생긴 경우 사용자는 다시 교섭에 응할 의무가 있다.[43] 쟁의행위 중이라는 이유만으로 사용자의 성실교섭의무가 면제되거나 교섭거부가 정당화되지는 않는다.

넷째, 단체교섭의 결과 노동조합과 합의에 도달하면 사용자는 단체협약을 체결

---

42 미국의 성실교섭의무제도에 관해서는 이철수, "미국의 배타적교섭대표제와 한국적 함의", 「노동정책연구」 제5권 제5호, 한국노동연구원, 2005 참조.

43 대법원 2006.2.24. 2005도8606 판결 참조.

할 의무가 있다. 단체협약은 서면으로 작성하여 당사자 쌍방이 서명 또는 날인해야 유효한데(제31조 제1항), 사용자가 합의안의 서면 작성을 거부하거나 서명 내지 날인하지 않는 행위는 성실교섭의무 위반에 해당한다.

II. 단체교섭의 방법

단체교섭의 장소, 일시와 방법에 대해 노동조합법에서 정한 바가 없으므로 교섭의 당사자는 이를 자유로이 정할 수 있다. 판례는 사용자의 교섭거부나 해태에 정당한 이유가 있는지에 대하여 노동조합 측의 교섭권자, 노동조합이 요구하는 교섭시간, 교섭장소, 교섭사항, 노동조합의 교섭태도 등을 종합적으로 고려하여 판단한다.[44] 단체교섭의 일시 등에 관하여 노사 간에 합의된 절차나 관행이 있으면 그에 따라 교섭의 일시 등을 정하면 된다. 합의된 절차를 합리적 이유 없이 준수하지 않으면 단체협약 위반 또는 부당노동행위로 문제가 될 수 있다.

합의된 교섭절차나 관행이 없는 경우 노동조합이 어느 일시를 특정하여 사용자에게 단체교섭을 요구하더라도 사용자가 교섭사항 등의 검토와 준비를 위하여 필요하다는 등 합리적 이유가 있는 때에는 노동조합에 교섭일시의 변경을 구할 수 있다.[45] 그러나 사용자가 합리적 이유 없이 노동조합이 제안한 일시의 변경을 구하다가 노동조합이 이를 수용하지 아니하였음에도 노동조합이 제안한 일시에 단체교섭에 응하지 아니하였거나 사용자가 그 일시에 이르기까지 노동조합이 제안한 일시에 대하여 노동조합에 아무런 의사표명도 하지 않은 채 노동조합이 제안한 일시에 단체교섭에 응하지 않은 경우에는 사용자가 신의에 따라 성실하게 교섭에 응한 것으로 볼 수 없으므로 사용자의 단체교섭 거부에 정당한 이유가 없다는 것이 판례의 태도이다.[46]

---

44 대법원 2009.12.10. 2009도8239 판결; 대법원 2010.11.11. 2009도4558 판결 등.
45 대법원 2006.2.24. 2005도8606 판결.
46 대법원 2006.2.24. 2005도8606 판결.

III. 교섭창구단일화제도

1. 개요

1997년 제정된 노동조합법은 노동조합의 자유설립주의를 규정하였으나(제5조) 그 부칙에서 사업 또는 사업장 단위에서 조직대상을 같이하는 노동조합을 설립하는 것을 허용하는 시기를 일정한 기간까지 유예하는 형태로 복수노동조합의 설립을 제한하였다. 노동조합법이 2010년 1월 1일 법률 제9930호로 개정됨으로써 사업 또는 사업장 단위에서도 복수노동조합을 자유롭게 설립할 수 있게 되었다. 다만 복수노동조합 간에는 교섭창구단일화 절차가 적용되는 것으로 하였다.

현행법은 사업장 차원에 복수노동조합이 존재할 경우에 대비해 교섭창구단일화제도를 도입하고 있다. 하나의 사업 또는 사업장에서 조직 형태에 관계없이 근로자가 설립하거나 가입한 노동조합이 2개 이상인 경우에 적용되는 교섭창구단일화는 세 가지 단계로 진행된다(제29조의2). 첫째, 각 노동조합은 자율적으로 교섭대표노동조합을 정할 수 있다. 둘째, 자율적인 교섭창구단일화 합의를 하지 못하면 전체 조합원의 과반수로 조직된 노동조합이 있으면 그 노동조합이 교섭대표노동조합이 된다. 셋째, 그러한 노동조합이 없으면 모든 노동조합이 공동교섭대표단을 구성한다. 공동교섭대표단의 구성은 원칙적으로 노동조합이 자율적으로 정하되, 자율적 합의가 이루어지지 않으면 노동위원회가 조합원 수에 비례하여 구성을 결정한다. 교섭창구단일화 절차에서 조합원 수 산정이 필요한 경우에는 종사근로자인 조합원을 기준으로 한다(제29조의2 제10항).

우리나라의 교섭창구단일화제도는 교섭대표노동조합이 '조합원'만을 대표한다는 점에서 미국, 캐나다의 전체 '종업원'을 대표하는 이른바 배타적 교섭대표제도와 차이가 있다. 과반수로 조직된 노동조합에 대해서는 특별한 절차 없이 교섭대표노동조합의 지위를 인정하는 과반수대표제를 채택하면서도 동시에 그러한 노동조합이 없는 경우 조합원 수에 비례하는 공동교섭대표단을 구성하도록 함으로써 비례교섭대표적 요소를 가미한 점이 특징적이다. 특히 복수노동조합 간에 교섭창구단일화를 강제하면서도 조합원 의사를 민주적으로 반영하는 선거절차를 별도로 두지 않은 점에서 독특한 제도라고 할 수 있다.

교섭창구단일화제도는 기업 단위에서 복수 노동조합의 단체교섭권을 그 행사 방법과 절차의 측면에서 제도적으로 조정하여 하나의 사업 또는 사업장에서 교섭 대표노동조합이 교섭권을 행사하도록 하는 것을 내용으로 한다. 따라서 그 성격상 일부 노동조합의 교섭권이 제한되는 결과가 발생할 수밖에 없다. 그럼에도 노동조 합법이 복수노동조합에 대한 교섭창구단일화제도를 도입하여 교섭절차를 일원화 하도록 한 것은 복수노동조합이 독자적 단체교섭권을 행사할 경우 발생할 수도 있 는 노동조합 간 혹은 노동조합과 사용자 간 반목·갈등, 단체교섭의 효율성 저하 및 비용 증가 등의 문제점을 효과적으로 해결함으로써 효율적이고 안정적인 단체 교섭 체계를 구축하는 데에 그 주된 취지 내지 목적이 있다.[47]

헌법재판소는 현행 교섭창구단일화제도가 단체교섭권을 침해하지 않는다고 본 다. 그 근거로 소수노동조합도 교섭대표노동조합을 정하는 절차에 참여하게 하여 교섭 결과를 함께 향유하는 주체가 되도록 한 점, 사용자의 동의가 있으면 자율교 섭도 가능하도록 한 점, 노동조합 사이에 현격한 근로조건 등의 차이로 교섭단위 를 분리할 필요가 있는 경우에는 교섭단위를 분리하도록 한 점, 또한 교섭대표노 동조합이 되지 못한 소수노동조합을 보호하기 위해 사용자와 교섭대표노동조합에 공정대표의무를 부과한 점 등을 들고 있다.[48]

2. 교섭요구 노동조합 확정 절차

교섭창구단일화 절차는 노동조합의 조직 형태에 관계없이 적용된다. 따라서 산 별노조 등 초기업 노동조합이 하나의 사업이나 사업장에 지부나 분회 등 하부단체 를 두고, 이와 별개로 기업별 노동조합이 존재하는 경우 초기업 노동조합과 기업 별 노동조합 모두가 교섭창구단일화의 대상이다.

---

47 헌법재판소 2012.4.24. 2011헌마338 결정; 대법원 2017.10.31. 2016두36956 판결.
48 헌법재판소 2012.4.24. 2011헌마338 결정 참고. 다만 최근 교섭창구단일화제도의 위헌성이 다시 다투 어진 사건에서는 '교섭창구단일화제도하에서 독자적인 단체교섭권 행사가 금지되는 소수 노동조합의 단체교 섭권 침해를 최소화하기 위해서는 교섭대표노동조합이 주도하는 단체교섭 및 단체협약 체결 과정에서 소수 노동조합의 절차적 참여권이 보장되어야 하는데, 현행 창구단일화제도에서는 이러한 소수 노동조합의 절차 적 참여권을 보장하는 규정이 마련되어 있지 않고 공정대표의무만으로는 소수 노동조합의 참여권이 제대로 보장되고 있다고 보기 어렵다'는 재판관 4인의 위헌의견이 제시되었다(헌법재판소 2024.6.27. 2020헌마237, 2021헌마1334, 2022헌바237(병합) 결정).

노동조합은 해당 사업 또는 사업장의 단체협약이 있는 경우 그 유효기간 만료일 이전 3개월이 되는 날부터, 단체협약이 2개 이상 있는 경우에는 먼저 도래하는 단체협약의 유효기간 만료일 이전 3개월이 되는 날부터 사용자에게 교섭을 요구할 수 있고, 이 경우 노동조합은 그 명칭과 조합원 수 등을 적은 서면으로 교섭을 요구해야 한다(시행령 제14조의2). 노동조합으로부터 교섭 요구를 받은 사용자는 그 사실을 7일간 공고해야 하고, 사용자와 교섭하려는 다른 노동조합은 그 공고기간 내에 서면으로 사용자에게 교섭을 요구하여야 한다(시행령 제14조의3 제1항·제14조의4). 사용자는 위 공고기간이 끝난 다음 날에 교섭을 요구한 노동조합을 확정하여 통지하고, 그 교섭을 요구한 노동조합의 명칭, 그 교섭을 요구한 날 현재의 종사근로자인 조합원 수 등을 5일간 공고해야 한다(시행령 제14조의5 제1항).

위와 같은 일련의 절차에서 사용자가 노동조합의 교섭요구 사실을 공고하지 아니하거나 사실과 다르게 공고하는 경우 또는 교섭요구 노동조합 확정 공고 내용에 대한 노동조합의 이의신청이 있었음에도 신청한 내용대로 공고하지 않거나 신청한 내용과 다르게 공고한 경우 해당 노동조합은 노동위원회에 그 시정을 요청할 수 있다(시행령 제14조의3 제2항·제14조의5 제4항).

3. 교섭대표노동조합 결정 절차

(1) 자율적 교섭대표노동조합의 결정

사용자의 공고 또는 노동위원회의 결정에 따라 교섭요구 노동조합으로 확정되거나 결정된 노동조합이 자율적으로 교섭대표노동조합을 정하려는 경우에는 교섭요구 노동조합으로 확정 또는 결정된 날부터 14일 이내에 그 교섭대표노동조합의 대표자, 교섭위원 등을 연명으로 서명 또는 날인하여 사용자에게 통지해야 한다(노동조합법 시행령 제14조의6 제1항). 이 경우 교섭을 요구한 노동조합들 중 1개 노동조합을 교섭대표노동조합으로 정할 수도 있고, 2개 이상의 노동조합 조합원을 구성원으로 하는 별개 교섭대표기구를 교섭대표노동조합으로 정할 수도 있다. 교섭요구 노동조합들이 자율적으로 사용자에게 교섭대표노동조합을 통지한 이후에는 그 교섭대표노동조합의 결정 절차에 참여한 노동조합 중 일부 노동조합이 그 이후 절차에 참여하지 않더라도 교섭대표노동조합의 지위는 유지된다(같은 조 제2항).

한편, 교섭대표노동조합을 자율적으로 결정하는 기한 내에 사용자가 노동조합법에 따른 교섭창구단일화 절차를 거치지 아니하기로 동의한 경우에는 해당 절차가 적용되지 않으므로(노동조합법 제29조의2 제1항 단서), 교섭을 요구한 각 노동조합과 사용자 간 개별교섭이 가능하다. 이는 복수 노동조합하에서도 개별교섭이 허용되는 예외를 인정함으로써 교섭창구단일화제도의 일률적 강제에 따른 단체교섭권 제한의 문제를 최소화한 점에서 의의가 있다. 그러나 개별교섭 여부가 오로지 사용자의 일방적 의사에 따라 결정되므로 경우에 따라서는 사용자의 동의권이 교섭창구단일화 절차에 따라 교섭대표노동조합이 될 특정 노동조합과의 배타적 교섭을 피하고 사용자가 선호하는 다른 노동조합과의 우선적인 개별교섭을 행하는 수단으로 이용될 우려가 있다. 이러한 점을 감안하여 노동조합법은 사용자는 교섭을 요구한 모든 노동조합과 성실히 교섭하여야 하고, 차별적으로 대우하지 못하도록 규정하고 있다(노동조합법 제29조의2 제2항).

(2) 과반수 노동조합의 교섭대표노동조합 확정

교섭대표노동조합을 자율적으로 결정하는 기한 내에 교섭대표노동조합을 정하지 못하고 개별교섭에 대한 사용자의 동의를 얻지 못한 경우에는 교섭창구단일화 절차에 참여한 노동조합의 전체 조합원 과반수로 조직된 노동조합(2개 이상의 노동조합이 위임 또는 연합 등의 방법으로 교섭창구단일화 절차에 참여한 노동조합 전체 조합원의 과반수가 되는 경우를 포함한다)이 교섭대표노동조합이 된다(노동조합법 제29조의2 제4항). 이 경우 과반수 노동조합은 자율적 교섭대표노동조합 결정 기간이 만료된 날로부터 5일 이내에 사용자에게 노동조합의 명칭, 대표자 및 과반수 노동조합이라는 사실 등을 통지하여야 하고, 사용자는 그 통지를 받은 날로부터 5일간 그 내용을 공고하여 다른 노동조합과 근로자가 알 수 있도록 해야 한다(시행령 제14조의7 제1항·제2항).

위 절차에 따라 공고된 과반수 노동조합의 과반수 여부에 대하여 이의가 있는 노동조합은 노동위원회에 이의신청을 해야 하며, 이의신청이 없으면 공고된 노동조합이 교섭대표노동조합으로 확정된다(시행령 제14조의7 제3항·제4항). 이의신청을 받은 노동위원회는 그 사실을 교섭창구단일화 절차에 참여한 모든 노동조합과 사용자에게 통지하고, 조합원 명부(종사근로자인 조합원의 서명 또는 날인이 있는 것으로 한

정한다) 등 노동부령으로 정하는 서류를 제출하게 하거나 출석하게 하는 등의 방법으로 종사근로자인 조합원 수를 조사·확인해야 한다(같은 조 제5항). 종사근로자인 조합원 수를 확인하는 기준일은 교섭요구 노동조합 확정 공고일로 한다(같은 조 제6항). 노동위원회가 조합원 수를 조사·확인한 결과 과반수 노동조합이 있다고 인정하는 경우에는 그 이의신청을 받은 날부터 10일 이내에 그 과반수 노동조합을 교섭대표노동조합으로 결정하여 교섭창구단일화 절차에 참여한 모든 노동조합과 사용자에게 통지해야 하고, 다만 그 기간 이내에 종사근로자인 조합원 수를 확인하기 어려우면 한 차례에 한정하여 10일의 범위에서 그 기간을 연장할 수 있다(같은 조 제9항).

위와 같은 복잡한 절차를 규정한 것은 조합원 수가 교섭창구단일화 절차에서 중요한 의미가 있기 때문이다. 자율적 교섭대표노동조합 결정 절차가 무산되는 경우에 교섭대표노동조합이 되는 과반수 노동조합인지는 조합원 수에 따라 결정되는데, 특정 노동조합이 조합원 수를 과장하거나 근로자가 그 노동조합에 가입한 사실이 없음에도 조합원으로 기재하는 등 허위의 방법으로 과반수 노동조합의 지위를 인정받는 것을 방지하기 위함이다. 문제는 근로자가 복수의 노동조합에 이중가입하는 경우 조합원 수 산정 방법이다. 이에 대해 노동조합법 시행령은 기본적으로 조합비 납부 여부에 따라 소속 노동조합을 정하는 방법을 채택하고 있다. 즉 둘 이상의 노동조합에 가입하였으나 조합비를 납부하는 노동조합이 하나이면 그 노동조합의 종사근로자인 조합원 수에 1명을 추가하고, 조합비를 납부하는 노동조합이 둘 이상인 경우에는 1을 그 노동조합의 수로 나눈다. 예컨대 3개 노동조합에 조합비를 납부한 경우에는 각 노동조합의 종사근로자인 조합원 수는 3분의 1로 산정한다. 조합비를 납부하는 노동조합이 하나도 없는 경우에도 마찬가지 방식으로 한다. 즉 3개 노동조합에 가입한 경우에는 각 노동조합의 종사근로자인 조합원 수는 3분의 1로 산정한다(시행령 제14조의7 제7항).

(3) 공동교섭대표단의 구성

자율적 교섭창구단일화 절차가 결렬되었으나 과반수 노동조합이 없는 경우 교섭창구단일화 절차에 참여한 모든 노동조합은 공동으로 교섭대표단(이하 '공동교섭대표단')을 구성하여 사용자와 교섭한다. 이 경우 공동교섭대표단이 교섭대표노동조합이 된다. 공동교섭대표단에 참여할 수 있는 노동조합은 그 조합원 수가 교섭 창구단일화 절차에 참여한 노동조합의 전체 조합원 100분의 10 이상인 노동조합 이다(노동조합법 제29조의2 제5항).

과반수 노동조합이 없어서 과반수 노동조합 통지 및 과반수 노동조합 공고가 없 는 경우에는 자율적 교섭창구단일화 기간이 만료된 날로부터 10일 이내, 과반수 노동조합이 없다고 노동위원회가 결정한 경우에는 그 결정의 통지가 있은 날로부 터 5일 이내에 공동교섭대표단에 참여할 수 있는 노동조합은 공동교섭대표단의 대표자, 교섭위원 등 공동교섭대표단을 구성하여 연명으로 서명 또는 날인하여 사 용자에게 통지해야 한다(시행령 제14조의8 제1항). 사용자에게 공동교섭대표단의 통 지가 있은 이후에는 공동교섭대표단 결정 절차에 참여한 노동조합 중 일부 노동조 합이 그 이후 절차에 참여하지 않더라도 공동교섭대표단의 교섭대표노동조합으로 서 지위가 유지된다(같은 조 제2항).

공동교섭대표단의 구성에 합의하지 못한 경우 공동교섭대표단 구성에 참여할 수 있는 노동조합의 일부 또는 전부는 노동위원회에 공동교섭대표단 구성에 관한 결정 신청을 해야 한다(시행령 제14조의9 제1항). 노동위원회는 그 신청을 받은 날로 부터 10일 이내에 총 10명 이내에서 각 노동조합의 종사근로자인 조합원 수에 따 른 비율을 고려하여 노동조합별 공동교섭대표단에 참여하는 인원 수를 결정하여 그 노동조합과 사용자에게 통지해야 하고, 다만 그 기간 이내에 결정하기 어려운 경우에는 한 차례에 한정하여 10일의 범위에서 그 기간을 연장할 수 있다(같은 조 제2항). 공동교섭대표단 결정은 공동교섭대표단에 참여할 수 있는 모든 노동조합 이 제출한 종사근로자인 조합원 수에 따른 비율을 기준으로 한다(같은 조 제3항). 공 동교섭대표단에 참여하는 노동조합은 사용자와 교섭하기 위하여 노동위원회가 결 정한 인원 수에 해당하는 교섭위원을 각각 선정하여 사용자에게 통지해야 한다(같 은 조 제5항). 이 경우 공동교섭대표단의 대표자는 공동교섭대표단에 참여하는 노동 조합이 합의하여 정하고, 합의되지 않을 경우에는 종사근로자인 조합원 수가 가장 많은 노동조합의 대표자로 한다(같은 조 제6항).

4. 교섭단위의 결정

교섭단위는 창구단일화로 교섭대표노동조합을 결정해야 하는 단위이다. 원칙적으로는 하나의 사업 또는 사업장이다(노동조합법 제29조의3 제1항). 하나의 사업 또는 사업장을 초월하는 초기업적 단체교섭에는 교섭창구단일화 절차가 적용되지 않는다. 하나의 사업 또는 사업장 내에서 교섭단위의 분리·통합은 예외적으로 인정된다. 즉 하나의 사업 또는 사업장에서 현격한 근로조건의 차이, 고용형태, 교섭 관행 등을 고려하여 교섭 단위를 분리하거나 분리된 교섭 단위를 통합할 필요가 있다고 인정되면 노동위원회는 노동관계 당사자의 양쪽 또는 어느 한쪽의 신청을 받아 교섭단위를 분리하거나 분리된 교섭단위를 통합하는 결정을 할 수 있다(제29조의3 제2항).

판례에 따르면 '교섭단위를 분리할 필요가 있다고 인정되는 경우'는 하나의 사업 또는 사업장에서 별도로 분리된 교섭단위로 단체교섭을 진행하는 것을 정당화할 만한 현격한 근로조건의 차이, 고용형태, 교섭 관행 등의 사정이 있고, 이로써 교섭대표노동조합을 통하여 교섭창구를 단일화하는 것이 오히려 근로조건의 통일적 형성으로 안정적인 교섭체계를 구축하고자 하는 교섭창구단일화제도의 취지에도 부합하지 않는 결과를 발생시킬 수 있는 예외적인 경우를 말한다.[49] 이러한 예외적인 경우에 해당하는지에 대해서는 분리를 주장하는 측에 증명책임이 있다.[50]

교섭단위는 현행 창구단일화제도의 근간을 이루므로 당사자 합의만으로는 그 분리와 통합이 이루어지지 않고 노동위원회 결정에 따라야 한다.

교섭단위를 분리하거나 분리된 교섭단위를 통합하여 교섭하려는 경우에는 교섭요구 사실 공고 전에는 언제라도, 교섭요구 사실 공고 후에는 교섭대표노동조합이 결정된 날 이후에 신청할 수 있다(노동조합법 시행령 제14조의11 제1항).[51] 위의 신청을 받은 노동위원회는 해당 사업 또는 사업장의 모든 노동조합과 사용자에게 그 내용을 통지해야 하며, 그 노동조합과 사용자는 노동위원회가 지정하는 기간까지 의

---

49 대법원 2018.9.13. 2015두39361 판결.
50 대법원 2022.12.15. 2022두53716 판결.
51 한편 법에서는 교섭단위 분리신청 노동조합의 적격성에 대하여 특별한 제한을 두지 않기 때문에 교섭창구 단일화 절차에 참여하지 않은 노동조합, 예컨대 교섭대표노동조합 결정 이후 설립된 노동조합도 언제든 노동위원회에 교섭단위 분리를 신청할 수 있다고 해석하는 것이 타당하다.

견을 제출할 수 있다(같은 조 제2항). 노동위원회는 위의 신청을 받은 날로부터 30일 이내에 교섭단위를 분리하거나 분리된 교섭단위를 통합하는 결정을 하고, 해당 사업 또는 사업장의 모든 노동조합과 사용자에게 통지해야 한다(같은 조 제3항). 그 통지를 받은 경우 사용자와 교섭하려는 노동조합은 자신이 속한 교섭단위에 단체협약이 있는 때에는 그 단체협약의 유효기간 만료일 이전 3개월이 되는 날부터 서면으로 교섭을 요구할 수 있다(같은 조 제4항). 교섭단위 분리·통합 신청에 대한 노동위원회의 결정이 있기 전에 교섭요구가 있는 때에는 교섭단위 분리·통합에 관한 결정이 있을 때까지 교섭요구 사실의 공고 등 교섭창구단일화 절차의 진행은 정지된다(같은 조 제5항).

한편, 노동조합법 제29조의3 제3항은 교섭단위 분리 신청에 대한 노동위원회의 결정에 불복할 경우 같은 법 제69조를 준용하도록 하며, 같은 법 제69조 제1항·제2항은 노동위원회의 중재재정 등에 대한 불복 사유를 '위법이거나 월권에 의한 것'인 경우로 한정하고 있다. 따라서 교섭단위 분리 신청에 대한 노동위원회의 결정에 관하여는 단순히 어느 일방에게 불리한 내용이라는 사유만으로는 불복이 허용되지 않고, 그 절차가 위법하거나 노동조합법 제29조의3 제2항이 정한 교섭단위 분리 결정의 요건에 관한 법리를 오해하여 교섭단위를 분리할 필요가 있다고 인정되는 경우인데도 그 신청을 기각하는 등 내용이 위법한 경우, 그 밖에 월권에 의한 것인 경우에 한해 불복할 수 있다.[52]

5. 교섭대표노동조합의 지위

교섭대표노동조합은 단체교섭의 당사자가 되며 교섭대표노동조합의 대표자는 교섭권한과 단체협약 체결권한을 가진다(노동조합법 제29조 제2항).

교섭대표노동조합의 결정이 있은 후 사용자와 체결한 첫 번째 단체협약의 효력이 발생한 날을 기준으로 2년이 되는 날까지 그 교섭대표노동조합의 지위를 유지하되, 새로운 교섭대표노동조합이 결정되면 그 결정된 때까지 교섭대표노동조합의 지위를 유지한다(시행령 제14조의10 제1항). 교섭대표노동조합의 지위 유지기간이

---

[52] 대법원 2018.9.13. 2015두39361 판결.

만료되었음에도 새로운 교섭대표노동조합이 결정되지 못할 경우 기존 교섭대표노동조합은 새로운 교섭대표노동조합이 결정될 때까지 기존 단체협약의 이행과 관련해서는 교섭대표노동조합의 지위를 유지한다(같은 조 제2항).

노동조합법 시행령 제14조의10은 교섭대표노동조합의 지위 유지기간을 정하면서 이러한 지위 유지기간을 보장받는 교섭대표노동조합이 되는 경우를 ① 모든 교섭요구 노동조합이 자율적으로 교섭대표노동조합을 정한 경우(노동조합법 제29조의2 제3항), ② 교섭요구 노동조합의 전체 조합원 중 과반수로 조직된 노동조합이거나 2개 이상의 노동조합이 위임·연합 등의 방법으로 그 전체 조합원의 과반수가 되는 경우(노동조합법 제29조의2 제4항), ③ 교섭요구 노동조합이 자율적으로 공동교섭대표단을 구성하는 경우(노동조합법 제29조의2 제5항), ④ 노동위원회가 노동조합의 신청에 따라 조합원 비율을 고려하여 공동교섭대표단을 결정하는 경우(노동조합법 제29조의2 제6항)로 한정하여 명시하고 있다. 판례는 하나의 사업 또는 사업장 단위에서 유일하게 존재하는 노동조합은 설령 노동조합법 및 그 시행령이 정한 교섭창구 단일화 절차를 형식적으로 거쳤다고 하더라도 교섭대표노동조합의 지위를 취득할 수 없다고 본다.[53]

한편, 교섭대표노동조합이 그 결정된 날부터 1년 동안 단체협약을 체결하지 못하면 어느 노동조합이든지 사용자에게 교섭을 요구할 수 있고, 이 경우 교섭창구 단일화 절차가 다시 개시된다(시행령 제14조의10 제3항). 즉 교섭대표노동조합이 교섭대표로서 지위를 취득한 날로부터 1년 동안 단체협약을 체결하지 못하면 교섭대표노동조합으로서 지위를 상실하게 된다. 이는 교섭창구단일화 절차에 따라 교섭대표노동조합으로 결정된 노동조합이 그 결정일로부터 1년간 단체협약을 체결하지 못한 때에는 새로운 교섭대표노동조합을 정하는 교섭창구단일화 절차가 개시되도록 하여 종전 교섭창구단일화 절차의 결과로 교섭권이 배제되었던 다른 노동조합에도 교섭에 참여할 기회를 부여하려는 것이다.[54]

---

53 대법원 2017.10.31. 2016두36956 판결. 이에 따르면 해당 노동조합 이외의 노동조합이 존재하지 않아 다른 노동조합의 의사를 반영할 만한 여지가 처음부터 전혀 없었던 경우에는 교섭대표노동조합의 개념이 무의미해질 뿐만 아니라 달리 그 고유한 의의를 찾기도 어렵다고 한다.

54 대법원 2013.5.9. 2013마359 결정.

6. 공정대표의무

교섭창구단일화제도에서 교섭대표노동조합이 되지 못한 노동조합은 독자적으로 단체교섭권을 행사할 수 없다. 노동조합법은 교섭대표노동조합이 되지 못한 노동조합과 그 조합원을 보호하고자 사용자와 교섭대표노동조합이 교섭창구단일화 절차에 참여한 노동조합 또는 그 조합원을 합리적 이유 없이 차별하지 못하도록 공정대표의무를 규정하고 있다(제29조의4 제1항). 교섭대표노동조합이나 사용자가 교섭창구단일화 절차에 참여한 다른 노동조합 또는 그 조합원을 차별한 것으로 인정되는 경우 그와 같은 차별에 합리적인 이유가 있다는 점은 교섭대표노동조합이나 사용자에게 그 주장·증명책임이 있다.[55]

공정대표의무는 헌법이 보장하는 단체교섭권의 본질적 내용이 침해되지 않게 하려는 제도적 장치로 기능하고, 교섭대표노동조합과 사용자가 체결한 단체협약의 효력이 교섭창구단일화 절차에 참여한 다른 노동조합에도 미치는 것을 정당화하는 근거가 된다.[56] 공정대표의무 위반에 대해서는 민사상 불법행위책임을 물을 수 있다.

판례는 공정대표의무제도의 취지와 기능을 감안하여 공정대표의무의 범위를 넓게 파악한다. 즉 공정대표의무는 단체교섭의 과정이나 그 결과물인 단체협약의 내용뿐만 아니라 단체협약의 이행과정에서도 준수되어야 한다고 본다.[57]

단체교섭 과정에서의 절차적 공정대표의무와 관련하여 판례는 기본적으로 단체교섭·단체협약 체결에 관한 정보를 소수노동조합에 적절히 제공하고 그 의견을 수렴해야 할 것을 요구하면서도 "단체교섭의 전 과정을 전체적·종합적으로 고찰하여 기본적이고 중요한 사항에 관한 정보 제공 및 의견수렴 절차를 누락하거나 충분히 거치지 아니한 경우 등과 같이 교섭대표노동조합이 가지는 재량권을 일탈·남용함으로써 소수노동조합을 합리적 이유 없이 차별하였다고 평가할 수

---

55 대법원 2018.8.30. 2017다218642 판결; 대법원 2018.9.13. 2017두40655 판결; 대법원 2018.12.27. 2016두41224 판결 등.
56 대법원 2018.8.30. 2017다218642 판결; 대법원 2018.9.13. 2017두40655 판결; 대법원 2018.12.27. 2016두41224 판결 등.
57 대법원 2018.8.30. 2017다218642 판결; 대법원 2018.9.13. 2017두40655 판결; 대법원 2018.12.27. 2016두41224 판결 등.

있는 정도에 이르러야 절차적 공정대표의무를 위반한 것으로 볼 수 있다."라고 한 다.[58] 교섭대표노동조합이 잠정합의안에 대한 조합원 찬반투표의 기회를 다른 소 수조합에 부여하지 않았다고 해서 절차적 공정대표의무를 위반하였다고는 보지 않는다.[59]

공정대표의무를 위반한 것으로 판단한 사례로는 단체협약의 내용과 관련하여 근로시간 면제를 교섭대표노동조합에만 인정한 경우,[60] 노동조합 사무실을 전혀 제공하지 않거나 일시적으로 회사 시설을 사용할 기회만 부여한 경우,[61] 복지기금 을 다른 노동조합에 분배하지 않은 경우 등이 있다. 또한 단체협약 이행과 관련하 여 교섭대표노동조합에만 근로시간 면제를 인정하는 경우를 공정대표의무 위반으 로 판단한 사례가 있다.[62]

교섭창구단일화 절차에 참여한 노동조합은 교섭대표노동조합과 사용자가 공정 대표의무에 위반하여 차별한 경우 그 행위가 있은 날(단체협약의 내용의 일부 또는 전 부가 공정대표의무에 위반되는 경우에는 단체협약 체결일)부터 3개월 이내에 노동위원회 에 그 시정을 요청할 수 있다(제29조의4 제2항). 노동위원회가 그 시정 신청에 대하 여 합리적 이유 없이 차별하였다고 인정한 때에는 그 시정에 필요한 명령을 하여 야 한다(같은 조 제3항). 공정대표의무 위반 시정 신청에 대한 노동위원회의 명령 또 는 결정에 대한 불복절차는 부당노동행위 구제절차와 같다(같은 조 제4항).

---

58 대법원 2020.10.29. 2017다263192 판결.
59 대법원 2020.10.29. 2017다263192 판결.
60 대법원 2018.12.27. 2016두41224 판결 참조.
61 대법원 2018.8.30. 2017다218642 판결 참조.
62 대법원 2018.12.27. 2016두41224 판결.

제5절
단체교섭 거부의 구제

I. 행정적 구제

사용자가 노동조합의 대표자 또는 노동조합으로부터 위임을 받은 자와의 단체협약 체결 기타의 단체교섭을 정당한 이유 없이 거부하거나 해태하는 경우 노동조합은 그 부당노동행위가 있은 날부터 3개월 이내에 노동위원회에 구제를 신청할 수 있다(노동조합법 제81조 제1항 제3호·제82조).

단체교섭에 대한 사용자의 거부나 해태에 정당한 이유가 있는지는 노동조합 측의 교섭권자, 노동조합 측이 요구하는 교섭시간, 교섭장소, 교섭사항과 그의 교섭태도 등을 종합하여 사회통념상 사용자에게 단체교섭의무의 이행을 기대하는 것이 어렵다고 인정되는지에 따라 판단한다.[63] 사용자가 아무런 이유 없이 단체교섭을 거부 또는 해태하는 경우는 물론이고, 사용자가 단체교섭을 거부할 정당한 이유가 있다거나 단체교섭에 성실히 응하였다고 믿었더라도 객관적으로 정당한 이유가 없고 불성실한 단체교섭으로 판정되는 경우에도 부당노동행위가 성립한다.[64]

노동위원회는 부당노동행위 구제신청을 받은 때에는 지체 없이 필요한 조사와 관계 당사자의 심문을 해야 하고, 심문을 종료하고 부당노동행위가 성립한다고 판정한 때에는 사용자에게 구제명령을 발해야 한다(노동조합법 제83조 제1항, 제84조 제1항. 행정적 구제에 관한 자세한 내용은 제21장 부당노동행위에서 설명).

---

63 대법원 2006.2.24. 2005도8606 판결; 대법원 2009.12.10. 2009도8239 판결; 대법원 2010.11.11. 2009도4558 판결 등.
64 대법원 1998.5.22. 97누8076 판결.

II. 사법적 구제

사용자가 노동조합과의 단체교섭을 정당한 이유 없이 거부한 경우 노동조합에 대해 불법행위를 구성할 수 있다.

판례는 단체교섭 거부행위가 그 원인과 목적, 그 과정과 행위태양, 그로 인한 결과 등에 비추어 건전한 사회통념이나 사회상규상 용인될 수 없는 정도에 이른 것으로 인정되면 부당노동행위로서 단체교섭권을 침해하는 위법한 행위로 평가되어 불법행위의 요건을 충족하게 된다고 본다.[65]

한편, 사용자가 정당한 이유 없이 교섭에 응하지 않는 경우 노동조합은 불법행위에 기한 손해배상청구 외에도 민사집행법상 임시의 지위를 정하는 가처분으로서 교섭응낙(내지 교섭거부금지) 가처분을 신청하거나 민사 본안소송으로 교섭지위확인이나 교섭의무이행청구를 할 수 있다. 또한 간접강제에 의한 강제집행도 가능하다.

---

65 대법원 2006.10.26. 2004다11070 판결 참조.

제18장
단체협약

제1절
단체협약의 의의와 기능

단체협약은 노동조합과 사용자 또는 사용자단체 사이의 단체교섭으로 근로조건 기타 집단적 노사관계에 관한 사항에 대하여 합의한 문서이다.

단체협약은 단체교섭이라는 집단적 거래로 도출되었으므로 노사 간 교섭력의 불균형을 줄이고 노사대등결정의 원칙을 구현하기 적합한 제도이고, 개별 근로계약보다 근로자에게 유리한 경우가 많아 근로자 보호에 적합하다. 또한 단체협약은 당사자 간의 권리의무관계를 규율하여 일정 기간 노사관계의 질서와 평화를 유지하게 하고, 기업별 단체협약의 경우 해당 사업의 운영에 노동조합이 직간접적으로 영향을 미칠 수 있는 통로로 기능한다.

단체협약은 그 적용 범위에 따라 기업별 단체협약, 산업별 단체협약, 직종별 단체협약 등으로 구분한다. 기업별 단체협약은 하나의 사업 또는 사업장에 적용되므로 해당 사업장의 고유한 사항을 자세히 설정할 수 있는 장점이 있지만, 더 넓은 차원에서 노동시장의 공통된 근로조건을 규율할 수 없는 단점이 있다. 산업별 단체협약 등 초기업적 단체협약은 전국적 또는 지역적 차원에서 공통적으로 적용되는 근로조건의 최저기준을 설정하여 마치 법규범처럼 기능할 수 있는 장점이 있지만, 기업 차원의 고유한 사항을 구체적으로 규율하기에는 미흡하다.

오늘날 대부분 국가에서는 단체협약이 가지는 근로자보호 기능, 평화유지 기능,

산업민주화 기능 등의 중요성을 인식하고 이를 제도화하고 있다. 다만 단체협약은 단체교섭의 결과를 반영한 것이므로 노동조합의 주된 조직 형태, 단체교섭의 방식, 단체협약의 적용 범위 등과 내적 연관성을 가질 수밖에 없기 때문에 단체협약을 제도화하는 방식과 내용은 다양하다. 단체협약의 적용 범위와 관련하여, 해외의 경우 단체협약이 노동조합의 조합원에게만 적용되는 입법례가 대부분이지만, 조합원 여부를 불문하고 교섭단위 내 모든 근로자에게 적용되도록 하는 입법례도 있다. 우리나라·일본·독일 등의 단체협약은 전자에 해당하고, 미국·프랑스 등의 단체협약은 후자에 해당한다.

단체협약의 법적 효력에서도 국가마다 상이한 모습을 보인다. 이는 크게 단체협약을 협약당사자, 즉 노동조합과 사용자 간의 계약으로 파악하는 유형과 단체협약에 특별히 법규범적 효력을 부여하는 유형으로 나누어 볼 수 있다. 전자의 경우는 영국[1]과 미국이 해당한다고 볼 수 있는데, 이들 국가에서는 단체협약에 대하여 계약으로서 효력을 인정하기 때문에 협약 위반에 대해서는 협약 당사자가 직접 사법적으로 개입할 수 있다. 후자의 경우에는 독일·프랑스 등 유럽의 대륙법계 국가와 우리나라와 일본이 해당한다고 할 수 있는데, 이들 국가에서는 단체협약은 협약 당사자 간의 계약으로 효력을 가지는 동시에 개별 조합원의 권리·의무까지도 규율하는 효력을 인정한다.

---

1 과거 영국은 단체협약을 일종의 신사협정으로 파악하여 단체협약의 체결과 그 효력을 노사의 실력과 자율에 방임하고 법은 원칙적으로 이에 개입하지 않으려는 임의주의적 전통이 있었으나 1992년 노동조합 및 노동관계(통합) 이후 입법정책이 바뀌었다고 볼 수 있다.

단체협약의 성립

I. 단체협약의 당사자

단체협약의 당사자는 자기 이름으로 단체협약을 체결할 수 있는 자를 말한다. 단체협약은 단체교섭에 따른 합의의 결과로 체결되기에 원칙적으로 단체교섭의 당사자가 단체협약의 당사자가 된다. 노동조합 또는 연합단체 그리고 사용자 또는 사용자단체가 이에 해당한다. 노동조합의 대표자 또는 대표이사 등은 단체교섭의 담당자로서 당사자를 위하여 단체협약을 체결할 권한을 가질 뿐이다.

노동조합의 하부조직인 지회·분회가 단체협약의 당사자가 될 수 있는지를 두고 다툼이 있지만, 앞서 살펴본 바와 같이(제17장 단체교섭 참조) 독자적인 규약과 집행 기구를 갖추는 등 단체로서 실질이 인정되면 당사자가 될 수 있다. 또한 노동조합 법 제2조 제4호에서 정한 노동조합의 실질적 요건을 갖추었으나 신고증을 교부받 지 아니한 법외노조도 부당노동행위 구제신청 등 일정한 보호의 대상에서 제외될 뿐 노동3권의 향유 주체로서 단체협약의 당사자가 될 수 있다.[2]

한편 노사협의회와 근로기준법상의 근로자 대표는 해당 사업장의 전체 근로자 를 대표하는 자이지 노동조합의 조합원을 대표하는 단체교섭의 당사자가 아니므 로, 사용자와 노사협의회가 협의를 거친 후 체결한 문서의 경우 원칙적으로 단체 협약에 해당하지 않는다고 보아야 한다. 다만 노동조합과 사용자가 정식의 교섭 절차를 거쳐 단체협약을 체결하고 난 후 부속합의서 등의 체결을 노사협의회에 위 임하는 경우, 이에 따라 체결된 부속합의서 등은 단체협약에 해당하는 것으로 볼 수 있다. 이는 노사협의회가 단체협약의 당사자여서가 아니라, 노동조합이 단체협 약 체결 권한을 노사협의회에 위임한 것으로 볼 수 있기 때문이다. 또한 판례도 노 사합의가 반드시 정식의 단체교섭절차를 거쳐서 이루어져야만 하는 것은 아니고,

---

2 헌법재판소 2008.7.31. 2004헌바9 결정; 헌법재판소 2012.3.29. 2011헌바53 결정 참조.

노동조합과 사용자 사이에 근로조건 기타 노사관계에 관한 합의가 노사협의회의 협의를 거쳐서 성립되었더라도, 당사자 쌍방이 이를 단체협약으로 할 의사로 문서로 작성하여 당사자 쌍방의 대표자가 서명 또는 날인하는 등으로 단체협약의 실질적·형식적 요건을 갖추었다면 이는 단체협약에 해당한다고 본다.[3]

노동조합을 구성원으로 하는 연합단체도 단체교섭과 마찬가지로 그 단체의 고유한 사항에 대해 교섭하고 협약을 체결할 수 있다. 사용자단체 역시 협약당사자가 될 수 있는데, 사용자단체는 노동관계에 관하여 그 구성원인 사용자에 대하여 조정 또는 규제할 권한을 가지고 있어야 한다(노동조합법 제2조 제3호 참조).

II. 단체협약의 형식

단체협약이 유효하게 성립하려면 노동조합법에서 정한 소정의 형식을 갖추어야 한다. 노동조합법 제31조 제1항에 따르면 단체협약은 서면으로 작성하여 당사자 쌍방이 서명 또는 날인해야 하는데, 이는 강행규정으로서 이러한 요건을 갖추지 못한 단체협약은 효력이 없다.[4] 따라서 구두에 의한 노사합의, 당사자 쌍방 또는 일방의 서명이나 날인이 없는 노사합의서는 단체협약에 해당하지 않는다. 이처럼 단체협약을 문서화하고 당사자 쌍방이 서명 또는 날인을 하도록 한 취지는 단체협약 체결 당사자를 명백히 하고 당사자의 최종적 의사를 확인함으로써 단체협약의 진정성과 명확성을 담보하려는 데 있다.[5]

단체협약은 그 명칭을 불문하고 반드시 서면으로 작성해야 하지만, 노동조합과 사용자가 근로조건에 관하여 합의한 서면 일체가 단체협약인 것은 아니다. 예를 들어 근로기준법은 사용자와 근로자 대표 간의 서면 합의로 탄력적 근로시간제, 선택적 근로시간제 등을 실시할 수 있도록 규정하였는데, 여기서 근로자 대표인 과반수 노동조합과 사용자 사이의 서면 합의는 근로기준법에 따라 소정 효력이 발생하는 집단약정(협정)일 뿐이고 노동조합법에 따른 단체협약은 아니다. 이처럼 근

---

3 대법원 2018.7.26. 2016다205908 판결 참조.
4 대법원 2001.1.19.99다72422판결; 대법원 2001.5.29. 2001다15422, 15439 판결.
5 대법원 2002.8.27. 2001다79457 판결.

로기준법상의 서면 합의는 단체협약을 체결할 능력이 필요 없다는 점에서 단체협약과는 구별된다.

단체협약의 당사자는 단체협약의 체결일부터 15일 이내에 이를 행정관청에 신고하여야 한다(노동조합법 제31조 제2항). 행정관청에 단체협약을 신고하지 않으면 행정관청이 300만 원 이하의 과태료를 부과·징수한다(제96조 제2항·제3항). 그러나 행정관청 신고는 단체협약의 성립·유효요건이 아니다.

한편, 단체협약은 노동조합법에서 정한 형식적 요건 외에 다른 법률에서 정한 절차를 거쳐 체결되어야만 유효하게 성립하는지가 문제 된다. 판례에 따르면, 특별법에서 공공기관의 이사회가 그 기관의 운영에 관한 중요한 사항을 심의·의결하도록 규정한 경우 이사회의 의결을 거치지 않고 체결된 단체협약의 내용이 기존 인사규정과 저촉되면 그 효력이 인정되지 않는다고 한다.[6] 그러나 노동조합법이나 공공기관 특별법상 이사회 의결 여부가 단체협약의 성립과 효력에 영향을 주는 것으로 볼 만한 근거 규정이 없는 점, 이사회의 의결은 노동조합과는 무관한 사용자 측의 내부 절차에 불과하므로 그것을 준수하지 않았다는 이유로 단체협약의 성립이나 그 효력이 부인된다고 보기 어려운 점, 나아가 위와 같은 판례의 태도는 협약자치 원칙에도 부합하지 않는 점 등에서 수긍하기 어렵다.

III. 단체협약 시정명령

행정관청은 단체협약 중 위법한 내용이 있는 경우에는 노동위원회의 의결을 얻어 그 시정을 명할 수 있다(노동조합법 제31조 제3항). 단체협약에 강행법규에 위반되는 위법한 내용이 있으면 그 부분은 효력이 없지만 이를 그대로 두면 위법한 내용이 적용될 우려가 있어 행정관청으로 하여금 시정하도록 한 것이다. 그러나 협약 당사자가 단체협약의 내용 중 위법한 부분에 대하여 스스로 시정하거나 사법적 절차를 거쳐 무효 내지 취소를 구할 수 있음에도 행정관청에 시정명령 권한을 부여한 것은 협약자치를 침해할 우려가 크다. 따라서 행정관청은 그 권한 행사에 신중

---

6 대법원 2016.1.14. 2012다96885 판결 참조.

해야 하고, 궁극적으로는 제도 자체의 폐지를 검토할 필요가 있다.

행정관청의 시정명령 대상은 단체협약 중 위법한 내용이 있는 부분이다. 노동관계법 위반에 국한되지 않으며, 성질상 강행법규에 해당하는 모든 법령 위반을 포함한다. 행정관청은 노동위원회의 의결을 얻어 시정명령을 해야 하고, 그 의결 없이 한 시정명령은 효력이 없다. 행정관청이 노동위원회에 의결을 요청할 때에는 단체협약 중 위법하다고 판단하는 부분을 구체적으로 특정하고 그 이유를 제시해야 한다.

행정관청의 시정명령이 있다고 해서 그 대상이 된 단체협약상의 조항이 곧바로 효력을 상실하는 것은 아니고, 협약당사자는 해당 조항을 삭제하거나 수정할 공법상의 작위의무를 부담할 뿐이다. 행정관청의 시정명령을 위반한 자는 500만 원 이하의 벌금에 처한다(노동조합법 제93조 제2호).

제3절
단체협약의 효력

단체협약의 효력은 근로조건 기타 근로자의 대우에 관한 기준을 정한 규범적 부분에 대하여 인정되는 '규범적 효력' 그리고 규범적 부분을 포함한 협약 내용 전체와 관련하여 협약당사자 간에 인정되는 '채무적 효력'으로 구분된다. 규범적 효력에는 단체협약에서 정한 근로조건 기타 근로자의 대우에 관한 기준에 위반하는 취업규칙 또는 근로계약 부분을 무효로 하는 강행적 효력과 이것에 의해 무효가 된 부분이나 근로계약에서 정하지 않은 사항에 대해 협약상 기준이 보충되는 보충적 효력이 있다(노동조합법 제33조 참조). 이와 같이 집단적 의사를 근로자의 개별적 의사에 우선하는 효력은 단체협약을 일종의 법규범으로 취급하는 것으로 일반 계약에서는 볼 수 없는 독특한 것이다. 규범적 효력은 사용자와 개별 조합원(근로자) 사이에서 인정된다.

협의의 채무적 효력은 규범적 부분 이외의 협약내용에 관하여 협약당사자 간에 인정되는 계약적 효력이다. 협의의 채무적 효력은 협약당사자인 사용자와 노동조합에 대해서만 인정되고 개별 조합원에 대해서는 인정되지 않는다. 이에 대하여 후술하는 바와 같이 광의의 채무적 효력은 규범적 효력을 가지는 사항에 대해서도 인정된다. 따라서 규범적 효력은 광의의 채무적 효력을 토대로 하여 법에 따라 특별히 강화된 효력이라고 볼 수 있다.

I. 규범적 효력

1. 규범적 효력의 의의

노동조합법 제33조는 "단체협약에 정한 근로조건 기타 근로자의 대우에 관한 기준에 위반하는 취업규칙 또는 근로계약의 부분은 무효"로 하며, "무효로 된 부분은 단체협약에 정한 기준"에 따르도록 규정하고 있다. 또한 "근로계약에 규정되지 아니한 사항에 대하여도" 단체협약에서 정한 기준에 따르도록 규정하고 있다. 이를 단체협약의 규범적 효력이라고 한다.

단체협약의 규범적 효력은 강행적 효력과 보충적 효력이라는 두 가지 요소로 구성된다. 강행적 효력은 단체협약상의 기준에 위반하는 근로계약 또는 취업규칙의 부분을 무효로 하는 효력을 말한다. 보충적 효력은 강행적 효력에 따라 무효로 된 부분 또는 근로계약에 규정되지 않은 사항과 관련하여 근로조건의 규율에서 공백이 발생하기 때문에 그 공백을 보충하기 위해 단체협약상의 기준이 당사자의 의사표시 없이도 곧바로 적용되는 효력을 말한다.

단체협약과 근로계약의 관계에서 단체협약은 근로자와 사용자 간의 개별적 근로관계를 외부에서 직접 규율하는 것인지(외부규율설), 아니면 단체협약상의 기준이 근로계약의 내용으로 되어 개별적 근로관계를 규율하는 것인지(화체설)가 다투어진다. 이는 기존 단체협약이 실효되었으나 새로운 단체협약이 아직 체결되지 않은 상태에서 기존 단체협약상의 근로조건이 여전히 개별 근로자와 사용자에게 적용되는지와 관련된 문제이다. 외부규율설은 단체협약이 독립적으로 직접 근로계약관계를 규율한다고 보고, 화체설은 단체협약이 근로계약의 내용으로 전환되어 근로관계를 규율한다고 본다. 단체협약이 그 유효기간의 만료 등으로 실효하는 경우 외부규율설에 따르면 기존 단체협약상의 근로조건은 더 유지될 수 없게 되는 반면, 화체설에 따르면 단체협약의 실효에도 불구하고 기존 단체협약상의 근로조건은 근로계약의 내용이 되어 계속 유지된다는 점에서 차이가 있다. 생각건대, 단체협약의 규범적 효력은 노동조합법에 따라 창설된 것으로 법문상 근로계약을 매개로 하여 인정되는 점, 단체협약상의 근로조건은 단체협약의 실효에도 불구하고 유지된다고 보는 점이 근로관계의 실태나 근로자의 보호에 부합한다는 점을 감안할 때, 화체설이 타당하다고 본다.

단체협약의 규범적 효력은 원칙적으로 단체협약의 적용을 받은 노동조합의 조합원에게만 인정된다. 따라서 단체협약에 반하는 내용의 근로계약이나 취업규칙은 단체협약의 적용을 받는 조합원에 대하여는 효력이 없지만, 단체협약의 적용을 받지 않는 비조합원인 근로자에 대해서는 유효하다. 단체협약상의 근로조건 일부가 특정 범주의 조합원에 한정하여 적용되는 것으로 규정된 경우에는 특정 범주의 조합원에게만 규범적 효력이 발생한다. 한편, 단체협약의 적용대상에 해당하는 비조합원 근로자가 노동조합에 가입하여 조합원 자격을 취득하면 그때부터 해당 단체협약의 규범적 효력이 적용된다.

2. 규범적 효력의 대상

노동조합법 제33조는 규범적 효력이 발생하는 부분(규범적 부분)을 조합원인 근로자의 '근로조건 기타 대우에 관한 기준'으로 규정하고 있다. 여기에는 임금, 근로시간과 휴식, 인사·징계, 안전보건, 복리후생, 교육훈련, 근로관계의 종료 등에 관한 사항이 포함된다.

특히 인사·징계의 기준과 절차는 근로조건 기타 근로자의 대우에 관한 것으로서 규범적 부분에 해당한다. 예를 들어, 사용자가 인사처분을 할 때 노동조합의 사전 동의나 승낙을 얻어야 한다거나 노동조합과 논의하여 의견 합치를 보아 인사처분을 하도록 단체협약 등에 규정된 경우 그 절차를 거치지 아니한 인사처분은 원칙적으로 무효이다.[7]

---

7 대법원 2010.7.15. 2007두15797 판결.

인사 관련 단체협약 조항 중에서는 조합원 또는 조합간부의 해고에 대해 노동조합의 동의나 협의를 거치도록 규정한 이른바 해고동의(협의) 조항이 자주 문제 된다. 단협상 해고동의조항을 위반한 해고 등의 효력과 관련하여 이러한 조항은 규범적 부분이므로 이에 위반한 해고는 무효가 된다고 보는 견해, 반대로 이는 채무적 부분일 뿐이므로 이에 위반한 해고라도 그 자체는 유효하며 다만 사용자는 노동조합에 대해 협약위반의 책임만 진다고 보는 견해가 대립하고 있다. 생각건대 해고라는 중요한 근로조건과 관련되는 조항을 채무적 부분에 불과한 것이라고 볼 이유가 없으며, 단체협약의 질서형성적 기능에 비추어 절차적인 적법절차의 원칙이 더 중시되어야 하므로 이는 규범적 부분에 해당하고, 해고동의(협의) 조항을 위반한 해고는 무효라고 보아야 한다.

판례는 해고동의 조항을 위반한 해고에 대해서는 효력을 부인하지만 해고협의 조항을 위반한 해고의 효력은 인정하고 있다.[8] 하지만 이처럼 동의 절차와 협의 절차 모두를 단체협약상 규범적 부분이라고 이해하는 이상 양자를 구별하여 효력 유무를 판단해야 할 근거가 없을 뿐만 아니라, 이러한 판례의 태도는 취업규칙상 해고절차는 정의가 요구하는 유효요건이라고 본 기존의 입장[9]과도 충돌한다.

또한 사용자가 노동조합과의 교섭에 따라 경영상 해고(정리해고)를 제한하는 내용의 단체협약을 체결하였다면(이른바 고용안정협약), 이 또한 근로조건 기타 근로자의 대우에 관하여 정한 것으로 그에 반하여 하는 해고는 원칙적으로 정당한 해고라고 볼 수 없다.[10]

---

8 대법원 2007.9.6. 2005두8788 판결은 노사간의 협상을 통해 사용자가 그 해고 권한을 제한하기로 합의하고 노동조합이 동의할 경우에 한하여 해고권을 행사하겠다는 의미로 해고의 사전 합의 조항을 단체협약에 두었다면, 그러한 절차를 거치지 아니한 해고처분은 원칙적으로 무효로 보아야 할 것이라고 밝히고 있으나, 대법원 1996.4.23. 95다53102 판결은 단체협약상의 인사협의조항은 노동조합의 조합원에 대한 사용자의 자의적인 인사권이나 징계권의 행사로 노동조합의 정상적인 활동이 저해되는 것을 방지하려는 취지에서 사용자로 하여금 노동조합의 조합원에 대한 인사나 징계의 내용을 노동조합에 미리 통지하도록 하여 노동조합에게 인사나 징계의 공정을 기하기 위하여 필요한 의견을 제시할 기회를 주고 제시된 노동조합의 의견을 참고자료로 고려하게 하는 정도에 지나지 않는 것이라고 봄이 상당하므로, 그 협의절차를 거치지 아니하였다고 하더라도 인사처분의 효력에는 영향이 없다고 보아야 한다고 한다.

9 대법원 1979.1.30. 78다304 판결.

10 대법원 2014.3.27. 2011두20406 판결 참조. 다만 이처럼 정리해고의 실시를 제한하는 단체협약을 두고 있더라도 그 단체협약을 체결할 당시의 사정이 현저하게 변경되어 사용자에게 그와 같은 단체협약의 이행을 강요한다면 객관적으로 명백하게 부당한 결과에 이르는 경우에는 사용자가 단체협약에 의한 제한에서 벗어나 정리해고를 할 수 있다는 것이 판례의 입장이다.

그러나 근로조건 기타 근로자의 대우에 해당한다고 볼 수 없는 사항은 규범적 효력이 발생하는 규범적 부분에 해당하지 않는다. 예를 들어 모집·채용의 기준은 근로조건에 속하지 않기 때문에 규범적 부분이 아니다. 근로자의 대우에 관련된 사항이라도 추상적 노력의 규정 내지는 선언적 의미의 규정으로서 법적 구속력이 없는 부분은 '기준'으로서 성격이 결여되어 있으므로 규범적 부분에 해당하지 않는다.

노동조합에 대한 사용자의 각종 편의제공, 단체교섭의 절차, 노동쟁의 해결 절차 등을 정한 부분도 규범적 부분이 아니다. 이러한 부분은 단체협약 당사자의 권리·의무를 정한 채무적 부분으로 채무적 효력이 인정될 뿐이다.

3. 규범적 효력의 한계

(1) 유리조건 우선의 원칙 적용 여부

노동조합법 제33조 제1항은 단체협약에 정한 근로조건 기타 근로자의 대우에 관한 기준에 '위반'하는 취업규칙 또는 근로계약의 부분은 무효로 하도록 규정하고 있다. 이는 근로기준법 제97조에서 취업규칙에서 정한 기준에 '미달하는' 근로조건을 정한 근로계약은 그 부분에 관하여는 무효로 하도록 정한 것과는 분명히 구별된다. 따라서 이때 '위반'의 의미를 어떻게 해석할지가 문제 된다.

먼저 '위반'의 의미를 협약상 기준과 '다르다'는 의미로 해석하게 되면, 단체협약에서 정한 기준과 다르게 규정된 근로계약과 취업규칙의 기준은 그 유불리를 묻지 않고 모두 무효가 된다.[11] 반면 '위반'의 의미를 단체협약상 기준에 '미달한다'는 의미로 해석하게 되면, 단체협약의 강행적 효력은 이보다 불리한 근로계약 등의 부분에만 편면적으로 미친다. 즉, 단체협약에서 정한 기준을 하회하는 불리한 부분만 무효가 되고 상회하는 유리한 근로계약 등의 부분은 유효하다.

이것이 이른바 유리조건 우선의 원칙(Günstigkeitsprinzip)의 적용 여부에 관한 문제이다.[12] 독일에서는 실정법으로 유리조건 우선의 원칙을 명시하였으므로(독일 단체협약법 제4조 제3항 참조), 단체협약의 강행적 효력은 이보다 불리한 근로계약에 대해 편면적으로만 작용한다. 반면 우리의 노동조합법은 이와 관련한 명시적 규정을

---

11 김유성, 『노동법 Ⅱ』, 법문사, 1999, 169면.
12 김유성, 앞의 책, 169면.

두지 않았으므로, 해석론을 바탕으로 이 문제를 해결해야 한다.

유리원칙 긍정설은 일반적으로 단체협약상의 근로조건을 최저기준으로 이해하고, 개별 근로자의 계약자유의 원칙을 중시하여 유리한 내용을 정한 근로계약 등에는 단체협약의 규범적 효력이 미치지 않는다고 본다.[13]

유리원칙 부정설은 우리나라의 기업별 단체협약상의 근로조건은 산업별 최저기준을 정하는 독일의 산별협약과 달리 대부분 표준적·정형적 기준으로 작용한다는 현실적 사정, 개별 근로자의 계약자유 못지않게 노동조합의 단결권과 단체교섭권도 보호되어야 한다는 규범적 요청 등의 이유로 유리한 내용을 정한 근로계약 등에도 단체협약의 규범적 효력이 미친다고 본다.[14] 다만 이러한 견해에 따르더라도 단체협약에서 유리원칙을 허용하는 명시적 조항을 둔 경우 등과 같이 단결권이나 단체교섭권을 침해할 여지가 없으면 단체협약보다 유리한 내용을 정한 근로계약 등이 적용된다고 한다.[15]

단체협약과 근로계약과의 관계에서 유리원칙이 인정되는지를 확인할 수 있는 판례는 아직 없다. 다만 취업규칙과 단체협약의 관계에서 유리원칙이 인정되는지와 관련된 판결례가 있다. 취업규칙에서 월 7일 이상 무단결근을 면직사유로 규정하고 있고 단체협약을 개정해 월 5일 이상 무단결근을 면직사유로 규정한 경우에 5일 또는 6일 무단결근이 면직사유가 되는지가 다투어진 사안이다. 이에 대해 대법원은 "단체협약의 개정에도 불구하고 종전의 단체협약과 동일한 내용의 취업규칙이 그대로 적용된다면 단체협약의 개정은 그 목적을 달성할 수 없으므로 개정된 단체협약에는 당연히 취업규칙상의 유리한 조건의 적용을 배제하고 개정된 단체협약이 우선적으로 적용된다는 내용의 합의가 포함된 것이라고 봄이 당사자의 의사에 합치한다고 할 것"이라고 판시하였다.[16]

생각건대, 원론적 차원에서 유리원칙을 긍정하거나 부정하는 쪽보다는 제반 사정을 종합하여 근로자의 계약자유와 노동조합의 단결권 간의 법익형량으로 구체적 타당성을 검토해야 한다. 위의 판결도 유리원칙 부정설과 동일한 결론에 이르

---

13 김형배·박지순, 『노동법강의』, 신조사, 2016, 573면 참조.

14 김유성, 앞의 책, 170면 참조.

15 임종률, 『노동법』, 박영사, 2022(20판), 163면 참조.

16 대법원 2002.12.27. 2002두9063 판결.

렀지만, 이를 근거로 판례가 부정설을 지지한다고 단정할 수는 없다. 판시 내용에서 짐작할 수 있듯이, 단체협약 당사자의 의사에 따라 유리원칙의 적용 여부가 달라질 여지를 남겨 놓았기 때문이다. 최근 우리나라에서도 산업별 단체협약이 체결되는 사례가 많아지는 등 단체협약을 통한 산업별 최저기준 설정 가능성이 높아지고 있다는 사정을 감안하면, 선험적으로 어느 한쪽 견해를 선택할 필요는 없다.

같은 맥락에서, 후술하는 단체협약 효력확장제도로 단체협약이 예외적으로 비조합원에게 적용되는 경우에는 유리원칙의 적용 여부를 일반적인 조합원에게 적용하는 경우와 달리 해석할 여지가 있다. 비조합원의 경우 조합 탈퇴로 단체협약에서 벗어날 기회를 가질 수 없고, 유리원칙을 인정한다고 하여 노동조합의 단결권을 침해할 소지도 적을 뿐만 아니라, 법이 창설한 효력확장제도의 취지도 감안해야 하기 때문이다.

(2) 규범적 효력의 내재적 한계

단체협약의 규범적 효력은 조합원의 구체적·개별적 의사를 고려하지 않고 근로계약의 내용에 그대로 적용됨으로써 노동조합과 개별 근로자 간의 이익이 충돌될 소지도 있다. 따라서 개별 근로자가 가지는 계약의 자유, 직업선택의 자유, 근로권 등이 침해되지 않도록 규범적 효력에도 내재적 한계를 정하는 것이 필요하다.

가. 강행법규 위반

협약자치의 원칙상 노동조합과 사용자는 어떤 내용으로 단체협약을 체결할지를 자유롭게 결정할 수 있다. 그러나 협약자치에는 일정한 한계가 있다. 단체협약의 내용이 강행법규나 사회질서에 위배되면 무효이기 때문에 규범적 효력이 인정되지 않는다. 노사의 자주규범인 단체협약은 강행규정의 성질을 가지는 법령에 반하지 않는 범위 내에서 유효하기 때문이다. 따라서 합리적 이유 없이 남녀 간 차별적 임금이나 정년을 정한 협약조항은 무효이다.[17] 또한 근로기준법상의 통상임금에 속하는 임금을 통상임금에서 제외하기로 노사 간에 단체협약으로 합의하였다 하더라도 그 합의는 원칙적으로 효력이 없다.[18]

---

17 대법원 1993.4.9. 92누15765 판결 참조.
18 대법원 2013.12.18. 2012다89399 전원합의체 판결.

또한 단체협약이 민법 제103조의 적용대상에서 제외될 수는 없으므로 단체협약의 내용이 선량한 풍속 기타 사회질서에 위배된다면 효력이 없다고 보아야 한다.[19]

나. 개별 근로자의 근로계약상 지위 변동

단체협약은 해고의 사유와 기준, 퇴직의 요건과 절차 등과 같이 향후 적용될 규범을 설정하는 것을 주목적으로 한다(이른바 이익분쟁). 이러한 속성으로 근로자에 대한 구체적 처분(예컨대 해고나 인사조치 등)은 단체교섭의 대상사항에 포함되지 않는 것과 마찬가지로, 개별적 조합원의 지위 변동을 초래하는 처분적 성격의 약정을 체결할 권한을 가질 수 없다. 근로계약상 근로자의 지위 취득·상실에 대한 최종적 결정은 개별 근로자에게 있기 때문에 단체협약이 개별 조합원의 의사를 갈음할 수는 없다. 예를 들어 전적은 개별 근로자의 동의가 필요한데 비록 단체협약에서 근로자를 계열회사에 인사이동시킬 수 있는 규정을 두었다고 하더라도 그러한 사유만으로 근로자의 사전 동의를 얻은 것이라고 보기 어렵다.[20]

다. 개별 근로자에게 부과된 의무와 귀속된 권리 처분

근로자는 근로계약상의 주된 의무로 근로제공의무를 부담한다. 근로제공의무는 근로계약에 근거하여 발생하므로 근로자 개인에 대하여 근로제공의무를 창설하는 내용의 단체협약 조항은 효력이 없다. 예컨대 연장근로를 실시하려면 개별 근로자의 동의가 필요하고, 단체협약 조항으로 집단적으로 동의할 수 없다.[21] 만약 노동조합의 동의로 연장근로가 가능하도록 한 협약조항이 있으면 개별 근로자의 동의 외에 노동조합의 동의를 연장근로의 추가 요건으로 설정한 것으로 해석해야 한다.

개별 근로자가 이미 취득한 권리는 단체협약 당사자의 규율 범위에 속하지 않으므로 단체협약만으로 그 기득권을 제한하거나 침해할 수 없다. 예컨대 현실적으로 지급되었거나 이미 구체적으로 그 지급청구권이 발생한 임금은 근로자의 사적 재

---

19 대법원 2020.8.27. 2016다248998 전원합의체 판결. 다만 단체협약이 선량한 풍속 기타 사회질서에 위배되는지를 판단할 때는 단체협약이 헌법이 직접 보장하는 기본권인 단체교섭권의 행사에 따른 것이자 헌법이 제도적으로 보장한 노사의 협약자치의 결과물이라는 점, 노동조합법에 따라 이행이 특별히 강제되는 점 등을 고려하여 법원의 후견적 개입에 더 신중할 필요가 있다.

20 대법원 1993.1.26. 92누8200 판결 참조.

21 대법원 2000.6.23. 98다54960 판결.

산영역으로 옮겨져 근로자의 처분에 맡겨진 것이므로 노동조합이 근로자들로부터 개별적인 동의나 수권을 받지 않는 이상, 사용자와 사이의 단체협약만으로 이에 대한 반환이나 포기, 지급유예와 같은 처분행위를 할 수는 없다.[22]

라. 단체협약의 불리한 변경

협약자치의 원칙상 노동조합은 사용자와 사이에 근로조건을 유리하게 변경하는 내용의 단체협약뿐만 아니라 종전의 근로조건보다 불리하게 변경하는 내용의 단체협약(이른바 양보교섭)을 체결할 수 있다. 이처럼 근로조건을 불리하게 변경하는 내용의 단체협약이 현저히 합리성을 결하여 노동조합의 목적을 벗어난 것으로 볼 수 있는 경우와 같은 특별한 사정이 없는 한 그러한 노사 간의 합의를 무효라고 볼 수는 없고, 노동조합은 단체협약을 체결하기 위해 사전에 근로자들로부터 개별적인 동의나 수권을 받을 필요가 없다.[23] 이때 단체협약이 현저히 합리성을 결하였는지는 단체협약의 내용과 그 체결 경위, 당시 사용자 측의 경영상태 등 여러 사정에 비추어 판단한다.[24]

II. 채무적 효력

1. 채무적 효력의 의의

단체협약 중에 협약당사자 간의 권리·의무를 정한 부분을 채무적 부분이라고 한다. 채무적 부분에는 조합원의 범위, 단결강제(union shop), 노동조합 전임자에 대한 대우, 근로시간면제(time-off)의 한도 설정과 배분, 취업시간 중 조합활동 보장, 노동조합사무소의 제공, 노동조합비의 공제, 교섭·쟁의절차, 노동쟁의 해결의

---

22 대법원 2000.9.29. 99다67536 판결; 대법원 2010.1.28. 2009다76317 판결; 대법원 2013.4.11. 2012다 105505 판결; 대법원 2019.10.18. 2015다60207 판결 등. 이때 구체적으로 지급청구권이 발생하여 단체협약 만으로 포기 등을 할 수 없게 되는 임금인지는 근로계약, 취업규칙 등에서 정한 지급기일이 도래하였는지를 기준으로 판단한다(대법원 2022.3.31. 2021다229861 판결).

23 대법원 2000.9.29. 99다67536 판결; 대법원 2002.11.26. 2001다36504 판결 등.

24 대법원 2003.9.5. 2001다14665 판결; 대법원 2011.7.28. 2009두7790 판결 등.

방법과 절차 등 집단적 노사관계의 운영에 관한 사항 전반이 포함된다.

채무적 부분에는 협약당사자 간의 계약적 효력이 인정되는데, 이를 채무적 효력이라고 한다.

우리나라에서 지배적인 기업별 단체협약은 하나의 사업 또는 사업장을 단위로 하는 집단적 노사관계에 기초하여 체결되므로, 산별협약 등 초기업적 단체협약에 비해 채무적 부분이 노사관계 질서 형성에 중요한 의미를 지니고 이와 관련한 분쟁이 자주 발생한다. 특히 교섭창구 단일화 제도가 도입·실시된 이후 소수노조가 교섭대표노동조합과 사용자를 상대로 근로시간 면제 한도의 배분, 노조사무실의 제공 등과 관련한 공정대표의무 위반 시정 신청을 노동위원회에 제기하는 사건이 늘고 있다.

2. 채무적 부분의 주요 내용

(1) 조합원의 범위·자격조항

노동조합법 제5조(노동조합의 조직·가입·활동)와 제11조(규약)에 따르면, 근로자는 자유로이 노동조합을 조직하거나 이에 가입할 수 있고, 노동조합 조합원의 범위는 노동조합의 규약에 따라 정해진다. 근로자는 노동조합의 규약이 정하는 바에 따라 노동조합에 자유로이 가입함으로써 조합원의 자격을 취득한다.

그런데 단체협약에 조합원의 범위 내지는 조합원이 될 수 없는 자에 관한 사항이 규정되어 있는 경우 그 유효성이 문제 된다. 단체협약에서 규약상 노동조합의 조직대상이 되는 근로자의 범위와는 별도로 조합원이 될 수 없는 자를 특별히 규정한 경우 그 취지가 조합자치의 원리를 침해하여 조합원 자격을 제한하는 것이라면, 그 효력을 인정할 수 없다. 그러나 해당 조항의 취지가 소정 범위의 근로자에 대하여 단체협약의 적용을 배제하고자 하는 것이라면, 비록 그 규정이 노동조합 규약에 정해진 조합원의 범위에 관한 규정과 배치된다고 하더라도 무효라고 보기 어렵다.[25]

---

[25] 대법원 2004.1.29. 2001다6800 판결 참조.

(2) 유니언 숍union shop 조항

'유니언 숍' 조항은 노동조합이 단결력을 강화하고자 근로자의 노동조합 가입을 강제하고, 만일 근로자가 노동조합에 가입하지 않으면 사용자가 그 근로자를 해고할 의무를 지게 되는 협약조항을 말한다. 노동조합법은 근로자가 특정한 노동조합의 조합원이 될 것을 고용조건으로 하는 사용자의 행위를 부당노동행위로 금지하면서, 다만 일정한 요건 아래 유니언 숍 조항의 효력을 인정하고 있다(제81조 제1항 제2호. 이에 관해서는 제21장 부당노동행위 부분에서 설명).

(3) 조합비공제Check off 조항

조합비공제 조항은 노동조합의 재정안정을 위해 사용자가 조합원 근로자의 임금에서 조합비를 공제하여 이를 노동조합에 인도할 채무를 부담하는 협약조항이다. 조합비공제 조항은 근로조건 기타 근로자의 대우에 관한 기준에 해당한다고 보기 어려워 그 규범적 효력은 인정되지 않고, 채무적 효력만 가질 뿐이다. 따라서 조합비공제는 단체협약에 근거하여야 하지만, 그것만으로는 충분하지 않고 개별 근로자의 동의가 있어야 한다(자세한 내용은 제16장 노동조합 참고).

(4) 조합활동 조항

조합활동 조항은 노조전임자, 근로시간면제, 취업시간 중 조합활동, 노동조합의 홍보활동, 노조사무실의 제공 등 노동조합의 운영·활동과 관련한 사용자의 편의제공에 관한 일체의 협약조항을 말한다. 우리나라에서 대부분 조합활동은 기업 내에서 기업시설을 활용하여 이루어진다. 때로는 취업시간 중에 이루어지기도 한다. 따라서 조합활동조항의 취지, 그 보장범위 등을 해석할 때는 노동조합의 조합활동권과 사용자의 시설관리권, 노무지휘권 사이의 조화라는 시각이 필요하다(자세한 내용은 제16장 노동조합 참고).

(5) 단체교섭 조항

노동조합법은 교섭창구 단일화 절차(제29조의2 이하)를 제외하고 교섭의 절차와 방법에 관하여 규정하고 있지 않다. 단체교섭 조항은 원활한 교섭 진행과 성실한 교섭을 담보하고자 교섭의 일시와 장소, 교섭위원의 자격과 수, 교섭일정 등을 정한 협약조항을 말한다. 제3자에 대한 교섭위임을 금지하는 조항을 두기도 하는데, 이에 관해서는 제17장 단체교섭 부분에서 설명하였다.

교섭의 일시 등 노사 간에 합의된 절차나 방법이 있는 경우 그에 따라 단체교섭이 이루어져야 한다. 교섭조항의 위반은 채무불이행 책임을 발생케 하고, 그것이 정당한 이유 없는 교섭의 거부나 해태에 해당하면 부당노동행위가 성립한다.

(6) 쟁의 관련 조항

단체협약에 쟁의행위의 제한이나 절차에 관해 규정한 조항, 쟁의행위에 따른 책임을 묻지 않기로 하는 면책조항, 쟁의기간 중에는 징계하지 않는다는 징계금지조항 등을 두는 경우가 있다.

쟁의행위 제한·절차조항을 위반하면 그에 따른 채무불이행책임이 발생하지만, 그렇다고 해서 당연히 쟁의행위의 정당성이 상실되는 것은 아니다.

쟁의기간 중의 행위에 대하여 민형사 책임이나 신분상 불이익처분 등 일체의 책임을 묻지 않기로 노사합의를 한 경우 이러한 면책합의는 사용자가 근로자에 대한 민형사상 책임추궁이나 근로계약상의 불이익처분을 하지 않겠다는 취지이다.[26] 면책 범위에는 징계책임의 면제도 포함되고, 특히 징계를 금지하는 내용의 면책조항은 규범적 효력이 인정되므로 그 조항에 위반한 징계는 무효이다. 그러나 형사면책 조항은 사용자에게 권한이 없는 법률상 책임의 면제를 약속한 취지가 아니라 형사상 고소·고발 등을 자제하겠다는 취지로 해석된다.

한편, 단체협약에서 "쟁의기간 중에는 징계나 전출 등의 인사조치를 아니한다." 라고 정한 경우, 이는 쟁의기간 중에 쟁의행위에 참가한 조합원에 대한 징계 등 인사조치 등에 따라 노동조합의 활동이 위축되는 것을 방지함으로써 노동조합의 단체행동권을 실질적으로 보장하려는 것이다. 따라서 쟁의행위가 정당하게 개시된 경우라면, 비록 그 쟁의 과정에서 징계사유가 발생하였다고 하더라도 쟁의가 계속되는 한 그러한 사유를 들어 쟁의기간 중에 징계위원회의 개최 등 조합원에 대한 징계절차 진행을 포함한 일체의 징계 등 인사조치를 할 수 없다는 것이 판례의 태도이다.[27]

---

26 대법원 1992.7.28. 92다14786 판결 참조.
27 대법원 2019.11.28. 2017다257869 판결.

3. 채무적 효력의 내용

(1) 이행의무

단체협약의 당사자는 규범적 부분을 포함한 단체협약상의 합의 내용 전부를 성실하게 이행할 의무를 부담한다. 이행의무는 협약 당사자인 노동조합과 사용자 또는 사용자단체 모두가 부담하는 의무이지만, 단체협약의 내용에는 사용자의 의무사항이 대부분이므로 실무상 사용자가 이행의무를 다하였는지가 자주 다루어진다.

일반적으로 이행의무에는 협약 당사자가 그 구성원으로 하여금 단체협약을 준수하고 그에 반하는 행위를 하지 않도록 영향을 미칠 의무(영향의무)도 포함된다고 본다. 예를 들어 노동조합은 평화의무를 위반한 쟁의행위를 행하지 못하도록 조합원들에게 통제력을 행사하여 방지해야 할 의무가 있다고 본 판결례가 있다.[28] 다만 영향의무 내용 자체가 불명확할 뿐만 아니라, 일부 조합원의 쟁의행위는 그 자체의 정당성을 평가하면 족하다는 점에서 영향의무는 인정하지 않는 것이 타당하다고 본다.[29]

(2) 평화의무

평화의무는 협약 당사자가 단체협약의 유효기간 중 협약 내용을 변경·폐기하려는 쟁의행위를 하지 않을 의무를 말한다.[30] 평화의무는 단체협약 소정 사항에 대해서만 인정되므로, 단체협약에 규정되지 않은 사항이나 다음 단체협약을 체결하기 위한 사항에는 적용되지 않는다.

판례는 평화의무가 "노사관계의 안정과 단체협약의 질서형성적 기능을 담보"[31] 하는 것 또는 "노사관계를 평화적·자주적으로 규율하기 위한 단체협약의 본질적 기능"[32]에 따른 것으로 파악한다. 평화의무는 단체협약의 평화적 기능에 내재하는 본래적 의무라는 것이다(내재설). 반면 평화의무는 협약 당사자 간 명시적 또는 묵

---

28 대법원 1992.9.1. 92누7733 판결.
29 대법원 1996.6.28. 96도1050 판결 참조.
30 대법원 1994.9.30. 94다4042 판결 참조.
31 대법원 1992.9.1. 92누7733 판결; 대법원 2007.5.11. 2005도8005 판결.
32 대법원 1994.9.30. 94다4042 판결.

시적 합의가 있는 경우에만 인정된다는 보는 견해(합의설), 평화의무는 단체협약의
준수의무로부터 파생되는 신의칙상의 의무라고 보는 견해(신의칙설)가 있다. 이와
같은 견해의 대립은 평화의무 위반의 효과, 즉 평화의무에 반하는 쟁의행위의 정
당성 문제와 관련되어 있다. 내재설에 따르면 평화의무 위반의 쟁의행위는 정당성
을 상실하고, 따라서 민형사책임이 면책되지 않는다. 반면 합의설이나 신의칙설에
따르면 평화의무가 계약상 채무에 지나지 않으므로 협약 위반에 따른 채무불이행
책임이 발생하는 것은 별론으로 하고 쟁의행위의 정당성이 당연히 부정되는 것은
아니다.

III. 단체협약 위반의 효과

1. 민사적 효과

사용자가 단체협약의 규범적 부분을 위반하는 경우, 개별 조합원은 사용자를 상
대로 민사적 수단을 동원해 이를 이행하도록 할 수 있다. 단체협약의 규범적 효력
이 인정됨으로써 규범적 부분이 개별 근로자의 근로계약 내용으로 화체되기 때문
이다. 다만 노동조합은 원칙적으로 개별 조합원을 대위하여 협약상 규범적 부분에
대한 의무이행을 직접 청구할 수는 없다. 그러나 규범적 부분도 단체협약의 내용
이므로, 노동조합은 계약당사자로서 불이행 책임을 물을 수 있다.

사용자 또는 노동조합이 단체협약의 채무적 부분을 위반하는 경우, 사용자 또는
노동조합은 계약당사자로서 채무불이행 등 계약책임을 물을 수 있고, 조합원에게
는 원칙적으로 소송법상 당사자 적격이 인정되지 않는다. 다만 단체협약에서는 노
사 쌍방의 채무가 '주는 채무'보다는 '하는 채무'가 주종을 이루고, 급부 내용이 비
대체적인 것이 많아 직접강제 또는 대체집행은 적합하지 않다. 이처럼 재산적 거
래를 전제로 하는 일반적인 쌍무적 계약과 달리 단체협약의 질서형성적 기능과 노
사자치의 존중 등을 감안한다면 사법적 개입은 신중을 기할 필요가 있고, 이른바
대안적 분쟁해결(Alternative Dispute Resolution, ADR) 등을 통한 분쟁해결 방안을 모
색할 필요가 있다.

2. 형사적 효과

노동조합법은 단체협약의 이행과 실효성을 확보하기 위하여 단체협약에서 정한 일정한 사항을 위반한 자에 대한 벌칙을 예정하였는데, 이는 노동3권을 헌법적으로 보장하여 단체협약을 제도화하는 우리 노동법제의 특징을 보여주는 예시라 할 수 있다.[33] 노동조합법은 단체협약상 ① 임금·복리후생비, 퇴직금에 관한 사항, ② 근로 및 휴게시간, 휴일, 휴가에 관한 사항, ③ 징계 및 해고의 사유와 중요한 절차에 관한 사항, ④ 안전보건 및 재해부조에 관한 사항, ⑤ 시설·편의제공 및 근무시간 중 회의 참석에 관한 사항, ⑥ 쟁의행위에 관한 사항을 위반한 자는 1천만 원 이하의 벌금에 처하는 것으로 규정하고 있다(제92조 제2호).

IV. 단체협약의 해석

단체협약은 협약 당사자의 의사가 표시된 처분문서로, 그 진정성립이 인정되면 특별한 사정이 없는 한 처분문서에 기재되어 있는 내용에 따라 당사자의 의사표시가 있었던 것으로 객관적으로 해석해야 한다. 처분문서인 단체협약의 해석을 둘러싼 분쟁이 발생한 경우 단체협약에 기재된 문언의 의미를 어떻게 해석해야 하는지가 문제 된다.

판례는 단체협약과 같은 처분문서를 해석할 때 단체협약이 근로자의 근로조건을 유지·개선하고 복지를 증진하여 그 경제적·사회적 지위를 향상할 목적으로 근로자의 자주적 단체인 노동조합과 사용자 사이에 단체교섭으로 이루어지는 것이므로, 그 명문의 규정을 근로자에게 불리하게 변형·해석할 수 없다는 태도를 취하고 있다.[34] 이는 단체협약의 목적과 특성을 고려한 불리한 변형해석 금지원칙이라고 할 수 있다.

---

33 헌법재판소 2007.7.26. 2006헌가9 결정. 헌법재판소는 이 조항의 취지를 단체협약을 체결하고도 그 단체협약의 중요 내용을 지키지 않은 자를 처벌함으로써 단체협약의 이행을 확보하여 궁극적으로는 산업평화를 유지하고 헌법이 보장하는 노동3권의 실현에 기여하고자 하는 것으로 파악한다.
34 대법원 2007.5.10. 2005다72249 판결; 대법원 2011.10.13. 2009다102452 판결; 대법원 2018.11.29. 2018두41532 판결 등.

예를 들어, 정직 또는 해고가 부당징계 또는 부당노동행위로 판명되었을 경우 해당 근로자에게 '임금미지급분에 대해서는 출근 시 당연히 받았을 임금은 물론 평균임금의 200%를 추가 가산 보상'하도록 한 단체협약 규정에서 '평균임금의 200%'의 범위가 문제 된 사안에서, 이는 단지 1개월분의 평균임금만을 의미하는 것이 아니라 근로자가 위와 같은 부당해고 등으로 해고 등 당시부터 원직복귀에 이르기까지 전 기간에 걸쳐 지급받지 못한 임금을 의미하는 것이라고 본 사례가 있다.[35] 또한 "정년퇴직 후 본인의 요청으로 1년간 촉탁으로 근무할 수 있다."라는 단체협약규정에 대하여 그 제정 경위, 변천 과정, 교섭 당시 상황과 합의과정 등에 비추어 이를 의무조항으로 본 사례도 있다.[36]

단체협약 당사자 간 협약규정의 해석을 둘러싼 분쟁이 생기면 궁극적으로 법원에서 소송으로 해결되지만, 노동조합법은 이러한 분쟁이 노동위원회에서 신속히 해결되도록 일종의 권리중재(right arbitration) 제도를 마련하고 있다.

노동조합법 제34조에 따르면, 단체협약의 해석 또는 이행 방법에 관하여 당사자 간에 의견의 불일치가 있는 때에는 당사자 쌍방 또는 단체협약에 정하는 바에 따라 어느 일방이 노동위원회에 그 해석 또는 이행 방법에 관한 견해의 제시를 요청할 수 있고; 노동위원회가 그 요청을 받은 때에는 그날부터 30일 이내에 명확한 견해를 제시하여야 하며, 이 견해는 중재재정과 동일한 효력(즉 단체협약으로서 효력)을 가진다.

단체협약의 당사자가 노동위원회의 견해에 대하여 다투고자 할 때는 노동위원회가 행한 중재재정의 효력을 다투는 절차를 규정한 노동조합법 제69조에 따라야 하므로 위법이거나 월권인 경우에 한해 재심신청을 하거나 행정소송을 제기할 수 있다. 노동위원회가 단체협약의 의미를 오해하여 그 해석 또는 이행 방법에 관하여 잘못된 견해를 제시하였다면 이는 단체협약의 해석에 관한 법리를 오해한 위법을 범한 것으로 노동조합법 제69조에서 규정한 불복사유인 위법 사유가 있는 경우에 해당한다.[37] 중재재정서에 기재된 문언의 객관적 의미가 명확하게 드러나지 않는 경우에는 그 문언의 내용과 중재재정이 이루어지게 된 경위, 중재재정절차에

---

35 대법원 2007.5.10. 2005다72249 판결.
36 대법원 1996.9.20. 95다20454 판결.
37 대법원 2005.9.9. 2003두896 판결.

서 당사자의 주장, 그 조항에 따라 달성하려는 목적 등을 종합적으로 고찰하여 사회정의와 형평의 이념에 맞도록 논리와 경험의 법칙 그리고 사회 일반의 상식과 거래의 통념에 따라 합리적으로 해석하여야 하고, 노동조합법 제34조 제3항에 기하여 노동위원회가 제시한 견해 역시 같은 방법으로 그 객관적 의미를 해석하여야 한다.[38]

제4절

단체협약의 효력확장

I. 서설

단체협약의 효력은 원칙적으로 협약 당사자(노동조합)와 그 구성원인 조합원에게만 미친다. 이로써 발생하는 단체협약의 실효성 저하, 사용자 간 불공정 경쟁 등의 문제에 대처하고자 노동조합법은 예외적으로 단체협약이 그 당사자와 무관한 비조합원인 근로자와 사용자에게 적용되도록 단체협약 효력확장제도를 두고 있다. 이 제도로 단체협약의 규범적 부분은 그 본래적 적용대상 외의 자에게도 적용된다.

노동조합법에서는 두 가지 단체협약 효력확장제도를 규정하고 있다. 하나는 제35조에 규정된 사업장단위의 효력확장(일반적 구속력)이고, 다른 하나는 제36조에 규정된 지역단위의 효력확장(지역적 구속력)이다.

양 제도는 단체협약이 예외적으로 비조합원에게 적용된다는 점에서 동일하나 효력확장이 이루어지는 단위와 범위, 효력확장의 요건과 절차 등에서 차이가 있다. 사업장단위 효력확장에서는 하나의 사업 또는 사업장에 소정 요건을 갖춘 단체협약이 존재하면 그 단체협약이 비조합원인 동종의 근로자에게도 자동으로 적

---

38 대법원 2010.1.14. 2009다68774 판결.

용된다. 지역단위 효력확장에서는 하나의 지역에서 소정 요건을 갖춘 단체협약이 존재하고 그 단체협약의 효력을 확장하는 행정관청의 결정·공고가 있으면 비로소 그 단체협약이 비조합원인 동종의 근로자와 그 사용자에게 적용된다.

독일, 프랑스 등 산업별 단체협약 체계가 확립된 대륙법계 국가에서 단체협약 효력확장제도는 곧 지역단위의 효력확장제도를 의미한다. 지역단위 효력확장제도는 본래 유럽에서 노동조합을 보호하고자 입법적으로 창설된 것이다. 반면 통상적으로 기업별 단체협약이 체결되는 우리나라에서는 사업장단위의 효력확장이 주로 쟁점이 되고, 산업별 단체협약 등 초기업적 단체협약의 존재를 전제로 하는 지역단위의 효력확장이 문제 되는 경우는 드물다. 우리나라의 사업장단위 효력확장제도는 유럽에서 창설된 본래적 의미의 효력확장제도와는 다소 거리가 있는 이질적 제도라고 할 수 있다.

II. 사업장단위의 효력확장

1. 의의

사업장단위 효력확장을 규정한 노동조합법 제35조(일반적 구속력)에 따르면, "하나의 사업 또는 사업장에 상시 사용되는 동종의 근로자 반수 이상이 하나의 단체협약의 적용을 받게 된 때에는 당해 사업 또는 사업장에 사용되는 다른 동종의 근로자에 대하여도 당해 단체협약이 적용된다."

이 규정의 취지에 관한 해석은 다양하다. 단체협약으로 보호되는 조합원을 그렇지 않은 비조합원으로 대체하려는 사용자의 시도를 방지함으로써 궁극적으로 노동조합을 보호하려는 규정이라는 견해(노동조합보호설), 비조합원의 근로조건을 조합원과 같은 수준에서 보호하려는 규정이라는 견해(비조합원보호설), 해당 사업장에서 조합원 여부를 불문하고 동종의 근로자에게 단체협약상의 근로조건을 통일적으로 적용하고자 하는 규정이라는 견해(근로조건통일설), 근로조건의 통일에 따른 비조합원의 보호에 주된 취지가 있고 부수적으로 노동조합도 보호하려는 규정이라는 견해(절충설) 등이 있다.

그러나 위 어떤 견해도 현행 사업장단위 효력확장제도의 취지를 적절하게 설명한다고 보기 어렵다. 그 취지를 밝힌 판례도 아직은 없다. 다음의 점에서 현행 제도에 대한 입법적 재검토가 요구된다. 첫째, 사업장단위의 효력확장은 우리나라와 일본의 고유한 제도로 본래적 효력확장제도와는 거리가 있는 이질적인 것이다. 둘째, 노동3권 행사의 결과로 조합원과 비조합원에게 적용되는 근로조건 간 격차는 합리적 이유가 있는 차별에 해당하므로 효력확장제도로 조합원과 비조합원 사이의 근로조건을 통일하거나 비조합원의 근로조건을 특별히 보호할 필요성이 크다고 보기 어렵다. 셋째, 동일노동에 종사하는 비조합원의 근로조건은 성별, 연령, 장애, 비정규직 등을 이유로 하는 각종 차별금지제도로 보호할 수 있다. 넷째, 현행 사업장단위 효력확장제도는 그 취지가 불분명(관련 판례나 입법 과정에서 논의를 발견할 수 없음)할 뿐만 아니라 실제에서는 비조합원의 무임승차를 허용함으로써 오히려 노동조합과 그 조합원의 보호에 역행하는 결과를 초래할 우려가 있다.

2. 요건

사업장단위 효력확장은 하나의 사업 또는 사업장 단위에서 '상시 사용되는 동종의 근로자 반수 이상이 하나의 단체협약의 적용을 받게 된 때'를 요건으로 한다. 이것은 효력확장의 성립 및 존속 요건이다. 따라서 그 요건이 충족되어 효력확장이 이루어졌더라도 어떤 시점에서 요건을 충족할 수 없게 된 때에는 그때부터 효력확장이 인정되지 않는다.

(1) 하나의 사업 또는 사업장

하나의 단체협약이 동종의 근로자 반수 이상에 적용되는지는 하나의 사업 또는 사업장을 단위로 판단한다. 이는 우리나라에서 단체협약이 주로 하나의 사업 또는 사업장 단위로 체결되는 현실을 고려한 것이다. 다만, 하나의 사업 또는 사업장이라도 노동위원회의 결정으로 교섭단위가 분리된 경우에는 분리된 교섭단위별로 동종의 근로자 반수 이상이 하나의 단체협약을 적용받는지를 판단해야 한다.

(2) 상시 사용되는 동종의 근로자

'상시 사용되는 동종의 근로자'는 하나의 단체협약을 적용받는 근로자가 반수 이상인지를 계산하는 기준이 되는 근로자 총수로서 근로자의 지위나 종류, 근로계약 기간의 정함 유무 또는 근로계약상 명칭에 구애됨 없이 사업장에서 사실상 계속적으로 사용되는 동종의 근로자 전부를 말한다.[39] 단기의 계약기간을 정하여 고용된 임시직 근로자라도 근로계약이 반복 갱신되어 사실상 계속 고용되어 왔다면 여기에 포함된다.

'동종의 근로자'는 하나의 단체협약을 적용받거나 효력확장으로 그 적용을 받을 수 있는 자이다. '동종'이라는 표현에 비추어 볼 때, 근로자가 행하는 근로의 종류와 내용, 근로형태가 동일하거나 유사한 경우를 의미하는 것으로 이해할 수 있다. 그러나 판례는 근로의 종류 등과 관계없이 해당 단체협약의 규정에 따라 그 협약의 적용이 예상되는 자를 동종의 근로자로 본다.[40] 즉 단체협약의 적용 범위가 특정되지 않았거나 협약조항이 모든 직종에 걸쳐 공통적으로 적용되면 직종의 구분 없이 사업장 내의 모든 근로자가 동종의 근로자에 해당한다.[41] 반면 단체협약이 근로자 일부에게만 적용되는 것으로 한정하면 그 한정된 범위의 근로자가 동종의 근로자에 해당한다. 한편, 조합원 자격이 없는 자는 단체협약의 적용이 예상된다고 할 수 없어 동종의 근로자에 속하지 않는다는 것이 판례의 태도이다.[42]

위와 같은 판례에 따르면, 정규직 근로자만을 조합원으로 하는 노동조합이 사업장 단위에서 체결한 단체협약은 그 효력이 확장되더라도 조합원 자격이 없는 비정규직 근로자에게는 적용될 수 없다. 비정규직 근로자가 정규직 근로자와 동종 또는 유사한 업무에 종사하는 경우에도 그러하다. 사업장단위 효력확장제도의 취지가 미조직 근로자의 보호 및 근로조건의 통일에 있다고 한다면, 동종·유사 업무에

---

39 대법원 1992.12.22. 92누13189 판결.

40 대법원 2003.12.26. 2001두10264 판결 참조. 한편, 과거에는 동종의 근로자 해당 여부를 판단할 때 업무 내용 및 작업 형태의 동종성 여부를 고려한 판결례가 있었다. 예컨대, 경비원은 감시적·단속적 근로에 종사하는 자여서 단체협약의 적용을 받는 생산직 근로자와 그 작업 내용이나 형태가 같다거나 비슷하다고 볼 수 없어 단체협약이 적용되는 근로자와 동종의 근로자라고는 할 수 없다고 판단한 사례가 있다(대법원 1995.12.22. 95다39618 판결).

41 대법원 1992.12.22. 92누13189 판결; 대법원 1997.4.25. 95다4056 판결; 대법원 1999.12.10. 99두6927 판결 등.

42 대법원 2004.2.12. 2001다63599 판결.

종사하는 비정규직 근로자는 조합원 자격을 불문하고 효력확장의 적용대상이 되는 동종의 근로자에 해당한다고 볼 수 있다. 그러나 전술한 바와 같이 사업장단위 효력확장의 취지를 위와 같이 볼 근거가 없는 점, 비정규직 근로자도 자신의 근로 조건을 개선하고자 별도의 노동조합을 설립하거나 가입할 수 있는 점, 하나의 사업 또는 사업장 내에서 정규직과 비정규직 근로자 간 교섭단위의 분리가 가능한 점, 정규직 노동조합이 체결한 단체협약이 비정규직 근로자에게 적용되지 않음으로써 발생하는 차별적 처우 문제에 대해서는 차별시정제도로 시정할 수 있는 점 등을 종합적으로 고려할 때, 판례의 태도에 수긍이 간다.

(3) 반수 이상에 하나의 단체협약 적용

하나의 단체협약이 다른 동종의 근로자에게 확장적용되려면 하나의 사업 또는 사업장에 상시 사용되는 동종의 근로자 '반수 이상'이 하나의 단체협약의 적용을 받아야 한다.

하나의 단체협약이 반드시 기업별 단체협약이어야 하는 것은 아니다. 해당 사업 또는 사업장의 근로자에게 적용되는 초기업적 단체협약도 하나의 단체협약에 해당한다. 하나의 단체협약을 적용받는 근로자는 단체협약의 본래적 적용대상자로 단체협약상의 적용 범위에 포함되는 자만을 뜻한다. 단체협약상 특별히 적용 범위를 한정하지 않은 경우에는 해당 단체협약의 당사자인 노동조합의 조합원 전체를 말하고, 단체협약이 근로자 일부에게만 적용하여 한정하는 경우에는 그 한정된 범위의 조합원을 말한다.[43]

3. 효과

효력확장의 요건이 충족되면 단체협약은 해당 사업 또는 사업장에 사용되는 다른 동종의 근로자에게 '자동적으로' 적용된다. 확장적용되는 단체협약은 그 규범적 부분에 국한된다. 채무적 부분은 협약 당사자인 노동조합과 사용자 간의 권리·의무를 정한 것이기 때문이다. 이는 강행규정으로 효력확장을 배제하는 당사자 간의

---

43 대법원 2005.5.12. 2003다52456 판결.

약정은 효력이 없다.

비조합원의 근로조건이 단체협약상의 근로조건보다 유리한 내용인 경우에도 단체협약의 효력이 확장되는지가 문제 된다. 이는 전술한 유리원칙 적용 여부와 유사한 측면이 있으나 효력확장제도의 취지도 함께 고려하여 판단해야 한다.

사업장 단위 단체협약 효력확장의 적용대상이 되는 비조합원은 해당 단체협약을 체결한 노동조합에 가입할 자격이 있음에도 스스로 가입하지 않은 자이므로 조합원에 대한 유리원칙 적용 문제와 동일하게 취급하기는 어려울 것이다. 또한 단체협약이 근로자의 과반수 이상에게 적용된다는 우연적 사실로 비조합원의 근로조건이 본인의 의사와 무관하게 종전보다 저하되는 것은 계약자유의 원칙을 훼손할 우려가 있고 합리적이라고 볼 수 없다. 따라서 비조합원의 근로조건이 단체협약상의 근로조건보다 유리한 경우에는 효력확장이 허용되지 않는다고 보아야 한다.

사업장단위 효력확장은 동종의 근로자 반수 이상이 하나의 단체협약의 적용을 받는 것을 요건으로 하므로 조합원의 탈퇴, 단체협약의 유효기간 만료 등으로 효력확장의 요건을 갖추지 못하게 될 때는 그때부터 확장적용의 효과는 자동으로 소멸한다. 이 경우 효력확장에 따라 비조합원에게 적용되었던 단체협약상의 근로조건이 유지될 수 있는지는 후술하는 단체협약 실효 후 근로조건 문제에 준하여 해결하면 된다.

한편, 둘 이상의 노동조합이 존재하는 사업 또는 사업장에서 소수노조가 교섭창구 단일화 절차에 참여하였다면, 교섭대표노동조합이 체결한 단체협약이 소수노조의 조합원에게도 법률에 따라 당연히(ipso jure) 적용되는 것에 불과하고, 효력확장의 문제는 발생하지 않는다. 그런데 교섭대표노동조합이 체결한 단체협약이 효력확장 요건을 갖춘 경우 교섭창구 단일화 절차에 참여하지 않은 노동조합의 조합원에게도 효력이 확장되는지가 문제 된다. 생각건대 현행법상 창구단일화에 참여하지 않는 노조의 조합원에 대한 확장적용을 배제하는 취지의 규정이 없고, 해당 노조의 조합원도 교섭대표노동조합에 가입할 조합원 자격을 갖는 경우에는 동종의 근로자에 해당하므로 확장적용을 인정하는 것이 타당할 것이다.

교섭창구 단일화 절차에서 사용자가 복수의 노동조합과 각각 개별교섭하는 것에 동의한 경우에는, 소수노동조합도 독자적으로 교섭권을 행사하여 단체협약을 체결할 기회가 보장되어야 하므로 다수노조가 체결한 단체협약이 소수노조의 조합원에게는 효력이 확장되지 않는다고 본다.[44]

III. 지역단위의 효력확장

1. 의의

지역단위 효력확장을 규정하는 노동조합법 제36조(지역적 구속력)에 따르면, 하나의 지역에서 종업하는 동종의 근로자 3분의 2 이상이 하나의 단체협약의 적용을 받게 된 때에는 행정관청은 당해 단체협약의 당사자 쌍방 또는 일방의 신청에 의하거나 그 직권으로 노동위원회의 의결을 얻어 당해 지역에서 종업하는 다른 동종의 근로자와 그 사용자에 대하여도 당해 단체협약을 적용한다는 결정을 할 수 있고, 행정관청이 이러한 결정을 한 때에는 지체 없이 이를 공고해야 한다. 지역단위 효력확장은 전술한 사업장단위 효력확장과 달리 하나의 단체협약의 적용을 받는 동종 근로자의 비율에서 차이가 있다. 그 외에도 노동위원회의 의결과 행정관청의 결정·공고라는 행정적 절차를 거칠 것이 요구된다는 점에서 다르다.

지역단위 효력확장제도의 취지에 관하여 판례나 입법 과정 등에서 명시적으로 논의된 바는 없다. 생각건대, 하나의 지역에 동종의 근로자 다수에게 지배적으로 적용되는 하나의 단체협약이 있는 경우에 행정관청의 결정·공고로 그 단체협약을 해당 지역의 다른 동종의 근로자와 그 사용자에게 적용함으로써 근로조건의 최저기준을 확립하여 노동조합의 단결력을 보호하고, 나아가 근로조건을 저하하는 사용자들의 부당한 경쟁을 방지하고자 하는 데 그 취지가 있는 것으로 보인다.

지역단위 효력확장제도는 원래 산별노조 등 초기업 노동조합이 하나의 사업 또는 사업장을 넘어서는 초기업적 단체협약을 체결할 것을 전제로 하여 창설된 제도이다. 그런데 우리나라의 경우 지역 차원에서 노사 간 집단교섭으로 동일한 내용의 단체협약을 체결하여 개별 사업장에 적용하는 관행이 존재하는 택시·버스운수

---

44 대법원 2011.5.6. 2010마1193 결정 참조.

업을 제외하고, 대부분 하나의 사업 또는 사업장 단위에서 단체협약을 체결하므로 지역단위 효력확장제도가 실제로는 거의 활용되지 않는다.

2. 요건

지역단위 효력확장은 실질적 요건과 절차적 요건 모두를 갖추어야 한다.

(1) 실질적 요건

지역단위 효력확장의 실질적 요건은 "하나의 지역에서 종업하는 동종의 근로자 3분의 2 이상이 하나의 단체협약의 적용을 받게 된 때"이다.

'하나의 지역'은 산업의 성격, 근로조건, 노사관계 등이 유사하여 하나의 노동시장을 형성한다고 볼 수 있는 지역을 말하고, 반드시 행정구역과 일치해야 하는 것은 아니다. 예컨대, 협약 당사자가 해당 단체협약에서 지리적 적용 범위를 정했다면, 그 적용 범위 내에 있는 지역을 '하나의 지역'으로 판단하는 주요한 요소가 될 수 있다.

'동종의 근로자'는 기본적으로 사업장단위 효력확장에서 전술한 바와 같다. 해당 단체협약의 본래적 적용 대상자가 특정한 직종이나 산업의 근로자로 한정된 경우에는 해당 직종이나 산업에 종사하는 자가 동종의 근로자에 해당한다.

'하나의 단체협약'은 해당 지역에서 초기업적인 집단교섭이나 통일교섭으로 체결된 단체협약을 뜻한다. 기업별교섭이나 대각선교섭에 따라 사업장별로 각각 단체협약을 체결하여 형식적으로는 단체협약이 둘 이상 존재하는 경우라도 그것이 초기업적 교섭의 결과를 반영하여 동일한 내용으로 체결된 것이라면, 전술한 지역단위 효력확장제도의 취지에 비추어 '하나의 단체협약'으로 보아야 한다.

하나의 단체협약의 적용을 받는 동종의 근로자는 '3분의 2 이상'이어야 한다. 사업장단위 효력확장에 비해 그 비율 요건이 높게 설정되어 있다. 이는 하나의 단체협약을 동종의 근로자 대다수에 적용되는 지배적인 단체협약으로 볼 수 있는 경우에 한하여 그 단체협약의 규범적 효력이 다른 동종의 근로자와 그 사용자에 미치도록 가중요건을 정한 것이다.

(2) 절차적 요건

사업장단위 효력확장과 달리 지역단위 효력확장은 실질적 요건뿐만 아니라 절차적 요건도 충족되어야 한다. 즉 행정관청이 해당 단체협약의 당사자 쌍방이나 일방의 신청 또는 직권으로 노동위원회의 의결을 받아 해당 단체협약의 효력확장을 결정하고 이를 공고해야 한다.

행정관청의 효력확장 결정은 본질적으로 재량행위로, 지역단위 효력확장제도의 취지에 비추어 볼 때 행정관청은 사회적·공익적 관점에서 해당 단체협약의 전부 또는 일부에 대하여 효력확장 여부를 결정하는 데 상당한 재량권을 가진다. 따라서 행정관청은 해당 단체협약의 규범적 부분 일부에 대해서만 효력확장을 결정·공고할 수 있다고 보아야 한다.

그러나 행정관청은 노동위원회의 의결을 얻지 않고 효력확장을 결정·공고할 수는 없다. 이때 노동위원회의 의결은 행정관청의 재량권이 합법적으로 행사되도록 준사법적으로 통제하는 기능을 한다. 이 경우 노동위원회는 행정관청이 요청한 의결의 당부만을 판단할 수 있을 뿐이고, 그 내용을 임의로 수정하여 의결할 수는 없다. 효력확장의 결정 주체는 노동위원회가 아니라 행정관청이기 때문이다.

3. 효과

효력확장의 요건이 충족되면 해당 단체협약은 행정관청이 그 확장적용의 결정을 공고한 날부터 또는 행정관청이 공고에서 정한 확장적용의 발효일로부터 해당 지역에서 종업하는 다른 동종의 근로자와 그 사용자에게 적용된다. 확장적용되는 것은 단체협약의 규범적 부분만이다.

단체협약의 규범적 부분은 확장적용의 대상이 되는 동종의 근로자에게 유리한 경우에만 확장적용된다고 보아야 한다. 확장적용되는 단체협약이 유효기간 만료 등으로 실효되면 확장적용의 효과는 소멸한다. 그 후 근로조건은 후술하는 단체협약 실효 후 근로조건 문제에 준하여 해결하면 된다.

행정관청이 효력확장을 결정·공고한 이후 단체협약의 적용을 받는 동종 근로자의 수가 3분의 2 미만으로 줄어드는 경우와 같이 실질적 요건을 갖추지 못하게 되면 그 시점에서 곧바로 확장적용의 효과가 소멸하는지가 문제 된다. 생각건대, 효력확장의 결정·공고가 철회되거나 취소되지 않는 한 실질적 요건의 흠결로 당연히 확장적용의 효과가 소멸한다고 볼 수는 없다. 그 이유는 다음과 같다. 첫째, 행정관청의 결정·공고는 특정 지역에서 동종 근로자의 근로조건을 규율하는 일반적 법규범의 공시에 준하는 행위로 볼 수 있다. 둘째, 실질적 요건을 갖추지 못하였다고 하여 확장적용의 효과가 당연히 소멸한다고 보면 기존에 인정되던 근로조건이 저하됨으로써 근로자의 보호 이념 및 노사관계의 안정성을 해칠 우려가 있다. 셋째, 더 나아가 효력확장의 효과를 소멸시키기 위하여 노사가 의도적으로 조합원 수를 감소시키는 등 불필요한 분쟁을 유발하고 법적 안정성을 훼손할 수 있다. 넷째, 실질적 요건의 흠결로 당연히 효력확장의 효과가 소멸한다고 보는 것은 행정행위의 공정력을 부인하는 결과가 된다.

한편, 지역단위 효력확장은 해당 단체협약의 체결에 참여하지 않은 노동조합의 단체교섭권과 단체행동권을 제한하는지가 문제 된다. 판례에 따르면, 교섭권한을 위임하거나 해당 단체협약 체결에 관여하지 아니한 노동조합(이하 '협약 외의 노동조합')이 독자적으로 단체교섭권을 행사하여 이미 별도의 단체협약을 체결한 경우에는 그 협약이 유효하게 존속하는 한 노동조합법 제36조(지역적 구속력)에 따른 결정의 효력이 협약 외의 노동조합과 그 조합원에게는 미치지 않으며, 또한 협약 외의 노동조합이 위와 같이 별도로 체결하여 적용받는 단체협약의 갱신체결이나 더 나은 근로조건을 얻으려는 단체교섭이나 단체행동을 하는 것 자체를 금지하거나 제한할 수는 없다고 한다.[45]

---

[45] 대법원 1993.12.21. 92도2247 판결 참조.

제5절
단체협약의 종료

I. 단체협약의 종료 사유

1. 유효기간의 만료

단체협약은 그 유효기간의 만료로 소멸한다. 그런데 노동조합법 제32조 제1항과 제2항에 따르면, 단체협약에는 3년을 초과하는 유효기간을 정할 수 없고, 단체협약에 그 유효기간을 정하지 아니한 경우 또는 3년의 기간을 초과하는 유효기간을 정한 경우에 그 유효기간은 3년으로 한다. 원래 단체협약의 유효기간은 협약 당사자의 자치에 맡기는 것이 원칙이라 하겠으나, 노동조합법이 그 유효기간을 3년으로 제한하는 규정을 둔 것은 단체협약의 유효기간을 너무 길게 하면 변동하는 산업사회의 사회적·경제적 여건의 변화에 적응하지 못하여 당사자를 부당하게 구속하는 결과가 되기 때문이다. 그렇게 되면 단체협약에 따라 적절한 근로조건을 유지하고 노사관계의 안정을 도모하고자 하는 목적에도 어긋나므로 그 유효기간을 일정한 범위로 제한하여 단체협약의 내용을 시의에 맞고 구체적이고 타당성 있게 조정해 나가도록 하자는 데 그 취지가 있다.[46]

그러나 단체협약의 유효기간이 만료되는 때를 전후하여 당사자 쌍방이 새로운 단체협약을 체결하고자 단체교섭을 계속하였음에도 새로운 단체협약이 체결되지 아니한 경우에는 별도 약정이 있는 경우를 제외하고 종전의 단체협약은 그 효력 만료일부터 3개월까지 계속 효력을 갖는다(노동조합법 제32조 제3항 본문). 노동조합법이 협약 당사자가 정한 유효기간이 만료되었는데도 그 만료일부터 3개월까지 계속 효력을 가지도록 규정한 것은 유효기간 만료를 전후하여 협약 당사자의 새로운 협약체결을 촉진하고 단체협약 부재 상태가 3개월을 넘어 장기화되지 않도록

---

[46] 대법원 1993.2.9. 92다27102 판결 참조.

하려는 정책적 배려에서 비롯한 것으로 볼 수 있다. 따라서 협약 당사자 쌍방이 새로운 단체협약을 체결하려는 단체교섭을 하지 않으면 구단체협약의 3개월에 걸친 효력연장의 효과는 발생하지 않는다. 새로운 단체협약을 체결하기 위해 단체교섭을 계속한 경우에도 교섭의 타결 없이 3개월이 경과하면 단체협약은 실효하고 단체협약이 존재하지 않는 상태가 된다.

무협약 상태를 방지하고자 협약 당사자가 단체협약에 그 유효기간이 경과한 후에도 새로운 단체협약이 체결되지 아니한 때에는 새로운 단체협약이 체결될 때까지 종전 단체협약의 효력을 존속시킨다는 취지의 별도 약정을 둔 경우에는 그에 따른다(제32조 제3항 단서). 그와 같은 별도 약정을 '자동연장조항'이라고 한다. 노동조합법이 제32조 제1항과 제2항에서 단체협약의 유효기간을 제한하고 있음에도 위와 같은 불확정기한부 자동연장조항의 효력을 인정하는 것은 협약자치 원칙을 어느 정도 존중하면서 단체협약 공백 상태의 발생을 될 수 있으면 피하려는 데 그 취지가 있다.[47] 그러나 불확정기한부 자동연장조항으로 단체협약의 유효기간을 3년으로 제한한 입법 취지가 근본적으로 훼손될 우려가 있으므로 노동조합법은 자동연장조항에도 불구하고 협약 당사자 일방이 소정 요건에 따라 단체협약을 해지할 수 있도록 허용하고 있다.

자동연장조항과 유사한 것으로 자동갱신조항이 있다. 자동갱신조항은 단체협약의 유효기간 만료 전 일정한 기간까지 당사자 어느 쪽도 단체협약의 개정이나 폐기의 통고가 없으면 그 단체협약과 같은 내용의 단체협약이 다시 체결된 것으로 간주하는 약정이다. 자동연장조항과 달리 자동갱신조항의 경우 그에 따라 갱신되는 단체협약의 유효기간은 노동조합법 제32조 제1항과 제2항에 따른 3년의 제한을 받는다.[48]

2. 단체협약의 해지

단체협약의 자동연장조항에 따라 자동연장된 경우라도 당사자 일방은 해지하고자 하는 날의 6개월 전까지 상대방에게 통고함으로써 종전의 단체협약을 해지할

---

47 대법원 2015.10.29. 2012다71138 판결 참조.
48 대법원 1993.2.9. 92다27102 판결 참조.

수 있다(노동조합법 제32조 제3항 단서). 그 취지는 협약 당사자로 하여금 장기간의 구속에서 벗어나도록 하면서 아울러 새로운 단체협약의 체결을 촉진하고자 6개월의 기간을 둔 해지권의 행사로 언제든지 불확정기한부 자동연장조항에 따라 효력이 연장된 단체협약을 실효시킬 수 있게 한 것이다.[49] 단체협약의 해지권을 정한 노동조합법 제32조 제3항 단서는 성질상 강행규정이므로 협약 당사자 사이의 합의에 따르더라도 단체협약의 해지권을 행사하지 못하도록 하는 등 그 적용을 배제하는 것은 허용되지 않는다.[50]

노동조합법은 단체협약을 해지하는 방법에 관해 규정하고 있지 않다. 그렇지만 단체협약의 해지가 근로조건과 노사관계에 중대한 영향을 미치는 점을 감안하면, 단체협약을 체결할 때와 마찬가지로 당사자 일방이 서명 또는 날인한 서면에 의한 해지 통고가 요구된다고 보아야 한다. 서면에 의한 해지 통고는 해지하고자 하는 날의 6개월 전까지 해야 하고, 6개월 미만의 기간을 정하여 해지를 통고한 경우에는 해지통고서 도달 후 6개월이 지나야 해지의 효과가 발생한다.

한편, 노동조합법은 자동연장조항이 있는 단체협약의 해지 외에 단체협약의 해지가 가능한 경우를 규정하고 있지 않다. 상대방이 단체협약을 이행하지 아니하거나 위반한 경우 민법에 따른 해지를 생각해 볼 수 있다. 그러나 단체협약이 근로조건을 규율하고 노사관계를 안정시키는 데 의의가 있다는 점을 고려할 때, 단체협약의 존재 의의를 몰각할 정도의 중대한 위반이나 불이행이 있는 경우에 한해 단체협약의 해지가 가능한 것으로 보아야 한다. 다만, 합의해지는 단체협약의 존재 의의를 위협할 우려가 없으므로 노사자치에 따라 언제든지 가능할 것이다.

II. 단체협약 실효 후 근로조건

단체협약이 그 유효기간 만료 등으로 효력을 상실하여 아무런 협약도 존재하지 않는 상태가 되면 종전 단체협약의 채무적 부분은 당연히 소멸한다. 문제는 종전 단체협약의 규범적 부분에 따라 규율되던 근로조건이 단체협약의 실효에도 불구

---

49 대법원 2015.10.29. 2012다71138 판결 참조.
50 대법원 2016.3.10. 2013두3160 판결.

하고 여전히 개별 근로자와 사용자에게 적용되는가 하는 점이다.

　노동조합법에는 단체협약 실효 후 근로조건에 관한 명문 규정이 없다. 그러나 판례는 단체협약이 실효되었다고 하더라도 임금, 근로시간, 해고사유와 해고절차 등 근로조건에 관한 부분은 그 단체협약의 적용을 받던 근로자의 근로계약의 내용으로 되어 사용자와 근로자를 규율하고, 다만 그것을 변경하는 새로운 단체협약, 취업규칙이 체결·작성되거나 개별적 근로자의 동의를 얻은 경우에는 그렇지 않다는 태도를 취하고 있다.[51] 종전 단체협약상의 근로조건이 개별 근로자의 근로계약 내용으로 체화된다고 하여 이를 '화체설'이라고 칭한다.

　생각건대, 노동조합법 제33조에 따른 단체협약의 강행적 효력과 보충적 효력에 따라 단체협약상의 근로조건은 근로계약의 내용으로 되므로 단체협약이 실효하더라도 이미 근로계약의 내용으로 된 근로조건은 그것을 변경하는 새로운 단체협약이나 근로계약이 체결될 때까지는 사용자와 근로자에게 적용되는 것으로 이해할 수 있다. 판례도 같은 취지에서 화체설을 취하고 있다.

　한편, 근로자가 노동조합을 탈퇴하거나 노동조합으로부터 제명된 경우 또는 비조합원에 대한 단체협약 효력확장의 효과가 소멸한 경우에도 단체협약의 실효에 따른 근로조건 규율의 문제가 마찬가지로 발생하므로 위와 같은 화체설의 법리가 그대로 적용된다.

51　대법원 2000.6.9. 98다13747 판결; 대법원 2007.12.27. 2007다51758 판결; 대법원 2009.2.12. 2008다70336 판결 등 참조.

제19장
노동쟁의의 해결

제1절
노동쟁의의 의의

노동쟁의는 노동관계 당사자(노동조합과 사용자 또는 사용자단체) 간에 임금·근로시간·복지·해고 기타 대우 등 근로조건의 결정에 관한 주장의 불일치로 발생한 분쟁상태를 말하고, 이 경우 주장의 불일치는 당사자 간에 합의를 위한 노력을 계속하여도 더 이상 자주적 교섭에 의한 합의의 여지가 없는 경우를 말한다(노동조합법 제2조 제5호). 이처럼 주장의 불일치로 분쟁이 발생한 '상태'에서 그 주장을 관철하려고 쟁의'행위'가 이루어질 수 있다.

원칙적으로 노동쟁의는 노동관계 당사자들의 자주적인 교섭 등으로 해결하는 것이 바람직하나, 분쟁상태가 장시간 지속되는 경우 노사관계가 불안정해질 수 있고, 또한 이것이 쟁의행위로 이어져 국민경제에 영향을 미칠 수 있으므로, 국가는 노동쟁의를 가급적 신속하고 공정하게 해결하여야 한다(제1조·제49조).[1] 다만 이 과정에 국가가 지나치게 개입하면 근로자의 노동3권이 제약될 우려가 있으므로 유

---

[1] 당초 노동쟁의에 대해서는 1953년 제정된 '노동쟁의조정법'이 규율했으나 군사독재 시기인 1963년에는 법의 목적에 '노동관계의 공정한 조정'이 추가되었고, 1997년 노동법 전면 제정·개정으로 노동조합법과 합쳐지면서 노동조합 및 노동관계조정법으로 법률명이 변경되었다. 하지만 노동쟁의가 아닌 노동관계 그 자체는 애당초 국가가 직접적으로 조정할 수 있는 대상이 아닐 뿐만 아니라, 국가가 이를 조정하려는 시도는 바람직하지 않다는 점에서 주의가 필요하다.

의해야 한다.[2] 노동쟁의의 조정 업무는 노동위원회가 담당한다.

노동위원회가 개입하여 노동쟁의를 해결하는 방식으로는 크게 조정과 중재가 있다. 조정의 경우 당사자 일방의 신청으로 개시되지만, 조정 결과로 도출된 조정안은 당사자 쌍방이 수락해야 성립하고 단체협약으로 효력을 갖는다. 노동조합은 조정이 결렬되어 조정절차가 종료된 이후에만 쟁의행위를 할 수 있다(제45조 제2항). 중재의 경우 당사자 쌍방이 신청하거나 당사자 일방이 단체협약에 따라 신청해야 가능하고, 중재의 결과로 도출된 중재재정의 내용은 곧바로 단체협약과 동일한 효력을 가진다(제70조 제2항). 한편 공중의 일상생활과 밀접한 관련이 있거나 국민경제에 미치는 영향이 큰 공익사업에 대해서는 긴급조정을 실시할 수 있다(제76조).

제2절
노동쟁의의 개념

노동쟁의의 개념을 분설해 보면, 이는 ① 노동조합과 사용자 또는 사용자단체 간에, ② 임금·근로시간·복지·해고 기타 대우 등 근로조건의 결정에 관한 ③ 당사자 간에 합의를 위한 노력을 계속하여도 더 이상 자주적 교섭에 의한 합의의 여지가 없는 주장의 불일치로 발생한 분쟁상태를 의미한다.

먼저 노동쟁의의 근로자 측 당사자는 노동조합법상 노동조합이고, 헌법상 단결체(법외노조) 등은 노동쟁의의 당사자로 볼 수 없다.[3] 노동조합법에 따라 설립된 노동조합이 아니면 노동위원회에 노동쟁의의 해결을 신청할 수 없기 때문이다(제7조 제1항). 다만 앞에서 설명하였듯이 노동쟁의와 쟁의행위는 개념의 특성과 규율취지가 상이하므로, 헌법상 단결체가 노동쟁의의 당사자가 아니라는 이유로 쟁의행위의 주체도 될 수 없다고 곧바로 단정해서는 안 된다(이에 대해서는 제20장 쟁의행위 참조).

---

2 과거 권위주의 정부는 노동운동을 억압하고자 노동쟁의를 과도하게 제한하였으나 민주화가 진전되고 노사관계가 성숙함에 따라 이러한 제한은 상당수가 폐지·완화되었다.

3 김유성, 「노동법 Ⅱ」, 법문사, 1999, 403면.

노동쟁의의 대상은 임금·근로시간·복지·해고 기타 대우 등 근로조건의 결정에 관한 것이어야 한다.

집단적 노사관계에 대한 사항은 여기서 제외되는지가 문제 되는데, 과거에는 근로조건 이외의 사항에 관한 노동관계 당사자 사이의 주장 불일치로 인한 분쟁상태는 근로조건에 관한 분쟁이 아니어서 현행법상 노동쟁의라고 할 수 없고, 특별한 사정이 없는 한 이러한 사항은 중재재정의 대상으로 할 수 없다고 본 판결례가 있으나,[4] 최근에는 "중재절차는 노동쟁의의 자주적 해결과 신속한 처리를 위한 광의의 노동쟁의조정절차의 일부분이므로 노사관계 당사자 쌍방이 합의하여 단체협약의 대상이 될 수 있는 사항에 대하여 중재를 해줄 것을 신청한 경우이거나 이와 동일시할 수 있는 사정이 있는 경우에는 근로조건 이외의 사항에 대하여도 중재재정을 할 수 있다고 봄이 상당하다."라고 본 판결이 있다.[5]

한편, 이때 근로조건의 '결정'이라는 단어는 1997년 노동조합법 제정·개정 과정을 거치며 새롭게 추가된 것으로, 이를 추가한 이유에 대한 입법자의 의사는 확인되지 않는다.[6] 다만 대다수 학설은 근로조건의 '결정'이라는 문언에 주목하여 노동쟁의의 대상을 새롭게 근로조건을 결정하는 이익분쟁으로만 한정하고, 이미 확정된 권리·의무에 대한 해석분쟁인 권리분쟁은 노동쟁의의 대상에 포함되지 않는다고 본다.[7] 여기에서 더 나아가 권리분쟁은 노동쟁의의 대상에 포함되지 않으므로 쟁의행위의 목적으로서도 정당하지 않다는 견해도 있다. 다만 앞에서 설명하였듯이 노동쟁의와 쟁의행위는 개념의 특성과 규율취지가 상이하므로, 권리분쟁이 쟁의행위의 목적으로 정당하지 않다고 곧바로 단정해서는 안 된다(이에 대해서는 제20장 쟁의행위 참조).

또한 노동쟁의는 '주장의 불일치로 발생한 분쟁상태'이므로, 그 조정의 대상 또한 주장이 불일치하는 범위로 한정되고, 당사자 간에 이견이 없는 사항은 조정할 수 없다. 또한 이때 주장의 불일치는 '당사자 간에 합의를 위한 노력을 계속하여도

---

4 대법원 1996.2.23. 94누9177 판결.

5 대법원 2003.7.25. 2001두4818 판결.

6 개정안의 바탕이 된 노사관계개혁위원회 논의 과정에서도 이에 대한 논의는 전혀 하지 않았으며, 당시 노동조합법이 비정상적 절차를 거쳐 처리되는 과정에서 아무도 모르게 삽입되어 통과된 것으로 보인다.

7 김유성, 앞의 책, 403면; 임종률, 『노동법』, 박영사, 2022(20판), 199면.

더 이상 자주적 교섭에 의한 합의의 여지가 없는' 것을 의미하는데, 이는 단체교섭 등이 결렬된 상태로 보아야 한다.

제3절
노동쟁의 해결의 기본 원칙

노동쟁의는 노사가 자주적으로 해결하는 것이 가장 바람직하므로 노동위원회를 통한 조정·중재 등의 절차가 마련되어 있고, 그 절차가 개시된 이후에도 자주적으로 해결될 수 있어야 한다. 따라서 노동쟁의의 해결과 관련된 노동조합법의 규정은 노동관계 당사자가 직접 노사협의 또는 단체교섭으로 근로조건 기타 노동관계에 관한 사항을 정하거나 노동관계에 관한 주장의 불일치를 조정하고 이에 필요한 노력을 하는 것을 방해하지 아니한다(제47조).

또한 노동관계 당사자는 노동쟁의의 발생을 예방하기 위하여 단체협약에 노동관계의 적정화를 위한 노사협의 기타 단체교섭의 절차와 방식을 규정하고 노동쟁의가 발생한 때에는 이를 자주적으로 해결하도록 노력해야 한다(제48조).

국가와 지방자치단체는 노동관계 당사자 간에 노동관계에 관한 주장이 일치하지 않을 경우에 노동관계 당사자가 이를 자주적으로 해결하도록 조력함으로써 쟁의행위를 가능한 한 예방하고 노동쟁의의 신속·공정한 해결에 노력해야 하고(제49조), 노동관계 당사자와 노동위원회 기타 관계기관은 사건을 신속히 처리하도록 노력하여야 한다(제50조). 이와 관련하여 노동조합법은 노동쟁의 조정과 중재의 종료기한을 별도로 정하고 있다. 또한 공익사업의 경우 노동쟁의가 시민들의 생활에 직접 영향을 미칠 수 있으므로 국가·지방자치단체·국공영기업체·방위산업체, 공익사업에서 노동쟁의의 조정은 우선적으로 취급하고 신속히 처리해야 한다(제51조).

한편 노동관계 당사자들은 쌍방의 합의 또는 단체협약이 정하는 바에 따라 사적(私的) 조정과 중재로 노동쟁의를 해결할 수도 있다(제52조 제1항). 이는 최근 활발히 논의되고 있는 대안적 분쟁해결(ADR)과 같은 자율적인 분쟁해결절차를 통한 해결

가능성을 열어둔 것인데, 노동관계 당사자는 사적 조정에 따라 노동쟁의를 해결하고자 하는 경우 이를 노동위원회에 신고해야 하며(제52조 제2항), 이에 따라 분쟁이 해결된 경우 그 내용은 단체협약과 동일한 효력을 가진다(제52조 제4항).

제4절
조정(調停) 절차

노동위원회는 관계 당사자의 일방이 노동쟁의의 조정을 신청한 때에는 지체 없이 조정을 개시하여야 하며, 관계 당사자 쌍방은 이에 성실히 임하여야 한다(노동조합법 제53조 제1항). 노동위원회는 조정신청 전이라도 원활한 조정을 위하여 교섭을 주선하는 등 관계 당사자의 자주적인 분쟁 해결을 지원할 수 있다(제53조 제2항). 다만, 법외노조는 노동위원회에 노동쟁의의 조정을 신청할 수 없다(제7조 제1항).

조정은 조정신청이 있은 날부터 일반사업에서는 10일 이내에 종료하여야 하며, 관계 당사자 간 합의로 10일 이내에서 연장할 수 있다(제54조). 한편, 노동조합이 쟁의행위를 하려면 노동조합법에 따른 조정절차를 먼저 거쳐야 하는데(조정전치주의, 제45조 제2항 본문), 법정조정기간 내에 조정이 종료되지 않으면 조정절차가 완료되지 않아도 쟁의행위를 할 수 있다(제45조 제2항 단서). 이는 조정기간이 지나치게 길어질 경우 근로자의 단체행동권이 제약받게 되므로 만들어진 규정이다.

노동위원회는 노동쟁의의 조정을 위하여 조정위원 3인으로 구성된 조정위원회를 둔다(제55조 제1항·제2항, 노동위원회법 제15조). 조정위원은 당해 노동위원회의 위원 중에서 사용자를 대표하는 자, 근로자를 대표하는 자, 공익을 대표하는 자 각 1인을 그 노동위원회의 위원장이 지명하되, 근로자를 대표하는 조정위원은 사용자가, 사용자를 대표하는 조정위원은 노동조합이 각각 추천하는 노동위원회의 위원 중에서 지명하여야 한다(제55조 제3항).[8] 조정위원회의 위원장은 공익을 대표하

---

8 다만 당해 노동위원회 위원장은 조정위원회의 회의 3일 전까지 관계 당사자가 추천하는 위원의 명단이 제출되지 않을 때는 당해 위원을 따로 지명할 수 있고, 근로자를 대표하는 위원 또는 사용자를 대표하는 위원의 불참 등으로 조정위원회 구성이 어려운 경우 노동위원회의 공익을 대표하는 위원 중에서 3인을(다만, 관계 당

는 조정위원이 맡는다(제56조 제2항). 한편, 노동위원회는 관계 당사자 쌍방의 신청이 있거나 관계 당사자 쌍방의 동의를 얻은 경우에는 조정위원회에 갈음하여 단독조정인에게 조정을 행하게 할 수 있다. 이때 단독조정인은 당해 노동위원회의 위원 중에서 관계 당사자 쌍방의 합의로 선정된 자를 그 노동위원회의 위원장이 지명한다(제57조).

조정위원회(또는 단독조정인)는 기일을 정하여 관계 당사자 쌍방을 출석하게 하여 주장의 요점을 확인하여야 하고(제58조), 조정과정 중의 논의가 외부로 유출될 경우 조정성립에 영향을 줄 수 있으므로, 조정위원회의 위원장 또는 단독조정인은 관계 당사자와 참고인 외의 자의 출석을 금할 수 있다(제59조).

조정위원회(또는 단독조정인)는 조정안을 작성하여 관계 당사자에게 제시하고 그 수락을 권고하며, 그 조정안에 이유를 붙여 공표할 수 있고 필요한 경우에는 신문 또는 방송에 보도 등 협조를 요청할 수 있다(제60조 제1항).

조정안이 관계 당사자에게 수락된 경우, 조정위원 전원 또는 단독조정인은 조정서를 작성하고 관계 당사자와 함께 서명 또는 날인해야 하고, 조정서의 내용은 단체협약과 동일한 효력을 가진다(제61조 제1항·제2항). 다만 관계 당사자가 수락을 거부하여 더 이상 조정이 이루어질 여지가 없다고 판단되면 조정의 종료를 결정하고 이를 관계 당사자 쌍방에 통보해야 한다(제60조 제2항). 노동위원회는 조정의 종료가 결정된 후에도 노동쟁의를 해결하기 위해 조정을 할 수 있다(제61조의2).

조정안이 관계 당사자에게 수락된 후 그 해석 또는 이행방법에 관하여 관계 당사자 간에 의견 불일치가 있는 때에는 관계 당사자는 당해 조정위원회(또는 단독조정인)에 그 해석 또는 이행방법에 관한 명확한 견해의 제시를 요청해야 하고, 조정위원회(또는 단독조정인)는 요청을 받은 때에는 그 요청을 받은 날부터 7일 이내에 명확한 견해를 제시해야 한다(제60조 제3항·제4항). 이에 대한 견해가 제시될 때까지는 관계 당사자는 당해 조정안의 해석 또는 이행에 관하여 쟁의행위를 할 수 없다(제60조 제5항). 이와 관련하여 조정위원회 또는 단독조정인이 제시한 해석 또는 이행방법에 관한 견해는 중재재정, 즉 단체협약과 동일한 효력을 가진다(제61조 제3항·제70조).

사자 쌍방의 합의로 선정한 노동위원회의 위원이 있는 경우에는 그 위원을) 조정위원으로 지명할 수 있다(제55조 제3항 단서·제4항).

제5절
중재(仲裁) 절차

　중재 절차는 관계 당사자의 쌍방이 함께 중재를 신청하거나 관계 당사자의 일방이 단체협약에 따라 중재를 신청한 경우 개시된다(제62조). 다만, 법외노조는 노동위원회에 노동쟁의의 조정을 신청할 수 없다(제7조 제1항). 중재기간에 대해서는 별도로 정하지 않았으나, 노동쟁의가 중재에 회부된 때에는 그날부터 15일간은 쟁의행위를 할 수 없으므로(제63조), 중재절차는 15일 이내에 종료되어야 한다.

　노동위원회는 노동쟁의의 중재 또는 재심을 위하여 중재위원 3인으로 구성된 중재위원회를 두고, 중재위원은 당해 노동위원회의 공익을 대표하는 위원 중에서 관계 당사자의 합의로 선정한 자에 대하여 그 노동위원회의 위원장이 지명한다(제64조). 중재위원회에는 위원장을 두고, 위원장은 중재위원 중에서 호선한다(제65조). 중재위원회는 기일을 정하여 관계 당사자 쌍방 또는 일방을 중재위원회에 출석하게 하여 주장의 요점을 확인해야 하고, 관계 당사자가 지명한 노동위원회의 사용자를 대표하는 위원 또는 근로자를 대표하는 위원은 중재위원회의 동의를 얻어 그 회의에 출석하여 의견을 진술할 수 있다(제66조). 중재위원회의 위원장은 관계 당사자와 참고인 외의 자의 회의출석을 금할 수 있다(제67조).

　중재위원회가 내린 중재재정(결정)은 당사자의 수락 여부와 무관하게 단체협약과 동일한 효력을 가진다(제70조 제1항). 중재재정은 서면으로 작성하여 행하는데 그 서면에는 효력 발생 기일을 명시하여야 한다. 중재재정의 해석 또는 이행방법에 관하여 관계 당사자 간에 의견의 불일치가 있는 때는 당해 중재위원회의 해석에 따르며 그 해석은 중재재정과 동일한 효력을 가진다(제68조). 한편 중재재정서에 기재된 문언의 객관적 의미가 명확하게 드러나지 않는 경우에는 그 문언의 내용과 중재재정이 이루어지게 된 경위, 중재재정 절차에서 당사자의 주장, 그 조항으로 달성하고자 하는 목적 등을 종합적으로 고찰하여 사회정의와 형평의 이념에 맞도록 논리와 경험의 법칙 그리고 사회 일반의 상식과 거래의 통념에 따라 합리적으로 해석해야 한다.[9] 또한 중재재정의 해석은 이미 성립된 중재재정에 대해 당사자의 해석이 불일치하는 경우 중재재정의 의미를 명확히 확인해 주는 것이므로 중재재정의 해석과정에서 당사자의 의견은 참고로 고려하면 충분하다. 따라서 당사자의 의견이 오해되거나 왜곡될 정도로 그 주장을 펼칠 기회를 부여하지 아니하였다는 등의 특별한 사정이 없는 한 당사자 쌍방 또는 일방을 중재위원회에 출석하게 하여 주장의 요점을 확인하는 절차를 거치지 않았다고 하여 그 해석 절차가 위법하다고 할 수 없다.[10]

관계 당사자는 지방노동위원회 중재재정이 위법이거나 월권에 의한 것이라고 인정하면 그 중재재정서의 송달을 받은 날부터 10일 이내에 중앙노동위원회에 그 재심을 신청할 수 있고(제69조 제1항), 중앙노동위원회의 중재재정이나 재심결정이 위법이거나 월권에 의한 것이라고 인정하면 중재재정서 또는 재심결정서의 송달을 받은 날부터 15일 이내에 행정소송을 제기할 수 있다(제69조 제2항). 원래 행정소송법 제20조는 취소소송을 처분 등이 있음을 안 날부터 90일 이내에 제기하도록 하나, 노동쟁의의 신속한 해결을 위하여 행정소송법의 규정에도 불구하고 이 기간을 단축한 것이다. 이때 중재재정에 대한 불복은 그 절차가 위법하거나 그 내용이 근로기준법 위반 등으로 위법한 경우 또는 당사자 사이에 분쟁 대상이 되지 않은 사항이나 정당한 이유 없이 당사자의 분쟁 범위를 벗어나는 부분에 대하여 월권으로 중재재정을 한 경우와 같이 위법이거나 월권에 의한 것임을 이유로 하는 때에 한하여 가능하다. 또 중재재정이 단순히 노사 어느 일방에게 불리한 내용이라는 사유만으로는 불복이 허용되지 않는다.[11]

노동위원회의 중재재정 또는 재심결정은 중앙노동위원회에 재심신청 또는 행정소송의 제기로 그 효력이 정지되지 아니한다(제70조 제2항).

---

9 대법원 2009.8.20. 2008두8024 판결.
10 대법원 2009.8.20. 2008두8024 판결.
11 대법원 2009.8.20. 2008두8024 판결.

제6절
공익사업에서 노동쟁의 해결

I. 공익사업에 대한 특칙

공중의 일상생활과 밀접한 관련이 있거나 국민경제에 미치는 영향이 큰 공익사업에 대해서는 노동쟁의를 해결하기 위한 특칙을 두고 있다. 먼저 공익사업으로는 ① 정기노선 여객운수사업 및 항공운수사업, ② 수도사업, 전기사업, 가스사업, 석유정제사업 및 석유공급사업, ③ 공중위생사업, 의료사업 및 혈액공급사업, ④ 은행 및 조폐사업, ⑤ 방송 및 통신사업이 이에 해당한다(노동조합법 제71조 제1항).[12]

노동위원회는 공익사업의 노동쟁의를 조정하고자 특별조정위원 3인으로 구성된 특별조정위원회를 두며, 특별조정위원은 그 노동위원회의 공익을 대표하는 위원 중에서 노동조합과 사용자가 순차적으로 배제하고 남은 4인 내지 6인 중에서 노동위원회의 위원장이 지명하되, 관계 당사자가 합의로 당해 노동위원회의 위원이 아닌 자를 추천하는 경우에는 그 추천된 자를 지명한다(제72조). 특별조정위원회의 위원장은 공익을 대표하는 노동위원회의 위원인 특별조정위원 중에서 호선하고(다만 공익 대표위원이 1인인 경우 당해 위원이 위원장이 된다), 당해 노동위원회의 위원이 아닌 자만으로 구성된 경우에는 그중에서 호선한다(제73조).

공익사업의 노동쟁의 조정은 15일 이내에 종료해야 하고, 관계 당사자 간 합의로 15일 이내에서 연장할 수 있다(제54조). 공익사업의 조정기간을 일반사업(10일)보다 길게 설정한 이유는 공익사업의 중요성을 고려한 것이다.

---

12 한편 노동조합법은 공익사업 중에서도 그 업무의 정지 또는 폐지가 공중의 일상생활을 현저히 위태롭게 하거나 국민경제를 현저히 저해하고 그 업무의 대체가 용이하지 아니한 필수공익사업의 경우에는 쟁의행위에 대해 일정한 제한을 가하고 있다(이에 대해서는 제20장 쟁의행위에서 설명). 필수공익사업으로는 ① 철도사업, 도시철도사업 및 항공운수사업, ② 수도사업, 전기사업, 가스사업, 석유정제사업 및 석유공급사업, ③ 병원사업 및 혈액공급사업, ④ 한국은행사업, ⑤ 통신사업이 이에 해당한다(제71조 제2항).

II. 긴급조정

고용노동부장관은 쟁의행위가 공익사업에 관한 것이거나 그 규모가 크거나 그 성질이 특별한 것으로서 현저히 국민경제를 해하거나 국민의 일상생활을 위태롭게 할 위험이 현존하는 때에는 미리 중앙노동위원회 위원장의 의견을 들어 긴급조정의 결정을 할 수 있다(제76조 제1항·제2항).

고용노동부장관은 규정에 따라 긴급조정을 결정한 때에는 지체 없이 그 이유를 붙여 이를 공표함과 동시에 중앙노동위원회와 관계 당사자에게 각각 통고하여야 하고, 중앙노동위원회는 지체 없이 조정을 개시하여야 한다(제76조 제3항, 제78조) 관계 당사자는 긴급조정의 결정이 공표된 때에는 즉시 쟁의행위를 중지하여야 하며, 공표일부터 30일이 경과하지 아니하면 쟁의행위를 재개할 수 없다(제77조).

중앙노동위원회의 위원장은 조정과정에서 긴급조정이 성립될 가망이 없다고 인정한 경우에는 공익위원의 의견을 들어 그 사건을 중재에 회부할지 결정하여야 하고, 이 결정은 긴급조정 결정 통고를 받은 날로부터 15일 이내에 해야 한다(제79조). 중앙노동위원회는 당해 관계 당사자의 일방 또는 쌍방으로부터 중재신청이 있거나 중재회부 결정을 한 때에는 지체 없이 중재를 해야 한다(제80조).

긴급조정에 의하여 조정안이 관계 당사자에게 수락되거나 중재재정이 내려지면, 조정서와 중재재정서는 단체협약과 동일한 효력을 가진다(제61조·제70조).

제20장

쟁의행위

제1절
쟁의행위의 개념

I. 쟁의행위의 의의

노동조합법 제2조 제6호는 '쟁의행위'를 '파업·태업·직장폐쇄 기타 노동관계 당사자'가 '그 주장을 관철할 목적으로 행하는 행위와 이에 대항하는 행위'로 '업무의 정상적인 운영을 저해하는 행위'로 정의한다. 이를 나누어 설명하면 다음과 같다.

첫째, 쟁위행위는 '노동관계 당사자'의 행위이다. 이때 '노동관계 당사자'는 '노동조합과 사용자 또는 사용자단체'를 말한다(제2조 제5호). 근로자 개인이 자신의 요구를 관철하려는 행위는 쟁의행위가 아니다. 쟁의행위는 집단적인 행위이므로, 근로자 개개인이 우연히 동시에 작업을 중단하더라도 이는 쟁의행위가 아니다(단체성의 요건).

둘째, '그 주장을 관철할 목적으로 행하는 행위와 이에 대항하는 행위'이다. 예를 들면 단체교섭에서 제시한 요구사항을 관철할 목적으로 파업하는 경우가 해당한다. '대항하는 행위'에는 노동조합의 쟁의행위에 대항하기 위한 사용자의 직장폐쇄가 포함된다. 노동조합이 단결력을 유지·강화하려는 일상적인 조합활동은 상대방에게 주장을 관철할 목적으로 하는 행위가 아니므로 쟁의행위가 아니다(주장관철성).

셋째, '업무의 정상적인 운영을 저해하는 행위'이다. 이는 조합활동과 쟁의행위의 결정적 차이를 보여주는 요소이다(업무저해성). 노동조합은 단결력을 유지·강화하는 일상적 조합활동 외에도 리본 착용, 근무시간 외에 사업장 밖에서 이루어진 집회·시위, 폐업한 회사에서 농성,[1] 유인물 배포 등의 행위와 같이 자신의 주장을 관철하고자 단체적 행동을 하는 경우도 있지만, 업무의 정상적 운영을 저해하지 않으면 쟁의행위가 아니다. 이에 반해 파업은 근로자가 집단적으로 노무제공을 중단함으로써 사용자의 조업에 지장을 초래한다. 그러나 집단적으로 작업복 대신 평상복 차림으로 출근하는 것이 조합활동인지 쟁의행위인지 구별이 용이하지 않은 경우도 있다.[2]

이와 관련하여 이른바 준법투쟁이 쟁의행위에 해당하는지, 아니면 일상적 조합활동에 해당하는지에 대해 해석상 논란이 있다.

II. 준법투쟁의 쟁의행위 해당 여부

1. 준법투쟁의 의의

준법투쟁은 노동조합의 지시·명령에 따라 근로자들이 집단으로 종래의 관행과 다른 방법으로 업무를 수행하거나 업무를 정지함으로써 사용자에게 압력을 가하는 행위를 말한다. 이는 통상 법령이나 취업규칙 등의 규정을 평소보다 철저히 준수하거나(법규준수형), 근로시간이나 휴가 등에 관한 근로자 개개인의 권리를 집단으로 동시에 행사하는 방식(권리행사형)으로 행해진다.

준법투쟁은 노동관계 당사자인 노동조합이 자신의 주장을 관철할 목적으로 기관 의사에 따라 결정하고 조합원에게 지시하는 것이므로 우연히 다수가 동시에 자신의 권리를 행사한 경우에는 쟁의행위에 해당하지 않는다.

---

1 대법원 1991.6.11. 91도204 판결.
2 위생문제에 특히 주의해야 하고 신분을 표시할 필요가 있는 간호사들이 집단적으로 규정된 복장을 하지 않는 것은 병원업무의 정상적인 운영을 저해하는 것으로서 쟁의행위에 해당한다고 본 판례가 있다(대법원 1994.6.14. 93다29167 판결).

2. 쟁의행위 해당 여부

준법투쟁이 쟁의행위의 개념 요소인 업무저해성을 충족하는지에 대해 견해가 대립하는데, 이는 업무의 '정상적 운영'을 어떻게 이해하는지에 따라 크게 사실정상설과 법률정상설로 나뉜다.

사실정상설은 업무의 정상적 운영에서 '정상'이란 사실상의 정상, 즉 관행을 말하는 것이므로, 준법투쟁은 평소 관행적으로 이루어지던 업무 운영을 저해하는 것이 되어 쟁의행위에 해당한다는 견해이다.

법률정상설은 '정상적 운영'의 대상은 적법한 업무를 의미하므로 법령이나 단체협약 등에 부합하는 준법투쟁은 쟁의행위에 해당하지 않는다고 보는 견해이다. 다만, 이 견해에 따르더라도 통상적으로 제공되는 업무가 법령 등에 명백히 위배되는 경우에는 그 업무 제공의 거부가 쟁의행위에 해당하지 않는다고 한다.

한편 준법투쟁의 구체적인 행위 유형에 따라 구분하여 접근하는 견해도 있다. 이 견해에 따르면 안전·보건에 관한 법규를 철저히 준수하는 준법투쟁은 쟁의행위에 해당하지 않는다. 이로써 저해되는 업무는 법률로 보호할 가치가 없는 관행으로 보기 때문이다. 다만 근로자 개개인의 권리를 집단으로 동시에 행사하게 하는 준법투쟁으로 저해되는 업무는 법률로 보호할 가치가 있는 관행이므로 권리행사형 준법투쟁은 쟁의행위에 해당한다고 본다.

판례는 이에 대해 명확한 태도를 제시하지는 않으나, "근로자들이 통상적으로 해오던 연장근로를 집단적으로 거부함으로써 회사업무의 정상적 업무를 저해하였다면 이는 쟁의행위에 해당한다."[3]라는 취지로 판시하여 사실정상설을 취하는 것으로 보인다.

다만 판례는 연장근로의 집단적 거부와 같이 사용자의 업무를 저해함과 동시에 근로자들의 권리행사로서 성격을 아울러 가지는 행위가 노동조합법상 쟁의행위에 해당하는지와 관련하여, 이를 판단하려면 쟁의행위에 대한 법령상의 엄정한 규율 체계와 헌법 제33조 제1항이 노동3권을 기본권으로 보장한 취지 등을 고려하여 해당 사업장의 단체협약이나 취업규칙의 내용, 연장근로를 할지에 대한 근

---

3 대법원 1991.10.22. 91도600 판결; 대법원 1996.2.27. 95도2970 판결.

로자들의 동의 방식 등 근로관계를 둘러싼 여러 관행과 사정을 종합적으로 고려하여 엄격하게 제한적으로 판단해야 한다고 보고, 이는 휴일근로 거부도 마찬가지라고 한다.[4]

생각건대 준법투쟁이 쟁의행위에 해당하는지(쟁의행위성)와 쟁의행위로서 정당성을 가지는지는 별개 문제이다. 전자는 준법투쟁이 헌법이 보장하는 단체행동으로서 보호가치를 가지는가 하는 문제이고, 후자는 준법투쟁이 사용자의 권리·이익과 충돌할 때 어느 정도 노동법적 보호를 받을 수 있는지 그리고 그 기준이 무엇인지를 밝히는 문제이다.

준법투쟁이 쟁의행위에 포함되든 그렇지 않든 양자 모두 정당성이 인정되는 경우에는 노동3권의 헌법적 보장의 효과로 형사면책·민사면책은 물론 부당노동행위 제도에 의한 보호를 받는다는 점에서 동일하다. 쟁의행위에 포함되지 않는다는 것은 일상적 조합활동에 해당한다는 의미이다. 양자 모두 정당성 평가를 받아야 한다는 점에는 차이가 없다. 기존의 학설들이 이 문제에 민감한 이유는 우리 법령이 쟁의행위에 대해 불합리할 정도로 많은 입법적 규제를 하고 있고, 정당성을 평가하는 법해석론적 차원에서 유독 쟁의행위에 엄격한 기준을 적용하기 때문이다. 그 실천적 의미에 대해 충분히 이해가 가지만, 쟁의행위성은 단체성, 주장관철성, 업무저해성 등의 사실적 요소로 판단해야지 해당 행위의 반가치성이나 법익형량적 관점과 같은 규범적 요소에 좌우되어서는 안 된다고 생각한다. 이 점에서 판례와 같은 태도를 취하고 싶다.

---

4 대법원 2022.6.9. 2016도11744 판결(회사가 노동조합의 사전 동의를 얻고 필요시 근로자의 신청을 받아 연장근로·휴일근로를 실시해 왔을 뿐 일정한 날에 연장근로·휴일근로를 통상적 혹은 관행적으로 해 왔다고 단정하기 어려우므로, 단체협상 기간에 노동조합의 지침에 따라 연장근로·휴일근로가 이루어지지 않았더라도 조합원들이 통상적인 연장근로·휴일근로를 집단적으로 거부함으로써 쟁의행위를 하였다고 볼 수 없다).

제2절
쟁의행위에 대한 노동조합법의 규율

I. 쟁의행위의 보호

1. 민형사 면책

노동조합법 제3조는 "사용자는 이 법에 의한 단체교섭 또는 쟁의행위로 인하여 손해를 입은 경우에 노동조합 또는 근로자에 대하여 그 배상을 청구할 수 없다."라고 규정하여 정당한 쟁의행위에 대해 민사책임을 물을 수 없도록 하고 있다.

또한 노동조합법 제4조는 "형법 제20조[5]의 규정은 노동조합이 단체교섭·쟁의행위 기타의 행위로서 노동조합법의 목적(제1조)을 달성하기 위하여 한 정당한 행위에 대하여 적용된다."라고 규정하여 정당한 쟁의행위에 대해 형법상의 범죄(예컨대 제314조의 업무방해죄)로 처벌하지 못하도록 하고 있다.

정당한 쟁의행위에 대한 민형사 면책은 헌법상 단체행동권을 보장한 취지에 내재하는 효과이고, 따라서 노동조합법의 민형사 면책 규정은 이를 확인한 것으로 해석된다.

2. 불이익취급에 대한 부당노동행위의 금지

노동조합법은 정당한 쟁의행위에 참가한 것을 이유로 근로자를 해고하거나 그 근로자에게 불이익을 주는 행위를 부당노동행위로 금지하고 있다(제81조 제1항 제5호 참조). 불이익취급의 부당노동행위에 대해서는 부당노동행위(제21장)에서 자세히 살펴본다.

---

[5] 형법 제20조(정당행위) 법령에 의한 행위 또는 업무로 인한 행위 기타 사회상규에 위배되지 아니하는 행위는 벌하지 아니한다.

3. 근로자의 구속제한

노동조합법 제39조는 "근로자는 쟁의행위기간 중에는 현행범 외에는 이 법 위반을 이유로 구속되지 아니한다."라고 규정한다. 이는 쟁의행위 참가자를 노동조합법 위반을 이유로 구속하면 노동조합이 약화·와해될 위험이 있으므로, 쟁의행위기간에는 일시적으로 구속을 제한하여 쟁의행위를 보호하려는 취지이다.

다만 노동조합법을 위반한 현행범인 경우에는 구속이 가능하며,[6] 노동조합법이 아닌 다른 법률을 위반한 경우(예컨대 형법의 범죄)에도 구속이 가능하다.

4. 대체근로의 제한

(1) 대체근로 제한의 의의

노동조합법 제43조 제1항은 "사용자는 쟁의행위기간 중 그 쟁의행위로 중단된 업무의 수행을 위하여 당해 사업과 관계없는 자를 채용 또는 대체할 수 없다."라고 규정하여 대체근로를 금지한다. 또한 동조 제2항은 "사용자는 쟁의행위기간 중 그 쟁의행위로 중단된 업무를 도급 또는 하도급 줄 수 없다."라고 하여 대체도급을 금지한다. 이를 위반하면 1년 이하의 징역 또는 1천만 원 이하의 벌금에 처한다(제91조).

이와 같은 대체근로 제한 규정은 1953년 노동쟁의조정법(1953. 3. 8. 법률 제279호)이 처음 제정되면서부터 유지되어 왔는데, 당시 입법의 취지는 '노동쟁의 중에 사용자가 임의로 사람을 채용하면 파업은 언제든지 질 우려가 있어서 사용자를 억제하려는 것'이었다.[7] 당시 규정은 "사용자는 쟁의기간 중 쟁의에 관계없는 자를 채용할 수 없다."라는 것이었는데, 이후 1963년 개정을 거치면서는 '채용 또는 대체 금지'로 그 범위가 확대되었다. 이후 1997년에는 노동조합 및 노동관계조정법(1997. 3. 13. 법률 제5310호)이 새로이 제정되면서 현행과 같은 대체근로 제한 규정이

---

6 다만 이때 '현행범'의 개념은 엄격하게 해석되어야 한다. 쟁의행위는 그 속성상 계속적으로 이루어질 수밖에 없는데, 이때 현행범의 시간적 범위를 문언 그대로 해석하면 노동조합법을 위반한 쟁의행위 참가는 모두 현행범이 되어 구속될 수 있고, 결과적으로 해당 조문의 취지에 반하는 결과가 초래되기 때문이다(노동법실무연구회, 『노동조합법주해 Ⅱ』, 박영사, 2015, 305면).

7 이흥재, 『노동법 제정과 전진한의 역할』, 서울대학교출판문화원, 2010, 121-122면.

유지되고 있는데, 이 개정으로는 대체근로 제한의 대상이 '쟁의에 관계없는 자'에서 '당해 사업과 관계없는 자'로 개정되었다. 이는 문리해석상 대체근로 허용의 범위가 확대된 것으로 이해되고 있다.[8]

이 규정은 대체근로로 사용자의 업무를 저해하는 쟁의행위의 효과가 상실되는 것을 방지하여 쟁의행위를 보호하려는 취지에서 마련된 것이다. 또한 대체근로를 위해 새로운 근로자를 채용하게 되어 쟁의행위 종료 이후에 기존의 근로자나 새로이 채용된 근로자 중 누군가가 고용이 종료되는 경우를 방지하려는 취지도 아울러 갖는다.[9]

(2) 대체근로 제한의 내용

노동조합법 제43조 제1항의 "해당 사업과 관계없는 자의 채용이나 대체가 금지된다."라는 조항을 반대로 해석하면, 해당 사업과 관계'있는' 자는 '신규채용하거나 대체근로'에 종사하여도 된다.[10] 특히 해당 사업의 근로자인 비조합원이나 파업 불참 조합원으로 하여금 쟁의행위로 중단된 업무를 수행하게 하는 것은 금지되지 않는다.

'해당 사업'의 의미는 근로기준법의 적용범위인 사업의 개념에 준하여 판단하면 충분하다(제4장 개별적 근로관계법 총설 참조). 즉, 사업이란 노동과 자본이 유기적으로 결합되는 조직적 통일체로서 작업 단위 내부의 유기적 관련성에 초점을 맞추고 있는 일종의 기능관련적 개념이므로, 근무하는 사업장이 다르더라도 해당 사업과 관계있는 자라면 대체가 가능하다. 따라서 사업의 개념을 넓게 이해할수록 대체근로의 가능 범위는 넓어지고, 사업의 개념을 좁게 이해할수록 대체근로의 가능 범위는 좁아진다.

해당 사업과 관계없는 자인 경우, 새로운 근로자를 채용하는 방식뿐만 아니라 그 이외의 방식(전출근로자·파견근로자·사내하도급 근로자 등의 사용)으로도 쟁의행위로 중단된 업무를 새로이 대체하는 것이 모두 금지된다. 계열회사·협력업체 등 소속의

---

8 김유성, 『노동법 Ⅱ』, 법문사, 1999, 299-300면 각주 183.
9 한편 파견법에 따르면 파견사업주는 쟁의행위 중인 사업장에 그 쟁의행위로 중단된 업무의 수행을 위하여 근로자를 파견하여서는 아니 되고(제16조 제1항), 이를 위반한 자에 대해서는 벌칙이 적용된다(제44조). 이는 쟁의행위의 보호와 아울러 파견근로자의 적절한 고용을 보호하려는 취지이다.
10 김유성, 앞의 책, 298-299면.

근로자가 쟁의행위 이전에 평소 해당 사업과 관련된 업무를 하는 범위를 넘어서 쟁의행위로 중단된 업무를 담당하는 것도 마찬가지로 금지된다고 해석해야 한다.

한편 쟁의행위 개시 이전의 채용일지라도 그 채용의 목적이 대체근로를 위한 것이고 실제 대체근로가 이루어졌다면 이는 노동조합법 위반에 해당한다.[11] 반면에 대체근로 제한은 쟁의행위권의 침해를 목적으로 하지 않는 사용자의 정당한 인사권 행사까지 금지하는 것은 아니므로, 자연 감소에 따른 인원충원 등 쟁의행위와 무관하게 이루어지는 신규채용은 쟁의행위기간 중이라 하더라도 가능하다.[12]

(3) 필수공익사업에서 대체근로 허용

필수공익사업의 경우에는 대체근로 제한에 관한 노동조합법 제43조 제1항과 제2항이 적용되지 않으며(제43조 제3항), 사용자는 해당 사업 또는 사업장 파업참가자의 100분의 50을 초과하지 않는 범위 안에서 채용 또는 대체하거나 도급 또는 하도급을 줄 수 있다(같은 조 제4항).

필수공익사업에 대체근로를 부분적으로 허용하는 것은 필수공익사업에서 쟁의행위로 업무가 중단됨으로써 공익이나 국민경제에 미치는 위해가 지나치게 커지는 것을 방지하려는 취지이다(한편 필수공익사업 중 필수유지 업무에 대한 쟁의행위 제한에 대해서는 후술).

대체근로가 허용되는 범위와 관련하여 파업참가자 수는 근로의무가 있는 근로시간 중 파업 참가를 이유로 근로의 일부 또는 전부를 제공하지 아니한 자의 수를 1일 단위로 산정한다(시행령 제22조의4 제1항). 사용자는 파업참가자 수 산정을 위하여 필요한 경우 노동조합에 협조를 요청할 수 있다(같은 조 제2항).

(4) 대체근로 제한 위반 시 벌칙

이러한 노동조합법 제43조 제1항·제2항·제4항의 규정을 위반한 자는 1년 이하의 징역 또는 1천만 원 이하의 벌금에 처한다(제91조). 노동조합법 제43조 제1항·

---

11 대법원 2000.11.28. 99도317 판결.

12 대법원 2008.11.13. 2008도4831 판결. 이때 결원충원을 위한 신규채용 등이 위 조항 위반인지는 표면상 이유만으로 판단할 것이 아니라 종래의 인력충원 과정·절차 및 시기, 인력부족 규모, 결원 발생시기 및 그 이후 조치내용, 쟁의행위기간 중 채용의 필요성, 신규채용 인력의 투입 시기 등을 종합적으로 고려하여 판단하여야 한다.

제2항·제4항에서는 금지의무의 주체를 사용자로 규정하고 있다. 그러므로 여기서 처벌되는 '사용자'는 노동조합법 제2조 제2호 사용자의 정의 조항에 따라 '사업주, 사업의 경영담당자 또는 그 사업의 근로자에 관한 사항에 대하여 사업주를 위하여 행동하는 자'를 의미한다.

II. 쟁의행위의 제한

노동조합법 제37조 제1항에서 "쟁의행위는 그 목적·방법 및 절차에서 법령 기타 사회질서에 위반되어서는 아니된다."라고 쟁의행위의 기본 원칙을 규정하면서 다른 단결활동과 달리 쟁의행위에 대해 다른 입법례에서 찾아보기 어려울 정도로 다수의 금지 제한 규정을 마련하고 있다.

1. 주체의 제한

(1) 비공인파업의 제한

일부 조합원이 노동조합의 결의도 없이 또는 노동조합의 지시에 반하여 쟁의행위를 하는 것을 가리켜 비공인파업(wild cat strike)이라 한다. 노동조합법 제37조 제2항은 "조합원은 노동조합에 의하여 주도되지 아니한 쟁의행위를 하여서는 아니된다."라고 규정하여 비공인파업을 금지하고 있다. 이를 위반하면 3년 이하의 징역 또는 3천만 원 이하의 벌금에 처한다(제89조).

다만, 노동조합의 지부·분회 등이 독자적인 단체교섭권을 가지면서 쟁의행위를 하는 경우에는 쟁의행위의 정당한 주체가 될 뿐만 아니라 노동조합법 제37조 제2항의 위반에도 해당하지 않는다.

한편, 노동조합법은 노동조합의 지도와 책임을 아울러 규정하고 있다. 노동조합법 제38조 제3항은 "노동조합은 쟁의행위가 적법하게 수행될 수 있도록 지도·관리·통제할 책임이 있다."라고 규정한다. 이 규정의 위반에 별도의 벌칙은 정해져 있지 않다.

(2) 주요 방위산업체 종사근로자의 쟁의행위 제한

헌법 제33조 제3항은 "법률이 정하는 방위산업체에 종사하는 근로자의 단체행동권은 법률이 정하는 바에 의하여 이를 제한하거나 인정하지 아니할 수 있다."라고 규정하고 있다. 이는 남북이 대치하고 있는 특수한 상황에서 주요 방위산업체 근로자의 단체행동으로 발생하는 국가의 안전보장에 대한 위해를 방지하기 위하여 주요 방위산업체에 종사하는 근로자에 대한 단체행동권을 법률로써 제한하거나 금지할 수 있도록 유보해 둔 것이다.[13]

이를 구체화하는 노동조합법 제41조 제2항은 「방위사업법」에 의하여 지정된 주요 방위산업체에 종사하는 근로자 중 전력, 용수 및 주로 방산물자를 생산하는 업무에 종사하는 자는 쟁의행위를 할 수 없으며 주로 방산물자를 생산하는 업무에 종사하는 자의 범위는 대통령령으로 정한다."라고 규정하였으며, 이를 위반 시 벌칙이 적용된다(제88조). 노동조합법은 헌법이 정한 범위에서 주요 방위사업체에 종사하는 일정한 근로자에 대하여 단체행동권의 핵심인 쟁의행위 자체를 금지하되, 쟁의행위가 금지되는 근로자의 범위를 구체적으로 한정하고 있다.[14] 또한 방위산업체에 종사하는 근로자의 쟁의행위를 사업체 단위가 아닌 '업무' 단위로 제한함으로써 방산물자의 원활한 조달이라는 공익적 요소와 노동기본권의 조화를 도모하고 있다.

방위사업법은 총포류·탄약·항공기·전차 등 군사전략상 중요한 물자를 생산하는 업체를 주요 방위산업체로 지정한다(제35조 제2항). 주요 방위산업체에 종사하는 근로자 중 전력·용수 및 주로 방산물자를 생산하는 업무에 종사하는 자는 방산물자의 완성에 필요한 제조·가공·조립·정비·재생·개량·성능검사·열처리·도장·가스취급 등의 업무에 종사하는 자를 말한다(노동조합법 시행령 제20조). 한편 주요 방위산업체에 종사하는 근로자이더라도 민수물자를 생산하는 업무에 종사하는 등 그 밖의 업무에 종사하는 자는 쟁의행위가 금지되지 않는다.

쟁의행위가 금지됨으로써 기본권이 중대하게 제한되는 근로자의 범위는 엄격하게 제한적으로 해석하여야 한다. 따라서 주요 방위산업체로 지정된 회사가 사업의 일부를 사내하도급 방식으로 다른 업체에 맡겨 방산물자를 생산하는 경우에 그 하

---

13 대법원 2017.7.18. 2016도3185 판결.
14 대법원 2017.7.18. 2016도3185 판결.

수급업체에 소속된 근로자는 쟁의행위가 금지되는 '주요 방위산업체에 종사하는 근로자'에 해당한다고 볼 수 없다.[15]

(3) 기타 법령에 따른 제한

공무원과 교원은 단결권과 단체교섭권을 행사할 수 있지만, 쟁의행위를 할 수 없도록 하고 있다(공무원노조법 제11조와 교원노조법 제8조 참조).

이 외에도 청원경찰법상의 청원경찰, 경비업법상의 특수경비원도 쟁의행위가 금지되어 있다.[16] 또한 선원인 근로자는 선박이 외국의 항구에 있는 경우, 여객선이 승객을 태우고 항행 중인 경우, 위험물운송을 전용으로 하는 선박이 항행 중인 경우, 선장이 선박의 조종을 직접 지휘하여 항행 중인 경우, 어선이 어획작업 중인 경우, 그 밖에 인명이나 선박의 안전에 현저한 위해를 줄 우려가 있는 경우에는 쟁의행위를 할 수 없다(선원법 제25조).

2. 목적의 제한

노동조합법 제44조 제1항은 "사용자는 쟁의행위에 참가하여 근로를 제공하지 아니한 근로자에 대하여는 그 기간 중의 임금을 지급할 의무가 없다."라고 규정하는 한편, 같은 조 제2항은 "노동조합은 쟁의행위기간에 대한 임금의 지급을 요구하여 이를 관철할 목적으로 쟁의행위를 하여서는 아니 된다."라고 규정한다. 이 규정을 위반한 자에게는 벌칙이 적용된다(제90조).

파업에 참가한 근로자는 정상적으로 근로를 제공하지 않았기 때문에 그 기간의 임금 청구권은 발생하지 않는다. 따라서 사용자는 그 기간의 임금을 지급할 의무가 없고, 사용자가 이러한 임금 지급 요구에 응하지 않는다고 하여 부당노동행위 책임을 지는 것도 아니다. 다만 사용자가 임의로 해당 임금을 지급하는 것은 금지되지 않는다.

---

15 대법원 2017.7.18. 2016도3185 판결.
16 특수경비원은 공항(항공기를 포함한다) 등 대통령령이 정하는 국가중요시설의 경비 및 도난·화재 그 밖의 위험발생을 방지하는 업무인 특수경비업무를 수행하는 자를 말한다(경비업법 제2조 제3호 나목). 이 규정과 관련하여 헌법재판소 2009.10.29. 2007헌마1359 결정 참고.

3. 시기·절차의 제한

쟁의행위는 조합원의 직접·비밀·무기명투표에 의한 조합원 과반수의 찬성을 얻어야 한다(노동조합법 제41조 제1항). 이는 노동조합의 자주적이고 민주적인 운영을 도모함과 아울러 쟁의행위에 참가한 근로자들이 사후에 그 쟁의행위의 정당성 유무와 관련하여 어떠한 불이익을 당하지 않도록 그 개시에 관한 조합의사의 결정에 더 신중을 기하기 위하여 마련된 규정이다.[17] 쟁의행위 개시를 결정하려면 조합원의 직접투표가 요구되므로 대의원의 투표로 이를 갈음하는 것은 적법하지 않고, 이러한 간접적인 선출방법을 정한 규약이나 선거관리규정 등은 무효이다.[18] 또한 해당 규정은 비밀·무기명 투표를 실시하도록 하여 투표가 아닌 거수 결정에 의한 파업 결의 역시 적법하지 않다. 온라인투표나 우편투표 등의 방식도 직접·비밀· 무기명투표 원칙을 준수하는 범위 내에서는 가능하다고 할 수 있다.

투표 시기에 관해서 노동조합법이 명시적으로 정한 바는 없으나, 판례는 쟁의행위에 대한 조합원 찬반투표의 실시 시기도 법률로 제한되어 있다는 등의 사정이 없는 한 노동조합이 자주적으로 결정하는 것이 헌법상 노동3권 보장의 취지에 부합한다고 밝히고 있다.[19] 따라서 쟁의행위 찬반투표의 시기는 조합원들의 민주적 의사결정을 존중하였는지에 따라 판단하면 족하다. 또한 노동조합은 사용자의 태도, 주변 상황의 변화 등 제반 사정을 종합적으로 고려하여 찬반투표 시기를 결정할 수 있으며, 조정기간 중이라도 조정이 이루어지지 않을 경우를 대비하여 미리 찬반투표를 하는 것도 허용된다.[20] 다만 투표절차를 거치지 않고 쟁의행위를 개시한 후 사후에 결의하는 것은 적법하지 않으며, 조합원 대다수가 쟁의행위에 참여하였다는 사실 등이 투표절차 미준수의 위법을 치유하지 못한다.

복수의 노동조합이 교섭창구단일화 절차를 거쳐 교섭대표노동조합을 결정한 경우, 쟁의행위 찬반투표에 참여하여야 하는 조합원의 범위는 창구단일화 절차에 참여한 모든 노동조합의 조합원이다(제41조 제1항). 교섭대표노동조합은 창구단일화

---

17 대법원 2001.10.25. 99도4837 전원합의체 판결.
18 대법원 2000.1.14. 97다41349 판결.
19 대법원 2020.10.15. 2019두40345 판결.
20 대법원 2020.10.15. 2019두40345 판결.

절차에 참여한 모든 노동조합과 그 소속 조합원을 위해 교섭하기 때문에 쟁의행위의 찬반도 그 모든 노동조합의 소속 조합원들이 함께 결정하도록 하는 것이다. 이 규정을 위반한 경우에는 벌칙이 적용된다(제91조).

지역별·산업별·업종별 노동조합의 지부나 분회의 경우에는 해당 지부나 분회에 소속된 조합원 과반수의 찬성이 있으면 절차적으로 적법하게 쟁의행위를 개시할 수 있고, 쟁의행위와 무관한 지부나 분회의 조합원을 포함한 전체 조합원의 과반수 찬성을 요하는 것은 아니다.[21]

노동조합은 규약에 "쟁의행위와 관련된 찬반투표 결과의 공개, 투표자 명부 및 투표용지 등의 보존·열람에 관한 사항"을 정해두어야 한다(제11조 제12호). 이는 쟁의행위 찬반투표와 관련된 조합 운영의 민주성을 확보하려는 취지이다.

4. 절차·시기의 제한

(1) 쟁의행위의 신고

노동조합법 시행령 제17조는 "노동조합은 쟁의행위를 하고자 할 경우에는 고용노동부령이 정하는 바에 따라 행정관청과 관할노동위원회에 쟁의행위의 일시·장소·참가인원 및 그 방법을 미리 서면으로 신고하여야 한다."라고 규정하고 있다.

이는 행정관청이 공공에 미치는 쟁의행위의 영향을 파악하여 대처하고, 쟁의행위가 적법하게 수행되도록 감시·지도할 준비를 하도록 하며, 노동위원회가 사후 조정을 하는 경우에 대비하려는 정책적 고려에서 정한 규정이다. 이 규정 위반에 대한 별도의 벌칙은 없다.

한편, 사용자는 직장폐쇄를 할 경우 이를 미리 행정관청과 노동위원회에 신고하여야 하고(제46조 제2항), 이를 위반한 자에게는 과태료를 부과한다(제96조).

(2) 조정제도와 관련된 제한

노동조합법은 조정 절차를 거쳐 노동쟁의를 해결하는 조정제도를 도입하면서

---

21 대법원 2004.9.24. 2004도4641 판결. 또한 사내하청지회가 사내협력업체들과 집단교섭을 하던 중 사내하청지회에 한정한 쟁의행위를 예정하는 경우 그 지회 조합원들의 과반수 찬성을 얻으면 되며, 협력업체별로 조합원 과반수의 찬성을 얻어야 하는 것이 아니다(대법원 2009.6.23. 2007두12859 판결 참조).

(이에 대해서는 제19장 노동쟁의의 해결 참조) 조정제도의 실효성을 확보하려는 목적에서 조정 전·조정 중 쟁의행위를 금지하고 있다.

가. 조정전치 제도

현행 노동조합법은 조정전치 제도를 두고 있다. 조정전치 제도는 노동쟁의의 조정절차를 거쳐 쟁의행위를 하도록 하는 제도를 말한다(노동조합법 제45조 참조). 그 결과 조정(調停, mediation)의 경우 조정기간(일반사업은 10일·공익사업은 15일, 1회 연장 가능함) 동안 쟁의행위가 금지된다(제54조 참조).[22] 조정전치 제도를 위반한 쟁의행위에 대해서는 벌칙이 적용된다(제91조). 한편 노동관계 당사자는 노동쟁의가 발생한 때에는 어느 일방이 이를 상대방에게 서면으로 통보하여야 한다(제45조 제1항).

나. 긴급조정 시 쟁의행위 금지

노동조합법 제77조는 "관계 당사자는 제76조 제3항의 규정에 의한 긴급조정의 결정이 공표된 때에는 즉시 쟁의행위를 중지하여야 하며, 공표일부터 30일이 경과하지 아니하면 쟁의행위를 재개할 수 없다."라고 규정한다. 이를 위반한 자는 벌칙에 처한다(제90조). 이 규정은 긴급조정절차의 실효성을 위한 정책적 고려에서 마련된 것이다(긴급조정에 관한 자세한 내용은 제19장 노동쟁의의 해결 참조).

다. 조정서 해석기간 중 쟁의행위 금지

노동조합법 제60조 제5항은 "제3항 및 제4항의 해석 또는 이행방법에 관한 견해가 제시될 때까지는 관계 당사자는 당해 조정안의 해석 또는 이행에 관하여 쟁의행위를 할 수 없다."라고 규정한다. 이를 위반한 데 대해 별도의 벌칙 규정은 없다. 조정안이 수락된 후에는 노동쟁의가 사실상 해결된 것이지만 그 해석 또는 이행방법에 관해 다시 분쟁이 발생하여 쟁의행위로 발전할 가능성이 있다. 이 규정은 이와 같은 분쟁이 발생하는 것을 방지하려는 정책적 고려에서 마련된 것이다.[23]

---

22 한편 노동위원회가 조정결정을 내린 뒤에 쟁의행위를 하여야만 그 절차가 정당한 것은 아니고, 노동조합이 노동위원회에 노동쟁의 조정신청을 하여 조정절차가 마쳐지거나 조정이 종료되지 아니한 채 조정기간이 끝나면 조정절차를 거친 것이 되어 쟁의행위를 할 수 있다(대법원 2001.6.26. 2000도2871 판결; 대법원 2003.12.26. 2001도1863 판결).

23 한편 중재재정의 해석 또는 이행방법에 관하여 관계 당사자 간에 의견의 불일치가 있는 때에는 해당 중

5. 방법의 제한

(1) 폭력·파괴행위의 금지

노동조합법 제42조 제1항은 "쟁의행위는 폭력이나 파괴행위의 형태로 행할 수 없다."라고 규정한다. 위반에는 벌칙이 적용된다(제89조). 쟁의행위도 폭력이나 파괴행위는 허용되지 않는다는 당연한 원칙을 확인하는 취지의 규정이다. 또한 어떠한 경우에도 폭력이나 파괴행위가 정당한 행위로 해석되어서는 아니 된다(제4조 참조).

(2) 피케팅의 제한

노동조합법 제38조 제1항은 "쟁의행위는 그 쟁의행위와 관계없는 자 또는 근로를 제공하고자 하는 자의 출입·조업 기타 정상적인 업무를 방해하는 방법으로 행하여져서는 아니 되며 쟁의행위의 참가를 호소하거나 설득하는 행위로서 폭행·협박을 사용하여서는 아니된다."라고 규정한다. 이를 위반한 자는 벌칙에 처한다(제89조).

피케팅(picketing, 파업감시)은 파업과 같은 주된 쟁의행위에 부수하여 파업에 참여를 호소하고 유리한 여론을 형성하거나 파업 근로자의 이탈을 방지하고 대체근로를 저지하려는 등의 목적으로 필요한 장소에 인원을 배치하여 사업장의 출입을 감시하고 쟁의 중임을 알리는 행위이다. 하지만 피케팅에 과도한 물리력이 수반되면 다른 사람들의 출입이나 업무수행 또는 파업 불참자의 근로제공 등을 막아 타인의 자유를 침해할 수 있으므로, 노동조합법은 평화적인 설득이 아닌 피케팅을 금지하고 그 위반을 처벌하는 규정을 두고 있다.

'쟁의행위와 관계없는 자'는 그 쟁의행위에 참여하는 자 이외의 모든 사람이 해당된다. 사용자, 쟁의행위에 불참하는 다른 근로자뿐만 아니라 거래처 사람(예컨대 물품배달 목적으로 출입하는 사람)도 포함된다. '출입·조업 기타 정상적인 업무를 방해하는 방법'에는 폭행·협박을 사용하여 저지하는 경우뿐만 아니라 연좌, 장애물의

재위원회의 해석에 따르도록 하고(제68조 제2항), 단체협약의 해석 또는 이행방법에 관하여 관계 당사자 간에 의견의 불일치가 있는 때에는 노동위원회의 견해에 따르도록 하였으나(제34조), 이 경우에는 그 해석·견해가 제시될 때까지 쟁의행위를 금지하지 않는다.

설치, 소음 등의 방법으로 저지하는 경우도 포함된다.[24] 그러나 단순히 유인물을 교부하고 설명하는 것, 구호를 외치는 것, 피켓을 들고 시위하는 것 등은 폭행·협박이 아니며, 다른 사람들의 출입도 가능하므로 법 위반에 해당하지 않는다.

(3) 직장점거의 제한

쟁의행위 중에 주장을 관철하는 방법으로 근로자들이 직장에 머물면서 직장시설을 점거하는 직장점거를 하는 경우가 있다.[25] 하지만 주요 업무시설에 대한 직장점거는 사용자의 시설관리권을 현저히 침해할 수 있고, 사용자가 파업 불참자들을 사용하여 조업을 계속하려는 것을 방해할 수 있어 노동조합법은 이를 제한하고 있다.

노동조합법 제42조 제1항은 "쟁의행위는 …… 생산 기타 주요 업무에 관련되는 시설과 이에 준하는 시설로서 대통령령이 정하는 시설을 점거하는 형태로 이를 행할 수 없다."라고 규정하고, 이를 위반할 경우 벌칙을 적용한다(제89조). '생산 기타 주요 업무에 관련되는 시설'은 직장점거가 금지되는 시설이다. 근로자들이 평소 작업하는 시설, 사용자나 관리자의 사무실, 사무직원이 근무하는 사무실 등이 이에 해당한다. 운동장, 통로, 휴게실, 식당, 평소에 자주 사용하지 않는 회의실 등은 주요 업무에 관련되는 시설에 해당하지 않는다.[26]

'이에 준하는 시설로서 대통령령이 정하는 시설'도 직장점거가 금지되는 시설이다. ① 전기·전산 또는 통신시설, ② 철도(도시철도를 포함한다)의 차량 또는 선로, ③ 건조·수리 또는 정박 중인 선박(다만, 「선원법」에 의한 선원이 당해 선박에 승선하는 경우를 제외함), ④ 항공기·항행안전시설 또는 항공기의 이·착륙이나 여객·화물의 운송을 위한 시설, ⑤ 화약·폭약 등 폭발위험이 있는 물질 또는 「화학물질관리법」 제2조 제2호에 따른 유독물질을 보관·저장하는 장소, ⑥ 기타 점거될 경우 생산 기

---

24 판례는 "파업의 보조적 쟁의수단인 피케팅은 파업에 가담하지 않고 조업을 계속하려는 자에 대하여 평화적 설득, 구두와 문서에 의한 언어적 설득의 범위 내에서 정당성이 인정되는 것이고, 폭행, 협박 또는 위력에 의한 실력 저지나 물리적 강제는 정당화될 수 없다."라고 판단하고 있다(대법원 1990.10.12. 90도1431 판결).
25 이처럼 직장점거가 쟁의행위의 방식으로 자리 잡은 것에는 "쟁의행위는 당해 사업장 이외의 다른 장소에서는 이를 행할 수 없다."라고 규정한 1980년의 노동쟁의조정법 제12조 제3항이 영향을 미친 것으로 보인다.
26 대법원 2018.12.27. 2017도16870 판결. "병원 로비의 점거는 병원 내 수술실이나 입원실과 같이 환자의 수술과 치료라는 병원 고유의 업무를 수행하는 곳의 업무 중단이라고 보기는 어려워 노동조합법 제42조의 주요 업무시설로서 원천적으로 점거 형태의 쟁의행위가 금지되는 장소로 볼 수 없다."

타 주요 업무의 정지 또는 폐지를 가져오거나 공익상 중대한 위해를 초래할 우려가 있는 시설로서 고용노동부장관이 관계중앙행정기관의 장과 협의하여 정하는 시설 중 어느 하나에 해당하는 시설을 말한다(시행령 제21조). 이는 해당 시설을 점거하는 경우 점거한 근로자뿐만 아니라 다른 사람들에게도 중대한 위해를 초래할 우려가 있어 점거를 금지하려는 취지이다.

한편, 현행 노동조합법 제37조 제3항은 쟁의행위의 기본 원칙으로 "노동조합은 사용자의 점유를 배제하여 조업을 방해하는 형태로 쟁의행위를 해서는 아니 된다."라고 규정하고 있다. 이 규정은 직장점거 형태의 쟁의행위에 대한 판례의 태도[27]를 2021년 개정으로 입법화한 것이다. 다만 제37조 위반에 대해서는 벌칙이 적용되지 않는다.

(4) 안전보호시설 정지 등의 금지

노동조합법 제42조 제2항은 "사업장의 안전보호시설에 대하여 정상적인 유지·운영을 정지·폐지 또는 방해하는 행위는 쟁의행위로서 이를 행할 수 없다."라고 규정한다. 이를 위반한 자에게는 벌칙이 적용된다(제91조). 이는 쟁의행위 중에도 안전보호시설을 정상적으로 가동하도록 하여 사람의 생명이나 신체의 안전을 보호하려는 취지이다.

여기서 '안전보호시설'은 사람의 생명이나 신체의 안전을 보호하는 시설을 말하는 것으로, 이에 해당하는지는 해당 사업장의 성질, 해당 시설의 기능 등의 제반 사정을 구체적·종합적으로 고려하여 판단해야 한다.[28]

안전보호시설에 대하여 정상적인 유지·운영을 정지·폐지 또는 방해하는 행위가 금지되므로, 파업이나 태업의 방식으로 그 시설을 정지·폐지 또는 방해해서는 안 된다. 그러나 그러한 시설의 유지·운영에 종사하는 근로자가 파업·태업을 전혀 할 수 없도록 금지하는 것은 아니다. 대체근무자의 편성 등 사전에 적절한 안전

---

27 대법원 2007.12.28. 2007도5204 판결(직장 또는 사업장시설의 점거는 적극적인 쟁의행위의 한 형태로서 그 점거의 범위가 직장 또는 사업장시설의 일부분이고 사용자 측의 출입이나 관리지배를 배제하지 않는 병존적인 점거에 지나지 않을 때에는 정당한 쟁의행위로 볼 수 있으나, 이와 달리 직장 또는 사업장시설을 전면적·배타적으로 점거하여 조합원 이외의 자의 출입을 저지하거나 사용자 측의 관리지배를 배제하여 업무의 중단 또는 혼란을 야기하게 하는 것과 같은 행위는 이미 정당성의 한계를 벗어난 것이라고 볼 수밖에 없다).
28 대법원 2005.9.30. 2002두7425 판결.

조치를 취하는 경우에는 종전에 업무를 담당하던 근로자도 쟁의행위가 가능하다. 판례도 "성질상 안전보호시설에 해당하고 그 안전보호시설의 유지·운영을 정지·폐지 또는 방해하는 행위가 있었다 하더라도 사전에 필요한 안전조치를 취하는 등으로 인하여 사람의 생명이나 신체에 대한 위험이 전혀 발생하지 않는 경우에는 노동조합법 제91조 제1호, 제42조 제2항 위반죄가 성립하지 않는다."라고 판시하여[29] 제42조 제2항 위반죄를 구체적 위험범으로 파악하고 있다.

행정관청은 쟁의행위가 안전보호시설의 정상적인 유지·운영을 정지·폐지 또는 방해하는 행위에 해당한다고 인정하는 경우에는 노동위원회의 의결을 얻어 그 행위를 중지할 것을 통보하여야 한다(제42조 제3항). 다만, 사태가 급박하여 노동위원회의 의결을 얻을 시간적 여유가 없을 때에는 그 의결을 얻지 아니하고 즉시 그 행위를 중지할 것을 통보할 수 있는데(제42조 제3항 단서), 이 경우에 행정관청은 지체없이 노동위원회의 사후승인을 얻어야 하며 그 승인을 얻지 못한 때에는 그 통보는 그때부터 효력을 상실한다(제42조 제4항). 이는 행정관청의 중지 통보로 안전보호시설의 정상적인 유지·운영을 확보하려는 취지이다. 다만 중지 통보 대상은 쟁의행위 전체가 아니라 안전보호시설에 대한 쟁의행위로 한정된다.[30]

(5) 긴급작업 정지 등의 금지

노동조합법 제38조 제2항은 "작업시설의 손상이나 원료·제품의 변질 또는 부패를 방지하기 위한 작업은 쟁의행위기간 중에도 정상적으로 수행되어야 한다."라고 규정한다. 이를 위반한 자에게는 벌칙이 적용된다(제91조). 이는 파업·태업 등으로 정상적인 조업이 되지 않은 결과, 작업시설의 손상이 발생하거나 원료·제품의 변질 또는 부패가 발생하면 사용자의 손해가 지나치게 커질 수 있다는 위험을 방지하려는 취지이다.

'작업시설의 손상을 방지하기 위한 작업'은 작업시설에 대하여 주기적으로 윤활유를 공급하는 작업, 과열·응고·폭발을 방지하려는 급수·가열·전력공급 등의 작업, 화재예방·소방작업 등이 포함된다.[31] '원료·제품의 변질 또는 부패를 방지하

---

29 대법원 2006.5.12. 2002도3450 판결; 대법원 2006.5.25. 2002도5577 판결.

30 대법원 2005.9.30. 2002두7425 판결.

31 노동부 질의회시 2008.4.23. 노동조합과-722.

기 위한 작업'은 원료·제품의 세척·냉장·방부처리 등의 작업이 포함된다.[32]

(6) 필수유지업무 정지 등의 금지

가. 필수유지업무의 의의

필수공익사업의 업무 중 그 업무가 정지되거나 폐지되는 경우 공중의 생명·건강 또는 신체의 안전이나 공중의 일상생활을 현저히 위태롭게 하는 업무에 대해서는 그 업무의 정당한 유지·운영을 정지·폐지 또는 방해하는 행위는 쟁의행위로서 행할 수 없다(제42조의2, 위반 시 제89조의 벌칙 적용). 구체적인 필수유지업무의 유형은 노조법 시행령에서 열거하고 있는데, 철도·도시철도 사업에서는 차량의 운전·관제 업무 및 전기·신호·통신시설 유지관리 업무 등, 항공운수사업에서는 탑승수속·보안검색·항공기 조종 및 정비업무 등, 수도사업에서는 취수·정수·가압·배수시설의 운영업무 등, 전기사업에서는 발전설비의 운전·점검·정비업무 및 송전·변전·설비의 관리 업무 등, 가스사업에서는 천연가스의 인수·제조·저장 및 공급 업무 등, 석유정제사업에서는 석유의 인수·제조·저장 및 공급업무, 병원사업에서는 응급의료 업무 및 중환자 치료·분만·수술·투석 업무 등이 이에 해당한다(노동조합법 시행령 22조의2 [별표1]).

과거에는 필수공익사업에 대한 직권중재제도를 두어 노동쟁의를 강제적으로 종결시켜 쟁의행위를 사실상 금지하였는데, 이것이 근로자의 단체행동권을 과도하게 침해한다는 논란이 계속되었고,[33] 이에 현행과 같이 필수공익사업 중 필수유지업무에 대해서만 쟁의행위를 제한하는 방향으로 법이 개정되었다.[34]

---

32 노동부 질의회시 2008.4.23. 노동조합과−722.

33 헌법재판소 1996.12.26. 90헌바19 결정; 헌법재판소 2003.5.15. 2001헌가31 결정 등에서 공익사업에 대한 직권중재제도의 위헌성이 계속 다투어져 왔고, 국제노동기구(ILO)에서도 직권중재제도의 개정을 권고해왔다.

34 헌법재판소는 필수유지업무는 그 정지나 폐지로 공중의 생명·건강 또는 신체의 안전 등을 위태롭게 하는 업무로서 이에 대해 아무런 제한 없이 근로자의 쟁의행위를 허용한다면 공중의 생명이나 신체, 건강 등은 위험에 처해질 수밖에 없으므로 이를 보호하기 위해 부득이 필수유지업무에 대해서는 쟁의권 행사를 제한할수밖에 없고, 필수유지업무제도는 쟁의행위에 대한 사전적 제한이라는 성격을 가지지만, 필수유지업무제도로 보호하려는 공중의 생명이나 건강은 그 침해가 현실화된 이후에는 회복이 어렵다는 점에서 사전제한이라는 이유로 과잉금지원칙을 위반한다고 볼 수 없다고 한다(헌법재판소 2011.12.29. 2010헌바385 결정).

나. 필수유지업무협정의 체결

① 필수유지업무협정의 취지

필수공익사업에서 쟁의행위가 금지되는 필수유지업무는 법령에 따라 정해져 있으나, 필수유지업무를 효과적으로 운영하는 데 필요한 사항들은 개별 사업의 상황에 따라 개별적·구체적으로 정해질 필요가 있다. 이를 위하여 법에서는 노동관계 당사자로 하여금 쟁의행위기간 동안에 유지하여야 할 업무의 내용에 대한 협정을 체결하도록 하고 있다.

필수유지업무협정제도가 없다는 것을 가정하더라도 필수유지업무에 대한 쟁의행위가 발생한다면 필수유지업무가 유지되는지에 따라 그 정당성 판단에 중대한 영향을 미칠 수밖에 없다. 쟁의행위기간에도 유지하여야 할 업무에 대한 침해 여부는 공중의 생활에 밀접불가분의 관계에 있는 필수공익사업에서의 쟁의행위 정당성 판단에 필요불가결한 전제라고 할 수 있기 때문이다. 따라서 필수공익사업에서의 쟁의행위 시에 일정한 업무가 반드시 운영되어야 하는 규범적 요청은 필수유지업무협정제도 자체와 관계없이 필수공익사업의 본질에서 요구되는 것이라고 할 수 있다.

현행법에서 필수유지업무협정을 제도화하는 취지는 이러한 중요한 의의가 있는 필수유지업무의 범위 등 필수유지업무의 운영과 관련한 구체적 사항에 대해 당사자로 하여금 합의하는 것을 제도화함으로써 이를 둘러싼 당사자의 분쟁 가능성을 줄이고 쟁의대상이 될 수 있는 업무의 구체적 내용을 사전에 정하도록 하여 공중에 대해서는 예측가능성을 높여 불필요한 손해가 발생하지 않도록 하고자 하는 데 있다고 할 수 있다. 요컨대 공중의 중대한 법익에 대한 침해 가능성을 예방하면서 동시에 해당 사업의 개별적 상황에 부합하도록 그 범위나 구체적 내용을 노사당사자의 자치에 맡김으로써 불필요한 쟁의권의 제한이나 과도한 노사자치의 침해에 대한 배제와 공익 보호 사이에 적절한 균형을 달성하려는 것이다.

② 필수유지업무협정의 내용과 법적 성격

필수공익사업에서 쟁의행위가 금지되는 필수유지업무는 법령에 따라 정해져 있으나, 필수유지업무를 효과적으로 운영하는 데 필요한 사항들은 개별 사업의 상황에 따라 개별적·구체적으로 정해질 필요가 있다. 이를 위하여 법에서는 노동관계 당사자로 하여금 쟁의행위기간 동안에 유지하여야 할 업무의 내용에 대한 협정을 체결하도록 하고 있다. 즉 노동관계 당사자는 쟁의행위기간 동안 필수유지업무의 정당한 유지·운영을 위하여 필수유지업무의 필요 최소한의 유지·운영 수준, 대상 직무·필요인원 등을 정한 필수유지업무협정을 서면으로 체결하여야 한다(법 제42조의3).

필수유지업무협정의 내용에는 필수유지업무의 최소한의 유지·운영 수준, 대상 직무·필요인원에 관한 사항만이 아니라 이러한 취지에 부합하는 한 필수유지업무 협정의 유효기간, 개정절차 등 그 밖의 사항에 대해서도 합의할 수 있고, 이에 대해서는 노동관계 당사자 쌍방이 서명 또는 날인하여야 한다(제42조의3).

필수유지업무협정은 노동조합이 사용자 또는 사용자단체와 근로조건 기타 노사관계에서 발생하는 사항에 관하여 체결하는 문서, 즉 단체협약에 해당한다고 보아야 한다. 따라서 필수유지업무협정에 대해서는 단체협약에 대한 노조법상 규정들이 적용되고, 필수유지업무협정 체결을 위한 교섭은 단체교섭이 되어 이를 고의적으로 지연하거나 거부하는 행위는 부당노동행위가 된다.

③ 노동위원회를 통한 필수유지업무결정

만약 필수유지업무협정이 체결되지 않은 경우, 노동관계 당사자 쌍방 또는 일방은 노동위원회에 필수유지업무의 필요 최소한의 유지·운영 수준, 대상직무·필요인원 등의 결정을 신청하여야 한다(제42조의4 제1항). 노동위원회는 사업 또는 사업장별 필수유지업무의 특성·내용 등을 고려하여 필수유지업무의 필요 최소한의 유지·운영 수준, 대상직무·필요인원 등을 결정할 수 있고, 그 결정에 따라 쟁의행위를 한 때에는 필수유지업무를 정당하게 유지·운영하면서 쟁의행위를 한 것으로 본다(제42조의4 제3항·제42조의5). 이때 노동위원회의 결정은 공익사업의 노동쟁의 조정을 위하여 설치된 특별조정위원회에서 담당한다(제42조의4 제3항). 노동위원회의 결정에 대한 해석 또는 이행방법에 관하여 관계당사자 간에 의견이 일치하지 않는 경우에는 특별조정위원회의 해석에 따르고(제42조의4 제4항), 이에 대한 불복절차·효력에 관하여는 중재재정에 대한 불복절차·효력규정을 준용한다(제42조의4 제5항). 따라서 그 결정에 위법·월권이 있는 경우가 아니면 재심신청 등 불복을 할 수 없다.

다. 필수유지업무의 유지

노동조합은 필수유지업무협정이 체결되거나 이에 대한 노동위원회의 결정이 있는 경우, 사용자에게 필수유지업무에 근무하는 조합원 중 쟁의행위기간 동안 근무하여야 할 조합원을 통보해야 하며, 사용자는 이에 따라 근로자를 지명하고 이를 노동조합과 그 근로자에게 통보하여야 한다(제42조의6 제1항 본문). 다만, 노동조합이 쟁의행위 개시 전까지 이를 통보하지 아니한 경우에는 사용자가 필수유지업무에 근무하여야 할 근로자를 지명하고 이를 노동조합과 그 근로자에게 통보하여야 한다(제42조의6 제1항 단서). 이때 노동조합과 사용자는 필수유지업무에 종사하는 근로자가 소속된 노동조합이 2개 이상인 경우에는 각 노동조합의 해당 필수유지업무에 종사하는 조합원 비율을 고려하여야 한다(제42조의6).

이와 같이 노동위원회의 필수유지업무 결정에 따라 쟁의행위를 한 때에는 필수유지업무를 정당하게 유지·운영하면서 쟁의행위를 한 것으로 본다(제42조의5). 필수유지업무협정에 따라 쟁의행위를 한 때에도 마찬가지로 볼 것인지에 대해서는 명시적으로 규정되어 있지는 않으나, 노동위원회의 필수유지업무 결정은 어디까지나 필수유지업무협정이 체결되지 아니하는 때에 보충적으로 하는 것임을 고려하면 필수유지업무협정에 따라 쟁의행위를 한 때에도 필수유지업무를 정당하게 유지·운영하면서 쟁의행위를 한 것으로 보아야 한다.

라. 필수유지업무 정지 시 효과

필수유지업무의 정당한 유지·운영을 정지·폐지 또는 방해하는 행위는 쟁의행위로서 행할 수 없고(제42조의2), 위반 시 벌칙이 적용된다. 다만 벌칙 적용과 관련해 필수유지업무의 유지·운영을 정지·폐지 또는 방해하는 행위가 있다고 평가하려면 단지 근로자가 필수유지업무에서 이탈하였다는 것만으로는 부족하고, 그로써 공중의 생명·건강 또는 신체의 안전이나 공중의 일상생활에 현저한 위험이 발생해야 한다고 해석하는 것이 타당하다.[35]

또한 필수유지업무 업무가 정지되었다고 하여 곧바로 그 쟁의행위가 정당성을 상실한다고 볼 수는 없다. 필수공익사업에서의 쟁의행위 정당성 판단은 일반적인

---

35 대법원 2016.4.12. 2015도17326 판결.

쟁의행위 정당성 판단기준과 함께 필수공익사업의 특수성을 고려하면서 이루어지게 된다. 공중에 영향이 큰 필수공익사업의 특성을 고려할 때 필수유지업무협정에 위반하여 쟁의행위가 이루어진 경우 쟁의행위의 정당성이 부정될 가능성이 크다. 그러나 이 경우에도 침해된 필수유지업무의 내용, 침해 정도, 침해로 인한 영향 등을 종합적으로 판단하여 쟁의행위의 정당성이 판단되어야 할 것이다.

제3절
쟁의행위의 정당성

I. 쟁의행위 정당성의 의의

1. 쟁의행위 정당성 판단의 필요성

헌법 제33조 제1항은 노동3권을 보장하고 있고, 노동조합법은 이를 구체화하여 정당한 노동조합의 행위에 대한 민사면책(제3조)과 형사면책(제4조)을 확인하고 있다. 여기서 말하는 '정당한 노동조합의 행위'에는 조합활동, 단체교섭, 쟁의행위 등이 포함된다. 특히 쟁의행위는 타인의 법익 침해를 예정하는 것이므로 이것이 형법상 범죄의 구성요건 내지 민사상 불법행위에 해당할 개연성이 높고, 따라서 쟁의행위가 '정당한' 노동조합의 행위에 포함되어 민형사상 면책을 받을 수 있는지를 판단하는 것이 중요하다.

판례와 학설은 민형사상 면책의 효과를 받을 수 있는 쟁의행위와 그렇지 않은 쟁의행위를 구분하는 기준으로 '쟁의행위의 정당성'을 든다. 즉, 쟁의행위가 정당하면 사용자는 비록 이로써 손해를 입었다고 하더라도 손해배상을 청구할 수 없다(노동조합법 제3조). 또한 쟁의행위가 형법상 범죄의 구성요건에 해당하더라도, 이것이 노동조합법의 목적을 달성하고자 한 정당한 행위라면 처벌하지 않는다(노동조합법 제4조 참조).**36** 만약 쟁의행위가 정당하지 않으면 노동조합과 쟁의행위 참가 근로자는 민형사상 책임을 질 수 있다.

또한 노동조합법은 정당한 쟁의행위에 참가한 것을 이유로 한 해고 등 불이익 취급을 부당노동행위로 금지하고 있다(제81조 제1항 제5호 참조). 따라서 근로자의 징계 면책도 '정당한 쟁의행위'에 대해서만 인정된다.

결국 쟁의행위에 대한 민형사상 면책이나 징계 면책이 인정되는지는 쟁의행위의 정당성에 달려 있다.

2. 쟁의행위 제한법규와 관계

쟁의행위의 정당성 논의는 헌법에서 단체행동권을 기본권으로 보장한 취지에 부합하는 법적 효과를 부여하려는 것이다. 다만 노동조합법은 쟁의행위의 정당성에 대한 일반적 기준을 제시하지 않았기 때문에, 그 판단기준은 해석론으로 구체화되어 왔다.

한편, 앞서 소개한 현행 노동조합법상의 쟁의행위 제한법규는 쟁의행위의 정당성 판단과는 직접 연관되어 있지 않다. 즉, 쟁의행위 제한법규 위반에 대해서는 별도 벌칙이 정해져 있어 노동조합법 위반죄가 성립할 수 있으나, 이러한 제한법규를 위반하였다고 하여 곧바로 쟁의행위의 정당성이 부인되는 것은 아니다. 따라서 민사상 손해배상책임, 형법상 책임, 해고 등 징계책임을 인정하는지는 전체 법질서의 측면에서 별도로 판단해야 한다.

3. 쟁의행위 정당성에 대한 판례법리

쟁의행위의 정당성 판단기준은 판례 법리로 형성·발전되어 오고 있다.

판례는 근로자의 쟁의행위가 정당하려면 주체, 목적, 시기·절차, 수단과 방법 등이 모두 정당하여야 한다고 본다. 즉 "근로자의 쟁의행위가 형법상 정당행위가

---

36 다만 정당한 쟁의행위가 형법 제20조 정당행위로 위법성이 조각되어 면책되는 것인지, 아니면 애초에 범죄의 구성요건에 해당하지 않아 면책되는 것인지에 대해서는 견해가 대립하고 있다(자세한 내용은 아래에서 후술).

되기 위하여는, 첫째 그 주체가 단체교섭의 주체로 될 수 있는 자이어야 하고, 둘째 그 목적이 근로조건의 향상을 위한 노사 간의 자치적 교섭을 조성하는 데에 있어야 하며, 셋째 사용자가 근로자의 근로조건 개선에 관한 구체적인 요구에 대하여 단체교섭을 거부하였을 때 개시하되 특별한 사정이 없는 한 조합원의 찬성 결정 등 법령이 규정한 절차를 거쳐야 하고, 넷째 그 수단과 방법이 사용자의 재산권과 조화를 이루어야 함은 물론 폭력의 행사에 해당하지 않아야 한다는 요건을 제시하고 있다.[37] 또한 판례는 쟁의행위의 주체, 목적, 시기·절차, 수단과 방법 중 어느 하나라도 정당하지 않다면 정당한 쟁의행위에 해당하지 않는다고 본다. 이러한 판례법리는 형사상 면책뿐만 아니라 민사상 면책,[38] 징계책임의 면책[39]에도 동일하게 적용된다. 이에 따라 쟁의행위 정당성은 주체, 목적, 시기·절차, 수단과 방법 등으로 나누어 논의되고 있다.

또한 판례는 쟁의행위의 형사책임과 관련하여 쟁의행위 정당성의 요건들을 위법성조각사유에 해당하는 것으로 이해하고 있다. 즉 쟁의행위는 원칙적으로 형법상 범죄의 구성요건에 해당하나, 다만 정당한 경우에만 위법성이 조각되어 형사책임이 면책된다는 것이다. 따라서 근로자의 쟁의행위는 쟁의권이 보장되어 있다고 하더라도 원칙적으로는 형사상 위법행위의 유형으로서 범죄의 구성요건에 해당하며, 노동기본권 보장 취지를 고려하여 면책할지는 위법성 판단의 단계에서 이루어져야 한다고 한다(이른바 위법성 조각설).

하지만 이러한 판례의 판단방식은 쟁의행위의 정당성을 지나치게 엄격하게 판단하여 헌법상 단체행동권을 보장한 취지가 몰각될 우려가 있다. 우선 쟁의행위는 노동조합과 근로자의 적법한 권리행사이고 헌법적으로도 보호가치가 있는 행위이기 때문에, 이를 범죄의 구성요건으로 포섭하여 위법성을 추정하는 것은 본말이 전도된 해석이다. 헌법상 단체행동권 보장의 취지에 비추어 보면, 정당한 쟁의행위는 원칙적으로 정당한 권리행사로서 처음부터 범죄행위의 성격, 즉 범죄의 구성요건에 해당하지 않는다고 보아야 한다(이른바 구성요건 해당성 조각설).[40]

---

37 대법원 2001.10.25. 99도4837 전원합의체 판결; 대법원 2008.9.11. 2004도746 판결.

38 대법원 2011.3.24. 2009다29366 판결.

39 대법원 2009.6.23. 2007두12859 판결; 대법원 2003.12.26. 2003두8906 판결.

40 헌법재판소 2010.4.29. 2009헌바168 전원재판부 결정은 이 점을 명확히 지적하고 있다. 이른바 위법성 조각설에 대한 비판적 견해라고 평가할 수 있다.

나아가 쟁의행위가 권리남용이나 사회상규에 위배되어 헌법상 용인할 가치가 없는 행위인지 여부를 판단하기 위해서는 전체 법질서 내에서 제반사정을 고려한 규범조화적 해석이 필요하다. 이 점에서 판례가 제시하는 주체, 목적, 시기·절차, 수단과 방법에 관한 각 기준은 유형적 고려요소로서 의미를 가질 수는 있으나, 이 요건 모두가 충족되어야만 비로소 면책의 관문을 통과할 수 있다는 해석론은 그 근거를 찾기 힘들고, 또한 조합활동의 정당성 판단구조와 쟁의행위의 정당성 판단구조를 달리할 이유가 없다는 점에서 납득하기 힘들다.

또한 쟁의행위 태양의 다양성과 노사관계의 역동성에 비추어 보면 쟁의행위의 정당성 여부를 일정한 기준에 따라 획일적으로 판단할 수 없는 경우가 많고, 이러한 획일적 판단방식은 사물의 본성에 맞는 적합한 해결책을 찾는 데 장애가 되어 그 결과 헌법이 노동3권을 보장한 취지와 동떨어진 결과를 초래할 수도 있다.

4. 쟁의행위에 부수되는 개별 행위의 정당성 구별

쟁의행위 자체의 정당성과 이를 구성하는 개별 행위나 쟁의행위에 통상 수반되는 부수적 행위의 정당성은 구별되어야 한다. 먼저 일부 소수 근로자가 폭력행위 등의 위법행위를 하였더라도, 전체로서 쟁의행위마저 당연히 정당성을 상실하게 되는 것은 아니다.[41] 또한 쟁의행위가 그 자체로 정당한 경우에도 일부 근로자의 폭력행위 등의 위법행위는 그 행위자에게 민형사상 책임이 인정된다. 그리고 적법한 쟁의행위에 통상 수반되는 부수적 행위, 예컨대 쟁의행위의 개시 사실 또는 그

"형법상 업무방해죄는 모든 쟁의행위에 대하여 무조건 적용되는 것이 아니라, 단체행동권의 내재적 한계를 넘어 정당성이 없다고 판단되는 쟁의행위에 대하여만 적용되는 조항임이 명백하다고 할 것이므로, 그 목적이나 방법 및 절차상 한계를 넘어 업무방해의 결과를 야기시키는 쟁의행위에 대하여만 이 사건 법률조항을 적용하여 형사처벌하는 것은 헌법상 단체행동권을 침해하였다고 볼 수 없다. …… 다만, 헌법 제33조 제1항은 근로자의 단체행동권을 헌법상 기본권으로 보장하면서, 단체행동권에 대한 어떠한 개별적 법률유보 조항도 두고 있지 않으며, 단체행동권에 있어서 쟁의행위는 핵심적인 것인데, 쟁의행위는 고용주의 업무에 지장을 초래하는 것을 당연한 전제로 하므로, 헌법상 기본권 행사에 본질적으로 수반되는 것으로서 정당화될 수 있는 업무의 지장 초래의 경우에는 당연히 업무방해죄의 구성요건에 해당하여 원칙적으로 불법한 것이라고 볼 수는 없다. 단체행동권의 행사로서 노동법상의 요건을 갖추어 헌법적으로 정당화되는 행위를 범죄행위의 구성요건에 해당하는 행위임을 인정하되, 다만 위법성을 조각하도록 한 취지라는 해석은 헌법상 기본권의 보호 영역을 하위 법률을 통해 지나치게 축소하는 것이기 때문이다."

41 대법원 2017.7.11. 2013도7896 판결; 대법원 2003.12.26. 2003두8906 판결.

목적을 알리는 행위의 정당성 또한 후술할 쟁의행위의 정당성 판단 기준에 따라 개별적으로 판단하여야 한다.[42]

II. 쟁의행위 주체의 정당성

쟁의행위는 노동조합이라는 단체의 의사에 따라 이루어지는 집단적 행위로, 원칙적으로 노동조합이 그 주체가 된다. 노동조합법상의 쟁의행위 기본원칙(제37조 제2항), 쟁의행위에 대한 노동조합의 지도·관리·통제 책임(제38조 제3항) 등은 이러한 점을 반영하여 규정한 것이다. 이와 관련하여 산업별 단위노동조합의 지부·분회, 일시적 쟁의단체, 법외노조(헌법상 단결체)가 주도하는 쟁의행위의 경우, 그 쟁의행위 주체의 정당성이 문제 된다.

1. 노동조합의 지부·분회

단위노동조합은 당연히 쟁의행위의 정당한 주체가 된다. 노동조합법 역시 이 점을 전제로 규율하고 있다. 노동조합은 근로조건의 유지·개선 기타 근로자의 경제적·사회적 지위의 향상을 도모함을 목적으로 조직하는 단체이며(노동조합법 제2조 제4호 참조), 단체교섭과 단체협약체결을 하므로(제29조 제1항 참조) 쟁의행위의 정당한 주체로 인정된다. 연합단체도 노동조합이므로(제2조 제4호 참조) 쟁의행위 주체가 될 수 있다는 점에는 이견이 없다.

다만 산업별 단위노동조합의 하부조직인 지부·분회가 쟁의행위의 정당한 주체가 되는지에 대해서는 논란이 있다. 생각건대, 이 문제는 단체교섭의 당사자성(제17장 참조), 협약체결능력(제18장 참조), 조합활동을 위한 의사결정능력 등과 직접 연결된 것으로, 지부·분회가 쟁의행위의 주체가 될 수 있는지는 해당 조직이 단체성 또는 사단적 실체를 구비하였는지에 따라 결정하면 족하고, 판례의 태도도 이와 같다.[43]

판례는 단체성의 유무를 판단할 때 독자적 규약과 집행기관의 유무를 고려한다.

---

42 대법원 2022.10.27. 2019도10516 판결.
43 대법원 2001.2.23. 2000도4299 판결. 이는 노동조합법 시행령 제7조에 따른 설립신고 여부를 불문한다.

즉, 지부·분회 등이 독자적으로 규약과 집행기관을 가지고 독립된 조직체로 활동하는 경우에는 해당 조직이나 그 조합원에 고유한 사항에 대하여 독자적으로 단체교섭하고 단체협약을 체결할 수 있다. 따라서 이러한 경우에 해당하는 지부·분회 등은 쟁의행위의 정당한 주체가 될 수 있다고 본다.[44]

2. 헌법상 단결체

노동조합으로서 실질적 요건(노동조합법 제2조 제4호)을 갖추었으나 형식적 요건(제10조·제12조)을 갖추지 못한 근로자들의 단결체인 이른바 법외노조는 헌법상 단결체로 인정된다(제16장 노동조합 설명 참조). 헌법상 단결체도 근로조건의 향상을 위하여 단체교섭권[45]과 단체행동권이 인정된다고 보아야 하며, 따라서 헌법상 단결체도 쟁의행위의 정당한 주체로 인정되어야 한다.

3. 쟁의단

노동조합이 조직되어 있지 않은 경우 근로자들이 일시적으로 집단(쟁의단)을 이루어 사용자에게 특정 요구사항을 관철하고자 쟁의행위를 하는 경우도 있다. 판례는 이러한 쟁의단은 노동조합으로서의 실질적 요건을 갖추지 못한 근로자들의 집단에 불과하여 단체교섭권이나 쟁의행위의 정당한 주체가 될 수 없다고 본다.[46] 하지만 일시적인 쟁의단의 쟁의행위라고 하여 곧바로 쟁의행위의 정당성을 부인해서는 안 된다. 헌법상 단체행동권은 근로자에게 보장된다는 점, 일시적인 쟁의단도 집단적 의사를 형성할 정도의 단결력을 갖추고 있다는 점 등에 비추어 볼 때, 쟁의단의 쟁의행위라고 하더라도 쟁의행위의 목적과 동기, 지속기간, 긴급성과 필요성, 쟁의행위의 방법과 수단, 사업의 성격과 사용자에게 미치는 영향 등을 종합적으로 고려하여 그 정당성을 개별적·구체적으로 판단해야 한다.

---

44 대법원 2008.1.18. 2007도1557 판결.
45 헌법재판소 2008.7.31. 2004헌바9 결정은 법외노조인 헌법상 단결체도 어느 정도의 단체교섭이나 협약 체결 능력을 보유한다고 본다. 다만 이 결정은 단체행동권(쟁의행위)의 정당한 주체가 되는지에 대해서는 언급하지 않은 한계가 있다.
46 대법원 1997.2.11. 96누2125 판결.

4. 비공인파업

노동조합이 조직되어 있음에도 일부 조합원의 집단이 노동조합의 결의도 없이 또는 노동조합의 지시에 반하여 쟁의행위를 하는 경우 비공인파업(wild cat strike)이라 한다. 이는 노동조합을 조직하지 않은 근로자들이 쟁의단을 형성해 파업한 경우와도 구별된다.

비공인파업과 관련하여, 노동조합법 제37조 제2항은 "조합원은 노동조합에 의하여 주도되지 아니한 쟁의행위를 하여서는 아니 된다."라고 규정하며, 제38조 제3항은 "노동조합은 쟁의행위가 적법하게 수행될 수 있도록 지도·관리·통제할 책임이 있다."라고 규정한다. 이 규정(제37조 제2항)을 위반할 경우 벌칙이 적용된다(제89조). 이처럼 비공인파업에 노동조합법 소정의 벌칙이 적용되는 것과는 별개로, 그 정당성은 별도로 살펴보아야 한다.

판례는 쟁의행위의 주체는 '단체교섭이나 단체협약을 체결할 능력이 있는 노동조합'일 것을 요구하면서 일부 조합원의 집단이 노동조합의 승인 없이 또는 그 지시에 반하여 쟁의행위를 하는 경우 그 쟁의행위는 정당하지 않으며,[47] 그러한 쟁의행위는 노동조합의 조직적인 활동이 아님은 물론 그 행위의 성질상 노동조합의 활동으로 볼 수 있다거나 노동조합의 묵시적인 수권 혹은 승인을 받았다고 볼 수도 없고, 단지 조합원으로서의 자발적인 행동에 불과할 뿐이어서 정당한 조합활동이라고도 볼 수 없다고 한다.[48] 또한 판례는 일부 조합원들로 구성된 비상대책위원회가 노동조합의 적법한 대표자를 배제하고 쟁의행위를 주도한 경우에도 그 정당성이 부정된다고 본다.[49]

생각건대, 비공인파업은 노동조합을 주체로 하여 단체교섭과 쟁의행위로 근로조건의 유지개선을 도모하고자 하는 현행 제도의 근간을 흔든다는 점, 노동조합과는 별도로 일부 조합원 집단을 단체교섭의 주체로 인정하면 노동조합의 단결력이 약화될 우려가 있다는 점, 비공인파업의 정당성을 부정하더라도 그 근로자들의 노동3권 행사에 지장을 초래하지 않는 점 등에 비추어 보면, 그 정당성은 부정된다고 본다.

---

47 대법원 1995.10.12. 95도1016 판결.
48 대법원 1999.9.17. 99두5740 판결.
49 대법원 2008.1.18. 2007도1557 판결.

III. 쟁의행위 목적의 정당성

1. 쟁의행위의 목적

쟁의행위 목적의 정당성은 헌법이 단체행동권을 보장한 취지에 비추어 합목적적 관점에서 판단해야 한다. 하지만 판례는 이른바 단체교섭권 중심론에 입각하여 쟁의행위 목적의 정당성을 엄격하고 협소하게 판단하는 경향을 보이고 있다.

이른바 단체교섭권 중심론은 노동3권 중에서도 단체교섭권이 중핵적 권리이며 단결권과 단체행동권은 단체교섭을 위한 수단적 권리에 불과하므로 이들 기본권 사이에 규범적 위계가 존재한다는 것을 전제한다. 이에 따라 단체교섭권 중심론은 사용자에게 처분권한이 없는 사항은 교섭사항이 될 수 없고, 당연히 쟁의행위의 목적도 될 수 없다고 본다.[50]

하지만 이러한 단체교섭권 중심론은 받아들이기 어렵다. 우선 우리 헌법 제33조는 단결권, 단체교섭, 단체행동권을 구체적·병렬적으로 보장해 이들 간의 규범적 위계를 설정할 아무런 법적 근거가 발견되지 않는다.[51] 또한 단체교섭제도는 노동정책적 고려가 많이 반영될 수밖에 없는 제도인데, 이를 기본권의 목적으로 강조하면 하위법률의 제정으로 거꾸로 헌법의 최고규범성을 훼손할 우려가 있다. 또한 판례는 단체교섭의 기능을 단체협약 체결을 위한 사실적 행위로 파악하는데, 이러한 판례의 태도와 단체교섭권 중심론에 따르면 결국 단체협약이 전제되지 않으면 단결권이나 단체행동권의 보장이 무의미하다는 결론에 이르게 될 뿐이다. 마지막으로 단체교섭권 중심론과 같이 단체교섭을 노동3권의 핵심적 영역으로 이해하는 한, 현행 교섭창구 단일화 제도는 어떻게 설계하든 기본권의 본질적 내용을 침해하는 것으로 위헌이라는 결론을 피할 수 없다.

쟁의행위 목적의 정당성은 근로조건의 향상뿐만 아니라 경제적·사회적 지위향

---

50 또한 이러한 단체교섭권 중심론은 '근로조건의 향상'이라는 노동3권의 목적에만 초점을 맞추어, 근로조건을 향상할 수 있는 다른 수단, 즉 대상조치가 마련되어 있다면 노동3권이 전면적으로 제한되더라도 그 본질적 내용은 침해되지 않는다고 보기도 한다(헌법재판소 1991.7.22. 89헌가106 결정 등 참조).
51 이와 관련하여 헌법재판소나 법원이 단체교섭권이 '중핵적' 권리라는 표현을 자주 언급하는데, 이는 단체교섭이 가지는 제도적·기능적 중요성을 강조하는 것으로 이해하면 족하고, 이를 노동3권 간의 위계를 설정하는 규범적 근거로 삼아서는 안 된다.

상을 위해 자신의 '주장을 관철'하도록 단체행동권을 보장한 헌법과 노동조합법의 취지에 비추어 개별적 사정을 종합적으로 고려하여 그 정당성 여부를 판단해야 한다. 단체교섭의 내용은 포괄적이고 유동적이라 그중 어느 한 단면을 도려내어 쟁의행위 전체의 옳고 그름을 판단하는 것은 헌법의 규범통제기능을 훼손하고 법해석을 포기하는 것이나 다름없다. 앞서 언급하였듯, 쟁의행위의 주체, 목적, 시기·절차, 수단과 방법의 각 기준이 엄격히 충족되어야 할 정당화 요건이 아니라 유형적 고려요소로 이해되어야 하는 이유이기도 하다. 따라서 쟁의행위의 목적이 정당한지는 그 행위의 시기·절차·수단·방법과의 관련성 속에서 탄력적이고 유동적으로 판단되어야 한다.

2. 구체적 유형

(1) 쟁의행위의 목적이 여러 가지인 경우

쟁의행위는 단체교섭의 결렬로 발생한다. 그런데 일반적으로 단체교섭은 장기간 동안 유동적인 과정을 거치면서 진행되며, 그 교섭사항도 다양하고 근로조건과 집단적 노사관계 전반을 포괄하는 경우가 많다. 또한 교섭상대방과의 관계에서 양보와 요구사항의 수정이 빈번하고, 그 이해관계가 때때로 격렬하게 충돌하기도 한다. 이로써 노동조합이 쟁의행위로 관철하려는 목적이 여러 가지인 경우, 무엇이 쟁의행위의 주된 목적에 해당하는지 단정하기가 쉽지 않다.

그런데 판례는 쟁의행위의 목적이 여러 가지이고 그 일부가 부당한 경우에는 주된 목적 내지 진정한 목적의 옳고 그름에 따라 쟁의행위 목적의 정당성 여부를 판단하며, 부당한 요구사항을 제외하였더라면 쟁의행위를 하지 않았을 것이라고 인정되는 경우 쟁의행위 전체가 정당성을 갖지 못한다고 본다.[52]

이에 따라 쟁의행위 목적의 정당성을 긍정한 판결로는 병원개혁, 의료민주화 등도 쟁의행위의 목적 가운데 하나이지만 주된 목적은 임금인상과 고용안정 쟁취라고 보아 쟁의행위 목적의 정당성을 인정한 사례,[53] 고용직 공무원으로의 환원운동

---

52 대법원 1992.1.21. 91누5204 판결; 대법원 2008.9.11. 2004도746 판결; 대법원 2009.6.23. 2007두12859 판결 등.
53 대법원 2003.12.26. 2001도1863 판결.

은 부차적 목적에 지나지 않고 임금 등 근로조건의 개선이 주된 목적이므로 쟁의
행위가 부당하지 않다고 한 사례[54] 등이 있다. 한편 정당성을 부정한 판결로는 임
금 등 근로조건 개선을 내세워 쟁의행위에 돌입하였으나 그 주된 목적은 정부의
공기업 구조조정 및 그 일환으로 추진되는 조폐창 통폐합을 반대하려는 대정부 투
쟁에 있다고 보아 쟁의행위의 정당성을 부정한 사례,[55] 쟁의행위의 주된 목적이 시
설부문 민영화계획 저지에 있었다고 보아 그 정당성을 부정한 사례[56] 등이 있다.

(2) 과도한 요구

단체교섭의 유동성과 교섭사항의 포괄성을 고려하면, 단순히 노동조합의 요구
사항이 과다하다는 점만으로 그 쟁의행위 목적의 정당성이 부인될 것은 아니고,
해당 사업장 및 지역·산업에서의 근로조건의 실태, 교섭사항 간 상호관계, 교섭의
배경과 경위, 단체교섭의 구체적 경과 등을 종합적으로 판단하여야 한다.

판례도 이러한 점을 감안하여 "노동조합이 사용자로서는 수용할 수 없는 요구를
하고 있었다고 하더라도 이는 단체교섭의 단계에서 조정할 문제이지 노동조합 측
으로부터 과다한 요구가 있었다고 하여 막바로 그 쟁의행위의 목적이 부당한 것이
라고 해석할 수는 없다."라고 판시한 바 있다.[57] 예컨대 전년도 임금협상에서 14%
의 임금인상에 합의한 후 차년도 임금협상에서 다시 10%의 임금인상을 요구한 사
안에서, 노동조합이 다소 무리한 요구를 하였다고 하더라도 그것만으로 노동조합
의 쟁의행위가 정당성을 갖추지 못한 것은 아니라고 판단한 사례가 있다.[58]

(3) 경영사항

경영사항과 관련하여, 판례는 정리해고나 사업조직의 통폐합 등 기업의 구조조
정 실시 여부를 예로 들면서 이러한 사항은 경영주체의 고도의 경영상 결단에 속
하는 사항으로서 원칙적으로 단체교섭의 대상이 될 수 없고, 비록 그러한 구조조정
의 실시가 근로자들의 지위나 근로조건의 변경을 필연적으로 수반한다 하더라도

---

54 대법원 1992.1.21. 91누5204 판결.
55 대법원 2002.2.26. 99도5380 판결.
56 대법원 2003.12.26. 2001도3380 판결.
57 대법원 1992.1.21. 91누5204 판결.
58 대법원 2000.5.26. 98다34331 판결.

그 실시 자체를 반대하기 위한 쟁의행위는 목적의 정당성을 인정할 수 없다는 일관된 입장을 유지하고 있다.[59] 이러한 판례의 태도는 구조조정 등의 실시로 근로자들의 지위나 근로조건의 변경이 필연적으로 수반된다고 하더라도 유지되며, 다만 이러한 구조조정이 경영상의 필요나 합리적 이유 없이 불순한 의도로 추진되는 등의 특별한 사정이 있다면 예외적으로 그 정당성이 인정될 수 있다. 하지만 결과적으로 법원은 구조조정 실시를 반대하는 대부분 쟁의행위를 부당하다고 보고 있다.

하지만 단체교섭 대상으로서 경영사항에 대해 앞서 설명하였듯(제17장 단체교섭 참조), 판례는 이러한 경영사항의 내용과 범위에 대해 별다른 해석론상의 기준을 제시하지도 않으며, 경영사항에 해당하기만 하면 선험적으로 이에 반대하는 쟁의행위를 부당한 것으로 관념하여 법해석을 포기하고 있다.

(4) 권리분쟁 사항

이미 존재하는 단체협약 등의 해석·적용·이행과 관련된 분쟁이나 부당노동행위 구제신청과 같이 별도의 구제절차가 존재하는 영역에서 분쟁이 발생할 경우, 이러한 권리분쟁을 해결하기 위한 쟁의행위의 정당성이 문제 된다. 이는 단체교섭의 대상 사항과 연관되는 문제이기는 하지만, 이것이 쟁의행위의 목적으로 정당한지는 단체교섭과 별도로 판단해야 한다.

권리분쟁에 관한 쟁의행위의 정당성 여부에 대해서는 긍정설, 부정설, 절충설이 제시되고 있다. 긍정설에 따르면 집단적 노사관계에서 당사자의 사적 자치에 의한 분쟁의 해결은 사법적 또는 행정적 구제절차의 존재 여부와 관계없이 적극적으로 보장되어야 한다. 따라서 긍정설의 입장에서는 다른 구제절차가 존재한다고 해서 권리분쟁을 해결하려는 쟁의행위의 정당성이 부정되어서는 안 된다고 본다.[60] 반면 부정설에 따르면 쟁의행위는 앞으로 정해질 권리나 의무를 좀 더 이익이 되는 방향으로 결정하기 위하여 교섭·협약체결을 유리하게 전개하기 위한 수단이지, 이미 확정되어 존재하는 권리나 의무의 내용에 관한 분쟁을 해결하려는 수단은 아니다. 따라서 부정설의 견지에서는 사법적 보호 또는 해결방법의 길이 열려 있는

---

59 대법원 2002.2.26. 99도5380 판결; 대법원 2003.7.22. 2002도7225 판결; 대법원 2007.5.11. 2006도 9478 판결; 대법원 2011.1.27. 2010도11030 판결; 대법원 2014.11.13. 2011도393 판결 등.

60 김유성, 『노동법 Ⅱ』, 법문사, 1999, 239면.

권리분쟁을 풀기 위하여 쟁의행위를 하는 것은 정당하지 않다고 본다.[61] 한편 절충설은 권리분쟁사항이 단체교섭의 대상이 되지 않기 때문에 원칙적으로 쟁의행위의 정당한 목적으로 인정될 수 없지만, 사용자가 명백히 노동관계법령·단체협약·취업규칙 등을 위반하여 노사관계 전반에 중대한 영향을 미치고 그 시정이 시급한 경우에 그 위반에 항의하고 그 준수를 촉구하는 쟁의행위는 예외적으로 정당성이 인정되어야 한다고 본다.[62]

생각건대, 필자는 이미 권리분쟁사항도 단체교섭의 대상이 될 수 있다고 설명하였으므로 긍정설이 타당하다고 본다(이에 관해서는 제17장 단체교섭 참조).

(5) 단체협약의 개정·폐기 요구

단체협약에서 이미 정한 근로조건이나 기타 사항의 변경·개폐를 목적으로 하는 쟁의행위의 경우, 이는 단체협약에 내재하는 평화의무(제18장 단체협약 참조)를 위반한 쟁의행위이므로 그 정당성을 인정하기는 어렵다.

판례도 이와 동일한 입장이다. 판례는 평화의무를 위반한 쟁의행위는 노사관계를 평화적·자주적으로 규율하려는 단체협약의 본질적 기능을 해치는 것일 뿐 아니라 노사관계에서 요구되는 신의성실의 원칙에도 반하는 것이므로 정당성이 없다고 본다.[63]

(6) 정치파업

정치파업은 특정한 정치적 주장의 관철을 목적으로 하는 쟁의행위이다. 정치파업은 정치적 사항에 대해 그 주장을 관철할 목적으로 하지만, 그 손해는 이에 대해 처분권한이 없는 사용자가 부담한다는 점에 특징이 있다.

정치파업의 정당성에 대해서는 견해가 대립한다. 먼저 정치파업 위법론은 정치파업은 그 내용이 사용자가 처분할 수 있는 범위를 벗어나고, 그로써 발생하는 손해를 사용자로 하여금 수인하도록 하는 것은 형평에 맞지 않는다고 본다. 한편 정치파업 이분설은 정치파업 중에서 노동법과 관련된 입법적 요구 또는 사회보장제

---

61 김형배, 『노동법』, 박영사, 2021(27판), 1352면.
62 임종률, 『노동법』, 박영사, 2022(20판), 249면.
63 대법원 1994.9.30. 94다4042 판결.

도의 확충과 같이 그 구체적 내용이 근로자의 사회적·경제적 지위와 연관 있는 이른바 '경제적 정치파업'은 쟁의행위의 목적이 될 수 있는 반면, 정권 퇴진과 같이 전적으로 정치적 사항을 대상으로 하는 이른바 '순수정치파업'은 쟁의행위의 목적으로 할 수는 없다고 본다.

생각건대, 앞서 언급한 바대로 쟁의행위의 목적은 단체교섭사항에 국한되지 않으며, 사용자가 처분할 수 있는 사항에 국한되지도 않는다. 쟁의행위의 목적이 정당한지의 판단은 해당 쟁의행위가 근로자의 사회적·경제적 지위 향상에 도움이 되는지를 일차적으로 고려해야 한다. 이러한 관점에서 보면 경제적 정치파업은 근로조건의 유지개선과 관련성이 높으므로 정당하다거나 순수정치파업이라고 해서 무조건 부당하다고 단정할 수도 없다. 정치파업의 정당성은 처분권한이 없는 사용자에게 피해를 준다는 특성상 수단·방법·시기 등의 제반 요소를 감안해 개별적·구체적으로 판단되어야 한다. 예컨대 쟁의행위 시기를 사전에 예고하여 사용자가 조업을 조정해 손해를 줄일 기회를 제공하였는지, 그 목적에 비추어 쟁의행위기간이 과도하지는 않은지 등 통상의 쟁의행위에서는 고려하지 않는 사실들도 법익형량에서 감안해야 한다.

(7) 동정파업

일반적으로 동정파업은 근로자 본인의 소속 기업 또는 산업의 노사관계에서 쟁점이 되는 독자적 요구사항을 관철할 목적으로 하는 것이 아니라 다른 기업 또는 산업에서 쟁의에 영향을 미칠 것을 목적으로 하는 쟁의행위를 말한다. 이를 연대파업 또는 지원파업이라고 하기도 한다. 예컨대 하청 기업의 근로자들이 처우개선을 위해 파업을 한 경우, 원청 회사의 노동조합이 이를 지지하고자 파업하는 경우를 생각해 볼 수 있다.

동정파업의 정당성에 대해서 부정설과 제한적 긍정설이 제기되어 왔다. 먼저 부정설은 동정파업은 그 목적이 원쟁의 사용자의 처분권한에 속하지 않는 사항을 관철할 목적으로 하는 것이므로 정당성이 부정된다고 본다.[64] 반면, 제한적 긍정설은 본인의 노사관계와 관련성이 없는 순수동정파업인 경우 정당성이 부정되지만, 노

---

64 김형배, 앞의 책, 1350면.

동조합의 조직적 결합관계·해당 산업의 특성·사용자 간 결합관계 등에 비추어 노사관계의 관련성이 인정되는 경우에는 그 정당성이 인정된다고 본다.[65]

생각건대, 본래적 의미의 동정파업과 자신의 목적을 관철하려는 별개의 파업인지를 구별하기 어려운 경우도 있고, 원하청업체 간에 지배력이 상이하고 노사관계에 미치는 영향력도 다양하므로 동정파업의 경우 형식적 법률관계에만 착안하여 그 정당성 여부를 판단해서는 안 될 것이다. 따라서 정치파업과 마찬가지로 제반 사정을 참작하여 법익형량의 관점에서 개별적·구체적으로 그 정당성 여부를 판단하여야 한다.

IV. 쟁의행위 시기·절차의 정당성

1. 쟁의행위의 개시 시기

노동조합법은 당사자 간에 합의를 위한 노력을 계속해도 더 이상 자주적 교섭에 의한 합의의 여지가 없는 분쟁상태를 노동쟁의로 정의하고 있고(제2조 제5호 단서), 또한 쟁의행위는 조정절차를 거치지 아니하면 행할 수 없도록 규정하고 있다(제45조 제2항). 이처럼 쟁의행위는 우선 성실한 교섭과 분쟁조정을 거친 이후에 이루어지도록 제도가 설계되어 있다. 이러한 절차를 거치지 않고 곧바로 쟁의행위에 돌입하는 경우 그 정당성이 문제가 될 수 있다.

노동조합은 쟁의행위의 개시 시기를 자주적으로 결정할 수 있다. 다만 개시 시기와 관련하여 쟁의행위권이 남용되어서는 안 되며, 노동조합에도 성실교섭의무가 있다는 점이 고려되어야 한다. 노동조합이 사용자에게 구체적인 요구안을 제시하기 전에 미리 위협이나 세력 과시를 위하여 쟁의행위를 개시하는 경우, 사용자에게 구체적인 요구를 제시하였지만 사용자가 이를 회답할 충분한 시간도 없이 쟁의행위를 개시하는 경우 등은 단체교섭을 촉진하는 쟁의행위라기보다는 사용자에게

---

65 이에 해당하는 경우로는 기업단위를 초월하는 노동조합 조직이 존재하여 개별 기업에 대해 동일한 요구를 하거나 관련 개별기업들의 근로조건 수준을 특정 사용자 또는 사용자단체가 사실상 지배하여 다른 기업의 교섭 결과가 자신의 교섭 결과에 직접 영향을 미치는 경우가 있을 수 있다.

피해를 가하려는 목적으로 쟁의행위권을 남용한 것으로서 정당성이 부인된다.[66]

한편, 쟁의행위는 노사 사이에 평화적인 단체교섭이 결렬되어 더 이상 교섭을 진행하는 것이 무의미한 경우에 최후적 수단으로 사용되어야 하며, 단체교섭을 계속할 필요가 여전히 남아 있는데도 쟁의행위를 단행하여 상대방에게 피할 수 있는 손해를 가하는 것은 비례성 원칙에 반하여 정당하지 않다는 견해가 있다.[67]

그러나 쟁의행위의 최후수단성은 정당성을 판단하는 데 하나의 고려 요소일 뿐 이를 갖추지 않았다고 하여 곧바로 쟁의행위가 정당성을 상실하는 것으로 이해되어서는 안 된다. 노동조합이 사용자와의 단체교섭·단체협약체결로 요구사항을 관철하려 하는 경우 어느 시기에 쟁의행위를 개시할지는 노동조합이 전술적으로 결정할 문제이다. 단체교섭을 진행하였으나 결렬되어야 쟁의행위를 개시할 수 있다고 하더라도, 단체교섭은 노동조합과 사용자의 상호 작용이므로 교섭 결렬에 대한 판단기준을 일률적으로 정할 수도 없다. 교섭이 결렬된 것으로 판단하고 쟁의행위를 개시할지는 노동조합의 자주적인 판단에 맡겨야지 법이 개입할 문제가 아니다. 또한 사용자가 노동조합의 구체적 요구에 대해 교섭 자체를 거부하거나 단체교섭 과정에서 그러한 요구를 거부하였다면, 이후 노동조합이 계속 평화적으로 교섭을 촉구할지 아니면 쟁의행위를 개시하여 교섭을 촉구할지는 노동조합의 자주적 판단에 맡겨야 한다.[68] 현행법상 노동쟁의의 개념은 노동쟁의조정의 대상을 정하면서 자주적 교섭에 따른 분쟁해결 노력을 촉구하는 의미를 가질 뿐이며, 조정전치 규정 또한 쟁의조정의 실효성 확보를 위하여 규정된 것일 뿐 이로써 쟁의행위의 최후수단성 원칙이 명시되었다고 보는 것은 타당하지 않다.

2. 조정전치주의 위반

노동조합법은 쟁의행위의 절차로 조정전치 제도를 두고, 조정 기간 중 쟁의행위를 금지하고 있다(제45조 제2항). 즉, 노동쟁의에 대해 조정 또는 중재의 절차를 거치지 아니하면 쟁의행위를 할 수 없고, 조정기간(일반사업 10일·공익사업 15일, 1회 연

---

66 김유성, 앞의 책, 235면; 임종률, 앞의 책, 252면.
67 김형배, 앞의 책, 1354면.
68 임종률, 앞의 책, 252면.

장 가능함) 내에 조정이 종료되지 않거나, 중재에 회부 후 쟁의행위 금지기간(15일)이 지나야 쟁의행위를 할 수 있다.

그러나 이러한 제한을 위반한 쟁의행위가 곧바로 정당성을 상실하는지가 문제된다. 조정전치제도는 가급적 평화적 방법으로 분쟁을 해결하고자 노동조합법에서 정책적으로 창설한 제도이기 때문에 조정을 거치지 않았다는 이유만으로 바로 정당성을 부인해서는 안 된다. 판례도 같은 태도라고 할 수 있다.[69]

다만 중재 시 쟁의행위 금지(제63조)를 위반한 쟁의행위는 다르게 보아야 한다. 중재는 당사자의 합의로 분쟁을 종국적으로 해결하려는 절차이므로 쟁의행위권의 행사는 정지되어야 하기 때문이다. 따라서 이를 위반한 쟁의행위는 정당성을 인정하기 어렵다.

3. 쟁의행위 찬반투표

노동조합법 제41조 제1항은 쟁의행위를 조합원의 직접·비밀·무기명투표에 의한 찬성 결정을 거쳐 진행하도록 하고 있다. 이는 쟁의행위 국면에서도 노동조합이 그 의사를 자주적이고 민주적으로 결정하도록 요구하는 취지로 볼 수 있다.[70]

이 규정을 위반한 쟁의행위의 정당성에 대해 판례의 태도는 변해왔다. 과거 판례는 조합원의 직접·비밀·무기명 투표에서 일부 흠결이 있더라도 자주적·민주적 결정의 기본 원리를 훼손하지 않으면 쟁의행위 자체의 정당성을 부정하지는 않았다.[71] 그러나 이후 전원합의체 판결로 종전 법리를 변경하여 노동조합법이 요구하는 찬반투표 절차에 흠결이 있다면 원칙적으로 쟁의행위 정당성이 부정된다고 보고 있다.[72]

---

69 대법원 2000.10.13. 99도4812 판결에서는 조정전치 제도의 위반행위로 말미암아 사회·경제적 안정이나 사용자의 사업 운영에 예기치 않는 혼란이나 손해를 끼치는 등 부당한 결과를 초래할 우려가 있는지 등 구체적 사정을 살펴서 그 정당성 유무를 가려야 한다고 판시한다.

70 판례는 위 조항의 취지를 '노동조합의 자주적이고 민주적인 운영을 도모함과 아울러 쟁의행위에 참가한 근로자들이 사후에 그 쟁의행위의 정당성 유무와 관련하여 어떠한 불이익을 당하지 않도록 그 개시에 관한 조합의사의 결정에 보다 신중을 기하기 위하여 마련된 규정'이라고 설명한다(대법원 2001.10.25. 99도4837 전원합의체 판결).

71 대법원 2000.5.26. 99도4836 판결.

72 대법원 2001.10.25. 99도4837 전원합의체 판결. 또한 이와 달리 쟁의행위의 개시에 앞서 쟁의행위 찬반

위 전원합의체 판결은 찬반투표 없는 쟁의행위의 정당성을 부인하지 않으면 위임에 의한 대리투표, 공개결의나 사후 결의, 사실상의 찬성 간주 등의 방법을 용인하는 결과가 된다는 논지를 펴고, 현행법은 이러한 결과를 방지하려는 정책적 배려로 이를 위반한 자를 처벌하는 규정을 두고 있다(제91조). 그러므로 조합원의 찬반투표 여부가 민형사 면책을 위한 쟁의행위 정당성 판단에 직접 영향을 주어서는 안 되고, 쟁의행위의 정당성은 상황의 긴급성, 사용자에게 미치는 영향의 정도, 목적과 수단의 상당성 등을 종합적으로 고려하여 판단해야 한다.

한편 쟁의행위 찬반투표의 시기와 관련하여, 판례는 쟁의행위에 대한 조합원 찬반투표가 노동조합법 제45조가 정한 노동위원회의 조정절차를 거치지 않고 실시되었다는 사정만으로는 그 쟁의행위의 정당성이 상실된다고 보기 어렵다고 한다.[73]

4. 단체협약상의 쟁의 관련 조항

단체협약의 내용 중에는 쟁의 관련 조항을 두는 경우가 있는데, 그 내용은 다양하다. 평화의무를 명시적으로 규정해 두는 평화의무조항, 쟁의행위의 사전 통지·냉각기간을 두는 조항, 사적조정·중재 조항, 협정근로의무조항 등이 그러하다.

이러한 단체협약상의 규정을 준수해야 할 의무는 노사당사자의 합의에 따라 비로소 발생한다. 따라서 이러한 단체협약상의 조항들을 위반하여 쟁의행위를 한 경우 단체협약 위반의 민사책임이 발생하는 것은 별론으로 하고, 쟁의행위 자체가 정당성을 상실하는 것은 아니다.

투표 절차를 거치지 아니한 경우에도 조합원의 민주적 의사결정이 실질적으로 확보된 때에는 단지 노동조합 내부의 의사형성 과정에 결함이 있는 정도에 불과하다고 하여 쟁의행위의 정당성이 상실되지 않는 것으로 해석한다면 위임에 의한 대리투표, 공개결의나 사후결의, 사실상의 찬성간주 등의 방법이 용인되는 결과가 되어 타당하지 않다고 판시한다.

73 대법원 2020.10.15. 2019두40345 판결.

V. 쟁의행위 수단·방법의 정당성

1. 파업

파업은 근로자가 집단적으로 노무제공을 중단하는 부작위행위로, 쟁의행위의 전형적인 모습이다. 통상적으로 이에 부수적으로 피케팅 또는 직장점거 등의 사실행위가 수반되기도 한다. 현실에서 파업이 이루어지는 모습은 다양하고, 노동조합은 자유로이 그 방식을 선택할 수 있다.[74]

파업은 종료 시기를 정했는지(시한파업·무기한파업), 기간이 길었는지(장기파업·단기파업), 파업을 실시하는 조합원이 전체인지 일부인지(전면파업·부분파업), 주기적으로 했는지(파상파업), 순차적으로 돌아가며 실시했는지(순회파업), 광범위한 지역에서 일시에 대규모로 실시했는지(총파업) 등 그 모습은 다양하고, 이러한 파업의 형태 자체는 쟁의행위 정당성에 직접적 영향을 미치지 않는다.

파업은 집단적인 노무거부의 의사표시이므로 피케팅·직장점거 등의 사실행위와 구분되어 그 정당성 여부가 판단되어야 한다.

2. 태업

태업은 불완전하게 노무를 제공함으로써 업무의 능률을 저하하는 쟁의행위이다. 임금삭감의 불이익을 완화하면서 사용자에게 압력을 가할 수 있다는 점에서 태업이 활용된다. 태업은 평상시보다 작업속도를 저하함으로써 업무능률을 떨어뜨리는 유형이 전형적이나 통상적인 업무는 그대로 유지하면서 특정한 업무만을 불완전하게 이행하는 유형도 있다.[75]

태업은 노무의 불완전제공이라는 부작위에 그치는 한 파업과 마찬가지로 정당

---

74 김유성, 앞의 책, 245면.

75 예를 들면, 출퇴근시각의 엄격한 관리를 저해하기 위해 출퇴근시간 기록을 집단으로 거부하는 것, 수주 부문에 차질이 생기도록 통상적인 업무에는 종사하면서 수주 관련 문서나 전화 연락 등의 업무만을 거부하는 것, 공공서비스를 제공하는 사업에서 고객의 지지를 확보하면서 업무저해를 도모하기 위해서 고객응대업무는 정상대로 유지하면서 서류작성·요금수수·수금액의 납금 등 특정한 업무만을 거부하는 경우 등이 있다.

성에 직접 영향을 미치지 않는다.[76] 그러나 통상적 태업과 달리, 원료·기계·제품 등을 손괴·은닉·임의처분하거나 의도적으로 불량품을 생산하는 등 적극적 방법으로 사용자에게 경제적 압력을 가하는 '사보타주(sabotage)'의 경우, 계약상 의무를 단순히 불완전하게 이행하는 것을 넘어서서 사용자의 재산권을 적극적으로 침해하는 행위이므로 쟁의행위 수단으로서 정당성을 인정하기 어렵다.

3. 피케팅

피케팅(picketing)은 파업과 같은 주된 쟁의행위에 부수하여 파업 참여를 호소하고 유리한 여론을 형성하거나, 파업 근로자의 이탈을 방지하고 대체근로를 저지하려는 등의 목적에서 필요한 장소에 인원을 배치하여 사업장의 출입을 감시하고 쟁의 중임을 알리는 행위이다.

이와 관련하여 노동조합법은 "쟁의행위는 그 쟁의행위와 관계없는 자 또는 근로를 제공하고자 하는 자의 출입·조업 기타 정상적인 업무를 방해하는 방법으로 행하여져서는 아니 되며 쟁의행위의 참가를 호소하거나 설득하는 행위로서 폭행·협박을 사용하여서는 아니 된다."라고 규정하고 있다(제38조 제1항, 벌칙 제89조). 즉, 피케팅은 평화적 설득의 방법으로 이루어져야 하고, 파업 불참자의 근로 자유를 침해하여서는 아니 된다.

판례 역시 평화적 설득에 의한 피케팅의 정당성을 인정하고 폭행, 협박 또는 위력에 위한 실력적 저지나 물리적 강제는 정당하지 않다고 본다.[77]

4. 직장점거

직장점거는 주장을 관철하는 방법으로 근로자들이 직장에 머물면서 직장시설을 점거하는 쟁의행위이다. 이와 관련하여 노동조합법은 "노동조합은 사용자의 점유를 배제하여 조업을 방해하는 형태로 쟁의행위를 해서는 아니 된다."라고 규정하

---

[76] 김유성, 앞의 책, 246면; 임종률, 앞의 책, 254면.
[77] 대법원 1990.10.12. 90도1431 판결; 대법원 1992.7.14. 91다43800 판결.

고 있다(제37조 제3항). 이 규정은 직장점거 형태의 쟁의행위에 대한 판결의 태도[78]를 2021년 개정에 입법화한 것이다. 노동조합법은 이와 함께 "쟁의행위는 …… 생산 기타 주요 업무에 관련되는 시설과 이에 준하는 시설로서 대통령령이 정하는 시설을 점거하는 형태로 이를 행할 수 없다."라고 규정하여 그러한 시설들에 대한 직장점거를 금지하고 있다(제42조 제1항, 벌칙 제89조).

직장점거도 쟁의행위의 부수적 수단으로서 그 자체가 정당성이 부정되는 것은 아니다. 직장점거가 수단으로서 정당한지와 관련하여, 판례는 직장점거의 유형에 따라 달리 판단하고 있다. 즉, 점거의 범위가 직장시설의 일부분이고 사용자 측의 출입이나 관리지배를 배제하지 않는 '부분적·병존적 점거'와 조합원 이외의 자의 출입을 저지하거나 사용자 측의 관리지배를 배제하여 업무의 중단 또는 혼란을 야기하는 '전면적·배타적 점거'로 나누어, 전자에 대해서는 정당하고, 후자에 대해서는 정당하지 않다고 본다.[79]

5. 보이콧

보이콧(boycott, 불매운동)은 사용자에 대하여 다른 근로자들은 근로제공을, 소비자에게는 제품·서비스의 구입을, 거래처에는 거래를 하지 말라고 호소함으로써 사용자에게 압력을 가하는 쟁의행위이다. 이처럼 사용자와의 직접적인 거래 중단을 호소하는 1차 보이콧(primary boycott)이 있고, 거래 중단 호소에 불응하는 거래처의 제품을 사지 말거나 거래하지 말라고 호소함으로써 거래처에 압력을 가하는 2차 보이콧(secondary boycott)도 있다.

2차 보이콧은 대상 회사의 거래를 방해하고 손해를 끼친다는 점에서 부당하다는 견해도 있으나,[80] 현대 사회에서 시민의 일반적 행동의 자유 또는 표현의 자유

---

[78] 대법원 2007.12.28. 2007도5204 판결. "직장 또는 사업장시설의 점거는 적극적인 쟁의행위의 한 형태로서 그 점거의 범위가 직장 또는 사업장시설의 일부분이고 사용자 측의 출입이나 관리지배를 배제하지 않는 병존적 점거에 지나지 않을 때에는 정당한 쟁의행위로 볼 수 있으나, 이와 달리 직장 또는 사업장시설을 전면적·배타적으로 점거하여 조합원 이외의 자의 출입을 저지하거나 사용자 측의 관리지배를 배제하여 업무의 중단 또는 혼란을 야기케 하는 것과 같은 행위는 이미 정당성의 한계를 벗어난 것이라고 볼 수밖에 없다."

[79] 대법원 1991.6.11. 91도383 판결

[80] 임종률, 앞의 책, 257면; 김형배, 『노동법』, 박영사, 2021(27판), 1372면은 2차 보이콧은 상품거래의 자유를 제약한다는 점에서 정당성을 부인한다.

로 거래의 계속 여부에 대한 의견표명은 널리 활용되기 때문에, 이와 같은 성격의 보이콧이 노동관계에서 쟁의행위 수단으로서 곧바로 정당성이 부정된다고 볼 수 있는지 의문이다. 다만 폭행·협박·명예훼손의 경우는 보이콧이라도 정당한 수단이 될 수 없다.

6. 준법투쟁

준법투쟁이 쟁의행위에 해당하는지와 쟁의행위로서 정당성을 갖는지는 별개의 문제이다. 앞서 설명한 바와 같이 법규준수형 준법투쟁이든 권리행사형 준법투쟁이든 모두 쟁의행위에 해당된다고 보게 되면, 준법투쟁에는 노동조합법상 쟁의행위에 관한 제한법규가 적용되고, 그 정당성 여부는 쟁의행위의 정당성 법리에 따라 판단하면 된다.

다만, 준법투쟁은 법규를 준수하거나 자신의 권리를 실현하는 방식으로 단체행동권을 행사하므로 파업과 같이 근로계약상의 의무를 집단적으로 이행하지 않는 여타의 쟁위행위와 다른 속성을 지닌다. 따라서 그 정당성을 판단할 때 이러한 특성이 고려되어야 한다.

VI. 정당하지 않은 쟁의행위의 책임

쟁의행위가 정당하지 않은 경우 노동조합법상 벌칙의 적용과는 별개로 민형사 책임이 문제가 된다.

1. 형사책임

(1) 형사책임의 주체

쟁의행위는 그 태양에 따라 형법상 업무방해죄(제314조 제1항), 폭행죄(제260조), 협박죄(제283조), 재물손괴죄(제366조), 주거침입·퇴거불응죄(제319조), 직무유기죄(공무원의 경우, 제122조) 등 범죄행위의 구성요건에 해당할 수 있다. 하지만 쟁의행위가 정당하면 형법상 정당행위에 해당하여 벌하지 않는다(형법 제20조, 노동조합법 제4조). 정당한 쟁의행위는 위법성이 조각되어 형사면책이 된다. 반대로 쟁의행위가 정당하지 않으면 위법성이 조각되지 않으므로 형법상 범죄행위로 처벌을 받는다.

형사책임은 그 행위자에 대한 처벌이므로 양벌규정 등의 특별한 규정이 있는 경우가 아니면 노동조합이나 단체에 형사책임을 물을 수 없다. 다만, 쟁의행위는 노동조합이라는 기관의 의사에 따라 집단으로 행해지기 때문에 사실행위가 동반되지 않는 단순파업의 경우에 업무방해죄에 해당되는지 문제가 되는데, 이 경우 파업을 기획·지시한 조합간부에게 형사책임을 물을 수 있을 뿐이다. 이론상으로는 단순 파업 참여자도 그 방조범으로 처벌할 수 있겠지만, 이들이 파업의 전격성이나 손해의 중대성을 적극적으로 의욕하였다고 입증하기는 쉽지 않은 등 실제 형사책임을 묻기는 어렵다.

그러나 피케팅이나 직장점거 등의 사실적 쟁의행위 과정에서 폭력·파괴행위를 행한 자에 대해서는 파업의 정당성 여부와 상관없이 정범으로서 형사책임을 물을 수 있다. 이 경우 이러한 행위를 기획·지시·지도한 조합간부에 대해서는 공동정범[81] 또는 교사·방조범으로 책임을 물을 수 있다.

한편, 판례는 쟁의행위가 업무방해죄에 해당하는 경우 제3자가 그러한 정을 알면서 쟁의행위의 실행을 용이하게 한 경우에는 업무방해방조죄가 성립할 수 있다고 본다.[82] 다만 노동3권을 헌법상 기본권으로 보장한 취지를 고려하면 위법한 쟁의행위에 대한 조력행위가 정범의 범죄 실현에 현실적인 기여를 하여 업무방해방조에 해당하는지는 신중하게 판단하여야 한다.

(2) 업무방해죄의 적용 여부

형사책임으로 실무상 가장 논란이 되어온 것은 파업에 대한 업무방해죄의 적용여부이다. 특히 소극적으로 노무의 제공을 거부하는 파업, 즉 단순파업[83]에 대해 업무방해죄를 적용할 수 있는지가 문제 된다.[84] 형법 제314조 제1항은 "위력으로써

---

81 대법원 1992.11.10. 92도1315 판결 참조.

82 대법원 2021.9.16. 2015도12632 판결; 대법원 2023.6.29. 2017도9835 판결.

83 파업이 소극적으로 노무제공을 거부한다는 점에서 국제노동기구(ILO)가 사용하는 '평화적 파업(peaceful strike)'이라는 용어가 파업의 실제에 더 부합한다.

84 이와 관련된 헌법적 문제가 헌법재판소에서 수차례 다투어져 왔고, 가장 최근인 2022년에는 단순파업에

사람의 업무를 방해한 자는 5년 이하의 징역 또는 1천500만 원 이하의 벌금에 처한다."라고 규정한다. 논란이 된 것은 단순파업도 여기서의 '위력'에 해당하는지이다.

이에 대해 과거 판례는 파업이 집단으로 업무운영을 저해하고 손해를 발생시켰다면 '위력'에 해당된다고 보고, 부작위에 의한 업무방해죄의 성립을 인정하였다.[85] 그러나 이후 대법원 전원합의체 판결로 현재는 단순파업도 위력에 해당하는 요소를 포함하고 있음을 인정하면서도, 다른 한편으로 헌법상 노동3권을 보장하는 취지를 고려하여 위력의 개념을 제한적으로 해석하면서 파업이 사업계속의 자유의사를 제압할 정도로 전격성과 중대성을 가질 경우에만 위력에 해당된다고 본다.[86] 이 판례는 위력의 개념을 제한적으로 해석하는 새로운 기준을 제시하여 업무방해죄의 성립 가능성을 종전보다 축소한 점에서 의미가 있다.[87] 종전의 판례는 집단성에서 위력을 근거를 찾은 반면, 전원합의체 판결은 파업의 전격성과 손해의 중대성을 위력의 근거로 든다는 점에서 차이가 있다.

주의를 요하는 것은 '파업의 전격성'은 사실적 개념이라는 점이다. 이에 해당하는지는 파업이 사전에 예고 없이 불시에 개시되었는지 여부 등 사실적 사태를 중심으로 판단하여야 한다. 즉, 사용자가 파업을 실제로 예측하고 이에 대비하여 조업을 계속할 준비를 갖출 수 있었는지를 주된 요소로 고려하여야 한다. 이와 달리 근로자들이 중대한 불법을 저지르면서까지 파업을 강행하리라고는 예측하기 어려울 수 있다는 규범적 측면에서 사정은 전격성 판단에서 부수적으로 고려될 수 있을 뿐이다.

한편, 파업의 전격성이 인정되더라도 손해의 중대성을 고려하여 사업계속에 대한 자유의사가 제압 혼란에 이를 정도가 아니라면 위력에 해당되지 않는다.[88]

대한 업무방해죄 적용이 헌법상 단체행동권을 침해한다는 의견이 재판관 5인의 다수의견이었으나 위헌선언을 위한 정족수에 이르지 못하여 합헌이 선고된 바 있다(헌법재판소 2022.5.26. 2012헌바66 결정).

85 대법원 1991.4.23. 90도2771 판결; 대법원 2006.5.25. 2002도5577 판결 등.

86 대법원 2011.3.17. 2007도482 전원합의체 판결(단순파업의 경우에는 사용자가 예측할 수 없는 시기에 전격적으로 이루어져 사용자의 사업운영에 심대한 혼란 내지 막대한 손해를 초래하는 등으로 사용자의 사업계속에 관한 자유의사가 제압·혼란될 수 있다고 평가할 수 있는 경우에 비로소 그 집단적 노무제공의 거부가 위력에 해당하여 업무방해죄가 성립).

87 대법원 2012.1.27. 2009도8917 판결(회사로서는 노조의 단체협약 갱신을 위한 쟁의행위 중에 일방적으로 성과급제를 실시할 경우 노조가 파업에 돌입할 것을 충분히 예상할 수 있었으므로, 파업은 사용자가 예측할 수 없는 시기에 전격적으로 이루어진 것이라고 보기 어려워 업무방해죄 소정의 위력에 해당하지 않음).

88 대법원 2011.10.27. 2010도7733 판결 참조.

2. 민사책임

쟁의행위로 사용자에게 손해가 발생하면 노동조합 또는 근로자에게 불법행위 손해배상(민법 제750조)을 청구할 수 있는지가 문제 된다. 쟁의행위가 정당하면 손해배상책임을 지지 않고 민사면책이 된다(노동조합법 제3조). 반면 쟁의행위가 정당성을 상실하게 되면 불법행위 손해배상책임을 진다.

이에 따라 손해를 입은 사용자는 노동조합뿐만 아니라 불법쟁의행위를 주도한 조합간부들 개인에 대하여도 손해배상을 청구할 수 있다. 배상의 범위는 불법쟁의행위와 상당인과관계에 있는 모든 손해이다.[89] 구체적 내용은 아래와 같다.

첫째, 손해배상책임의 주체는 원칙적으로는 노동조합이다.[90] 쟁의행위는 노동조합이라는 단체에 의하여 결정·주도되는 것일 뿐만 아니라 조합원의 행위가 노동조합에 의하여 집단적으로 결합하여 실행되는 것이기 때문이다.

한편 노동조합의 간부들이 불법쟁의행위를 기획, 지시, 지도하는 방식으로 이를 주도한 경우, 이와 같은 간부들의 행위는 조합의 집행기관으로서의 행위이므로 노동조합은 배상책임의 주체가 된다. 또한 이를 주도한 조합 간부들의 행위는 일면에서는 노동조합 단체로서 행위라고 할 수 있는 외에 개인의 행위라는 측면도 아울러 있어서 배상책임의 주체가 된다.[91] 이때 노동조합 간부 개인의 손해배상책임과 노동조합 자체의 손해배상책임은 부진정 연대채무관계에 있으므로 노동조합의 간부도 불법쟁의행위로 발생한 손해 전부를 배상할 책임이 있다.[92]

이와 달리 노동조합의 지시에 따라 단순히 노무 제공을 정지한 일반조합원의 불법행위책임은 제한적으로만 인정된다. 즉, 일반 조합원은 노동조합 등의 지시에 따라 단순히 노무를 정지한 것만으로는 노동조합 또는 조합 간부들과 함께 공동불법행위책임을 진다고 할 수 없다.[93] 쟁의행위가 다수결에 의해 결정되어 일단 그 방침이 정해진 이상 조합원으로서는 쟁의행위의 정당성에 의심이 간다고 하여도 노동조합의 지시에 불응하기를 기대하기는 사실상 어렵고, 급박한 쟁의행위 상황

---

89 대법원 1994.3.25. 93다32828,32835 판결.

90 대법원 2023.6.15. 2017다46274 판결.

91 대법원 1994.3.25. 93다32828,32835 판결.

92 대법원 2006.9.22. 2005다30610 판결.

93 대법원 2006.9.22. 2005다30610 판결; 대법원 2023.6.15. 2017다46274 판결.

에서 조합원에게 쟁의행위의 정당성 여부를 일일이 판단할 것을 요구하는 것은 근로자의 단결권을 약화시킬 우려가 있기 때문이다. 다만 위험 또는 손해 등의 예방을 위한 노무정지 시 준수사항(의무)이 정해져 있는 근로자가 이를 준수하지 않아 손해가 발생하거나 확대된 경우에는 이와 상당인과관계에 있는 손해에 대해서는 배상책임이 있다.[94]

또한 일반조합원이 단순히 노무제공을 정지한 것이 아니라 위법한 직장점거 등에 동참한 경우에는 노동조합과 함께 공동불법행위 책임을 부담할 수 있다. 다만 헌법상 노동3권 보장의 취지나 노동조합의 의사결정이나 실행행위에 관여한 정도 등은 조합원에 따라 큰 차이가 있을 수 있다는 점을 고려하면, 위법한 쟁의행위를 결정 주도한 주체인 노동조합과 개별 조합원 등의 손해배상책임의 범위를 동일하게 보는 것은 헌법상 근로자에게 보장된 단결권과 단체행동권을 위축시킬 우려가 있을 뿐만 아니라 손해의 공평·타당한 분담이라는 손해배상제도의 이념에도 어긋난다. 따라서 이때 개별 조합원 등의 책임제한의 정도는 노동조합에서의 지위와 역할, 쟁의행위 참여 경위 및 정도, 손해 발생에 대한 기여 정도, 현실적인 임금 수준과 손해배상 청구금액 등을 종합적으로 고려하여 개별적으로 판단하여야 한다.[95]

둘째, 손해배상책임의 범위는 불법쟁의행위와 상당인과관계에 있는 모든 손해이다.[96] 쟁의기간 중 사용자에게 발생한 손해 전부가 아니라 해당 쟁의행위와 상당인과관계가 있는 손해에 국한되므로 상당인과관계가 있는지, 실제 손해로 인정할 수 있는지가 문제 된다.[97] 또한 사용자가 노동조합과의 성실교섭의무를 다하지 않

---

[94] 대법원 2006.9.22. 2005다30610 판결.

[95] 대법원 2023.6.15. 2017다46274 판결(이러한 사정을 고려하지 않고 개별 조합원들이 쟁의행위를 결정·주도한 노동조합과 동일한 책임을 부담한다는 전제에서 개별 조합원들의 책임을 50%로 제한한 원심의 판단은 현저히 불합리하다).

[96] 대법원 1994.3.25. 93다32828, 32835 판결.

[97] 판례에 따르면 불법쟁의행위로 인한 손해에는 소극적 손해(일실이익)와 적극적 손해(고정적 비용의 지출로 인한 손해, 재물손괴 등으로 인한 손해 등)가 포함된다. 제조업 파업인 경우 일실이익은 '(제품의 판매가격-총생산원가)×생산감소량'의 방식으로 산출이 가능하고, 적극적 손해에는 조업중단에도 불구하고 무용하게 계속 지출되고 회수되지 못한 고정비용(임차료, 제세공과금, 감가상각비, 보험료 등)이 포함된다고 본 사례가 있다(대법원 1993.12.10. 93다24735 판결).
이처럼 판례는 제조업체가 위법한 쟁의행위로 조업을 하지 못함으로써 입은 고정비용 상당 손해배상을 구하는 경우, 제조업체는 조업중단으로 인하여 일정량의 제품을 생산하지 못하였다는 점 및 생산 감소로 인하여 매출이 감소하였다는 점을 증명하여야 할 것이지만, 제품이 생산되었다면 그 후 판매되어 제조업체가 이로 인한 매출이익을 얻고 또 생산에 지출된 고정비용을 매출원가의 일부로 회수할 수 있다고 추정함이 상당

거나, 노동조합과의 기존 합의를 파기하는 등 불법쟁의행위에 원인을 제공하였다고 볼 사정이 있는 경우 그러한 사용자의 과실을 손해배상액을 산정할 때 참작할 수 있다.[98]

셋째, 전체 쟁의행위 중 일부분 쟁의행위만 정당성을 상실하는 경우 그 쟁의행위 부분과 상당인과관계가 있는 손해만이 배상의 범위에 해당한다. 예컨대 안전보호시설(노동조합법 제42조 제2항)·긴급작업(제38조 제2항)·필수유지업무(제42조의2)를 정지한 불법쟁의행위는 그 정지행위 부분과 상당인과관계가 있는 손해가 배상의 범위에 해당하며, 그 외의 쟁의행위 부분은 정당한 쟁의행위인 한, 그로 인한 손해는 배상의 범위에 해당하지 않는다.

한편 정당성이 없는 쟁의행위에 참여한 근로자는 불법행위에 기한 손해배상책임 외에 근로계약상 채무불이행의 손해배상책임도 부담할 수 있다. 또한 쟁의행위 자체가 정당한 경우에도 일반조합원이 노동조합과 무관하게 개별적으로 폭력, 파괴 등 불법행위를 한 경우 그 행위자인 일반조합원만이 손해배상책임을 부담한다.

3. 징계책임

정당하지 않은 쟁의행위에 참가한 근로자는 민형사 책임과는 별도로 징계책임을 질 수 있다. 정당한 쟁의행위라면 사용자는 쟁의행위에 참가한 근로자에게 취업규칙상의 무단결근이나 지시불이행 등을 이유로 징계할 수 없고(근로기준법 제23조 제1항), 이러한 행위는 부당노동행위에도 해당한다(노동조합법 제81조 제1항 제1호·제5호). 문제가 되는 것은 쟁의행위가 정당하지 않다면 사용자가 이를 이유로 징계할 수 있느냐이다.

징계책임은 쟁의행위에 관련된 조합 간부와 개별 조합원을 대상으로 한다. 이 경우 쟁의행위가 단체행동권의 행사이자 노동조합에 의해 집단적으로 결정되고

하다고 본다(대법원 2018.11.29. 2016다11226 판결). 다만 이 경우 해당 제품이 이른바 적자제품이라거나 불황 또는 제품의 결함 등으로 판매가능성이 없다거나, 또는 쟁의행위 종료 후 상당한 기간 안에 추가 생산을 통하여 쟁의행위로 인한 부족 생산량이 만회되는 등 생산 감소로 인하여 매출 감소의 결과에 이르지 아니할 것으로 볼 수 있는 사정이 증명된 경우 등 특별한 사정에 대한 간접반증이 있으면 이러한 추정은 복멸된다(대법원 2023.6.15. 2017다46274 판결).

[98] 대법원 2006.9.22. 2005다30610 판결.

실행된 행위라는 점을 충분히 고려해야 한다. 사용자가 대상자를 자의적으로 선별하거나 통상의 경우에 비하여 가혹하게 제재하는 등으로 본래 징계 목적과는 달리 실질적으로는 노동조합의 단결력 약화를 의도하는 경우도 있다. 이 경우 징계의 정당성을 판단할 때는 징계 대상자의 범위, 징계 수준뿐만 아니라 단결력에 미치는 영향도 함께 고려해야 한다.[99]

조합 간부의 경우에는 쟁의행위를 기획·지도하였다는 점에서 단순 참가한 일반 조합원보다는 더 무거운 책임을 부담할 수 있다. 조합 간부의 징계책임도 부당한 쟁의행위를 기획·지도한 자신의 행위에 상응하는 책임을 지는 것이지, 조합 간부라는 이유만으로 징계책임을 부담하는 것은 아니다.

이와 관련하여 조합원의 탈선행위에 대해서도 조합 간부가 책임을 질 수 있다고 주장하는 견해가 있다.[100] 이 견해는 노동조합은 쟁의행위가 적법하게 수행되도록 지도·관리·통제할 책임(제38조 제3항)이 있다는 것을 주된 논거로 한다. 생각건대, 이러한 견해는 타당하지 않다. 첫째, 조합 간부의 징계책임은 개별책임이 원칙이므로 노동조합의 지도·관리·통제 책임을 이유로 조합 간부에게 징계책임을 묻기 어렵다. 둘째, 조합 간부에게 일정한 역할이 기대된다고 하더라도 이는 노조 내부의 문제이고 이를 소홀히 하였다 하여 사용자가 조합 간부에게 징계책임을 물을 수 없다. 셋째, 사용자가 조합 간부의 책무 소홀을 이유로 징계할 수 있다고 인정한다면, 징계를 통한 사용자의 조합운영에 대한 지배개입을 승인하는 결과가 되어 타당하지 않다.

한편, 쟁의기간 중 행위에 대해 사후에 단체협약에서 면책조항이 있는 경우에는 징계책임을 면한다.[101] 단체협약에 쟁의행위기간에는 인사조치를 하지 않는다고 정한 경우 그 기간에는 쟁의행위에 대한 징계처분을 할 수 없다.[102]

---

99 김유성, 앞의 책, 283면.

100 김형배, 앞의 책, 1397면; 임종률, 앞의 책, 264면.

101 대법원 2010.10.14. 2010두9594 판결(민사 책임의 면책을 규정한 단체협약의 내용은 인사상 징계책임에 대한 면책도 포함하여 규정한 것으로 해석된다고 봄).

102 대법원 2013.2.15. 2010두20362 판결.

제4절
직장폐쇄

I. 직장폐쇄의 의의

1. 직장폐쇄의 개념

직장폐쇄는 노동조합의 쟁의행위에 대항하여 사용자가 근로자들의 노무 수령을 거부하는 행위이다. 직장폐쇄는 쟁의행위로 인해 불완전한 근로제공이 있는 경우, 파업에 참가하지 않은 근로자들만으로는 조업 계속이 불가능하거나 오히려 손해가 발생하여 현저히 불리한 압력이 발생하는 경우 이에 대항하는 행위로 사용된다. 근로자들이 쟁의행위의 일환으로 태업(불완전이행)을 하는 데 대항하여 직장폐쇄를 하는 경우가 가장 대표적이다. 부분파업의 경우 파업 미참가자들에 대한 임금지급 의무를 면하려고 직장폐쇄를 행하기도 한다. 이처럼 노동조합이 임금상실을 최소화하려는 쟁의행위(부분파업, 지명파업, 태업)를 하는 경우, 사용자가 임금지급의무를 면함으로써 조업계속에 따른 재정적 부담을 줄일 수 있다.

노동조합법 제2조 제6호는 사용자의 쟁의행위로서 직장폐쇄를 예시하고 있고, 다른 한편 제46조는 직장폐쇄의 요건, 개시시기, 신고 등에 대해 규제하고 있다.

2. 직장폐쇄의 성립

직장폐쇄는 노무수령을 거부하는 의사표시이다. 따라서 일정한 사실행위(예를 들면 출입문 폐쇄나 출입 저지행위)가 수반되어야 하는 것은 아니다. 직장폐쇄는 불요식 행위이고 이러한 사실행위는 노무수령을 거부하는 의사표시의 한 형태일 뿐이다. 직장폐쇄를 통한 근로자에 대한 일정한 점유 배제는 직장폐쇄의 법적 효과일 뿐 성립에 영향을 미치지 않는다. 역으로 말하면 근로자의 점유를 배제하는 데 성공하지 못하였다고 하더라도 법률행위로서 직장폐쇄는 유효하게 성립한다.

노동조합의 위법한 쟁의행위에 대해서는 사용자가 직장폐쇄를 할 수 없다는 견해[103]가 있으나, 노조 쟁의행위 위법성 여부는 정당성 판단에 영향을 줄 수 있는 고려사항일 뿐이지 직장폐쇄 성립 여부와는 무관하다.

노동조합법은 "사용자는 노동조합이 쟁의행위를 개시한 이후에만 직장폐쇄를 할 수 있다."라고 규정하고 있으며(제46조 제1항), 이를 위반하면 벌칙이 적용된다(제91조). 이러한 규정은 직장폐쇄의 정당화 요건과 관련한 것이지 성립요건과는 무관하다.

3. 직장폐쇄의 신고

사용자가 직장폐쇄를 할 경우에는 미리 행정관청과 노동위원회에 각각 신고하여야 한다(제46조 제2항). 이를 위반하여 신고하지 않은 경우 과태료가 부과된다(제96조 제1항 제3호). 이 신고는 행정적 사항이므로 직장폐쇄 성립 요건이나 정당성 요건은 아니다. 신고의무를 위반해도 직장폐쇄는 성립할 수 있다.

II. 직장폐쇄의 인정 근거와 정당성

1. 직장폐쇄의 인정 근거

직장폐쇄는 노동조합법 제2조 제6호에 쟁의행위의 한 유형으로 규정되어 있다. 그러나 근로자의 쟁의행위와 달리 헌법상의 보장을 받지 못하므로 무엇을 근거로 직장폐쇄를 인정할지에 관해 견해의 대립이 있어왔다.

현재 다수설과 판례는 모두 형평의 관념에서 직장폐쇄의 법적 근거를 찾고 있다. 즉, 노사대등을 촉진하고 확보하고자 근로자에게만 단체행동권을 인정하지만 노사 간에 힘의 균형이 깨지고 오히려 사용자 측이 현저히 불리한 압력을 받는 경우에는 사용자 측에게 그 압력을 저지하고 힘의 균형을 회복하기 위한 대항·방위

---

103 김형배, 앞의 책, 1421-1423면.

수단으로 직장폐쇄를 인정할 필요성이 있다는 것이다.

이처럼 직장폐쇄는 형평의 관점에서 인정된 것이기 때문에, 헌법상 단체행동권 보장을 받는 노동조합의 쟁의행위와는 성격이 다르고 그 정당성을 인정받는 데 목적·수단의 상당성과 비례의 원칙이 중시되는 등 좀 더 엄격한 규범통제를 받는다.

2. 직장폐쇄의 정당성

(1) 정당성 판단기준

사용자의 직장폐쇄가 정당한 쟁의행위로 평가받으려면 노사 간의 교섭태도, 경과, 근로자 측 쟁의행위의 태양, 그로써 사용자 측이 받는 타격의 정도 등에 관한 구체적 사정에 비추어 형평의 견지에서 근로자 측의 쟁의행위에 대한 대항·방위 수단으로서 상당성이 인정되어야 한다.[104]

가. 대항성

직장폐쇄는 노동조합의 쟁의행위에 대항하는 수단으로서 인정될 뿐이므로, 노동조합이 쟁의행위에 들어간 이후에 시작하는 직장폐쇄라야 정당성이 인정될 수 있다. 이를 대항성의 요건이라고 한다. 노동조합법 제46조 제1항에서 "사용자는 노동조합이 쟁의행위를 개시한 이후에만 직장폐쇄를 할 수 있다."라고 규정하여 이를 확인하고 있다. 이와 달리 노동조합이 쟁의행위를 개시하지도 않았는데 사용자가 먼저 시작하는 이른바 선제적(先制的) 직장폐쇄는 정당하지 않다. 판례도 마찬가지 태도를 취하고 있다.[105]

나. 방어성

직장폐쇄는 교섭력의 균형이 현저하게 파괴된 경우에 이를 회복하고자 예외적으로 인정되는 행위이므로 경제적 손실을 최소화하기 위해 방어적으로 행사되어야 한다. 쟁의행위에 대한 방어적 목적을 벗어나 노동조합의 조직력을 약화하거나 자신의 주장을 관철하려는 적극적 목적을 가지고 행하는 공격적 직장폐쇄는 그 정

---

[104] 대법원 2000.5.26. 98다34331 판결; 대법원 2007.12.28. 2007도5204 판결 등.
[105] 대법원 2003.6.13. 2003두1097 판결 참조.

당성이 인정되지 않는다.[106]

방어목적을 벗어난 직장폐쇄로 인정된 사례는 다음과 같다. ① 직장폐쇄 개시 시기와 관련하여, 노동조합이 준법투쟁에 돌입한 지 3일 만에 전격적으로 직장폐쇄를 단행하는 경우,[107] 노동조합이 부분파업을 개시한 지 2일 만에 직장폐쇄를 단행한 경우,[108] 노동조합이 파업에 돌입한 후 4시간 만에 이루어진 직장폐쇄인 경우,[109] ② 업무수행에 지장이 없음에도 이루어진 직장폐쇄는 쟁의행위에 참가한 조합원 수가 소수(근로자 412명 중 파업참가 조합원 33명)여서 쟁의행위로 사용자의 업무수행에 특별한 지장이 초래될 상황이 아니었음에도 직장폐쇄를 실시한 경우,[110] 회사가 의도적으로 노조의 조직력, 투쟁력을 약화할 목적으로 직장폐쇄 상황에서 조합원들의 선별적인 업무 복귀를 시도한 경우[111] 등이 방어목적을 벗어난 직장폐쇄로 평가되었다.

직장폐쇄는 쟁의행위 참가조합원에 대해서뿐만 아니라 비참가조합원, 비조합원 등을 대상으로도 사용되는 경우가 있는데, 조합원 또는 특정 집단만을 대상으로 하는 '차별적' 직장폐쇄는 방어성을 상실하여 정당하지 않다.

(2) 근로자들의 업무복귀 의사 이후 직장폐쇄의 정당성 판단

직장폐쇄의 정당성 요건은 직장폐쇄의 개시요건일 뿐만 아니라 존속요건이기도 하다. 노동조합이 파업을 종료한 후에도 직장폐쇄를 계속한다면 직장폐쇄는 대항·방위 수단으로서 상당성이 인정되지 않아 정당성이 없다.[112]

파업 마지막 날 실시한 직장폐쇄도 파업이 사실상 종료된 이후 개시된 것이므로 대항·방어 수단으로서 상당성이 인정되지 않아 정당성이 없다.[113] 그러나 노동조

---

106 대법원 2003.6.13. 2003두1097 판결.

107 대법원 2000.5.26. 98다34331 판결.

108 대법원 2007.3.29. 2006도9307 판결.

109 대법원 2007.12.28. 2007도5204 판결.

110 대법원 2002.9.24. 2002도2243 판결.

111 대법원 2016.5.24. 2012다85335 판결.

112 김유성, 『노동법 Ⅱ』, 법문사, 1999, 294면.

113 대법원 2016.5.24. 2012다85335 판결. "직장폐쇄의 개시 자체는 정당하지만 이후 근로자가 쟁의행위를 중단하고 진정으로 업무에 복귀할 의사를 표시하였음에도 사용자가 직장폐쇄를 계속 유지하면서 적극적으로 노동조합의 조직력을 약화시키기 위한 목적 등을 갖는 공격적 직장폐쇄의 성격으로 변질된 경우, 그 이후의 직장폐쇄는 정당성을 상실하며, 사용자가 그 기간 동안의 임금지불의무를 면할 수 없다."

합이 조업 재개 후 곧바로 쟁의행위를 재개하려는 전략에서 일시적으로 쟁의행위를 종료했거나 그 밖에 실질적으로 쟁의행위를 종료할 진정한 의사가 없는 것으로 인정되는 등의 특별한 사정이 있으면 직장폐쇄를 지속하더라도 대항·방어 수단으로서 상당성이 인정된다.

결국 노동조합이 쟁의행위를 종료하고 근로자들이 업무에 복귀한다는 의사가 노동조합이 쟁의행위를 '실질적으로' 종료한다는 '진정한 의사'로 해석될 수 있는지가 문제 된다. 근로자의 업무에 복귀할 의사는 반드시 조합원들의 찬반투표를 거쳐 결정되어야 하는 것은 아니다.

Ⅲ. 직장폐쇄의 효과

1. 임금지급의무의 면제

직장폐쇄가 정당하다면 사용자는 그동안의 임금을 지급할 의무가 없다. 이 경우 직장폐쇄의 대상에 포함된 근로자 전체에 대하여 임금지급의무가 면제되는 것이고, 쟁의행위에 실제 참가한 근로자에 대하여만 임금지급의무가 면제되는 것은 아니다.

반대로 직장폐쇄가 정당하지 않다면 사용자는 근로자들이 그 기간에 근로하였다면 받을 수 있었던 임금 전액을 지급해야 한다.[114]

2. 사업장 점유의 배제(퇴거 요구)

직장폐쇄는 취로희망 근로자들에 대해 취로를 저지하는 사실행위(예를 들면, 출입문의 폐쇄나 출입의 저지행위)를 수반하는 경우가 많다. 이러한 사실행위를 수반하는 직장폐쇄는 사업장 시설을 이용하는 쟁의행위나 조합활동을 배제하는 효과가 있으며, 현실적으로 이러한 효과를 위해서 직장폐쇄가 실시되는 경우도 많다.

---

114 대법원 2017.4.7. 2013다101425 판결.

판례는 적법하게 직장폐쇄를 하게 되면, 사용자의 사업장에 대한 물권적 지배권이 '전면적으로' 회복되므로 직장을 점거한 근로자들에게 퇴거를 요구할 수 있고 요구받은 이후 직장점거는 위법하게 되므로, 그 요구에 불응하고 직장점거를 계속하면 퇴거불응죄가 성립한다고 본다.[115] 반면에 직장폐쇄가 정당하지 않은 경우, 퇴거 요구에 불응한 채 적법한 직장점거를 계속하더라도 퇴거불응죄가 성립하지 않는다.[116]

판례와 같이 물권적 지배권이 회복된다고 하더라도 노동조합의 일상적인 조합활동권과 사용자의 시설관리권 사이에는 규범조화적 해석이 필요하다. 따라서 직장폐쇄가 정당하더라도 사업장 내의 노조 사무실 등 정상적인 노조활동에 필요한 시설에 대한 출입은 허용되어야 한다. 기숙사 등 기본적인 생활근거지에 대해서도 마찬가지로 해석해야 한다.[117]

다만, 노조 사무실이 일상적 조합활동 장소가 아니라 직장점거를 계속하는 수단으로 활용되거나, 노조 사무실과 생산시설이 구조적으로 분리되지 않은 경우 등 특별한 사정이 있다면 제한할 수 있다.

---

115 대법원 1991.8.13. 91도1324 판결; 대법원 2005.6.9. 2004도7218 판결 등.

116 대법원 2007.3.29. 2006도9307 판결; 대법원 2007.12.28. 2007도5204 판결.

117 대법원 2010.6.10. 2009도12180 판결.

제5절
쟁의행위와 근로관계

I. 쟁의행위 참가자의 근로관계

1. 근로관계의 존속

파업기간 중에도 근로관계는 유지된다. 다만, 쟁의행위와 양립할 수 없는 근로계약상 권리·의무는 그 한도에서 정지 또는 수정된다. 쟁의행위 중에도 근로관계는 여전히 존속하므로 근로자의 성실의무나 사용자의 배려의무 등은 계속 유지된다. 파업이 종료되면 정지되었던 근로관계는 원래 상태로 회복된다.

2. 파업 참가자의 임금 삭감

(1) 파업과 임금

현행 노동조합법은 "사용자는 쟁의행위에 참가하여 근로를 제공하지 아니한 근로자에 대하여는 그 기간 중의 임금을 지급할 의무가 없다."라고 규정하고 있다(제44조 제1항). 파업으로 근로자의 근로제공의무와 사용자의 임금지급의무가 정지되므로 사용자는 임금지급의무가 없다는 원칙을 규정한 것이다.

다만, 파업 중이라도 임금지급의무가 있다고 단체협약 등에서 규정하는 경우 또는 임의적으로 교섭하여 파업기간 중 임금을 지급하기로 합의한 경우, 이에 따라 임금을 지급하는 것까지 금지하는 것은 아니다.

판례가 과거의 임금2분설(제7장 임금 참조)을 폐기[118]하였으므로 모든 임금에 대한 지급의무가 원칙적으로 면제된다. 그러나 사용자가 지급하는 금품 중 임의적·은혜적으로 지급하거나 실비변상적인 금품, 재해보상합의금 등과 같이 근로제공

---

[118] 대법원 1995.12.21. 94다26721 전원합의체 판결.

여부와 무관하여 임금에 해당되지 않는 금품을 삭감할 수 없다. 파업참가자에게만 이러한 금품을 삭감하는 것은 정당한 단체행동 참가를 이유로 한 불이익취급(제81조 제1항 제5호)으로 부당노동행위가 성립한다고 보아야 한다.

(2) 근로시간면제자의 임금 삭감

전임자가 사용자로부터 받는 급여는 임금이 아니다.[119] 전임자에 대한 급여 지급이 허용된 당시 판례도 이렇게 보면서 조합원들이 파업기간 중 임금이 삭감되는 경우 노동조합 전임자도 조합원과 형평의 견지에서 마찬가지로 급여가 삭감된다고 보았다.[120] 다만 2021년 법 개정으로 전임자 임금지급에 대한 규제는 근로시간면제자의 급여 지급에 관한 규제로 일원화되었다.

현행 근로시간면제제도에 따라 근로시간면제자는 임금을 받을 수 있다(노동조합법 제24조 제1항). 근로시간면제자가 받는 것은 임금이므로 전임자에 대한 과거 판례와 동일하게 적용된다고 볼 수는 없으나, 근로시간면제제도의 취지는 일상적인 조합활동, 고충처리에 대해 임금을 지급하는 것으로 보이므로 쟁의행위기간에는 임금 지급의무가 발생한다고 보기 어려운 측면이 있다. 생각건대, 근로시간면제자의 경우 쟁의행위가 '건전한 노사관계'에 포함되지 않는다고 보는 것이 타당하다. 이는 근로시간면제자와 조합원과의 형평을 고려할 때 더욱 그러하다.

(3) 태업의 경우

태업에 대해서도 파업과 동일하게 임금이 삭감되는지가 문제 된다. 근로계약상 근로제공의무를 전면적으로 거부하는, 즉 근로계약상 채무불이행에 해당하는 파업과 달리, 태업은 작업의 속도를 늦추거나 작업 일부를 수행하지 않는 이른바 불완전이행에 해당한다.

판례는 근로를 불완전하게 제공하는 형태의 쟁의행위의 일종인 태업에서 임금의 감액수준은 근로자별로 근로제공의 불완전성 정도에 비례하여 산정한다.[121]

---

119 대법원 1998.4.24. 97다54727 판결.
120 대법원 2003.9.2. 2003다4815, 4822, 4839 판결; 대법원 2013.11.28. 2011다39946 판결(태업인 경우도 같은 취지로 판시함).
121 대법원 2013.11.28. 2011다39946 판결.

3. 기타 근로조건의 해석

(1) 평균임금의 계산

쟁의행위기간은 평균임금의 계산(근로기준법 제2조 제1항 제6호 참조)에서 제외되는 기간이다. 평균임금 산정기간 중 쟁의행위기간이 있는 경우에는 그 기간과 그 기간 중 지급된 임금은 평균임금 산정기준이 되는 기간과 임금의 총액에서 각각 **뺀다**(시행령 제2조 제1항 제6호). 판례는 정당한 쟁의행위기간만이 기간산정에서 제외된다고 해석한다.[122]

(2) 근속기간의 산정

연차휴가·퇴직금 등의 계산에서 근속기간(계속근로한 기간)의 산정에서 쟁의행위기간도 포함하는지가 문제 된다. 쟁의행위 도중에도 역시 근로관계는 존속된다고 보아야 하므로 이를 산입하는 것이 타당하다.

(3) 출근율 산정

연차휴가의 계산에서 쟁의행위기간을 출근으로 보아야 할지, 결근으로 보아야 할지, 아니면 연간 소정근로일수에서 제외하여야 할지가 문제 된다. 판례는 쟁의행위기간을 연간소정근로일수에서 제외하고 출근율을 산정하여 연차휴가 취득 요건의 충족 여부를 판단하면서 연차휴가일수의 인정에서는 비례적 삭감방식을 취하고 있다. 즉, 본래 평상적인 근로관계에서 8할의 출근율을 충족할 경우 산출되었을 연차유급휴가일수에 대하여 '연간 소정근로일수에서 쟁의행위기간이 차지하

---

[122] 대법원 2009.5.28. 2006다17287 판결. 그 이유에 대해 "근로자의 정당한 권리행사 또는 근로자에게 책임을 돌리기에 적절하지 않은 사유로 근로자가 평균임금 산정에서 불이익을 입지 않도록 특별히 배려한 근로기준법 시행령 제2조 제1항의 규정의 취지 및 성격을 고려할 때, 제6호는 헌법과 노동조합 및 노동관계조정법에 의하여 보장되는 적법한 쟁의행위로서의 주체, 목적, 절차, 수단과 방법에 관한 요건을 충족한 쟁의행위기간만을 의미한다. 만약, 이와 달리 위와 같은 요건을 충족하지 못하는 위법한 쟁의행위기간까지 제한 없이 제6호에 포함되는 것으로 해석하게 되면, 결과적으로 제6호의 적용 범위 또는 한계를 가늠할 수 없게 되어 평균임금 산정 방법에 관한 원칙 자체가 무의미하게 되는 상황에 이르게 되는바, 이는 평균임금 산정에 관한 원칙과 근로자 이익 보호 정신을 조화시키려는 근로기준법 시행령 제2조 제1항의 취지 및 성격이나 근로자의 권리행사 보장이 필요하거나 근로자에게 책임을 돌리기에 적절하지 않은 경우만을 내용으로 삼고 있는 위 조항의 다른 기간들과 들어맞지 않기 때문이다."라고 판시한다.

는 일수를 제외한 나머지 일수'를 '연간 소정근로일수'로 나눈 비율을 곱하여 산출된 연차유급휴가일수를 근로자에게 부여함이 합리적이라고 본다.[123] 그러나 비례적 삭감방식은 법령에 근거도 없으며 근로기준법의 최저기준성에도 반한다. 정당한 파업기간을 처리하는 가장 타당한 방식은 소정근로일과 출근일 모두에서 파업기간을 제외하면서 비례적 삭감 없이 연차휴가일수를 그대로 인정하는 것이다(이에 대해서는 제8장 근로시간과 휴식 참조).

한편 연차휴가의 계산에서 사용자의 직장폐쇄기간을 어떻게 처리하여야 하는지가 문제 된다. 판례는 ① 직장폐쇄가 정당한 경우 출근율 산정에서 연간 소정근로일수에서 제외함이 원칙이나, 직장폐쇄 중 근로자가 위법한 쟁의행위에 참가한 기간은 연간 소정근로일수에 포함하되 결근한 것으로 처리하여야 하며, ② 직장폐쇄가 정당하지 않은 경우 근로자에게 불이익이 없도록 연간 소정근로일수 및 출근일수에 모두 산입함이 원칙이나, 직장폐쇄기간 중 근로자가 적법한 쟁의행위에 참가한 기간은 연간 소정근로일수에서 제외하고, 위법한 쟁의행위에 참가한 기간은 연간 소정근로일수에 포함하되 결근한 것으로 처리하여야 한다고 본다.[124]

123 대법원 2013.12.26. 2011다4629 판결.
124 대법원 2019.2.14. 2015다66052 판결.

제21장

부당노동행위

제1절
총설

I. 부당노동행위 제도의 의의와 목적

1. 부당노동행위 제도의 의의

헌법상 기본권인 노동3권을 보장하려면 그 기본권의 침해행위로부터 기본권 주체인 근로자와 노동조합 등을 실질적으로 보호해야 한다. 그 보호 수단으로 가장 일반적인 것은 기본권 주체인 근로자가 쟁의행위 또는 민사소송으로 자신의 권리를 방어하는 방식이다. 다만 노사관계의 실태, 노동3권 보장의 취지에 비추어 보면, 집단적 쟁의 또는 재판보다 신속·간편하고 저렴하며 탄력적 운영이 가능한 노동3권 보호제도가 필요하다.

노동조합법상 부당노동행위 제도는 헌법상 노동3권을 구체적으로 보장하고자 마련되었다.[1] 노동조합법은 부당노동행위를 유형별로 규정하고(제81조), 부당노동행위로 피해를 받은 근로자 또는 노동조합이 노동위원회를 통하여 구제를 받을 수

---

1 대법원 1993.12.21. 93다11463 판결.

있는 절차, 즉 부당노동행위의 구제절차(제82조~제86조까지)와 그러한 행위를 한 사용자에 대한 벌칙(제89조 제2호·제90조·제94조·제95조)을 함께 규정하고 있다. 이를 통틀어 부당노동행위 제도라 한다.

우리나라의 부당노동행위 제도는 미국의 제도를 수용한 것이라고 평가받지만, 다른 나라에 비해 다음과 같은 특징이 있다. 첫째, 사용자만이 부당노동행위의 주체로 인정되고, 노동조합과 근로자는 부당노동행위의 책임 주체에서 제외된다. 둘째, 부당노동행위 구제의 효율성·전문성을 확보하고자 행정기관인 노동위원회를 운영하고 있고, 별도의 사법적 구제도 가능하다. 셋째, 원상회복을 주목적으로 하는 행정적 구제조치 이외에도 형벌을 부과해 구제의 실효성을 높이고 있다.

2. 부당노동행위 제도의 목적

부당노동행위의 법적 근거가 헌법상 노동3권에 있다는 점에는 다툼이 없으나, 그 목적과 관련해서는 견해가 대립한다. 먼저 부당노동행위의 금지는 헌법상 기본권인 노동3권의 보장으로 도출되는 본질적 요청으로, 부당노동행위 제도는 이러한 노동3권의 보장 내용을 확인하는 것이라는 견해가 있다(기본권침해설). 반면 부당노동행위 제도는 노동3권의 보장 자체를 목적으로 하는 것이 아니라, 노동3권을 보장해 공정한 노사관계질서를 확보하는 것을 목적으로 한다는 견해가 있다(노사관계질서확립설).

이러한 견해의 대립은 노동3권의 성격에 대한 관점의 차이에서 출발한다. 일반적으로 노동3권은 자유권적 성격과 생존권적 성격을 모두 가지고 있는 기본권으로 이해되는데, 자유권적 성격에 주목하는 경우 부당노동행위 제도는 자유권인 노동3권을 침해하는 행위로부터 근로자와 노동조합 등을 보호하는 것을 주된 목적으로 파악하게 된다. 반면에 생존권적 성격에 주목하면 국가의 적극적 조치를 통한 권리 구제에 더욱 주목하게 된다. 기본권침해설은 부당노동행위 제도의 목적에서 사용자의 권리침해를 배제하고자 하는 소극적 측면(자유권적 성격)을 더 중시하고, 노사관계질서확립설은 집단적 자치 등 노사관계질서가 원활하게 기능할 수 있는 적극적 측면(생존권적 성격)을 더 중시하는 것으로 이해할 수 있다. 다만 기본권침해설에 따르면 노동조합의 부당노동행위라는 관념은 성립할 수 없게 되고, 노사관계질서확립설에 따르면 국가는 부당노동행위 제도를 설계하는 데 광범위한 입법 재량을 갖게 된다.

두 견해 모두 노동3권을 보장하고 구체화한다는 점에서 차이가 없다. 노동3권의 법적 성격을 자유권과 생존권 중 어느 하나로 단정할 수 없는 점, 노동조합법이 집단적 자치로 노사관계의 질서 형성을 도모한다는 점 등을 고려하면, 부당노동행위 제도는 노동3권에 대한 사용자의 부당한 침해나 간섭을 배제하는 것을 목적으로 하면서도 동시에 노동3권이 실질적으로 기능하도록 국가가 적극적 조치를 취하겠다는 의지를 표현한 것이라 볼 수 있다.

이러한 관점에서, 부당노동행위 제도는 노동조합법에 따라 창설되었지만 헌법의 규범적 요청과 제도의 목적을 충실히 반영하도록 해석·운용되어야 한다. 또한 부당노동행위의 성립 여부는 기본권의 보호라는 관점에서 판단해야 하고, 구제명령 등 제도의 실효성을 기하려면 노사관계질서 확립의 측면을 좀 더 중시해야 한다.

II. 부당노동행위의 주체와 객체

1. 부당노동행위의 주체

(1) 사용자 개념의 의의

노동조합법 제81조와 제90조에 따르면 부당노동행위 책임의 주체는 사용자이다. 그리고 노동조합법 제2조 제2호는 사용자를 "사업주, 사업의 경영담당자 또는 그 사업의 근로자에 관한 사항에 대하여 사업주를 위하여 행동하는 자"라고 설명한다. 따라서 사업주, 사업의 경영담당자 또는 그 사업의 근로자에 관한 사항에 대해 사업주를 위하여 행동하는 사람 모두 부당노동행위 구제신청과 구제명령의 상대방인 사용자로서 부당노동행위 책임의 주체에 포함된다.[2]

부당노동행위(특히 지배·개입의 경우)가 사업장의 중간관리자 등에 의하여 발생하는 경우가 종종 있다. 이때 그 사업의 근로자에 관한 사항에서 사업주를 위하여 행

---

2 대법원 2022.5.12. 2017두54005 판결.

동하는 사람이 그 권한과 책임의 범위 내에서 사업주를 위해 한 행위가 노동조합의 조직이나 운영·활동을 지배하거나 이에 개입하는 의사로 한 것으로 부당노동행위가 되는 경우, 이러한 행위는 사업주의 부당노동행위로도 인정할 수 있다.[3]

(2) 사용자 개념의 확대

노동조합법의 사용자 개념은 원칙적으로 근로계약관계를 전제하므로, 근로계약관계와 무관한 사업장 외부의 제3자는 부당노동행위의 책임을 지지 않는다. 다만 간접고용 관계에서 사용사업주, 원청업체 등의 경우처럼 예외적으로 근로계약관계 바깥에 있는 제3자의 부당노동행위 책임 유무가 다투어지는 경우가 있다(이에 대해서는 제25장 파견근로자의 보호 참조). 예컨대 원청업체가 하청업체 근로자들의 노동3권 행사에 상당한 영향력을 행사한 경우, 원청업체를 지배·개입의 부당노동행위 주체로 판단한 사례가 있다.[4]

이와 관련하여 학설의 다수도 근로계약 당사자 외에 '근로관계상의 제반 이익에 대해 실질적 영향력 또는 지배력을 가질 수 있는 지위에 있는 자'나 '근로자집단의 취업조건에 대하여 사실상의 사용자로서 영향력과 지배력을 행사하는 자'도 부당노동행위 주체인 사용자에 포함될 수 있다고 본다(실질적 지배력·영향력설).

나아가 형법 제33조에 따르면, 신분 관계로 성립될 범죄에 가공한 행위는 신분 관계가 없는 자에게도 형법의 공범 규정을 적용할 수 있으므로, 설령 그의 사용자성 여부와 상관없이 부당노동행위의 공동정범, 교사범 또는 방조범으로 처벌될 수 있다.

2. 부당노동행위의 보호대상

노동조합법 제81조는 근로자와 노동조합에 대한 사용자의 부당노동행위를 금지한다. 따라서 부당노동행위의 객체, 즉 사용자의 부당노동행위가 이루어지는 대상 또는 부당노동행위 제도로 보호되는 대상은 근로자와 노동조합이다. 구체적인 부당노동행위 사건에서 그 보호대상은 개별 근로자이거나 노동조합이고, 양자 모

---

3 대법원 2022.5.12. 2017두54005 판결.
4 대법원 2010.3.25. 2007두8881 판결; 대법원 2014.2.13. 2011다78804 판결.

두 해당하는 경우도 있다.

부당노동행위의 보호대상으로서 근로자는 노동조합을 조직하고 활동할 수 있는 근로자로 노동조합법 제2조 제1호에서 말하는 '임금 등에 의하여 생활하는 자'를 뜻한다. 따라서 사용자와 근로계약을 맺고 있는 자는 물론이고, 현재 근로계약관계에 있지 않은 실업자도 포함된다. 그리고 채용 이전의 노동조합 활동을 이유로 채용을 거부하는 것은 불이익취급의 부당노동행위가 될 수 있다.

부당노동행위의 보호대상으로서 노동조합은 노동조합법에 따라 설립된 조합으로 한정될 필요는 없고, 노동3권을 행사할 수 있는 헌법상 단결체 또는 자주성을 갖춘 법외노조도 포함된다고 보아야 한다. 다만 노동조합법 제7조 제1항은 "이 법에 의하여 설립된 노동조합이 아니면 노동위원회에 …… 부당노동행위의 구제를 신청할 수 없다."라고 규정해 법외노조는 자신의 이름으로 노동위원회에 부당노동행위 구제신청을 할 수는 없다. 그러나 법외노조도 그 구성원은 자신의 보호법익이 침해된 것을 이유로 자신의 이름으로 구제를 신청할 수 있다.

Ⅲ. 부당노동행위의 유형

노동조합법 제81조 제1항은 부당노동행위의 유형을 다섯 가지로 정하고 있다. 즉 근로자가 노동조합의 결성, 가입 기타 정당한 조합활동을 한 것을 이유로 불이익을 주는 행위(불이익취급, 제1호), 노동조합 가입 여부를 근로자의 고용조건과 연결하는 행위(반조합계약, 제2호), 노동조합의 단체협약 기타 단체교섭 요구를 정당한 이유 없이 거부하거나 해태하는 행위(단체교섭 거부, 제3호), 사용자가 노동조합의 조직 또는 운영에 지배·개입하는 행위(지배·개입, 제4호), 근로자가 정당한 단체행위에 참가한 것을 이유로 하거나 노동위원회에 사용자의 부당노동행위를 신고 또는 증언하거나 기타 행정관청에 증거를 제출한 것을 이유로 근로자에게 불이익을 주는 행위(불이익취급, 제5호)이다. 이 다섯 유형 중에서 제1호와 제5호는 사용자의 불이익취급이 공통적으로 문제 된다는 점에서 하나로 파악하여, 부당노동행위는 보통 불이익취급, 반조합계약, 단체교섭 거부, 지배·개입 등 네 가지로 구분한다.

제2절
불이익취급

I. 의의

부당노동행위 중 가장 많이 문제 되는 것이 제81조 제1항 제1호와 제5호에서 규정한 불이익취급 사건이다. 노동조합법 제81조 제1항 제1호와 제5호는 그 이유는 다르지만 그로 인한 결과가 '불이익취급' 형태로 나타난다는 점에서 이를 합쳐 불이익취급의 유형으로 분류한다. 불이익취급은 ① 근로자가 노동조합에 가입 또는 가입하려고 하였거나 노동조합을 조직하려고 하였거나 기타 노동조합의 업무를 위한 정당한 행위를 한 것을 이유로 그 근로자를 해고하거나 그 근로자에게 불이익을 주는 행위(제1호), ② 근로자가 정당한 단체행위에 참가한 것을 이유로 하거나 노동위원회에 대하여 사용자가 부당노동행위 금지 규정에 위반한 것을 신고하거나 그에 관한 증언을 하거나 기타 행정관청에 증거를 제출한 것을 이유로 그 근로자를 해고하거나 그 근로자에게 불이익을 주는 행위(제5호)를 말한다.

II. 성립요건

불이익취급의 부당노동행위가 성립하려면 ① 근로자가 정당한 조합활동 등을 하고, ② 사용자가 그 근로자에게 불이익처분을 한 사실이 있어야 하되, ③ 이는 정당한 조합활동 등을 '이유로' 하여야 한다.

1. 정당한 조합활동 등

불이익취급의 부당노동행위가 성립하려면 불이익처분의 이유가 정당한 단결 활동 등 노동조합법 제81조 제1항 제1호와 제5호에서 규정한 사유 중 하나여야 한다. 부당노동행위 제도의 취지가 노동3권의 침해 방지, 건전한 노사관계 질서의 확립이라는 점을 고려하면 단결활동, 단체교섭, 단체행동 등 노동3권에 기반한 행동 일체를 불이익취급 이유로 삼아서는 안 된다.

첫째, 근로자가 노동조합에 가입 또는 가입하려고 하였거나 노동조합을 조직하려고 하였거나 기타 노동조합의 업무를 위한 정당한 행위를 하는 것을 이유로 불이익 취급을 해서는 아니 된다(제1호). 여기에는 기존 노동조합에 가입하는 것뿐만 아니라 새로운 노동조합 또는 지부·분회 등을 결성하려고 하는 행위도 해당한다.

둘째, 근로자가 정당한 단체행위에 참가한 것을 이유로 하거나,[5] 노동위원회에 대하여 사용자의 부당노동행위를 신고하거나 그에 관한 증언을 하거나 기타 행정관청에 증거를 제출한 것(제5호) 등을 이유로 불이익취급을 해서는 안 된다. 여기서 '단체행위'는 쟁의행위 또는 단체활동을 뜻한다. 그리고 법문에서는 노동위원회에 부당노동행위를 신고 또는 증언하는 것과 기타 행정기관에 증거를 제출하는 것이 서로 구별되는 것처럼 규정하였으나, '기타 행정기관에 증거를 제출한 것'에는 근로자가 근로감독관이나 수사기관에 증거를 제출하는 것뿐만 아니라 노동위원회에 증거를 제출하는 경우도 포함된다고 해석해야 한다.

이처럼 불이익 취급이 금지되는 노동조합의 업무를 위한 '정당한' 행위 또는 '정당한' 단체행위와 관련하여, 그 행위의 정당성 문제는 앞서 설명한 조합활동의 정당성(제16장 참조)과 쟁의행위의 정당성(제20장 참조)과 동일하게 판단한다.

2. 사용자의 불이익처분

(1) 불이익처분의 의의

불이익처분의 부당노동행위가 성립하려면 사용자가 불이익처분, 즉 "그 근로자를 해고하거나 그 근로자에게 불이익을 주는 행위"가 있어야 한다. 여기서 '해고'는 일반적으로 근로관계의 종료를 의욕하는 사용자의 일방적 의사표시(단독행위)라고

---

5 노동조합법 제81조 제1항 제5호에서 정당한 단체행위 참가를 불이익취급 사유로 규정하는 것은 법체계상 어색한 점이 있다. 정당한 단체행위도 노동조합법 제81조 제1항 제1호에서 규정한 불이익취급 사유의 범위에 포함되거나 같은 성격을 갖는다고 보아야 하므로, 정당한 단체행위 참가를 이유로 한 부분은 제1호로 통합하여 규정하고, 제5호는 신고를 이유로 한 불이익처분에 관한 것으로 한정하는 것이 더 체계적이다.

볼 수 있지만, 불이익취급의 부당노동행위에서는 이에 국한되지 않고 사용자의 의사 등에 따른 근로관계의 일방적 종료 일체를 뜻한다고 보아야 하므로 기간제 근로계약 갱신의 거절, 정년 후 재채용 또는 정년 연장의 거부 등도 해당한다. 그리고 '불이익을 주는 행위'는 해고 이외에 그 근로자에게 휴직·전직·배치전환·감봉 등 법률적·경제적으로 불이익한 대우뿐만 아니라 그 밖에 인사상·생활상의 불이익 또는 노동조합 활동과 관련된 불이익을 주는 행위 등을 모두 포함한다.

불이익처분의 부당노동행위가 성립하려면 실제로 불이익처분이 있어야 하고, 단순히 사용자가 그 근로자에게 향후 불이익처분을 하겠다고 결심했다거나 그렇게 하겠다고 말로써 표시한 것만으로는 불이익취급의 부당노동행위에 해당하지 않는다.[6] 물론 이 경우 노동조합법 제81조 제1항 제4호 소정의 요건을 충족할 경우에는 지배·개입의 부당노동행위에 해당할 수 있다.

불이익처분에 해당하는지와 관련된 쟁점으로는 승진, 인사평가, 폐업 등의 문제를 들 수 있다.

(2) 승진

승진과 관련하여 비조합원과 동일하거나 비슷한 근속기간, 업적 또는 인사평가 결과 등을 갖춘 조합원이 특별한 이유 없이 승급 또는 보직 발령에서 탈락되는 것은 불이익처분에 해당할 수 있다. 그리고 반대의 경우, 즉 승진 대상자로 선정되었을 때에는 일반적으로 근로자 개인에게 유리한 처분으로 취급된다. 다만 그 승진이 인사발령 또는 전직 등과 연결되어 근로자의 노동조합 활동에 불이익이 초래되는 경우 이것이 부당노동행위로 금지되는 불이익취급에 해당하는지가 문제 될 수 있다.

생각건대, 불이익취급 금지의 보호법익은 단결권 침해 배제, 공정한 노사관계질서의 유지라는 점에 비추어 보면 외관상 승진이라고 하더라도 노동조합 활동에 불이익이 생긴다면 이러한 보호법익이 침해된 것이므로 부당노동행위에 해당할 수 있다.

판례 역시 사용자가 근로자의 노동조합 활동을 혐오하거나 노동조합 활동을 방

---

6 대법원 2004.8.30. 2004도3891 판결.

해하려는 의사로 노동조합의 간부이거나 노동조합 활동에 적극적으로 관여하는 근로자를 승진시켜 조합원 자격을 잃게 한 경우에는 노동조합 활동을 하는 근로자에게 불이익을 주는 행위로 부당노동행위가 성립될 수 있다고 본다.[7] 그리고 이 경우에 근로자의 승진이 사용자의 부당노동행위 의사에 따른 것인지는 승진 시기와 조합활동의 관련성, 업무상 필요성, 능력의 적격성과 인선의 합리성 등의 유무와 해당 근로자의 승진이 조합활동에 미치는 영향 등 제반 사정을 고려하여 판단해야 한다고 판시한 바 있다.[8]

(3) 인사평가

사업 또는 사업장에서 정기적으로 실시되는 인사평가 결과는 일반적으로 사용자가 인사·노무 업무의 기초자료로 활용하고, 나아가 경영상 해고 대상자, 성과급이나 연봉액을 결정하는 기준으로도 활용된다. 인사평가 결과가 단순히 인사·노무 업무의 참고자료로 활용될 때는 인사평가의 불이익취급 여부가 다퉈질 여지가 없지만, 이것이 해고 등 인사처분 또는 급여 결정에서 주요 기준으로 적용되어 근로자의 법률적·경제적 불이익과 직접 연결될 경우, 사용자가 조합원에 대해 불리한 인사평가를 한 것이 불이익취급에 해당하는지가 문제 될 수 있다.

판례는 조합원들이 불리한 인사평가 결과로 정리해고 대상자로 선정되거나 낮은 상여금을 받은 사안에서 그것이 부당노동행위에 해당하는지는 조합원 집단과 비조합원 집단을 전체적으로 비교하여 양 집단이 서로 동질의 균등한 근로자 집단인데도 인사고과에서 양 집단 사이에 통계적으로 유의미한 격차가 있었는지, 그 격차가 노동조합의 조합원임을 이유로 하여 비조합원에 비하여 불이익취급을 하려는 사용자의 반조합적 의사에 기인했는지를 따져 판단해야 한다고 본다.[9]

(4) 폐업

폐업, 즉 사용자가 사업을 폐지하는 결정은 사용자의 직업 선택의 자유(헌법 제15

---

7   대법원 1998.12.23. 97누18035 판결.

8   대법원 1992.10.27. 92누9418 판결; 대법원 1998.12.23. 97누18035 판결.

9   대법원 2009.3.26. 2007두25695 판결; 대법원 2018.12.27. 2017두37031 판결; 대법원 2018.12.27. 2017두47311 판결.

조)에 해당하므로 원칙적으로 사용자가 자유로이 할 수 있다. 따라서 폐업으로 근로자 또는 노동조합 조합원이 고용을 계속할 수 없는 결과가 초래되었더라도, 곧바로 이를 불이익취급의 부당노동행위에 해당한다고 판단하는 것은 적절하지 않다. 즉 폐업으로 인한 근로관계의 종료는 타인의 기본권 행사의 결과이므로, 원칙적으로는 근로자가 감수해야 한다.[10]

판례 역시 폐업의 경우에는 노동조합의 단결권 등을 방해하려는 위장폐업이라는 등의 특별한 사정이 없는 한 부당노동행위가 되지 않는다고 본다.[11] 이때 위장폐업은 "기업이 진실한 기업폐지의 의사가 없이, 다만 노동조합의 결성 또는 조합활동을 혐오하고 노동조합을 와해시키기 위한 수단으로서 기업을 해산하고 조합원을 전원 해고한 다음 새로운 기업을 설립하는 등의 방법으로 기업의 실체가 존속하면서 조합원을 배제한 채 기업활동을 계속하는 경우를 말한다."라고 판시한 바 있다.[12]

3. 부당노동행위 의사의 존재

(1) 부당노동행위 의사의 존재

노동조합법 제81조 제1항 제1호와 제5호에 따르면, 불이익취급이 성립하려면 근로자의 조합활동 등을 '이유로' 사용자의 불이익처분이 있어야 한다. 이때 '이유로'라는 요소와 관련된 쟁점은 일반적으로 '인과관계' 문제로 다루어지고, 그 의미와 관련해서는 견해가 대립한다. 먼저 주관적 인과관계설에 따르면, 이는 불이익취급에 사용자의 부당노동행위 의사(意思)가 존재할 것을 요구한다는 의미로, 사용자의 반조합적 의사 또는 동기가 증명되어야 부당노동행위가 성립한다고 주장한다. 반면에 객관적 인과관계설은 불이익취급 부당노동행위의 성립에 사용자의 부당노동행위 의사는 필요하지 않고, 다만 근로자의 조합활동 등과 불이익한 처분 사이에 객관적으로 인과관계가 인정되면 충분하다고 주장한다.

그러나 이를 인과관계의 문제로 접근하는 것은 타당하지 않다. 통상 법률상 인

---

10 대법원 1992.5.12. 90누9421 판결; 대법원 1993.6.11. 93다7457 판결.
11 대법원 1992.5.12. 90누9421 판결; 대법원 1993.6.11. 93다7457 판결.
12 대법원 1991.12.24. 91누2762 판결.

과관계는 일정한 행위로 어떤 결과가 발생했을 경우, 그 책임을 묻기 위해 그 연관성을 탐색하는 법해석론적 추론이다. 하지만 불이익취급의 부당노동행위의 경우 근로자의 정당한 조합활동과 사용자의 불이익처분은 별개 행위이므로 이들 양자 간에 인과관계가 존재한다는 해석을 도출하는 것은 사실상 불가능하다. 따라서 이 때 '이유로'라는 문구는 사용자가 일정한 불이익처분을 할 때 반조합적 의도 내지 이유가 매개되어야 비로소 부당노동행위 책임을 진다는 것을 규정한 것으로 풀이할 수 있다. 다시 말해 불이익취급의 부당노동행위 책임을 물으려면 이러한 이유의 존재, 즉 사용자의 부당노동행위 의사가 증명되어야 하며, 이는 사실인정의 문제에 해당한다. 지배·개입의 경우에도 부당노동행위 의사가 존재하여야 하고 이를 근로자 측이 입증해야 한다는 점을 고려한다면, '이유로'라는 문구는 이러한 당연한 법리를 확인한 것으로 보아야 한다.

부당노동행위 의사는 사용자의 내심의 의사이므로 여러 정황과 간접사실에서 추정하는 방식으로 증명할 수 있다. 이를 증명책임의 관점에서 보면, 근로자로서는 간접사실들을 증명함으로써 주요 사실인 사용자의 부당노동행위 의사를 증명하는 것이다. 즉, 여러 간접사실이 있으면 통상 부당노동행위 의사가 있었다고 볼 수 있다는 경험칙에 따라 주요 사실이 추정된다.[13] 판례도 이를 감안하여 "불이익취급을 한 시기, 사용자와 노동조합과의 관계, 동종 사례에서 조합원과 비조합원에 대한 제재의 불균형 여부, 종래의 관행에 부합하는지 여부, 사용자의 노동조합에 대한 언동이나 태도 등 여러 사정"을 비교 검토하여 추정적 의사가 존재하였는지 종합적으로 판단한다.[14]

(2) 이유의 경합

불이익처분에 대해 사용자의 부당노동행위 의사도 추정되고, 사용자가 주장하는 해고사유의 정당성도 인정되는 경우에 부당노동행위가 성립하는지의 문제는 처분이유의 경합 문제로 다루어진다.

이에 관해서는 네 가지 견해가 있을 수 있다. ① 처분의 정당한 이유가 있는 한,

---

13 노동법실무연구회, 『노동조합법주해 Ⅱ』, 박영사, 2015, 3면.
14 대법원 1991.4.23. 90누7685 판결; 대법원 1994.12.23. 94누3001 판결; 대법원 2008.1.24. 2007도6861 판결.

사용자에게 부당노동행위 의사가 있다고 하더라도 부당노동행위는 성립하지 않는다는 부당노동행위 부정설, ② 정당한 노동조합 활동과 사용자가 내세우는 처분이유 중 어느 것이 결정적 이유가 되었는가에 따라서 부당노동행위의 성립 여부를 판단하는 결정적 이유설, ③ 정당한 노동조합 활동이 없었더라면 불이익처분이 없었을 것이라는 관계가 인정되면 부당노동행위가 성립된다고 보는 상당이유설, ④ 사용자의 부당노동행위 의사가 있으면 설사 사용자의 정당한 처분이유가 있었다고 하더라도 부당노동행위가 성립된다는 부당노동행위 긍정설이다.

이에 대해 판례는 "① 사용자가 근로자를 해고할 때, 표면상의 해고사유와는 달리 실질적으로는 근로자가 노동조합 업무를 위한 정당한 행위를 한 것을 이유로 해고한 것으로 인정되는 경우에는 부당노동행위라고 보아야 할 것이고, ② 근로자의 노동조합 업무를 위한 정당한 행위를 실질적인 해고사유로 한 것인지는 사용자 측이 내세우는 해고사유와 근로자가 한 노동조합 업무를 위한 정당한 행위의 내용, 해고를 한 시기, 사용자와 노동조합과의 관계, 동종의 사례에서 조합원과 비조합원에 대한 제재의 불균형 여부, 징계절차 준수 여부, 징계재량 남용 여부 기타 부당노동행위 의사의 존재를 추정할 수 있는 여러 사정 등을 비교·검토하여 판단하여야 하고, ③ 적법한 징계해고 사유가 있어 징계해고한 이상 사용자가 근로자의 노동조합 활동을 못마땅하게 여긴 흔적이 있다 하여 그 사유만으로 징계해고가 징계권 남용에 의한 부당노동행위에 해당한다고 단정할 것도 아니다."라고 판시하고 있다.[15]

이러한 판시사항 중 ③의 의미를 부당노동행위 부정설로 이해하는 견해가 있으나, 이는 결정적 이유설에 입각한 것이라고 생각한다. 만일 판례가 부당노동행위 부정설을 취하였다고 본다면, 판례가 사용자 측의 해고사유와 부당노동행위 의사의 존재를 추정할 수 있는 여러 사정을 종합적으로 비교·검토하여 판단한다는 점을 설명할 수 없다. 부당노동행위 부정설에 따르면 사용자 측 해고사유의 정당성만 판단하면 되고 부당노동행위 의사의 존재를 추정할 수 있는 여러 사정을 비교·검토하여 판단할 필요가 없기 때문이다. 이러한 판례의 비교·검토 과정은 바로 해고의 결정적 이유를 찾는 과정이므로, 판례는 결정적 이유설에 입각한 것으로 보

---

15 대법원 1994.12.23. 94누3001 판결.

아야 한다. 노동위원회의 실무에서도 결정적 이유를 찾는 과정을 거쳐 부당노동행위의 성립 여부를 결정한다고 볼 수 있다.

제3절

반조합계약

I. 의의

노동조합법은 "근로자가 어느 노동조합에 가입하지 아니할 것 또는 탈퇴할 것을 고용조건으로 하거나 특정한 노동조합의 조합원이 될 것을 고용조건으로 하는" 사용자의 행위를 부당노동행위로 금지하고 있다(제81조 제1항 제2호 본문). 이렇게 노동조합에 가입하지 않거나 탈퇴 또는 특정한 노동조합에 가입 등 향후 조합활동 여부를 고용조건으로 하는 행위를 '반조합계약'이라 한다.

노동조합에 미가입, 탈퇴 또는 특정 노동조합에 가입 등을 고용조건으로 하고, 이를 위반한 근로자는 자신의 고용이 종료되는 위험을 감수한다는 점에서 반조합계약의 부당노동행위는 불이익취급과 비슷하다. 그러나 불이익취급이 기존의 조합활동을 이유로 한 행위인 반면, 반조합계약은 근로계약을 매개로 향후의 조합활동을 채용 내지 고용계속의 조건으로 삼는 행위라는 점에서 차이가 있다. 그리고 반조합계약은 불이익한 결과 발생을 요건으로 하지 않는 반면, 앞에서 살펴본 바와 같이 불이익취급은 불이익한 결과 발생을 요건으로 한다는 점에서도 다르다.

II. 성립요건

1. 반조합 약정

노동조합법 제81조 제1항 제2호 본문은 반조합계약의 유형으로서 특정 노동조합에 가입하지 아니할 것, 특정 노동조합으로부터 탈퇴할 것, 특정 노동조합의 조합원이 될 것 등 세 가지만을 규정하고 있다. 그러나 이는 반조합계약으로 노동3권을 침해하는 행위를 예시한 것이라고 해석해야 한다. 따라서 예컨대 노동조합에 가입한 후 조합활동을 하지 않기로 하는 계약을 고용조건으로 하는 것처럼 위 세 가지 유형과 비슷하다면 부당노동행위로 금지된다고 보아야 한다.

2. 고용조건

노동조합법 제81조 제1항 제2호가 금지하는 것은 반조합계약을 '고용조건'으로 삼는 행위이다. 여기서 '고용조건'은 채용 조건에 한정되지 않는다. 근로관계의 존속 여부를 좌우하는 사항 또는 근로조건과 기타 근로계약상의 제반 이익도 포함된다.

III. 유니언 숍 협정

1. 의의

노동조합법은 특정 노동조합에의 가입 등을 고용조건으로 하는 사용자의 행위를 반조합계약으로 금지하면서도 "노동조합이 당해 사업장에 종사하는 근로자의 3분의 2 이상을 대표하고 있을 때에는 근로자가 그 노동조합의 조합원이 될 것을 고용조건으로 하는 단체협약의 체결은 예외로" 한다고 규정하고 있다(제81조 제1항 제2호 단서). 이렇게 근로자가 조합원이 될 것을 고용조건으로 하는 단체협약상의 규정을 흔히 '유니언 숍' 조항이라고 한다. 유니언 숍 조항은 조직강제의 하나로서 흔히 제한적 조직강제로 분류된다. 위에서 살펴본 바와 같이 노동조합법 제81조 제1항 제2호는 일반적 조직강제를 허용하고, 제한적 조직강제는 예외적으로만 허용한다.

2. 협정의 체결

유니언 숍 협정을 체결할 수 있는 노동조합은 '당해 사업장에 종사하는 근로자'의 '3분의 2 이상을 대표'하는 '노동조합'이다. 기업 단위노동조합이거나 초기업 단위노동조합이든 그 조직 형태를 불문하고, 단위노동조합의 하부조직인 지부, 분회가 협약체결능력을 가지고 있는 경우도 포함된다.

'당해 사업장에 종사하는 모든 근로자'에는 비정규직 등의 고용형태, 특정한 노동조합의 조직 대상, 조합 가입자격의 유무를 묻지 않는다.

근로자의 '3분의 2 이상'이라는 요건은 유니언 숍 협정의 성립요건이자 존속요건이다. 따라서 협정 체결 이후 특정 시점에 이 비율을 충족하지 못할 경우, 그 유니언 숍 협정의 효력은 소멸한다.

유니언 숍 협정은 단체협약의 체결로만 허용되므로 취업규칙 등을 통한 유니언 숍 제도 설정은 위법하다. 예컨대 취업규칙에서 종업원이 노동조합에서 제명되면 회사가 그 종업원을 해고하도록 규정하였다면, 이는 결국 노동조합의 조합원이 될 것을 고용조건으로 하는 것이 되어 무효이다.[16]

3. 협정의 효력

단체협약에 유효한 유니언 숍 조항이 있는 경우, 사용자는 단체협약에서 근로자 중에서 조합원이 되지 않은 사람이나 탈퇴 등으로 조합원 자격을 상실한 사람을 해고할 의무를 진다.[17]

다만 노동조합법은 유효한 유니언 숍 조항에 기한 경우에도 "사용자는 근로자가 그 노동조합에서 제명된 것 또는 그 노동조합을 탈퇴하여 새로 노동조합을 조직하

---

16 대법원 1989.1.17. 87다카2646 판결.
17 대법원 1998.3.24. 96누16070 판결.

거나 다른 노동조합에 가입한 것을 이유로 근로자에게 신분상 불이익한 행위를 할 수 없다."라고 규정하고 있다(제81조 제1항 제2호 단서 후단).

이 규정에 따르면, 사용자는 근로자가 노동조합에서 제명된 것을 이유로 해고할 수 없다. 이는 노동조합의 일방적 통제권 행사로 개별 근로자가 일자리를 상실하고 그 생존권이 박탈되는 부작용을 완화하고, 근로자의 개별적 단결권과 집단적 단결권을 조화하려는 취지이다.

또한 사용자는 근로자가 지배적 노동조합을 탈퇴하여 새로 노동조합을 조직하거나 다른 노동조합에 가입한 것을 이유로 근로자에게 신분상 불이익한 행위를 할 수 없다. 따라서 사용자는 근로자가 상당한 기간 내에 지배적 노동조합에 가입하지 않은 경우와 지배적 노동조합에서 탈퇴한 후 새로 노동조합을 만들지도 않고 다른 노동조합에도 가입하지 않은 경우에만 해고할 수 있다.

이와 관련하여 신규 입사한 근로자가 위 단서 후단의 '제명' 또는 '탈퇴' 절차 없이 소수노조에 곧바로 가입한 경우에 유니언 숍 협정의 효력이 미치는지가 문제된다. 판례[18]와 다수설은 부정적으로 해석한다. 유니언 숍 협정으로 근로자의 노동조합 선택의 자유와 소수노동조합의 단결권이 침해되어서는 안 되기 때문이다.

유니언 숍 조항을 위반한 근로자를 사용자가 해고하지 않은 경우 노동조합에 어떤 구제수단이 있는지가 문제 된다. 이 경우 사용자가 단체협약 위반의 책임을 진다는 것에는 이론이 없다. 또한 사용자의 부당노동행위 의사가 추정된다면 지배·개입의 부당노동행위가 성립될 수도 있다.[19]

---

18 대법원 2019.11.28. 2019두47377 판결.
19 대법원 1998.3.24. 96누16070 판결.

제4절
단체교섭의 거부

I. 의의

노동조합법은 사용자가 "노동조합의 대표자 또는 노동조합으로부터 위임을 받은 자와의 단체협약 체결 기타의 단체교섭을 정당한 이유 없이 거부하거나 해태하는 행위"를 금지한다(제81조 제1항 제3호).

단체교섭의 거부는 사용자가 노동조합의 단체교섭 요구를 정당한 이유 없이 거부하는 것, 즉 단체교섭 의무 위반행위를 말한다. 이러한 단체교섭 거부에는 단체교섭 자체의 거부뿐만 아니라 형식적으로는 단체교섭에 응하지만 성실하게 교섭하지 않는 것, 즉 성실교섭의무 위반 행위와 단체교섭이 타결되었으나 정당한 이유 없이 단체협약 체결을 거부하는 행위 등이 포함된다(자세한 내용은 제17장 단체교섭 참조).

II. 단체교섭 거부의 정당한 이유

교섭창구 단일화 제도, 공정대표의무 등을 제외한다면 노동조합법은 단체교섭의 시기, 방법 등에 관한 구체적 규율 없이 노동조합과 사용자(단체)에게 '신의에 따라 성실히 교섭하고 그 권한을 남용하여서는 아니 된다'고 요구할 뿐이다(노동조합법 제30조 제1항). 판례에 따르면, 단체교섭에 대한 사용자의 거부나 해태에 정당한 이유가 있는지는 노동조합 측의 교섭권자, 노동조합이 요구하는 교섭 시간, 교섭 장소, 교섭사항, 그의 교섭 태도 등을 종합하여 사회통념상 사용자에게 단체교섭 의무의 이행을 기대하는 것이 어렵다고 인정되는지에 따라 판단한다.[20]

---

20 대법원 1998.5.22. 97누8076 판결; 대법원 2006.2.24. 2005도8606 판결; 대법원 2009.12.10. 2009도8239 판결; 대법원 2010.4.29. 2007두11542 판결; 대법원 2010.11.11. 2009도4558 판결.

단체교섭 거부의 정당한 이유가 있는지는 단체교섭의 주체, 대상사항, 방법 등의 측면에서 다루어지는데, 이에 대해서는 제17장 단체교섭에서 자세히 설명하였으므로 여기에서는 생략한다.

제5절
지배·개입

I. 의의

지배·개입은 "근로자가 노동조합을 조직 또는 운영하는 것을 지배하거나 이에 개입하는 행위와 근로시간 면제한도를 초과하여 급여를 지급하거나 노동조합의 운영비를 원조하는 행위"를 말한다(노동조합법 제81조 제1항 제4호 본문). 이를 부당노동행위로 금지하려는 취지는 노동조합이 사용자에게 경제적으로 의존하거나 어용화되는 것을 막고 노동조합의 자주성을 확보하는 데에 있다.

노동조합의 조직·운영을 지배하거나 개입하는 것은 사용자가 행할 수 있는 노동3권 침해행위 중 가장 대표적이고 일반적인 반조합적 행위라고 볼 수 있는데, 이 점에서 지배·개입이 가장 포괄적인 부당노동행위 유형이고 나머지 유형은 이에 포섭된다는 견해가 있다. 그러나 현행 노동조합법 제81조가 각 부당노동행위의 유형을 구분하여 규정하는 점에 비추어 볼 때, 부당노동행위의 유형은 서로 병렬적 지위에 있다고 보아야 한다. 다만, 이것이 특정한 노동3권 침해행위가 반드시 하나의 부당노동행위 유형에만 포섭된다는 뜻은 아니다. 예컨대 불이익취급에 해당하는 불이익처분이 지배·개입에도 해당하면 복수의 부당노동행위에 해당한다고 보아야 하고, 그에 따라 신청인 적격 및 구제명령의 내용 등이 다루어져야 한다.

한편, 공정대표의무와 부당노동행위는 입법취지와 성립요건이 다르므로, 공정대표의무 위반이 바로 부당노동행위로 되는 것은 아니고, 각각의 요건을 검토하여 주장·증명하여야 한다.

II. 성립요건

1. 노동조합의 조직 또는 운영

지배·개입의 대상, 즉 지배·개입으로 보호받는 행위는 근로자가 노동조합을 조직 또는 운영하는 것이다. 지배·개입 금지의 목적이 사용자의 조합활동에 대한 일체의 지배와 개입을 막으려는 것이라는 점에 비춰 볼 때, 노동조합법 제81조 제1항 제4호 소정의 조직 또는 운영의 개념은 넓게 해석해야 한다. 따라서 노동조합의 결성이나 조합원 확대를 위한 행위, 노동조합 내부 운영 등을 비롯하여 단체교섭·쟁의행위·고충처리 등의 대(對)사용자 활동, 조합원을 위한 복지·공제 활동, 문화활동 등 단결 목적 달성을 위한 모든 활동이 포함된다.[21]

2. 지배하거나 개입하는 행위

지배·개입의 보호 대상인 조합활동의 범위가 넓고 내용도 다양하다는 점을 감안할 때, 지배·개입에 해당하는 사용자의 조치도 다양할 수밖에 없다. 대표적 예로는 노동조합 결성을 비난하며 조합에 가입하지 않을 것을 회유하거나 탈퇴를 설득하는 행위, 노동조합의 총회 또는 선거 등의 정상적 운영을 방해하거나 특정 결과를 유도하는 행위, 개별 조합원과의 면담이나 직원 교육 시간 등에 노동조합의 정책이나 교섭 태도를 비난하는 행위 등을 들 수 있다.

지배·개입의 부당노동행위가 성립하는 데는 단결권 행사가 영향을 받는 등의 결과가 발생할 필요가 없다.[22] 즉 사용자의 행위로 노동조합의 활동에 지장이 초래되거나 조합원 수가 감소되는 등의 결과가 있어야만 지배·개입이 인정되는 것은 아니며, 이 점에서 불이익취급과 구별된다. 예컨대 노동조합 규약 등에서 대의원 입후보 등록서류로 재직증명서를 요구하고 있음에도 회사가 일부 근로자들에게 재직증명서 발급을 거부한 것은 노동조합 운영에 대한 지배·개입으로 부당노동행

---

21 김유성, 『노동법 Ⅱ』, 법문사, 1999, 352면.
22 대법원 2006.9.8. 2006도388 판결.

위에 해당한다.[23] 또한 회사가 해고를 다투는 조합장의 조합장 복귀 통지문을 반려하고 조합장이 아닌 다른 조합원 명의로 조합비 등의 일괄공제 요구를 할 것을 요청한 것도 지배·개입에 해당한다.[24]

(1) 노동조합의 운영비 원조와 재정적 지원

노동조합법 제81조 제1항 제4호는 사용자가 근로시간 면제 한도를 초과하여 급여를 지급하거나 노동조합의 운영비를 원조하는 행위를 부당노동행위로 보아 원칙적으로 금지하고 있다.

다만, 근로자의 후생자금 또는 경제상의 불행 그 밖에 재해의 방지와 구제 등을 위한 기금의 기부와 최소한의 규모의 노동조합사무소의 제공, 그 밖에 이에 준하여 노동조합의 자주적 운영 또는 활동을 침해할 위험이 없는 범위에서 운영비 원조행위는 예외적으로 허용된다(제81조 제1항 제4호 단서). 그리고 이때 운영비 원조행위로 '노동조합의 자주적 운영 또는 활동을 침해할 위험'이 없는지를 판단할 때는 운영비 원조의 목적과 경위, 원조된 운영비 횟수와 기간, 원조된 운영비 금액과 원조 방법, 원조된 운영비가 노동조합의 총수입에서 차지하는 비율, 원조된 운영비의 관리 방법과 사용처 등을 고려하여야 한다(제81조 제2항).[25]

먼저 사용자가 근로시간 면제한도를 초과하여 급여를 지급하는 행위는 지배·개입의 부당노동행위에 해당한다. 판례는 근로제공의무가 면제되는 근로시간에 상응하지 않고 타당한 근거 없이 사회통념상 수긍하기 힘들 정도로 과다하게 책정된 급여를 지급하는 것은 부당노동행위에 해당한다고 보고 있다.[26]

노동조합 사무실을 제공하는 것은 사무실 임차비용을 지원하는 것과 같은 행위로 평가되어 원칙적으로 부당노동행위에 해당된다. 그러나 최소한의 사무실 제공은 노동조합의 자주적 운영에 영향을 미치지 않는다고 보아 예외로 규정하고 있다.

---

23 대법원 1992.6.23. 92누3496 판결.

24 대법원 1997.5.7. 96누2057 판결.

25 이는 헌법재판소에서 "노동조합의 자주성을 저해하거나 저해할 현저한 위험을 야기하지 않는 운영비 원조 행위를 금지하는 것은 노동조합의 자주성 확보라는 입법목적 달성을 위해서 불필요한 제한이다."라는 이유로 구노동조합법 제81조 제4호에 대해 헌법불합치 결정(헌법재판소 2018.5.31. 2012헌바90)을 내린 후 이러한 헌법재판소 결정의 취지를 반영하여 새로이 마련된 조항이다.

26 대법원 2016.4.28. 2014두11137 판결; 대법원 2018.5.15. 2018두33050 판결 참조.

또한 후생자금 등의 기부는 운영비 지원행위라고 보기도 어렵고, 노동조합의 자주적 운영에 영향을 미치지 않으므로 예외를 둔 것이다.

이와 같은 최소한의 사무실 제공 또는 적법한 편의제공이 관행화되어 있는 경우, 사용자가 합리적 이유 없이 일방적으로 관행을 파기하는 행위가 부당노동행위에 해당하는 경우도 있다.[27]

(2) 사용자의 의견표명

노동조합의 조직·운영에 관한 사용자의 지배·개입이 금지된다고 하여 사용자가 노사관계에 관하여 아무런 의견표명이나 대응도 할 수 없다고 볼 수는 없다. 사용자도 기본권의 주체로서 설명회, 사내방송, 게시문, 서한 등으로 자신의 의견을 표명하는 언론의 자유를 향유할 수 있기 때문이다.

이러한 사용자의 의견표명은 종업원 교육과정에서 노동조합의 존재나 활동에 대하여 비판하는 내용의 교육이 이루어지는 경우, 회사의 경영상황과 사용자 견해 등에 대한 노동조합의 주장에 대해 사실관계를 해명하거나 반론을 제기하는 경우, 노동조합 활동에 대해 비판적 견해를 표명하는 경우, 노동조합이 예정한 파업방침에 대하여 파업의 불법성을 지적하며 조합원들에게 참여하지 말라고 독려하는 경우 등의 다양한 방식으로 행해진다.

우리나라는 외국과 달리 조합활동이 사업장 중심으로 이루어지므로 사용자가 우월적 지위에서 행한 의견표명이 상당한 영향력을 미칠 소지가 많고 이로써 노조의 자주성이 침해될 가능성이 상대적으로 높다. 사용자는 법에서 지배·개입의 부당노동행위를 설정한 취지를 존중해야 할 주의의무가 있고, 따라서 장소적으로 분리되어 있는 공중을 상대로 하는 언론의 자유보다 더 많은 제약을 받는다고 보아야 할 것이다. 같은 내용의 발언이라도 그 방식, 시기, 대상에 따라 노조활동에 미치는 영향이 다르므로 이와 관련된 일반적인 법적 기준을 설정하기는 쉽지 않다. 판례도 이 점을 고려하여 법익형량적 관점에서 "발언이 행하여진 상황, 장소, 그 내용, 방법, 노동조합의 운영이나 활동에 미친 영향 등을 종합하여 지배·개입의 부당노동행위가 성립하는지를 판단하여야 한다."라고 판시하고 있다.[28]

---

27 대법원 2008.10.9. 2007두15506 판결.

28 대법원 1998.5.22. 97누8076 판결; 대법원 2006.9.8. 2006도388 판결.

(3) 조합 간 차별(공정대표의무 위반)

사용자가 복수의 노동조합과 개별교섭에 동의하여 각 노동조합을 독자의 단체교섭 주체로 인정한 경우, 이들을 합리적 이유 없이 차별하는 경우 지배·개입의 부당노동행위가 성립될 수 있다. 예컨대 특정노조에 대해 교섭시기나 타결시점을 늦춘다든가 하여 특정노조의 약체화를 도모하는 경우이다. 그러나 교섭의 결과 단체협약의 내용이 다르다고 하더라도 지배·개입의 의사가 추정되지 않는다면 이를 부당노동행위라고 할 수는 없다.

교섭창구가 단일화된 경우에는 교섭대표노조와 사용자는 소수노동조합과 조합원에 대해 공정대표의무를 지는데(노동조합법 제29조의4), 이를 위반한 경우 바로 사용자에게 지배·개입의 부당노동행위를 물을 수 있는가가 문제 된다. 앞서 살펴본 바와 같이, 공정대표의무는 교섭과정부터 이후의 단체협약 이행, 고충처리 등 전 과정에 영향을 주고, 부당노동행위와는 그 내용과 대상이 각기 다르므로 공정대표의무 위반과 지배·개입을 바로 연결할 수는 없다. 다만 교섭대표노조의 위반행위에 사용자가 가담하거나 공모한 경우에는 사용자에게 부당노동행위 책임을 물을 수 있을 것이다. 대표적으로 단체협약의 내용이나 고충처리 과정에서 소수노조를 차별하는 경우가 이에 해당한다.

3. 지배·개입 의사의 존재

지배·개입의 부당노동행위가 성립하기 위해서 사용자의 반조합적 의사 또는 동기가 필요한지에 대해서는 견해가 대립한다. 불이익취급의 경우와 마찬가지로, 판례는 지배·개입의 부당노동행위가 성립하려면 반조합적 의사 또는 동기가 필요하다고 본다.[29]

예컨대 사용자가 교섭창구 단일화 절차를 거치지 않고 여러 노동조합과 개별 교섭 절차를 진행하다가 특정 노동조합과 체결한 단체협약의 내용에 따라 해당 노동조합의 조합원에게만 금품을 지급한 경우, 사용자의 이러한 금품 지급 행위가 다른 노동조합의 조직이나 운영을 지배하거나 이에 개입하는 의사에 따른 것이라면

---

29 대법원 2006.9.8. 2006도388 판결.

부당노동행위에 해당할 수 있다고 한다.

이 경우 사용자의 행위가 부당노동행위에 해당하는지는, 금품을 지급하게 된 배경과 명목, 금품 지급에 부가된 조건, 지급된 금품의 액수, 금품 지급의 시기나 방법, 다른 노동조합과의 교섭 경위와 내용, 다른 노동조합의 조직이나 운영에 미치거나 미칠 수 있는 영향 등을 종합적으로 고려하여 판단하여야 한다.[30]

요컨대 판례는 부당노동행위 의사의 존재가 필요하다는 점을 전제로 하면서, 다만 부당노동행위 의사는 추정적 의사로 족하고 여러 정황이나 사실로부터 간접적으로 추론하는 방식으로 증명책임을 부담하도록 하고 있다. 이는 타당한 해석이다.

제6절
부당노동행위 구제 절차

I. 부당노동행위의 행정적 구제 절차

1. 의의

사용자의 부당노동행위에 대해서는 민사소송에 의한 구제가 가능하다. 헌법 제33조에 따라 노동3권이 보장되고 법리상 기본권 규정의 대사인적(對私人的) 효력이 인정되므로, 사용자의 노동3권 침해행위는 사법상 무효일 뿐만 아니라 불법행위 책임을 부담하게 된다.[31]

하지만 민사재판 절차는 소송의 복잡성과 느린 진행, 탄력성의 결여, 과다한 비용 등의 문제점 때문에 근로자의 생존권 확보 차원에서 신속한 구제가 필요한 부당노동행위 구제 제도로서는 부적절한 측면이 있다. 이러한 문제점을 극복하고 근로자에 대하여 신속·간명하며 경제적이고 탄력적인 구제를 위하여 행정기관인 노

---

30 대법원 2019.4.25. 2017두33510 판결.
31 대법원 2006.10.26. 2004다11070 판결 참조.

동위원회에 의한 부당노동행위 구제 제도를 두고 있다.[32]

'부당노동행위 구제 절차'는 근로자 또는 노동조합이 부당노동행위라고 주장하는 구체적 사실에 대하여 그것이 부당노동행위에 해당하는지를 심리하고 그것이 부당노동행위인 경우에 적절한 구제 방법을 결정·명령하는 제도이다.[33] 부당노동행위 구제 절차는 노동위원회라는 전문적 행정위원회에 의한 준사법적 행정구제 방식이다. 이것은 신청인과 피신청인이 당사자로서 주장과 증거를 제출하고 노동위원회도 필요에 따라 직권으로 증거를 조사한 후 위원회가 부당노동행위 해당 여부를 판단하는 방식으로 행해진다. 노동위원회는 부당노동행위 해당 여부를 판정한 후 그에 따라 기각결정 또는 구제명령을 내린다. 이러한 노동위원회의 처분에 대해서는 행정소송이 가능하다.

부당노동행위 구제 절차는 흔히 초심, 재심, 행정소송 등으로 구분한다. 초심은 지방노동위원회 또는 특별노동위원회가, 재심은 중앙노동위원회가 관할권을 가진다. 초심과 재심은 신청, 심사(조사, 심문), 판정의 순서로 진행된다. 그러나 이 사이에 신청의 취하, 신청의 각하, 화해로 사건이 종결될 수도 있다. 행정소송에 대하여는 제소기간, 재심절차와 관계, 긴급이행명령에 관한 노동조합법상 특별규정을 제외하고는 행정소송법이 정한 대로 따른다.

2. 근로자와 노동조합의 구제신청

(1) 신청인

부당노동행위 구제 절차는 근로자 측 당사자의 신청으로 개시된다(신청주의). 노동조합법 제82조 제1항에 따르면 '부당노동행위로 인하여 그 권리를 침해당한 근로자 또는 노동조합'은 신청인이 될 수 있다. 신청인 적격을 갖는 노동조합은 법내조합에 한정되고 법외노조는 부당노동행위 구제신청을 할 수 없다(노동조합법 제7조 제1항). 따라서 법외노조가 사용자의 부당노동행위로 권리가 침해된 경우에는 손해배상 소송 또는 형사고발 등 민형사 절차를 이용하여야 한다.

부당노동행위에 대한 노동조합의 구제신청권은 권리를 침해당한 근로자 개인의

---

32 헌법재판소 1995.3.23. 92헌가14 결정.

33 대법원 1995.4.7. 94누1579 판결.

구제신청권과 별개의 노동조합 자체의 독자적 권한이다.[34] 예컨대 불이익취급을 받은 근로자가 노동조합을 탈퇴하거나 퇴직한 경우라 하더라도, 노동조합은 독자적으로 구제신청을 할 수 있고 근로자 의사에 좌우되지도 않는다. 다만, 그 구제신청 내용이 노동조합과 관련된 것으로 제한될 따름이다.

부당노동행위 구제신청권자를 그 유형별로 보면 일반적으로 다음과 같다. 불이익취급 또는 반조합계약에서는 근로자와 그 근로자가 속한 노동조합 어느 쪽이든 구제신청을 할 수 있다. 단체교섭 거부의 경우, 단체교섭의 주체는 노동조합이므로 단체교섭을 거부당한 노동조합만이 구제신청을 할 수 있다. 지배·개입 사건에서는 근로자와 노동조합 모두 신청인 적격을 갖는다.

(2) 피신청인

피신청인은 부당노동행위의 주체로서 '사용자'가 된다. 앞에서 살펴본 바와 같이 사용자는 '사업주, 사업의 경영담당자 또는 그 사업의 근로자에 관한 사항에 대하여 사업주를 위하여 행동하는 자'를 뜻하고, 이들은 피신청인 적격이 있다. 피신청인 적격은 근로계약 당사자 여부와 무관하고, 구제명령을 이행할 수 있는 법률적 또는 사실적인 권한이나 능력을 가지는 지위에 있는 한 피신청인이 될 수 있다.[35]

(3) 신청 기간

구제신청은 부당노동행위가 있은 날(계속하는 행위는 그 종료일)로부터 3개월 이내에 해야 한다(노동조합법 제82조 제2항). 3개월의 제척기간을 지나서 한 구제신청은 각하된다. 3개월이라는 짧은 구제신청 기간은 신속·간이한 행정적 구제 절차로 기능을 확보하려는 것이므로 그 기간이 경과하면 부당노동행위 구제를 신청할 권리는 소멸한다.[36] 그리고 그 신청 기간은 제척기간이므로, 신청인이 책임질 수 없는 사유로 그 기간을 준수하지 못하였다는 등 그 기간을 해태함에 정당한 사유가 있다고 하여 영향을 받지 않는다.[37]

---

34 대법원 1979.2.13. 78다2275 판결.
35 대법원 2010.3.25. 2007두8881 판결; 대법원 2014.2.13. 2011다78804 판결.
36 대법원 1996.8.23. 95누11238 판결.
37 대법원 1997.2.14. 96누5926 판결.

구제신청 기간은 신청인이 부당노동행위라고 주장하는 구체적 사실이 발생한 날이나 해고 등 사용자의 불이익처분이 있은 날부터 기산된다.[38] 임금의 차별적 지급 또는 운영비 지원 행위와 같이 계속적으로 행해지는 경우에는 그 종료일부터 기산된다. 해고나 정직 등의 인사조치는 그 처분과 동시에 처분행위가 종료되는 것이지 해고 또는 정직 기간이 위 법조항에서 말하는 '계속하는 행위'에 해당하는 것은 아니어서 처분일을 기산점으로 한다.[39]

3. 노동위원회의 심사

　　노동위원회는 부당노동행위의 구제신청을 받은 때에는 지체 없이 필요한 조사와 관계 당사자의 심문을 해야 한다(제83조 제1항). 조사는 당사자의 주장과 증거를 확인하고 쟁점을 정리하는 절차로 심문을 하기 위한 준비 과정이다. 부당노동행위 여부는 반드시 심문까지 거쳐 판정한다.

　　노동위원회는 당사자에게 주장할 기회를 충분히 부여하고 사실조사, 증거자료 확보 등으로 진실을 규명하도록 노력해야 한다(노동위원회규칙 제43조). 심문 절차에서는 당사자에 의한 증거조사뿐만 아니라 노동위원회의 직권조사도 가능하다. 이는 앞에서 설명한 바와 같이 노동위원회가 준사법적 행정기관이라는 점이 심문 절차에 반영되어 당사자주의와 직권주의가 함께 적용되기 때문이다. 구체적 사건 심사 과정에서 노동위원회는 당사자의 주장·증명에만 의존하는 것이 아니라 자신의 책임하에 직권 증거조사 등을 거쳐 사실관계를 인정하여야 한다.

　　심문에서 노동위원회는 당사자의 신청 또는 직권으로 증인을 출석시켜 필요한 사항을 질문할 수 있고, 당사자에게는 증거 제출과 증인에 대한 반대신문 기회를 주어야 한다(노동조합법 제83조 제2항·제3항). 나아가 구제신청사건에 대한 증거자료가 필요하다고 판단하는 경우 당사자에게 관련 자료의 제출을 요구하거나 당사자 등을 출석시켜 조사할 수 있으며 사업장 등을 방문하여 업무 현황, 서류 그 밖에 물건을 조사할 수 있다(노동위원회규칙 제46조).

38　대법원 1996.8.23. 95누11238 판결.
39　대법원 1993.3.23. 92누15406 판결.

4. 노동위원회의 판정과 당사자의 불복

(1) 판정

노동위원회는 심문을 종료하고 부당노동행위가 성립한다고 판정한 때에는 사용자에게 구제명령을 발하여야 하며, 부당노동행위가 성립되지 아니한다고 판정한 때에는 그 구제신청을 기각하는 결정을 하여야 한다(노동조합법 제84조 제1항). 그 판정·명령 및 결정은 서면으로 하되, 이를 해당 사용자와 신청인에게 각각 교부하여야 한다(제84조 제2항). 노동위원회는 엄격한 증거법칙에 구애됨이 없이 자유로이 심증을 형성할 수 있다.[40]

한편 노동조합법은 노동위원회의 구제명령의 유형 및 내용에 대해서 특별한 규정을 두고 있지 않다. 이는 현실적으로 발생하는 부당노동행위의 다양한 모습에 대응하여 노동위원회가 전문적·합목적적 판단에 따라 개개 사건에 적절한 구제조치를 하도록 하기 위해서이다.[41] 따라서 노동위원회는 부당노동행위의 제도적 취지와 목적을 일탈하지 않는 범위 내에서 광범위한 재량권을 가진다.

구제명령의 구체적 내용은 부당노동행위의 유형과 실제 내용 등에 따라 달라진다. 통상적으로 행하는 구제명령의 일반적인 예를 든다면, 불이익취급에 해당하는 해고의 경우 원직 복귀 및 소급임금의 지급명령, 반조합계약의 경우는 해당 조항의 파기명령, 단체교섭 거부에 대해서는 단체교섭에 응하라는 명령, 지배·개입에 대해서는 이를 중단하라는 명령 등이 있다. 불이익취급을 제외한 나머지 유형과 관련해서는 공고문 게시 명령도 널리 활용되고 있다.

(2) 불복 절차 등

지방노동위원회 또는 특별노동위원회의 구제명령 또는 기각결정에 불복이 있는 관계 당사자는 그 명령서 또는 결정서의 송달을 받은 날부터 10일 이내에 중앙노동위원회에 그 재심을 신청할 수 있다(노동조합법 제85조 제1항). 그리고 중앙노동위원회의 재심판정에 대하여 관계당사자는 그 재심판정서의 송달을 받은 날부터 15일 이내에 행정소송법이 정하는 바에 따라 소를 제기할 수 있다(제85조 제2항).

---

40 김유성, 『노동법 Ⅱ』, 법문사, 1999, 362면.

41 대법원 2010.3.25. 2007두8881 판결.

사용자가 행정소송을 제기한 경우 관할법원은 중앙노동위원회의 신청에 따라 결정으로써, 판결이 확정될 때까지 중앙노동위원회의 구제명령의 전부 또는 일부를 이행하도록 명할 수 있고(긴급이행명령), 사용자가 이를 위반하면 과태료에 처해진다(제85조 제5항·제95조).

관계당사자가 소정 기간 내에 재심을 신청하지 아니하거나 행정소송을 제기하지 아니한 경우 그 구제명령·기각결정 또는 재심판정은 확정된다(제85조 제3항). 행정소송 과정을 거쳐 중앙노동위원회의 재심판정이 적법하다는 판결, 즉 청구 기각 판결이 확정되는 때도 마찬가지이다. 이와 같은 절차를 거쳐 확정된 구제명령을 위반한 자는 3년 이하의 징역 또는 3천만 원 이하의 벌금에 처해진다(제85조 제4항·제89조 제2호).

행정소송에 따라 중앙노동위원회 재심판정을 취소한다는 판결이 확정되면, 그 확정판결은 중앙노동위원회를 구속하므로 중앙노동위원회는 해당 사건에 대한 심사를 재개하고 판결 취지에 따라 다시 판정해야 한다. 구제명령이 부당노동행위에 해당하지 않는다는 이유로 취소된 경우에는 판결 확정으로 구제명령의 효력은 상실한다.

II. 부당노동행위의 사법적 구제 절차

1. 형사적 절차

사용자가 노동조합법상 부당노동행위 금지 규정을 위반한 경우 그 위반행위에 대해 벌칙이 적용되고(제90조), 확정된 구제명령에 위반하는 경우에도 형벌이 부과된다(제89조). 형사적 제재는 실제 부당노동행위 금지 규정을 위반한 행위를 한 사람을 대상으로 하고, 노동조합법 제94조 소정의 양벌 규정에 따라 그 사업주에게 벌금형이 부과될 수 있다.

2. 민사적 구제 절차

부당노동행위를 당한 근로자 또는 노동조합은 위에서 살펴본 노동위원회를 통한 구제 외에 직접 민사소송을 통한 사법적 구제를 신청할 수 있다. 즉 헌법 제33조의 노동3권 보장 조항은 국가의 공법상 의무를 규정함에 그치는 것이 아니라 사인(私人)에게도 효력이 발휘되므로, 그 권리를 침해당한 자는 민사소송으로 침해된 권리를 회복할 수 있다.

특히 노동조합법 제81조의 부당노동행위 금지 규정은 강행규정이기 때문에[42] 이를 위반한 법률행위는 사법상 효력이 없게 되고, 근로자 또는 노동조합에 대해 불법행위가 성립할 수 있다. 법익침해의 내용에 따라 법률행위의 무효확인과 임금청구, 손해배상청구, 의무이행 청구, 방해배제 청구 등 다양한 내용의 구제를 신청할 수 있다.

부당노동행위 유형별 구제 내용을 살펴보면, 먼저 불이익취급의 경우에 근로자 또는 노동조합은 당해 처분의 무효확인을 구할 수 있고, 정신적 고통에 대해서는 위자료 청구도 가능하다.[43]

반조합계약의 경우에는 근로자 또는 노동조합은 해당 약정의 무효확인을 구할 수 있고, 반조합계약으로 해고된 경우에는 해고무효확인소송 등을 제기할 수 있다.

단체교섭 거부의 경우에는 노동조합이 단체교섭의 이행을 청구할 수 있고 단체교섭권의 존재 또는 당사자 지위의 확인을 구하는 소송을 제기할 수 있다. 단체교섭의 역동성에 비추어 단체교섭권을 피보전권리로 하는 단체교섭응낙가처분을 신청할 수도 있다. 단체교섭 거부에 대해 위자료를 지급할 것을 인정한 판결례도 있다.[44]

지배·개입의 부당노동행위에 해당하는 경우, 지배개입의 유형이 다양해서 일률적으로 논할 수 없으나, 통상 노동조합이 불법행위에 따른 손해배상청구를 할 수 있고 위자료 청구도 가능하다.

---

42 대법원 1993.12.21. 93다11463 판결.

43 대법원 1993.12.21. 93다11463 판결; 대법원 1993.10.12. 92다43586 판결.

44 대법원 2006.10.26. 2004다11070 판결 참조.

제22장
노사협의회 제도

제1절
취지

종업원들의 집단적 목소리를 대변하는 방식은 실로 다양할 뿐만 아니라 국가마다 독자적인 제도를 모색하고 있다. 통상적으로 경영학 등의 인접 학문 영역에서는 이를 경영참가제도로 논의하고 있다.

경영참가방식 중 가장 보편적이고 대표적인 것은 이 책에서 설명한 노동3권의 행사이지만, 이 외에도 종업원위원회, 노사협의회 등의 제도도 경영참가제도에 포함되고 이를 좁은 의미의 경영참가제도로 부르기도 한다. 종업원위원회(work council)는 사업장 내의 종업원들만으로 구성되어 해당 사업장에 영향을 미친다. 노사협의회(labor-management committee)는 종업원과 사용자의 협의체로 구성되며, 경영참가의 통로로서 기능한다.

이러한 좁은 의미의 경영참가제도의 내용, 참여의 방법과 수준은 단체교섭제도와 마찬가지로 각국의 노동운동 발전과 맥락을 같이하기에 이를 통일적으로 논하기는 쉽지 않다. 또한 종업원위원회나 노사협의회가 종업원들의 집단적 이익을 관철하는 방법과 정도 역시 국가마다 무척 상이하다.[1] 좁은 의미의 경영참가제도가

---

1 독일의 경우 판례법상 노동조합은 초경영적 토대 위에 설립되어야 하므로 사업장 내에서 노동조합을 설치할 수 없고 이를 대체하는 기능을 종업원위원회가 담당하는가 하면 프랑스나 우리의 경우 노동조합과 노사협의회가 병존하는 것을 전제로 한다. 반면 미국은 노사협의회의 설치를 사용자가 노동조합의 활동에 지배·

노동조합이 행하는 단체교섭기능과 긴장관계를 형성하는 곳도 있고, 이와 달리 상호 보완적으로 기능하는 곳도 있는 등 경영참가제도의 내용은 다양한 형태로 나타나므로 각국의 내부적 관점에서 자세히 들여다보아야 그 실체가 드러난다. 이러한 경영참가제도의 역사성과 사회성을 고려하지 않고 단순히 그 명칭만으로 평면적으로 단순 비교하는 것은 위험하다.[2] 우리나라도 1980년에 도입된 노사협의회 제도는 그 당시만 해도 악법으로 거론되었지만, 현재는 노동계도 실사구시의 견지에서 노사협의회제도의 순기능을 강화하고자 제도개선을 강구하고 있다.

우리나라는 근로자참여 및 협력증진에 관한 법률(이하 '근로자참여법')에서 노사협의회 방식을 택하여 근로자와 사용자 쌍방이 참여와 협력해 노사 공동의 이익을 증진함으로써 산업 평화를 도모하고 있다(제1조).

제2절
노사협의회제도

I. 노사협의회의 의의

이 법에서 노사협의회는 근로자와 사용자가 참여와 협력으로 근로자의 복지증진과 기업의 건전한 발전을 도모하기 위하여 구성하는 협의기구를 말한다(근로자참여법 제3조 제1호).

노사협의회는 근로조건 결정기구로서보다는 노사 간의 참여와 협력을 증진하여 노사 공동이익과 산업평화를 도모할 목적으로 설계되었지만, 경영상 해고 시 협의기능이나 단체교섭의 보완적 역할로 간접적으로 근로조건 형성에도 영향을 미친다.

노사협의회는 상시 30인 이상의 근로자를 사용하는 사업이나 사업장에 설치하

개입하는 유형의 하나로 파악하여 불법시하는 경향이 우세하다.
2 대표적으로 단체교섭은 노사가 자기 몫만을 챙기는 제로섬(zero-sum) 게임이고, 경영참가는 노사 공동의 이해를 증진하는 포지티브섬(positive-sum)이라고 단정하는 경우이다.

여야 하고, 설치단위는 근로조건에 대한 결정권이 있는 사업이나 사업장 단위로 설치하되 하나의 사업에 지역을 달리하는 사업장이 있는 경우에는 그 사업장에도 설치할 수 있다(제4조 제1항·제2항). 노사협의회의 설치를 정당한 사유 없이 거부하거나 방해한 자는 1천만 원 이하의 벌금에 처한다(제30조 제1호). 노동조합의 단체교섭이나 그 밖의 모든 활동은 이 법에 의하여 영향을 받지 아니한다(제5조).

II. 노사협의회의 구성

노사협의회는 근로자와 사용자를 대표하는 같은 수의 위원으로 구성하되, 각 3명 이상 10명 이하로 한다(제6조 제1항).

근로자위원은 근로자가 선출하되, 근로자의 과반수로 조직된 노동조합이 있는 경우에는 노동조합의 대표자와 그 노동조합이 위촉하는 자로 하고, 과반수 노동조합이 없는 경우에는 근로자 과반수가 참여하여 직접·비밀·무기명 투표로 선출하여야 한다(제6조 제2항 본문·제3항). 이때 사업 또는 사업장의 특수성으로 인하여 부득이한 경우에는 부서별로 근로자 수에 비례하여 근로자위원을 선출할 근로자(위원선거인)를 근로자 과반수가 참여한 직접·비밀·무기명 투표로 선출하고, 위원선거인 과반수가 참여한 직접·비밀·무기명 투표로 근로자위원을 선출할 수 있다(제6조 제2항 단서). 이외의 근로자위원이나 사용자위원의 선출과 위촉에 필요한 사항은 대통령령으로 정한다(제6조 제5항).

사용자위원은 해당 사업이나 사업장의 대표자와 그 대표자가 위촉하는 자로 한다(제6조 제4항).

노사협의회의 의장은 위원 중에서 호선하며, 근로자위원과 사용자위원 중 각 1명을 공동의장으로 할 수 있다(제7조 제1항). 위원은 비상임·무보수로 그 임기는 3년으로 하되 연임할 수 있고, 임기가 끝난 경우라도 후임자가 선출될 때까지 계속 그 직무를 담당한다(제8조 제1항·제3항, 제9조 제1항). 위원의 협의회 출석 시간과 이와 직접 관련된 시간으로서 협의회 규정으로 정한 시간은 근로한 시간으로 본다(제9조 제3항).

사용자는 근로자위원의 선출에 개입하거나 방해하여서는 아니 되고, 근로자위원의 업무를 위하여 장소의 사용 등 기본적인 편의를 제공하여야 한다(제10조 제1항·제2항). 또한 사용자는 협의회 위원으로서의 직무 수행과 관련하여 근로자위원에게 불이익을 주는 처분을 하여서는 아니 된다(제9조 제2항). 고용노동부장관은 사용자가 근로자위원에게 불이익을 주는 처분을 하거나 근로자위원의 선출에 개입하거나 방해하는 경우에는 그 시정(是正)을 명할 수 있고(제11조), 사용자가 정당한 사유 없이 시정명령을 이행하지 아니한 경우 500만 원 이하의 벌금에 처한다(제31조).

III. 노사협의회의 임무

노사협의회의 임무는 협의사항(제20조)과 의결사항(제21조)으로 나뉜다.

먼저 의결사항인 1. 근로자의 교육훈련 및 능력개발 기본계획의 수립, 2. 복지시설의 설치와 관리, 3. 사내근로복지기금의 설치, 4. 고충처리위원회에서 의결되지 아니한 사항, 5. 각종 노사공동위원회의 설치에 대해서는 노사협의회의 의결을 거쳐야 한다. 노사협의회 의결을 위해서는 회의가 근로자위원과 사용자위원 각 과반수의 출석으로 개최되어 출석위원 3분의 2 이상의 찬성이 필요하다(제15조). 의결된 사항은 신속히 근로자에게 널리 알려야 한다(제23조). 근로자와 사용자는 노사협의회에서 의결된 사항을 성실하게 이행하여야 하고(제24조), 이를 위반하는 자는 1천만 원 이하의 벌금에 처한다.

또한 협의사항으로는 안전보건, 인사노무관리제도 개선, 성과 배분, 고용조정의 일반원칙, 근로시간 및 휴게시간의 운용, 작업공정 개선 및 생산성 향상, 종업원 지주제, 사업장 내 근로자 감시설비의 설치,[3] 모성보호, 일가정 양립, 직장 내 성희롱 예방 등 노사협조에 관한 사항이 예시되어 있다. 협의사항 미이행에 따른 벌칙 적용은 예정되어 있지 않으나 노사협의회는 이러한 사항들에 대해 의결하는 것도 가능하다(제20조 제2항).

---

3 여기서 말하는 '근로자 감시 설비'라 함은 사업장 내에 설치되어 실질적으로 근로자를 감시하는 효과를 갖는 설비를 의미하고, 설치의 주된 목적이 근로자를 감시하기 위한 것이 아니더라도 여기에 해당할 수 있으므로 사업장 내 CCTV 설치에 대해서는 근로자참여법에 따라 노사협의회의 협의를 거쳐야 한다(대법원 2023.6.29. 2018도1917 판결).

또한 사용자는 정기회의에 ① 경영계획 전반 및 실적에 관한 사항, ② 분기별 생산계획과 실적에 관한 사항, ③ 인력계획에 관한 사항, ④ 기업의 경제적·재정적 상황에 관하여 성실히 보고하거나 설명하여야 하고, 사용자가 보고와 설명을 이행하지 아니하는 경우 근로자위원은 보고사항에 관한 자료를 제출하도록 요구할 수 있으며 사용자는 그 요구에 성실히 따라야 한다(제22조).

IV. 노사협의회의 운영

노사협의회는 3개월마다 정기적으로 회의를 개최하여야 하고, 필요에 따라서 임시회의를 개최할 수 있다(제12조). 노사협의회 의장은 노사 일방의 대표자가 회의의 목적을 문서로 밝혀 회의의 소집을 요구하면 그 요구에 따라야 하고, 회의 개최 7일 전에 회의 일시, 장소, 의제 등을 각 위원에게 통보하여야 한다(제13조). 근로자위원은 통보된 의제 중 제20조 제1항의 협의 사항, 제21조의 의결사항과 관련된 자료를 협의회 회의 개최 전에 사용자에게 요구할 수 있으며 사용자는 이에 성실히 따라야 한다. 다만, 그 요구 자료가 기업의 경영·영업상의 비밀이나 개인정보에 해당하는 경우에는 그러하지 아니하다(제14조).

회의는 근로자위원과 사용자위원 각 과반수의 출석으로 개최하고 출석위원 3분의 2 이상의 찬성으로 의결한다(제15조).

협의회는 회의의 개최 일시와 장소, 출석위원, 협의 내용과 의결된 사항, 그 밖의 토의사항을 기록한 회의록을 작성하여 3년간 보존하여야 한다(제19조).

V. 고충 처리

상시 30명 이상의 근로자를 사용하는 모든 사업 또는 사업장에는 근로자의 고충을 청취하고 이를 처리하기 위해 고충처리위원을 두어야 한다(제26조).

고충처리위원은 노사를 대표하는 3명 이내의 위원으로 구성하되, 협의회가 설치되어 있는 사업이나 사업장의 경우에는 협의회가 그 위원 중에서 선임하고, 협의회가 설치되어 있지 아니한 사업이나 사업장의 경우에는 사용자가 위촉한다(제27조). 고충처리위원의 임기는 노사협의회위원과 같이 3년이고 연임할 수 있다.

고충처리위원은 근로자로부터 고충사항을 청취한 경우에는 10일 이내에 조치사항과 그 밖의 처리결과를 해당 근로자에게 통보하여야 한다. 고충처리위원이 처리하기 곤란한 사항은 협의회의 회의에 부쳐 협의 처리한다(제28조).

제3절
새로운 근로자대표 시스템의 모색[4]

현행 노동관계법령에서는 근로자의 집단적 목소리(collective voice)를 반영하는 제도로 노동조합법상의 노동조합, 근로기준법상의 근로자대표와 근로자 과반수, 근로자참여법상의 노사협의회를 상정하고 있다. 그러나 이들 제도 간의 규범적 위상과 기능이 불분명하고 때로는 착종되어 있어서 법 운용상 혼선을 빚고 있으며, 노사협의회의 경우에는 근로자의 이해대변 기구로서 실질을 갖추지 못하고 형식적으로 운영되고 있는 것이 현실이다. 특히 노동조합 조직률이 수십년째 10% 중반대에 머물러 대부분의 사업장에는 노동조합이 조직되어 있지 않고, 그 마저도 대기업·정규직 근로자에게 집중되면서 기능적인 측면에서 과연 노동조합이 비정규직을 포함한 모든 근로자들의 이해를 대변할 수 있는지, 즉 노동조합의 대표성에 관해 의문이 제기되고 있다. 이와 같은 법체계상 문제점에 더불어 최근의 사회경제적 환경변화가 더해지면서 종전과는 다른 새로운 종업원대표 시스템을 구축·정비하여야 할 필요성이 대두되고 있다.

그러나 여전히 학계의 주류적 견해는 노동조합만이 헌법 제33조에서 보장하는 노동3권의 향유 주체가 된다는 이른바 '노동조합 중심론'에 입각하여 이외의 근로자대표기구들은 입법정책적 산물에 불과한 것으로 보고 노동조합을 중심으로 한 근로자대표시스템을 강조하고 있다. 또한 과거 노동운동을 탄압하였던 우리의 역

---

4 이에 대한 자세한 논증과 사업장 차원의 종업원 대표에 대한 각국의 특징과 규범적 내용에 대해서는 이철수, "새로운 종업원대표시스템의 정립", 「노동법연구」 제45호, 서울대학교 노동법연구회, 2018 참조.

사적 경험으로 인하여 노동조합 외의 근로자대표 또한 헌법 제33조의 향유 주체라고 주장하는 것은 자칫 노동조합의 약체화를 도모하는 불손한 주장으로 비춰질 정도로 금기시되고 있다고 해도 과언이 아니다.

그러나 사업장 내 노동조합이 존재하지 않거나 전체 근로자의 과반수를 대표하지 못하는 경우에는 근로자 전체의 의견을 반영하는 것이 필요하므로, 이를 위해서 사업장 내 상시적 근로자대표 기구가 마련될 필요가 있다. 새로운 근로자 대표기구는 경영참여의 기제로서뿐만 아니라 사업장 차원의 근로조건 결정주체로서의 역할을 함께 수행하여야 하므로, 노사동수로 구성되는 협의회(committee) 방식보다는 독일의 종업원위원회와 같이 근로자들로만 구성되는 위원회(council) 방식이 근로자대표로서의 실체성을 부여하는 데 보다 효과적일 것으로 보인다.

근로자위원회가 독립된 실체 내지 대표로 인정받기 위해서는 최소한의 요건을 갖추어야 한다. 노동조합은 원칙적으로 구성원들의 임의적 가입을 통해 그 대표성을 보장받지만, 근로자위원회는 가입의사를 묻지 않고 법에 의하여 강제된 제도이기 때문에 집단자치의 실현을 위한 제반 요건을 명확히 할 필요가 있기 때문이다. 그 요건으로 ① 대표로서의 정통성 확보, ② 선출절차 및 운영에 있어서의 민주성 확보, ③ 사용자로부터 독립성 확보, ④ 사용자와의 대등성 확보, ⑤ 조직으로서의 상설성과 지속성이 보장되어야 한다.

또한 근로자위원회는 기존의 근로기준법상 근로자대표와 취업규칙 불이익변경, 그리고 근로자참여법상의 노사협의 기능을 통합하여 수행하므로, 노동관계법령상의 집단협정의 체결 주체로서 지위를 가지면서 협의 권한과 의결 권한, 고충처리 권한 등을 행사하게 될 것이다. 따라서 근로기준법, 퇴직급여법, 파견법, 산업안전보건법, 고령자고용법, 고용정책기본법에서 정한 근로자대표와의 서면합의, 동의권 관련 조항과 근로자참여법상의 의결 주체를 정비할 필요가 있다. 또한 근로자위원회는 근로자참여법 및 근로기준법 등에서 정한 협의사항의 주체로서 활동하여야 하며, 산업안전보건법 등의 보고를 받는 주체가 된다. 이때 사용자는 종업원위원회에 대해 의견청취의무와 정보제공의무를 부담하고, 위원회활동을 이유로 한 불이익조치를 하여서는 안 된다.

제4편

비정규직 노동법

제23장 비정규직의 보호 ·· 667

제24장 기간제근로자의 보호 ··· 670

제25장 파견근로자의 보호 ·· 690

제26장 단시간근로자의 보호 ··· 718

제27장 비정규직 차별시정 제도 ····································· 725

제23장
비정규직의 보호

제1절
비정규직의 의의

'비정규직'은 실정법에서 사용되는 용어는 아니지만, 통상 정규직이 아닌 근로자를 통칭하는 개념으로 강학상 사용된다. '정규직' 또한 실정법에서 사용되는 용어는 아니지만, 일반적으로는 근로를 제공받는 사용자와 '직접', '기간의 정함이 없는' 근로계약을 체결하고 '통상적인 근로시간' 동안 사용자의 사업장에서 근로를 제공하는 자를 의미하는 것으로 이해된다. 이러한 정규직의 특성과는 상이한 고용형태를 넓은 의미에서 비정규직이라고 한다. 이에 따라 자영업 형식으로 근로를 제공하는 특수형태근로종사자, 파견근로자나 용역 형태의 간접고용, 기간제근로나 계약직, 단시간근로, 호출근로자나 가내근로자 등이 모두 넓은 의미에서 비정규직에 포함된다.

그러나 현재 실정법으로 보호하는 비정규직의 범주는 위의 용례보다는 제한적이다. 우리나라에서 본격적으로 비정규직의 보호방안을 논의하기 시작한 것은 2000년대 초반인데, 당시 노사정위원회나 정부에서는 우리 사회에서 비정규직의 가장 많은 비중을 차지하던 기간제근로자, 단시간근로자, 파견근로자를 아울러서 비정규직이라 불렀다. 이러한 태도는 이후 입법에도 그대로 반영되어, 흔히 비정규직 보호법이라 불리는 1998년에 제정된 파견근로자 보호 등에 관한 법률과 2006년에 제정된 기간제 및 단시간근로자 보호 등에 관한 법률에서도 기간제근로자,

단시간근로자, 파견근로자의 세 형태 비정규직만 보호 대상으로 하였다.

통계청의 조사에서 비정규직의 비율은 2021년 10월 기준 전체 임금근로자의 38.4%로, 근로자 3명 중 1명 이상이 비정규직이라고 할 수 있다.[1]

비정규직은 기술, 노동수요, 국가 노동시장정책의 변화 등으로 전 세계적으로 확산하는 고용형태이지만, 우리나라의 비정규 고용은 다른 국가들에 비해 몇 가지 특징이 두드러진다.[2] 먼저 전체 임금근로자 중 비정규직의 비율이 과도하게 높고, 그중에서도 특히 비자발적 성격이 강한 기간제근로자의 비중이 높다. 또한 임금·근로조건·복지에서 정규직과 비정규직 간 현격한 격차가 나타나고, 비정규직의 정규직 전환율이 낮다.

제2절
비정규직 보호법과 판례 법리

우리나라에서는 비정규직 상황을 개선하고자 2006년에 비정규직 보호법제가 전면적으로 제정·개정되었다. 다만 단시간근로자를 보호하려는 실체적 내용은 그 이전부터 이미 근로기준법에서 규율하고 있었다.

우리나라 비정규직 보호법제는 비정규직의 사용 사유는 제한하지 않는 대신, 사용기간을 제한하고 정규직 근로자와 차별을 금지하는 방식을 채택하고 있다. 그 핵심은 2년(또는 일정한 기간) 내에서만 기간제와 파견제 근로자를 자유롭게 활용하도록 하고, 임금 기타 근로조건 또는 복지에서는 비정규직을 차별하지 못하도록

---

1 통계청 조사에 따르면, 우리나라 비정규직 비율은 2004년 37.0%를 최고점으로 기록한 후 약간 감소하는 추세에 있기도 하였으나 2021년 현재 그 비율은 전체 임금근로자의 약 3분의 1인 38.4%에 해당한다. 특히 우리나라의 경우 남녀 간에 차이가 커서 남성 근로자는 31%가 비정규직이지만 여성 근로자는 47.4%가 비정규직이다. 연령별로도 큰 차이를 보여 10대와 60대 근로자에서 비정규직의 비율이 70~80%대로 다른 연령층의 비율보다 훨씬 더 높다. 비정규직 비율을 하위범주별로 보면, 2021년 기준으로 기간제근로자가 21.6%로 가장 많고 시간제근로자와 비전형근로자가 각각 16.7%와 10.8%를 차지하고 있다. 우리나라는 기간제근로자의 비율이 OECD 주요 국가에 비해 매우 높은 수준이지만, 시간제근로자의 비율은 낮은 편에 속한다. https://www.index.go.kr/unify(방문일 2022.8.12).

2 강성태, 『비전형근로와 노동법』, 대구대학교 출판부, 2000, 5-10면 참고.

하며, 차별을 당한 비정규직은 차별시정 절차를 이용하여 노동위원회에 구제를 신청할 수 있도록 한 것이다.

비정규직 보호법제에서 중요한 역할을 담당하는 기간제법은 기간제근로자를 사용할 수 있는 사유를 제한하지 않는다. 파견법에서도 기본적으로 파견대상 업무를 한정하여 파견근로자의 사용을 제한하는 방식을 취하며, 파견근로자를 사용할 수 있는 사유를 제한하지는 않는다. 특히, 파견대상업무인지와 관계없이 6개월 이내에서 파견근로자를 사용할 수 있는 단기 사용의 경우에는 사실상 사유의 제한이 없다(자세한 설명은 제25장 파견근로자의 보호 참조).

이와 같이 비정규직보호법에서는 기간제근로자와 파견근로자 사용을 사유의 제한 없이 광범위하게 허용하므로 기간제근로자와 파견근로자는 계속적으로 고용불안에 노출된다.

비정규직의 사용이 가파르게 증가하기 시작한 1990년대 말부터 기간제근로자와 파견근로자의 고용 불안과 비정규직에 대한 차별적 처우는 중요한 사회문제로 대두하였다. 입법에서 비정규직 문제에 적절하게 대응하지 못하는 사이에 판례는 비정규직을 보호하는 다양한 법리를 발전시켜 왔다.[3]

---

3 이미 오래전 후고 진츠하이머(Hugo Sinzheimer)가 『노동법의 위기』에서 말했던 노동법의 존재 의의에 관한 회의는 비정규직 보호법의 필요성에 관한 것이기도 하다. "만약 법이 기껏해야 근로관계에서 좋은 대우를 받는 근로자의 엘리트 계층만을 위한 것이라면, 그리고 노동법의 존재가 '구조적 실업'이라는 경제적 묘지를 허용한다면 과연 노동법이 가지는 의미란 무엇인가?" H. Sinzheimer, "Die Krisis des Arbeitsrecht", *Arbeitsrecht und Rechtssoziologie*, Band I, Frankfrut, 1976, p.141.

제24장
기간제근로자의 보호

제1절
기간제근로자와 기간제 근로계약의 개념

기간제법은 기간제근로자에 대한 불합리한 차별을 시정하고 기간제근로자의 근로조건 보호를 강화하는 것을 목적으로 한다(제1조 참고). 여기서 기간제근로자는 기간의 정함이 있는 근로계약, 즉 기간제 근로계약을 체결한 근로자를 말한다(제2조 제1호). 기간제는 계약의 시기와 종기가 정해진 경우를 말한다. 다시 말해 근로계약에 시기와 종기가 정해져 있다면 현실에서 명칭이 무엇이든 기간제 근로계약에 해당하고, 해당 근로자는 기간제근로자이다.

이와 달리 근로계약의 존속기간이 아니라 교육이나 훈련 또는 능력 검증 등을 위해 정한 수습기간이나 시용기간은 근로계약기간에 해당하지 않는다. 또한 일정한 연령에 도달하면 당연히 근로관계가 종료되는 것으로 정한 정년제는 근로계약의 존속기간, 즉 기간에 관한 약정이 아니라 근로계약의 종료 사유에 관한 특약이므로 기간제 근로계약에 해당하지 않는다.

제2절
기간제 근로계약의 체결

사용자는 기간제근로자와 근로계약을 체결하는 때에 ① 근로계약기간에 관한 사항, ② 근로시간·휴게에 관한 사항, ③ 임금의 구성항목·계산방법과 지불방법에 관한 사항, ④ 휴일·휴가에 관한 사항, ⑤ 취업의 장소와 종사하여야 할 업무에 관한 사항을 서면으로 명시하여야 한다(기간제법 제17조). 이는 근로기준법 제17조 제1항이 통상의 근로자에게 서면으로 명시하도록 한 사항에 더하여 기간제근로자에게는 근로계약기간과 취업장소, 종사업무를 추가로 명시하도록 하는 것이다.

근로조건의 명시 방식은 근로계약서에 해당 근로조건을 구체적으로 명시하는 것이 원칙이지만, 근로계약서에 '동 사항은 취업규칙 또는 단체협약에 따른다'고 기재한 경우에도 근로계약 체결 시 근로자가 그 취업규칙과 단체협약 내용을 알 수 있도록 한다면(취업규칙 또는 단체협약상 해당 부분 열람 등) 서면명시 의무를 이행한 것으로 본다.[1] 또한 기간제근로자에 대한 근로조건 명시의무는 최초 근로계약기간 만료 후 근로계약을 갱신 체결하는 때에도 마찬가지로 적용되어야 한다.

근로기준법 제17조에서는 사용자의 근로조건의 명시의무뿐만 아니라(제1항) 서면교부의무(제2항)를 명시하고 있다. 반면 기간제법 제17조에서는 서면명시의무 외에 교부의무를 별도로 규정하고 있지 않다. 그러나 근로조건의 서면명시의무의 취지상 사용자는 마땅히 교부의무도 부담하는 것으로 해석하여야 하고, 근로기준법 제17조에 근거해서도 사용자는 기간제 근로계약을 체결할 때 근로조건의 서면명시의무와 함께 교부의무도 부담한다고 보아야 한다. 따라서 근로조건을 서면으로 명시하지 아니한 사용자는 기간제법(제24조 제2항 제2호)에 의해 500만 원 이하의 과태료에 처해질 뿐만 아니라, 근로기준법(제114조 제1호)에 의해 500만 원 이하의 벌금에도 처해질 수 있다.[2]

근로조건을 서면으로 명시하지 아니한 사용자는 500만 원 이하의 과태료에 처한다(기간제법 제24조 제2항 제2호). 서면명시 의무를 위반한 경우라도 기간제 근로계

---

[1] 고용차별개선과-2143, 2017.9.11.

[2] 대법원 2024.6.27. 2020도16541 판결.

약이 무효로 되지는 않는다. 다만 사용자가 근로계약기간을 서면으로 명시하지 않으면 기간제 근로계약을 체결한 사실에 대한 증명책임은 사용자에게 있다고 보아야 한다.

제3절

기간제근로자의 사용기간 제한

I. 원칙(2년 초과 사용금지)

2007년 7월 1일부터 시행된 기간제법에서는 기간제근로자를 사용할 수 있는 사유를 제한하는 대신 사용 기간만을 제한하고 있다. 이에 따르면 사용자는 원칙적으로 2년을 초과하지 아니하는 범위 안에서(기간제 근로계약의 반복갱신 등의 경우에는 그 계속근로한 총기간이 2년을 초과하지 아니하는 범위 안에서) 기간제근로자를 사용할 수 있다(제4조 제1항 본문).[3]

종래 근로기준법에서는 근로계약기간을 1년으로 제한하기는 하였지만 총사용기간에 대해서는 아무런 제한이 없었다. 그 결과 사용자는 1년 이내의 근로계약을 반복 갱신하여 기간제 근로를 남용할 수 있었고, 특히 1997년 외환위기를 거치는 동안 기간제 근로관계가 전 산업에 걸쳐 급속히 증가하였고 그 근속기간도 계속 늘어나 상시적인 업무에까지 기간제근로자의 사용이 남용되는 결과가 초래되었다. 그래서 기간제법에서는 기간제근로자의 사용기간을 최대 2년으로 제한하는

---

3 기간제법 제정 이전의 근로기준법 제16조에서는 "근로계약은 기간을 정하지 아니한 것과 일정한 사업의 완료에 필요한 기간을 정한 것 외에는 그 기간은 1년을 초과하지 못한다."라고 규정하였으나 이는 2007년 7월 1일부로 기간제법이 시행되면서 효력이 상실되었다(2007.4.11. 법률 제8372호 부칙 제3조). 그런데 기간제법 시행 이전에도 법원에서는 근로기준법 제16조에도 불구하고 1년을 초과하는 근로계약의 효력을 인정하였다(대법원 1996.8.29. 95다5783 판결). 따라서 기간제법 시행 이전에 근로자와 사용자는 1년을 초과하는 근로계약기간을 정한 근로계약을 체결하더라도 해당 근로계약기간은 유효하며, 그 범위 내에서 사용자는 근로기준법 제16조를 이유로 근로관계의 종료를 주장할 수 없고, 다만 근로자는 1년이 경과한 후에는 언제든지 근로계약을 해지할 수 있는 것으로 해석되었다.

규정을 두어 1년 미만의 근로 계약이 반복갱신되어 기간제 근로가 남용되는 문제를 해소하고자 하였다. 아울러 사용자로서는 기간제근로자를 2년 내에서는 특별한 제한 없이 사용할 수 있다.[4]

한편 기간제근로자의 사용제한은 상시 5인 이상의 근로자를 사용하는 사업 또는 사업장에 한하여 적용된다(기간제법 제3조 제1항·제2항, 시행령 제2조). 다만, 국가 및 지방자치단체의 기관에 대하여는 상시 사용하는 근로자의 수와 관계없이 기간제법이 적용된다(제3조 제3항).

II. 계속근로기간 산정에 관한 문제

기간제근로자의 사용기간 제한과 관련하여 사용기간을 산정하기 위한 계속근로기간에 대한 문제가 발생한다. 판례는 기본적으로 기간제 근로계약이 반복하여 체결되거나 갱신되어 일정한 공백 없이 기간제근로자가 계속적으로 근로한 경우라면, 특별한 사정이 없는 한 최초 기간제 근로계약에서부터 최종 기간제 근로계약에 이르기까지 기간 전체가 기간제근로자의 사용기간으로서 '계속근로한 총기간'에 포함되어야 한다고 전제한다.[5]

그런데 기간제 근로계약이 반복갱신되는 과정에서 일정한 공백기간이 발생할 경우 그 공백기간 전후로 계속근로기간을 어떻게 산정할지가 문제 된다. 즉, ① 공백기간이 근로관계의 단절로 인정되지 않을 경우에는 기본적으로 공백기간을 제외한 전후의 기간이 합산되어 계속근로기간이 산정되고, ② 단절로 인정될 경우에

---

4 노동부, 『비정규직법의 이해』, 2007. 한편, 기간제법 제4조 제1항 본문의 기간제근로자에 대한 2년 초과 사용금지 규정에 대하여 이는 기간제근로자들에게 정규직으로 전환되지 않는 한 2년을 초과하여 계속적으로 근무할 수 없도록 함으로써 직업선택의 자유, 근로의 권리를 침해하는 규정이라고 주장하면서 헌법소원청구를 제기한 사건이 있었다. 그러나 이 사건에서 헌법재판소는 동 규정은 기간제근로자로 2년을 근무하면 무기계약으로 전환하도록 하여 2년을 초과하는 기간제근로자 사용을 억제함으로써 이들의 고용불안을 해소하고 그 근로조건을 개선하기 위한 것이므로 그 입법목적과 수단이 정당하며, 기간제근로자의 무기계약 전환 유도를 통한 고용안정이나 근로조건의 개선은 중요한 공익인 반면, 기간제근로자가 심판대상조항으로 제한받게 되는 계약의 자유는 그것이 수인할 수 없을 정도로 심각한 것이라고는 볼 수 없으므로 그 제한도 중대하다고 볼 수 없다는 등을 근거로 기간제법 제4조 제1항 본문에 대한 헌법소원청구를 기각하였다[헌법재판소 2013.10.24. 2010헌마219·2010헌마265(병합) 결정].
5 대법원 2020.8.20. 2017두52153 판결; 대법원 1995.7.11. 93다26168 판결.

는 공백기간 이후부터 계속근로기간이 새롭게 기산될 것이다. 그리고 ③ 공백기간 자체도 근로관계의 계속으로 볼 수 있을 경우에는 그 공백기간도 계속근로기간에 포함된다. ④ 그 외에 반복하여 체결된 근로계약 간에 공백기간이 없다고 하더라도 계속근로관계가 단절된 것으로 평가되는 경우도 있다.

공백기간의 법적 평가와 판례는 그 판단기준으로, ① 공백기간을 둔 것이 기간제법 제4조 제2항의 적용을 잠탈하려는 사용자의 의도에 따른 것인지, ② 공백기간의 길이와 공백기간을 전후한 총사용기간 중 공백기간이 차지하는 비중, ③ 공백기간이 발생한 경위, ④ 공백기간을 전후한 업무내용 및 근로조건의 유사성, ⑤ 사용자가 공백기간 동안 해당 기간제근로자의 업무를 대체한 방식과 기간제근로자에 대해 취한 조치, ⑥ 공백기간에 대한 당사자의 인식, ⑦ 다른 기간제근로자들에 대한 근로계약 반복·갱신 관행 등을 들고 있다.[6]

판례를 들어 구체적 사례를 소개하면 다음과 같다.

먼저 기간제 근로계약을 갱신하는 중에 기간제법상의 2년 초과 사용금지 예외사유가 되는 근로계약기간이 일부 포함되어 있는 경우에 그 예외사유에 해당하는 기간 전후의 근로관계가 단절 없이 계속되었다고 평가되는 경우,[7] 또한 공백기간이 50여 일에 불과하고(총근무기간은 약 4년으로 그 기간 동안 5~6회 갱신체결함), 퇴사 시 사직서의 제출을 요구받지 않았으며 퇴직금을 지급받지 않았고, 구내식당 조리원으로서 계속해서 동일한 장소에서 동일한 업무를 담당하였으며, 공개채용 절차를 거쳤지만 매번 기존 근무자만 다시 채용되는 등 채용절차가 형식적인 것으로 판단되는 등의 경우[8]에는 공백기간(또는 예외사유)에 해당하는 기간을 제외한 전후의 근로기간을 합산하여 기간제법 제4조의 계속근로한 총기간을 산정하였다.

반면 2년의 근로계약기간 종료로 퇴사한 후 5개월간 실업급여를 지급받던 자가 회사에 다른 근로자의 퇴사 등 우연한 사정으로 인력수요가 발생되어 기존 퇴사자들 중 근로가 가능한 자를 채용하게 되었는데, 이때 약 10개월간 재고용되었다가 퇴사한 경우,[9] 약 23개월간 기간제로 근무한 도장공이 원청의 도장예산 삭감으

---

6 대법원 2018.6.19. 2017두54975 판결; 대법원 2019.10.18. 2016두60508 판결 등.
7 대법원 2018.6.19. 2017두54975 판결.
8 서울행정법원 2015.1.8. 2013구합63681 판결.
9 대법원 2019.10.18. 2016두60508 판결.

로 다수의 동종의 기간제근로자들과 함께 근로계약기간 만료 후 퇴직금 수령 등의 퇴직 절차를 거쳐 퇴직하였는데, 3개월 후 퇴직한 다수의 기간제근로자들 중 개인 추천으로 해당 도장공이 재고용되어 채용자 안전보건교육 등 신규절차를 거친 후 약 21개월간 근무하고 퇴사한 경우,[10] 전임자의 중도사직이라는 우연한 사정으로 긴급하게 1개월의 근로계약을 체결하면서 계약기간 중이라도 정규직이 선발되는 경우 계약이 자동 종료된다고 정한 후, 해당 근로자가 공개채용절차에 응시·선발되어 2년간 근무하고 퇴직한 경우[11] 등에서는 공백기간 전후의 근로계약을 사용자가 기간제법 제4조 제2항의 적용을 잠탈하려는 의도에 따른 것이라고 단정하기 어렵다고 보고 근로관계가 단절된 것으로 보았다.

또한 기간제법 시행 이전부터 법원은 갱신되거나 반복 체결된 근로계약 사이에 일부 공백기간이 있다 하더라도 그 기간이 전체 근로계약기간에 비하여 길지 아니하고 계절적 요인이나 방학기간 등 해당 업무의 성격에 기인하거나 대기기간·재충전을 위한 휴식기간 등의 사정이 있어 그 기간 중 근로를 제공하지 않거나 임금을 지급하지 않을 상당한 이유가 있다고 인정되는 경우에는 근로관계의 계속성은 그 기간에도 유지된다고 볼 수 있다는 태도를 취하였다.[12] 이는 주로 방학기간이 있는 학교나 학원 또는 계절적 영향이 큰 업무에 종사하는 기간제근로자의 경우에 해당된다.

한편, 근로계약기간의 단절 없이 근로관계가 계속되는 경우에도, 기간제 근로계약의 대상이 되는 업무의 성격, 기간제 근로계약의 반복 또는 갱신과 관련한 당사자들의 의사, 반복 또는 갱신된 기간제 근로계약을 전후한 기간제근로자의 업무 내용·장소와 근로조건의 유사성, 기간제 근로계약의 종료와 반복 또는 갱신 과정에서 이루어진 절차나 그 경위 등을 종합적으로 고려할 때 당사자 사이에 기존 기간제 근로계약의 단순한 반복 또는 갱신이 아닌 새로운 근로관계가 형성되었다고 평가할 수 있는 특별한 사정이 있는 경우에는 기간제근로자의 계속된 근로에도 그 시점에 근로관계는 단절된 것으로 되고, 그 결과 기간제법 제4조에서 말하는 '계

---

10 대법원 2019.10.17. 2016두63705 판결.

11 대법원 2020.8.27. 2017두61874 판결.

12 대법원 2006.12.7. 2004다29736 판결.

속근로한 총기간'을 산정할 때 그 시점을 전후한 기간제 근로계약기간이 합산되지 않는 것으로 판단된 사례도 있다.[13]

III. 예외

예외적으로 다음의 경우에는 2년을 초과하여 기간제근로자를 사용할 수 있다(기간제법 제4조 제1항 단서).

1. 사업의 완료 또는 특정한 업무의 완성에 필요한 기간을 정한 경우

이는 건설공사, 특정 프로그램 개발 또는 프로젝트 완수를 위한 사업 등과 같이 객관적으로 일정 기간 후 종료될 것이 명백한 사업 또는 특정한 업무에 관하여 그 사업 또는 업무가 종료될 것으로 예상되는 시점까지로 계약기간을 정한 경우를 말한다.[14] 그런데 사용자가 기간제법 제4조 제2항의 적용을 회피하고자 형식적으로 사업의 완료 또는 특정한 업무의 완성에 필요한 기간을 정한 근로계약을 반복갱신하여 체결하였으나 각 근로관계의 계속성을 인정할 수 있는 경우에는 이와 같은 예외에 해당한다고 할 수 없다. 이에 대한 판단은 각 근로계약이 반복갱신하여 체결된 동기와 경위, 각 근로계약의 내용, 담당 업무의 유사성, 공백기간의 길이와 발생 이유, 공백기간 동안 그 근로자의 업무를 대체한 방식 등 관련 사정이 종합적으로 고려되어야 한다.[15]

구체적으로는 기간제근로자가 프로젝트를 중복 또는 연속적으로 수행하여 2년을 초과하여 고용되더라도 그 프로젝트가 사업의 완료 또는 특정한 업무의 완성에 필요한 기간을 정하였고, 해당 업무의 완성을 위하여 전속적으로 고용되어 근로한

---

[13] 대법원 2020.8.20. 2017두52153 판결; 대법원 2020.8.20. 2018두51201 판결. 이 판결들은 초·중등교육법상 4년 범위 내에서 기간제 근로계약이 연장될 수 있는(초·중등교육법 제22조, 시행령 제42조 제5항) 영어회화 전문강사의 부당해고구제재심판정취소 사건에서 계속근로기간 산정이 문제 된 사안이다.

[14] 대법원 2017.2.3. 2016다255910 판결; 노동부, 『비정규직법의 이해』, 2007, 33면 참조.

[15] 대법원 2017.2.3. 2016다255910 판결.

경우,[16] 근로계약기간을 임원의 임기가 종료되는 날까지로 정하고, 직무 내용도 해당 임원 차량운전으로 특정하여 고용된 임원 차량 운전원의 경우[17] 등은 사용자가 2년을 초과하여 기간제근로자를 사용할 수 있는 예외로 인정된 사례가 있다.

반면, 특정한 사업 또는 프로젝트 등의 명칭을 불문하고 실질적으로는 사업의 성질상 장기적·지속적으로 추진되는 사업이거나,[18] 매년 일정기간 반복적으로 수행되는 사업[19] 또는 기간제근로자가 기간이 정해진 특정한 사업이나 업무 외에 일반적인 업무를 수행하거나, 일반적인 기간제 근로계약을 체결한 후 기간이 정해진 특정한 사업이나 프로젝트 지원 업무에 배치된 경우[20] 등은 '사업의 완료 또는 특정한 업무의 완성에 필요한 기간을 정한 경우'에 해당되지 않는 것으로 볼 수 있다.

2. 휴직·파견 등으로 결원이 발생하여 해당 근로자가 복귀할 때까지 그 업무를 대신할 필요가 있는 경우

이는 출산, 질병, 군입대 등으로 인한 휴직, 장기파견 근로자 등을 대신하여 해당 기간 업무공백을 막으려고 임시적으로 기간제근로자를 사용하는 것을 허용하려는 것이다.

그래서 해당 사유로 인한 업무공백에 따른 대체인력으로 기간제근로자를 고용한 목적과 달리 기간제근로자가 실제로는 다른 업무를 수행하였다면 이는 기간제법 제4조 제1항 제2호의 2년을 초과하여 사용할 수 있는 예외사유에 해당되지 않는다. 또한 이와 같은 예외사유가 소멸되었음에도 사용자가 계속해서 기간제근로자를 다른 일반 업무 등에 사용한 경우에는 해당 일반 기간제근로자로 근무한 기간에 대해서는 기간제법상의 2년 초과 사용금지 규정이 적용된다.

---

16 고용차별개선과-475, 2012.3.9.; 고용차별개선과-1472, 2016.7.26.

17 중앙노동위원회 2018.10.11. 중앙2018부해804 결정.

18 고용차별개선과-41, 2013.1.7.

19 예컨대, 고용노동부는 시티투어버스와 같이 매년 일정 기간 반복적으로 수행되는 사업에 채용된 기간제 운전원에 대해서 '사업의 완료 또는 특정한 업무의 완성에 필요한 기간을 정한 경우'로 볼 수 없는 것으로 해석하였다(고용차별개선과-2429, 2012.10.30.).

20 고용차별개선과-1672, 2017.7.11.

3. 근로자가 학업, 직업훈련 등을 이수함에 따라 그 이수에 필요한 기간을 정한 경우

학생이나 직업훈련생에게는 학위 또는 자격증을 취득한 이후의 취업이 중요하다. 따라서 근로자가 학업 또는 직업훈련을 이수하는 중에는 근로계약기간에 제한을 두지 않으려는 취지에서 이와 같은 예외사유를 두게 되었다. 즉, 학업 또는 직업훈련과 직업의 양립을 고려한 것이다.[21]

여기서 학업 이수나 자격증 취득 등과 관련하여 그것이 직무 관련 과목의 학업이나 자격증 이수에 한정되는 것인지, 주·야간 과정 모두 가능한지, 필요한 기간을 얼마로 정할지는 법에서 달리 정해진 바가 없다. 따라서 학업 이수와 자격증 취득 등에 관한 사항은 원칙적으로 사업(장)의 취업규칙 등에 반하지 않는 범위 내에서 당사자 간 근로계약 등으로 정할 수 있다.[22]

구체적 사례로 고용노동부는 기존의 기간제근로자가 대학원 박사학위 과정에 진학하게 되어 해당 학위과정 동안(약 3년) 학생연구원으로 다시 채용될 경우, 동 채용기간은 기간제법 제4조 제1항 제3호의 학위이수에 필요한 기간으로 인정될 수 있다고 해석하였다.[23] 반면에 기간제근로자가 재직 중에 회사의 학위과정 이수 허용 방침 등과는 무관하게 개인적으로 대학원에 진학하는 경우에는 이는 근로자로서 근무하는 것과는 전혀 관련이 없는 것이므로 기간제법상의 사용기간 제한의 예외에 해당되지 않는다고 보았다.[24]

직업훈련의 경우, 별도의 훈련약정을 체결하여 훈련요원 신분으로 교육에 참여하고 동 교육기간의 성적에 따라 이후 별도의 기간제 근로계약을 체결하기로 정해진 채용예정자 또는 직업훈련생 등이라고 하더라도 실질적으로 교육기간 중 근로를 제공하고 그 대가로 사용자가 임금을 지급한다면 해당 교육기간은 기간제법 제

---

21 노동부, 앞의 책, 33면 참조.
22 고용차별개선과−851, 2013.5.7. 참조. 한편, 동 해석에서 고용노동부는 해당 예외사유는 학업과 근로를 병행하도록 하고자 인정된 것이므로 '학업의 이수에 필요한 기간'의 의미는 학위(박사)를 취득할 때까지의 기간을 말하는 것이 아니라 수업을 듣는 동안을 의미한다고 보았다.
23 비정규직대책팀−334, 2008.2.18.
24 고용차별개선과−851, 2013.5.7.

4조 제1항 제3호의 직업훈련 이수에 필요한 기간으로 인정될 수 없다.[25] 즉, 기간제법 제4조 제1항 제3호에 해당하는 직업훈련기간인지 여부는 그 명칭 여하를 불문하고 해당 교육 또는 훈련기간이 실질적으로 직업훈련기간인지, 근로계약기간인지를 검토하여 판단해야 한다.

4. 고령자고용법상의 고령자와 근로계약을 체결하는 경우

이는 고령자에 대해서도 일반 근로자와 마찬가지로 2년 초과 시 기간의 정함이 없는 근로계약을 체결한 것으로 간주할 경우, 고령자에 대한 채용 자체가 기피되어 고령자에 대한 고용이 위축될 수 있다는 점을 고려한 것이다. 즉, 재취업이 어려운 조기퇴직자의 고용촉진을 위해 고령자에 대한 예외를 인정한 것이다.[26]

판례는 기간제법 제4조 제1항 제4호의 예외가 적용되는 고령자와의 근로계약은 사용자가 기간제 근로계약을 '최초로 체결할 당시' 근로자가 만 55세 이상인 경우이거나 기간제 근로계약을 '갱신할 당시' 근로자 연령이 만 55세 이상인 경우에 한하여 적용되는 것으로 해석하였다.[27] 그래서 최초 근로계약을 체결하거나 갱신하는 시점에서는 고령자에 해당하지 아니하였으나 근로계약기간 중 비로소 만 55세가 된 근로자는 사용기간 제한의 예외에 해당되지 않으므로 2년 초과 시 기간의 정함이 없는 근로자로 전환된다.

5. 전문적 지식·기술의 활용이 필요한 경우와 정부의 복지정책·실업대책 등에 따라 일자리를 제공하는 경우

이는 의사, 변호사 등 전문성과 직업능력이 높은 전문직종은 기간제한으로 보호할 필요성과 당위성이 상대적으로 낮고 취로사업, 자활사업, 공공근로사업 등 정부시책사업은 참여자들의 생활안정, 취업기회 제공 등이 주된 목적으로 일반적인

---

25 비정규직대책팀-2912, 2007.7.18. 참조.

26 대법원 2017.2.3. 2016두50563 판결; 노동부, 앞의 책, 33면 참조.

27 대법원 2013.5.23. 2012두18967 판결(1심인 서울행정법원 2011.12.2. 2011구합30694 판결의 결론 유지).

근로관계와 차이가 있으며, 예산으로 시행되는 사업의 성격상 사업기간에 맞추어 기간제로 사용할 필요가 있기 때문에 기간제법상의 기간제근로자에 대한 2년 초과 사용금지의 예외로 인정된 것이다.[28]

우선 제5호 중 '전문적 지식·기술의 활용이 필요한 경우'는 ① 박사학위(외국에서 받은 박사학위를 포함한다)를 소지하고 해당 분야에 종사하는 경우, ② 국가기술자격법상 기술사 등급의 국가기술자격을 소지하고 해당 분야에 종사하는 경우, ③ 변호사, 의사, 건축사 등 대통령령으로 정한 전문 직종에 종사하는 경우를 말한다(기간제법 시행령 제3조 제1항).

여기서 박사학위 소지자가 해당 분야에 종사한다고 볼 수 있으려면 직무 내용, 전문성, 업무 난이도 등을 고려하여 그 필요성이 있다고 보아 해당 분야 박사학위 소지자를 채용의 전제조건으로 하였거나 수행하는 직무에 박사학위 전공 분야의 전문지식을 활용하는 경우 등이 이에 해당할 수 있다.[29] 따라서 박사과정 중이거나 박사과정 수료자의 경우, 석사학위 소지자의 경우는 여기에 해당하지 않는다.[30] 또한 박사학위 소지자가 해당 전문분야와 무관한 업무에 종사할 경우에도 예외로 인정되지 않는다.

기술사 등급의 국가기술자격을 소지하는 경우에도 해당 분야에서 종사하는 경우가 아니라면 기간제근로자의 사용기간 제한의 예외에 해당하지 않는다. 그러나 '해당 분야의 직무'와 기술사 등급의 국가기술자격과는 '무관한 직무'를 겸하여 수행하고 있는 경우에도 기본적으로 '해당 분야의 직무'를 주된 직무로 하되 '무관한 직무'는 일시적·간헐적으로 수행하거나 업무 비중이 일부에 그치는 데 불과한 경우라면 기간제근로자 사용기간 제한의 예외에 해당할 수 있다.[31]

그리고 기간제법 시행령 제4조 제1항 제5호 중 '정부의 복지정책·실업대책 등에 따라 일자리를 제공하는 경우'로는 ① 고용정책 기본법, 고용보험법 등 다른 법령에 따라 국민의 직업능력 개발, 취업 촉진, 사회적으로 필요한 서비스 제공 등

---

28 노동부, 앞의 책, 33-34면 참조.

29 고용차별개선과-2469, 2015.12.9.

30 비정규직대책팀-2947, 2007.7.22.; 비정규직대책팀-2415, 2007.6.26.

31 고용차별개선과-1053, 2013.6.4.

을 위하여 일자리를 제공하는 경우, ② 제대군인 지원에 관한 법률 제3조에 따라 제대군인의 고용증진과 생활안정을 위하여 일자리를 제공하는 경우, ③ 국가보훈기본법 제19조 제2항에 따라 국가보훈대상자에 대한 복지증진, 생활안정을 위하여 보훈도우미 등 복지지원 인력을 운영하는 경우를 말한다(기간제법 시행령 제3조 제2항).

국가나 지방자치단체가 국민 또는 주민에게 제공하는 공공서비스는 그 본질적 특성상 사회적으로 필요한 서비스의 성격을 가지고 있다. 따라서 국가나 지방자치단체가 그 공공서비스를 위하여 일자리를 제공하는 경우에 이와 같은 예외에 해당하는지는 해당 사업의 시행 배경, 목적과 성격, 사업의 한시성이나 지속가능성 등여러 사정을 종합적으로 고려하여 판단해야 한다.[32]

6. 그 밖에 합리적인 사유가 있는 경우로 대통령령이 정하는 경우

기간제법 제4호 제1항 제6호에 따라 동법 시행령 제3조 제3항에서는 2년을 초과하여 기간제근로자를 사용할 수 있는 경우에 대하여 다음과 같이 정하고 있다.

① 다른 법령에서 기간제근로자의 사용기간을 법 제4조 제1항과 달리 정하거나 별도의 기간을 정하여 근로계약을 체결할 수 있도록 한 경우,[33] ② 국방부장관이 인정하는 군사적 전문적 지식·기술을 가지고 관련 직업에 종사하거나 대학(교)에서 안보 및 군사학 과목을 강의하는 경우,[34] ③ 특수한 경력을 갖추고 국가안전보

---

32 대법원 2012.12.26. 2012두18585 판결; 대법원 2016.8.18. 2014다211053 판결('방과 후 학교 학부모 코디네이터(전담보조인력)' 사업에 따른 방과 후 학교 학부모 코디네이터 채용계약은 기간제법 제4조 제1항 제5호의 예외사유에 해당한다).

33 구체적으로 다른 법령에서 별도의 근로계약기간을 정한 것으로는 병역법 제39조(전문연구요원 및 산업기능요원의 복무)에 규정된 전문연구요원(병역특례자)의 의무복무기간 3년에 따라 그 기간 근로계약을 체결한 경우(차별개선과-59, 2008.3.10.), 「교육공무원법」·「사립학교법」 등에 의거 기간제 교원의 임용기간을 3년 범위 내에서 연장한 경우 등(차별개선과-1974, 2008.10.21.; 비정규직대책팀-2838, 2007.7.13.)이 예외로 인정된다.

34 기간제법 시행령 제3조 제3항 제2호의 군 관련 직업은 전투력을 창출하는 고도의 전문직위여서 군 경력 및 군사적 지식 보유가 필수적인 경우를 말하는 것으로, 무기계약근로자 등 인사관리 훈령(국방부훈령 제1245호) [별표1]에서 정하는 분야의 종사자를 의미한다고 해석된다. 예를 들면, 군 전임교수, BCTP(전투지휘훈련) 교관, 학군단 교관, 해군력발전연구위원, 해군 군사학술용역연구관, 항공력발전연구위원, 공군훈련통제장교요원 등이 이에 해당한다(고용평등정책과-66, 2011.1.7.).

장, 국방·외교 또는 통일과 관련된 업무에 종사하는 경우,[35] ④ 고등교육법 제14
조에 따른 강사, 조교의 업무, 고등교육법 시행령 제7조에 따른 명예교수, 겸임교
원, 초빙교원 등의 업무에 종사하는 경우,[36] ⑤ 통계법 제22조에 따라 고시한 한국
표준직업분류의 대분류 1과 대분류 2 직업에 종사하는 자의 소득세법 제20조 제1
항에 따른 근로소득(최근 2년간의 연평균 근로소득을 말한다)이 고용노동부장관이 최근
조사한 고용형태별 근로실태조사의 한국표준직업분류 대분류 2 직업에 종사하는
자의 근로소득 상위 100분의 25에 해당하는 경우,[37] ⑥ 근로기준법 제18조 제3항
에 따른 1주 동안의 소정근로시간이 뚜렷하게 짧은 단시간근로자를 사용하는 경
우,[38] ⑦ 국민체육진흥법 제2조 제4호에 따른 선수와 같은 조 제6호에 따른 체육
지도자 업무에 종사하는 경우,[39] ⑧ 국공립연구기관 등 각종 연구기관에서 연구업

---

35 기간제법 시행령 제3조 제3항 제3호는 전문적 지식·기술과 경력을 갖춘 자가 국가안전보장 등의 고도
의 기밀을 요하는 업무에 종사하는 경우에 업무의 안정적 수행을 보장하려는 취지를 가진 규정으로, 국방부
및 관련 기관(한국국방연구원, 방위사업청 등), 외교통상부 및 관련 기관(외교안보연구원 등), 통일부 및 관련
기관(남북회담본부 등)에서의 특수 경력 종사자가 이에 해당될 수 있으며, 구체적으로는 업무의 성격과 내용
에 따라 판단해야 한다(고용평등정책과-66, 2011.1.7.).
36 이는 기간제근로자로 근무하는 대학 시간강사, 연구원 등의 경우 대학 강의와 연구과제 수행기간이 2년
을 초과하는 때에도 기간제법상의 2년 사용기간 제한 규정을 적용하면 정규직으로 전환되기보다는 대다수가
실직되므로, 고용안정과 대학 강의 및 연구과제의 안정적 수행을 위하여 이들의 업무를 기간제근로자 사용기
간 2년 제한의 예외 사유에 포함시킨 것이라고 할 수 있다(광주고등법원 2015.8.27. 2015누5558 판결 참조).
37 기간제법 시행령 제3조 제3항 제5호에서 특정 업무에 종사하는 근로자 중 일정 금액 이상의 근로소득이
있는 경우를 사용기간 제한의 예외로 규정한 것은 그러한 근로자들은 사용자에 대한 교섭력이 있는 경우가
많아 기간제법에 따른 보호가 꼭 필요하지 않을 수 있기 때문으로 해석된다.
38 근로기준법 제18조 제3항에 의거 1주간의 소정근로시간이 현저히 짧은 단시간근로자란 4주 동안(4주
미만으로 근로하는 경우에는 그 기간)을 평균하여 1주 동안의 소정근로시간이 15시간 미만인 근로자를 의미
한다. 이와 같은 초단시간근로자는 주로 탄력적인 인력 운용을 위해 임시적·일회적으로 고용되거나 근로자
입장에서도 효율적으로 시간을 활용하면서 근무하는 경우가 많기 때문에 이러한 근로자를 2년 초과근무하였
다는 이유로 무기계약직으로 전환하는 것은 부적절하다고 할 수 있다.
　한편, 초단시간근로자로서 기간제 근로계약을 체결하였다가 해당 근로관계가 종료된 이후에 새로이 기간
제법 제4조 제1항 단서에 해당되지 않는 일반 기간제 근로계약을 체결한 경우에 초단시간근로자로 근무한 기
간은 기간제법 제4조 제2항의 '2년'에 포함되지 않는다(대법원 2014.11.27. 2013다2672 판결).
39 국민체육진흥법 제2조 제4호에 따른 선수는 경기단체에 선수로 등록된 자를 의미하고, 동조 제6호에 따
른 체육지도자는 학교·직장·지역사회 또는 체육단체 등에서 체육을 지도할 수 있도록 동법에 따라 스포츠지
도사, 건강운동관리사, 장애인 스포츠지도사, 유소년 스포츠지도사, 노인 스포츠지도사 어느 하나에 해당하는
자격을 취득한 사람을 말한다. 선수는 선수로서 활동할 수 있는 기간이 사실상 길지 않기 때문에 근로계약기
간이 2년이 초과되었다는 사실만으로 무기계약직으로 전환하는 것은 부적절한 직군이라고 할 수 있고, 체육지
도자는 지도자 개인의 역량이 선수 육성, 경기실적 등에 미치는 영향이 매우 지배적이며, 업무의 성격상 지도
자의 능력과 성과에 따라 인력 운영이 탄력적으로 이루어져야 할 필요성이 큰 직업군이라는 점에서 기간제법

무에 직접 종사하는 경우 또는 실험·조사 등을 수행하는 등 연구업무에 직접 관여하여 지원하는 업무에 종사하는 경우[40] 등이다.

이와 같이 기간제법 제4조 제1항 제6호에서는 고용환경 변화에 따라 탄력적으로 대통령령에서 예외적인 경우를 정할 수 있도록 하되 1호에서 5호에 준하는 정도의 합리적인 이유가 있는 경우에만 가능하도록 규정하고 있다.[41]

그러나 앞에서 살펴본 바와 같이 법령에 광범위한 예외가 인정되고, 해석에 따라 그 범위가 추가로 확대될 가능성이 있어 기간제보호의 요체인 2년 초과 사용금지원칙이 훼손될 우려가 많으므로 이 점에 대해서는 입법론적 재고가 요청된다. 기간제법 적용 예외 범위의 해석과 관련해서는 법의 취지를 감안하여 엄격하게 제한적으로 해석될 필요가 있다.

IV. 기간제한 위반의 효과

기간제근로자의 사용기간에 대한 제한을 위반하면 이른바 무기고용이 간주된다. 즉, 사용자가 2년을 초과하여 사용할 수 있는 사유가 없거나 소멸되었음에도 2년을 초과하여 기간제근로자로 사용하면 그 기간제근로자는 기간의 정함이 없는 근로계약을 체결한 근로자로 본다(기간제법 제4조 제2항).

다만 현행법에서는 2년 초과 사용 시 기간의 정함이 없는 근로자로 간주된다는 내용 외에 근로조건에 대해서는 아무런 정함이 없어 이들의 근로조건 또한 다른

상의 사용기간 제한의 예외로 규정되었다고 할 수 있다(중앙노동위원회 2016.10.4. 중앙2016부해739 참조).

40 각종 연구기관에는 ① 국공립연구기관, ② 정부출연연구기관 등의 설립·운영 및 육성에 관한 법률 또는 과학기술분야 정부출연연구기관 등의 설립·운영 및 육성에 관한 법률에 따라 설립된 정부출연연구기관, ③ 특정연구기관 육성법에 따른 특정연구기관, ④ 지방자치단체출연 연구원의 설립 및 운영에 관한 법률에 따라 설립된 연구기관, ⑤ 공공기관의 운영에 관한 법률에 따른 공공기관의 부설 연구기관, ⑥ 기업 또는 대학의 부설 연구기관, ⑦ 민법 또는 다른 법률에 따라 설립된 법인인 연구기관이 해당된다(기간제법 시행령 제3조 제3항 제8호 가목에서 사목).

동 예외에 해당하는 연구원 및 연구지원업무는 "연구업무에 직접 종사하는 경우 또는 실험·조사 등을 수행하는 등 연구업무에 직접 관여하여 지원하는 업무에 종사하는 경우"에만 사용기간제한의 예외에 해당되므로 모든 연구인력을 그 명칭만으로 판단해서는 안 되며, 실제 수행하는 주된 업무를 기준으로 사용기간제한의 예외 해당 여부를 개별 판단하여야 한다(고용차별개선과-1590, 2015.8.31.).

41 노동부, 앞의 책, 34면.

정규직 근로자와 동일하게 변경되는 것인지가 문제 된다. 이에 대해서는 무기고용 간주의 경우에도 기존의 근로조건이 그대로 유지된다고 보는 견해와 사업장 내에서 동종 유사한 업무에 종사하는 정규직 근로자와 동등한 근로조건이 보장되어야 한다는 견해의 대립이 있을 수 있다.

판례는 "기간의 정함이 없는 근로계약을 체결한 것으로 간주되는 근로자의 근로조건에 대하여는, 해당 사업 또는 사업장 내 동종 또는 유사한 업무에 종사하는 기간의 정함이 없는 근로계약을 체결한 근로자가 있을 경우 달리 정함이 없는 한 그 근로자에게 적용되는 취업규칙 등이 동일하게 적용된다."라고 판시함으로써[42] 기본적으로 후자의 견해를 취했다고 볼 수 있다. 다만, 판례는 '달리 정함이 없는 한'이라는 단서를 달아 예컨대 해당 사업 또는 사업장에서 기간제근로자에서 기간의 정함이 없는 근로자로 전환된 근로자들, 이른바 무기계약직 근로자들에게 기존의 정규직과 구별해 적용하는 별도 취업규칙 등을 두고 있다면 해당 취업규칙이 적용될 수 있다고 본다.

Ⅴ. 무기계약 체결 시 기간제근로자에 대한 우선 고용 의무

사용자는 기간의 정함이 없는 근로계약을 체결하고자 하는 경우에는 해당 사업 또는 사업장의 동종 또는 유사한 업무에 종사하는 기간제근로자를 우선적으로 고용하도록 노력하여야 한다(기간제법 제5조).

---

[42] 대법원 2019.12.24. 2015다254873 판결. 동 판결은 기간제에서 무기계약으로 전환된 근로자에게 기존 동종 또는 유사한 업무에 종사하는 정규직 근로자들에게 적용되던 사용자의 취업규칙이 적용된다고 판단하고 동 취업규칙에 따라 기존 정규직 근로자들과 동일한 호봉 정기승급 및 각 임금 항목의 차액 지급을 인정한 사례이다.

제4절
기간제근로자의 고용보호

I. 기간만료와 근로관계의 종료

근로계약기간을 정한 근로계약 당사자 사이의 근로관계는 특별한 사정이 없는 한 그 기간이 만료함에 따라 당연히 종료된다.[43] 그러므로 사용자는 기간만료 시 근로관계를 종료하고자 해고 그 밖에 별도 조치를 취할 필요는 없으며, 만약 기간 만료의 통지 등을 한 경우에도 이는 의사표시가 아니고 사실의 통지에 불과하다.

기간제 근로계약이 만료되면 근로자는 특별한 경우가 아닌 한 대부분 계속 고용을 원하지만, 근로관계의 존속에 관한 주도권은 일방적으로 사용자에게 귀속된다. 즉, 사용자는 계속 고용을 원하는 근로자에 대해서는 기간제 계약을 갱신하여 근로관계를 존속시키는 한편, 계속 고용을 원하지 않는 근로자에 대해서는 기간만료를 주장함으로써 근로관계를 종료시킬 수 있다. 이러한 힘의 불균형은 기간제근로자의 종속성을 더욱 강화하므로 기간제근로자는 근로조건, 복지 및 노동조합 활동 등 노동관계의 전반에서 정규직 근로자에 비해 열악한 지위에 처하기 쉽다.

II. 갱신거절 제한에 관한 법리

판례는 기간제법 제정 이전부터 기간제 근로계약에서 사용자의 갱신거절을 제한하고자 하였다. 기간제법은 지금까지도 갱신거절을 일정한 한도에서 제한하는 규정을 두지 않았으며, 그 결과 기간제근로자에 대한 갱신거절의 제한에 관한 법리는 판례에 따라 이루어지고 있다.

판례는 계약기간이 형식에 불과한 경우 또는 갱신기대권이 인정되는 경우에는

---

43 대법원 1996.8.29. 95다5783 전원합의체 판결; 대법원 1998.1.23. 97다42489 판결; 대법원 1998.5.29. 98두625 판결; 대법원 2010.6.24. 2007다31471 판결 등.

기간의 법률효과는 부인하고 해고제한법리를 적용하는 방식으로 발전해 왔다. 한 때 기간제법 시행 이후에도 판례의 갱신기대권 법리가 여전히 적용되는지에 관한 논란이 있었으나, 판례는 이를 적극적으로 해석해[44] 현재는 논의의 실익이 없다. 마찬가지로 기간제법상 사용기간 제한의 적용제외(제4조 제1항 단서)에 해당하는 경우에도 갱신기대권 법리는 여전히 적용된다.[45]

1. 기간이 형식에 불과한 경우

우선 판례는 이른바 근로계약기간의 정함이 형식에 불과한 것으로 인정될 때에는 사실상 기간의 정함이 없는 근로계약과 다를 바 없다고 보고, 이러한 경우에 사용자가 정당한 사유 없이 갱신계약의 체결을 거절하는 것은 해고와 마찬가지로 무효로 된다고 보고 있다.

기간이 형식에 불과한 경우로 판례는 '장기간에 걸쳐서 근로계약기간이 반복 갱신'된 경우[46]와 계약서의 문언과 달리 실질적으로 기간이 형식으로 해석되는 경우를 상정하고 있다. 후자의 경우 근로계약서의 내용과 근로계약이 이루어지게 된 동기와 경위, 기간을 정한 목적과 당사자의 진정한 의사, 동종의 근로계약 체결방식에 관한 관행 그리고 근로자보호법규 등을 종합적으로 고려하여 판단한다.[47]

2. 갱신기대권이 인정되는 경우

판례는 근로계약기간의 정함이 형식에 불과한 경우가 아니라고 하더라도 근로자에게 근로계약의 갱신에 대한 정당한 기대권이 있는 경우에는 사용자가 이를 위

---

44 대법원 2014.2.13. 2011두12528 판결; 대법원 2014.2.13. 2013다51674 판결; 대법원 2014.3.13. 2012 다94179 판결 등. "기간제법의 시행으로 사용자가 2년의 기간 내에서 기간제근로자를 사용할 수 있고, 기간 제근로자의 총사용기간이 2년을 초과할 경우 그 기간제근로자가 기간의 정함이 없는 근로자로 간주되더라도, 위 규정들의 입법 취지가 기본적으로 기간제 근로계약의 남용을 방지함으로써 근로자의 지위를 보장하려는 데에 있는 점을 고려하면, 기간제법의 시행만으로 그 시행 전에 이미 형성된 기간제근로자의 갱신에 대한 정 당한 기대권이 배제 또는 제한된다고 볼 수는 없다."
45 대법원 2017.2.3. 2016두50563 판결.
46 대법원 1994.1.11. 93다17843 판결.
47 대법원 1998.5.29. 98두625 판결.

반하여 부당하게 근로계약의 갱신을 거절하는 것은 부당해고와 마찬가지로 무효라고 본다.[48] 이 경우 기간만료 후 근로관계는 종전의 근로계약이 갱신된 것과 동일하다고 판단한다.

근로자에게 갱신기대권이 인정되는 경우는 우선 '일정한 요건이 충족되면 근로계약이 갱신된다는 취지의 규정'을 둔 경우이다. 이는 근로자가 일정한 요건을 충족하면 사용자가 재량을 행사할 여지 없이 당연히 근로계약이 갱신된다는 내용의 조항을 의미한다고 할 수 있다.

다음으로 그러한 규정이 없더라도 '근로계약의 내용과 근로계약이 이루어지게 된 동기와 경위, 계약 갱신의 기준 등 갱신에 관한 요건이나 절차의 설정 여부와 그 실태, 근로자가 수행하는 업무의 내용 등 해당 근로관계를 둘러싼 여러 사정을 종합하여 볼 때 근로계약 당사자 사이에 일정한 요건이 충족되면 근로계약이 갱신된다는 신뢰관계가 형성되어 있는 경우'에도 근로계약 갱신의 정당한 기대권이 인정될 수 있다.

기간제근로자에게 근로계약 갱신기대권이 인정되는 경우에도 사용자는 합리적 이유가 있으면 그 계약의 갱신을 거절할 수 있다. 여기서 갱신거절에 합리적 이유가 있는지는 사업의 목적과 성격, 사업장 여건, 근로자의 지위와 담당 직무의 내용, 근로계약 체결 경위, 근로계약의 갱신에 관한 요건이나 절차의 설정 여부와 그 운용 실태, 근로자에게 책임 있는 사유가 있는지 등 당해 근로관계를 둘러싼 여러 사정을 종합하여 갱신거부의 사유와 그 절차가 사회통념에 비추어 볼 때 객관적이고 합리적이며 공정한지를 기준으로 판단한다.[49] 이때 합리적 이유에 대한 증명책임은 사용자에게 있다.

구체적으로 갱신거절의 합리적 이유로 인정된 사례로는 '취업규칙에 근무실태와 근무평가 등의 내용을 종합평가하여 재계약된다는 내용이 기재되어 있고, 55세 이후에 입사하여 갱신거절된 경비근로자들이 순찰미실시, 근무지이탈, 불친절한 언행 등으로 근무평정에서 낮은 점수를 받은 경우',[50] '단체협약 또는 계약직 사원 평가 및 재계약 기준에 의거하여 매년 계약직 근로자들의 실적(목표 달성률)을 반영

---

48 대법원 2011.11.10. 2010두24128 판결.

49 대법원 2012.6.14. 2010두8225 판결; 대법원 2017.10.12. 2015두44493 판결 등 참조.

50 서울행정법원 2020.8.21. 2019구합6130 판결(대법원 2021.10.28. 2021두45114 판결로 확정).

한 정량적 평가, 행정업무처리 숙련도, 정성적 평가 등을 종합한 근무성적평가로 하위 5%에 해당하는 근로자들을 제외한 대부분 근로자를 재계약하는 회사에서, 근로계약 3년 동안의 목표 달성률(실적평가)이 계약직 근로자들 중 최하위이고, 정성적 평가를 합산한 종합평가 순위에서도 최하위로 재계약 제외 대상자(하위 5%)에 해당한 경우'[51] 등이 있다.

반면 '용역업체 변경 시 고용승계가 관행화되어 있는 상황에서 새로운 용역업체 사용자가 종전 용역업체에서 근무하던 일부 계약직 근로자들을 조직인화 저해, 전문지식 부족 등 업무적합성의 문제가 있다는 이유로 고용승계를 거부하였으나 이를 인정할 만한 증거가 없는 경우',[52] '근로계약 갱신 여부를 심사하기 위한 자료로 활용된 '상황일지'가 상당 기간 기록이 누락되어 있고, 심사항목 중 일부는 평가자의 자의적 평가가 개입될 여지가 있을 뿐만 아니라 일부 심사항목은 심사 대상자 전원에 대하여 일률적으로 적용되지 않는 등 그 심사의 객관성·공정성이 결여되었다고 볼 수 있는 경우',[53] '2년 단위의 위촉계약을 체결하고 있는 교양악단 단원들에 대해서 사용자는 정기평정을 통한 재위촉절차를 거부하고 공개전형을 실시하여 대규모 단원의 재위촉을 거절하였는데, 대규모 재위촉을 거부할 만한 경영상 또는 운영상 필요가 부족하고, 전형 방법과 응시자격을 변경하는 공개전형을 실시하면서도 단원들과 사전 동의나 협의 절차 없이 시행한 경우'[54] 등의 사례에서는 갱신거절에 대한 합리적 이유가 인정되지 않았다.

한편 갱신전환기대권을 인정하여 해고제한법리의 적용을 시도한 판결례가 있다.[55] 예컨대 계약기간이 만료될 무렵 인사평가 등을 거쳐 일정한 요건이 충족되면 기간의 정함이 없는 근로자로 전환된다는 취지의 규정을 두고 있거나 그러한 규정이 없더라도 제반 사정을 고려하여 일정한 요건이 충족되면 기간의 정함이 없는 근로자로 전환된다는 신뢰관계가 형성된 경우에 이를 위반하여 합리적 이유 없이 기간의 정함이 없는 근로자로의 전환을 거절하며 근로계약의 종료를 통보하더라

51 대법원 2011.7.28. 2009두5374 판결.
52 대법원 2021.4.29. 2016두57045 판결.
53 대법원 2011.4.14. 2007두1729 판결.
54 대법원 2017.10.12. 2015두44493 판결.
55 대법원 2016.11.10. 2014두45765 판결.

도 부당해고와 마찬가지로 효력이 없다고 보고 있고, 그 이후 근로관계는 기간의 정함이 없는 근로자로 전환된 것과 동일하다고 본다.

3. 갱신거절과 서면 통지

합리적 이유 없는 갱신거절에 대하여 판례는 해고법리를 적용해 제한하지만 해고사유와 해고시기를 서면으로 통지하여야 그 효력이 있다고 규정하는 근로기준법 제27조가 적용되는지에 대해서는 달리 취급하고 있다. 즉, 판례는 기간제 근로계약이 종료된 후 갱신거절의 통보를 하는 경우에까지 근로기준법 제27조를 준수하도록 예정하였다고 보기 어렵다고 본다.[56]

---

[56] 대법원 2021.10.28. 2021두45114 판결.

제25장
파견근로자의 보호

제1절
근로자파견의 의의

I. 근로자파견의 개념

파견법상 '근로자파견'은 "파견사업주가 근로자를 고용한 후 그 고용관계를 유지하면서 근로자파견계약의 내용에 따라 사용사업주의 지휘·명령을 받아 사용사업주를 위한 근로에 종사하게 하는 것"(제2조 제1호)을 말한다. 여기서 근로자파견사업을 행하는 자가 파견사업주이고(제2조 제3호), 파견사업주와 근로자파견계약을 체결하고 파견근로자를 실제로 사용하는 자가 사용사업주이며(제2조 제4호), 근로자파견을 목적으로 파견사업주와 근로계약을 체결하고 사용사업주에 의해 사용되는 자, 즉 근로자파견의 대상이 되는 자가 파견근로자이다(제2조 제5호). 그리고 이러한 근로자파견을 '업(業)'으로 행하는 것이 '근로자파견사업'이다(제2조 제2호).

근로자파견에서는 파견근로자와 파견사업주, 사용사업주 3자 간의 관계가 발생하는데, 이를 근로자파견관계라고 한다. 근로자파견관계는 아래 그림과 같이 고용관계와 사용관계의 분리를 핵심으로 한다. 즉, 고용관계는 파견사업주와 파견근로자 사이에 약정·유지되는 반면, 사용관계인 지휘명령관계는 사용사업주와 파견근로자 사이에 근로자파견기간에 한해 유지된다.

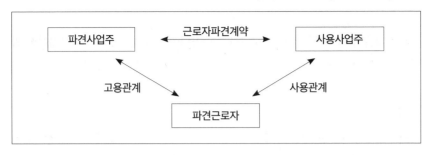

근로자파견관계

파견사업주 ←── 근로자파견계약 ──→ 사용사업주

고용관계   사용관계

파견근로자

　이러한 근로자파견은 일의 완성이나 서비스 제공, 사무처리의 위탁을 약정하는 계약인 도급·용역·위임 등과 유사한 형태로 운영되기도 한다. 그러나 근로자파견에서는 근로자가 고용계약관계에 있는 파견사업주가 아닌 사용사업주의 업무 지휘·명령을 받는 반면 도급·용역·위임 계약에서는 수급인 또는 수임인이 독자적으로 일의 완성이나 서비스 제공, 위탁받은 사무처리 등을 수행하므로 도급·용역·위임 계약상의 업무를 수행하는 근로자는 수급인 또는 수임인과 근로계약을 체결하고 동시에 그 지휘·명령을 받는다는 점에 차이가 있다. 판례는 파견과 도급을 구별하는 상세한 판단기준을 법리로 제시하나, 이를 따르더라도 현실에서 파견과 도급을 구별하기는 쉽지 않다(상세한 내용은 후술).

　또한 실무적으로 계열사나 업무거래처 등 관계사 간에 행해지는 전출이나 출장 파견도 근로자가 원래 기업과 고용관계를 유지하면서 타 기업에서 근로를 제공한다는 점에서 근로자파견과 유사하다. 그러나 관계사 간 전출이나 출장 파견은 기업의 인사관리차원에서 행해진다는 점에서 근로자파견을 '업'으로 하는 근로자파견과는 구분된다. 판례는 파견법의 적용대상인 '근로자파견을 업으로 하는 자'에 해당하는지는 근로자파견 행위의 반복·계속성, 영업성 등의 유무와 원고용주의 사업 목적과 근로계약 체결의 목적, 근로자파견의 목적과 규모, 횟수, 기간, 태양 등 여러 사정을 종합적으로 고려하여 사회통념에 따라 판단하여야 한다고 밝히고 있다.[1]

1　대법원 2022.7.14. 2019다299393 판결. 이 판결은 전출은 외부 인력이 사업조직에 투입된다는 점에서 파견법상 근로자파견과 외형상 유사하더라도 그 제도의 취지와 법률적 근거가 구분된다는 전제에서, 전출에 따른 근로관계에 대하여 외형상 유사성만을 이유로 원소속 기업을 파견법상 파견사업주, 전출 후 기업을 파견

II. 근로자파견사업의 합법화

파견법은 엄밀하게 말하면 근로자파견이 아니라 근로자파견사업을 합법화한 법률이다. '업'으로 행하지 않는 근로자파견, 즉 사외파견과 같이 비사업적 근로자파견은 파견법 제정 이전부터 합법적으로 행해져 왔고 지금도 파견법의 적용 대상이 아니다.

근로자파견사업은 파견법 제정(1998.2.20. 법률 제5512호) 이전에는 직업안정법상 근로자공급사업의 하나였다. 다만 근로자공급사업은 근로기준법에서 금지하는 중간착취 등 근로자 보호에 문제가 발생할 수 있어 엄격하게 규제되었다.[2] 직업안정법상 근로자공급사업은 '공급계약에 의하여 근로자를 타인에게 사용하게 하는 사업'을 말한다. 근로자공급사업은 자신이 고용하거나 사실상 지배하는 근로자를 타인에게 사용하게 하는 것이기 때문에 원칙적으로 근로자파견사업을 포함하는 개념이지만, 파견법 제정을 계기로 근로자파견사업은 근로자공급사업에서 제외되었다(직업안정법 제2조의2 제7호 참고). 결국 현재 직업안정법상 근로자공급사업으로 규제되는 것은 공급사업주와 근로자 사이에 고용관계 없이 사실상 지배관계만이 존재하는 상태에서 근로자를 타인에게 공급하는 경우만 해당된다.

원래 정부는 1993년 근로자파견사업의 합법화를 위한 법률안을 마련한 바 있으나, 노동계의 강한 반대에 부딪혀 입법화를 하지 못하고 있었다. 그 후 1998년 2월 9일 IMF 금융위기를 극복하고자 노사정 사이에 체결된 '경제위기 극복을 위한 사회협약' 및 그에 따라 제정된 파견법으로 합법화된다.

근로자파견사업의 합법화는 노동시장의 유연화와 활성화라는 측면에서는 긍정적 효과가 있으나 사용자책임 회피로 인한 파견근로자 보호에서 취약성, 표준적 고용관계의 약화로 인한 노동시장 전반에의 부정적 영향, 간접고용 확대로 인한 산업안전과 책임의 분산 등 여러 문제점이 있어 대다수 국가에서 제한적으로 합법

법상 사용사업주의 관계로 파악하는 것은 상당하지 않고, 여러 사정을 종합적으로 고려하여 신중하게 판단하여야 한다고 밝히고 있다.

2 근로자공급사업은 고용노동부장관의 허가를 받아야만 할 수 있다. 국내 근로자공급사업은 노동조합만이, 국외 근로자공급사업은 국내에서 제조업·건설업·용역업 기타 서비스업을 행하는 자만이 고용노동부장관의 허가를 얻을 수 있다(직업안정법 제33조 참조).

화되고 있다. 우리나라의 파견법 역시 근로자파견의 대상업무와 사용기간을 제한하고 허가제를 병행하는 제한적 합법화의 한 유형이다.

III. 파견근로자의 보호

파견법은 근로자파견사업의 적정한 운영을 도모하고 파견근로자의 근로조건 등에 관한 기준을 확립하여 파견근로자의 고용안정과 복지증진에 이바지하고 인력수급을 원활하게 함을 목적으로 한다(제1조). 즉 '파견근로자의 고용안정과 복지증진' 등 파견근로자의 보호가 법의 주요한 목적이고, 이를 위한 정책적 수단으로 '근로자파견사업의 적정한 운영을 도모하고 파견근로자의 근로조건 등에 관한 기준을 확립'하고자 한다.

우선 근로자파견사업의 적정한 운영, 즉 근로자파견사업을 합법화하면서도 근로자파견 사용의 남용을 방지하고 파견근로자의 고용을 보호하고자 여러 가지 제도적 장치를 두고 있다. 첫째, 근로자파견의 대상 업무를 제한한다. 대상업무는 근로자파견이 상시적으로 허용되는 업무, 일시적·간헐적으로만 허용되는 업무 그리고 어떠한 경우라도 허용되지 않는 업무(절대금지업무)로 나눌 수 있다. 둘째, 파견기간을 제한한다. 상시 허용대상 업무는 최장 2년, 일시적으로 허용되는 경우는 최장 6개월이다. 셋째, 근로자파견사업은 허가제로 운영한다. 넷째, 대상 업무와 파견기간, 허가제를 위반한 근로자파견의 경우에 사용사업주는 직접고용의무를 진다.

다음으로 파견근로자의 근로조건 등에 관한 기준을 확립하려는 주요 내용은 다음과 같다. 첫째, 근로자파견계약의 당사자는 법정 사항을 포함하는 근로자파견계약을 서면으로 체결해야 한다. 둘째, 파견사업주와 사용사업주는 파견근로자를 차별해서는 안 된다. 셋째, 파견사업주와 사용사업주는 파견근로자의 복리 증진과 보호를 위해 각자 필요한 조치를 강구해야 한다. 넷째, 파견법의 적용에서 원칙적으로 파견사업주와 사용사업주를 함께 근로기준법상 사용자로 본다.

제2절
근로자파견사업의 적정한 운영

I. 파견대상업무의 제한

파견법에서는 근로자파견이 전 업무에 걸쳐 무분별하게 남용되어 근로자들의 고용불안이 확대되는 것을 막기 위해 근로자파견의 대상업무를 제한하고 있다. 이를 위해 법에서는 상시적으로 근로자파견이 허용되는 업무와 일시적으로 허용되는 경우 그리고 절대금지업무를 정하고 있다. 이러한 파견대상업무의 제한은 파견사업주뿐만 아니라 사용사업주에게도 적용되며(제5조 제5항), 위반 시 벌칙이 적용된다(제43조 제1호).

우선 상시적으로 근로자파견이 허용되는 업무는 '제조업의 직접생산공정업무를 제외하고 전문지식·기술·경험 또는 업무의 성질 등을 고려하여 적합하다고 판단되는 업무로서 대통령령으로 정하는 업무'(제5조 제1항)이다. 이에 근거하여 같은 법 시행령 제2조 제1항 관련 [별표1]에서는 32개 파견대상업무를 명시적으로 열거하고 있다.[3] 이처럼 파견법에서는 법에서 열거하는 업무에 한하여 근로자파견을 허

---

[3] 1998년 파견법이 제정될 당시 파견허용대상업무는 26개였으나 2007년도 법 개정 시 32개로 확대되었다. 구체적으로 파견법 시행령 제2조 제1항 [별표1]에 따른 32개 대상 업종은 다음과 같다(2019.10.29. 개정 기준). 컴퓨터 관련 전문가의 업무/행정, 경영 및 재정 전문가의 업무(행정 전문가의 업무는 제외)/특허 전문가의 업무/기록 보관원, 사서 및 관련 전문가의 업무(사서의 업무는 제외)/번역가 및 통역가의 업무/창작 및 공연예술가의 업무/영화, 연극 및 방송 관련 전문가의 업무/컴퓨터 관련 준전문가의 업무/기타 전기공학 기술공의 업무/통신 기술공의 업무/제도 기술 종사자, 캐드 포함의 업무/광학 및 전자장비 기술 종사자의 업무(보조 업무에 한정. 임상병리사, 방사선사, 기타 의료장비 기사의 업무는 제외)/정규교육 이외 교육 준전문가의 업무/기타 교육 준전문가의 업무/예술, 연예 및 경기 준전문가의 업무/관리 준전문가의 업무/사무 지원 종사자의 업무/도서, 우편 및 관련 사무 종사자의 업무/수금 및 관련 사무 종사자의 업무/전화교환 및 번호안내 사무 종사자의 업무(전화교환 및 번호안내 사무 종사자의 업무가 해당 사업의 핵심 업무인 경우는 제외)/고객 관련 사무 종사자의 업무/개인보호 및 관련 종사자의 업무/음식 조리 종사자의 업무(관광진흥법 제3조에 따른 관광숙박업에서의 조리사 업무는 제외)/여행안내 종사자의 업무/주유원의 업무/기타 소매업체 판매원의 업무/전화통신 판매 종사자의 업무/자동차 운전 종사자의 업무/건물 청소 종사자의 업무/수위 및 경비원의 업무(경비업법 제2조 제1호에 따른 경비업무는 제외)/주차장 관리원의 업무/배달, 운반 및 검침 관련 종사자의 업무.

용하는 방식⁴을 채택하고 있고, 아울러 시행령으로 파견대상업무를 현실에 맞게 조정하도록 하고 있다. 다만, 제조업의 직접생산공정업무는 근로자파견 대상업무에서 제외된다.⁵

둘째, 근로자파견이 허용되는 업무가 한정되어 있다고 하더라도 출산·질병·부상 등으로 결원이 생긴 경우 또는 일시적·간헐적으로 인력을 확보해야 할 필요가 있는 경우에는 근로자파견이 가능하다(파견법 제5조 제2항). 이는 근로자의 출산·질병·부상 등으로 인한 업무의 공백을 막고, 또한 경기의 영향, 계절적 요인, 갑작스러운 주문의 증가 등으로 업무량이 급증하여 인력을 적시에 확보하기 어려운 때에 임시적으로 인력을 확보해 활용하고자 근로자파견을 허용한 것이다.⁶ 이와 같이 일시적 근로자파견은 파견대상업무가 한정적으로 정해져 있음에도 그에 대한 제한 없이 예외적으로 허용되는 것이기 때문에 '출산·질병·부상 등'이나 '일시적·간헐적'인 경우의 범위를 확대해석해서는 안 된다. 일시적 파견근로자를 사용하려는 경우 사용사업주는 해당 사업 또는 사업장에 근로자의 과반수로 조직된 노동조합이 있는 경우에는 그 노동조합, 근로자의 과반수로 조직된 노동조합이 없는 경우에는 근로자의 과반수를 대표하는 자와 사전에 성실하게 협의하여야 한다(제5조 제4항).

마지막으로 파견법에서는 근로자파견이 절대 금지되는 업무를 정하고 있다(제

---

4 이러한 방식을 이른바 '포지티브 리스트(Positive list)' 방식이라고 부르기도 한다.

5 제조업의 직접생산공정업무를 근로자파견의 대상 업무에서 제외한 것은 제조업의 핵심 업무인 직접생산공정업무에 근로자파견을 허용할 경우 점차 제조업 전반으로 간접고용이 확대되어 수많은 근로자가 열악한 근로조건과 고용불안에 내몰리게 되고, 이로써 인력난이 심화되는 악순환이 초래되어 결국 제조업의 적정한 운영 자체를 어렵게 할 우려가 있다는 점, 제조업의 특성상 근로자가 각종 공정기술을 습득하고 전문적인 설비를 취급하여야 하는 경우가 많은데, 숙련되지 못한 파견근로자가 업무의 내용이나 작업 환경 등에 대한 충분한 정보 없이 업무에 투입될 경우 사고가 발생하거나 작업의 안정성·효율성을 저해할 수 있고, 근로자의 잦은 변동은 전문 인력의 양성 및 노하우(know-how)의 집적을 어렵게 만들어 기술의 첨단화로 미래 산업의 동력을 창출하여야 할 제조업의 성장을 가로막게 될 것이라는 점 등이 고려된 것이다(헌법재판소 2017.12.28. 2016헌바346 결정 참조).

6 고용차별개선과–2194, 2013.11.14.("제설작업"은 계절적 요인으로 인해 특정 시기(겨울철 3~5개월)에만 발생되거나 업무량이 증가되는 업무로서 일시적 파견근로자 사용이 가능한 일시적·간헐적으로 인력을 확보할 필요가 있는 경우에 해당됨); 고용평등정책과–657, 2010.4.28.(유통·판매업체에서 매장 고객 수가 많아질 것으로 예상되는 휴일 또는 계절적 요인을 감안한 특정기간을 이벤트 및 세일기간으로 정하여 운영하는 경우는 "일시적·간헐적으로 인력을 확보할 필요가 있는 경우"에 해당됨. 그러나 이벤트 및 세일기간을 연중 상시적으로 운영하는 경우에는 "일시적·간헐적으로 인력을 확보할 필요가 있는 경우"에 해당되지 않음) 등 참조.

5조 제3항). 즉, 건설공사현장에서 이루어지는 업무(제1호), 하역업무로서 근로자공급사업 허가를 받은 지역의 업무(제2호), 선원법상의 선원의 업무(제3호), 산업안전보건법상의 유해·위험한 업무(제4호), 그 밖에 근로자 보호 등의 이유로 근로자파견사업의 대상으로는 적절하지 못하다고 인정하여 대통령령으로 정하는 업무(제5호)[7]에는 근로자파견사업이 금지된다.

한편, 파견법에서는 다른 노동관계법에 위반되지 않도록 특별히 근로자파견을 제한하고 있다. 먼저 파견사업주는 파견대상업무인지를 불문하고 쟁의행위 중인 사업장에 그 쟁의행위로 중단된 업무의 수행을 위하여 근로자를 파견해서는 안 된다(제16조 제1항). 노동조합법 제43조에 따르면, 사용자는 쟁의행위기간 중 쟁의행위로 중단된 업무를 수행하기 위해 해당 사업과 관계없는 자의 채용 또는 대체, 도급 또는 하도급을 줄 수 없기 때문이다. 또한 누구든지 근로기준법 제24조에 따른 경영상 이유에 의한 해고를 한 후 대통령령으로 정하는 기간이 지나기 전에는 해당 업무에 파견근로자를 사용해서는 안 된다(제16조 제2항). 여기서 대통령령이 정하는 기간은 원칙적으로 2년을 말하고, 해당 사업 또는 사업장에 근로자의 과반수로 조직된 노동조합이 있는 경우 그 노동조합(근로자의 과반수로 조직된 노동조합이 없는 경우에는 근로자의 과반수를 대표하는 자를 말한다)이 동의한 때에는 6개월이다(시행령 제4조).

II. 근로자파견기간의 제한

파견법에서는 파견대상업무에 따라 파견기간을 달리 정하고 있다. 먼저 상시 허용 대상업무(제5조 제1항)의 경우 파견기간은 최대 2년이다. 원칙은 1년 이내이지만 파견사업주, 사용사업주, 파견근로자 간의 합의가 있는 경우에는 총파견기간 1년

---

7 이때 대통령령으로 정하는 업무란 ① 「진폐의 예방과 진폐근로자의 보호 등에 관한 법률」 제2조 제3호에 따른 분진작업을 하는 업무, ② 「산업안전보건법」 제137조에 따른 건강관리카드의 발급대상 업무, ③ 「의료법」 제2조에 따른 의료인의 업무 및 같은 법 제80조의2에 따른 간호조무사의 업무, ④ 「의료기사 등에 관한 법률」 제3조에 따른 의료기사의 업무, ⑤ 「여객자동차 운수사업법」 제2조 제3호에 따른 여객자동차운송사업에서의 운전업무, ⑥ 「화물자동차 운수사업법」 제2조 제3호에 따른 화물자동차 운송사업에서의 운전업무를 말한다(시행령 제2조 제2항).

을 한도로 파견기간을 연장할 수 있다(제6조 제2항). 여기서 파견기간은 동일한 사용사업주의 사업장에서 근로자파견이 행해진 기간을 기준으로 산정되므로 동일한 사용사업주가 파견법에서 정한 기간 동안 파견근로자를 사용했다면 도중에 파견사업주가 교체되었다고 하더라도 파견기간 산정에는 아무런 지장이 없다.[8]

한편, 고령자고용법 제2조 제1호의 고령자인 파견근로자에 대하여는 2년을 초과하여 근로자파견기간을 연장할 수 있다(파견법 제6조 제3항). 이는 재취업이 어려운 고령층의 노동시장 퇴출을 막기 위해 만 55세 이상 고령자에 대한 파견기간 제한에 예외를 둔 것이다.[9] 따라서 만 55세 이상인 파견근로자의 경우 파견사업주, 사용사업주, 파견근로자 간의 합의가 있는 경우에는 총파견기간에 대한 제한 없이 파견기간을 연장할 수 있다. 다만, 각 파견계약의 단위기간은 마찬가지로 1년을 초과하지 못한다(제6조 제1항).

다음으로 일시적인 근로자파견의 대상인 경우, 즉 출산·질병·부상 등으로 결원이 생긴 경우 또는 일시적·간헐적으로 인력을 확보하여야 할 필요가 있는 경우(제5조 제2항)에 파견기간은 단기이다. 출산·질병·부상 등 그 사유가 객관적으로 명백한 경우에는 해당 사유가 없어지는 데 필요한 기간까지 근로자파견이 가능하고, 일시적·간헐적으로 인력을 확보할 필요가 있는 경우에는 원칙은 3개월 이내이지만 해당 사유가 없어지지 않고 파견사업주, 사용사업주, 파견근로자 간의 합의가 있는 경우에는 3개월의 범위에서 한 차례만 그 기간을 연장할 수 있다(제6조 제4항). 따라서 후자의 경우에는 최대 6개월까지 근로자파견이 가능하다. 만약 사용사업주가 파견근로자를 산전·후 및 육아휴직 대체요원으로 사용한 후 일정 기간이 지난 다음 그 동일한 파견근로자를 또 다른 근로자의 산전·후 및 육아휴직 대체요원으로 사용할 경우, 이는 출산으로 인한 결원이 생겨서 근로자파견을 일시적으로 활용한 경우에 해당하므로 각각 그 해소에 필요한 기간까지 파견이 허용된다.[10]

---

8 대법원 2015.11.26. 2013다14965 판결; 차별개선과-1334, 2008.8.7. 등.
9 노동부, 『비정규직법의 이해』, 2007, 88면.
10 비정규직대책팀-2849, 2007.7.16.

III. 근로자파견사업의 허가

파견법에서는 근로자파견사업에 대하여 허가제를 취하고 있다. 즉, 근로자파견사업을 하려는 자는 고용노동부령으로 정하는 바에 따라 고용노동부장관의 허가를 받아야 하며, 허가받은 사항 중 중요사항을 변경하는 경우에도 마찬가지이다 (제7조 제1항).

고용노동부장관은 근로자파견사업의 허가신청을 받은 경우, '신청인이 해당 근로자파견사업을 적정하게 수행할 수 있는 자산 및 시설 등을 갖추고 있을 것', '해당 사업이 특정한 소수의 사용사업주를 대상으로 하여 근로자파견을 하는 것이 아닐 것'이라는 요건을 모두 갖춘 경우에 한정하여 근로자파견사업을 허가할 수 있다(제9조 제1항 제1호·제2호).

근로자파견사업 허가의 유효기간은 3년이며, 유효기간이 끝난 후 계속하여 근로자파견사업을 하려는 자는 허가와 마찬가지로 갱신허가를 받아야 한다(제10조 제1항·제2항).

근로자파견사업의 허가를 받지 않고 근로자파견사업을 한 자, 거짓이나 그 밖의 부정한 방법으로 근로자파견사업의 허가를 받거나 갱신허가를 받은 자는 3년 이하의 징역 또는 3천만 원 이하의 벌금에 처해진다(제43조 제1호).

한편, 이러한 근로자파견사업의 허가에 관한 사항은 파견사업주뿐만 아니라 사용사업주에게도 적용된다. 즉, 사용사업주는 파견법 제7조의 허가에 관한 사항을 위반하고 무허가 근로자파견사업을 하는 자로부터 근로자파견의 역무를 제공받아서는 아니 되며(제7조 제3항), 이를 위반할 경우에는 근로자파견사업의 허가에 관한 사항을 위반한 파견사업주와 마찬가지로 3년 이하의 징역 또는 3천만 원 이하의 벌금이 적용된다(제43조 제2호).

IV. 파견근로자에 대한 사용사업주의 직접고용의무

파견법에서 파견근로자를 보호하고자 두고 있는 가장 강력한 수단은 사용사업주의 직접고용의무이다. 1998년 제정 파견법에서는 사용사업주가 2년을 초과하여 계속적으로 파견근로자를 사용하는 경우에는 파견근로자를 직접 고용한 것으로 간주하는 규정(구법 제6조 제3항)을 두었으나, 2006년 개정법에서는 제6조의2를 신설하여 이를 사용사업주의 직접고용의무로 개정하는 한편, 이러한 직접고용의무가 적용되는 불법파견의 경우를 분명히 하였다. 그러다가 2012년 법 개정으로 사용사업주의 직접고용의무를 종래 2년 초과하는 시점에서 적용하였던 것에서 대부분 불법파견에 즉시 적용하는 것으로 개정하였다.[11]

사용사업주가 직접고용의무를 부담하는 경우는 세 가지 경우이다(제6조의2). 근로자파견의 대상업무에 관한 규정을 위반한 경우, 파견기간을 위반한 경우, 무허가 또는 허가제를 위반한 경우이다. 그러나 이러한 직접고용의무는 해당 파견근로자가 명시적으로 반대의사를 표시하거나[12] 대통령령으로 정하는 정당한 이유가[13] 있는 경우에는 적용하지 아니한다(제6조의2 제2항). 또한 직접고용의무를 위반하여 파견근로자를 직접 고용하지 아니한 자에게는 3천만 원 이하의 과태료가 부과된다(제46조 제2항).

1. 근로자파견 대상업무를 위반한 경우

여기에는 두 가지 경우가 있다.

먼저, 파견법 제5조 제1항에 의한 상시 파견대상업무에 해당하지 아니한 업무에서 파견근로자를 사용하는 경우에 사용사업주는 해당 파견근로자를 직접 고용

---

11 종래 파견법에서는 파견근로자가 명시적인 반대의사표시를 하지 않는 한 사용사업주가 2년을 초과하여 계속적으로 파견근로자를 사용하는 경우에는 2년의 기간이 만료된 날의 다음 날부터 파견근로자를 고용한 것으로 간주하는 내용을 규정하고 있었다(구법 제6조 제3항). 그런데 제6조 제3항의 직접고용간주규정이 적법한 근로자파견의 경우에만 적용되는 것인지, 대상업무나 파견기간 위반, 무허가 근로자파견 등 다양한 유형의 불법파견에 대해서도 적용되는지가 논란이 되었다. 그러나 대법원 2008.9.18. 2007두22320 판결(예스코 사건)로 불법파견일지라도 파견근로자가 2년 넘게 근무한 경우에는 직접고용간주조항이 적용되어야 한다는 점을 분명히 하였다.

12 이는 파견근로자가 사용사업주의 근로자로 고용되는 것에 대한 명시적인 반대의사를 표시하는 경우에 사용사업주가 해당 파견근로자를 직접고용하지 않아도 된다는 의미일 뿐(직접고용의무 불이행에 따른 과태료가 면제됨) 동일한 파견근로자를 2년을 초과하여 계속 사용할 수 있다거나, 파견기간 위반(2년 초과 사용)에 따른 처벌이 면제된다는 의미는 아니다(비정규직대책팀-2828, 2007.7.12.).

13 이때 대통령령으로 정하는 정당한 이유가 있는 경우는 임금채권보장법 제7조 제1항 제1호부터 제3호까지의 어느 하나에 해당하는 경우, 천재·사변 그 밖의 부득이한 사유로 사업의 계속이 불가능한 경우를 말한다(파견법 시행령 제2조의2).

해야 한다(파견법 제6조의2 제1항 제1호). 다만, 출산·질병·부상 등으로 결원이 생긴 경우 또는 일시적·간헐적으로 인력을 확보하여야 할 필요가 있는 경우에 근로자파견을 한 경우는 제외한다(제6조의2 제1항 제1호 단서).

다음으로 절대금지 업무에 파견근로자를 사용하는 경우(제6조의2 제1항 제2호)이다. 즉, 건설공사현장의 업무, 하역업무, 선원의 업무, 유해위험업무 등 법 제5조 제3항(시행령 제2조 제2항 참조)에서 정하고 있는 절대금지업무를 위반하여 파견근로자를 사용하는 경우에 사용사업주는 해당 파견근로자를 직접 고용해야 한다(제6조의2 제1항 제2호).

이와 같이 상시 허용되는 파견대상업무와 절대금지업무를 위반하여 파견근로자를 사용한 경우에 사용사업주의 직접고용의무는 최초로 파견근로자를 사용한 날부터 발생한다.

2. 파견기간을 위반한 경우

파견기간은 파견대상업무에 따라 다른데, 사용자의 직접고용의무도 각각의 파견기간에 따라 발생 시점이 다르다. 상시적으로 허용되는 파견대상업무(파견법 제5조 제1항)의 경우 원칙적으로 파견기간은 1년 이내이지만 연장된 기간을 포함하여 총 2년을 초과할 수 없는데(제6조 제2항), 사용사업주가 이에 위반하여 2년을 초과하여 계속적으로 파견근로자를 사용하는 경우에는 2년을 초과한 날부터 직접고용의무가 발생한다(제6조의2 제1항 제3호).

일시적인 근로자파견의 경우, 즉 ① 출산·질병·부상 등으로 결원이 생긴 경우에는 해당 사유가 없어지는 데 필요한 기간, ② 일시적·간헐적으로 인력을 확보하여야 할 필요가 있는 경우(제5조 제2항)에는 원칙적으로 3개월 이내, 최장 6개월까지 근로자파견이 인정된다(제6조 제4항). 그런데 사용사업주가 이러한 파견기간을 위반하여 파견근로자를 사용하는 경우에는 해당 파견근로자를 직접고용해야 하는데, 이때 사용사업주의 직접고용의무가 발생하는 시기는 최초로 파견근로자를 사용한 날부터이다(제6조의2 제1항 제4호).

3. 허가제를 위반한 경우

사용사업주는 적법한 허가를 받지 아니하고 근로자파견사업을 하는 자로부터 근로자파견의 역무를 제공받아서는 아니 된다(파견법 제7조 제3항). 그런데 사용사업주가 허가제를 위반하여 근로자파견사업을 하는 자로부터 근로자파견의 역무를 제공받은 경우에는 최초로 역무를 제공받은 날부터 해당 파견근로자를 직접 고용하여야 한다(제6조의2 제1항 제5호).

4. 직접고용 후의 파견근로자의 근로조건

사용사업주가 파견근로자를 직접 고용한 이후의 근로조건과 관련해서는 파견근로자의 고용형태와 구체적인 근로조건이 문제 될 수 있다.

먼저 직접고용 시의 고용형태와 관련하여 파견법에서는 사용자의 직접고용의무만 명시할 뿐 아무런 정함이 없다. 이와 관련하여 판례는 사용사업주와 파견근로자 간에 기한의 정함이 있는 것으로 볼 만한 다른 특별한 사정이 없는 한 직접고용 시 근로관계에는 원칙적으로 기간의 정함이 없는 것으로 보아야 하고, 이러한 특별한 사정이 없음에도 기간제 근로계약을 체결하는 것은 무효라고 본다.[14]

다음으로 사용사업주가 파견근로자를 직접 고용하는 경우의 파견근로자의 근로조건은 다음 두 가지 구분에 따른다(제6조의2 제3항).

① 사용사업주의 근로자 중 해당 파견근로자와 같은 종류의 업무 또는 유사한 업무를 수행하는 근로자가 있는 경우: 해당 근로자에게 적용되는 취업규칙 등에서 정하는 근로조건에 따른다.

② 사용사업주의 근로자 중 해당 파견근로자와 같은 종류의 업무 또는 유사한

---

[14] 대법원 2008.9.18. 2007두22320 판결(직접고용간주); 대법원 2016.1.28. 2012다17806 판결(직접고용간주); 대법원 2022.1.27. 2018다207847 판결(직접고용의무). 다만, 이 경우 파견근로자가 사용사업주를 상대로 직접고용의무의 이행을 구할 수 있다는 점을 알면서도 기간제 근로계약을 희망하였다거나, 사용사업주의 근로자 중 해당 파견근로자와 같은 종류의 업무 또는 유사한 업무를 수행하는 근로자가 대부분 기간제 근로계약을 체결하고 근무하고 있어 파견근로자로서도 애초에 기간을 정하지 않은 근로계약 체결을 기대하기 어려웠던 경우 등과 같이 직접고용관계에 계약기간을 정한 것이 직접고용의무 규정의 입법 취지 및 목적을 잠탈한다고 보기 어려운 특별한 사정이 존재하는 경우에는 사용사업주가 파견근로자와 기간제 근로계약을 체결할 수 있다(대법원 2022.1.27. 2018다207847 판결).

업무를 수행하는 근로자가 없는 경우: 해당 파견근로자의 기존 근로조건의 수준보다 낮아져서는 아니 된다. 이 경우 근로조건은 사용사업주와 해당 파견근로자의 자율적 합의에 따라 결정하는 것이 원칙이지만, 사용사업주가 근로자파견관계를 부인하는 등으로 인하여 자치적으로 근로조건을 형성하지 못한 경우에는 법원은 개별적인 사안에서 근로의 내용과 가치, 사용사업주의 근로조건 체계(고용형태나 직군에 따른 임금체계 등), 파견법의 입법 목적, 공평의 관념, 사용사업주가 직접 고용한 다른 파견근로자가 있다면 그 근로자에게 적용한 근로조건의 내용 등을 종합하여 사용사업주와 파견근로자가 합리적으로 정하였을 근로조건을 적용할 수 있다.[15]

이러한 근로조건은 사용자의 직접고용의무가 발생한 시점부터 적용되어야 한다. 직접고용할 의무가 발생한 시점에서 오랜 시간이 경과한 후에 비로소 파견근로자들에게 동종·유사한 업무를 수행하는 근로자들의 근로조건을 적용하기로 노사 간에 합의를 하더라도 그것은 파견법의 입법목적과 직접고용의무 규정 등에 위배되어 무효가 된다고 보아야 한다.[16]

그리고 사용사업주는 파견근로자를 사용하는 업무에 근로자를 직접 고용하려는 경우에는 해당 파견근로자를 우선적으로 고용하려고 노력하여야 한다(제6조의2 제4항).

5. 직접고용의무의 법적 성격

직접고용의무를 위반하여 파견근로자를 직접 고용하지 아니한 자에게는 3천만원 이하의 과태료를 부과한다(파견법 제46조 제2항). 그러나 직접고용의무의 내용은 과태료 부과를 위한 공법적 근거에 국한되지 않는다. 파견근로자는 직접고용의무

---

15 대법원 2024.3.12. 2019다223303, 2019다223310(병합) 판결. 다만 위 판결은 이러한 요소들을 고려하더라도 파견근로자에게 적용할 적정한 근로조건을 찾을 수 없다면 파견법 제6조의2 제3항 제2호에 따라 기존 근로조건을 적용할 수밖에 없다고 한다.

16 대법원 2016.6.23. 2012다108139 판결(직접고용간주 규정에 의한 법적 효과가 이미 발생하여 파견근로자와 사용사업주 사이에 직접고용관계가 성립하고 파견근로자가 사용사업주의 근로자와 동일한 근로조건을 적용받을 수 있는 권리를 취득한 뒤에 노동조합 등의 제3자와 사용사업주가 합의하여 파견근로자의 직접고용 여부를 결정하면서 그 직접고용에 따른 최초 근로조건을 파견근로자에게 불리하게 설정하는 것은 직접고용간주 규정의 취지에 반할 뿐만 아니라, 파견근로자에게 이미 귀속된 권리를 파견근로자의 개별적인 동의나 수권도 없이 소급적으로 변경하는 것에 해당하므로, 이러한 합의는 효력이 없다).

규정을 근거로 사용사업주에게 직접고용의 이행을 사법(私法)적으로 청구할 수 있다. 다만 현행 파견법은 종전의 직접고용간주 규정과는 달리 대상 업무의 위반 등이 있다고 하여 사용사업주와 파견근로자 사이에 당연히 직접고용관계가 발생하는 것은 아니고, 파견근로자가 사용사업주를 상대방으로 하여 근로자지위확인 내지 고용의사표시 이행 등을 청구해야 한다.[17]

파견근로자는 사용사업주가 직접고용의무를 이행하지 아니하는 경우 사용사업주를 상대로 고용 의사표시를 갈음하는 판결을 구할 사법상의 권리가 있고, 판결이 확정되면 사용사업주와 파견근로자 사이에 직접고용관계가 성립한다. 또한 파견근로자는 사용사업주의 직접고용의무 불이행에 대하여 직접고용의무 발생시점부터 직접고용관계가 성립할 때까지의 임금 상당 손해배상금을 청구할 수 있다.[18]

제3절
파견근로자에 대한 근로조건 보호 등

I. 근로자파견계약의 서면체결과 해지

근로자파견계약의 당사자는 법정 사항을 포함하는 근로자파견계약을 서면으로 체결하여야 한다. 특히 근로자파견계약은 사용사업주와 파견사업주 간에 근로자를 사용사업체에 파견하는 계약으로서 파견근로자는 그 계약의 내용에 크게 영향을 받을 수밖에 없다. 따라서 파견법에서는 근로자파견계약 체결 시 파견근로자가 근로하게 될 환경, 근로조건 등을 명확하게 하고자 파견근로자의 수, 업무의 내

---

17 직접고용의무규정에 따른 고용 의사표시 청구권에는 10년의 민사시효가 적용된다(대법원 2024.7.11. 2021다274069 판결).

18 대법원 2015.11.26. 2013다14965 판결. 이 경우에도 손해배상청구권의 소멸시효는 민법 제766조에 따라 그 손해 및 가해자를 안 날로부터 3년(단기) 또는 불법행위를 한 날로부터 10년(장기)으로 보는 것이 타당하다(파견근로자에 대한 합리적 이유 없는 임금차별을 금지한 파견법 제21조 위반에 대한 손해배상청구권의 소멸시효가 10년이라고 본 대법원 2023.4.27. 2021다229588 판결 참조).

용, 파견사유, 사용사업장의 명칭과 소재지, 장소, 파견근로자에 대한 업무지휘감독자, 근로자파견기간, 업무시간, 휴일·휴가에 관한 사항 등의 근로조건을 포함한 근로자파견계약서를 반드시 서면으로 체결하도록 하고 있다(제20조 제1항).

또한 사용사업주는 근로자파견계약을 체결할 때 파견사업주에게 사용사업주의 사업에 파견근로자와 동종 또는 유사한 업무를 수행하는 근로자의 유무, 이들 근로자의 근로조건 등에 관한 정보를 서면으로 제공하여야 한다(제20조 제2항, 시행령 제4조의2). 이는 사용사업주 사업 내의 동종 또는 유사한 업무를 수행하는 근로자와 파견근로자 간의 차별처우금지를 효과적으로 준수하도록 하려는 것이다.

한편, 사용사업주는 파견근로자의 성별, 종교, 사회적 신분, 파견근로자의 정당한 노동조합의 활동 등을 이유로 근로자파견계약을 해지해서는 아니 된다(제22조 제1항). 또한 파견사업주는 사용사업주가 파견근로에 관하여 파견법, 근로기준법, 산업안전보건법 등을 위반하는 경우에는 근로자파견을 정지하거나 근로자파견계약을 해지할 수 있다(제22조 제2항).

II. 파견사업주의 의무

근로자파견계약관계에서 파견사업주와 파견근로자 간의 근로계약관계는 일반적인 근로계약관계와 달리 파견사업주가 근로자를 고용한 후 그 고용관계를 유지하면서 사용사업주를 위하여 근로하게 하는 특성이 있다. 이러한 근로계약관계의 특수성을 감안하여 파견법에서는 파견근로자의 고용 및 근로조건 보호를 위해 파견사업주가 마련해야 할 조치들을 규정하고 있다.

주요한 내용을 살펴보면 우선 파견사업주는 근로자를 파견근로자로서 고용하려 하는 경우에 미리 해당 근로자에게 그 취지를 서면으로 알려주어야 하고(파견법 제24조 제1항), 또한 그가 고용한 근로자 중 파견근로자로 고용하지 아니한 사람을 근로자파견의 대상으로 하려는 경우에는 미리 해당 근로자에게 그 취지를 서면으로 알리고 동의를 받아야 한다(제24조 제2항). 고용관계와 사용종속관계가 분리되는 근로자파견계약의 특성상 파견근로자의 고용은 일반 근로자보다도 불안정할 수밖에 없으므로 파견법에서는 파견사업주에게 근로자가 파견근로자로 고용된다는 점 또는 일반적인 고용형태에서 파견근로자로 고용형태가 변경된다는 점을 분명하게 인지하도록 서면고지 및 동의절차를 반드시 거칠 것을 명시하고 있다.

파견사업주는 파견근로자 또는 파견근로자로 고용되려는 사람과 그 고용관계가 끝난 후 그가 사용사업주에게 고용되는 것을 정당한 이유 없이 금지하는 내용의 근로계약을 체결해서는 안 되며, 또한 파견근로자의 고용관계가 끝난 후 사용사업주가 그 파견근로자를 고용하는 것을 정당한 이유 없이 금지하는 내용의 근로자파견계약을 체결하여서는 아니 된다(제25조).

파견사업주는 근로자파견을 하려는 경우에 미리 해당 파견근로자에게 파견법 제20조 제1항에 따라 서면으로 체결된 근로자파견계약서의 구체적인 내용과 파견근로자가 파견되어 근로할 사업장의 복리후생시설 이용에 관한 사항을 서면으로 알려주어야 한다(제26조 제1항, 시행규칙 제12조). 특히 파견근로자는 파견사업주에게 근로자파견계약서상 근로자파견의 대가(제20조 제1항 제11호)에 관하여 그 내역을 제시할 것을 요구할 수 있다(제26조 제2항). 이때 파견사업주는 지체 없이 근로자파견의 대가에 관한 내역을 서면으로 제시하여야 한다(제26조 제3항). 파견사업주가 이러한 취업고지의무를 위반하여 해당 파견근로자에게 근로자파견계약서 등을 서면으로 알리지 아니한 경우에는 1천만 원 이하의 과태료가 부과된다(제46조 제3항). 이와 같은 파견사업주의 취업고지의무는 파견근로자가 근로자파견계약의 구체적인 내용을 미리 정확하게 파악하여 자신의 취업조건을 알 수 있고, 분쟁발생 시에도 효과적으로 권리구제를 할 수 있도록 하려는 것이다. 또한 파견근로자가 근로자파견의 대가에 관한 내역 제시를 요구할 수 있도록 함으로써 과도한 중간공제 가능성을 예방하고 근로자파견사업의 투명성 제고를 도모하고 있다.

그 외에도 파견사업주는 파견근로자의 적절한 고용관리를 위하여 근로자파견사업의 허가를 받을 수 없는 결격사유(제8조 제1호부터 제5호)에 해당하지 아니하는 사람 중에서 파견사업관리책임자를 선임하여야 하며(제28조 제1항), 파견사업관리대장을 작성·보존하여야 한다(제29조).

III. 사용사업주의 의무

파견법에서는 사용사업주가 마련하여야 할 조치들을 명시하고 있다. 사용사업주는 근로자파견계약에 위반되지 않도록 필요한 조치를 마련해야 하고(제30조), 파견근로자가 파견근로에 관한 고충을 제시한 경우에는 그 고충의 내용을 파견사업주에게 통지하고 신속하고 적절하게 고충을 처리하도록 해야 한다(제31조). 또한 사용사업주는 파견근로자의 적절한 파견근로를 위하여 사용사업관리책임자를 선임하여야 하고(제32조), 사용사업관리대장을 작성·보존하여야 한다(제33조).

IV. 근로기준법 등의 특례

1. 근로기준법상의 사용자책임

파견법에서는 파견사업주와 사용사업주 모두를 근로기준법 제2조 제1항 제2호의 사용자로 본다(제34조 제1항 본문). 다만, 파견법은 사용자가 분리된 근로자파견관계의 특성을 고려하여 파견사업주에게는 근로계약상의 사용자로서, 사용사업주에게는 실질적인 노무지휘명령관계에 있는 사용자로서 갖는 근로기준법상의 사용자책임을 부과하여 그 책임 분담을 명확하게 하고 있다. 그래서 파견사업주는 주로 근로계약체결에 관한 사항, 해고, 임금, 휴가에 관한 사항에서, 사용사업주는 근로시간, 휴게시간, 휴일 등에 관한 사항에서 근로기준법상 사용자책임을 분담하여 진다(제34조 제1항 단서). 그리고 사용사업주가 파견근로자에게 근로기준법상 유급주휴일(제55조), 생리휴가(제73조), 산전후휴가(제74조 제1항)를 주는 경우 그 휴일 또는 휴가에 대하여 유급으로 지급되는 임금은 파견사업주가 지급한다(제34조 제3항).

이와 같이 근로자파견계약에서 사용자책임은 각 관계의 특성에 따라 분담하게 되지만, 파견사업주가 일정한 사용사업주의 귀책사유로 근로자의 임금을 지급하지 못한 경우에는 사용사업주는 그 파견사업주와 연대하여 책임을 진다(제34조 제2

항 전단).¹⁹ 여기서 연대책임을 지게 되는 사용사업주의 귀책사유는 ① 사용사업주가 정당한 사유 없이 근로자파견계약을 해지한 경우, ② 사용사업주가 정당한 사유 없이 근로자파견계약에 따른 근로자파견의 대가를 지급하지 않은 경우이다(시행령 제5조). 이러한 연대책임을 질 경우 근로기준법 제43조(임금지급의 원칙), 제68조(미성년자의 독자적인 임금청구)를 적용할 때에는 파견사업주와 사용사업주를 근로기준법상 사용자로 본다(제34조 제2항 후단).

또한 파견사업주와 사용사업주가 근로기준법을 위반하는 내용을 포함한 근로자파견계약을 체결하고 그 계약에 따라 파견근로자를 근로하게 함으로써 근로기준법을 위반한 경우에는 그 계약당사자 모두를 근로기준법상 사용자로 보아 해당 벌칙규정을 적용한다(제34조 제4항).

파견사업주와 사용사업주에 대한 근로기준법상의 적용 규정

구 분	근로기준법상의 적용 규정
파견사업주의 책임	-제15조부터 제36조까지, 제39조, 제41조부터 제42조까지: 근로계약에 관한 사항 -제43조부터 제48조까지: 임금에 관한 사항 -제56조 및 제60조: 근로시간과 휴식에 관한 사항 중 연장·야간 및 휴일근로 시 가산임금(제56조), 연차유급휴가(제60조) -제64조, 제66조부터 제68조까지: 여성과 소년에 관한 보호 중 최저연령과 취직인허증(제64조), 연소자증명서(제66조), 미성년자의 근로계약(제67조) -제78조부터 제92조까지: 재해보상
사용사업주의 책임	-제50조부터 제55조까지, 제58조, 제59조, 제62조, 제63조: 근로시간과 휴식에 관한 사항 -제69조부터 제75조까지: 여성과 소년에 관한 보호 중 근로시간과 휴일·휴가 등에 관한 사항
파견사업주와 사용사업주의 공동책임	-파견사업주가 일정한 사용사업주의 귀책사유로 근로자의 임금을 지급하지 못한 경우 -파견사업주와 사용사업주가 근로기준법을 위반하는 내용을 포함한 근로자파견계약을 체결하고 그 계약에 따라 파견근로자를 근로하게 함으로써 근로기준법을 위반한 경우 -책임분담이 명시되어 있지 않은 그 외 근로기준법상의 규정들

---

19 이는 적법하지 않은 파견에 대해서도 적용된다(대법원 2022.12.1. 2018다300586 판결).

2. 산업안전보건법상의 사용자책임

근로자파견관계에서는 사용사업주가 파견근로자를 자신의 사업장에 파견받아 지휘·명령하며 자신을 위한 계속적 근로에 종사하게 하는 지위에 있으므로 기본적으로 사용사업주가 파견근로자에 대한 안전배려의무를 부담한다.[20] 파견법에서도 파견근로자를 직접 사용하는 사용사업주를 산업안전보건법 제2조 제4호의 사업주로 보아 산업안전보건법상의 사용자책임을 적용한다고 확인하고 있다(파견법 제35조 제1항 전단).[21] 다만, 산업안전보건법상 사용자가 정기적으로 실시하여야 하는 건강진단 중 고용노동부령으로 정하는 일부 건강진단에 대해서는 파견사업주를 산업안전보건법상 사업주로 본다(제35조 제4항·제5항).[22]

또한 산업안전보건법상 일부 규정을 적용할 때(구체적인 규정은 아래 참조) 파견사업주 및 사용사업주가 공동으로 사용자책임을 부담하는 경우도 있다(제35조 제2항).

---

20 대법원 2013.11.28. 2011다60247 판결 참조(근로자파견에서의 근로 및 지휘·명령 관계의 성격과 내용 등을 종합하면, 파견사업주가 고용한 근로자를 자신의 작업장에 파견받아 지휘·명령하며 자신을 위한 계속적 근로에 종사하게 하는 사용사업주는 파견근로와 관련하여 그 자신도 직접 파견근로자를 위한 보호의무 또는 안전배려의무를 부담함을 용인하고, 파견사업주는 이를 전제로 사용사업주와 근로자파견계약을 체결하며, 파견근로자 역시 사용사업주가 위와 같은 보호의무 또는 안전배려의무를 부담함을 전제로 사용사업주에게 근로를 제공한다고 봄이 타당하다. 그러므로 근로자파견관계에서 사용사업주와 파견근로자 사이에는 특별한 사정이 없는 한 파견근로와 관련하여 사용사업주가 파견근로자에 대한 보호의무 또는 안전배려의무를 부담한다는 점에 관한 묵시적 의사의 합치가 있다고 할 것이고, 따라서 사용사업주의 보호의무 또는 안전배려의무 위반으로 손해를 입은 파견근로자는 사용사업주와 직접고용 또는 근로계약을 체결하지 아니한 경우에도 위와 같은 묵시적 약정에 근거하여 사용사업주에 대하여 보호의무 또는 안전배려의무의 위반을 원인으로 하는 손해배상을 청구할 수 있다).

21 그래서 산업안전보건법상 근로자 채용과 작업내용 변경 시 그 근로자에게 행해야 하는 안전보건교육을 적용할 때는 동법상의 '근로자를 채용할 때'를 '근로자파견의 역무를 제공받은 경우'로 본다(파견법 제35조 제1항 후단).

22 파견사업주가 실시해야 하는 '고용노동부령으로 정하는 건강진단'은 산업안전보건법 제129조 제1항에 따른 일반건강진단을 말한다(파견법 시행규칙 제18조 참조).

파견사업주와 사용사업주에 대한 산업안전보건법상의 적용 규정

구 분	산업안전보건법상의 적용 규정
파견사업주의 책임	-제129조 및 제130조에 따라 사업주가 정기적으로 실시하여야 하는 건강진단 중 고용노동부령으로 정하는 건강진단(일반건강진단) -그 건강진단의 결과에 대한 산업안전보건위원회 또는 근로자대표에게의 설명의무(제132조 제2항) 및 사용사업주에 대한 건강진단결과 송부
사용사업주의 책임	-산업안전보건법상의 전반적인 사업주 책임
파견사업주와 사용사업주의 공동책임	-제5조(사업주 등의 의무) -제132조 제2항 단서(본인 동의 없는 개별 근로자의 건강진단 결과 공개 금지) -제132조 제4항(작업장소 변경, 작업 전환 및 근로시간 단축의 경우로 한정)**23** -제157조 제3항(감독기관에 대한 신고를 이유로 한 불이익 처우 금지) -파견사업주와 사용사업주가 산업안전보건법을 위반하는 내용을 포함한 근로자 파견계약을 체결하고 그 계약에 따라 파견근로자를 근로하게 함으로써 같은 법을 위반한 경우에 대한 책임

---

23 산업안전보건법 제132조(건강진단에 관한 사업주의 의무) ④ 사업주는 제129조부터 제131조까지의 규정 또는 다른 법령에 따른 건강진단의 결과 근로자의 건강을 유지하기 위하여 필요하다고 인정할 때는 작업장소 변경, 작업 전환, 근로시간 단축, 야간근로(오후 10시부터 다음 날 오전 6시까지 사이의 근로를 말한다)의 제한, 작업환경측정 또는 시설·설비의 설치·개선 등 고용노동부령으로 정하는 바에 따라 적절한 조치를 해야 한다.

제4절
간접고용의 법리-파견근로와 사내하도급

I. 서론

파견근로와 사내하도급(또는 사내하청)은 다면적 근로관계(triangular employment relation)의 대표적 유형이다. 파견근로는 노동법의 영역에서 파견법 규제를 받는데 반하여 사내하도급은 상법 영역에서 자유로이 이용되는 점에서 큰 차이가 있다. 그러나 실제로는 둘을 구별하기가 쉽지 않아서 탈법적으로 운용되는 경우가 많아 노동법 분야에 많은 법적 쟁점을 제공하고 있다.

판례에 따르면 간접고용의 외형을 띤 사업관계는 세 가지로 정리된다.

첫째, 하청업체 또는 파견사업주가 사업주로서의 실체가 전혀 없어 원청업체 또는 사용사업주의 노무대행기관에 불과할 정도로 형해화된 경우이다. 이 경우에는 '묵시적 근로계약관계' 법리에 따라 해당 근로자와 원청 또는 사용사업주 사이에 직접고용관계가 성립하고 이들이 모든 노동법의 영역에서 사용자로 취급된다.[24]

둘째, 사업주로서 실체를 가지고 하도급계약을 체결하였지만 원청업체가 실질적으로 해당 근로자를 지휘·감독하여 근로자파견으로 평가받는 경우이다. 이 경우에는 파견법이 적용되어 계약의 형식과 상관없이 각각 사용사업주와 파견사업주의 책임을 진다.[25]

---

[24] 대법원 2008.7.10. 2005다75088 판결[현대미포조선 사건]에 따르면 "원고용주에게 고용되어 제3자의 사업장에서 제3자의 업무에 종사하는 자를 제3자의 근로자라고 할 수 있으려면, 원고용주는 사업주로서의 독자성이 없거나 독립성을 결하여 제3자의 노무대행기관과 동일시할 수 있는 등 그 존재가 형식적·명목적인 것에 지나지 아니하고, 사실상 당해 피고용인은 제3자와 종속적인 관계에 있으며, 실질적으로 임금을 지급하는 자도 제3자이고, 또 근로제공의 상대방도 제3자여서 당해 피고용인과 제3자 간에 묵시적 근로계약관계가 성립되어 있다고 평가될 수 있어야 할 것이다."라고 한다. 그 외에도 하도급관계에서 묵시적 근로관계 법리에 따라 하청근로자와 원청 사이에 직접 고용관계를 인정한 사례로는 대법원 2002.11.26. 2002도649 판결[경기화학 사건]; 대법원 2003.9.23. 2003두3420 판결[SK(인사이트코리아) 사건] 등이 있다.
[25] 원청과 하청근로자 간에 근로자파견관계를 인정한 사례로는 대법원 2009.2.26. 2007다72823 판결[한국마사회 사건]; 대법원 2010.7.22. 2008두4367 판결[현대자동차(울산공장) 사건]; 대법원 2015.2.26. 2010다106436 판결[현대자동차(아산공장) 사건]; 대법원 2015.2.26. 2010다93707 판결[남해화학 사건]; 서울

셋째, 하청업체가 사업주로서의 실체도 갖추고 있고 하청근로자에 대한 지휘·감독도 하는 합법적 도급계약관계이다.[26] 이 경우에는 파견법이 적용되지 않으며 원청이 사용자책임을 진다. 다만 원청이 하청근로자의 근로조건이나 노동3권 행사에 영향을 미치는 점을 고려하여 사용자책임을 확대하자는 다양한 논의가 전개되고 있다.

II. 근로자파견과 도급의 구별기준

파견과 도급의 구별기준이 법원에서 본격적으로 다루어지기 시작한 것은 2010년 현대자동차 사건부터라고 평가할 수 있다.[27] 이후 파견과 도급의 구별에 관한 많은 논쟁을 거쳐 2015년 2월 26일 대법원은 사내하청업체 소속 근로자들과 도급인 간의 근로자파견 여부가 문제가 된 판결[28]에서 도급과 근로자파견의 판단기준에 관한 원칙을 정립하였다(이하 2015년 대법원 판결). 2015년 대법원 판결에서의 기본 원칙이 현재까지 파견과 도급의 구별에 관한 판단기준으로 유지되고 있다.

1. 실질판단의 원칙

우선 2015년 대법원판결 등에서는 파견과 도급의 구별에서 계약의 명칭, 형식 등과 관계없이 근로관계의 실질에 따라 판단할 것을 원칙으로(실질판단의 원칙) 하고 있다. 즉, 도급인 등과 수급인 등 사이의 계약이 도급이나 업무위탁 등의 명칭,

---

고등법원 2015.7.1. 2013나2015966 판결; 대법원 2017.3.22. 2015다232859 판결[국민은행 사건]; 대법원 2017.12.22. 2015다32905 판결[금호타이어 사건]; 대법원 2016.7.22. 2014다222794 판결[군포시(교통관제센터 모니터링 요원) 사건]; 대법원 2019.8.29. 2017다219249 판결; 대법원 2019.8.29. 2017다219072, 219089(병합), 219096(병합), 219102(병합), 219119(병합), 219126(병합), 219133(병합) 판결[한국도로공사 사건] 등이 있다.

26 대법원 2015.2.26. 2011다78316 판결; 대법원 2015.2.26. 2012다96922 판결[한국철도공사 사건]; 대법원 2017.1.25. 2014다211619 판결[주식회사 KT&G 사건].

27 대법원 2010.7.22. 2008두4367 판결[현대자동차(울산공장) 사건].

28 대법원 2015.2.26. 2010다106436 판결[현대자동차(아산공장) 사건]; 대법원 2015.2.26. 2010다93707 판결[남해화학주식회사 사건]; 대법원 2015.2.26. 2011다78316 판결; 대법원 2015.2.26. 2012다96922 판결[한국철도공사 사건].

형식을 취하고 있다고 하더라도 이에 관계없이 실질적으로 수급인 등의 소속 근로자가 도급인 등의 지휘·명령을 받아 도급인 등을 위한 근로에 종사한다면 이는 근로자파견에 해당될 수 있다.

2. 종합판단의 원칙

위와 같은 실질판단을 위해서 대법원은 아래 다섯 가지 요소를 종합적으로 고려하도록 하고 있다.

첫째, 제3자가 해당 근로자에 대하여 직간접적으로 그 업무수행 자체에 관한 구속력 있는 지시를 하는 등 상당한 지휘·명령을 하느냐이다. 이는 도급과 근로자파견의 구별기준에서 가장 중요한 요소인 지휘·명령관계의 존부에 관한 것이라 할 수 있다. 근로자파견에서의 지휘·명령은 주로 근로제공에 대한 지배를 의미하는 것으로서 근로자의 근로제공의 내용, 방법, 또는 장소 등과 관련하여 파견근로자에 대한 지시를 의미한다. 이는 민법 제664조 등에 따른 도급 계약상 일의 완성에 필요한 도급인의 요구 또는 지시와는 구별된다. 도급계약의 목적은 일의 완성에 있으므로, 도급인은 자신이 원하는 결과를 얻기 위하여 도급계약의 목적인 '일의 완성' 그 자체에 관하여 계약당사자인 수급인에게 지시권을 행사하는 것을 의미한다. 반면, 근로자파견관계에서의 지휘·명령권은 파견근로의 특성에 비추어 해당 근로자의 '근로제공 그 자체'에 향해져 있다. 이때의 지휘명령은 직접적이고 구체적·개별적 지휘명령뿐만 아니라 간접적 지시 등 상당한 정도의 구속력 있는 지휘·명령도 포함된다.[29]

둘째, 해당 근로자가 제3자 소속 근로자와 하나의 작업집단으로 구성되어 직접 공동 작업을 하는 등 제3자의 사업에 실질적으로 편입되었다고 볼 수 있느냐이다. 이는 근로제공의 외형만을 가지고는 지휘·명령관계의 존부를 판단하기 어려운 경우가 많기 때문에 실질적 편입이라는 보충적 판단기준을 제시한 것이다. 따라서

---

[29] 근로자파견의 징표로서 업무상 상당한 지휘·명령에 해당하는지는 업무의 성격, 과업지시서, 업무시스템 등을 고려하여 판단하여야 한다(고용노동부 2019.12.30. 「근로자 파견의 판단기준에 관한 지침」 참조). 또한 제철소에서 제품 생산과정과 조업체계를 계획·관리하는 데 활용하는 전산관리시스템(MES; Manufacturing Execution System)을 통해 해당 근로자에게 업무수행에 대한 상당한 지휘·명령이 이루어졌다고 본 사례로 대법원 2022.7.28. 2021다221638 판결 참조.

'수급인의 근로자가 도급인의 근로자와 하나의 작업집단으로 구성되어 직접 공동작업을 하는 경우'에는 지휘·명령의 존재가 추정될 수 있다. 실질적 편입 여부를 판단할 때 도급인 소속 근로자들과 수급인 소속 근로자들 간의 혼재근무나 장소분리 등의 외형적 사정만으로 단순하게 판단할 수 없으며, 업무내용의 명확한 구별, 도급인 소속 근로자 결원 시 협력업체 근로자들의 대체근무 여부, 특정한 공정의 협업 여부 등 실질적으로 같은 작업집단을 구성하여 직접 공동작업을 하였는지 등의 구체적인 제반 사정을 충분히 검토하여야 한다.

셋째, 원고용주가 작업에 투입될 근로자의 선발이나 근로자의 수, 교육·훈련, 작업·휴게시간, 휴가, 근무태도 점검 등에 관한 결정 권한을 독자적으로 행사하느냐이다. 이는 수급인이 인사·경영에서 독자적 결정권을 가지는지가 판단기준이 될 수 있다는 것을 의미한다. 근로자파견관계에서는 사용사업주가 업무수행에 필요한 결정 권한을 가지는 데 반하여 하도급관계에서는 수급인이 관련 결정 권한을 가지는 것이 원칙이기 때문이다. 업무수행과정에서 투입될 근로자의 수, 교육·훈련, 작업·휴게시간, 휴가, 근무태도 점검 등에 관한 결정 권한을 수급인이 독자적으로 행사하지 못하고 도급인의 영향 내지 개입하에 행사한다면 근로자파견관계로 인정될 징표가 된다. 다만, 이 경우 업무의 특성이 고려될 수 있다.

넷째, 계약의 목적이 구체적으로 범위가 한정된 업무의 이행으로 확정되고 해당 근로자가 맡은 업무가 제3자 소속 근로자의 업무와 구별되며 그 업무에 전문성·기술성이 있느냐이다. 이는 도급대상업무의 적절성과 전문성에 관한 문제이다. 즉, 도급계약은 기본적으로 '일의 완성'을 목적으로 하므로 일의 성격이 무엇이든 사전에 그 목적과 내용, 범위가 구체적으로 확정되어야 하고, 수급인은 그 확정된 업무의 이행을 부담할 수 있어야 하는 반면에 근로자파견은 파견대상업무가 법에 정해져 있지만 구체적인 노무제공의 내용이 무엇인지까지 사전에 확정되어야 할 필요는 없으며, 파견근로자의 노무제공 시 사용사업주의 지휘·명령에 따라 결정된다는 점에서 도급계약과 구별되기 때문이다.

다음으로 판례는 사내하도급계약상 업무와 관련하여 '해당 근로자가 맡은 업무가 제3자 소속 근로자의 업무와 구별되며 그러한 업무에 전문성·기술성이 있는지'를 판단하도록 하고 있다. 즉, 수급인 소속 근로자가 수행해야 할 업무가 도급인 소속 근로자의 업무와 구별될 수 있어야 하는데, 거기에 전문성·기술성이 있다면 도급으로 볼 여지가 크다. 여기서 업무의 전문성·기술성은 단순 노무에 대비되는 것으로서 장기간 동일한 업무를 반복하여 근로자들의 업무 숙련도가 높다는 것과는 다른 것이다. 또한 수급업체가 업무의 전문성·기술성을 보유하고 그것을 기반으로 근로자들이 사내하도급하에서 노무를 제공한다면 수급인이 독자적으로 작업을 진행할 여지가 많으므로 도급인 근로자들의 업무와 구별됨을 입증하는 데에도 용이할 것이다.

다섯째, 원고용주가 계약의 목적을 달성하는 데 필요한 독립적 기업조직이나 설비를 갖추고 있느냐이다. 이는 수급인의 실체, 즉 계약당사자로서 적격성에 관한 문제이다. 수급인의 존재가 형식적·명목적인 것에 지나지 않는다고 판단될 때는 도급인과 수급인 소속 근로자 간에 묵시적 근로관계가 존재하는 것으로 보아야 한다. 결국 수급인이 도급계약 등의 당사자로서 계약 목적을 달성하고자 필요한 독립적 기업조직이나 설비, 장비, 전문성 등을 갖추고 있는지, 스스로 책임하에 특정된 일을 완성하거나 업무를 처리하고자 필요한 능력을 갖추고 있는지 등을 검토하게 될 것이다.

III. 간접고용과 집단적 노사관계

1. 비정규직의 집단적 노사관계

현행법은 비정규직의 노동3권에 대해 아무런 규정을 두지 않았다. 그 결과, 비정규직 근로자, 즉 기간제근로자, 단시간근로자, 파견근로자는 형식상 정규직 근로자와 동일하게 단결권, 단체교섭권, 단체행동권을 향유한다. 기간제법과 파견법 등에서 정규직과 차별하거나 정규직보다 불리하게 취급하는 규정이 없는 반면에, 비정규직의 노동3권 보장을 위해 특별히 배려하거나 우대하는 규정도 없다. 이 점은 근로기준법이나 비정규직법에서 비정규직 노동의 특성과 비정규직 근로자 보호를 위해 특칙을 두는 것과 비교된다.

노동관계에서 비정규직 근로자는 정규직 근로자보다 열악하다. 고용의 안정성이 낮고 근로조건과 복지가 열악한 것은 잘 알려진 반면에, 노사관계와 사회적 목소리에서 취약성은 상대적으로 덜 알려져 있다. 그러나 실제로 비정규직 근로자는 정규직 노동조합에 가입하기도 어렵고 독자적으로 노동조합을 결성하기도 쉽지 않으며, 나아가 단체교섭과 쟁의행위를 하기는 현실적으로 더욱 어렵다. 비정규직 근로자의 주변성, 임시성, 간접성 등 노동관계에서의 취약성은 비정규직의 단결활동 전반으로 연결되기 때문이다. 고용의 불안정성을 비롯한 정규직과 비정규직 사이의 임금과 근로조건 및 복지에서의 현저한 격차는 비정규직 조직화의 어려움, 정규직과 비정규직 사이의 연대 결여 등이 낳은 결과이다.

파견근로자 등 간접고용 근로자의 경우는 비정규직 중에서도 노동3권의 행사가 특히 어렵다. 고용과 사용의 실질적 분리를 특징으로 하는 간접고용에서는 한 근로자의 근로관계에 관여하는 사용자가 둘 이상이 존재하고 임금 등 근로조건의 결정에도 둘 이상의 사용자가 실제로 개입하거나 영향력을 미치는 등 노사관계가 중첩적이기 때문이다. 문제는 전통적인 노동법 이론에 따르게 되면 실질적으로 사용자 역할을 하는 사용사업주 또는 원청사업주가 법적으로는 파견근로자 또는 하청근로자와 사이에 근로계약관계 그 밖에 직접적 책임관계가 없다는 점이다. 최근에는 이러한 문제점을 해결하고 간접고용관계에서도 노무제공의 실질에 맞는 노사관계를 형성하려는 다양한 이론과 판례법리가 형성되고 있다.

2. 간접고용에서의 집단적 노사관계 사용자책임 확대론

(1) 지배·개입의 부당노동행위에 대한 사용자책임 확대

개별적 근로관계에서의 사용자는 근로계약의 당사자로서 임금지급의무를 부담하는 등의 채무를 부담하므로 원고용주에 대해 사용자책임을 물으려면 반드시 근로계약관계가 존재해야만 한다. 그러나 집단적 노사관계법의 수규자 또는 공법상 의무의 수규자로서 사용자책임을 물을 경우에는 반드시 근로계약관계가 존재할 필요는 없다. 예컨대 부당노동행위제도와 같이 건전한 노사관계의 형성을 목적으로 노조법에서 창설한 제도가 합리적으로 운용되려면 이를 방해하는 행위를 금지하고 제재하기 위해 '사용자'의 범위를 달리 획정할 필요가 있기 때문이다.

종래부터 원청회사의 지배·개입의 부당노동행위에 대해 사용자책임을 확대할 수 있는지가 논의되어 왔다. 이에 대해 대법원은 현대중공업 사건에서 "원청회사가 개별도급계약을 통하여 사내 하청업체 근로자들의 기본적인 노동조건 등에 관하여 고용사업주인 사내 하청업체의 권한과 책임을 일정 부분 담당하고 있다고 볼 정도로 실질적이면서 구체적으로 지배·결정할 수 있는 지위에 있고 사내 하청업체의 사업 폐지를 유도하는 행위와 그로 인하여 사내 하청업체 노동조합의 활동을 위축시키거나 침해하는 지배·개입 행위를 하였다면, 원청회사는 노동조합법 제81조 제4호에서 정한 부당노동행위의 시정을 명하는 구제명령을 이행할 주체로서의 사용자에 해당한다."라고 판시하여[30] 집단적 노사관계법에서의 사용자책임을 확대하고 있다. 이러한 대법원판결은 대부분 학자가 취하고 있는 '실질적 지배력설'의 견지에서 부당노동행위의 사용자책임을 확대했다는 점에서 긍정적으로 평가할 수 있다.

(2) 단체교섭의 상대방으로서 사용자책임 확대

문제가 되는 것은 앞서 언급한 현대중공업의 법리가 단체교섭에도 적용되느냐이다. 이와 관련하여 하급심 판결[31]과 최근의 중앙노동위원회 판정[32]에서는 원청회사가 하청업체의 근로자에 대하여 실질적 영향력 또는 지배력을 행사할 수 있다면 원청회사가 단체교섭의 상대방이 된다고 본 사례가 있다. 아직 대법원판결에서 이 쟁점이 다루어진 사례는 없다.

대다수 학설도 간접고용 등의 경우에 근로계약의 당사자가 아니더라도 노사관계에 실질적 지배력을 행사하는 원청회사에도 단체교섭의무를 부담시켜야 한다고 주장한다.

생각건대 단체교섭 상대방으로서 사용자책임을 확대하는 데는 좀 더 신중해야 할 것으로 보인다. 왜냐하면 단체교섭의 결과물인 단체협약은 근로계약을 매개로 규범력을 발휘하므로, 근로계약의 당사자가 아닌 원청회사에 교섭의무를 부담시킬 실익이 있는지 의문이 들기 때문이다.

이러한 난점을 해결하려면 단체교섭의 법제도적 의미를 반드시 단체협약의 전 단계로만 이해할 것이 아니라 집단적 목소리(collective voice)를 보장함으로써 노사관계의 질서형성에 기여한다는 측면을 부각하는 등 단체교섭 독자적 존재 의의를

---

30 대법원 2010.3.25. 2007두8881 판결.
31 서울고등법원 2024.1.24. 2023누34646 판결.
32 중앙노동위원회 2021.6.2. 결정 2021부노14 판정; 중앙노동위원회 2022.3.24. 결정 2021부노268 판정 참조.

규명하는 이론적 작업이 추가되어야 할 것으로 보인다. 독일의 콘체른(konzern)이나 프랑스의 기업연합이 종업원의 이익을 대변하는 제도적 메커니즘으로 단체교섭이 아닌 종업원위원회나 기업위원회 방식을 채택하는 이유도 콘체른이나 기업연합과 종업원 사이에 근로계약관계가 없기 때문이다.

다만 파견법에서는 파견근로자가 사용사업주에게 실제로 노무를 제공하는 것과 관련된 근로조건에 대해서는(근로기준법상 근로시간과 휴게·휴일, 모성보호 관련 사항, 산업안전보건에 관한 사항 등) 사용사업주를 사용자로 보므로(파견법 제34조·제35조 참조), 적어도 해당 사항에 대해서는 사용사업주가 단체교섭상 사용자로서 책임을 부담해야 한다.

(3) 원청사업장에서 단결활동

사내하청 노동이 증가하면서 하청근로자 또는 그 노동조합이 원청사업장에서 조합활동 또는 쟁의행위를 할 수 있는지를 둘러싼 분쟁이 증가하고 있다. 구노동쟁의조정법은 쟁의행위의 장소를 제한하는 규정을 두었으나,[33] 현행 노동조합법에서는 아무런 규정이 없다.

이와 관련하여 기존의 판례는 수급업체 소속의 조합원들이 도급업체의 소유이면서 업무수행의 장소인 로비에 침입하여 이를 점거한 행위는 도급인을 포함한 로비 관리자의 의사에 반하여 이루어진 것으로 위법하다고 판단하였다.[34]

그러나 최근 대법원은 용역업체 직원들로 구성된 노동조합이 원청사업장을 점거하면서 쟁의행위를 한 사건에서, 용역업체 직원들이 근로를 제공하는 장소가 원청사업장이라는 점을 들어 원청회사가 이들의 단결활동이나 쟁의행위를 수인할 의무가 있다고 판단하였다.[35]

---

33 구노동쟁의조정법 제12조(쟁의행위의 제한) 쟁의행위는 당해 사업장 이외의 다른 장소에서는 이를 행할 수 없다.

34 대법원 2010.3.11. 2009도5008 판결.

35 대법원 2020.9.3. 2015도1927 판결(사용자인 수급인에 대한 정당성을 갖춘 쟁의행위가 도급인의 사업장에서 이루어져 형법상 보호되는 도급인의 법익을 침해한 경우, 그것이 항상 위법하다고 볼 것은 아니고, 법질서 전체의 정신이나 그 배후에 놓여 있는 사회윤리 내지 사회통념에 비추어 용인될 수 있는 행위에 해당하는 경우에는 형법 제20조의 '사회상규에 위배되지 아니하는 행위'로서 위법성이 조각되고, 이러한 경우에 해당하는지는 쟁의행위의 목적과 경위, 쟁의행위의 방식·기간과 행위 태양, 해당 사업장에서 수행되는 업무의 성격과 사업장의 규모, 쟁의행위에 참여하는 근로자의 수와 이들이 쟁의행위를 행한 장소 또는 시설의 규모·특성과 종래 이용관계, 쟁의행위로 인해 도급인의 시설관리나 업무수행이 제한되는 정도, 도급인 사업장 내에서의 노동조합 활동 관행 등 여러 사정을 종합적으로 고려하여 판단하여야 한다).

제26장
단시간근로자의 보호

제1절
단시간근로자의 정의

단시간근로자는 "1주 동안의 소정근로시간이 그 사업장에서 같은 종류의 업무에 종사하는 통상근로자의 1주 동안의 소정근로시간에 비하여 짧은 근로자"를 말한다(근로기준법 제2조 제1항 제9호, 기간제법 제2조 제2호).

단시간근로자는 통상근로자보다 소정근로시간이 짧은 근로자이지만, 근로시간이 얼마나 짧아야 하는지는 법이나 정책의 목표에 따라 다르게 정의할 수 있다. 가령 통계의 목적이라면 주 30시간 미만과 같이 특정한 길이의 시간이나 비율을 정해야 한다. 그러나 근로기준법이나 기간제법은 단시간근로자 규율의 목적을 근로조건보호와 차별금지에 두므로 특정한 시간대를 정하지 않고 단순히 통상근로자보다 소정근로시간이 짧은 자라고 정의한다.[1] 그래서 해당 사업장의 통상근로자보다 1시간이라도 짧으면 단시간근로자로 인정된다.

또한 단시간근로자인지를 판단하는 기준근로시간은 법정근로시간 범위 내에서 근로자와 사용자 간에 약정한 '소정근로시간'이기 때문에(근로기준법 제2조 제1항 제8호) 법정근로시간보다 근로시간이 짧다고 해서 모두 단시간근로자가 되는 것은 아니다.

---

1 다만 이러한 정의는 단시간근로자를 법의 보호에서 제외할 목적으로 규정할 경우에는 문제가 발생한다. 특히 실근로시간이 아니라 소정근로시간을 기준으로 단시간 또는 초단시간근로자를 정하고 이들을 각종 보호로부터 제외하는 고용보험법 등 각종 법령의 개정이 시급히 필요하다.

제2절
단시간근로자의 근로조건 결정

I. 원칙

단시간근로자의 근로조건은 크게 세 가지 원칙에 따라 규율된다.

첫째, 절대적 평등대우의 원칙으로 해고제한의 원칙이나 연소자·여자 보호 등과 같은 규정은 통상근로자와 달리 규율해서는 아니 된다. 정당한 이유 없는 해고제한이나 연소자 및 모성보호에 관한 사항은 근로시간과 관계없는 근로조건이기 때문에 근로시간이 짧은 단시간근로자라고 해서 통상근로자와 다르게 처우해야 할 이유가 없기 때문이다.

둘째, 비례적 평등대우의 원칙으로 단시간근로자의 근로조건은 그 사업장의 같은 종류의 업무에 종사하는 통상근로자의 근로시간을 기준으로 산정한 비율에 따라 결정되어야 한다. 그래서 법정수당이나 휴식 시간 등은 최소한 근로시간에 비례한 평등대우가 보장된다. 즉, 단시간근로자의 근로조건은 원칙적으로 근로시간이 짧다는 것 외에 다른 불합리한 이유로 차별되어서는 안 된다.

셋째, 특별보호의 원칙으로서 단시간근로자의 초과근로 등에는 통상근로자의 초과근로보다 강화된 보호가 요구된다. 그래서 기간제법에서는 단시간근로자에 대한 (법내) 초과근로에 대해서 가산임금 지급 등의 엄격한 제한을 두고 있다.

이러한 단시간근로자에 대한 근로조건 결정의 원칙과 관련하여 근로기준법은 비례적 평등대우 원칙을(제18조 제1항) 그리고 기간제법은 특별보호의 원칙을 구체화하고 있다. 그리고 단시간근로자의 근로조건 대부분은 근로기준법 시행령 [별표 2] 「단시간근로자의 근로조건 결정기준 등에 관한 사항(제9조 제1항 관련)」에서 규정하고 있다.

II. 초단시간근로자에 대한 근로기준법 등의 적용제외

단시간근로자에 대해서도 근로기준법상 근로조건이 적용되는 것이 원칙이다. 다만, 단시간근로자 중에서도 4주 동안(4주 미만으로 근로하는 경우에는 그 기간)을 평균하여 1주 동안의 소정근로시간이 15시간 미만인 근로자의 경우에는(이른바 '초단시간근로자'라 함) 근로기준법상의 유급주휴일(제55조)과 연차유급휴가(제60조) 규정이 적용되지 않는다(제18조 제3항).[2] 초단시간근로자는 근로시간이 매우 짧아서 장시간 노동에 따른 휴식을 위해 부여되는 유급주휴일과 연차유급휴가의 보장 취지가 상대적으로 약하기 때문이다.

단시간근로자에게도 퇴직급여법상의 퇴직급여제도가 보장됨은 물론이다. 그러나 근속근로기간이 1년 미만인 근로자, 4주간을 평균하여 1주간의 소정근로시간이 15시간 미만인 초단시간근로자는 퇴직급여법상 퇴직급여제도가 적용제외된다(제4조 제1항 단서).

한편, 초단시간근로자인지는 근로계약상 소정근로시간을 1주당 15시간 미만으로 약정하였더라도 실제로는 사용자가 상시 초과근로를 하게 하면서 무기계약직 전환 내지 계약 갱신을 회피한다면 이러한 소정근로시간 약정은 효력을 인정할 수 없고, 근로자가 통상적으로 사용자에게 근로를 제공할 의무를 부담하는 시간을 기준으로 하여 초단시간근로자 해당 여부를 판단하여야 한다.[3]

---

2 초단시간근로자들에게 적용제외되는 근로기준법 제55조의 유급휴일은 유급주휴일과 관공서의 휴일 및 대체휴일에 관한 사항으로서 근로자의 날 제정에 관한 법률상 근로자의 날은 초단시간근로자들에게도 적용제외되지 않는다(근로기준정책과-4361, 2015.9.10.).

3 서울고등법원 2018.5.16. 2017누76410 판결 참조.

제3절
단시간근로자의 구체적인 근로조건

I. 근로계약 체결 시 근로조건 명시

사용자는 단시간근로자를 고용할 경우에 임금, 근로시간, 그 밖의 근로조건을 명확히 적은 근로계약서를 작성하여 근로자에게 내주어야 한다(근로기준법 시행령 [별표2] 1호).

구체적으로 사용자는 단시간근로자와 근로계약을 체결하는 때에 근로계약기간에 관한 사항, 근로시간·휴게에 관한 사항, 임금의 구성항목·계산방법·지불방법에 관한 사항, 휴일·휴가에 관한 사항, 취업의 장소와 종사하여야 할 업무에 관한 사항, 근로일·근로일별 근로시간 등을 명시하여야 한다(기간제법 제17조). 이러한 근로조건 명시사항은 기간제 및 단시간근로자에게 공통적으로 적용되지만, 이 중에서도 근로일·근로일별 근로시간은 단시간근로자에 한해 적용된다(제17조 본문 단서).

II. 임금의 계산

단시간근로자의 임금산정 단위는 시간급을 원칙으로 하며, 시간급 임금을 일급 통상임금으로 산정할 경우에는 1일 소정근로시간 수에 시간급 임금을 곱하여 산정한다. 이때 단시간근로자의 1일 소정근로시간 수는 4주 동안의 소정근로시간을 그 기간의 통상근로자의 총소정근로일 수로 나눈 시간 수로 한다(근로기준법 시행령 [별표2] 2호).

III. 초과근로 제한과 가산임금

사용자는 단시간근로자에 대하여 소정근로시간을 초과하여 근로하게 하는 경우에는 해당 근로자의 동의를 얻어야 한다. 이 경우 1주간에 12시간을 초과하여 근로하게 할 수 없다(기간제법 제6조 제1항).[4] 이러한 단시간근로자의 동의 없이 사용자가 초과근로를 하게 하면 단시간근로자는 이를 거부할 수 있다(제6조 제2항). 사용자는 단시간근로자가 부당한 초과근로 요구를 거부하였다는 이유로 해고 그 밖의 불리한 처우를 하지 못한다(제16조 제1호).

초과근로에 대해서는 근로기준법상 연장근로에 해당하는지에 상관없이 사용자는 통상임금의 100분의 50 이상을 가산하여 지급하여야 한다(기간제법 제6조 제3항). 종래 소정근로시간을 초과하였으나 법정근로시간을 넘지 않은 연장근로(법내초과근로)에 대해서는 가산임금을 지급하지 않아도 무방하다는 것이 판례의 태도이다.[5] 그런데 단시간근로자의 경우 소정근로시간을 짧게 정한 후 가산임금 지급 없이 상시적인 초과근로를 강요받게 되고 결국 통상근로자의 근로시간과 다를 바 없게 되는 문제가 발생함에 따라[6] 현행 기간제법에서는 법정근로시간 이내라도 단시간근로자의 소정근로시간 초과근로에 대해서 가산임금(50%)을 지급하도록 하고 있다(제6조 제3항). 그리고 단시간근로자가 법정근로시간을 초과하여 연장근로를 하는 경우에는 근로기준법 제56조의 연장근로수당이 지급되며, 기간제법 제6조 제3항의 초과근로수당이 중복되어 지급되지는 않는다.

한편, 사용자는 소정근로일이 아닌 날에 근로시키거나 소정근로시간을 초과하여 근로시키고자 할 경우에는 미리 근로계약서나 취업규칙 등에 그 내용과 정도를 명시하여야 한다(근로기준법 시행령 [별표2] 3호).

---

4 기간제법 제6조 제1항을 위반하여 단시간근로자에게 초과근로를 하게 한 자는 1천만 원 이하의 벌금에 처한다(동법 제22조).
5 대법원 1998.6.26. 97다14200 판결 등.
6 고용노동부, 『단시간근로자의 초과근로 관련 지침』, 2014.9.

IV. 휴일·휴가

단시간근로자에게 근로기준법상 휴일·휴가 규정은 아래와 같이 적용하여야 한다(근로기준법 시행령 [별표2] 4호).

첫째, 사용자는 단시간근로자에게 근로기준법 제55조에 따른 유급휴일을 주어야 한다. 즉 1주 동안에 소정근로일을 개근한 경우 평균 1회 이상의 주휴일과 함께 관공서의 공휴일에 관한 규정상의 휴일 및 대체공휴일에도 휴일을 주어야 한다(시행령 제30조).[7] 이때 사용자가 지급하여야 하는 임금은 일급 통상임금을 기준으로 한다.

둘째, 사용자는 단시간근로자에게 근로기준법 제60조에 따른 연차유급휴가를 주어야 한다. 이 경우 유급휴가는 다음의 방식으로 계산한 시간단위로 하며, 1시간 미만은 1시간으로 본다. 이때 사용자가 지급하여야 하는 임금은 시간급을 기준으로 한다.

$$\text{통상근로자의 연차휴가일수} \times \frac{\text{단시간근로자의 소정근로시간}}{\text{통상근로자의 소정근로시간}} \times 8\text{시간}$$

셋째, 사용자는 여성인 단시간근로자에 대하여 근로기준법 제73조에 따른 생리휴가와 제74조에 따른 산전후휴가를 주어야 한다. 이때 사용자가 지급하여야 하는 임금은 일급 통상임금을 기준으로 한다.

V. 취업규칙

단시간근로자에게 취업규칙을 작성·변경할 때는 다음과 같이 해야 한다(근로기준법 시행령 [별표2] 5호).

---

7 다만, 관공서의 공휴일 및 대체휴일의 시행일은 사업장 규모에 따라 시행일이 다르다. 즉, 300인 이상 사업장과 공공기관·지방자치단체 등은 2020년 1월 1일부터, 30명 이상 300명 미만의 사업장은 2021년 1월 1일부터, 5명 이상 30명 미만 사업장은 2022년 1월 1일부터 시행되었다(근로기준법 시행령 제30조와 부칙 참조).

첫째, 사용자는 단시간근로자에게 적용되는 취업규칙을 통상근로자에게 적용되는 취업규칙과 별도로 작성할 수 있다.

둘째, 단시간근로자에게만 적용되는 별도의 취업규칙을 작성하거나 변경하고자 할 경우에는 적용대상이 되는 단시간근로자 과반수의 의견을 들어야 한다. 다만, 취업규칙을 단시간근로자에게 불이익하게 변경하는 경우에는 그 동의를 받아야 한다.

셋째, 단시간근로자에게 적용될 별도의 취업규칙이 작성되지 아니한 경우에는 통상근로자에게 적용되는 취업규칙이 적용된다. 다만, 취업규칙에서 단시간근로자에 대한 적용을 배제하는 규정을 두거나 다르게 적용한다는 규정을 둔 경우에는 그에 따른다.

넷째, 통상근로자에게 적용되는 취업규칙에서 단시간근로자를 함께 규율할 경우에는 근로기준법 제18조 제1항의 취지, 즉 비례평등의 원칙에 어긋나는 내용이 포함되어서는 아니 된다.

VI. 단시간근로자의 우선 고용과 전환 등

사용자는 통상근로자를 채용하고자 하는 경우에는 해당 사업 또는 사업장의 동종 또는 유사한 업무에 종사하는 단시간근로자를 우선적으로 고용하도록 노력해야 한다(기간제법 제7조 제1항). 또한 사용자는 가사, 학업 그 밖의 이유로 근로자가 단시간근로를 신청하는 때에는 해당 근로자를 단시간근로자로 전환하도록 노력해야 한다(기간제법 제7조 제2항).

제27장
비정규직 차별시정 제도

제1절
비정규직 차별시정 제도의 의의

기간제 및 단시간근로자 보호 등에 관한 법률(2006.12.21. 법률 제8074호 제정, 약칭: 기간제법)과 파견근로자 보호 등에 관한 법률(2006.12.21. 법률 제8076호, 약칭: 파견법)은 비정규직 근로자를 보호하는 핵심 제도로 차별시정 제도를 마련하였다. 차별시정제도는 크게 차별적 처우 금지와 차별시정 절차로 구성되는데, 차별적 처우 금지는 기간제법과 파견법에서 각각 규정하는 반면에 차별시정 절차는 기간제법에서 규율한다.[1]

고용에서 차별금지와 평등대우를 실현하고자 헌법을 기점으로 근로기준법, 노동조합 및 노동관계조정법, 남녀고용평등과 일·가정 양립 지원에 관한 법률, 고용상 연령차별금지 및 고령자고용촉진에 관한 법률, 국가인권위원회법 등 각종 법률이 존재한다. 그중에서도 기간제법과 파견법에서 정하는 비정규직 차별시정 제도는 현행 노동관계법령에서 고용형태를 이유로 하는 차별을 금지하는 가장 대표적인 제도이다. 특히 기간제법은 기간제근로자, 단시간근로자 등 비정규직 근로자가 급격히 증가하고 이들 근로자에 대한 차별적 처우와 남용행위가 사회적 문제로 대두됨에 따라 기간제근로자와 단시간근로자에 대한 불합리한 차별을 시정하고 사

---

[1] 파견법에서는 기간제법상의 차별시정절차를 준용하므로(파견법 제21조 제3항), 이하에서는 기간제법상의 차별시정절차를 살펴보는 것으로 한다.

용자의 남용행위를 규제함으로써 이들 근로자의 근로조건을 보호하고 노동시장의 건전한 발전을 도모하는 것을 목적으로 하고 있다(제1조 참조).

제2절
차별적 처우의 개념

기간제법에서는 기간제근로자와 단시간근로자에 대한 차별적 처우를 금지한다. 즉, 사용자는 기간제근로자임을 이유로 해당 사업 또는 사업장에서 동종 또는 유사한 업무에 종사하는 기간의 정함이 없는 근로계약을 체결한 근로자에 비하여 차별적 처우를 하여서는 아니 된다(제8조 제1항). 또한 사용자는 단시간근로자임을 이유로 해당 사업 또는 사업장의 동종 또는 유사한 업무에 종사하는 통상근로자에 비하여 차별적 처우를 하여서는 아니 된다(제8조 제2항). 여기서 '차별적 처우'는 사용자가 근로기준법 제2조 제1항 제5호에 따른 임금, 정기상여금, 명절상여금 등 정기적으로 지급되는 상여금, 경영성과에 따른 성과금, 그 밖에 근로조건 및 복리후생 등에 관한 사항에서 합리적 이유 없이 불리하게 처우하는 것을 말한다(기간제법 제2조 제3호). 이에 따라 근로조건의 차이에 합리적 이유가 있으면 차별적 처우에 해당하지 않는다. 일반적으로 업무의 범위, 권한, 곤란도, 책임도, 직무능력과 실적, 근속연수 등에 의한 차별적 처우는 합리적 이유가 있는 것으로 볼 수 있다.

파견근로자에 대한 차별적 처우는 파견법에서 금지하고 있다. 즉, 파견사업주와 사용사업주는 파견근로자라는 이유로 사용사업주의 사업 내의 같은 종류의 업무 또는 유사한 업무를 수행하는 근로자에 비하여 파견근로자에게 차별적 처우를 해서는 아니 된다(제21조 제1항). 여기서 차별적 처우의 개념은 기간제법과 동일하다(파견법 제2조 제7호).

제3절

차별적 처우의 판단

I. 비교대상자의 확정

차별은 상대적 개념으로 비교대상을 전제로 한다. 그래서 차별적 처우의 합리성을 판단하려면 비교대상근로자가 확정되어야 한다. 기간제근로자는 해당 사업 또는 사업장에서 동종 또는 유사한 업무에 종사하는 기간의 정함이 없는 근로계약을 체결한 근로자가 비교대상이 되고(기간제법 제8조 제1항), 단시간근로자는 해당 사업 또는 사업장의 동종 또는 유사한 업무에 종사하는 통상근로자가 비교대상이며(기간제법 제8조 제2항), 파견근로자는 사용사업주의 사업 내의 동종 또는 유사한 업무를 수행하는 근로자(파견법 제21조 제1항)가 비교대상이다. 이를 나누어 설명하면 아래와 같다

1. 동일한 사업 또는 사업장

비교대상근로자는 기간제·단시간근로자와 '해당 사업 또는 사업장'에서, 즉 '동일한 사용자에게 고용되어', '동일한 사업장에서 근로하는 자'를 대상으로 한다. 만약 동일한 사업장에서 근로하는 자를 선정하기 어렵다면 동일한 사업 내의 다른 사업장에서 근무하는 근로자들 중에서 선정할 수 있다. 파견근로자는 사용사업주의 사업 내에 근무하는 근로자가 비교대상자가 되는데, 이때에도 파견근로자가 근무하는 사업장에서 비교대상자를 선정할 수 없으면 사용사업주의 사업 내에 있는 다른 사업장에서 비교대상자를 선정할 수 있다.

2. 동종 또는 유사한 업무

'동종 또는 유사한 업무'는 직종, 직무, 작업 내용이 동일성 또는 유사성을 가진

업무로서 이에 해당하는지는 취업규칙이나 근로계약 등에 명시된 형식적 내용이 아니라 근로자가 실제 수행해 온 업무를 기준으로 판단해야 한다.[2] 구체적으로는 업무의 수행방법, 작업조건, 상호 대체 가능성 등을 종합적으로 고려하여 판단해야 하고, 주된 업무의 내용, 작업조건 등 핵심요소에서 본질적 차이가 없다면 양자 사이에 '현저한 질적 차이'가 없는 한 채용절차나 부수적인 업무 내용 등에서 다소 차이가 있더라도 동종 또는 유사한 업무에 종사한다고 보아야 한다. 또한 비교대상자가 기간제와 단시간근로자에 비해 추가 업무를 하는 경우에도 그 추가 업무가 주요한 업무인지 부수적 업무인지를 평가하여 비교대상자를 선정하여야 한다.

한편, 비교대상 근로자의 선정을 실체적으로나 절차적으로나 지나치게 엄격하게 보면 차별 여부에 대한 실체적 판단에 나아갈 수 없게 되어 차별시정제도를 통한 근로자 구제가 미흡하게 될 우려가 있다. 판례는 이러한 차별시정제도의 취지와 노동위원회 조사의 직권주의적 특성, 비교대상성 판단의 성격 등을 고려하여 노동위원회가 신청인이 주장한 비교대상자가 아니더라도 이와 동일성이 인정되는 범위 내에서 조사, 심리를 거쳐 적합한 근로자를 비교대상 근로자로 선정할 수 있다고 본다.[3]

3. 비교대상자의 선정 범위

(1) 기간제근로자의 비교대상자 선정

기간제근로자의 비교대상자는 기간의 정함이 없는 근로자이므로 해당 사업(장)에 정규직으로 채용된 근로자뿐만 아니라 기간제법 시행 이후 기간제근로자로 채용되었다가 기간의 정함이 없는 근로자로 간주 또는 전환된 근로자도 비교대상자에 해당한다.[4]

또한 판례는 비교대상자가 '사법상 근로계약'을 체결한 근로자로 한정되지 않는

---

2 대법원 2012.10.25. 2011두7045 판결; 서울고등법원 2017.6.9. 2016누51667 판결 등 참조.
3 대법원 2023.11.30. 2019두53952 판결.
4 또한 기간제근로자에 대하여 차별적 처우가 있었는지를 판단하기 위한 동종 또는 유사한 업무에 종사하는 비교대상근로자는 기간의 정함이 없는 근로계약을 체결한 근로자 중에서 선정하여야 하고, 이러한 근로자가 당해 사업 또는 사업장에 실제로 근무하고 있을 필요는 없으나 직제에 존재하지 않는 근로자를 비교대상 근로자로 삼을 수는 없다(대법원 2019.9.26. 2016두47857 판결).

것으로 본다.[5] 따라서 사법상의 근로계약을 체결한 기간제근로자와 공무원이 함께 근로하는 사업(장)의 경우, 기간제근로자와 동종 유사한 업무를 수행하는 공무원이 있다면 해당 공무원도 기간제법상의 차별 여부를 판단하는 비교대상자로 선정될 수 있다.

(2) 단시간근로자의 비교대상자 선정

단시간근로자의 비교대상자는 '통상근로자'이다. 통상근로자의 정의는 근로기준법 등에서 정해진 바가 없다. 다만, 고용노동부의 행정해석에서는 "통상근로자 여부는 '소정근로시간뿐만 아니라 당해 사업장의 고용형태(계약기간), 임금체계 등을 종합적으로 고려해 볼 때 통상적으로 근로할 것이 예정되어 있는 정규직 근로자를 말하는 바, 취업규칙 등에 의해 채용 및 계약기간(정년 등), 임금, 호봉, 승진 등 중요한 근로조건 대부분이 직접 규율되는 근로자'로 볼 수 있고, 동종업무에 통상근로자가 없는 경우에는 그 업무에 종사하는 가장 일반적 형태의 근로자를 잠정적으로 통상근로자로 볼 수 있다."[6]라고 해석하고 있다. 즉, 통상근로자는 반드시 1주 40시간을 근로하는 근로자나 기간의 정함이 없는 근로자만을 의미하지는 않으며 해당 업무 또는 사업장에서 가장 통상적인 또는 일반적인 고용형태의 근로자를 의미한다고 할 수 있다.[7]

(3) 파견근로자의 비교대상자 선정

파견근로자는 사용사업주 사업 내에 직접 고용된 근로자가 비교대상자가 되므로 반드시 무기계약자나 통상근로자일 필요는 없다. 따라서 사용사업주 사업 내에서 파견근로자와 동종·유사한 업무를 수행한다면 사용사업주 소속의 기간제근로

---

5 대법원 2014.11.27. 2011두5391 판결(민간조리원 기간제근로자들에 대하여 조리직렬 기능군무원을 비교대상자로 확정).

6 근기 68207-1248, 2002.3.26.

7 고용노동부에서는 통상근로자와 단시간근로자의 중요한 구별기준은 '소정근로시간'으로, 구체적으로는 사업장에 1주 40시간의 근로를 제공하는 근로자가 있다면 그를 통상근로자로 보고 그와 동종업무에 종사하는 1주 동안의 소정근로시간이 그보다 짧은 근로자를 단시간근로자로 보며, 사업장에 1주 40시간으로 소정근로시간을 정한 근로자가 없는 경우에는 해당 사업장에서 같은 종류의 업무에 종사하는 근로자 중 1주 동안의 소정근로시간이 가장 긴 근로자를 통상근로자로 해석하고 있다(고용노동부, 「단시간근로자의 초과근로 관련 지침」, 2014.9.).

자, 단시간근로자 등도 비교대상자가 될 수 있다.[8]

(4) 비교대상근로자가 비교시점에 해당 사업장에 존재하지 않는 경우

비교대상근로자가 해당 사업(장)에 비교 시점에 존재하지 않는 경우가 있을 수 있다. 중앙노동위원회의 「차별시정업무 매뉴얼」에 따르면 비교대상근로자는 원칙적으로 사용자에 의한 차별적 처우가 있었던 시기에 존재해야 하고, 다만 인사이동, 조직개편, 고용종료 등으로 비교대상근로자가 없다 하더라도 차별적 처우가 있었던 시점에서 비교대상근로자가 있었다면 그 근로자를 비교대상근로자로 본다고 한다.[9] 그러나 이런 해석은 비교대상을 지나치게 협소하게 본다. 비정규직 근로자가 비교대상근로자와 시간적으로 밀접하게 연계되어 그 대체 후임자로 동종·유사 업무에 종사한 것으로 볼 수 있는 경우에는 널리 비교대상근로자가 존재하는 것으로 보는 것이 비정규직 차별시정 제도의 목적과 취지에 부합한다.

II. 임금 그 밖의 근로조건에 대한 불리한 처우

1. 차별금지영역

기간제법상 금지되는 차별적 처우의 대상은 ① 근로기준법 제2조 제1항 제5호에 따른 임금(기간제법 제2조 제3호 가목), ② 정기상여금, 명절상여금 등 정기적으로 지급되는 상여금(나목), ③ 경영성과에 따른 성과금(다목), ④ 그 밖에 근로조건과 복리후생 등에 관한 사항(라목)이다.[10] 이와 같이 차별금지의 대상은 근로제공과 직접적 관계가 없더라도 근로관계에 기인하여 근로자에게 지급되는 모든 급부를 포괄한다.

① 우선 근로기준법상의 임금, 즉 사용자가 직접적 근로의 대가로 근로자에게

---

8 중앙노동위원회, 「차별시정업무매뉴얼」, 2012.7, 42면.

9 중앙노동위원회, 「차별시정업무매뉴얼」, 2012.7, 48면 참조.

10 기간제법 제2조 제3호의 '차별적 처우'에 대해 종래 "임금 그 밖의 근로조건 등에 있어서 합리적인 이유 없이 불리하게 처우하는 것을 말한다."라고 규정되어 있었으나 2013년 3월 22일 법 개정 시에 현행과 같이 차별금지대상이(가목부터 라목) 구체화·세분화되었다(법률 제11667호, 2013.9.23. 시행).

임금, 봉급, 그 밖에 어떠한 명칭으로든지 지급하는 모든 금품은 차별금지 대상이 된다.

② 또한 정기상여금, 명절상여금 등 정기적으로 지급되는 상여금은 원칙적으로 임금의 일종으로 기간제법 제2조 제3호 나목뿐만 아니라 가목에 의해서도 차별금지대상이 될 수 있다.

③ 경영성과에 따른 성과금과 관련해서는 종래부터 일시적·비정기적으로 지급되어 임금에 해당되지 않는 경영성과금, 특별성과금 등이 비정규직에 대한 차별금지대상이 되는지가 불분명하였다. 그러나 현행 기간제법에서는 경영성과에 따른 성과금이 차별처우금지 영역으로 명시됨으로써 임금성 인정 여부와 관계없이 경영성과금도 차별처우금지 대상이 된다.[11] 따라서 성과급, 경조금, 위로금 등 그 명칭의 여하에 불구하고 사용자가 지급규정 없이 특별한 시기 또는 특별한 사정에 따라 임의적으로 근로자 전체에게 일률적으로 정액·정률로 지급하는 금품도 기간제 또는 단시간근로자임을 이유로 그 지급대상에서 배제하거나 달리 취급하는 것은 기간제법이 금지하는 차별에 해당한다.[12]

④ '그 밖에 근로조건 및 복리후생 등에 관한 사항'은 사실상 사용자가 근로자에게 지급, 제공하는 거의 모든 처우라고 할 수 있다. 따라서 복리후생, 실비변상적 금품 등도 기간제법상 차별금지 영역에서 제외될 수 없다. 실제로 법원과 노동위원회는 정액급식비 또는 중식대,[13] 명절휴가비,[14] 맞춤형복지비,[15] 통근비 내지 교통비,[16] 가족수당[17] 등에서 기간제근로자에 대한 차별적 처우를 금지한 바 있다.

---

11 임금성이 인정되지 않는 경영성과에 따른 성과금은 다목에 의하지 않더라도 라목의 '그 밖에 근로조건 및 복리후생 등에 관한 사항'에도 해당된다.

12 서울행정법원 2012.1.12. 2011구합8734 판결.

13 대법원 2012.3.19. 2011두2132 판결; 중앙노동위원회 2015.5.4. 결정 중앙2015차별1; 중앙노동위원회 2018.12.6. 결정 중앙2018차별37,43 등.

14 서울고등법원 2016.10.21. 2016누30189 판결; 중앙노동위원회 2015.5.4. 결정, 2015차별1 등.

15 서울고등법원 2017.6.9. 2016누51667 판결; 서울행정법원 2019.8.30. 2018구합78640 판결 등.

16 대법원 2012.3.19. 2011두2132 판결; 중앙노동위원회 2018.12.6. 결정 중앙2018차별37,43 등.

17 서울행정법원 2010.6.18. 2009구합55553 판결; 중앙노동위원회 2015.5.4. 결정 2015차별1 등.

2. '불리한 처우'의 의미

'불리한 처우'는 사용자가 임금 그 밖의 근로조건 등에서 비정규직 근로자와 비교대상근로자를 다르게 처우함으로써 비정규직 근로자에게 발생하는 불이익 전반을 의미한다.[18] 불리한 처우 유무에 관한 문제는 불리한 처우가 존재하는지를 확인하는 것으로 족하고, 그 '정도'에 관한 문제는 불리한 처우에 합리성이 있는지를 판단할 때 고려할 사항이다.

기간제법상의 차별금지는 기간제법 시행 이후에 구체적으로 발생한 불리한 처우에 적용된다. 즉, 차별적 처우를 주장하는 근로자가 사용자로부터 실제로 차별적 처우를 받은 사실이 있어야 하며, 단지 규정상으로만 존재하는 차별이나 장래에 불리한 처우를 받을 가능성이 있다는 것으로는 불리한 처우로 인정되지 않는다.

3. 불리한 처우의 판단방식

불리한 처우가 존재하는지를 판단하는 방식과 관련하여 판례와 노동위원회는 세부항목별 비교방식을 원칙으로 하면서 범주화·총액화 비교방식을 병행하여 채택하고 있다.[19]

우선 세부항목별 비교방식은 기간제·단시간·파견근로자에게 지급되는 임금의 세부항목과 이에 상응하는 비교대상근로자의 임금 세부항목이 동일한 경우 세부항목별로 비교하여 불리한 처우가 있는지를 판단하는 방식이다. 예컨대, 비정규직 근로자와 그 비교대상자 간에 임금 세부항목이 기본급, 상여금, 급식비 등으로 동일할 경우, 항목별로 금액의 정도를 비교하여 불리한지를 판단하거나 비정규직에게는 기본급만 지급되고 그 외 (비교대상자들에게는 지급되는) 수당들이 지급에서 적용

---

[18] 대법원 2012.10.25. 2011두7045 판결; 대법원 2012.3.29. 2011두2132 판결. 또한 근로계약기간이 1년 미만인 기간제근로자에 대해서만 특정 수당을 지급하지 않아 모든 기간제근로자가 아닌 일부 기간제근로자만이 불리한 처우를 받는다고 하더라도, 이는 그 불리한 처우가 '기간의 정함이 없는 근로계약을 체결한 근로자'와 비교하여 기간제근로자만이 가질 수 있는 속성을 원인으로 하는 것이므로 '기간제근로자임을 이유로 한 불리한 처우'에 해당한다(대법원 2023.6.29. 2019두55262 판결).

[19] 대법원 2019.9.26. 2016두47857 판결; 서울행정법원 2019.8.30. 2018구합78640 판결; 중앙노동위원회 2013.10.2. 판정 2013차별12; 중앙노동위원회 2008.3.20. 판정 2007차별5-19 병합 등.

제외될 경우 임금 세부항목별로 지급 여부를 검토하여 불리한지를 판단하게 된다.

다음으로 범주화 비교방식이 있다. 이는 비정규직 근로자와 그 비교대상근로자의 임금이 서로 다른 항목으로 구성되어 있거나 비정규직 근로자가 특정 항목은 비교대상근로자보다 불리한 대우를 받은 대신 다른 특정 항목은 유리한 대우를 받은 경우 등과 같이 항목별로 비교하는 것이 곤란하거나 적정하지 않은 특별한 사정이 있는 경우라면 상호 관련된 항목들을 범주별로 구분하고 각각의 범주별로 비정규직 근로자가 받은 임금 액수와 비교대상근로자가 받은 임금 액수를 비교하여 비정규직 근로자에게 불리한 처우가 존재하는지를 판단하는 방식이다.

여기서 범주를 구분할 때 판례는 소정근로를 제공한 것 자체만으로 지급요건이 충족되는 임금항목과 그 외에 특정한 조건에 해당해야만 지급요건이 충족되는 임금항목으로 구분하여, 전자는 그에 포함된 모든 항목의 금액을 합산하여 총액을 기준으로 판단해야 하고, 후자는 항목별로 따져 유불리를 판단해야 한다고 한다.[20] 그리고 임금의 세부 항목이 어떤 범주에 속하는지는 비교대상근로자가 받은 항목별 임금의 지급 근거, 대상과 그 성격, 기간제근로자가 받은 임금의 세부 항목 구성과 산정기준, 특정 항목의 임금이 기간제근로자에게 지급되지 않거나 적게 지급된 이유나 경위, 임금 지급 관행 등을 종합하여 합리적이고 객관적으로 판단해야 한다.[21] 이러한 판례에 따르면, 예컨대, 설·추석 등 명절에 지급되는 명절상여금이나 월정액으로 지급되는 정액급식비와 같이 특별한 조건 없이 소정근로에 대하여 지급되는 임금은 여기에 해당되는 모든 항목의 금액을 합산한 총액을 기준으로 불리한 처우인지를 판단해야 하고, 소정 근로의 제공 외에 추가 근로를 해야 하는 초과근로수당, 부양가족이 있어야 지급되는 가족수당, 경조사가 발생한 경우에 지급되는 경조금 등 특별한 조건이 더 요구되는 항목의 경우에는 항목별로 따져서 유불리를 판단하게 된다.

---

20 서울고등법원 2013.10.30. 2013누12012 판결; 서울행정법원 2015.12.4. 2015구합65827 판결 등. 한편, 노동위원회의 판정 중에는 증권회사의 전문계약직이 고용계약서에 따라 월 성과대상 수익의 45~70%를 성과급으로 지급받은 반면, 그 비교대상근로자는 증권영업직군보수지침에 따라 월 성과대상수익의 27~33%를 성과급으로 지급받은 경우의 차별시정사건(중앙노동위원회 2014.12.31. 판정 2014차별10)에서 최근 3년간에 지급된 성과급 총액을 비교하여 불리한 처우가 있었는지를 판정한 바 있다.

21 대법원 2019.9.26. 2016두47857 판결 참조.

III. 불리한 처우에 합리적인 이유가 없을 것

1. '합리적인 이유'의 판단기준

차별적 처우는 임금 등에서 '합리적인 이유 없이' 비정규직 근로자를 불리하게 처우하는 것을 말한다(기간제법 제2조 제3호, 파견법 제2조 제7호). 바꿔 말하면, 불리한 처우라도 합리적 이유가 있으면 차별적 처우가 되지 않는다. 차별분쟁에서 입증책임은 사용자에게 있으므로(기간제법 제9조 제4항) '불리한 처우의 합리성'도 역시 사용자가 증명하여야 한다.

결국 차별적 처우를 판단하는 핵심적 요소는 불리한 처우에 합리적 이유가 있는지인데, 이와 관련하여 판례는 "'합리적인 이유가 없는 경우'는 기간제근로자를 달리 처우할 필요성이 인정되지 않거나, 달리 처우할 필요성이 인정되는 경우에도 그 방법·정도 등이 적정하지 않은 경우를 의미한다."라고 정의하였다.[22] 이를 반대해석하면 불리한 처우에 합리성이 인정되려면 고용형태를 제외하고 비정규직 근로자와 비교대상근로자를 달리 처우할 필요성이 있어야 하고, 필요성이 있는 경우에도 그 방법·정도 등이 적정해야 한다. 즉, 판례는 본질적으로 서로 같은 것을 자의적으로 불평등하게 취급하거나 본질적으로 서로 다른 것을 자의적으로 평등하게 취급하는 것을 금지하는 자의금지 원칙, 불리한 처우 시 목적과 그 수단 간에 적정성이 있어야 한다는 비례의 원칙 모두에 입각하여 불리한 처우에 합리성이 있는지를 심사하고 있다.

우선 판결례들에서는 합리적인 이유를 판단할 때 기본적으로 '개별 사안에서 문제된 불리한 처우의 내용 및 사용자가 불리한 처우의 사유로 삼은 사정을 기준으로 기간제근로자의 고용형태, 업무의 내용과 범위·권한·책임, 임금 그 밖의 근로조건 등의 결정요소 등을 종합적으로 고려'하여 판단하도록 하고 있다. 또한 하급심 판결 중에는 더 구체적으로 "근속기간, 단기고용이라는 특성, 채용조건·기준·방법·절차, 업무의 범위·권한·책임, 노동시장의 수급상황과 시장가치, 사용목적(수습·시용·직업훈련·인턴 등), 임금 및 근로조건의 결정요소(직무, 능력, 기능, 기술, 자

---

22 대법원 2012.10.25. 2011두7045 판결; 대법원 2010.6.4. 2011두2132 판결; 대법원 2014.11.27. 2011두5391 판결; 대법원 2016.12.1. 2014두43288 판결 등.

격, 경력, 학력, 근속연수, 책임, 업적, 실적 등) 등을 고려하여 개별 사안별로 판단하여야 한다."라고 판시하기도 하였다.[23]

다음으로 비례의 원칙에 따른 차별의 방법·정도 등의 적정성과 관련해서 아직까지 판례나 노동위원회 판정례에서는 명확한 기준이 제시되고 있지는 않다. 결국 사례별로 차별의 합리적인 사유를 감안하여 그 정도, 방법 등의 적정성을 판단할 수밖에 없다.

2. 합리적 이유와 관련한 몇 가지 문제

위와 같은 일반적인 판단기준 외에도 기간제법상 차별적 처우 여부를 판단할 때는 다양한 쟁점이 발생한다. 특히 법원이나 노동위원회 등 구체적 사례에서 제기된 중요한 쟁점 몇 가지를 살펴본다.

우선 고령자고용법 제21조에서는 사업주에게 정년퇴직한 근로자를 재고용하도록 노력할 의무를 부과함과 동시에 고령인 정년 퇴직자를 재고용할 때는 당사자 간 합의에 따라 임금의 결정을 종전과 달리할 수 있다고 규정하고 있다. 이때 재고용된 고령자 근로자에 대하여 동종 또는 유사한 업무에 종사하는 정규직 근로자에 비해 낮은 임금을 지급하는 것이 기간제법상 차별에 해당하지 않는지가 문제 된다. 이에 대해 노동위원회나 고용노동부에서는 고령자고용법은 기간제법의 특별법적 성격을 가진다는 점 등을 근거로 재고용된 고령자 근로자에게 정년이 경과하지 아니한 정규직 근로자들에 비해 임금에서 불리한 처우를 하는 것은 합리적 이유가 있는 것으로 보아 차별적 처우에 해당하지 않는다고 해석하였다.[24] 그러나 동 고령자고용법 제21조는 동법 이후 제정된 기간제법상의 차별금지와 관련하여 볼 때, 정년 이후 재고용되는 고령인 비정규 근로자 등에 대한 불이익이 무제한 허용되는 것은 아니기 때문에 그 저하된 임금수준을 구체적으로 검토하여 차별의 합리적인 이유가 있는지를 판단해야 한다.[25]

---

23 서울고법 2010.11.11. 2010누15577 판결; 서울행정법원 2010.11.25. 2010구합28571 판결; 서울행정법원 2010.12.16. 2010구합35302 판결.

24 2007.3.26. 비정규직대책팀-932; 경남지방노동위원회 2010.11.4. 판정 2010차별9-11 병합 결정.

25 노동위원회 판정 중에는 "정년퇴직 이후 재고용된 이 사건 근로자의 임금수준을 살펴보면 이 사건 근로자는 재고용 이후 임금은 기본 시급이 낮아지고 이에 따라 연장·야간·휴일근로수당 및 주휴수당이 적었고

다음으로 단체협약의 적용 여부에 따른 차별적 처우가 문제 되는데, 종래부터 단체협약의 적용 여부에 따른 차별은 퇴직금차등제도금지 등과 같이 직접적으로 강행법규에 위반되는 경우가 아닌 한 합리적인 이유가 있는 것으로 인정되어 왔다. 즉, 근로자가 자유롭게 노동조합에 가입할 수 있는 상황에서 노동조합에 가입하지 않음으로써 단체협약을 적용받지 못한 비조합원들에게 조합원들과 다른 차별적인 근로조건이 적용되는 것은 노동3권 보장 원리에 따른 불가피한 결과로서 그것이 차별금지나 균등처우원칙에 저촉되는 것이라고 볼 수 없기 때문이다.

그런데 이러한 단체협약 적용 여부에 따른 비정규직 근로자들에 대한 근로조건의 차별적 처우가 기간제법상 차별문제에서도 합리적 차별로 인정될 수 있는지가 문제이다. 판례는 단체협약에 따른 정규직과 비정규직의 차별은 비정규직이 노동조합에 가입하기가 용이하지 않다는 현실적 사정과 기간제법상 차별금지의 취지가 몰각될 수 있다는 점을 들어 합리적 차별이 아니라고 본다.[26] 또한 이러한 해석은 단체협약의 효력확장에 의해 비조합원인 무기계약근로자들에게 단체협약이 적용되는 경우 또는 사용자가 임의로 단체협약을 무기계약근로자에게는 확대적용하

상여금과 근속수당은 지급되지 아니하였는바, 이 사건 근로자의 임금은 재고용 직전 또는 비교대상근로자에 비하여 기본시급은 90%, 임금총액은 약 70% 수준으로 지급이 되어 합리적 이유가 있다."라고 판시한 바 있다(중앙노동위원회 2012.2.7. 판정 2011차별6). 또한 판례 중에는 "이 사건 각 근로계약 당시 원고들과 참가인 측은 기본급, 상여금, 법정 제 수당을 포함하는 연봉총액을 12개월에 나누어 포괄임금으로 지급하기로 합의하였고, 이는 원고들이 정년퇴직 전에 지급받던 임금 내지 비교대상근로자가 2011년에 지급받은 임금에 비하여 적은 액수에 해당하지만, 위와 같은 임금에 관한 합의 및 이로 인한 불리한 처우는 이 사건 단체협약 제22조 제3호 및 이 사건 노사합의, 고령자고용법 제21조에 근거를 둔 것으로 보여 앞서 본 바와 같은 합리적 이유가 있다."라는 취지의 판결을 하기도 하였다(서울행정법원 2013.3.21. 2012구합30738 판결).

26 임금 등 근로조건은 사용자와 개별 근로자 사이의 합의에 따라 정해지는 것이나, 기간제법상 차별시정제도는 이와 같은 합의에도 기간제근로자와 무기계약근로자 사이에 그 고용형태에 따른 차별을 두어서는 안 된다는 입법 취지에 바탕을 두는 것이므로 상여금, 명절휴가비, 교통보조비, 현장급식비, 가계보조비가 사용자와 개별 근로자 사이에서가 아닌 사용자와 노동조합이 체결한 단체협약에 따라 정해졌다고 하여 달리 볼 것은 아닌 점, 단체협약에서 기간제근로자의 가입을 제한하는 등 기간제근로자가 해당 사업장에 조직된 기업별 또는 초기업별 노동조합에 가입이 어려울 뿐 아니라 기간제근로자는 단기적인 근로계약기간 등의 특성상 현실적으로 노동조합을 조직하기도 어려운 상황에서 단체협약만을 이유로 차별적 처우가 허용된다면, 무기계약근로자 등 정규직 근로자는 사용자와의 단체협약 등으로 임금 등 근로조건을 더욱더 신장시켜 나갈 것이고, 반대로 기간제근로자 등 비정규직 근로자는 임금 등 근로조건을 보호받지 못하는 결과를 초래할 것이므로 이는 기간제법의 입법취지에도 어긋나는 점 등을 종합적으로 고려해 볼 때, 사용자가 비교대상근로자에 비해 기간제근로자 등 비정규직 근로자에게 단체협약만을 이유로 상여금, 명절휴가비, 교통보조비, 현장급식비, 가계보조비 등을 지급하지 아니하여 발생한 불리한 처우에는 합리적 이유가 있다고 할 수 없다[서울고등법원 2015.1.28. 2014누51779 판결(대법원 2015.5.29. 2015두38078 판결 심리불속행)].

면서 비정규직 근로자에게는 적용하지 않는 경우에도 마찬가지로 차별의 합리적인 이유를 인정받기 어려울 것이다.

또한 복리후생적 또는 실비변상적 성격을 지닌 금품을 고용형태에 따라 차별적으로 지급할 경우, 합리적인 이유에 따른 차별적인 처우라고 인정될 수 있는지도 문제가 되는데, 특별한 사정이 존재하지 않는 한 합리적 이유가 부정될 가능성이 크다. 예컨대, 실비변상 차원에서 지급되는 중식비(식대), 교통보조비, 경조사 발생 시에 지급되는 경조사비, 직원의 경로효친을 위해 지급되는 가정의 달 행사비 등에 대하여 고용형태별로 차등을 두는 것은 합리적 이유가 존재한다고 보기 어렵다.[27] 다만, 해당 금품의 성격을 판단할 때는 명목이 아니라 실제 목적에 따라 판단해야 한다.

제4절
차별적 처우의 시정 절차

I. 당사자 적격

1. 신청인

차별적 처우를 받은 기간제근로자, 단시간근로자 또는 파견근로자는 차별적 처우가 있은 날(계속되는 차별적 처우는 그 종료일)부터 6개월 이내에 노동위원회에 그 차별의 시정을 신청할 수 있다(기간제법 제9조 제1항, 파견법 제21조 참조).[28] 즉, 차별신청권자는 차별적 처우를 받은 기간제근로자, 단시간근로자, 파견근로자이며, 적법한

---

27 대법원 2012.10.25. 2011두7045 판결; 서울고등법원 2014.9.17. 2013누51093 판결; 서울고등법원 2011.1.27. 2010누21794 판결; 중앙노동위원회 2015.5.4. 판정 2015차별1; 고용차별개선과-2098, 2016.10.12. 참조.
28 종전 기간제법상 차별시정신청의 제척기간은 차별적 처우가 있은 날부터 3개월 이내였으나 2012년 2월 1일(2012.8.2. 시행) 법 개정 시 6개월로 연장되었다.

차별시정 신청권자가 아닌 때에는 노동위원회는 그 신청을 각하한다.

우선 차별시정의 신청인 자격과 관련하여 논란이 되는 경우는 특히 다음과 같다.

첫째, 형식적으로는 기간제근로자이지만, 실질은 기간의 정함이 형식에 불과하여 기간제근로자가 아닌 경우이다. 제도 시행 초기에 노동위원회의 결정례 중 상당수는 실질 판단에 기초하여 차별시정 신청을 각하하였는데, 이에 대해서는 부당해고로부터 기간제근로자를 보호하기 위해 성립한 법리를 기간제근로자의 차별시정을 부정하는 근거로 원용하는 것은 잘못된 것이라는 비판이 많았다.[29] 그 후 중앙노동위원회는 10년 이상 기간제 근로계약을 반복 갱신하다가 명예퇴직한 근로자 2인이 신청한 차별시정 사건에서 신청인 자격을 인정하였다.[30] 이는 기간제 근로계약이라는 형식을 이용해서 기간제근로자를 차별하지 못하도록 하는 차별시정 제도의 목적에 비추어 볼 때 타당한 결정이다.

둘째, 사내하청 관계에서 하청근로자에게도 시정신청권이 인정되는가 하는 문제이다. 이론적으로 보면 사업주 사이의 계약 형식이 도급 등에 해당한다고 해도 그 실질이 근로자파견계약에 해당한다면 하청근로자는 실질적으로 파견근로자이므로 차별시정신청권이 인정될 수 있다.

2. 피신청인

차별시정 신청사건의 피신청인은 비정규직 근로자들에 대한 차별적 처우 금지 의무 및 노동위원회의 시정명령에 대한 이행의무를 부담하는 사용자가 된다. 따라서 차별시정 피신청인으로서 사용자는 근로기준법상 사용자 중에서도 근로계약 체결 당사자인 사업주에 한정된다.

그런데 사용사업주와 파견사업주로 사용자가 분리된 파견근로자의 차별시정신청사건에서, 근로계약상 사업주인 파견사업주 외에 사용사업주도 피신청인이 될 수 있는지가 문제 되는데, 하급심 판결 중 사용사업주와 파견사업주 모두에게 피

---

29 대표적으로는 조용만, "비정규직 차별시정에서의 신청인 적격성과 비교대상근로자", 「노동법연구」 제27호, 서울대노동법연구회, 2009, 133-139면.

30 중앙노동위원회 2009.5.20. 결정 중앙2009차별3,4.

신청인 당사자 적격을 인정한 사례가 있다.[31]

II. 제척기간

차별시정 신청의 제척기간은 차별적 처우가 있은 날(계속되는 차별적 처우는 그 종료일)부터 6개월이다. 이러한 차별시정 신청기간이 도과한 때에는 노동위원회는 차별시정 신청을 각하한다.

특히 '계속되는 차별적 처우'는 그 종료일로부터 6개월 이내에 시정을 신청해야 하는데, 여기서 임금차별이 '계속되는 차별적 처우'에 해당하는지가 문제 된다. 임금은 사용자가 근로의 대가로 근로자에게 지급하는 일체의 금품으로서 근로관계가 유지되는 이상 매일 계속적으로 발생하는 것이고, 임금지급일에 이르러 비로소 발생하는 것이 아니라는 점(임금지급일은 계속적으로 발생하는 임금을 정기적으로 정산하는 날에 불과함)에서 임금은 '계속되는 차별적 처우'에 해당한다고 보는 것이 타당하다.[32] 반면에 그 지급사유의 발생이 불확정적이고 일시적으로 지급된 것으로서 계속 지급될지가 불확실한 상여금과 같은 금품은 계속적·정기적으로 지급된다고 볼 수 없기에 '계속되는 차별적 처우'에 해당한다고 볼 수 없다.[33] 한편, 계속되는 차별적 처우에 대한 차별시정 신청 시 그 제척기간을 준수하였다면, 그 차별시정 대상기간은 시정신청일로부터 6개월 이내에 행해진 차별적 처우에 한정되는 것이 아니라 해당 차별적 처우 전체에 대해 제척기간을 준수한 것이 된다. 그래서 그 계속되는 차별적 처우에 대한 차별시정 대상기간은 기간제법 시행 이후 비교대상근로자가 존재하여 차별적 처우를 받은 기간(또는 퇴직한 시점까지의 기간) 전체가 된다.

31 서울행정법원 2016.11.18. 2015구합70416 판결 참조.

32 대법원 2011.12.22. 2010두3237 판결. 또한 사용자가 연간 단위로 부여하는 복지포인트를 부여하는 맞춤형복지제도를 시행하는 경우 이러한 차별 상태는 해당 연도 동안 계속된다고 보아야 하므로, 이에 관한 차별적 처우는 복지포인트의 배정일에 종료되는 것이 아니라 해당 연도의 말일을 종료일로 하는 '계속되는 차별적 처우'에 해당한다(대법원 2024.2.29. 2020두49355 판결).

33 대법원 2014.11.27. 2011두6592 판결; 서울고등법원 2010.1.13. 2009누17614 판결 등 참조.

III. 노동위원회의 조사·심문

노동위원회가 차별시정신청을 받은 때에는 지체 없이 필요한 조사와 관계당사자에 대한 심문을 하여야 하고(기간제법 제10조 제1항), 심문을 하는 때에는 관계당사자의 신청 또는 직권으로 증인을 출석하게 하여 필요한 사항을 질문할 수 있다(제10조 제2항). 또한 관계당사자에게 증거의 제출과 증인에 대한 반대심문을 할 충분한 기회를 주어야 한다(제10조 제3항). 이때 차별시정신청 분쟁에서 입증책임은 사용자가 부담한다(제9조 제4항). 즉, 사용자는 기간제근로자 등에 대해서 임금, 복리후생 등을 차별하지 않았다거나 합리적 차별임을 입증해야 한다.

한편, 차별시정신청사건에서의 조사·심문의 방법, 절차 등에 관하여 필요한 사항은 중앙노동위원회가 따로 정한다(제10조 제4항). 노동위원회는 차별시정사무에 관한 전문적인 조사·연구업무를 수행하고자 전문위원을 둘 수 있으며(제10조 제5항), 이 경우 전문위원의 수·자격·보수 등에 관하여 필요한 사항은 대통령령으로 정하고 있다(시행령 제4조).

IV. 조정·중재

차별시정사건에서도 다른 조정이나 심판사건과 마찬가지로 노동위원회의 차별적 처우 여부에 대한 판단을 통한 분쟁해결뿐만 아니라 노사당사자 간의 자율적이고 효율적인 분쟁해결을 적극적으로 도모하고자 조정·중재제도를 두고 있다.

노동위원회는 차별시정신청사건의 심문 과정에서 관계당사자 쌍방 또는 일방의 신청 또는 직권으로 조정절차를 개시할 수 있고, 관계당사자가 미리 노동위원회의 중재결정에 따르기로 합의하여 중재를 신청한 경우에는 중재를 할 수 있다(기간제법 제11조 제1항). 이러한 조정 또는 중재를 신청하는 경우에는 차별적 처우의 시정신청을 한 날부터 14일 이내에 해야 하며, 다만 노동위원회의 승낙이 있는 경우에는 14일 후에도 신청할 수 있다(제11조 제2항).

노동위원회는 조정 또는 중재를 하는 경우 관계당사자의 의견을 충분히 들어야 하며(제11조 제3항), 특별한 사유가 없으면 조정절차를 개시하거나 중재신청을 받은 때부터 60일 이내에 조정안을 제시하거나 중재결정을 해야 한다(제11조 제4항). 이 때 관계당사자 쌍방이 조정안을 수락한 경우에는 조정조서를 작성하고 중재결정을 한 경우에는 중재결정서를 작성하여야 한다(제11조 제5항). 조정조서에는 관계당사자와 조정에 관여한 위원전원이 서명·날인하여야 하고, 중재결정서에는 관여한 위원전원이 서명·날인하여야 한다(제11조 제6항). 여기서 조정 또는 중재결정은 민사소송법의 규정에 따른 재판상 화해와 동일한 효력을 갖는다(제11조 제7항).

구체적인 조정·중재의 방법, 조정조서·중재결정서의 작성 등에 관한 사항은 중앙노동위원회가 따로 정한다(제11조 제8항).

V. 시정명령의 내용과 확정

1. 시정명령의 내용

노동위원회는 조사·심문을 종료하고 차별적 처우에 해당된다고 판정한 때에는 사용자에게 시정명령을 내려야 하고, 차별적 처우에 해당하지 아니한다고 판정한 때에는 그 시정신청을 기각하는 결정을 하여야 한다(기간제법 제12조 제1항). 노동위원회의 판정·시정명령 또는 기각결정은 서면으로 하되 그 이유를 구체적으로 명시하여 관계당사자에게 각각 교부해야 하며, 또한 시정명령을 내리는 때에는 시정명령의 내용, 이행기한 등을 구체적으로 기재해야 한다(제12조 제2항).

조정·중재 또는 시정명령의 내용에는 차별적 행위의 중지, 임금 등 근로조건의 개선(취업규칙, 단체협약 등의 제도개선 명령을 포함한다) 또는 적절한 배상 등이 포함될 수 있다(제13조 제1항). 이때 배상액은 차별적 처우로 기간제근로자 또는 단시간근로자에게 발생한 손해액을 기준으로 정한다. 다만, 노동위원회는 사용자의 차별적 처우에 명백한 고의가 인정되거나 차별적 처우가 반복되는 경우에는 손해액을 기준으로 3배를 넘지 아니하는 범위에서 배상을 명령할 수 있다(제13조 제2항).[34]

---

34 종래에는 차별시정명령이 임금 및 근로조건의 보상 또는 원상회복 수준에 머물러서 사용자의 고의적이고 반복적인 차별행위에 대한 사전적 예방 효과가 미미하였다. 그래서 사용자의 고의적 또는 반복적 차별행위에 대해서는 노동위원회가 기간제·단시간근로자에게 발생한 손해액의 3배 내에서 징벌적인 성격의 배상

2. 재심 절차와 효력 확정

지방노동위원회의 시정명령 또는 기각결정에 대하여 불복하는 관계당사자는 시정명령서 또는 기각결정서의 송달을 받은 날부터 10일 이내에 중앙노동위원회에 재심을 신청할 수 있고, 중앙노동위원회의 재심결정에 대하여 불복하는 관계당사자는 재심결정서의 송달을 받은 날부터 15일 이내에 행정소송을 제기할 수 있다(기간제법 제14조 제1항·제2항). 해당 기간 이내에 재심이나 행정소송을 제기하지 아니한 때에는 그 시정명령·기각결정 또는 재심결정은 확정된다(제14조 제3항).

VI. 고용노동부장관의 차별시정요구와 확정된 시정명령의 효력 확대

고용노동부장관은 차별시정명령의 이행, 차별적 처우의 시정요구 등에서 적극적 역할을 할 수 있다.

첫째, 고용노동부장관은 확정된 시정명령에 대하여 사용자에게 이행상황을 제출할 것을 요구할 수 있고(기간제법 제15조 제1항), 시정신청을 한 근로자는 사용자가 확정된 시정명령을 이행하지 아니하는 경우 이를 고용노동부장관에게 신고할 수 있다(제15조 제2항).

둘째, 고용노동부장관은 직접 차별적 처우의 시정을 요구할 수 있다. 즉, 고용노동부장관은 사용자가 차별적 처우를 한 경우에는 그 시정을 요구할 수 있다(제15조의2제1항). 이때 만약 사용자가 이 요구에 따르지 아니할 경우에는 고용노동부장관은 차별적 처우의 내용을 구체적으로 명시하여 노동위원회에 통보하여야 하고(제15조의2 제2항 전단), 또한 해당 사용자와 근로자에게도 그 사실을 통지하여야 한다(제15조의2 제2항 후단). 통보를 받은 노동위원회는 지체 없이 차별적 처우가 있는지를 심리하여야 하며(제15조의2 제3항 전단), 해당 사용자와 근로자에게 의견을 진술할 기회를 부여하여야 한다(제15조의2 제3항 후단).

차별시정제도는 기본적으로 차별적 처우를 받은 기간제·단시간근로자 등의 차

명령을 하도록 함으로써 비정규직에 대한 차별을 근본적으로 차단하려는 취지로 2014년 3월 18일(법률 제12469호, 2014.9.19. 시행) 기간제법 개정 시에 신설되었다.

별시정신청과 노동위원회의 시정명령으로 사후적으로 차별이 해소되는 구조이다. 그런데 차별을 당한 비정규직 근로자가 불이익을 우려하여 차별시정을 신청하지 못하는 경우가 있다. 그래서 기간제법에서는 사용자가 차별적 처우를 한 경우에 고용노동부장관이 그 시정을 요구할 수 있고, 사용자가 이에 따르지 않으면 고용노동부장관으로 하여금 차별적 처우를 노동위원회에 통보하여 노동위원회가 차별적 처우가 있는지를 심리하고 차별적 처우의 시정을 명하도록 함으로써 정부가 사전적이고 적극적으로 차별을 해소할 수 있는 제도를 두고 있다.[35]

셋째, 고용노동부장관은 확정된 시정명령의 효력을 확대할 수 있다. 즉, 고용노동부장관은 확정된 시정명령을 이행할 의무가 있는 사용자의 사업 또는 사업장에서 해당 시정명령의 효력이 미치는 근로자 이외의 비정규직 근로자에 대하여 차별적 처우가 있는지를 조사하여 차별적 처우가 있는 경우에는 그 시정을 요구할 수 있다(제15조의3 제1항). 만약 사용자가 시정요구에 응하지 않으면 직접 차별적 처우의 시정 절차(제15조의2 제2항부터 제5항까지)를 활용할 수 있다(제15조의3 제2항).

차별시정제도는 원칙적으로 차별시정신청을 한 근로자에 대해서만 시정명령을 하도록 되어 있어 차별시정명령을 받은 사업주의 사업장에서 동일 또는 유사한 차별행위가 존재해도 차별시정신청을 하지 않으면 차별시정명령의 대상이 될 수 없었다. 그래서 기간제법에서는 동일한 사용자의 사업 또는 사업장에서 한 명의 기간제 또는 단시간근로자가 차별 인정을 받았을 때 동일 조건에 있는 근로자 모두의 차별적 처우가 개선되게 고용노동부장관으로 하여금 확정된 시정명령의 효력을 확대하도록 하는 제도를 마련하였다.[36]

---

35 기간제법 제15조의2는 2012년 2월 1일(법률 제11273호, 2012.8.2. 시행) 개정 시 신설되었다.
36 기간제법 제15조의3은 2014년 3월 18일(법률 제12469호, 2014.9.19. 시행) 개정 시 신설되었다.

찾아보기
참고판결

찾아보기

[ㄱ]

가사 사용인 72
가산임금 250, 722
가산임금 할증률 250
가족돌봄 330
가족수당 136, 154
간접고용 55, 710
간접차별 82
간주근로시간제 222
감급(감봉) 279
감시단속적 근로자 253, 256
감정노동 290
강제근로의 금지 94
강제저금의 금지 119
강행규정 168, 190, 528, 535
강행적 효력 77, 139, 529, 533
개별적 근로관계법 4, 67
개별적 단결권 25
개인연금보조금 152
개인연금보험료 154
갱내근로 319, 320
갱신거절 685
갱신기대권 380, 685
건강관리 297
건강손상자녀 310
건강진단 297, 708
건설업 204
격려금 158

결사의 자유 16, 44
경력사칭 343
경업금지 의무 109, 119
경영권 506
경영사항 506, 600
경영상 해고 357
경영참가 657
경영책임자 300
경영평가성과급 158
경제민주화 14
경제사회노동위원회 462
경향사업 80
계속근로기간 207, 241, 673
계약자유의 원칙 7, 534
계약직 667, 670
계열사 273
고령자 90, 382, 679
고용계약 107
고용관계 343, 690
고용보장 4, 358
고용보험법 4
고용승계기대권 400
고용안정 532, 599
고용형태 81, 294, 725
고충처리 661
공개채용 127
공무원 30
공민권 행사의 보장 105

공의 직무집행 105
공익사업 567
공정경쟁 5
공정대표의무 520
공제적 기능 408
공휴일 240
관리감독업무 근로자 256
교섭권한 493, 497
교섭단위 517
교섭대표노동조합 513
교섭력 407
교섭창구단일화 511
교원 31
구성요건 해당성 조각 593
구속제한 574
구제명령 370
구제이익 371
구제절차 366, 522, 650
구직자 51, 126
구체적 권리성 19
국민경제 5, 567
국적 80
국제노동기준 44
권리분쟁 507
규범적 부분 531
균등처우 79
근로감독관 62
근로계약 40
근로계약기간의 만료 379
근로계약상 의무 108
근로계약의 기간 113
근로계약의 무효/취소 131
근로계약의 체결 107
근로관계의 종료 333
근로권 17
근로기준법상 근로자 47
근로시간 212, 216

근로시간면제제도 461
근로시간 유연화 227
근로시간 적용제외 255
근로자 45
근로자 대표 25, 363
근로자대표와의 서면 합의 42
근로자파견사업 692
근로조건 415, 505
근로조건 법정주의 76
근로조건의 결정 561
근로조건의 대등결정 77
근로조건의 명시의무 111
근로조건의 서면 교부의무 111
근로조건의 저하 77
근로조건의 최저기준 76
금반언 369
금전보상 371
기간제 근로계약 670
기간제근로자 670
기간제 사용기간 672
기업변동 387
기업별 노조 409
기준근로시간 225
긴급조정 568
긴박한 경영상 필요 360

[ㄴ]

남녀차별 81, 363
노동3권 22
노동관계법령 38
노동관행 43
노동력 7
노동분쟁 60
노동위원회 62, 87, 100, 194, 366, 511, 544, 559, 653, 737
노동인격(인권) 18, 110
노동인권 94

노동쟁의 559
노동조합 407
노동조합법상 근로자 51
노동조합의 규약 431
노동조합의 기관 432
노동조합의 대의원회 436
노동조합의 법적 지위 428
노동조합의 분할 481
노동조합의 요건 413
노동조합의 유형 409
노동조합의 임원 437
노동조합의 재정 438
노동조합의 조직형태변경 483
노동조합의 지부·분회 416, 484, 491, 581
노동조합의 총회 432
노동조합의 합병 479
노동조합의 해산 476
노동조합 전임자 468
노동조합 회계감사 444
노무를 제공하는 자 286
노무지휘권 451
노사관계개혁위원회 11
노사관계의 운영 505
노사자치 404
노사정대타협 13, 692
노사정위원회 12
노사협의회 657

[ㄷ]

다면적 근로관계 710
단결권 25
단시간근로자 216, 718
단위노동조합 409
단체교섭 485
단체교섭 거부 522
단체교섭권 28, 488
단체교섭의 담당자 495

단체교섭의 당사자 491
단체교섭의 대상 502
단체행동권 29
단체협약 41, 524
단체협약 시정명령 528
단체협약 위반 542
단체협약 유효기간 555
단체협약의 규범적 효력 530
단체협약의 실효 557
단체협약의 종료 555
단체협약의 채무적 효력 537
단체협약의 해석 543
단체협약의 효력확장 545
당사자 적격 737
대기발령 268
대기시간 220
대상조치론 23
대안적 분쟁해결(ADR) 542
대지급금 201
대체근로 574
도급 710
도급제 근로자의 임금 195
동일가치노동 동일임금 37, 84
동정파업 603
동종 또는 유사한 업무 88, 727

[ㅁ]

모성보호 82, 318
모집채용상 차별 79, 83
무기계약 684
무기계약직 81, 684
무단결근 346
묵시적 근로계약관계 56
민형사 면책 448, 573

[ㅂ]

반조합계약 640
방위산업체 32
배려의무 110
배상명령 87
배치전환 261
범죄행위 311
법외노동조합 429
벽보 부착 457
보건조치 290
보상휴가제 252
보이콧 610
보충적 효력 139, 529
복리후생비 154
복지포인트 155
본채용 121
봉사료 152
부당노동행위 628
부당노동행위 구제 650
부당노동행위 의사 637, 649
부당해고 구제 366
불이익취급 633
불평등 13, 408
블랙리스트 386
비공인파업(wild cat strike) 596
비교대상근로자 727
비례적 삭감설 245
비정규직 88, 667
비정규직 차별시정 725
비종사 근로자 458

[ㅅ]

사내하도급(하청) 690, 710
사생활에서의 비행 352
사업 54, 72
사업의 경영담당자 54, 417
사업장 72

사업장단위 효력확장 546
사업장 밖 근로 222
사업주의 이익대표자 54, 418
사외파견 270
사용사업주 706
사용자 54
사용자 개념의 전환 56
사용자단체 487, 495
사용자의 언론의 자유 648
사용자의 편의제공 459
사용자책임 708, 715
사용자책임의 확대 59
사용종속관계 49, 411
사용증명서 386
사이닝보너스 116
사직 372
사회보장제도 18, 34
사회보험료 152
사회적 기본권 15
사회적 신분 81
사회통념상 합리성 149
산업별 노조 409
산업안전 284
산업안전보건법 286
산업재해 304
산업평화 5
산업혁명 7
산업화 10
상계 179
상당인과관계 312
상시 근로자 수 72
상여금 158
생리휴가 322
생존권 19, 23
선택적 근로시간제 229
설립신고제도 423
설립신고증 425

성과급 157
성실교섭의무 508
성실의무 109
성차별 81, 363
소명기회 353
소사장제 56
소정근로시간 165, 190, 216, 718
숙직 근무 221
승진 85, 259, 635
시민법 6
시설관리권 453
시용 123
식대 155
신의성실의 원칙 108, 168, 369
실근로시간 219
실업자 51
실효의 원칙 370

[ㅇ]
안전배려의무 285
안전조치 289
야간근로 251
양보교섭 537
업무관련성 306
업무방해죄 612
업무상 사고 306
업무상 스트레스 311
업무상 재해 305
업무저해성 570
여성 320
여후효(Nachwirkung) 557
연령차별 90, 382
연소자 317
연장근로 231, 251, 571
연장근로 특례사업 236
연차유급휴가 723
연차휴가 241

연차휴가의 사용촉진제도 248
연합단체 409
영업비밀유지 의무 109
영업양도 388
외국인 근로자 20, 33, 53, 80
요양급여 314
용역업체 변경 400
우선 재고용 365
운송수입금 151, 349
원직복직 367
위법성 조각 사유 593
위약 예정의 금지 114
위자료 368, 656
위장폐업 384, 637
유니언 숍(union shop) 26, 641
유리조건 우선의 원칙 533
유사근로자 45
유인물 배포 456
유족급여 314
육아기 근로시간단축 328
육아휴직 326
육체노동 48
의결정족수 434
의무재직기간 115
이력서 343
이익분쟁 60, 405, 507
이행강제금 370
인간의 존엄 17, 101, 335
인사 259
일·가정양립 325
일반적 구속력 546
일자리 20
일터의 민주화 408
일할 자리 20
일할 환경 21
임금 151
임금2분설 153

임금대장 181
임금명세서 181
임금의 비상시 지급 182
임금의 소멸시효 206
임금일체설 153
임금지급의 원칙 175
임금채권 196
임금채권의 우선변제 196
임금체불 183
임산부 322
임원 50

[ㅈ]
자동갱신조항 556
자동연장조항 556
자유권 23
자해(자살) 311
작업중지 291
작업환경측정 297
장애인차별 92
재량근로제 223
재직자 조건 172
재해보상 304
쟁의단 596
쟁의행위 569
쟁의행위의 목적 598
쟁의행위의 방법 608
쟁의행위의 절차 604
쟁의행위의 정당성 591
쟁의행위 찬반투표 606
저성과자 347
적극적 고용개선조치 82
적정임금 21
전액지급의 원칙 178
전적 273
전직 261
전차금 상계의 금지 118

전출 270
전환기대권 688
정기상여금 158
정기일지급의 원칙 180
정년 381
정리해고 357
정신노동 48
정치운동 421
정치파업 602
조정(調停) 563
조정위원회 563
조정전치주의 605
조직강제 26
조합민주주의 430
조합비 438
조합비공제 475
조합사무소 473
조합원 자격 538
조합자치 404
조합활동 447
종속노동 7
종속성 7, 60
종업원위원회 657
주휴수당 164, 189
주휴일 239
준법투쟁 570
중간수입 368
중간착취 103
중개인 103
중대산업재해 299
중대재해처벌법 299
중재(仲裁) 565
중재위원회 565
즉시해고 341
증명책임 82, 312, 336, 380, 638
지배개입 645
지역단위 효력확장 551

지역별 노동조합 409
지역적 구속력 551
직무평가 84, 381
직상 수급인 203
직업병 308
직업소개사업 104
직업안정법 692
직업의 자유 35
직위해제 268
직장 내 괴롭힘 100, 349
직장 내 성희롱 95, 348
직장어린이집 329
직장점거 609
직장폐쇄 618
직접고용간주 57
직접고용의무 57, 698
직접지급의 원칙 177
직종별 노동조합 409
진정직업자격 83
집단적 노사관계법 6, 403
집단적 노사자치 404
집단적 단결권 26
집단적 목소리 408
징계 276
징계법정주의 277
징계사유 279
징계양정 282
징계위원회 354
징계절차 281
징계해고 282, 341
징벌 260
징벌적 손해배상 304

[ㅊ]

차별금지 79
차별시정명령 87, 741
차별시정요구 742

차별적 처우 726
채무적 부분 537
채용내정 121
채용비리 132
채용의 자유 116
채용절차 127
청산 384
체크오프(Check-off) 475
초기업 노동조합 409
초단시간근로자 720
총회인준제도 497
최저기준 76
최저임금 186
최저취업연령 317
추상적 권리설 19
축의금 153
출근율 산정 242, 626
출산전후휴가 322
출장비 156
출퇴근재해 309
취로청구권 110
취업규칙 41, 78, 133
취업규칙의 법적 성격 134
취업규칙의 변경 138
취업규칙의 불이익 변경 140
취업규칙의 작성 및 신고 136
취업규칙의 주지 137
취업방해 386
친족 72

[ㅌ]

탄력적 근로시간제 228
태업 608
통근재해 309
통상근로자 718
통상임금 164
통상해고 341

통화지급의 원칙 175
퇴직금 208
퇴직금 분할 약정 209
퇴직금 중간정산 209
퇴직급여 207
퇴직급여 수급권 211
퇴직연금 210
퇴직의 자유 94, 116
특수형태근로종사자 46, 286, 667

[ㅍ]

파견근로자 690
파견대상업무 694
파견사업주 704
파업 608
파업의 전격성 613
평균임금 160
평등원칙 36
평화의무 541, 602
폐업 384
포괄승계 388
포괄임금제 253
포지티브 리스트 695
폭행의 금지 95
플랫폼 노동 46
피케팅 609
필라델피아 선언 7
필수공익사업 587

[ㅎ]

합병 394
합의해약(해지) 373
해고 334
해고동의조항 532
해고사유 336
해고예고 338
해고예고수당 159

해고의 서면 통지 339
해고의 정당성 341
해고의 정당한 이유 342
해고절차 352
해고회피노력 361
해외근무수당 156
행정관청의 시정명령 445, 528
헌법상 단결체 429
협약자치 404
화체설 530
회사분할 396
회색지대 14
회식 307
휴가비 154
휴게 237
휴게시간 220
휴면노조 477
휴식 236
휴업급여 314
휴업수당 190
휴일 239
휴일근로 251
휴직 267

[기타]

IMF 금융위기 12, 200, 410, 692

참고판결

대법원 판례

대법원 2024. 12. 19. 2023다302838 전원합의체 판결 ·························· 165, 166, 169, 170

대법원 2024. 12. 19. 2020다247190 전원합의체 판결 ·························· 165, 166, 169, 170

대법원 2024. 11. 20. 2024다269143 판결 ··· 370

대법원 2024. 11. 14. 2023도14674 판결 ··· 293

대법원 2024. 11. 14. 2023다276823 판결 ··· 98

대법원 2024. 11. 14. 2021다220062 판결 ··· 222

대법원 2024. 10. 25. 2023두57876 판결 ··· 74

대법원 2024. 10. 25. 2023두46074 판결 ··· 73

대법원 2024. 10. 25. 2023다206138 판결 ··· 217

대법원 2024. 9. 27. 2020다267491 판결 ·· 54

대법원 2024. 9. 13. 2024두40493 판결 ··· 268

대법원 2024. 7. 25. 2024두32973 판결 ··· 50, 55, 367

대법원 2024. 7. 25. 2024다218619 판결 ··· 91

대법원 2024. 7. 25. 2023다223744(본소), 2023다223751(반소) 판결 ·············· 189

대법원 2024. 7. 25. 2022다233874 판결 ··· 203

대법원 2024. 7. 25. 2020다212187 판결 ··· 156

대법원 2024. 7. 11. 2023다217312 판결 ··· 217

대법원 2024. 7. 11. 2021다274069 판결 ··· 703

대법원 2024. 6. 27. 2024도4055 판결 ·· 205

대법원 2024. 6. 27. 2020도16541 판결 ·· 112, 671

대법원 2024. 5. 30. 2023다279402(본소), 2023다280563(반소) 판결 ·············· 190, 218

대법원 2024. 4. 25. 2024도1309 판결 ·· 55

대법원 2024. 4. 12. 2023다300559 판결 ··· 369

대법원 2024. 3. 12. 2019다223303, 2019다223310(병합) 판결 ·························· 702

대법원 2024. 2. 29. 2020두49355 판결 ··· 739

대법원 2024. 1. 25. 2022다215784 판결 ·· 161, 162

대법원 2023. 12. 7. 2020도15393 판결 ··· 233
대법원 2023. 11. 30. 2019두53952 판결 ·· 728
대법원 2023. 11. 16. 2019두59349 판결 ··································· 308, 326
대법원 2023. 11. 16. 2019다289310 판결 ··· 435
대법원 2023. 9. 21. 2016다255941 전원합의체 판결 ··························· 81
대법원 2023. 7. 13. 2023도188 판결 ··· 185
대법원 2023. 6. 29. 2019두55262 판결 ·· 732
대법원 2023. 6. 29. 2018두62492 판결 ·· 383
대법원 2023. 6. 29. 2018도1917 판결 ·· 660
대법원 2023. 6. 29. 2017도9835 판결 ·· 612
대법원 2023. 6. 15. 2020도16228 판결 ·· 73
대법원 2023. 6. 15. 2019두40260 판결 ·· 351
대법원 2023. 6. 15. 2017다46274 판결 ····························· 614, 615, 616
대법원 2023. 6. 1. 2018다275925 판결 ·· 383
대법원 2023. 5. 11. 2017다35588, 2017다35595(병합) 전원합의체 판결 ············ 149
대법원 2023. 4. 27. 2021다229588 판결 ··· 703
대법원 2023. 4. 27. 2020도16431 판결 ·· 229
대법원 2023. 4. 13. 2022두64518 판결 ·· 161
대법원 2023. 4. 13. 2022두47391 판결 ·· 309
대법원 2023. 3. 16. 2022도3393 판결 ·· 84
대법원 2023. 2. 2. 2022두57695 판결 ·· 334
대법원 2022. 12. 15. 2022두53716 판결 ·· 517
대법원 2022. 12. 1. 2018다300586 판결 ··· 707
대법원 2022. 10. 27. 2019도10516 판결 ·· 595
대법원 2022. 9. 16. 2019두38571 판결 ·· 327
대법원 2022. 9. 15. 2018다251486 판결 ··· 348
대법원 2022. 9. 7. 2022다245419 판결 ··· 243
대법원 2022. 7. 28. 2021다221638 판결 ··· 712
대법원 2022. 7. 14. 2020두54852 판결 ·· 372
대법원 2022. 7. 14. 2019다299393 판결 ······························· 270, 691
대법원 2022. 7. 12. 2022도4925 판결 ·· 67
대법원 2022. 6. 30. 2017두76005 판결 ·· 327
대법원 2022. 6. 9. 2016도11744 판결 ·· 572
대법원 2022. 5. 26. 2022두30072 판결 ·· 311
대법원 2022. 5. 26. 2019도18193 판결 ·· 130
대법원 2022. 5. 26. 2017다292343 판결 ·· 91
대법원 2022. 5. 12. 2017두54005 판결 ······························· 418, 630, 631

대법원 2022. 4. 28. 2019다238053 판결 ················· 172
대법원 2022. 3. 31. 2021다229861 판결 ················· 537
대법원 2022. 3. 17. 2020다219928 판결 ················· 141
대법원 2022. 3. 11. 2017다202272 판결 ················· 116
대법원 2022. 2. 17. 2021다218083 판결 ················· 126
대법원 2022. 2. 11. 2021두45633 판결 ················· 309
대법원 2022. 1. 27. 2018다207847 판결 ················· 701
대법원 2022. 1. 14. 2021두50642 판결 ················· 339
대법원 2022. 1. 14. 2021도10330 판결 ················· 84
대법원 2022. 1. 13. 2020다232136 판결 ············· 126, 148
대법원 2021. 12. 16. 2016다7975 판결 ············· 169, 170
대법원 2021. 11. 25. 2020다270503 판결 ················· 101
대법원 2021. 10. 28. 2021두45114 판결 ············· 687, 689
대법원 2021. 10. 14. 2021다227100 판결 ················· 246
대법원 2021. 9. 16. 2021다219529 판결 ················· 101
대법원 2021. 9. 16. 2015도12632 판결 ················· 612
대법원 2021. 9. 9. 2017두45933 전원합의체 판결 ················· 312
대법원 2021. 7. 29. 2021두36103 판결 ················· 339
대법원 2021. 7. 29. 2016두64876 판결 ············· 361, 363, 384
대법원 2021. 7. 21. 2021다225845 판결 ················· 220
대법원 2021. 6. 24. 2016다200200 판결 ················· 152
대법원 2021. 6. 3. 2020두45308 판결 ················· 400
대법원 2021. 4. 29. 2016두57045 판결 ············· 400, 688
대법원 2021. 3. 18. 2018두47264 전원합의체 판결 ················· 328
대법원 2021. 2. 25. 2018다253680 판결 ················· 348
대법원 2021. 2. 25. 2017다51610 판결 ············· 415, 426
대법원 2021. 2. 25. 2017다226605 판결 ················· 339
대법원 2020. 12. 24. 2020두39297 판결 ················· 309
대법원 2020. 11. 16. 2016다13437 판결 ················· 365
대법원 2020. 10. 29. 2017다263192 판결 ················· 521
대법원 2020. 10. 15. 2019두40345 판결 ············· 580, 607
대법원 2020. 9. 3. 2016두32992 전원합의체 판결 ············· 24, 425
대법원 2020. 9. 3. 2015도1927 판결 ················· 717
대법원 2020. 8. 27. 2017두61874 판결 ················· 675
대법원 2020. 8. 27. 2016다248998 전원합의체 판결 ················· 536
대법원 2020. 8. 20. 2018두51201 판결 ················· 676
대법원 2020. 8. 20. 2017두52153 판결 ············· 673, 676

대법원 2020. 7. 29. 2017도2478 판결 ··· 451, 459

대법원 2020. 7. 9. 2015도6173 판결 ··· 459

대법원 2020. 4. 29. 2018다303417 판결 ··· 172

대법원 2020. 4. 29. 2016두41071 판결 ·· 310

대법원 2020. 2. 20. 2019두52386 전원합의체 판결 ···································· 371

대법원 2020. 1. 22. 2015다73067 전원합의체 판결 ··································· 174

대법원 2020. 1. 16. 2019다223129 판결 ··· 169

대법원 2020. 1. 9. 2019도12765 판결 ··· 188

대법원 2019. 12. 24. 2015다254873 판결 ·· 684

대법원 2019. 11. 28. 2019두47377 판결 ··· 643

대법원 2019. 11. 28. 2017다257869 판결 ·· 357, 540

대법원 2019. 11. 14. 2018다200709 판결 ································· 78, 139, 148

대법원 2019. 10. 31. 2013두20011 판결 ··· 86

대법원 2019. 10. 18. 2016두60508 판결 ··· 674, 675

대법원 2019. 10. 18. 2015다60207 판결 ·· 537

대법원 2019. 10. 17. 2016두63705 판결 ··· 675

대법원 2019. 9. 26. 2017두48406 판결 ·· 329

대법원 2019. 9. 26. 2016두47857 판결 ·································· 728, 732, 733

대법원 2019. 8. 29. 2017다219249 판결 ··· 711

대법원 2019. 8. 29. 2017다219072, 219089(병합), 219096(병합), 219102(병합),
   219119(병합), 219126(병합), 219133(병합) 판결 ······················· 711

대법원 2019. 8. 22. 2016다48785 전원합의체 판결 ··································· 155

대법원 2019. 6. 13. 2019두33828 판결 ·· 412

대법원 2019. 6. 13. 2019두33712 판결 ·· 412

대법원 2019. 5. 10. 2016두59010 판결 ·· 312

대법원 2019. 4. 25. 2017두33510 판결 ··· 636, 650

대법원 2019. 4. 18. 2016다2451 전원합의체 판결 ····································· 190

대법원 2019. 3. 14. 2015두46321 판결 ·· 37

대법원 2019. 2. 14. 2016두41361 판결 ·· 412

대법원 2019. 2. 14. 2015다66052 판결 ··· 243, 627

대법원 2019. 2. 14. 2015다217287 판결 ·· 168

대법원 2018. 12. 27. 2017두37031 판결 ··· 636

대법원 2018. 12. 27. 2017도16870 판결 ··· 584

대법원 2018. 12. 27. 2016두41224 판결 ··· 521, 522

대법원 2018. 12. 13. 2018다231536 판결 ·· 158

대법원 2018. 11. 29. 2018두41532 판결 ··· 543

대법원 2018. 11. 29. 2016다11226 판결 ··· 615

대법원 2018. 11. 1. 2016도10912 전원합의체 판결 ·· 45
대법원 2018. 10. 25. 2016두44162 판결 ··· 264
대법원 2018. 10. 12. 2015두38092 판결 ··· 412
대법원 2018. 10. 12. 2015두36157 판결 ··· 158
대법원 2018. 9. 28. 2017다53210, 53227, 53234 판결 ································· 165
대법원 2018. 9. 13. 2017두40655 판결 ··· 521
대법원 2018. 9. 13. 2017두38560 판결 ··· 17
대법원 2018. 9. 13. 2017다16778 판결 ·································· 159, 338
대법원 2018. 9. 13. 2015두39361 판결 ·································· 517, 518
대법원 2018. 8. 30. 2017다218642 판결 ································ 521, 522
대법원 2018. 8. 30. 2016다228802 판결 ·· 208
대법원 2018. 7. 26. 2016다205908 판결 ···················· 500, 501, 527
대법원 2018. 6. 28. 2016다48297 판결 ··· 246
대법원 2018. 6. 28. 2013다28926 판결 ··· 217
대법원 2018. 6. 21. 2011다112391 전원합의체 판결 ································· 252
대법원 2018. 6. 19. 2017두54975 판결 ··· 674
대법원 2018. 6. 19. 2014다44673 판결 ··· 189
대법원 2018. 6. 15. 2018두36929 판결 ································ 263, 264
대법원 2018. 6. 15. 2014두12598, 12604 판결 ············ 24, 51, 52, 54, 412
대법원 2018. 5. 15. 2018두33050 판결 ······················ 467, 468, 647
대법원 2018. 4. 26. 2012다8239 판결 ··· 467
대법원 2018. 4. 12. 2017두74702 판결 ··· 96
대법원 2017. 12. 22. 2016다202947 판결 ·· 100
대법원 2017. 12. 22. 2015다32905 판결 ·· 711
대법원 2017. 12. 22. 2013다25194(본소)·2013다25200(반소) 판결 ············· 345
대법원 2017. 12. 22. 2013다25194 판결 ·· 132
대법원 2017. 12. 13. 2016다243078 판결 ·· 221
대법원 2017. 12. 5. 2014다74254 판결 ··· 220
대법원 2017. 10. 31. 2016두36956 판결 ···················· 512, 520
대법원 2017. 10. 12. 2015두44493 판결 ···················· 380, 687, 688
대법원 2017. 9. 26. 2017다232020 판결 ·· 170
대법원 2017. 9. 26. 2016다238120 판결 ·· 170
대법원 2017. 8. 29. 2015두3867 판결 ··· 314
대법원 2017. 8. 23. 2015두51651 판결 ··· 326
대법원 2017. 8. 18. 2017다227325 판결 ·· 456
대법원 2017. 7. 18. 2016도3185 판결 ·························· 578, 579
대법원 2017. 7. 11. 2013도7896 판결 ··· 594

대법원 2017. 6. 29. 2016두52194 판결 ································ 359

대법원 2017. 5. 17. 2014다232296, 2014다232302(병합) 판결 ··············· 242

대법원 2017. 5. 17. 2014다13457 판결 ································ 343

대법원 2017. 4. 7. 2013다101425 판결 ································ 622

대법원 2017. 3. 9. 2016도18138 판결 ································· 98

대법원 2017. 3. 22. 2015다232859 판결 ······························ 711

대법원 2017. 2. 3. 2016두50563 판결 ························ 384, 679, 686

대법원 2017. 2. 3. 2016다255910 판결 ··························· 378, 676

대법원 2017. 1. 25. 2014다211619 판결 ······························ 711

대법원 2016. 12. 27. 2011두921 판결 ···························· 480, 482

대법원 2016. 12. 1. 2014두43288 판결 ······························ 734

대법원 2016. 11. 10. 2014두45765 판결 ······························ 688

대법원 2016. 10. 27. 2014두4245 판결 ······························ 449

대법원 2016. 10. 13. 2016도1060 판결 ······························ 254

대법원 2016. 8. 18. 2014다211053 판결 ······························ 681

대법원 2016. 7. 22. 2014다222794 판결 ······························ 711

대법원 2016. 6. 23. 2012다108139 판결 ······························ 702

대법원 2016. 5. 24. 2012다85335 판결 ······························ 621

대법원 2016. 4. 28. 2014두11137 판결 ··························· 468, 647

대법원 2016. 4. 12. 2015도17326 판결 ······························ 590

대법원 2016. 3. 10. 2013두3160 판결 ··························· 491, 557

대법원 2016. 2. 19. 2012다96120 전원합의체 판결 ··················· 484, 492

대법원 2016. 1. 28. 2012다17806 판결 ······························ 701

대법원 2016. 1. 14. 2012다96885 판결 ······························ 527

대법원 2015. 11. 27. 2015두48136 판결 ·························· 117, 339

대법원 2015. 11. 27. 2012다10980 판결 ······························ 167

대법원 2015. 11. 26. 2013다69705 판결 ······························ 167

대법원 2015. 11. 26. 2013다14965 판결 ·························· 697, 702

대법원 2015. 10. 29. 2015다214691, 214707 판결 ······················ 294

대법원 2015. 10. 29. 2012다71138 판결 ·························· 556, 557

대법원 2015. 9. 10. 2015두41401 판결 ······························ 340

대법원 2015. 8. 27. 2015다211630 판결 ······························ 377

대법원 2015. 8. 19. 2015다204762 판결 ······························ 199

대법원 2015. 8. 13. 2012다43522 판결 ······························ 150

대법원 2015. 6. 25. 2007두4995 전원합의체 판결 ············· 25, 33, 52, 53, 411

대법원 2015. 6. 11. 2012다55518 판결 ······························ 117

대법원 2015. 5. 29. 2015두38078 판결 ······························ 736

대법원 2015. 5. 28. 2013두3351 판결 ·································· 353, 355

대법원 2015. 5. 28. 2012두25873 판결 ································ 361

대법원 2015. 3. 12. 2012두5176 판결 ··································· 73

대법원 2015. 2. 26. 2014다52575 판결 ································ 378

대법원 2015. 2. 26. 2012다96922 판결 ································ 711

대법원 2015. 2. 26. 2011다78316 판결 ································ 711

대법원 2015. 2. 26. 2010다93707 판결 ··························· 710, 711

대법원 2015. 2. 26. 2010다106436 판결 ························· 710, 711

대법원 2015. 1. 29. 2012두28247 판결 ································· 24

대법원 2014. 11. 27. 2013다2672 판결 ······························ 682

대법원 2014. 11. 27. 2011두6592 판결 ······························ 739

대법원 2014. 11. 27. 2011두5391 판결 ·························· 728, 734

대법원 2014. 11. 13. 2014다20875, 20882 판결 ·················· 361

대법원 2014. 11. 13. 2011도393 판결 ···························· 506, 601

대법원 2014. 9. 24. 2012두2207 판결 ································· 89

대법원 2014. 8. 28. 2013다74363 판결 ······························ 174

대법원 2014. 8. 26. 2012두6063 판결 ································ 437

대법원 2014. 6. 12. 2012두24214 판결 ······························ 309

대법원 2014. 5. 29. 2014두35232 판결 ······························ 472

대법원 2014. 5. 29. 2012다116871 판결 ····························· 168

대법원 2014. 4. 24. 2010다24534 판결 ······························ 500

대법원 2014. 4. 10. 2011두6998 판결 ································ 427

대법원 2014. 3. 27. 2011두20406 판결 ······························ 532

대법원 2014. 3. 13. 2012다94179 판결 ······························ 686

대법원 2014. 2. 13. 2013다51674 판결 ······························ 686

대법원 2014. 2. 13. 2011두12528 판결 ························· 380, 686

대법원 2014. 2. 13. 2011다78804 판결 ······················ 52, 631, 652

대법원 2013. 12. 26. 2011다4629 판결 ·························· 245, 627

대법원 2013. 12. 18. 2012다94643 전원합의체 판결 ········· 165, 166, 169

대법원 2013. 12. 18. 2012다89399 전원합의체 판결 ·········· 77, 165, 166, 168, 169, 535

대법원 2013. 12. 12. 2011두4282 판결 ······························ 397

대법원 2013. 11. 28. 2011다60247 판결 ························· 285, 708

대법원 2013. 11. 28. 2011다39946 판결 ····························· 625

대법원 2013. 10. 11. 2012다12870 판결 ················· 164, 192, 267, 268

대법원 2013. 9. 27. 2011두15404 판결 ······························ 498

대법원 2013. 6. 13. 2011다60193 판결 ······························ 360

대법원 2013. 5. 9. 2013마359 결정 ·································· 520

대법원 2013. 5. 9. 2012다64833 판결 ·· 269
대법원 2013. 5. 23. 2012두18967 판결 ·· 679
대법원 2013. 4. 11. 2012다105505 판결 ······································ 537
대법원 2013. 3. 14. 2010다101011 판결 ·· 84
대법원 2013. 2. 28. 2010다52041 판결 ················ 262, 263, 264, 266, 267
대법원 2013. 2. 15. 2010두20362 판결 ·· 617
대법원 2012. 12. 26. 2012두18585 판결 ······································ 681
대법원 2012. 10. 25. 2011두7045 판결 ············· 88, 89, 728, 731, 734, 737
대법원 2012. 7. 26. 2011다6106 판결 ·· 174
대법원 2012. 7. 5. 2009두16763 판결 ·· 344
대법원 2012. 6. 28. 2010다38007 판결 ··································· 364, 544
대법원 2012. 6. 28. 2010다17468 판결 ·· 125
대법원 2012. 6. 14. 2010두8225 판결 ·· 687
대법원 2012. 5. 24. 2010두15964 판결 ·· 364
대법원 2012. 5. 10. 2011다45217 판결 ··································· 391, 392
대법원 2012. 3. 29. 2011다101308 판결 ······································ 177
대법원 2012. 3. 29. 2010다91046 판결 ··································· 165, 174
대법원 2012. 3. 19. 2011두2132 판결 ····································· 731, 734
대법원 2012. 2. 23. 2010다3735 판결 ·· 360
대법원 2012. 2. 9. 2011다20034 판결 ·· 368
대법원 2012. 1. 27. 2010다100919 판결 ······································ 281
대법원 2012. 1. 27. 2009도8917 판결 ·· 613
대법원 2011. 12. 22. 2010두3237 판결 ·· 739
대법원 2011. 11. 10. 2010두24128 판결 ······································ 687
대법원 2011. 11. 10. 2009다63205 판결 ······································ 337
대법원 2011. 10. 27. 2011다42324 판결 ··································· 339, 368
대법원 2011. 10. 27. 2010도7733 판결 ·· 613
대법원 2011. 10. 13. 2009다102452 판결 ····································· 543
대법원 2011. 9. 8. 2008두13873 판결 ·· 418
대법원 2011. 8. 18. 2010다106054 판결 ······································ 470
대법원 2011. 7. 28. 2009두7790 판결 ·· 537
대법원 2011. 7. 28. 2009두5374 판결 ····································· 381, 688
대법원 2011. 7. 14. 2011다23149 판결 ··································· 153, 157
대법원 2011. 5. 26. 2011다1842 판결 ·· 492
대법원 2011. 5. 6. 2010마1193 결정 ··· 551
대법원 2011. 4. 14. 2007두1729 판결 ································ 380, 381, 688
대법원 2011. 3. 24. 2009다29366 판결 ·· 593

대법원 2011. 3. 24. 2007두4483 판결 ·· 52

대법원 2011. 3. 17. 2007도482 전원합의체 판결 ·································· 613

대법원 2011. 3. 10. 2010다77514 판결 ·· 157

대법원 2011. 2. 10. 2010도10721 판결 ·· 473

대법원 2011. 1. 27. 2010도11030 판결 ······································ 506, 601

대법원 2011. 1. 27. 2009다19864 판결 ·· 37

대법원 2010. 11. 25. 2009도11906 판결 ·· 299

대법원 2010. 11. 11. 2009도4558 판결 ·································· 510, 523, 644

대법원 2010. 10. 14. 2010두9594 판결 ·· 617

대법원 2010. 9. 30. 2010다41089 판결 ······································ 391, 393

대법원 2010. 7. 22. 2008두4367 판결 ·································· 56, 710, 711

대법원 2010. 7. 15. 2007두15797 판결 ······································ 356, 531

대법원 2010. 6. 24. 2007다31471 판결 ·· 685

대법원 2010. 6. 10. 2009도12180 판결 ·· 623

대법원 2010. 6. 10. 2009다97611 판결 ·· 281

대법원 2010. 6. 4. 2011두2132 판결 ·· 728, 731

대법원 2010. 5. 20. 2007다90760 전원합의체 판결 ···················· 179, 209

대법원 2010. 5. 13. 2008다6052 판결 ·· 254

대법원 2010. 4. 29. 2007두11542 판결 ·· 644

대법원 2010. 3. 25. 2009다95974 판결 ·· 377

대법원 2010. 3. 25. 2007두8881 판결 ·················· 60, 494, 631, 652, 654, 716

대법원 2010. 3. 11. 2009도5008 판결 ·· 717

대법원 2010. 3. 11. 2009다82244 판결 ·· 141

대법원 2010. 1. 28. 2009다76317 판결 ·· 537

대법원 2010. 1. 28. 2009다32362 판결 ····························· 121, 145, 147, 393

대법원 2010. 1. 14. 2009다68774 판결 ·· 545

대법원 2009. 12. 24. 2009도9347 판결 ·· 470

대법원 2009. 12. 10. 2009도8239 판결 ·································· 510, 523, 644

대법원 2009. 12. 10. 2008다57852 판결 ·· 254

대법원 2009. 11. 12. 2009다49377 판결 ·· 142

대법원 2009. 9. 10. 2007두10440 판결 ······································ 267, 269

대법원 2009. 8. 20. 2008두8024 판결 ·· 566

대법원 2009. 6. 23. 2007두12859 판결 ·································· 581, 593, 599

대법원 2009. 5. 28. 2009두2238 판결 ·· 141, 143

대법원 2009. 5. 28. 2007두979 판결 ··· 471

대법원 2009. 5. 28. 2006다17287 판결 ·· 626

대법원 2009. 3. 26. 2007두25695 판결 ·· 636

대법원 2009. 3. 12. 2007두22306 판결 ································ 265
대법원 2009. 2. 26. 2007다72823 판결 ································ 710
대법원 2009. 2. 12. 2008다70336 판결 ························· 355, 558
대법원 2008. 11. 13. 2008도4831 판결 ································ 576
대법원 2008. 10. 23. 2006다37274 판결 ························· 115, 116
대법원 2008. 10. 9. 2008다41666 판결 ································ 243
대법원 2008. 10. 9. 2007두15506 판결 ································ 648
대법원 2008. 9. 25. 2006도7660 판결 ····················· 86, 103, 104
대법원 2008. 9. 18. 2007두22320 전원합의체 판결 ·········· 57, 699, 701
대법원 2008. 9. 11. 2006다40935 판결 ································ 494
대법원 2008. 9. 11. 2004도746 판결 ····························· 593, 599
대법원 2008. 7. 10. 2007두22498 판결 ····················· 101, 282, 349
대법원 2008. 7. 10. 2005다75088 판결 ································ 710
대법원 2008. 6. 26. 2006다1930 판결 ································ 197
대법원 2008. 4. 10. 2007도1199 판결 ····························· 73, 417
대법원 2008. 4. 10. 2005다48994 판결 ································ 302
대법원 2008. 3. 14. 2007다1418 판결 ································ 137
대법원 2008. 2. 29. 2007다85997 판결 ····················· 142, 381, 382
대법원 2008. 1. 24. 2007도6861 판결 ································ 638
대법원 2008. 1. 18. 2007도1557 판결 ························ 492, 595, 597
대법원 2007. 12. 28. 2007도5204 판결 ············· 585, 610, 620, 621, 623
대법원 2007. 12. 27. 2007다51758 판결 ······························ 558
대법원 2007. 12. 27. 2007다51017 판결 ······························ 400
대법원 2007. 11. 30. 2005다21647, 21654 판결 ······················ 374
대법원 2007. 11. 29. 2006도7733 판결 ······························ 289
대법원 2007. 11. 29. 2005다28358 판결 ······························ 159
대법원 2007. 10. 26. 2005도9218 판결 ························· 73, 188
대법원 2007. 9. 6. 2005두8788 판결 ····················· 355, 356, 532
대법원 2007. 8. 23. 2007도3192 판결 ························· 103, 104
대법원 2007. 6. 28. 2007도2590 판결 ······························ 458
대법원 2007. 6. 28. 2007도1539 판결 ······························ 184
대법원 2007. 5. 11. 2006도9478 판결 ······························ 601
대법원 2007. 5. 11. 2005도8005 판결 ······························ 541
대법원 2007. 5. 10. 2005다72249 판결 ························· 543, 544
대법원 2007. 3. 30. 2004다8333 판결 ······························ 208
대법원 2007. 3. 29. 2006도9307 판결 ····················· 506, 621, 623
대법원 2007. 3. 29. 2006도8874 판결 ······························ 299

대법원 2007. 3. 29. 2005두11418 판결 ···································· 471, 472

대법원 2007. 2. 23. 2005다3991 판결 ··· 269

대법원 2007. 1. 11. 2006다64245 판결 ·· 189

대법원 2006. 12. 7. 2004다29736 판결 ···················· 48, 207, 379, 675

대법원 2006. 11. 23. 2006다48069 판결 ··· 354

대법원 2006. 10. 26. 2004다11070 판결 ···························· 523, 650, 656

대법원 2006. 9. 22. 2005다30610 판결 ··························· 614, 615, 616

대법원 2006. 9. 8. 2006도388 판결 ······························· 646, 648, 649

대법원 2006. 8. 25. 2006두5151 판결 ·· 268

대법원 2006. 7. 28. 2006두3476 판결 ··· 86

대법원 2006. 5. 26. 2004다62597 판결 ·· 31

대법원 2006. 5. 26. 2003다54322, 54339 판결 ································ 154

대법원 2006. 5. 25. 2002도5577 판결 ······························ 94, 586, 613

대법원 2006. 5. 12. 2002도3450 판결 ································· 94, 586

대법원 2006. 5. 11. 2005도8364 판결 ·· 385

대법원 2006. 5. 11. 2005다20910 판결 ··· 412

대법원 2006. 3. 9. 2005두14226 판결 ··· 268

대법원 2006. 2. 24. 2005도8606 판결 ························ 509, 510, 523, 644

대법원 2006. 2. 24. 2002다62432 판결 ·································· 124, 125

대법원 2006. 2. 9. 2005도9230 판결 ··· 184

대법원 2006. 1. 27. 2005두16772 판결 ·· 264

대법원 2006. 1. 26. 2003다69393 판결 ·· 359

대법원 2006. 1. 21. 2004도8875 판결 ·· 295

대법원 2006. 1. 12. 2005두9873 판결 ·· 274

대법원 2005. 11. 25. 2005다38270 판결 ··· 377

대법원 2005. 11. 25. 2003두8210 판결 ··································· 268, 270

대법원 2005. 11. 10. 2005다21494 판결 ··· 149

대법원 2005. 10. 13. 2004다13762 판결 ·································· 154, 158

대법원 2005. 9. 30. 2002두7425 판결 ····································· 585, 586

대법원 2005. 9. 9. 2005다34407 판결 ··· 377

대법원 2005. 9. 9. 2004다41217 판결 ·················· 153, 154, 158, 159

대법원 2005. 9. 9. 2003두896 판결 ··· 544

대법원 2005. 8. 19. 2003다66523 판결 ·· 253

대법원 2005. 7. 22. 2005다602 판결 ·· 73

대법원 2005. 7. 15. 2003두4805 판결 ··· 471

대법원 2005. 7. 15. 2003다50580 판결 ·· 125

대법원 2005. 6. 9. 2004도7218 판결 ··· 623

대법원 2005. 5. 12. 2003다52456 판결 ……………………………………………………… 133, 549
대법원 2005. 4. 15. 2003두12639 판결 …………………………………………………… 281
대법원 2005. 3. 11. 2005두173 판결 ……………………………………………………… 381
대법원 2005. 3. 11. 2003다27429 판결 …………………………………………………… 147, 498
대법원 2005. 2. 25. 2004다34790 판결 …………………………………………………… 391
대법원 2005. 2. 18. 2003다63029 판결 …………………………………………………… 269
대법원 2005. 1. 28. 2004도227 판결 ……………………………………………………… 442
대법원 2004. 11. 12. 2003다264 판결 ……………………………………………………… 153
대법원 2004. 10. 28. 2003두6665 판결 …………………………………………………… 268, 270
대법원 2004. 10. 25. 94다25889 판결 ……………………………………………………… 341
대법원 2004. 10. 15. 2001두1154 판결 …………………………………………………… 364
대법원 2004. 9. 24. 2004도4641 판결 …………………………………………………… 581
대법원 2004. 8. 30. 2004도3891 판결 …………………………………………………… 635
대법원 2004. 7. 22. 2002다57362 판결 …………………………………………………… 149
대법원 2004. 6. 25. 2004도1264 판결 …………………………………………………… 289
대법원 2004. 6. 25. 2003두15317 판결 …………………………………………………… 354
대법원 2004. 6. 25. 2002다68058 판결 …………………………………………………… 377
대법원 2004. 6. 25. 2002다56130, 56147 판결 ………………………………………… 56
대법원 2004. 6. 25. 2002다51555 판결 …………………………………………………… 282, 283
대법원 2004. 6. 10. 2004두2882 판결 …………………………………………………… 455
대법원 2004. 5. 27. 2004도689 판결 ……………………………………………………… 94
대법원 2004. 5. 27. 2002다65905 판결 …………………………………………………… 198
대법원 2004. 5. 14. 2002다23185, 23192 판결 ………………………………………… 394, 396
대법원 2004. 5. 14. 2001다76328 판결 …………………………………………………… 157
대법원 2004. 4. 28. 2001다53875 판결 …………………………………………………… 114, 115
대법원 2004. 4. 27. 2003두902 판결 ……………………………………………………… 384
대법원 2004. 4. 9. 2003다27733 판결 …………………………………………………… 416
대법원 2004. 3. 11. 2004두916 판결 ……………………………………………………… 56
대법원 2004. 2. 27. 2001두8568 판결 …………………………………… 24, 52, 53, 411, 414
대법원 2004. 2. 12. 2003두13250 판결 …………………………………………………… 264, 266
대법원 2004. 2. 12. 2001다63599 판결 …………………………… 133, 137, 138, 139, 36
대법원 2004. 1. 29. 2001다6800 판결 …………………………………………………… 537
대법원 2003. 12. 26. 2003두8906 판결 ………………………………… 503, 504, 506, 593, 594
대법원 2003. 12. 26. 2001두10264 판결 ………………………………………………… 548
대법원 2003. 12. 26. 2001도3380 판결 ………………………………………………… 600
대법원 2003. 12. 26. 2001도1863 판결 ………………………………………………… 582, 599
대법원 2003. 11. 14. 2001다18322 판결 ………………………………………………… 145

대법원 2003. 11. 13. 2003두4119 판결 ··· 359, 360
대법원 2003. 10. 10. 2001다76229 판결 ··· 369, 377
대법원 2003. 9. 26. 2002다64681 판결 ··· 51
대법원 2003. 9. 26. 2001두10776, 10783 판결 ····························· 360, 362, 363
대법원 2003. 9. 23. 2003두3420판결 ··· 56, 710
대법원 2003. 9. 5. 2001다14665 판결 ··· 537
대법원 2003. 9. 2. 2003다4815, 4822, 4839 판결 ··························· 472, 625
대법원 2003. 7. 25. 2001두4818 판결 ··· 561
대법원 2003. 7. 22. 2002도7225 판결 ·· 364, 506, 601
대법원 2003. 7. 16. 2002마4380 결정 ··· 121
대법원 2003. 6. 13. 2003두1097 판결 ··· 620, 621
대법원 2003. 5. 30. 2002다23826 판결 ··· 389, 391
대법원 2003. 4. 25. 2003다7005 판결 ··· 384
대법원 2003. 4. 25. 2002다11458 판결 ··· 375, 376, 377
대법원 2003. 4. 22. 2003다10650 판결 ··· 153
대법원 2003. 3. 14. 2002도3883 판결 ··· 84
대법원 2003. 1. 24. 2000다5336, 5343 판결 ··· 40
대법원 2002. 12. 27. 2002두9063 판결 ··· 347, 534
대법원 2002. 12. 10. 2000다25910 판결 ··· 123
대법원 2002. 11. 26. 2002도649 판결 ··· 183, 710
대법원 2002. 11. 26. 2001다36504 판결 ··· 498, 537
대법원 2002. 10. 25. 2000다23815 판결 ··· 28
대법원 2002. 9. 24. 2002도2243 판결 ··· 621
대법원 2002. 8. 27. 2001다79457 판결 ··· 527
대법원 2002. 8. 23. 2002다4399 판결 ··· 152
대법원 2002. 7. 26. 2001두5361 판결 ··· 483, 484
대법원 2002. 7. 9. 2001다29452 판결 ······························· 359, 360, 362, 363
대법원 2002. 7. 9. 2000두9373 판결 ··· 359
대법원 2002. 6. 28. 2001다77970 판결 ··· 147
대법원 2002. 6. 14. 2002다16958 판결 ··· 253
대법원 2002. 6. 14. 2001두11076 판결 ··· 367, 377
대법원 2002. 5. 28. 2001두10455 판결 ··· 282
대법원 2002. 5. 14. 2001두6579 판결 ··· 399
대법원 2002. 4. 23. 2000다50701 판결 ··· 43
대법원 2002. 3. 29. 2000두8455 판결 ··· 389, 390, 391
대법원 2002. 3. 26. 2000다3347 판결 ··· 394, 475
대법원 2002. 2. 26. 99도5380 판결 ·· 506, 600, 601

대법원 2001. 12. 14. 2000두3689 판결 ·································· 352
대법원 2001. 12. 11. 99두1823 판결 ····························· 263, 271
대법원 2001. 11. 13. 2000다18608 판결 ························· 208
대법원 2001. 10. 30. 2001다24051 판결 ··················· 206, 395
대법원 2001. 10. 25. 99도4837 전원합의체 판결 ········· 580, 593, 606
대법원 2001. 10. 23. 2001다53950 판결 ························· 158
대법원 2001. 10. 23. 2001다25184 판결 ························· 179
대법원 2001. 9. 18. 2000다60630 판결 ·························· 207
대법원 2001. 8. 21. 2001도973판결 ·························· 289, 299
대법원 2001. 7. 27. 99다56734 판결 ····························· 285
대법원 2001. 6. 26. 2000도2871 판결 ·························· 582
대법원 2001. 6. 12. 2001다13044 판결 ························· 337
대법원 2001. 5. 29. 2001다15422, 15439 판결 ················ 527
대법원 2001. 2. 23. 2001도204 판결 ···························· 183
대법원 2001. 2. 23. 2000도4299 판결 ················· 417, 492, 595
대법원 2001. 2. 23. 2000다61312 판결 ························· 50
대법원 2001. 2. 23. 99두10889 판결 ···························· 125
대법원 2001. 1. 19. 2000다51919, 51926 판결 ················ 377
대법원 2001. 1. 19. 99다72422판결 ····························· 527
대법원 2001. 1. 16. 2000두1454 판결 ··························· 343
대법원 2001. 1. 5. 99다70846 판결 ····························· 149
대법원 2000. 12. 22. 99다10806 판결 ·························· 248
대법원 2000. 12. 12. 99다66373 판결 ·························· 399
대법원 2000. 11. 28. 2000다51476 판결 ·················· 122, 123
대법원 2000. 11. 28. 99도317 판결 ····························· 576
대법원 2000. 10. 13. 99도4812 판결 ···························· 606
대법원 2000. 10. 13. 98다11437 판결 ·························· 393
대법원 2000. 9. 29. 99다67536 판결 ······················ 180, 537
대법원 2000. 9. 8. 2000다22591 판결 ·························· 51
대법원 2000. 9. 5. 99두8657 판결 ················· 372, 373, 375, 376
대법원 2000. 6. 23. 98다54960 판결 ······················ 232, 536
대법원 2000. 6. 9. 98다13747 판결 ····························· 558
대법원 2000. 5. 26. 99도4836 판결 ····························· 606
대법원 2000. 5. 26. 98다34331 판결 ··················· 600, 620, 621
대법원 2000. 5. 16. 99다47129 판결 ···························· 285
대법원 2000. 5. 12. 98도3299 판결 ························ 498, 500
대법원 2000. 4. 25. 99다34475 판결 ······················ 369, 377

대법원 2000. 4. 25. 98두15269 판결 ··· 152
대법원 2000. 4. 11. 99두2963 판결 ·· 265, 266
대법원 2000. 3. 14. 99도1243 판결 ·· 73
대법원 2000. 2. 25. 98두8988 판결 ··· 482
대법원 2000. 1. 14. 97다41349 판결 ······························· 432, 436, 580
대법원 1999. 12. 10. 99두6927 판결 ··· 548
대법원 1999. 11. 12. 99다30473 판결 ·· 124
대법원 1999. 11. 12. 98다49357 판결 ·· 160, 163
대법원 1999. 11. 12. 97누19946 판결 ·· 56
대법원 1999. 9. 17. 99두5740 판결 ··· 597
대법원 1999. 7. 12. 자 99마628 결정 ·· 71
대법원 1999. 6. 22. 98두137 판결 ·· 495
대법원 1999. 6. 11. 98다22185 판결 ··· 180
대법원 1999. 5. 28. 99다2881 판결 ··· 253
대법원 1999. 5. 12. 97다5015 전원합의체 판결 ··································· 161
대법원 1999. 4. 27. 99두202 판결 ·· 366
대법원 1999. 3. 26. 98두4672 판결 ·· 344, 353
대법원 1999. 2. 23. 98다12157 판결 ··· 369
대법원 1999. 2. 5. 97다48388 판결 ·· 198, 204
대법원 1998. 12. 23. 97누18035 판결 ·· 266, 636
대법원 1998. 12. 22. 97누5435 판결 ·· 264, 265
대법원 1998. 12. 8. 98두14006 판결 ·· 471, 472
대법원 1998. 11. 13. 98다20790 판결 ·· 497
대법원 1998. 11. 10. 97누18189 판결 ·· 282
대법원 1998. 6. 26. 97다14200 판결 ··· 722
대법원 1998. 5. 29. 98두625 판결 ······························· 379, 685, 686
대법원 1998. 5. 22. 98다2365 판결 ·· 283, 456
대법원 1998. 5. 22. 97누8076 판결 ··························· 418, 523, 644, 648
대법원 1998. 4. 24. 97다54727 판결 ·· 470, 625
대법원 1998. 3. 27. 97다49732 판결 ··· 180
대법원 1998. 3. 24. 96누16070 판결 ·· 642, 643
대법원 1998. 3. 13. 97누19830 판결 ··· 416
대법원 1998. 2. 10. 95다39533 판결 ·· 96
대법원 1998. 1. 23. 97다42489 판결 ·· 379, 685
대법원 1998. 1. 20. 97도588 판결 ·· 498, 500
대법원 1998. 1. 20. 97다29417 판결 ··· 263
대법원 1997. 12. 26. 97다17575 판결 ·· 394

대법원 1997. 12. 23. 97다44393 판결 ·· 51
대법원 1997. 12. 23. 96누11778 판결 ·· 456
대법원 1997. 12. 12. 97다36316 판결 ································· 265, 351
대법원 1997. 12. 9. 97누9161 판결 ·· 283
대법원 1997. 11. 28. 97누14798 판결 ·· 155
대법원 1997. 11. 14. 97누13009 판결 ·· 305
대법원 1997. 10. 28. 96다13415 판결 ·· 390
대법원 1997. 10. 14. 96누9829 판결 ························ 423, 426, 427
대법원 1997. 10. 10. 97누5732 판결 ·· 112
대법원 1997. 9. 26. 97다25590 판결 ·· 268
대법원 1997. 9. 5. 97누3644 판결 ··· 494
대법원 1997. 8. 22. 96다6967 판결 ·· 147
대법원 1997. 7. 25. 97다7066 판결 ·· 350
대법원 1997. 7. 25. 95누4377 판결 ····································· 482, 484
대법원 1997. 7. 22. 97다18165, 18172 판결 ·········· 263, 264, 265, 266
대법원 1997. 7. 22. 96다38995 판결 ·· 253
대법원 1997. 7. 11. 95다55900 판결 ·· 351
대법원 1997. 7. 8. 96누6431 판결 ··· 349
대법원 1997. 7. 8. 96누5087 판결 ······································ 373, 374
대법원 1997. 6. 27. 96다49674 판결 ·· 387
대법원 1997. 6. 13. 96누17738 판결 ·· 469
대법원 1997. 5. 30. 97다2986판결 ··· 40
대법원 1997. 5. 16. 96다2507 판결 ····································· 140, 145
대법원 1997. 5. 7. 96누2057 판결 ··· 647
대법원 1997. 4. 25. 97다6926 판결 ····································· 259, 347
대법원 1997. 4. 25. 95다4056 판결 ····································· 253, 548
대법원 1997. 4. 8. 96다33556 판결 ·· 469
대법원 1997. 3. 28. 96누16179 판결 ·· 472
대법원 1997. 3. 11. 95다46715 판결 ·· 471
대법원 1997. 2. 25. 96다10263 판결 ·· 199
대법원 1997. 2. 14. 96누5926 판결 ·· 652
대법원 1997. 2. 14. 96누4244 판결 ·· 283
대법원 1997. 2. 11. 96누2125 판결 ·· 596
대법원 1996. 12. 23. 96다29970 판결 ··································· 274, 275
대법원 1996. 12. 6. 95다45934 판결 ·· 345
대법원 1996. 11. 26. 95다49004 판결 ·· 369
대법원 1996. 11. 22. 96다30571 판결 ·· 256

대법원 1996. 11. 12. 95누15728 판결 ··· 346
대법원 1996. 10. 29. 95누15926 판결 ·· 268, 270
대법원 1996. 9. 24. 95다11504 판결 ·· 456
대법원 1996. 9. 20. 95다20454 판결 ·· 544
대법원 1996. 9. 20. 95누15742 판결 ·· 283
대법원 1996. 8. 29. 95다5783판결 ································· 672, 685
대법원 1996. 8. 23. 95누11238 판결 ·· 652, 653
대법원 1996. 8. 23. 94누13589 판결 ··· 87
대법원 1996. 7. 30. 96누587 판결 ·· 248
대법원 1996. 6. 28. 96도1050 판결 ··· 541
대법원 1996. 6. 28. 94다14742 판결 ·· 222
대법원 1996. 6. 28. 93도855 판결 ·· 427
대법원 1996. 6. 14. 95누6410 판결 ··· 355
대법원 1996. 6. 11. 95누6649 판결 ··· 241
대법원 1996. 5. 31. 95다33238 판결 ·· 390
대법원 1996. 5. 31. 95누2487 판결 ··· 283
대법원 1996. 5. 10. 95다42270 판결 ·· 275
대법원 1996. 4. 23. 96다2378 판결 ··· 283
대법원 1996. 4. 23. 95다6823 판결 ································· 18, 110, 369
대법원 1996. 4. 23. 95다53102 판결 ·· 532
대법원 1996. 4. 12. 95누7130 판결 ··· 265
대법원 1996. 3. 22. 95다2630 판결 ··· 178
대법원 1996. 3. 8. 95다51847 판결 ·· 369
대법원 1996. 2. 27. 95도2970 판결 ··· 571
대법원 1996. 2. 23. 94다21160 판결 ·· 178
대법원 1996. 2. 23. 94누9177 판결 ······················· 469, 503, 561
대법원 1996. 2. 9. 95누12613 판결 ··· 354
대법원 1996. 2. 9. 94누9771 판결 ·· 378
대법원 1995. 12. 26. 95다41659 판결 ························· 387, 394, 395
대법원 1995. 12. 22. 95다39618 판결 ·· 548
대법원 1995. 12. 22. 95누3565 판결 ·· 494
대법원 1995. 12. 21. 94다26721 전원합의체 판결 ················ 153, 179, 209, 624
대법원 1995. 11. 10. 94다54566 판결 ·· 470
대법원 1995. 10. 13. 94다52928 판결 ·· 265
대법원 1995. 10. 12. 95도1016 판결 ·· 597
대법원 1995. 10. 12. 94다36186 판결 ·· 208
대법원 1995. 9. 29. 94다54245 판결 ·· 389

대법원 1995. 9. 15. 94누12067 판결 ··· 47

대법원 1995. 9. 5. 94다52294 판결 ·· 283

대법원 1995. 8. 11. 95다10778 판결 ·· 265, 351

대법원 1995. 7. 14. 94다20198 판결 ··· 390

대법원 1995. 7. 11. 93다26168 판결 ··· 673

대법원 1995. 6. 30. 95누528 판결 ·· 379

대법원 1995. 6. 30. 94도2122 판결 ·· 56

대법원 1995. 6. 30. 94누9955 판결 ··· 195

대법원 1995. 6. 13. 95누2562 판결 ··· 199

대법원 1995. 5. 26. 94다46596 판결 ·································· 282, 347

대법원 1995. 5. 12. 94다55934 판결 ··· 153

대법원 1995. 5. 9. 93다51263 판결 ···································· 263, 265

대법원 1995. 4. 25. 94누13053 판결 ··· 282

대법원 1995. 4. 14. 94도1724 판결 ··· 183

대법원 1995. 4. 11. 94다58087 판결 ··································· 470, 471

대법원 1995. 4. 7. 94누1579 판결 ··· 651

대법원 1995. 3. 14. 94누5496 판결 ··· 456

대법원 1995. 3. 10. 94다33552 판결 ··· 369

대법원 1995. 3. 10. 94다18072 판결 ··· 141

대법원 1995. 3. 3. 94누11767 판결 ··· 340

대법원 1995. 2. 28. 94다8631 판결 ··· 164

대법원 1995. 2. 17. 94다44422 판결 ··· 452

대법원 1995. 1. 24. 93다29662 판결 ··· 355

대법원 1995. 1. 20. 93다46254 판결 ··· 222

대법원 1994. 12. 27. 94다19242 판결 ··································· 198, 199

대법원 1994. 12. 27. 94누11132 판결 ·· 338

대법원 1994. 12. 27. 93다52525 판결 ·· 279

대법원 1994. 12. 23. 94누3001 판결 ···································· 638, 639

대법원 1994. 12. 13. 94다27960 판결 ·· 281

대법원 1994. 12. 13. 93누23275 판결 ·· 352

대법원 1994. 12. 9. 94다22859 판결 ······································· 48, 69

대법원 1994. 10. 25. 94다26448 판결 ·· 283

대법원 1994. 9. 30. 94다21337 판결 ·· 278

대법원 1994. 9. 30. 94다4042 판결 ···························· 351, 541, 602

대법원 1994. 9. 13. 94누576 판결 ··· 346

대법원 1994. 9. 13. 93다50017 판결 ·· 368

대법원 1994. 8. 9. 94다14629 판결 ··· 375

대법원 1994. 6. 28. 93다33173 판결 ························· 389
대법원 1994. 6. 24. 92다28556 판결 ························· 146
대법원 1994. 6. 14. 93다29167 판결 ············· 447, 454, 570
대법원 1994. 6. 14. 93다26151 판결 ···················· 278, 280
대법원 1994. 5. 27. 93다57551 판결 ························· 457
대법원 1994. 5. 10. 94다6918 판결 ·························· 178
대법원 1994. 3. 25. 93다32828, 32835 판결 ········· 614, 615
대법원 1994. 3. 8. 93다1589 판결 ·························· 393
대법원 1994. 2. 22. 93도613 판결 ·························· 451
대법원 1994. 2. 8. 92다893 판결 ··························· 267
대법원 1994. 1. 25. 92다23834 판결 ························ 387
대법원 1994. 1. 11. 93다49192 판결 ························ 282
대법원 1994. 1. 11. 93다17843 판결 ·················· 379, 686
대법원 1993. 12. 28. 93다38529 판결 ······················ 179
대법원 1993. 12. 24. 91다36192 판결 ······················ 152
대법원 1993. 12. 21. 93다11463 판결 ····· 269, 336, 368, 628, 656
대법원 1993. 12. 21. 92도2247 판결 ························ 554
대법원 1993. 12. 10. 93다24735 판결 ······················ 615
대법원 1993. 11. 9. 93다7464 판결 ·························· 338
대법원 1993. 10. 26. 92다54210 판결 ······················ 335
대법원 1993. 10. 12. 92다43586 판결 ················· 368, 656
대법원 1993. 9. 28. 93누3837 판결 ·························· 267
대법원 1993. 9. 28. 91다30620 판결 ························ 353
대법원 1993. 9. 24. 93누4199 판결 ·························· 338
대법원 1993. 9. 14. 92누18825 판결 ························ 265
대법원 1993. 9. 10. 92다42897 판결 ························ 122
대법원 1993. 8. 24. 92다34926 판결 ·················· 470, 471
대법원 1993. 7. 27. 92누16942 판결 ························ 375
대법원 1993. 7. 16. 92다55251 판결 ························ 340
대법원 1993. 7. 13. 93다3721 판결 ·························· 335
대법원 1993. 7. 13. 92다50263 판결 ················· 544, 354
대법원 1993. 7. 13. 92다45735 판결 ························ 356
대법원 1993. 6. 11. 93다7457 판결 ·························· 637
대법원 1993. 6. 8. 92다42354 판결 ························· 421
대법원 1993. 5. 27. 92다24509 판결 ························ 221
대법원 1993. 5. 25. 91다41750 판결 ························ 389
대법원 1993. 5. 14. 93다1893 판결 ·························· 141

대법원 1993. 5. 11. 92다27089 판결 ·· 340

대법원 1993. 5. 11. 91누10787 판결 ································· 446, 498, 500

대법원 1993. 4. 27. 92도3229 판결 ·· 302

대법원 1993. 4. 27. 92다48697 판결 ·· 280

대법원 1993. 4. 27. 91누12257 전원합의체 판결 ······································ 498

대법원 1993. 4. 13. 92다49171 판결 ·· 369

대법원 1993. 4. 13. 92다48208 판결 ·· 378

대법원 1993. 4. 9. 92누15765 판결 ··· 535

대법원 1993. 3. 23. 92다52115 판결 ·· 146

대법원 1993. 3. 23. 92누15406 판결 ·· 653

대법원 1993. 3. 23. 92누7122 판결 ··· 416

대법원 1993. 2. 23. 92누11121 판결 ·· 272

대법원 1993. 2. 12. 91누12028 판결 ·· 427

대법원 1993. 2. 9. 92다27102 판결 ··································· 555, 556

대법원 1993. 2. 9. 91다21381 판결 ··· 47

대법원 1993. 1. 26. 92다11695 판결 ·· 274

대법원 1993. 1. 26. 92누8200 판결 ··· 536

대법원 1992. 12. 22. 92다14779 판결 ··· 361

대법원 1992. 12. 22. 92누13189 판결 ··· 548

대법원 1992. 12. 22. 91다45165 전원합의체 판결 ········· 135, 143, 148

대법원 1992. 12. 8. 92다39860 판결 ·· 368

대법원 1992. 11. 23. 92다11220 판결 ··· 353

대법원 1992. 11. 10. 92도1315 판결 ·· 612

대법원 1992. 10. 27. 92누9418 판결 ·· 636

대법원 1992. 10. 9. 92다23087 판결 ·· 416

대법원 1992. 9. 22. 91다36123 판결 ·· 353

대법원 1992. 9. 14. 91다46922 판결 ·· 146

대법원 1992. 9. 8. 91다27556 판결 ··· 279

대법원 1992. 9. 1. 92누7733 판결 ··· 541

대법원 1992. 8. 14. 92다1995 판결 ··· 79

대법원 1992. 8. 14. 91다29811 판결 ·· 366

대법원 1992. 7. 28. 92다14786 판결 ································· 340, 540

대법원 1992. 7. 28. 91다30729 판결 ································· 268, 270

대법원 1992. 7. 24. 92누6563 판결 ··· 340

대법원 1992. 7. 14. 91다43800 판결 ·· 609

대법원 1992. 7. 14. 91다40276 판결 ································· 387, 389, 390

대법원 1992. 7. 14. 91다32329 판결 ·· 279

대법원 1992. 6. 23. 92누4253 판결 ··· 456
대법원 1992. 6. 23. 92누3496 판결 ··· 647
대법원 1992. 6. 23. 91다19210 판결 ·· 76
대법원 1992. 5. 22. 91누5884 판결 ······································· 282, 336
대법원 1992. 5. 12. 91다37683 판결 ·· 438
대법원 1992. 5. 12. 91다27518 판결 ······································· 282, 343
대법원 1992. 5. 12. 90누9421 판결 ······································· 360, 637
대법원 1992. 4. 14. 92다1728 판결 ··· 369
대법원 1992. 4. 14. 91다20548 판결 ·· 219
대법원 1992. 4. 10. 91도3044 판결 ··· 451
대법원 1992. 4. 10. 91다43138 판결 ·· 375
대법원 1992. 3. 31. 91다14413 판결 ·· 438
대법원 1992. 3. 31. 91누6184 판결 ··· 338
대법원 1992. 3. 27. 91다36307 판결 ·· 153
대법원 1992. 3. 27. 91다29071 판결 ·· 436
대법원 1992. 3. 13. 91다39559 판결 ·· 349
대법원 1992. 3. 13. 91누5020 판결 ··· 456
대법원 1992. 3. 10. 91다27334 판결 ·· 264
대법원 1992. 2. 25. 91다25055 판결 ·· 146
대법원 1992. 2. 25. 90누9049 판결 ··· 495
대법원 1992. 1. 21. 91누5204 판결 ······························· 267, 599, 600
대법원 1991. 12. 24. 91누2762 판결 ·· 637
대법원 1991. 12. 13. 90다18999 판결 ·· 192
대법원 1991. 12. 10. 91다8647 판결 ·· 360
대법원 1991. 12. 10. 91누3789 판결 ·· 266
대법원 1991. 11. 26. 91다22070 판결 ······································· 353, 378
대법원 1991. 11. 26. 91누4171 판결 ·· 340
대법원 1991. 11. 22. 91다6740 판결 ·· 283
대법원 1991. 11. 12. 91다12806 판결 ······························· 387, 389, 390
대법원 1991. 11. 12. 91누4164 판결 ··············· 238, 340, 351, 449, 452, 457
대법원 1991. 11. 8. 91도326 판결 ·· 94
대법원 1991. 10. 25. 91도1685 판결 ·· 412
대법원 1991. 10. 25. 90다20428 판결 ······································· 282, 283
대법원 1991. 10. 22. 91도600 판결 ··· 571
대법원 1991. 9. 24. 90다12366 판결 ······································· 340, 351
대법원 1991. 8. 13. 91도1324 판결 ··· 623
대법원 1991. 8. 13. 91다1233 판결 ··· 357

대법원 1991. 8. 9. 91다15225 판결 ································ 393
대법원 1991. 7. 26. 90다20251 판결 ································ 412
대법원 1991. 7. 23. 91다13731 판결 ································ 340
대법원 1991. 7. 12. 91다12752 판결 ················ 263, 265, 266
대법원 1991. 7. 9. 90다8077 판결 ································ 353
대법원 1991. 6. 28. 90다카25277 판결 ············· 192, 340, 368
대법원 1991. 6. 11. 91도383 판결 ································ 610
대법원 1991. 6. 11. 91도204 판결 ································ 570
대법원 1991. 5. 28. 90다8046 판결 ················ 263, 265, 267
대법원 1991. 5. 28. 90누6927 판결 ································ 457
대법원 1991. 5. 14. 91다2656 판결 ································ 353
대법원 1991. 5. 14. 90누4006 판결 ································ 508
대법원 1991. 4. 23. 90도2771 판결 ····························· 94, 613
대법원 1991. 4. 23. 90누7685 판결 ································ 638
대법원 1991. 4. 9. 90다카27402 판결 ································ 353
대법원 1991. 4. 9. 90다16245 판결 ································ 382
대법원 1991. 3. 27. 90다카25420 판결 ································ 336
대법원 1991. 3. 22. 90다6545 판결 ····························· 387, 390
대법원 1991. 2. 12. 90누5627 판결 ································ 283
대법원 1990. 12. 26. 90다카13465 판결 ································ 222
대법원 1990. 12. 7. 90다카19647 판결 ····················· 142, 154
대법원 1990. 12. 7. 90다6095 판결 ································ 354
대법원 1990. 11. 27. 90다카23868 판결 ································ 154
대법원 1990. 11. 23. 90다카21589 판결 ································ 349
대법원 1990. 11. 13. 89누5102 판결 ································ 449
대법원 1990. 11. 9. 90다카6948 판결 ································ 155
대법원 1990. 10. 23. 89누3243 판결 ································ 425
대법원 1990. 10. 12. 90도1431 판결 ····················· 584, 609
대법원 1990. 8. 10. 89누8217 판결 ································ 449
대법원 1990. 5. 15. 90도357 판결 ················ 23, 454, 490
대법원 1990. 5. 8. 88다카26413 판결 ············· 159, 179, 208
대법원 1990. 4. 27. 89다카5451 판결 ································ 347
대법원 1990. 1. 12. 88다카34094 판결 ································ 360
대법원 1989. 11. 14. 88누6924 판결 ································ 418
대법원 1989. 4. 11. 87다카2901 판결 ································ 161
대법원 1989. 2. 28. 88다카11145 판결 ································ 264
대법원 1989. 2. 28. 88다카2974 판결 ································ 256

대법원 1989. 2. 28. 87누496 판결 ·· 113

대법원 1989. 1. 17. 87다카2646 판결 ·· 642

대법원 1988. 12. 13. 87다카2803 전원합의체 판결 ················· 159, 178

대법원 1988. 12. 13. 86다204, 86다카1035 판결 ························ 344

대법원 1988. 11. 8. 87다카683 판결 ·· 353

대법원 1987. 9. 8. 87다카555 판결 ·· 125

대법원 1987. 4. 14. 86다카1875 판결 ·· 347

대법원 1987. 2. 24. 84다카1409 판결 ····································· 387, 390

대법원 1986. 3. 11. 85다618 판결 ·· 378

대법원 1982. 10. 26. 82다카298 판결 ·· 353

대법원 1982. 9. 14. 82다174, 82다카390 판결 ···························· 378

대법원 1980. 9. 24. 80다1040 판결 ··· 115

대법원 1979. 12. 11. 76누189 판결 ·· 426, 427

대법원 1979. 2. 13. 78다2275 판결 ··· 652

대법원 1979. 1. 30. 78다304 판결 ·· 353, 532

대법원 1978. 2. 14. 77다1321 판결 ··· 162

대법원 1977. 7. 26. 77다355 판결 ··································· 134, 142, 143

대법원 1976. 9. 28. 75다1768 판결 ··· 179

대법원 1968. 9. 17. 68누151 판결 ·· 194, 195

대법원 1965. 7. 6. 65다877 판결 ·· 159

헌법재판소 결정

헌법재판소 2024. 6. 27. 2020헌마237, 2021헌마1334, 2022헌바237(병합) 결정 ············· 512

헌법재판소 2024. 2. 28. 2019헌마500 결정 ·································· 213

헌법재판소 2023. 3. 23. 2019헌마937 결정 ···································· 33

헌법재판소 2022. 10. 27. 2019헌바454 결정 ··································· 73

헌법재판소 2022. 5. 26. 2012헌바66 결정 ·································· 612

헌법재판소 2021. 12. 23. 2020헌마395 결정 ································· 80

헌법재판소 2021. 12. 23. 2018헌마629, 630(병합) 결정 ····· 78, 143, 189

헌법재판소 2021. 11. 25. 2015헌바334 결정 ·························· 207, 217

헌법재판소 2021. 8. 31. 2018헌마563 결정 ·································· 255

헌법재판소 2019. 4. 11. 2013헌바112 결정 ·································· 257

헌법재판소 2018. 8. 30. 2015헌가38 결정 ····································· 32

헌법재판소 2018. 5. 31. 2012헌바90 결정 ························ 23, 489, 647

헌법재판소 2017. 12. 28. 2016헌바346 결정 ································ 695

헌법재판소 2017. 9. 28. 2015헌마653 결정 ··· 23, 33
헌법재판소 2016. 9. 29. 2014헌마254 결정 ······································· 37, 309
헌법재판소 2015. 12. 23. 2014헌바3 결정 ·· 338
헌법재판소 2015. 6. 25. 2014헌바269 결정 ·· 312, 314
헌법재판소 2015. 6. 25. 2014헌마674 결정 ·· 90
헌법재판소 2015. 5. 28. 2013헌마671, 2014헌가21(병합) 결정 ················· 31
헌법재판소 2015. 4. 30. 2013헌마435 결정 ··· 34
헌법재판소 2014. 5. 29. 2010헌마606 결정 ·· 461
헌법재판소 2013. 10. 24. 2010헌마219·2010헌마265(병합) 결정 ·············· 673
헌법재판소 2013. 7. 25. 2012헌바116 결정 ··· 447
헌법재판소 2012. 4. 24. 2011헌마338 결정 ·· 29, 512
헌법재판소 2012. 3. 29. 2011헌바53 결정 ·· 526
헌법재판소 2011. 12. 29. 2010헌바385 결정 ·· 587
헌법재판소 2010. 4. 29. 2009헌바168 전원재판부 결정 ····························· 593
헌법재판소 2009. 10. 29. 2007헌마1359 결정 ·································· 23, 32, 579
헌법재판소 2009. 2. 26. 2007헌바27 결정 ·· 23
헌법재판소 2008. 7. 31. 2004헌바9 결정 ············· 23, 423, 427, 429, 489, 526, 596
헌법재판소 2007. 8. 30. 2004헌마670 결정 ······················· 18, 20, 21, 32, 284
헌법재판소 2007. 7. 26. 2006헌가9 결정 ·· 543
헌법재판소 2005. 11. 24. 2002헌바95 결정 ·· 27, 28
헌법재판소 2005. 6. 30. 2002헌바83 결정 ·· 289
헌법재판소 2005. 3. 31. 2003헌바12 결정 ·· 21
헌법재판소 2004. 10. 28. 2002헌마328 결정 ·· 34
헌법재판소 2004. 8. 26. 2003헌바58 결정 ·· 23
헌법재판소 2003. 5. 15. 2001헌가31 결정 ·· 587
헌법재판소 2002. 12. 18. 2002헌마52 결정 ·· 15
헌법재판소 2002. 11. 28. 2001헌바50 결정 ······················· 16, 18, 20, 21, 35, 36
헌법재판소 1998. 7. 16. 97헌바23 결정 ··· 95
헌법재판소 1998. 5. 28. 96헌가5 결정 ·· 34
헌법재판소 1998. 2. 27. 94헌바13·26, 95헌바44(병합) 결정 ·········· 23, 488, 496, 498
헌법재판소 1996. 12. 26. 90헌바19 결정 ·· 587
헌법재판소 1995. 7. 21. 93헌가14 결정 ··· 34
헌법재판소 1995. 3. 23. 92헌가14 결정 ·· 651
헌법재판소 1995. 2. 23. 93헌바43 결정 ··· 81
헌법재판소 1993. 5. 13. 92헌마80 결정 ··· 35
헌법재판소 1993. 3. 11. 92헌바33 결정 ··· 22
헌법재판소 1992. 4. 28. 90헌바24 결정 ··· 36

헌법재판소 1991. 7. 22. 89헌가106 결정 ·· 489, 598
헌법재판소 1989. 11. 20. 89헌가102 결정 ·· 35

고등법원·지방법원 판례

서울고등법원 2024. 1. 24. 2023누34646 판결 ·· 716
서울고등법원 2021. 10. 26. 2019나2031229 판결 ·· 196
서울고등법원 2020. 3. 31. 2019나2029554 판결 ·· 132
서울고등법원 2018. 12. 18. 2017나2025282 판결 ·· 172
서울고등법원 2018. 5. 25. 2017나2039724 판결 ·· 81
서울고등법원 2018. 5. 16. 2017누76410 판결 ·· 720
서울고등법원 2018. 2. 1. 2017누70153 판결 ·· 263, 264
서울고등법원 2017. 6. 9. 2016누51667 판결 ·· 728
서울고등법원 2016. 10. 21. 2016누30189 판결 ·· 731
서울고등법원 2015. 7. 1. 2013나2015966 판결 ·· 711
서울고등법원 2015. 1. 28. 2014누51779 판결 ·· 736
서울고등법원 2014. 9. 17. 2013누51093 판결 ·· 737
서울고등법원 2013. 10. 30. 2013누12012 판결 ·· 733
서울고등법원 2011. 1. 27. 2010누21794 판결 ·· 737
서울고등법원 2010. 11. 11. 2010누15577 판결 ·· 734
서울고등법원 2010. 1. 13. 2009누17614 판결 ·· 739
서울고등법원 2001. 10. 18. 2000나47387 판결 ·· 385
서울고등법원 2000. 4. 28. 99나41468 판결 ·· 123
서울중앙지방법원 2018. 6. 14. 2017가합507736 판결 ·· 81
서울동부지방법원 2011. 8. 18. 2011가합3204 판결 ·· 443
서울행정법원 2020. 8. 21. 2019구합6130 판결 ·· 687
서울행정법원 2019. 8. 30. 2018구합78640 판결 ·· 731, 732
서울행정법원 2017. 7. 6. 2016구합5433 판결 ·· 455
서울행정법원 2016. 11. 18. 2015구합70416 판결 ·· 739
서울행정법원 2015. 12. 4. 2015구합65827 판결 ·· 733
서울행정법원 2015. 1. 8. 2013구합63681 판결 ·· 674
서울행정법원 2013. 3. 21. 2012구합30738 판결 ·· 735
서울행정법원 2012. 1. 12. 2011구합8734 판결 ·· 731
서울행정법원 2010. 12. 16. 2010구합35302 판결 ·· 734
서울행정법원 2010. 11. 25. 2010구합28571 판결 ·· 734
서울행정법원 2010. 6. 18. 2009구합55553 판결 ·· 731

서울행정법원 2009. 5. 22. 2008구합48794 판결 ······································· 739
광주고등법원 2015. 8. 27. 2015누5558 판결 ·· 682
대전지방법원 2011. 11. 6. 2011카합782 판결 ·· 716
울산지방법원 2007. 4. 6. 2005노973 판결 ·· 103, 104
전주지방법원 군산지원 2006. 4. 12. 2005카합411 판결 ···························· 716

노동위원회 결정

중앙노동위원회 2022. 3. 24. 2021부노268 판정 ······································ 716
중앙노동위원회 2021. 6. 2. 2021부노14 판정 ····································· 495, 716
중앙노동위원회 2018. 12. 6. 2018차별37,43 판정 ··································· 731
중앙노동위원회 2018. 10. 11. 2018부해804 판정 ···································· 677
중앙노동위원회 2017. 2. 15. 중앙2016부노234 결정 ································ 467
중앙노동위원회 2016. 10. 4. 2016부해739 판정 ······································ 683
중앙노동위원회 2015. 5. 4. 2015차별1 판정 ····································· 731, 737
중앙노동위원회 2014. 12. 31. 2014차별10 판정 ····································· 733
중앙노동위원회 2013. 10. 2. 2013차별12 판정 ······································ 732
중앙노동위원회 2012. 2. 7. 2011차별6 판정 ··· 735
중앙노동위원회 2009. 5. 20. 2009차별3,4 판정 ····································· 738
중앙노동위원회 2008. 3. 20. 2007차별5-19(병합) 판정 ······················· 732
경남지방노동위원회 2010. 11. 4. 2010차별9-11(병합) 판정 ··················· 735

이철수 교수

서울대 법과대학을 졸업하고 같은 학교에서 석사 및 박사 학위를 받았다. 서울대 법학전문대학원에서 교수로 정년퇴임 후 명예교수로 추대되었고, 현재는 학교법인 한국폴리텍의 이사장으로 재직 중이다. 한국노동법학회 회장, 한국고용노사관계학회 회장 등을 지냈고, 지금도 서울대 노동법연구회 회장, 경제사회노동위원회 공익위원, 중앙노동위원회 공익위원으로 이론과 현실을 접목하는 활동을 왕성하게 하고 있다. 김영삼 정부 이후 사회적 대화 등을 통해 한국 노동법제의 발전에 기여한 공로로 2008년 노무현 정부 때 홍조근정훈장을 받았다. 노동법의 전 영역에 걸친 심도 있는 연구와 논문을 바탕으로 노동법학의 발전에 적극적으로 기여해 왔다. 『영혼 있는 노동』(2019), 『노동의 미래』(2020) 등의 저서를 펴내 노동법 대중화를 위해 노력하고 있으며, 학문후속세대 양성에도 앞장서고 있다.

- 학교법인 한국폴리텍 이사장 (2024. 4. ~ 현재)
- 서울대학교 법과대학·법학전문대학원 교수 (2006. 3. ~ 2023. 8.)
- 서울대학교 평의원회 의장 (2019. 10. ~ 2021. 10.)
- 서울대학교 평의원회 부의장 (2017. 10. ~ 2019. 10.)
- 서울대학교 기획처 처장 (2014. 6. ~ 2016. 6.)
- 서울대학교 발전기금 상임이사 (2014. 6. ~ 2015. 3.)
- 서울대학교 교수협의회 수석 부회장 (2013. 4. ~ 2014. 7.)
- 서울대학교 교수협의회 기획이사 (2008. 9. ~ 2013. 3.)
- 학교법인 대양학원(세종대학교) 이사 (2007. 7. ~ 2009. 5.)
- 서울대 노동법연구회 회장 (2012. 1. ~ 현재)
- 한국고용노사관계학회 회장 (2010. 6. ~ 2011. 6.)
- 한국노동법학회 회장 (2011. 1. ~ 2012. 1.)
- 고용노동부 중앙노동위원회 공익위원 (2006. 7. ~ 현재)
- 대통령 소속 규제개혁위원회 위원 (2018. 10. ~ 2022. 10.)
- 대통령 소속 경제사회노동위원회 공익위원 (2019. 10. ~ 현재)
- 삼성옴부즈만위원회 위원장 (2016. 1. ~ 2021. 12.)
- 통일부 개성공단 법률자문위원회 위원장 (2005. 1. ~ 2014. 12.)

노동법

초판 발행   2023년 2월 15일
개정판 발행   2025년 2월 26일

지은이   이철수
펴낸이   조미현

편집장   윤지현
책임편집   김희윤 이수호 류근순
디자인   정은영

펴낸곳   ㈜현암사
등록   1951년 12월 24일 · 제10-126호
주소   04029 서울시 마포구 동교로12안길 35
전화   02-365-5051
팩스   02-313-2729
전자우편   law@hyeonamsa.com
홈페이지   www.hyeonamsa.com

ISBN 978-89-323-2411-1 93360